Margherita Zander (Hrsg.)

Handbuch Resilienzförderung

Margherita Zander (Hrsg.)
mit herausgegeben von Martin Roemer

Handbuch Resilienzförderung

VS VERLAG

Bibliografische Information der Deutschen Nationalbibliothek
Die Deutsche Nationalbibliothek verzeichnet diese Publikation in der
Deutschen Nationalbibliografie; detaillierte bibliografische Daten sind im Internet über
<http://dnb.d-nb.de> abrufbar.

1. Auflage 2011

Alle Rechte vorbehalten
© VS Verlag für Sozialwissenschaften | Springer Fachmedien Wiesbaden GmbH 2011

Lektorat: Stefanie Laux

VS Verlag für Sozialwissenschaften ist eine Marke von Springer Fachmedien.
Springer Fachmedien ist Teil der Fachverlagsgruppe Springer Science+Business Media.
www.vs-verlag.de

Das Werk einschließlich aller seiner Teile ist urheberrechtlich geschützt. Jede Verwertung außerhalb der engen Grenzen des Urheberrechtsgesetzes ist ohne Zustimmung des Verlags unzulässig und strafbar. Das gilt insbesondere für Vervielfältigungen, Übersetzungen, Mikroverfilmungen und die Einspeicherung und Verarbeitung in elektronischen Systemen.

Die Wiedergabe von Gebrauchsnamen, Handelsnamen, Warenbezeichnungen usw. in diesem Werk berechtigt auch ohne besondere Kennzeichnung nicht zu der Annahme, dass solche Namen im Sinne der Warenzeichen- und Markenschutz-Gesetzgebung als frei zu betrachten wären und daher von jedermann benutzt werden dürften.

Umschlaggestaltung: KünkelLopka Medienentwicklung, Heidelberg
Umschlagfoto: Chinesische Lotosblüte, Margherita Zander
Druck und buchbinderische Verarbeitung: Ten Brink, Meppel
Gedruckt auf säurefreiem und chlorfrei gebleichtem Papier
Printed in the Netherlands

ISBN 978-3-531-16998-9

Inhalt

Einleitung der Herausgeberin
Handbuch für die Soziale Arbeit mit Kindern und Jugendlichen....... 8

Teil 1
Internationale Beiträge..................................... 31

Emmy E. Werner
Risiko und Resilienz im Leben von Kindern aus multiethnischen Familien
Ein Forschungsbericht... 32

Fragen an Emmy Werner........................................ 47

Edith H. Grotberg
**Anleitung zur Förderung der Resilienz von Kindern –
Stärkung des Charakters**
Ein Manual für die Praxis der Resilienzförderung 51

Brigid Daniel, Sharon Vincent, Edwina Farrall, Fiona Arney
**Wie lässt sich das Resilienzkonzept
bei gefährdeten Kindern einsetzen?**
Ein Forschungsbericht – internationaler Vergleich GB und Australien .. 102

Michael Ungar
**Kontextuelle und kulturelle Aspekte von Resilienz –
Jugendhilfe mit menschlichem Antlitz**
Ein konzeptioneller Beitrag mit Praxisbezug und Beispielen 133

Michael Ungar
Theorie in die Tat umsetzen. Fünf Prinzipien der Intervention
Die Phoenix-Programme (Halifax – Kanada)..................... 157

Teil 2
Zur Grundsatzdiskussion 179

Norbert Wieland
**Resilienz und Resilienzförderung –
eine begriffliche Systematisierung** 180

Michael Fingerle
Resilienz deuten – Schlussfolgerungen für die Prävention 208

Thomas von Freyberg
Resilienz – mehr als ein problematisches Modewort? 219

Antje Richter-Kornweitz
**Gleichheit und Differenz –
die Relation zwischen Resilienz, Geschlecht und Gesundheit** 240

Margherita Zander
**Armut als Entwicklungsrisiko –
Resilienzförderung als Entwicklungshilfe?** 275

C. Wolfgang Müller
„Nimmer sich beugen – kräftig sich zeigen..." 314

Teil 3
Resilienzförderung auf verschiedenen Praxisfeldern 329

Hans Weiß
**So früh wie möglich –
Resilienz in der interdisziplinären Frühförderung** 330

Corina Wustmann
**Resilienz in der Frühpädagogik –
Verlässliche Beziehungen, Selbstwirksamkeit erfahren** 350

Maike Rönnau-Böse & Klaus Fröhlich-Gildhoff
**Präventionsprogramme für Kindertageseinrichtungen –
Förderung von seelischer Gesundheit und Resilienz** 360

Rolf Göppel
Resilienzförderung als schulische Aufgabe? 383

Stefanie Roos & Matthias Grünke
Auf dem Weg zur „resilienten" Schule –
Resilienz in Förderschulen 407

Marie-Luise Conen
„Multiproblemfamilien" und ihre Ressourcen –
(Aufsuchende) Familientherapie und familiale Resilienz 434

Bruno Hildenbrand
Resilienz – auch eine Perspektive bei Kindeswohlgefährdung? 442

Wolfgang Jaede
Resilienzförderung –
Neuorientierung für Erziehungs- und Familienberatung 459

Georg Kormann
Dialogische Erziehung im Heim – das Beispiel SOS-Kinderdorf ... 482

Margherita Zander, Nicole Alfert, Bettina Kruth
„Lichtpunkte" – für benachteiligte Kinder und Jugendliche 513

Manfred Liebel
Eigensinnige Wege – Kinder in Straßensituationen 532

Haci-Halil Uslucan
Resilienzpotenziale bei Jugendlichen mit Migrationshintergrund.. 555

Dorothea Irmler
Leben mit dem Trauma – Resilienzförderung von
Flüchtlingskindern und ihren Familien (TZFO Köln) 575

Uli Hahn
Arbeit mit Roma-Flüchtlingskindern 590

Mirja Silkenbeumer
Resilienz aufspüren –
Biografiearbeit mit delinquenten Jugendlichen 611

Fragen an Frau Averbeck, Jugendamt Dortmund:
Können Jugendämter Kinder stärken? 637

Martin Roemer
Nachwort: Vom Zauber statt vom Zauberwort 663

Kurzprofile der Autorinnen und Autoren 677

Einleitung

»Mitten im Winter habe ich schließlich gelernt,
dass es in mir einen unbesiegbaren Sommer gibt.«
Albert Camus

Mit diesem mittlerweile „geflügelten Wort" von Albert Camus endet ein Artikel der Schweizer Journalistin und Hochschuldozentin Barbara Lukesch, in dem sie über die Erkenntnisse der Resilienzforschung berichtet und eine Reihe von alltäglichen Beispielen schildert, mit denen sich dieses Phänomen – „Die Kraft, die Mut macht", so der Titel – illustrieren lasse. Lukesch greift dabei auf derzeit in den Medien aufsehenerregende „Fälle" zurück: auf ein 18-jähriges Entführungsopfer, das seinem Peiniger entkommen ist; auf eine 56-jährige Frau, die in ihrer Kindheit und frühen Jugend gleich „vier Hammerschläge" zu bewältigen hatte; auf einen 16-jährigen Jungen, der sein kurzes Leben lang mutig gegen seine Immunschwäche um die Kraft zum Überleben gekämpft hat. Die Zahl der Beispiele ließe sich beliebig fortsetzen und jeder könnte ihm selbst bekannte hinzufügen.

Albert Camus, französischer Schriftsteller und Philosoph, der 1957 den Nobelpreis erhielt, mag ebenfalls als „resilientes Vorbild" gelten. Vaterlos aufwachsend, verbrachte er die Kindheit mit seinem älteren Bruder und seiner verwitweten Mutter in Algier, in bitterer Armut. Die Mutter brachte die beiden Kinder als Fabrikarbeiterin durch, verdingte sich als Putzfrau. Ein Lehrer hat dem 10-jährigen Jungen durch die Vermittlung eines Stipendiums den Besuch eines Gymnasiums ermöglicht, wofür Camus ihm zeitlebens dankbar war (vgl. dazu Göppel in diesem Buch). Nach der Genesung von einer schweren Tuberkulose-Erkrankung (1932) studierte Camus in Algier Philosophie. Seinen Durchbruch als Schriftsteller erlebte er mit dem Roman „Der Fremde" und dem Essay „Der Mythos des Sisyphos" (1942/1943). Sein philosophisches Weltbild mag man teilen oder auch nicht, und die Figur des Sisyphos will – wegen der scheinbaren Absurdität seines Unterfangens – auch nicht so recht in den Diskurs um „seelische Widerstandsfähigkeit" und „Resilienz" passen. Aber vielleicht doch der eher hoffnungsvolle Schluss: „Der Kampf gegen Gipfel vermag

Einleitung 9

ein Menschenherz auszufüllen. Wir müssen uns Sisyphos als einen glücklichen Menschen vorstellen."[1] In jedem Fall bieten uns das vorangestellte Zitat, die Haltung, die darin zum Ausdruck kommt, wie auch die Biografie dieses Schriftstellers genügend Anknüpfungspunkte für den thematischen Schwerpunkt dieses Bandes.

Momentan sind in der Fachwelt die Begriffe Resilienz und Resilienzförderung in aller Munde, obwohl es sicherlich immer noch Menschen gibt, denen diese Begriffe nichts sagen, die möglicherweise aber doch das „Phänomen" kennen, das damit benannt wird. Das Resilienz-Thema ist aus dem angloamerikanischen Sprachraum zu uns „rübergeschwappt", wobei dort der Begriff der Resilienz im allgemeinen Sprachgebrauch beheimatet ist und so auch jenseits wissenschaftlicher Fachzirkel Assoziationen auslöst. Gemeint ist damit, um nur eine der gängigen Definitionsversuche in deutscher Sprache aufzugreifen: *die Fähigkeit, starke seelische Belastungen, ungewöhnliche Entwicklungsrisiken, auch erlebte Traumata, „unbeschadeter" zu bewältigen als zu erwarten stünde.* Resilienz ist ein Phänomen, das in den Humanwissenschaften interdisziplinär diskutiert wird: Dort aus der Entwicklungspsychologie stammend, von der Psychotherapie aufgegriffen, wird es mittlerweile auch von Pädagogik und Sozialpädagogik entdeckt. Die Soziologie betrachtet das Phänomen naturgemäß stärker als Gruppenresilienz, die Ethnologie wendet den Begriff beispielsweise sogar auf Verhaltensweisen bedrohter Volksstämme an. Das „Urheberrecht" auf Entdeckung gebührt jedoch den Naturwissenschaften, die sich dabei auf Materialeigenschaften beziehen, wie etwa die gleichzeitige Biegsamkeit und Widerstandsfähigkeit einer Substanz. Resiliente Menschen aktivieren Kräfte in sich selbst und wissen Unterstützung von außen dafür zu nutzen, um in extremen Belastungssituationen nicht zu zerbrechen, sondern im Gegenteil „elastisch" darauf zu reagieren, gewissermaßen wie eine Weide im Winde dem Sturm durch Biegsamkeit zu trotzen.

Die Erkenntnis, dass erlebte Entwicklungsrisiken in der Kindheit – oder auch manifeste Krisen im Erwachsenenalter – nicht zwangsläufig zu seelischen Schädigungen führen müssen, sondern sogar die Möglichkeit besteht, dass jemand gestärkt fürs weitere Leben daraus hervorgeht, führte in der Entwicklungspsychologie zu einem wahren Paradigmenwechsel. Er führte weg von der angenommenen Zwangsläufigkeit hin zu einer Sichtweise, die dem positiven Überraschungseffekt eine Chance gibt und ein Denken in Wahrscheinlichkeiten zulässt, oder um es mit dem französi-

---

1 Camus, A.: Der Mythos des Sisyphos, Reinbek 2000, S.160

schen Resilienzforscher Boris Cyrulnik auszudrücken: „Nur Unheilspropheten denken linear."[2]

In der Tat sprechen wir über eine menschliche Fähigkeit, die es schon immer gegeben haben mag, die von den Humanwissenschaften – und insbesondere von der Persönlichkeits- und Entwicklungspsychologie – jedoch erst seit Kürzerem entdeckt und beforscht wird. Gemeinhin wird der Beginn der wissenschaftlichen Auseinandersetzung mit den Zwischenergebnissen der weltweit berühmt gewordenen Kauai-Studie von Emmy Werner und Ruth Smith – „*The children of Kauai*" (1971) und „*Vulnerable but invincible*" (1982)[3] – in Verbindung gebracht, die mittlerweile als Pionierstudie für diesen Bereich angesehen wird. Allerdings soll Jack Block, Psychologie-Professor an der Berkeley-Universität in Kalifornien, den Begriff der Resilienz bereits in den 1950er Jahren in die Persönlichkeitspsychologie eingeführt haben. Auch er hat eine Langzeitstudie durchgeführt, in der er zu Projektbeginn dreijährige Mädchen und Jungen aus der San Francisco Bay Area über 30 Jahre hinweg beobachtet hat, um zu untersuchen, wie sich Umwelteinflüsse auf das spätere Leben auswirken.

Es ist hier nicht der Ort, die Geschichte der Resilienzforschung detailliert nachzuzeichnen, auch nicht ihre Rezeption in der bundesrepublikanischen Fachöffentlichkeit; dies lässt sich anhand anderer Publikationen bereits nachvollziehen (vgl. dazu: Opp/Fingerle/Freytag 1999, Wustmann 2004, Opp/Fingerle 2007, Zander 2008 u.a.)[4]. Besonders verweisen möchte ich auf den Sammelband von Günther Opp, Michael Fingerle und Andreas Freytag „*Was Kinder stärkt. Erziehung zwischen Risiko und Resilienz*" (1999), dessen 2007 erschienene Neuauflage auch viele aktuelle Beiträge aufgenommen hat. Damit bilden die Herausgeber den Stand des bundesrepublikanischen Resilienzdiskurses in der Pädagogik zu zwei verschiedenen Zeitpunkten ab, demonstrieren also gewissermaßen seine Entwicklung. Einen eher psychotherapeutischen Schwerpunkt setzt dagegen der von Rosemarie Welter-Enderlein und Bruno Hildenbrand (2006) herausgegebene Sammelband[5] mit dem fast schon zu einem geflügelten Wort

---

2 Cyrulnik, B.: Warum die Liebe Wunden heilt, Weinheim und Basel 2006, S.6
3 Werner, E. et al.: The children of Kauai, University of Hawaii Press, 1971; E. Werner/R. Smith: Vulnerable but invincible, New York 1982
4 Opp, G./Fingerle, M./Freytag, A. (Hrsg.): Was Kinder stärkt. Erziehung zwischen Risiko und Resilienz, München und Basel 1999; Wustmann, C.: Resilienz. Widerstandsfähigkeit von Kindern in Tageseinrichtungen fördern, Weinheim und Basel 2004; Opp, G./ Fingerle, M. (Hrsg.): Was Kinder stärkt. Erziehung zwischen Risiko und Resilienz, 2. völlig neu bearbeitete Auflage, München und Basel 2007; Zander, M.: Armes Kind – starkes Kind? Die Chance der Resilienz, Wiesbaden 2008, 3. Auflage 2010
5 Welter-Enderlin, R./Hildenbrand, B. (Hrsg.): Resilienz – Gedeihen trotz widriger Umstände, Heidelberg 2006

gewordenen Titel: „*Resilienz – Gedeihen trotz widriger Umstände*". Wer eine fundierte Einführung in die Thematik sucht, dem sei immer noch die Publikation von Corina Wustmann (2004) „*Resilienz. Widerstandsfähigkeit von Kindern in Tageseinrichtungen fördern*" oder der von Klaus Fröhlich-Gildhoff zusammen mit Maike Rönnau-Böse verfasste UTB-Band „*Resilienz*" (2009)[6] empfohlen.

Ein Handbuch für die Arbeit mit Kindern und Jugendlichen

Die Beiträge des vorliegenden Handbuchs gehen vom aktuellen Diskussionsstand aus, bauen darauf auf. Daran anknüpfend stellen sie sich der Frage, welche Konsequenzen sich nun für die pädagogische und insbesondere sozialpädagogische Praxis ergeben. In der Tat nämlich erlebt die Idee der *Resilienzförderung* zurzeit in der bundesrepublikanischen Fachöffentlichkeit so etwas wie einen Boom, jedenfalls sind das Interesse an dem Phänomen und die Nachfrage nach konkreten Konzepten groß. Begründet ist dies durch die zentrale Erkenntnis, dass sich Resilienz fördern lässt, ja dass es in vielen Fällen sogar darauf ankommt, durch von außen zu mobilisierende Schutzfaktoren diese menschliche Fähigkeit in ihrer Entfaltung zu begünstigen. Glen Elder, der durch seine Langzeitstudie zur kindlichen Bewältigung von Armut in der Weltwirtschaftskrise „*Children of the Great Depression*" (1974) bekannt geworden ist, hat seine Studie 25 Jahre danach in einer Resilienzperspektive (Elder 1999) reinterpretiert, und schlussfolgert dabei: „...not even great talent and industry can ensure life success over adversity without opportunity."[7] Daraus geht hervor, wie wichtig Unterstützung von außen ist. Auch Emmy Werner wird nicht müde, dieses Erfordernis in ihrem engagierten Werben für die Idee zu betonen (vgl. auch Werner i.d.B.). Ein Blick über den Teich informiert uns darüber, dass es mittlerweile an Konzepten, Programmen und Projekten nicht mangelt, mit denen die Idee der Resilienzförderung aufgegriffen und „in die Tat umgesetzt wird" (vgl. auch Ungar i.d.B.).

Hier setzt dieses „Handbuch zur Resilienzförderung" an, weil es konkretere Überlegungen dazu präsentiert, wie Resilienz im pädagogischen Bereich und insbesondere in der Sozialen Arbeit mit Kindern und Jugendlichen gefördert werden könnte. Es will also Stellenwert und Möglichkei-

---

6 Fröhlich-Gildhoff, K./Rönnau-Böse, M.: Resilienz, Stuttgart 2009
7 Elder, G. H.: Children of the Great Depression, University of Chicago Press 1974; Elder, G. H.: Children of the Great Depression. 25th Anniversary Edition, Westview Press, Boulder/Oxford 1999

ten von Resilienzförderung in verschiedenen Arbeitsfeldern und damit Wege aufzeigen, wie diese Idee vor allem von der Kinder- und Jugendhilfe (nachgeordnet Familienhilfe) genutzt werden könnte, ja sollte. Auch wenn wir in der Bundesrepublik damit – verglichen mit dem angloamerikanischen Raum – noch ziemlich am Anfang stehen, haben wir es bereits mit so etwas wie einer Welle von Pilotprojekten zu tun, deren Anschwellen es durch fundierte fachliche Auseinandersetzung und sicherlich auch sorgfältige Evaluationen (vgl. Fingerle/Walther 2008 und Fingerle i.d.B.)[8] zu begleiten gilt. Bis dato gibt es bei uns noch keine langjährig ausgewerteten Erfahrungen; daher kann auch mit diesem Handbuch nicht der Anspruch erhoben werden, endgültige Antworten (oder gar „Rezepte") zu liefern. Es will vielmehr Anreiz und Ermutigung sein, sich auf dieses Feld zu wagen, Resilienzförderung in der Praxis mit verschiedenen Zielgruppen zu erproben. Diese Ermutigung darf guten Gewissens erfolgen, da man sich bereits jetzt auf die anderswo (namentlich in den USA, Kanada und Großbritannien) gemachten und ausgewerteten Erfahrungen stützen kann.

Das „Handbuch Resilienzförderung" hat als Adressatengruppe vor allem Fachkräfte der Kinder- und Jugendhilfe, der Familienhilfe und Familienberatung, der Frühförderung, Erzieher und Erzieherinnen in Kindertageseinrichtungen sowie Lehrkräfte in diversen Schultypen im Blick, aber auch Ehrenamtliche, die sich in der Arbeit mit Kindern und Jugendlichen oder Familien engagieren. Es versteht sich auch als Anregung für all jene, die sich im Fort- und Weiterbildungsbereich, im Bereich von Beratung und Supervision – und wo sonst auch immer – berufen fühlen mögen, die Idee der Resilienzförderung aufzugreifen und in die Praxis hineinzutragen. Das Spektrum der hier behandelten Arbeitsfelder ist ziemlich breit, und sicher kann auch, wer mit ähnlichen Zielgruppen arbeitet, die in den hier zusammengetragenen Beiträgen nicht explizit erwähnt sind, Anregung und Nutzen daraus ziehen.

Ehe Aufbau und Inhalt des Buches kurz skizziert werden, noch ein Wort zum Thema selbst.

Was ist Resilienz? Dafür wurden den Autorinnen und Autoren bewusst keine Vorgaben gemacht, das Buch geht also nicht von einer einheitlichen Definition aus. Vielmehr spiegeln die hier publizierten Beiträge die Vielfalt von aktuell vertretenen Positionen wider, jedenfalls unterschiedliche Akzentuierungen. Daher werden Sie in verschiedenen Beiträgen immer

---

8 Fingerle, M./Walther, P.: Resilienzförderung, in: Fingerle, M./Ellinger, S. (Hrsg.): Sonderpädagogische Förderprogramme, Orientierungshilfen für die Praxis, Stuttgart 2008, S. 141–156

Einleitung 13

wieder erneute Versuche finden, das Phänomen der Resilienz zu charakterisieren. Dies ist nicht nur unvermeidlich bei einer Publikation, an der sich zwei Dutzend Autorinnen und Autoren beteiligt haben: Es ist sogar gewollt, auch wenn sich dadurch notwendigerweise Wiederholungen und Überschneidungen ergeben. Diese Vielfalt mag Irritation erzeugen, ist aber auch gleichzeitig ein Gewinn. An dieser Stelle sei noch eine eher persönliche Anmerkung erlaubt: Das Titelbild zeigt eine in voller Pracht erblühte Lotusblume, die sich mit ganzer Kraft aus dem schlammigen Untergrund ans Tageslicht emporgearbeitet hat. Spontan lässt sich damit sicherlich die mit Resilienz verknüpfte Hoffnung auf „Emporwachsen aus dem Sumpf" assoziieren. Aber genauso berechtigt hätte dies auch eine „schottische Distel" repräsentiert, die auf ihre Weise – ebenfalls schön – eher jenes Spektrum von Resilienz symbolisiert, wo deren mögliche Sperrigkeit und Widerborstigkeit zum Ausdruck kommt.

Aufbau und Inhalt

Was leistet dieses Handbuch? Es bietet in seinem *ersten Teil*, in dem ausgewählte Autorinnen und Autoren aus dem angloamerikanischen Raum zu Wort kommen, einen ersten Einstieg in die Debatte zur Resilienzförderung, wie sie dort – notabene vor allem im Bereich der Pädagogik und Sozialen Arbeit – geführt wird. Im *zweiten Teil* werden Grundsatzfragen zu Resilienz und Resilienzförderung erörtert und im anschließenden *dritten Teil* Ideen zur Umsetzung von Resilienzförderung auf unterschiedlichen Arbeitsfeldern, insbesondere der Kinder- und Jugendarbeit, vorgetragen.

Den *ersten Teil* gestalten also international renommierte Autorinnen und Autoren: zum einen zwei Pionierinnen der Resilienzforschung (Emmy Werner und Edith Grotberg), zum anderen aber auch jüngere Vertreterinnen und Vertreter aus dem internationalen Parkett (Brigid Daniel, GB, und Michael Ungar, Kanada). Die getroffene Auswahl rechtfertigt sich nicht nur dadurch, dass wir hier bereits mit sehr divergierenden Verständnissen von Resilienz und Resilienzförderung konfrontiert werden, sondern auch mit der eindeutigen Schwerpunktsetzung auf sozialpädagogischer Herangehensweise (so vor allem bei Daniel und Ungar).

Emmy Werner, die unbestrittene Pionierin der Resilienzforschung, darf in einem bundesrepublikanischen Handbuch zur Resilienzförderung einfach nicht fehlen – an ihre Erkenntnisse aus der berühmten Kauai-Studie wird auch mehrfach in diesem Band angeknüpft. Sie ist der deutschen

Fachöffentlichkeit bereits durch verschiedene Beiträge zu Sammelbänden sowie durch Vorträge bekannt. Hier nun ein Beitrag, in dem sie sich auf die Ergebnisse ihrer lebenslangen Forschungstätigkeit zum Thema bezieht, sie aber durch eine spezifische Betrachtung der Zielgruppe – deren multiethnische Herkunft sie apostrophiert – besonders akzentuiert. Von ihr stammt die wohl am häufigsten zitierte Charakterisierung resilienter Kinder, insbesondere aber die Erkenntnis, dass es sich dabei um Hochrisiko-Kinder handelt, da sie durch mehrfache Entwicklungsrisiken belastet sind. Ihr verdanken wir auch jene Resultate, denen zufolge von Anfang an in der Resilienzforschung auch die Genderpespektive Beachtung fand. In ihrem Beitrag betont Werner die Rolle von Ersatzeltern, unterstreicht den Stellenwert von Unterstützung in der Familie wie im weiteren sozialen Umfeld und zieht auch Schlussfolgerungen für pädagogische und sozialpädagogische Interventionen. Dabei verliert sie – und dies ist besonders erwähnenswert – mit dem Hinweis, „dass wir auch die dunklere Seite des Lebens betrachten müssen", auch diejenigen Mädchen und Jungen, inzwischen erwachsene Frauen und Männer mittleren Alters, nicht aus dem Auge, die nach ihrer Definition nicht resilient waren bzw. geblieben sind.

Einige sich anschließende Interviewfragen an die Autorin dienen dazu, von ihr geprägte Begrifflichkeiten zu präzisieren, Erkenntnisse aus ihrer Langzeitstudie zu vertiefen und ihre Meinung zu spezifischen Fördermöglichkeiten einzuholen.

Die amerikanische Pädagogik-Professorin *Edith H. Grotberg* († 2009) lassen wir hier erstmals mit einem Abdruck ihres Manuals zur Förderung von Resilienz in deutscher Übersetzung zu Worte kommen. Sie ist damit bereits Mitte der 1990er Jahre an die Öffentlichkeit getreten, als sie im Auftrag der niederländischen Van Leer Stiftung eine erste Handreichung zur Resilienzförderung von Kindern als Ergebnis eines internationalen, weltweiten Forschungsprojektes verfasst hat. Hier wird diese Handreichung, die auszugsweise bereits häufiger in deutschen Veröffentlichungen zitiert worden ist und in der konkrete konzeptionelle Überlegungen zur Resilienzförderung angestellt werden, erstmals ungekürzt abgedruckt, um den Charakter des Dokuments nicht zu verfälschen. Die von Grotberg konzipierte Anleitung, die sich an Eltern und andere Betreuungspersonen wendet und auf unterschiedliche kindliche Entwicklungsphasen (0–3, 4–7 und 8–11 Jahre) Bezug nimmt, geht jeweils von generellen Grundsätzen der Resilienzförderung aus, führt für jede Entwicklungsstufe anschaulich Beispiele Resilienz fördernden oder beeinträchtigenden Verhaltens auf und erörtert dies anhand von Fallbeispielen. Da diese Struktur für alle

Einleitung

Altersstufen beibehalten wird, kommt es hier notwendigerweise zu Wiederholungen, so dass sich der Text als Ganzes etwas mühsam liest. Wir hielten dies – im Sinne einer unverfälschten Widergabe – für vertretbar. Der Gedanke der auf spezifische Entwicklungsstufen bezogenen Resilienzförderung wird in einem späteren Beitrag dieses Buches noch einmal explizit aufgegriffen (vgl. Zander, Teil 2 i. d. B.).

Die sich daran anschließenden drei Beiträge des ersten Teils sind dann konkret auf die bereichsspezifische Schwerpunktsetzung dieses Handbuches bezogen.

Dabei handelt es sich zunächst um einen Bericht, in dem *Brigid Daniel* zusammen mit ihren Mitarbeiterinnen die Ergebnisse einer international vergleichenden Studie präsentiert. Das britische Forschungsteam hat Sozialarbeiterinnen und Sozialarbeiter in Großbritannien und Australien nach ihrem Verständnis von Resilienzförderung und ihren Erfahrungen im Umgang mit diesem Arbeitskonzept befragt. Untersuchungsgegenstand war dabei, wie dieses Konzept in der sozialpädagogischen Arbeit mit gefährdeten, missbrauchten und vernachlässigten Kindern umgesetzt wurde. Aus den Umfrageergebnissen werden jeweils für die Umsetzung relevante Prinzipien und konkrete Praxisvorschläge abgeleitet. Ergänzt wird die Umfrage in beiden Ländern durch Fallstudien. Inhaltlich wird dabei die Nähe von lösungs- und ressourcenorientierter Arbeitsweise zur Resilienzförderung thematisiert und damit auch veranschaulicht, wie sich solche Konzepte in der praktischen Arbeit letztlich vermischen.

Michael Ungar, selbst Herausgeber eines Handbuches zur Resilienzförderung, ist in diesem Band mit zwei Beiträgen vertreten.[9] Dies rechtfertigt sich nicht zuletzt dadurch, dass Ungar darin jeweils unterschiedliche Grundsatzfragen des Resilienzkonzeptes für die Soziale Arbeit erörtert und dies mit anschaulichen Fallbeispielen unterlegt. In „Kontextuelle und kulturelle Aspekte von Resilienz in der Kinder- und Jugendhilfe" geht es ihm vor allem darum, die soziale Milieu- und Kulturgebundenheit des Resilienzverständnisses zu diskutieren. Hier plädiert er dafür, was als resilientes Verhalten zu interpretieren ist, nicht nur im Mainstream-Verständnis zu werten. Weil er Resilienz aus der Perspektive von sozial randständigen Gruppen und Angehörigen kultureller Minderheiten betrachtet, gelangt er zu Einschätzungen, die gerade in der Arbeit mit diesen Gruppen hilfreich sein können.

In seinem zweiten Aufsatz entwickelt *Ungar* – ausgehend von Phönix (Halifax, Kanada), einem Praxisprojekt für Jugendliche, die auf der

---

9 Ungar, M.: Handbook for Working with Children and Youth, London/New Dehli 2005

Straße leben – fünf Prinzipien der Resilienzförderung, mit denen er sein kontext- und milieubezogenes Verständnis von Resilienz noch einmal unterstreicht, ein Verständnis freilich, das erheblich davon abweicht, was generell als „gelungene" oder „erfolgreiche" Entwicklung gilt. Resilienz könne sich in solchen Fällen auch als gemeinhin problematisches Verhalten äußern, wenn dies eben aus der Sicht des jeweiligen Jugendlichen Sinn mache, meint: zur individuellen Bewältigung einer schwierigen Situation beitrage. Ungar vertritt damit ein Verständnis von Resilienz, das für die Sozialpädagogik in der Arbeit mit „verhaltensauffälliger" Klientel sicherlich relevant, im Mainstream des Resilienzdiskurses jedoch mehr als strittig sein dürfte. Dies wird sich auch in diesem Handbuch zeigen.

Im *zweiten Teil* haben wir einige grundsätzlichere Beiträge zum Verständnis von Resilienz und Resilienzförderung „versammelt". Damit möchten wir vor allem in Fachkreisen der Sozialen Arbeit eine informierte und durchaus auch kritische Auseinandersetzung über Möglichkeiten und Grenzen des neuen Paradigmas anzetteln. Die sehr kontroversen Positionen, die hier zu Wort kommen, dürften dazu genügend Anregung geben.

Der Beitrag von *Norbert Wieland* führt gewissermaßen in den zweiten Teil ein. Ausgehend von den Kernaussagen der aktuellen Resilienzdebatte, unternimmt der Autor den Versuch, das Phänomen der Resilienz als psychologische Kategorie begrifflich eindeutiger zu fassen, um so seinen Nutzen für die psychologische, pädagogische und sozialarbeiterische Praxis auszumachen. Er tut dies, indem er die am meisten verwendeten Definitionselemente operationalisiert, Resilienz als eine Metakompetenz in den Kontext von Handlungsregulations- und Bewältigungstheorien stellt und so – in kritischer Auseinandersetzung mit häufig auftretenden Unschärfen – eine begriffliche Präzisierung vornimmt. Wieland vertritt dabei eine Position, die Resilienzförderung in den Dienst einer subjektbezogenen Stärkung von Autonomie stellt, womit er auch ethische Probleme aufgreift, die dann anhand von anschaulichen Beispielen diskutiert werden. Resilienz wird hier durchaus auch als mögliche Verweigerungs- und Konfliktstrategie gesehen und die heikle Frage aufgeworfen, wie in der Praxis damit umzugehen sei, wenn sich offensichtlich auch aus sozial problematischen Handlungen Kontrollüberzeugungen – und damit Resilienzfähigkeit – ableiten lassen.

Auch *Michael Fingerle*, ein Autor, der sich seit der Herausgabe des Sammelbandes „Was Kinder stärkt? Erziehung zwischen Risiko und Resilienz" (Opp/Fingerle/Freytag 1999, siehe oben) engagiert am Resilienzdiskurs beteiligt, geht es um klarere Begriffsbestimmungen und darum,

Einleitung 17

Möglichkeiten und Grenzen des Resilienzkonzeptes abzustecken. Dabei warnt er vor allem vor einer zu schematischen Ausrichtung am Risiko- und Schutzfaktorenmodell und weist darauf hin, dass das Zusammenspiel dieser Faktoren nicht wirklich geklärt sei. Entscheidend sei letztlich nicht nur das Vorhandensein von Schutzfaktoren (oder Ressourcen), sondern die Frage, ob sie auch im Sinne bestimmter Zielsetzungen als „Bewältigungskapital" im konkreten Fall genutzt werden können. Das Vorhandensein von Bewältigungskapital – also von persönlichen Ressourcen – reiche nicht aus, wenn nicht zusätzlich soziale Ressourcen zum Zuge kämen, die eine beratende und orientierende Funktion, also gewissermaßen eine Mentorenfunktion für das Kind, übernehmen. Fingerles Einschätzung basiert u.a. auf einer Evaluation in der Bundesrepublik bereits umgesetzter Resilienzförderkonzepte. Ein Problem sei, dass es in der Bundesrepublik bisher kaum langfristige Erfahrungen mit solchen Programmen gebe, die eine sichere Einstufung zuließen. Damit will er jedoch nicht die Sinnhaftigkeit von Resilienzförderung infrage stellen, sondern vor allzu hoch gesteckten Erwartungen warnen und zu bedenken geben, welch hoher Aufwand in der Praxis dafür erforderlich sei.

Thomas von Freyberg zählt zu den ausgemachten Skeptikern. Er unterzieht das Resilienzkonzept einer sehr kritischen Überprüfung. Dabei stellt er grundsätzlich zur Disposition, ob es sich überhaupt um ein ernst zu nehmendes Konzept für die soziale Praxis handle, da es zu viele Fragen offen lasse und alle relevanten Dimensionen „in der Schwebe" lasse, die ein pädagogisches Konzept zu beachten habe. Oder ob es sich nicht lediglich um eine Mode-Erscheinung, einen neuen Ankerpunkt für Professionelle handle, die wieder einmal auf ein „Erlösungskonzept" hofften, für ihre Klientel und für sich selbst. Mit sachkundiger und wortstark vorgetragener Skepsis dekonstruiert er gnadenlos das offenkundig mit großem Optimismus behaftete Resilienzkonstrukt. Er legt so auch tatsächliche Schwachstellen offen und kritisiert vor allem die politische Funktionalisierbarkeit der Idee. Manchem mag seine Kritik zu harsch sein und man kann sich sicherlich fragen, warum er gleich das Kind mit dem Bade ausschüttet, wo er doch eingangs selbst von mehr oder weniger ausgeprägter Resilienzfähigkeit offenkundig schwieriger Kinder und Jugendlicher – „gestörte Kinder in einem gestörten System" (z.B. Schule) – ausgeht. Allerdings merkt er gerade mit Blick auf diese Mädchen und Jungen an, dass der Schlüssel zum Verständnis ihrer Störungen nicht in ihrer mehr oder weniger ausgeprägten Resilienz, sondern in einem angemessenen Verständnis ihrer Störungen zu suchen sei. In diesen Fällen könnte sich Resilienz auch gerade in ihren Störungen zeigen oder in ihrer Abwehr.

Im Beitrag von *Antje Richter-Kornweitz* wird eine Verbindung zu aktuellen Tendenzen in der Gesundheitsförderung hergestellt, wobei es der Autorin darauf ankommt, Gemeinsamkeiten und Unterschiede herauszuarbeiten und gleichzeitig auch in beiden Kontexten die Genderperspektive zu akzentuieren. Ausgehend von grundsätzlichen Überlegungen zu Resilienz sieht sie in der Salutogenese den entscheidenden Anknüpfungspunkt für einen Paradigmenwechsel, der in den Gesundheitswissenschaften ähnlich gewirkt habe wie die Entdeckung des Phänomens der Resilienz in der Entwicklungspsychologie. Eine Brücke bilde so beispielsweise eine richtungweisende Definition von Hurrelmann, der Gesundheit als ein „Stadium des Gleichgewichts zwischen Risiko- und Schutzfaktoren" definiere, so dass die Bewältigung von inneren und äußeren Anforderungen gelinge. Die grundsätzlich zu debattierende Frage, was man unter „gelungener Anpassung" zu verstehen habe – eine im Resilienzdiskurs häufig verwendete Zielvorstellung – diskutiert Richter-Kornweitz dann unter dem Gesichtspunkt von Gendersensibilität. Lebensziele und Lebensstile – und damit letztlich auch die Frage, wie sich Resilienz zeigt – lassen sich, so der Ausgangspunkt, nur kontextabhängig und jeweils vor dem Hintergrund von sozialem Status und Geschlecht erörtern. Hier tun sich spannende Fragen auf: Äußert sich Resilienz bei Mädchen und Jungen, Frauen und Männern unterschiedlich? Wie lässt sich Resilienz in der Genderperspektive deuten? Emmy Werner hat in ihren Studien festgestellt, dass die resilienten Kinder ein auffällig androgynes Verhalten an den Tag gelegt haben. Welche Folgerungen müssten daraus für die (sozial-)pädagogische Praxis gezogen werden?

Margherita Zander will in ihrem Beitrag die Chance diskutieren, die Resilienzförderung für Mädchen und Jungen, welche in Armut aufwachsen, bedeuten könnte. Armut stellt vor allem deswegen ein zentrales Entwicklungsrisiko für Kinder und Jugendliche in verschiedenen Entwicklungsstufen dar, weil sie bekanntlich mehrdimensionale Auswirkungen hat und sich meist als mehrfache Problemlage darstellt (Zander 2008, siehe oben). Zur Veranschaulichung lässt Zander hierzu Beispiele aus ihrem Forschungskontext einfließen. Ihr Hauptanliegen ist es jedoch zu zeigen, wie durch Armut die alterspezifischen Entwicklungsaufgaben beeinträchtigt werden und wie mit angepassten Resilienzförderungskonzepten darauf geantwortet werden könnte. Dabei geht sie von einem Entwicklungsverständnis aus, das sich aus einer Zusammenschau unterschiedlicher Herangehensweisen (Piaget, Freud, Erikson, Kohlberg u.a.) ableitet und somit die körperliche, geistige, seelische und moralische Entwicklung, also die ganzheitliche Entwicklung von Kindern in der Abfolge von

Einleitung

Altersphasen, im Blick hat. Am Beispiel von Grundschulkindern zitiert Zander in Anlehnung an E. Grotberg (i.d.B.) und Daniel/Wassell (2002)[10] ein idealtypisches Konzept zur Resilienzförderung, das eine hohe Kompatibilität mit den Entwicklungsbeeinträchtigungen aufweist, welche die Kinderarmutsforschung nachgewiesen hat. Mit der Zuordnung dieses Beitrags zu Teil 2 (Diskussion von Grundsatzfragen) soll der hohe Stellenwert signalisiert werden, den die Verfasserin der Resilienzförderung für in Armut aufwachsende Kinder und Jugendliche beimisst.

Der Beitrag von *C.W. Müller* schließt dann diesen Teil ab und leitet gleichzeitig über zum Praxisteil der Sozialen Arbeit. C.W. Müller, dessen Verdienste um die historische Betrachtung der Sozialen Arbeit – von ihren Anfängen im 19. Jahrhundert bis hin zu ihrer Professionalisierung in den 1980er/1990iger Jahren – unbestreitbar sind[11], zeichnet hier noch einmal diesen Weg nach, indem er Grundsatzfragen der Pädagogik erörtert. Er endet mit einem Plädoyer für demokratische Erziehungsziele: In diesem Rahmen ordnet er auch die Resilienzförderung ein, der er einen prominenten Stellenwert für die Zukunftsorientierung der Profession zuweist. Diese Zuordnung ergibt sich für ihn aus einer klugen Balance jenseits puren Laissez-faires und bloßen autoritären Durchgreifens, im Angebot einer sicheren Bindung durch eine vertrauensvolle Bezugsperson für gefährdete Kinder und Jugendliche. Er lastet der Sozialen Arbeit an, dass sie bisher in der Praxis zu sehr auf die Rekonstruktion von misslungenen Einzelschicksalen fixiert gewesen sei. Perspektivisch fordert er – in inhaltlicher Orientierung an der Langzeitstudie von E. Werner – flächendeckende Fallstudien im Rahmen der Sozialen Arbeit durchzuführen, um sich dadurch für die geforderte Neuorientierung an der Idee der Resilienz zu qualifizieren.

Den Schwerpunkt dieses Handbuches bildet der *Teil drei*. Ausgangspunkt ist hier die Arbeit mit unterschiedlichen Zielgruppen, wobei vor allem das breite Praxisfeld der Kinder- und Jugend- sowie der Familienhilfe aufgefächert wird. Erkennbar ist dabei, dass wir uns in der Bundesrepublik mit der Resilienzförderung wohl *im Aufbruch befinden, aber noch lange nicht am Ziel sind*. Manches was hier vorgestellt wird, bewegt sich noch auf Kinderfüßen und so manches hat gar noch Versuchscharakter. Umso mehr sollte dies dazu ermutigen, neue Wege zu wagen!

---

10   Daniel, B./Wassell, S.: The School Years: Assessing and promoting resilience in vulnerable children, London/Philadelphia 2002
11   Müller, C.W.: Wie Helfen zum Beruf wurde, Weinheim und Basel, 5. Auflage 2009

Hans Weiß, der hinsichtlich der Frühförderung schon seit Längerem für eine resilienzfördernde Ausrichtung wirbt, warnt vor der Gefahr einer individualistisch verengten Resilienzdebatte und vor überzogenen Erwartungen. Er sieht hiermit auch die Gefahr von Schuldzuweisungen an diejenigen Kinder verbunden, die sich als „resistent" gegen eine Resilienzförderung erweisen – nach dem Motto: „Denen ist nicht zu helfen". Es gebe in der Tat Umstände, unter denen kein Kind gedeihen könne. Gleichzeitig warnt er auch vor einer zu einseitigen Sicht, bei der das Pendel nun zu sehr in die andere Richtung ausschlage, also von der früher üblichen Defizit- hin zu einer ausschließlichen Stärkenorientierung. Es gehe nicht um eine Entweder-oder-Sichtweise (vgl. auch von Freyberg i.d.B.), sondern um eine Sowohl-als-auch-Perspektive. Wenn er auch grundsätzlich die Bedeutung der Resilienzdebatte für die interdisziplinäre Frühförderung betont, fordert er doch – wie andere – eine präzisere Fassung des Begriffs und unterbreitet eine entsprechende Präzisierung seines Resilienzverständnisses, das ihm für die Praxis nutzbar erscheint (individualistisches Resilienzverständnis – umweltbezogenes Förderkonzept). Auch Weiß plädiert für eine Förderung entlang der Grotbergschen Resilienzbausteine (vgl. Grotberg i.d.B.) und stellt einige praktische Konzepte vor, so u.a. die „Bodenzeit-Methode" mit der Betonung von emotionaler Zuwendung (Stärkung einer „sicheren Basis"), die eine wichtige Grundlage für die kognitive Förderung bilde. In seinem Fazit kommt er zu dem Schluss, dass die Frühförderung das Resilienzkonzept zwar nicht unbedingt brauche, es sich aber in jedem Fall als hilfreich erweise.

Corina Wustmann ist mit ihrer in das Thema einführenden Publikation „Resilienz – Widerstandsfähigkeit von Kindern in Tageseinrichtungen fördern" (siehe oben) eine viel zur Kenntnis genommene und zitierte Autorin. In diesem Handbuch ist sie mit einem Beitrag vertreten, in dem sie vor allem den Stellenwert von verlässlichen Beziehungen unterstreicht. Resilienz sei nicht so sehr trainierbar, sondern entstehe vielmehr durch positiv erlebte unterstützende Beziehungen und infolge einer ermutigenden, die Erfahrung von Selbstwirksamkeit und das Selbstwertgefühl fördernden Zuwendung anderer. Resilienz könne nur bedingt mit punktuellen Förderprogrammen hergestellt werden, ihre Förderung erfordere vielmehr ein kontinuierliches und verlässliches Umfeld. So könne sich frühzeitig eine Einstellung entwickeln, wie sie zur Bewältigung schwieriger Lebensumstände notwendig sei. Dabei hat Wustmann vor allem außerfamiliäre Umwelten und Institutionen wie z.B. die Kita oder die Schule im Blick, die für Kinder, deren Entwicklungsrisiken im familialen Umfeld angesiedelt seien, zu Fluchtpunkten, zu Stütz- und Ankerpunkten werden könnten.

Einleitung 21

Als konkrete individuelle Fördermöglichkeit stellt sie die von Margaret Carr (2001)[12] entwickelte Idee der Bildungs- und Lerngeschichten vor, wobei die Förderung von Resilienz eine wichtige Dimension von Lernbereitschaft darstelle. Wustmann unterstreicht in diesem Zusammenhang auch die Rolle von positiven Erinnerungen als Bausteinen für neue Lernsituationen, vor allem für stark belastete Kinder.

Demgegenüber treten *Klaus Fröhlich-Gildhoff* und *Maike Rönnau-Böse* explizit für den Einsatz von Trainingsprogrammen ein. Sie haben selbst ein Präventionsprogramm zur Förderung von Resilienz in Kindertageseinrichtungen (PriK) entwickelt und modellhaft in verschiedenen Kitas im Freiburger Raum erprobt.[13] Ihr Programm setzt an sechs Resilienzfaktoren an, die in strukturierten Trainings ausgebildet werden sollen. Dabei wird von der Grundidee ausgegangen, dass sich die Fähigkeit zu resilientem Verhalten präventiv entwickeln lasse. In die Trainingskurse werden alle Kinder einer Kita einbezogen (Gruppenförderung), so dass in diesem Konzept – was die Zielgruppe betrifft – keine trennscharfe Abgrenzung zu allgemein pädagogischer Förderung vorgenommen wird. Es gehe darum, langfristige Fehlentwicklungen zu verhindern oder abzumildern, wobei deutlich wird, dass hier ein sehr weit gefasster – und somit auch schwer einzugrenzender – Resilienzbegriff zugrunde gelegt wird. (In das Programm einbezogen waren nicht nur die Kinder, sondern auch die Erzieher/innen und die Eltern, woraus sich ein Gesamtkonzept von Resilienzförderung in einer Einrichtung ergibt.) Eine solche Schärfung dürfte sich als Ergebnis des im Ausblick vorgestellten Anschlussprojektes einstellen, da dort die Trainings mit Kindern in sozial benachteiligten Stadtteilen eingesetzt werden sollen.

Kann Resilienz zu fördern überhaupt eine schulische Aufgabe sein? Mit dieser Frage steigt *Rolf Göppel* in die Diskussion ein. Sicher, Schule kann sich sowohl als Risiko- wie auch als Schutzfaktor für die Kinder erweisen. Göppel geht es zunächst um das grundsätzliche Ziel einer „humanen", „kindgerechten" und „fürsorglichen Schule". In eine solche Grundausrichtung ließe sich zweifellos auch der Resilienzgedanke einbauen. Spezifischen Förderkonzepten – unter anderem auch dem von Daniel/Wassell und dem von Edith Grotberg, auf die sich verschiedene Autorinnen und Autoren in diesem Band beziehen – steht er eher skeptisch gegenüber. Da seines Erachtens Resilienz nicht eine begrenzte Fähigkeit

---

12 Carr, M.: Assessment in early childhood settings. Learning stories. London u.a., SAGE Publications 2001
13 Fröhlich-Gildhoff, K./Rönnau, M.: Prävention und Resilienzförderung in Kindertageseinrichtungen – Trainingsmanual für ErzieherInnen, München 2007

oder spezifische Kompetenz sei – „etwa wie Auge-Hand-Koordination" oder wie „phonologische Bewusstheit" –, könne sie nicht „systematisch aufgebaut und gezielt trainiert" werden. Insofern bezweifelt Göppel, dass sich Resilienzförderung in schulische Programme oder gar in „curriculare Lerneinheiten" integrieren und umsetzen lasse (im Gegensatz zu Ross/Grünke i.d.B.). Gleichwohl befasst er sich in seinem Beitrag mit unterschiedlichen Programmen, die im weitesten Sinne Resilienzförderung in diesem Bereich zum Ziel haben und gibt seine Einschätzung dazu. Wie wichtig ihm bei alledem die „Figur des Lehrers" und dessen Haltung zu Schülerinnen und Schülern ist, kommt in den literarischen Beispielen – Thomas Bernhard und Albert Camus – zum Ausdruck, die er an den Beginn und an das Ende seines Beitrags setzt.

Stefanie Roos und *Matthias Grünke* haben im schulischen Kontext Mädchen und Jungen in den „Förderschwerpunkten Lernen, emotionale und soziale Entwicklung" im Blick und damit eine Zielgruppe, bei der man per se eine höhere Risikobelastung annehmen muss. In der Regel sind dies sozial stark benachteiligte Kinder mit Lernbehinderungen und gleichzeitig häufig auch Verhaltensstörungen. Roos und Grünke setzen sich zunächst mit der grundsätzlichen Frage auseinander, wie sich Resilienzförderung in diesem Schultypus etablieren ließe und sehen in den spezifischen Richtlinien der Kultusministerkonferenz durchaus Anknüpfungspunkte dafür. So entwerfen sie ein Konzept, das konkret auf die Einübung von Bewältigungstechniken abzielt, welche helfen sollen, „unter stark belastenden Lebensumständen auch ohne externe Schutzfaktoren psychisch stabil zu bleiben." Roos und Grünke schlagen also vor, mit einem ausschließlich kindzentrierten Ansatz zu arbeiten, der auf einer Förderung in Kleingruppen aufbaut und an die Rahmenbedingungen von Schule angepasst ist. Perspektivisch wünscht sich das Autorenpaar eine Gesamtentwicklung hin zu einer resilienzfördernden Schule, in jedem Fall sehen sie für Förderschulen die Möglichkeit, einen solchen Weg tatsächlich einzuschlagen.

„Hoffnung" ist das Stichwort, auf das *Marie-Luise Conen* setzt. In einer die Stärken von Familien aufspürenden und ihre Widerstandskraft fördernden Herangehensweise sieht die Autorin eine große Chance für die (sozial-)pädagogische und therapeutische Arbeit mit so genannten „Multiproblemfamilien". Denn sie vermag in vielen Geschichten dieser Familien auch von „Wundern des Überlebens und vom Meistern großer Herausforderungen und Schicksalsschläge" zu lesen. Selbst im Widerstand gegen staatliche Interventionsversuche sei ein Potenzial von Überlebenswillen und die sich dahinter verbergende Kampfbereitschaft nicht zu übersehen,

Einleitung

zumal sich diese „Rebellion" zunächst vor allem gegen Kritik und Abwertung ihrer Elternrolle richte. In der Vermittlung zwischen Eltern und dem Staat – verkörpert durch das Jugendamt in seiner Wächterfunktion – sieht Conen eine spezifische Aufgabe der aufsuchenden Familientherapie. Als eine derartige Vermittlerposition sei der eigentliche Auftrag von Familientherapeuten zu verstehen: Einerseits gelte es der Familie zu helfen, das Jugendamt wieder los zu werden, und andererseits gehe es auch darum, die Familie zu Veränderungen zu bewegen, welche die Einmischung des Jugendamtes nicht mehr erforderlich erscheinen lassen. Conen sieht aber auch die Realität von oftmals begründeter Hoffnungslosigkeit in solchen Familien, die daraus resultiere, dass Hilfe von außen häufig zu spät käme.

Von genau dieser Zielgruppe handelt auch der Beitrag von *Bruno Hildenbrand*, der eingangs seine Sorge äußert, dass im Zuge der verschärften Aufmerksamkeit auf Gefährdungen (Reform des §8a SGB VIII) und der Ausweitung von Kontrollfunktionen (auf Kitas, Hebammen, Kinderärzte usw.) in der Kinder- und Jugendhilfe erneut die schon überwunden geglaubte Defizitorientierung Platz greife. Hiermit gewinne wieder ein Menschenbild die Oberhand, das „dem Bürger nicht zutraue, seine eigenen Angelegenheiten im privaten Bereich selbst in die Hand zu nehmen", welches also auf Misstrauen basiere. Vor diesem Hintergrund plädiert Hildenbrand dafür, auch im Falle von Kindeswohlgefährdung nach dem Resilienzkonzept zu verfahren. Dabei beruft er sich auf Studienergebnisse von Froma Walsh, die „Familienresilienz" als eine eigene Kategorie entdeckt hat. Resilienz sei in erster Linie als Beziehungsfrage zu interpretieren und im familiären Kontext auf die sozialisatorische Triade „Vater-Mutter-Kind" ausgerichtet. Hildenbrand geht es dabei darum, den Aspekt von früher Bindung (Bindungsmustern) zu akzentuieren, aber gleichzeitig auch vor einer dichotomen Sichtweise zu warnen, einer Sichtweise, die „Defizit oder Autonomie" und „Opfer oder Täter" ausschließlich als Gegensatzpaare versteht. Ihm zufolge basiert Resilienzförderung auf einer professionellen Haltung, bei der die Helferinnen und Helfer mit ihren Klienten gemeinsam „nach dem rechten Maß" zwischen Selbst- und Fremdbestimmung suchen. In diese Richtung weisen dann auch seine praktischen Beispiele, mit denen er Resilienzförderung bei Verdacht auf Kindeswohlgefährdung diskutiert.

So gesehen kommt der Bereich der Erziehungs- und Familienberatung, mit dem sich *Wolfgang Jaede* befasst, präventiv zum Einsatz. Hier sollen die Möglichkeiten ausgelotet werden, die Idee der Resilienz bereits in die allgemein beratende Tätigkeit mit Familien (als Erziehungshilfe) zu integrieren. Dabei knüpft er an die Empfehlungen des 12. Kinder- und Jugendberichtes der Bundesregierung an, der im Rahmen von „Prävention und Gesundheitsförderung" auch dem Begriff der Resilienz für Kinder große Bedeutung zuschreibt. Jaede skizziert in seinem Beitrag die Aufgabenfelder von Erziehungsberatung, wobei er aktuelle Entwicklungen anreißt, um deutlich zu machen, welchen Stellenwert das Konzept der Resilienzförderung in der Beratung einnehmen könnte. Im Einzelnen geht Jaede auf die inhaltlichen Orientierungspunkte eines solchen Konzepts ein, stellt konkrete Arbeitsmodelle vor und macht deutlich, wie sich eine resilienzorientierte Hilfeplanung nur als Mehrebenen-Ansatz realisieren lässt. Darüber hinaus sind ihm auch präventive Ansätze – so die Kooperation mit Kitas und Elternprogramme – in der Erziehungs- und Familienberatung ein wichtiges Anliegen, ebenso wie für die „frühen Hilfen". Sein Beitrag schließt mit kritischen Bemerkungen und konkreten Anforderungen an Beraterinnen und Berater.

Wenn das Kind zwar nicht in den Brunnen gefallen, aber doch ins Heim gekommen ist – das ist die Stelle, an der *Georg Kormann* ansetzt. Sein Beitrag basiert auf den Ergebnissen einer eigenen Studie zu Heimerziehung. Kormann hat eine qualitative Befragung von ehemaligen Zöglingen eines SOS Kinderdorfes durchgeführt, in dem er selbst als psychologischer Berater tätig war. Diese Studie lässt sich in die Geschichte von Heimforschung – die der Autor nachzeichnet – dort einordnen, wo es nicht mehr um so genannte Bewährungsstudien, sondern um Wirkungsforschung geht. Im Blick hat Kormann dabei auch die Erkenntnisse der „Bielefelder Invulnerabilitätsstudie", die den Begriff der Resilienz in diesen Kontext eingeführt hat und gemeinhin als bahnbrechend angesehen wird. Kormann selbst, der hier auch sein methodisches Vorgehen beschreibt, erhebt in seiner Untersuchung die Resilienzfaktoren bei „Ehemaligen", die im Schnitt zwischen 6 und 20 Jahre im Kinderdorf gelebt und es vor etwa 25 Jahren verlassen haben. Im Ergebnis schildert der Autor zunächst die Anforderungen an eine resilienzförderliche Heimerziehung, wie sie sich aus den Aussagen seiner Probanden ableiten lassen. Daraus entwickelt er ein Konzept für Heimerziehung, das Resilienzförderung als wichtigen Bezugspunkt hat. Realisieren lässt sich dies für Kormann letztlich in einer dialogischen Erziehungsform, bei der Erzieherinnen und Erzieher als Vorbilder wirken, ein emotional warmes und offenes Klima herrscht, individuelle Ressourcen gestärkt und hoffnungsvolles Vertrauen in die Zukunft geweckt werden.

„Lichtpunkte", so nannte sich ein Programm, mit dem benachteiligte Kinder und Jugendliche bundesweit in 21 Projekten gefördert wurden. Die Autorinnen – *Margherita Zander, Nicole Alfert* und *Bettina Kruth* –, mit der wissenschaftlichen Begleitung und Evaluation des Programms betraut, geben zunächst einen Überblick über die bunte Vielfalt, die dessen Angebotspalette auszeichnet. Am Beispiel der Tenever-Liga, einer Bremer Mädchenfußball-Gruppe, stellen sie Grundidee und Arbeitsweise exemplarisch vor. Im Zentrum des Beitrags steht jedoch der Versuch, eine Abgrenzung zwischen Ressourcenorientierung und Resilienzförderung vorzunehmen, da die beiden Konzepte oft wenig trennscharf in einem Atemzug genannt werden. Dabei werden in einem ersten Schritt Schnittmengen in der inhaltlichen Orientierung und praktischen Ausrichtung herausgearbeitet, um dann das jeweils Spezifische zu definieren. Einen weiteren Schwerpunkt legen die Autorinnen darauf – wieder am Beispiel der Tenever-Liga –, Resilienzförderung „in Gruppen" zu diskutieren, wobei es vor allem darum geht, die Gruppe selbst als resilienzförderndes Umfeld und als Schutzfaktor für benachteiligte Kinder und Jugendliche zu mobilisieren.

Manfred Liebel nutzt das Resilienz-Paradigma, um einen anderen und für manchen ungewohnten Blick auf Kinder in Straßensituationen zu werfen. Folgt man seinem Verständnis von Resilienz, so kommt man nicht umhin, „sich von den normativen Vorgaben und Erwartungen der dominierenden Gesellschaft freizumachen (...)". Liebel postuliert, dass Resilienz kulturgebunden, gesellschaftskritisch und kontextspezifisch zu deuten sei. Nur dies entspreche der schwierigen Lebenssituation und dem Selbstverständnis dieser Kinder. Was nämlich aus der Außenperspektive mit ihrer normativen Prägung als „unerwünschtes Verhalten und als Ausdruck von Gefährdung" gelte, mag aus der Sicht der Kinder selbst einfach resiliente Überlebensstrategie sein. Auch Professionelle unterliegen, so Liebel, häufig der Gefahr solcher normativen Setzungen und müssen daher, wollen sie solchen Kindern gerecht werden, ihre Sicht- und Handlungsweise überprüfen. Seines Erachtens gebe es bisher kaum Studien, welche Kinder in Straßensituationen unter dem Blickwinkel des Resilienz-Paradigmas untersucht haben. Gerade von ihnen würde sich Liebel freilich ertragreiche Erkenntnisse für den Resilienz-Diskurs versprechen. Verstünde man besser die spezifische Funktionsweise der oft recht eigensinnigen Resilienz bei diesen Kindern, würden sie zumindest ein Stück weit von ihrem Außenseitertum befreit. Praktische Schlussfolgerungen runden den Beitrag ab.

Ebenso fordert *Haci-Halil Uslucan,* seine Zielgruppe – Jugendliche mit Migrationshintergrund – einmal anders, also nicht durch die übliche Defizitbrille, zu sehen. Folglich die Chancen, die mit Migration für den Einzelnen wie für die Gesellschaft verbunden sind, zur Kenntnis zu nehmen. So betrachtet Uslucan Bikulturalität und Bilingualität in erster Linie als Entwicklungsvorteile, also etwas, was diese Jugendlichen ihren deutschen Altersgenossen voraushaben. In seinem Beitrag stellt Uslucan die Ergebnisse einer eigenen Studie vor, mit der er das „Wohlbefinden" von Jugendlichen, die in interkulturellen Kontexten aufwachsen, untersucht hat. Darin zeigt er durch den Vergleich von deutschen und türkischen Jugendlichen, wie – kulturell und sozial bedingt – unterschiedlich auf Entwicklungsrisiken, beispielsweise Tod eines Elternteils oder Scheidung, reagiert wird und schlüsselt dies auch geschlechtsspezifisch auf. Aus dieser Studie leitet er – wie generell aus einer positiv gewendeten Sicht auf Migration – Empfehlungen für einen ressourcenorientierten und auf Resilienzförderung zielenden Umgang mit Migrantenjugendlichen im Bildungssystem ab.

Dorothea Irmler rückt in ihrem Beitrag eine spezifische Gruppe von Migrantenkindern ins Zentrum der Aufmerksamkeit, die in der Öffentlichkeit sonst wenig beachtet wird. Sie schildert die Rahmenbedingungen der Arbeit mit traumatisierten Flüchtlingskindern (aus Bürgerkriegsregionen) und zeigt dabei auf, wie Resilienzförderung konzeptionell in die Trauma-Therapie eingebunden werden kann. Sie stellt dafür den vom Kölner Traumazentrum erarbeiteten Drei-Säulen-Ansatz vor, der symbolisch als „Haus" visualisiert werden könne. Dieses Modell zielt – ähnlich wie auch andere – auf die Förderung von Bindung, Bildung, Selbstwirksamkeit und das Erleben von „Bausteinen guter Erinnerung" ab. Gleichzeitig führt Irmler auch die Schwierigkeiten vor Augen, ein solches Konzept unter den gegebenen schwierigen Lebensbedingungen von Flüchtlingskindern umzusetzen: wo Familien oft zerrissen und Familienbeziehungen durch die Umstände zerstört würden, wo individuelle Fähigkeiten von traumatisierenden Erfahrungen dominiert seien, wo durchlebte Hilflosigkeit und Ohnmachtsgefühle dem Erleben von Selbstwirksamkeit entgegen stünden. Hier gelte es, positive Erfahrungen zu ermöglichen, die von diesen Kindern gleichsam wie von „Schwämmen aufgesaugt" und als „Kostbarkeiten in sich bewahrt" werden könnten. Gibt es wohl ein besseres Beispiel dafür, wie Resilienzförderung dort am meisten bewirkt, wo die erfahrene Not (als Risiko) am größten ist?

Noch konkreter in den alltäglichen Umgang mit Flüchtlingskindern – hier: Roma-Kindern aus dem Ex-Jugoslawien – führt uns der Beitrag von *Uli Hahn* hinein. Als Sozialpädagogin arbeitet sie in dem Projekt „Amaro Kher" (Köln), das sich explizit dem Konzept der Resilienzförderung verschrieben hat. Die Verfasserin beschreibt anschaulich, wie sich dieser Ansatz in der praktischen Arbeit mit diesen Kindern umsetzen lässt. Die

Einleitung 27

konkreten Lebensumstände, wie sie immer wieder zur Sprache kommen, werden am deutlichsten im abschließenden Fallbeispiel. Resilienzfördernd vorzugehen sei prinzipiell eine Erleichterung für die pädagogische Arbeit, weil der „Resilienzblick" die Aufmerksamkeit auf Stärken lenke und damit Anerkennung leiste, wo doch sonst solche Kinder immer tagtäglich abgewertet würden. Gerade hier, so die Autorin, gelte es, die Frage der Perspektive von Resilienz zu diskutieren, bei Kindern, deren seelische Widerstandskraft sich in zwei derart unterschiedlichen kulturellen Kontexten bewähren soll, nämlich ihrem eigenen und dem der bundesrepublikanischen Mehrheitsgesellschaft, wobei angesichts der permanent drohenden Abschiebung zudem noch unklar sei, ob es zur angestrebten Integration jemals komme. Auch kurzfristig erschwere die Unklarheit und teilweise Willkür der Politik die ohnehin schwierige Integration von Roma-Kindern in das gegliederte deutsche Schulsystem.

In der Biografiearbeit sieht *Mirja Silkenbeumer* einen Weg – oder jedenfalls einen Einstieg –, um gemeinsam mit delinquenten Jugendlichen ihr Resilienzpotenzial aufzuspüren. Hier haben wir es wieder mit einer Zielgruppe zu tun, die im alltäglichen Umgang nicht selten als schwer zugänglich und oft als eher „sperrig" erlebt werden mag. Nach Silkenbeumer gilt es zunächst zu unterscheiden zwischen Jugendlichen, die lediglich vorübergehend delinquentes Verhalten zeigen, und solchen, die wiederholt straffällig geworden sind. Gerade was die letztere Gruppe betrifft lassen Verlaufsstudien erkennen, wie sich auch im Leben dieser Jugendlichen durch „Wendepunkte" Ausstiegsperspektiven eröffnen können. Entscheidend sei hierfür, so die Autorin, eine verbesserte Integration in soziale Netze und Leistungsbereiche. Silkenbeumer unterzieht institutionelle Zuständigkeiten und inhaltliche Zielsetzungen gängiger Maßnahmen einer kritischen Überprüfung und sucht nach Möglichkeiten, wie sich Resilienzförderung auf diesem Arbeitsfeld etablieren ließe. Einen Ansatzpunkt sieht sie bei den psychosozialen Risiken, die mit Delinquenz im Jugendalter verbunden sein können. Hier biete sich die Chance für einen resilienzfördernden, fallverstehenden Zugang im Rahmen angeleiteter Biografiearbeit, und dafür müsse man konkrete Formen der Unterstützung – in der Einzel- wie in der Gruppenarbeit – entwickeln. Dass eine solche Herangehensweise nicht voraussetzungslos ist, sondern erhebliche Anforderungen an das pädagogische Mitarbeiterteam und die Rahmenbedingungen stellen würde, liegt auf der Hand. Aber auch hier wird letztlich davor gewarnt, die Erwartungen zu hoch zu stecken, da das Ergebnis solcher Prozesse im Einzelfall kaum vorhersagbar sei.

Im abschließenden Interview mit *Birgit Averbeck* – vom Jugendamt Dortmund – wird dann noch einmal die breite Palette von Fragen thematisiert, welche die Idee der Resilienzförderung aus Sicht der professionellen Praxis aufwirft. Averbeck gibt in ihren sehr präzisen und im besten Sinne von langjähriger beruflicher Erfahrung geprägten Antworten ausführlich Auskunft darüber, welchen Stellenwert sie dem Resilienzkonzept in der Kinder- und Jugendhilfe, insbesondere im Bereich des präventiven Kinderschutzes, der ambulanten Erziehungshilfen und der systemischen Familienberatung, einräumt. Sie geht dabei auch auf Schwierigkeiten ein, die sich für Fachkräfte der Sozialen Arbeit zunächst aus einem Ansatz ergeben können, der nun plötzlich die Stärken der gefährdeten Kinder aufgreift, wo sie doch ihrem Auftrag gemäß auf Gefährdungen gepolt sind. Überzeugt von der Nützlichkeit der Idee, skizziert sie so eine Perspektive, wie sich das Jugendamt im Sinne von Resilienzförderung zu einem tatsächlichen Schutzfaktor für gefährdete Kinder und Jugendliche entwickeln könne. Damit würden sich auch die traditionell eher negativ konnotierte Wahrnehmung und das Erscheinungsbild solcher Ämter wandeln. Averbeck macht auch keinen Bogen um heiklere Fragen: So verkennt sie nicht, dass es Kinder und Jugendliche gebe, bei denen das Konzept versage. All denen, die es mit schwieriger Klientel zu tun haben, dürfte es sympathisch sein, dass Averbeck letztlich ein Verständnis von Resilienz vertritt, welches eine gewisse Widerständigkeit, ja Widerborstigkeit gegen allgemein erwartetes gesellschaftliches Verhalten zulässt.

Das Nachwort gebührt *Martin Roemer*, der die Beiträge dieses Bandes sorgfältig und in enger Rücksprache mit allen Autorinnen und Autoren redigiert hat. Als Nicht-Fachmann – wie man so sagt – hat er sich auf diese Weise auch inhaltlich intensiv mit der Materie auseinandergesetzt. Er greift in seinem Nachwort wichtige grundsätzliche Fragen auf, die in den verschiedenen Beiträgen angeklungen, auf die eine oder andere Weise beantwortet wurden oder auch offengeblieben sind. Die jedenfalls zu einem offenen Disput anregen. Roemer nimmt, wie man seinem engagierten Duktus leicht entnehmen kann, diesen Ball gerne auf und gibt ihn an die interessierten Leserinnen und Leser weiter. Ein besonderes Anliegen ist ihm dabei, in welchem gesellschaftspolitischen Kontext Diskussion und Umsetzung der Resilienz-Idee erfolgen; hierzu nimmt er pointiert Stellung. Was stünde einem Handbuch, das breite Wirkungskraft in die Praxis hinein entfalten will, besser an, als am Ende – nachdem über Hunderte von Seiten ein so menschliches Phänomen aus wissenschaftlicher und praxisbezogener professioneller Sicht betrachtet wurde – auch jemanden

Einleitung 29

zu Wort kommen zu lassen, der die Diskussion mit größerer Distanz von außen sieht und seine Gedanken dazu in eine Sprache kleidet, die nicht mit dem üblichen Fachvokabular operiert?

Mit Blick auf das hier vorliegende umfangreiche Werk kann man abschließend sicherlich sagen, dass die Diskussion über Resilienz und Resilienzförderung in der Sozialen Arbeit bereits angekommen ist. Dies zeigt sich nicht zuletzt bei der Diskussion von ethischen Aspekten in diesem Band, die hier nämlich im Tenor originärer Grundsatzfragen der Sozialen Arbeit geführt wird. Im Kontext von Resilienzförderung spitzen sich solche Grundsatzfragen noch zu, weil Resilienz mit Verhaltensweisen einhergehen kann, die bisweilen als grenzwertig und anstößig gewertet werden. Wie sich die Geister dabei spalten und dass dies keine spezifisch bundesrepublikanische Debatte ist, lässt sich im ersten Teil nachlesen, wo die Spannweite zwischen dem Resilienzverständnis von Edith Grotberg und Michael Ungar nicht größer sein könnte.

Hierbei handelt es sich letztlich nicht nur um divergierende Vorstellungen davon, was als „resilientes Verhalten" gelten mag oder nicht, sondern wird auch die Frage nach der Freiheitlichkeit oder Toleranz einer Gesellschaft aufgeworfen und danach, wie sich Soziale Arbeit im Konfliktfall positioniert. Wessen Resilienz soll gefördert werden und wer definiert das damit verbundene Ziel? Wem soll sie nützen? Was lässt sich mit Resilienzförderung erreichen und wo liegen ihre Grenzen? Das werden weiterhin Fragen sein, die sich in der alltäglichen Praxis mit den verschiedenen Zielgruppen auftun, die sich für die Fachkräfte der Sozialen Arbeit in ihrem beruflichen Alltag immer wieder stellen und auf die sie ihre jeweils eigene Antwort finden müssen. Die viel diskutierte Parteilichkeit für die eigene Klientel wird nicht minder als in anderen sozialpädagogischen Konzepten herausgefordert, ebenso der Respekt vor individueller Autonomie.

Auch in Zukunft werden Evaluationen von Projekten und Programmen nicht fehlen und sicherlich ein Stück weit – heute noch offene – Fragen zur Wirkungsweise von Resilienzförderung beantworten können. Das wird jedoch nichts an manch prinzipieller Offenheit der Situation ändern, schon gar nicht daran, dass Sie jeweils für den Einzelfall gültige Antworten zu geben haben. Ob dabei die komplexen Wechselwirkungen zwischen Risiko- und Schutzfaktoren je endgültig geklärt werden – was die Entwicklung praktischer Konzepte ja stark erleichtern würde –, kann aus heutiger Sicht ebenfalls nicht abgeschätzt werden. Gerade beim aktuellen Forschungsstand gilt es jedoch nicht nur zu fragen, was die Praktiker und Praktikerinnen aus der Forschung lernen sollen, sondern auch umgekehrt: Welche Erkenntnisse kann jetzt die Praxis für den Fortgang der Forschung beisteuern?

Praktikerinnen haben mir immer wieder berichtet, wie entlastend sich für ihre Arbeit – gefühlsmäßig wie mental – der Übergang zum Resilienzkonzept auswirkt. Entlastend sei es, mit einem Konzept zu arbeiten, das den Blick für vorhandene Stärken schärfe und das eigene Handeln auf Schutzfaktoren hin orientiere. Nicht übersehen sollte man freilich, so ist hinzuzufügen, dass es Adressaten geben mag, die auf Resilienzförderung nicht wie erhofft ansprechen und damit nicht adäquat erreicht werden. Sie dürfen im „Eifer des Gefechts" nicht übergangen werden: Kinder und Jugendliche, welche die erwünschten Resilienzpotenziale nicht zu entfalten vermögen, sollten keinesfalls die neuen Verlierer sein.

Muss noch eigens betont werden, dass Resilienzförderung politisches Handeln nicht ersetzt und nicht als Alibi dafür herhalten kann, gesellschaftliche Schieflagen und Probleme nicht anzugehen? Trotz all der sicherlich angebrachten warnenden Stimmen vor einem zu engen Verständnis von Resilienz – nämlich der Erwartung konformen Verhaltens – sowie vor der Möglichkeit des politischen Missbrauchs dürften die damit verbundenen Hoffnungen deutlich schwerer wiegen. Entscheidend ist letztlich die Gewissheit, dass die Förderung ihrer Resilienz genügend vielen Menschen helfen wird, gerade Kindern und Jugendlichen, die ja noch am Anfang ihres Lebens stehen.

Bleibt mir nur, herzlich all denjenigen zu danken, die an der Entstehung dieses Handbuches mitgewirkt haben: allen Autorinnen und Autoren für ihre Beiträge, Gerrit Pohl für seine Übersetzungen, Martin Roemer für die redaktionelle Bearbeitung sowie Sabine Harling und Magdalena Megler für das Korrekturlesen und die Einarbeitung der Korrekturen, Frank Zander für das Layout, Stefanie Laux vom Verlag für die weiten Spielräume bei der Gestaltung dieses Bandes.

Margherita Zander
November 2010

Teil 1

Internationale Beiträge

Risiko und Resilienz im Leben von Kindern aus multiethnischen Familien

Emmy E. Werner

1. Einleitung

Während des größten Teils meines Berufslebens war es mein Privileg, Kinder aus multiethnischen Familien studieren und mit ihnen arbeiten zu können, Kinder, die in verschiedenen Gegenden der USA sowie auf verschiedenen Kontinenten in Entwicklungsländern aufwuchsen. Die Einsichten, die ich hieraus gewann, stammen von Großstadtkindern im Osten der USA, Einwandererfamilien und Flüchtlingen in Kalifornien sowie den Kindern von Kauai. Und nicht zuletzt von den Kindern aus Südost-Asien und Ost-Afrika, denen ich begegnete, während ich für die UNICEF arbeitete – Kindern, die arm an materiellen Gütern waren, aber erfindungsreich im Kampf ums Überleben. Sie alle lehrten mich, welch außerordentliche Fähigkeiten Menschen entwickeln, die große Hindernisse zu bewältigen haben.

Meine professionelle Arbeit begann mit der Dokumentation kurz- und langzeitiger Einflüsse von Risikofaktoren, die viele dieser Kinder verwundbar machten: schwere Komplikationen bei der Geburt, Alkoholismus und psychische Erkrankungen der Eltern, anhaltender häuslicher Streit, Kindesmissbrauch und Vernachlässigung. Arme Kinder aus multiethnischen Familien – in den USA oder anderswo – waren häufig multiplen Risiken ausgesetzt, die es wahrscheinlicher machten, dass sie fortgesetzte Lern- und Verhaltensprobleme entwickelten, welche im Erwachsenenleben zu negativen Konsequenzen führen würden.

Ich erkannte aber auch, dass das Aufwachsen unter solchen Bedingungen nicht bedeutete, dass sich *jedes* Kind *notwendigerweise* schlecht entwickelte, denn wir untersuchten nicht nur das Leben derer, die „untergingen", sondern auch derer, die „erfolgreich überlebten". Dies erforderte Zeit und die Bereitschaft, Lebenswege von der Kindheit bis zum Erwachsenenalter zu verfolgen. Nur sehr wenige Forscher und Forscherinnen haben das getan. Sie stammen aus verschiedenen Kontinenten – Europa, Australien und Nordamerika –, aber ihre Studien haben übereinstimmend gezeigt, dass sogar unter Kindern, die multiplen Stressoren ausgesetzt sind, nur eine Minorität schwere und andauernde Probleme entwickelt.

Lassen Sie mich zunächst die Begriffe *Resilienz* und *schützend* klären. Resilienz ist kein Charaktermerkmal, sondern das Endprodukt von Pufferungsprozessen, welche Risiken und belastende Ereignisse zwar nicht ausschließen, es aber dem Einzelnen ermöglichen, mit ihnen erfolgreich umzugehen. Deswegen muss dieses Phänomen in Längsschnittstudien verfolgt werden! Schützende Faktoren verbessern die Reaktion eines Individuums auf schädigende Ereignisse, so dass seine Anpassung erfolgreicher ist als sie es wäre, wenn keine schützenden Faktoren gegeben wären. Ich benutze hier die Bezeichnung *schützend*, um Faktoren zu beschreiben, welche ein Risiko und schädigende Ereignisse abmildern, die also positive, für die Entwicklung angemessene Ergebnisse befördern.

Bislang stützt sich der Großteil der Nachweise von Resilienz auf Querschnittsstudien oder zeitlich begrenzte Längsschnittstudien, die nur eine Reihe von Jahren abdecken. Es gibt zurzeit nur einige wenige Längsschnittstudien, die (a) eine Kerngruppe von einhundert oder mehr Probanden durchgehend betreuten, darunter Kinder aus multiethnischen Familien, und (b) sie von ihrer Kindheit bis ins Erwachsenenalter begleiteten.

Die *Kauai Längsschnittstudie*, deren Ergebnisse im Mittelpunkt meines Artikels stehen werden, setzte in der pränatalen Phase ein und beobachtete den Einfluss einer Vielzahl biologischer und psychosozialer Risikofaktoren, von belastenden Lebensereignissen, aber auch von protektiven Faktoren auf die Entwicklung von 698 Kindern, die auf dieser Insel des Hawaii-Archipels im Jahre 1955 geboren wurden. Die beiden größten Gruppen innerhalb dieser Kohorte haben halb-hawaiianische Eltern und sind Kinder japanischer Väter und philippinischer Mütter. Auskünfte über die Kinder und ihre Familien wurden bei der Geburt erfasst, in der Zeit unmittelbar nach der Geburt, sowie im Alter von 1, 2, 10, 18, 32 und 40 Jahren. Das jüngste Buch über diese Studie ist *Journeys from Childhood to Midlife: Risk, Resilience, and Recovery* (Werner/Smith 2001).

Es gibt sechs weitere Studien, welche ebenfalls multiethnische Kinder behandeln, die von ihrer Kindheit bis ins Erwachsenenalter begleitet wurden, und deren Ergebnisse unsere eigenen bestätigen und ergänzen: *The Minnesota Study of Risk and Adaptation*, durchgeführt seit 1975, begleitete 190 einkommensschwache Mütter vom letzten Drittel ihrer Schwangerschaft bis zum fünfundzwanzigsten Lebensjahr der Kinder. Ein Drittel der Kinder hatten afro-amerikanische, indianische („native American") oder spanisch-amerikanische Eltern (Egeland/Carlson/Sroufe 1993). Die *Roches-*

ter Longitudinal Study, die seit 1970 lief, bezog eine Kerngruppe von 180 Frauen mit psychischen Erkrankungen ein, deren Kinder bei Geburt, im Kleinkindalter und in den Vorschuljahren sowie während der Schuljahre 1–12 beobachtet wurden (Anm. des Übersetzers: während der amerikan. Primary und High School). Von diesen waren ein Drittel Kinder mit afroamerikanischen Eltern (Sameroff/Gutman/Peck 2003). *The British Cohort Study* verfolgte den Lebensweg von 14.299 Kindern, die innerhalb einer Woche im April 1970 geboren wurden, bis zum 26. Lebensjahr (Schoon 2001). Etwa 700 ihrer Mütter kamen aus Afrika, Südasien, dem Mittleren Osten, dem Fernen Osten und den West-Indischen Inseln.

Es gibt auch zwei bemerkenswerte Längsschnittstudien aus Neuseeland mit Untergruppen von Maori Kindern. *The Dunedin Multi-disciplinary Health and Development Study* untersuchte eine Kohorte von 1.037 Kindern, die zwischen April 1972 und März 1973 geboren wurden und während der Vorschuljahre, der Grund- und Sekundarschule (High School) und bis zum Alter von 18, 21 und 26 Jahren begleitet wurden (Caspi et al. 2002, 2003). *The Christchurch Health and Development Study* verfolgte die Entwicklung von 1.265 Kindern, die 1977 innerhalb von vier Monaten geboren wurden, im Kleinkindalter und in jährlichen Abständen bis zum Alter von 16, 18 und 21 Jahren (Fergusson/Horwood 2003).

In Australien begleitete *The Mater-University of Queensland Study of Pregnancy* in Brisbane 5.262 Kinder, die 1981 geboren wurden, von der Geburt bis zum Alter von 6 Monaten, und dann im Alter von 5, 14–15 und 21 Jahren, mit Untergruppen von Aborigines-Kindern und Kindern asiatischer Abstammung (Le Brocque 2005).

2. Erkenntnisse aus Längsschnittstudien zu Kindern aus multiethnischen Familien

Gleich ob die Teilnehmer britischer, australischer, neuseeländischer Herkunft waren oder aus multi-ethnischen Familien aus Hawaii, Minnesota oder New York kamen, haben alle Längsschnittstudien gezeigt, dass das Phänomen der Resilienz auf reziproken Effekten beruht, mithin auf dem Zusammenspiel von schützenden Faktoren im Kind, seiner Familie und dem weiteren sozialen Umfeld.

Man kann hier einen gemeinsamen Kern individueller Dispositionen und Quellen sozialer Unterstützung erkennen, die nunmehr auf drei Kontinenten unabhängig voneinander bestätigt worden sind. Ähnliche Erkenntnisse haben wir bereits in unserer Studie über Kinder multi-eth-

Risiko und Resilienz von Kindern aus multiethnischen Familien 35

Tabelle 1:
Zuordnung individueller Merkmale bei Kindern,
die große Risiken erfolgreich bewältigt haben –
bestätigt in zwei oder mehr ausgedehnten Langzeitstudien

Lis-tung	Charakteristik der Person	Untersuchter Zeitraum	Art der Gefährdung im Kindesalter				
			Multiple Risiko-faktoren 4+	Armut	Geistige Erkran-kung bei Elternteil	Kindes-miss-brauch	Schei-dung
1	Geringe Belastbarkeit und Emotionalität	Früheste Kindheit bis Erwachsenenalter	+	+	+	+	+
2	Aktiv, robust	Früheste Kindheit bis Erwachsenenalter	+	+			
3	Gesellig, umgänglich	Früheste Kindheit bis Erwachsenenalter	+	+	+	+	
4	Zärtlich, anhängliches Temperament	Früheste Kindheit bis Kindheit	+	+	+	+	+
5	Autonomie, soziale Reife	Frühe Kindheit	+	+			
6	Durchschnittliche bis überdurchschnittliche Begabung (einschl. Lesefähigkeit)	Kindheit bis Erwachsenenalter	+	+	+	+	+
7	Sehr leistungs-motiviert	Kindheit bis Erwachsenenalter	+	+	+		
8	Besondere Begabungen	Kindheit bis Adoleszenz	+	+	+		
9	Positive Selbst-einschätzung	Kindheit bis Adoleszenz	+	+	+		+
10	Interne Kontroll-überzeugung	Kindheit bis Erwachsenenalter	+	+	+	+	+
11	Impuls-Beherrschung	Kindheit	+	+	+		
12	Vorausschauendes Handeln	Adoleszenz bis Erwachsenenalter	+	+			
13	Glaubens-überzeugungen, Kohärenzgefühl	Adoleszenz bis Erwachsenenalter	+	+	+		
14	Erwartete Hilfs-bereitschaft	Kindheit bis Erwachsenenalter					

nischer Zusammensetzung auf der Insel Kauai gewonnen, wobei diese Kinder jeweils vier oder mehr Risikofaktoren ausgesetzt waren: Armut, Geburtskomplikationen, psychisch kranke Eltern und Scheidung.

Tabelle 2:
Ressourcen in der Familie und im weiteren sozialen Umfeld bei Kindern, die große Risiken erfolgreich bewältigt haben – bestätigt in zwei oder mehr ausgedehnten Langzeitstudien

Listung	Charakteristik der Person	Untersuchter Zeitraum	Art der Gefährdung im Kindesalter				
			Multiple Risikofaktoren 4+	Armut	Geistige Erkrankung bei Elternteil	Kindesmissbrauch	Scheidung
1	Kleine Familie (< 4 Kinder)	Früheste Kindheit	+	+			
2	Erziehungskompetenz der Mutter	Früheste Kindheit bis Adoleszenz	+	+	+	+	
3	Enge Bindung an wichtigste Bezugsperson	Früheste Kindheit bis Adoleszenz	+	+	+	+	
4	Unterstützung durch die Großeltern	Früheste Kindheit bis Adoleszenz	+	+	+	+	+
5	Unterstützung durch die Geschwister	Kindheit bis Adoleszenz	+	+	+	+	+
6	Kompetente gleichaltrige Freunde (peers)	Kindheit bis Adoleszenz	+	+		+	+
7	Unterstützung durch Lehrer	Vorschule bis Erwachsenenalter	+	+	+		+
8	Erfolg in der Schule	Kindheit bis Erwachsenenalter	+	+	+		+
9	Mentoren; ältere Ratgeber	Kindheit bis Erwachsenenalter	+	+			
10	Soziale Einrichtungen (Jugendzentren, religiöse Gruppen)	Kindheit bis Erwachsenenalter	+	+			

3. Resilienz in den prägenden Jahren

Drei Gruppen (Cluster) von schützenden Faktoren unterschieden die resilienten Jungen und Mädchen, die erfolgreich ihre Schwierigkeiten bewältigten und zu leistungsfähigen, selbstsicheren und fürsorglichen Erwachsenen heranwuchsen, von anderen Jugendlichen, die schwere Anpassungsprobleme während ihrer Kindheit oder im Jugendalter entwickelten (Werner/Smith 1989).

1. *Schützende Faktoren im Kind:* Schon im Säuglingsalter zeigten die resilienten Kinder Temperamentseigenschaften, die bei Sorge- und Erziehungspersonen positive Reaktionen hervorriefen. Mit einem Jahr charakterisierten ihre Mütter sie überwiegend als „aktiv", „liebevoll", „schmusig", „gutmütig" und „umgänglich"; im Alter von zwei Jahren beschrieben unabhängige Beobachter die resilienten Kleinkinder als „liebenswürdig", „fröhlich", „freundlich", „mitteilsam" und „gesellig". Sprachentwicklung, Motorik und die Fähigkeit, sich selbst zu helfen, war bei ihnen weiter gediehen als bei ihren Altersgenossen, die später Probleme entwickelten.

   Mit dem 10. Lebensjahr erzielten jene Kinder, die sich gegen ihre schwierigen Lebensumstände behaupteten, bessere Testergebnisse bei der Lösung praktischer Probleme und hatten eine höhere Lesekompetenz als die, welche Verhaltens- oder Lernprobleme entwickelten. Sie besaßen dazu ein besonderes Talent, das ihnen ein Gefühl von Stolz gab, und sie unterstützten gern andere, die Hilfe benötigten.

   Im späteren Jugendalter hatten sie Vertrauen in ihre eigenen Fähigkeiten gewonnen sowie die Überzeugung, dass die Probleme, die sie angingen, durch ihre eigenen Handlungen überwunden werden könnten. Sie besaßen realistischere Bildungs- und Berufspläne und höhere Erwartungen für ihre Zukunft als ihre Gleichaltrigen mit Anpassungsproblemen.

2. *Schützende Faktoren in der Familie:* Kinder, die sich gegen ihre Schwierigkeiten behaupteten, erhielten schon früh die Chance, eine enge Bindung zu einer kompetenten, emotional stabilen Person zu entwickeln, die für ihre Bedürfnisse aufgeschlossen war. Einen Großteil dieser Zuwendung gaben ihnen Personen, die sich ersatzweise um sie kümmerten, also etwa Großeltern, ältere Geschwister, Tanten und Onkel. Resiliente Jungen kamen gewöhnlich aus Haushalten, in denen Strukturen und Regeln herrschten, bei denen ein Mann als Identifikationsmodell diente und bei denen emotionale Mitteilsamkeit gefördert wurde. Resiliente Mädchen kamen eher aus Familien, die sowohl auf Unabhängigkeit Wert legten als auch auf verlässliche Unterstützung durch eine weibliche Bezugsperson. Die Familien dieser Kinder teilten religiöse Überzeugungen, die ihrem Leben ein Maß an Stabilität und Bedeutung verliehen.

3. *Schützende Faktoren im weiteren sozialen Umfeld:* Resiliente Jugendliche verließen sich gewöhnlich auf Ältere und auf Gleichaltrige in ihren Gemeinwesen, wenn sie emotionale Hilfe benötigten, und suchten sie als Ratgeber in Krisenzeiten auf. Als positives Rollenmodell dienten

oft Lieblingslehrer, aber auch fürsorgliche Nachbarn, ältere Mentoren, die Eltern von Freunden, Leiter von Jugendgruppen, Pastoren und Mitglieder von kirchlichen Gruppen.

4. „Anpassung" (Recovery) im Erwachsenenalter

Eins der bemerkenswertesten Ergebnisse unserer Folgestudien, die im Erwachsenenalter durchgeführt wurden (im Alter von 32 und 40 Jahren), war, dass die meisten Jugendlichen, die während der Pubertät schwere Anpassungsprobleme entwickelt hatten, sich davon erholt hatten, als sie im mittleren Lebensabschnitt standen. Dies trifft auf die Mehrheit der Jugendlichen zu, mehr jedoch auf die Mädchen als auf die Jungen.

Insgesamt weisen die Jugendlichen mit Problemen eine höhere Sterblichkeitsrate (4,4 %) im Alter von 40 Jahren auf als ihre resilienten Peers (3,3 %) und die Gruppe der risikoarmen Mitglieder derselben Kohorte (2,8 %), wobei unter letzteren mehr Sterbefälle durch Unfälle und AIDS verschuldet wurden. Die Mehrheit der Überlebenden hatte jedoch keine ernsthaften Anpassungsprobleme, sobald sie auf die 40 zuging. Diese Menschen befanden sich in stabilen Ehen und Berufen, waren mit ihren Beziehungen zu Ehepartnern und Kindern zufrieden und waren verantwortliche Bürger in ihrer Gemeinde.

Dabei hatte eine Reihe von Wendepunkten bei jenen Männern und Frauen, die mit hohem Risiko behaftet waren, im Laufe ihres Lebens zu einer dauerhaften positiven Richtungsänderung geführt. Die Veränderungen begannen, nachdem sie die Schule verlassen hatten, ohne die Hilfe oder das gezielte Eingreifen professioneller „Experten". Eine der wichtigsten Lehren aus unserer Folgestudie ist, dass die *Eröffnung von Chancen* in der dritten und vierten Lebensdekade nachhaltige positive Veränderungen bewirkte, und dies bei der Mehrzahl von Teenager-Müttern, straffälligen Jungen sowie von Männern und Frauen, die in der zweiten Lebensdekade mit seelischen Erkrankungen zu kämpfen hatten.

Zu den stärksten Kräften, die diesen Jugendlichen im Erwachsenenalter eine Wende zum Positiven ermöglichten, zählten Fortbildung an örtlichen Fachschulen und in der Erwachsenenbildung, der Erwerb von Bildung und beruflicher Qualifikation während der Dienstzeit in der Armee, die Ehe mit einem verlässlichen Partner, der Beitritt zu einer Religionsgemeinschaft, welche die aktive Teilnahme an einer „Glaubensgemeinde" verlangte, die Überwindung einer lebensbedrohenden Krankheit oder eines Unfalls sowie – in weit geringerem Umfang – Psychotherapie.

Die Ausbildung an Fachschulen und der freiwillige Eintritt in die Armee (die „armed forces" schließen Luftwaffe oder Seestreitkräfte ein, Anm. d. Übers.) boten Jugendlichen die Gelegenheit, berufliche und soziale Qualifikationen zu erwerben, die es ihnen ermöglichten, sich für den Wettbewerb auf dem Arbeitsmarkt zu qualifizieren. Diese Effekte wirkten sich auch auf ihre Kinder aus. Sowohl die einstigen Teenager-Mütter wie auch die ehemaligen Straffälligen, die ihre Bildungschancen im Erwachsenenalter genutzt hatten, legten großen Wert darauf, dass ihre eigenen Söhne und Töchter erfolgreich die Schule durchliefen.

Die Ehe mit einem verlässlichen Partner, den sie als guten Freund oder gute Freundin betrachteten, stellte einen weiteren Wendepunkt dar. Oft handelte es sich dabei um eine glückliche zweite Ehe – nachdem eine übereilt oder aus einem übereilten Impuls heraus geschlossene erste Ehe in Scheidung geendet hatte. Eine solche Ehe bot dem einst von Schwierigkeiten geplagten Partner eine verlässliche Quelle emotionaler Unterstützung sowie die Möglichkeit, die eigenen Sorgen mit einer liebevollen Person zu teilen, die ihr Selbstwertgefühl stärkte.

Der Beitritt zu einer Religionsgemeinschaft, die ihnen Struktur, das Gefühl für Gemeinschaft und die Gewissheit der Erlösung vermittelte, war für viele Jugendliche mit Problemen ein wichtiger Wendepunkt im Leben. Die meisten von ihnen waren Söhne und Töchter von Alkoholikern, die als Kinder von ihren Eltern missbraucht worden waren.

Diejenigen, die in ihrer Jugend mit seelischen Erkrankungen kämpften, erlebten eine innere Wende, die ihr Leben grundsätzlich veränderte, sobald sie sich dem 40. Geburtstag näherten. Sie hatten einen nachhaltigen und schmerzhaften Kampf mit einer lebensbedrohlichen Krankheit oder einen Unfall durchgemacht. Die Nähe zum Tod zwang sie, das Leben, das sie bislang geführt hatten, zu überprüfen und die Möglichkeiten einer Wende zum Besseren zu überdenken.

Mit Psychotherapie wurde nur bei einigen wenigen Personen gearbeitet (etwa 5 %), die in der Regel eine gehobenere Erziehung genossen hatten und sich eher introspektiv verhielten. Die Mehrheit in dieser Gruppe verließ sich eher auf angstlindernde oder antidepressive Medikamente als auf eine „Gesprächstherapie", die wirkliche Einsicht hätte vermitteln können. Die meisten betroffenen Männer und Frauen schätzten den Nutzen der professionellen Psychotherapeuten (gleich ob Psychiater, Psychologen oder Sozialarbeiter) als weit geringer ein als den Rat von Ehepartnern, Freunden, Lehrern, älteren Mentoren und von Mitgliedern des erweiterten Familienkreises.

5. Ersatzeltern im erweiterten Familienkreis

Die emotionale Unterstützung, die von Mitgliedern der erweiterten Familie geleistet wurde, hatte einen signifikanten und dauerhaften Einfluss auf die Qualität der Anpassungsleistung von Hochrisiko-Kindern im Erwachsenenalter (Werner 2000).

Geschwister:
Zwei Drittel der Frauen und *vier Fünftel* der Männer aus den multiethnischen Familien auf Kauai, die zu verantwortlichen und kompetenten Erwachsenen heranwuchsen, und dies trotz Erfahrung von Armut, elterlicher seelischer Erkrankungen und Alkoholismus, berichteten, dass ihnen ein älteres Geschwisterkind bedeutende emotionale Hilfe geleistet habe. Häufig übernahm das älteste Mädchen der Familie einen Großteil der elterlichen Verantwortung.

Diese Erfahrungen beeinflussten auch ihre Berufswahl. Ein Großteil jener Frauen, die sich um ihre Geschwister gekümmert hatten, ergriff später „Helferberufe". Sie wurden Vorschul- oder Grundschullehrerinnen, Krankenschwestern, Sozialarbeiterinnen oder Elternberater (in der Erwachsenenbildung). Die engen Bindungen unter Geschwistern, die eine gemeinsame traumatische Kindheit erlebt hatten (als da wären elterlicher Alkoholismus oder Kindesmissbrauch), hatten Bestand, auch wenn sie später in verschiedenen Staaten lebten.

Großeltern:
In unserer Studie spielten im Leben der Enkel Großeltern, insbesondere Großmütter, eine positive Rolle, weil sie ihnen ein großes Maß an Fürsorge angedeihen ließen. *Etwa die Hälfte* aller Frauen, die trotz ungünstiger Vorgaben im Leben Erfolg hatten und kompetente und fürsorgliche Erwachsene wurden, verdankte dies ihren Großmüttern, weil sie von ihnen jene emotionale Unterstützung erhielten, die sie benötigten. *Einer von fünf* männlichen Jugendlichen, die unter schweren Risikobedingungen aufwuchsen, sich als Erwachsene aber gut behaupteten, war von seinen Großeltern aufgezogen worden, nachdem die Ursprungsfamilie auseinandergebrochen war.

Während die Frauen die Zuneigung und die emotionale Unterstützung hervorhoben, die sie von ihren Großmüttern erhielten, schätzten die Männer eher die Kameradschaft, die moralische Unterstützung und die Ratschläge ihrer Großväter. Die Berichte dieser Männer und Frauen ähneln den Befunden anderer Studien, die in den kontinentalen USA durchgeführt wurden.

Tanten und Onkel:
Etwa die Hälfte aller Frauen und *ein Drittel* aller Männer, die in Familien mit Eltern aufwuchsen, die sie missbrauchten, hatte eine Lieblingstante oder einen Lieblingsonkel, die ihnen halfen, das Trauma ihres Familienlebens abzumildern. Das waren meist junge Erwachsene, die in der Nachbarschaft lebten, oder jüngere Geschwister der Mütter der betroffenen Kinder.

Einige dieser „aunties", also als „Tanten" angenommenen Personen, die wegen ihrer Fürsorglichkeit und Zuwendung geschätzt wurden, nahmen die Stelle einer älteren Schwester ein, die schon von zuhause ausgezogen war.

Jene Söhne von Alkoholikern, die sich als Erwachsene behaupten konnten, suchten sich in der Regel einen Lieblingsonkel aus, den sie respektierten – wohl, weil er nicht trank – und entwickelten für ihn ein ausgeprägtes Interesse. Ältere Jungen – ebenso wie die Mädchen – schätzten den Umstand, dass sie mit ihrem Onkel über ihre schulische Karriere und Berufspläne reden und ihn um seinen Rat fragen konnten.

6. Bedeutung von Entwicklungskompetenz und Unterstützung im frühen Kindesalter

Die Längsschnittstudien in Kauai und Minnesota haben beide gezeigt, dass das frühe Einsetzen von Entwicklungskompetenz, gefördert von langanhaltender und unterstützender Fürsorge, einen nachhaltigen Einfluss auf die „Anpassungsfähigkeit" von Kindern ausübt und die Wahrscheinlichkeit erhöht, dass sie später in ihrem Leben formelle und auch informelle Hilfsangebote annehmen werden.

Die Minnesota Studie ergab, dass Kinder, die schon als Säuglinge gesicherte Bindungen genossen und in den ersten beiden Lebensjahren beständige Zuwendung erhielten, eine größere Fähigkeit zeigten, sich von einer Periode verlangsamter Entwicklung in der Grundschule zu erholen, als jene Kinder, die weniger Unterstützung in ihren frühen Jahren erfahren hatten. Personen, die einen positiven Übergang von mangelhafter Anpassung im mittleren Kindesalter zu kompetenter Lebensführung als Erwachsene vorweisen, hatten auch eine gesicherte Bindung in den ersten zwei Lebensjahren erfahren (Egeland/Carlson/Sroufe 1993).

Unsere Folgestudien im Erwachsenenalter auf der Insel Kauai zeigten, dass diejenigen, die sich der informellen Hilfsmöglichkeiten in ihrem sozialen Umfeld bedient hatten und deren Leben daraufhin eine Wende zum Besseren genommen hatte, sich sehr deutlich von denen unterschieden, die von solchen Möglichkeiten keinen Gebrauch machten. Erstere waren aktiver und umgänglicher, besaßen bessere Fähigkeiten zur Problemlösung und hatten häufiger positive Interaktionen mit fürsorglichen Menschen im Säuglingsalter und der frühen Kindheit erlebt. Ihre frühen Erziehungsbedingungen begünstigten die Fähigkeit, Vertrauen zu bilden.

7. Risikofaktoren mit Langzeitwirkung

Die meisten Erkenntnisse, die wir (in unserer Studie, die Hrsg.) bei der Beobachtung des Weges von der Geburt zum mittleren Lebensabschnitt erhielten, waren positiv. Wir müssen aber auch die dunklere Seite des Lebens betrachten. Im Erwachsenenalter von 32 und 40 Jahren ging es mindestens einer von sechs Personen aus unserer Geburts-Kohorte schlecht. Diese Menschen hatten Mühe, dauerhafte Arbeit zu finden und zu behalten, waren in Konflikte mit ihren Familien oder Nachbarn verstrickt und hatten eine schlechte Meinung von sich selbst.

In der Regel kamen sie aus Familien von Alkoholikern und/oder psychisch Erkrankten, ein Faktum, das einen umso höheren Tribut von ihnen forderte, je älter sie wurden. Mit 40 erzählte je einer von fünf Männern und eine von acht Frauen von eigenen Suchtproblemen (substance abuse) – Quoten, die sich seit dem 30. Lebensjahr verdoppelt hatten.

Eine weitere Gruppe mit größeren Bewältigungsproblemen, die sich bis ins mittlere Lebensalter fortsetzten, waren Personen, die ein schweres Geburtstrauma überlebt hatten, und solche, die mit erheblichem Untergewicht zur Welt gekommen waren. Die Mehrzahl der geistig behinderten Männer und Frauen, die auf kontinuierliche Hilfe von Fürsorgeeinrichtungen und den erweiterten Familienkreis angewiesen blieben, zählte zu dieser Gruppe. Bei ihnen traten auch häufiger schwere Gesundheitsprobleme auf, und die Sterblichkeitsrate in der dritten und vierten Lebensdekade lag bei ihnen höher als normal. Männer und Frauen, die während der Kindheit und Jugendzeit stärker belastende Lebensumstände zu bewältigen hatten, entwickelten mehr Gesundheitsprobleme im mittleren Erwachsenenalter.

8. Protektive Faktoren: Zeitübergreifende Zusammenhänge

Ebenso wie Risikofaktoren gehäuft in einer bestimmten Population oder während einer bestimmten Entwicklungsperiode aufzutreten pflegen, treten auch protektive Faktoren mit einiger Wahrscheinlichkeit gemeinsam auf. Das Auftreten eines Bündels von (aufeinander bezogenen) Variablen, die zu *einem* Zeitpunkt Not lindern, macht es wahrscheinlicher, dass in einer *späteren* Lebensphase andere protektive Faktoren ins Spiel kommen (Gore/Eckenrode 1994).

Die Ergebnisse der Pfadanalysen mit latenten Variablen, die wir auf die Daten der Kauai Längsschnittstudie anwandten, illustrieren die Komplexität des „Resilienz"-Phänomens. Sie zeigen, wie individuelle Dispositionen, protektive Faktoren und Stresserfahrung vom Säuglingsalter über die Kindheit bis über die Jugendzeit hinaus miteinander verknüpft sind und wie diese Variablen eine Voraussage für die Anpassungsleistung im jungen Erwachsenenalter zulassen. Wenn wir diese Verknüpfungen untersuchen, stellen wir fest, dass jene Männer und Frauen, denen trotz schwerer Lebensumstände im Kindesalter eine erfolgreiche Anpassungsleistung gelang, sich auf unterstützende Angebote innerhalb der Familie sowie im sozialen Umfeld verlassen konnten: Dadurch *verbesserte sich* ihre Kompetenz und Effizienz, *verminderte sich* die Zahl der negativen Lebensereignisse, denen sie in der Folge begegneten, und *eröffneten sich* ihnen neue Chancen (Werner/Smith 1992, 2001).

Zu den wichtigsten Faktoren (predictors), welche eine Voraussage auf eine positiv angepasste, altersgemäße Entwicklung (adaptation) für diese Personen im mittleren Lebensalter erlaubten, gehörte ein Bündel von Variablen, die unabhängig voneinander im ersten Lebensjahrzehnt ausgewertet wurden: 1) *mütterliche Kompetenz*; 2) *die Anzahl unterstützender Helfer in der Familie von der Frühkindheit an bis zum Alter von 10 Jahren;* 3) *schulische Kompetenz, inklusive altersgemäßer Lesefertigkeiten* und 4) *der Gesundheitszustand des Kindes.*

9. Folgerungen für die soziale Intervention

Zurzeit werden viele Studien erstellt, welche sich auf die „Stärkung von Resilienz" bei Kindern konzentrieren, die unter schweren Lebensumständen aufwachsen. In den Vereinigten Staaten finden diese an sich lobenswerten Bemühungen in einem sozialpolitischen Vakuum statt, denn anders als in den Staaten der Europäischen Union oder in Kanada hat sich unsere Regierung bislang noch zu keiner beständigen Sozialpolitik entschlossen, die Kindern und Familien wirklich hilft.

Als umfassendes Programm für in Armut lebende Kinder im Vorschulalter ist das Projekt „Head Start" am ehesten geeignet. Es fokussiert auf die wesentlichen Variablen, die Kinder dieser Altersstufe befähigt haben, große Schwierigkeiten zu überwinden: 1) Elternbildung und Familienhilfe; 2) die Bereitstellung von Gesundheits- und Ernährungsprogrammen und 3) Sprachförderungsprogramme, die signifikante anhaltende Verbesserungen in der schulischen Kompetenz bewirken (Zigler/Styfco 2004).

„Head Start" ist heute ein Programm, das überwiegend Kinder aus multiethnischen Familien versorgt – viele von ihnen sind Kinder von Immigranten der ersten und zweiten Generation. Trotzdem nimmt 40 Jahre nach der Gründung von „Head Start" kaum die Hälfte der finanziell unterstützungswürdigen Vierjährigen in den USA und nur ein Viertel der berechtigten Dreijährigen an einem „Head Start" Programm teil. Währenddessen expandiert in Großbritannien „Sure Start" – eine Version von „Head Start" – überaus schnell und erreicht praktisch alle Vierjährigen und 95 % der Dreijährigen.

Es gibt jedoch auch andere Programme in den USA, die wirkungsvoll zur Verminderung der Schulversagerquote, von Gewalttätigkeit und Drogenmissbrauch unter Kindern und Jugendlichen beigetragen haben. Diese Programme kosten wenig oder kein Geld, erfordern aber Investition von Zeit und Zuwendung durch engagierte Freiwillige. Zwei der effektivsten Programme haben sich am Beispiel fürsorglicher älterer Geschwister und Großeltern in der erweiterten Familie orientiert. Dabei handelt es sich um das *Big Brothers/Big Sisters Program* und das *Foster Grandparent Program* (Werner 2000).

Wer an anderen Programmen interessiert sind, dem ist dafür die Publikation *Communities that Care: Prevention Strategies that Work* von J. David Hawkins und Richard F. Catalano von der Social Development Research Group an der University of Washington (2000) ein nützlicher Ratgeber. Sie enthält eine Liste von Interventionsprogrammen, die sich auf Familie, Schule und Gemeinde konzentrieren und sich erfolgreich bei der Verminderung von Risikofaktoren und Förderung von Resilienz unter multiethnischen Kindern bewährt haben.

Ein Rat zur Vorsicht ist aber angebracht:
Während unserer Studien haben wir große individuelle Unterschiede bei Hochrisiko-Personen beobachtet, und zwar sowohl hinsichtlich ihrer Reaktionen auf schädigende Ereignisse wie auf ihnen sich bietende Chancen. Jene Lebenswege, die trotz Schädigungen in der Kindheit zu positiver Anpassung (adaptation) führen, sind komplex – und es ist dringend erforderlich, die Wechselbeziehungen zu erfassen zwischen einerseits indivi-

duellen Dispositionen und andererseits protektiven Faktoren in Familie und Umwelt, welche die Kompetenz und Selbstwirksamkeit verbessern, negative Kettenreaktionen vermindern und Chancen eröffnen. Es ist nicht anzunehmen, dass wir eine Patentlösung finden werden, ein einzelnes Interventionsprogramm, das *in jedem Falle jedem Jugendlichen* helfen kann, der unter schädigenden Bedingungen aufwächst. Dies zu wissen heißt nicht, dass wir verzweifeln sollen. Der britische Kinderpsychiater Sir Michael Rutter warnt davor, „allzu eifrig in der Parade mitzumarschieren, die der gerade vorherrschenden Begeisterung nachläuft." (Rutter 2002, S. 15)

Wir können aber Resilienz in einzelnen Kindern fördern. Dazu bedarf es keiner großen Summen, sondern einfach nur Zeit und Fürsorge. Wenn Kinder Personen begegnen, die ihnen eine gesicherte Vertrauensgrundlage bieten, sie zur eigenen Initiative ermutigen und ihnen zu Kompetenz verhelfen, dann können sie erfolgreich sein. Dieser Erfolg gibt ihnen Hoffnung, *realistische Hoffnung*. Dies ist ein Geschenk, das jeder von uns zuhause, im Klassenzimmer, auf dem Spielplatz und in der Nachbarschaft machen kann.

Übersetzung: Gerrit Pohl

Literatur

Caspi, A./McClay, J./Moffitt, T.E./Mill, J./Martin, J./Craig, LW. et al (2002): Role of genotype in the cycle of violence in maltreated children. In: Science, 297, 851–853.

Caspi, A./Sugden, K./Moffitt, T. E./Taylor, A./Craig, I. W./Harrington, H. et al. (2003): Influence of life stress on depression. In: Science, 30, 386–389

Egeland, B./Carlson, L./Sroufc, L. A. (1993): Resilience as process. In: Development and Psychopathology IV, 5, 517–528

Fergusson, D. M./Horwood, J. L. (2003): Resilience to childhood adversity: Results of a 21 year study. In: S. S. Luthar (Hrsg.) (2003): Resilience and vulnerability: Adaptation in the context of childhood adversities, 130–155. New York

Gore, S./Eckenrode, J. (1994): Context and process in research on risk, and resilience. In: Haggerty, R. J./Sherrod, L. R./ Gaitnezy, N./Rutter, M. (Hrsg.) (1994): Stress, risk and resilience in children and adolescents, 19–63. New York

Hawkins, J. D./Catalano, R. F. (2000): Communities that Care: Prevention Strategies that Work. Social Development Research Group, University of Washington

Le Broque, R. (2005): Individual, family, and community level resources that mediate the relationships between maternal depression and positive youth outcomes. PhD. Dissertation, The University of Queensland, Australia

Luthar, S. S./Zelazo, L. B. (2003): Research on resilience; an integrative review. In: S. S. Luthar (Hrsg.) (2003): Resilience and vulnerability: Adaptation in the context of childhood adversities, 510–550. New York

Rutter. M. (2002): Nature, nurture and development: From evangelism through science toward policy and practice. In: Child Development, 23, 1–21

Sameroff, A./Gutman, L. M./Peck, S. C. (2003): Adaptation among youth facing multiple risks: Prospective research findings. In: S. S. Luthar (Hrsg.) (2003): Resilience and vulnerability. Adaptation in the context of childhood adversities, 364–391. New York

Schoon, I. (2001): Risk and resources: A developmental-contextual approach to the study of adaptation in the face of adversity. In: R. K. Silbereisen & M. Reitzle (Hrsg.) (2001): Psychology 2000. Berlin

Werner, E. E. (2000): Protective factors and individual resilience. In: Shonkoff, J. P./Meisels, S. J. (Hrsg.) (2000): Handbook of Early Intervention, 115–132. New York

Werner, E. E./Smith, R. S. (1989): Vulnerable but invincible: A longitudinal study of resilient children and youth. New York. Adams, Bannister, Cox (Original work published by McGraw Hill, 1982)

Werner, E. E./Smith, R. S. (1992): Overcoming the odds: High risk children from birth to adulthood. Ithaca, N.Y.

Werner, E. E./Smith, R. S. (2001): Journeys from Childhood to Midlife: Risk, resilience and recovery. Ithaca, N.Y.

Zigler, E./Styfco, S. J. (Hrsg.) (2004): The Head Start Debates. Baltimore

Fragen an Emmy Werner

Könnten Sie bitte in wenigen Worten definieren, was ein resilientes Kind ist? Gibt es irgendwelche Unterschiede zwischen Jungen und Mädchen?
▶ Ein resilientes Kind kann erfolgreich Gefährdungen überstehen und ein kompetenter, selbstbewusster und einfühlsamer Mensch werden, wenn es auf eine Vielzahl von schützenden Faktoren zurückgreifen kann, die ich in meinem Artikel aufgezählt habe (s. dazu die entsprechenden Tabellen). Resiliente Mädchen kommen eher aus Familien, die es dazu ermutigen, Chancen wahrzunehmen und unabhängig zu werden, und die von weiblichen Sorgepersonen zuverlässig emotional gestützt werden; resiliente Jungen kommen aus Haushalten, in denen klare Regeln herrschen, in denen es Struktur und elterliche Kontrolle gibt und wo ein Mann als Identifikationsmodell zur Verfügung steht.

Sie benutzen in Ihren Grafiken die Bezeichnung ‚Ressourcen'. Wie würden Sie die einem Kind zugänglichen Ressourcen von ‚Schutzfaktoren' abgrenzen?
▶ ‚Schutzfaktoren' ist die bessere Bezeichnung.

Resilienz scheint ein schimmerndes Phänomen zu sein. Wie sieht Ihrer Meinung nach das Wechselspiel zwischen Resilienz als Teil des personalen Charakters einerseits und Resilienz als Resultat von Umwelteinflüssen andererseits aus?
▶ Resilienz ist das Endprodukt aus der Interaktion von schützenden Faktoren im Kind selbst mit Faktoren in seinem Umfeld. Solche Schutzfaktoren ermöglichen es einem Menschen, erfolgreich Gefährdungen in seinem Leben zu bestehen.

Eines der zentralen Ergebnisse Ihrer Langzeit-Studie war, dass ein Drittel der Kinder dort eine gewisse Resilienzfähigkeit zeigte. Glauben Sie, dieser Prozentsatz kann generell auch bei anderen Gruppen erwartet werden?
▶ Die Anzahl derer, die Resilienz beweisen, mag je nach gegebener Population unterschiedlich sein, aber alle Längsschnittstudien haben gezeigt, dass selbst unter schwersten Gefährdungen kaum jemals mehr als die Hälfte der betroffenen Kinder psychische Erkrankungen entwickelt.

Ihre Studie bezog sich auf die Hawaii-Insel Kauai – eine Insel mit einer sehr spezifischen Sozialstruktur. Ein hoher Prozentsatz der Kinder in Ihrer Studie lebte in ärmlichen Verhältnissen. Welchen Stellenwert hat Armut als Risikofaktor für die kindliche Entwicklung?
▶ Armut ist nicht an sich der bedeutendste Risikofaktor, aber sie wird oft von anderen chronischen Stressoren begleitet – Psychopathologie in der Familie, Alkoholismus, seelische Erkrankungen, mangelnde elterliche Erziehungskompetenz, Auseinanderbrechen der Familie –, welche negative Auswirkungen auf Kinder in ihrer jeweiligen Gesellschaft haben.

Glauben Sie, dass die Präsenz von Schutzfaktoren – oder deren Bereitstellung – in jedem Fall die Entstehung von Resilienz zur Folge hat? Oder sind manche Menschen einfach unfähig Resilienz zu entwickeln, und sind diese dann unvermeidlich die „Verlierer"?
▶ Das Vorhandensein schützender Faktoren in den frühen Lebensjahren eines Kindes scheint vielfach andere Schutzfaktoren im weiteren Verlauf des Lebens zu erzeugen; aber Kinder mit erheblichen Gehirnschäden oder genetischen Vorschädigungen (Alkoholismus der Eltern, seelische Erkrankungen) können es später viel schwerer haben.

Wie kann ich in meiner Gruppe oder Klasse einerseits potenziell resilienzfähige Kinder erkennen und andererseits jene, die dort einen besonderen Bedarf nach Resilienzförderung haben? Wie kann ich ein Phänomen erkennen, das sich erst in der Zukunft zeigt?
▶ Man muss sich die Balance zwischen Risikofaktoren und schützenden Faktoren bei einem einzelnen Kind, in der Familie und im weiteren sozialen Umfeld anschauen.

Wer definiert die Ziele von Resilienzförderung in individueller wie sozialer Hinsicht? Und wer soll entscheiden, ob das Ergebnis positiv ist?
▶ Die Bewertung persönlicher Entwicklung erfolgt gewöhnlich mit Hilfe mehrfacher Kriterien: die Abwesenheit signifikanter Entwicklungsprobleme oder schwerer Lern- und Verhaltensstörungen, sowie die Bewältigung entwicklungsbezogener Anforderungen oder psychosozialer Verhaltensformen, die einem bestimmten Alter und einer bestimmten Kultur entsprechen.

Glauben Sie, dass letztlich das Kind selbst das Ziel von Resilienz bestimmt?
▶ Obwohl die Hilfen von außen, die für Kinder zur Verfügung stehen, be-

dingten Einfluss auf ihre „Anpassungsfähigkeit" als Erwachsene haben, zeitigen ihre persönliche Kompetenz, ihr Temperament und ihre Selbstachtung größere Auswirkung.

Wie würden Sie mit einer Klasse oder Gruppe von Kindern arbeiten? Würden Sie eher darauf setzen, einzelne Kinder zu fördern, oder eher mit der ganzen Gruppe arbeiten?
▸ Wenn man mit Kindern arbeitet, sollte man versuchen, so viele Risikofaktoren wie möglich auszuschalten und so viele schützende Faktoren wie möglich zu befördern. Die Head Start Forschung hat gezeigt, dass eine Gruppe Gleichaltriger ein guter Schutzfaktor für verletzliche Kinder sein kann.

Welche Formen von Intervention würden Sie bei der Resilienzförderung bevorzugen?
▸ Wenn wir gefährdeten Jugendlichen helfen wollen, resilienter zu werden, müssen wir dafür sorgen, dass sie weniger bedrohlichen Risikofaktoren ausgesetzt sind – und wir müssen ihre Kompetenzen und ihr Selbstwertgefühl stärken, ihnen aber auch Quellen emotionaler Unterstützung erschließen, auf die sie zurückgreifen können. Effektive Interventionsprogramme bieten typischerweise ein breites Spektrum von Hilfe und Unterstützung in den Bereichen Gesundheit, Erziehung und Familie an. Sie eröffnen den Kindern verlässliche Kontakte zu kompetenten und fürsorglichen Erwachsenen, die positive Rollenvorbilder für sie sind und von denen sie Problemlösungsstrategien lernen. Dadurch verbessern die Kinder ihre Kommunikationsfähigkeit, und ihr Selbstwertgefühl steigert sich.

Wenn wir nun Resilienzförderungsprogramme planen und organisieren: Welche Rolle sollten die Wünsche und Erwartungen der Kinder selbst dabei spielen? Wir organisieren hier in der Stadt solche Resilienzförderungsprogramme mit Grundschulklassen. Wir glaubten, dass es mit Blick auf besonders resilienzförderungsbedürftige Kinder nicht ausreiche, nur die ganze Klasse insgesamt zu fördern. Deshalb haben wir auch ausgewählte Kinder individuell gefördert. Glauben Sie, dieser Weg der Förderung ist sinnvoll – oder riskieren wir damit, einzelne Kinder vor der Klasse zu stigmatisieren?
▸ Das von Ihnen geplante Programm der Resilienzförderung einzelner Kinder stigmatisiert sie nicht mehr als andere Interventionsprogramme. Ein Programm sollte auf den Bedürfnissen der Kinder aufbauen und auf der Zustimmung und Kooperation ihrer Eltern und Lehrer.

Welche Bedeutung hat aktuell Ihrer Meinung nach der Resilienzdiskurs in den Vereinigten Staaten – jetzt, in der Wirtschaftskrise mit ihrem offenkundigen Anstieg von Armut? Gibt es bei Ihnen in den Staaten irgendwelche neuen Resilienzförderungsprogramme?
▶ In den USA liegt die Betonung jetzt eher auf Interventionsprogrammen für arme Kinder, in der Altersgruppe von Head Start bis herab zum frühest möglichen Alter (Early Start), dann aber auch auf ehrenamtlichen Programmen wie Big Brothers/Big Sisters und den – dringend benötigten – Evaluationsstudien zur Effektivität „resilienzfördernder" Programme. Welche Veränderungen bewirken sie – wenn überhaupt – im Verhalten von Kindern? Diese Frage müssen Sie bei der Aufstellung Ihres Programms ebenfalls bedenken.

Interview: Zander/Roemer
Übersetzung: Gerrit Pohl

Anleitung zur Förderung der Resilienz von Kindern[1] – Stärkung des Charakters

Edith H. Grotberg

Einleitung: Das internationale Resilienzprojekt

Dieser Beitrag ist in der Hauptsache eine praktische Anleitung, die Erwachsenen helfen wird, Resilienz bei Kindern zu fördern. In dieser Einleitung diskutieren wir, was hinter dem Konzept von Resilienz steht, und liefern eine kurze Darstellung des internationalen Resilienzprojekts.

Die Anleitung basiert auf Forschungsergebnissen dieses Projekts.

Das Konzept der Resilienz ist nicht neu, obwohl immer noch schwer zu präzisieren. Einige Forscher und Forscherinnen haben dafür spezifische Faktoren identifiziert, unter anderem vertrauensvolle Beziehungen, emotionale Unterstützung außerhalb der Familie, Selbstachtung, Förderung von Autonomie, Hoffnung, verantwortungsvolle kritische Entscheidungsfähigkeit, das Gefühl, geliebt werden zu können, schulischen Erfolg, Glauben an Gott und Moral oder einen anderen Menschen bedingungslos lieben zu können. Wir verstehen jedoch nur unzureichend die Dynamik der Interaktion zwischen diesen Faktoren, ihre Rollen in verschiedenen Kontexten, ihre Ausdrucksformen und ihre Hintergründe. Die genetischen Anlagen und das Temperament eines Kindes bedingen in fundamentaler Weise, ob es (er oder sie) resilient sein wird. Das heißt, die Verletzbarkeit eines Kindes, wenn es Angst, Herausforderungen, Stress oder Unbekanntes erlebt, bestimmt seine Selbstwahrnehmung, wie es mit anderen interagiert und mit bedrohlichen Situationen umgeht.

Etwa seit den letzten fünf Jahren hat sich eine Reihe internationaler Konferenzen des Konzepts der Resilienz angenommen. Es sind die Ergebnisse dieser Treffen, die zusammen mit der Fachliteratur zu jener Definition von Resilienz geführt haben, die im Internationalen Resilienzprojekt verwendet wird:

> Resilienz ist eine universelle Eigenschaft, die es einer Person, Gruppe oder Gemeinschaft erlaubt, schädigenden Auswirkungen von bedrohlichen Notsituationen vorzubeugen, sie zu minimieren oder zu überwinden.

---

1 Für Abdruck und Erlaubnis zur Übersetzung danken wir der Bernard van Leer Foundation, Den Haag (NL). Die Erstveröffentlichung erfolgte dort 1995 unter dem Titel: Grotberg, E.: A guide to promoting resilience in children: Strengthening the human spirit. Practice and Reflections 8. The Hague, the Netherlands: Bernard van Leer Foundation.

Das Projekt widmete sich der Untersuchung, welche Handlungsweisen von Eltern, fürsorglichen Erwachsenen oder Kindern Resilienz zu fördern scheinen. Damit bemüht es sich um die Langzeitförderung von Resilienz bei Kindern in deren Entwicklungsverlauf, und zwar ohne dass eine Pathologie der Familie oder des Kindes auftritt. Zudem bildet das jeweils betroffene Kind die Grundlage der Studie.

Um die Studie zu starten, wurde ein Beratungsgremium gebildet, dem internationale Organisationen angehörten. Dazu zählten das Civitan International Research Center, UNESCO, Pan American Health Organization (PAHO), World Health Organization (WHO), International Children's Center (ICC), International Catholic Child Bureau (ICCB) und die Bernard van Leer Foundation. Aufgabe des Beratungsgremiums ist es, dem Internationalen Resilienzprojekt Vorschläge oder Kritik zu unterbreiten.

Teilnehmer aus 30 Staaten nahmen an dem Projekt teil, und die Ergebnisse, über die hier berichtet wird, stützen sich auf die Auskünfte der ersten 14 Staaten, die zwischen September 1993 und August 1994 ihre Daten übermittelten (Litauen, Russland, Costa Rica, Tschechien, Brasilien, Thailand, Vietnam, Ungarn, Taiwan, Namibia, Sudan, Kanada, Südafrika und Japan). Die internationale Perspektive hilft uns zu erkennen, was unterschiedliche Kulturen zur Förderung von Resilienz unternehmen: Basieren sie auf einem gemeinsamen Pool von Resilienzfaktoren? Gibt es Unterschiede in der Art, wie Faktoren kombiniert werden, um bedrohlichen Situationen zu begegnen?

Die Forschergruppen aus den verschiedenen Ländern nutzten folgende Instrumente: 15 gefährdende Situationen, auf die Erwachsene und Kinder reagieren sollten (wovon einige in den folgenden Kapiteln dargestellt werden); eine Checkliste von 15 Aussagen, welche die Resilienz eines Kindes signalisieren; drei standardisierte Tests, sowie Schilderungen wirklich erlebter bedrohlicher Situationen, die von Teilnehmern an den Befragungen berichtet wurden, einschließlich ihrer Reaktionen auf diese Situationen.

Insgesamt nahmen 589 Kinder und deren Familien und Sorgeberechtigte teil; davon waren 48 % Mädchen, 52 % Jungen. Etwas mehr als die Hälfte der Kinder waren 9 bis 11 Jahre, der Rest 6 Jahre alt oder jünger. Die Ergebnisse legen nahe, dass jedes an der Studie teilnehmende Land ein anerkanntes Set von Faktoren einsetzt, das die Resilienz der dort beobachteten Kinder fördert. Erwachsene und ältere Kinder nehmen häufiger resilienzfördernde Hilfen in Anspruch und achten mehr auf innere Stärken und zwischenmenschliche Beziehungen als jüngere Kinder. Im Ganzen setzten weniger als die Hälfte derer, die an der Umfrage teilnahmen, resilienzfördernde Verhaltensweisen ein, und auch diejenigen, die sich beteiligten, unterschieden sich individuell hinsichtlich der Faktoren, auf die sie zurückgriffen, und zwar überwiegend abhängig von der Situation, in der sie sich befanden, wohingegen ihr sozio-ökonomischer Status die Variationen in den jeweiligen Antworten nur geringfügig beeinflusst hat.

Man kann kulturelle Abweichungen von Land zu Land nicht abschätzen, weil aus den an der Umfrage teilnehmenden Ländern zu wenige Teilnehmerdaten vorliegen. Es ist jedoch klar, dass Beziehungen zwischen Kultur und Resilienzbedingungen existieren. Es gibt Kulturen, die sich stärker auf den Glauben verlassen als auf Problemlösungsstrategien, wenn es gilt, Schicksalsschläge zu bewältigen. Einige Kulturen sind mehr auf Schuld und Sühne fixiert, andere dagegen eher auf Selbstbeherrschung und Versöhnung. Einige Kulturen erwarten, dass Kinder sich eher auf andere verlassen, wenn sie Hilfe benötigen, statt sich auf sich selbst zu berufen und autonom zu werden. In einigen Ländern bewahren Eltern enge Bindungen zu ihren Kindern, während sie in anderen die Nabelschnur zu ihren Kindern ganz kappen, sobald diese fünf Jahre alt sind. Resiliente Kinder verkraften diese Form der Verstoßung; nicht-resiliente Kinder ziehen sich zurück, ergeben sich in ihr Schicksal und bleiben bedrückt.

Aus der Forschung lassen sich verschiedene Folgerungen für die Praxis ableiten. Im folgenden Kapitel betrachten wir das „Vokabular der Resilienz" und untersuchen die Definitionen der verschiedenen Faktoren, die zur Resilienz beitragen. Die drei darauf folgenden Kapitel sind auf drei Altersgruppen ausgerichtet und beinhalten Beispiele und Erfahrungen, die auf die spezifische Kultur und die Lebensumstände eines Kindes oder einer Gruppe von Kindern abgestimmt werden können.

Im Internationalen Resilienzprojekt wurden die Kinder nicht unabhängig von ihrem Umfeld erforscht. Um Resilienz zu fördern, muss jede Arbeit mit Kindern immer auch den Kontext ihrer Familien, ihrer Schulen, ihres Gemeinwesens und der Gesellschaft als ganzer einbeziehen. Und obwohl viel dafür spräche, Resilienz auch bei Eltern, Lehrern, in Gemeinden und im weiteren sozialen Umfeld zu fördern, konzentriert sich dieser Leitfaden auf die Förderung von Resilienz bei Kindern. Eltern, Lehrer, Gemeinwesen und Gesellschaft sind für die Förderung von Resilienz bei Kindern unabdingbar, und darum konzentrieren wir unsere Aufmerksamkeit auf das Kind, aber immer innerhalb seines sozialen Umfelds.

Dieser Leitfaden wurde nicht als Handbuch konzipiert und beansprucht auch nicht, alles Wissenswerte über Resilienz zu beinhalten. Das Konzept der Resilienz und die dazu gehörigen Faktoren werden weiterhin in lokalen, nationalen und internationalen Foren diskutiert, während Entwicklungsprojekte in verschiedenen Ländern diese Konzepte benutzen, um ihre eigene Arbeit weiterzuentwickeln. Der Leitfaden sollte daher als Arbeitsstudie betrachtet werden, als Beitrag zu wachsendem Wissen und Erfahrung, wie Resilienz in Kindern gefördert werden kann.[2]

1. Warum soll man sich mit Resilienz beschäftigen?

„Mein Vater trinkt. Er sagte, er würde meine Mutter und mich umbringen. Meine Mutter brachte mich zu Freunden und lief weg. Ich weiß nicht, wo sie ist."
(6-jähriger Junge)

„Ich muss oft ins Krankenhaus, weil ich so viele Krankheiten habe. Ich weiß nicht, ob ich je gesund werde."
(10-jähriges Mädchen)

„Ich sah, wie mein Vater von einem Nachbarn erstochen wurde, der ihn hasste."
(6-jähriges Mädchen)

„Ich bin sehr klein. Und Leute hänseln mich die ganze Zeit in der Schule."
(11-jähriger Junge)

Tagein, tagaus durchleben Kinder überall in der Welt Situationen, wie die oben geschilderten. Einige erleben Belastungen wie Scheidung oder Krankheit, während andere Katastrophen gegenüberstehen – Krieg, Armut, Seuchen, Hungersnot, Überschwemmungen. Ob solche Erfahrungen ein Kind zerstören oder stark machen, hängt zum Teil von seiner Resilienz ab.

Resilienz ist wichtig, weil sie die Fähigkeit eines Menschen ausmacht, sich Notsituationen zu stellen, sie zu überwinden und dadurch gestärkt oder sogar verändert zu werden. Jeder erlebt Notsituationen; niemand wird ausgenommen.

Mit Hilfe von Resilienz können Kinder über Traumata triumphieren; ohne sie triumphiert das Trauma. Krisen, die Kinder in ihren Familien und ihrem weiteren sozialen Umfeld erleben, können sie überwältigen.

Während Hilfe von außen in Notzeiten unverzichtbar ist, so reicht sie allein jedoch nicht aus. Außer Nahrung und Unterkunft brauchen Kinder eben auch Liebe und Vertrauen, Hoffnung und Autonomie. Außer einem sicheren Hafen benötigen sie sichere Beziehungen, in denen Freundschaften und Verlässlichkeit gedeihen. Sie brauchen liebende Unterstützung

---

2 Anmerkungen zur Einleitung: Der Originaltext hat mehrere Anhänge. Anhang 1 wird als Abschnitt 5 „Strategien für den Unterricht" und Anhang 3 als Abschnitt 6 „Checkliste" übernommen.

und Selbstvertrauen, den Glauben an sich selbst und ihre Welt – und all dies erzeugt Resilienz.

Wie Eltern und andere fürsorgliche Erwachsene auf bestimmte Situationen antworten und wie sie einem Kind helfen, selbst darauf zu antworten, das unterscheidet die Erwachsenen, welche die Resilienz ihrer Kinder fördern, von denen, die ihre Resilienz zerstören oder ihnen verwirrende Signale geben, die Resilienz einmal stärken, einmal schwächen.

1.1. Drei Quellen der Resilienz

Um schädigende Ereignisse zu überwinden, verlassen sich Kinder auf drei Quellen von Resilienz, die ihnen vermitteln: ICH HABE; ICH BIN; ICH KANN. Was sie diesen drei Quellen entnehmen, lässt sich wie folgt beschreiben:

ICH HABE
– um mich Menschen, denen ich traue und die mich immer lieben;
– Menschen, die mir Leitlinien setzen, so dass ich weiß, wann ich einhalten muss, bevor Gefahr oder Ärger drohen;
– Menschen, die mir durch die Art, wie sie sich verhalten, zeigen, wie man es richtig macht;
– Menschen, die möchten, dass ich lerne, selbständig zu werden;
– Menschen, die mir helfen, wenn ich krank bin, in Gefahr schwebe oder etwas lernen muss.

ICH BIN
– jemand, den man mögen und lieben kann;
– gern bereit, zu anderen freundlich zu sein und zu zeigen, dass sie mir wichtig sind;
– mir und anderen gegenüber rücksichtsvoll;
– bereit für das, was ich tue, Verantwortung zu übernehmen;
– sicher, dass alles gut werden wird.

ICH KANN
– mit anderen über Dinge reden, die mich ängstigen oder bekümmern;
– Lösungen finden für die Probleme, die ich habe;
– mich zurückhalten, wenn ich das Gefühl habe, ich mache etwas falsch oder bringe mich in Gefahr;
– gut einschätzen, wann ich mit jemandem reden soll oder etwas tun muss;
– dann, wenn ich es brauche, jemanden finden, der mir hilft.

Ein resilientes Kind benötigt nicht alle diese Gewissheiten, um resilient zu sein – aber eine allein reicht nicht aus. Ein Kind mag geliebt sein (ICH HABE), aber wenn es keine innere Stärke (ICH BIN) oder soziale und interpersonale Fähigkeiten besitzt (ICH KANN), dann kann es nicht resilient sein. Ein Kind mag eine sehr hohe Selbsteinschätzung haben (ICH BIN), aber wenn es nicht weiß, wie es sich mit anderen verständigen oder mit anderen Probleme lösen kann (ICH KANN), und niemanden hat, der ihm helfen kann (ICH HABE), dann ist es nicht resilient. Ein Kind ist vielleicht wortgewandt und kann sich gut ausdrücken (ICH KANN), aber wenn es ohne Mitgefühl ist (ICH BIN) oder nicht von Vorbildern lernt (ICH BIN), dann ist es nicht resilient. Resilienz entspringt der Kombination dieser Eigenschaften oder Merkmale.

Die Eigenschaften, welche Resilienz ausmachen, mögen offensichtlich sein, vielleicht auch leicht zu erwerben scheinen. Aber sie sind es nicht. In Wahrheit sind viele Kinder nicht resilient, und viele Eltern und mit der Fürsorge betraute Erwachsene helfen Kindern nicht dabei, resilient zu werden. Nur etwa 38% der Tausenden von Rückmeldungen auf das Internationale Resilienzprojekt zeigen, dass Resilienz tatsächlich aktiv gefördert wird. Das ist ein geringer Prozentsatz angesichts eines solch wichtigen Beitrags zur Förderung der Entwicklung von Kindern. Nein, viel zu viele Erwachsene erdrücken oder behindern die Resilienz von Kindern oder senden verwirrende Signale aus, und zu viele Kinder fühlen, dass sie hilflos, traurig und nicht wirklich geliebt sind. Diese Situation wird sicherlich nicht absichtlich herbeigeführt – es ist eher so, dass die meisten Menschen nichts über Resilienz wissen oder darüber, wie man sie bei Kindern fördert.

Kinder müssen aber resilient werden, um all die jetzigen und zukünftigen Gefährdungen ihres Lebens zu überstehen – und dies können sie nicht allein. Sie brauchen Erwachsene, die wissen, wie man Resilienz fördert, und die tatsächlich selbst resilienter werden.

1.2. Was ist Resilienz?

Es gibt viele Berichte über Kinder und Erwachsene, die in ihrem Leben entgegen allen Erwartungen widrigen Ereignissen trotzten und sie bewältigen konnten. Nachfolgend schildern wir tatsächliche Erlebnisse, die Menschen widerfuhren. In Anwendung des Schemas ICH HABE, ICH BIN, ICH KANN zeigen wir hier, wie sie ihre Resilienz bewiesen und ihre bedrohliche Lage überwanden.

> Ein fünfjähriger Junge kommt nach Hause und sagt seiner Mutter: „Ein großer Junge ärgert mich dauernd. Er schlägt mich, und manchmal tritt er mich. Ich sage ihm, er soll aufhören, und er tut das auch, aber nur kurz, dann fängt er wieder an. Ich habe richtig Angst vor ihm."

Er kann sich auf ICH HABE Merkmale verlassen, wie etwa „Menschen in meiner Nähe, denen ich vertraue und die mich unbedingt lieben" und „Menschen, die mir helfen, wenn mir Gefahr droht"; die ICH BIN Merkmale des Kindes können bestärkt werden, indem es sich als eine Person sieht, die „gemocht und geliebt wird", und „sicher, dass alles gut wird"; die ICH KANN Merkmale des Kindes beinhalten „mit anderen über Dinge reden, die mich beängstigen oder quälen" und „jemand finden, der mir hilft, wenn ich es brauche."

Die Interaktion zwischen Mutter und Sohn lief wie folgt ab: Die Mutter hörte ihm zu und sagte ihm, wie leid ihr das täte, und tröstete ihn. Dann meinte sie, es sei richtig gewesen, den Vorfall seinem Lehrer zu melden, und er solle das immer tun, wenn der andere Junge ihn quäle, bis er damit aufhöre. Sie bot an, mit dem Lehrer oder den Eltern des anderen Jungen zu reden, wollte aber auch, dass ihr Sohn lernte, unabhängig zu entscheiden, und drängte ihn darum nicht. Der Junge spürte, dass er seine Gefühle ungehemmt äußern und Ratschläge zur Lösung des Problems annehmen konnte. Er erkannte, dass er selbst Teil der Lösung war, und wollte erfahren, was er weiterhin tun sollte.

> Ein elfjähriges Mädchen erzählt: „Meine Cousine und ich waren auf einer Bergwanderung im Winter, und ich stürzte in Tiefschnee und konnte nicht mehr heraus. Ich hatte furchtbare Angst."

Das Mädchen kann sich auf die ICH HABE Merkmale der Resilienz verlassen, nämlich „Menschen, die mir helfen, wenn ich in Gefahr bin"; auf die ICH BIN Merkmale, nämlich „verantwortlich für das, was ich tue" und „sicher, dass alles gut gehen wird"; sowie das ICH KANN „Lösungen für das Problem finden, in dem ich mich befinde" und „jemand finden, der mir hilft, wenn ich es brauche."

Die Interaktion zwischen der Cousine und dem Mädchen lief wie folgt ab: Das Mädchen versuchte zunächst, sich allein aus dem Schnee zu befreien, es gelang ihm aber nicht. Sie schrie also nach ihrer Cousine, die weit voraus war, ihr zu helfen. Als die Cousine zurückkam, redeten beide über die Angst, die sie befiel, wussten aber, dass nur half, das Mädchen auszugraben. Das gelang, und beide spürten, dass sie an diesem Tag genug Aufregung erlebt hatten, und so kehrten sie nach Hause zurück.

Resilienz ist eine grundlegende menschliche Kraft, die allen Kindern innewohnt. Eltern und andere fürsorgliche Erwachsene fördern Resilienz in Kindern durch ihre Worte, Handlungen und die Lebenswelt, die sie ihnen eröffnen. Erwachsene, die Resilienz fördern, bieten Kindern Hilfen durch Familien und öffentliche Einrichtungen. Sie ermutigen Kinder, zunehmend autonom zu werden, unabhängig, verantwortlich, empathisch und altruistisch, und auf andere Menschen und neue Situationen voller Hoffnung, Glauben und Vertrauen zuzugehen. Sie lehren sie, mit anderen zu kommunizieren und Probleme zu lösen und erfolgreich negative Gedanken, Gefühle und Verhaltensweisen zu bewältigen. So werden Kinder selbst zunehmend befähigt, ihre eigene Resilienz zu fördern.

Kinder benötigen diese Fähigkeiten und Eigenschaften, um viele alltägliche – und einige nicht alltägliche – Krisen zu überwinden.

Als im Rahmen des Internationalen Resilienzprojektes Kinder und deren Eltern weltweit befragt wurden, welchen Notsituationen sie ausgesetzt waren, gab es eine Vielzahl von Antworten. Zu den Problemen, die in der eigenen Familie auftraten, zählten der Häufigkeit nach:

- Tod von Eltern oder Großeltern
- Scheidung
- Trennung
- Krankheit eines Eltern- oder eines Geschwisterteils
- Armut
- Umzug der Familie oder der Freunde
- ein Unfall, der bei ihm persönlich Verletzungen auslöste
- Missbrauch, insbesondere sexueller Missbrauch
- verlassen werden
- Selbstmord
- Wiederverheiratung
- Obdachlosigkeit
- mangelnde Gesundheit und daraus resultierende Krankenhausaufenthalte
- Brandfälle, die zu Verletzungen führten
- die zwangsweise Repatriierung der Familie
- ein behindertes Familienmitglied
- der Verlust des Arbeitsplatzes oder des Einkommens eines Familienmitglieds
- Mord an einem Mitglied der Familie

Darüber hinaus berichteten Kinder und ihre Eltern über folgende Widrigkeiten oder gar Scheußlichkeiten, die außerhalb ihres Hauses geschahen:
- Raub
- Krieg

- Feuer
- Erdbeben
- Autounfälle
- schlechte wirtschaftliche Lage
- Status als illegaler Einwanderer oder Flüchtling
- Status als Migrant
- Eigentumsschäden durch Stürme, Überflutung, Kälte
- Haft aus politischen Gründen
- Hungersnot
- Missbrauch durch eine nicht verwandte Person
- Mord in der Nachbarschaft
- unsichere Regierungsverhältnisse
- Dürre

1.3. Die Sprache der Resilienz

Solchen Bedingungen ausgesetzte Kinder sind oft einsam, verängstigt und verletzlich. Diese Gefühle werden weniger überwältigend für Kinder, welche die Fertigkeiten, Einstellungen, den Glauben und den Zugang zu Ressourcen der Resilienz haben. Aber bevor wir anfangen können, diese Resilienz zu fördern, benötigen wir eine Vereinbarung über die Sprache, mit der wir sie beschreiben, ausleuchten und erklären können. Das Konzept der Resilienz ist relativ neu für die Beschreibung menschlichen Verhaltens. Einige Sprachen besitzen dafür kein Wort. Das kastilische Spanisch besitzt für das Wort *Resilienz* keinen vergleichbaren Ausdruck, sondern benutzt stattdessen den Ausdruck *la defensa ante la adversidad* (Abwehr einer Notlage). Dieselbe Idee kann also durch den Gebrauch eines anderen Wortes oder Ausdrucks beschrieben werden.

Die meisten Menschen überall auf der Welt verbinden mit dem Überwinden von Notlagen Mut, Geschick und Glauben. Das Vokabular der Resilienz ist mehr als nur ein gewisser Wortschatz, der uns erlaubt, über dieses neue Konzept zu sprechen. Es ist ein Werkzeugsatz, mit dem wir Resilienz fördern können. Ausgerüstet mit dem Vokabular, das man benötigt, um Resilienz zu beschreiben, wenn man ihr begegnet, können Erwachsene Kindern helfen, resilientes Verhalten leichter bei sich selbst und bei anderen zu identifizieren. Sie können das Vokabular einsetzen, um jene Gefühle und Einstellungen zu verstärken, die Resilienz fördern, und ihr eigenes Verhalten und das ihrer Kinder zu lenken. Je mehr Konzepte sie verstehen, desto größer sind ihre Optionen, wenn sie durch ihr Handeln Kindern helfen wollen, den Krisen ihres Lebens stark und hoffnungsvoll zu begegnen. Kinder, die dieses Vokabular kennen, können Resilienz bei sich selbst und bei anderen besser erkennen. Sie nehmen zunehmend bewusster die Möglichkeiten wahr, sie zu stärken.

Die Kategorien ICH HABE, ICH BIN und ICH KANN wurden aus dem Internationalen Resilienzprojekt abgeleitet, welches 36 qualitative Faktoren identifizierte, die zur Resilienz beitragen. Diese lassen sich in diese drei Hauptkategorien unterteilen, die aus jeweils fünf Komponenten bestehen.

Die ICH HABE Faktoren bilden die resilienzfördernden äußeren Stützen und Ressourcen. Bevor ein Kind sich dessen bewusst ist, wer es ist (ICH BIN) oder was es zu tun imstande ist (ICH KANN), benötigt es äußere Stützen und Ressourcen, um das Gefühl von innerer und äußerer Sicherheit zu entwickeln, mit dem es die Grundlage, den Kern seiner Resilienz, entwickelt. Diese Stützen bleiben während der gesamten Kindheit notwendig. Ein resilientes Kind sagt:

ICH HABE ...
- *vertrauensvolle Beziehungen.*
  Eltern, andere Familienmitglieder, Lehrer und Freunde, die das Kind lieben und annehmen. Kinder aller Altersgruppen brauchen unbedingte Liebe von ihren Eltern und anderen wichtigen Personen, die sie umsorgen, benötigen aber auch Liebe und emotionale Unterstützung von anderen Erwachsenen. Liebe und Unterstützung von anderen kann bisweilen einen Mangel an unbedingter Liebe von Eltern und Betreuungspersonen ausgleichen.
- *zuhause Struktur und Regeln.*
  Eltern, die klare Regeln und Routinen setzen, erwarten, dass ihre Kinder sie befolgen, und verlassen sich darauf, dass ihr Kind das tut. Regeln und Routinen beinhalten Pflichten, die das Kind erfüllen soll. Grenzen und Folgen von Verhaltensformen werden deutlich gesetzt bzw. verstanden. Werden Regeln gebrochen, hilft man dem Kind zu verstehen, was es falsch gemacht hat; es wird ermutigt, seine Sicht der Ereignisse zu schildern; es erfährt Strafe, falls nötig, und anschließend Verzeihung und wird mit dem Erwachsenen versöhnt. Folgt das Kind den Regeln und Routinen, gibt es Lob und Dank. Die Eltern verletzen das Kind nicht, wenn sie es bestrafen, und niemand anderem wird erlaubt, dem Kind weh zu tun.
- *Vorbilder.*
  Eltern, andere Erwachsene, ältere Geschwister und gleichaltrige Freunde, die dem Kind zeigen, welches Verhalten erwünscht und an-

gemessen ist, sowohl innerhalb der Familie als auch gegenüber Außenstehenden. Diese Menschen zeigen, wie man sich verhält, zum Beispiel, wie man sich anzieht oder wie man jemand um Auskunft bittet, und ermutigen das Kind, es ihnen nachzutun. Sie sind auch moralische Vorbilder und führen gegebenenfalls das Kind in die Gebräuche ihrer Religion ein.
- *Ermutigung zur Autonomie.*
Erwachsene, insbesondere Eltern, die das Kind ermutigen, selbständig zu entscheiden und nötigenfalls um Unterstützung zu bitten, helfen einem Kind autonom zu werden. Sie loben das Kind, wenn es Initiative und Eigenständigkeit zeigt, und helfen ihm entweder praktisch oder mit Worten, etwas unabhängig zu bewerkstelligen. Erwachsene kennen das Temperament des Kindes, aber auch ihr eigenes, und können daher Tempo und Maß bestimmen, mit dem sie die Autonomie ihres Kindes fördern.
- *Zugang zu Gesundheits-, Bildungs-, Fürsorge- und Hilfs-Einrichtungen.*
Das Kind kann sich unabhängig von seiner Familie oder durch seine Familie auf Dienste verlassen, welche jene Leistungen bereit stellen, die eine Familie nicht erfüllen kann: Krankenhäuser und Ärzte, Schulen und Lehrer, Sozialämter, Polizei und Feuerwehr oder vergleichbare Einrichtungen.

Die ICH BIN Faktoren formen die inneren, die persönlichen Stärken eines Kindes. Das sind seine Gefühle, Einstellungen und Ansichten. Ein resilientes Kind sagt:

ICH BIN ...
- *wert, geliebt zu werden, und andere mögen mich in meiner Art.*
Das resiliente Kind ist sich bewusst, dass andere es mögen oder lieben. Das Kind tut Dinge, die anderen gut tun und es darum liebenswert machen. Das Kind ist sich der Stimmungen anderer bewusst und weiß, was es von ihnen erwarten kann. Das Kind weiß, wann es anderen gegenüber übermütig sein darf und wann es still sein muss.
- *liebevoll, mitfühlend und altruistisch.*
Das Kind liebt andere Menschen und drückt dies in vielfältiger Weise aus. Es ist ihm wichtig, wie es anderen geht, und zeigt dies durch mitfühlende Worte oder Handlungen. Es spürt die Sorgen und das Leiden anderer und möchte dazu beitragen, deren Leid zu beenden oder sie zu trösten.
- *stolz auf mich.*

Das Kind weiß, dass es wichtig ist, und ist stolz auf sich selbst und auf das, was es tun oder erreichen kann. Das Kind lässt sich von anderen nicht erniedrigen. Wenn es Probleme hat, helfen ihm sein Selbstbewusstsein und sein Selbstwertgefühl sich zu behaupten.
- *autonom und verantwortungsvoll.*
Das Kind kann selbständig handeln und die Konsequenzen seines Verhaltens auf sich nehmen. Es fühlt, dass es den Verlauf der Dinge beeinflusst, und übernimmt Verantwortung. Das Kind erkennt die Grenzen seines Einflusses auf die entsprechenden Ereignisse und weiß, wann andere dafür verantwortlich sind.
- *voller Hoffnung, Glauben und Vertrauen.*
Das Kind hat für sich Hoffnung und glaubt, dass es Menschen und Institutionen gibt, denen es vertrauen kann. Das Kind hat ein Gerechtigkeitsgefühl, glaubt, dass das Recht siegen wird, und möchte dazu beitragen. Es vertraut und glaubt an Moral und an das Gute und drückt dies vielleicht in Gottgläubigkeit oder anderer höherer Spiritualität aus.

Die ICH KANN Faktoren sind die sozialen und zwischenmenschlichen Fertigkeiten eines Kindes. Kinder erwerben diese Fertigkeiten durch Interaktion mit anderen und durch Unterrichtung. Das resiliente Kind sagt:

ICH KANN ...
- *kommunizieren.*
Das Kind kann anderen seine Gedanken und Gefühle mitteilen. Es kann dem, was andere ihm sagen, zuhören und ist sich deren Gefühle bewusst. Das Kind kann Differenzen miteinander versöhnen und ist imstande, auf Inhalte und Ergebnisse einer Unterhaltung sinnvoll zu reagieren.
- *Probleme lösen.*
Das Kind kann die Art und das Ausmaß eines Problems erkennen, und was es tun muss, um es zu lösen, wie auch, welche Hilfe von anderen es benötigt. Das Kind kann mit anderen zusammen Lösungen finden und womöglich kreative oder humorvolle Lösungen entdecken. Es besitzt die Ausdauer, sich mit einem Problem so lange zu beschäftigen, bis es gelöst ist.
- *meine Gefühle und Impulse im Griff behalten.*
Das Kind kann seine Gefühle erkennen, Emotionen benennen und sich so ausdrücken und verhalten, dass die eigenen sowie die Gefühle und Rechte anderer nicht verletzt werden. Das Kind beherrscht eben-

falls seine Impulse, zum Beispiel zuzuschlagen, fortzulaufen, Eigentum zu zerstören oder sich auf andere Weise schädlich zu verhalten.
- *mein Temperament und das Anderer einschätzen.*
Das Kind kennt sein eigenes Temperament (z.B. wie aktiv, impulsiv, risikobereit oder ruhig, nachdenklich oder vorsichtig es ist) und kann auch das Temperament anderer erkennen. Dies hilft ihm zu entscheiden, wie schnell es handeln muss, wie viel Zeit für Gespräche es braucht und wie viel es in unterschiedlichen Situationen erreichen kann.
- *vertrauensvolle Beziehungen herstellen.*
Das Kind kann Menschen finden – ein Elternteil, einen Lehrer, einen anderen Erwachsenen oder einen gleichaltrigen Freund oder eine Freundin – und den Anderen um Hilfe bitten oder mit ihm seine Gefühle und Sorgen teilen, um herauszufinden, wie es persönliche oder interpersonelle Probleme lösen kann, oder um Konflikte mit der Familie zu erörtern.

Jeder dieser ICH HABE, ICH BIN und ICH KANN Faktoren lässt eine Vielzahl von Möglichkeiten zu, welche die Kinder und jene Personen, die für sie Sorge tragen, nutzen können, um ihre Resilienz zu fördern. Kein einzelnes Kind oder Elternteil wird den gesamten Umfang von Resilienzfaktoren je einsetzen oder benötigen. Je größer aber die Auswahl an Optionen ist, desto vielfältiger sind die Möglichkeiten, welche Kinder, Eltern oder Sorgeberechtigte haben, auf die jeweilige Situation angemessen zu reagieren.

1.4. Das Selbstwertgefühl stärken

Abhängig von ihrem Alter verlassen sich Kinder mehr oder minder stark auf ihre ICH HABE, ICH BIN und ihre ICH KANN Stärken. Während sie heranwachsen, verlagern sie ihren Schwerpunkt immer mehr von externen Hilfen (ICH HABE) hin auf ihre eigenen Fähigkeiten (ICH KANN), wobei sie kontinuierlich ihre persönlichen Stärken und Einstellungen (ICH BIN) ausbauen und kräftigen.
Ebenso wie die Resilienzfähigkeiten, auf die Kinder in verschiedenen Altersstufen bauen und für sich entwickeln, müssen Eltern und andere Sorgeberechtigte ihre Ausdrucksweise und das Verhalten, mit dem sie die Resilienz des Kindes fördern wollen, an die Entwicklungsstufe des Kindes anpassen. Dem soll der nachfolgende Ratgeber zur Förderung der Resilienz von Kindern dienen. Er geht Schritt für Schritt vor und ist in

drei altersspezifische Sektionen unterteilt, welche jeweils die folgenden Informationen enthalten:

Anforderungen des Lebensalters beschreibt, in welchem Entwicklungsstadium das Kind sich befindet, welche Aufgaben es bereits bewältigt und wie diese Aufgaben zu seiner Resilienz beitragen.

Was Eltern und Sorgeberechtigte tun können erörtert, was von ihnen getan werden kann, um die Resilienz ihres Kindes altersgemäß zu stärken.

Beispiele aus dem Internationalen Resilienzprojekt bieten positive Lösungen für bedrohliche Situationen an, wie sie im Internationalen Resilienzprojekt erforscht wurden. Für jedes Beispiel werden die Zielerwartungen der das Kind umsorgenden Personen benannt, die Bedürfnisse des Kindes und auch die Resilienzfaktoren, die damit gefördert werden sollten. Beispiele negativer Reaktionen auf kritische Situationen werden angeführt, um Gegensätze zu verdeutlichen.

Die Resultate zeigen, was geschieht, wenn Resilienz gefördert wird. Wie nutzt ein Kind das Vokabular der Resilienz? Welche Fähigkeiten hat es erworben? Was denkt und fühlt es über sich selbst?

Die Entwicklung findet bei Kindern nicht immer gleichmäßig schnell statt, und deswegen kann manche Information für jüngere oder ältere Kinder angemessen sein, die sich nicht notwendigerweise innerhalb ihrer biologischen Altersgruppe befinden. Ein gemeinsamer Faktor für alle Altersgruppen besteht jedoch darin, dass es immer auf das Kind ankommt – ob man also seine Resilienz schneller vorantreibt als das Kind es allein bewältigen kann, ob das Kind sich bei dem, was man mit ihm unternimmt, wohl fühlt, dass es versteht, was man unternimmt, oder ob es lernt, was man ihm beibringt und wozu man es ermutigt. Die Reaktion des Kindes ist der Prüfstein für die Wirksamkeit dessen, was Eltern oder andere umsorgende Personen unternehmen, um seine Resilienz zu stärken.

2. Das Kind – von der Geburt bis zum Alter von drei Jahren

2.1. Anforderungen des Lebensalters

In den ersten drei Lebensjahren erwirbt ein Kind Vertrauen und Autonomie. Es lernt, den Personen, die es umsorgen, und sich selbst zu vertrauen. Es lernt, darauf zu vertrauen, dass die es umsorgenden Personen ihm Liebe und Fürsorge geben und es versorgen, wenn es hungrig oder nass ist, Liebe und Fürsorge benötigt, wenn es Angst hat oder wütend wird. Es lernt, seiner eigenen Fähigkeit zu vertrauen, den Rhythmus von Essen, Schlafen, Reinigung usw. zu erwerben, sich zu beruhigen und seinen Körper besser zu beherrschen. Das Kind lernt, sich zu drehen, zu stehen, zu laufen, zu spielen und seine Hände zu gebrauchen, um Dinge zu verändern und zu erzeugen.

Fehler können entweder eine Lernerfahrung bedeuten oder etwas, wofür sich der Säugling oder das Kleinkind schämt. Wenn das Kind nicht lernen kann, etwas zu tun, und die Personen, die es umsorgen, ihm nicht helfen, wird das Kind beginnen, sich, seinen Betreuungspersonen und der Welt zu misstrauen. Wenn das Kind nicht autonom werden kann, keine Fehler begehen darf oder dafür kritisiert wird, dass es versucht, etwas alleine zu tun, wird das Kind sich schämen und anfangen, an sich und seinen Fähigkeiten zu zweifeln.

2.2. Was Eltern und Betreuungspersonen tun können

Eltern und Betreuungspersonen, welche die Resilienz eines Kindes in den ersten drei Lebensjahren fördern:

- schenken ihm unbedingte Liebe und drücken ihre Liebe körperlich, aber auch in Worten aus, indem sie es auf die Arme nehmen, es wiegen und streicheln und liebevoll mit ihm reden, um es zu beruhigen, zu trösten und dem Kind zu helfen, sich zu beruhigen;
- setzen Regeln für zwei- und dreijährige Kinder fest, benutzen den Entzug von ‚Privilegien' und setzen andere Formen der Disziplinierung ein, die das Kind nicht herabsetzen, verletzen oder es zurückstoßen;
- bieten ein Verhaltensvorbild, das Vertrauen und Optimismus ausstrahlt und dem zwei- bis dreijährigen Kind zu Lernerfolgen verhilft;
- loben das zwei- bis dreijährige Kind für Leistungen wie Toilettentraining, sich selbst zu beruhigen, zu sprechen oder etwas herzustellen;
- ermutigen das zwei- bis dreijährige Kind, etwas auszuprobieren und Dinge allein oder nur mit minimaler Hilfe von Erwachsenen zu bewältigen;
- erkennen und benennen die Gefühle eines Kindes, sobald sich seine Sprache entwickelt, und bestärken das Kind darin, seine Gefühle zu erkennen und auszudrücken und Gefühle anderer wahrzunehmen (z.B.: traurig, fröhlich, bedrückt, glücklich, wütend);
- nutzen die Entwicklung seiner Sprache zur Förderung einiger Bereiche von Resilienz und helfen dem Kind auf diese Weise, widrigen Umständen zu begegnen: z.B. „Ich weiß, du kannst es" fördert seine

Autonomie und bestärkt das Vertrauen eines Kindes in seine eigenen Fähigkeiten, Probleme zu lösen; „ich bin doch hier" tröstet es und erinnert das Kind daran, dass es sich auf vertrauensvolle Beziehungen verlassen kann;
- bereiten das Kind mit etwa drei Jahren auf unangenehme und bedrohliche Situationen vor – Schritt um Schritt, wenn möglich –, indem sie darüber reden, ihm aus Büchern vorlesen oder daraus vorspielen usw.;
- sind sich des eigenen und des Kindes Temperaments bewusst, so dass sie ermessen können, wie schnell oder allmählich sie Dinge ändern können, und wie viel Druck oder Ermutigung sie dabei einsetzen sollen.

Außerdem
- sichern sie die Freiheit des Kindes zur Erkundung seiner Umwelt, indem sie es verlässlich unterstützen;
- erklären sie Regeln und den Sinn von Disziplin und zeigen Wege zur Verständigung auf, sobald sich die Sprache des Kindes entwickelt;
- trösten und ermutigen sie das Kind in belastenden Situationen;
- geben sie dem sehr jungen Kind einen stabilen Lebensrahmen, bieten dem Zwei- bis Dreijährigen aber einige Anregungen – neue Erfahrungen, Menschen und Orte;
- ändern und modifizieren sie die Mischung, wie viel Freiheit und wie viel Sicherheit, welche Erklärungen sie dem zwei- bis dreijährigen Kind geben und welche Disziplin sie von ihm einfordern, abhängig von der Reaktion des Kindes.

2.3. Beispiele von Resilienz fördernden und beeinträchtigenden Verhaltensweisen

Die Situation: Das Baby liegt in der Krippe auf dem Rücken und schreit und strampelt. Man weiß nicht, was ihm fehlt. Es hört einfach nicht auf zu schreien und zu strampeln.

Man befördert seine Resilienz, indem man das Kind aufnimmt und es beruhigt, während man herausfindet, ob es nass ist, ob ihm zu kalt oder zu warm ist, ob man ihm auf den Rücken klopfen muss, damit es sein Bäuerchen machen kann, oder ob es einfach nur getröstet werden will (ICH HABE). Man hilft ihm, sich zu beruhigen, wenn es sich geliebt und umsorgt fühlt (ICH BIN) und wenn es ihm gelingt, sich zu beruhigen (ICH KANN).

Man stärkt seine Resilienz nicht, wenn man es nur anschaut, sich entscheidet, nur die Windel zu wechseln, und ihm sagt, es solle aufhören zu schreien. Wenn man weggeht und „es sich ausschreien lässt", weil es nicht aufhört zu schreien. Diese Handlungsweise verstärkt nicht die Resilienz, da das Kleinkind mehr braucht als nur einen Windelwechsel. Es muss in die Arme genommen und getröstet werden, damit es weiß, dass es geliebt und umsorgt ist. Sobald es das weiß, kann es sich beruhigen.

> *Die Situation:* Das Zweijährige ist mit Ihnen im Laden. Es sieht Süßigkeiten, greift danach und fängt an sie aufzuessen. Wenn Sie versuchen, sie ihm wegzunehmen, schreit es „nein, meins, meins!"

Man befördert Resilienz, indem man das Kind aus der Situation herausnimmt, so dass man nicht andere stört, und dem Kind ruhig erklärt, dass es sich nicht ohne Erlaubnis etwas nehmen kann, und ihm etwas anderes gibt oder zeigt, um es abzulenken. Man hilft ihm auf diese Weise, Grenzen des eigenen Verhaltens zu begreifen (ICH HABE) sowie sich für das eigene Verhalten verantwortlich zu fühlen (ICH BIN), und man kommuniziert mit ihm, während es zuhört (ICH KANN).

Man befördert Resilienz nicht, wenn man das Kind einfach die Süßigkeiten essen lässt oder es dafür schlägt oder ausschimpft oder es zwingt die Hand zu öffnen, damit man ihm das Naschwerk wegnehmen kann. Diese Art von Interaktion flößt ihm Furcht vor der Person ein, die für Liebe und Vertrauen steht, führt zu starrsinnigem Verhalten und dazu, dass es sich ungeliebt und unverstanden fühlt.

2.4. Beispiele aus dem Internationalen Resilienzprojekt

Das Internationale Resilienzprojekt stellte Eltern, Betreuungspersonen und Kinder überall in der Welt vor hypothetische Situationen und forderte sie auf zu sagen, was ein Erwachsener in dieser Situation tun sollte, wie Kinder wohl reagieren würden und was dann geschehen würde. Im Folgenden beschreiben wir zwei solche hypothetische Situationen, die Kinder betreffen. Wir beschreiben die jeweilige Situation, zeigen die Ziele, die eine Betreuungsperson hatte, wenn sie auf die Situation reagierte, identifizieren die Bedürfnisse des Kindes und bieten auf Grund der Auskünfte zwei Beispiele für Resilienz fördendes bzw. Resilienz beeinträchtigendes Verhalten an. Die Resilienzfaktoren, die durch solche hilfreichen Reaktionen befördert werden können, werden nachstehend aufgeführt.

Wir hoffen, dass diese Beispiele Eltern und andere Betreuungspersonen anregen werden, sich Gedanken zu machen über stressauslösende Situationen, die sie mit ihren Kinder schon erlebt haben, über Ziele und nötige Reaktionen, die diese Situationen eigentlich erfordert hätten, über Verhaltensweisen, die Resilienz fördern, und natürlich auch über Verhaltensweisen, mit denen Resilienz verhindert wird.

> *Die Situation:* Joella, zehn Monate alt, krabbelt auf dem Fußboden und findet einen schmutzigen Lappen. Sie nimmt ihn und beginnt hinein zu beißen und daran zu saugen. Ihre Betreuungsperson sieht es. Sie weiß, dass der Lappen sehr verschmutzt ist und das Kind sich infizieren kann.

Aufgaben der Betreuungsperson
- den schmutzigen Lappen entfernen;
- das Kind etwas anderes entdecken lassen;
- seine Aufmerksamkeit ablenken;
- seine Autonomie bei Entdeckungen stärken.

Bedürfnisse des Kindes
- Ursache und Wirkung erproben;
- Entdeckungen machen und seiner Neugier folgen;
- unabhängig von den Eltern handeln;
- Worte hören, die ihm gut tun und es bestärken.

Resilienz fördernde Verhaltensweisen
- ‚Die Mutter ersetzt den Lappen durch einen sauberen und erklärt dem Baby, dass der Lappen schmutzig war. Das Baby lässt die Mutter den Lappen austauschen und ist damit zufrieden, dass es einen Ersatz erhalten hat.'
- ‚Die Betreuungsperson, in diesem Fall die Mutter, nimmt den Lappen weg und ist entsetzt. Das Baby schreit und ist traurig, weil es den Lappen haben will. Die Mutter gibt ihm einen sauberen Lappen und nimmt es in den Arm.'

Resilienz beeinträchtigende Verhaltensweisen
- ‚Die Mutter läuft zum Kind, erklärt ihm, dass der Lappen schmutzig ist, und nimmt ihm den Lappen aus dem Mund. Die Mutter ist besorgt. Das Kind erlaubt der Mutter, den Lappen wegzunehmen, und zeigt nicht, was es fühlt. Es wird den Lappen nicht mehr in den Mund nehmen.'
- ‚Ich weiß nicht. Die Mutter wird das Baby hochnehmen und sich nichts dabei denken. Das Baby wird einschlafen.'

Resilienz stärkende Faktoren

ICH HABE ...
- vertrauensvolle Bezugspersonen.

Anleitung zur Förderung der Resilienz von Kindern 69

- Struktur und Regeln zu Hause.
- Vorbilder.

ICH BIN ...
- liebenswert und mein Verhalten ist ansprechend.
- dabei autonom zu werden (ich entdecke Sachen gern), und bin verantwortlich.

ICH KANN ...
- meine Gefühle und Impulse beherrschen.
- vertrauensvolle Beziehungen aufbauen.

> *Die Situation:* Jason ist zweieinhalb. Das wenige Essen, das er erhält, muss er essen. Es ist wichtig, dass er isst, damit er überlebt und wächst. Aber er will nicht essen, und wenn man ihn drängt, wirft er sich hin und schreit und schlägt in einem wahren Wutanfall um sich.

Aufgaben der Betreuungsperson
- herausfinden, warum das Kind nicht essen will;
- ruhig bleiben (z.B. tief durchatmen, bis zehn zählen);
- das Kind beruhigen (vielleicht es in den Arm nehmen, es ablenken, mit ihm spielen);
- modellhaft beruhigendes Verhalten zeigen;
- dem Kind helfen seine Gefühle auszudrücken;
- dem Kind zeigen, dass es Regeln und Grenzen gibt und einige Dinge einfach getan werden müssen;
- Optionen anbieten und alternative Zeiten und Orte für Mahlzeiten bereitstellen.

Bedürfnisse des Kindes
- sich gegen andere zu behaupten;
- zu lernen, dass sein Verhalten Konsequenzen hat;
- zu lernen, dass es Verhaltensregeln und Grenzen gibt;
- die eigenen Gefühle kennen zu lernen, und wie man sich wieder beruhigt;
- zu lernen, dass es immer alternative Handlungsweisen gibt.

Resilienz fördernde Verhaltensweisen
- ‚Die Mutter, die ihr Kind in die Arme nahm und beruhigte und ihm erklärte, warum und was das Kind essen sollte. Sie aß dasselbe Essen wie das Kind, und so konnten sie gemeinsam essen. Das Kind dachte

also, wenn seine Mutter dasselbe Essen aß, dass es dann die Nahrung nicht verweigern sollte. Es war glücklich darüber, dass seine Mutter es nicht zwang oder dem Essen zu große Bedeutung zumaß. Es musste sich über das Essen nicht aufregen oder beunruhigen. Sie genossen das Essen gemeinsam.'
- ‚Die Mutter brachte das Kind zur Untersuchung zum Arzt und freute sich darüber, dass dem Kind nichts fehlte. Das Kind aß, weil es nicht zum Arzt gebracht werden wollte. Es wird weiter essen und wachsen.'

Resilienz beeinträchtigende Verhaltensweisen
- ‚Eine Mutter ist wütend und streitet mit ihrem Kind. Sie bereitet ein leckeres Essen vor, aber das Kind weigert sich zu essen. Sie reizt das Kind, das daraufhin erst recht nicht isst. Es spürt, dass die Mutter gereizt ist. Sie bestraft das Kind, das dennoch nicht isst; daraufhin wird die Mutter müde und überdrüssig und gibt schließlich auf.'
- ‚Die Mutter redet auf das Kind ein, gibt ihm eine Tracht Prügel und befiehlt ihm aufzuessen. Sie fühlt sich hilflos und verletzt, weil sie das Kind wegen seines Wutanfalls bestraft hat. Das Kind bekommt Angst und fängt an zu schreien. Es fühlt sich verletzt und ungeliebt. Das Kind wird in Zukunft Respekt und Gehorsam zeigen und keine Wutanfälle produzieren.'

Resilienz stärkende Faktoren

ICH HABE ...
- vertrauensvolle Bezugspersonen.
- Struktur und Regeln zu Hause.
- Vorbilder.
- Ermutigung, autonom zu sein.

ICH BIN ...
- liebenswert und mein Verhalten ist ansprechend.
- auf mich stolz.
- dabei, autonom und verantwortungsvoll zu werden.

ICH KANN ...
- kommunizieren.
- Probleme lösen.
- meine Gefühle und Impulse beherrschen.

2.5. Ergebnisse

Das resiliente dreijährige Kind ist sich seiner Liebe und der seiner Eltern sicher und glaubt, dass seinen Bedürfnissen entsprochen werden wird. Es fühlt sich frei, seine Umwelt zu erforschen und Neues auszuprobieren, weiß aber auch, dass es Regeln und Grenzen gibt und was geschehen wird, wenn sie gebrochen werden. Es fühlt sich wohl in seiner täglichen Routine und erfreut sich daran, dass es eigenständig lernt. Das Kind nimmt sich als liebenswert wahr, ist stolz auf seine Leistungen und drückt seine Zuneigung zu anderen häufig aus. Das Kind erwirbt Worte, um auszudrücken, wie es sich fühlt, und lernt auch, sein Verhalten zu beherrschen und damit Probleme zu lösen und seine eigenen Stimmungen zu deuten. Es ist nicht leicht, aber ein resilientes Dreijähriges kann sich Hilfe holen bei Erwachsenen, denen es vertraut.

Sicher haben nicht alle resilienten Dreijährigen ihre Ressourcen hinsichtlich des ICH KANN, ICH BIN und ICH HABE bis zu diesem Zeitpunkt gleich stark entwickelt, aber die Grundlagen sind jetzt gelegt. Nachfolgend zeigen wir, wie man das vorhandene Vokabular nutzen kann, um das Verständnis eines resilienten Dreijährigen von seiner Welt, sich selbst und seinen Fähigkeiten aufzuzeigen:

ICH HABE ...
- *vertrauensvolle Bindungen.*
  Meine Eltern und andere Betreuungspersonen zeigen mir ihre Liebe, indem sie mich halten, küssen, mich in den Armen wiegen und mir sagen, wie sehr sie mich lieben. Sie sind glücklich, wenn ich glücklich bin, und trösten mich, wenn ich traurig bin. Ich kann ihnen vertrauen, weil sie da sind, wenn ich sie brauche, und sie tun mir weder seelisch noch körperlich weh oder lassen zu, dass jemand anderer mir weh tut.
- *Struktur und Regeln zu Hause.*
  Meine Eltern oder andere Betreuungspersonen halten bestimmte Zeiten ein, wann ich essen, baden, ins Bett gehen oder Mittagsruhe machen soll. Diese Routine wird nur geändert, wenn es nötig ist, oder um Abwechslung zu schaffen. Ich weiß, was ich nicht anrühren soll, dass ich niemanden beißen oder schlagen kann, dass ich Regeln befolgen und mich auf die Routinen einstellen muss. Ich kenne die Folgen des Ungehorsams, aber wenn man mich diszipliniert, werde ich nicht verletzt oder herabgesetzt. Allerdings wird mir in der Regel auch etwas vorenthalten, was ich mag oder tun möchte. Eine Weile auf einem Stuhl oder in meinem Zimmer bleiben zu müssen, funktioniert in der

Regel, so dass ich mich beruhigen und über das nachdenken kann, was ich falsch gemacht habe. Meine Eltern helfen mir zu verstehen, was ich falsch gemacht habe, sie vergeben mir und wir sind wieder glücklich.
- *Rollenmodelle.*
Meine Eltern und andere Betreuungspersonen zeigen mir, wie ich es zu Hause richtig mache. Ich kann vielleicht helfen, das Essen vorzubereiten oder den Tisch zu decken. Sie zeigen mir auch, wie ich mich vor Gästen verhalten soll, was bedeutet, dass ich vor anderen Dinge nicht tun kann, die ich mit meiner Familie oder allein tun darf. Sie zeigen mir, wie ich Gefühle erkenne und sie ausdrücken kann. Sie zeigen mir, dass sie gegenüber anderen fair und ehrlich sind und der Meinung, es richtig zu machen. Sie nehmen mich vielleicht dahin mit, wo sie ihre Religion praktizieren.
- *Ermutigung zur Autonomie.*
Meine Eltern lehren mich, wie man isst, mir die Hände zu waschen und mich anzuziehen. Sie loben mich, wenn ich das alleine tue. Sie erwarten von mir, dass ich nach den Dingen frage, die ich brauche, und sorgsam mit dem umgehe, was ich habe. Sie ermutigen mich, das Haus oder Dinge in der Nachbarschaft zu erkunden, und ermuntern mich, wenn ich Angst habe oder zögere. Meine Eltern helfen mir zu lernen, wie ich mich wieder beruhige, wenn ich zu aufgeregt oder frustriert bin.
- *Versorgung mit Erziehungshilfen, Gesundheits-, Sozial- und Sicherheitsdiensten.*
Meine Eltern bringen mich zum Arzt oder in eine Klinik oder zu jemand, der sich in Gesundheitsfragen auskennt, wenn ich krank bin oder geimpft werden muss. Sie lassen mich zu einer Kindertageseinrichtung oder zur Vorschule gehen, soweit sie das wollen und eine solche auch vorhanden ist. Sie können die Hilfe von Sozialdiensten einholen oder von jemandem, der sich damit auskennt, wenn ich ein Problem habe. Und sie wissen, dass ich sicher bin, weil Polizei oder andere Sicherheitsdienste in der Gegend sind, die unsere Familie beschützen.

ICH BIN ...
- *liebenswert und mein Verhalten ist ansprechend.*
Meine Eltern und andere sagen mir, dass sie mich lieben, und wenn ich ins Zimmer komme, freuen sie sich. Meistens bin ich fröhlich, kann herumspringen, tanzen und lachen. Ich mag gerne spielen und

Anleitung zur Förderung der Resilienz von Kindern

Spaß haben. Manchmal kuschele ich gerne, lasse mich umarmen und umarme andere. Ich bin nicht lange wütend oder traurig.
– *liebevoll, empathisch und altruistisch.*
Ich gebe meiner Mutter oder einem Freund mein Spielzeug, wenn sie traurig sind. Ich weine, wenn meine Schwester weint, und versuche sie zu trösten, indem ich gemeinsam etwas mit ihr mache. Ich sage meinen Eltern, dass ich sie liebe, und bringe ihnen die Sachen, um die sie mich bitten. Ich helfe gerne Leuten, damit sie wissen, dass ich sie gern habe.
– *stolz auf mich.*
Ich bin sicher, dass ich allein essen und mich anziehen kann. Ich weiß, dass ich ein Spielzeughaus oder eine Straße bauen kann. Ich kann andere Kinder zu Freunden gewinnen, und ich mag mich selbst.
– *autonom und verantwortlich.*
Ich mache möglichst viele Dinge selbständig und weiß, was von mir erwartet wird. Ich versuche, Dinge so zu machen, wie man es mir gezeigt hat. Ich fühle mich gut, wenn ich Dinge allein und richtig machen kann, und bin traurig, wenn ich sie falsch mache oder ungezogen bin. Ich weiß, was ich tue, hat Einfluss darauf, was passiert, und weiß, dass ich verantwortlich bin für mein Tun.
– *voll Hoffnung, Glauben und Vertrauen.*
Ich glaube, dass alles gut gehen wird. Ich freue mich auf morgen. Ich lerne, was gut und was schlecht ist, und was ich tun sollte und was nicht. Ich traue den Menschen, die um mich sind.

ICH KANN ...
– *kommunizieren.*
Ich kann jemand anderem zeigen, was ich will, oder Worte benutzen, um darum zu bitten. Ich kann oft jemand anderem sagen, was ich fühle. Ich lerne dem zuzuhören, was ein anderer sagt, lerne zu spüren, was er oder sie fühlt, und darauf zu reagieren, damit wir uns verstehen und nicht unsere Gefühle verletzen.
– *Probleme lösen.*
Ich kann manchmal verstehen, was das Problem ist beim Anziehen, beim Herstellen von Sachen, also bei Dingen, die ich tue. Ich kann oft an dem Problem bleiben, bis ich eine Lösung finde, und weiß vielleicht auch, wann ich dabei Hilfe benötige und darum bitten muss. Ich lerne Hilfe zu erbitten, wenn ich Probleme mit einem Freund habe, der nicht mitmacht, wenn er an der Reihe ist, oder nicht teilen kann.

- *mit meinen Gefühlen und Impulsen umgehen.*
  Ich fange an, einige meiner Gefühle zu benennen, und ich weiß, wann ich bestimmte Dinge fühle. Ich fange an, imstande zu sein, mich selbst zu beruhigen. Ich versuche, anderen nicht weh zu tun.
- *mein Temperament und das anderer einschätzen.*
  Ich merke, welcher Elternteil sehr schnell handelt und welcher lange über Entscheidungen nachdenkt. Ich weiß allmählich, wer von beiden aktiv werden wird und etwas riskiert, neue Dinge ausprobiert, und wer vorsichtig und sorgfältig sein und alle Aspekte bedenken wird. Ich lerne mich selbst und mein Temperament kennen. Dazu benötige ich Hilfe.
- *vertrauensvolle Beziehungen aufbauen.*
  Ich weiß, dass ich meinen Betreuungspersonen trauen kann, und ich lerne, dass ich auch anderen trauen kann. Das sind jene Menschen, an die ich mich wenden kann, wenn ich Hilfe benötige, wenn ich unglücklich bin oder mit jemand reden muss.

3. Das Kind – im Alter von vier bis sieben Jahren

3.1. Anforderungen des Lebensalters

Zwischen vier und sieben Jahren lernt das Kind, initiativ zu werden, und ist rundum beschäftigt – eine Puppe zu füttern, auf Bäume zu klettern, aus Baukastensteinen Hochhäuser oder imaginäre Schulen zu bauen. Das Kind beschäftigt sich mit allen möglichen Spielformen und Vorstellungen und findet es oft schwierig, Fantasie von Realität zu trennen, Lüge von Wahrheit. Es fängt viele Projekte an, bringt sie aber nicht notwendigerweise zu Ende. Was andere Familienmitglieder oder Freunde tun, ist ihm oft genau so wichtig wie das, was es selbst zu tun hat, und das Kind möchte helfen. Es hat den Anschein, dass es nun in die Aktivitäten der anderen eindringt.

Dieses überaus aktive Kind beginnt, die Welt der Symbole zu begreifen, und stellt unendlich viele Fragen. Wenn man seine Fragen zurückweist, wenn es nicht imstande ist, die Initiative zu ergreifen, wenn Dinge erledigt werden müssen oder wenn es von denen, deren Hilfe es erwartet, zurückgewiesen wird, dann empfindet das Kind vielleicht Schuld oder erlebt sich als wertlos oder aufsässig.

3.2. Was Eltern und Betreuungspersonen tun können

Eltern und Betreuungspersonen fördern Resilienz in einem vier bis sieben Jahre alten Kind, wenn

- sie ihm uneingeschränkte Liebe schenken;
- sie ihre Liebe auch in Worten ausdrücken;
- sie es in die Arme nehmen, es wiegen und mit leiser Stimme beruhigend mit ihm reden; dem Kind gut zureden, tief Luft zu holen oder bis 10 zu zählen, um sich zu beruhigen, bevor es über seine Probleme oder über unangemessenes Verhalten spricht;
- sie selbst Resilienzverhalten vorleben bei Herausforderungen wie interpersonellen Konflikten oder Notlagen; angemessenes Verhalten in unterschiedlichen Situationen zeigen und Mut, Selbstvertrauen, Optimismus und Selbstachtung modellhaft demonstrieren;
- sie Regeln einfordern und die Rücknahme von „Privilegien" und andere Formen der Disziplinierung einsetzen, welche bestimmten Verhaltensformen Grenzen setzen und Konsequenzen erzeugen, ohne das Kind zu unterdrücken;
- sie das Kind für Leistungen belobigen, also etwa, wenn es ein Puzzle beendet oder ein Buch ausgelesen hat, oder für erwünschtes Verhalten, wie sein Spielzeug aufzuräumen oder seinen Ärger ohne einen Wutanfall zu äußern;
- sie das Kind ermutigen, selbständig – und mit nur minimaler Hilfe durch Erwachsene – aktiv zu sein;
- sie fortfahren, dem Kind zu helfen, seine eigenen Gefühle, aber auch die anderer, erkennen und benennen zu lernen;
- sie fortfahren, dem Kind zu helfen, sich seines eigenen Temperaments zunehmend bewusst zu werden (wie schüchtern oder kontaktfreudig, vorsichtig oder abenteuerlich es ist), aber auch das Temperament der Erwachsenen um sich herum wahrzunehmen;
- sie das Kind allmählich den Widrigkeiten des Lebens aussetzen oder es darauf vorbereiten durch Gespräche oder kindgerechte Bücher, und indem sie ihm möglicherweise hilfreiche Resilienzfaktoren aufzeigen und mit ihm erörtern;
- sie das Kind darin bestärken, Empathie und Zuneigung zu zeigen, freundlich zu sein und anderen einen Gefallen zu tun;
- sie das Kind ermutigen, kommunikative und problemlösende Fähigkeiten anzuwenden, um interpersonelle Probleme zu bewältigen oder in diesem Sinne Hilfe zu suchen;

– sie sich mit dem Kind unterhalten, ihm die Ereignisse, Gedanken, Beobachtungen und Gefühle des Tages berichten, mit ihm diskutieren, sie mit ihm teilen;
  – sie dem Kind helfen, Verantwortung für das eigene Verhalten zu übernehmen und zu verstehen, dass das eigene Verhalten Konsequenzen hat.

Außerdem
  – gleichen sie Hilfeleistungen damit aus, dass sie Unabhängigkeit fördern;
  – bieten sie Erläuterungen und Möglichkeiten zur Verständigung über Regeln und Disziplinfragen an;
  – akzeptieren sie Fehler und Versagen und zeigen gleichzeitig Wege zur Verbesserung auf;
  – trösten und ermutigen sie das Kind in belastenden Situationen;
  – ermutigen und formen sie flexibles Verhalten, indem sie jeweils verschiedene Resilienzfaktoren als Antwort auf schädigende Ereignisse auswählen – beispielsweise Hilfe zu suchen, anstatt in einer sehr schwierigen Situation allein gelassen zu bleiben; Empathie zu zeigen, anstatt sich in Wut oder Angst zu verirren; seine Gefühle mit Freunden zu teilen, anstatt weiterhin allein zu leiden.

3.3. Beispiele von Resilienz fördernden und beeinträchtigenden Verhaltensweisen

> *Die Situation:* Die Mutter musste wegen einer neuen Arbeitsstelle in eine andere Stadt umziehen, konnte aber ihre vierjährige Tochter nicht mitnehmen, weil sie niemanden fand, um sie dort zu betreuen, während sie arbeitete, und sich das Geld für eine Kindertagesstätte nicht leisten konnte.

Sie fördert Resilienz, indem sie ihrer Tochter erklärt, dass sie einen Arbeitsplatz anderswo benötigt, um genug Geld für eine schöne Wohnung für sie beide zu haben. Sie erzählt der Tochter, wie sehr sie sie liebt, und dass das Mädchen bei der Tante bleiben wird, bis sie eine Wohnung gefunden hat (ICH HABE). Sie lässt zu, dass das Kind protestiert, versichert ihm aber ihre Liebe (ICH BIN) und verspricht, viele schöne Postkarten zu schicken. Sie versichert, dass alles gut werden wird und dass beide bald wieder zusammen sein werden. Das Kind darf Fragen stellen und seine Gefühle ausdrücken (ICH KANN), erfährt aber auch, dass dieser Schritt notwendig ist.

Man fördert die Resilienz nicht, wenn man dem Kind sagt, dass man fortgeht und es ausschimpft, weil es sich aufregt; oder wenn man nicht begründet, warum man gehen muss, wie lange es dauern wird, bis man wieder zusammen ist, und welche Pläne man für das Kind schon gemacht hat, einschließlich der Frage, wie man in Kontakt bleiben wird. Ohne Erklärungen und ohne eine Möglichkeit, seine Gefühle über das Fortgehen der Mutter auszudrücken, wird es glauben, dass man es verlässt und nicht liebt. Es wird dann glauben, dass es nicht liebenswert sei und etwas Böses getan habe. Es wird hilflos und traurig sein.

> *Die Situation:* Ein Siebenjähriger war mit seinem Vater auf dem Hof, als der Vater und ein Nachbar in einen Streit gerieten, der sich zu einem Kampf auswuchs. Der Nachbar zog ein Messer und stach auf den Vater ein. Der Junge sah alles mit an.

Resilienz wird gestärkt, wenn der Junge glaubt, er könne etwas für seinen Vater tun (ICH KANN), wenn er seinem Vater zu helfen versucht und ihm zeigt, dass er ihn liebt, indem er ihn tröstet (ICH BIN). Er wird ebenfalls seine eigene Resilienz stärken, wenn er weiß, dass zuhause oder in der Nachbarschaft jemand ist, der ihm helfen kann, seinen Vater ärztlich versorgen zu lassen (ICH HABE). Menschen, die ihm tatsächlich helfen, können die Resilienz des Jungen dadurch fördern, dass sie ihn für seine Tatkraft loben, ihn trösten und dafür sorgen, dass der Vater die nötige ärztliche Hilfe erhält.

Resilienz wird nicht gefördert, wenn der Junge nur in Tränen ausbricht oder davonläuft, ohne etwas zu unternehmen und Hilfe zu suchen, weil er zuviel Angst hat, selber mit dem Messer angegriffen zu werden, oder indem er angeschrieen wird, weil er keine Hilfe geholt hat, oder sogar, weil er die Tat nicht hat verhindern helfen. Vielleicht fragt man ihn sogar, ob der Streit etwa seinetwegen entstanden war.

3.4. Beispiele aus dem Internationalen Resilienzprojekt

Nachfolgend zwei weitere hypothetische Situationen, die Kinder des Internationalen Resilienzprojekts betrafen. Wir beschreiben hier wiederum die Situation sowie die Ziele der Betreuungsperson, die darauf reagiert und die Bedürfnisse des Kindes identifiziert; wir haben dafür aus den Erhebungen zwei Beispiele resilienten Verhaltens ausgewählt und benennen die Resilienzfaktoren, welche durch dieses Verhalten gestärkt werden. Ebenso haben wir wieder Beispiele von Verhaltensweisen herausgesucht, welche nicht resilienzfördernd wirken, so dass Betreuungspersonen und Kinder aus diesem Kontrast erkennen können, was die Bildung von Resilienz tatsächlich behindert. Es ist in der Regel genau so wichtig zu wissen, was man nicht tun soll, wie zu wissen, was zu tun ist.

Die Situation: Sarah ist vier Jahre alt. Sie spielt mit ihrem älteren Bruder, und sie stellen sich vor, dass sie einen Laden haben. Sie wollen Essen und Saft verkaufen, haben einige Kisten für das Essen aufgestellt und suchen nach Flaschen oder Krügen für den Saft. Sie holen sich Essen aus der Küche und stellen es auf die Kisten, dann füllen sie den Saft in Flaschen. Ihr Vater beobachtet sie und stellt fest, dass sie Essen und Getränke genommen haben, welche die Familie dringend braucht.

Ziele der Betreuungsperson
- Verständnis für Sarah und ihren Bruder entwickeln;
- Zeit und Mühe aufbringen, damit Kinder ihre Optionen finden können;
- Sarahs und ihres Bruders Drang nach einer lebensnahen Spielsituation respektieren;
- die Kinder der eigenen Liebe versichern und Schuldgefühle minimieren.

Bedürfnisse des Kindes
- andere nachahmen;
- mit anderen etwas teilen wollen;
- verstehen, was man an Neuem wann und wo ausprobieren und wie man dabei Dinge erkunden kann.

Resilienz fördernde Verhaltensweisen
- ‚Der Vater versuchte den Kindern zu erklären, dass die Nahrungsmittel für die Familie benötigt wurden. Er gab ihnen Spielgegenstände, mit denen sie das Spiel weiter spielen konnten. Der Vater war anfangs irritiert und besorgt, fühlte sich aber bestärkt, als die Kinder ihn verstanden und seiner Bitte folgten. Die Kinder regten sich zunächst etwas auf, taten aber, was der Vater verlangte, hätten sich aber immer noch gern Dinge genommen, die verboten waren.'
- ‚Der Vater forderte die Kinder auf, sich einfach vorzustellen, sie spielten mit Lebensmitteln. Er war etwas irritiert. Die Kinder benutzten ihre Fantasie, nahmen Wasser statt Saft und Spielklötze statt Essen. Sie fühlten sich nicht ganz wohl dabei, aber das nächste Mal werden sie es schaffen, Wasser in Wein zu verwandeln.'

Resilienz beeinträchtigende Verhaltensweisen
- ‚Der Vater nahm die Nahrungsmittel weg und gab den Kindern einige Süßigkeiten, weil er nicht wollte, dass sie sich aufregten. Sie baten den Vater, sie mit dem Essen spielen zu lassen; sie würden es später wegstellen. Sie spürten gegenüber dem Vater eine gewisse Distanz.'

– ‚Der Vater stellte das Essen weg und war unzufrieden mit den Kindern. Sie fingen an zu weinen und waren verärgert. In Zukunft werden sie vorher um Erlaubnis fragen.'

Resilienz stärkende Faktoren

ICH HABE ...
– vertrauensvolle Beziehungen.
– Regeln und Struktur zu Hause.
– Vorbilder.
– Ermutigung zu Autonomie und Unabhängigkeit.

ICH BIN ...
– liebenswert und mein Verhalten ist ansprechend.
– zunehmend autonom und unabhängig.
– stolz auf mich.

ICH KANN ...
– kommunizieren.
– Probleme lösen und kreativ sein.
– mit meinen Gefühlen und Impulsen so umgehen, dass sich mein Ärger in Grenzen hält.
– vertrauensvolle Beziehungen aufbauen.

Die Situation: Raul ist sechs Jahre alt. Mit drei hatte er einen Unfall, und seine Beine können ihn nicht mehr tragen. Seine Arme und Hände sind in Ordnung, er benutzt sie ständig. Er ist mit dem Bau eines Zauns um ein Stück Holz herum beschäftigt, das für ihn sein Haus darstellt. Dafür nimmt er kleine Stöckchen. Es macht ihm immer größere Mühe, nach den Stöckchen zu greifen, und seine hilflosen Beine stoßen einen Teil des Zauns wieder um. Er ist so frustriert, dass er anfängt, die Stöckchen im Zimmer herumzuwerfen, und beginnt zu weinen.

Ziele der Betreuungsperson
– mit dem Kind mitfühlen und ihm zeigen, dass seine Gefühle verstanden werden;
– dem Kind helfen seine Gefühle auszudrücken;
– über Alternativen reden, wie es seine Aufgabe bewerkstelligen kann;
– zu Unabhängigkeit und Autonomie ermutigen;
– liebevolle Hilfe zeigen.

Bedürfnisse des Kindes
– zu lernen, wie man sich beruhigt;

- zu lernen, wie man Gefühle erkennt und ausdrückt;
- alternative Möglichkeiten zu erwerben, ein Problem zu lösen;
- Erfahrungen zu machen, wie es ist, wenn man mehr Initiative entwickeln möchte;
- Zutrauen zu sich selbst.

Resilienz fördernde Verhaltensweisen
- ‚Die Mutter beruhigte das Kind und half ihm einen Platz zu finden, der für sein Vorhaben geeignet war mit jenen Mitteln, die das Kind eben hatte und mochte. Sie hatte Mitgefühl mit dem Kind und den Wunsch ihm zu helfen. Das Kind beruhigte sich und kooperierte mit ihr. Es war bedrückt und empfand Selbstmitleid, wird aber zukünftig ruhiger sein und mit weniger Hilfe von außen auskommen.'
- ‚Die Mutter beruhigte das Kind und half ihm beim Bauen. Sie war um das Kind bekümmert. Das Kind kooperierte mit ihr, um wieder aufzubauen, was es vorhatte, fühlte sich aber schlecht. Dann begriff es, wie schön es war, mit der Mutter etwas zusammen zu erreichen.'

Resilienz beeinträchtigende Verhaltensweisen
- ‚Die Mutter ließ zu, dass das Kind schrie und wütend wurde. Sie fühlte sich nicht gut dabei, dachte aber, dass es für das Kind gut wäre, sich seinen Problemen zu stellen und zu lernen, sie allein zu bewältigen. Auch wenn das Kind Hilflosigkeit oder Wut empfand, musste es doch lernen, allein zurechtzukommen. Das Kind war wütend, traurig und hoffnungslos. Die Mutter verstand die wahren Gefühle ihres Kindes und sprach mit ihm.'

Resilienz stärkende Faktoren

ICH HABE ...
- vertrauensvolle Beziehungen.
- Vorbilder.
- die Ermutigung zur Autonomie und Unabhängigkeit.

ICH BIN ...
- liebenswert und mein Verhalten ist ansprechend.
- zunehmend autonom und unabhängig.
- stolz auf mich.
- fähig zu erkennen, dass meine Mutter liebevoll, empathisch und altruistisch ist.

ICH KANN ...
- Probleme lösen.
- meine Gefühle und Impulse beherrschen.
- vertrauensvolle Beziehungen aufbauen.

3.5. Ergebnisse

Das resiliente siebenjährige Kind ist stolz auf das, was es erreicht hat, und zunehmend fähig, eigenständige Aktivitäten zu ergreifen und Probleme selbst zu lösen. Es freut sich und gewinnt an Selbstvertrauen, widrige Situationen auch überwinden zu können. Es fängt an, den Zusammenhang zu begreifen zwischen Dingen, die es tut, und den daraus entstehenden Konsequenzen, und gewinnt an Verantwortlichkeit für sein eigenes Verhalten. Trotzdem wird ein Kind immer noch seine Handlungsweise vor sich selbst rechtfertigen, während es bei anderen „schlechtes Benehmen" durchaus schon erkennen kann.

Die sich ständig entwickelnde Sprachkompetenz des Kindes, zu der seine Betreuungspersonen maßgeblich beitragen, befähigt es, sich zunehmend effektiver mitzuteilen. Das Kind ist sich sicher, von anderen geliebt zu werden, hat ein gutes Selbstwertgefühl und ist stolz auf seine wachsende Fähigkeit, sich selbst und anderen zu gefallen.

Nicht alle resilienten Siebenjährigen werden ihre Ressourcen in den Bereichen ICH HABE, ICH BIN und ICH KANN bereits gleichermaßen entwickelt haben, werden aber alle auf dem Weg dahin sein. Nachfolgend benutzen wir das Vokabular resilienter Siebenjähriger, um zu zeigen, wie sie ihre Welt, sich selbst und ihre Fähigkeiten sehen.

ICH HABE ...
- *vertrauensvolle Beziehungen.*
Meine Eltern und Betreuungspersonen beweisen mir ihre Liebe und akzeptieren mich ohne Einschränkung. Sie streicheln und umarmen mich und sagen mir, wie sehr sie mich lieben. Es ist schön, geliebt zu werden, und ich brauche das auch. Ich kann mich darauf verlassen, dass meine Eltern mich lieben, auch wenn ich ungezogen oder eingeschnappt bin, und sie versuchen, mich zu trösten und zu beruhigen, wenn ich verletzt oder unglücklich bin. Sie sind nicht gemein zu mir oder tun mir weh, und sie erlauben auch niemand anderem, mir weh zu tun. Meine Eltern sind da, wenn ich sie brauche, und das zu wissen, ist wichtig.

- *Struktur und Regeln zu Hause.*
Die Regeln und Routinen sind klar, und ich weiß, was von mir erwartet wird. Wenn Regeln geändert werden, sagt man es mir, damit ich nicht überrascht oder verwirrt bin. Es ist beruhigend zu wissen, was man von mir erwartet. Ich weiß, was ich tun soll, wenn ich mich mit etwas beschäftige oder spiele: Ich muss hinterher aufräumen, darf anderen nicht lästig werden und keinen Schaden anrichten. Ich kenne die Konsequenzen, wenn ich die Regeln nicht einhalte. Meine Eltern reden mit mir und sagen mir genau, was ich falsch gemacht habe. Sie hören sich aber auch das an, was ich zu sagen habe, und normalerweise finden wir eine Lösung. Wenn ich bestraft werde, erklären meine Eltern die Strafe, führen sie aus, und hinterher versöhnen wir uns wieder. Ich brauche die Liebe meiner Eltern, und dass sie mich akzeptieren und mir vergeben.
- *Vorbilder.*
Ich beobachte, wie meine Eltern etwas herstellen oder reparieren, oder wie sie mit Leuten reden. Ich beobachte besonders, wie sie andere Leute behandeln und wie sie Konflikte oder Probleme mit anderen lösen. Mir ist die Erkenntnis wichtig, dass mir meine Eltern mit dem, was sie tun, zeigen, was gut und richtig ist. Sie zeigen mir, was ein guter Mensch ist, und ich lerne daraus. Meine Eltern helfen mir, indem sie mir sagen, wo und wann ein bestimmtes Verhalten angemessen ist, und wo und wann es das nicht ist.
- *Ermutigung zur Autonomie.*
Meine Eltern möchten, dass ich mehr Verantwortung übernehme für das, was ich tue, und ermutigen mich darin. Ich möchte aber so gern alles allein machen, dass ich manchmal ermahnt und gebremst werden muss. Ich lerne, erst zu denken und dann zu handeln, damit ich nicht so viele Fehler mache. Ich lerne auch, wann ich Hilfe brauche. Ich brauche meine Eltern oder andere Menschen, die mich ermutigen, weiterzumachen, wenn ich mich unsicher fühle. Die Sprache meiner Eltern fördert Resilienz, so dass ich mehr darüber erfahre, wie ich Probleme besser überwinden kann.
- *Zugang zu Gesundheits-, Bildungs-, Fürsorge- und Sicherheitseinrichtungen oder ihren Äquivalenten.*
Meine Eltern bringen mich zum Arzt oder ins Krankenhaus oder zu einer Person, die sich damit auskennt, wenn ich krank bin oder geimpft werden muss. Sie lassen mich zur Schule oder in eine Kindertagesstätte gehen, soweit vorhanden, oder in eine Kindergruppe. Sie lassen sich von Sozialdiensten oder Menschen helfen, die wissen, was

zu tun ist, wenn es nötig wird. Ich fühle mich sicher, weil meine Eltern mir Menschen zeigen, die uns beschützen.

ICH BIN ...
- *liebenswert und mein Verhalten ist ansprechend.*
Ich lache anderen zu, spiele mit ihnen, singe oder tanze vielleicht für sie. Ich mag gern Dinge tun, die anderen gefallen, weil sie dann glücklich sind wie ich. Ich zeige meine Zuneigung dadurch, dass ich Menschen, die ich liebe, in die Arme nehme und ihnen sage, dass ich sie liebe. Ich bin nicht übertrieben aktiv oder impulsiv, aber auch nicht so still, dass mich niemand bemerkt. Ich bin ziemlich ausgeglichen und kann mich beruhigen oder mich anspornen, wenn ich es brauche.
- *liebevoll, empathisch und altruistisch.*
Es wird mir immer deutlicher bewusst, wie andere Leute sich fühlen, und ich kann hin und wieder sagen, was sie wahrscheinlich fühlen. Es ist mir wichtig, wie es ihnen geht, und ich möchte ihnen helfen. Was ich sage und tue, zeigt ihnen meine Zuneigung und mein Mitgefühl, und ich kann ihren Schmerz ahnen, wenn sie traurig sind oder Sorgen haben.
- *stolz auf mich.*
Ich mag mich meistens leiden und bin gern stolz auf das, was ich tue und erreiche. Ich kann schon ziemlich viel und lerne ständig dazu. Ich bin mir sicher, dass ich von Erwachsenen und Kindern akzeptiert werde, weil ich ein guter Mensch bin, dem andere ebenso wichtig sind wie ich mir selbst. Ich lasse mich von anderen nicht lächerlich machen, mich verletzen oder ärgern. Ich achte mich selbst und erwarte, dass andere mich respektieren.
- *autonom und verantwortungsvoll.*
Ich kann immer mehr Dinge selbständig tun, weiß aber, wann ich es anderen sagen oder sie um Erlaubnis bitten muss. Mir ist klar, dass alles, was ich tue, den Lauf der Dinge beeinflusst, und ich weiß, dass ich die Konsequenzen zu tragen habe. Ich kann nicht immer zugeben, dass ich einen Fehler gemacht habe, lerne aber niemand anderem die Schuld zu geben, wenn ich ein Problem erzeugt habe.
- *voll Hoffnung, Glauben und Zuversicht.*
Ich glaube, dass ich in Sicherheit leben, geliebt und akzeptiert werden kann, und dass meine Zukunft Gutes verspricht. Ich bin zuversichtlich, dass ich ein guter Mensch werden kann, und dass es viele andere Menschen gibt, denen ich trauen kann. Ich hoffe, dass alles, was jetzt schlecht ist, besser werden kann.

ICH KANN ...
- *kommunizieren.*
Ich kann mit meinen Eltern und anderen Erwachsenen reden und mit ihnen meine Gedanken und Gefühle teilen. Wir geben uns Mühe, alle Konflikte zu lösen, und sind uns klar darüber, was wir am Anderen brauchen und voneinander erwarten können.
- *Probleme lösen.*
Ich kann Probleme einschätzen und zum Teil verstehen. Danach denke ich über eine Möglichkeit nach, wie ich das Problem löse. Dabei benötige ich vielleicht Hilfe, weiß aber, wie sie zu erlangen ist. Ich kann Probleme mit meinen Freunden klären. Wir können sie besprechen und uns auf eine Lösung einigen, so dass beide Seiten zufrieden sind.
- *mit meinen Gefühlen und Impulsen umgehen.*
Ich weiß immer besser, was mich aufregt oder wütend macht, mir Angst oder mich unglücklich macht. Ich lerne, meine Reaktionen auf diese Gefühle besser in den Griff zu bekommen, damit ich mich beruhigen kann. Wenn ich nicht überreagiere oder mich zu weit zurückziehe, kann ich klarer denken und meine Reaktionen auf meine Gefühle beherrschen. Mit dem Menschen zu sprechen, über den ich mich aufgeregt habe, hilft mir, das Problem zwischen uns zu überwinden.
- *mein Temperament und das anderer einschätzen.*
Ich weiß, wann ich dazu neige, Dinge zu tun, bevor ich nachgedacht habe, und lerne diese Abfolge umzukehren. Ich beobachte, wie vorsichtig oder schnell andere sind, wenn sie etwas tun. Dies ist für mich nützlich, wenn ich andere Menschen in meiner Nähe verstehen will.
- *vertrauensvolle Beziehungen aufbauen.*
Ich habe einen Lehrer oder Nachbarn, einen Verwandten oder auch ein mit mir befreundetes Kind gefunden, dem ich meine Gefühle, Gedanken und Probleme anvertrauen kann. Ich kann mich an sie wenden, wenn ich Trost oder Hilfe brauche, und ich weiß, dass sie auf mich eingehen werden. Am Wichtigsten sind dabei immer noch meine Eltern.

4. Das Kind – von acht bis elf Jahren

4.1 Anforderungen des Lebensalters

Zwischen acht und elf Jahren lernt ein Kind Ausdauer und Fleiß. Es ist aktiv damit beschäftigt, Lebenskompetenzen zu erwerben, besonders in

Anleitung zur Förderung der Resilienz von Kindern 85

der schulischen Arbeit. Das Kind will Erfolg haben und dadurch ein positives Selbstbild von sich gewinnen. Es möchte gute Freunde haben, aber auch Akzeptanz und Zustimmung in der Gruppe seiner Gleichaltrigen erhalten. Es kann Aufgaben erledigen und mit anderen kooperieren. Wenn das Kind in all diesen Belangen nicht erfolgreich sein kann, fühlt es sich minderwertig und ist sich seiner Beschränkungen ständig bewusst. Wenn die Betreuungspersonen, Lehrer oder Freunde das Kind verspotten oder ihm auf andere Weise zeigen, dass es nicht besonders fähig ist, wird es verunsichert werden und an seinem Selbstwert zweifeln oder an seiner Fähigkeit, Erfolg zu haben.

4.2. Was Eltern und Betreuungspersonen tun können

Eltern und Betreuungspersonen stärken die Resilienz eines acht- bis elfjährigen Kindes, wenn sie
– es bedingungslos lieben;
– ihre Liebe verbal und körperlich in altersgemäßer Weise verdeutlichen;
– Grenzen setzen sowie beruhigende Verhaltensformen und Merksätze („oral reminders") einüben, mit denen das Kind Gefühle beherrschen und modulieren kann, insbesondere die negativen Gefühle und impulsiven Reaktionen;
– stimmige Verhaltensformen vorleben, die Werte und Regeln vermitteln, und dabei resilienzfördernde Faktoren beachten;
– die Grundlage von Regeln und Erwartungen verdeutlichen;
– es für Erfolge und erwünschte Verhaltensformen loben, beispielsweise wenn es nicht aufgibt und eine schwere Hausaufgabe erfolgreich abschließt;
– es dem Kind ermöglichen, sich in der Bewältigung von Problemen und „Widrigkeiten" zu üben, indem es mit beherrschbaren oder mit fiktiven Situationen konfrontiert wird; dabei ihm zur Seite stehen und sich auf angemessene Resilienzfaktoren stützen;
– die Kommunikation mit ihm fördern, so dass strittige Punkte, Erwartungen, Gefühle und Probleme diskutiert und gemeinsam behandelt werden.

Außerdem
– sorgen sie für eine Balance zwischen Autonomie und nicht aufgezwungener Hilfe;
– gleichen sie die Konsequenzen von Fehlern durch Liebe und Empa-

thie aus, so dass das Kind Fehler machen kann, ohne übermäßigen Stress zu erfahren oder gar Angst vor dem Verlust von Anerkennung und Liebe;
- sprechen sie mit ihm darüber und vermitteln ihm wachsende Unabhängigkeit, neue Aufgaben und Anforderungen;
- ermutigen sie das Kind dazu, Verantwortung für sein Verhalten zu übernehmen, während sie ihm signalisieren, dass sie ihm das gewünschte Ergebnis zutrauen;
- fördern und erzeugen sie Flexibilität darin, als Reaktion auf eine Notlage unter verschiedenen Resilienzfaktoren auszuwählen – etwa indem das Kind sich helfen lässt, anstatt in einer schwierigen Situation auf sich allein gestellt zu bleiben; indem die Eltern Empathie aufbringen, statt Ärger oder Furcht zu zeigen; indem das Kind seine Gefühle mit einem Freund teilt, statt fortgesetzt alleine zu leiden.

4.3. Beispiele von Resilienz fördernden und beeinträchtigenden Verhaltensweisen

> **Die Situation:** Ein elfjähriges Mädchen passte auf ihren dreijährigen Bruder auf, als ein Feuer im Haus ausbrach. Sie versuchte es zu löschen, es gelang ihr aber nicht. Danach versuchte sie ihren Bruder zu packen, konnte das aber nicht. Schließlich lief sie aus dem Haus, und ihr Bruder verbrannte.

Resilienz wird gefördert, indem man den Schmerz über den Verlust des Dreijährigen mit der ganzen Familie teilt und dem Mädchen versichert, dass man es liebt (ICH HABE); indem man dem Mädchen versichert, man wisse, wie sehr sie versucht habe, ihren Bruder zu retten (ICH KANN); und indem man ihr dabei hilft, aus ihrer Handlungsweise ihr Verantwortungsgefühl und ihren Wunsch zu erkennen, den Bruder zu retten (ICH BIN). Damit hilft man dem Mädchen die nötige Resilienz zu entwickeln, um dieses tragische Unglück zu überwinden. Ihre Erfahrung bringt sie vielleicht dazu, ihr Leben dafür zu verwenden, anderen zu helfen, die auch in Not geraten sind, und so – durch diese Tragödie ausgelöst – einen neuen Weg einzuschlagen.

Wenn man dem Mädchen aber vorwirft, sie habe das Feuer nicht gelöscht und ihren Bruder nicht gerettet, lässt man sie in Schuld, Scham und Trauer versinken, so dass sie vielleicht nie jene Resilienz entwickelt, mit der sie zukünftiges Unglück überstehen kann.

> **Die Situation:** Ein Neunjähriger lief aus dem Haus, obwohl sein Vater ihm gesagt hatte, er solle das nicht tun. Der Vater bemerkte bis zum späten Abend nicht, dass der Junge nicht zu Hause war.

Hier fördert man Resilienz, wenn man mit dem Jungen redet, sobald er zurückkommt, und ihn fragt, warum er nicht gehorcht hat (ICH HABE); wenn man klarstellt, dass dieses Verhalten trotz aller Ausreden inakzeptabel ist und dass er für seine Entscheidung verantwortlich ist (ICH BIN); und wenn man mit ihm darüber spricht, was zu tun ist, um dieses Verhalten in Zukunft zu verhindern (ICH KANN). Er wird daraus lernen, dass er Stärke zeigen (im Original: Resilienz anwenden, die Hrsg.) muss, um mit dieser misslichen Situation fertig zu werden, und daraus auch den Schluss ziehen, dass er sich in Zukunft verantwortungsvoller verhalten muss.

Man fördert seine Resilienz nicht, wenn man ihn anschreit oder ihn schlägt, sobald er nach Hause kommt, und ihm vorwirft, er tauge nichts. Dadurch verursacht man Schuldgefühle, aber auch Verbitterung, und hat ihn bloß als Taugenichts („bad boy") etikettiert, was dann sein Selbstwertgefühl beeinflusst. Es wird ihm schwer fallen, künftig mit anderen schwierigen Situationen umzugehen, sogar mit solchen, die er selbst heraufbeschworen hat, weil es ihm an Resilienz mangelt und sie nicht in ihm gefördert wird.

4.4. Beispiele aus dem Internationalen Resilienzprojekt

Wir nehmen wieder zwei Beispiele aus dem Internationalen Resilienzprojekt, die Kinder betreffen. Wir folgen dabei dem bekannten Muster: Erst Darstellung der Situation, dann Erläuterung von Absichten der darauf reagierenden Betreuungsperson, schließlich Identifizierung der Bedürfnisse des Kindes. Sodann werden zwei Beispiele für Resilienz förderndes Handeln aus den uns vorliegenden Unterlagen vorgestellt sowie jene Resilienzfaktoren benannt, die so gestärkt werden. Abschließend folgen Beispiele für Reaktionsweisen, welche die Förderung von Resilienz behindern, um aufzuzeigen, was man in kritischen Situationen nicht tun sollte.

> *Die Situation:* Die neunjährige Rita geht jeden Tag zur Schule und kommt dabei an einem Platz vorbei, wo sich ältere Kinder aufhalten. Sobald sie an ihnen vorbeiläuft, rufen sie ihr etwas nach, machen sich über sie lustig und schubsen sie manchmal herum. Sie ist inzwischen so verängstigt, dass sie sich weigert, zur Schule zu gehen, und ihrer Mutter erzählt, sie sei krank. Ihre Mutter weiß aber, dass sie gesund ist.

Ziele der Betreuungspersonen
– dem Kind zu helfen, über das zu reden, was es wirklich bedrückt;
– Einfühlungsvermögen für die Ängste des Kindes zu entwickeln;
– alternative Möglichkeiten zu erörtern, wie das Problem zu lösen ist;

- dem Kind klar zu machen, dass es für das Verhalten der älteren Kinder nicht verantwortlich ist;
- die Schule zu benachrichtigen, damit Abhilfe erfolgt.

Bedürfnisse des Kindes
- zu lernen, dass es Unterschiede zwischen Menschen mit ihrem jeweiligen Verhalten gibt;
- größeres Zutrauen zu gewinnen in die eigene Fähigkeit, Probleme zu lösen;
- größeres Geschick bei der Suche nach Hilfe zu erwerben.

Resilienz fördernde Verhaltensweisen
- ‚Die Mutter brachte das Kind zum Arzt, um zu sehen, ob es krank war. Als das nicht der Fall war, brachte die Mutter das Kind zur Schule. Das Mädchen erzählte der Mutter den wahren Grund, warum es nicht mehr zur Schule gehen mochte. Die Mutter wollte dem Kind helfen, seine Angst zu überwinden, und machte einige Vorschläge dazu: Die anderen zu ignorieren oder mit Freunden zusammen zu gehen. Das Kind folgte dem Rat der Mutter zwar gern, schämte sich aber doch bei dem Gedanken, dass ihre Mutter sie etwa weiterhin zur Schule bringen könnte.'
- ‚Die Eltern fragen das Mädchen nach dem wahren Grund, warum sie nicht zur Schule gehen mag. Sie haben ihr Mädchen gern und machen sich Sorgen. Das Mädchen ist erleichtert, dass die Eltern nachfragen, und ist sich sicher, dass sie helfen können. Sie wird das Problem mit ihnen besprechen, und sie werden es gemeinsam lösen, so dass sie wieder zur Schule gehen kann.'

Resilienz beeinträchtigende Verhaltensweisen
- ‚Die Mutter schickte sie zur Schule und sagte ihr, sie solle keine Angst haben. Das Kind hatte immer noch Angst, ging aber.'
- ‚Die Mutter brachte das Kind jeden Tag zur Schule, und das Problem bedrückte sie sehr. Das Kind ging gegen seinen Willen zur Schule und war unglücklich. Das Kind lernte aber die Wahrheit zu sagen.'

Resilienz stärkende Faktoren

ICH HABE ...
- vertrauensvolle Beziehungen.
- Vorbilder.
- die Ermutigung zur Autonomie und Unabhängigkeit.

ICH BIN ...
- liebenswert und mein Verhalten ist ansprechend.
- zunehmend autonom und unabhängig.
- stolz auf mich.
- voller Hoffnung, Glauben und Zuversicht.

ICH KANN ...
- kommunizieren.
- Probleme lösen.
- meine Gefühle und Impulse beherrschen.
- vertrauensvolle Beziehungen aufbauen.

> *Die Situation:* Tina ist elf und Clark ist sechs. Sie sind allein zu Hause. Tina wäscht Geschirr ab und Clark packt sein Spielzeug in eine Kiste. Es ist fast Mittagszeit, und sie warten darauf, dass ihre Mutter nach Hause kommt. Plötzlich hört Tina Clark aufschreien: „Ich hab mir den Fuß eingeklemmt, das tut weh!" Tina läuft zu Clark.

Ziele der Betreuungspersonen
- Kinder zum Sprechen über das Geschehen und ihre Gefühle ermutigen;
- mit den Kindern besprechen, wie man mit unangenehmen und bedrohlichen Situationen umgehen kann;
- beim Kind innere Stärke ausbilden, indem ihm vermittelt wird, dass die Familie es schützt;
- den Kindern versichern, dass sie am Geschehen keine Schuld tragen.

Bedürfnisse des Kindes
- das Verhalten und die Einstellung anderer besser zu verstehen;
- seine Fähigkeit, mit anderen umzugehen, zu verbessern;
- Unterschiede zwischen den Menschen zu erkennen;
- Gewissheit zu erwerben, dass man sich selbst schützen kann.

Resilienz fördernde Verhaltensweisen
- ‚Die Mutter half dem Mädchen, sich um den Bruder zu kümmern, als sie nach Hause kam. Das Mädchen war dafür dankbar, weil sie wegen ihres Bruders besorgt war. Sie halfen beide dem Bruder und aßen dann Mittag.'
- ‚Das Mädchen erzählte der Mutter, was geschehen war und was es getan hatte. Es glaubte, seine Mutter würde ihm böse sein und mit dem Jungen Mitleid haben. Es wurde aber nicht bestraft – stattdessen machten sich die Eltern selbst Vorwürfe, dass sie nicht besser auf ihr Kind aufgepasst hatten. Die Mutter brachte den Jungen zum Arzt.'

Resilienz beeinträchtigende Verhaltensweisen
- ‚Die Schwester zog den Fuß des Jungen aus der Kiste und rief die Mutter an ihrem Arbeitsplatz an, damit sie ihn zum Arzt brächte. Die Schwester hatte Schuldgefühle, weil sie nicht auf den Bruder aufgepasst hatte. Der Junge glaubte, dass er Unfug angestellt hatte, während seine Schwester den Abwasch machte. Niemand kann sagen, wie es weitergehen wird.'
- ‚Die Mutter schlug das Mädchen und war wütend. Das Mädchen sagte der Mutter, dass sie nie wieder mit dem jüngeren Bruder allein bleiben würde. Sie war durcheinander.'

Resilienz stärkende Faktoren

ICH HABE ...
- vertrauensvolle Beziehungen.
- Struktur und Regeln zu Hause.
- Vorbilder.
- Ermutigung zur Autonomie und Unabhängigkeit.
- Zugang zu Gesundheits-, Bildungs- , Fürsorge- und Sicherheitseinrichtungen.

ICH BIN ...
- liebenswert und mein Verhalten ist ansprechend.
- liebevoll, empathisch und altruistisch.
- zunehmend autonom und unabhängig.
- stolz auf mich.
- voller Hoffnung, Glauben und Zuversicht.

ICH KANN ...
- kommunizieren.
- Probleme lösen.
- vertrauensvolle Beziehungen finden.

4.5. Ergebnisse

Die oder der resiliente Elfjährige wird immer besser befähigt, einerseits autonom zu handeln, sich andererseits aber auch die benötigte Unterstützung von Autoritätspersonen und Gleichaltrigen zu holen. Das Kind vertraut auf seine Fähigkeit, selbständig zu handeln, ist fähig, viele Aufgaben zu übernehmen und zu erledigen und die dabei entstehenden Probleme selbst zu lösen. Dabei hat es starkes Vertrauen in seine soziale Kompetenz. Es kann Freundschaften herstellen, entwickeln und beibehalten und ist zunehmend in der Lage, die in diesen Beziehungen entstehenden Probleme auszudiskutieren und sich mit anderen auszusöhnen. Das Kind kann sein eigenes Verhalten immer besser beurteilen und für sein Handeln mit den daraus resultierenden Konsequenzen Verantwortung übernehmen.

Mit elf Jahren kann ein Kind Menschen seines Vertrauens seine Gefühle offenbaren, und es kann erkennen und respektieren, was andere fühlen. Das Kind erweitert die Grundlagen seiner Wertvorstellungen und moralischen Empfindungen und kann für sich selbst beurteilen, ob es richtig oder falsch ist, was ein anderer tun will, und ob es sich daran beteiligen möchte. Das Kind beweist Empathie, Altruismus, Selbstsicherheit, hat Selbstwertgefühl, Optimismus und Vertrauen. Es erholt sich von Niederlagen und fühlt sich hinterher oft stärker, selbstsicherer und „erwachsener". Es ist gut gerüstet für die Herausforderungen seiner Umwelt.

Nicht alle resilienten Elfjährigen werden alle Ressourcen im Bereich von ICH HABE, ICH BIN und ICH KANN in gleicher Weise entwickelt haben, werden aber auf dem richtigen Wege sein.

Im Folgenden zeigen wir mithilfe des Resilienz-Vokabulars die Sicht eines elfjährigen Kindes auf seine Umwelt und darauf, wie es sich selbst und seine Fähigkeiten einschätzt.

ICH HABE ...
- *vertrauensvolle Beziehungen.*
Meine Eltern lieben mich immer noch ohne Einschränkung, und ich kann mich darauf verlassen. Sie sagen mir häufig, wie sehr sie mich lieben, und wie stolz sie darauf sind, dass ich ihr Sohn (ihre Tochter) bin. Ich weiß, dass meine Eltern mich lieben, selbst, wenn ich etwas falsch mache oder schlechte Laune habe. Sie versuchen mich zu trösten und helfen mir dabei, mich besser zu fühlen. Wir können über alles reden, was mich vielleicht gerade ärgert. Auch zu anderen Menschen habe ich vertrauensvolle Beziehungen – zu einem Lehrer, einem anderen Erwachsenen oder einem Klassenkameraden. Es ist schön, so viele Menschen zu haben, denen ich trauen und die ich lieben kann.
- *Struktur und Regeln zu Hause.*
Ich benötige zu Hause nicht mehr so viel Routine wie früher, und meine Eltern erlauben mir, ein wenig später nach Hause zu kommen als bisher. Sie setzen mir jedoch eine Uhrzeit, bis zu der ich zu Hause sein muss. Ich kann mich darauf verlassen, dass meine Familie bestimmte Routinen einhält, und respektiere diese Regelung. Von mir

wird erwartet, dass ich beim Saubermachen mithelfe und selber für Ordnung sorge. Vielleicht muss ich auf eine Schwester oder einen Bruder aufpassen, habe bestimmte Arbeiten zu verrichten und muss helfen, wenn ich darum gebeten werde. Ich weiß, dass es Konsequenzen hat, wenn ich die Regeln nicht einhalte, und manchmal werde ich bestraft, aber nie körperlich. Wir können über alles reden, was ich falsch gemacht habe, und ich kann meine Sichtweise darstellen und auch begründen, warum ich etwas getan habe. Manchmal vereinbaren wir eine Strafe. Meine Eltern, andere Familienmitglieder und ich versöhnen und vertragen uns wieder. Mir ist es wichtig, dass alles in Ordnung kommt.

- *Vorbilder.*

Meine Eltern zeigen mir immer noch durch ihr Vorbild, wie ich mich in verschiedenen Situationen verhalten soll. Aber ich bin kritischer geworden und denke manchmal, dass sie sich nicht fair verhalten. Ich kann sie fragen, warum sie etwas getan haben, und wir reden darüber, aber ich versuche nicht allzu kritisch zu sein, denn sie haben immer noch das Recht, so zu entscheiden, wie sie eben handeln wollen. Als Vorbilder dienen mir Lehrer und „Helden"; ich beobachte, was sie tun und sagen. Manchmal finde ich, dass sie nicht richtig handeln, und entscheide dann, dass ich es anders machen werde.

- *Ermutigung zur Autonomie.*

Meine Eltern erwarten, dass ich mehr Entscheidungen allein fälle und Rat und Hilfe nur so weit suche, wie ich es brauche. Sie ermöglichen mir, mit Problemen allein fertig zu werden, stehen aber bereit, mir zu helfen, wenn ich es brauche. Sie ermutigen mich und reden so zu mir, dass ich ein besserer Mensch zu werden lerne.

- *Zugang zu Gesundheits-, Bildungs- , Fürsorge- und Sicherheitseinrichtungen.*

Unsere Familie kann einen Arzt oder ein Krankenhaus oder jemand anderen aufsuchen, der sich mit Gesundheitsfragen auskennt, und erhält dort die nötige Versorgung. Ich besuche die Schule oder eine vergleichbare Einrichtung, wo ich viel lerne und das Gefühl erhalte, dass ich gut vorankomme. Ich mag meine Lehrer und habe viele Freunde. Unsere Familie kann Hilfe von Sozial- oder Wohlfahrts-Einrichtungen erhalten oder von jemandem, der weiß, was zu tun ist, wenn spezielle Probleme auftauchen. Unsere Gemeinde hat eine Polizei oder andere Menschen, die zu unserem Schutz da sind und dafür sorgen, dass wir sicher leben können.

ICH BIN ...
- *liebenswert und mein Verhalten ist ansprechend.*
  Ich kenne Leute, die so sind wie ich. Es fällt mir leicht, Freundschaften zu schließen, oder ich konzentriere mich auf einige wenige Freunde, die mich mögen. Ich bin gern nett zu anderen, damit andere mich auch mögen, teile mit ihnen mein Essen, mache ein Geschenk, lasse die anderen wissen, wie sehr ich mich freue sie zu sehen und bin ihnen behilflich. Ich versuche auch so zu handeln, dass ich nicht zu schnell oder zu langsam für andere bin und sie damit irritiere. Ich kann mich auch beherrschen. Ich weiß, wann ich damit Erfolg habe, weil die anderen mich dann mehr mögen.
- *stolz auf mich.*
  Ich besitze Selbstachtung und erwarte, dass andere mich respektieren. Ich bin stolz auf das, was ich bin und was ich erreiche, und werde nichts tun, für das ich mich schämen müsste. Wenn ich aber etwas falsch mache, versuche ich, es wieder gut zu machen, damit ich mich wieder besser fühle. Ich weiß, dass andere mich mögen, weil sie mir wichtig sind, ebenso wie ich selbst mir wichtig bin.
- *autonom und verantwortungsvoll.*
  Ich weiß, dass ich ständig mehr Dinge selbständig tun kann, aber auch, dass meine Verantwortung damit wächst. Was ich tue, hat Einfluss auf das, was andere tun, und auf die Folgen daraus. Ich kann die Schuld nicht bei anderen suchen, wenn ich einen Fehler gemacht habe. Ich lerne auch den Unterschied zu verstehen zwischen den Konsequenzen meines Handelns und dem anderer. Dies hilft mir zu erkennen, wo die Verantwortung liegt. Ich versuche, meine Fehler zu berichtigen oder mich für sie zu entschuldigen.
- *voller Hoffnung, Glauben und Vertrauen.*
  Ich bin zuversichtlich, dass alles in Ordnung sein wird und dass meine Zukunft gut sein wird. Ich akzeptiere meine Verantwortung für eine gute Zukunft. Selbst wenn ich Fehler mache, vertraue ich darauf, dass sie korrigiert werden können und alles gut werden wird. Ich erkenne immer deutlicher, was richtig oder falsch ist, erkenne aber auch, dass Menschen sich nicht immer einig darüber sind, was richtig und was falsch ist.

ICH KANN ...
- *kommunizieren.*
  Meine Eltern und ich können über meine zunehmende Selbständigkeit reden, meine Zukunft, die Erwartungen an mich, meine Bedürfnisse

sowie darüber, was meine Eltern von mir wünschen. Wir können unsere unterschiedlichen Standpunkte darlegen und Problemlösungen aushandeln. Ich kann mich mit meinen Freunden austauschen und meine Gedanken und Gefühle mit ihnen teilen.
- *Probleme lösen.*
Ich kann häufig alle Seiten eines Problems erkennen und verstehen, worum es geht. Dies gilt für die Lösung von Schulaufgaben, aber auch für die Bewältigung von zwischenmenschlichen Problemen. Ich kann einen Lehrer bitten, mir zu helfen, wenn ich eine Aufgabe nicht verstehe, und kann mit meinen Freunden oder den jeweils Betroffenen reden, wenn es ein Problem mit ihnen gibt. Ich kann mir Lösungen überlegen und sie im Kopf durchspielen, bevor ich tatsächlich handele.
- *meine Gefühle und Impulse kontrollieren.*
Ich kann meine Gefühle erkennen und benennen. Normalerweise kann ich auch die Gefühle anderer erkennen und benennen. Ich versuche dann zu verstehen, wie es gekommen ist, dass ich mich so fühle, oder wie es bei jemand anders gekommen ist. Dies hilft mir dabei, meine Gefühle auszudrücken und einem anderen Menschen zuzuhören, wenn er über seine Gedanken und Gefühle spricht. Ich kann jemandem, der mir wichtig ist, zeigen, dass mir seine Auffassung in einer Streitfrage wichtig ist, und wir können daran gehen, den Konflikt auszuräumen. Ich versuche, nicht meiner Neigung zu folgen und zu schnell oder zu heftig zu reagieren, und versuche, mich zu beruhigen und nachzudenken, anstatt impulsiv zu reagieren.
- *mein Temperament und das anderer beurteilen.*
Ich kenne mich recht gut und weiß vor allem, wie ich auf Dinge und Ereignisse reagiere, die mich betreffen, da ich impulsiv bin und geradezu darauf warte, aktiv zu werden. Einige meiner Freunde sind wie ich. Wenn wir zusammen sind, muss ich aufpassen, dass ich nicht übermütig werde und etwas Unbedachtes tue. Ein Elternteil ist wie ich, der andere verhält sich sehr abwartend und vorsichtig und scheut sich manchmal, etwas zu unternehmen. Meine Freunde sind vielleicht wie der eine oder der andere Elternteil; auf jeden Fall ist es wichtig zu wissen, woran man mit ihnen ist.
- *vertrauensvolle Beziehungen herstellen.*
Ich kann einen Menschen finden, dem ich zutraue, mir bei einigen Entscheidungen zu helfen, und jemand anderen, der mir in anderen Dingen hilft. Ich lerne immer besser, mich an diese Menschen zu wenden, wenn ich Sorgen habe, wenn ich nicht verstehe, was geschieht,

oder jemanden an meinen Hoffnungen und Träumen teilhaben lassen will. Ich kann damit zu meinen Eltern gehen, aber es gibt auch andere, von denen ich Hilfe erwarten darf.

5. Strategien für Unterricht und Diskussion

Stellen Sie Resilienz als die Fähigkeit dar, sich Notsituationen zu stellen, sie zu überwinden und durch sie sogar verändert zu werden.

Führen Sie an einer Tafel oder auf Flipchart einige der Gefährdungen auf, die Menschen begegnen können.

Wenn die Gruppe klein genug ist und die Bereitschaft besteht sich zu beteiligen, fordern Sie die Teilnehmer auf, einige Notsituationen aufzuzeigen, die sie kennen oder selbst erlebt haben (dies ist auch sinnvoll, wenn man mit einzelnen Teilnehmern arbeitet).

Diskutieren Sie einige Möglichkeiten des Umgangs mit Notsituationen.

Führen Sie in das Vokabular der Resilienz ein; dies lässt sich gleichermaßen mit Gruppen, die altersmäßig gemischt sind, mit Gruppen verschiedenen Alters oder mit einer spezifischen Altersgruppe durchführen. Diskutieren Sie die ICH HABE Resilienzfaktoren. Machen Sie deutlich, dass es sich hierbei um Unterstützung, Ressourcen und Hilfeleistungen handelt, die das Kind von außen erhält.

Lassen Sie die Gruppe darüber diskutieren, welche Unterstützung die den Teilnehmern bekannten Kinder erhalten, sowie über die Ressourcen, die in Familie und Gemeinwesen zur Verfügung stehen.

Ermutigen Sie die Teilnehmer darzustellen, wie sie selbst Unterstützung und Ressourcen in Familie und Gemeinwesen nutzen.

Diskutieren Sie die ICH BIN Resilienzfaktoren. Machen Sie deutlich, dass es sich hierbei um Gefühle, Einstellungen, Ansichten und Stärken des Kindes selbst handelt. Diese Faktoren behält das Kind sein Leben lang. Sie können durch Unterstützung gestärkt, nicht aber erzeugt werden. Resilienz ist keine Magie!

Lassen Sie die Gruppe darüber diskutieren, welche inneren Kräfte sie bei Kindern erlebt haben, und darüber, wie man diese inneren Kräfte weiter stärken kann.

Ermutigen Sie die Gruppe, darüber zu berichten, welche persönlichen Erfahrungen die Mitglieder mit der Förderung der ICH BIN Resilienzfaktoren gemacht haben.

Diskutieren Sie die ICH KANN Resilienzfaktoren. Machen Sie deutlich, dass es soziale und interpersonelle Kompetenzen sind, die Kinder erlernen und sich aneignen. Es sind Hilfsmittel für den Umgang mit anderen Menschen. Sie müssen gelehrt und erlernt werden.

Diskutieren Sie über soziale und interpersonelle Kompetenzen, welche die Gruppenmitglieder Kindern gelehrt oder bei Kindern erlebt haben. Ermutigen Sie eine Diskussion über die Art und Weise, mit der die Gruppenmitglieder den Kindern geholfen haben, diese Kompetenzen zu erwerben.

Bringen Sie die ICH HABE, ICH BIN und ICH KANN Resilienzfaktoren in eine dynamische gegenseitige Beziehung. Diskutieren Sie die Art und Weise, in der diese Faktoren dynamisch zusammenhängen. Folgende Leitfragen können die Diskussion fördern:

- Wenn Eltern oder andere Erwachsene das Kind vor allen schädigenden Ereignissen schützen, kann das Kind dann sein Bewusstsein von Autonomie, Kontrolle und Verantwortung stärken?
- Wenn in einem Konflikt mit einem anderen Kind ein Erwachsener für das Kind spricht, kann das Kind dann soziale Fähigkeiten wie etwa das Verhandeln lernen?
- Ist ein Kind, das unabhängig vom Rat oder der Hilfe Erwachsener etwas unternimmt, stärker gefährdet, sich zu verletzen oder zu versagen?
- Wie ändert sich die Dynamik der Resilienzfaktoren, wenn das Kind älter wird? Wie wird sie durch individuelle Unterschiede beeinflusst?

Untersuchen Sie das Vokabular der Resilienz der folgenden Altersgruppen: drei Jahre und jünger; vier bis sieben; acht bis elf. Wir fördern Resilienz altersbedingt jeweils auf verschiedene Weise. Beispielsweise heben wir einen Elfjährigen nicht mehr auf den Arm, sondern beweisen ihm unsere Liebe durch Worte und Umarmungen. Auch wenn die Faktoren immer dieselben sind, erfordert der Umgang mit ihnen jeweils verschiedene Verhaltensformen.

Stellen Sie eine das Kind gefährdende Situation dar (nehmen Sie die in dieser Anleitung aufgeführten Beispiele oder andere; die Situation muss altersgemäß zu den Kindern passen, mit denen Trainer und Praktikanten arbeiten). Fragen Sie die Teilnehmer, wie sie reagieren würden:

- Was würden Sie tun?
- Wie würden Sie sich fühlen?

Anleitung zur Förderung der Resilienz von Kindern

- Was würde das Kind vermutlich tun, was wäre seine Reaktion auf die Handlungsweise des Erwachsenen?
- Wie würde das Kind sich fühlen?
- Wie würde die Situation ausgehen?
- Welche Resilienzfaktoren würden Sie einsetzen?
- Welche Dynamik lösen die von Ihnen benutzten Resilienzfaktoren aus?
- Wie wurden die Faktoren miteinander kombiniert, um die Resilienz des Kindes zu stärken?

Fragen Sie die Teilnehmer auch:
- Welche Ziele hat der Erwachsene?
- Welche Bedürfnisse hat das Kind?
- Welche Resilienzfaktoren kamen zur Anwendung?
- Welche Kombination von Resilienzfaktoren wurde angewendet?
- Welche Dynamik wurde erzeugt?
- Welche Schritte haben dazu geführt, dass Resilienz sich nicht entwickeln konnte?
- Welchen Rat würde die Gruppe diesem Erwachsenen geben, wie er die Resilienz fördern kann?

Nachbemerkung: Kinder können aus den Informationen dieser Anleitung selbst lernen, ihre eigene Resilienz und die ihrer Freunde zu stärken.

Wenn die Gruppe oder Einzelne sich mit dem Gruppenleiter regelmäßig treffen:
- Veranlassen Sie, dass die Gruppenteilnehmer über schädigende und gefährdende Situationen berichten, die zwischen den Treffen stattgefunden haben. Was haben die Teilnehmer unternommen, um die Situation zu bewältigen, und wie haben sie dem Kind geholfen, sie zu bewältigen?
- Lassen Sie die Teilnehmer darüber berichten, was sie seit dem letzten Treffen getan haben, um die Resilienz ihrer eigenen Kinder zu stärken oder jener, mit denen sie arbeiten.

Bestärken Sie die Teilnehmer darin, das Vokabular der Resilienz bei Kindern, aber auch in ihrem eigenen Denken und Handeln zu benutzen. Wenn man einem Resilienzfaktor einen Namen gibt, hilft man allen Beteiligten, Resilienz als Idee zu akzeptieren und mit ihr vertraut zu werden. Dadurch kann man leichter erkennen, wann Förderung von Resilienz tatsächlich stattfindet.

Wenn der Trainer oder Praktikant direkt mit Kindern zusammenarbeitet, kann man den Kindern ähnliche Fragen zu ihren Erfahrungen und ihrem Verhalten in Situationen stellen, welche Resilienz fördern. Auch sie profitieren davon, dass sie dieses Vokabular in ihren Gedanken und Gesprächen einsetzen.

Eigene Erfahrungen

Sie haben sich vermutlich selber Gedanken gemacht über Ihre eigenen Erfahrungen mit der Stärkung von Resilienz bei Ihren eigenen oder bei Kindern, mit denen Sie arbeiten. Es kann hilfreich sein, wenn Sie ihre Erfahrungen strukturiert aufarbeiten. Sie können dabei folgende Denkweise übernehmen:

Können Sie sich an eine Situation erinnern, die Sie mit einem Kind erlebten, in welcher die Möglichkeit bestand, die Resilienz des Kindes zu fördern? (Notieren Sie ihre Antworten auf der linken Hälfte eines Bogens Papier.)

– Um welche Situation ging es?
– Was taten Sie?
– Wie fühlten Sie sich dabei?
– Was tat das Kind, als Sie aktiv wurden?
– Wie fühlte sich das Kind dabei?
– Was war das Ergebnis, oder wie endete die Situation?

Beobachten Sie dann, wie Eltern oder Betreuungspersonen die Resilienz von Säuglingen und Kleinkindern stärken können, und überlegen Sie, ob Sie Ihr eigenes Verhalten daraufhin verändern möchten. Haben Sie dem Kind die ICH HABE Aspekte ermöglicht, und haben Sie ihm bei seinen ICH BIN und ICH KANN Aspekten von Resilienz geholfen? Wie haben Sie diese Kräfte sich gegenseitig beeinflussen lassen? Was würden Sie ändern, wenn die Situation noch einmal einträte? (Notieren Sie Ihre Antworten auf der rechten Seite des Bogens.)

Wiederholen Sie diese Übung mit Kindern in möglichst verschiedenen Entwicklungsstadien sowie in unterschiedlichen Situationen, die Sie kennen gelernt haben.

Es lohnt sich auch, eine Art von Erfahrungsprotokoll über solche Situationen zu führen, die Sie als schädigend wahrnehmen, und Ihre jeweilige Reaktion darauf zu vermerken, oder aufzulisten, welche Vorbereitungen Sie treffen, um die Resilienz eines Kindes zu stärken.

6. Checkliste für Kinder

Die folgenden Punkte wurden im Internationalen Resilienzprojekt als Checkliste für die Beobachtung der Anzeichen von Resilienz bei Kindern verwendet.

- Das Kind hat einen Menschen, der es vollkommen liebt (bedingungslos).
- Das Kind hat einen älteren Menschen außer Haus, mit dem es über seine Gefühle und Probleme reden kann.
- Das Kind wird dafür gelobt, dass es etwas selbständig tut.
- Das Kind kann sich auf seine Familie verlassen, wenn es sie braucht.
- Das Kind möchte so sein wie ein Mensch, den es kennt.
- Das Kind ist zuversichtlich, dass alles gut wird.
- Das Kind verhält sich liebenswürdig gegenüber anderen, so dass es gemocht wird.
- Das Kind glaubt, dass es eine Macht gibt, welche stärker ist als die sichtbare Welt.
- Das Kind probiert gern neue Dinge aus.
- Das Kind freut sich über die Erfolge, die es erzielt.
- Das Kind glaubt, dass sein Beitrag zu einer Sache das Ergebnis (positiv) beeinflusst.
- Das Kind mag sich selbst leiden.
- Das Kind kann sich auf eine Sache konzentrieren und zeigt dabei Ausdauer.
- Das Kind ist humorvoll.
- Das Kind macht sich Pläne für seine Unternehmungen.

Übersetzung: Gerrit Pohl

Literatur

Die folgende Liste enthält Hinweise auf Publikationen und Forschungen, auf die sich die Arbeit im „International Resilience Project" bezogen hat.

Arindell, W.A./Hanewald, G.J./Kolk, A.M. (1989): Cross-national constancy of dimensions of parental rearing styles: The Dutch version of the Parental Bonding Instrument (PBI). In: Personality and Individual Differences, 10(9), 949–956

Block, J.H/Block, J. (1980): The role of ego-control and ego-resiliency in the organization of behavior. In: W.A. Collins (Ed.), Minnesota Symposia on Child Psychology: Development of cognition, affect, and social relationships, 13, 39–101. Hillsdale, NJ: Erlbaum Associates

Bronfenbrenner, U. (1979): The Ecology of Human Development. Cambridge, MA: Harvard University Press

Brooks, R. (1992): Self-Esteem During the School Years. In: Pediatric Clinics of North America, 39(3)

Garbarino, J./Kostelny, K./Dubrow, N. (1993): No Place to be a Child. Lexington, MA: D.C. Heath and Co

Garmezy, N. (1985): Stress-Resistant Children: The Search for Protective Factors. In: J.E. Stevenson (Ed.), Recent Research in Developmental Psychopathology, Journal of Child Psychology and Psychiatry Book Supplement, 4, 213–233. Oxford: Pergamon Press

Garmezy, N. (1987): Stress, Competence, and Development: Continuities in the Study of Schizophrenic Adults, Children Vulnerable to Psychopathology, and the Search for Stress-Resistant Children. In: American Journal of Orthopsychiatry, 57(2), 159–174

Gordon, E./Song, L.D. (1994): Variations in the experience of resilience. In: M. Wang & E. Gordon (Eds.), Educational resilience in inner-city America, 27–43, Hillsdale, NJ: Erlbaum Associates

Grotberg, E. (1994): Coping with adversity. In Civitan Magazine, (February–March), 10–11

Grotberg, E. (1993): Promocion de la „defensa ante la adversidad" en los niños: Nueva aproximacion. In: Medicina y Sociedad, 10(1–2), 24–30

Grotberg, E. (1993): Promoting resilience in children: A new approach. University of Alabama at Birmingham: Civitan International Research Center

Grotberg, E./Badri, G. (1992): Sudanese children in the family and culture. In: U.P. Gielen, L.L. Adler & N.A. Milgram (Eds.), Psychology in International Perspective, 213–232. Amsterdam: Swets & Zeitlinger

Hiew, C.C./Cormier, N. (1994): Children's Social Skills and Parental Relationship in Promoting Resilience. Presented at the Annual Conference of the International Council of Psychologists, Lisbon, Portugal, July, 1994

Kagan, J. (1991): Temperament and Resilience: Presented at the Fostering Resilience Conference, Washington, DC: Institute for Mental Health Initiatives

Kaufman, J./Cook, A./Arny, L./Jones B./Pittinsky, T. (1994): Problems defining resilience: Illustrations from the study of maltreated children. In: Development and Psychopathology, 6, 115–147

Kotliarenco, M.A./Duenas, V. (1993): Vulnerabilidad versus „resilience": Una propuesta de accion educativa. Trabajo presentado en el Seminario: Pobreza y desarrollo humano: Legitimidad y validez del diagnostico y evaluacion convencional. Santiago, Chile, Noviembre, 1992

Loesel, F. (1992): Resilience in childhood and adolescence. A summary for the International Catholic Child Bureau. Geneva, Switzerland, November 26, 1992

Loesel, F./Biesener, T. (1990): Resilience in adolescence: A study on the generalizability of protective factors. In: K. Hurrelmann & F. Loesel (Eds.), Health hazards in adolescence, 299–320. New York: Walter de Gruyter

McCallin, M. (1993): Living in detention: A review of the psychosocial well-being of Vietnamese children in the Hong Kong detention centres. Geneva: International Catholic Child Bureau

Mrazek, D.A./Mrazek, P.J. (1987): Resilience in child maltreatment victims: A conceptual exploration. In: Child Abuse and Neglect, 11, 357–366.

Osborn, A.F. (1990): Resilient children: A longitudinal study of high achieving socially disadvantaged children. In: Early Childhood Development and Care, 62, 23–47

Parker, G./Tupling, J./Brown, L.B. (1979): A Parental Bonding Instrument. In: British Journal of Medical Psychology, 52, 1–10

Rutter, M. (1987): Psychosocial resilience and protective mechanisms. In: American Journal of Orthopsychiatry, 57, 316–331

Rutter, M. (1991): Some conceptual considerations. Presented at the Fostering Resilience Conference, Washington, DC: Institute for Mental Health Initiatives

Segal, J./Yahraes, H. (1988): A Child's Journey. New York: McGraw Hill

Shure, M.B. (1991): Resilience as a problem-solving skill. Presented at the Fostering Resilience Conference, Washington, DC: Institute for Mental Health Initiatives

Sparling, J. (1992): A program of screening and intervention in a Romanian orphanage. Sixth International Conference on Children at Risk, sponsored by University of Colorado and Pan American Health Organization, Santa Fe, NM

Staudinger, U./Marsiske, M./Baltes, P. (1993): Resilience and levels of reserve capacity in later adulthood: Perspectives from life-span theory. In: Development and Psychopathology, 5, 541–566

Truant, G.S./Donaldson, L.A./Herscovitch, J./Lohrenz, J.G. (1987): Parental Representations in Two Canadian Groups. In: Psychological Reports, 61, 1003–1008

Wade, C. (1993): The impact of gender and culture on our conception of psychology. In: The General Psychologist, 29(3)

Wang, M./Haertel, D./Walberg, H. (1994): Educational resilience in inner cities. In: M. Wang & E. Gordon (Eds.), Educational resilience in inner-city America, 45–72. Hillsdale, NJ: Erlbaum Associates

Werner, E. (1994): Risk, resilience, and recovery: Perspectives from the Kauai longitudinal study. In: Development and Psychopathology, 5, 503–515

Werner, E./Smith, R.S. (1982): Vulnerable but invincible: A longitudinal study of resilient children and youth. New York: McGraw Hill

Wolin, S.J./Wolin, S. (1993): The Resilient Self. New York: Villard Books

Wie lässt sich das Resilienzkonzept bei gefährdeten Kindern einsetzen? [1]

Brigid Daniel, Sharon Vincent, Edwina Farrall, Fiona Arney

1. Forschungskonzept

Es besteht intensives Interesse an Resilienz als Konzept zur Interventionssteuerung bei Kindern, die durch schwierige Lebensumstände gehen mussten oder bei denen erkennbar die Persönlichkeitsentwicklung gefährdet ist. Luthars (1999) Rückblick auf fünf Jahrzehnte Resilienzforschung und ihre Synthese der Ergebnisse zeigen, dass heute weniger die Frage, was überhaupt Resilienz ist, im Vordergrund steht, sondern eher die Sicherung inzwischen gewonnener Erkenntnisse, die sich zum Nutzen missbrauchter und vernachlässigter Kinder praktisch einsetzen lassen.

Praktiker, die mit Kindern arbeiten, stützen sich implizit und explizit auf das Resilienzkonzept, besonders bei nicht von Behörden vorgegebenen und spezialisierten Projekten. Jüngere Leitfäden für die Praxis, welche die Fachliteratur und Resultate erfolgreichen Handelns verarbeiten, bestätigten die Wirksamkeit des Konzepts im Umgang mit Pflegekindern; und immer häufiger wird Resilienz als Grundlage für praktische Arbeit in vielen Bereichen der Kinderfürsorge und im Kinderschutz genannt. Mittlerweile sind einige Leitfäden zu resilienzgestützter Intervention auf dem Markt.

Weil ein resilienzgestützter Ansatz aber einen hoch detaillierten, individuellen und spezifischen Interventionsplan für jedes Kind erfordert, wird zwangsläufig jeder dieser Pläne unterschiedlich ausfallen. Die Erforschung jener Faktoren, die wir mit Resilienz assoziieren, hat aber zur Entwicklung einiger Leitmodelle geführt, die auf der Basis von protektiven Faktoren breit gefächerte Interventionen ermöglichen.

---

1 Veröffentlicht im *International Journal of Child and Welfare, 2009*. Diese Studie wurde für Großbritannien von *The British Academy* und für Australien von *The Australian Centre for Child Protection* finanziert, und wir sind dankbar für diese Unterstützung. Die beiden nicht-staatlichen Organisationen leisteten umfangreiche Hilfe für die Forschungsarbeit. Dank ebenso an Sally Wassell für die Konzeptentwicklung und an die Forscher in der britischen Organisation, die für uns die Daten gesammelt und ausgewertet haben. Unser Dank geht auch an alle Sozialarbeiter, Eltern und Kinder, die an der Studie teilnahmen.

Rutters Leitmodell (1987) schlägt vor, dass praktische Arbeit:
- Risiken, denen ein Kind ausgesetzt ist, verringern oder beseitigen sollte;
- negative Kettenreaktionen auf solche Gefährdung reduzieren sollte;
- Selbstwertgefühl und Selbstwirksamkeit fördern und bewahren sollte;
- Chancen ermöglichen sollte.

Mastens (1994) Leitmodell schlägt vor, dass Praktiker versuchen sollten:
- Vulnerabilität und Risiko zu reduzieren;
- die Zahl der Stressoren und Stress-Stau zu reduzieren;
- die zugänglichen Ressourcen zu vermehren;
- Resilienzstränge zu fördern;
- Entwicklungsgefährdung des Kindes abzuwehren oder zu reduzieren.

Schließlich meint Benard (2004), ein Kind benötige die Erfahrung von:
- liebevollen Beziehungen;
- großem Zutrauen in seine Fähigkeiten;
- Gelegenheiten zu Beteiligung und Eigenleistung.

Ebenso muss man, wie Luthar (2005) betont, solche Faktoren ins Auge fassen, die weitgehend modifizierbar, also eher wandelbar sind statt festgelegt, wie etwa das Geschlecht einer Person.

Masten und Coatsworth (1998) liefern ein übergreifendes Interventionsmodell und meinen, dass Präventions- und Interventionsentwürfe wie folgt angelegt sein können:

a) *auf Risiken fokussiert*, wie es etwa staatliche Gesundheitsprogramme sind, welche auf Vermeidung von Untergewicht bei der Geburt zielen, oder auf Stressreduktion beim Übergang von der Primar- zur Sekundarschule;

b) *auf Ressourcen fokussiert*, indem man etwa zusätzliche Anreize für Kinder schafft oder ihnen den Zugang zu Ressourcen erleichtert, besonders wenn unkalkulierbare Risiken vorliegen; und schließlich

c) *auf Entwicklungsprozesse fokussiert*, indem man beispielsweise Bindungsfähigkeit, Selbstwirksamkeit und Selbstregulation verbessert.

Yates und Masten (2004) denken, dass die wirksamsten Interventionsprogramme alle drei Modelle berücksichtigen: „Diese vielschichtigen Paradigmen versuchen, modifizierbare Risiken zu reduzieren, befördern wichtige Stärken und setzen an zentralen Entwicklungsverläufen an, um die positiven Anpassungsprozesse im Kind, in der Familie und im erweiterten Umfeld voranzubringen." (2004: 10)

In einer der wenigen Vorgängerstudien, welche die Umsetzbarkeit von Resilienz erforschten, versandte man Barnardos Fragebögen an 140 professionelle Erzieher in Gesundheitsämtern, in der Sozialarbeit sowie in Kinder- und Familienfürsorge Tätige in Schottland, mit einem Rücklauf von 71 Bögen. Als Antwort auf die Frage, welche der vier von Rutter beschriebenen Ansätze tatsächlich verfolgt worden waren, nannten 39 Befragte: „das Auftreten von Risikosituationen reduzieren"; 52: „Gefahr von Kettenreaktionen reduzieren"; 63: „Selbstachtung des Kindes stärken" und 60: „Entwicklungsmöglichkeiten schaffen". Die Autoren schlossen daraus, dass viele der an der Studie Beteiligten Strategien der Resilienzförderung anwandten.

Obwohl das Resilienzkonzept für die Arbeit mit gefährdeten Kindern und Familien in Politik und Praxis immer stärker betont wird, weiß man bislang wenig darüber, wie es tatsächlich in der Kinder- und Familienfürsorge eingesetzt wird. Der vorliegende Beitrag veröffentlicht die Ergebnisse einer Studie in Großbritannien und Australien, in welcher die praktische Umsetzung des Resilienzkonzepts bei gefährdeten, missbrauchten oder vernachlässigten Kindern untersucht wurde, wobei folgende Forschungsfrage zugrunde lag:

– Wenn eine Organisation das explizite Ziel verfolgt, die Resilienz gefährdeter Kinder zu stärken:
    – Wie setzen die Betreuer dieses Ziel in die Praxis um?
    – Wie kongruent ist die jeweilige Praxis mit den in der Resilienzliteratur bisher beschriebenen Prinzipien?

Die gesamte Studie untersuchte hauptsächlich vier Aspekte:
1. unterschiedliche Auffassungen von Resilienz;
2. auf Resilienz gerichtete Praxis;
3. Beurteilung von Resilienz und Ergebnissen von Resilienzförderung;
4. Stärken und Schwächen des Konzepts.

In diesem Beitrag werden wir die Ergebnisse und somit Erkenntnisse zur praktischen Anwendung des Resilienzkonzeptes im Einzelnen vorstellen.

Methodisches Vorgehen[2]

Die Daten wurden über eine *Umfrage und eine Reihe von Fallstudien* erhoben. Ein Fragebogen wurde einer Zufallsgruppe von 128 Praktikern elektronisch zugestellt, welche in Großbritannien in einer regierungsunabhängigen Organisation (NGO) arbeiten, sowie einer weiteren Zufallsgruppe von 238 Praktikern, die in einer australischen Organisation arbeiten. Beide Organisationen bieten eine Reihe resilienzfördernder sozialer Dienste für Kinder und Familien an und setzen dabei in Einzel- und Gruppenarbeit mehrere verschiedene Methoden ein. Als Ziel galten je 100 Rückläufe pro Land. Aus Großbritannien kamen 108 Rückantworten (Rücklaufquote 86 %), aus Australien 93 (Rücklaufquote 39 %). Die Ergebnisse der Umfragen in Großbritannien und Australien wurden getrennt analysiert und anschließend abgeglichen, um internationale Vergleichbarkeit zu erzielen. Zur quantitativen Datenerhebung wurden deskriptive Statistiken entwickelt. Die qualitativen Daten wurden themenbezogen untersucht und trugen so zur Analyse der Fallstudien bei.

Die Fallstudien wurden in vier Einrichtungen der Kinder- und Jugendhilfe der an der Studie teilnehmenden Organisationen durchgeführt: eine in England, eine in Schottland und zwei in Australien.

Zur *englischen Einrichtung* (E) kommen Kinder auf verschiedenste Weise, so über die Erziehungs- und Sozialhilfe oder die „Children and Adolescent Mental Health Services" (CAMHS). Einstufung und Intervention erfolgen anhand der sechs von Daniel und Wassell (2002a) beschriebenen Bereiche. Zwischen vier und zehn Interventionen – meist innerhalb von sechs Monaten – sind dort für Eltern und Kinder vorgesehen. Die *schottische Dienststelle* (S) leistet individuelle Hilfe, bietet aber auch eine Gruppenbetreuung an; sie bildete den Fokus der vorliegenden Fallstudien. Kinder werden dort ihrer Gruppe meist durch Lehrer zugewiesen und mit Hilfe des „Boxall Profils" eingestuft; dieses Raster zeigt „Entwicklungslinien" auf und ergibt so ein „diagnostisches Profil". Die Intervention ist nicht zeitgebunden, und viele Kinder erhalten mehrere Jahre lang Unterstützung.

Einer der *australischen Sozialdienste* (NSWa) arbeitet für Familien, bei denen Fälle nachgewiesener Kindesmisshandlung an das Department of

---

[2] Das Vorhaben unterlag der Genehmigung eines Departmental Research Ethics Committee in Großbritannien und dem University of South Australia's Human Research Ethics Committee in Australien. Ethische Billigung erfolgte ebenfalls durch die NRES (National Research Ethic Society) in Großbritannien.

Community Services (DOCS), die staatliche Kinderschutz-Behörde, gemeldet wurden. DOCS ordnet nötigenfalls Elternschulung an, ansonsten erfolgt die Falleinstufung mithilfe einer Vielzahl von Modellen, einschließlich eines Erhebungsbogens zu „Stärken und Bedürfnissen der Familie". Die Interventionsmaßnahmen sind zeitlich unbegrenzt. Der *zweite australische Sozialdienst* (NSWb) leistet Frühintervention und arbeitet mit den Eltern sowie der gesamten Familie. Überweisungen erfolgen durch Gemeindeeinrichtungen, wie etwa Krankenhäuser und Vorschulen, aber auch aufgrund solcher DOCS Akten, die nicht zu einer begründeten Vorladung der betroffenen Personen geführt haben. Die Einschätzung der Fälle geschieht im Laufe der Betreuung der Familie, manchmal aber auch mit Hilfe des schon erwähnten Fragebogens. Die Betreuungsdauer ist momentan auf maximal zwei Jahre begrenzt.

Ursprünglich sollte die *Stichprobengruppe* je 20 Kinder in der Altersgruppe zwischen sieben und neun Jahren in Großbritannien und Australien umfassen. Sie sollten verschiedener ethnischer Herkunft sein, aber vergleichbare Referenzprofile haben, bereits gründlich eingestuft und von den entsprechenden Sozialdiensten mindestens zwei Monate lang betreut worden sein. In *Großbritannien* wurde das Alter dann auf zehn Jahre heraufgesetzt, so dass sich insgesamt 18 Fallstudien ergaben. Sie betrafen 15 Jungen und 3 Mädchen; davon waren 15 weiß und 3 gemischter ethnischer Herkunft.

In *Australien* hatten die von den Sozialdiensten als geeignete Teilnehmer genannten Familien in der Regel mehrere Kinder, von denen aber nur jeweils ein oder zwei in die für die Zielgruppe vorgesehene Altersgruppe passten. Die mit den Fällen betrauten Sozialpädagogen fühlten sich nicht imstande, diese Frage ohne Berücksichtigung aller betroffenen Kinder zu erörtern. Deswegen wurde entschieden, dass nunmehr die Familie den jeweils spezifischen „Fall" konstituierte, so dass 14 Fallstudien insgesamt 28 Kinder betrafen, welche zwischen 9 Monaten und 18 Jahren alt waren. In den ausgewählten Familien gab es 14 Mädchen und 14 Jungen. Bis auf eine Ausnahme waren alle Familien europäischer Abstammung oder weiße Anglo-Australier.

Die *britischen Fallstudien* basieren auf Interviews mit 12 Kindern sowie 12 Eltern bzw. anderen sorgeberechtigten Personen, Interviews mit den Projekt-Mitarbeitern zu allen 18 Kindern der Fallstudien und, soweit Elternberater in den Fall mit einbezogen waren, auch auf Interviews mit eben diesen Beratern; überdies wurden Interview mit 8 weiteren Fachkräften anderer Organisationen durchgeführt, die mit den Kindern dieser Fallstudien arbeiteten. In *Australien* wurden 11 Eltern bzw. sorgeberechtigte Personen befragt, dazu die mit dem Projekt betreuten Sozialpädagogen für alle 14 Familien, sowie drei weitere Fachkräfte.

Alle Interviews wurden digital aufgezeichnet, transkribiert und thematisch sortiert. In jedem einzelnen Fall bildeten wir „Interventionsketten" aus den so gewonnenen Daten, um bessere Ergebnisse zu erhalten. Die Daten wurden in Großbritannien und Australien separat analysiert. Anschließend wurden die Ergebnisse verglichen und aufeinander abgestimmt.

2. Ergebnisse der Umfrage in Großbritannien

Viele Befragte setzten resilienzförderndes Vorgehen gleich mit spezifischen Vorgaben für die Praxis. So forderten mehrere Teilnehmer an der Studie, dass das Vorgehen besonders kindbezogen sein müsse und dass die betroffenen Fachleute wirklich den Kindern zuhören, mit ihnen zusammenarbeiten und sie aktiv in die Intervention integrieren müssten. Es entwickelte sich ein besonderes, auf Resilienzförderung bezogenes Engagement, das jeden Einzelnen einbezog und respektierte:

> „(Eine) Praxis, nicht dominiert oder diktiert von der Fachkraft, die es ‚einfach besser weiß', sondern eine, in der man dem Einzelnen zuhört und ihn unterstützt, indem man ihn ermutigt, selbst das Problem zu lösen."

Ein anderes resilienzbasiertes Prinzip führte zu einem vermehrt lösungsorientierten sowie an individuellen Stärken orientierten Vorgehen. 37 Teilnehmer an der Studie bezeichneten Resilienzförderung als „an individuellen Stärken" orientierten Ansatz, 10 sagten, dass sie auf den positiven Ereignissen im Leben eines Kindes aufbaue statt auf negativen, und vier Teilnehmer beschrieben sie als Ansatz, der den Empfänger von Hilfeleistungen stark mache. Vergleichbar dazu war die Meinung von sieben Personen, welche den Resilienzansatz mit lösungsorientiertem Vorgehen gleichsetzten.

> „Ich glaube, das Vorgehen zielt eher auf die Stärken als auf die Schwächen, und daher konzentriert es sich auf die Stützung des Positiven in einem Menschen und seiner Situation."

Es wurde zudem die Ansicht vertreten, dass resilienzorientiertes Vorgehen auf verschiedenen ökologischen Ebenen ansetzt; für die Praxis gaben jedoch 75 Befragte Antworten, in denen der ökologische Ansatz der Intervention zwar erkennbar war, alles aber darauf hinwies, dass das Hauptinteresse meist doch dem Kind galt:

- Kind im Fokus (54);
- Kind, Familie und Umwelt im Fokus (9);
- Kind und Familie im Fokus (6);
- Kind und Umwelt im Fokus (6).

Drei Teilnehmer betonten, dass resilienzförderndes Vorgehen multiple Handlungsebenen erfordere, und mehrere Leute beschrieben Resilienzförderung als holistische Vorgehensweise:

> „Resilienzförderndes Handeln muss auf vielen Ebenen stattfinden; keine einzelne Person könnte allen Bedürfnissen eines Individuums oder einer Familie gerecht werden (...); der Ansatz orientiert sich an den Stärken einzelner Akteure, an ihrer Kompetenz und ihrem Wissen, und bündelt all das zu einem Paket von Hilfsmaßnahmen für eine Einzelperson oder eine Familie (...)."

Der (nach der Stärkeorientierung, die Hrsg.) am zweithäufigsten genannte theoretische Ansatz für die Praxis (15 Nennungen) betraf die Bindungstheorie. Es zeigte sich, dass die Arbeit an der Verbesserung der Bindungsfähigkeit eng mit dem Resilienzkonzept verknüpft war, so dass fünf Teilnehmer beschrieben, wie die Verbesserung der Bindungsfähigkeit zum Schlüssel für die Stärkung von Resilienz wurde:

> „(...) man kann ihnen helfen, ihre Resilienz zu verbessern, indem man ihre Bindungsfähigkeit verbessert."

Die Befragten identifizierten eine Reihe von Bereichen, auf die sich die Fachkräfte bei der Intervention konzentrieren sollten. Die Mehrzahl der Bereiche lassen sich folgenden Clustern zuordnen:
- Selbstachtung/Selbstwahrnehmung/Selbstwert (23);
- Bindungen/sichere Bindung/Beziehungen (13);
- Fähigkeiten zur Problemlösung/Coping-Strategien (11);
- Erziehung und Bildung (8);
- Interessen/Aktivitäten (6);
- Selbstvertrauen (6);
- Unterstützende Netzwerke (6);
- Risiken einschätzen/reduzieren (5).

Der größte Teil der Antworten auf die Frage, was resilienzbasiertes Vorgehen in der Praxis erfordere, lässt sich unter folgende Aspekte subsumieren:
- Identifizieren, einschätzen oder sich konzentrieren auf die gegenwärtigen Stärken/Fähigkeiten/Talente eines jungen Menschen (18);
- Einem jungen Menschen helfen, ihn ermutigen oder dazu befähigen, die eigenen Stärken/Fähigkeiten/Talente auszubauen/zu entwickeln (26).

Achtzig Prozent der Befragten gaben an, dass sie erfolgreich Strategien zur Stärkung der Resilienz eines Kindes einsetzen konnten. Einige dieser Strategien zielten auf Einzelarbeit, andere auf Gruppenarbeit. Zusammengefasst ging es dabei um folgende methodische Ansätze:
- Aktivitäten – wie z.B. Brettspiele –, welche Problemlösung fördern oder das Selbstwertgefühl stärken, oder Theaterstücke, für die junge Leute dann Szenen „umschreiben", um damit Resilienz einzuüben;
- Spieltherapie;
- Biografiearbeit, dabei Lebensbrüche aufzeigen und feststellen, was man daraus gelernt hat;
- Diskussionsgruppen oder Gruppenarbeit, um Erfahrungen zu sammeln, wie man mit Niederschlägen fertig wird, und wie man Beziehungen zu seinen Peers und in sozialen Netzwerken stärkt;
- Einbeziehung von Ansichten der betroffenen Jugendlichen; ihnen das Gefühl vermitteln, dass sie als Person geschätzt werden; die Meinung des Kindes bei Kinderschutzverfahren anhören;
- Unterstützung durch Gleichaltrige und Mentoren;
- die Ursache des Problems behandeln, etwa Angebote zur Elternschulung einrichten, um ihre Bindungsfähigkeit zu verbessern und ihnen begreiflich zu machen, welche Wirkung ihr unberechenbares Verhalten auf das Kind hat;
- die Lebensgeschichte des Kindes verstehen;
- betreuten Personen Platz und Zeit geben, über ihre Gefühle nachzudenken und sie zu reflektieren;
- Beratung;
- positive Rollenvorbilder anbieten und vertrauensvolle Beziehungen zum Kind aufbauen;
- positive Rückmeldungen geben;
- Programme einsetzen, wie z.B.
  - Assessing and promoting resilience;
  - die Webster Stratton Programme;
  - das Emotional Competence Model.

Im Wesentlichen lassen sich aus der Umfrage in Großbritannien als Ergebnis Prinzipien der praktischen Umsetzung und spezifische Praxisvorschläge ableiten. Die wichtigsten *vorgeschlagenen Prinzipien* waren:
1. respektvolle Behandlung und Beteiligung der Klienten in der praktischen Arbeit;

2. lösungs- und stärkenorientierte Ansätze;
3. die Notwendigkeit, alle sozio-ökologischen Ebenen anzusprechen;
4. die Notwendigkeit eines holistischen und mehrdimensionalen Ansatzes.

Handlungsbezogene Aspekte waren dabei:
1. Verbesserung des Selbstwertgefühls als Schwerpunkt der Intervention;
2. Problemlösung und Coping als weiterer Schwerpunkt der Intervention;
3. Stärkung der Bindungsfähigkeit als Interventionsschwerpunkt mit der Idee, dass Bindungstheorie und Resilienzförderung eng miteinander verbunden sind;
4. Beispiele resilienzfördernder Praxis, wie man Stärken, Fähigkeiten und Talente von Kindern erkennt und fördert;
5. Beschreibung von geglückten Interventionen, die auf Methodenvielfalt und Kreativität zurückgreifen, um die Arbeit mit Kindern und Eltern zu steuern.

3. Ergebnisse der Umfrage in Australien

Für Teilnehmer an der Studie in Australien beinhaltete resilienzförderndes Handeln:
- individuelle Stärken und Anlagen erkennen, aufbauen und unterstützen;
- Fähigkeiten, Eigenheiten und Interessen fördern, welche Coping und „positive Anpassung" ermöglichen;
- Aufbau und Verstärkung der Bindungen an Gemeinschaft und soziale Hilfs-Netzwerke:

> *„Ein Modell für die Praxis, das die Entwicklung von Resilienz dadurch fördert, dass es Kinder und Familien mit sozialen Unterstützungsnetzwerken zusammenbringt, und zwar zuhause, in der Schule und in der Gemeinde; das Mut macht zur Entwicklung von Fähigkeiten, Interessen und Begabungen, zur Knüpfung von gesunden Kontakten zu anderen Menschen und das zur Ausbildung der unerlässlichen stabilen Fundamente – wie Familie, ein Netzwerk von Freundschaften – ermutigt."*

Resilienzorientierte Praxis galt überwältigend oft als geeignet für Konzepte, die auf die Stärken des Kindes setzen. Solche Konzepte identifizieren, analysieren und bauen auf den vorhandenen Stärken auf und entwickeln zusätzlich neue Fertigkeiten und Talente:

> „Mit den Familien ihre Stärken zu erkunden und anzuerkennen – in Zeiten, in denen sie bereits schwierige Herausforderungen bewältigt haben –, und herauszufinden, welche Aktivposten ihnen dabei halfen; Familien zu ermutigen, jene Prozesse zu erkennen, die ihre Kompetenzen stärken, weitere Herausforderungen zu meistern."

Verbindungsaufnahme zu örtlichen Hilfseinrichtungen und Entwicklung starker sozialer Beziehungen und Netzwerke wurden als wesentliche Schutzfaktoren für Kinder und Familien angesehen:

> „Man muss sicherstellen, dass Familien an die in ihren Gemeinden verfügbaren Sozialdienste herangeführt werden – soll heißen, dass man z.B. zur Teilnahme an Schul- und Gemeindeaktivitäten ermutigt, auch als Schutz gegen gefährdende häusliche Bedingungen. Wo Kinder und Familien in die Gemeinde im weiteren Sinne eingebunden sind, ist die Wahrscheinlichkeit größer, dass Kinder stärkere Bindungen außerhalb ihres Zuhauses entwickeln können und es in ihrem Alltag andere Menschen gibt, die erspüren können, wo ihre Verwundbarkeit liegt."

Einige wenige unter den Befragten bemerkten zusätzlich, dass die von ihnen Betreuten auch das Bedürfnis hatten, über ihre eigene Resilienz nachzudenken, aus ihren Erfahrungen einen Sinn abzuleiten und zu dem Erlebten eine insgesamt positive Einstellung zu entwickeln:

> „Es ist wichtig, Menschen zu ermutigen, einen Sinn in ihrer von Bedrängnis und Unterdrückung beherrschten Lebensgeschichte zu erkennen und sie so zu begleiten, dass sie ein Gespür für die eigene Fähigkeit erhalten, ihr Leben holistisch und positiv zu ordnen. Man muss sich Raum dafür lassen, über die im eigenen Leben erfahrenen Schwierigkeiten nachzudenken, und sich darüber freuen, dass die ‚harten Zeiten' vorbei sind, so dass man die guten Seiten des Lebens ‚sehen' kann."

Als sie beschreiben sollten, was einen resilienzgestützten Ansatz ausmache, sagten einige Befragte, vorrangig wichtige Bestandteile des Ansatzes seien ihr persönliches Engagement und die Beziehung zu den von ihnen Betreuten:

> „In der Praxis mag es bei einem resilienzgestützten Ansatz nach außen so scheinen, als teste man die Belastbarkeit der Beziehung aus – der Beziehung zwischen Therapeut, Klient und Kind –, so dass die Familie aufgrund einer guten therapeutischen und vertrauenswürdigen Beziehung stark wird; was ihr zugute kommen wird in den harten Zeiten, die noch bevorstehen könnten."

Für die Praxis sinnvolle Strategien waren solche, die sich entweder ausdrücklich auf das Kind konzentrierten (und darauf, dessen Selbstvertrauen, Fähigkeiten, Talente und Verhaltensweisen zu fördern) oder auch auf die Eltern bzw. einen Elternteil (und darauf, ihr Wissen, ihre Fähigkeiten und Verhaltensformen als Eltern zu fördern) sowie schließlich auf Entwicklung und Unterstützung von interpersonellen Beziehungen gerichtete Strategien (etwa zwischen Eltern und Kindern, zwischen Familien und der erweiterten Gemeinde sowie zwischen Organisationen und Agenturen). Die einzelnen Strategien berücksichtigten eine Vielzahl von Konstellationen (Settings) in Einzelarbeit, Gruppenarbeit, Kinderfürsor-

ge, „Camps" und in der Betreuung nach der Schule. Die Arbeitsansätze umfassten so Unterschiedliches wie:
- Programme zur Elternschulung und Klärung von Eltern-Kind-Beziehungen (z. B. *„Incredible Years"*, *„Marte Meo"*);
- qualifizierte Kinderbetreuung;
- Gesellschaftsspiele, Gruppenspiele und Spiele im Freien;
- spezielle Betreuung (Mentoringprogramme) für Kinder und Jugendliche (z.b. „Großer Bruder/Große Schwester"-Programme);
- Einsatz von Tutoren;
- Lob und Bestärkung der Kinder bei positiven Resultaten;
- Verbesserung der sozialen Interaktion;
- Verwendung von Rollenspielen, Entwicklung von Vorbildverhalten und entsprechende Anleitung für Eltern und Kinder;
- Selbstreflexion und therapeutisches Briefeschreiben;
- Beratung;
- Überweisung an andere Sozialdienste.

Beispielhafte Nennungen:

> *„Kinder die Natur erforschen lassen, draußen in der Kälte zelten, Waldspaziergänge machen, durch sichere Bachläufe streifen (aus der Entfernung überwacht), die eigenen Fähigkeiten draußen in der Natur testen, auf Bäume klettern, an einer sicheren Stelle Steine werfen, gefahrlos Rad fahren können."*

Die Inhalte dieser Ansätze unterschieden sich zwar erheblich voneinander, deckten sich aber auch in generellen Vorgehensweisen wie etwa der Förderung persönlicher Stärken. Spezifischer mit Resilienz verbundene Aspekte waren:
- die Fähigkeit, Probleme zu lösen;
- die Fähigkeit, sich Ziele zu setzen;
- positive Verhaltensformen;
- der Umgang mit Anderen;
- Bewältigungsstrategien;
- emotionale Regulation (z.B. Anwendung des *„Seasons for Growth"* Programms);
- Empathie;
- Kommunikationsfähigkeit;
- Ersuchen um Beistand und Hilfe;
- Gefährdung durch fremde Personen;
- Wissen, wie man seine Kinder erziehen soll, in welcher Form Kinder an ihre Eltern gebunden sind und wie Kindheitsentwicklung verläuft.

All diese Strategien und Vorgehensweisen, die für resilienzförderndes Handeln als relevant oder doch günstig angesehen wurden, entsprachen auch jenen anderen theoretischen Ansätzen, die laut der Befragungsteilnehmer ihre eigenen Dienste oder Organisationen sonst bevorzugten:
- an individuellen Stärken orientiertes Herangehen (39 Nennungen);
- an der Bindungstheorie orientiertes Vorgehen (unter Bezug auf den „Circle of Security", Cooper, et al. 2005) (33 Nennungen).

Im Ganzen ließ sich ein signifikantes Maß an Übereinstimmung mit den Ergebnissen der Studie zur Resilienzförderung in Großbritannien erkennen, wobei eine Vielzahl gemeinsamer Prinzipien und Aspekte hervortrat, besonders bei individuell stärkenorientierter Arbeit und der Notwendigkeit, andere Sozialdienste und Agenturen heranzuziehen.

Die australische Erhebung betonte folgende *Prinzipien resilienzbasierter Praxis*:
- die Anwendung lösungsorientierter sowie an individuellen Stärken ansetzender Strategien;
- die Notwendigkeit eines holistischen und auf vielen Ebenen intervenierenden Ansatzes;
- die Notwendigkeit, Bindungen an die Gemeinde und soziale Hilfseinrichtungen aufzubauen und zu verstärken;
- die Notwendigkeit, im Rahmen eines holistischen Ansatzes ebenso Stärken und Fähigkeiten zu würdigen wie Schwierigkeiten und Schwächen zu sehen.

Praxisbezogene Themen waren unter anderem:
- Hinwendung zu pragmatischen Strategien und Lösungen, um die Ziele eines Hilfeplans oder einer Intervention zu erreichen;
- Fokussierung auf Bindungsprozesse;
- besondere Förderung emotionaler Selbstregulation und des Umgangs mit anderen Menschen.

4. Fallstudien in Großbritannien

In den Fallstudien gab es Übereinstimmungen, aber auch Unterschiede in der Gewichtung zu den Umfrageergebnissen. Ebenso existierten Unterschiede zwischen den zwei beteiligten Sozialdiensten. Wie schon die Teilnehmer an der Umfrage setzten auch hier die sozialen Fachkräfte Resilienzbezug mit geläufigen Prinzipien und Vorgehensweisen ihrer Arbeit gleich. Eindeutig herrschte das Konzept vor, die Adressaten der Sozialdienste in die Arbeit mit einzubeziehen; im jeweils einzelnen Fall zeigte sich dann auch, dass das betroffene Kind an den Entscheidungen beteiligt war und die Sozialarbeiter diesen Umstand für maßgeblich resilienzfördernd hielten:

> *„Wir reden immer darüber, dass man zur Gruppe kommen soll um Sachen zu üben, Freundschaften zu schließen, manchmal aber auch, um den eigenen Ärger in den Griff zu bekommen; eben über verschiedene Dinge mit verschiedenen Kindern, aber immer reden wir mit ihnen darüber (...)." (Sozialarbeiter S. aus einer Pflegegruppe)*
>
> *"(Die Sozialarbeiterin) schreit dich nicht an wie Lehrer, wenn du etwas falsch gemacht hast. Sie setzt sich einfach hin und redet nett mit dir." (Kind E.)*

Weniger explizite Bezüge ergaben sich zu lösungs- und stärkenorientierten Ansätzen, obwohl sie bisweilen erwähnt und in den Beschreibungen praktischer Umsetzung implizit enthalten waren.

In Übereinstimmung mit dem breiter verstandenen sozio-ökologischen Ansatz der englischen Sozialdienste waren auch in Schottland die Eltern (meistens die Mütter) in die Intervention eingebunden, weil in jedem Fall jeweils ein Kinder- und ein Eltern-Berater beteiligt war, und die schottischen Sozialarbeiter in wenigstens drei Fällen die Eltern direkt mit einbezogen:

> *„Also, die Ansichten und Meinungen (des Kindes) wurden auch ‚an Bord geholt', und um mit Problemen klar zu kommen, musst du beide Seiten dabei haben, und beide Seiten müssen am selben Strang ziehen und zusammenarbeiten, und das wurde tatsächlich so gemacht." (Mutter E.)*

In sechs Fällen dieser Art wurde ausdrücklich erwähnt, man müsse auch die Schule integrieren, obwohl in mehreren anderen Fällen die Lehrer in den Vorgang offenbar nicht einbezogen worden waren:

> *„Also haben wir darauf geachtet, dass die Sozialarbeiterin Kontakt mit der Schule aufbaute." (Elternberater E.)*
> *„Ich fand das großartig, denn das hieß, dass die Lehrer auch erzogen wurden." (Mutter E.)*
> *„Das war wie eine Brücke zwischen der Schule und uns." (Mutter E.)*

Viel seltener wurde die Beteiligung der weiteren Gemeinde oder anderer professioneller Dienste erwähnt, obwohl der Mitarbeiter einer Therapiegruppe für Alkoholiker dies andeutete mit der Bemerkung, dass *"wir in dieselbe Richtung gehen" (Teilnehmer E.).*

Im Vergleich mit der Umfrage wurde ebenfalls weniger Betonung auf nachhaltige Strategien zur Verbesserung persönlicher Bindungsfähigkeit gelegt. Fragen der Bindungsfähigkeit wurden dennoch als Schlüssel zur Lösung vieler Fälle erkannt, und einige Kinder litten unter der Trennung von ihrem Vater. Strukturell konnten die Sozialdienste aber diese Probleme nicht intensiv angehen – in England wegen der zeitlichen Beschränkung, und in Schottland, weil das Hauptgewicht auf der Gruppenarbeit mit Kindern lag. Allerdings kristallisierte sich das als ein Hauptthema bei jenen Fällen heraus, in denen man Eltern ermutigte, einen verlässlichen Erziehungsrahmen mit klar abgesteckten Grenzen zu setzen, der dann die gegenseitige emotionale Bindung verbesserte. Die Elternberatung förderte eine positivere Einstellung zu den Kindern, da diese jetzt mehr gelobt und stärker unterstützt wurden:

> *"Es stärkte das Band zu ihrem Kind." (Elternberater E.)*
>
> *"Alle Eltern, also die machen doch alles, um ihr Kind so gut wie möglich groß zu kriegen, manchmal aber kann einer von außen ihnen noch etwas beibringen, und Tatsache ist, wir haben sie für Kleinigkeiten gelobt, sie hätten aber für wichtigere Sachen auch gelobt werden müssen." (Mutter E.)*

Die derart beschriebene Resilienzförderung weist ein breites Spektrum auf. Die Hilfepläne für die englischen Fälle orientierten sich an den *sechs Resilienzbereichen*: sichere Bindung, Erziehung, Freundschaften, Fähigkeiten und Neigungen, positive Werte und soziale Kompetenz. Dabei war die Förderung der einzelnen Felder – abhängig von den jeweiligen Erfordernissen – unterschiedlich akzentuiert. Es waren betroffen:
– alle sechs Bereiche (in 3 Fällen);
– positive Werte und soziale Kompetenzen (in 2 Fällen);
– Freundschaften und soziale Kompetenzen (in einem Fall);
– Erziehung, Fähigkeiten und Interessen sowie Freundschaften (in einem Fall).

Die beschriebenen Bereiche fungierten als Orientierung für die praktische Arbeit; die jeweils angewandten Strategien variierten in Abhängigkeit von den Bedürfnissen der Kinder, und oft wurde die Arbeit in verschiedenen Bereichen miteinander verlinkt.

Für die schottischen Kinder wurden die Hilfepläne auf der Basis des *"Boxall Profils"* entwickelt. Schwerpunkt der Arbeit war vorwiegend die Überwindung negativer Einstellungen zu sich selbst und anderen. Aus der Zusammenfassung der Erhebungsdaten aus den Interviews und den Fall-Unterlagen ergaben sich oft folgende vorrangige *Interventionsaspekte*:
– Verbesserung des Selbstwertgefühls/sich selbst besser leiden mögen;
– Verbesserung der Beziehungen zu Gleichaltrigen;
– positivere Wahrnehmung des Schulbesuchs/Verbesserung des schulischen Verhaltens;
– Kontrolle über Gefühle von Verärgerung/Meinungsverschiedenheiten regeln;
– Gefühle benennen können/emotionale Kompetenz.

Entsprechend seiner Bedeutung in der Umfrage betonten auch die meisten Fallstudien die Stärkung des Selbstwertgefühls als wichtigsten Arbeitsaspekt:

> *„Das hatte etwas zu tun mit dem Selbstwertgefühl (...) nämlich, dass sie stolz war, E. zu sein, sich wohlfühlte in der Haut von E., hoch erhobenen Hauptes zu gehen, zu wissen, dass sie Kontrolle über sich selbst hat, dass sie ihr Leben im Griff hat und voller Selbstvertrauen ihre eigenen Entscheidungen treffen kann."* (Sozialbetreuer für E.)

Wenn man genauer hinsieht, wird deutlich, wie sehr viele dieser Aspekte miteinander verschränkt sind. Verbessertes Selbstwertgefühl kann beispielsweise sowohl als beabsichtigtes Ergebnis wie auch als Weg zum beabsichtigten Ergebnis gelten. Gleichermaßen kann die Verbesserung der Beziehungen zu Gleichaltrigen an und für sich schon positiv oder eben nur als einfacher Schritt zu generell besseren Kontakten bewertet werden. *Abbildung 1* zeigt einige Erklärungsstränge für entsprechende Verknüpfungen auf.

Aus den Interventionsketten ergibt sich, dass die Strategien einen Mix verschiedener Ansätze darstellten, wobei Erkenntnisse umgesetzt wurden, von denen man wusste, dass sie zu besseren Ergebnissen – also zu Resilienz – führen würden; Resultate manifestierten sich auch in den Verhaltensformen. Wie von den Teilnehmern der Studie vorgeschlagen, wurde die Intervention mit der Förderung von Coping- und Problemlösungsstrategien verbunden, auch wenn man es nicht in jedem Fall ausdrücklich so nannte. Außerdem galt das Augenmerk den Personen in der Umgebung des Kindes – wie sie sich ihm gegenüber verhielten und welche Reaktionen sie auf sein Verhalten zeigten.

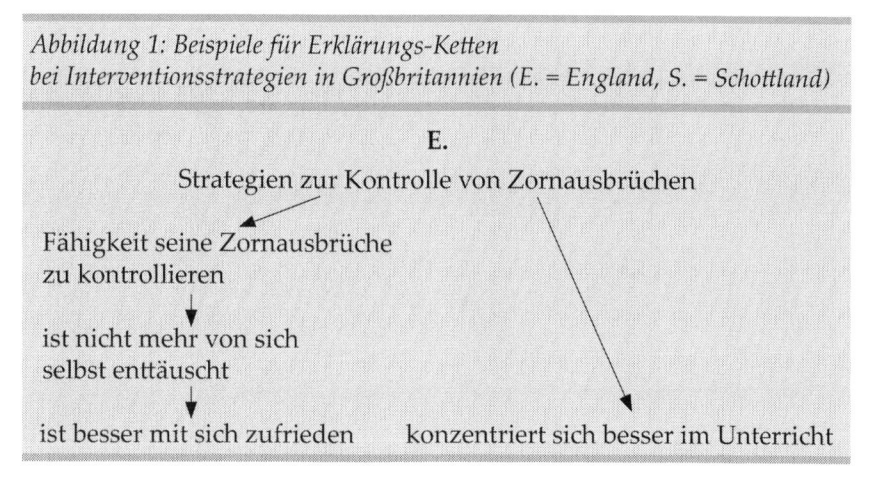

Abbildung 1: Beispiele für Erklärungs-Ketten bei Interventionsstrategien in Großbritannien (E. = England, S. = Schottland)

E.

Strategien zur Kontrolle von Zornausbrüchen

Fähigkeit seine Zornausbrüche zu kontrollieren

↓

ist nicht mehr von sich selbst enttäuscht

↓

ist besser mit sich zufrieden   konzentriert sich besser im Unterricht

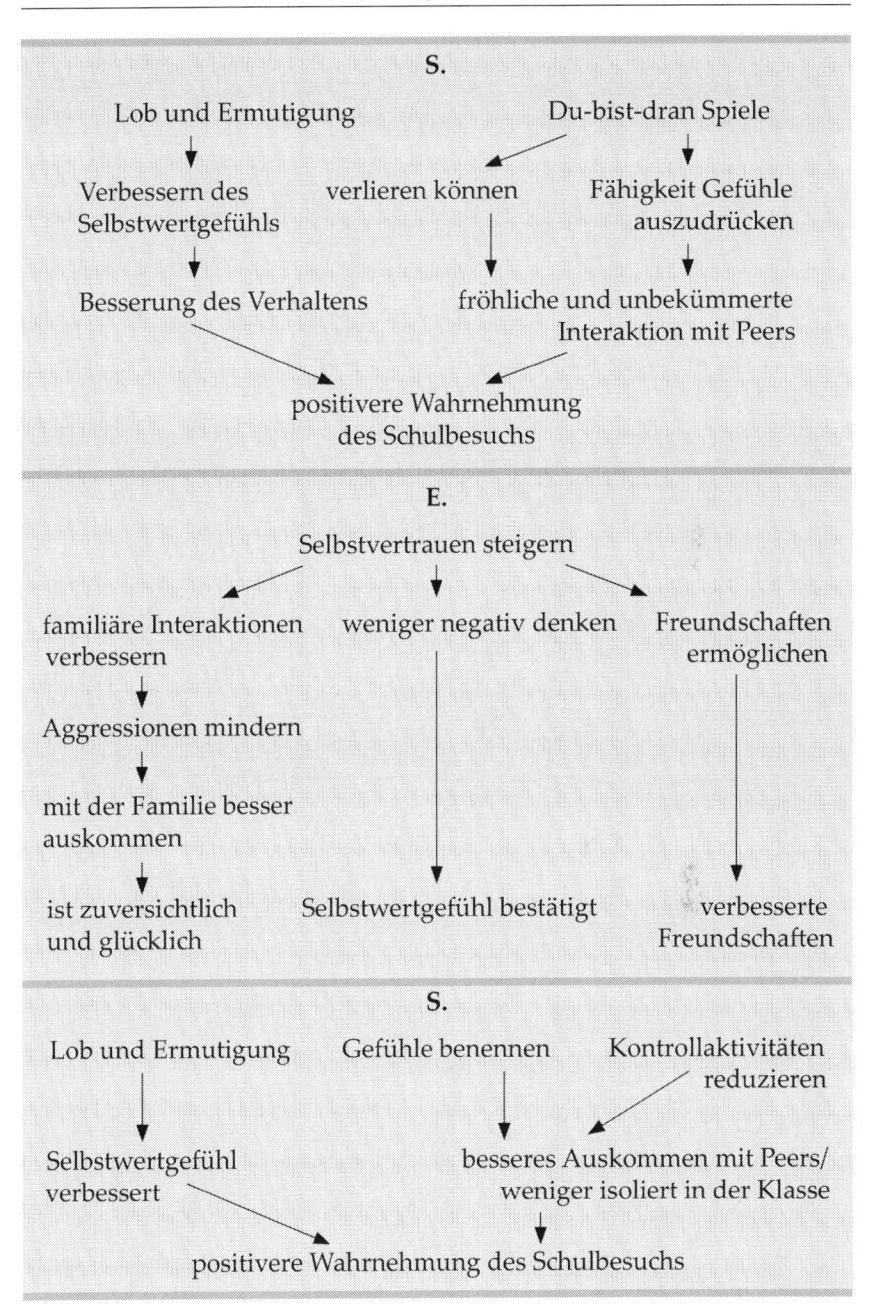

Wie lässt sich das Resilienzkonzept bei gefährdeten Kindern einsetzen? 117

S.

Lob und Ermutigung → Verbessern des Selbstwertgefühls → Besserung des Verhaltens

Du-bist-dran Spiele → verlieren können → fröhliche und unbekümmerte Interaktion mit Peers

Du-bist-dran Spiele → Fähigkeit Gefühle auszudrücken → fröhliche und unbekümmerte Interaktion mit Peers

→ positivere Wahrnehmung des Schulbesuchs

E.

Selbstvertrauen steigern

- familiäre Interaktionen verbessern → Aggressionen mindern → mit der Familie besser auskommen → ist zuversichtlich und glücklich
- weniger negativ denken → Selbstwertgefühl bestätigt
- Freundschaften ermöglichen → verbesserte Freundschaften

S.

Lob und Ermutigung → Selbstwertgefühl verbessert

Gefühle benennen → besseres Auskommen mit Peers/ weniger isoliert in der Klasse

Kontrollaktivitäten reduzieren → besseres Auskommen mit Peers/ weniger isoliert in der Klasse

→ positivere Wahrnehmung des Schulbesuchs

E.

physische und psychische Erscheinungsformen
von Zornausbrüchen identifizieren
↓
Zornausbrüche besser beherrschen können
↓
Freundschaften bleiben bestehen

S.

1: Verhalten　　　　2: Erwachsene　　　　3: Lob

Erwachsene begleiten durchgehend　　positives Verhalten belohnt
↓
in Aktivitäten eingebunden/
beherrscht seine Gefühle
↓
Selbstwertgefühl verbessert

positivere Wahrnehmung des Schulbesuchs

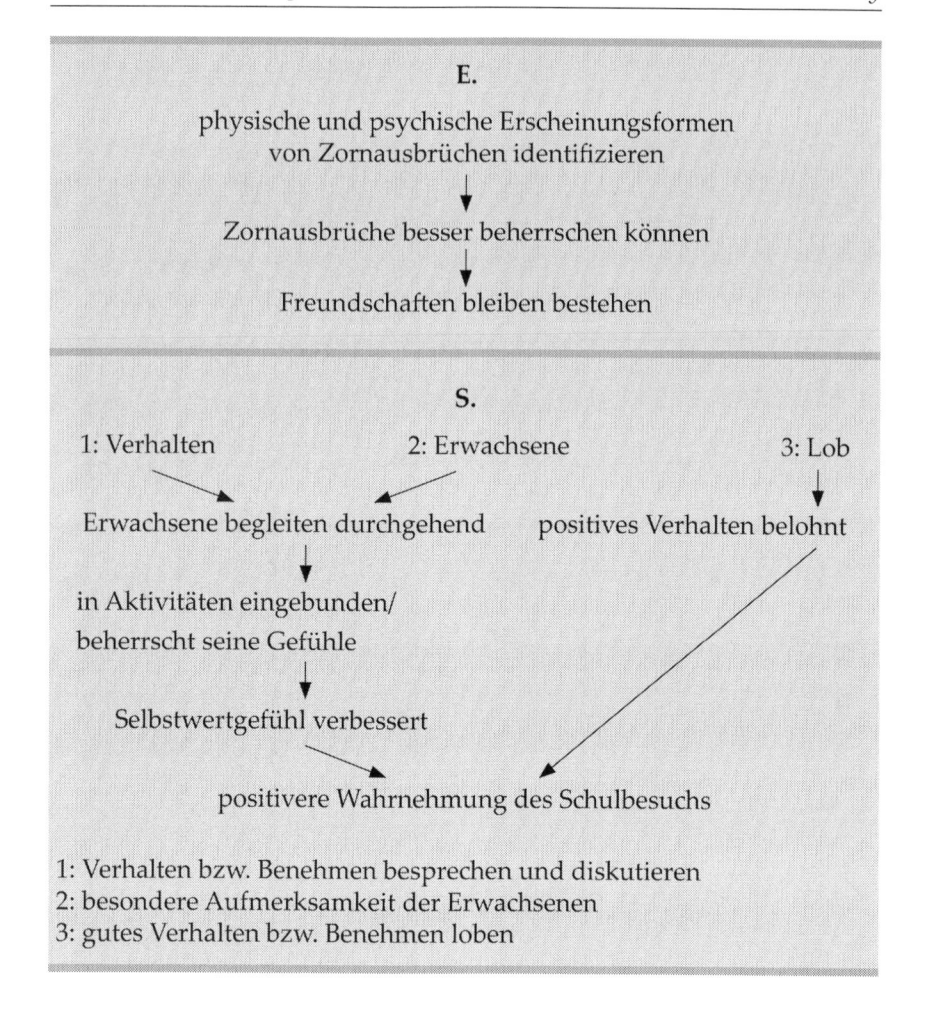

1: Verhalten bzw. Benehmen besprechen und diskutieren
2: besondere Aufmerksamkeit der Erwachsenen
3: gutes Verhalten bzw. Benehmen loben

Der offensichtlich größte Unterschied in den Schilderungen zur praktischen Umsetzung lag bei der englischen Untersuchung auf der deutlich stärkeren Betonung von Strategien zur *Regulation von Gefühlsausbrüchen/ Wutanfällen*, während in Schottland der Schwerpunkt bei *emotionaler Kompetenz* lag. Dennoch gab es in der Beschreibung praktischer Arbeit viele Überschneidungen. Im Ganzen zeigen die Daten wohl, dass Verbesserung des Selbstwertgefühls, der Beziehungen zu Peers (Gleichaltrigen) und der Schulbildung als zentrale Ziele gesehen wurden. Strategien zur Regulation von Gefühlsausbrüchen und zur Verbesserung der emotionalen Intelligenz waren dabei die meist genutzten Wege zu diesen Resultaten (s. dazu Abbildung 2).

Abbildung 2: Die aus den Erhebungsdaten der Fallstudien in Großbritannien abgeleiteten wesentlichen Strategien und erwünschten Resultate.

STRATEGIEN
Regulation von Ärger/emotionale Intelligenz

▼

ERWÜNSCHTE RESULTATE
Besseres Selbstwertgefühl/bessere Peer-Beziehungen/
positivere Wahrnehmung des Schulbesuchs

Die Teilnehmer an der Befragung identifizierten ebenfalls Schule als wichtigen Bereich ihrer Beobachtungen, betonten im Vergleich aber die Förderung von Begabungen und Interessen der Kinder stärker und legten weniger Gewicht auf die Peerbeziehungen als in den Fallstudien. Dies könnte daran liegen, dass jene Kinder, die an den Fallstudien teilnahmen, häufig wegen ihrer schulischen Probleme ausgewählt worden waren, was dann wiederum oft mit schlechten Beziehungen zu Mitschülern und schwacher Beherrschung von Wutausbrüchen in Zusammenhang gebracht wurde. Nimmt man verwandte Aspekte hinzu, gilt es folgende Fertigkeiten zu verbessern:
- teilen können;
- imstande sein, mit bösen Überraschungen fertig zu werden;
- seine Konzentrationsfähigkeit erhöhen;
- zunehmendes Durchsetzungsvermögen;
- lernen, im Spiel verlieren zu können;
- Enttäuschungen hinnehmen können.

Eine Vielzahl spezifischer Aktivitäten wurde eingesetzt, um Kindern bei der Kontrolle ihrer Gefühlsausbrüche und ähnlicher Verhaltensweisen zu helfen. Einige englische Kinder erlernten *„cool down"*-Techniken (Beruhigungs-Techniken) und dabei etwa Bilder von Vulkanen einzusetzen, um zu illustrieren, dass jemand kurz vor einer Explosion steht. Sie erhielten Hilfe zum Verständnis jener Gefühle, die mit Wut und Ärger einhergehen, und lernten Techniken, wie bis zehn zu zählen oder sich ein kaltes Getränk vorzustellen, um Ärger und Wut zu bekämpfen. Die Kinder bekamen beispielsweise laminierte Karten, um sie an diese Techniken zu erinnern, und in einigen Fällen wurde ein Satz von Karten angefertigt, den sie auch in die Schule mitnehmen sollten – ein Lehrer reservierte sogar eine „*cool down*"-Zone für ein Kind seiner Schule:

> „All diese Emotionen machten ihn regelrecht krank, er wusste nicht, wie er mit ihnen umgehen sollte (...). Als ich ziemlich am Anfang unserer Arbeit sagte, ‚wir werden Wege suchen, wie man deine Zornausbrüche in den Griff bekommen kann', meinte er dazu, ‚Tatsächlich, können wir das wirklich?' (Sozialpädagoge E.)
>
> „Verschiedene Strategien wurden eingesetzt, etwa wenn man wütend wird, dass man dann das und das macht." (Mutter E.)
>
> „Ihm helfen zu erkennen, warum er wütend ist." (Mutter E.)
>
> „Wir stellten diese Karten her, so für coole Getränke und Zeugs, damit man sich beruhigt, an einen Strand denkt – mit dem Gedanken an ein kaltes Getränk." (Kind E.)
>
> „Um über meinen Ärger wegzukommen und Verantwortung anderen gegenüber zu zeigen." (Kind E.)
>
> „Wir spielten manchmal mit Karten, die unsere Stärken ausdrücken sollten, und manchmal malten wir Bilder davon, wie es ist, wütend zu sein (...), wenn ich wütend wurde und in Streitereien geriet und dann ausgeschlossen wurde. Aber (der Sozialarbeiter) sagte dann immer: ‚Lass deine Wut nicht raus, zähl einfach bis zehn und atme tief durch'." (Kind E.)

In Schottland setzten die Sozialarbeiter Gruppenaktivitäten ein, um Kinder beim Erlernen unterschiedlicher Reaktionsmöglichkeiten zu unterstützen. Bei sorgfältiger Betreuung durch die Gruppenleiter konnten die Kinder dazu „angeleitet" werden, Triggerpunkte auszumachen und vorher aufgezeigte Konfliktlösungstechniken einzusetzen. Die Betonung lag darauf, zu lernen, wie man Gefühle gemeinsam erlebt und versteht:

> „Ihm die richtigen Worte beibringen, die Gefühle zu erkennen, die er offensichtlich spüren konnte, obwohl er es nicht benennen konnte." (Sozialarbeiter S.)
>
> „Jede Chance ergreifen, ein Verhalten zu loben und zu benennen, das du ermutigen möchtest." (Sozialarbeiter S.)
>
> „Er spielt mit Knete, spielt in einer Gruppe und reagiert auf andere Kinder (...), sie trainieren ihn, also z.B. wenn er mit Knete spielen möchte, bekommt er 10 Minuten, und dann muss er jemand anderen dranlassen. Er lernt abzugeben und zu teilen" (Mutter S.)
>
> „(...), na ja irgendwie ändern sie seine Einstellung." (Mutter S.)
>
> „Wie man nett ist, Sachen teilen und so (...), Spiele spielen." (Kind S.)
>
> „Musste lernen Spielsachen abzugeben." (Kind S.)
>
> „Mich besser benehmen." (Kind S.)
>
> „Ich traue mich mehr, mit Leuten zu sprechen." (Kind S.)

Obwohl die Arbeit darauf abzielte, das Engagement des Kindes in der Schule zu verbessern, waren sich die interviewten Lehrer nicht immer im Klaren darüber, welche Arbeitsform hier eingesetzt wurde:

> *„Um ehrlich zu sein, ich bin mir nicht sicher. Mir wurde gesagt, dass sie losgehen in die Gruppenarbeit und etwas essen und trinken und so weiter, und dann Spiele spielen. Also, ich habe mir die Notizen angesehen über die Spiele, die er gemacht hat, und wie er darauf reagiert hat (...)." (Lehrer S.)*

> *„Es handelt sich vermutlich um eine Menge Gruppenaktivitäten, abwechselnd spielen und dann Frühstückszeit, wobei alle mitgeholfen haben (...)." (Lehrer S.)*

Allgemein berichteten die Sozialpädagogen über eine große Vielzahl kreativer und detaillierter Arbeitsweisen mit Kindern und ihren Eltern in Einzelsitzungen wie in Gruppenarbeit. Im Großen und Ganzen ähnelten die Berichte über ihre praktische Arbeit in einzelnen Bereichen den Beschreibungen der Umfrageteilnehmer in Großbritannien. Das Prinzip, die Adressaten am Prozess zu beteiligen, war in beiden Sozialdiensten zentral. Lösungs- und stärkenorientierte Ansätze wurden nicht von beiden gleichermaßen betont, waren aber implizite Elemente ihrer Praxis. Bindungsfähigkeit und Probleme mit persönlichen Bindungen wurden als überaus wichtig wahrgenommen, aber der Umfang, in welchem man Probleme der Bindungsfähigkeit in den Mittelpunkt von Interventionsstrategien stellte, war begrenzt. Von den Umfrageteilnehmern wurde in ihren Berichten die direkte Arbeit mit den Kindern, oft auch die Arbeit mit den Eltern stark betont. Weniger klar war, in welchem Ausmaß die Praxis alle sozio-ökologischen Ebenen mit einbezog und wie weitgehend man multi-disziplinär vorgehen konnte. Wie schon bei den Teilnehmern an der Umfrage wurde in den Fallstudien großer Wert darauf gelegt, Kindern Coping-Fähigkeiten zu vermitteln, noch größeres Gewicht erhielten aber die Kontrolle von Gefühlsausbrüchen, die Verbesserung der Peer-Beziehungen und generell emotionale Kontrolle.

5. Fallstudien in Australien

In den australischen Sozialdiensten war die Mehrheit der Sozialpädagogen in der Tat nicht der Meinung, sie betreibe explizit resilienzorientierte Arbeit, sondern fand, das Resilienzkonzept sei in der Förderung der Stärken Jugendlicher verankert, oder betrachtete es als Ergänzung. Die weitere Ansicht war, dass Resilienz nur eine Komponente in einem ganzen Set möglicher Theorien und Rahmensetzungen sei, derer Sozialarbeiter sich in einem eklektischen Zugriff bedienen könnten. In der Tat gebrauchten vier von acht Sozialpädagogen die Begriffe „eklektisch" und „holistisch", wenn sie ihren Zugang zu praktischer Arbeit beschrieben:

> „Ich arbeite nicht nach einem bestimmten Schema. Meine Denkweise wird durch viele verschiedene Ansätze und unterschiedliche Wissensgebiete geprägt." (Sozialarbeiter NSWa)
>
> „(...) es ist ganz holistisch und eklektisch zugleich. Es gibt keine einzelne Hutgröße, die allen passt; man muss aus allem das Beste raussuchen." (Sozialarbeiter NSWa)

Drei von acht der an den Fallstudien beteiligten Sozialarbeiter meinten, dass ein stärkenbasiertes Herangehen das vorherrschende Modell – also die Philosophie – sei, nach welchem sich ihre Arbeitsweise richte. Ein Sozialarbeiter meinte sogar, das stärkenorientierte Vorgehen präge die Philosophie des gesamten Sozialdienstes. Insgesamt galt es jedoch den anderen Sozialarbeitern, einschließlich jener Mitarbeiter, die ihre Arbeit selbst als überwiegend „eklektisch" bezeichneten, nur als wichtigste Komponente in einem „bunten Strauß" von Methoden. Stärkenorientierte Arbeit bezeichnete man generell als sinnvoll wegen des Kraftpotentials, das für die Betroffenen darin enthalten sei:

> „(...) Ich glaube, jeder kann sich ändern, und sich auf die Stärken der Menschen zu berufen ist – meiner Erfahrung nach – der einzige Weg zum Erfolg (...); der Schlüssel zu Resilienz oder an individuellen Stärken orientierter Arbeit ist meiner Meinung nach die Beziehung, die man aufbaut (...). Ich verstehe das immer besser, je länger ich daran arbeite." (Sozialarbeiter, NSWa)

Zwei Sozialarbeiter machten aber auch Anmerkungen zu Problemen mit stärkenorientierter Arbeit oder brachten kritische Einwände dagegen vor, weil sie einen zu engen Rahmen für das denkbar beste Ergebnis setze:

> „(...) Es ist ziemlich leicht, wenn man die meiste oder wenigstens viel Zeit mit den Erwachsenen in der Familie verbringt, zu vergessen – nicht wirklich die Kinder zu vergessen – aber sich nicht immer vor Augen zu halten, dass die Kinder hier vom Sozialamt betreut werden, weil es hier einige heftige Risikofaktoren gibt (...), und möglichereise, wenn man sich völlig auf ein stärkenorientiertes Vorgehen konzentrieren würde, könnten leicht einige Risiken aus dem Blick geraten." (Sozialarbeiter, NSWa)

Die Bindungstheorie und das als ‚Circle of Research' (Cooper et al. 2005) entwickelte Modell zu überprüfen, war bei den Antworten auf unsere Umfrage von hoher Bedeutung; trotzdem gingen nur drei von acht Sozialarbeitern, die an den Interviews teilnahmen, diesem Konzept im Detail nach. Bindungsfähigkeit zu fördern, wurde zwar generell als wichtiger Bestandteil von Intervention erkannt, aber nur ein einziger Sozialarbeiter lieferte dazu eine theoretische Begründung:

> „(...) man kann Eltern helfen, bessere Beziehungen zu ihren Kindern zu entwickeln. Man weiß, dass Eltern und Kinder mit besseren wechselseitigen Bindungen allgemein bessere Beziehungen zu anderen Menschen unterhalten – und zukünftig unterhalten werden. Damit helfen wir Eltern, Kontakt zu ihren Kindern zu halten, und so wissen wir, dass die Kinder glücklicher

sind, und dass die Eltern glücklicher sind und dass es mehr Harmonie in der Familie gibt." (Sozialarbeiter, NSWa)

In den beiden anderen Fällen, in denen sich die familiäre Bindung wohl bedeutsam verbesserte, wurde dieses Phänomen eher am Rande erwähnt, als nicht wirklich dauerhaft oder gar als nicht weiter wichtig bezeichnet:

„Persönliche Bindung, Sicherheit, die dich umfasst (...); meiner Meinung nach ist das etwas Allgemeines, ist Erfahrungssache." (Sozialarbeiter, NSWa)

Beide Sozialdienste fokussierten ihr Fall-Management auf den Aufbau von sozialen Beziehungen im weiter gefassten Sinne. Das erstreckte sich in der Tat von der Förderung der Bindungen und der Stärkung der Beziehungen in den Familien bis hin zur Einbindung von Eltern und Familien in das erweiterte Umfeld der Gemeinde, um so ihre sozialen Hilfsnetzwerke zu verstärken. Das Augenmerk galt dabei durchaus auch der Stärkung von Bindungen zwischen Kindern und Eltern beziehungsweise sorgeberechtigten Personen. Darüber hinaus wiesen Interventionsziele und -pläne aber auch praktische Erwägungen zu Unterkünften, Finanzen und Zugang zu Schulbildung auf. Zur erfolgreichen Arbeit gehörte für beide Sozialdienste, kontinuierlich den Rat anderer Fachleute und Dienste einzuholen. Die „Interventionsketten" in Abbildung 3 zeigen die variabel und eklektisch eingesetzten Interventionsweisen, die in den australischen Hilfeplänen auftauchen.

Abbildung 3: Beispiele für Erklärungs-Ketten bei Interventionsstrategien in Australien

NSWa

Ansprechen und Behandeln von unkontrolliertem Verhalten, Aggression gegen Kinder/evidente geringe Bindung

↓

den Vater unterstützen beim Setzen klarer Grenzen, Routinen und Verhaltenserwartungen zuhause

↓

erkennen, dass Kinder erheblich verbesserte emotionale Regulation erworben haben, imstande sind, mit neuem Umfeld oder mit neuen Bekanntschaften umzugehen

↓

Vater in der Folge kompetenter und entspannter

NSWa

Ansprechen und Behandeln von Verhaltensproblemen des Kindes
und Berücksichtigung seiner medizinischen Bedürfnisse
(körperlich und seelisch)

↓

Verbindung mit Erziehungsberatung
und anderen Stellen aufnehmen,
um optimale Schulsituation herzustellen

↓

Beratungslehrer eingeschaltet

↓

sorgeberechtigte Person unterstützt und ermutigt
Terminabsprachen mit Ärzten

↓

bessere Verhaltensregulation und bessere Reaktion
auf Erwachsene

NSWb

Ansprechen und Behandeln
von sozialer Isolation der Mutter

↓

die Mutter mit gemeinschaftsfördernder
Spielgruppe zusammenbringen

↓

Mutter-Kind-Beziehung und Bindung
wird ermöglicht

↓

neue soziale Netzwerke und Beziehungen zur Gemeinde
werden geschaffen

NSWb

Ansprechen von und Reagieren auf die praktischen
Bedürfnisse und Lebensentwürfe der Mutter

↓

Arbeitsplatz durch Empfehlungsbriefe
und generelle Beratung finden helfen

↓

die Mutter hat einen Arbeitsplatz

↓

kann häufiger außer Haus sein und Freundschaften pflegen,
die sie durch die Arbeitsstelle gewonnen hat

↓

die Mutter ist besser sozial
und in mehr Netzwerke eingebunden,
die sie unterstützen

NSWb

Ansprechen und Behandeln von durch Taubheit
bedingten Verhaltensweisen des Kindes

↓

auf sofortigen Operationstermin hinwirken

↓

in der zeitweiligen Vorschule
Flashcards für alle täglichen Aktivitäten einführen

↓

das Kind fühlt sich beteiligt
und ist weniger frustriert

↓

deutlich besser kontrolliertes Verhalten

> **NSWb**
>
> Ansprechen und Behandeln der Lebensplanung
> und der Optionen der Mutter
>
> ↓
>
> Optionen diskutieren um Studium,
> Arbeit und Familie miteinander zu vereinbaren
>
> ↓
>
> die Mutter ermutigen,
> persönlich oder intellektuell befriedigende
> statt ausschließlich lukrative Arbeit anzunehmen
>
> ↓
>
> die Mutter wird als weniger ausfallend und zornig erlebt,
> sobald Pläne für sie gemacht werden

Eine wichtige Komponente der Fallbetreuung bestand darin, als Sozialarbeiter vertrauensvolle Beziehungen zu den Familien aufzubauen, *innerhalb* der Familien die Beziehungen zu festigen und nach außen Kontakte in das erweiterte Umfeld der Gemeinde zu fördern:

> *„Es geht meistens um den Aufbau von Hilfestrukturen. Außerdem darum, gegenseitige Achtung und Vertrauen zwischen meinem Klienten und mir herzustellen."* (Sozialarbeiter, NSWb)
>
> *„Verbindungen innerhalb der Gemeinschaft und mit anderen Agenturen herzustellen. Kindern einen ‚sicheren' Ort zu geben und die Bedürfnisse von Eltern und sorgeberechtigten Personen zu unterstützen."* (Sozialarbeiter, NSWa)

Die häufigsten *Schwerpunkte in der Intervention* waren:
- Grenzen setzen und Routinen zuhause einrichten, um Verhaltensprobleme anzugehen (in 22 % der Hilfepläne);
- gegenseitige Bindungen zwischen Eltern/sorgeberechtigten Personen und Kindern fördern (14 %);
- körperliche oder medizinische Gesundheitsfragen klären (11 %);
- soziale Isolation reduzieren (10 %).

6. Vergleich der Ergebnisse beider Studien: Vereinigtes Königreich und Australien

Die Ergebnisse der britischen und der australischen Studie zeigten ein signifikantes Maß an Kongruenz, wobei einige Prinzipien und Aspekte gemeinsam als Basis resilienzfördernder Arbeit identifiziert wurden, besonders stärkenorientierte Ansätze und die Notwendigkeit, mit anderen Diensten zusammenzuarbeiten. Die britischen Teilnehmer an der Studie legten eher stärkeres Gewicht auf das Konzept der Selbstwirksamkeit als die australischen Teilnehmer, wohingegen letztere mehr auf Einbindung in die Gemeinde und soziale Netzwerke achteten. Zusammengenommen resultieren aus den Beobachtungen jedoch eine Vielzahl kreativer Ansätze in der Arbeit mit Kindern, Familien und Gemeinden.

Die Analyse der Fallstudien ergab, dass die australische Vorgehensweise mit der Arbeitsweise der britischen Fachkräfte stark übereinstimmte; beide haben sich in Fähigkeit und Bereitschaft, kreativ und reflektiert zu arbeiten, eindeutig ausgewiesen. Die Auswertung der Ergebnisse beider *australischer Dienste* wies jedoch nach, dass die dortigen Dienste weniger strukturiert vorgingen als die britischen. Sozialarbeiter in Australien ziehen eine Reihe von Aktivitäten und Methoden in ihrer Fallbearbeitung zu Rate, die sie dann holistisch und reflexiv auf die einzelnen Familien zuschneiden. Als Grund dafür gaben sie an, dass sie mehr die spezifischen Bedürfnisse der Familien berücksichtigen wollten, als dies ein durchstrukturiertes Vorgehen erlaube, welches vielleicht nicht flexibel genug auf die besondere Situation der Familien reagieren könne. *Sozialarbeiter in Großbritannien* setzen sich ebenfalls das Ziel, mit Eltern und Kindern partnerschaftlich zusammenzuarbeiten, und ziehen in der Praxis auch eine Vielzahl von Arbeitsweisen und Methoden in Betracht. Ihre Arbeit ist aber dennoch eindeutig stärker auf spezifische Rahmenbedingungen zugeschnitten. Ohne detaillierte Bewertung der Resultate können wir aber für die jeweiligen Vorzüge beider Varianten keine Schlussfolgerungen ableiten.

In den *australischen Diensten* konzentriert man sich sehr stark auf die Vorstellungen und Hoffnungen der Familien oder Eltern. Anders als es Praxis in Großbritannien ist, wurde die direkte Arbeit mit Kindern selten detailliert beschrieben. In jenen Fällen, die Regelungen für Kinder betrafen, ging es überwiegend um Empfehlungen an Erwachsene oder um Beziehungsfragen, die im Sinne des Kindes zu klären waren – nämlich darum, sich um das persönliche Umfeld und jene Hilfen zu kümmern, die Kindern zugänglich waren oder die sie benötigten, sowie darum, ihre

Resilienz und Zufriedenheit zu fördern, ohne den Eltern allzu nahe zu treten. Die *britischen Sozialarbeiter* betonten eindeutiger die Stärkung des Selbstwertgefühls des Kindes, seine Beziehungen zu Gleichaltrigen, die Rolle der Schule, das kindliche Verhalten und seine Fähigkeit, Emotionen korrekt zu interpretieren, während die *australischen Sozialarbeiter* den sozialen Netzwerken der Eltern und Möglichkeiten externer Unterstützung Vorrang gaben.

7. Schlussfolgerungen

Die Ergebnisse der Studie in Großbritannien zeigen, dass für viele Sozialarbeiter das Resilienzkonzept aus gewissen Vorgaben für die Praxis besteht. So muss praktische Arbeit von Respekt getragen sein und die Empfänger der Dienstleistung beteiligen. Diese Vorgabe gilt für die meisten, wenn nicht gar alle geläufigen Herangehensweisen von Sozialarbeit, und nicht ausschließlich für das Gebiet der Resilienzförderung. Man kann jedoch damit argumentieren, dass gerade dieser Ansatz die Entwicklung von Selbstwirksamkeit bei „vulnerablen Kindern" fördern könnte. Viele verletzliche, missbrauchte und vernachlässigte Kinder haben kaum je Gelegenheit, selbst Entscheidungen über ihr eigenes Leben zu treffen, oder Einfluss auf Entscheidungen zu nehmen, die in ihrem Namen getroffen werden. Insbesondere Vernachlässigung kann Kinder anfällig dafür machen, dass sie jene internen, lang nachwirkenden, weltweit identischen Verhaltensmuster entwickeln, die mit „erworbener Hilflosigkeit" (learned helplessness) assoziiert werden. Wenn man sich auf Kinder aber so einlässt, dass sie in die Beurteilung und Planung der nächsten Schritte einbezogen werden, wenn man sie ermutigt, Entscheidungen über ihr Leben mitzutragen, und ihnen positive Alternativen anbietet, können Sozialarbeiter solche Selbsteinschätzung von Kindern verändern helfen und Bedingungen dafür schaffen, dass sie mehr *Selbstwirksamkeit* erfahren.

Konzepte für eine Sozialarbeit, die vorwiegend lösungsorientiert ist und solche für ein stärkenorientiertes Vorgehen, werden in Abhandlungen über Resilienz oft miteinander verbunden. Resilienzforschung geht nicht unbedingt davon aus, in jedem Fall den Schlüssel zur Lösung zu bieten, obwohl es auch solche Stimmen in der Resilienzliteratur gibt. In der Tat handelt es sich bei den genannten Ansätzen sämtlich um Vorgehensweisen, die durch die Betonung von Potenzialen der üblicherweise vorherrschenden Beschäftigung mit Risiken und Problemen begegnen

Wie lässt sich das Resilienzkonzept bei gefährdeten Kindern einsetzen? 129

möchten, wie sie in vielen Fällen immer noch für Kinderschutzsysteme und bürokratische Sicherungssysteme typisch ist. Weitere Forschungen könnten dies detaillierter untersuchen, insbesondere ob sich für Kinder dann, wenn man einer optimistischen Perspektive folgt, positivere Ergebnisse zeigen, als das eingesetzte Interventionsmodell eigentlich erwarten lässt.

Die Bedeutung, welche unsere Studie auf *sichere Bindungen* legt, kongruiert in hohem Maße mit der Resilienzliteratur. In allen Forschungen erweist sich das Vorhandensein einer sicheren Bindung als wesentlicher Schutzfaktor angesichts einer persönlichen Notlage. Die Sozialarbeiter in der britischen Umfrage und in den Fallstudien haben die Auswirkungen unsicherer Bindungen auf die Entwicklung von Kindern benennen können. Offensichtlich beeinflusst die Bindungstheorie ihre jeweiligen Einschätzungen. Die australischen Sozialarbeiter waren ebenfalls bestrebt, Bindungen zu verbessern. Da wir ihnen aber diese Frage nicht direkt gestellt hatten, können wir nicht präzise sagen, wie weit ihre Interventionen direkt darauf zielen, Bindungen zu verbessern oder wiederherzustellen. Außerdem muss intensiver erforscht werden, inwieweit die Konzentration auf andere Resilienzfaktoren auch verfahrene Bindungskonstellationen kompensieren hilft.

Die von uns befragten Fachkräfte betonten ebenfalls die Bedeutung von Interventionen, die *auf verschiedenen sozio-ökologischen Ebenen und multidisziplinär* ansetzen. Das Maß, in dem sie selbst diese Prinzipien praktisch umsetzen konnten, schien in der Realität aber begrenzt. Doch die Forschung stützt diesen Ansatz durch den Nachweis, dass Faktoren auf verschiedenen ökologischen Ebenen Einfluss auf Resilienz haben. Wie Newman und Blackburn (2002) zeigen, haben Interventionen, wenn sie auf Ressourcen aufbauen, die im natürlichen Netzwerk des Kinds zur Verfügung stehen, eine höhere Chance auf Erfolg und Nachhaltigkeit. Auch die Schulen spielen eine entscheidende Rolle; darum muss man für das gesamte Spektrum professioneller Netzwerke Strategien entwickeln, mit denen man inhaltlich konsistent und komplementär vorgehen kann.

Auf soziale Ökologie wurde in den beiden Ländern etwas unterschiedliches Gewicht gelegt. Man möchte beinahe behaupten, die britischen und australischen Dienste könnten gemeinsam Resilienz und Wohlergehen der Kinder vollständiger und vielschichtiger fördern, wäre nur eine Zusammenarbeit möglich. Dabei würden die Briten sich deutlich auf das Coping und die Fertigkeiten eines Kindes konzentrieren, gleichzeitig aber auch Eltern oder sorgeberechtigte Personen unterstützen; die Australier dagegen würden besonders auf das Wohl von Eltern und Familie konzentrieren und sie mit dem bestmöglichen Netzwerk zusammenbringen, das ihre Gemeinde zu bieten hat.

In unserer Studie, wie auch in jener von Newman und Blackburn (2002), wurde deutlich, dass Selbstachtung das Schlüsselkonzept ist. Das zeigte sich besonders in der Auswertung der britischen Daten. Die Literatur diskutiert die Frage der Selbstachtung ausführlich, und es mehren sich Beweise dafür, dass der Versuch, die Selbstachtung eines Kindes direkt (also isoliert, die Hrsg.) zu verbessern, möglicherweise nicht weiterführt. Selbstachtung sollte eher Resultat der Entwicklung von Fertigkeiten und Erfolgen sein, die auf persönlichem Einsatz beruhen. Tatsächlich meinten unsere britischen Fachkräfte, man solle Resilienz aufbauen, indem man an den Stärken, Fertigkeiten und Talenten der Kinder ansetze und indem man sie bei der Bewältigung und Lösung von Problemen unterstütze, womit sehr wahrscheinlich jene Prozesse gefördert würden, die der Resilienz zugrunde liegen. Die australischen Fachkräfte richteten ihr Augenmerk auch auf die Einleitung protektiver Prozesse – ihr Weg dorthin führte aber über *die Eltern und die sozialen Netzwerke*. Ohne weitere vergleichende Forschung, in welche die nun gewonnenen Ergebnisse einfließen, ist es hier zu diesem Zeitpunkt schwierig, den relativen Erfolg der jeweiligen Vorgehensweise zu beurteilen.

In den britischen Fallstudien konzentrierten sich die pädagogischen Strategien auf den Umgang mit heftigen Gefühlsausbrüchen und darauf, die eigenen Gefühle und die anderer verstehen zu lernen. Dieses Vorgehen kongruiert mit den Erkenntnissen über *emotionale Selbstregulation* und die Fähigkeit, eigene und Gefühle des Umfelds zu interpretieren. Besonderes Gewicht auf die *Förderung guter Peer-Beziehungen* zu legen, wird ebenfalls in der Forschung verlangt, gerade wenn es um Freundschaften zu unauffälligen Kindern geht, also zu Kindern, die keine so heftigen Probleme bewältigen müssen.

Wie bereits dargelegt, war die erforschte resilienzfördernde Praxis letztlich weitgehend kongruent mit den Prinzipien, die auch in der Literatur betont werden; in der Praxis wurden diese Grundsätze aber variiert und folglich verschiedene Schwerpunkte gesetzt. Nunmehr wäre es – vorausgesetzt, die vorliegenden Ergebnisse würden dies zulassen – interessant, eine Diskussion zu führen, die deutlicher die unterschwelligen Prozessabläufe erörtern könnte.

Die Studie ergibt aber keine vollständige Übereinstimmung der von den Fachleuten geleisteten Arbeit mit den Erkenntnissen der Resilienzliteratur. Unter anderem konnte nicht gezeigt werden, welches der beiden Konzepte erfolgreicher ist – das stärker an Ressourcen orientierte oder das eher die Bindungsfähigkeit fördernde. Es bleibt aber festzuhalten, dass alle Beteiligten hohen Einsatz und großes Engagement gezeigt haben. Fast alle Eltern und mit der Sorge um die Kinder betrauten Erwachsenen äußerten sich sehr zufrieden über die geleistete Arbeit. Was unsere Studie jedoch vermochte, war nachzuweisen, dass das Resilienzkonzept hohe praktische Relevanz hat. Nun ist es an der Forschung, auf diesem wichtigen Gebiet weitere gesicherte Erkenntnisse zu sammeln.

Abschließend sei noch einmal betont, wie wichtig es den in der laufenden Untersuchung befragten und interviewten Fachkräften war, sich in der *Arbeit mit verletzlichen Kindern und Familien* so zu engagieren, dass man ihnen Respekt entgegenbringt, sie einbezieht und auch Rückwirkungen, also Veränderungen bei sich selbst, zulässt.

Übersetzung: Gerrit Pohl

Literatur

Benard, B. (2004): Resiliency: What Have We Learned? San Francisco

Bennathan, M./Boxall, M. (1998): The Boxall profile: A guide to effective intervention in the education of pupils with emotional and behavioural difficulties. Manchester

Bostock, L. (2004): Promoting Resilience in Fostered Children and Young People: Resource Guide No. 4. London

Bronfenbrenner, U. (1989): Ecological systems theory. In: Annals of Child Development, 6, 187–249

Cooper, G. et al.: The Circle of Security Intervention: Differential Diagnosis and Differential Treatment. In: Berlin, L./Ziv, Y./Greenberg (Hrg.): Enhancing Early Attachments. Guilford Press

Daniel, B. (2006): Operationalising the concept of resilience in child neglect: Case study research. In: Child Care Health Development, 32 (3), 303–309

Daniel, B./Wassell, S. (2002a): Adolescence: Assessing and Promoting Resilience in Vulnerable Children III. London

Daniel, B./Wassell, S. (2002b): The Early Years: Assessing and Promoting Resilience in Vulnerable Children I. London

Daniel, B./Wassell, S. (2002c): The School Years: Assessing and Promoting Resilience in Vulnerable Children II. London

de Shazer, S. (1985): Keys to Solution in Brief Therapy. New York

Dlugokinski, E./Allen, S. (1997): Empowering children to cope with difficulty and build muscles for mental health. Bristol

Gilligan, R. (1998): The importance of schools and teachers in child welfare. In: Child and Family Social Work, 3 (1), 13–26

Gilligan, R. (1999). Enhancing the resilience of children and young people in public care by mentoring their talents and interests. Child and Family Social Work, 4(3), 187–196.

Luthar, S. (2005). Resilience in development: A synthesis of research across five decades. In D. Cicchetti & D. J. Cohen (Eds.), Development Psychopathology: Risk, Disorder and Adaptation (2nd ed., Vol. 3). New York: Wiley

Luthar, S. S./Zelazo, L. B. (2003): Resilience and Vulnerability: Adaptation in the Context of Childhood Adversities. In: Luthar, S. (Hrsg.) (2003): Resilience and Vulnerability. New York

Masten, A. (1994): Resilience in individual development. In: Wang, M. C./Gordon E. W. (Hrsg.) (1994): Educational Resilience in Inner-City America. Hillsdale

Masten, A. S./Coatsworth, J. D. (1998): The development of competence in favorable and unfavorable environments. In: American Psychologist, 53 (2), 205–220

Masten, A. S./Powell, J. L. (2003): A resilience framework for research, policy and practice. In: Luthar, S. S. (Hrsg.) (2003): Resilience and Vulnerability: Adaptation in the Context of Childhood Adversities. Cambridge

Newman, T. (2004): What Works in Building Resilience. London

Newman, T./Blackburn, S. (2002): Transitions in the Lives of Children and Young People: Resilience Factors. Edinburgh

Rutter, M. (1987): Psychosocial resilience and protective mechanisms. In: American Journal of Orthopsychiatry, 57, 316–331

Saleeby, D. (1999): The Strengths Perspective in Social Work. Dublin

Seligman, M. (1996): The Optimistic Child. New York

Seligman, M. E. P./Peterson, C. (1986): A learned helplessness perspective on childhood depression: theory and research. In: Rutter, M./Tizard C./Reads R. (Hrsg.) (1986): Depression and Young People: Developmental and Clinical Perspectives. New York

The Incredible Years Programs. from http://www.incredibleyears.com/index.asp

Werner, E. E./Smith, R. S. (1992): Overcoming the Odds: High Risk Children from Birth to Adulthood. Ithaca and London

Yates, T. M./Masten, A. (2004): Prologue: the promise of resilience research for practice and policy. In: Newman, T. (Hrsg.) (2004): What Works in Building Resilience? Barkingside

Zimmerman, R. B. (1988): Childhood depression: New theoretical formulations and implications for foster care services. In: Child Welfare, 67, 37–47

Kontextuelle und kulturelle Aspekte von Resilienz[1] – Jugendhilfe mit menschlichem Antlitz

Michael Ungar

Bekanntlich zeigen sich bei Kindern, die dem Kinder- und Jugendschutz unterstellt sind, problematische Verhaltensformen, seelische Erkrankungen und Straffälligkeit häufiger als bei anderen Kindern (Arcelus/Bellerby/Vostanis 1999; Haapasalo 2000; Kroll et al. 2002; Webb/Harden 2003). Bemühungen, den Bedürfnissen dieser Kinder gerecht zu werden und möglichen negativen Folgen von Interventionen vorzubeugen, haben zu neuen Konzepten in den Einrichtungen der Kinder- und Jugendhilfe (child welfare services) geführt. Hierzu gehören, um nur einige zu nennen, das Konzept der Fallbearbeitung und Fallberatung von „Looking After Children" (Klein/Kufeldt/Rideout 2006), das „Family Group Conferencing", bei dem eine Familie, Mitglieder der Gemeinde und kommunale Sozialarbeiter gemeinsam Lösungen für die Bedürfnisse der betroffenen Familie erarbeiten (Burford/Hudson 2000), das Angebot der koordinierten Dienste von „Systems of Care" (Hernandez et al. 2001), zugeschnitten auf soziokulturelle Bedürfnisse, und „Kinship Adoption" in Gemeinden mit indianischer Urbevölkerung, ein Programm, das Kinder in solchen Pflegefamilien unterbringt, die Beziehungen zur Herkunftskultur der Kinder haben, wodurch weniger Barrieren zwischen den Adoptivfamilien und den natürlichen Familien entstehen (Blackstock/Trocmé 2005).

Die genannten Konzepte weisen alle Strukturen auf, bei denen Kindern stärkere Mitsprache an ihren Betreuungsplänen eingeräumt wird und sie so betreut werden, wie es ihren Bedürfnissen und jeweiligem kulturellen Hintergrund entspricht. Diese Strukturbedingungen verhelfen Kindern und Familien zu einer erfolgreichen Entwicklung, obwohl sie aufgrund ihrer ethnischen Herkunft, eingeschränkten Leistungsfähigkeit oder sexuellen Ausrichtung chronischen und akuten Stressoren ausgesetzt sind – als da wären Armut, Gewalt, Missbrauch, Entwurzelung und Marginalisierung.

---

1 Copyright (c) 2007 Ivan Brown, Ferzana Chaze, Don Fuchs, Jean Lafrance, Sharon McKay und Shelley Thomas Prokop. Veröffentlicht in: I. Brown, F. Chaze, D. Fuchs, J. Lafrance, S. McKay & S. Thomas Prokop (Eds.): Putting a human face on child welfare: Voices from the Prairies (pp. 1–23). Prairie Child Welfare Consortium.

Jedes dieser Programme geht grundsätzlich auf die spezifischen Bedürfnisse der Kinder und Familien ein und hilft ihnen dabei, jene positive Entwicklung zu nehmen, die manchmal auch als Resilienz bezeichnet wird (Masten 2001). Resilienz stellt dabei mehr als nur das Charaktermerkmal eines Kindes dar. Sie resultiert vielmehr aus der Interaktion zwischen dem Kind und seiner Umwelt. Sofern Sozialarbeiter und andere erfahrene Fachkräfte diese Umwelt mitgestalten, erhöht sich die Wahrscheinlichkeit resilienten Verhaltens deutlich (Leadbeater/Dodge/Solarz 2005).

Dieser Beitrag befasst sich mit Resilienzkonzepten für Kinder, die von Sozialdiensten betreut werden. Es soll hier gezeigt werden, dass Resilienz als Ergebnis einer solchen Betreuung wenigstens zum Teil von den Möglichkeiten der Kinder abhängt, Zugang zu psychologischer, emotionaler, handlungsorientierter Unterstützung und Hilfe bei ihren Beziehungsproblemen zu bekommen, um so trotz ungünstiger Lebensbedingungen erfolgreich aufwachsen zu können. Weiterhin soll gezeigt werden, dass allgemeine Sozialdienste durch planvolle systemische Intervention ein für eine positive Entwicklung förderliches Umfeld erzeugen können.

Was aber tun Kinder, wenn sie solche durch professionelle Fachkräfte und ihre Sozialdienste angebotenen Ressourcen nicht nutzen können? Wie überleben sie? Und wie kann man erklären, dass Kinder es ablehnen, sich auf die Sozialdienste einzulassen und die ihnen dort angebotenen Ressourcen anzunehmen? Kinder, denen keine Hilfsangebote zur Verfügung stehen, aber auch andere, die diese Leistungen ablehnen, zeigen bisweilen auffällige Verhaltensweisen, welche typischerweise in Bevölkerungsschichten auftreten, die durch Jugend-Sozialdienste betreut werden, nämlich Selbstverletzung, unentschuldigtes Fernbleiben von der Schule, Straffälligkeit und Drogenmissbrauch. Eine allgemeiner gefasste Definition von Resilienz mag uns diese auffälligen Verhaltensformen von Klienten der Jugend-Sozialdienste verstehen helfen. Obwohl sie auf Bindungsstörungen, post-traumatischen Stress und Anzeichen verzerrter Wahrnehmung hinweisen können, sind diese Verhaltensformen nicht immer Indiz für die Verletzlichkeit eines Kindes. In vielen Fällen sind diese problematischen Verhaltensweisen nämlich Ausdruck einer durch den Lebenskontext und die Herkunftskultur des Kindes geprägten Resilienz, eine verborgene Form von Resilienz, die von Jugendhilfe-Institutionen leicht übersehen wird (Ungar 2004).

Um zu zeigen, dass der Resilienzbegriff sinnvoll auf Interventionen bei diesen „Problemkindern" angewendet werden kann, will ich *drei Argumente* vorbringen.

- *Erstens:* Erfolge einer Intervention, die man mit Resilienz verbindet, also etwa zur Schule zu gehen oder als Jugendliche nicht schwanger zu werden, sind in Relation zur jeweiligen Kultur zu betrachten. Verschiedene Kulturen definieren die Indikatoren einer erfolgreichen Persönlichkeitsentwicklung unterschiedlich. Einige Merkmale werden nahezu universell anerkannt, während andere sehr spezifisch nur bei der einen oder anderen ethnischen Gruppe gelten. In welchem Alter – zum Beispiel – dürfen Jungen und Mädchen sexuell aktiv werden? Die Antwort hierauf wird natürlich von den historischen und sozialen Verhältnissen vorgegeben, die das Verhalten junger Leute reglementieren.
- *Zweitens:* Kultur und sozialer Kontext bestimmen, ob die Interventionen und Programme, die einem schutzbedürftigen Kind angeboten werden, vom Kind, seiner Familie und seiner Gemeinde als hilfreiche Ressourcen anerkannt werden. Während es zum Beispiel für Familien geradezu universell wichtig ist, ihre Kinder zu bilden und zu erziehen, gibt es in vielen Gegenden der Welt Eltern, die ihre Kinder lieber nicht zur Schule schicken, sondern wünschen, dass sie zum Familieneinkommen beitragen. Das Geschlecht des Kindes, der relative Wohlstand eines Landes, ob eine Familie auf dem Lande oder in der Stadt lebt, sogar religiöse Einstellungen, sie alle beeinflussen die Entscheidung, ob ein Kind zur Schule geht oder nicht. Selbst dort, wo es Schulen gibt, werden sich nicht alle Familien dafür entscheiden, die öffentlichen Erziehungs- und Bildungsangebote auch wahrzunehmen.
- *Drittens:* Kinder, die sich gut entwickeln, nutzen alle Möglichkeiten, die sich ihnen bieten, und die sie für ihr persönliches Leben als nützlich ansehen. Wenn ein Kind nicht zur Schule geht, schließt das nicht aus, dass es dennoch Selbstwertgefühl, Kompetenz, Reife oder Selbstverwirklichung durch Anschluss an eine Straßenbande oder durch Kinderarbeit erlangen kann. Dies soll kein Argument dafür sein, dass man die Lebensentscheidungen von Kindern und deren Familien blindlings für sozialverträglich hält. Ich möchte vielmehr erreichen, dass man in Jugendhilfeeinrichtungen offen die Vorstellungen von Kindern anhört, die ihre Wege zur Resilienz selber definieren wollen, und dort auch die kulturelle wie kontextuelle Bedeutung ihrer Entscheidung berücksichtigt.

Das Argument ist natürlich heuristisch. Kultur und Kontext eines Kindes engen es ja ein in der Wahl dessen, was ihm hilfreich scheint zum Überleben. Der kulturelle Hintergrund legt für ein Kind fest, was als angemessenes Ergebnis seiner Entwicklung und als Maßstab zur Beurteilung von Erfolg zu gelten hat. Für ein Kind und seine Umgebung mag deswegen seine Überlebensstrategie innerhalb eines Kontextes absolut sinnvoll sein, aber gleichzeitig völlig unverständlich für jemand, der sie außerhalb dieses Kontextes beurteilt. Die Definition, wer Insider und wer Außenstehender ist, führt uns natürlich auf umstrittenes Terrain.

Kinder können einer beliebigen Anzahl von Gemeinschaften oder Bezugsgruppen gleichzeitig angehören: der Gemeinde, in der sie wohnen; der kulturellen Gruppe, mit der sie sich identifizieren; der Gruppe ihrer Peers; oder sogar einer Gruppe, die durch Ausschluss von anderen gebildet wird, so wenn etwa Kinder, die auf Grund ihrer Begabung oder sexuellen Orientierung marginalisiert werden, sich zusammentun. Kinder, die in zwei oder mehr Gemeinschaften oder Gruppen gleichzeitig leben, stehen bisweilen in Wertekonflikten und wissen möglicherweise nicht, für welche Werte sie sich zum Wohl ihrer eigenen positiven Entwicklung entscheiden sollen. Diese Pluralität eröffnet ihnen aber viele unterschiedliche Wege zur Resilienz. Wenn man es durch das ‚zweiäugige' Opernglas von Kultur und Kontext betrachtet, kann sich sogar das sozial unangebrachte Verhalten eines Kindes oder einer Familie als verborgener Rettungsweg zur Resilienz für Kind und Familie herausstellen, selbst wenn sich diese vermeintliche Renitenz als Widerstand gegen Intervention äußert oder das Kind noch mehr gefährdet. Solch latente Resilienz eines Kindes als kulturelles Artefakt in einem spezifischen Kontext zu verstehen, kann zu Interventionsangeboten führen, die dann womöglich weniger leicht abzulehnen sind. Die Folgerungen aus diesem Verständnis von Intervention werden am Ende dieses Beitrags gezogen.

Resilienz als kontextualisierte Theorie

Von Mitte bis Ende des 20. Jahrhunderts stieß jene Forschung, die sich mit Psychopathologie und manifest auffälligen Verhaltensweisen befasst, in ihren Studien immer wieder auf Subpopulationen von Kindern, die sich erfolgreich entwickelt hatten, obwohl sie denselben Risiken wie ihre verhaltensauffälligen Peers ausgesetzt waren. Die frühen Pioniere der Resilienzforschung hatten in ihrer Arbeit einen dualen Focus, weil sie dabei ihren Schwerpunkt verlagerten – weg von Gruppe derjenigen mit problematischem Verhalten hin zur Beobachtung gerade solcher junger Menschen, die sich gut entwickelten. Seitdem wurde eine – normativ verstanden – positive Entwicklung unter Stressbedingungen unter dem

Begriff Resilienz bekannt. Wie Crawford, Wright und Masten zeigen (2005), wurde Resilienzforschung zur „Suche nach Erkenntnis über jene Abläufe, die für positive Anpassung und Entwicklung trotz ungünstiger Lebensumstände und Widrigkeiten verantwortlich sein könnten" (S. 355). Viele frühe Studien betrafen Populationen von Kindern, die typischerweise von Sozialarbeitern betreut wurden, darunter Kinder, deren Mütter unter Schizophrenie litten (Garmezy 1976), und Kinder, welche auf Grund von Armut und Vernachlässigung ausgegrenzt wurden (Werner & Smith 1982). Anfangs suchten Forscher nach individuellen Merkmalen, die unterschiedliche Entwicklungen bei den untersuchten Kindern erwarten ließen. Als eins davon galt deren Temperament (Rutter 1987). Danach würde ein eher forderndes Kind mit weniger stürmischem Temperament sich vermutlich besser entwickeln als ein gleichaltriges, das impulsiver veranlagt wäre. Diese Auffassung von kindlicher Resilienz – beziehungsweise ihrer inneren Wesensmerkmale – musste bald dem stärker kontextualisierten Verständnis jener Zusammenhänge weichen, die zu positiven Entwicklungen führten. Ungefähr zur selben Zeit konzentrierte sich die sozio-ökologische Theorie, insbesondere die von Bronfenbrenner (1979) in der Psychologie und jene von Meyer in der Sozialarbeit (1983), ebenso auf die Person in ihrem Kontext, wie auf die Person selbst. Die Resilienzforschung hielt damit Schritt. Die Arbeiten von Rutter (1987) und Garmezy (1976, 1987) verschoben das Gewicht der Forschung in den 1970er und 1980er Jahren ebenso auf jene Prozesse an der Schnittstelle zwischen Personen und ihrem Umfeld, die positive Entwicklungen voraussagen lassen.

Die von Garmezy (1987) beschriebenen drei Ebenen gehören zu den bekanntesten:

1. die persönlichen Dispositionen des Kindes
2. ein hilfreiches Umfeld in der Familie
3. ein Hilfsangebot von außen, wodurch das Kind ermutigt und darin unterstützt wird, sich erfolgreich anzustrengen, und sein Einsatz durch Vermittlung positiver Sichtweise verstärkt wird (S. 166).

Eine stetig steigende Zahl von Forschungen zeigt mittlerweile – jede für sich oder auch in Kombination – all die positiven Entwicklungen auf, die aus solchen oder vergleichbaren Prozessen resultieren, wenn sie bei Kindern mit schwerem Schicksal in Gang gesetzt werden (siehe z.B. Fraser 1997).

Erstes Argument:
Das Resilienzkonzept muss kulturell eingebunden sein

Der kulturelle Relativismus dieses Ansatzes wurde anfangs wenig beachtet. Resilienz – wie die meisten ‚westlichen' Konzepte – biete, so dachte man, einen homogenen Satz gültiger Wahrheiten, der auf alle Populationen angewendet werden könne. Bei Studien mit Migrantenkindern und -familien oder in Ländern außerhalb der westlichen Demokratien wurden sämtlich dieselben Testverfahren und Abläufe angewendet, und auch die Maßstäbe für erfolgreiche Testung blieben die gleichen. Obwohl damit die Generalisierbarkeit der erzielten Aussagen scheinbar vergrößert wurde, können wir heute im Rückblick die Validität der Ergebnisse nur noch anzweifeln. Wie viele andere mag man nun spekulieren, ob dabei im weitesten Sinne auf die spezifischen Kulturen einwirkende Kräfte übersehen und so Formen erfolgreicher Adaption ignoriert wurden, wenn sie eben nicht dem von den dominanten Kulturgruppen erwarteten Verhalten entsprachen (Boyden/Mann 2005; Werner/Smith 2001; Wong/Wong 2006). Eine solche Andersartigkeit ist leicht zu erkennen, wenn man sich beispielsweise mit Straßenkindern beschäftigt (Hagan/McCarthy 1997; Hecht 1998). Einige von ihnen reißen von zu Hause aus, um Geborgenheit unter ihresgleichen (Peers) oder Abenteuer zu finden, oder sich selbst als erwachsen zu erleben. Eine zweite Gruppe, bisweilen ‚Wegwerfkinder' genannt, wurde gegen ihren Willen aus dem Haus gedrängt. Beide Gruppen beurteilen ihre Erfahrungen im Kampf ums Überleben sehr unterschiedlich und bezeichnen sich als mehr oder weniger erfolgreich – je nach den kontextuellen Bedingungen, die sie auf die Straße getrieben haben (Hagan/McCarthy 1997).

Sensibilität für Kultur und Kontext ist mittlerweile in der Resilienzliteratur viel deutlicher spürbar. Forscher auf der ganzen Welt nutzen diese spezifische Sensibilität zunehmend, um ähnliche oder divergente Muster zu erkennen, wie protektive Maßnahmen greifen, aber auch die Maßstäbe, nach denen Gesellschaften Persönlichkeitsentwicklung als erfolgreich beurteilen (Chun/Moos/Cronkite 2006; Ungar 2005). Außerdem raten Forscher zu einer nuancierteren Betrachtung von Menschen, die dem Stereotyp kultureller Randgruppen entsprechen, und von denen man annimmt, dass sie mehr Probleme haben als andere. Wie Leadbeater, Dodgen und Solarz (2005) dargelegt haben, können Risiko-Statistiken uns dazu verleiten, jene Kinder und Familien zu übersehen, denen es gut geht. Sorgfältige Langzeitstudien wie die von Lalonde (2006) haben gezeigt, dass selbst weit verbreitete Probleme, wie Selbstmord unter jugendlichen Aborigines, nicht in allen Ureinwohnergesellschaften vorkommen. Das Phänomen ist situationsabhängig und an die jeweiligen strukturellen Gegebenheiten gebunden, wie etwa eine Regierungsbeteiligung von Frauen, faire und gleichberechtigte Behandlung bei Konfliktlösung und Mediation, Verfügbarkeit von Kultureinrichtungen oder Kontrolle in Erziehungsfragen durch die örtliche Gemeinde. Aus diesem Grunde muss man Sensibilität gegenüber ganz unterschiedlichen Sichtweisen entwickeln, wenn man Resilienz bei Kindern und Familien verstehen will, gerade wenn die Personen, deren Eigenheiten wir verstehen wollen, aus Randgruppen stammen. Selbst Menschen am Rande des Mainstreams können uns ihre Erfolgsstorys vom Überleben erzählen, auch wenn ihre Geschichten nicht denen entsprechen, die typischerweise bei Außenseitern „gefeiert" werden. Denn ein Kind, das arm und ohne Chance auf höhere Bildung aufwächst oder dessen schulische Begabung nicht ausreicht, um ihm ein Universitäts- oder Fachhochschulstudium zu ermöglichen, wählt letzten Endes gar eine kriminelle Karriere als Weg, der ihm einen gewissen Respekt unter seinesgleichen oder in seiner Umgebung verschafft (Dei/Massuca/McIsaac/Zine 1997).

Der junge Innu aus dem Norden Kanadas, der seine formale Schulbildung mit zwölf Jahren beendet, um die traditionellen Lebensformen seines Landes zu erlernen, mag ein lebender Anachronismus sein und womöglich einen künftigen Lebenserfolg außerhalb seiner Gemeinde damit gefährden, aber sein Verhalten hat im Rahmen seiner Kultur durchaus Sinn und Zweck (Innu Nation 1995). Vielleicht schützt es dieses Kind sogar und bewahrt es vor jenem Gefühl von Anomie und Versagen, das unsere traditionelle westliche Erziehung auslösen mag. Ohne gründliche Würdigung der Umstände, unter denen sich gefährliches, delinquentes, abweichendes und auch regelloses Verhalten manifestiert, kann man unmöglich feststellen, ob ein Kind mehr oder weniger resilient ist als ein anderes (Ungar 2001). Auf der Grundlage vermehrter Forschung über eine größere Anzahl marginalisierter Populationen kann man weltweit jedenfalls nur feststellen, dass diese Kinder gerade deshalb ihr Leben meistern, weil sie alle Möglichkeiten ausschöpfen, die ihnen zur Verfügung stehen (Solis 2003; Taylor/Gilligan/Sullivan 1995).

Claras Geschichte

Die vierzehnjährige Clara ist in ihrer Gegend als eine der schwierigsten Jugendlichen bekannt. Ihre Mutter kämpft mit der eigenen Alkoholsucht. Seit ihrer Geburt hat Clara erlebt, wie ein Mann nach dem anderen sich in ihrem Zuhause einnistete und sich als Vater aufspielte. Sie wurde Opfer körperlichen und sexuellen Missbrauchs und sah, wie ihrer Mutter Gleiches widerfuhr. Die Tatsache, dass die Familie von ihrer mageren Sozialhilfe in einer Siedlung von Sozialwohnungen überleben muss, einer Gegend, in der Mädchen und Frauen erheblichen Gefahren ausgesetzt sind, verschlimmert das Chaos. Obwohl Clara hellhäutig ist, lebt sie in einer völlig anderen Welt als ihre Altersgenossen an der Sekundarschule, zu der sie der Schulbus bringt. Sozialarbeiter haben sich bemüht, Clara und ihrer Mutter so viele Ressourcen wie möglich zu eröffnen. Wenig davon hat angeschlagen. Clara musste zweimal von zuhause weggebracht werden. Beide Male benötigte sie intensive Zuwendung und Supervision und verlangte doch, am Ende nach Hause zurückgebracht zu werden. Clara besteht darauf, dass ihre Mutter sie braucht, und nimmt gern die Rolle der Beschützerin an. In ihrer Wohnung häufen sich Berge von schmutzigem Geschirr, Müll türmt sich hinter ihrem Dreizimmer-Reihenhaus. Clara geht nur ab und an zur Schule. Jugendaufsichtsbeamte haben es so gut wie aufgegeben, für sie passende Unterrichtspläne zu erstellen, oder sie aus dem Bett zu holen und in die Schule zu bringen. Die mit Kinderschutz beauftragten Jugendhelfer sehen die Clara drohende Gefahr inzwischen nicht mehr als bedrohlich genug an, um sie erneut aus ihrer Familie zu reißen.

Und so ist es nicht erstaunlich, dass Clara inzwischen überwiegend unter ihresgleichen auf der Straße lebt. Nur dort fühlt sie sich einigermaßen sicher und zuhause. Ihr stolzester Moment kam – wie sie sagt –, als die Lokalzeitung sie mit ihren Freunden auf dem Treppenabsatz eines Ladens an der Ecke fotografierte. Die Zeitung beschrieb sie in ihrem Artikel als Anführerin einer Mädchenbande, welche die Nachbarschaft terrorisierte. Diese Reportage war für Clara überhaupt kein Problem; sie sah das Ganze als Erfolg an. Sie pochte darauf, dass es ihr viel besser ging, als irgendwer erwarten konnte bei jenen Bedingungen, unter denen sie zu leben hatte. Sie war nicht selbstmordgefährdet, sie war nicht endgültig davon gelaufen, sie prostituierte sich nicht – im Unterschied zu anderen Mädchen, denen sie in der Jugendfürsorge begegnet war. Im Gegenteil, sie hatte es gewagt, sich einen Namen als Anführerin einer Gang zu machen, ein Etikett, das ihr Sicherheit und Anerkennung unter ihresgleichen eintrug.

Im klinischen Sinne sind das natürlich keine „klassischen" Erfolge, wohl aber im Kontext von Claras Leben gültige Hinweise darauf, was dort überleben heißt.

Clara nutzt alle Ressourcen, die ihr nützlich erscheinen, zu ihrem Vorteil, sich also als Jugendliche zu behaupten, die ihre eigene Welt im

Griff hat. Dies ergibt eine überaus spezifische Definition von Resilienz, mit der die meisten von uns nicht einverstanden wären, die jedoch für Clara sinnvoll ist. Clara dabei zu helfen, ihre Resilienz anders auszuleben und andere Mechanismen zu finden, welche zu ihrem Wohlfühlen beitragen, das ist eine Herausforderung für künftige Interventionen. Diese Intervention, in welcher Form auch immer sie stattfindet, wird berücksichtigen müssen, was Clara für sich selbst als erfolgreiche Karriere ansieht.

Zweites Argument:
Verfügbare Ressourcen bestimmen die Ausdrucksformen von Resilienz

Resilienztheorien beleuchten diverse Faktoren, welche jeweils differente Einflussmuster bei Kindern erzeugen, die einer Vielzahl schädigender Lebensumstände ausgesetzt sind. Nach Luthar, Cicchetti und Becker (2000) können Resilienzfaktoren unterschiedlich wirken.

– *Erstens* können sie dafür sorgen, dass ein Kind unter Belastung „funktioniert", weil sie das Kind bei wachsendem Stress beschützen. Diese Faktoren sind im Leben von Kindern, die unter risikoreichen Bedingungen stehen, genau so wirksam wie bei jenen, die risikoarm aufwachsen, denn ihre Wirkung gleicht der eines guten Lehrers, dessen Hilfe jedem Kind in Not zugute kommt.
– *Zweitens* kann ein Schutzfaktor mit Stressoren so interagieren, dass er ein Kind, das schädigenden Umständen ausgesetzt ist, sogar noch stärker macht. Diese Auffassung hält es für wahrscheinlich, dass ein Kind, welches erhöhten Risiken ausgesetzt ist, sein Leben aufgrund des „Abhärtungseffekts" dieser Erlebnisse tatsächlich besser bewältigt. Interventionen der Jugendhilfe bewerten demgegenüber Risikoerfahrungen bei Kindern selten positiv und sind meist bestrebt, sie so gering wie möglich zu halten.
– *Drittens* ist Kinder- und Jugendhilfe überwiegend auf jene Schutzfaktoren fokussiert, die Kindern trotz Bedrohung durch vielfache Risiken die gesellschaftlich erwünschten Kompetenzen zu bewahren helfen. Anders gesagt, Sozialarbeiter versuchen, Kindern genau jenes Leben zu ermöglichen, das man von ihnen erwarten könnte, wenn sie ohne solche erhöhten Belastungen aufwüchsen.
– *Viertens* leisten Kinder oft viel weniger als erwartet, weil ihre normale Entwicklung mehrfach gestört wurde. Sobald Kinder mögliche Anzeichen von Leistungsstörungen aufweisen oder sich zunehmend problematisch verhalten, versuchen Sozialarbeiter, dafür zu sorgen, dass

sie nicht allzu schnell absinken, oder sie doch nicht mehr als vermeidbar absinken zu lassen.

Wenn beispielsweise ein Kind nach einem sexuellen Übergriff zur Selbstverletzung neigt, kann es eher Ziel von Intervention sein, das Ausmaß der Verletzung zu reduzieren, als das Verhalten überhaupt abzustellen (Levenkron 2006). Auch können bei Kindern der Verlust des Zuhauses und das Abgleiten in Armut nach einer Scheidung zur zeitweiligen Verschlechterung ihrer Leistungsfähigkeit führen. Positive Beziehungen zu Erwachsenen – wie auch Mentoren – und stabile schulische Bedingungen können jedoch den Auswirkungen der häuslichen Krise gegensteuern (Lipman/Offord/Dooley/Boyle 2002).

Wir wissen in der Tat, dass Risikofaktoren mit Schutzfaktoren und den Bedingungen, die im Umfeld des Kindes und seiner Kultur herrschen, so interagieren, dass sie differenzielle Wirkungen entfalten; man kann also nicht mit Sicherheit sagen, dass ein bestimmter Schutzmechanismus auf alle Kinder in gleicher Weise einwirkt. Wenn ein Kind sich so verhält, dass es zu einer Beratungsstelle oder in ein Heim geschickt wird, übersehen wir womöglich die Tatsache, dass das Kind über Ressourcen verfügt, die noch problematischere Verhaltensweisen verhindert haben. Die Funktion seiner personalen Schutzmechanismen ist vermutlich schwer zu begreifen, wenn die Probleme des Kindes durch äußeren Eingriff gelöst werden müssen und Intervention erfordern. Wenn Sozialarbeiter aber die unter all den offensichtlichen Verhaltensproblemen eines Kindes verborgene Resilienz nicht erkennen, kann es geschehen, dass sie – ohne es zu wollen – vereiteln, dass ein Kind seinen eigenen Lösungsweg findet. Die jeweilige Verfügbarkeit von Ressourcen grenzt also die Möglichkeiten eines Kindes, Resilienz zu zeigen, ein.

Verschiedene Kulturen und Kontexte innerhalb von Kulturen – wer arm oder reich ist, wer seine Religion praktiziert oder nicht ausübt – gewähren Kindern Chancen in jener Form, wie sie eben den Hütern dieser Ressourcen jeweils wichtig erscheint. Jemandem Zugang zum Gesundheitswesen zu ermöglichen, zeigt etwa auf, wie das Wertesystem einer Gesellschaft beschaffen ist, und das wird durch genau jene politischen und sozialen Prozesse bestimmt, welche die vorhandenen Ressourcen verteilen. Die tatsächlichen Ressourcen, die wir als Sozialarbeiter einsetzen können, um Kindern bei der Entwicklung ihrer Resilienz zu helfen, sind ebenfalls abhängig vom jeweiligen kulturellen Hintergrund. So werden zum Beispiel jugendliche Straftäter für Vergehen, die ohne Gewaltanwendung verübt wurden, weiterhin inhaftiert, obwohl keine empirische Untersuchung belegt, dass damit Verhaltensänderungen bewirkt wurden

– und dies nur deswegen, weil die Öffentlichkeit verlangt, dass wir hart gegen Straftäter vorgehen (Hylton 2001). Diese moralische Panikreaktion wird weder durch statistische Daten gerechtfertigt, noch ist sie klinisch angezeigt; trotzdem werden weiterhin „Boot Camps"[2] zur Intervention eingesetzt.

Diese Beziehung zwischen der jeweiligen Kultur und der Verfügbarkeit von Ressourcen dort wird deutlicher, wenn man Berichte, die Kinder über ihre Resilienzerfahrung verfassen, weltweit zusammenträgt. In einer kürzlich in 14 Gemeinden auf fünf Kontinenten angelegten Studie über Jugendliche, die einer Vielzahl kulturell relevanter Risiken ausgesetzt sind, haben Ungar und seine Kollegen (Ungar/Lee/Callaghan/Boothroyd 2005; Ungar/Liebenberg 2005) erforscht, in welcher Weise Jugendliche ihre einzigartigen Überlebensstrategien demonstrieren. In der als Internationales Resilienz Projekt (IRP) bekannt gewordenen Studie wurden mehr als 1.500 Jugendliche befragt. Für das Projekt wurde ein standardisiertes Instrumentarium entwickelt. Zusätzlich wurden weitere 89 Jugendliche gebeten, an ein- bis zweistündigen qualitativen Interviews teilzunehmen. Jede der 14 Gemeinden ersuchte um die Teilnahme von Jugendlichen, welche mindestens drei signifikanten Risikofaktoren ausgesetzt waren, als da wären Armut, Gewalt, Entwurzelung der Familie, kulturelle Ausgrenzung, psychische Erkrankung eines Elternteils sowie Krieg. Die Jugendlichen wurden dann von kommunalen Beratern je nach dem Erfolg, den man bei ihnen beobachten konnte, in zwei Gruppen eingeteilt, nämlich derjenigen, die ‚gut zurechtkommen', und die anderen, die ‚nicht gut zurechtkommen', jeweils gemessen an den Standards des Gemeinwesens. Unter Anwendung eines „iterativ" angelegten Forschungsdesigns kamen die internationalen Projektpartner jeweils zweimal zu persönlichen Treffen zusammen; das erste Mal, um ein quantitatives Instrumentarium und, ergänzend dazu, Leitfäden für qualitative Interviews zu entwickeln, und ein zweites Mal, um die Ergebnisse zu begutachten. Die Neuartigkeit dieser Form von Partizipation ermöglichte es den kommunalen Partnern, miteinander eine Reihe von 32 gemeinsamen Faktoren festzulegen, von denen sie annahmen, dass sie quer durch alle Bevölkerungsschichten eine positive Entwicklung begünstigen. Zu diesen Faktoren gehörten zum Beispiel Selbstsicherheit, elterliche Kontrolle, Rituale und Routinen im Familienleben, sinnvolle Beteiligung am Gemeindeleben und Festhalten

---

2   Erläuterung des Übersetzers: quasi militärisch aufgezogene „Schleifer-" und „Drill-Lager", in denen Jugendliche zu harter Arbeit und gnadenloser Disziplin gezwungen werden.

an der eigenen Kultur. Diese Faktoren bildeten die Grundlage für einen Fragebogen mit 58 Items, der an Jugendliche aller 14 Gemeinden verteilt wurde. Die Erkenntnisse aus den qualitativen Interviews ergaben dann die Muster, wie jene Jugendlichen ihre persönlichen, familiären, lokalen und kulturellen Ressourcen nutzten, um ihr persönliches Wohl zu fördern und zu bewahren.

In Kontexten, die sich so voneinander unterscheiden wie etwa die städtische indianische Urbevölkerung Winnipegs, ein Moskauer Waisenheim und eine Mittelschule in Hongkong, zeigten Kinder eine Vielzahl kontext-relevanter Erfolgsstrategien, die sowohl Homogenität wie Heterogenität quer durch die jeweiligen Subpopulationen erkennen lassen. Obwohl nicht repräsentativ und angesichts der begrenzten Fallzahlen der Untersuchung auch noch nicht gesichert, lassen die Ergebnisse der Studie doch vermuten, dass Resilienz sowohl globale wie kulturell spezifische Aspekte aufweist. Diese qualitativ erhobenen Daten waren insbesondere nützlich für unser Verständnis, warum Kinder unterschiedliche Erfolgsstrategien wählen, um mit kontext-spezifischen Risiken umzugehen.

Durch unseren ‚grounded theory'-Ansatz bei den Analysen und unsere dialogische Überprüfung der Ergebnisse mit den Projektpartnern sowie durch die Reziprozität der Untersuchungsmethode ließen sich sieben Anforderungen identifizieren, welche bei den teilnehmenden Jugendlichen als verantwortlich dafür gelten könnten, dass sie sich positiv entwickelten. Diese sieben Anforderungen sind:

1. *Zugang zu materiellen Ressourcen:* Verfügbarkeit von finanzieller Unterstützung und medizinischer Versorgung, Förderung in der Schule und beim Erlangen einer Anstellung, außerdem Versorgung mit Essen, Kleidung und Unterkunft.
2. *Soziale Beziehungen:* Kontakte zu wichtigen Bezugspersonen, zu Peers und Erwachsenen in der Familie und Gemeinde.
3. *Identität:* Persönliche und kollektive Zielgerichtetheit; Anerkennung der eigenen Stärken und Schwächen; Ziele und Erwartungen; Überzeugungen und Wertvorstellungen, darunter die eigene spirituelle und religiöse Haltung.
4. *Eigene Stärke und Kontrollerfahrung:* Nämlich die Erfahrung, dass man für sich selbst und andere sorgen kann und man dabei auch die sozialen und physischen Lebensbedingungen – für sich und andere – verändern kann, um etwa Zugang zu medizinischer Versorgung zu erhalten.
5. *Bewahren der eigenen Kultur:* Festhalten an den eigenen lokalen oder globalen kulturellen Praktiken, Werten und Überzeugungen.

6. *Soziale Gerechtigkeit:* Erfahrungen, die darauf beruhen, dass man eine sinnvolle Rolle in seiner Umwelt und soziale Anerkennung gefunden hat.
7. *Zusammenhalt:* Eigene persönliche Interessen harmonisieren mit dem Verantwortungsgefühl gegenüber dem Gemeinwohl; sich als zugehörig zu einer Ordnung empfinden, die sozial und spirituell bedeutender ist als man selbst.

Studien zeigen, dass Jugendliche, die sich selbst als resilient erleben und von ihrer Umgebung als resilient angesehen werden, erfolgreich ihren Weg durch diese Spannungsfelder finden, jeder auf seine eigene Weise, gemäß den persönlichen Stärken und Ressourcen in der eigenen Familie, Gemeinde und Kultur. In der Praxis bedeutet dies, dass Jugendliche sagen, sie müssten selbst Möglichkeiten entdecken, die gegebenen Ressourcen zu nutzen, wenn sie sich optimale Entwicklungsmöglichkeiten schaffen wollten.

Abhängig von Kultur und Kontext stellen Familien und Gemeinden unterschiedliche Ressourcen bereit. Dazu gehören:
- *Verfügbarkeit:* Sind die Ressourcen in der Gemeinde verfügbar?
- *Zugänglichkeit:* Haben diejenigen, die eine Ressource benötigen, auch Zugang zu ihr?
- *Angemessenheit:* Ist die vorhandene und zugängliche Ressource kulturell relevant, und berücksichtigt sie die Wertvorstellungen der Menschen?
- *Unterstützung:* Kann die Gemeinde nötigenfalls die Bereitstellung von Mitteln für Ressourcen durchsetzen, die sie zwar für ihre Kinder benötigt, welche aber noch nicht vorhanden, zugänglich oder ausreichend sind?

John's Geschichte

Die eben dargestellten sieben Anforderungen sind uns nützlich, wenn wir einen Blick auf Johns Leben werfen und besonders darauf, wie er Schwierigkeiten überwindet. John ist ein junger Ureinwohner, der in Kanada aufwächst. Wenn wir uns vor Augen führen, wie er das Entwicklungsmuster seines Lebens so entwirft, dass er allen sieben Anforderungen gleichzeitig nachzukommen sucht, erkennen wir einen kulturell und kontextuell spezifischen Weg zur Resilienz. John überlebt die vielen Stressoren, denen er in seiner Umgebung ausgesetzt ist, indem er konventionelle, aber auch unkonventionelle Wege beschreitet, um seine Identität als kompetenter junger Ureinwohner zu stärken. John war als Heranwachsender immer wieder im Gefängnis. Er war nur selten zuhause bei Mutter und Vater. In der Vergangenheit wurde er wegen Überfällen und Diebstahl verurteilt und ist in seiner Umgebung als Jugendlicher bekannt, der ständig in Schwierigkeiten ist und häufig gegen seine Bewährungsauflagen verstößt. Mit 15 hatte er die Schule verlassen. Sein einziger Kontakt zu Erwachsenen war in der Regel das Personal der Jugendhilfe, so zum Beispiel der Bewährungshelfer. Offensichtlich verschlechterten sich Johns Lebensumstände zunehmend, bis er bei einem befristeten Freigang mit 16 seinen Onkel besuchte, einen Fischer, der in eine Schießerei mit Beamten der Fischerei- und Hochsee-Behörde (Department of Fisheries and Oceans – DFO) verwickelt war. Dabei ging es um die vertraglich festgelegten Fischereirechte der indianischen Ureinwohner. Nachdem er in die Haftanstalt zurückgekehrt war, erzählte John gern davon, wie er im Boot seines Onkels saß und die Beamten der DFO ihnen vor den Bug schossen, damit sie das Fischen einstellten.

Dieser Widerstandskampf, und auch dass er sich später mit Angehörigen der „Gesellschaft Indianischer Krieger" identifizierte – der „Aboriginal Warriors Society" –, erwies sich für ihn als die entscheidende Kraft, welche sein Leben veränderte. Als er aus der Haft entlassen wurde, ging er zu seinem Onkel zurück, um mit ihm zu fischen.

Johns starke kulturelle Bindung – und sein eng damit verbundener Lebenslauf – wurden zur bestimmenden Erfolgsstrategie seines Lebens. Als er – in seinen Augen – zum Krieger wurde, eröffnete sich ihm die Chance, soziale Gerechtigkeit zu erleben, und zwar mit Erfahrungen, die jetzt in seiner Umgebung möglich sind. Zu diesen Erfahrungen gesellten sich wichtige Beziehungen zu Erwachsenen, die John halfen, seine negativen Einstellungen in sozialverträgliche Bahnen zu lenken (wobei ‚sozialverträgliches Verhalten' für unterschiedliche Menschen Unterschiedliches bedeuten kann). Die sich daraus entwickelnden Beziehungen und Johns wachsendes Gefühl der Zugehörigkeit zu Anderen in seinem Gemeinwesen, wie auch die deutliche soziale Unterstützung, die er erfährt, seit er gezeigt hat, dass er als Fischer seinen Lebensunterhalt verdienen kann: All das hat dazu beigetragen, dass John sich selbst als erfolgreich ansieht. Es ist sein Gefühl persönlichen Erfolgs, das viele der Risiken, denen er ausgesetzt ist, abgeschwächt und dazu geführt hat, dass er von Außenstehenden – zum Beispiel sozialwissenschaftlichen Forschern – als resilient charakterisiert wird. Dieses neue Selbstverständnis ist stark genug, um John eine tragfähige Alternative zu seinem früheren Leben als gewalttätiger junger Drogenkonsument zu bieten.

Natürlich darf man nie eine Intervention anordnen, die einen jungen Menschen absichtlich einem bewaffneten Konflikt aussetzt; das wäre unethisch. Wichtig ist aber, zu verstehen, was für ein Ereignis in diesem Fall ein positives Resultat hatte, und warum. Interventionen, die den sieben Anforderungen entsprechen, und dabei die unterschiedlichen positiven Lösungswege berücksichtigen, welche verschiedene Kulturen für sich selbst (und dies in unterschiedlichen Kontexten) als richtig definieren, werden bei Jugendlichen mit Problemverhalten wahrscheinlich erfolgreich sein. Jene Lösung, die John selbst für seine Probleme gefunden hat, ist wenig überraschend.

Zahlreiche Arbeiten der Resilienzliteratur haben bereits gezeigt, dass Anerkennung im weiteren sozialen Umfeld, nachbarschaftliche Verantwortung, eigene Erfolgserlebnisse, die Bindung an erwachsene Ratgeber, gute Leistungen am Arbeitsplatz und ein Wechsel der Bezugsgruppe, dass all dies Kindern zu einem erfolgreichen Leben verhelfen kann (Moore/Lippman 2005). Die Ressourcen, die solche Resultate ermöglichen, sind jedoch nicht für alle Kulturen und Kontexte dieselben. Niemand würde Clara – einer weißen Jugendlichen europäischer Abstammung – zureden, sich einer bewaffneten Widerstandsgruppe anzuschließen. Die Besonderheit des Lösungswegs, den John für sich entdeckt, macht seine Erfahrung zum Katalysator, der seine Kräfte erst freisetzt.

In der Praxis lässt sich die Wechselwirkung zwischen den sieben oben angeführten Anforderungsbereichen in Fallstudien beobachten. Jeder Mensch kann sich sozialförderlich oder -schädlich verhalten, wenngleich, wie oben gezeigt, solcherlei Bewertungen willkürlich sein können, sobald sie außerhalb des spezifischen Kontextes und kulturellen Hintergrunds eines Kindes getroffen werden. Zur Illustration: Forscher, die Jugendliche in Israel und Palästina als Untersuchungsgruppe beobachteten, bemerkten einen signifikanten Unterschied in der Art, wie diese Jugendlichen ihren Wunsch formulierten, am politischen Leben teilzunehmen. Beide Gruppen nutzen dazu die Angebote ihrer jeweiligen Gesellschaft. Israelische Männer müssen bis zu drei Jahren Wehrdienst leisten, Frauen zwei, direkt nach Abschluss der Sekundarschule. Das bedeutet, dass alle jugendlichen Israelis zur Verteidigung ihres Landes beizutragen haben. In der Armee zu dienen, wird in Israel als legitime Form der Teilnahme und als Beitrag junger Menschen zur Gesellschaft angesehen (Bar-On 1999). Auf der anderen Seite sagen palästinensische Jugendliche in Ost-Jerusalem und Ramallah, dass sie Soldaten mit Steinen bewerfen und gegen die israelische Besetzung ihres Landes in jeder erdenklichen Weise Widerstand leisten. Sie berichten davon, wie sie an Protestaktionen teilnehmen, die häufig

Todesopfer auf beiden Seiten fordern. Jugendführer in Palästina sagen, dass Jugendliche, auch wenn Steine werfen gefährlich sei, sich dadurch wenigstens nicht restlos ohnmächtig fühlten – angesichts der Unmöglichkeit, auf legitime Weise politische Selbstbestimmung zu erlangen.

Es ist nicht die Aufgabe dieses Beitrags, zu einer der beiden Seiten in diesem Konflikt Stellung zu beziehen; das gewählte Beispiel zeigt nur auf, wie Jugendliche ihre Chancen nutzen, Resilienz in typischen Situationen zu steigern, seien die Formen nun gesellschaftlich sanktioniert oder nicht. Man sollte also eine Gewalttat oder eine Selbstverletzung nicht außerhalb des Kontextes beurteilen, in dem sie stattgefunden hat (Rutter/Giller/Hagell 1998).

Drittes Argument:
Erfolgreiche Kinder kommen mit dem aus, was sie haben

Bislang habe ich aufgezeigt, dass das Zustandekommen von Resilienz von einer Wechselwirkung zwischen Personen und ihrem Umfeld abhängt. Ich habe dargestellt, dass positive Entwicklungen von dem jeweiligen kulturellen Kontext abhängen; denn er bestimmt die Normen der Gesellschaft. Desgleichen habe ich erläutert, wie Ressourcen, die Resilienz fördern und erhalten, ihrerseits durch Kultur und Kontext bedingt, also geformt, werden. Die Gemeinschaft stellt jene Ressourcen zur Verfügung, die zum gegebenen Zeitpunkt als sinnvoll angesehen werden, und vermittelt ihre Werte durch die dort verbreitete Ideologie und durch Alltagsgebräuche. Mein drittes Argument folgt zwingend aus den beiden ersten: Kinder sind erfolgreich, wenn sie mit den Mitteln auskommen, die ihnen zugänglich sind, um für sich ein resilientes Selbstbild und eine Lebensgeschichte zu entwerfen.

Nehmen wir das Beispiel eines Kindes, das in einer sehr konfliktreichen Scheidung zwischen den Eltern hin- und hergerissen wird. Wenn es die emotionalen Signale der Eltern richtig liest, kann das Kind überleben, weil es sich an ein Elternteil klammert und das andere ablehnt; dadurch schafft es eine Bindung, die von Außenstehenden möglicherweise als ungesund empfunden wird, dem Kind aber vermittelt, dass jemand es trotz allem liebt. Womöglich beeinflussen auch kulturelle Normen die Entscheidung des Kindes, an wen es sich klammern soll. Solche nuancierten Erklärungen für das Verhalten von gestressten Kindern unterstützen die Ansicht, dass Problembewältigung von zeitlichen und kulturellen Gegebenheiten abhängt. Kinder tun einfach, was sie tun müssen, um mit jenen Mitteln zu überleben, die ihnen nun einmal zugänglich sind. Als

Kontextuelle und kulturelle Aspekte von Resilienz 149

resilient erfährt sich ein Kind, wenn es fähig ist, sich Ressourcen gesunder Entwicklung zu erschließen, und zwar so, wie dieses Kind sie benötigt und sie ihm verfügbar, zugänglich und angemessen sind, und wie sie ihm auch von den umsorgenden Erwachsenen empfohlen werden. Resilienz resultiert aus der Fähigkeit des Kindes, dafür zu sorgen, dass ihm diese Ressourcen so zur Verfügung gestellt werden, wie es kulturell sinnvoll ist. Kinder, die unsere Interventionen ablehnen, gefährden sich dadurch nicht absichtlich; wahrscheinlicher ist, dass sie andere Ressourcen suchen, die ihnen sinnvoller erscheinen und ihre Selbstwahrnehmung als gesunde und kompetente Jugendliche verbessern. So betrachtet, ist Resilienz nicht Endstation, kein festgeschriebenes Ziel für Kinder, die von Sozialarbeitern betreut werden, sondern ein stets von Schwankungen begleiteter Prozess kindlicher Selbsteinschätzung auf dem Weg zum Erfolg. Die Vorstellung, ein Kind befinde sich auf dem Weg zu den Ressourcen seiner eigenen Gesundung und verhandle lediglich mit der Erwachsenenwelt um den Zugang zu ihnen unter Bedingungen, die das Kind selbst formuliert, ist fester Bestandteil neuerer Abhandlungen zur Kindesentwicklung. Lerner, Brentano, Dowling und Anderson (2002) sagen, dieser Prozess lasse auf die „relative Plastizität" eines Kindes schließen, also auf seine Fähigkeit, sich an die Vorgaben seiner Umwelt anzupassen.

Die Betonung dieser „relativen Plastizität" begründet eine neue Richtung angewandter Entwicklungsforschung. Sie will menschliche Entwicklung bereichern, indem sie das Verhältnis zwischen Jugendlichen in der Entwicklungsphase und ihrer sich verändernden Situation in Familie und Gemeinde verbessert. Zur gesunden Entwicklung bedarf es aus Perspektive dieser Forschung eines positiven Wandels in der Beziehung zwischen dem Heranwachsenden – der engagiert und in der Lage ist, Gutes für sich, Familie und Umfeld zu leisten – und seiner Kommune, die einen solchen Mitbürger auch unterstützt (Lerner etc.: S. 15).

Aufgabe der Sozialarbeit war es bisher, angemessene Hilfe für heranwachsende Kinder bereitzustellen, so dass sie ihre schwierigen Lebensumstände gut in den Griff bekamen. Eine Person in ihrem eigenen Kontext zu verstehen, bedeutet dagegen, sowohl das Maß persönlicher Handlungsfähigkeit eines Menschen zu erkennen, der sich gerade die Ressourcen für seine seelische Gesundheit sichern will, als auch zu sehen, wie weit ein resilienzförderndes Umfeld sie ihm bereitstellen kann. Wenn Kinder ihre Handlungsfähigkeit auf ihre eigene Art demonstrieren, kann das zu Konflikten mit den Anbietern von Sozialdiensten führen, die ihnen vorgeben, welche Formen von Verhalten akzeptabel oder inakzeptabel sind.

Jakes Geschichte

Jake, ein dreizehnjähriger Junge, mit dem ich in meiner klinischen Arbeit zu tun hatte, musste häufig in seinem jungen Leben von Gemeinde zu Gemeinde umziehen. Seine Mutter war ein ehemaliges Straßenkind, das im Alter von elf Jahren von zu Hause weggelaufen war; seitdem hat sie alle möglichen Sozialdienste in Anspruch genommen, darunter Einrichtungen zum Drogen- und Alkoholentzug, der Kinder- und Jugendhilfe, aber auch Weiterbildungsmaßnahmen. Sie saß auch einige Zeit im Gefängnis. Jetzt ist sie Mitte dreißig. Außer Jake hatte sie noch ein anderes Kind, das ihr fortgenommen und durch das Jugendamt zur endgültigen Adoption bestimmt wurde. Es gelang ihr allerdings, Jake zu behalten, der aber – trotz all ihrer Versuche, ihn zu beschützen – von einem Pädophilen missbraucht wurde. Dies geschah in einer der Gemeinden, wo die Familie lebte, als Jake noch zur Grundschule ging (USA/Kanada: 6 Schuljahre „elementary school"). Obwohl der Kindesmissbrauch vor einigen Jahren zu einer kurzen psychotherapeutischen Behandlung geführt hatte, wurde Jake von seiner Mutter in meine Beratungsstelle gebracht, weil sie sich Sorgen um ihn macht. Es geht dabei um seine Einschüchterungsversuche und sein aggressives Verhalten in der Junior High School (d.h. Schuljahre 7–9) sowie seine drei Suspendierungen im Winterhalbjahr, kurz bevor wir uns kennen lernten. Jakes Mutter meint, sein Verhalten beruhe auf dem nicht verarbeiteten Erlebnis als Opfer einer Sexualstraftat. Jake verweigert das Gespräch über diesen Teil seines Lebens.

Als Kompromiss schufen Jake, seine Mutter und ich einen Freiraum, wo er über seine Erfolgsstrategien reden konnte: seine Einschüchterungsversuche, die Suspendierungen, das Verschweigen des Missbrauchs. Nicht überraschend sagte Jake, er sei froh darüber, wie gut er zurechtkomme. Die drei Suspendierungen bedeuteten ihm nicht viel. „Für meine Mutter ist das ein Problem, aber für mich eigentlich nicht." Ganz ähnlich war sein Drohverhalten für ihn eine effektive Methode, dass andere Jungen nicht auf ihm herumhackten. „Was hat man denn davon, wenn man ein Bully ist?", fragte ich ihn. Diese Frage half seiner Mutter und mir entscheidend dazu, sein Verhalten zu verstehen. Jake erzählte, wie andere Jungen früher in ihm jemand gesehen hatten, den sie herumstoßen konnten. Dass er sich zur Wehr setzt und als einer gilt, der manchmal zuschlägt, schützt ihn nun vor weiteren Beleidigungen und Attacken durch Gleichaltrige. Wenn man ihm zuhört, muss man sich auch fragen, ob seine Gewalttätigkeit nicht Warnzeichen ist gegenüber jedermann – ob Kind oder Erwachsener –, der versuchen könnte, ihn wieder einmal zu verletzen: Um nie wieder Opfer zu sein.

Folgerungen für die praktische Arbeit: Alternativen erproben

Ein eher kulturell und kontextuell orientiertes Verständnis von Resilienz kann zu individuell zugeschnittenen Interventionen führen, mit denen Kindern wie Jake, John und Clara geholfen werden mag, Ersatzformen zu finden für ihre zwar den Lebensumständen angepasste, aber doch problematische Weise, Resilienz auszudrücken. Ziel muss sein, nachvollziehbare Alternativen für die Kinder mit genau den gleichen Vorteilen zu finden, die sie sonst durch auflehnendes Verhalten erreichen. Solche alternativen Verhaltensweisen müssen einem Kind dieselben persönlichen Stärken erfahrbar machen und dasselbe Gefühl von Wohlergehen erzeugen, damit es erkennt, dass sich der Tausch gegen die alten Reflexe lohnt. Solche Alternativen müssen außerdem ebenso kulturell und kontextuell relevant sein wie die Lösung, welche das Kind ursprünglich für sich gefunden hatte (Ungar 2006). Und sie müssen konkret verfügbar und zugänglich sein. In Jakes Fall bestand die Alternative darin, dass er lernte, Probleme zu ignorieren und Kontrolle über seine Emotionen zu behalten. Er gab zu, dass er diese Strategie einsetzte, wenn ihn die Erinnerung an seinen sexuellen Missbrauch überkam, wandte sie aber nicht an, wenn er von anderen Kindern in der Schule aufgezogen wurde. Als Jake begriff, dass er die Kraft besaß, eine Situation zu kontrollieren, ließ er sich auch überzeugen, seine Strategie zu ändern. Das Ergebnis war, dass er Kämpfen meistens aus dem Weg gehen konnte und auf der Schule blieb.

Verändertes Verhalten ermöglicht es Kindern dann, eine andere Identität zu finden. Diese Identitäten sind genauso wirksam wie jene, die einem Kind durch anti-soziales Verhalten Erfolg bringen. Eine Möglichkeit, die alte Identität abzulegen, besteht darin, statt ‚unkonventioneller' Wege zur Resilienz ‚konventionelle' einzuschlagen.

Unkonventionelle Wege lassen sich durch eines oder mehrere der „Vier D's" darstellen, mit denen man Problemkinder beschreiben kann: *„Dangerous, Delinquent, Deviant, and Disordered"* – also „gefährlich, straffällig, deviant und gestört".

Konventionelle Wege beinhalten eines oder mehrere der „Vier C's": *„Competent Caring Contributors to their Communities"* – also „kompetente, fürsorgliche und aktive Teilnehmer am Gemeinschaftsleben".

Abbildung 1 (s. nächste Seite) gibt den Ablauf des Veränderungsprozesses (Substitution) schematisch wieder. Sozialarbeiter müssen nun verstehen, dass „Problemkinder" durch eine oder mehrere der vier „D-Verhaltensweisen" demonstrieren, dass sie erfolgreich „resilient" sind. Schließlich besteht für viele der am schwersten benachteiligten Jugendli-

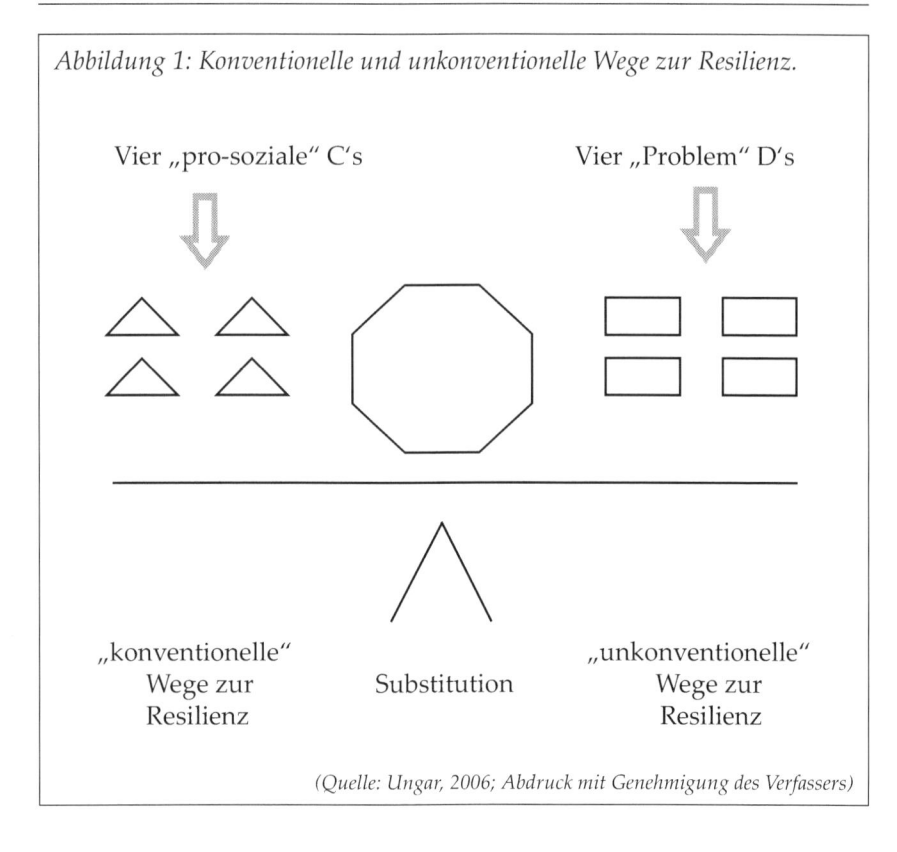

Abbildung 1: Konventionelle und unkonventionelle Wege zur Resilienz.

Vier „pro-soziale" C's   Vier „Problem" D's

„konventionelle" Wege zur Resilienz   Substitution   „unkonventionelle" Wege zur Resilienz

(Quelle: Ungar, 2006; Abdruck mit Genehmigung des Verfassers)

chen die einzige Bezugsgruppe, in der sie etwas bewirken und erfolgreich sein können, aus anderen problematischen Teenagern.

Clara, die, wie oben gezeigt, die doppelte Rolle auf sich genommen hatte, Elternersatz für ihre Mutter und gleichzeitig Anführerin einer Gang zu sein, würde keine der beiden Selbstzuschreibungen für eine weniger wichtige Identität ohne Not aufgeben. In der Zusammenarbeit fanden wir aber einen solchen Weg in einer Schulklasse, in der sie Anschluss an Mrs. G. gefunden hatte, eine Englischlehrerin, die das Mädchen mochte, aber darauf bestand, dass Clara die Regeln beachtete. Clara sagte, dass sie Mrs. G.'s einfühlsame Erwartungshaltung schätzte, und obwohl sie die Schule nur unregelmäßig besuchte, nahm sie immer am Englischunterricht teil, wenn sie zur Schule kam. Es war in dieser Klasse, dass Clara gesagt wurde, sie hätte Führungstalent, und sie bedankte sich, indem sie ihrer Lehrerin half, wann immer sie konnte. Ähnlich nachvollziehbare Lösungen von Identitätskrisen finden sich häufig in der Literatur über delinquente und problematische Jugendliche. Studien über Kinder, die sich Gangs anschließen, haben gezeigt, dass sie das tun, weil ihnen die Mitgliedschaft ein Gefühl von Zugehörigkeit und Schutz gibt und außerdem materiellen Vorteil verschafft (Hecht 1998; Solis 2003; Totten 2000). Wo ein Kind, das nicht auf bessere Ressourcen zurückgreifen kann, sich in eine Gang hineinziehen lässt, trifft es seine Entscheidung mangels anderer Optionen.

Verständnis dafür, dass Kinder um ihrer seelischen Gesundheit willen eigene Wege suchen und so um sie ringen, findet sich auch in neueren Tendenzen der positiven Psychologie, der kritischen und postmodernen Sozialarbeit sowie neuen Ergebnissen der Resilienzforschung. Erfolgreiche Interventionen, die Erkenntnisse aus diesem Beitrag zu verborgenen Kräften von Resilienz berücksichtigen, folgen dann wohl drei Prinzipien:

1. *Glauben Sie nicht alles, was sie lesen.* Untersuchungen zeigen, dass verschiedene gesellschaftliche Gruppen überaus individuell definieren, was Kinder resilient macht. Gerade weil der größte Teil der Resilienzliteratur in westlichen Kontexten entstanden ist, darf man nicht auf Homogenität in allen Populationen weltweit schließen. Man muss mehr Fragen stellen als Antworten geben, wenn man positive Persönlichkeitsentwicklung unter Stressbedingungen in spezifischen Kontexten verstehen will.
2. *Alle Aspekte von Resilienz entstehen unter differenten Bedingungen.* Wie die Fallbeispiele zeigen, erzeugen jene Resilienzfaktoren, die den größten Schutz bieten, ganz unterschiedliche Ergebnisse, und zwar in Abhängigkeit von Kultur und Kontext. Es ist höchst unwahrscheinlich, dass ein einzelner Interventionsansatz quer durch alle Kulturen erfolgreich wäre, weil es ja immer Wechselwirkungen zwischen den sozialen Ökologien von Kindern und personalen Schutzfaktoren gibt. Wie in diesem Kapitel gezeigt, sind sogar soziale Gerechtigkeit oder Beziehungen zu Erwachsenen hochgradig kontextuell festgelegt und beeinflussen das Wohlergehen der Betroffenen in einer Weise, die nicht für jede Kultur gleich gelten muss.
3. *Die Wege zur Resilienz sind erstaunlich und großartig.* Wir haben gesehen, wie komplex die Konstellation von Faktoren ist, die im Leben resilienter Kinder miteinander interagieren. Man muss daher sowohl die Homogenität wie die Heterogenität in den Erfolgsstrategien unterschiedlicher Populationen zu schätzen wissen.

Diese Prinzipien für die praktische Arbeit sind nur als Anleitung für Sozialarbeiter gedacht. Sie sollen ihnen helfen wahrzunehmen, dass ihre

Klienten möglicherweise mehrere ‚Wahrheiten' für sich in Anspruch nehmen, da sie sich selbst in vielen verschiedenen Kontexten bewegen. Diese Pluralität zu respektieren, ist in der praktischen Arbeit entscheidend für den sensiblen Umgang mit der Vielfalt risikobelasteter Kinder und Familien, die auf jede nur denkbare Weise zu überleben versuchen. Resilienz als Ergebnis von Sozialarbeit – das heißt, ganz sorgfältig die spezifischen Bedingungen zu berücksichtigen, unter denen sich jede Art von Verhalten manifestiert. Unerlässlich für alle, die das Verhalten anderer Menschen wirklich verstehen wollen, und dazu jenen lauschen, die sich und ihr Verhalten in Bedrohung verständlich machen wollen!

Übersetzung: Gerrit Pohl

Literatur

Arcelus, J./Bellerby, T./Vostanis, P. (1999): A mental health service for young people in the care of the local authority. In: Clinical Child Psychology and Psychiatry, 4 (2), 233–245

Bar-On, D. (1999): Israeli society between the culture of death and the culture of life. In: Nader, K./Dubrow, N./Stamm, B. H. (Hrsg.): Honoring differences: Cultural issues in the treatment of trauma and loss, 211–233. Philadelphia

Blackstock, C./Trocmé, N. (2005): Community-based child welfare for Aboriginal children. In: Ungar, M. (Hrsg.): Handbook for working with children and youth: Pathways to resilience across cultures and contexts, 105–120. Thousand Oaks

Boyden, J./Mann, G. (2005): Children's risk, resilience, and coping in extreme situations. In: Ungar, M. (Hrsg.), Handbook for working with children and youth – Pathways to resilience across cultures and context, 3–26. Thousand Oaks

Bronfenbrenner, U. (1979): The ecology of human development: Experiments by nature and design. Cambridge

Burford, G./Hudson J. (Hrsg.) (2000): Family group conferencing: New directions in community-centered child and family practice. New York

Crawford, E./Wright, M. O./Masten, A. (2005): Resilience and spirituality in youth. In: Roehlkepartain, E. C./King, P. E./Wagener, L./Benson, P. L. (Hrsg.): The handbook of spiritual development in childhood and adolescence, 355–370. Thousand Oaks

Chun, C./Moos, R. H./Cronkite, R. C. (2006): Culture: A fundamental context for the stress and coping paradigm. In: Wong, P. T. P./Wong, L. C. J. (Hrsg.): Handbook of multicultural perspectives on stress and coping, 29–54. New York

Dei, G. J. S./Massuca, J./McIsaac, E./Zine, J. (1997): Reconstructing „drop-out": A critical ethnography of the dynamics of Black students' disengagement from school. Toronto

Fraser, M. (Hrsg.) (1997): Risk and resilience in childhood: An ecological perspective. Washington

Garmezy, N. (1976): Vulnerable and invulnerable children: Theory, research, and intervention. Journal Supplement Abstract Service, APA

Garmezy, N. (1987): Stress, competence, and development: Continuities in the study of schizophrenic adults, children vulnerable to psychopathology, and the search for stress-resistant children. In: American Journal of Orthopsychiatry, 57(2), 159–174

Haapasalo, J. (2000): Young offenders' experiences of child protection services. In: Journal of Youth and Adolescence, 29 (3), 355–371

Hagan, J./McCarthy, B. (1997): Mean streets: Youth crime and homelessness. New York

Hecht, T. (1998): At home in the street: Street children of Northeast Brazil. New York

Hernandez, M./Gomez, A./Lipien, L./Greenbaum, P. E./Armstrong, K./Gonzalez, P. (2001): Use of the system-of-care practice review in the national evaluation: Evaluating the fidelity of practice to system-of-care principles. In: Journal of Emotional and Behavioral Disorders, 9, 43–52

Hylton, J. B. (2001): Get tough or get smart? Options for Canada's youth justice system in the twenty-first century. In: Fleming, T./O'Reilly, P./Clark, B. (Hrsg.): Youth injustice: Canadian perspectives. 2. Aufl., 561–580. Toronto

Innu Nation (1995): Gathering voices: Finding strength to help our children. Vancouver

Klein, R. A./Kufeldt, K./Rideout, S. (2006): Resilience theory and its relevance for child welfare practice. In: Flynn, R. J./Dudding, P. M./Barber, J. G. (Hrsg.): Promoting resilience in child welfare, 34-51. Ottawa

Kroll, L./Rothwell, J./Bradley, D./Shah, P./Bailey, S./Harrington, R. C. (2002): Mental health needs of boys in secure care for serious or persistent offending: A prospective, longitudinal study. In: The Lancet, 359 (9322), 1975–1979

Lalonde, C. E. (2006): Identity formation and cultural resilience in Aboriginal communities. In: Flynn, R. J./Dudding, P. M./Barber, J. G. (Hrsg.): Promoting resilience in child welfare, 52–71. Ottawa

Leadbeater, B./Dodgen, D./Solarz, A. (2005): The resilience revolution: A paradigm shift for research and policy. In: Peters, R. D./Leadbeater, B./McMahon, R. J. (Hrsg.): Resilience in children, families, and communities: Linking context to practice and policy, 47–63. New York

Lerner, R. M./Brentano, C./Dowling, E. M./Anderson, P. M. (2002): Positive youth development: Thriving as the basis of personhood and civil society. In:. Lerner, R. M./Taylor, C. S./Von Eye, A. (Hrsg.): Pathways to positive development among diverse youth, 11–34. New York

Levenkron, S. (2006): Cutting: Understanding and overcoming self-mutilation. New York

Lipman, E. L./Offord, D. R./Dooley, M. D./Boyle, M. H. (2002): Children's outcomes in different types of single parent families. In: Willms, J. D. (Hrsg.): Vulnerable children, 229–242. Edmonton

Luthar, S. S./Cicchetti, D./Becker, B. (2000): The construct of resilience: A critical evaluation and guidelines for future work. In: Child Development, 71(3), 543–562

Masten, A. S. (2001): Ordinary magic: Resilience processes in development. In: American Psychologist, 56(3), 227–238

Moore, K. A./Lippman, L. H. (Hrsg.) (2005): What do children need to flourish: Conceptualizing and measuring indicators of positive development. New York

Meyer, C. H. (1983): The search for coherence. In: Meyer, C. H. (Hrsg.): Clinical social work in the eco-systems perspective, 5–34. New York

Rutter, M. (1987): Psychosocial resilience and protective mechanisms. In: American Journal of Orthopsychiatry, 57, 316–331

Rutter, M./Giller, H./Hagell, A. (1998): Antisocial behavior by young people. New York

Solis, J. (2003): Re-thinking illegality as a violence against, not by Mexican immigrants, children, and youth. In: Journal of Social Issues, 59(1), 15–33

Taylor, J. M./Gilligan, C./Sullivan, A. M. (1995): Between voice and silence: Women and girls, race and relationship. Cambridge

Totten, M. (2000): Guys, gangs & girlfriend abuse. Peterborough

Ungar, M.: Resilience across cultures. British Journal of Social Work. Putting a Human Face on Child Welfare, 22. In deutscher Übersetzung in diesem Buch.

Ungar, M. (2001): The social construction of resilience among „problem" youth in out-of-home placement: A study of health-enhancing deviance. In: Child and Youth Care Forum, 30 (3), 137–154

Ungar, M. (2004): Nurturing hidden resilience in troubled youth. Toronto

Ungar, M. (2005): Introduction: Resilience across cultures and contexts. In: Ungar, M. (Hrsg.): Handbook for working with children and youth – Pathways to Resilience across cultures and context, (xv–xxxix). Thousand Oaks

Ungar, M. (2006): Strengths-based counseling with at-risk youth. Thousand Oaks

Ungar, M./Lee, A. W./Callaghan, T./Boothroyd, R. (2005): An international collaboration to study resilience in adolescents across cultures. In: Journal of Social Work Research and Evaluation, 6 (1), 5–24

Ungar, M./Liebenberg, L. (2005): The International Resilience Project: A mixed methods approach to the study of resilience across cultures. In: Ungar, M. (Hrsg.): Handbook for working with children and youth – Pathways to Resilience across cultures and context, 211–226. Thousand Oaks

Webb, M. B./Harden, B. J. (2003): Beyond child protection: Promoting mental health for children and families in the child welfare system. In: Journal of Emotional & Behavioral Disorders, 11 (1), 45–54

Werner, E. E./Smith, R. S. (1982): Vulnerable but invincible: A longitudinal study of resilient children and youth. New York

Werner, E. E./Smith, R. S. (2001): Journeys from childhood to midlife: Risk, resilience, and recovery. Ithaca, NY

Wong, P. T. P./Wong, L. C. J. (Hrsg.) (2006): Handbook of multicultural perspectives on stress and coping. New York

Theorie in die Tat umsetzen.
Fünf Prinzipien der Intervention

Michael Ungar

1. Einleitung

Dieser Beitrag schuldet Kurt Lewin (1890–1947) meinen Dank. Als Sozialpsychologe betonte Lewin in seinem umfangreichen Werk, wie wichtig es sei, persönliche Charaktermerkmale mit dem sozialen Umfeld zu verbinden, in dem wir leben. Seine Arbeit ging der Resilienzforschung um mehrere Jahrzehnte voraus. Sie würde aber immer noch einen würdigen Platz in der ständig wachsenden Fachliteratur über erstaunlich erfolgreiche Entwicklungen von Kindern einnehmen, die chronischen und akuten Problemen während ihres Aufwachsens ausgesetzt waren. Auch die Resilienzforschung sieht Individuen immer bezogen auf ihre soziale Umwelt. Es ist ja schwer vorstellbar, dass wir Konzepte – wie Resilienz – entwickeln könnten, die isoliert vom sozialen Kontext formuliert werden, in dem solch positive Entwicklungen sich abspielen.

Und obwohl diese Einstellung mittlerweile in der Sozialpsychologie, der Sozialarbeit, bei der Kinder- und Jugendfürsorge, in der Krankenpflege und anderen ähnlichen Berufen als selbstverständlich angesehen wird, war das zu jener Zeit eine ganz neuartige Ansicht. Lewin und später seine Schüler, wie etwa Urie Bronfenbrenner (1979), halfen uns, ein „ökologischeres" Verständnis von Menschen und ihren Problemen zu entwickeln. Ihre Arbeit war eine Reaktion auf die sich ausbreitende intra-psychische, von Freud inspirierte Sichtweise auf menschliches Wohlergehen, welche nämlich die Bedeutung sozialer Interventionen, die ganz offensichtlich auch Auslöser von Dysfunktionen sein können, vernachlässigte. Es dauerte seine Zeit, aber mit Anbruch der Resilienzforschung begannen wir allmählich zu verstehen, dass die physische und soziale Ökologie von Menschen mitverantwortlich war für deren Fähigkeit, genau solche schweren Belastungen zu überstehen, die sie eigentlich zu Zusammenbrüchen und psychischen Störungen prädisponiert hätten (Seccombe 2002; Wolkow & Ferguson 2001).

Ich bin Lewin für seine Beiträge zur Theorie sehr verpflichtet, aber es ist sein praktischer Ansatz, der mich leitet. Lewin hat den berühmten Ausspruch getan, „Nichts ist so praktisch wie eine gute Theorie" (Stivers

& Wheelan 1986). Unglücklicherweise wird seine Vorgabe, man solle die Theorie zur Anleitung von Praxis einsetzen, aber oft von denen übersehen, die Theorien aufstellen. Die Umsetzung der entsprechenden Neuerung zu konzipieren, bleibt dann als Kärrnerarbeit nicht fachmännisch geschulten Gemeindemitgliedern, Fachkräften an vorderster Front, Planungsbeauftragten oder, noch schlimmer, Politikern vorbehalten. Enge Zeitvorgaben und Erwartungen ihrer Klientel hindern Praktiker oft daran, sich tiefer mit der Fachliteratur und den Ergebnissen von Studien und theorielastigen Diskussionen darüber zu befassen, was und warum etwas funktioniert. So ideal es auch wäre, durch solche Information sicherzustellen, dass sozialpädagogische Intervention und Sozialpolitik sich stets auf abgesicherte Theorien stützen, so bleiben Theorie und Praxis doch meist auf Distanz zueinander. Das ist bedauerlich, denn Lewin sagt uns auch: „Wenn du etwas wirklich verstehen willst, versuche es zu ändern" (Stivers & Wheelan 1986). Theorie in die Praxis umzusetzen, hat also viel für sich.

In diesem Beitrag werde ich die Theorie der Resilienz mit Blick auf Interventionen bei Kindern erörtern, die unter Stress stehen. Das können Kinder aus Scheidungsfamilien sein, obdachlose Jugendliche, oder Jugendliche sein, die mit Kriegserlebnissen aufwuchsen, oder jüngst erst eingewanderte Jugendliche, die mit ihrer Entwurzelung kämpfen. Das Studium von Resilienz hat uns tiefe Erkenntnisse dazu geliefert, wie Risikopopulationen entstehen und sich schrittweise positiv entwickeln können. Hier werde ich die Synergieeffekte aufzeigen, die sich aus dem jeweiligen Verständnis von Resilienz und den daraus resultierenden Prinzipien von Intervention ergeben. Insbesondere werde ich fünf Aspekte wegen ihrer praktischen Relevanz beleuchten:
1. den Stellenwert ökologisch verstandener, vielschichtiger Theorie in Resilienzstudien;
2. die gezielte Erforschung von Prozessen, denen persönliche Stärken zugrunde liegen;
3. die Vielfalt von Resilienzprozessen, dass also viele Wege zu vielen guten Ergebnissen führen können;
4. die Bedeutung sozialer Gerechtigkeit für erfolgreiche Entwicklung und
5. eine kultur- und kontext-bewusste Würdigung von Heterogenität im Verständnis von Resilienz.

Um zu demonstrieren, was diese fünf Aspekte für unsere Arbeit als Professionelle tatsächlich bedeuten, werde ich das Phoenix Youth Program vorstellen, eine multiethnische gemeinnützige Organisation, die primäre Präventions-Programme, sekundäre Interventionen und tertiäre Langzeithilfe für Risikokinder und obdachlose Jugendliche in Halifax, Nova Scotia, Kanada, anbietet. Das gewählte Beispiel macht sich Lewins Mahnung zu eigen, dass sich Theorie nämlich durch die Praxis beweisen muss.

2. Gefährlich gut drauf?

Es könnte sein, dass man vor Cyndi und ihren Freunden Angst hat. Sie tragen die Piercings und Tätowierungen großstädtischer Straßenjugend. Ihre Kleidung und ihr Auftreten flößen Angst ein. An warmen Nachmittagen sitzt Cyndi mit ihren Freunden im Gras neben einer belebten Kreuzung. Sie hat keine Lust auf Scheibenwischen, wenn Autos an der Ampel halten, und betteln mag sie auch nicht, aber sie schätzt das Wohlgefühl, das sie hier auf der Straße empfindet – wo sie sich nicht bedroht fühlt. Dieser öffentliche Ort ist um vieles besser als das konfliktbeladene Zuhause, aus dem sie kommt. Ihre Mutter und ihre jüngere Schwester leben von öffentlicher Unterstützung in einer Sozialsiedlung. Ihre Mutter hat Cyndi immer ermahnt, nur auf sich selbst zu achten, und sie an einer Schule fern von den anderen Kindern im Projekt angemeldet. Sie wollte, dass ihre Tochter mehr als nur gerade durchkommt. Sie wollte, dass sie etwas aus sich macht. Leider aber ließ ihre Mutter sie nicht erwachsen werden. Die Rettungsweste, die sie ihr umschnallte, als sie vor acht Jahren in der Stadt ankamen, war dazu gedacht, Cyndi Sicherheit zu geben. Das tat sie auch eine Weile, bis das Mädchen in der Rettungsweste zu groß für jenen Schutz wurde, den die Mutter ihr geben konnte. Mitten in der zehnten Klasse „schmiss" Cyndi die Schule. Sie begann zu rauchen und ein wenig mit Alkohol und Drogen zu experimentieren. Sie ist sexuell aktiv, sagt aber, dass sie nicht gern darüber reden mag. Wenn man sie fragt, ob sie geschützten Sex praktiziert, antwortet sie mit: „Meinen Sie immer?"

Seitdem sie fünfzehn geworden ist, hat sich Cyndis Leben mehr und mehr auf die Straße verlagert, man findet sie aber auch zwischendurch beim „couch surfing" mit Freunden, die noch bei ihren Eltern wohnen, in deren ausgebauten Kellern[1]. Wenn ihre Freunde jedoch selbst auf der Straße sind und es zu kalt ist, um draußen zu übernachten, geht Cyndi zur Unterkunft der Jugendhilfe, die von Phoenix betrieben wird. Diese

---

[1] (Anm. d. Übers.: „couchsurfing in basement rooms": ständig wechselnde Treffpunkte, z.B. für Videoparties, wo Jugendliche von Erwachsenen nicht gestört werden; das typischerweise in ausgebauten Kellerräumen)

Unterkunft gibt Cyndi und ihrer Mutter Ruhe voreinander. Cyndi hofft zwar, dass sich die Beziehung zu ihrer Mutter verbessern wird, aber wann immer sie nach Hause zurückkommt, fangen die Streitereien von Vorne an, erneut wird ihr die Tür vor der Nase zugeschlagen, und das Mädchen findet sich auf der Straße wieder.

3. Die Phoenix Jugendprogramme (Halifax, Kanada)

Bereits 1984 hatte eine Gruppe besorgter Fachleute und Freiwilliger in der Region von Halifax erkannt, dass koordinierte Hilfsmaßnahmen für Jugendliche zwischen 16 und 24, die auf der Straße lebten und Notunterkünfte sowie andere Unterstützung brauchten, notwendig waren. 1987 eröffnete Phoenix seine erste Wohngruppe. Das war zur damaligen Zeit die einzige Wohnhilfe, die Jugendlichen dieser Altersgruppe in einer Gemeinde von über dreihunderttausend Menschen zur Verfügung stand.

Die von Phoenix versorgten Jugendlichen kommen aus Familien und Wohnvierteln, in denen sie gewöhnlich einer Reihe von Risiken ausgesetzt sind. Viele von ihnen sind vom Stress gezeichnet, der auf körperlichen und sexuellen Missbrauch zurückgeht. Etliche haben wiederkehrende Konfliktabläufe in ihren Familien erlebt oder waren aktiv an ihnen beteiligt. Sie haben außerdem Probleme mit ihrer Lebensperspektive, was sich in Suchtverhalten, Schulschwänzen und allgemeinen Konflikten mit der Schule zeigt, in Lernschwierigkeiten sowie mangelndem Vertrauen in die eigenen Möglichkeiten – all dies ausgelöst durch ihre Lebenssituation. Es handelt sich bei ihnen außerdem um Jugendliche, die erheblichem Rassismus, Homophobie und anderen Formen von Diskriminierung ausgesetzt waren, die mit Armut und Gewalttätigkeit zusammenhängen. Die Jugendlichen berichten häufig darüber, dass sie bedroht werden („bullying"), reden über Depressionen und selbstzerstörerisches Verhalten bis hin zu Essstörungen und Selbstmordgedanken.

Um der wachsenden Intoleranz der Bevölkerung gegenüber den Straßenkindern von Halifax zu begegnen, und da die Stadt keine ausreichenden Betreuungsangebote machte, weitete sich das Phoenix-Projekt seit den späten 1990er Jahren rapide aus. Im neuen Jahrtausend startete Phoenix dann ein Folgeprogramm für Jugendliche mit Familienkonflikten: ein betreutes Wohnprojekt für Jugendliche, die zum Wechsel in ein unabhängiges Leben bereit sind, und eine Anlaufstelle – „Drop-in" („Komm einfach 'rein") – mit einer Krankenschwester und Jugendpflegern, die außerdem Waschmaschinen, Duschen und eine Beratungsstelle für finanzielle und berufliche Fragen bereithält. Zudem unterstützt Phoenix – in Zusammenarbeit mit der Bundesstelle, die das Programm finanziert – durch das Phoenix Learning and Employment Center junge Menschen bei ihrer beruflichen Fortbildung und im Training von „life skills", also den Fähigkeiten, das eigene Leben in den Griff zu bekommen. Das Zentrum bietet außerdem Berufsberatung und arbeitsvermittelnde Dienste für Jugendliche an und hilft ihnen, finanziell unabhängig zu werden. Zu diesen Grunddiensten sind andere „spezielle Angebote" hinzugekommen, um die Kreativität Jugendlicher in Kunst und Musik zu fördern. Das „Phoenix Prevention Program" stellt in Schulen Kontakte zu städtischen Diensten her, etwa durch das Amt des Jugendsprechers, wodurch die Stadt für Jugendprobleme sensibilisiert werden soll, bietet aber auch persönliche und familienbezogene Therapiedienste an, und zwar für bereits von Phoenix betreute Jugendliche ebenso wie für jene, die im größeren Umkreis von Halifax obdachlos zu werden drohen. 2003 hat Phoenix sein Angebot um die Einrichtung einer Notunterkunft (mit Schlafmöglichkeiten) für 20 Personen erweitert.

Phoenix beschäftigt jetzt mehr als 70 Kinder- und Jugendberater, Sozialarbeiter, Case-Manager, Psychologen, Erzieher, Gesundheitsberater und Therapeuten. Die Zielgruppe hat sich dabei von Straßenkindern auf potenziell Obdachlose erweitert, das Programm offeriert nun Dienste für 12- bis 24-Jährige. Junge Menschen, die das Angebot nutzen, gehören oft zu denen, die unter spezielle Kinderschutzgesetze fallen. Diese Regelungen berücksichtigen jedoch selten Risikokinder ab sechzehn. Seit Neuerem versucht das Management von Phoenix, verbesserte Integrationsleistungen und eine höhere Funktionalität bei der Fallbehandlung quer durch die Organisation zu erzielen, um so seine Dienste lückenlos für Jugendliche anbieten zu können. Daraus entstand ein Dienstleistungs-Netzwerk zusammen mit anderen kommunalen Fürsorgeanbietern wie der Kinderwohlfahrt („child welfare"), den örtlichen Gesundheitsämtern für Kinder und den regionalen Schulbehörden. Die Finanzierung der Programme schließt jetzt private Spenden mit ein, welche durch eine Vielzahl von Aktionen aufgebracht werden, und erfolgt zudem durch einen Fond der Regierung.

4. Resilienz als angewandte Theorie

Resilienz ist eine Theorie, die tatsächlich reales Handeln beeinflussen kann.

Haben stressreiche Lebensbedingungen Krisen und Persönlichkeitsstörungen ausgelöst, dann richtet sich unsere Aufmerksamkeit diesem Konzept zufolge auf individuelle Merkmale und soziale Prozesse, die man entweder mit normaler oder unerwartet positiver psychosozialer Entwicklung assoziiert. Zur Verdeutlichung nehmen wir die Meta-Analyse von Greene et al. (Greene, Anderson, Hetherington, Forgatch & DeGarmo 2003) zu Studien über Erfahrungen, die Kinder bei der Scheidung ihrer Eltern gemacht haben. Die Ergebnisse zeigen, dass nur 20% der Kinder aus Scheidungsfamilien Anzeichen psychischer Erkrankungen aufweisen. In nicht-geschiedenen Familien zeigen allerdings nur 10% der Kinder deutliche psychopathologische Probleme. Benötigt ein Kind, in dessen Familie es eine Scheidung gab, zwar mit doppelter Wahrscheinlichkeit psychotherapeutische Intervention, übersehen wir dabei doch leicht die Tatsache, dass immerhin die anderen 80% Scheidungskinder gesund bleiben. Obwohl die Verdoppelung der Rate von Störungen sicher Anlass zur Sorge gibt und Intervention erfordert, sollten wir nicht vergessen, dass „das Glas alles andere als leer ist", um eine gängige Metapher zu bemühen. Greene et al. zeigen mit den Forschungsergebnissen ihrer Meta-Analyse, dass vier Fünftel aller Kinder sich ohne Krise durch eine Scheidung hindurch manövrieren. Ihre persönlichen Fähigkeiten und sozialen Ressourcen, die immerhin 80% dieser Kinder vor Schaden bewahren, stehen im Zentrum der Resilienzforschung.

Wie Crawford, Wright und Masten (2005) erklären, ist das Studium der Resilienz „Suche nach Erkenntnis jener Prozesse, die für positive Anpassung und Entwicklung der Persönlichkeit trotz Not und Benachteiligung verantwortlich sein können" (S. 355).

Die Resilienz eines Kindes hängt also eindeutig vom persönlichen Umfeld ab, in dem es aufwächst. Zu diesem Umfeld müssen notwendigerweise Hilfsangebote gehören, welche den Bedürfnissen von Risikokindern und ihren Familien zu entsprechen versuchen (s. zu ähnlichen Argumenten: Barber 2006; Boyden & Mann 2005; Leadbeater, Dodgen & Solarz 2005; Wyman 2003). Dazu müssen wir verstehen – und darum konzentriert sich Resilienzforschung zunehmend darauf –, wie Resilienz in überaus differenten Kulturen und Kontexten zu fassen ist. Nachweislich gibt es sehr spezifische Schutzprozesse in jeder Gesellschaft und Kultur, die zu erfolgreicher Entwicklung beitragen. Wir wissen zwar, dass viele dieser Prozesse universell sind, und dennoch konstatiert die Fachliteratur ebenso Homogenität wie Heterogenität in der Ausprägung von Resilienz bei verschiedenen Völkern. Dies muss man auch erwarten, wenn man Resilienz als Folge der Interaktion von Kind oder Familie mit der jeweiligen physischen und sozialen Umwelt sieht. Unsere *physische Ökologie* schließt handfeste Aspekte unserer Umwelt ein, wie etwa die Qualität unseres Trinkwassers, unsere Wohnung, die Sicherheit auf unseren Straßen und das Ausmaß der Luftverschmutzung. Ressourcen der *sozialen Ökologie* reichen von informellen persönlichen Bindungen über das Angebot von „Übergangsriten" bis hin zu struktureller Unterstützung – etwa durch Schulen, öffentliche Transportmittel und Gesundheitsfürsorge –; viele von ihnen sind kulturell geprägt (ob also Jungen und Mädchen Chancengleichheit in der Bildung haben, oder wie Gesundheitsfürsorge geleistet wird). Zusammen bilden diese beiden Ebenen (dualen Ökologien) jenen Kontext, in dem Individuen Resilienz entwickeln und erfahren können. Dass hier die Betonung auf der *Person in ihrer Umwelt* liegt, erinnert uns an Lewins Aussage, dass es Folge ihrer Interaktion mit der jeweiligen Umwelt ist, wie sich eine bestimmte Bevölkerung verhält. Verändert man die Umwelt, dann steht zu erwarten, dass die Strategie, in ihr zu überleben, ebenfalls verändert werden muss.

Wer Resilienz und Resilienzförderung bei Jugendlichen („Positive Youth Development") erforscht, schaut auf Cluster persönlicher wie umweltbezogener Aktivposten (Benson 2003; Lerner, Brentano, Dowling & Anderson 2002). Dieser *duale Ansatz* ist wichtig. Ein eher individualisiertes Konzept von Resilienz hat weniger Auswirkungen auf praktische Lösungen. Der individualisierte Ansatz legt nämlich stillschweigend nur dem Kind die Bürde für seine Anpassungsleistung auf. Die eher ökologische Sichtweise bezieht diejenigen in den Interventionsprozess mit ein, die ein Mandat zur Hilfe besitzen (Sozialarbeiter, Kinder- und Jugendfürsorger, Krankenpfleger, Psychologen und andere), so dass ein Kind mittels strukturierter Angebote sein Potenzial ausschöpfen kann. Mit dieser weit gefassten Sichtweise definiere ich Resilienz wie folgt:

1. Resilienz ist die Fähigkeit eines Menschen, sich erfolgreich solche Ressourcen zu erschließen, die sein Wohlbefinden, sein positives Lebensgefühl, aufrechterhalten.
2. Resilienz ist möglich, wenn physische wie soziale Umwelt eines Menschen diese Ressourcen verfügbar machen.
3. Resilienz ist die Fähigkeit eines Menschen, seiner Familie und Gemeinde, die vorhandenen Ressourcen kulturell sinnvoll zu nutzen und miteinander zu teilen.

Diese weitgefasste Definition von Resilienz betont, wie notwendig es für den Einzelnen ist, eigene Triebkräfte ausreichend zu aktivieren, um die vielen Ressourcen freilegen und mobilisieren zu können, die man braucht, um seine Entwicklungsziele zu erreichen. Diese Ressourcen müssen jedoch vorhanden und auch verfügbar sein. Zu ihnen gehören psychische Ressourcen – wie Selbstachtung und Bindungsfähigkeit –, aber auch andere wie etwa Zugang zu Leistungen der Krankenkasse, zu Schulung und zu Möglichkeiten, seine Talente anderen zu zeigen. Individuelle, familiale, gemeinwesenorientierte und kulturelle Ressourcen müssen *kombiniert* für Kinder zugänglich sein, wenn sie nach schädigenden Ereignissen ihr Leben meistern sollen. Organisationen wie die Youth Programme von Phoenix stellen sich konkret der Aufgabe, an vorderster Linie Ressourcen vor Ort bereitzustellen.

Die obige Definition macht ebenfalls klar, dass Resilienz nur in jenem Maß entstehen kann, wie einem Kind die Ressourcen seines physischen und sozialen Umfelds zugänglich sind. Dazu gehört auch die große Vielfalt von Hilfsdiensten und Gemeinschaftsressourcen, die zur seelischen und körperlichen Gesundheit beitragen. Die Aussage, „er oder sie ist resilient", ist unzutreffend, weil sie etwas individualisiert, was erst aus einem Zusammenspiel von Individuum und seinem sozialen Kontext resultiert (Rutter 2005). Man denke nur an einen Behinderten, der aufgrund einer technischen Innovation (Prothese, Medikamente, Brailleschrift) sein Leben meistert, um zu begreifen, wie sehr unsere Fähigkeit, das Leben zu schultern, von Ressourcen dieser Art, mit denen wir erst kompetent werden, abhängig ist. Studien erfolgreicher Lebensverläufe verweisen oft auf besondere Beziehungen zu Lehrern oder anderen Erwachsenen außerhalb der Familie, die zu Mentoren für Risikokinder werden und sie vor Gefährdungen schützen (dazu z.B. Ungar & Teram 2000; Werner & Smith 2001).

Schließlich erinnert uns obige Definition an die Rolle von Kultur und kulturell geformter Bedeutungsgehalte. Unser jeweiliges Verständnis davon, welche Aspekte unserer physischen und sozialen Ökologie Resilienz am stärksten fördern, hängt von der jeweiligen Würdigung dieser Aspekte in einer Kultur ab. Anders gesagt, eine Ressource wie Krankenkasse, Bildung oder Pflegeeltern kann zwar als Schutz gegen Risiken durchaus angebracht, aber von nur geringem Nutzen für ein Kind sein, wenn das Angebot – kulturell bedingt – nicht als hilfreich empfunden wird. Man denke als Beleg dafür nur an australische eingeborene Jugendliche, denen Pflegestellen in „nicht-aboriginen" Familien angeboten wurden. Pflegeunterbringung bei Blutsverwandten fördert sogar dann eher positive Entwicklungsfortschritte, wenn sie bei instabilen Familien mit multiplen Risiken stattfindet (Blackstock & Trocmé 2005). Ebenso zeigen Studien über marginalisierte Jugendliche aus Kulturkreisen, in denen weiterführende

Theorie in die Tat umsetzen. Fünf Prinzipien der Intervention 165

Bildung als unerreichbar oder irrelevant angesehen wird (Dei, Massuca, McIsaac & Zine 1997), dass Jugendliche die Schule abbrechen und sich so Risiken aussetzen – jedenfalls nach Meinung kulturell Außenstehender. Ein solches „Widerstandsmuster" zeigt aber nicht notwendigerweise eine Störung an, sondern beinhaltet eher die Botschaft, dass dem Angebot dort die kulturelle Relevanz fehlt.

Und so ermöglicht die Beschäftigung mit Resilienz ihrerseits wiederum Rückschlüsse auf Resilienzförderung. Forschung zu resilienten Personen – unter Berücksichtigung ihrer physischen und sozialen Umwelt – verhilft zum tieferen Verständnis jener Merkmale und Prozesse, die quer durch eine Bevölkerung mit erfolgreicher Entwicklung assoziiert werden (Kirby & Fraser 1997). Wenn beispielsweise jene Kinder, die trotz Risikobelastung erfolgreicher sind als andere, eine bestimmte Konstellation von Faktoren aufweisen, welche positive Entwicklung erwarten lassen, dann wäre es sinnvoll, dafür zu sorgen, dass dieselben Ressourcen in kulturell relevanter Weise für andere ebenfalls risikobelastete Kinder verfügbar werden. Stellen wir uns vor, wir hätten einen hohen Geldbetrag zur Investition in unserer Gemeinde zur Verfügung und wollten damit gerade die Verletzlichsten wirkungsvoll unterstützen, dann wäre es nur klug, zuvor die zentralen Faktoren zu erforschen, welche anderen bereits halfen, erfolgreich ihre negativen Lebensbedingungen zu überwinden. Es ist dieses Potenzial „rückwirkender Erkenntnis", das Resilienzforschung so geeignet macht, Praxis zu beeinflussen.

Bei der Umsetzung von Forschung in die Praxis ist jedoch Vorsicht angebracht. Kinder wie Cyndi stehen in komplexer Interaktion mit ihrer physischen und sozialen Umwelt. Für gewöhnlich sind Ergebnisse von Resilienzstudien in einer bestimmten Population jedoch nicht durchgehend gleichgerichtet. So untersuchten Phelps und ihre Kollegen (Phelps, Balsano, Fay, Peltz, Zimmerman, Lerner & Lerner 2007) in einer „Positive Youth Development"-Studie (PYD) – einer Bezeichnung, die sich im Übrigen weitgehend mit Resilienz deckt – 1.122 Kinder der Klassen 5 bis 7. Dabei erforschten sie konstant Muster von Verhaltensänderung, die entweder mit positiver Entwicklung (PYD) oder aber mit problematischem und risikobehaftetem Verhalten assoziiert werden. Obwohl man hätte erwarten können, dass der Anstieg von positiven Entwicklungen (PYD) an eine Abnahme von Risiken und dabei auftretenden Verhaltensproblemen gekoppelt sein würde, traf dies nur auf eins von sechs Kindern zu. Andere blieben über den Beobachtungszeitraum hinweg stabil und zeigten dabei entweder eine anhaltend positive Entwicklung (PYD) bei konstant bleibendem Risikograd oder aber einen ständigen Rückgang positiver

Entwicklung von Klasse zu Klasse, unabhängig vom Ausmaß des Risikos, dem sie ausgesetzt waren.

Der sozio-ökonomische Status des Kindes, sein Geschlecht und sein Notendurchschnitt: Alle diese Faktoren beeinflussten die Entwicklung. Wie sollen wir diese Vielschichtigkeit von Mustern deuten, mit der sich Resilienz in einer Personengruppe ausbildet, die unter Stress steht? Und weiter, was sagt uns diese Komplexität von „Flugbahnen", die Kinder während ihres Aufwachsens „durchmessen", darüber, wie wir unsere Programme und Interventionen zu gestalten haben, um diesen Kindern Sicherheit zu geben? Mit seinen Überlegungen, wie man Jugendlichen wie Cyndi durch exemplarische Programme hilft, kann Phoenix eine Antwort auf diese Fragen anbieten.

5. Resilienz hinter Verhaltensproblemen erkennen

Obwohl Cyndi – von außen betrachtet – eine Gefahr für sich und andere darzustellen scheint, entdeckt man einen ganz anderen Menschen, wenn man sie richtig kennen lernt. Sie mag die Schule abgebrochen haben, aber hat sich doch das Ziel gesetzt, ihre High School Ausbildung abzuschließen. Nur dass sie es vorzieht, dies in der weniger straff strukturierten Umgebung alternativer Schulangebote zu tun, in einer Einrichtung nämlich, wo sie nicht sechs Stunden am Tag Lehrern zuhören muss, die ihr erzählen, was sie zu tun hat. Sie hält auch gern an einem Job fest. Sie hat zudem fast ein Jahr als Kassiererin gearbeitet und wurde erst gefeuert, als sich ihre Lebensumstände änderten und ihr Leben zu chaotisch geworden war, um noch ihre Schichten einzuhalten. Wenn man Cyndi kennt, begreift man schnell, dass das Bild, wie man es sich während der Rush Hour vom Autofenster aus macht – ein Mädchen lungert nah einer belebten Kreuzung mit ihren Freunden auf dem Rasen –, nur einen kurzen Ausschnitt ihres Lebens erfasst, das sehr viel komplexer ist, als wir auch nur ahnen können.

Diese vielschichtige junge Frau lernen die Mitarbeiter von Phoenix in jenem Moment kennen, wo sie Cyndi mit einem breiten Angebot von aufeinander abgestimmten Diensten versorgen. Indem Phoenix viele Programme miteinander verknüpft, vermag es Cyndis Bedürfnisse so gut zu treffen, dass sie sich daraus die Bausteine für ihr Überlebenskonzept zusammenstellen kann. Während viele Qualitäten, mit denen Cyndi arbeiten kann, schon latent in ihr ruhten, bevor sie die Dienste von Phoenix in Anspruch nahm, trägt nun der hier gebotene Kontext hilfreich zu Cyndis Entwicklung bei.

Wenn man solche Interventionen mit einer Theorie wie Resilienz unterlegt, erhält man eine Grundlage für planvolles praktisches Vorgehen. Phoenix bietet eine dauerhafte Betreuung an, die auf verlässlicher theoretischer Grundlage fußt und die folgenden fünf Prinzipien berücksichtigt, die uns die Resilienzforschung lehrt.

6. Die fünf Prinzipien der Resilienz für die Praxis

6.1 Resilienzförderung erfolgt durch eine ökologische, vielschichtige Intervention

Umfangreiche epidemiologische Studien, welche die Basis früher Resilienzforschung bildeten, wiesen den kumulativen Effekt nach, den Risiken auf das Leben eines Kindes haben können, und beschäftigten sich ebenso mit unterschiedlichen Konstellationen von Schutzfaktoren und entsprechenden Prozessen.

Die Studie von Werner und Smith (2001) über eine Geburts-Kohorte auf der Insel Kauai untersuchte beispielsweise während ihrer mehr als 40-jährigen Laufzeit hunderte von Faktoren. Arbeiten wie diese zeigen, dass Resilienz als Fähigkeit durchzuhalten und zu überleben, sich in komplexen Zusammenhängen entwickelt. Cyndis Anstrengungen, erfolgreich zu sein, sind vergleichbar komplex und vielschichtig. Mitarbeiter in der Notunterkunft haben Cyndi nicht nur grundsätzliche Hilfe bei ihrer Unterbringung und einen Zugang zu Fortbildung gewährt. Phoenix hat diese fördernden Ressourcen auch mit der Vermittlung von Mentoren und emotionalen Hilfsangeboten verbunden, mit formeller Beratung (auf Wunsch) und Vorschlägen zur Familienzusammenführung (wenn angebracht). Wenn Jugendliche wie Cyndi diese Dienste dauerhaft wahrnehmen, dann sehr wahrscheinlich deshalb, weil das Angebot grundsätzlich multi-dimensional strukturiert ist. Seit das Phoenix-Programm seine Palette erweitert hat, ist Einzelfallarbeit doch weiterhin ständige Herausforderung geblieben.

Ebenso wie bei kommunalen Einrichtungen scheint auch bei sonstigen Anbietern der Jugendhilfe, die befugt sind, Jugendlichen wie Cyndi Angebote zu machen, eine gewisse „Bunker-Mentalität" vorzuherrschen. Schulen können Sozialeinrichtungen ansprechen, damit sie Unterkünfte anbieten, aber sie selbst spielen dann bei solchen Verhandlungen nur eine vage Rolle, und die Verbindungen, die sie herstellen, sind nur informeller Art. Phoenix dagegen sorgt für eine nahtlose Nothilfe für risikobehaftete Jugendliche, da dieses Projekt eine Reihe von Diensten zusammenführt.

Das verbleibende Problem besteht jedoch darin, diese Jugendlichen in die hauptverantwortlichen Dienste zurückzuverweisen. Jugendfürsorger müssten dazu eine grundsätzliche Verlässlichkeit bei den Anbietern von Jugenddiensten herstellen, indem diese gegenseitige Versorgungspartnerschaften eingehen, und zwar auch mit solchen Organisationen, die Jugendliche dann begleiten, wenn Phoenix seine Betreuung einmal einstellt. Jüngste Bemühungen, die Dienste für höchst verletzliche Jugendliche in Halifax auf lokaler Verwaltungsebene zu koordinieren, nehmen sich dieses Problems an.

6.2 Resilienzforschung verschiebt unsere Aufmerksamkeit auf die Stärken Einzelner und ihr Gemeinwesen

Resilienzforschung hat Wissenschaftlern geholfen, sich aus der Fixierung auf seelische Belastungen und daraus resultierende Probleme bei stressbeladenen Gruppen zu lösen. Sie eröffnet vielmehr die Möglichkeit, auf menschliche Potenziale zu setzen und Programme zu entwickeln, welche Fähigkeiten fördern, statt auf erwartete Risiken zu starren (Chazin, Kaplan & Terio 2000; Norman 2000). Die Bewältigung von Lebensumständen ist jedoch vom jeweiligen Kontext abhängig. Was im einen Kontext angebracht ist, kann in einem anderen als unpassend gelten – ein Umstand, der Flüchtlinge oder Opfer sexuellen Missbrauchs oder jeden anderen, der sein Überleben unter widrigen Umständen erst lernen musste, irritieren mag. Einsatz von Gewalt, Dissoziation, Misstrauen und sogar Suizidneigung können unter schwierigen Umständen ein Überlebensmuster symbolisieren. In ihrem eigenen Kontext verstanden, mögen sogar problematische Verhaltensweisen (Lerner, Alberts, Anderson & Dowling 2006) genau jene Flexibilität zeigen, die Menschen mit wenigen – vielleicht sogar keinen – Optionen in ihrem Leben brauchen. In diesem Zusammenhang behaupten Jobin und Mandeville (2005) wie auch andere positivistische Psychologen, die sich mit Bewältigungsproblemen auseinandersetzen, dass wir in einer Krise oder Phase völligen Unglücks sogar Selbstmord als Strategie zur Problemlösung ansehen können. Aber nur jenseits jeden persönlichen Bezugs – und nur aus psychopathologischer Sicht – wird sich ein solches Verhalten je als Lösung dort betrachten lassen, wo es keine andere zu geben scheint. Vergisst man aber den desaströsen Kontext, werden Kinder und Jugendliche oft rasch als unangepasst und nicht auf Höhe der jeweiligen Herausforderung wahrgenommen. Je ungeordneter ihre Umwelt ist, desto mehr steht zu erwarten, dass Kinder sich an die bestehende Unordnung durch antisoziales Verhalten anpassen. Forschungen über Jugendgangs haben diesen Trend belegt. Gangverhalten sagt oft wenig über den Wunsch aus, sich „bad", also antisozial, zu zeigen, sondern ist vielmehr Antwort auf Bedrohung durch Dritte. Bei Migranten und anderen Jugendlichen, die systematisch Vorurteile wegen ihrer Rasse, Herkunft oder Klassenzugehörigkeit erfahren, kann Zugehörigkeit zu Gangs tatsächlich einige Spannungen lösen, die durch ihre Marginalisierung verursacht wurden (Solis 2003).

Resilienzforscher, insbesondere Rutter (1987), haben verschiedene Cluster von Schutzfaktoren benannt, die bei positiver kindlicher Entwicklung wirksam werden. Dazu gehören Prozesse, welche Risikofolgen für ein Kind vermindern: Also muss man *erstens* die Unterbringung in einer Pflegefamilie als gar nicht so schrecklich darstellen; erleben Betroffene sie als Gefahr, muss man *zweitens* negative Kettenreaktionen so reduzieren, dass etwa Leben auf der Straße nicht notwendigerweise zu Folgeproblemen wie Drogenabhängigkeit oder riskantem Sexualverhalten führt; muss man *drittens* Selbstachtung und Selbstsicherheit verbessern, oder die Fähigkeit, sich anzunehmen und die eigene Welt (selbstwirksam) zu verändern; und muss man *viertens* Angebote machen, damit etwa ein Schulabgänger die Chance eines alternativen Bildungswegs ergreift. Wenn man Praxis theoriegeleitet angehen möchte, dann wird sich die Förderung solcher schützender Prozesse als ausschlaggebend für positive Entwicklung erweisen. Man darf auch annehmen, dass für Cyndi und andere in ihrer Lage ihre Erfahrungen mit Phoenix die Chancen mehren, dass jeder der gerade genannten vier Prozesse stattfinden kann.

6.3. Resilienzforschung zeigt, dass verschiedene Wege zum Ziel führen (Multi-Finalität)

Wer bei Risikokindern und -familien interveniert, sollte wissen, dass viele verschiedene Wege zum Ziel führen können. In der Praxis jedoch ignorieren wir oft die Tatsache, dass Kinder Erfolg sehr unterschiedlich definieren und erfahren. Programme mögen beispielsweise versuchen, jugendliche Schulabbrecher durch eine Vielzahl von Offerten wieder einzugliedern, durch alternative Bildungsangebote etwa, individualisierte Bildungspläne, Eins-zu-eins-Betreuung, „Streaming" oder sogar durch Verhängung von Strafgeldern für Eltern und zwangsweise Erziehung von Kindern, die sich sonst gegen Intervention sträuben. All diese Bemühungen haben das gemeinsame Ziel, Kinder innerhalb des formalen Bildungssystems zu erziehen, und zwar in der Erwartung, dass Bildung zu gesicherten Arbeitsplätzen führt. Dieses Argument lässt sich schlecht widerlegen – es gilt aber nicht universell. Wenn wir unsere Perspektive auf andere kulturelle Kontexte ausweiten, wie sie in Tansania oder Nepal vorherrschen, werden wir Beweise dafür entdecken, dass Bildung zwar nahezu universell geschätzt wird, die verletzlichsten Kinder sie aber am wenigsten wahrnehmen können. In Tansania zum Beispiel, wo weniger als 50% der Mädchen über die sechste Klasse hinauskommen, betrachten Familien den Einstieg in eine Verdienstmöglichkeit als Alternative (Gupta & Mahy 2003). In Nepal besuchen arbeitende Kinder regelmäßiger die Schule, wenn sie weiterhin halbtags arbeiten können (International Union of Anthropological and Ethnological Sciences 2002). Und ähnlich sollten wir in Kanada für Bedürfnisse von Kindern, die sehr früh die Schule abbrechen, weniger akademisch orientierte Lösungswege entwickeln und ihre Beweggründe erforschen. Solche Ausbildungsangebote werden dank der Einsicht, dass nicht jeder Schüler einen formalen Bildungsabschluss innerhalb des Schulsystems benötigt, immer populärer. In den drei genannten Fällen zeigt eine sorgfältige Analyse der Aussagen von Kindern über ihre eigenen Erfahrungen, dass es viele Manifestationen von Resilienz gibt und viele Wege zu jener Lebenszufriedenheit führen, die zur Resilienz gehört. Einfach nur einen einzigen Typus möglicher Resultate zu postulieren, ist kulturell naiv.

Weitere Forschungen unterstützen eben diese Multi-Finalität. Eine israelische Studie weist nach, dass Kinder, wenn sie durch Krieg oder Konflikte ausgelöste Traumata erleben, manchmal ihr Risikoverhalten verstärken, um mit dem Erlebten fertig zu werden (Pat-Horenczyk, Doppelt, Meiron, Baum & Brom 2004). Obwohl dieses Anpassungsverhalten Kinder zunächst größerer Gefahr aussetzt, zu Schaden zu kommen, kann es ihnen, so vermuten die Autoren, bei der Linderung von erlebtem Stress doch helfen, weil es Symptome ihrer Notlage mindert. Kinder, die nach erfahrenem Trauma als klinisch depressiv beschrieben wurden, waren diejenigen, die am wenigsten risikobereit waren. Die von solchen Studien ausgelöste Frage ist, ob man besser Risiken auf sich nimmt, um sich an Stress anzupassen, oder lieber depressiv wird. Die Ergebnisse suggerieren, dass beides Anpassungsstrategien sind. Beide nutzen vorhandene Ressourcen zur „Selbstberuhigung", um mit den Nachwirkungen von Kriegszuständen, die noch der Bewältigung harren, umzugehen. Können wir darum wirklich behaupten, eine sei besser als die andere?

Obwohl Phoenix sich spezifische Ziele vorgibt, haben jüngste Neuerungen im Programmansatz zu einem eher „narrativen" Vorgehen von Intervention geführt, bei dem größere Betonung auf die eigenen Vorstellungen der Jugendlichen von ihrer erfolgreichen Entwicklung gelegt wird (Ungar 2004). Gefährliche und kriminelle Verhaltensweisen werden als Teil von Anpassungsgeschichten im persönlichen Überlebenskampf diskutiert, der keine konventionellen Ausdrucksformen erfolgreichen Verhaltens angenommen hat, wie etwa Festhalten an Schulerfolg oder beruflicher Anstellung. Diese Vorgehensweise passt gut zu Modellansätzen von „harm-reduction" – Schadensminderung –, wie sie gegenwärtig auf dem Gebiet von Sucht- und Suizid-Prävention populär werden.

6.4 Resilienzforschung hat gezeigt, wie fundamental soziale Gerechtigkeit für erfolgreiche Persönlichkeitsentwicklung ist

Jeder der oben genannten drei Punkte betont die Notwendigkeit, junge Menschen am Konzept der ihnen zugedachten Interventionen zu beteiligen. Komplexe Interventionen auf mehreren Ebenen im Gespräch zu entwickeln, dafür zu sorgen, dass ein Kind die ihm wichtigen eigenen Stärken auch entfalten kann, und Rücksichtnahme auf die unterschiedlichen Wege, die ein Kind einschlagen möchte, um mit sich zufrieden zu sein: Das alles sind Aspekte einer Programmentwicklung, welche Kinderrechte ernst nimmt (Chan, Carlson, Trickett & Earls 2003). Im internationalen Kontext werden immer wieder die Rechte eines Kindes auf eine unterstützende gesunde physische und soziale Ökologie als entscheidend für sein ‚Wohlbefinden' verstanden (McAdam-Crisp 2004). Auf der Ebene persönlicher Hilfeleistung, wie Phoenix sie Jugendlichen wie Cyndi gibt, bedeutet soziale Gerechtigkeit, dass im Hilfeprozess die Stimme des jungen Menschen Gewicht hat. Interventionen, die Kindern helfen, resilient zu werden, haben mehr Aussicht auf Erfolg, wenn man ihnen genau zuhört.

Das wird sehr gut bei Hjörne demonstriert (2005), nämlich anhand eines Kindes, das an einer öffentlichen Schule in Schweden als „Problemkind" gesehen wurde. Hjörne untersuchte zwei Jahre lang die Art, wie Eltern und Schulen mit Kindern umgehen, bei denen sie ADS identifizieren, also das Aufmerksamkeits-Defizit-Syndrom. Sie stellt fest, dass der Etikettierungsvorgang und die Verhandlungen darüber, wie man mit dem Fall umgehen soll, nicht neutral ablaufen: „Ein kritischer Punkt im Ablauf dieses Vorgangs ist, dass die Repräsentanten der Institutionen die Bereitstellung von Diensten und Ressourcen anhand ihrer eigenen Kategorien festlegen. Und dies hat erhebliche Folgewirkungen für den Einzelnen wie für die Organisation" (S. 490). Mit anderen Worten, solche Praktiken des Umgangs, bei denen kindliche Identität von der Institution festgelegt wird, führen konkret zur Definition und Bereitstellung bestimmter Ressourcen, die ihrer Meinung nach ein Kind benötigen soll, um sein Leben zu meistern

Hierbei handelt sich um mehr als nur schlechtes oder gutes Fall-Management. Hinter diesen Praktiken lauern die fundamentalen Fragen von Kinderrechten und ihrer Mitsprache, und die Frage, wie daraus eine angemessene Reaktion auf kindliche Notlage resultieren kann.

Hjörne macht deutlich, dass in Organisationen, die ‚Menschen abwickeln' „von den Beteiligten unterschiedliche Argumente und Nachweise benutzt werden, wenn sie über Sinn und Ziel verhandeln und Erklärungen dafür anführen" (S. 492). In der Tat können bei solchen Verfahren sehr verschiedene Positionen vertreten werden. Die Schulen werden dabei solche Leistungen anbieten, die ihrem Bild des Kindes entsprechen, wie in dem Fall eines Jungen namens William. Die Diagnose von ADS ist für Erzieher ein zweischneidiges Schwert. Einerseits kann sie eingesetzt werden, um Eltern zu zwingen, das Kind zu medikamentieren, damit es sich im Klassenzimmer fügsamer verhält. Andererseits kann sie die Schule verpflichten, teure Dienstleistungen bereitzuhalten. Währenddessen versuchen die Eltern womöglich, das Kind im Alltag ihres Wohnumfelds als normal gelten zu lassen, und werden sich vermutlich gegen das Etikett ADS sträuben. Natürlich gewinnt letztlich die Schule, wenn auch nur mit dem etwas hohlen Versprechen „William immer noch als William" zu behandeln (S. 503). An diesem Beispiel können wir sehen, dass Dienstleister das Schicksal von Kindern formen, da sie sowohl Problem wie auch Stärken eines Kindes im Verfahrensablauf definieren und dabei festlegen, wie das kindliche Verhalten zu verstehen sei und wie man darauf zu reagieren habe.

Während der Begriff „soziale Gerechtigkeit" auf gesellschaftlicher Ebene Bilder von Interventionen gegen soziales Unrecht heraufbeschwört, kann im Einzelfall die Motivation zu „sozialer Gerechtigkeit" Interventionen auslösen, die auf die Förderung von Resilienz abzielen. Im Beispiel von William – wie in dem Cyndis – dient die Bereitstellung von Ressourcen, die der Problemdefinition durch Kind und Familie auch entsprechen, der individuellen Gerechtigkeit. Man kann sagen, dass Interventionen, die nur unflexibel von oben nach unten ablaufen – ohne jene einzubeziehen, denen sie gelten –, weit schlechter Resilienz fördern als partizipative Ansätze.

6.5. Resilienzforschung berücksichtigt kulturelle und kontextuelle Heterogenität

Was wir bislang über Resilienz wissen, beginnt eine große Bandbreite von Interventionen auszulösen, die dem jeweiligen kulturellen und sozialen Kontext Rechnung trägt und auch darauf zugeschnitten sein muss. Maßstäbe, nach denen Lebenserfolg definiert wird, sind nun nicht mehr festgelegt, sondern fließend (siehe McGoldrick 2003; Ungar, im Druck 2009). Kultur und Kontext (die geographische Lage der Gemeinde, der ökonomische Status der Familie, das Maß an Geborgenheit in der Familie, Schule oder Gemeinde) werden die Wertigkeit von Indikatoren beeinflussen, auf denen jener Lebenserfolg basiert, den ein Kind oder seine Familie erreichen will.

Ein Beispiel:. Ein Coffee Shop direkt an der Straße, das Ground Level Café in Toronto, bietet Straßenjugendlichen Arbeit und Training an, um sie von der Straße wegzubringen. Eine Initiative wie diese ist sinnvoll in einer Stadt, die mit Starbucks (einer Caféhaus-Kette) und seinen Mitbewerbern übersät ist. Sie ist weniger sinnvoll in Digby, Nova Scotia, oder Hudson's Bay Saskatchewan, wo eine solche Entwicklung im Coffee Shop sofort zu nichts anderem als zur Beschäftigung von Rechtsanwälten führen würde. In einer Publikation zu internationalen Beispielen von Resilienzförderung zeigten Beiträge aus aller Welt auf, wie Interventionen an die Bedürfnisse der örtlichen Bevölkerung angepasst werden müssen, um Menschen die Bestimmung ihrer persönlichen Ziele so zu ermöglichen, dass sie auch für die örtliche Definition von Resilienz relevant sind (Ungar 2005).

Initiativen wie diese zeigen, dass Kinder und risikobehaftete Jugendliche sich dann wohl fühlen, wenn ihr Verhalten für sie selbst wie ihr soziales Umfeld sinnvoll ist. Die Voraussetzungen für einen solchen Erfolg kann man auch an der gesamten Erscheinungsform von Gemeinden festmachen, was nur beweist, wie gut sich noch so komplexe Bedürfnisse von Adressaten erfüllen lassen, wenn man nur will. Einen interessanten Beleg dazu liefert Lalonde in seiner Studie (2006) über 196 First Nations Communities in British Columbia. Lalonde entdeckte, dass eine geringe Anzahl von Faktoren in einer Gemeinde – beispielsweise die Anzahl von Frauen in der Gemeindeverwaltung, ein Anschlagbrett für örtliche Ereignisse oder eine Feuerwache vor Ort – einen entscheidenden Unterschied ausmachen konnten, ob Gemeinden entweder eine hohe oder doch zumindest niedrige Selbstmordrate von Jugendlichen hatten, oder ob dort seit vierzehn Jahren so etwas nicht passiert war.

Lalonde argumentiert zusammenfassend, dass erfolgreiches Aufwachsen erst dann möglich ist, wenn die betroffene Person in ihrem Kontext gesehen wird:

> *„Die überraschenden Resultate – die Erkenntnis von übergreifendem Sinn – kommen nicht vom einzelnen ‚widerstandsfähigen' oder ‚unverletzlichen' Kind, das es schafft, widrige Umstände zu überwinden, sondern beziehen sich auf das ganze Gemeinwesen, so dass sich dessen Kultur als Schutzfaktor erweist. Wenn Gemeinwesen erfolgreich ihr kulturelles Erbe fördern und die Kontrolle über ihre kollektive Zukunft sichern – nämlich Vergangenheit und Zukunft zu ihrem Besitz erklären –, dann breiten sich die positiven Auswirkungen davon bei den Jugendlichen wie Kreise im Wasser aus, was ihr gesundheitliches und sonstiges Wohlbefinden sowie ihre Zufriedenheit mit sich selbst betrifft. Die Suizidrate sinkt, weniger Kinder werden fremd untergebracht, die Rate der Schulabschlüsse steigt – und gleichzeitig sinkt auch die Zahl absichtlicher und unabsichtlicher Selbstverletzungen."* (S. 67)

Lalondes Arbeit könnte nun irrtümlicherweise zu der Annahme verleiten, ein einzelnes Modell von Gemeindeorganisation (eins, das an seiner Kultur festhält und Stolz auf den Ort fördert) lasse immer eine bessere Entwicklung der psychischen Gesundheit bei stressbelasteten Jugendlichen erwarten. Kultur wird Jugendliche jedoch nur dann beeinflussen, wenn das Festhalten an ihr für den besonderen Kontext eines Kindes von Bedeutung ist. Man muss zum Beispiel bezweifeln, dass Cyndi, eine weiße Jugendliche, die in einem überwiegend weißen Stadtteil lebt, in ihrem Leben ihre Hautfarbe für kulturell wichtig hält. Dass es dort eine Feuerwache gibt oder Raum für Kulturveranstaltungen, korreliert sehr wahrscheinlich nicht in signifikanter Weise mit ihren positiven oder negativen Entwicklungsergebnissen. Es ist aber nicht so, dass Cyndi keine Kultur hätte. Nur: ihre Kultur fällt – als die dominante Kultur – wegen ihrer Ubiquität nicht auf. Es wäre auch genauso problematisch anzunehmen, dass alle Angehörigen kultureller Minoritäten das Festhalten an ihrer Kultur notwendigerweise als positiv werten. Während der überwiegende Trend bei den First Nations Gemeinden (also Angehörigen nordamerikanischer Indianervölker, Anm. d. Übers.) in British Columbia Resilienz mit Kulturzugehörigkeit verbindet, ist dies sonst nicht überall der Fall.

Man kann diese Unterscheidung bei Teilnehmern eines Forschungsprojekts sehen, das von der Aspen Family and Community Network Society in Alberta durchgeführt wurde. Das multikulturelle Projekt Youth Matters hatte sich die Aufgabe gestellt, Fragen des Zugangs zu Sozialdiensten für Jugendliche aus verschiedenen kulturellen Minoritäten in Calgary zu untersuchen (Taylor 2005). Bei der Dokumentation ihrer Aussagen fand man heraus, dass Jugendliche alles andere als homogen sind, selbst wenn sie derselben ethnischen Minoritätengruppe angehören: „Es

Theorie in die Tat umsetzen. Fünf Prinzipien der Intervention 175

ist wichtig festzuhalten, dass jugendliche Einwanderer ihrem kulturellen Erbe keinen gemeinsamen Wert zumessen. Einige zeigen Abstand zu dem, was sie für die Kultur ihrer Eltern halten, während andere sehr stolz sind auf ihren besonderen Hintergrund und ihn als Gewinn für ihr Leben betrachten. Dies fordert Erwachsene, die mit Einwanderern oder Jugendlichen arbeiten, welche einer deutlich erkennbaren Minorität angehören, zur einfühlsamen Reaktion auf diese Varianz heraus" (S. 22). Sieht man Resilienz in Relation zum Kulturverständnis, dann müssen wir auch offen dafür sein, dass jemand eben Widerstand gegen seinen kulturellen Hintergrund zeigt – oder ihn sogar ablehnt –, und stattdessen eine alternative Kultur annimmt auf seinem ganz persönlichen Weg zum Lebenserfolg.

7. Ausblick

Aus solchen Beispielen von Resilienzförderung (vgl. Ungar 2005) resultiert Optimismus, dass Konzentration auf erfolgreiche Bewältigung eine neue Generation von sozialen Interventionen hervorbringen wird. Es ist noch nicht lange her, dass Intervention ausschließlich auf Bekämpfung von Verhaltensstörungen gerichtet war. Der Wechsel hin zum Aufbau von Resilienz beim Einzelnen wie im Gemeinwesen ist mehr als nur semantischer Natur. Wenn wir Resilienz erforschen und Interventionen entwerfen, um Stärken aufzubauen, dann fordern wir Kapitalgeber auf, dort Projekte zu finanzieren, wo wir – auf Grund der gesammelten Erkenntnisse – wohl wissen, dass diese Programme Kindern zum Erfolg verhelfen werden. Die fünf Prinzipien, die in diesem Beitrag vorgestellt wurden, sollen die Entwürfe für solche Interventionen leiten. Wenn sie funktionieren, liegt es daran, dass sie auf Erfahrungen junger Menschen selbst beruhen, die ihre Resilienzfähigkeit bereits unter Beweis gestellt haben – dies gilt auch dann, wenn sich diese Resilienz nur durch problematisches Verhalten, erzwungen vom Fehlen anderer Ressourcen, herstellen lässt.

Übersetzung: Gerrit Pohl

Literatur

Barber, J. G. (2006): A synthesis of research findings and practice and policy suggestions for promoting resilient development among young people in crisis. In: Flynn/Dudding/Barber (Hrsg.): Promoting resilience in child welfare, S. 418–429. Ottawa

Benson, P. L. (2003): Developmental assets and asset-building community: Conceptual and empirical foundations. In: Lerner/Benson (Hrsg.): Developmental assets and asset-building communities: Implications for research, policy, and practice, S. 19–46. New York

Blackstock, C./Trocmé, N. (2005): Community-based child welfare for Aboriginal children: Supporting resilience through structural change. In: Ungar (Hrsg.): Handbook for working with children and youth: Pathways to resilience across cultures and contexts, S. 105–120. Thousand Oaks

Boyden, J./Mann, G. (2005): Children's risk, resilience, and coping in extreme situations. In: Ungar (Hrsg.): Handbook for working with children and youth: Pathways to resilience across cultures and contexts, S. 3-26. Thousand Oaks

Bronfenbrenner, U. (1979): The ecology of human development: Experiments by nature and design. Cambridge, MA

Chan, B./Carlson, M./Trickett, B./Earls, F. (2003): Youth participation: A critical element of research on child well-being. In: Lerner/Benson (Hrsg.): Developmental assets and asset-building communities: Implications for research, policy, and practice, S. 65–96. New York

Chazin, R./Kaplan, S./Terio, S. (2000): Introducing a strengths/resiliency model in mental health organizations. In: Norman. E. (Hrsg.): Resiliency enhancement: Putting the strengths perspective into social work practice, S. 192–210. New York

Crawford, E./Wright, M. O./Masten, A. (2005): Resilience and spirituality in youth. In: Roehlkepartain/King/Wagener/Benson (Hrsg.): The handbook of spiritual development in childhood and adolescence, S. 355–370. Thousand Oaks, CA

Dei, G. J. S./Massuca, J./McIsaac, E./Zine, J. (1997): Reconstructing ‚drop-out': A critical ethnography of the dynamics of Black students' disengagement from school. Toronto

Greene, S. M./Anderson, E. R./Hetherington, E. M./Forgatch, M. S./DeGarmo, D. S. (2003): Risk and resilience after divorce. In: Walsh (Hrsg.): Normal family processes (3. Aufl.), S. 96–120. New York

Gupta, N./Mahy, M. (2003): Adolescent childbearing in sub-Saharan Africa: Can increased schooling alone raise ages at first birth? Demographic Research, 8(4). [Available on-line http://www.demographic-research.org]

Hjörne, E. (2005): Negotiating the ‚problem-child' in school: Child identity, parenting and institutional agendas. Qualitative Social Work, 4(4), S. 489–507

International Union of Anthropological and Ethnological Sciences (2002): Studies of Integrated Holistic Programmes with Children and Youth: Child labour in Nepal. New York

Jobin, S./Mandeville, L. (2005): Une vision positive du precessus suicidaire: pour comprendre et intervenir différemment. Revue Québécoise de Psychologie, 26(1), S. 111–130

Kirby, L. D./Fraser, M. W. (1997): Risk and resilience in childhood. In: Fraser (Hrsg.): Risk and resilience in childhood: An ecological perspective, S. 10–33. Washington, DC

Lalonde, C. E. (2006): Identity formation and cultural resilience in Aboriginal communities. In: Flynn/Dudding/Barber (Hrsg.): Promoting resilience in child welfare, S. 52–71. Ottawa, ON

Leadbeater, B./Dodgen, D./Solarz, A. (2005): The resilience revolution: A paradigm shift for research and policy. In: Peters/Leadbeater/McMahon (Hrsg.): Resilience in children, families, and communities: Linking context to practice and policy, S. 47–63. New York

Lerner, R. M./Alberts, A. E./Anderson, P. M./Dowling, E. M. (2006): On making humans human: spirituality and the promotion of positive youth development. In: Roehlkepartain/King/Wagener/Benson (Hrsg.): The handbook of spiritual development in childhood and adolescence, S. 60–72. Thousand Oaks, CA

Lerner, R. M./Brentano, C./Dowling, E. M./Anderson, P. M. (2002): Positive youth development: Thriving as the basis of personhood and civil society. In: Lerner/Taylor/Von Eye (Hrsg.): Pathways to positive development among diverse youth, S. 11–34. New York

McAdam-Crisp, J. (2004): Cross-cultural research with children: A relationship of integrity. Relational Child and Youth Care Practice, 17(3), S. 47–54

McGoldrick, M. (2003): Culture: A challenge to concepts of normality. In: Walsh (Hrsg.): Normal family processes (3. Aufl.), S. 61–95. New York

Norman, E. (2000): Introduction: The strengths perspective and resiliency enhancement – A natural partnership. In: Norman, E. (Hrsg.): Resiliency enhancement: Putting the strengths perspective into social work practice, S. 1–16. New York

Pat-Horenczyk, R./Doppelt, O./Meiron, T./Baum, N./Brom, D. (November, 2004). Risk-taking behaviors in Israeli adolescents living under the continuous threat of terrorism. ISTSS Annual Meeting, New Orleans

Phelps, E./Balsano, A. B./Fay, K./Peltz, J. S./Zimmerman, S. M./Lerner, R. M./Lerner, J. V. (2007): Nuances in early adolescent developmental trajectories of positive and of problematic/risk behaviors: Findings from the 4-H study of positive youth development. Child and Adolescent Psychiatric Clinics of North America, 16(2), S. 473–496

Rutter, M. (1987): Psychosocial resilience and protective mechanisms. American Journal of Orthopsychiatry, 57, S. 316–331

Rutter, M. (2005): Environmentally mediated risks for pyschopathology: Research strategies and findings. Journal of the American Academy of Child and Adolescent Psychiatry, 44(1), S. 3-18

Seccombe, K. (2002): „Beating the odds" versus „Changing the odds": Poverty, resilience, and family policy. Journal of Marriage and Family, 64(2), S. 384–394

Solis, J. (2003): Re-thinking illegality as a violence against, not by Mexican immigrants, children, and youth. Journal of Social Issues, 59(1), S. 15–33

Stivers, E./Wheelan, S. (Hrsg.) (1986): The Lewin Legacy: Field Theory in Current Practice. New York

Taylor, C. (2005): All kids have dreams: Immigrant youth in Greater Forest Lawn. Calgary, AB

Ungar, M. (2004): A constructionist discourse on resilience: Multiple contexts, multiple realities among at-risk children and youth. Youth and Society, 35(3), S. 341–365

Ungar, M. (2005): Introduction: Resilience across cultures and contexts. In: Ungar (Hrsg.): Handbook for working with children and youth: Pathways to Resilience across cultures and contexts (S. xv–xxxix). Thousand Oaks, CA

Ungar, M. (in press) (2009): Resilience across cultures. British Journal of Social Work

Ungar, M./Teram, E. (2000): Drifting towards mental health: High-risk adolescents and the process of empowerment. Youth and Society 32(2), S. 228–252

Werner, E. E./Smith, R. S. (2001): Journeys from childhood to midlife: Risk, resilience, and recovery. Ithaca, NY

Wolkow, K. E./Ferguson, H. B. (2001): Community factors in the development of resiliency: Considerations and future directions. Community Mental Health Journal, 37(6), S. 489–498

Wyman, P. A. (2003): Emerging perspectives on context specificity of children's adaptation and resilience: Evidence from a decade of research with urban children in adversity. In: Luthar (Hrsg.): Resilience and vulnerability: Adaptation in the context of childhood adversities, S. 293–317. Cambridge, UK

Teil 2

Zur Grundsatzdiskussion

Resilienz und Resilienzförderung – eine begriffliche Systematisierung

Norbert Wieland

Das Resilienzkonzept bestimmt aktuell eine lebhafte sozialpädagogische Debatte (Wustmann 2004; Opp/Fingerle 2007). Ein Blick auf diese Debatte zeigt aber, dass einerseits der Begriff „Resilienz" so klar nicht ist, wie er zunächst zu sein scheint (Zander 2008), und dass es nicht gut gelingt, das Spezifische von Resilienzförderung gegenüber anderen Strategien Sozialer Arbeit herauszuheben (Zander 2008). Es ist daher an der Zeit, sich gründlicher mit einer Schärfung des Begriffs „Resilienz" zu befassen und zu versuchen, Resilienzförderung deutlicher von anderen Strategien Sozialer Arbeit zu unterscheiden bzw. ihren Stellenwert dort zu bestimmen. Im Folgenden soll diese Aufgabe in Angriff genommen werden. Dies geschieht in drei Schritten:
- Zunächst werden die Probleme diagnostiziert, welche die Debatte um Resilienz und Resilienzförderung prägen (1).
- Sodann wird das Konstrukt Resilienz theoretisch verortet (2)
- und weiter präzisiert (3).
- Schließlich wird geklärt, welchen Nutzen das Konzept der Resilienzförderung haben kann (4).

1. Anmerkungen zur Resilienzdebatte

Die Kernaussagen der Debatte

Bei aller Unschärfe und Heterogenität der Begrifflichkeit lässt sich ein Kern an Aussagen formulieren, auf den die meisten Autoren sich beziehen, wenn sie Resilienz und Möglichkeiten bzw. Strategien von Resilienzförderung diskutieren:

(a) Es gibt Kinder, die entgegen aller Wahrscheinlichkeit extrem ungünstige Lebensbedingungen meistern. Diese Behauptung ist in unterschiedlichen empirischen Studien belegt (Chassé/Zander/Rasch 2005; Elder 1999; Schoon 2006; Werner/Bierman/French 1971; Werner/Smith

1977, 1982 und 1989). Recht eigentlich ist sie sogar Folge dieser Studien: Denn der Begriff „Resilienz" wurde gewählt, um jenes Phänomen, das sich in unterschiedlichen empirischen Kontexten immer wieder zeigte, zu beschreiben.

(b) Die Existenz dieses Phänomens bei einer Minderheit von Kindern, die massiven Risiken ausgesetzt sind, provoziert bei Fachleuten die Frage, wie diese Kinder ihre Widerstandskraft gegen massive Bedrohungen, eben ihre Resilienz, entwickeln konnten. Diese Frage richtet sich zunächst auf objektive bzw. soziale Entstehensbedingungen (Werner/Smith 1982 und 1989; Zander 2008) und bezieht dann auch die subjektiven Bedingungen mit ein, die diese Kinder anscheinend mitbringen (Zander 2008; Fröhlich-Gildhoff i. d. Bd.: 360 ff.).

(c) Die Identifikation der sozialen (bzw. objektiven) Bedingungen für das Entstehen von Resilienz würde, so sie erfolgreich ist, Strategien zur pädagogischen Förderung der Resilienz begründen – denn wenn man weiß, unter welchen Bedingungen Kinder Resilienz ausbilden, kann man genau diese Faktoren in pädagogischen Kontexten herzustellen versuchen.

Diese drei Aussagen sind auf den ersten Blick unproblematisch. Die Resilienzdebatte bezieht sich auf ein empirisch gut gesichertes Phänomen und versucht, aus diesem Phänomen pädagogischen Nutzen zu ziehen, nämlich Strategien zur Resilienzförderung zu entwickeln.

Ein genauerer Blick bringt aber Unklarheiten zu Tage, die möglicherweise Ursache sind für jene Konfliktlinien, welche die Anhänger des Resilienzkonzepts untereinander und von den Gegnern dieses Konzepts trennen. Es gibt nämlich – das sei gleich an dieser Stelle deutlich gemacht – sehr wohl auch Vertreter/innen der Zunft, die dem Resilienzkonzept skeptisch gegenüber stehen und entweder bezweifeln, dass Resilienz ein in der Pädagogik brauchbares Konstrukt ist, oder die ethische Berechtigung von Resilienzförderung in Frage stellen (v. Freyberg i. d. Bd.: 290 ff.).

Konfliktlinien und Unklarheiten

Drei Themen kennzeichnen die Konfliktlinien, welche aktuell die Resilienzdebatte bestimmen:

(a) Die Kritik an Immunisierungshoffnungen
Grundsätzliche Gegner des Resilienzgedankens führen für ihre Haltung ins Feld, dass die Idee, die Resilienz von Heranwachsenden zu fördern,

dazu verführe, die Veränderung ungünstiger Sozialisationbedingungen zugunsten rein individuumsorientierter Strategien aufzugeben (vgl. oben Punkt (d)). Diese Gefahr einer Verführung dürfte realistisch gesehen sein, da – nicht nur in pädagogischen Kontexten – die Tendenz verbreitet ist, Sozialisation vornehmlich als Anpassung an bestehende soziale Verhältnisse zu verstehen und entsprechend zu beeinflussen (Wieland 2006). Es ist aber zu bezweifeln, dass einer solchen Vorgehensweise überhaupt Erfolg beschieden wäre: Denn nirgends ist von einer absoluten Resilienz die Rede, die einzelne Menschen gegenüber beliebig extremen Verhältnissen immunisieren würde. Vielmehr geht man davon aus, dass Resilienz zwar Schutzfaktoren besonders gut wirksam werden lässt, die sich auch in selbst sehr risikoreichen Umgebungen finden lassen dürften (Zander 2008), dass sie aber keineswegs garantiert, immerzu allen bedrohlichen Situationen gewachsen zu sein.

Mag die Hoffnung auf umfassende Immunisierung durch Resilienzförderung auch ethisch fragwürdig sein, wie von Freyberg (i. d. Bd.) zeigt, so ist das kein Grund, Resilienzförderung generell abzulehnen. Denn es gilt: „Abusus non tollit usum!" (Ein möglicher Missbrauch einer „guten" Sache ist kein Grund, auf ihren Gebrauch zu verzichten.) Es macht folglich Sinn, der oben erwähnten Hoffung auf Immunisierung ethisch und sachbezogen entgegenzutreten. Aber damit ist keine grundlegende Kritik am Konstrukt der Resilienz und an der ethischen Güte von Resilienzförderung verbunden, solange sich ein Nutzen für Resilienzförderung ausmachen und das Konstrukt empirisch und theoretisch füllen lässt.

Die beiden anderen Themen, die in der Resilienzdebatte immer wieder auftauchen, lassen sich nicht so leicht bearbeiten, sie kennzeichnen ungelöste Probleme.

(b) Eine inhaltliche Bestimmung von Resilienz
Hierbei geht es aktuell vornehmlich um eine Frage: Ist Resilienz eine sozialverträgliche Anpassung an bzw. Veränderung von bestehenden Verhältnissen, oder kann sie sich auch in sozialunverträglichen Handlungsmustern niederschlagen? (vgl. v. Freyberg i. d. Bd.)

Diese Frage zielt auf die in verschiedenen Kontexten heftig geführte Diskussion über die Bewertung von Handlungen, deren Bewältigungscharakter ebenso offensichtlich ist wie ihre soziale Unangepasstheit (vgl. den Hinweis von von Freyberg auf das Konstrukt „antisoziale Tendenz" bei Winnicott i. d. Bd.: 222).

(c) Eine Bestimmung von Spezifika der Resilienzförderung
Hier geht es um die Frage: Lässt sich Resilienzförderung präzise von anderen Strategien – etwa der Sozialen Arbeit – unterscheiden? Diese Frage reflektiert den Eindruck, den nämlich ein Überblick über verschiedene Beispiele für Resilienzförderung hinterlässt: Wird da nicht einfach ein Beispiel für ressourcenorientiertes Arbeiten vorgestellt? Man sollte die Bestimmung von Spezifika der Resilienzförderung an deren praktischer Relevanz festmachen.

Die Themen (b) und (c) legen entscheidende Kritikpunkte am Resilienzkonstrukt und an seiner Nutzung als Strategie Sozialer Arbeit bloß und zugleich eine Diagnose jenes Problems nahe, an dem die Debatte über Resilienz und Resilienzförderung zur Zeit krankt.

Diagnose des Problems

Auch wenn das Konstrukt „Resilienz" zur Erfassung empirisch erhobener Phänomene entwickelt wurde, bedeutet das noch nicht automatisch, dass es den Anforderungen an wissenschaftliche Konstrukte umfassend gerecht wird. Konstrukte sind umgangssprachlich oder kunstsprachlich (z. B. in der Sprache der Mathematik) gefasste Begriffe über empirisch erhobene Phänomene, also Behauptungen (Savigny 1969). Ihre Qualität hängt mithin einerseits von der Qualität der empirischen Erhebung ab, d.h. von der Reliabilität, Validität und Objektivität der Messungen, andererseits von ihrer Einordnung in gegenstandsrelevante Theorien.
Die empirische Verankerung von Resilienz ist derzeit durchaus befriedigend: Es gibt – so legen unterschiedlich angelegte Studien nahe – Kinder, die extrem ungünstige Lebensverhältnisse erstaunlich gut bewältigen (z. B. Zander 2008). Diese Kinder nennen Werner/Smith (1982 und 1989) resilient. Der Begriff „resilient child" gehört im Englischen zur Umgangssprache. Er lässt sich am ehesten mit „unverwüstliches Kind" übersetzen und spricht eine Vorstellung von etwas Elastischem an, das Außenkräften etwas entgegensetzen kann. Diese Vorstellung fanden verschiedene ForscherInnen offenbar so zutreffend, dass der Begriff „resilience" im angelsächsischen Raum rasch Karriere gemacht hat, ohne dass dabei an seiner Einordnung in eine „passende" Theorie gearbeitet worden wäre. Die mangelhafte Präzision dieses alltagssprachlichen Begriffs schien und scheint nicht weiter zu stören. Im deutschen Sprachraum gehört Resilienz nicht zur Alltagssprache, sondern wird wie ein Fachterminus verwendet – was er aber nicht wirklich ist, weil ihm die theoretische Einordnung fehlt.

Es scheint daher in der Resilienzdebatte nur so, als sei klar, was Resilienz ist. Und das fällt in einem Sprachraum eher auf, wo sich keine alltagssprachlichen Vorstellungen mit dem Begriff verbinden. Daran ändern auch die metaanalytisch gewonnen Explikationen von Resilienz nichts, die Fröhlich-Gildhoff (i. d. Bd.: 361) vorlegt, solange diese Explikationen selbst nicht hinsichtlich ihrer theoretischen Zusammenhänge geklärt sind. Es bleibt bei dem Modell von Fröhlich-Gildhoff unklar, welche Rolle die Fähigkeit, sich selbst angemessen wahrzunehmen, im Verhältnis zur Überzeugung spielt, man werde anfallende Anforderungen schon befriedigend lösen können, und was beides dann mit Resilienz zu tun hat. Anders formuliert: Fröhlich-Gildhoff expliziert nicht den von ihm – bzw. seinen Gewährsleuten – unterstellten Zusammenhang zwischen den beiden psychologischen Konstrukten „Selbstwahrnehmung" und „Kontrollüberzeugung".

Der Hinweis, „Resilienz" erfülle nicht vollgültig die Kriterien für ein wissenschaftliches Konstrukt, ist keine vernichtende Kritik in dem Sinne, die Resilienzdebatte entbehre jeder Grundlage. Er verweist aber darauf,
- dass das Konstrukt durch theoretische Arbeit *und* eine davon angestoßene empirische Forschung weiter präzisiert werden muss und
- dass erst dann die Spezifika von Resilienzförderung sich werden bestimmen lassen.

Um zu verdeutlichen, was mit diesem etwas lakonisch umschriebenen Programm zur Präzisierung des Resilienzkonstruktes gemeint ist, wird im folgenden Abschnitt Resilienz skizzenhaft in den Kontext
- einer Theorie der psychosozialen Sachverhalte,
- des Bewältigungsparadigmas
- und einer Theorie der Kompetenz

gestellt, damit dann eine Antwort auf die Frage nach der Spezifität von Resilienzförderung versucht werden kann.

2. Versuch einer theoretischen Verortung des Resilienzkonstruktes

Operationalisierungen von Resilienz

Die theoretische Einbettung eines Konstruktes setzt klare Bezüge zur Empirie voraus. Man muss also wissen, wie Resilienz operationalisiert ist. Hier lässt sich gut auf jene Operationalisierungen zurückgreifen, welche die Studien von Elder (1974), Werner/Smith (1982 und 1989), Luthar (1999) und Schoon (2006) liefern.

Die Definition: „*Resilienz liegt vor, wenn jemand eine extrem bedrohliche, d. h. hoch riskante Situation unerwartet gut bewältigt*" ist in dreifacher Hinsicht zufrieden stellend operationalisiert:

(a) bezogen auf das Element „extrem bedrohliche Situation"
Extrem bedrohliche Situationen werden in erster Linie als *ökonomische Deprivation* beschrieben (Elder 1974) mit all ihren Ursachen – z. B. Arbeitslosigkeit – und Folgen – wie etwa beengten Wohnverhältnissen, eingeschränktem Zugang zu öffentlichen Einrichtungen. Daneben werden *der niedrige Bildungsstand der Eltern* (Schoon 2006) und eine *geringe soziale Integration der Familie* als bedrohliche Situationen benannt.

Einzelne Autor/innen führen auch kurz andauernde *Erfahrungen der psychophysischen Existenzbedrohung* an. Diese – traumatisierenden – Situationen gehören allerdings offensichtlich in eine andere Kategorie bedrohlicher Situationen (Wustmann 2004). Es sollte gesondert untersucht werden, ob auch hier sinnvoll von Resilienz gesprochen werden kann, wenn Kinder solche Bedrohungen nahezu schadlos überstehen.

(b) bezogen auf das Element „unerwartet"
Nur wenn eine große Mehrheit eine bedrohliche Situation nicht meistert – es werden Wahrscheinlichkeiten von 70 % und mehr angeführt (Opp/Fingerle 2007) –, spricht man der Minderheit, welche sie meistert, Resilienz zu. Resilienz ist mithin das Merkmal einer quantitativ hinreichend beschriebenen Minderheit Heranwachsender.

(c) bezogen auf das Element „bewältigen"
Bewältigung wird positiv und negativ operationalisiert: Positiv etwa, wenn jemand so erfolgreich ins Berufsleben einmündet, dass damit auch seine eigene Existenz gesichert ist, oder auch dass eine Partnerschaft gelingt; negativ z. B. so, dass Delinquenz bzw. anhaltende psychische Erkrankung vermieden wird. Diese Operationalisierungen beruhen auf Kriterien für „gute" Lebensbedingungen, die in der Fachwelt anscheinend anerkannt sind.

Die Operationalisierungen verweisen auf verschiedene theoretische Kontexte, die für eine Bestimmung der Rahmenbedingungen von Resilienz relevant werden.
- Resilienz ist Element von Reaktionen auf sozioökonomische Deprivationen und – weil sie sich bei nur wenigen findet – sehr stark subjekt- und einzelfallbestimmt. Daraus folgt, dass Resilienz ein (seltenes)

psychosoziales Phänomen ist und in eine Theorie der Zusammenhänge von psychischen und sozialen Prozessen eingeordnet werden sollte.
- Resilienz wird als Grundlage für gelingende Bewältigung von extremen Anforderungen vorgestellt und
- hat von daher den Charakter einer Kompetenz, also einer psychischen Struktur.

Resilienz als psychosoziales Konstrukt

Konstrukte sind Beschreibungen von Sachverhalten und als solche Behauptungen. Ihre Qualität hängt von ihrer Verankerung in der Empirie (Messung) und in der Theorie ab. Was gemessen wurde, wird verstanden nur durch Einordnung in theoretische Kontexte, die natürlich auch selbst wieder empirisch verankert sein müssen.

Sachverhalte können als Handlungen bzw. Handlungsresultate betrachtet werden – und damit als psychosoziale Phänomene – oder als unabhängig von menschlichem Handeln – nämlich als Naturphänomene. Resilienz hängt, weil sie als psychische Struktur konzipiert ist, notwendig vom Handeln ab. Psychische Strukturen sind ja, wie die Handlungsregulationspsychologie zeigt, stets ein Resultat menschlichen Handelns und dienen seiner Steuerung (Wieland 2010). Handeln wiederum ist grundsätzlich sozial bestimmt, weil es in Interaktionen eingebunden (direkte Interaktion) oder auf Interaktionen bezogen (indirekte Interaktion) ist (Wieland 2010). Resilienz gehört als Interaktionsresultat zu den psychosozialen Phänomenen.

Weil psychosoziale Phänomene Handlungen bzw. Interaktionen bzw. die Resultate davon sind, gehen sie auf Interessen zurück und *müssen* anders als Naturphänomene, die entweder existieren oder nicht, auch relativ zu den Interessen, die sie hervorgebracht haben, bewertet werden. Ein Gewitter unterliegt als Naturphänomen natürlich auch der Bewertung derer, die es erleben. Es existiert aber unabhängig von den Interessen, die zu seiner Bewertung führen, und unterscheidet sich insofern vom Anbringen eines Blitzableiters.

Die Beurteilung eines psychosozialen Phänomens resultiert aus seinem Charakter als Handlung bzw. Handlungsfolge. Handlungen sind Interaktionselemente und können, wie uns die Verbkonjugation in vielen Grammatiken zeigt, aus drei Perspektiven beurteilt werden:
- aus der Ich-Perspektive, das ist die Perspektive des Handelnden; sie enthält die Interessen, aufgrund derer gehandelt wurde,

- aus der Du-Perspektive, das ist die Perspektive der Interaktionspartner; sie verweist auf die Interessen derer, die direkt auf die Handlung reagieren (sollen) und
- aus der Er-Perspektive, das ist die Perspektive eines nicht-beteiligten Dritten; sie verweist auf Fremdinteressen, unter denen die Interaktion und die infrage stehende Handlung beurteilt werden kann.

Alle diese Perspektiven können auch auf Akteursgruppen bezogen werden. In diesem Falle kommt der Wir-Perspektive deshalb eine besondere Rolle zu, weil sie die gemeinsamen Interessen aller an einer Interaktion beteiligten Akteure erfasst und damit Kernelement von Interaktionen ist (vgl. Wieland 2010). Sie sichert das Gelingen der Interaktion.

Weil psychosoziale Phänomene interessengebunden sind, muss ihre Beschreibung *multiperspektivisch* sein und wenigstens die Ich- und die Du-Perspektive enthalten. Diese beiden schlagen sich nämlich direkt in der Interaktion und damit in der Wir-Perspektive nieder und sind für eine Erklärung des psychosozialen Phänomens unerlässlich. Wenn die Beschreibung von nicht-beteiligten Dritten vorgenommen wird, kommt damit sowieso eine Er-Perspektive ins Spiel.

Er-Perspektiven haben eine hervorgehobene Bedeutung beispielsweise in der pädagogischen Arbeit, und zwar vor allem dann, wenn sie in den Diskurs über eine Interaktion oder eine individuelle Handlungsweise eine ethische Norm einbringen, also eine Bewertung mit Anspruch auf Universalität (vgl. Fenner 2007). Eine solche wird auch von den Akteuren selbst oft als Bezugpunkt für eigene Interessen benannt und ist wichtig für die Sicherung eines gemeinsamen Interaktionszieles. So stärkt ein Hinweis darauf, dass eine Bitte gerechtfertigt sei, deren Nachdruck.

Neben den Interessen der Akteure und unbeteiligter Dritter und in engem Zusammenhang mit ihrer Beurteilung spielen für eine Bewertung psychosozialer Phänomene v. a. die weiteren Handlungsfolgen eine große Rolle, und zwar die erwarteten und die tatsächlichen. Ein Handlungsresultat – wie etwa eine Bitte – wird schließlich von Mitakteuren nicht unbedingt so aufgenommen, wie das beabsichtigt oder sogar erwartet wurde. Daher ist die Einschätzung weiterer Handlungsfolgen ein wichtiger Aspekt bei der Beschreibung von psychosozialen Phänomenen, sowohl praktisch bei ihrer Gestaltung als auch deskriptiv bei ihrer Erforschung.

Für Resilienz wird das alles in einem eigenen Abschnitt entfaltet werden.

Resilienz als Konstrukt im Bereich des Bewältigungsparadigmas und der Psychologie der Kontrollüberzeugung

Das Bewältigungsparadigma ist die Heimat des Resilienzkonstruktes, auch wenn manche AutorInnen sich nicht explizit auf diese psychologische Theorie beziehen (z. B. Schoon 2006). Viele mit Resilienz verbundene Vorstellungen lassen sich mithilfe des Bewältigungsparadigmas gut auf den Begriff bringen.

Nach dem Bewältigungsparadigma werden menschliche Handlungen als Bewältigung von Anforderungen interpretiert. Dabei wird diese Bewältigung zum einen von den Anforderungen selbst bestimmt, die zu bewältigen sind. Eine Bewältigung muss sachgerecht sein. Das ist die *objektive bzw. soziale Seite von Bewältigung*.

Zum anderen wird sie von der Beurteilung dieser Anforderungen durch den Akteur bestimmt, also durch seine Anliegen und Bedürfnisse. Eine Bewältigung folgt den Bedürfnissen des Akteurs, und sie werden wiederum in erster Linie sichtbar darin, wie er die Situation bewertet. Ein Akteur kann eine Situation als aktivierende Herausforderung interpretieren oder als existenzielle Bedrohung. Das ist die *subjektive Seite von Bewältigung*. Lazarus (vgl. Lazarus/Folkman 1984) führt für diesen Sachverhalt den Begriff „appraisal" (= Bewertung) ein. Sie entscheidet über die konkrete Gestaltung der Bewältigung. Hier unterscheidet man zwei Richtungen:

- Wenn Bewältigung auf die Veränderung sozialer oder physischer Sachverhalte gerichtet ist, spricht man von externaler Bewältigung.
- Wenn sie auf die Veränderung innerer Prozesse, vor allem der Gefühle gegenüber der Anforderung gerichtet ist, spricht man von internaler Bewältigung (vgl. Fend 2000).

Resilienz wird gemeinhin vornehmlich als externale Bewältigung konzipiert. Das lässt sich so nicht aufrechterhalten, wie zu zeigen sein wird.

In enger Beziehung zum Bewältigungsparadigma steht die psychologische Theorie der Kontroll- bzw. Selbstwirksamkeitsüberzeugung (vgl. Flammer 1990), die für eine Bestimmung von Resilienz von zentraler Bedeutung ist. Nach dieser empirisch gut gesicherten Theorie wird die subjektive Seite von Bewältigung vornehmlich durch das Ausmaß der Kontrollüberzeugung bestimmt, die ein Akteur hat. Kontrollüberzeugung ist eine psychische Struktur und ein zentraler Aspekt der Ich-Identität (vgl. Greve 2000). Sie bestimmt entscheidend das Verhältnis eines Akteurs zur Welt: Eine gute Kontrollüberzeugung bedeutet, dass ein Akteur von sich annimmt, er werde in aller Regel schon an ihn gestellte Anforderungen auf für ihn selbst akzeptable Weise meistern können. Dabei ist es aber unerheblich, ob damit eine große Gestaltungskraft gemeint ist, also die Fähigkeit, die Umwelt zu verändern – eben externale Bewältigung. Oder ob vielmehr eine große Anpassungsfähigkeit vorliegt, nämlich die Fähigkeit, sich selbst bzw. seine eigenen Bewertungsstrukturen zu verändern – eben internale Bewältigung. Es ist ebenfalls unerheblich, ob diese Überzeugung in Krisensituationen auch einmal zusammenbricht, wenn sie nur solche Zusammenbrüche letztlich überdauert. Erst recht ist es unerheblich, ob die Kontrollüberzeugung realistisch ist oder nicht. Im Gegenteil: Der Kontrollillusion, also der sachlich nicht gerechtfertigten Kontrollüberzeugung, kommt sogar große Bedeutung dabei zu, die eigene Kontrollüberzeugung aufrecht zu erhalten (Flammer 1990). Dies aber ist, wie vielfach gezeigt wurde (vgl. Krappmann/Oswald 1995 sowie Flammer 1990), für Menschen äußerst wichtig, wenn sie gesund und am Leben bleiben wollen. Der umfassende Verlust der Kontrollüberzeugung bedeutet schwere Depression oder sogar den Tod.

Kontrollüberzeugung verweist auf jene psychischen Strukturen, die als subjektive Voraussetzungen Bewältigung grundsätzlich ermöglichen. *So wird die Möglichkeit sichtbar, Resilienz als Bewältigungsstrategie im Sinne besonders guter Kontrollüberzeugung zu bestimmen und sie nicht an externale Bewältigungsstrategien zu binden*, wie etwa den Schulbesuch unter schwierigen Verhältnissen oder bestimmte Formen von Durchsetzungsfähigkeit. Extrem belastende Situationen sind definitionsgemäß ja gerade solche, in denen verfügbare Bewältigungsstrategien versagen. Genau das aber sind die Fälle, in denen internale Bewältigungsstrategien, auch illusionäre Kontrollüberzeugungen, gute Dienste und oft als einzige gute Dienste tun können. Bevor diese Möglichkeit weiter ausgelotet wird, muss noch ein weiterer Begriff in den Diskurs eingebracht werden: die Kompetenz.

Resilienz als Kompetenz

Kompetenzen sind Bewältigungsstrategien. Allerdings entstand dieser Begriff nicht im Kontext des Bewältigungsparadigmas, sondern gehört, so wie er an dieser Stelle aufgefasst wird, in den Kontext der Handlungsregulationstheorie (vgl. Oesterreich 1981). Sie kennzeichnet Kompetenzen als Elemente der Handlungsregulation und ist von daher anschlussfähig an die Aneignungstheorie (vgl. Braun 2004; Wieland 2010), die wiederum den Kompetenzerwerb modelliert. Das ist zur Klärung der Frage, wie Resilienz entsteht, sehr hilfreich (vgl. 4.).

Die Handlungsregulationstheorie (zum Folgenden Wieland 2010) begreift psychische Prozesse als innere Handlungsvorbereitung und -steuerung. Man unterscheidet die Antriebsregulation, welche sicherstellt, dass eine Handlung bedürfnisgerecht ist, von der Ausführungsregulation, die dafür sorgt, dass die Handlung sachgerecht ist, also die bestehenden Bedingungen angemessen berücksichtigt werden. Als Bestandteile der Ausführungsregulation unterscheidet man die Bedingungsanalyse, die Zielanalyse, die Weg-Mittel-Analyse und den Handlungsplan. Kristallisationspunkt der Ausführungsregulation ist die Zielanalyse, weil dort die handlungsleitende Vorstellung vom Handlungsresultat entwickelt wird. Auf sie nämlich beziehen sich die Bedingungsanalyse (Wie sind die inneren und äußeren Bedingungen der Handlung bezogen auf die Zielverwirklichung inhaltlich einzuschätzen?) und die Weg-Mittel-Analyse (Wie lässt sich das Ziel erreichen?).

Kompetenzen sind psychische Strukturen, die sich aus zwei der vier Bereiche der Ausführungsregulation entwickeln, aus der Bedingungs- und aus der Weg-Mittel-Analyse (vgl. Wieland 2010). Sie sind vorstellbar als eine Art Programm, welches erfahrungsgemäß günstige Kombinationen von Situationstypen und Verfahrensweisen beinhaltet: „Liegt eine Situation vom Typ A vor, ist das Verfahren I oder IV Erfolg versprechend!" Diese Darstellung macht den Charakter von Kompetenzen als Bewältigungsstrategien hinreichend deutlich, zeigt aber auch, dass der hier verwendete Kompetenzbegriff nicht identisch ist mit dem z. B. in der Bildungsforschung vorherrschenden, welcher Kompetenz nicht funktional unter Bewältigungsgesichtspunkten, sondern inhaltlich bestimmt, nämlich im Bezug auf das, was zu bewältigen ist (vgl. dazu Rohlfs/Harring/Palentien 2008).

Es gibt subjektive und objektive Handlungsbedingungen. Die subjektiven reflektieren nicht nur die aktuellen Stimmungen und die Motivlage des Akteurs, seine körperliche Fitness und sein Wissen über relevante Situationstypen, sondern auch seine Handlungsfähigkeit generell, und eben sie ist mit dem Begriff „Kontrollüberzeugung" sehr gut zu fassen. *Damit wird Kontrollüberzeugung zu einem Element, das jeglicher Kompetenz zugrunde liegt.* Denn in jeder Handlung, die ja eine Realisation nicht nur des Ziels sondern auch der zu seiner Erreichung eingesetzten Kompetenz ist, steckt die Überzeugung, Kontrolle über seine Umwelt und sich selbst gewinnen zu können, im eigenen Interesse wirksam sein zu können. *Unter diesen Prämissen ist das Konstrukt Resilienz eine Metakompetenz, die in allen Kompetenzen enthalten ist, und bezeichnet eine außergewöhnlich gute und stabile Kontrollüberzeugung. Umgangssprachlich kommt dem der Begriff „Lebenstüchtigkeit" sehr nahe.*

3. Begriffliche Präzisierung des Resilienzkonstruktes

Die Verortung von „Resilienz" in der Theorie von psychosozialen Sachverhalten, ins Bewältigungsparadigma und die psychologische Theorie der Kontrollüberzeugung, hat bereits eine Präzisierung des Resilienzkonstruktes hervorgebracht. Resilienz lässt sich fassen als *außergewöhnlich gute und stabile Kontrollüberzeugung und insofern als eine bedeutende Metakompetenz.*

Dies führt zu
- kritischen Bemerkungen zu Definitionen von Resilienz, wie sie in der Resilienzdebatte üblich sind,
- neuen Aspekten von Resilienz, die in der Debatte randständig sind oder gar nicht behandelt werden, und schließlich
- zu einer weiteren Schärfung des Resilienzbegriffes.

Kritische Bemerkungen

Es gibt zwei Versuche, Resilienz in umfassenderen theoretischen Kontexten zu verorten. Das metaanalytisch gewonnene Modell bei Fröhlich-Gildhoff (vgl. i. d. Bd.: 360 ff.) und das Modell von den Schutz- und Risikofaktoren (vgl. Zander 2008).

(a) Das Modell bei Fröhlich-Gildhoff
Dieses Modell (Fröhlich-Gildhoff i. d. Bd.: 360 ff.) beinhaltet eine Begriffssystematik, die aus einem Überblick über verschiedene Studien zu Resilienz entstanden ist. Sie hat mithin nur indirekte empirische Bezüge und stellt auch keinen theoretischen Bezugsrahmen für ein Konstrukt im eigentlichen Sinne dar. Wenn es dennoch eine große Nähe aufweist zu der bisher entwickelten Bestimmung von Resilienz als außergewöhnlich guter und stabiler Kontrollüberzeugung und Metakompetenz, so liegt das an der psychologischen Orientierung des Autors und der von ihm zitierten Studien. Das Modell weist allerdings einige Unschärfen auf, die seinen Nutzen für die Konstruktentwicklung beeinträchtigen:
- *Unschärfe 1:*
Die sechs Faktoren, die Fröhlich-Gildhoff zitiert, werden einerseits als Faktoren, also Bestandteile, von Bewältigung angeführt, anderseits als Resilienzfaktoren. So stellt sich die Frage, ob Resilienz als allgemeine Bewältigungsstrategie konzipiert ist – und weiter die Frage, was das ist – oder ob sie gegenüber dem Bewältigungskonzept noch Spezifika aufweist – weiter die Frage, welche das sind.

- *Unschärfe 2:*
  Die sechs Faktoren werden nebeneinander gestellt, womit offen bleibt, ob sie miteinander auch eine Struktur bilden, ob etwa Selbststeuerung ein Element von Selbstwirksamkeit ist, und wenn, in welchem Verhältnis sie z. B. zur sozialen Kompetenz steht. Diese Unschärfe führt dazu, dass, anders als in dem oben skizzierten Resilienzkonstrukt, Selbstwirksamkeit (entspricht dem oben benutzten Begriff der „Kontrollüberzeugung") als einer unter sechs Merkmalen von Resilienz verschwindet.
- *Unschärfe 3:*
  Soziale Kompetenz, die Kompetenz, Probleme zu lösen, und die Selbststeuerungskompetenz werden nicht als Kompetenzbereiche, die durch Kontrollüberzeugung/Selbstwirksamkeit geprägt sind, verstanden, sondern als Resilienzfaktoren. Damit geht das Spezifikum von Resilienz gegenüber diesen Kompetenzbereichen verloren.
- *Unschärfe 4:*
  Das Spezifikum von Resilienz, Handlungsfähigkeit auch unter extrem ungünstigen Bedingungen sicherzustellen, ist bei Fröhlich-Gildhoff zu „Umgang mit Stress" verblasst. Diese vage Formulierung löst Resilienz aus dem empirisch vorgegebenen Zusammenhang mit extremer Belastung und führt zu einem weiteren Verlust begrifflicher Schärfe.

(b) Resilienz und das Modell von Schutz- und Risikofaktoren
Zander (2008) kommt bei ihrem Versuch, Resilienz genauer zu fassen, dazu, sie funktional als Schutzfaktor zu bestimmen und in ein Modell von Schutz- und Risikofaktoren einzuordnen. Das ist plausibel, hat aber eine entscheidende theoretische Unschärfe. Dem Modell fehlt eine Vorstellung vom Verhältnis psychischer und sozialer Sachverhalte. Eine solche wurde oben unter Bezugnahme auf die Handlungsregulationspsychologie explizit dargelegt: Psychische Prozesse sind ein Resultat von Handlungen und insofern ein Resultat sozialer Prozesse. Zugleich steuern sie Handlungen und darüber auch die entsprechenden sozialen Vorgänge.

Dieser Mangel des Modells kommt zutage, wenn die Faktoren „im Kind" (Zander 2008: 38), d. h. auch Resilienz, gleichgeordnet neben die Faktoren „in der Familie" und „in der Gemeinde" gesetzt werden. Es wird eben nicht bedacht, dass die inneren Faktoren die äußeren moderieren und sich nicht einfach zu ihnen addieren. Sie entscheiden ja darüber, ob ein Kind seine Familie als Schutz- oder als Risikofaktor beurteilt. In Folge dieser Unschärfe wird der Umstand, dass ein konkreter Sachverhalt sowohl Risiko- als auch Schutzfaktor sein kann, zum verwirrenden Problem. Denn jetzt kommt – zunächst modelltheoretisch, dann aber auch praktisch – die Möglichkeit in den Blick, dass sogar Resilienz bzw. resilientes Handeln Risiken bergen kann.

Dieses Problem lässt sich lösen, wenn man Resilienz als etwas Psychisches und das Modell von den Schutz- und Risikofaktoren als Er-/Sie-Perspektive auf extrem belastende Situationen, die einige der Betroffenen unerwartet gut bewältigen, betrachtet und die Möglichkeit widersprüchlicher Beurteilungen gleicher Sachverhalte durch eine multiperspektivische Betrachtung des Gesamtzusammenhanges expliziert. Dann können verschiedene Beurteilungen eines „Faktors" (Familie oder außerhalb) miteinander verglichen werden, und Resilienz bleibt als innerer Schutzfaktor angemessen beschrieben, weil z. B. die Frage, ob ein Diebstahl resilientes Handeln ist oder nicht, unter Bezug auf die Perspektive des Diebs geklärt werden kann, ohne dass die sozialen Folgen dieses Handeln, die andere Akteure sehr wohl erkennen und als riskant beurteilen können, aus dem Blick geraten. Riskantes resilientes Handeln ist dann eine durchaus sinnvolle Beschreibung eines psychosozialen Sachverhaltes.

Neue Aspekte von Resilienz

Die Bestimmung von Resilienz als gute und stabile Kontrollüberzeugung und Metakompetenz lenkt den Blick auf Aspekte, die in der Resilienzdebatte randständig sind oder nicht ganz ausgefüllt werden. Hier geht es
- um die körperliche Seite von Resilienz, über die kaum ein Wort verloren wird,
- darum dass Resilienz eine Selbst-bezogene Metakompetenz ist, was bisher wenig erörterte praktische Folgen hat, und
- um die bereits angesprochenen Bewertungsprobleme hinsichtlich Resilienz, die bis jetzt nicht zu einer systematischen Lösung gebracht worden sind.

(a) Die körperliche Seite von Resilienz
Resilienz als Kompetenz hat – wie alle psychischen Sachverhalte – eine körperliche Seite (vgl. Wieland 2010). Dies wird in der Debatte bisher wenig erörtert (vgl. Zander 2008). Dabei dürfte es für eine Diagnostik vor Ort unerlässlich sein, sich hierüber Klarheit zu verschaffen. Weil eben körperliche Voraussetzungen einen entscheidenden Rahmen abgeben für Lernen und Kompetenzentwicklung. Es ist somit sinnvoll, wenigstens vage

Vorstellungen davon zu haben, was die körperliche Seite von Resilienz sein könnte.
Als Folie für die Entwicklung solcher Vorstellungen bietet sich „Irritabilität" an (Rauh 2002: 159 ff.), mithin ein (physiologisches) Merkmal, welches bei der Diagnostik früher Störungen eine wichtige Rolle spielt. Stark irritierbare Kinder geraten leichter in emotionale Ausnahmezustände und sind schwerer in solchen Situationen zu beruhigen als wenig irritierbare Kinder. Dieses anscheinend angeborene Merkmal stellt für Eltern eine extreme Herausforderung dar, weil mit seinem Vorhandensein eine hohe Wahrscheinlichkeit verbunden ist, dass diese Kinder keine sichere Bindung entwickeln. Das wiederum lässt erwarten, dass keine Resilienz ausgebildet wird. Logischerweise haben dann wenig irritierbare Kinder die besten Chancen auf die Entwicklung von Resilienz. Bislang sind das alles Vermutungen, die empirischer Klärung bedürfen.

(b) Resilienz als Selbst-bezogene Kompetenz
Man kann sachbezogene und soziale Kompetenzen als Elemente von externalen Bewältigungsstrategien von den Selbst-bezogenen Kompetenzen unterscheiden, welche internale Bewältigungsstrategien ausmachen. Letztere sind Kompetenzen, welche die Ausbildung eines günstigen Selbstbildes, also einer Identität, ermöglichen, welche auch die Überzeugung enthält, sich selbst situationsgerecht beeinflussen zu können. Fröhlich-Gildhoff spricht von Selbststeuerung (i. d. Bd.: 361). Kontrollüberzeugung ist eine Selbst-bezogene Kompetenz par excelence. Zwar wird Selbststeuerung vornehmlich als Regulation von Gefühlen konzipiert (vgl. dazu Holodynski 1999), es liegt aber nahe, auch andere Ansätze zur Selbregulation wie z. B. die Veränderung der eigenen Motivlage oder die Beeinflussung automatisierter Handlungen (Routinen) in den Blick zu nehmen. Bei Resilienz geht es ja gerade um Selbststeuerung in extrem bedrohlichen Situationen, und dann kann neben der Fähigkeit, „die Nerven zu behalten", auch wichtig sein, sich von Motiven zu verabschieden, die nicht umsetzbar sind oder deren Realisation gefährlich zu werden droht, oder Routinen abzubauen, die lieb und teuer waren, aber riskant geworden sind.

Alte Menschen können den bedrohlichen Abbau von körperlicher Leistungsfähigkeit und sozialer Einbindung am besten bewältigen, wenn sie nicht nur dem Altern gelassen begegnen, sondern auch ihre Motivstrukturen umbauen und schwer realisierbare Routinen (anspruchvolle Morgengymnastik) verändern (Staudinger/Schindler 2002). Das kennzeichnet aber nicht nur die Resilienz alter Menschen, sondern scheint generell ein wichtiges Element von Resilienz überhaupt zu sein, dass sie nämlich den Akteuren bei der Bewältigung schwerer und einschneidender Lebenskrisen hilft. Diesem Gedanken folgend, wird sie zu einer die Entwicklung sichernden Kompetenz, und damit stellen sich auch Bezüge her zum Entwicklungskonzept Eriksons, der ja Entwicklung als Abfolge und Bewältigung von Lebenskrisen begreift (Erikson 1988). Für das Resilienzkonstrukt bekommt die Maßgabe „*stabile* Kontrollüberzeugung" eine zusätzliche Bedeutung. Resilienz wird besonders wirksam bei regulären und irregulären Lebenskrisen und sichert so den günstigen Entwicklungsverlauf. Diese Bestimmung geht über das alltagssprachliche „Lebenstüchtigkeit" hinaus und verweist auf Elemente eines anderen pädagogischen Konzeptes, der Autonomie.

(c) Bewertungsprobleme im Umfeld von Resilienz
Resilienz muss wie alle psychosozialen Phänomene bewertet werden – und diese Bewertung kann widersprüchlich ausfallen (vgl. Ungar und Grotberg i. d. Bd.). Damit sind theoretische, in erster Linie aber praktische Probleme verbunden.

Aus theoretischen Gründen kann nicht darauf verzichtet werden, Resilienz strikt subjektbezogen zu betrachten und zunächst aus der Perspektive dieses Subjektes (Ich-Perspektive) zu beurteilen. Damit ist, wie oben bereits bemerkt, klar: Resilienz als gute und stabile Kontrollüberzeugung kann für andere Menschen lästig bzw. schädlich und sogar vor dem Hintergrund ethischer Normen fragwürdig sein (vgl. v. Freyberg i. d. Bd.). Es gibt eben Interessen Einzelner, die den Interessen anderer Einzelner, sogar einer sehr großen Gruppe von ihnen, widersprechen.

Im Falle von Resilienz kommt aber eine Komplikation hinzu, die es erlaubt, von speziellen Bewertungsproblemen im Umfeld von Resilienz zu reden. Resilientes Handeln, also Handeln, welches die Kontrollüberzeugung in bedrohlichen Situationen sichert, steht für ein in buchstäblichem Sinne existentielles Interesse von Menschen generell. Folgerichtig bedeutet es den Bruch zentraler ethischer Normen, wenn man die Selbstwirksamkeit eines Menschen ungebührlich einschränkt und so seine Kontrollüberzeugung zerstört. Dies löst theoretische Fragen aus nach einer ethischen Norm bezogen auf Resilienz. Sie können hier aber nicht weiter verfolgt werden. Wohl aber drängen sich zunächst ganz praktische Fragen auf, wie „sozial problematische" Resilienz beurteilt und wie darauf reagiert werden soll und wie weit Resilienzförderung auch dann ethisch begründet sein kann, wenn damit soziale Konflikte verschärft werden. Hier können einige Fallbeispiele erhellend wirken.

Unproblematisch ist
- *Fall 1:*
  Ein alter Mensch ignoriert Bedrohungen durch Krankheit, verhält sich deshalb „unvernünftig", die damit verbundenen Risiken sind aber überschaubar. Ihn auf die Haltlosigkeit seiner Kontrollmeinung hinzuweisen, ist nutzlos in dem Sinne, dass dies nur Irritationen und gegebenenfalls einen für ihn schädlichen Verlust von Resilienz mit sich bringen kann.

Ein Aspekt der Problematik wird dagegen sichtbar in
- *Fall 2:*
  Ein Jugendlicher glaubt sich unverwundbar und geht deshalb davon aus, dass seine Diebstähle oder Gewalttaten für ihn keine schmerzhaften Konsequenzen haben werden. Seine illusionäre Kontrollüberzeugung schädigt andere Menschen, und damit ergibt sich die Notwendigkeit, gegenüber dieser Form von Resilienz wertend Position zu beziehen. Das aber beinhaltet ein Abwägen des Verlusts an Kontrollüberzeugung gegen den Schaden, den Diebstahl und Gewalt bedeuten.

Dieses Abwägen ist so einfach nicht, wie
- *Fall 3* zeigt:
  Hat dieser Jugendliche tatsächlich eine antisoziale Tendenz im Sinne Winnicotts (1984) entwickelt und stehen ihm subjektiv keine anderen Möglichkeiten zur Verfügung, um seine Kontrollüberzeugung zu sichern, als die, Angst und Schrecken zu verbreiten, so wird das o. g. Abwägen zu einem Abwägen von Existenzen.

Mag auch das noch ein lösbares Dilemma sein, weil der Hinweis auf den Schutz der Allgemeinheit greift, so wird dieser Hinweis wirkungslos im
- *Fall 4:*
  Lebt jemand offen schwul in einem Land, wo das als Straftat geahndet wird, weil er so und v. a. so seine Kontrollüberzeugung sichert, so enthält die Frage nach einer Positionierung gegenüber diesem delinquenten Verhalten die Frage einer Positionierung gegenüber Rechtsnormen und gegenüber einer mehrheitlich getragenen ethischen Norm.

Diese vier Fälle machen drei Aspekte des Bewertungsproblems im Umfeld von Resilienz deutlich:
- Resilientes Handeln hat, weil es die eigene Kontrollüberzeugung sichert, einen hohen ethischen Wert. Auf diesen Sachverhalt verweist

Winnicott, wenn er sein Konzept von der antisozialen Tendenz nutzt, um Jugendliche dieses „Kalibers" ihrer Umwelt begreiflich zu machen.
- Die Nebenwirkungen resilienten Handelns – hier sprechen wir von Schäden, die resilient Handelnde sich oder anderen zufügen – sind bei seiner Bewertung mitzubedenken und ein wichtiger Faktor und Hinweis bei den Bewertungsproblemen; konfliktfreie Lösung jedenfalls garantieren sie gerade nicht.
- Bei Bewertungsproblemen im Umfeld von Resilienz ist zu bedenken, dass die (soziale) Norm, nach der resilientes Handeln verurteilt wird, selbst fragwürdig sein kann.

Diese drei Aspekte demonstrieren die normkritische Potenz des Resilienzkonstruktes, die an der existentiellen Bedeutung von Kontrollüberzeugung für Menschen festgemacht ist. Sie verweisen auf die Notwendigkeit, in jedem Einzelfall eine bewertende Position zum resilienten Akt und zum Akteur einzunehmen und zu begründen. Vor allem aber machen sie deutlich, dass die Bewertungsprobleme im Umfeld von Resilienz nicht durch Maßgaben zu lösen sind, an die man sich halten kann, weil diese Bewertungsprobleme ja immer schon die Konflikte enthalten, die es zwischen einzelnen Menschen (und Gruppen/Minderheiten) und einer wie auch immer bestimmten Allgemeinheit notwendigerweise gibt. Dies ist für die Auseinandersetzung mit Resilienzförderung von großer Bedeutung.

4. Resilienzförderung

Der Übergang von einer Klärung des Konstrukts „Resilienz" zu einer Klärung der Strategie „Resilienzförderung" ist durch einen Blick auf die Entstehung von Resilienz zu gestalten. Denn alles, was sich Resilienzförderung nennt, muss sich auf jene Prozesse beziehen, die Resilienz hervorbringen.

Die Entstehung von Resilienz

Wenn und weil Resilienz als Kompetenz konstruiert wird, entsteht sie durch Lernprozesse. Diese können gut im Rückgriff auf die Aneignungstheorie (vgl. Wieland 2010; Braun 2004) und die Theorie der geistigen Entwicklung nach Piaget (2003) modellhaft gefasst werden. Beide Theorien sehen Lernvorgänge als Aspekte jeder menschlichen Handlung und ordnen sie damit in das Bewältigungsparadigma ein: Jede Handlung trägt zur Entwicklung neuer Kompetenzen und damit zur Erweiterung von Bewältigungsmöglichkeiten bei. Lernen wird nicht auf Wissenserwerb reduziert. Erworben werden neben Wissen – oder sogar: vor jedem kognitiven, sprachlich gefassten Wissen – sensomotorische Schemata (Piaget 2003) und deren Einbettung in antriebsregulatorische Prozesse, also Emotionen und Motive (vgl. Wieland 2010). Beim Lernen erfahren Menschen nicht nur etwas über sich und die Welt, sondern sie erweitern ihren Handlungsspielraum, d. h. ihre Möglichkeiten externaler und internaler Steuerung.

Während Piaget mit den Begriffen Assimilation und Akkomodation die Lernmechanismen vonseiten des Subjekts erklärt, macht die Aneignungstheorie deutlich, dass Lernen grundsätzlich ein sozialer Prozess ist. Denn die Formel „Lernen ist die Aneignung fremder Vergegenständlichungen!" bedeutet, dass Menschen beim Lernen immer direkt oder indirekt auf das zurückgreifen, was ihnen andere Menschen als Lerngegenstände anbieten, und dass diese Lerngegenstände immer als von Menschen gemachte und/oder durch Menschen gedeutete vorliegen (vgl. Wieland 2010: 65 ff.). Menschen eignen sich *Bedeutungen von Welt* an, die im sozialen Kontext geschaffen worden sind. Damit machen sie sich – kreativ – menschliche Tradition zu eigen. Kreativ ist dieser Vorgang, weil das Subjekt die angebotenen Bedeutungen auf seine Verwendungszusammenhänge, also auf seine Vorkenntnis von der Welt und vor allem auf seine Bedürfnisse der Welt gegenüber bezieht.

Den in der Aneignungstheorie postulierten sozialen Charakter jeglichen Lernens reflektiert die Bindungstheorie, insofern sie – empirisch gut abgesichert – zeigt, dass Lernen, verstanden als Exploration, Bindung voraussetzt (vgl. Ainsworth 1968). Daher sind die Aussagen der Bindungstheorie als Aussagen über die Qualität der entscheidenden Lernvoraussetzungen wichtig.

Diese Argumentation hat Folgen dafür, wie man sich die Entstehung von Resilienz vorstellen kann, wenn man sie als außergewöhnlich gute und stabile – und das bedeutet vor allem stressresistente – Kontrollüberzeugung versteht, mithin als Fähigkeit, auch unter sehr bedrohlichen Umständen zu lernen, brauchbare Kompetenzen zu entwickeln.

(a) *Eine sehr geringe Irritabilität ist, wie oben bereits entfaltet, eine wichtige physiologische Voraussetzung für die Entstehung von Resilienz als Metakompetenz für Lernen, denn sie geht mit geringer Angstbereitschaft einher* (vgl. Rauh 2002). Genau diese Eigenschaft aber wirkt sich am stärksten in ängstigenden Situationen positiv aus, und die wiederum entstehen genau dann, wenn die bestehende Kontrollüberzeugung in Frage gestellt wird, weil eine Situation die eigenen Bewältigungsstrategien überfordert. Angst ist Aspekt jeder spontanen Überforderungsreaktion und als solche ambivalent zu bewerten. Sie fördert zwar rasche Reaktionen, also die rasche Einschätzung der Situation und den unverzüglichen Einsatz bestehender Kompetenzen. Damit sichert sie kurzfristig das Überleben. Sie blockiert so aber zugleich die Entwicklung neuer Kompetenzen, vor allem wenn diese Kompetenzen komplexer Natur sein sollten und wenn eigentlich eine komplexe Situationsanalyse erforderlich wäre (Spitzer 2002). Dann stellt Angst – besonders im Kontext chronischer Überforderung – geradezu ein Bewältigungsrisiko dar.

(b) *Bestehende Angstbereitschaft lässt sich dauerhaft senken, wenn wenigstens eine Bezugsperson dem Heranwachsenden Angebote zur Entwicklung einer sicheren Bindung macht* (Grossmann/Grossmann 2004). Genau so nämlich kann er lernen, dass ängstigende Situationen durch Hilfe von anderen Menschen grundsätzlich zu bewältigen sind. Erikson hat dafür den Begriff „Urvertrauen" geprägt, der somit auch ein Aspekt von Resilienz ist (vgl. Erikson 1988).

(c) *Kontrollüberzeugung entsteht umso eher, je mehr unterschiedliche Möglichkeiten zur Kontrolle durch eigenes Handeln existieren.* Im Kontext sicherer Bindung ist also die Unterstützung von Explorationstendenzen bei Heranwachsenden wichtig. Dies umfasst insbesondere „gefährliche" Situationen, in die der Heranwachsende explorierend gerät oder geraten könnte. Je mehr eine sichere Bindung ausschließlich als Schutz vor möglichen Risiken konzipiert ist, desto weniger bietet sie die Chance zur Entwicklung von Resilienz und wird damit zum Entwicklungshemmnis: Denn gerade zu Beginn des Lebens bedeutet „bedrohlich" vor allem, dass keine fremde Hilfe verfügbar erscheint. Sichere Bindung geht mit der Überzeugung einher, dass dieser Fall in der Regel gerade nicht zu erwarten ist. Dieses Gefühl wiederum ermöglicht die immer länger dauernde und umfassendere Trennung von der Hilfe anderer. Erst diese Erfahrung führt zu einer Form der Kontrollüberzeugung, die sich auf die eigenen Bewältigungsmöglichkeiten stützt und deshalb optimal geeignet ist, „aussichtslose" Situationen zu bewältigen. Dieser Gedankengang legt Assoziationen mit jenem Herausforderungsmodell nahe, das Zander (2008: 43) erwähnt.

(d) *Da extrem bedrohliche Situationen meist sozialer Natur sind und auf spezifischen Machtverhältnissen beruhen, ist die Vermittlung von Normen und ethischen Maßgaben nur bedingt geeignet, Resilienz hervorzubringen. Vielmehr ist eine deutlich an den eigenen Bedürfnissen orientierte Grund-*

haltung als interne Voraussetzung für Resilienz günstiger als eine Grundhaltung, welche die eigenen Bedürfnisse generell als unwichtig beurteilt. Hier hat Resilienz etwas zu tun mit der Bereitschaft, eigene Interessen auch gegen diejenigen anderer massiv durchzusetzen und dabei Übertretungen moralischer Gebote in Kauf zu nehmen. Das bedeutet nicht, die Anliegen anderer Menschen zu ignorieren, wohl aber sie gegenüber den eigenen sorgfältig abwägen zu können.

(e) *Extrem bedrohliche Situationen sind mit dem Erleben extremer Ohnmacht verbunden.* Hier hilft, da eine externale Kontrolle nicht zu realisieren ist, nur internale Kontrolle, und dabei sind illusionäre Kontrollüberzeugungen höchst hilfreich. Auch hier geht es nicht darum, über diesen Illusionen jeden Kontakt zu den eigenen realen Handlungsmöglichkeiten zu verlieren, und erst recht nicht darum, statt handelnd träumend der Welt gegenüberzutreten, wohl aber darum, illusionäre Kontrollüberzeugungen als das zu nutzen, was sie sind: Hilfen in höchster Not. Eine daran orientierte Wertschätzung dieser Illusionen durch Bezugspersonen ist der Entstehung von Resilienz förderlich. Das ist besonders im Umgang mit kleinen Kindern wichtig, deren Umgang mit der Welt wegen ihrer Machtlosigkeit oft durch Phantasie geprägt, besser gesagt: gestützt wird.

Der Nutzen des Resilienzbegriffs in der Praxis der Pädagogik, der Psychologie und der Sozialen Arbeit

Der Nutzen des Resilienzbegriffs wird in der Bezeichnung „Resilienzförderung" auf den Punkt gebracht und mithilfe der doppelten Frage geklärt: „Ist Resilienzförderung möglich und gut?"

Dieser Frage wird in folgenden Schritten nachgegangen:
- Resilienzförderung ist als Präventivstrategie konzipiert und hängt daher von der Beurteilung von Präventivstrategien überhaupt ab.
- Resilienz umfasst auch sozial problematische Handlungsmuster. Was bedeutet das für eine Förderung von Resilienz?
- Was charakterisiert Resilienzförderung gegenüber anderen Strategien?
- Welche Grundhaltungen liegen für Funktionsträger nahe, die Resilienz fördern?

Abschließend kann nunmehr der praktische Nutzen des Resilienzbegriffs systematisiert werden. Dabei wird zwischen dem Nutzen für Risiko-Kinder und dem für wenig resiliente Kinder unterschieden.

(a) Resilienzförderung als Präventivstrategie

Auch wenn man eine weitgehende Immunisierung Heranwachsender gegenüber extremsten Anforderungen als unsachgemäß und ethisch problematisch kritisiert (Freyberg i. d. Bd.: 219 f.), stellt sich die Frage, ob eine Stärkung Heranwachsender gegenüber extremsten Anforderungen möglich und gut ist. Das ist die zugespitzte Frage nach Sinn und Unsinn von Prävention. Diese Frage kann hier nicht umfassend verfolgt werden, daher eine Beschränkung zunächst auf zwei Aspekte, welche die Möglichkeit von Prävention markieren:

- Subjektive, vor allem körperliche Voraussetzungen bei den Heranwachsenden schränken diese Möglichkeiten ein. Zwar lassen sich psychophysische Defizite weitgehend, aber eben nicht vollständig kompensieren. Körperliche und geistige Behinderung sowie psychische Erkrankungen reduzieren die Wahrscheinlichkeit, Anforderungen und erst recht extreme Anforderungen zu bewältigen.
- Soziale Verhältnisse wie z. B. geringe sozioökonomische Ressourcen im Nahraum aber auch in der weiteren Umgebung der Heranwachsenden schränken diese Möglichkeiten ebenso ein und wirken umso stärker, als sie wiederum über die Kompensation der subjektiven Voraussetzungen entscheiden. Diese sozioökonomischen Ressourcen umfassen auch die materielle und personelle Ausstattung der Hilfesysteme. Ohne entsprechende Qualifikation auf Seiten der Funktionsträger und ohne Zeit und Geld ist Prävention nicht möglich; daher erinnern manche Hoffnungen, die auf präventive – und damit Kosten sparende – Maßnahmen gesetzt werden, an Kontrollillusionen, die einerseits zwar den Funktionsträgern ihre Motivation sichern, aber auch die Gefahr bergen, die bestehenden Probleme nicht zu beheben (externale Steuerung), sondern nur wegzuhoffen (internale Steuerung auf Seiten der Funktionsträger).

Prävention ist folglich möglich, aber nicht unbegrenzt möglich. Über ihre ethische Berechtigung lassen sich nur relativ zu ethischen Grundpositionen Aussagen machen, die auf die Entscheidung zurückgehen, was denn ein gutes Sozialisationsergebnis – weiter gefasst: ein gutes Leben (Fenner 2007) – ist und sein soll. Auch hier ist eine umfassende Behandlung nicht möglich, aber auch nicht erforderlich, da die zentrale Konfliktlinie hinreichend bekannt sein dürfte: Die alte Konfliktlinie eben zwischen denen, die Autonomie zum zentralen Ziel von Sozialisation erklären, und jenen, die eher eine gelungene Anpassung an bestehende soziale Strukturen und Vorgaben im Auge haben. Diese Konfliktlinie bleibt trotz aller durchaus brauchbarer Kompromisse scharf, wie vor allem die Debatte um die geschlossene Unterbringung in der Jugendhilfe zeigt (Wieland 2006; v. Wolffersdorf/Sprau-Kuhlen 1990).

Ausgangspunkt der vorliegenden Argumentation ist die Autonomie–Maßgabe, nach der Prävention solange als ethisch geboten betrachtet wird, wie sie sich letztlich ausschlaggebend an den Bedürfnissen und Anliegen der Heranwachsenden orientiert und sich bei Konflikten zwischen diesen Bedürfnissen und Anliegen und sozialen Anforderungen anwaltlich für die Heranwachsenden positioniert. Dies dürfte nur möglich sein, wenn diese Bedürfnisse und Anliegen bekannt sind und ernst genommen werden und wenn auch aufseiten der Erwachsenen eine prinzipielle Bereitschaft zur Kritik an Anforderungen besteht, aber auch nur dann, wenn dabei die Konsequenzen bekannt sind, die es für Heranwachsende hat, diesen Anforderungen nicht zu genügen. Heranwachsende brauchen nämlich von Erwachsenen manchmal noch einen unterstützenden Überblick über die möglichen Konsequenzen aus ihrer Weigerung, bestimmte Anforderungen zu erfüllen.

(b) Resilienz als Verweigerung und Konfliktstrategie
Ein zu Unrecht randständiger Aspekt der Resilienzdebatte ist die Auseinandersetzung über zwei spezifische Kompetenzbereiche:
- die Kompetenz, Anforderungen zu ignorieren oder sich ihnen zu widersetzen, um die eigene Kontrollüberzeugung zu sichern. Schulverweigerung kann ein Ausdruck dieser Art von Kompetenz sein (Thimm 2000). Sie hat soziale Seiten: Schulverweigerer müssen ihr Handeln verbergen können, und sie hat Selbst-bezogene Seiten: Schulverweigerer müssen die Folgen der mit Schulverweigerung verbundenen Ausgrenzung für ihr Selbstbild und vor allem für ihre Kontrollüberzeugung neutralisieren oder mildern.
- die Kompetenz, Kontrollüberzeugung aus sozial problematischen Handlungen zu gewinnen, wie etwa durch Ausübung von Gewalt oder Diebstahl u. ä., kurz all das, was Winnicott (1984) als antisoziale Tendenz beschrieben hat.

Beides als Bewältigungsstrategie zu bestimmen, wie v. Freyberg das tut (i. d. Bd.: 222), ist konsequent und nachvollziehbar. Allerdings sind die „Nebenwirkungen" dieser Strategien u. U. so gravierend, dass nicht einmal Toleranz gegenüber solchen Handlungen ethisch vertretbar ist, geschweige denn eine Unterstützung. Aber das alles ist nicht wirklich relevant in einem Diskurs über Resilienzförderung, zumindest dann nicht, wenn Resilienz als Kompetenz definiert wird, auch unter bedrohlichen Bedingungen zu lernen – denn die Tatsache, dass unter bedrohlichen Bedingungen auch sozial unakzeptierte Strategien gelernt werden und die eigene Kontrollüberzeugung sichern können, bedeutet ja nicht, dass Resilienzförderung Toleranz oder gar Förderung solcher Kompetenzen umfasst. *Mit der Bestimmung „Resilienz = Lernkompetenz" bezieht sich Resilienzförderung nicht auf inhaltlich spezifizierte Anforderungen, sondern nur auf Anforderungen, die angsterregend sind. Wie viel Spielraum Resilienzförderung gegenüber unkonventionellen oder gar antisozialen „Lösungen" hat, ist zweifellos situationsabhängig und Ergebnis eines Aushandlungsprozesses. Entscheidend ist die Orientierung der Resilienzförderung an Lernen unter bedrohlichen Verhältnissen:* Und da ist eine gewisse Sorglosigkeit gegenüber sozialen Gefahren gegebenenfalls hilfreich und unter der Autonomie–Maßgabe auch ethisch vertretbar.

(c) Resilienzförderung und andere Strategien
Diese Argumentation definiert das Charakteristikum von Resilienzförderung als Strategie und bestimmt zugleich ihr Verhältnis zu anderen Strategien Sozialer Arbeit, wie etwa zur Ressourcenorientierung, zur Lösungsorientierung, zum Empowerment. Resilienzförderung bedient sich der soeben genannten Strategien, um Lernen unter bedrohlichen Verhältnissen zu fördern. *Sie ist mithin keine übergeordnete Strategie für alle Probleme der Sozialisation, sondern eine spezielle Strategie für Fälle, wo Bedrohungen unterschiedlicher Art und vor allem deren Kumulierung den Erwerb neuer Kompetenzen erschweren.* Sie zielt auf eine Stärkung der Selbstwirksamkeitsmotive und der Kontrollüberzeugung und bezieht sich auf allgemeine Lernkompetenzen und Angstbewältigung.

(d) Grundhaltungen bei Resilienzförderung
Die obige Argumentationslinie zu Bewertungsproblemen im Umfeld von Resilienz, legt zwei in gewisser Weise konflikthafte – und auch miteinander nicht immer leicht zu vereinende – Maßgaben nahe, welche Resilienzförderung bestimmen müssen, solange sie sich in den Dienst der Autonomiestärkung stellt:
- Da Resilienz primär subjektbezogen beurteilt werden muss, ist bei sozialen Konflikten, die durch resilientes Handeln (mit-)entstehen, eine anwaltliche Haltung erforderlich, welche durch Interpretationsarbeit versucht, jene sozialen Sanktionen, die derartiges Handeln mit sich bringt, zu mildern bzw. ihre Bewältigung zu unterstützen. Als Anwalt derart resilienter Heranwachsender geraten Funktionsträger von

Hilfeorganisationen rasch in Konflikt mit Vorgaben der eigenen und Vorgaben von fremden Organisationen, mit denen aber eine Kooperation besteht. Der gesamte Bereich der Jugendgerichtshilfe ist von dieser Problematik geprägt. Unter dem Gesichtspunkt von Resilienz bekommt sie noch eine ganz neue Dimension.

- Die Subjektorientierung entbindet aber nicht von einer Orientierung an sozialen Normen und schon gar nicht an ethischen Normen. Dies gilt nicht einfach, weil Funktionsträger derartigen Normen gegenüber verpflichtet sind, und auch nicht, weil sie ihnen gegenüber persönlich verpflichtet sind. Es gilt, weil Normenverstöße Folgen haben für die, die das tun. Und es gilt vor allem bezogen auf ethische Normen, weil diese einen nachvollziehbaren Anspruch auf Universalität haben und sich eben nicht auf eine irgendwie geartete Gemengelage konkreter Interessen zurückführen lassen. Die Subjektorientierung hat also ihre Grenze an den „Nebenwirkungen" resilienten Handelns und an den ethischen Normen mit Anspruch auf Universalität.

Diese beiden Maßgaben ermöglichen einerseits eine Unterstützung resilienten Handelns, das zu sozialen Konflikten führt, und behält andererseits die Bindung jeglichen Handelns an soziale und ethische Normen im Blick. Sie laufen auf eine gute Ambiguitätstoleranz gegenüber sozialen Konflikten und damit verbunden Normenkonflikten hinaus.

(e) Ein Vorschlag zur Systematik der Resilienzförderung
Damit ist der praktische Nutzen des Resilienzbegriffs umrissen:
Lernen und Angstbewältigung sind die zentralen Ziele von Resilienzförderung und nicht eine wie weit auch immer reichende Stressimmunisierung. Resilienzförderung konzentriert sich auf den Ausbau internaler Steuerung und eben nicht auf die Bewältigung sozialer oder sachlicher Anforderungen. Sie setzt dabei an Strategien für den Umgang mit Angst an.

Es ist sicherlich sehr reizvoll zu prüfen, welches der in diesem Band und anderen Quellen vorgestellten Beispiele für Projekte von Resilienzförderung dieser Definition tatsächlich entspricht. Das würde aber den Rahmen dieses Beitrages sprengen und vor allem an seiner Zielsetzung vorbei gehen. Hier geht es um eine Schärfung des Resilienzkonstruktes und eine Klärung seines praktischen Nutzens, und nachdem dieser Nutzen hinreichend umrissen ist, bleibt noch die Aufgabe, eine kurze Systematik der Resilienzförderung vorzuschlagen, die diesen praktischen Nutzen von „Resilienz" weiter konkretisiert.

Die Hauptlinie der Resilienzdebatte bezieht sich auf Risikokinder (Zander 2008), also auf solche, deren Lernfähigkeit und -bereitschaft durch das Erleben existenzieller Einschränkungen beeinträchtigt ist. Für sie bedeutet Resilienzförderung grundsätzlich zweierlei:
- *die Reduktion existenzieller Einschränkungen durch praktische und soziale Hilfen*
Solche Hilfen ermöglichen diesen Kindern die Bewältigung anstehender Anforderungen, indem sie deren Schwere reduzieren und Erfolgserlebnisse wahrscheinlicher machen. Sie reichen von materieller Versorgung bis hin zu Bindungsangeboten, werden aber zu Resilienzförderung nur dann, wenn die Bewältigungserfolge, welche die Kinder erzielen, ihnen auch so zur Aneignung vermittelt werden, dass sie daraus eine Verbesserung ihrer Kontrollüberzeugung ableiten können. Das ist wohl gemeint, wenn AutorInnen von Resilienzförderungsprojekten davon sprechen, dass sie „ihre" Kinder stärken wollen (vgl. Grotberg u.a. i. d. Bd.).
- *die Vermittlung von angstreduzierenden Selbstregulationsstrategien*
Dabei geht es um Analysen der beängstigenden Situation und eine starke Akzentuierung möglichst vieler unterschiedlicher Bewältigungsstrategien. Die Resilienzförderung folgt insofern den Grundsätzen ressourcenorientierter Arbeit und spezifiziert diese durch explizite Betonung von Angstbewältigungsstrategien. Es handelt sich also schlicht um Ermutigung und Hinweise, wie man sich selbst in Notfällen Mut zusprechen kann.

Neben den Risikokindern sind Heranwachsende (oder Erwachsene) mögliche Nutznießer von Resilienzförderung, deren Angstbereitschaft hoch und deren Resilienz folglich schwach ausgeprägt ist. Bei ihnen geht es nicht um eine Stärkung gegenüber bedrohlich-riskanten Lebensumständen, sondern um die Stärkung einer schwach ausgeprägten Resilienz. Diese schüchternen, ängstlichen, zurückgezogen lebenden Menschen werden weniger auf materielle Hilfe und nur in bestimmter Weise auf soziale Hilfe angewiesen sein, zumindest dann, wenn sie nicht auch noch unter existenzbedrohlichen Verhältnissen leben. Für sie besteht Resilienzförderung am ehesten aus der Vermittlung angstreduzierender Selbstregulationsstrategien. Soziale Hilfen haben dann eher die Zielsetzung, ihnen die Nutzung sozialer Strukturen zu ermöglichen, die sie ohne Hilfe nicht in Anspruch nehmen können. Diese Form der Resilienzförderung hat stark psychotherapeutischen, jedenfalls aber sozialtherapeutischen bzw. heilpädagogischen Charakter.

Literatur

Ainsworth, Mary (1968): Object Relations, Dependancy and Attachment: A Theoretical Review of the Infant – Mother Relationship. In: Child Development, 40, S. 969 - 1025

Braun, Karl-Heinz (2004): Raumentwicklung als Aneignungsprozess. In: Deinet/Reutlinger (2004), S. 19–48. Wiesbaden

Chassé, Karl-August/Zander, Margherita/Rasch, Konstanze (2005): Meine Familie ist arm. Wie Kinder im Grundschulalter Armut erleben und bewältigen. Wiesbaden

Deinet, Ulrich/Reutlinger, Christoph (2004): Aneignung als Konzept der Sozialpädagogik. Wiesbaden

Erikson, Erik (1988): Jugend und Krise. Stuttgart

Elder, Glen H. (1999): Children of the Great Depression. Social Change in Life Experience, 25th Anniversary Edition. Westview Press, Boulder/Oxford

Elder, Glen H. (1974): Children of the Great Depression. Social Change in Life Experience, University of Chicago Press

Fend, Helmut (2000): Psychologie des Jugendalters. Opladen

Fenner, Dagmar (2007): Das gute Leben. Berlin

Flammer, August (1990): Erfahrung der eigenen Wirksamkeit. Bern

Friedlmeier, Wolfgang/Holodynski, Manfred (Hrsg.) (1999): Emotionale Entwicklung. Heidelberg/Berlin

Greve, Werner (2000): Psychologie des Selbst. Weinheim

Holodynski, Manfred (1999): Handlungsregulation und Emotionsdifferenzierung. In: Friedlmeier/Holodynski (1999): S. 29–51. Heidelberg/Berlin

Krappmann, Lothar/Oswald, Hartmut (1995): Der Alltag der Schulkinder. Weinheim

Lazarus, R. S./Folkman, S. (1984): Stress, Appraisal, Coping. Berlin

Luthar, Sunya (1999): Poverty an Children's Adjustment. Thousand Oaks/London/New Dehli

Oerter, Rolf/Montada, Leo (Hrsg.) (2002): Entwicklungspsychologie. Weinheim/Ba-sel/Berlin

Oesterreich, Rainer (1981): Handlungsregulation und Kontrolle. München

Opp, Günther/Fingerle, Michael (2007): Was Kinder stärkt. München/Basel

Piaget, Jean (2003): Meine Theorie der geistigen Entwicklung. Weinheim/Basel

Rauh, Hellgard (2002): Vorgeburtliche Entwicklung und frühe Kindheit. In: Oerter/Montada (2002): S. 131–208. Weinheim/Basel/Berlin

Rohlfs, Carsten/Harring, Marius/Palentien, Christian (2008) (Hrsg.): Kompetenz-Bildung. Wiesbaden

Savigny, Eike v. (1969): Die Philosophie der normalen Sprache. Frankfurt/M.

Schoon, Ingrid (2006): Risk and Resilience. Cambridge University Press

Spitzer, Manfred (2002): Lernen. Berlin

Staudinger, Ursula/Schindler, Ines (2002): Produktives Leben im Alter I: Aufgaben, Funktionen, Kompetenzen. In: Oerter/Montada (2002): S. 955–982. Weinheim/Basel/Berlin

Thimm, Karlheinz (2000): Schulverweigerung. Münster

Werner, Emmy/Biermann, J. M./French, F. E. (1971): The children of Kauai. Honolulu

Werner, Emmy/Smith, Ruth (1977): Kauai's Children come of age. Honolulu

Werner, Emmy/Smith, Ruth (1982 und 1989): Vulnerable but invincible. New York

Winnicott, Donald (1984): Deprivation and Delinquency. London

Wieland, Norbert (2006) ... und bist Du nicht willig. Vortrag im Rahmen der Tagung Pädagogik und Zwang aus pädagogischer Sicht. LVR Köln 18.5.2006

Wieland, Norbert (2010): Die soziale Seite des Lernens. Wiesbaden

Wolffersdorff, Christian v./Sprauh-Kuhlen, Vera (1990): Geschlossene Unterbringung in Heimen – Kapitulation der Jugendhilfe? Weinheim/München

Wustmann, Corina (2004): Resilienz. Weinheim/Basel

Zander, Margherita (2008): Armes Kind – starkes Kind? Die Chance der Resilienz, Wiesbaden

Resilienz deuten –
Schlussfolgerungen für die Prävention

Michael Fingerle

In der Literatur zu Frühen Hilfen und zur Frühprävention, aber auch in anderen präventiv ausgerichteten pädagogischen Handlungsfeldern, spielt der Begriff der Resilienz seit einiger Zeit eine wesentliche Rolle. Die Faszination dieses Begriffes speist sich aus dem Entwicklungsoptimismus, der mit ihm einhergeht und in der empirisch belegbaren Existenz von Personen begründet ist, die sich trotz großer psychosozialer Belastungen positiv entwickeln. Es handelt sich jedoch um ein Phänomen, das einige auf den ersten Blick irritierende Eigenschaften aufweist und sich einer einfachen Interpretation verschließt (was es jedoch umso faszinierender macht). Ich möchte den folgenden Überlegungen eine Auffassung des Resilienzbegriffs zugrunde legen, die weniger auf eine Persönlichkeitseigenschaft rekurriert. Ich möchte vielmehr Resilienz zum einen als ein zumindest *temporär feststellbares Entwicklungsergebnis* verstehen und zum anderen als ein damit korrespondierendes *Wissen der resilienten Person um Ressourcennutzung im Sinne eines Bewältigungskapitals*; dieses Wissen kann aber nicht unabhängig von bestimmten *Entwicklungsumgebungen* erworben werden. Dieses Begriffsverständnis ist wiederum eingebettet in eine probabilistische Auffassung von Entwicklungsprozessen, wie sie auch in der klinischen Entwicklungspsychologie und der Entwicklungspsychopathologie zugrunde gelegt wird (z. B. Cicchetti 1999). Der Schwerpunkt der Ausführungen wird auf den Implikationen dieser Resilienzkonzeption für Prävention und Förderung liegen.

1. Das Resilienzphänomen

Alle Diskurse über Resilienz gründen letztendlich in einem empirisch belegten Phänomen: Kinder, die sich trotz großer sozialer und psychischer Belastungen positiv entwickeln. Dies ist das Phänomen der Resilienz, das nunmehr seit einigen Jahren im deutschen Sprachraum auch in der Pädagogik (Göppel 1997), der Förderpädagogik (Fingerle/Freytag/Julius 1996), der Sozialpädagogik und der Frühförderung (Wustmann 2004, 2005; Fröhlich-Gildhoff/Rönnau-Böse 2009) stärkere Beachtung findet.

An dieser Stelle soll darauf hingewiesen werden, dass die Klassifikation eines Entwicklungsergebnisses als „positiv" oder „negativ" zwar anhand empirischer Indikatoren festgelegt wird, dass es sich hierbei aber natürlich letzten Endes um Definitionen handelt, die sich an sozialen und kulturellen Normen orientieren, die ihrerseits weder objektiv noch absolut sind. Die vorliegenden Studien folgten dabei dem Wertekanon der Mittelschichten in den Industrienationen. Diese Setzungen lassen sich selbstverständlich dekonstruieren bzw. gegen andere Setzungen austauschen.

Wie alle Definitionen sind sie nicht in einem empirischen Sinne wahr oder falsch, sondern nur mehr oder weniger nützlich. In diesem Zusammenhang liegt ihr unmittelbarer Nutzen zum einen in der Ermöglichung einer empirischen Analyse (für die solche Leitdifferenzen unabdingbar sind) und zum anderen in der Notwendigkeit, den Analysen eine gewisse soziale Validität (sensu Winett/Moore/Anderson 1991) zu verleihen.

Als empirischer Beleg für Entwicklungswege, die zwar unter gleichen Bedingungen zustande kommen wie die Entwicklung von Verhaltensbeeinträchtigungen, die aber dennoch eine sozial anschlussfähige Richtung einschlagen und mit psychischem Wachstum verknüpft sind, stellt die Resilienzforschung einen naheliegenden theoretischen Ausgangspunkt für Prävention und Diagnostik dar. Auch in der Psychologie wurde dieser Zusammenhang erkannt, und motivierte neben der Entwicklung von Förderprogrammen u.a. auch zur Formulierung einer ressourcenorientierten Diagnostik (z. B. Klemenz 2003; Petermann/Schmidt 2009). Diese Studien zur positiven Entwicklung innerhalb von Hochrisikopopulationen bieten tatsächlich einen Ausgangspunkt zur empirischen, aber auch theoretischen Fundierung von Präventions- und Förderkonzepten. Es fehlt zwar auch hier nach wie vor an einem geschlossenen Modell, doch die Studien – bzw. die Reflexion ihrer Ergebnisse – liefern zumindest relevante Eckpunkte für die Konzeption einer ressourcenorientierten Förderung im Hinblick auf Möglichkeiten und Grenzen von Präventionsprogrammen und Diagnostik.

Die Ergebnisse der Resilienzstudien zeigen aber auch, dass die Wirkungsweise von Risikofaktoren und Ressourcen keineswegs so simpel ist, dass man durch ihre stärkere Einbeziehung einfach durchzuführende förder(diagnostische) Regeln erhält. So wird beispielsweise in der förderdiagnostischen Literatur häufig gefordert, von den Stärken der Person auszugehen, und auch in Beratungskonzepten (z. B. Mutzeck/Jogschies 2004) wird oft – zu Recht – darauf hingewiesen, dass sich Ressourcen auch hinter vermeintlichen Verhaltensdefiziten verbergen können, da ein

Verhaltensdefizit auch eine im Kern vorhandene, aber falsch angewandte Fähigkeit sein kann (so impliziert etwa aggressives Verhalten das positive Motiv der Selbstbehauptung). Es zeigt sich aber in der Rezeption der Ergebnisse der Resilienzforschung, dass eine unreflektierte Umdeutung oder Dekonstruktion von „Defiziten" zu „Stärken" vermutlich nicht ausreicht, um der Komplexität von Entwicklungsdynamiken gerecht zu werden – obwohl dies einen wichtigen Teilschritt darstellen kann. Es dürften vor allem zwei Aspekte sein, die für Prävention und Diagnostik relevant sind. Zum einen handelt es sich dabei um die Schwierigkeiten, Risikofaktoren und Ressourcen voneinander abzugrenzen und um die in jedem Falle probabilistische Natur solcher Konstrukte. Zum anderen scheinen bei der Entstehung positiver Entwicklungsergebnisse soziale Faktoren eine nicht geringe Rolle zu spielen, so dass eine allein auf personalen Faktoren aufbauende Förderung wahrscheinlich zu kurz greift. Auf beide Punkte soll im Folgenden näher eingegangen werden, wobei der Schwerpunkt auf dem sozialen und emotionalen Verhalten liegen wird.

Resilienz, Risikofaktoren, Schutzfaktoren und Ressourcen

Man kann den Begriff der Resilienz auf zwei Arten erläutern, die durchaus verschieden, jedoch nicht voneinander unabhängig sind. Die einfachste Sichtweise beschränkt sich (wie bereits erwähnt) auf die *Charakterisierung eines empirischen Phänomens*: Es gibt Menschen, die sich positiv entwickeln, obwohl sie unter Bedingungen aufwachsen, von denen bekannt ist, dass sie mit einem hohen Risiko für die Entstehung von psychischen Problemen und dysfunktionalen Verhaltensmustern einhergehen. Die Forschung wurde sich der Existenz dieser Personengruppe in den siebziger und achtziger Jahren des 20. Jahrhunderts bewusst, als solche Personen in groß angelegten Längsschnittstudien identifiziert wurden, die teilweise vier Jahrzehnte lang durchgeführt wurden (z. B. Werner 2006). Ihre Entdeckung war für die Psychologie damals eine ausgesprochene Überraschung, da man nicht damit gerechnet hatte, dass Menschen unter hochgradig aversiven Bedingungen heranwachsen könnten, ohne psychische Schädigungen davonzutragen. Menschen, denen dies dennoch gelang, wurden in der Folge als „resilient" im Sinne von „psychisch widerstandsfähig" bezeichnet.

Die zweite Sichtweise stellt nun eine *Interpretation dieses empirischen Befundes* dar. Masten/Best/Garmezy (1990) definierten Resilienz als den „Prozess, die Fähigkeit oder das Ergebnis erfolgreicher Adaptation angesichts herausfordernder oder bedrohender Umstände im Sinne inneren Wohlbefindens und/oder effektiver Austauschbeziehungen mit der Umwelt" (S. 426). Ähnliche Definitionen finden sich auch bei anderen Autoren (z. B. Boswoth/Earthman 2002), auch aus neuerer Zeit, so zum Beispiel von Welter-Enderlin (2006): „Unter Resilienz wird die Fähigkeit von Menschen verstanden, Krisen im Lebenszyklus unter Rückgriff auf persönliche und sozial vermittelte Ressourcen zu meistern und als Anlass für Entwicklung zu nutzen" (S.13).

Solche Definitionen gehen über das reine Konstatieren der empirischen Existenz eines Spezialfalls positiver Entwicklung hinaus und benennen eine bestimmte, individuelle Kompetenz als deren Ursache. Man bemerkt jedoch auch, dass es sich bei dieser Kompetenz um keine einfach zu fassende Einzelfähigkeit oder Ressource wie Intelligenz oder einen bestimmten Copingstil zu handeln scheint, sondern eher um eine Art Metawissen, das sich zwar beschreiben, aber nur schwer operationalisieren (bzw. diagnostizieren) lässt.

Beide Sichtweisen stellen nach wie vor den state of the art der Forschung dar: Es gibt solche resilienten Menschen und sie zeichnen sich nach allem, was wir wissen, durch eine flexible und adaptive Qualität der Nutzung personaler und sozialer Ressourcen aus. Diese Kompetenz scheint aber kein stabiles Persönlichkeitsmerkmal zu sein, sondern einer stärkeren zeitlichen und situativen Variabilität zu unterliegen, als dies für klassische Personenmerkmale wie Intelligenz oder Selbstwertgefühl gilt.

Der zitierten Definition gingen Versuche voraus, resiliente Menschen auf eine einfachere Weise zu charakterisieren, die leichter diagnostizierbar (und trainierbar) wäre. Man war der Ansicht, dass die Entwicklung von Resilienz die Folge des Vorliegens von sog. Schutzfaktoren (protektiven Faktoren) sei, welche die Wirkung von Entwicklungsrisiken (Risikofaktoren) kompensieren oder sogar komplett ausschalten könnten. Diese Auffassung zieht eine Reihe methodologischer Probleme nach sich, denn definiert man Schutzfaktoren lediglich als das Gegenteil von Risikofaktoren, dann bedeutet dies, dass Personen, die über Schutzfaktoren verfügen, zunächst einmal weniger Risikofaktoren ausgesetzt sind als Menschen, die über keine Schutzfaktoren verfügen – statt eines qualitativen Unterschieds würde lediglich eine unterschiedlich hohe Nettorisikobelastung vorliegen. Diese Debatte führte zu dem Ergebnis, Schutzfaktoren im engeren Sinne sollten durch die Eigenschaft gekennzeichnet sein, dass sie nur dann besondere Wirkung haben, wenn ein Risikofaktor vorliegt, ansonsten aber latent bleiben. Man kann sich dies ähnlich vorstellen wie einen Impfstoff, der den Körper gegen einen bestimmten Krankheitserreger immunisiert, doch im Übrigen die Gesundheit weder im Guten noch im Schlechten beeinflusst.

Die Suche nach Schutzfaktoren, die dieser strengen Definition genügen, führte bislang allerdings nicht zu überzeugenden Ergebnissen. Die vorliegenden nationalen und internationalen Längsschnittstudien leiden darunter, dass ihre Stichproben in aller Regel nicht groß genug sind, um derartig spezifische Effekte auf statistisch belastbare Weise analysieren zu können. In einer aktuellen Studie zur Wirkung von Risikofaktoren und Ressourcen bei aggressivem Verhalten im Grundschulalter (Schlack/Hölling/Petermann 2009) fand sich nur ein begrenzter protektiver Effekt für den Faktor „familiale Wärme", doch da es sich bei dieser Untersuchung um eine Querschnittstudie handelte, konnten gerichtete Effekte und langfristige Zusammenhänge nicht analysiert werden. Die Frage nach der Existenz von Schutzfaktoren, die der strengen Definition entsprechen, ist damit zwar nach wie vor offen, doch es scheint angebracht zu sein, anstelle des Begriffs „Schutzfaktor" besser den etwas neutraleren Begriff der „Ressource" zu verwenden, wenn man von Faktoren wie Selbstwertgefühl, sicherer Bindung u.ä. spricht.

Nichtsdestoweniger förderte die Debatte um die Resilienzstudien dennoch Einsichten zu Tage, die für Prävention, Förderung und Diagnostik von hohem Interesse sind, und interessanterweise hängt dies mit einigen der Gründe zusammen, warum sich bisher keine eindeutigen Schutzfaktoren finden ließen. Insgesamt zeigte es sich nämlich, dass die Unterscheidung zwischen Risikofaktoren und Schutzfaktoren (oder auch Ressourcen) an sich bereits hochproblematisch ist. So repräsentiert beispielsweise ein hohes Selbstwertgefühl in den Augen der meisten Pädagogen und Psychologen eine Ressource, während ein niedriges Selbstwertgefühl mit einem höheren Risiko für andere psychische Probleme behaftet ist. Nun kann aber auch ein hohes Selbstwertgefühl unter Umständen das Risiko für Verhaltensprobleme erhöhen – so scheint es bei einigen aggressiven Jugendlichen mit ihrem Problemverhalten geradezu kausal verknüpft zu sein, anstatt als ausgleichender Faktor zu wirken (z. B. Baumeister/Smart/Boden 1996). Solche und ähnliche Phänomene (Lösel/Bender 2007) führen m. E. zu dem Schluss, dass es vermutlich prinzipiell unangemessen ist, personalen und sozialen Merkmalen den Status einer Ressource oder eines Risikofaktors exklusiv zuzuweisen. Welche Rolle ein Merkmal spielt, scheint vielmehr nicht unwesentlich von der Funktion abzuhängen, die das Merkmal in der Gesamtkonstellation ausübt (Staudinger 1999). Das führt zu einer probabilistischen und interaktiven Betrachtungsweise: Jeder Faktor hängt jeweils mit einer gewissen Wahrscheinlichkeit sowohl mit positiven als auch negativen Wirkungen zusammen, die von Bedingungsgefüge zu Bedingungsgefüge wechseln können. Da sich Lebensbedingungen im Verlauf der Entwicklung leichter und schneller ändern können als Selbstwirksamkeit und andere Ressourcen, erklärt sich, wieso Ressourcen alleine für sich eine relativ geringe prognostische Validität (Lösel/Bender 2007) für positive Entwicklungsverläufe haben und Resilienz keine hochgradig stabile Eigenschaft ist. Offenbar kommt es nicht nur auf die Verfügbarkeit von Ressourcen an, sondern auch auf eine gewisse Flexibilität in ihrem Einsatz. Aus diesen Gründen scheint es mir angemessen zu sein, resilienten Menschen nicht in erster Linie eine bestimmte Persönlichkeitseigenschaft zuzuschreiben und Resilienz nicht als unmittelbare Folge bestimmter Ressourcen anzusehen. Es scheint mir angemessener zu sein, Resilienz als das (zumindest temporäre) Ergebnis von Lebenspraxen zu sehen, in denen Ressourcen identifiziert und genutzt werden, um in einer persistenten Weise sozial anschlussfähige Ziele zu verfolgen. Das erfordert Prozesse des Erlernens situationsangemessener Zielanpassung und Zielverfolgung, aber auch der Identifikation und Optimierung eigener Fähigkeiten, bzw. der Kompensation fehlender Ressourcen. Solche Strategien sind bereits in der Copingforschung und der Entwicklungspsychologie beschrieben worden (Brandstädter/Renner 1990; Freund/Baltes 1998), ihre Entstehung ist aber noch verhältnismäßig wenig untersucht worden. Es handelt sich jedoch nicht um bestimmte Lebensziele oder Ressourcen, sondern um Formen des Umgangs mit Ressourcen und Zielen. Ich möchte sie als Praxen bezeichnen, da sie in Auseinandersetzung mit dem unmittelbaren Lebensalltag entspringen und auch implizites, prozedurales Wissen enthalten, das sich nur schwer verbalisieren lässt. In Anlehnung an Bourdieus Begriff des kulturellen Kapitals (Bourdieu 1977) oder auch an das den PISA-Studien zugrunde gelegte, dem Kapitalbegriff verwandte Konzept der literacy (vgl. Stalder/Meyer/Hupka-Brunner 2008) könnte man diese Praxen als Bewältigungskapital auffassen und folgendermaßen definieren:

„Über Bewältigungskapital zu verfügen bedeutet, Ressourcen zu identifizieren, zu nutzen und über sie zu reflektieren, um eigene Ziele zu erreichen, das eigene Potential zur Bewältigung von Problemen und Krisen weiterzuentwickeln und am gesellschaftlichen Leben teilzunehmen."

Das Verfügen über ein derartiges psychosoziales Kapital erhöht die Wahrscheinlichkeit für eine Bewältigung von Belastungen und Entwicklungshindernissen, auch wenn es zunächst zu Misserfolgen und einem psychischen Einbruch kommen kann. Aber auch diese Praxen dürften ihre Grenzen haben und sogar gelegentlich ins Gegenteil umschlagen. So mag ein in der Kindheit erworbener, vermeidender Bindungstyp für ein Kind aus einem sozialen Brennpunkt zu einer Ressource werden, wenn dieser Verhaltensstil dazu genutzt wird, sich von delinquenten Peers zu distanzieren, sich auf seine Fähigkeiten zu konzentrieren und autonome Ziele zu verfolgen. Ein vermeidender Bindungstyp geht aber auch mit einem Risiko für Beziehungsprobleme einher, die sich viel später in der Biografie negativ auswirken können. Für pädagogische Ansätze dürfte es aber auch interessant sein, der Frage nachzugehen, welche Lernumgebungen und -angebote den Erwerb derartiger adaptiver Praxen anregen und fördern können.

2. Resilienz und Prävention

Diese Eigenschaften von Risiken und Ressourcen haben eine unmittelbare Konsequenz für die Betrachtung von präventiven Ansätzen. Legt man die skizzierte probabilistische Perspektive zugrunde, so folgt daraus, dass die zeitlich beschränkte Förderung von personalen Ressourcen ohne beratende Rahmung vermutlich geringere Effekte hat als sonst zu erwarten wäre – ja, im Einzelfall kann sie sogar unerwünschte negative Effekte haben und ein Problemverhalten verstärken. Es wird zwar immer einen Personenkreis geben, der von solchen Maßnahmen profitiert, aber eben auch immer Personen, für welche die Stärkung ihrer personalen Ressourcen alleine noch nicht ausreicht. Man könnte das auch zugespitzter formulieren: Solche Präventionen sind sehr wohl nützlich, aber sie reichen nicht aus.

In diesem Zusammenhang hilft es, sich zu vergegenwärtigen, dass soziale Faktoren für das Resilienzphänomen eine nicht unwesentliche Rolle spielen. Dies betrifft insbesondere die Rolle der sog. Mentoren. Damit sind Personen gemeint, die für Kinder, Jugendliche und junge Erwachsene eine wegweisende und beratende, aber auch fordernde Funktion einnehmen (Hamilton/Darling 1996). Schon in den als klassisch zu bezeichnenden Langzeitstudien zur Resilienz wurden solche Personen immer wieder im Lebenslauf der später als resilient eingestuften Kinder identifiziert. Ob als Lehrer, Betreuer oder Verwandte – sie standen zur Verfügung und übten eine richtungsweisende Funktion aus (Grossmann 2003). Auch in neueren Studien wurden diese Befunde repliziert. Zimmermann, Bingenheimer und Notaro (2002) befragten 770 Jugendliche einer US-Großstadt, von denen 52 % angaben, dass es in ihrem Leben Personen gegeben habe, die eine Mentorenrolle ausübten. Die Autoren konnten nachweisen, dass das Vorhandensein solcher Mentoren mit geringerem Problemverhalten und einer positiveren Einstellung zur Schule einherging. Noch deutlichere Ergebnisse liegen aus einer Längsschnittuntersuchung vor, die sich mit der Entwicklung der Kinder von 102 adoleszenten Müttern über einen Zeitraum von 14 Jahren befasste (Howard et al. 2007) und in der ebenfalls die wichtige Rolle von Mentoren belegt werden konnte. Diese Studie zeigte aber auch, dass die größten abpuffernden Effekte aus einer Kombination von vier Variablen resultierten: Das Vorhandensein einer guten Eltern-Kind-Beziehung, eines sozialen Netzwerks für die jungen Mütter, der Wahrnehmung von sozialen und sportlichen Aktivitäten, sowie einem Faktor, der als „Religiosität/Spiritualität" beschrieben wurde und sich wohl allgemeiner im Sinne von Antonovskys Kohärenzgefühl (vgl. Antonovsky 1987) bzw. als Gefühl der Sinnhaftigkeit interpretieren ließe.

Dies verweist auf den schon länger bestehenden Befund, dass eine weitere, für die Entstehung von Resilienz wesentliche soziale Ressource sichere Bindungsmuster bzw. familiale Beziehungsgefüge zu sein scheinen, die von Sicherheit, Unterstützung und Möglichkeit zur Exploration geprägt sind. Zumindest für die frühe Kindheit dürfte eine als sichere Bindung charakterisierbare Beziehung die wesentlichste psychosoziale Ressource für eine positive Entwicklung darstellen (vgl. Grossmann/Grossmann 2007).

Fasst man beide Ergebnisse der Resilienzforschung zusammen, so unterstreichen sie die eingangs getroffene Feststellung: Die alleinige Konzentration auf den Aufbau personaler Ressourcen dürfte für den Aufbau jenes Bewältigungskapitals, das sich bei resilienten Personen findet, noch nicht ausreichend sein. Gemäß der probabilistischen Natur des Resilienzphänomens sind Ressourcen keine Faktoren, die in jedem Falle positive Ergebnisse nach sich ziehen. Es bedarf auch der Anleitung und Beratung in ihrer Identifikation und sinnvollen Nutzung, d.h. im Erwerb von als sinnhaft erlebten Lebenspraxen. Dies legt die Vermutung nahe, dass soziale Ressourcen, um zur Entstehung von positiver Entwicklung nachhaltig beitragen zu können, nicht als isolierte Einzelfaktoren betrachtet werden sollten, sondern als Konstellationen, in denen nicht nur Sicherheit und Unterstützung, sondern auch Entwicklungsorientierung und praktische Beratung, aber auch sinnhafte Ziele geboten werden. Derartige Konstellationen dürften für Kinder aus Hochrisikogruppen eine Art von Nischenfunktion erfüllen, die für den Erwerb ressourcenaktivierender Praxen nötig ist.

3. Fazit

Insgesamt betrachtet stellen die aufgeführten Eigenschaften des Resilienzphänomens die Notwendigkeit von Präventions- und weiteren Förderprogrammen keineswegs in Frage, sie führen aber zu einer differenzierteren Sichtweise. Grundsätzlich sind alle Programme und Angebote nützlich, es kann aber vermutet werden, dass Programme, die sich auf den Aufbau personaler Ressourcen konzentrieren, in toto bei weniger Personen langfristige positive Entwicklungseffekte haben dürften, als Programme, denen es gelingt, auch die skizzierten Entwicklungsumgebungen miteinzubeziehen. Dies dürfte vor allem für Personen zutreffen, die nicht bereits – zumindest in Ansätzen – Zugang zu entwicklungsorientierten sozialen Settings haben. Es ist nach wie vor wenig über die differenziellen Effekte von Förderprogrammen für verschiedene Adressaten und Nutzer bekannt, so dass man hier tatsächlich auf Vermutungen angewiesen ist; sie lassen sich allerdings anhand dessen, was über die Bedingungen der Entwicklung resilienter Personen bekannt ist, begründen.

Die Frage, inwieweit Präventionsprogramme zur Entstehung von Resilienz beitragen können, ist auch deshalb schwer zu beantworten, weil hier ein nicht geringes diagnostisches Problem vorliegt. Resilienz ist bis dato nicht im jenem Sinne diagnostizierbar, dass sich ihre Entwicklung vorhersagen ließe. Zwar lässt sich bei einer Person im Rahmen der Anamnese (oder einer vergleichbaren Form der biografischen Fallbearbeitung) leicht feststellen, ob ihre bisherige Entwicklung der eingangs erwähnten Definition des Resilienzphänomens entspricht, doch es existieren keine brauchbaren Operationalisierungen, um auch resilienzbezogene Entwicklungspotentiale zuverlässig diagnostizieren zu können (zumal das Resilienzphänomen ohnehin weniger stabil ist als andere Konstrukte). Es bietet sich daher an, in einer etwas neutraleren Form von einer ressourcenorientierten Diagnostik zu sprechen (vgl. Klemenz 2003; Petermann/Schmidt 2009). Dies gilt auch für die bereits publizierten Resilienzskalen (Bettge/Ravens-Sieberer 2003), da sie bislang nicht anhand von Längsschnittdaten validiert wurden. Aber auch bei einer vorsichtigeren begrifflichen Herangehensweise ist man mit dem bereits erwähnten Problem konfrontiert, dass sich Risikofaktoren und Ressourcen keineswegs so eindeutig voneinander abgrenzen lassen, wie dies wünschenswert wäre. Ob ein Förderprogramm tatsächlich Resilienz fördern kann, lässt sich daher nach wie vor nur in belastbarer Art und Weise beantworten, wenn es möglich ist, den Evaluationszeitraum solcher Programme auf sehr lange Zeiträume auszudehnen.

Nicht nur die evaluative Absicherung der Effekte stellt Forschung und Praxis vor große organisatorische und finanzielle Herausforderungen, dies gilt auch für die Einführung von Mentorenprojekten oder die Implementation von entwicklungsorientierten Settings. Abgesehen von dem hohen Personalbedarf für ein zuverlässiges Fallmanagement und den damit einhergehenden Kosten, stellen solche Präventionsstrategien hohe Ansprüche an die zeitliche Verfügbarkeit, Zugänglichkeit und Vernetzung von Angeboten sowie ihre Individualisierung. Ein solcher Aufwand würde sich aber damit rechtfertigen, dass so noch passgenauere Angebote entwickelt werden könnten, um Resilienz, wie schwer auch immer sie sich greifen lässt, dennoch möglichst zielgerichtet zu fördern.

Literatur

Antonovsky, A. (1987): Unraveling the mystery of health: How people manage stress and stay well. San Francisco

Baumeister, R. F./Smart, L./Boden, J. M. (1996): Relation of threatened egotism to violence and aggression: The dark side of high self-esteem. In: Psychological Bulletin, 103, S. 5–33

Bettge, S./Ravens-Sieberer, U. (2003): Schutzfaktoren für die psychische Gesundheit von Kindern und Jugendlichen – empirische Ergebnisse zur Validierung eines Konzepts. In: Gesundheitswesen, 65, S. 167–172

Bosworth, K./Earthman, E. (2002): From Theory to Practice: School Leaders' Perspectives on Resiliency. In: Journal of Clinical Psychology, 58, S. 299–306

Bourdieu, P. (1977): Cultural reproduction and social reproduction. In: Karabel, J. (Hrsg.): Power and ideology in education, S. 487–511. New York

Brandstädter, J./Renner, G. (1990): Tenacious goal pursuit and flexible goal adjustment: Explication and age-related analysis of assimilative and accommodative strategies of coping. In: Psychology and Aging, 5, S. 48–67

Cicchetti, D. (1999): Entwicklungspsychopathologie: Historische Grundlagen, konzeptuelle und methodische Fragen, Implikationen für Prävention und Intervention. In: Oerter/von Hagen/Röper/Noam (Hrsg.): Klinische Entwicklungspsychologie, S. 11–44. Weinheim

Fingerle, M./Freytag, A./Julius, H. (1997): Emotionale Regulationsmechanismen, Bindungsmodelle und die Widerstandsfähigkeit gegenüber ungünstigen Entwicklungsbedingungen – Offene Fragen der Resilienzforschung. In: Sonderpädagogik, 27, S. 202–211

Freund, A. M./Baltes, P. B. (1998): Selection, optimization, and compensation as strategies of life management: Correlations with subjective indicators of successful aging. In: Psychology and Aging, 13, S. 513–543

Fröhlich-Gildhoff, K./Rönnau-Böse, M. (2009): Resilienz. München

Göppel, R. (1997): Ursprünge der seelischen Gesundheit. Risiko- und Schutzfaktoren in der kindlichen Entwicklung. Würzburg

Grossmann, K. E./Grossmann, K. (2007): „Resilienz" – Skeptische Anmerkungen zu einem Begriff. In: Fooken/Zinnecker. (Hrsg.): Trauma und Resilienz. Chancen und Risiken lebensgeschichtlicher Bewältigung von belasteten Kindheiten, S. 29–38. Weinheim

Grossmann, K. E. (2003): Emmy Werner: Engagement für ein Lebenswerk zum Verständnis menschlicher Entwicklung über den Lebenslauf. In: Brisch/Hellbrügge (Hrsg.): Bindung und Trauma. Risiken und Schutzfaktoren für die Entwicklung von Kindern, S. 15–33. Stuttgart

Hamilton, S. F./Darling, N. (1996): Mentors in adolescents' lives. In: Hurrelmann/Hamilton (Hrsg.): Social problems and social contexts in adolescence, S. 121–139). Hawthorne, NY

Howard, K. S./Carothers, S. S./Smith, L. E./Akai, C. E. (2007): Overcoming the odds: Protective factors in the lives of children. In: Borkowski/Farris/Whitman/Carothers/Weed/Keogh (Hrsg.): Risk and resilience. Adolescent mothers and their children grow up, S. 205–232. Mahwah (NJ)

Klemenz, B. (2003): Ressourcenorientierte Diagnostik und Intervention bei Kindern und Jugendlichen. Tübingen

Lösel, F./Bender, D. (2007): Von generellen Schutzfaktoren zu spezifischen protektiven Prozessen: Konzeptuelle Grundlagen und Probleme der Resilienzforschung. In: Opp/Fingerle. (Hrsg.): Was Kinder stärkt. Erziehung zwischen Risiko und Resilienz, S. 57–78. München

Masten, A. S./Best, K. M./Garmezy, N. (1990): Resilience and development: Contributions from the study of children who overcome adversity. In: Development and Psychopathology, 2, S., 425–444

Mutzeck, W./Jogschies, P. (Hrsg.) (2004): Neue Entwicklungen in der Förderdiagnostik. Weinheim

Petermann, F./Schmidt, M. H. (2009): Ressourcenorientierte Diagnostik – eine Leerformel oder nützliche Perspektive? In: Kindheit und Entwicklung, 18, S. 49–56

Schlack, R./Hölling, H./Petermann, F. (2009): Psychosoziale Risiko- und Schutzfaktoren bei Kindern und Jugendlichen mit Gewalterfahrungen: Ergebnisse aus der KIGGS-Studie. In: Psychologische Rundschau, 60, S. 137–151

Stalder, B. E./Meyer, T./Hupka-Brunner, S. (2008): Leistungsschwach – Bildungsarm? Ergebnisse der TREE-Studie zu den PISA-Kompetenzen als Prädiktoren für Bildungschancen in der Sekundarstufe II. In: Die Deutsche Schule, 100, S. 436–448

Staudinger, U. (1999): Perspektiven der Resilienzforschung aus der Sicht der Lebensspannen-Psychologie. In: Opp/Fingerle/Freytag (Hrsg.): Von den Stärken der Kinder. Erziehung zwischen Risiko und Resilienz, S. 343–350. München

Welter-Enderlin, R. (2006): Resilienz aus der Sicht von Beratung und Therapie. In: Welter-Enderlin/Hildenbrand (Hrsg.): Resilienz – Gedeihen trotz widriger Umstände, S. 7–19. Heidelberg

Werner, E. E. (2006): Wenn Menschen trotz widriger Umstände gedeihen – und was man daraus lernen kann. In: Welter-Enderlin/Hildenbrand (Hrsg.): Resilienz – Gedeihen trotz widriger Umstände, S. 28–42) Heidelberg

Winett, R. A./Moore, J. F./Anderson, E. S. (1991): Extending the concept of social validity: Behavior analysis for disease prevention and health promotion. In: Journal of Apllied Behavior Analysis, 24, S. 215–230

Wustmann, C. (2004): Resilienz. Widerstandsfähigkeit von Kindern in Tageseinrichtungen fördern. Weinheim

Wustmann, C. (2005): Die Blickrichtung der neueren Resilienzforschung, In: Zeitschrift für Pädagogik 2005, S. 192–206

Zimmerman, M. A./Bingenheimer, J. B./Notaro, P. C. (2002): Natural mentors and adolescent resiliency: A study with urban youth. In: American Journal of Community Psychology, 30, S. 221–243

Resilienz – mehr als ein problematisches Modewort?[1]

Thomas von Freyberg

Ohne „Resilienz" läuft fast nichts mehr

Vor ein paar Jahren wussten nur Insider mit dem Begriff Resilienz etwas anzufangen. Heute finden sich bei Google 70.000 „Ergebnisse". Und wer sich da nicht durchquälen will, kann die Suche spezifizieren: 35.000 zu *Resilienz bei Kindern*, fast 10.000 zu *Resilienzforschung* und ebensoviel zu *Resilienzdefinition*; *Resilienzförderung* bringt es auf gut 3.500 Stück und *Resilienztraining* auf 2.500; das *Resilienzkonzept* steht offensichtlich noch am Beginn seiner Karriere: nur 750 „Ergebnisse". Und wem das alles noch nicht reicht, der kann sich beispielsweise unter dem Stichwort *Salutogenese* (78.000) und seinen Derivaten oder bei *Vulnerabilität* (118.000) kundig machen. Fachtage von Sonder- und Sozialpädagogen widmen sich der *Resilienz* – und hier auch noch ein anspruchsvoller Sammelband zum Thema, sicher nicht der einzige. Ein neuer Stern, so scheint es, ist am Himmel der Pädagogik aufgegangen. Bei so viel Begeisterung schleicht sich Unbehagen ein und Misstrauen rührt sich. Beides soll hier zu Wort kommen.

Was ist es, das „Resilienz" derart zum attraktiven Modewort macht?

Dass ausgerechnet die sonder- und sozialpädagogische Theorie und Praxis sich an Fragestellung und Befunden der Resilienzforschung orientieren sollte, ist so selbstverständlich ja nicht angesichts der zentralen Problematik blockierter und missglückter Entwicklungsprozesse, mit der sich diese Professionen auseinandersetzen müssen.

Die Untersuchung seelischer Resilienz ist ursprünglich eng verbunden mit der Traumaforschung. Resilienz meint hier jene Widerstandskraft und Widerstandsfähigkeit, die schwer Traumatisierte – beispielsweise Opfer von Folterung – befähigen, nicht nur das Trauma zu überleben, sondern sich dabei auch noch ein relatives Maß an seelischer Gesundheit und Stabilität zu erhalten. Dem Konzept der Resilienz lag also die Frage zu-

---

[1] Ausführlicher finden sich die folgenden Überlegungen in: Thomas von Freyberg 2009. Für Kritik und Anregungen danke ich Angelika Wolff.

grunde, welche seelischen Faktoren oder Strukturen bei einem Menschen dafür verantwortlich sind, dass er – im Unterschied zu vielen anderen Menschen in gleicher Lage und mit gleichen Erfahrungen – ein schweres psychisches Trauma verarbeiten kann, ohne dass schwerwiegende seelische oder körperliche Folgen zurückbleiben.

Schwierige, „verhaltensgestörte" Kinder und Jugendliche haben mit hoher Wahrscheinlichkeit in frühester Kindheit schwere „Verletzungen" erlitten (siehe dazu: von Freyberg/Wolff 2005; 2006). Von Traumata im engen Sinn jedoch wird man nur ausnahmsweise sprechen können. Deshalb wird in diesem Zusammenhang häufig ein abgewandelter Begriff von Trauma verwendet, der einer *kumulativen Traumatisierung* (vgl. Khan 1963: 50–70). Vielleicht wäre es angemessener, auf den Begriff Trauma hier ganz zu verzichten – schon wegen seiner zunehmenden Inflationierung – und eher von schwerer und kontinuierlicher Vernachlässigung oder emotionaler Verwahrlosung dieser Kinder zu reden.

Ein Trauma ist nach psychoanalytischem Verständnis dadurch gekennzeichnet, dass es von außen mit ungeheurer Gewalt über einen Menschen hereinbricht, den psychischen Reizschutz durchbricht und sich einer inneren Verarbeitung entzieht. In der traumatischen Situation wird das gute Objekt im Inneren[2] zerstört; Resilienz ist dann die Fähigkeit des Ich, dieses gute innere Objekt wieder aufzubauen, das Erlebte als einmaligen Einbruch von außen zu relativieren und ihm somit seine traumatische Wirkung zu nehmen.

In extrem schwierigen Einzelfällen jedoch lässt eine chronische Vernachlässigung oder Verwahrlosung schon im frühesten Kindesalter es gar nicht erst dazu kommen, dass ein bedeutsames gutes Objekt im Inneren aufgebaut werden kann. Entsprechend schwach ist dann auch die Resilienz ausgeprägt. Schon kleine verletzende Erfahrungen, die andere Kinder relativ schnell verarbeiten, können chronisch vernachlässigte, misshandelte oder verwahrloste Kinder hoffnungslos überfordern. Sie haben kein genügend starkes und gutes, sondern eher ein hochambivalentes, stetig bedrohtes und fraglich gutes inneres Objekt.

---

2   Mit dem „guten Objekt im Inneren" sind die Repräsentanzen der frühkindlichen Erfahrungen mit einem Bedürfnis befriedigenden, haltenden, beschützenden Objekt (ursprünglich meist die Mutter oder der Vater) gemeint. Dieses gute innere Objekt wird innerpsychisch im Laufe der subjektiven Verarbeitung der Beziehungserfahrungen des Kindes gebildet und ist die Basis für „Urvertrauen". Über die Bedeutung des guten Objekts im Innern für die seelische „Schulreife": siehe Thomas von Freyberg/Angelika Wolff 2006:156 ff. Dazu weiter: Joseph Sandler/Anne-Marie Sandler 1999.

Erschwerend kommt hinzu: Die oft befremdlichen und schwer zu ertragenden Verhaltensweisen dieser schwierigen Kinder und Jugendlichen sind nicht einfach als „Ausdruck" einer mangelhaft ausgebildeten Resilienz zu verstehen. Sie sind vielmehr wesentlich Abwehr- und Schutzstrategien. Diese schwierigen Kinder und Jugendlichen haben sich in ihrer frühen Kindheit gegen erfahrene Missachtung, Misshandlung, Bedrohung und Verletzung durch Strategien der Angstabwehr ihr seelisches und körperliches Überleben sichern müssen. Diese Überlebensstrategien sind häufig geprägt von zwanghafter Vermeidung *und* nicht minder zwanghafter Wiederholung und binden einen Großteil der seelischen Ressourcen zu ihrer Aufrechterhaltung. Dass diese Kinder und Jugendlichen gleichwohl über Restbestände von Resilienz – besser: eines inneren guten Objekts – verfügen, ist die Hoffnung aller, die mit ihnen arbeiten müssen: Und ist überhaupt die Chance dafür, dass eine solche Arbeit angenommen werden kann.

Eine erste Antwort – wichtig, gleichwohl recht trivial

Allen erzieherischen, sozialpädagogischen, aber auch psychotherapeutischen Bemühungen geht es letztlich darum, die gesunden, lebensbejahenden seelischen Kräfte, also die Resilienz ihrer Klientel zu stärken; und dabei muss ein Minimum an Resilienz vorausgesetzt werden können. Psychoanalytisch gesagt: Die positiv-libidinösen Tendenzen müssen zumindest ein wenig stärker sein als die negativ-aggressiven. Denn immer geht es zunächst und vor allem darum, vertrauensvolle und halbwegs belastbare Arbeitsbündnisse mit schwierigen und ge- oder verstörten Kindern und Jugendlichen aufzubauen. Das aber ist ohne Rekurs auf Ressourcen, ohne bewusste Stärkung der Resilienz und ohne die Anerkennung vorhandener Kompetenzen gar nicht möglich. Um angemessen mit dieser professionellen Notwendigkeit umgehen zu können, bedarf es sicher eines guten Gespürs, vielleicht auch diagnostisch begründeter Hypothesen über die Resilienz des jeweiligen Kindes oder Jugendlichen. Aber: Wenig oder nicht resiliente Kinder oder Jugendliche werden nicht einmal im Ansatz verstanden, wenn lediglich ihre Resilienz erfasst ist und nur auf diese gebaut wird. Komplizierter noch: Die Resilienz dieser Kinder und Jugendlichen verbirgt sich nicht selten hinter schwer erträglichen Formen von Abweisung, Zurückweisung, Aggressivität oder Destruktivität – gerade so als müsse sie vor den Zugriffen der Erwachsenen geschützt werden. Auch eine noch so umfassende Einsicht in die Resilienzpotenziale und -defizite dieser Kinder und Jugendlichen wird wenig dazu beitragen, ihre Probleme und Schwierigkeiten, ihre Verhaltensstörungen und deren subjektiven Sinn zu entschlüsseln.

Wer diese Kinder und Jugendlichen verstehen will, muss ihre Störung verstehen. Wer ihnen helfen will, muss ein angemessenes Verständnis ihrer Störung finden. Die – wie immer schwach und defizitär entwickelte – Resilienz dieser Kinder und Jugendlichen ist ein unverzichtbarer innerer Bündnisgenosse; der Schlüssel aber zum adäquaten Verständnis und zur angemessenen Arbeit liegt nicht hier, sondern in den seelischen Verletzungen und Konflikten, die sich hinter den Verhaltensstörungen verbergen, die resilienten Fähigkeiten zurückdrängen – oder in den Dienst von Abwehr und Störung stellen – und auf Entschädigung beziehungsweise Wiedergutmachung drängen.[3]

Resilienzkonzept – kaum Antworten, aber viele (altbekannte) Fragen

Schon diese ersten Überlegungen lassen Zweifel daran aufkommen, ob die Befunde der *Resilienzforschung* geeignet sein können für so etwas wie ein pädagogisch brauchbares *Resilienzkonzept*. Manfred Liebel (Liebel 2009: 47–61[4], auf den ich mich jetzt beziehen werde, spricht vom *Geheimnis der Resilienz*, zugleich aber auch von einem theoretisch und empirisch begründeten und praktisch verwertbaren *Konzept der Resilienz*. So reflektiert Liebels Überlegungen hier auch sind, sie scheinen mir die Rede von einem Konzept nicht zu erlauben. Alle wichtigen Fragen, alle relevanten Dimensionen, über die ein anspruchsvolles pädagogisches *Konzept* verfü-

---

3   Das meint D. W. Winnicott 1984: 161 f.: „Die antisoziale Tendenz ist durch ein Element gekennzeichnet, das die Umwelt zwingt, Stellung zu beziehen. (...) Die antisoziale Tendenz ist ein Hinweis auf Hoffnung. Hoffnungslosigkeit ist das Wesensmerkmal des deprivierten Kindes, das sich natürlich nicht ständig antisozial verhält. In Phasen von Hoffnung jedoch handelt das Kind antisozial. (...) Immer und immer wieder erlebt man, wie der Augenblick der Hoffnung zunichte gemacht wird oder ungenutzt verstreicht, weil man falsch oder intolerant reagiert. Auch so lässt sich ausdrücken, dass die Psychoanalyse nicht die richtige Behandlung der antisozialen Tendenz ist, sondern angemessene Betreuung und das Erkennen und Nutzen der Momente, in denen Hoffnung aufkommt. (...) Das Vorhandensein der antisozialen Tendenz bedeutet, dass ein wirklicher Verlust (deprivation) stattgefunden hat (nicht ein einfacher Mangel); das heißt, etwas Gutes, das das Kind bis zu einem bestimmten Zeitpunkt positiv erlebt hat, ist ihm entzogen worden." Diebstahl, Zerstörung, Aggression – fordern reale Wiedergutmachung für erfahrene reale Beraubung, Missachtung, Verletzung durch die Umwelt.
4   Die Seitenangaben im folgenden Text beziehen sich auf dieses Kapitel bei Manfred Liebel.

gen müsste und die in einem solchen *Konzept* halbwegs geklärt sein sollten, bleiben hier in der Schwebe, unbestimmt, offen oder widersprüchlich:
- Offen ist, ob unter *Resilienz* bestimmte individuelle innere Stärken oder Fähigkeiten zu verstehen sind *oder* ob es eher um spezifische soziale Beziehungen oder Netzwerke geht, in die die Individuen eingebettet sind (ebd.: 47 f.).
- Unklar und widersprüchlich bleibt insgesamt, was mit der *Widerstandsfähigkeit* von Individuen gemeint ist, vor allem welche Normalitätsannahmen mit Resilienz gesetzt werden (ebd.: 48).
- Willkürlich und meist unreflektiert werden mit den Normalitätsannahmen bestimmte klassen-, geschlechts- oder kulturspezifische Annahmen unterstellt und mit ihnen nicht ausgewiesene normative Setzungen über „gelungene" oder „gesunde" bzw. „misslungene" oder „entgleiste" Entwicklungen.
- Ungeklärt ist, wie *Risikofaktoren* und wie *Schutzfaktoren* zur Herausbildung oder Verhinderung, zur Stärkung oder Schwächung von *Resilienz* beitragen – und wie das interdependente Zusammenwirken riskanter und protektiver Faktoren begriffen oder gar analysiert werden kann (ebd.: 49, 51).
- Durchaus kontrovers sind die Vorstellungen über die relative Bedeutung und Gewichtung individueller dispositiver, erworbener oder erlernter und sozial vermittelter oder zugeschriebener riskanter oder protektiver Faktoren (ebd.: 50).
- Ungeklärt sind obendrein die Zusammenhänge von spezifischen Lebenslagen und Lebensaltern mit der jeweiligen Relevanz von Risiko- bzw. Schutzfaktoren für die Ausbildung von Resilienz (ebd.: 51).
- So unklar und unbestimmt das – offensichtlich bedeutsame – Zusammenspiel von Risiko- und Schutzfaktoren für die Ausprägung von Resilienz ist, so problematisch bleibt überhaupt und generell die normative Bestimmung dessen, was Risiko-, was Schutzfaktoren sind (ebd.: 51).
- Offen und beliebig scheint, welche gesellschaftspolitischen Perspektiven mit Resilienz verknüpft werden – und entsprechend vielfältig und kontrovers sind die latenten oder manifesten Vorstellungen von gesellschaftlich akzeptierter oder unerwünschter *Widerstandsfähigkeit* (ebd.: 53).
- Und alle diese Unklarheiten, Unbestimmtheiten, Widersprüchlichkeiten des *Resilienzkonzepts* werden, so Manfred Liebel, zusätzlich damit infiziert, dass es stets Erwachsene sind, die über die Resilienz und die Resilienzfaktoren von Kindern und Jugendlichen befinden; und das

sogar dann noch, wenn sie versuchen zu berücksichtigen, „wie die Subjekte selbst die erlebten Risiken wahrnehmen und mit ihnen umgehen" (ebd.: 57).
- Und ob in allen diesen und weiteren Punkten Klarheit dadurch geschaffen werden kann, dass die Sichtweisen und Interpretationen der Kinder und Jugendlichen – im Norden wie im Süden – mit einbezogen werden, scheint durchaus zweifelhaft[5].

Mit viel gutem Willen mag man von einer *neuen Perspektive* aufgrund der Befunde der *Resilienzforschung* reden; beim besten Willen aber nicht von einem brauchbaren pädagogischen Konzept. Ein erstes Resümee mit bösem Blick liegt nahe: Alle Fragen offen, alle Kontroversen unentschieden, alle Probleme ungelöst – jedoch: mal wieder ein feines, weil wissenschaftlich klingendes, Sahnehäubchen der bekannten theoretischen und praktischen Misere der Pädagogik aufgesetzt. Meine Frage aber nach der Attraktion dieser modischen Resilienzdebatte hat einen zweiten Verdacht genährt: Es ist – so drängt es sich auf – ihre Beliebigkeit in jede Richtung: Jeder kann da sein Hobby eintragen, jede ihr Anliegen unterbringen und alle können mal wieder in die Geschäftigkeit programmatischer Debatten verfallen.

Stehaufmännchen Resilienz – eine schwarze, pathologische Utopie

Sicher, der böse Blick sieht nicht alles. Aber er scheint mir notwendig – zumindest als Ergänzung und als Korrektur zu all der *positiven Pädagogik*, die sich heute mit dem Sahnehäubchen *Resilienz* schmückt. Man sollte schon darauf achten, in welcher Gesellschaft man sich bewegt. Und die ist in Bezug auf den *Resilienzdiskurs* mehr als fragwürdig. Was kann ein solcher Leitbegriff taugen, wenn alle, wirklich alle, sich um ihn versammeln können; wenn er offensichtlich als Würze tauglich ist für jede pädagogische Suppe: für die rote eines Manfred Liebel, dem es zweifelsfrei um emanzipatorische Arbeit mit Kindern und Jugendlichen geht, ebenso wie für die schwarze Suppe bayerischer oder hessischer Erziehungs- und Bildungspolitik. Manfred Liebel weist völlig zu Recht und an mehreren Stellen darauf hin, dass das *Konzept der Resilienz* „nicht davor gefeit" sei, politisch „missbraucht zu werden" (60) – doch wie, wenn dieser Miss-

---
5 Wenn nicht gar unmöglich; muss doch berücksichtigt werden, dass die psychische Verarbeitung von Erfahrungen in großen Teilen unbewusst erfolgt.

brauch der böse Sinn der ganzen Angelegenheit ist? Vielleicht nicht der ursprünglich intendierte Sinn, wohl aber der Sinn, der sich gesellschaftspolitisch machtvoll durchsetzt?!
Dafür noch einen Blick in die Google-Suchmaschine: Unter dem Suchbegriff *Stehaufmännchen Resilienz* kann man das Gruseln lernen: mehr als 1.300 Google-Ergebnisse. Ein paar aus den ersten zehn:
- Psychologen haben das Geheimnis der emotionalen Stehaufmännchen ergründet: Resilienz, eine besondere seelische Widerstandsfähigkeit (...).
- Stehaufmännchen-Resilienz-Training. Sie möchten sich mit Techniken und Methoden vertraut machen, um die eigene Widerstandskraft zu (...).
- Münchhausen und Stehaufmännchen: Wie gelingt es, aus Krisen gestärkt hervorzugehen? – Resilienz gewinnen. 1-Tagesintensivkurs in Kleingruppe (...)
- Generation Stehaufmännchen. Was brauchen wir, um die Zukunft zu meistern? Resilienz! Der Begriff beschreibt Schlüsselanforderungen an Menschen und (...).
- BrainMoving: Resilienz – die Stehaufmännchen-Strategie. Dienstag, 24. November 2009. Bis vor einigen Jahren ging man davon aus, man hat sie oder nicht: (...).
- Resilienz ist die innere Stärke, die uns immer wieder aufrichtet. Der Stehaufmännchen-Effekt! Resilienz wirkt wie die Fähigkeit eines (...) Homo sapiens, das Stehaufmännchen (...). Es ist erstaunlich, was die Gattung Mensch, was Gesellschaften oder auch Individuen aushalten können, ohne daran zugrunde zu gehen.

Das resiliente Kind – ein Stehaufmännchen! Kann man sich ein grusligeres Erziehungsziel vorstellen: unberührbar und unerschütterlich zu sein, komme was da wolle? In unserer Untersuchung *Störer und Gestörte* sind uns solche Stehaufmännchen begegnet – schwer gestörte Kinder in einem schwer gestörten Bildungs- und Erziehungssystem:
- Schließlich scheinen noch am ehesten die schwierigen Kinder und Jugendlichen, mit denen die Sonderpädagogik zu tun hat, jenen Stehaufmännchen ähnlich: Kein Anstoß, keine Hilfe, keine Förderung und keine Strafandrohung kann sie ernsthaft erschüttern. Sie provozieren Konflikte, manövrieren sich in Katastrophen, erleben eine Niederlage nach der anderen – und immer wieder stehen sie auf: unverändert, resistent gegen Erfahrung und Entwicklung. (...) Diese Kinder und Jugendlichen stoßen auf ein schwieriges, wenig resilienzförderliches

Schulsystem, von dem die Sonderpädagogik ein Teil ist. Dies System gleicht auf seine Weise ebenfalls einem Stehaufmännchen: Kein Reformkonzept, keine Reformbewegung und kein PISA-Schock kann es ernsthaft erschüttern. Es provoziert Konflikte, manövriert sich in hilflose Macht-Ohnmacht-Spiralen, erstickt Neugier und Lust am Lehren und Lernen und erlebt ein Scheitern nach dem anderen – und immer wieder stellt es sich auf: unverändert, resistent gegen Erfahrung und Entwicklung (von Freyberg: 2009: 20 f.).

Ich weiß, es gibt auch den anderen Blick, und der wird in diesem Sammelband sicher dominieren: Da versammeln sich unter dem Titel des resilienten Kindes alle jenen Erziehungs- und Entwicklungsziele, denen sich Reformpädagogik seit 150 Jahren immer schon verpflichtet fühlte:
- Die Kinder und Jugendlichen sollen „Problemlösungsfähigkeiten" einüben, eine „hohe Sozialkompetenz (Kontaktfähigkeit, soziale Perspektivenübernahme und Empathie)" entwickeln, über die „Fähigkeit der Selbstregulation" und ein „aktives und flexibles Bewältigungsverhalten (z. B. sich aktiv Hilfe zu holen oder sich von einer dysfunktionalen Familiensituation innerlich zu distanzieren)" verfügen; kurz: Ihnen sollen eine „optimistische, zuversichtliche Lebenseinstellung", eine „internale Kontrollüberzeugung und ein realistischer Attribuierungsstil" vermittelt werden; und selbstverständlich dürfen bei all dem „ein hohes Selbstwertgefühl sowie Selbstvertrauen in die eigenen Fähigkeiten und Selbstwirksamkeitsüberzeugungen" nicht vernachlässigt werden.[6]

Aber braucht Pädagogik dafür wirklich ein neues *Resilienzkonzept*? Seit Generationen haben Reformpädagogen – in der Sprache ihrer Zeit – diese Ziele formuliert und begründet. Lag es etwa an der mangelnden „Wissenschaftlichkeit" der Begründungen, dass unser Bildungs- und Erziehungssystem sich so erfolgreich und resistent gegen alle Reformbewegungen der letzten 150 Jahre hat halten können?[7] Soll vielleicht mit der Neuformulierung ehrwürdiger, altbekannter und noch immer ausstehender Erziehungs- und Entwicklungsziele die überaus unangenehme Frage vermieden werden, woran es wohl gelegen hat und möglicherweise auch

---

6   Nach Corina Wustmann www. Bei Manfred Liebel 2009: 59 findet sich ein vergleichbarer Zielkatalog.
7   Diese Frage sollte nach Ludwig von Friedeburg – Bildungsreform in Deutschland. Geschichte und gesellschaftlicher Widerspruch 1989 – nicht einmal als rhetorische Frage noch nötig sein.

künftig liegen wird, dass diese Erziehungsziele Programmatik bleiben – schöne alte Hüte, noch nicht getragen, fürs Schaufenster! Die Frage nämlich nach den destruktiven Quellen der Reformresistenz des deutschen Schul- und Bildungssystems könnte sehr schnell die friedliche Koexistenz der großen Resilienz-Gemeinde empfindlich stören. Zur Sprache kämen die gesellschaftlichen Grenzen der öffentlichen Bildung und Erziehung, kämen Fragen der Verteilung von Macht, Privilegien und Ressourcen – und unangenehme Wahrheiten: Das deutsche Schul- und Bildungssystem dient traditionell und bis heute der Auslese und Selektion und *nicht* der Herausbildung und Förderung von *Resilienz*. Es macht wie kein anderes Bildungssystem Bildungserfolg und Bildungskarriere weitgehend abhängig von der sozialen Lage und der durch sie bedingten Bildungsnähe der Eltern und verstärkt so die *Vulnerabilität* gerade jener Kinder und Jugendlichen, die von Zuhause aus nur eine geringe Resilienz entwickeln und in die Schule mitbringen konnten. Die Situation der Sonder- und Sozialpädagogik in Deutschland ist heute immer noch und vor allem dadurch charakterisiert, dass ihre Professionellen *zum einen* mit Kindern und Jugendlichen zu arbeiten haben, die über ein extrem geringes Maß an Resilienz verfügen und die aus Familienverhältnissen kommen, in denen *pathogene Faktoren* überwiegen und *salutogene Faktoren* die Ausnahme sind; dass ihre Professionellen *zum anderen* dies innerhalb von Institutionen und unter strukturellen Rahmenbedingungen tun müssen, die verantwortliche und verlässliche Förderung gerade der besonders belasteten Kinder und Jugendlichen eher erschweren und nicht selten Resilienz schwächen und pathogene Faktoren verstärken.

Die Engführung: das Ressourcenkonzept

Die große Beliebigkeit eines *Resilienzansatzes*, der für jeden und jede etwas Passendes im Angebot hat – das ist jedoch nur die halbe Wahrheit. Die entscheidende Antwort auf meine Frage nach der Attraktivität dieses neuen Modewortes steht noch aus. Sie liegt recht offensichtlich in der engen Kombination des Resilienzansatzes mit dem Ressourcenansatz – dem vielleicht wichtigsten ideologischen Kern der professionellen Debatte im Feld der Sonder- und Sozialpädagogik.

Die Frage, wie schwierige, sozial benachteiligte oder gefährdete Kinder und Jugendliche zu verstehen sind, wie mit ihnen zu arbeiten ist, wird in der sozial- und sonderpädagogischen Debatte regelmäßig mit dem so genannten *Ressourcenansatz* beantwortet. Auf der theoretischkonzeptionellen Ebene unterstellt er, dass die Kinder und Jugendlichen sowie ihre Familien „im Prinzip" über jene Ressourcen verfügen, die sie für ihre gute Entwicklung benötigen. Auf der pragmatisch-pädagogischen Ebene verbindet sich dieser Ansatz nicht selten mit einer behavioristischen Konzeption des Verhaltenstrainings nach dem Prinzip einer positiven Verstärkung der vorhandenen Ressourcen. Die Attraktivität der Fragestellung und der Befunde der Resilienzforschung für die Sozial- und Sonderpädagogik dürfte hier ihre Erklärung finden: in der Anschlussfähigkeit an die zentrale professionelle Ideologie dieser Disziplinen – den *Ressourcenansatz*. Dass es diese Nähe und Anschlussfähigkeit geben möge, wird geradezu beschworen – und in diesem Punkt gibt es auch die größte Koalition:

- „Die Perspektive" der Resilienzforschung sei, so heißt es, „nicht defizitorientiert, sondern man orientiert sich vielmehr an den Ressourcen und Stärken jedes einzelnen Kindes". Das Resilienzparadigma beinhalte „in besonderem Maße die Sichtweise vom Kind als aktivem ‚Bewältiger' und Mitgestalter seines eigenen Lebens" (Wustmann www.).

- „Das Konzept der Resilienz", so eine andere Stimme, „stelle korrespondierend mit dem Paradigmenwechsel in der Sonderpädagogik die Ressourcenorientierung vor die Defizitorientierung. Mit der Veränderung der Fragerichtung – nicht danach, was Kinder in sozioökonomischen und benachteiligten Lebenslagen beeinträchtigt, sondern danach, was sie schützt – werde eine ausschließliche Fixierung auf pathogene Faktoren überwunden; im Vordergrund stehe nicht mehr, was die Entwicklung beeinträchtigt, sondern welche Faktoren begünstigend wirken." (Theis-Scholz 2007: 267, 272).

- „Die Beschäftigung mit Resilienz" habe, so eine dritte Stimme geradezu euphorisch, „einem fundamentalen Paradigmenwechsel" den Weg gebahnt, ja: „die Denkrichtung der Disziplin umgedreht" und „die Aufmerksamkeit weg von den ‚Entwicklungsstörungen' und ‚Fehlanpassungen' hin zu den Widerstandskräften in den Menschen gelenkt (...). Der Blick veränderte sich damit von einer defizitorientierten hin zu einer ressourcen- oder subjektorientierten Sichtweise" (Liebel 2009: 49).

- Und der Nutzen wird gleich mit benannt: Für Pädagogen, die mit Schülern mit „erschwerten Lernausgangslagen arbeiten", liege „in dieser Perspektivenkorrektur ein nicht zu unterschätzender Nutzen, weil pädagogische Erfolge als prinzipiell möglich begriffen werden und die pädagogische Aufgabe des Lehrers primär in der Diagnose

und Förderung von Ressourcen und nicht vorrangig in der Identifikation von Defiziten gesehen" werde (Theis-Scholz 2007: 272).
– Doch nicht nur Pädagogen, auch Bildungspolitikern kann dieser Paradigmenwechsel überaus „vorteilhafte" Konsequenzen anbieten, liefert er doch – ganz nebenbei – die „pädagogische" Legitimation für den bildungspolitischen Kahlschlag der zurückliegenden Jahrzehnte: „Dieser Blickwinkel eröffnet die Chance, gegebenenfalls noch bestehende defizitorientierte Ansätze, die primär an den Schwächen, Problemen und Risikofaktoren des Kindes ansetzen und auf Förderung und Ausgleich abzielen, zu überwinden und ressourcen- bzw. kompetenzorientierte Ansätze in den Vordergrund zu rücken. Ressourcenorientierte Ansätze stellen die Stärken eines Kindes in den Mittelpunkt und begreifen das Kind als kompetenten und aktiven Bewältiger seiner Entwicklungsaufgaben." (HBuEP 2007: 44).

Nun hat die Orientierung an den Ressourcen von Kindern und Jugendlichen durchaus einen wichtigen und richtigen historischen Ort: Sie war kritischer Einwand und notwendige Korrektur – in Frontstellung zu einer staatlichen Praxis der Jugendfürsorge, die eng verknüpft war mit repressiven Strategien einer schwarzen Pädagogik; dort ging es um Anpassung an bürgerliche Normalitätsstandards und Gehorsam gegenüber angemaßten Autoritäten, wobei als ideologischer Kern ein Defizitkonzept diente, welches die spezifischen Lebenserfahrungen und Überlebensstrategien ihrer „Zöglinge" systematisch entwertete, diskriminierte.[8] Doch die nunmehr fast dreißigjährige Phase sozialpolitischer Gegenreformen hat sich auch dieses kritischen Elements vergangener Reformdebatten bemächtigt und es in ihrem Sinne *verkehrt und verwertet*. Das geradezu dogmatische Verdikt einer *positiven Pädagogik* gegen jegliche Rede von Defiziten, Störungen und mangelnden Ressourcen dient längst der ideologischen Legitimation schlechter, inhumaner Verhältnisse und der nicht minder ideologischen Leugnung oder Verharmlosung dessen, was diese gesellschaftlichen Verhältnisse anrichten: bei Kindern und Jugendlichen, bei ihren Eltern und bei den für sie verantwortlichen Erwachsenen.

---

8 Darüber hinaus hat die Ressourcenorientierung ihren wichtigen, unverzichtbaren, zugleich aber auch hoch riskanten Ort im pädagogischen Arbeitsprozess selbst – als Bedingung der Möglichkeit von Arbeitsbündnissen dort; dazu: Thomas von Freyberg/Angelika Wolff 2006: 151–198; Thomas von Freyberg 2009: 26–50. Vgl. auch: Lisa Wolff 2010.

Von der Himmelfahrt des Ressourcenansatzes

Dazu eine Kostprobe aus dem hessischen Bildungs- und Erziehungsplan (HBuEP 2007); hier blüht der Zeitgeist der Gegenreform. Der zum System aufgeblähte Ressourcenansatz bleibt strikt beim „Positiven". Stets dient er der Bestätigung und Legitimation der herrschenden Verhältnisse. Deshalb können auch die beiden Hessischen Ministerinnen diesem Plan ihren Segen geben. Zwar steht die eine von ihnen für einen beispiellosen sozialpolitischen Kahlschlag auf Landesebene – und natürlich für den exzessiven Auf- und Ausbau prekärer Beschäftigungsverhältnisse und eines Niedrigstlohnsektors; und die andere für geplanten Vandalismus im hessischen Schulsystem, der sogar traditionelle CDU-Wähler verschreckte und zur – allerdings nur vorübergehenden – Abwahl der Regierung Koch beitrug. Doch das ist kein Thema, vor allem: kein Widerspruch im Wolkenkuckucksheim des pädagogischen Jargons, wo die „Himmelfahrt des Wortes über den Bereich des Tatsächlichen, Bedingten und Anfechtbaren hinaus" (Adorno 1964: 13) permanent veranstaltet wird:

Wenn in diesem hessischen Bildungs- und Erziehungsplan vorsichtige Hinweise zu finden sind auf Armut, soziale Ungerechtigkeit, auf Diskriminierung und ungleiche Start- und Bildungschancen – so selten, wie es geschieht, so harmlos, wie es dann klingt: das sind dann kaum mehr als kleine Schönheitsflecken an der Oberfläche der besten aller denkbaren Gesellschaften![9]

Kein Wort findet sich darüber, dass bei kontinuierlich wachsendem gesellschaftlichen Reichtum der Wohlstand für alle seit Jahren in Deutschland sinkt; dass Reichtum und Wirtschaftswachstum auf der einen Seite und gesellschaftliche Wohlfahrt auf der anderen Seite sich in diesem Land seit Jahrzehnten auseinanderentwickeln; dass eine Politik der realen Ausgrenzung und der sozialen Spaltung seit Jahren in Deutschland an Einfluss und Raum gewinnt: in den Systemen der sozialen Sicherung, im Beschäftigungssystem und nicht zuletzt in den Bildungssystemen. Dort oben über den Wolken des pädagogischen Jargons gibt es keine Armut und Massenarbeitslosigkeit, keine Verelendung von Migranten und Hartz IV-Abhängigen, keine zu kleinen, feuchten Wohnungen, keine zerstörten Familien, keinen Alkoholismus, keine Verwahrlosung, keine chronischen Ängste und Fremdheitsgefühle, keinen Missbrauch von Kindern, keine Gewalt in den Familien.

---

9   Zahlreich sind die Stellen, an denen schwierigste Konflikte und jämmerlichstes Elend zu „Herausforderungen" aufgeputzt werden.

Und kein Wort findet sich darüber, dass in diesem unseren Land schon lange nicht mehr pädagogische Fachleute über Bildung und Erziehung entscheiden, sondern Politiker – und das in der Regel nach Kriterien der Senkung von Kosten, der Erhöhung von Kontrolle und der Sicherung sozialer Privilegien der selbst ernannten gesellschaftlichen Eliten.

Die politisch-gesellschaftliche Nützlichkeit des pädagogischen Jargons liegt in seiner Blindheit gegenüber den gesellschaftlichen *Grenzen der Erziehung*[10], die durchs Verleugnen geschützt werden sollen. Das ist die Komplizenschaft des Jargons mit der schlechten Wirklichkeit: Solange diese Grenzen gewahrt bleiben, hat der pädagogische Idealismus freie Hand – in Hessen wie anderswo. So ziemlich alle ehrenwerten pädagogischen Grundsätze und Prinzipien der letzten 150 Jahre werden im Hessischen Bildungs- und Erziehungsplan versammelt. Eigentlich hat es der Theorie und Praxis von Bildung und Erziehung *daran* nie wirklich gemangelt. Was heute aber notwendig wäre, muss der pädagogische Jargon um jeden Preis vermeiden: sich darüber Gedanken zu machen, woran es eigentlich gelegen haben mag und vielleicht auch weiterhin liegen wird, dass die Ideen so gar nicht zur Wirklichkeit kommen. Hier nämlich würde die Gemütlichkeit aufhören und das „positive Denken" an seine Grenze stoßen.

Um wie viel leichter lässt es sich „planen" unter den Prämissen eines konsequenten Ressourcenansatzes, der von Grenzen und Defiziten nichts wissen will. Der Hessische Bildungs- und Erziehungsplan folgt ziemlich genau dieser pädagogischen Berufsideologie: Den individuellen Ressourcen und Kompetenzen der Kinder und ihrer Familien korrespondieren aufs Vortrefflichste die Ressourcen und Kompetenzen der Professionellen im öffentlichen Erziehungs- und Bildungssystem; und alle diese kompetenten und willigen Erziehungspartnerschaften sind eingebettet in eine freie und humane Welt. Gesellschaft, Demokratie und Wirtschaft sind wohl geordnet, will sagen: zum Wohl der Kinder geordnet. In *dieser* Welt kennt man das Böse, Destruktive, Diskriminierende, Entwertende, Missbrauchende, Beängstigende nicht.

So spricht der Hessische Bildungs- und Erziehungsplan durchweg weihevoll von „dem Menschen", „dem Kind", „den kompetenten Erziehungspartnern" so, als seien die realen Unterschiede hier ohne Bedeutung, als spielten soziale Ungleichheit, ökonomische Abhängigkeit und ethnische Diskriminierung angesichts des „Menschseins" keine Rolle.

---

10 Mal wieder Pflichtlektüre für Lernende in diesem Feld: Siegfried Bernfeld 1967/1925.

Der pädagogische Jargon muss das „Kind als kompetenten und aktiven Bewältiger seiner Entwicklungsaufgaben" maßlos und gegen alle Realität aufblähen, damit die Verhältnisse nicht zum Thema werden, denen Kinder ihre „Schwächen, Probleme und Risikofaktoren" und damit – nicht selten – das Scheitern an ihren Entwicklungsaufgaben zu verdanken haben: Resilienz statt Resistenz! So wird dann in zahllosen Varianten das starke, das resiliente, das kompetente Kind beschworen, Philosoph und Forscher, Entdecker und Experte – kurz: erster und wichtigster Erziehungspartner der eigenen Bildung und Erziehung.

Der Himmelfahrt des Kindes schließt sich bruchlos die seiner Familie an, die dem Ressourcenansatz umstandslos zur „heiligen Familie" gerät. So wie im pädagogischen Jargon Kinder nicht vernachlässigt, verwahrlost, missbraucht, überfordert, verletzt oder desorientiert sind, sondern die wahren „Experten" ihrer Wünsche und Interessen, ihrer Weltsicht und Lebenslage, so sind auch ihre Eltern nicht arbeitslos oder unterbezahlt, verängstigt, verunsichert, getrennt, missbraucht, diskriminiert, hilflos oder überfordert, sondern „Spezialisten" für ihre Kinder – und natürlich für die Professionellen der öffentlichen Bildung und Erziehung kompetente Erziehungspartner. Bei all dem Schwärmen möchte man – und soll man wohl auch – vergessen, in welcher Welt die meisten Kinder aufwachsen müssen: einer gewalttätigen, verlogenen, kinderfeindlichen, lieblosen Welt, einer Gesellschaft mit chronischer Massenarbeitslosigkeit bei obszöner Anhäufung privaten Reichtums.

Und selbstverständlich findet im Jargon auch die Himmelfahrt der Professionellen statt. Dort „oben" sind dann die Alltagserfahrungen von Erziehern und Lehrern mit schwierigen Kindern und Jugendlichen vergessen; kein Wort über die immer wieder geforderten, selten versuchten und noch seltener geglückten Bemühungen von Schule und Jugendhilfe, verlässliche und belastbare Arbeitsbündnisse mit den Eltern und Familien der Kinder aufzubauen; und kein Wort darüber, dass die Familien schwieriger Kinder und Jugendlicher eher Teil des Problems als dessen Lösung sind; kein Thema die vergeblichen Bemühungen engagierter Erzieher, wenigstens hier oder dort und wenigstens für kurze Zeit so etwas wie kollegiale, interdisziplinäre oder gar interinstitutionelle Kooperation herzustellen und am Leben zu halten; und kein Thema die ebenso zahllosen wie folgenlosen Tagungen, Konferenzen, Initiativen und Modellversuche, um die Zusammenarbeit von Schule und Jugendhilfe zu ermöglichen und zu stabilisieren; kein Wort über das alltägliche Kreuz überlasteter Lehrer und Erzieherinnen, zu großer Lerngruppen, zu voll gepackter Bildungspläne. Und vor allem: kein Wort über die realen lern- und bildungsfeindlichen

Arbeitsbedingungen im öffentlichen System von Bildung und Erziehung. Nun, das war schon immer die „Stärke" der bürgerlichen Reflexion und ist es offensichtlich bis heute: Die Beschäftigten und ihre Produktionsstätten kommen nicht vor.

Die sozialstaatliche Verpflichtung, über das Bildungssystem soziale Ungleichheit von Chancen und Startbedingungen zu kompensieren und die dafür notwendigen Ressourcen und Kompetenzen bereitzustellen, versinkt im *Jargon*. Die Himmelfahrt des Ressourcenansatzes mündet konsequent in die der gesellschaftlichen Verhältnisse: die – ausgeblendet – nicht mehr wahrgenommen werden.

Eine weitere Drehung der Schraube – hin zum aktivierenden Sozialstaat?

Der böse Blick weckt böse Fantasien – möglicherweise recht realistische (zum Folgenden: von Freyberg 2009: 92 ff.). Sollte die penetrante Rede von den Kindern als Experten ihrer Welt und ihrer Bildungs- und Erziehungsprozesse und die nicht minder penetrante Rede von den Eltern als den Spezialisten für ihre Kinder, sollte das ganze Gesäusel von Ko-Konstruktion und Ko-Operation aller Bildungs- und Erziehungstäter an allen Bildungs- und Erziehungsorten und von umfassenden Erziehungs- und Bildungspartnerschaften nichts anderes vorbereiten als eine weitere Variante des *aktivierenden Sozialstaats*? Jener Ideologie vom schlanken Staat, der zwar bereit ist, Milliarden von Euro in die international agierenden Konzerne zu pumpen, zugleich sich aber zunehmend aus seiner sozialstaatlichen Verantwortung stiehlt? Das SGB II[11] hat es vorgemacht – und Hessens Regierung war hier wesentlicher Vordenker. *Fördern und Fordern* – dieses gute Prinzip einer Reformpädagogik – wurde systematisch pervertiert zum *Fordern als der besten Form des Förderns*. Wo nicht die chronische Massenarbeitslosigkeit bekämpft wird, richtet sich Arbeitsmarktpolitik gegen die Arbeitslosen selbst. Hier hat der Ressourcen-Ansatz seine Meisterprüfung bestanden! Nicht die sechs bis sieben Millionen fehlenden Arbeitsplätze, nicht eine chronisch und extrem ungerechte Verteilung vorhandener gesellschaftlicher Arbeit sind das Thema und das Problem. Das wäre ja durch und durch defizitär und negativ gedacht! Nein! Jeder Arbeitnehmer ist der Ko-Konstrukteur seiner Erwerbsbiografie. Er ist der wahre Experte seines Berufslebens und verfügt selbstverständlich über

---

11 Die so genannten Hartz IV-Gesetze.

die Ressourcen für seine Integration auf dem Arbeitsmarkt – wenn er nur will. Der *aktivierende Sozialstaat* wird dafür sorgen, dass diese Ressourcen auch genutzt werden – mit aufgenötigten Eingliederungsvereinbarungen und der Androhung finanzieller Sanktionen. Denn schließlich hat der kompetente Arbeitnehmer kein Recht auf existenzsicherndes Einkommen, auch keins auf Faulheit und schon gar nicht eins auf die staatliche Unterstützung seiner Faulheit. Der Sozialstaat ist nur noch da für die „Willigen" – und die besten „Willigen" sind genau jene, die den Sozialstaat nicht beanspruchen.

Zu weit hergeholt? Oder gibt es da doch verräterische Parallelen? Statt die strukturellen und institutionellen Rahmenbedingungen eines aus dem Ruder gelaufenen Arbeitsmarktes grundlegend zu verändern, greift die Arbeitsmarktpolitik das schwächste Glied der Kette an. Statt Bekämpfung der Arbeitslosigkeit – ein beispielloser Kampf gegen die Arbeitslosen! Das wäre zu weit hergeholt? Und wer trägt in der Logik des Hessischen Bildungs- und Erziehungsplans die Verantwortung für auch künftig massenhaft scheiternde Erziehungs- und Bildungsverläufe? Natürlich die so überaus kompetenten und ressourcenreichen, kurz: resilienten Kinder; und ihre nicht minder kompetenten und ressourcenreichen, also ebenfalls resilienten und Resilienz fördernden Eltern; und selbstverständlich deren Erziehungs- und Bildungspartner, die Erzieherinnen und Lehrerinnen und deren männliche Kollegen. Und wenn die versagen, genauer: sich versagen? Nun, dann können Staat und Kultusministerium auch nicht viel dagegen machen.

Braucht es böse Fantasie, um zu ahnen, wo die Reise hingeht? Sind es doch die nämlichen Gleise und die gleichen Herrschaften, die da über Fahrplan und Streckennetz verfügen! In souveräner Großartigkeit verlangt der Hessische Bildungs- und Erziehungsplan von den für die Erziehung der Kinder Verantwortlichen, dass sie unter Bedingungen struktureller Verantwortungslosigkeit (von Freyberg/Wolff 2005: 50 ff.) verantwortlich handeln.

Und wie die Fallmanager oder Persönlichen Ansprechpartner in den Arbeitsverwaltungen die Langzeitarbeitslosen in Eingliederungsvereinbarungen nötigen – ohne wirklich in der Lage zu sein, ihre Klientel in den regulären Arbeitsmarkt zu integrieren –, so wird schon jetzt an hessischen Schulen eifrig gebastelt nach den Vorgaben des Hessischen Bildungs- und Erziehungsplans. Emsige Lehrerinnen konzipieren mit engagierten Eltern anspruchsvolle Ko-Konstruktionsverträge, wechselseitige Selbstverpflichtungen. Lange Pflichtenlisten entstehen hier. Was aber tun, wenn dann diese „Erziehungsvereinbarungen" zwischen Schule und Elternschaft fixiert, unterschrieben und gültig sind? Gegen Übertretungen braucht es Sanktionen. Das war immer schon so! Dumm nur, dass wir eine Schulpflicht haben! Nun, an der wird schon lange genagt. „Ruhende Schulpflicht" für alle, die nicht passen wollen? Im Prinzip ist das bedingungslose Recht auf Bildung schon immer ein systemfremdes Element gewesen. Ist das die nächste „Reform" in diesem Land: Aus der Schulpflicht wird die Pflicht der Eltern und Kinder zur effizienten Erziehungs- und Bildungspartnerschaft? Und *diese* Pflicht wird zur Bedingung, zur Voraussetzung des *Rechts auf Bildung*? Ein neuer Einfall wäre das nicht: Die basalen Bürgerrechte werden an Eigenleistungen der Bürger gebunden – an Bedingungen geknüpft. Und die Schulleitungen und Schulverwaltungen entscheiden darüber, wer „seine Rechte verwirkt" hat.

Statt aufgeblendetem Scheinwerfer: mit der Laterne im Finstern

Das also dann mag es sein, was den *Resilienzansatz* in enger Kombination mit dem *Ressourcenansatz* so flächendeckend attraktiv macht: Der *soziale* Ort und seine Macht über die Individuen und mit ihm gesellschaftliche Herrschaft und Unterdrückung, soziale Privilegien und Abhängigkeit werden praktisch wirkungsvoll – nicht systematisch und notwendig – ausgeblendet. Und spätestens an dieser Stelle der Überlegungen ist ein Perspektivwechsel fällig: weg vom Blick auf die „Objekte" von öffentlicher Bildung und Erziehung, die Kinder und Jugendlichen, und *hin* zum Blick auf die „Subjekte" pädagogischer Interventionen, die Lehrerinnen und Lehrer, Erzieherinnen und Erzieher, Sozialarbeiterinnen und Sozialarbeiter. Ein Blick gleichermaßen nach innen und außen, denn die Zwänge der gesellschaftlichen Verhältnisse und die *Macht des sozialen Raumes* gelten auch – und möglicherweise vor allem – für sie.

Die gewichtigen gesellschaftlichen Grenzen der öffentlichen Bildung und Erziehung haben wir in unserer Untersuchung *Störer und Gestörte* unter dem Begriff der *strukturellen Verantwortungslosigkeit* gefasst – ein in sich widerborstiger Begriff, aber der Sache, für die er steht, durchaus entsprechend. Denn Verantwortungslosigkeit wird – ebenso wie Verantwortung – in der Regel dem Handeln oder der Haltung von Menschen zugeschrieben. *Strukturelle Verantwortungslosigkeit* sagt demgegenüber, dass es verantwortungslose Strukturen, verantwortungslose Institutionen und verantwortungslose Situationen gibt, unter denen und in denen Menschen mehr oder weniger zwingend und zugleich unmerklich genötigt werden, verantwortungslos zu handeln. Sind diese Strukturen stark und die ihnen unterworfenen Menschen abhängig, dann würde verantwortliches Handeln für die meisten eine hoffnungslose Überforderung bedeuten – mit der fast unvermeidlichen Konsequenz, dass die berufliche Moral systematisch untergraben wird. Böse Strukturen schaffen sich ihre bösen Menschen[12] – und unser öffentliches Erziehungs- und Bildungssystem schuf und schafft sich seine Professionellen. Und das ist vielleicht eine der wichtigsten Ursachen für die penetrante Stabilität dieses Systems bis heute: Denn wer wollte bestreiten, dass eine Berufsgruppe, die im pädagogischen System Kindheit und Jugend verbrachte, anschließend im nämlichen System die Berufsausbildung erfuhr, um den Rest des Arbeitslebens in eben diesem System beruflich zu arbeiten, dass diese Berufsgruppe sich auf radikale Art selbst verändern muss, wenn sie damit beginnt, dieses System grundlegend zu verändern! Als Erste müsste die oberste heilige Kuh des deutschen Bildungssystems dran glauben: Es gehe vornehmlich darum, in möglichst lernhomogenen Gruppen möglichst viel Wissen in möglichst kurzer Zeit zu vermitteln – und dabei um jeden Preis Fehler zu vermeiden.

Zur strukturellen Verantwortung der Pädagogik

Da aber nicht nur gilt, dass die gesellschaftlichen Verhältnisse die Menschen machen, sondern auch, dass es die Menschen sind, die ihre gesellschaftlichen Verhältnisse machen und zu verantworten haben, stellt sich recht eindringlich die Frage nach der *strukturellen Verantwortung* der Professionellen in der öffentlichen Erziehung und Bildung. Also: Sind die Erzieher und Erzieherinnen auch für die institutionellen und strukturellen Rahmenbedingungen verantwortlich, unter denen sie arbeiten? Oder, um auf die Thematik der *Resilienz* zurückzukommen: Sind Erzieherinnen und Erzieher, Lehrerinnen und Lehrer verantwortlich, also auch zuständig und damit dann auch verpflichtet zu intervenieren, wenn sie feststellen müssen, dass die Rahmenbedingungen ihrer Arbeit, die gesetzlichen Regelungen, die Verwaltungsvorschriften, die organisatorischen Gepflogenheiten, kurz: dass die strukturellen Bedingungen ihrer Arbeit im krassen Widerspruch stehen zu den Anforderungen an eine *gute* Kindertagesstätte, an eine gute Schule, als *Lebens-, Lern- und Handlungsraum*, der seine Strukturen vorrangig am Konzept der resilienzstärkenden Lern- und Arbeitsbedingungen ausrichtet? Denn natürlich erlauben die Befunde der

---

12 Ph. Zimbardo 2008: 2, der in seiner eindrucksvollen Untersuchung der Frage nachgeht: „Was lässt gewöhnliche, ja gute Menschen zu Tätern böser Taten werden?", spricht vom „systemischen Bösen".

Resilienzforschung plausible Anforderungen an die sozialen Räume auch der öffentlichen Bildung und Erziehung[13].

Eine solche strukturelle Verantwortlichkeit der Professionellen hieße, dass sie das Recht – mehr noch – die Pflicht hätten, *alle* ihre Arbeitsbedingungen und -strukturen an diesen Anforderungen zu messen. Und wohl gemerkt, *alles* stünde zur Disposition, angefangen von der Benotung individueller Leistungen über den 45-Minuten-Takt der Unterrichtsstunden, die Verbindlichkeit und Umsetzung der Lehrpläne, die Klassenstärke, die standardisierten Prüfungen bis hin zur Halbtagsregelschule und dem gegliederten Schulsystem der deutschen „Ständeschule".

Und das ist dann meine letzte Antwort auf die Frage nach der Attraktivität des Resilienzansatzes: In der engen Kombination mit dem ideologisch überhöhten Ressourcenansatz erlaubt er den pädagogischen Professionellen eine befriedende Schonhaltung und beruhigende Blindheit

- gegenüber jener *Macht der Verhältnisse*, an der sie mit ihren Mitteln nichts ändern können, solange sie sich nicht selbst radikal verändern;
- gegenüber auch der deprimierenden Erfahrung von Hilflosigkeit und Abhängigkeit im Alltag der Einzelkämpfer.

Die Alternative wird von Manfred Liebel recht deutlich formuliert. Sie würde – reflexiv gewendet – die große Gemeinde der Freunde des *Resilienzkonzepts* sehr schnell und sehr tief spalten:

> „Es kommt darauf an, das Konzept nicht in einer individualisierenden Weise zu verwenden und Resilienz nicht einfach als eine Frage individueller Problemlösungsfähigkeiten zu verstehen. Resilienz entsteht vor allem und aufgrund sozialer Erfahrungen und sie kann nur im Zusammenwirken mit anderen wirksam genutzt werden. Als Widerstandsfähigkeit verstanden, kann sie dazu beitragen, ist aber auch darauf angewiesen, gesellschaftliche Verhältnisse herbeizuführen, in denen jeder die gleiche Chance hat, sein Leben in einer befriedigenden Weise zu gestalten." (Liebel 2009: 60 f.)

Pädagogische Verantwortung und strukturelle Verantwortung sind untrennbar. Wer über die strukturelle Verantwortlichkeit der Professionellen im öffentlichen Bildungswesen nicht sprechen will, sollte über ihre erzieherische Verantwortlichkeit schweigen. Doch das Gegenteil ist heute die Regel. Pädagogik im Wolkenkuckucksheim schwadroniert in den höchsten Tönen über das resiliente Kind und seine kompetenten Eltern und Erzieher – und verleugnet den noch immer antagonistischen Widerspruch zwischen der realen Abhängigkeit des Bildungssystems von den gesellschaftlichen Verhältnissen auf der einen und dem emanzipatori-

---

13 Worüber in diesem Sammelband sicher hinreichend viel gesagt wird. Vgl. Margit Theis-Scholz 2007: 268 und Manfred Liebel 2009: 56 ff.

schen, demokratischen Auftrag, der „dort oben" seine Auferstehung und Himmelfahrt feiert und „hier unten" mit Füßen getreten wird auf der anderen Seite. Der pädagogische Jargon eines aufgeblasenen *Ressourcen- und Resilienzansatzes* – darin der würdelose Nachfolger schlechter Religion – verschleiert diesen Widerspruch und „verdingt sich als Lakai des Übels" (Adorno 1964: 25 f.).

Eine kleine, fast persönliche Nachbemerkung

Die Herausgeber dieses Bandes haben mich nach der Lektüre meines Textes gebeten, noch einen kurzen Absatz einzufügen, in dem ich in wenigen Sätzen „die positive Sprengkraft" eines recht verstandenen Resilienzbegriffs im Arbeitsfeld der Sozial- und Sonderpädagogik zumindest andeute und damit einen Hinweis darauf gebe, „welches auch gesellschaftliche Potenzial" in der angemessenen Wahrnehmung und Nutzung von Resilienz liegen könnte. Nach einigem Überlegen bin ich zu der Entscheidung gekommen, auf einen solchen Zusatz zu verzichten, komme aber gern der Bitte nach, über meine Gründe kurz Rechenschaft abzulegen.

Zum einen bin ich mir ziemlich sicher, dass in diesem Sammelband Vieles und Kompetentes zu diesem Punkt gesagt wird – besser und informierter als ich das vermöchte. Ich selbst sehe mich hier eher als neugierigen und lernbereiten Leser der anderen Texte denn als Experten.

Zum anderen aber und für mich wichtiger ist: Nach vierzig Jahren wissenschaftlicher Arbeit und Forschung im Frankfurter Institut für Sozialforschung ist mir der Glaube an die „positive Sprengkraft" von wissenschaftlicher Theorie und Forschung gründlich abhanden gekommen. Ich halte – zumindest in unseren modernen Gesellschaften – Wissenschaft, Forschung und Technologie für die bedeutsamsten und gefährlichsten Brutstätten herrschaftslegitimierender Ideologien; sie sind rationalisierter Religionsersatz; mit ihrer Autorität werden heute die modernsten Formen von Barbarei, Unterdrückung und Ausbeutung begründet und Menschen wie Institutionen zu grausamen und unmenschlichen Handlungen verführt.[14] Aufklärung im emanzipatorischen Sinn muss deshalb heute als Kritik jeglicher wissenschaftlichen Autorität beginnen.

Und dies ist dann auch der Punkt, an dem ich vernünftig begründeter kritischer Reflexion, also der wissenschaftlichen Aufklärung ihren fortbestehenden wichtigen Ort zuweisen kann: nicht mit „positiver Spreng-

---

14 Wer hier Anschauungsmaterial sucht, kann sich bei Ph. Zimbardo 2008 kundig machen.

kraft", das schafft sie nicht; wohl aber als gezielte, störende und verstörende Gegeninformation, die zum Nachdenken nötigen will. Denn nichts verträgt der Glaube an die Macht von Wissenschaft und Expertentum weniger, als Widerspruch durch Wissenschaft und Expertentum: Sind sich die Autoritäten uneins, muss selber gedacht und in eigener Verantwortung entschieden werden.

Ich bin zwar der Meinung, dass das für alle Berufsgruppen gilt, denke aber, dass die Erziehungswissenschaften – als akademisch diskriminierte Spätlinge und gesellschaftspolitisch missbrauchte, weil ohnmächtige Reparaturwerkstätten – eine ganz besondere Neigung zur Wissenschaftsgläubigkeit besitzen. Auch diese „Grenze der Pädagogik" kann verschoben werden.

Literatur

Adorno, Th. W. (1964): Jargon der Eigentlichkeit – Zur deutschen Ideologie. Frankfurt am Main
Bernfeld, S. (1967/1925): Sisyphos oder die Grenzen der Erziehung, Frankfurt am Main
Freyberg, T. v. (2009): Tantalos und Sisyphos in der Schule – Zur strukturellen Verantwortung der Pädagogik. Frankfurt am Main
Freyberg, T. v./A. Wolff (Hrsg.) (2005): Störer und Gestörte – Band 1: Konfliktgeschichten nicht beschulbarer Jugendlicher. Frankfurt am Main
Freyberg, T. v./A. Wolff (Hrsg.) (2006): Störer und Gestörte – Band 2: Konfliktgeschichten als Lernprozesse. Frankfurt am Main
Friedeburg, L. v. (1989): Bildungsreform in Deutschland. Geschichte und gesellschaftlicher Widerspruch. Frankfurt am Main
HBuEP (2007): Hessischer Bildungs- und Erziehungsplan. Bildung von Anfang an: Hessisches Sozialministerium und hessisches Kultusministerium (Hrsg.): Stand Dezember 2007
Khan, M. R. (1963): Selbsterfahrung in der Therapie. München
Liebel, M. (2009): Kinderrechte – aus Kindersicht. Berlin
Sandler, J./Sandler, A-M. (1999): Innere Objektbeziehungen – Entstehung und Struktur, Stuttgart
Theis-Scholz, M. (2007): Das Konzept der Resilienz und der Salutogenese und seine Implikationen für den Unterricht. In: Zeitschrift für Heilpädagogik 07/7, S. 265–273
Winnicott, D. W. (1984): Die antisoziale Tendenz. In: ders. Aggression – Versagen der Umwelt und antisoziale Tendenz, S. 157-171. Stuttgart
Wolff, L. (2010): An den Grenzen der Pädagogik – Konflikte und Dynamiken in der sozialen Arbeit mit „Straßenkindern" in Cajamarca (Peru) – Psychoanalytisch orientierte Fallstudien aus zwei Projekten. Frankfurt am Main
Wustmann, C. : http://www.ifp.bayern.de/veroeffentlichungen/infodienst/wustmann-resilienz.html, 25.08.2010
Zimbardo, S. Ph. (2008): Der Luzifer-Effekt – Die Macht der Umstände und die Psychologie des Bösen. Heidelberg

Gleichheit und Differenz – die Relation zwischen Resilienz, Geschlecht und Gesundheit

Antje Richter-Kornweitz

1. Einleitung

Resilienz, Geschlecht und Gesundheit in einen Zusammenhang zu bringen, ist zwar nahe liegend, besonders intensiv sind die Zusammenhänge bisher jedoch nicht erforscht worden. Während zur Resilienz im deutschsprachigen Raum in den letzten zwanzig Jahren eine beachtliche Zahl an Veröffentlichungen vorgelegt wurde, findet sich eher wenig zu Resilienz und Geschlecht (Ittel/Scheithauer 2007) und auch nicht viel mehr zu Resilienz und Gesundheit. Dieser Beitrag kann solche Lücken nicht annähernd füllen, aber es sollen Erkenntnisse aus der Resilienzforschung und den Gesundheitswissenschaften zur Bedeutung des Faktors Geschlecht zusammengeführt und einige weiterführende Fragen gestellt werden.

Dazu ist es zunächst erforderlich, das eigene Verständnis von Resilienz kurz darzulegen. Wie so viele andere auch, habe ich das Phänomen der Resilienz und die Forschungsarbeiten zu diesem Thema entdeckt, während ich mich mit Entwicklungsrisiken von Kindern auseinandersetzte. Mein Hauptinteresse galt und gilt noch immer den Auswirkungen von Armut auf die Entwicklung von Kindern in verschiedenen Lebensbereichen, und zwar gerade auch aus ihrer eigenen Sicht. Ausgangspunkt war für mich die Frage nach dem subjektiven Erleben von Armut und der Bewältigung (coping) dieser Armutslage, in Verbindung mit einer sozialökologischen Untersuchungsperspektive. So war es möglich, über die Einflüsse individueller und familiärer Eigenschaften hinaus auch einen Blick auf den Kontext von Nachbarschaft, Stadtteil, Kita, Schule und Gleichaltrigen zu werfen. Lokale und regionale Merkmale erlangen unter dieser Perspektive ebenso Bedeutung wie Geschlechtszugehörigkeit.

Dieser multifaktorielle Ansatz schärft den Blick für Wechselwirkungen von Lebens- und Entwicklungsbedingungen und moderierende Faktoren. Besonders kritisch ist beispielsweise eine Häufung von Risiken in verschiedenen Lebensbereichen, wenn strukturelle Defizite im Wohnumfeld oder beengte Wohnungen, chronische Erkrankungen der Eltern, ein niedriger Bildungsstatus der Mutter oder traumatische Erfahrung wie

Gewalt oder Flucht die kindliche Entwicklung belasten. Je nach Alter und Entwicklungsstand von Mädchen und Jungen beinhaltet dies besondere Risiken. Im Zusammenhang mit dauerhafter materieller Armut kommt es zu Unterversorgung in zentralen Lebensbereichen und zu tief greifenden Risiken für kindliche Entwicklung.

In Studien zur Entstehung von Resilienz richtet sich das Erkenntnisinteresse oft auf das Phänomen der Anpassung an ungünstige, widrige Lebensumstände und auf die Bewältigung dieser Risiken. Das Aufwachsen unter anhaltender Armut gilt als eine der größten Belastungen (Richter 2000; Werner 1999, 2007; Luthar 1999; Schoon 2006; Zander 2008).

Die Folgen werden entscheidend vom Kontext geprägt, in dem sie auftreten. Gemeint ist, dass Risikofaktoren nicht zwangsläufig eine negative Entwicklung nach sich ziehen, sondern in ihrer Wirkung durch günstige bzw. ungünstige Bedingungen verringert oder auch verstärkt werden können. Schützende Mechanismen können sowohl den Einfluss der Risiken als auch die Sensitivität ihnen gegenüber mindern. Sie reduzieren damit negative und/oder ermöglichen positive Reaktionsketten und können die wechselseitige Dynamik schützender Kind-Umwelt-Faktoren trotz hoher Risikobelastungen und ungünstiger Lebensbedingungen im Entwicklungsverlauf positiv beeinflussen. Das Ergebnis wird als Resilienz bezeichnet (Rutter 1998; Werner/Smith 2001).

Die Zusammenhänge, in denen diese Erkenntnis gewonnen wurde, u.a. in der Kauai-Studie von Werner und Smith (1982, 1992, 2001) und anderen Längsschnittstudien, werden in diesem Handbuch an anderer Stelle dargestellt. Sie waren wegbereitend und leitend für die weitere Erforschung von Resilienz.

2. Das Resilienzkonzept

Resilienz wird definiert als psychische Widerstandskraft gegenüber biologischen, psychologischen und psychosozialen Entwicklungsrisiken. Sie zielt auf psychische Gesundheit *trotz* erhöhter Entwicklungsrisiken und auf die Fähigkeit, Stress und Belastungen erfolgreich im Sinn von Widerstandsfähigkeit zu *bewältigen* (Wustmann 2004). Resilienz drückt sich nach Masten (2001) in drei zentralen Merkmalen aus:
- der positiven, gesunden Entwicklung trotz hohem Risikostatus,
- der beständigen Kompetenz unter Stressbelastung,
- der positiven bzw. schnellen Erholung von traumatischen Erlebnissen.

2.1. Resilienz als Ergebnis von Entwicklungsverläufen

Resilienz ist nach Schoon (2006) in einem zweipoligen Konstrukt zu sehen, in dem ungünstige Entwicklungs- und Lebensbedingungen den einen und das Ergebnis gelungener Anpassung angesichts dieses Risikos den anderen Pol ausmachen. „Resilience is a two-dimensional construct defined by the constellations of exposure to adversity and the manifestation of successful adaptation in the face of that risk" (Schoon 2006: 7). Sie bezieht sich damit nicht nur auf die Abwesenheit psychischer Störungen (Aggressionen, Ängste, Depressionen, psychosomatische Erkrankungen, etc.), sondern schließt den *Erwerb bzw. Erhalt altersangemessener Fähigkeiten und Kompetenzen* der normalen kindlichen Entwicklung mit ein (Masten 2001; Masten/Reed 2002; Rutter 2001). Mit Erwerb bzw. Erhalt altersangemessener Fähigkeiten und Kompetenzen ist die erfolgreiche Bewältigung altersspezifischer Entwicklungsaufgaben gemeint. Das ist die Basis für eine gelungene Weiterentwicklung und persönliches Wachstum (Wustmann 2004). Masten/Reed (2002) unterscheiden Entwicklungsverläufe danach, ob Menschen hohen oder niedrigen Risiken oder Belastungen ausgesetzt sind und daraufhin ein hohes oder niedriges Funktions- oder Anpassungsniveau (d.h. eine gute oder weniger gute Entwicklung) zeigen (nach Schmitt 2009: 328).

2.2 Entwicklungsdynamik vor dem Hintergrund der Kind-Umwelt-Interaktion

Dabei ist Resilienz keine statische oder „angeborene" Eigenschaft, sondern abhängig von Merkmalen, die das Individuum durch eigene Aktivitäten erworben hat oder die ihm durch seine Umgebung zur Verfügung gestellt werden. Resilienz ist kein gegebenes Persönlichkeitsmerkmal, das einige Individuen besitzen und andere jedoch nicht. Die Verwendung des Begriffs *resilientes Kind* kann daher verwirren, da er auf eine persönliche Eigenschaft abzielt. „Diese Auffassung ist ungerechtfertigt und trägt weder zur Aufklärung der Prozesse bei, die der Resilienz zugrunde liegen, noch ist sie hilfreich für die Entwicklung resilienzfördernder Interventionsstrategien" (Luthar nach Bengel et al. 2009: 21 f.). Nach Masten gehört das Alltägliche der Resilienz zu den größten Wundern: „Die größte Überraschung auf diesem Gebiet ist das Gewöhnliche an der Resilienz. Was immer wieder erstaunt und möglicherweise auch zu dem irrigen Glauben verleitet, resiliente Menschen verfügten über ganz besondere, möglicherweise magische Kräfte, ist einfach die Fähigkeit auch unter außergewöhnlichen Umständen zu ‚funktionieren'." Was resiliente Menschen charakterisiert, sind aber normale menschliche Eigenschaften, wie die Fähigkeiten zu denken, zu lachen, zu hoffen, dem Leben einen Sinn zu geben, zu handeln oder das eigene Verhalten zu unterbrechen, um Hilfe zu bitten und diese zu akzeptieren, auf Gelegenheiten zu reagieren und/oder Erfahrungen und Beziehungen zu suchen, die für die Entwicklung gesund sind" (Masten 2001: 216).

Der Verlauf des Entwicklungsprozesses ist in seiner wechselseitigen Dynamik vor dem Hintergrund der Kind-Umwelt-Interaktion zu sehen und die darin erworbenen Kapazitäten können Schwankungen unterliegen (Rutter 2001). Das heißt: Resilienz ist im Lebensverlauf nicht zu jedem Zeitpunkt gleichermaßen ausgeprägt. Es gibt Zeitpunkte, in denen Kinder und Jugendliche trotz bisher geglückter Entwicklung besonders gefährdet (vulnerabel) sind. Dazu sind beispielsweise Entwicklungsübergänge wie Geburt, der Übergang von der Familie in Kinderkrippe/Kindergarten, von der Kita in die Schule, die Pubertät, der Wechsel von der Schule in den Beruf etc. zu rechnen. Resilienz ist außerdem ein bereichsspezifisches Phänomen, denn sie kann sich in einzelnen Lebensbereichen (wie akademischen Fähigkeiten) entwickeln, in anderen Bereichen (wie sozialen oder emotionalen Kompetenzen) jedoch fehlen.

Die Ausprägungen von Resilienz und damit die Entwicklung von Kindern werden durch das Zusammenspiel von Risiko- und Schutzfaktoren maßgeblich beeinflusst.

2.3. Risiko- und Schutzfaktoren

Das Konzept der Risiko- und Schutzfaktoren ist nach Bengel (2009) ein integraler Bestandteil des Resilienzkonzepts. Einen der Grundsteine zur Erforschung dieses Konzepts legten Werner und Smith (1982, 1992) mit ihrer Liste protektiver Faktoren (vgl. Tab. 1, S.230).

Im Unterschied zu Risikofaktoren, die sich relativ leicht ermitteln lassen, weil sie körperliche oder psychische Krankheiten, Devianz, Anomiegefühle etc. begleiten oder ihnen vorausgehen, ist es schwieriger, die Existenz von Schutzfaktoren (protektiver Faktoren) im Sinne von Ressourcen nachzuweisen. Sie sind mehr als nur das Gegenteil von Risikofaktoren, können für sich genommen durchaus ohne Effekt bleiben, und für ihr Vorhandensein ist nicht nur die Abwesenheit von etwas – wie etwa Krankheit – charakteristisch (Rutter 2001; Kolip 1993; Laucht/Esser/ Schmidt 1997; Richter 2000; Wustmann 2004; Zander 2008; Bengel 2009).

Für Rutter (2001) sind Schutzfaktoren von positiven Erfahrungen und Erlebnissen zu trennen, die lediglich eine wohltuende Wirkung haben.

Tab.1. Liste protektiver Faktoren nach Werner & Smith

personale Faktoren	• positives Selbstkonzept • internale Kontrollüberzeugungen • Autonomiestreben • altersangemessene sensomotorische und Wahrnehmungsfähigkeiten • biologische Konstitution • etc.
soziale Faktoren	• Anzahl der Geschwister (Mindestaltersabstand zwei Jahre) • positive Eltern-Kind-Beziehung in der frühen Kindheit • emotionale Unterstützung durch Nachbarn und Verwandte • Beratung und Unterstützung durch Lehrerinnen und Lehrer • etc.
weitere allgemeine Faktoren	• Zugang zu Bildung und Ausbildung • Chancengleichheit • soziale Unterstützung im Allgemeinen • etc.

An seinen Publikationen lassen sich die verschiedenen Phasen aufzeigen, welche die Forschung zur psychischen Widerstandskraft bislang durchlaufen hat. Zu Beginn der 1980er Jahre standen in den Veröffentlichungen noch einzelne Variablen im Vordergrund, die einen Einfluss auf die Entwicklung von Störungen haben. Es wurde versucht, diese Variablen zu kategorisieren und Methoden zu entwickeln, um die subjektive Bedeutung eines Stressors zu erfassen. „Because people differ in how they think about bad experiences they have had, it seems reasonable to suppose that individual indifference in style of cognitive processing could be important in whether or not resilience develops" (Rutter 1998: 21; zur subjektiven Bewertung von Belastungen vgl. auch Antonovsky 1997).

In späteren Arbeiten betont Rutter die Notwendigkeit, Mechanismen und dynamische Prozesse genauer zu analysieren, welche die Wirkung von Risiko- und Schutzfaktoren begründen, und erwähnt vermittelnde

Mechanismen, wie Situations- und Umweltmerkmale. „Schutzfaktoren beziehen sich auf Einflüsse, die Reaktionsmöglichkeiten einer Person auf schädliche Umwelteinflüsse, die eine Störung verursachen können, verbessern oder erhöhen" (Rutter nach Kolip 1993; Rutter 2001; Wustmann 2004).

Er geht davon aus, dass Resilienz nicht als feste Qualität anzusehen ist, sondern über die Zeit und die Umstände hinweg variieren kann. Rutter (2001) schlägt daher vor, nur von Schutzfaktoren zu sprechen, wenn Schutz- und Risikofaktoren klar voneinander getrennt sind und eindeutige Vorstellungen darüber formuliert werden können, wie sie im *Prozess* zusammenwirken. Das Erkenntnisinteresse muss seiner Ansicht nach auf die Analyse der *vermittelnden Prozesse* gerichtet sein. „The search is not for broadly defined protective factors, but rather for the developmental and situational mechanisms involved in protective processes" (Rutter 1998: 20). Ihre Wirkungen sind viel zu komplex in ihrem Bedingungsgefüge, um sie auf einfache Wenn-Dann-Aussagen zu reduzieren (Rutter 2001).

Im Verlauf der internationalen Forschung wurden verschiedene Resilienzmodelle entwickelt. Dazu gehört u.a. das Interaktionsmodell, das von einer *interaktiven* Beziehung zwischen risikoerhöhenden und -mildernden Faktoren ausgeht. Der risikomildernde Faktor moderiert das Ausmaß der Risikobedingung, hat jedoch keinen feststellbaren Effekt in Abwesenheit der Risikobelastung. Das Vorhandensein von Schutzfaktoren mindert insbesondere bei einer Kumulation von Risikofaktoren die Wahrscheinlichkeit bzw. den Grad einer Störung. Entsprechend geht Rutter davon aus, dass sich die Effekte mehrerer risikoerhöhender bzw. risikomildernder Faktoren addieren können und den Grad der Belastung bestimmen (vgl. auch Wustmann 2004).

Wustmann fasst daraufhin zusammen: „Je mehr schützende Bedingungen grundsätzlich vorhanden sind, desto höher ist die Wahrscheinlichkeit, dass die Risikosituation erfolgreich bewältigt wird und die Entwicklung des Kindes positiv verläuft. Die Erhöhung von solchen schützenden Bedingungen sowie die Verminderung von Risikoeinflüssen stellen deshalb entscheidende Ziele der Resilienzförderung dar" (vgl. Wustmann 2004: 56).

Aussagen über das, „was schützt", lassen sich nicht pauschal treffen. Was protektiv wirkt, hängt von den jeweiligen individuellen bzw. spezifischen Bedingungskonstellationen ab. Einig ist man sich vor allem darüber, dass risikomildernde bzw. schützende Bedingungen eine Schlüsselfunktion im Prozess der Bewältigung von Stress- und Risikosituationen haben.

Tab. 2. Schutzfaktoren

• Eine enge emotionale Beziehung zu mindestens einer Bezugsperson • die kognitiven Fähigkeiten des Individuums • ein aktiver Problembewältigungsstil • körperliche Gesundheitsressourcen • das Ausmaß an Selbstwertgefühl und Selbstvertrauen	• das Gefühl von Selbstwirksamkeit • das Ausmaß an wahrgenommener sozialer Unterstützung • das Erleben von Erfolg und Leistung – nicht nur durch gute Schulnoten, sondern auch durch soziale Aktivitäten, die Verantwortung und Kreativität erfordern • das Geschlecht

Einig ist man sich auch, dass zur zuverlässigen Erfassung dieses Prozesses vor allem Längsschnittuntersuchungen nötig sind, da nur so Wechselwirkungen und kumulative Effekte zu belegen sind. Dazu gehört neben der subjektiven Wahrnehmung von Belastungen, moderierenden Effekten im Zusammenspiel von Risiko- und Schutzfaktoren sowie Puffereffekten der Nachweis einer zeitlichen Priorität. Das heißt, ein Merkmal kann nur dann als Schutzfaktor angesichts eines bestimmten Risikofaktors genannt werden, wenn es zeitlich gesehen bereits vor dem Risikofaktor vorliegt.

In Längsschnittstudien konnten auch Schutzfaktoren (vgl. Tab. 2) identifiziert werden, über deren Wirksamkeit eine weiter gehende Einigkeit unter Forscherinnen und Forschern besteht.

2.4. Soziale und personale Ressourcen

Die Verfügbarkeit von Ressourcen wirkt sich entscheidend auf die Bewältigung von Belastungen und den weiteren Verlauf der Entwicklung aus. Zur weiteren Analyse muss man daher fragen, auf welchen Ebenen Ressourcen identifiziert werden können. Ein grundlegender Schritt ist dabei die Unterteilung der Ressourcen in personale und soziale. Darüber hinaus erstellen viele Autoren Listen, in denen zwischen personalen, familialen und sozialen Ressourcen unterschieden wird (vgl. Bengel et al 2009; Lenz 2009; Wustmann 2004; Laucht et al 2000; Werner/Smith 1982, 1992).

Garmezys Mehrebenenansatz (1985) zielt auf diese drei Ebenen, um

so neben personalen und sozialen Ressourcen auch die Wechselwirkungen in der Lebenswelt zu erfassen und um ein besseres Verständnis der bestehenden Entwicklungsmöglichkeiten zu gewinnen. Schutzfaktoren finden sich danach in:
- den Persönlichkeitsmerkmalen des Kindes,
- den Merkmalen der engeren sozialen Umwelt,
- den Merkmalen des außerfamilialen Stützsystems.

Dieser Ansatz spiegelt nicht nur die Abhängigkeit des dynamischen Resilienzprozesses vom Hintergrund der Kind-Umwelt-Interaktionen. Garmezys Drei-Ebenen-Ansatz ermöglicht auch die Verknüpfung des Resilienzkonzepts mit der ökologischen Sozialisationsforschung Bronfenbrenners. Er unterscheidet zwischen Mikro-, Meso-, Exo- und Makrosystemen, die in Wechselwirkung zum Individuum stehen und die individuelle Entwicklung beeinflussen. Bei Bronfenbrenner wie bei Garmezy wird so die Aufmerksamkeit auf die nähere und weitere Umwelt als alltägliche, dauerhafte und erlebte Umgebung des Kindes mit ihren Wechselwirkungen gelenkt.

Das Kind steht dabei als Erfahrungssubjekt im Mittelpunkt, die subjektive Wahrnehmung der Situation erhält also einen gesonderten Stellenwert. Die Einbeziehung des Kontextes nach diesem Modell ermöglicht die Gewichtung sozialstruktureller Aspekte, schärft den Blick für die Entwicklungsbedingungen von Kindern in unterschiedlichsten Lebenslagen und spezifischen Milieus und kann vor weitreichenden Fehlinterpretationen bewahren.

2.5. Geschlecht als moderierender Faktor

Der Einfluss schützender Faktoren auf die Anpassungsfähigkeit von Mädchen und Jungen variiert nach Werner (2007) je nach Kontext und Entwicklungsstufe. Zu den resilienzfördernden Faktoren, welche die Bewältigung der Entwicklungsaufgaben unterstützen, rechnet sie im individuellen Bereich u.a. ein hohes kognitives Funktionsniveau, eine positive Emotionalität („Liebenswürdigkeit") oder eine altersentsprechende Impulskontrolle. Im sozialen Bereich gehören vor allem familiale Faktoren wie ein positives Elternverhalten und ein gutes Familienklima dazu. Resilienzfördernd wirken zudem gelungene Übergänge (Transitionen) in Bildungsinstitutionen etc.. Die Einbindung von Kindern und Jugendlichen in ein soziales Beziehungsgefüge (Freundschaft, Verwandtschaft, Freizeit) kann die Bewältigung von Problemlagen entscheidend beeinflussen.

Entscheidende Wirkungen der einzelnen Faktoren entwickeln sich nicht einfach aus ihnen allein heraus, sondern entfalten sich erst in Interaktion der Faktoren miteinander. So können beispielsweise gute Peer-Beziehungen, die bei Kindern und Jugendlichen im Allgemeinen als Schutzfaktor zur Bewältigung von Belastungen hervorgehoben werden, nicht per se als Ressource verortet werden. Freunde können auch zu einem Risikofaktor werden, wenn etwa in der Freundesgruppe deviantes Verhalten regulär vorkommt und Ansätze zu eigenem abweichenden Verhalten dadurch verstärkt werden.

Nach Werner (2007) verfügen Mädchen im Kindesalter eher über personale Ressourcen wie ein „umgängliches" Temperament, höheres Selbstwertgefühl und Problemlösefertigkeiten als gleichaltrige Jungen. Sie können zu diesem Zeitpunkt außerdem mehr soziale Unterstützung mobilisieren als Jungen (Kolip 1993, 2001).

Das weibliche Geschlecht wird häufiger als ein wesentlicher Schutzfaktor herausgestellt. Man muss hier allerdings von erheblichen Wechselwirkungen mit anderen Faktoren ausgehen. Es lohnt sich daher genauer hinzusehen.

2.5.1 Erziehungsorientierungen in der Familie

Erziehungsorientierungen in der Familie, die kindliche Resilienz stärken, unterscheiden sich in ihren Auswirkungen auf Mädchen und Jungen. Resiliente Jungen kommen oft aus Haushalten mit klaren Strukturen und Regeln, in denen ein männliches Familienmitglied (Vater, Großvater, älterer Bruder) als Identifikationsmodell dient *und* in denen Gefühle nicht unterdrückt werden.

Resiliente Mädchen kommen oft aus Haushalten, in denen sich die Betonung von Unabhängigkeit *mit* der zuverlässigen Unterstützung einer weiblichen Fürsorgeperson verbindet, z.B. der Mutter, Großmutter, älteren Schwester (vgl. Werner 1999). Auch Lösel/Bendel berichten von höherer Kompetenz bei Jungen aus mehrfach belasteten Familien, in denen das Familienklima geprägt war von emotionaler Wärme *und* guter Organisation (Lösel/Bender 1998).

Jungen verfügen in der Regel über einen weiteren Bewegungsfreiraum als gleichaltrige Mädchen und werden in ihrer Familie meist viel früher dazu ermutigt, autonom zu reagieren (Ittel/Scheithauer 2009).

2.5.2 Wechselwirkungen nach Alter und Geschlecht

Nach Werner (1999) haben die meisten Studien in Nordamerika gezeigt, dass Jungen vulnerabler sind als Mädchen, wenn sie chronischer und

Die Relation zwischen Resilienz, Geschlecht und Gesundheit 249

intensiver familiärer Disharmonie in der Kindheit ausgesetzt sind, und dass Mädchen im Allgemeinen am Ende der Adoleszenz mehr psychische Probleme haben. Sie führt jedoch auch an, dass sich dieser Trend im Erwachsenenalter wieder umkehrt. In der Kauai-Studie gab es mehr Frauen als Männer mit Verhaltensproblemen, die sich zwischen 18 und 40 Jahren wieder sozial integrieren konnten. Im Erwachsenenalter hatten sich ca. zwei Drittel der Jugendlichen aus der Kauai-Studie mit Verhaltensproblemen positiv stabilisiert, insbesondere jene, die in der Schule nicht als besonders schwierig galten, zumindest durchschnittlich intelligent waren und noch in einer intakten Familie lebten (vgl. auch Werner/Smith 1982; Ulich 1988). Auch Kolip (2001) weist auf die geringe Stabilität der Diagnosen in der Adoleszenz und auf die hohe Rate an Spontanremissionen hin.

Petermann et al. sehen ebenfalls unterschiedliche Faktoren (vgl. Tabelle 3) je nach Altersstufe und Geschlechtszugehörigkeit als protektiv an.

Tab. 3 : Wirkung der Schutzfaktoren nach Geschlecht und Alter

Alter	Mädchen	Jungen
Kleinkind	Umgängliches Temperament	Höheres Bildungsniveau der Mutter, positive mütterliche Interaktion, familiäre Stabilität
Mittlere Kindheit	(nonverbale) Problemlösefähigkeiten und das Rollenvorbild einer Mutter mit Schulabschluss und Berufstätigkeit	Emotionale Unterstützung durch die Familie, Anzahl der Kinder in der Familie, Anzahl Erwachsener außerhalb des Haushaltes, mit denen das Kind gerne verkehrt
Späte Jugend	Hohe Selbstachtung, internale Kontrollüberzeugung und realistisches Bildungsziel	Vorhandensein einer/s Lehrerin/Lehrers als Mentor oder Rollenvorbild und regelmäßige Aufgaben und Verantwortung im Familienalltag
(vgl. Petermann/Kusch/Niebank 1998)		

2.5.3. Vulnerabilitäten nach Alter und Geschlecht

Aus der entwicklungspsychologischen sowie der jüngeren Forschung zur Kinder- und Jugendgesundheit liegen umfangreiche Befunde zur Vulnerabilität von Mädchen und Jungen je nach Altersstufe vor, die für die Diskussion des Faktors Geschlecht und seine Auswirkungen auf das psychosoziale Wohlbefinden – und damit auch für die Resilienzforschung – von Bedeutung sind.

Laucht et al. (2000) stellen im Grundschulalter einen deutlichen Anstieg von Verhaltensproblemen bei Jungen, in der Pubertät eine Zunahme psychischer Störungen bei Mädchen sowie antisozialen Verhaltens bei Jungen fest.

Auch nach Kolip (2001) liegen im Kindergarten- und Grundschulalter die Prävalenzraten für psychische Störungen und Verhaltensauffälligkeiten bei den Jungen höher als bei den Mädchen. In der Adoleszenz ändert sich das Geschlechterverhältnis, da entwicklungsabhängige Störungen (z.b. Sprachentwicklungsstörungen, Hyperaktivität), die bei Jungen häufiger sind als bei Mädchen, zurückgehen und Störungen hinzukommen, deren Prävalenz in der weiblichen Bevölkerung höher ist (z.B. im späten Jugendalter Depression, Essstörungen). Nach Ittel/Scheithauer (2007) bedeutet das Einsetzen der Pubertät für Mädchen häufig einen Abfall im Selbstwertgefühl. Mädchen berichten von einer größeren Anzahl an kritischen Lebensereignissen sowie höherer emotionaler Empfindlichkeit, Schwierigkeiten mit dem eigenen Körperbild und den gesellschaftlichen Erwartungen an ihre Körperlichkeit und daraus folgenden negativen psychosozialen Auswirkungen.

Der Kinder- und Jugendsurvey des Robert-Koch Institutes (KiGGs-Studie) belegt geschlechtsspezifische Muster und altersabhängige Unterschiede in Gesundheitsstatus und -verhalten zwischen Mädchen und Jungen: In der Altersgruppe der 3- bis 17-Jährigen sind mehr Jungen (17 %) als Mädchen (11,5 %) verhaltensauffällig oder an der Grenze zur Auffälligkeit („grenzwertig auffällig"). Während Jungen stärker verhaltensauffällig und hyperaktiv sind, sind emotionale Probleme bei Mädchen häufiger, wobei unter „emotionalen Problemen" Ängste und depressive Verstimmungen gefasst werden („sich Sorgen machen", „unglücklich und niedergeschlagen sein", „nervös sein und das Selbstvertrauen verlieren", „Kopf- und Bauchschmerzen haben") (Hölling et al. 2007). Außerdem sind Mädchen im Alter von 11 bis 17 Jahren sind fast doppelt so häufig von einer Essstörung betroffen wie Jungen (Hölling et al. 2007).

Nach Ravens-Sieberer et al. kann im Kinder- und Jugendsurvey des Robert-Koch-Instituts (KiGGS-Studie) der Nachweis erbracht werden, dass „Mädchen häufiger nur über schwach ausgeprägte personale und familiäre Ressourcen verfügen als Jungen. Für den ersten Befund dürfte die geschlechtsrollenspezifische Sozialisation bzw. Erziehung verantwortlich sein, die Jungen eine höhere Selbstwirksamkeitserwartung vermittelt als Mädchen. Jungen sind dafür häufiger mit einer schwach ausgeprägten sozialen Unterstützung konfrontiert. Möglicherweise verfügen Mädchen über eine höhere soziale Kompetenz und vermögen sich hierüber eine bessere soziale Unterstützung zu erschließen" (Ravens-Sieberer et al. 2007: 807). Nach Ravens-Sieberer et al. trifft dies altersgruppenübergreifend bei 11- bis13-Jährigen sowie bei 14- bis 17-Jährigen zu. Nicht ganz klar ist allerdings, warum der Befund zu den personalen und familiären Ressourcen der Mädchen von den Ergebnissen Werners und anderer Studien abweicht. Möglich ist, dass die Kinder in verschiedenen Altersstufen untersucht wurden. Auch differierende innere Bewertungsmaßstäbe von Eltern mit eben anderer Herkunft und Statuszugehörigkeit könnten zu den Differenzen beigetragen haben. Möglich ist aber auch, dass unterschiedliche Kompetenzen abgefragt oder die Befragungsinstrumente und -methoden nicht ausreichend geschlechtsdifferenzierend entwickelt und angewendet wurden (vgl. Eichler et al. 2000). An der KiGGS-Elternbefragung haben sich beispielsweise in der Mehrheit Mütter (83 %) beteiligt. Väter antworteten zu 10 % und beide Elternteile nur zu 7 % (Kolip 2009). Diese und ähnliche Details (dazu gehört übrigens auch „wer befragt?") können die Wahrnehmung der Gesundheit von Mädchen und Jungen verzerren.

Generalisierend lässt sich festhalten, dass bei Mädchen eher internalisierende und bei Jungen eher externalisierende Störungen festgestellt werden. Dahinter könnte sich verbergen, dass Jungen im Kindesalter als auffälliger gelten, weil externalisierende Störungen von Erwachsenen leichter wahrgenommen werden. Außerdem weist Kolip (2001) darauf hin, dass sich Mädchen und Jungen bei Befragungen in ihrem Antwortverhalten unterscheiden und Mädchen eventuell eher bereit sind, Beschwerden zuzugeben. Kolip (2009) führt an anderer Stelle auch an, dass die höhere Unfallneigung von Jungen häufig nicht im Zusammenhang mit ihrem allgemeinen Gesundheitsstatus gesehen wird, obwohl sie zu häufigeren Arztkontakten und Krankenhausaufenthalten bei Jungen führt. Dieses Ausblenden hat ebenfalls eine verzerrten Wahrnehmung der Gesundheit von Mädchen und Jungen zur Folge. Sie fordert eine höhere Gender-Sensibilität in der Forschung zur Kinder- und Jugendgesundheit und in angrenzenden Bereichen. Nach Kolip (2009) tritt hier die gesellschaftliche Konstruktion von Geschlechtlichkeit (West/Zimmermann) in sozialen Interaktionen (doing gender) deutlich zutage. Für die Resilienzforschung ist damit ein weiterer unverzichtbarer Hinweis auf die Abhängigkeit resilienzfördernder Prozesse vom sozialen Kontext verbunden.

Auch Werner (2007) verweist auf die unterschiedliche Vulnerabilität von Mädchen und Jungen in Abhängigkeit vom gesellschaftlichen Kontext. Sie argumentiert damit, dass es ja in Entwicklungsländern ein höheres Risiko bedeutet, ein Mädchen zu sein, Frauen dort vom Kleinkindbis zum Erwachsenenalter chronisch unterernährt sind und chronische Unterernährung dann mit einem passiven Temperament und niedrigem Energieniveau einhergeht.

Verschiedene Autorinnen und Autoren bezeichnen unabhängig vom Lebensalter ein nicht-geschlechtsstereotypisches Verhalten als Schutzfaktor und resilienzfördernd, da dies Mädchen und Jungen ein breiteres Repertoire an Verhaltensmöglichkeiten und mehr Flexibilität der Bewältigungsstrategien bietet. So zeigen beispielsweise resiliente Mädchen ein größeres Interesse an ihrer Umwelt und an Aktivitäten, die als nicht geschlechtstypisch gelten, als ihre nicht-resilienten Altersgenossinnen. (Ittel/Scheithauer; Werner 1999; Ulich 1988). Resiliente Mädchen der Kauai-Studie weisen nach Werner Geschlechterstereotypien auf, die sonst eher dem männlichen Geschlecht zugeschrieben werden und unterscheiden sich dadurch von der vulnerablen weiblichen Vergleichsgruppe. Sie vertrauen auf die Fähigkeit, ihr Leben zu beeinflussen, sind leistungsorientierter, statusbewusster und sozial unabhängiger als die Vergleichsgruppe. Entsprechend zeigten die resilienten männlichen Heranwachsenden geschlechtsuntypische Ausprägungen von Fürsorge, emotionaler und sozialer Orientierung, also traditionell als „weiblich" geltende Anteile (Werner nach Gabriel 2005).

Bengel schlägt aufgrund der variierenden Befunde vor, weibliches Geschlecht nicht per se als Schutzfaktor, sondern als moderierenden Faktor zu verstehen (Bengel 2009; Ittel/Scheithauer 2007).

2.6. Bewältigung

Die beschriebenen Wechselwirkungen von Geschlecht und Alter sind ein gutes Beispiel zur Illustration der Kontextabhängigkeit resilienzfördernder Prozesse. Die gelungene Bewältigung von altersspezifischen Entwicklungsaufgaben auch unter signifikanten Belastungen und Krisen ist ein grundlegendes Kriterium von Resilienz (Wustmann 2004; Bengel et al. 2009) und u. a. abhängig vom gesellschaftlich-historischen Hintergrund, dem sozialen Status, dem Familienstatus, der subjektiven Wahrnehmung der Situation *und dem Geschlecht*. Im Prozess der aktiven Auseinandersetzung mit diesen Bedingungen vollzieht sich die Entwicklung im Lebensverlauf.

2.6.1 Aktiv-problemlösendes Bewältigungsverhalten
Die Fähigkeit, Probleme aktiv zu bewältigen, statt sie zu verdrängen, gilt als eine wichtige personale Ressource.

Resiliente Kinder und Jugendliche aus der Kauai-Studie (Werner/Smith 1992; Werner 1999) zeichneten sich im Umgang mit Aufgaben und Problemen durch ein hohes Maß an Selbständigkeit aus, verbunden mit der Fähigkeit, sich im Bedarfsfall gezielt nach Hilfe umzusehen. Außerdem fallen sie durch ihre Suche nach neuen Erfahrungen auf und eine positive soziale Orientierung, die besonders bei den Mädchen hervortrat. Sie waren in kommunikativen Fähigkeiten, der Bewegungskoordination und Selbsthilfefertigkeiten weiter entwickelt als vulnerable Kinder.

Nach Kolip (2001) wählen Mädchen im Vergleich zu Jungen eher einen aktiven Bewältigungsstil (Informationssuche, Ressourcenaktivierung). Keine Unterschiede zeigen sich dagegen in der internalen Bewältigung und Problemmeidung. Kolip weist allerdings darauf hin, dass sich Mädchen und Jungen in der Problemwahrnehmung und -bewertung unterscheiden und auch in der Ressourcenaktivierung, denn Mädchen haben im Allgemeinen mehr Ansprechpersonen als Jungen.

Nach Weber/Laux (1991) gibt es keine Bewältigungsform, die an sich „effizient" ist. Ihre Effizienz ist vielmehr abhängig vom jeweiligen Kontext. Aktiv-problemlösende Bewältigungsformen sind ebenso wie problemmeidende Strategien immer im Kontextbezug zu sehen. Sie argumentieren, dass auch Wohlbefinden grundsätzlich auf zwei Wegen erreicht werden kann: auf direktem Weg über Erfahrungen, die in sich positiv sind, und auf indirektem Weg durch die Beseitigung aversiver Zustände. Umdeutungen der Situation, sei es durch problemabschwächende Wahrnehmung oder deren positive Interpretation, können aktives Handeln ersetzen und in manchen Situationen die effizientere Strategie darstellen. Speziell Kinder können altersbedingt mangels Handlungsalternativen oder aufgrund zugeschriebener Geschlechterrollen und der gesellschaftlichen Konstruktion von Geschlechtlichkeit auf diese Strategien zurückgreifen.

Weitere Hinweise auf die zentrale Bedeutung eines aktiv-problemlösenden Bewältigungsverhaltens finden sich bei Antonovsky (1997). Das von ihm gebildete Konstrukt des Kohärenzgefühls, auf das unten näher eingegangen wird, repräsentiert die Zuversicht, das Leben bewältigen zu können. Der damit verbundene Aspekt der *Handhabbarkeit* steht für die Überzeugung eines Menschen, dass Schwierigkeiten lösbar sind. Antonovsky nennt dies auch „instrumentelles Vertrauen" und definiert es als das „Ausmaß, in dem man wahrnimmt, dass man geeignete Ressourcen zur Verfügung hat, um den Anforderungen zu begegnen". Dabei geht es sowohl um eigene Ressourcen und Kompetenzen als auch um den Glauben, dass andere Personen oder eine höhere Macht helfen können, Schwierigkeiten zu überwinden.

In einer eigenen Untersuchung wurde die Bewältigung von Armutslagen durch Mädchen und Jungen im Grundschulalter untersucht und ihre subjektive Perspektive zur Grundlage der Analysen gemacht. Es stellte sich heraus, dass Mädchen im Grundschulalter eher ein aktiv-problemlösendes Bewältigungsverhalten zeigen als gleichaltrige Jungen. Neben Unterschieden in der Bewältigung von Belastungen je nach Geschlecht wirkt vor allem der soziale Status als moderierende Variable. Im Ergebnis zeigen Jungen in Armutslagen angesichts von Alltagsbelastungen eher ein problemmeidendes Bewältigungsverhalten als gleichaltrige Jungen mit höherem sozialen Status *und* als gleichaltrige Mädchen mit vergleichbarem, niedrigem Sozialstatus (Richter 2000).

Allerdings gilt für alle von Armut betroffenen Grundschulkinder, dass sie eher als andere Gleichaltrige dazu neigen, Belastungen und Probleme zu vermeiden, zu internalisieren und nicht aktiv anzugehen. Typisch sind Handlungen und Haltungen wie „Wunschdenken", „Rationalisieren" oder „Tabuisieren", die vorwiegend der Regulation und Steuerung emotionaler Reaktionen dienen, also eingesetzt werden, um Belastungen besser zu ertragen. Die Bemerkung eines neunjährigen Jungen dazu, dass die Feier seines Kindergeburtstag mangels Geld ausfiel, kann illustrieren was gemeint ist. Er sagte:

– Junge: „Auf dem letzten Geburtstag, da hab ich also nur mit den Älteren gefeiert und dann, aber so mit den Kindern ... Also da, also da fehlte uns ... also, hatten wir ... da hab ich keinen Kindergeburtstag gefeiert, sondern nur Elterngeburtstag. Also es kamen nur die Erwachsenen."
– Frage: „Du sagst gerade, Kindergeburtstag hast du nicht gefeiert, da fehlte euch was. Was fehlte euch da?"
– Junge: „Also da fehlte uns so ... Also wie soll ich das jetzt sagen? Hm. Also, wir hatten nicht genug Geld ... da wollte meine Mama nur mit Erwachsenen feiern. Mir war das recht. Mir war das egal" (vgl. Richter 2000).

Aus der subjektiven, kindlichen Perspektive gesehen, erscheint dieses Bewältigungsverhalten als funktional für den Umgang mit Belastungen (Richter 2000). Es deckt sich mit empirischen Beobachtungen, die entsprechende emotionszentrierte Strategien typischerweise bei der Auseinandersetzung mit chronischen und (für Kinder) unkontrollierbaren Stressoren verorten (Rossmann 2002) und auch mit den oben beschriebenen Beobachtungen von Weber/Laux (1991). Umdeutungen der Situation mangels Alternativen ersetzen aktives Handeln und bieten für den Moment Entlastung. In der Realität können jedoch psychosoziale Probleme und andere Benachteiligungen folgen, etwa im Bildungsverlauf oder beim Aufbau von Freundschaften.

2.6.2 Soziale Unterstützung

Unterstützung über soziale Netzwerke gilt als soziale Ressource und kann sich positiv auf die Bewältigung von Belastungen und Krisen auswirken. Die Forschung in diesem Bereich belegt, dass Frauen mehr soziale Unterstützung als Männer mobilisieren. Resiliente Frauen erhalten mehr Unterstützung von einer größeren Anzahl von Personen als resiliente Männer, die eher auf ihre eigenen Ressourcen zurückgreifen (Werner nach Lösel/Bender 1998).

Soziale Unterstützung wirkt auch bei materieller Armut schützend. Die mehr oder minder starke Einbindung von Mädchen und Jungen in ein soziales Beziehungsgefüge wirkt sich entscheidend auf die Bewältigung armutsbedingter Problemlagen aus. Dabei lassen sich geschlechts- sowie sozialstatusspezifische Unterschiede ausmachen. Verallgemeinernd lässt sich sagen, dass Mädchen im Kindesalter mehr soziale Unterstützung mobilisieren als Jungen. Wenn man statusdifferenzierend untersucht, wird darüber hinaus deutlich, dass Jungen in Armutslagen weniger gut soziale Unterstützung mobilisieren als gleichaltrige Jungen mit höherem sozialen Status und gleichaltrige Mädchen mit vergleichbarem Sozialstatus (Richter 2000).

Auch die Netzwerke von Mädchen und Jungen variieren status- und geschlechtsspezifisch, denn Jungen in Armutslagen haben im Kindesalter weniger Ansprechpersonen bei Belastungen als gleichaltrige Jungen mit höherem sozialen Status und gleichaltrige Mädchen mit vergleichbarem Sozialstatus (Richter 2000).

Im Zentrum der Bielefelder Invulnerabilitätsstudie (vgl. Lösel/Bender 1998) standen Jugendliche in Heimbetreuung aus Familien, die Mehrfachbelastungen und verschiedensten Problemen ausgesetzt waren. Zur Ermittlung von Resilienz wurden unter anderem ihre Kompetenzen zur

Problembewältigung untersucht, wobei sich zeigte, dass resiliente Jugendliche weder über ein größeres soziales Netzwerk verfügen, noch häufiger soziale Unterstützung mobilisieren als andere. Sie waren aber deutlich zufriedener mit der erhaltenen Unterstützung, was im Zusammenhang mit ihrer Fähigkeit zu sehen ist, Probleme aktiv unter Nutzung sozialer Ressourcen zu lösen. Das bedeutet, resiliente Jugendliche nutzen soziale Unterstützung zwar nicht häufiger, in Problemsituationen aber effektiver. Gründe dafür werden in der besseren Wahrnehmung von „Regulierbarkeit" vermutet. Sie gehen gezielter auf andere zu und erhalten dadurch angemessener Unterstützung. Die Bielefelder folgerten, dass Jugendliche, die eher aktiv-problemlösendes Bewältigungsverhalten zeigten, weniger Erlebens- und Verhaltensstörungen entwickeln.

Kolip (1993) betont, dass die gesamte Diskussion nicht geschlechtsneutral, sondern vor dem Hintergrund geschlechtsspezifischer Lebensbedingungen zu sehen ist. Mädchen wählen z.B. Freundinnen nicht nur danach aus, ob sie gemeinsam in der Freizeit etwas unternehmen und Spaß haben können, sondern auch danach, ob sie zu ihnen Vertrauen haben und mit ihnen Probleme besprechen können. Bei Jungen scheint dagegen die Bedeutung körperlicher Aktivitäten zum Spannungsabbau (allein und in der Gruppe) mehr Bedeutung für die Problembewältigung zu haben.

Bengel et al. (2009) führen aus, dass die Bedeutung sozialer Unterstützung als Schutzfaktor wegen uneinheitlicher Befunde sehr differenziert betrachtet werden sollte, je nachdem etwa, welche Risikobedingungen vorliegen, welches Geschlecht bzw. Altersgruppe untersucht wird, und welche zusätzlichen Rahmenbedingungen vorliegen.

An dieser Stelle lohnt sich ein sektorenübergreifender Blick auf die Forschungen zur Kinder- und Jugendgesundheit, auf die zwischenzeitlich schon hingewiesen wurde. Dort konnte vor allem in den letzten beiden Jahrzehnten gezeigt werden, dass bereits in jungen Altersgruppen Geschlechtsunterschiede bei Gesundheit und Krankheit auftreten und geschlechtsspezifische Muster entstehen. Ziel ist, durch die Suche nach Gemeinsamkeiten in beiden Fachrichtungen die Perspektive zu erweitern und die Bedeutung der Variable Geschlecht weiter aufzuklären. Grundlagen dafür bieten die Gesundheitswissenschaften an, wo die geschlechterspezifische Forschung in den letzten Jahren stärker Fuß gefasst hat. Im Folgenden sollen zu diesem Zweck grundlegende Annahmen aus dem Bereich der Gesundheitswissenschaft geklärt und zur Resilienzforschung in Beziehung gesetzt werden.

3. Gesundheit und Wohlbefinden

Der Perspektivwechsel von der Defizit- zur Ressourcenperspektive und die Konzentration auf Ressourcen, die von der Resilienzforschung benannt werden, kennzeichnen auch die Entwicklungen im Bereich der Gesundheitswissenschaften.

Zu diesem Wechsel hat im Wesentlichen die Definition von Gesundheit aus der Präambel der Verfassung der Weltgesundheitsorganisation (WHO) von 1948 beigetragen. Sie beinhaltet drei Komponenten von Gesundheit sowie den Aspekt der Chancengleichheit. „Gesundheit ist der Zustand des umfassenden körperlichen, geistigen und sozialen Wohlbefindens und nicht nur das Freisein von Krankheit und Gebrechen. Sich des bestmöglichen Gesundheitszustands zu erfreuen, ist eines der Grundrechte jedes Menschen ohne Unterschied der Rasse, der politischen Überzeugung, der wirtschaftlichen und sozialen Stellung."

Diese Definition löst Gesundheit aus einer rein biomedizinischen Sichtweise und den engen Bezügen der Medizin und betont die sich wechselseitig beeinflussenden körperlichen, seelisch-geistigen und sozialen Anteile. Gesundheit wird so nicht mehr als einmal erreichter und dann unveränderlicher „Zustand", sondern als eine lebensgeschichtlich und alltäglich immer wieder neu und aktiv herzustellende „Balance" verstanden.

Hurrelmann hat aus den verschiedenen Leitvorstellungen von psychologischen, soziologischen und medizinischen Basistheorien die folgende Definition von Gesundheit herausgearbeitet: „Gesundheit ist das Stadium des Gleichgewichts von Risiko- und Schutzfaktoren, das eintritt, wenn einem Menschen eine Bewältigung sowohl der inneren (körperlichen und psychischen) wie auch der äußeren (sozialen und materiellen) Anforderungen gelingt. Gesundheit ist ein Stadium, das einem Menschen Wohlbefinden und Lebensfreude vermittelt" (Hurrelmann/Franzkowiak 2003: 54).

Der Verweis auf die inneren und äußeren Anforderungen von Gesundheit beinhaltet einen Hinweis auf jene *Determinanten*, die Gesundheit beeinflussen und verändern können, zum einen durch Reduktion der Belastungen, zum anderen durch Förderung der Ressourcen. Ihnen wird die größte Bedeutung für die Erklärung des Gesundheits- und Krankheitszustandes des Individuums bzw. der Bevölkerung zugesprochen. Diese Gesundheitsdeterminanten können personalen und sozialen Faktoren zugeordnet werden. Darüber hinaus spielen die Strukturen des gesundheitlichen Versorgungssystems eine zwar wesentliche, aber gegenüber den beiden anderen Faktoren doch untergeordnete Rolle (vgl. Hurrelmann 2003: 26 ff. in BZgA 2003).

Umfassende Hinweise auf die Determinanten von Gesundheit finden sich in der Ottawa-Charta zur Gesundheitsförderung, die 1986 unter Mitwirkung der WHO verfasst wurde. Gesundheit wird darin als dynamischer Prozess, als integraler Anteil des Alltags und als Interaktion zwischen Lebensweisen und Lebensumständen bezeichnet. Dort wird die Überzeugung vertreten, dass Menschen aktiv an ihrer Gesundheit mitwirken und dazu unterstützende Rahmenbedingungen benötigen. Gesundheit bleibt also nicht länger eine individuelle Angelegenheit, sondern erfordert neben gesundheitsgerechtem Verhalten entsprechende Rahmenbedingungen, unter denen Menschen gesund leben und Kinder und Jugendliche gesund aufwachsen können. Kennzeichnend ist die Ressourcenperspektive: Wer also Gesundheit fördern will, sollte sich sowohl auf die Reduktion von Belastungen und Vermeidung von Krankheiten als auch auf die Förderung der Gesundheitspotenziale konzentrieren. Dabei ist eine Lebenslaufperspektive einzunehmen, welche die verschiedenen Entwicklungsanforderungen je nach Lebensalter berücksichtigt.

Die WHO vermittelt damit eine politische Botschaft: Gesundheit ist ein Menschenrecht für alle Menschen, und Regierungen sind verantwortlich für den Gesundheitszustand der Völker. Erklärtes Ziel der Ottawa-Charta ist, gesundheitsfördernde Bedingungen für alle zu schaffen, „allen Menschen ein höheres Maß an Selbstbestimmung über ihre Gesundheit zu ermöglichen und sie damit zur Stärkung ihrer Gesundheit zu befähigen". Dieser Anspruch zielt auf die verschiedenen Ebenen der Ungleichheit, auf die Kluft zwischen niedrigen und höheren sozialen Statusgruppen (auch zwischen armen und reichen Ländern), zwischen Generationen sowie Geschlechtern. Gesundheit wird damit zur Querschnittsaufgabe für alle Politikbereiche und erfordert eine gesundheitsförderliche Gesamtpolitik sowie die Schaffung gesundheitsförderlicher Lebenswelten (Settings).

Diese politische Botschaft wurde seitdem oft kontrovers diskutiert. Im Ergebnis wurde jedoch immer betont, dass Gesundheit zu den Grundrechten jedes Menschen gehört und eine wesentliche Voraussetzung für Lebensqualität ist. Neu war in den letzten Jahren vor allem die Betonung des wirtschaftlichen Faktors und der Notwendigkeit der Ergebnismessung von Interventionen. Gute Gesundheit gilt nun auch als wesentliche Voraussetzung für nachhaltiges Wirtschaftswachstum. Intersektorale Investitionen in Gesundheit sollen nicht nur neue Ressourcen für die Gesundheit erschließen, sondern auch größeren Nutzen bringen, indem sie langfristig zur wirtschaftlichen und sozialen Gesamtentwicklung beitragen (vgl. auch Schmidt/Kolip 2007).

Der politische Aspekt verdeutlicht die Kontextabhängigkeit von Gesundheit, der in den Gesundheitswissenschaften ein hoher Stellenwert eingeräumt wird. Nur über gesundheitsgerechtes Verhalten *und* die Herstellung der nötigen Rahmenbedingungen lässt sich Gesundheit fördern. Zum Perspektivenwechsel von der Defizit- zur Ressourcenorientierung und der Konzentration auf die Ressourcen tritt der dynamische Prozesscharakter mit einem multidimensionalen Verständnis von Gesundheit, das durch die Wechselwirkungen zwischen Person-Umwelt-Lebenslauf und gesellschaftlichem Kontext beeinflusst wird.

3.1 Salutogenese

Diese Merkmale kennzeichnen auch Antonovskys (1997) Konzept der Salutogenese (als Gegenbegriff zur Pathogenese, der Entstehung von Krankheit). Ihm zufolge hängt der Gesundheitszustand maßgeblich von den vorhandenen Ressourcen und deren Nutzung ab. Damit verbunden ist eine – aufgrund immer wieder neuer Erfahrungen – dynamisch geprägte Grundhaltung zum Leben. Das Konzept betont die Bedeutung der subjektiven Wahrnehmung von Gesundheit und ist in der Konsequenz ausgerichtet auf die Analyse fördernder und stärkender Faktoren, auf eine ganzheitliche statt symptomorientierte Betrachtung des Einzelnen sowie auf die Stärkung der Bewältigungskompetenzen und der Gesundheitsressourcen des Individuums.

Antonovsky löste sich damit von der Vorstellung, Gesundheit und Krankheit seien zwei klar voneinander abgrenzbare Zustände, und forderte eine Neuorientierung im Verstehen von Gesundheit und Krankheit als zweier entgegengesetzter Pole auf einem Kontinuum. Nach seinem Ansatz ist ein Mensch nicht entweder „gesund" oder „krank", sondern befindet sich jeweils zu einem bestimmten Zeitpunkt auf einer bestimmten Position dieses Gesundheit-Krankheit-Kontinuums. Seine Position wird vom Gleichgewicht zwischen den ständig vorhandenen Risiko- und Schutzfaktoren bestimmt (Kolip 2001).

Die so genannte salutogenetische Fragestellung lautet: Warum bleiben Menschen trotz vieler potenziell gesundheitsgefährdender Einflüsse gesund oder werden wieder gesund? Welche Bedingungen und Risikokonstellationen sind dafür verantwortlich? (vgl. 13. Kinder- und Jugendbericht 2009).

Das Konzept betrachtet zwar auch Einzelfaktoren, die als personale Ressourcen schützend wirken können, ist aber vor allem gesellschaftlich ausgerichtet. „Salutogenese meint, alle Menschen als mehr oder weniger gesund und gleichzeitig krank zu betrachten" (Bengel et al. 1998: 24). Nach Bengel et al. (2009) ähneln sich die Kernannahmen und Fragestellungen von Resilienzforschung, Gesundheitswissenschaft/Gesundheitsförderung und Salutogenese sehr, wobei die Forschung gegenwärtig primär unter dem Stichwort gesundheitliche Schutz- und Risikofaktoren verläuft.

3.2 Gemeinsamkeiten und Unterschiede von Resilienzforschung und Gesundheitswissenschaft

Im Mittelpunkt von Resilienzforschung und Gesundheitswissenschaft stehen schützende Faktoren, die sich stärkend auf die Gesundheit auswirken, die Auswirkungen von Belastungen reduzieren und/oder eine positive Anpassung an die Umgebung fördern. Gemeinsam ist beiden Ansätzen auch die Prozessperspektive, geprägt durch die Auffassung von Krankheit und Gesundheit bzw. Risiko und Resilienz als einem Kontinuum mit zwei Polen, zwischen denen sich der Mensch bewegt. Wesentlich sind nach dieser Auffassung die folgenden Aspekte:
- Betonung der Ressourcen- vor der Risikoperspektive
- Auffassung von der Multidimensionalität von Gesundheit, die Aspekte des physischen, psychischen und sozialen Wohlbefindens beinhaltet
- Identifizierung von personalen und sozialen Ressourcen zur Aufrechterhaltung/Förderung von Bewältigung und gelungener Anpassung bzw. Gesundheit
- Prozess*dynamik* der Wechselwirkungen zwischen Individuum und Umwelt und Kontextabhängigkeit dieses Prozesses.

In der Gesundheitsdefinition der WHO werden die Bedeutung von Wohlbefinden und seine Verankerung in allen Dimensionen des täglichen Lebens hervorgehoben. Dem subjektiven Erleben von Gesundheit wird damit ein hoher Stellenwert eingeräumt. Die Bedeutung dieser subjektive Komponente in den vorgestellten Konzepten soll im Folgenden näher geklärt werden.

3.2.1 Der Stellenwert des subjektiven Erlebens in Resilienzforschung und Gesundheitswissenschaften
Zentral in der Theorie Antonovskys ist sein Konstrukt des Kohärenzgefühls („sense of coherence"). Er definiert es als eine globale Orientierung

des Menschen, die das Ausmaß eines alles durchdringenden Vertrauens hat und als individuelle psychologische Einflussgröße, eine Art Grundhaltung, die Welt als zusammenhängend und sinnvoll erleben lässt. Das Kohärenzgefühl beinhaltet drei Komponenten:
- erstens, dass die Anforderungen aus der internalen und externalen Umwelt im Verlauf des Lebens strukturiert, vorhersagbar und erklärbar sind,
- zweitens, dass geeignete Ressourcen zur Verfügung stehen, um den Anforderungen zu begegnen und
- drittens, dass diese Anforderungen als Herausforderungen zu sehen sind, die Engagement verdienen oder auch mit anderen Worten: Die vom Leben gestellten Probleme und Anforderungen sind es wert, dass man Energie in sie investiert, sich für sie einsetzt und sich ihnen verpflichtet. Sie sind eher willkommene Herausforderungen als Lasten, die man gerne los wäre (Bengel et al. 1998).

Das Kohärenzgefühl ist als personale Ressource einzuordnen. Es fördert die körperliche Gesundheit (nach Antonovsky 1997), die Balance auf dem Gesundheits-Krankheits-Kontinuum und psychisches Wohlbefinden (nach Bengel et al. 1998, 2009) und kann als (wenn auch immer noch schwer fassbare) Messgröße verstanden werden.

Die Gesundheitsdefinition der WHO betont die Bedeutung von Wohlbefinden und die Mehrdimensionalität dieses Begriffs. Soziales Wohlbefinden wird gleichrangig neben körperliches und psychisches gestellt, und die medizinische Betrachtungsweise wird um das subjektive Verständnis und um subjektive Kriterien von Gesundheit erweitert. Die subjektiv erlebte Gesundheit und ihre individuelle Bewertung durch den Einzelnen erhält dadurch mehr Gewicht. Gesundheit und das Empfinden von Belastungen, eingeschränktem Funktionieren oder beeinträchtigtem Wohlbefinden wird nicht mehr nur durch Professionelle definiert (vgl. auch Hurrelmann/Franzkowiak in BZgA 2003: 52 ff.).

Subjektive Gesundheitskonzepte setzen sich aus unterschiedlichen Bestandteilen zusammen, die in Abhängigkeit voneinander gewichtet sind. Hintergrund dieser Varianz sind genetische Geschlechtsunterschiede, historische und kulturelle Normierungen von Gesundheit und Krankheit und sozialisationstheoretische Annahmen. So wird beispielsweise aktives Gesundheitshandeln, Achten auf den eigenen Körper, Wahrnehmung von Befindlichkeiten eher von Frauen berichtet. Frauen dehnen außerdem häufiger als Männer ihren Gesundheitsbegriff auf die soziale Umwelt aus und nennen Freunde und Familienmitglieder als wichtig für das Wohlbefinden. Außerdem findet sich eine stärkere Beachtung des subjektiven Wohlbefindens bei Frauen, während Männern eher auf eine externe Validierung (z.B. durch den Arzt) vertrauen. Für Frauen ist daher Wohlbefinden der wichtigste Indikator für Gesundheit, gefolgt von Zufriedenheit und Körperlichkeit. Für Männer steht dagegen Körperlichkeit (Kraft, Ausdauer, Leistungsfähigkeit) an erster und Wohlbefinden an zweiter Stelle (vgl. Kolip 1994).

Die dabei entstehenden Fragen zur Mess- und Nachvollziehbarkeit dieser Dimensionen von Gesundheit und der Operationalisierung der subjektiv wahrgenommenen, „erlebten" Gesundheit werden in der Gesundheitswissenschaft seit längerem bearbeitet. In ihrer Beschreibung unterschiedlicher Dimensionen von Gesundheit/Wohlbefinden und Krankheit führt Kolip (2001: 490) u.a. Aspekte wie Vitalität und Fitness, Autonomie, Genussfähigkeit, Optimismus, die Balance zwischen Anspannung/ Entspannung und soziale Integration auf. Sie fordert ein Indikatorenbündel, das die verschiedenen subjektiven und objektiven Aspekte körperlicher, psychischer und sozialer Gesundheit/Krankheit berücksichtigt und einen anerkannten Bezugsrahmen zur Bestimmung von Gesundheit und Wohlbefinden liefert.

Mit dem Ziel, Referenzdaten für eben diesen Zweck zu liefern, wurden Befragungen zur subjektiv wahrgenommenen Gesundheit in den Kinder- und Jugendsurvey des Robert-Koch-Instituts (KiGGS-Studie) integriert. Laut KiGGS-Daten zeigen 19 % der Mädchen und 16 % der Jungen psychische Auffälligkeiten, vor allem in den Bereichen von emotionalen, Verhaltens-, und Hyperaktivitätsprobleme. Zu weiteren allgemeinen Befunden ist zu sagen:

- Der Großteil der Kinder und Jugendlichen weist eine hohe gesundheitsbezogene Lebensqualität auf.
- Im Jugendalter nehmen Beeinträchtigungen zu, was sich bei Mädchen noch deutlicher zeigt als bei Jungen.
- Vor allem im Bereich „Körperliches Wohlbefinden" sind Mädchen stärker beeinträchtigt.

Der subjektiv wahrgenommene und beurteilte Gesundheitszustand oder auch die „erlebte Gesundheit" gilt in der Studie als ein wesentliches Beschreibungskriterium von Gesundheit und wird als „gesundheitsbezogene Lebensqualität" bezeichnet. Der Begriff steht für ein mehrdimensionales Konstrukt, das körperliche, emotionale, mentale, soziale und verhaltensbezogene Komponenten des Wohlbefindens und der Funktionsfähigkeit aus subjektiver Sicht beinhaltet. Als speziell für Kinder und

Jugendliche relevante Dimensionen werden z.b. Selbstwahrnehmung/ Selbstwert, die wahrgenommene Qualität der Beziehungen zu Eltern oder Freundinnen und Freunden sowie das schulische Wohlbefinden genannt. Anhand von Instrumenten zur Selbst- und Fremdbeurteilung werden die entsprechenden Daten geschlechtsdifferenziert erhoben. Ziel ist dabei, wesentliche Determinanten des gesundheitlichen Wohlbefindens von Kindern und Jugendlichen in diesen Bereichen zu identifizieren sowie repräsentative Normdaten für die Gesamtheit der Kinder und Jugendlichen und für spezielle Subgruppen in Deutschland zu liefern, u.a. als Basis frühzeitiger Interventionen bei besonderem Versorgungsbedarf.

Die erste Untersuchungswelle von KiGGS hat dabei zum Teil erhebliche Unterschiede im subjektiv wahrgenommenen Gesundheitszustand zwischen Mädchen und Jungen – differenziert nach sozialem Status – erbracht (vgl. Ravens-Sieberer et al. 2007).

Daten zur subjektiven Befindlichkeit und zu psychischen Beschwerden bei Jugendlichen liegen, allerdings hier beschränkt für NRW und dort seit 1983/84 kontinuierlich erhoben, auch durch die internationale Studie Health Behaviour in School-Aged Children (HBSC) für elf bis 15 Jahre alte Schülerinnen und Schüler geschlechtsdifferenziert vor.

In den meisten teilnehmenden Ländern lässt sich Folgendes beobachten: Mädchen schätzen ihren Gesundheitszustand schlechter ein, sie leiden durchschnittlich unter mehr Befindlichkeitsstörungen und zeigen mehr Einzelbeschwerden. Es bestehen signifikante Interaktionseffekte zwischen Alter und Geschlecht. Während bei den Jungen die Beschwerden abnehmen oder konstant bleiben, steigen sie bei den Mädchen zwischen dem 12. und 16. Lebensjahr an, sodass sich die Geschlechterunterschiede vergrößern.

Die Bedeutung von Wohlbefinden und subjektiv wahrgenommener Gesundheit für den Gesundheitsstatus wird in den Gesundheitswissenschaften zunehmend reflektiert, und mit KiGGS und HBSC könnten Datengrundlagen entstehen, anhand derer sich diese Entwicklung weiterhin beobachten lässt, vorausgesetzt es werden Daten – wie oben bereits dargelegt – sorgfältiger geschlechtsdifferenziert erhoben (z.B. in der Elternbefragung, der differenzierteren Beurteilung des Gesundheitszustands von Mädchen und Jungen) (vgl. Kolip 2009).

3.2.2 Gelungene Anpassung

Im Resilienzkonzept steht die *Bewältigung* von Entwicklungsaufgaben trotz erhöhter Risiken und ungünstiger Lebensumstände im Vordergrund. Resilienz zielt auf psychische Widerstandsfähigkeit trotz erhöhter

Risiken und auf gelungene *Anpassung* im Entwicklungsverlauf. „Resilience is generally defined as a dynamic process whereby individuals show adaptive functioning in the face of significant adversity" (Schoon 2006: 9). Resilienz ist dementsprechend stets in einem zweidimensionalen Konstrukt zu sehen, in dem ungünstige Entwicklungs- und Lebensbedingungen den einen und das Ergebnis gelungener Anpassung angesichts dieses Risikos den anderen Pol ausmachen. Offen bleibt dabei, anhand welcher Kriterien die Ergebnisse dieser Prozesse gemessen werden können.

Verschwommen bleibt auch der Begriff der Anpassung (vgl. Schoon 2006). Die Kriterien variieren erheblich, je nachdem auf welche Bereiche des gesellschaftlichen Lebens sich die Anpassungsleistung bezieht (Bengel et al. 2009). Die Einordnung des Begriffs Anpassung in entwicklungspsychologische oder auch pädagogische Konzepte erlaubt es zwar, das Aufwachsen von Kindern in ein System zu bringen, welches Entwicklung als Abfolge von mehr oder weniger gelingenden Entwicklungsschritten sieht. Die Bewertung der Ergebnisse bleibt dabei jedoch vorwiegend normativ. Sie orientiert sich an verschiedensten Aufstellungen über Entwicklungsaufgaben, die in Abhängigkeit vom Lebensalter bewältigt werden müssen (vgl. 13. Kinder- und Jugendbericht 2009; vgl. auch Zander 2008).

Unklar ist auch, wie die subjektive Wahrnehmung dieses Prozesses eingeordnet werden kann, was subjektiv gesehen als Ergebnis gelungener Anpassung zu sehen ist und vor allem wie Mädchen und Jungen aus ihrer passiven Rolle heraus kommen und endlich als handelnde Subjekte in Erscheinung treten können. Nach Bengel et al. (2009) sollte eine erweiterte Definition von Resilienz neben externalen auch internale Anpassungskriterien enthalten, die Aussagen über das subjektive Wohlbefinden machen. Schoon (2006) fragt in ihrer Resilienzstudie nach Lebenszufriedenheit, Kontrollüberzeugung, Stressbelastung und Depressionsraten bei Frauen und Männern und liefert damit ein Bild der subjektiven Befindlichkeit ehemals resilienter bzw. nicht-resilienter Kinder im Erwachsenenalter. Sie fragt auch, wer eigentlich über Kriterien gelungener Anpassung entscheidet, und betont in diesem Zusammenhang die Kontextabhängigkeit dieses Prozesses.

In vielen Resilienzstudien wird guten bis sehr guten Schulleistungen sowie angepasstem Verhalten im Allgemeinen eine gute Vorhersagequalität zugesprochen. Die auf schulischen und beruflichen Erfolg ausgerichtete „academic resilience" gilt dort als Beleg für Resilienz (Rutter 2001; Masten 2001; Schoon 2001; Opp 1999). Ihre Prominenz liegt wohl vor allem in der Bedeutung von Bildung für die weiteren Lebenschancen, nicht zuletzt vielleicht aber auch darin, dass sie in Längsschnittstudien einfacher zu erfassen ist als andere Aspekte. Die Auswahl der Variablen wie auch die Interpretation der Ergebnisse bleiben stets abhängig von Beurteilungen und Erwartungen des sozialen Umfeldes. Sie müssen aber unbedingt differenzsensibel betrachtet werden.

Gesucht werden verallgemeinernde Faktoren, anhand derer sich „gelungene" Anpassung altersspezifisch erfassen lässt, ohne unreflektiert normativ und differenzblind zu sein. Da „Erfolg" in einem einzelnen Bereich nicht gleichzeitig auch auf andere Ebenen übertragen werden kann, sollte der Rahmen nicht zu eng sein und mehrere Ebenen (kognitive, emotionale, soziale) umfassen.

Masten (2001) macht dazu einen Vorschlag. Danach beinhaltet ein gutes Ergebnis von Entwicklung zumindest bei Kindern im Schulalter die folgenden drei zentralen Dimensionen von Kompetenz:
- schulische bzw. akademische Leistungen,
- regelhaftes versus regelwidriges Verhalten,
- soziale Kompetenz im Umgang mit Gleichaltrigen.

Darin spiegeln sich herausragende Entwicklungsaufgaben, die sich auf höher geordnetes Funktionieren und nicht auf spezifische Kompetenzbereiche beziehen (Bengel et al. 2009), allerdings wiederum basierend auf externalen Kriterien. Man kann auch sagen, dass der Anpassungsprozess vorwiegend normativ, eben bezogen auf gesellschaftliche Erwartungen beurteilt wird. Das eigene Erleben und die Frage nach der subjektiven Bedeutung von Anpassung, wann also zufrieden stellende Anpassung auch aus Sicht des handelnden Subjekts selbst erreicht ist, sind damit noch nicht angesprochen. Offen bleibt hinsichtlich geschlechtsspezifischer Aspekte auch, welche Rolle in diesem Kontext die Erwartungen „der anderen" beispielsweise hinsichtlich eines „typischen" geschlechtsspezifischen Verhaltens bei Mädchen und Jungen haben. Eine gelungene Anpassung könnte man nach diesem Schema etwa bei einem Mädchen vermuten, das trotz hoher Risikokonstellation nach außen gute akademische Leistungen und ein unauffälliges Verhalten im Umgang mit Gleichaltrigen zeigt, obwohl es gleichzeitig schwere Essstörungen und selbstverletzendes Verhalten entwickelt hat. Ein anderes Mädchen mit ähnlicher Risikokonstellation kann weniger gute Schulleistungen vorweisen, hat einen hohen Bewegungsdrang und neigt zu ausagierendem Verhalten. Es kommt deswegen in der Gruppe gleichaltriger Mädchen weniger gut zurecht, hat aber ein durchschnittliches Körpergewicht und hohe Fitness. Außerdem fühlen sich Erwachsene durch ihr ausagierendes Verhalten gestört. Gilt es als nicht-resilient?

Die Frage nach der „erlebten Gesundheit", wie also die Befragten selbst ihr Wohlbefinden beurteilen, könnte helfen die Ergebnisse genauer zu gewichten. Die Definition von Hurrelmann/Franzkowiak (2003), in der Gesundheit als Stadium des Gleichgewichts von Risiko- und Schutzfaktoren bezeichnet wird, welches dann eintritt, wenn einem Menschen eine Bewältigung sowohl der inneren wie auch der äußeren Anforderungen gelingt, lässt den erforderlichen Spielraum und zeigt die Richtung an.

Angesichts der Prozessperspektive, die in der Resilienzforschung unbedingt einzunehmen ist, lässt sich diese Frage selbstverständlich erst bei Betrachtung des Entwicklungsverlaufes beantworten. Auch der Hinweis, dass Resilienz stets bereichsspezifisch zu begreifen ist, trifft hier zu. Doch wie viele Ebenen müssen betrachtet werden und was entscheidet letztendlich über das Ergebnis? Was ist mit körperlicher bzw. psychischer Gesundheit oder Krankheit oder mit psychosomatischen Symptomen?

Anthony benennt als „Preis" der Resilienz in der von ihm untersuchten Gruppe eine starke Affektkontrolle, Bindungsangst und ein hohes Maß an intellektueller Distanz (Anthony 1987: 180). Werner (2007) berichtet ebenfalls von psychosomatischen Symptomen und Befindlichkeitsstörungen bei ehemaligen Risikokindern aus der Kauai-Studie, die als Erwachsene leistungsfähig und erfolgreich waren und als resilient beurteilt wurden. Diese Resilienten beiderlei Geschlechts beschreiben insgesamt mehr gesundheitliche Probleme als andere Probanden. Der größere Teil der Männer wies Gesundheitsprobleme auf, die als Stressreaktionen zu interpretieren sind wie Rückenschmerzen, Übergewicht, Magengeschwür, Schwindel, Anfälle etc. (Werner nach Lösel/Bender 1998).

Diese Phänomene können als Folgen der Belastungen (oder auch der „Anpassung") begriffen werden. Falls ja, sollte dies in die gesamte Bewertung des Entwicklungsverlaufs einfließen. Die Suche nach Methoden zur Messbarkeit von subjektivem Wohlbefinden und die Operationalisierung der subjektiv wahrgenommenen, „erlebten" Gesundheit, Fragen, mit denen sich die Gesundheitswissenschaft seit längerem beschäftigt, ist also auch für die Resilienzforschung von Bedeutung.

Schon Lazarus und Folkman (1984) führten eine subjektive Kategorie in ihre Theorie der Stressbewältigung ein. Danach bestimmt die individuelle Bewertung eines Ereignisses, ob es beispielsweise als harmlos oder bedrohlich wahrgenommen wird. Diese individuelle Interpretation und Bewertung eines belastenden Ereignisses ist auch schon im Kindesalter Grund für die Bandbreite an unterschiedlichen Reaktionen auf Belastungen. Sie bestimmt etwa den Grad des Selbstwertgefühls, der Ängste und das Spektrum an internalisierendem oder externalisierendem Bewältigungsverhalten. Die Bewertungen, die Kinder einem belastenden Ereignis zusprechen, werden darüber hinaus vom sozialen Kontext beeinflusst, in dem sie aufwachsen; Kinder aus Familien mit niedrigem Sozialstatus tendieren eher zu einer höheren Stressbelastung angesichts dieser Ereignisse als Statushöhere (Muldoon et al. 1998, 2003).

Wie wohl fühle ich mich trotz körperlicher Einschränkungen oder Schmerzen, wie gesund erlebe ich mich? In welcher Relation steht dies zur Resilienz oder zu anderen Variablen? Fragen wie diese zeigen weiteren Klärungsbedarf, gerade auch die Notwendigkeit einer stärkeren Einbeziehung der subjektiven Perspektive unter Beachtung geschlechtsspezifischer Unterschiede.

Es muss also präziser dargelegt werden, wie der Stellenwert der subjektiven Wahrnehmung des Wohlbefindens im Resilienzkonzept erhöht werden kann und welche gut fassbaren Kriterien eine gelungene Anpassung repräsentieren können.

3.2.3 Kontextabhängigkeit von Resilienz

Schoon (2006) hat resilienzfördernde Faktoren über den Lebensverlauf hinweg untersucht und dazu die Wechselwirkungen von gesellschaftlich-historischem Kontext, sozialem Status der Eltern, Schulleistungen, sozialem Status im Erwachsenenalter sowie psychischem Wohlbefinden im Erwachsenenalter geschlechtsdifferenziert in den Fokus genommen. Dazu hat sie die Daten der britischen Geburtsjahrgänge von 1958 und 1970 vergleichend analysiert und kam zu folgenden zentralen Ergebnissen:

Resilienz – gemessen an höheren schulischen Leistungen im Kindesalter bei gleichzeitig niedrigem Sozialstatus – geht einher mit mehr überdurchschnittlichen schulischen und beruflichen Abschlüssen, weniger Verhaltensproblemen und mit Vollzeitbeschäftigung im Erwachsenenalter in Relation zu Gleichaltrigen ohne diesen schulischen Erfolg im Kindesalter bei gleichzeitig niedrigem Sozialstatus. Außerdem ist Resilienz im Erwachsenenalter verbunden mit niedrigerer Stressbelastung, höherer Lebenszufriedenheit und Kontrollüberzeugung.

Als besonders einflussreich erweisen sich Wechselwirkungen von Geschlecht, Sozialstatus und gesellschaftlich-historischem Kontext.

Generell berichten[1] Frauen im Alter von Anfang Dreißig eine höhere Lebenszufriedenheit als Männer. Gleichzeitig werden bei ihnen aber auch mehr Depressionen festgestellt. Außerdem äußern Frauen in diesem Alter im Vergleich zu Männern eine höhere Stressbelastung.

---

1 Nach dem Malaise Inventory von Rutter et al. 1970.

Innerhalb der Gruppe der Frauen bestehen dabei erhebliche Unterschiede je nach Sozialstatus, die trotz bereichsspezifischer Resilienz nicht ausgeglichen werden können: Frauen aus Familien mit niedrigem Sozialstatus berichten *trotz* resilienter Entwicklung im schulischen Bereich von höheren Stressbelastungen als privilegiertere Frauen *ohne* diesen frühen schulischen Erfolg. Dasselbe gilt für Männer mit frühem Schulerfolg aus Familien mit niedrigem Sozialstatus im Vergleich zu statushöheren Männern *ohne* diesen schulischen Erfolg.

Durch Schoons Kohortenvergleich (der Jahre 1958 bzw. 1970) wird darüber hinaus deutlich, wie sehr die Entwicklung vom gesellschaftlich-historischen Hintergrund sowie vom sozio-ökonomischen Status der Herkunftsfamilien abhängt. Die Stressbelastung hat sich bei den Jüngeren (1970 geborenen) gegenüber den Älteren (1958 geborenen) im Alter von etwa dreißig Jahren bei beiden Geschlechtern nahezu verdoppelt – und spiegelt damit den Einfluss gesellschaftlicher Entwicklung.

Eine leichte Verschlechterung wird außerdem bezüglich der Lebenszufriedenheit, der Kontrollüberzeugung und bei Depressionen berichtet (vgl. Schoon 2006: 53 ff.).

Geschlechtsspezifisch differierende Ergebnisse ergeben sich auch im Bereich Kontrollüberzeugung. Frauen zeigen in ihren Antworten generell mehr Kontrollüberzeugung als Männer, vor allem bei früher „akademischer Resilienz". Letztendlich entscheidend wirkt hier jedoch abermals der Sozialstatus: Frauen wie Männer aus statushöheren Elternhäusern bestätigen generell einen höheren Grad an Kontrollüberzeugung als jene aus statusniedrigen, auch wenn sie früher in der Schule weniger erfolgreich waren.

Zentrales Ergebnis ihrer Studie ist: Soziale Ungleichheit bewirkt im Lebensverlauf bei Frauen wie Männern niedrigere Kontrollüberzeugungen, einen höheren Grad an Depressionen und weniger Lebenszufriedenheit. Auch allgemein anerkannte Resilienzfaktoren wie schulischer Erfolg können diese Auswirkungen sozialer Ungleichheit nur geringfügig abmildern (vgl. Schoon 2006: 104 ff.).

4. Gendersensibilität in der Resilienzforschung

Was bedeutet gelungene Anpassung gemessen an dem, was andere für gelungen oder erfolgreich halten? Schoon (2006) verweist in diesem Zusammenhang auf unterschiedliche Lebensziele und -stile und bemerkt, dass eine steile berufliche Karriere nicht jedem unbedingt erstrebenswert erscheint. Personen aus statusniedrigen Elternhäusern und mit unterdurchschnittlichem Schulerfolg aus ihren beiden Untersuchungskohorten gründeten beispielsweise häufiger Familien. Nach Schoon könnten sie damit auch ausdrücken, dass sie vertrauten Beziehungen und Familienleben den Vorrang vor beruflichem Erfolg geben.

Wie schon zuvor tritt die hohe Kontextabhängigkeit in der Bewertung gelungener Entwicklung je nach kulturellem Hintergrund, sozialer Statusgruppe oder eben nach Geschlecht deutlich hervor. Auch die Ergebnisse der Resilienzforschung lassen sich in diesem Licht interpretieren. Es sind eher sozial erwünschte und den allgemeinen Erwartungen gerecht werdende Verhaltensweisen, die als Ausdruck von Resilienz bzw. gelungener Anpassung gelten. Die Verortung des weiblichen Geschlechts als ein Schutzfaktor könnte daher auch darauf beruhen, dass Mädchen häufiger als ruhig-liebenswert-hübsch wahrgenommen werden (und oft auch dazu erzogen werden, zu gefallen) als Jungen, was auch ihre Akzeptanz durch Erwachsene positiv beeinflusst. Positive Rückmeldungen, die sie daraufhin erhalten, könnten wiederum ihr Selbstkonzept positiv beeinflussen, wodurch positive Wechselwirkungen im Anpassungsprozess ausgelöst werden. Dass Mädchen damit auch auf gesellschaftliche Erwartungen reagieren könnten, sich so zu verhalten, dass ihr Geschlecht klar erkannt wird, ist ein zentraler Aspekt, der jedoch meist undiskutiert bleibt. Die Bewertung bestimmter Persönlichkeitsmerkmale als Ausdruck von Resilienz durchläuft also einen Prozess der kulturellen und gesellschaftlichen Formung, der auch vor Forscherinnen und Forschern nicht halt macht. Was als Kontextabhängigkeit mehrfach benannt wurde, betrifft ebenso die soziale Konstruktion von Geschlechtlichkeit, über die Verhalten geprägt und bewertet wird. Das Zusammenspiel von Resilienz und Geschlecht kann nur unter Beachtung dieses Wechselspiels erfasst werden. Gleichzeitig muss man darin ein weiteres Argument für die stärkere Einbeziehung der subjektiven Perspektive sehen.

In der Gesundheitsforschung etabliert sich zunehmend ein kritischer Blick auf die geschlechtsspezifischen Bedingungen für Gesundheit und Krankheit – im Wissen, dass kulturelle und psychosoziale Faktoren einen wesentlichen Teil zur Erklärung dieser Unterschiede beitragen. In der dazugehörigen Diskussion wird daher der Aspekt des „doing gender", die interaktive Konstruktion von Weiblichkeit und Männlichkeit betont. Gender, das soziale Geschlecht, wird nach West und Zimmermann (1987) in sozialen Interaktionen bestätigt und hergestellt, darüber, dass sich Individuen so verhalten, dass das Geschlecht klar zu erkennen ist.

Vor allem im Jugendalter lassen sich geschlechtstypische Ausprägungen gesundheitsrelevanten Verhaltens als Versuche deuten, Weiblichkeit oder Männlichkeit darzustellen. Aspekte wie die geschlechtstypisch variierende Inanspruchnahme von Unterstützung oder die Problemwahrnehmung, die weiter oben diskutiert wurden, lassen sich unter diesem Blickwinkel als geschlechtsspezifische Problembewältigung und als soziale Konstruktion von Geschlechtlichkeit einordnen. Da einzelne Beschwerden für Männer und Frauen in unterschiedlichem Maße erlaubt sind, können Mädchen beispielsweise in der Pubertät ihren Gesundheitszustand bzw. ein höheres Ausmaß an Befindlichkeitsstörungen nutzen, um Weiblichkeit für andere sichtbar nach außen zu transportieren. Jungen mögen dagegen mehr externalisierende Symptome zeigen, die dem gesellschaftlich erwarteten Bild von Männlichkeit entsprechen. Im Prinzip können so alle an den Körper gebundenen Aktionen und Reaktionen zur Darstellung von Männlichkeit und Weiblichkeit genutzt werden, sofern sie in der umgebenden Gesellschaft als geschlechtsbezogen interpretiert werden. Welche Verhaltensweisen sich dafür eignen, hängt von den jeweiligen kulturellen Definitions- und Deutungsmustern ab (vgl. Kolip 1997, 2001, 2009).

5. Ausblick

Die Diskussion zentraler Annahmen der Resilienzforschung und der Gesundheitswissenschaft in einem Beitrag zeigt nicht nur ihre Nähe, sondern ist auch als ausdrückliche Aufforderung zu einer verstärkten Interdisziplinarität gedacht. Es lohnt sich, denn die neueren Ergebnisse der Kinder- und Jugendgesundheitsforschung bieten einen zusehends differenzierten Überblick über die Gesundheit von Mädchen und Jungen, vor allem dort, wo die Forschung auf die Betrachtung von Risiken und Ressourcen für die psychosoziale Gesundheit von Kindern und Jugendlichen fokussiert.

Zur gegenseitigen Bereicherung trägt der unterschiedliche Blickwinkel beider Richtungen auf ein gemeinsames Phänomen bei, wobei die Resilienzforschung immer noch eher Entwicklungen auf der individuellen Ebene beschreibt, der gesundheitswissenschaftliche Blick eher auf die Bevölkerung als ganze oder doch auf einzelne Bevölkerungsgruppen gerichtet ist. Doch auch in den Veröffentlichungen zur Resilienz wird seit langem die Aufforderung formuliert, endlich Abstand vom individuumszentrierten Blick zu nehmen und stattdessen der Kontextorientierung die angemessene Bedeutung einzuräumen (Garmezy 1985; Rutter 2001; Masten/Reed 2002; Schoon 2006).

Die Zusammenstellung einiger Befunde zur geschlechtsspezifischen Ausprägung von Resilienz und deren Ergänzung durch Beiträge der Gesundheitswissenschaft verdeutlicht die Notwendigkeit des berühmten Blicks über den Tellerrand. Statt weiterhin mehr oder weniger unflektiert die Ergebnisse diverser Studien zu wiederholen, geht es jetzt vielmehr darum, einen geschlechtersensiblen Blick einzuüben und zu einer stärkeren Berücksichtigung der unterschiedlichen Lebenslagen von Mädchen und Jungen zu kommen. Die Zuschreibung von Persönlichkeitsmerkmalen oder auch der personalen und sozialen Ressourcen ist geschlechterangemessen zu reflektieren. Dabei geht es nicht nur um eine Sprachregelung, sondern vielmehr um die Vermeidung von Geschlechterstereotypien in der Wahrnehmung von Mädchen und Jungen durch Forscherinnen und Forscher. Was bedeutet eine geschlechterdifferenzierende Sicht auf Körperlichkeit für die Identitätsentwicklung von Heranwachsenden? Zur Erfassung des Bedeutungsgehalts gehört auch die angemessene Berücksichtigung der Lebenswelt von Mädchen/Frauen und Jungen/Männern sowie die Auswahl von Methoden, die den Zugang zu beiden Geschlechtern erschließen und sich zur Darstellung geschlechtsspezifischer Unterschiede eignen (vgl. Eichler et al. 2000).

Lohnenswert ist zudem eine übergreifende Untersuchung und Klärung subjektiver Aspekte in beiden Konzepten. Im Vergleich zu den Gesundheitswissenschaften zeigt sich, dass in der Resilienzforschung hier blinde Flecken bestehen oder zumindest das Terrain noch weitgehend unbekannt ist. Anders ausgedrückt, die Resilienzforschung muss sich mit der Frage beschäftigen, wie sich Resilienz auf der subjektiven Ebene erfassen lässt. Sie muss darlegen, wie der Stellenwert der subjektiven Wahrnehmung von Wohlbefinden im Resilienzkonzept erhöht werden kann und welche gut fassbaren Kriterien künftig eine gelungene Anpassung repräsentieren können. Sie muss Kinder und Jugendliche als Mädchen und Jungen und Menschen als Männer und Frauen und vor allem als handelnde Subjekte in den Mittelpunkt ihrer Arbeiten stellen.

Für viele liegt der Sinn aller Forschung vor allem in der Übertragbarkeit der Ergebnisse in praxisrelevantes Handeln. Auch die hier skizzierten geschlechtsspezifischen Unterschiede in der Ausprägung von Resilienz sollten in laufende oder noch zu entwickelnde Resilienzförderungsprogramme eingearbeitet werden. Dies erfordert das Wissen um diese Differenzen sowie ein feines gendersensibles Gespür für kulturelle und psychosoziale Faktoren, die einen wesentlichen Teil zur Erklärung dieser Unterschiede beitragen. Eine Reflektion der eigenen Frauen- und Männerbilder, ihrer Entstehung und des darauf basierenden Normen- und Wertegerüstes trägt unbedingt zur Entwicklung dieser Kompetenzen bei. Des Weiteren könnten sich Programmbausteine, die das oben skizzierte differenzsensible Hinterfragen implizit wirkender Normen und Werte fördern, an Konzepten des Anti-Bias-Ansatzes orientieren. In Kombination damit wäre von Fall zu Fall auch zu klären, ob eine solche Resilienzförderung je nach Entwicklungsstufe die Arbeit in nach Geschlechtern getrennten Gruppen nach sich ziehen sollte. Handlungsleitend sollte sicherlich auch die in diesem Beitrag aufgegriffene Erkenntnis – etwa bei Emmy Werner – sein, dass ein bestimmtes Maß an geschlechts"untypischem" Verhalten gerade auch Ausdruck von Resilienz sein kann und sich resilienzfördernd auswirkt.

Literatur

Anthony, E. J. (1987): Children at High Risk for Psychosis Growing Up Successfully. In: Anthony/Cohler: The Invulnerable Child. S. 147–184. New York

Antonovsky, Aaron (1997): Salutogenese – Zur Entmystifizierung der Gesundheit. Tübingen

Bengel, Jürgen/Strittmatter, Regine/Willmann Hildegard (1998): Was erhält Menschen gesund? Forschung und Praxis der Gesundheitsförderung. Band 6. Bundeszentrale für gesundheitliche Aufklärung. Köln

Bengel, Jürgen/Meinders-Lücking, Frauke/Rottmann, Nina (2009): Schutzfaktoren bei Kindern und Jugendlichen – Stand der Forschung zu psychosozialen Schutzfaktoren für Gesundheit. Forschung und Praxis der Gesundheitsförderung. Band 35. Bundeszentrale für gesundheitliche Aufklärung. Köln

Eichler, M./Fuchs, J./Maschewsky-Schneider, U. (2000): Richtlinien zur Vermeidung von Gender-Bias in der Gesundheitsforschung. Zeitschrift für Gesundheitswissenschaften, 4, S. 293–310

Elle, Marisa (2009): Die Synthese von Resilienz und Gesundheit. Saarbrücken

Gabriel, Thomas (2005): Resilienz – Kritik und Perspektiven. In: Zeitschrift für Pädagogik, Heft 2. 2005

Garmezy, Norman (1985): Stress Resistent Children: The Search for Protective Factors. In: Stevenson J. E.: Recent Research in Developmental Psychopathology. Journal of Child Psychology and Psychiatry, Oxford, S. 213–233

Hölling, Heike/Erhart, Michael/Ravens-Sieberer, Ulrike/Schlack, Robert (2007): Verhaltensauffälligkeiten bei Kindern und Jugendlichen. Erste Ergebnisse aus dem Kinder- und Jugendgesundheitssurvey (KiGGS). Berlin

Hurrelmann, Klaus (1988): Sozialisation und Gesundheit. Somatische, psychische und soziale Risikofaktoren im Lebenslauf. Weinheim/München

Hurrelmann, Klaus (1995): Einführung in die Sozialisationstheorie. Über den Zusammenhang zwischen Sozialstruktur und Persönlichkeit. Weinheim/Basel

Hurrelmann, Klaus/Franzkowiak, Peter (2003): Gesundheit. In: Bundeszentrale für gesundheitliche Aufklärung (Hrsg.): Leitbegriffe der Gesundheitsförderung. Glossar zu Konzepten, Strategien und Methoden in der Gesundheitsförderung. Schwabenheim

Hurrelmann, Klaus (2003): Determinanten von Gesundheit. In: Bundeszentrale für gesundheitliche Aufklärung (Hrsg.): Leitbegriffe der Gesundheitsförderung. Glossar zu Konzepten, Strategien und Methoden in der Gesundheitsförderung. Schwabenheim

Kolip, Petra (1993): Freundschaften im Jugendalter. Der Beitrag sozialer Netzwerke zur Problembewältigung. Weinheim

Kolip, Petra (1994): Lebenslust und Wohlbefinden. Beiträge zur geschlechtsspezifischen Jugendgesundheitsforschung. Weinheim

Kolip, Petra (1997): Geschlecht und Gesundheit im Jugendalter. Die Konstruktion von Geschlechtlichkeit über somatische Kulturen. Opladen

Kolip, Petra (2001): Psychische Störungen, Gesundheit und Widerstandsfaktoren bei Mädchen. In: Franke/Kämmerer (Hrsg.): Klinische Psychologie der Frau. Ein Lehrbuch, S. 485–516. Göttingen

Kolip, Petra/Altgeld, Thomas (Hrsg.) (2006): Geschlechtergerechte Gesundheitsförderung und Prävention. Theoretische Grundlagen und Modelle guter Praxis. Weinheim

Kolip, Petra (2009): Expertise im Rahmen des 13. Kinder- und Jugendberichts. In: Sachverständigenkommission des 13. Kinder- und Jugendberichts. 2009. Berlin/München

Laucht, M., Esser, G., Schmidt, M. (1997): Wovor schützen Schutzfaktoren? Anmerkungen zu einem populären Konzept in der modernen Gesundheitsforschung. Zeitschrift f. Entwicklungspsychologie und Pädagogische Psychologie. 1997. Bd.XXIX ,H.3, S. 260–270

Laucht, M./Schmidt, M. H./Esser, G. (1999): Risiko- und Schutzfaktoren in der Entwicklung von Kindern und Jugendlichen. In: Frühförderung interdisziplinär, 19. Jg., S. 97–108. München/Basel

Lenz, Albert (2009): Riskante Lebensbedingungen von Kindern psychisch und suchtkranker Eltern. – Stärkung ihrer Resilienzressourcen durch Angebote der Jugendhilfe. Expertise im Rahmen des 13. Kinder- und Jugendberichts. In: Sachverständigenkommission des 13. Kinder- und Jugendberichts. Berlin/München

Lösel, Friedrich/Bender, Doris (1998): Schutz- und Risikofaktoren der gesunden Entwicklung von Kindern und Jugendlichen in der Familie und deren Umfeld. In: Österreichisches Institut für Familienforschung (Hrsg.): ÖIF-Materialiensammlung Heft 5, S. 53–64. Wien

Masten, Ann S. (2001): Resilienz in der Entwicklung: Wunder des Alltags. In: Röper/v. Hagen/Noam (Hrsg.): Entwicklung und Risiko – Perspektiven einer klinischen Entwicklungspsychologie. Stuttgart

Masten, A. S./Reed, M.-G. J. (2002): Resilience in development. In: Snyder/Lopez (Hrsg.): The handbook of positive psychology, S. 74–88. Oxford

Muldoon, O. T./Trew, K/McWhirter, L. (1998): Children's perceptions of negative life events in Northern Ireland: a ten year study. European Child and Adolescent Psychiatry, 7, 1, 30–35

Muldoon, O. T. (2003): Perceptions of stressfull life events in Northern Irish school children: a longitudinal study. Journal of Child Psychology and Psychiatry and Allied Disciplines, 44, 2, 193–201

Petermann, Franz./Kusch, M./Niebank, K. (1998): Entwicklungspsychopathologie. München

Ravens-Sieberer, Ulrike/Ellert, Ute/Erhart, Michael (2007): Gesundheitsbezogene Lebensqualität von Kindern und Jugendlichen in Deutschland. Eine Normstichprobe für Deutschland aus dem Kinder- und Jugendsurvey (KiGGS). In: Bundesgesundheitsblatt – Gesundheitsforschung – Gesundheitsschutz. Ausgabe 5/6 2007. S. 810–818

Richter, Antje (2000): Wie erleben und bewältigen Kinder Armut? Eine qualitative Studie über die Belastungen aus Unterversorgungslagen und ihre Bewältigung aus subjektiver Sicht von Grundschulkindern einer ländlichen Region. Aachen

Richter, Antje (2005): Armutsprävention – Ein Auftrag für die Gesundheitsförderung. In: Zander, Margherita (Hrsg.): Kinderarmut. Einführendes Handbuch für Forschung und soziale Praxis. Wiesbaden

Richter, Antje (2008): Armut und Resilienz – Was stärkt arme Kinder? In: Verhaltenstherapie und psychosoziale Praxis, 40. Jg. Heft 3, S. 249–268

Richter, Antje (2009): Armut und Resilienz – was arme Kinder stärkt. In: Dimmel/Heitzmann/Schenk (Hrsg.): Handbuch Armut in Österreich. S. 317–331. Innsbruck/Wien/Bozen

Rossmann, Peter (2002): Depressive Störungen. In: Esser, Günther (Hrsg.): Lehrbuch der Klinischen Psychologie und Psychotherapie des Kindes- und Jugendalters. Stuttgart

Rutter, Michael (1990): Psychosocial resilience and protective mechanisms. In: Rolf/Masten/Cicchetti/Neuchterlein/Weintraub (Hrsg.): Risk and Protective Factors in the Development of Psychopathology, S. 181–214. Cambridge

Rutter, M.: Psychosocial Adversity: Risk, Resilience and Recovery. Unveröffentlichtes Manuskript.

Rutter, Michael 2001: Psychosocial adversity: Risk, resilience and recovery. In: Richman, J. M./Fraser, M. W. (Hrsg.): The context of youth violence: resilience, risk and protection, S. 13–41. Westport

Scarr, S./McCartney, K. (1983): How people make their own environments: A theory of genotype greater than environments effects. Child Development 54, S. 424–435

Schmidt, Bettina/Petra Kolip (Hrsg.) (2007): Gesundheitsförderung im aktivierenden Sozialstaat. Präventionskonzepte zwischen Public Health, Eigenverantwortung und Sozialer Arbeit. Weinheim

Schmitt, Günter (2009): Resilienz und verwandte Konzepte: In: DBH Fachverband für Soziale Arbeit, Strafrecht und Kriminalpolitik (Hrsg.): Bewährungshilfe. Soziales-Strafrecht-Kriminalpolitik. Köln, 56. Jahr. Heft 4/2009

Schoon, Ingrid (2006): Risk and Resilience. Adaptations in Changing Times, Cambridge

Stamm, Margrit. (2007b): Jugend zwischen Risiko und Resilienz. Ein neuer Blick auf eine bekannte Topik. In Bucher (Hrsg): Moral, Religion, Politik: psychologisch-pädagogische Zugänge. Festschrift für Fritz Oser, S. 307–327, Wien

Ulich, Michaela (1988): Risiko- und Schutzfaktoren in der Entwicklung von Kindern und Jugendlichen. In: Zeitschrift für Entwicklungspsychologie und Pädagogische Psychologie. 1988. H. 2, S. 146–166.

Weber, Hannelore/Laux, Lothar (1991): Bewältigung und Wohlbefinden. In: Abele/Becker Hrsg.): Wohlbefinden. Theorie – Empirie – Diagnostik. Weinheim/München

Werner, Emmy (2007): Resilienz: Ein Überblick über internationale Längsschnittstudien. In: Opp, Günther/Fingerle, Michael (Hrsg.): Was Kinder stärkt – Erziehung zwischen Risiko und Resilienz, 2. Auflage. München/Basel

Werner, Emmy (1999): Entwicklung zwischen Risiko und Resilienz. In: Opp, Günther et al.: Was Kinder stärkt – Erziehung zwischen Risiko und Resilienz. München/Basel

Werner, Emmy (1989): Vulnerability and resiliency: A longitudinal perspective. In: Brambring/Lösel/Skowronek (Hrsg.): Children at Risk: Assessment, Longitudinal Research and Intervention. Berlin

Werner, Emmy/Smith, Ruth (2001): Journeys from childhood to midlife: Risk, resilience and recovery. Ithaca/New York

Werner, Emmy/Smith, Ruth (1992): Overcoming the odds: High risk children from birth to adulthood. Ithaca/New York

Werner, Emmy/Smith, Ruth (1982): Vulnerable but invincible: A longitudinal study of resilient children and youth. New York

West, Candace/Zimmerman, Don H. (1987): Doing Gender In: Gender & Society

Wustmann, Corina (2004): Resilienz. Widerstandsfähigkeit von Kindern in Tageseinrichtungen fördern. Weinheim/Basel

Zander, Margherita (2008): Armes Kind – starkes Kind? Die Chance der Resilienz. Wiesbaden

Armut als Entwicklungsrisiko – Resilienzförderung als Entwicklungshilfe?

Margherita Zander

1. Armut als Lebenslage und Beeinträchtigung des kindlichen Wohlbefindens

Dieser Beitrag handelt von Kindern, die inmitten einer Wohlstandsgesellschaft in Armut aufwachsen. Lange Zeit war dieses Thema in der politischen Öffentlichkeit ein Tabu, erst seit neuerem scheint sich das geändert zu haben. Das Ausmaß der Betroffenheit und die absehbaren Folgen für diese Kinder – aber auch für die Gesellschaft – haben wohl bewirkt, dass man sich endlich in Wissenschaft und Politik der Problematik stellt. Ob dies aber mit der nötigen Ernsthaftigkeit und dem tatsächlichen Willen passiert, eine grundsätzliche politische Lösung zu finden, darf man ruhig bezweifeln. Daher wird uns das Thema weiterhin im Kontext sozialpädagogischer und allgemein pädagogischer Fachdiskurse beschäftigen.

In der Armutsforschung ist es mittlerweile Konsens, von einem multidimensionalen Armutsbegriff auszugehen, der sowohl materielle als auch immaterielle Auswirkungen von Armut erfasst. Wie wichtig es ist, dabei von klar formulierten Konzepten auszugehen, betonen G. Fajth und K. Holland in einem Beitrag, in dem sie für eine internationale Berichterstattung unterschiedliche Armutskonzepte zur Kinderarmut miteinander vergleichen:

> „Wie wir ein Thema definieren, legt gleichzeitig die Art und Weise fest, wie wir damit umgehen; Konzepte bestimmen Handlungen, so wie der Lauf einer Waffe die Kugel ins Ziel bringt. Im Politikprozess sind Konzepte unverzichtbar, weil sie die Art und Weise festlegen, wie Belege zusammengestellt und /oder analysiert werden, und wie politisches Handeln, öffentliche Debatten und Interessenvertretung, das Monitoring und die Weiterverfolgung durchgeführt werden" (Fajth/Holland 2007: 1).

Also: Ich muss genau wissen, was Armut für ein Kind bedeutet, wie sie sich anfühlt, auf seine Entwicklung auswirkt, sie gar hemmt, damit mein Konzept stimmt. Ich muss auch wissen, was es *nicht* bewirken kann und *nicht* ändert, um nicht falschen Illusionen aufzusitzen oder fehlinstrumentalisiert zu werden.

In der bundesrepublikanischen Diskussion über Kinderarmut sind derzeit Konzepte wie das der Lebenslage (siehe: Armuts- und Reichtumsberichte)[1] oder das des kindlichen Wohlbefindens (Unicef 2007 und Bertram 2006) am gebräuchlichsten. Weitgehender Konsens besteht auch, dass Armut als Lebenslage sich sowohl an objektiven Merkmalen messen lässt – also an Unterversorgungsgraden in Vergleich zu gesellschaftlichen Normalstandards – als auch in ihren jeweiligen subjektiven Ausprägungen erfasst werden muss. Dabei hat das Lebenslagenkonzept in der bundesrepublikanischen Armutsforschung eine lange Tradition und wurde mittlerweile auch in verschiedenen Studien zu Kinderarmut zur Erlangung empirischer Kenntnisse genutzt. Das Konzept des kindlichen Wohlbefindens wurde auf internationaler Ebene entwickelt und nicht zuletzt durch den von Unicef angeregten „Bericht über die soziale Lage von Kindern in Deutschland" (Bertram 2006) auch in den bundesrepublikanischen Fachdiskurs eingeführt. Dabei definiert Unicef Kinderarmut wie folgt:

> „In Armut lebende Kinder leiden unter Entbehrungen bei ihren materiellen, spirituellen (= immateriellen, M.Z.) und emotionalen Ressourcen, die sie für ihr Überleben, ihre Entwicklung und ihr Wohlergehen brauchen. Somit werden sie unfähig, ihre Rechte wahrzunehmen, ihr volles Potenzial zu erreichen oder als volle und gleichwertige Mitglieder ihrer Gesellschaft an dieser teilzuhaben" (Unicef 2007, zit. Nach Fajth/Holland 2007: 6).

Dies ist m.E. eine in mehrfacher Hinsicht sehr angemessene Definition, weil sie das Phänomen der Kinderarmut in entwickelten und sich entwickelnden Ländern gleichermaßen erfasst. Sie bezieht die materielle, immaterielle und emotionale Seite des Erlebens von Armut ein und sieht bei den Auswirkungen von Armut eine Abstufung vor – Überleben, Entwicklung, Wohlergehen –, die unterschiedliche Intensitätsgrade zum Ausdruck bringt. Sie beinhaltet darüber hinaus ein politisches Verständnis von Armut, weil sie in diesem Zustand eine Verweigerung gesellschaftlicher Teilhabe und damit eine Deprivation von grundlegenden Menschen-(Kinder-)rechten sieht.

Legt man die beiden oben zitierten Armutskonzepte zugrunde, so haben wir armutsbedingte Folgewirkungen in mehreren Lebensbereichen der Kinder zu berücksichtigen:

Armut als beeinträchtigte Lebenslage umfasst:
– die materielle Grundversorgung
– die Lern- und Erfahrungsmöglichkeiten
– die Entwicklung von Fähigkeiten und Neigungen
– die sozialen Kontakte und Gleichaltrigenbeziehungen

---
1 BMAS 2001, BMGS 2005, BMAS 2008

– die Partizipations- und Entscheidungsmöglichkeiten.

Armut als beeinträchtigtes Wohlbefinden betrifft: (vgl. dazu Bertram 2006 und 2010)[2]
– das materielle Wohlbefinden
– Gesundheit und Sicherheit
– Bildung und Ausbildung
– die familiären und Gleichaltrigenbeziehungen
– Verhaltensrisiken
– insgesamt subjektives Wohlbefinden.

Die beiden Konzepte haben große gemeinsame Schnittmengen; beide gehen von der Dimension der materiellen Grundversorgung und des materiellen Wohlbefindens aus, berücksichtigen den Aspekt der kindlichen Bildung (also Lern- und Erfahrungsmöglichkeiten, Entwicklung von Fähigkeiten und Neigungen, Ausbildungsmöglichkeiten) sowie die familiären und Gleichaltrigenbeziehungen der Kinder. Das auf internationaler Ebene entwickelte Konzept des kindlichen Wohlbefindens (Child-Well-Being, Unicef 2007) hebt zusätzlich auf Gesundheit – auch den Zugang zu gesundheitlicher Versorgung – sowie auf Sicherheit (etwa den Schutz vor gesundheitlichen Risiken oder Betreuung und Schutz durch die Familie) ab und möchte auch durch Armutslagen bedingte Verhaltensrisiken thematisiert sehen. Beide Konzepte rekurrieren zusätzlich auf eine jeweils übergreifende Dimension – das Lebenslagenkonzept auf kindliche Partizipations- und Entscheidungsmöglichkeiten, das Well-Being-Konzept auf das subjektive Wohlbefinden –, die sich empirisch zwar nur schwer fassen lassen dürfte, jedoch einen hohen Symbolgehalt hat, weil sie auf das Lebensgefühl der Kinder zielt.

Ehe im Folgenden knapp die wichtigsten Erkenntnisse zu armutsbedingten Auswirkungen auf Lebenslage, Entwicklung und Wohlbefinden von Kindern dargelegt werden, müssen wir begreifen, wie scharf Armut gerade ein Kind trifft:

> „Kinder erfahren alle Formen von Armut akzentuierter als Erwachsene, weil sie auf Grund ihres Alters und ihrer Abhängigkeit gefährdeter sind und weil in der Kindheit nicht genutzte Möglichkeiten im späteren Alter nicht aufgeholt werden können."
> (Fajth/Holland 2007: 6)

Obwohl Kinderarmut ein internationales Phänomen ist und es Bestrebungen gibt (Unicef 2007), das Problem auf internationaler Ebene und verglei-

---

2 www.unicef.de/presse/pm/2010/deutschland 2010/

chend zu erfassen, beziehe ich mich hier ausschließlich auf Kinderarmutsstudien in Deutschland, wie dann auch die Schlussfolgerungen (Kapitel 4) in erster Linie für den bundesrepublikanischen Kontext gelten werden. Bei den Auswirkungen von Armut auf das kindliche Wohlbefinden und die kindliche Entwicklung spielen die Dauer und die erlebte Intensität von Armut eine wichtige Rolle: Wird Armut in einem zeitlich begrenzten Lebensabschnitt erfahren und besteht dabei die Hoffnung, die damit verbundene Notlage bald wieder zu beenden, dürften sich weniger negative Auswirkungen einstellen. Langzeitarmut – oft auch als chronische Armut bezeichnet – geht zudem in der Regel mit mehrfachen Belastungen und zusätzlichen Problemlagen einher und wird daher zu Recht als ein zentrales Entwicklungsrisiko für Kinder betrachtet. Nahe liegt es auch, dass sich die Auswirkungen von Armut je nach Lebensalter unterscheiden. Da im Folgenden der Schwerpunkt der Betrachtung auf Kindern im Grundschulalter liegen wird – siehe auch eigener Forschungsschwerpunkt –, beziehe ich mich auch bei der Darstellung armutsbedingter Folgen besonders auf diese Altersphase. Es gibt mittlerweile eine Reihe von Studien, die Auswirkungen auf einzelne Lebensbereiche nachgehen. Sie untersuchen Felder wie Gesundheit und kindliches Wohlbefinden (Klocke/ Hurrelmann 1995), Bildung (Bacher 1998; Lauterbach/Lange/Becker 2002 und Kampshoff 2005) sowie innerfamiliäre Beziehungen und die Befindlichkeit von Kindern und ihre Gleichaltrigenbeziehungen (Walper 1999 und 2001), benennen aber auch Folgen wie Fehl- und Unterernährung, geringere Lebenszufriedenheit, Niedergeschlagenheit, Einsamkeitsgefühle und Ängste (Palentien/Hurrelmann/Klocke 1999).

Der Übersichtlichkeit halber möchte ich mich hier jedoch auf die Ergebnisse zweier Studien beziehen, die speziell die Auswirkungen von Armut auf Kinder im Grundschulalter berücksichtigen: die AWO-ISS-Studie sowie die Jenenser Kinderarmutsstudie (Chassé/Zander/Rasch 2003). Dabei geht es weniger darum, die potenziellen Auswirkungen möglichst vollständig zu erfassen, sondern sich auf wenige bedeutsame zu konzentrieren und somit auf Aspekte, die auch für die Resilienzförderung relevant sind.

Die AWO-ISS-Studie hat die Auswirkungen von Armut auf Kinder im Grundschulalter in zwei Etappen untersucht. Sie hat die Entwicklung von Kindern ab dem Vorschulalter (1. Etappe) über das frühe Grundschulalter (Holz/Skoluda 2003) bis hin zum Übergang in weiterführende Schulen (2. Etappe – Holz/Puhlmann 2005; Holz u.a. 2005) in einer Längsschnittbetrachtung verfolgt; dabei werden arme und nicht-arme Kinder im Vergleich gesehen. Herausgearbeitet werden so die Auswirkungen von Ar-

mut auf die Familiensituation und auf vier zentrale Lebenslagebereiche: den materiellen, kulturellen, sozialen und gesundheitlichen Bereich. Am Ende des Grundschulalters stellt diese Studie als besonders auffällige Merkmale der Lebenssituation von armen Kindern, die in das Sample einbezogenen waren, fest:
– Arme Kinder leben seltener mit beiden Elternteilen zusammen.
– Kinder mit Migrationshintergrund leben häufiger in Armutslagen.
– Im Bereich der materiellen Versorgung treten die größten Differenzen zu nicht-armen Kindern auf (beispielsweise mit 10 Jahren kein eigenes Zimmer, mangelhafte Versorgung mit Kleidung, Spielzeug ...).
– Die zweitgrößten Differenzen zeichnen sich im kulturellen Bereich ab, vor allem im schulischen Bereich (arme Kinder haben schlechtere Noten, wiederholen häufiger eine Klasse, haben wesentlich ungünstigere Übergangsempfehlungen).
– Auch im Bereich der sozialen Kontakte schneiden arme Kinder schlechter ab: Sie dürfen seltener andere Kinder mit nach Hause bringen, feiern seltener ihre Geburtstage, haben außerhalb der Schule weniger Möglichkeiten zu sozialen Kontakten mit Gleichaltrigen.
– Im gesundheitlichen Bereich hat die Studie für diese Altersgruppe weniger Unterschiede festgestellt, allerdings wird infolge höheren Risikoverhaltens (wie etwa früherer Kontakt mit Suchtmitteln), höheren Medienkonsums und unregelmäßiger Einnahme von Mahlzeiten in unmittelbarer Zukunft eine stärkere gesundheitliche Belastung bei den armen Kindern angenommen.

Im Ergebnis stellt die Studie – bezogen auf die gesamte Lebenslage – große Differenzen zwischen armen und nicht-armen Kindern fest. Operationalisiert wird dies, indem drei Lebenslagetypen gebildet werden:
– *Kindliches Wohlergehen:* In keinem der zentralen vier Lebenslagebereiche tritt auffällige Unterversorgung auf.
– *Kindliche Benachteiligung:* In einigen wenigen Lebenslagebereichen sind aktuell Beeinträchtigungen erkennbar.
– *Multiple Deprivation:* Wenn in mehreren zentralen Lebens- und Entwicklungsbereichen Beeinträchtigungen und Unterversorgung erkennbar sind (Holz/Puhlmann 2005: 23).

Die AWO-ISS-Studie (Holz u.a. 2005) weist auf diese Weise nach, dass die armen Kinder des untersuchten Samples wesentlich häufiger in multipler Deprivation leben und wesentlich seltener in „Wohlergehen". Besonders deutlich fällt das auf, wenn man die Gruppe der in relativer Armut (Familien mit weniger als 50 % des Durchschnittseinkommens) lebenden Kinder mit denjenigen vergleicht, deren Familien über ein überdurchschnittliches Einkommen (mehr als 100 %) verfügen (Holz u.a.2005: 4):

	Wohlergehen	Benachteiligung	multiple Deprivation
Arme Kinder	15,1 %	46,5 %	38,4 %
Nicht-arme K. (= über Durchschnitt)	68,7 %	27,7 %	3,6 %

Die Jenenser Studie (Chassé/Zander/Rasch 2003) hat die Auswirkungen von Armut im Grundschulalter anhand eines für Kinder angepassten „Spielräumekonzeptes" nach Ingeborg Nahnsen untersucht. Bei diesem Konzept wird davon ausgegangen, dass sich Armut einschränkend auf die kindlichen Handlungs- und Entwicklungsspielräume in folgenden Bereichen auswirken kann:
- materielle Grundversorgung (z. B. Ernährung, Kleidung, Wohnen)
- Lern- und Erfahrungsmöglichkeiten (z. B. schulische Bildung, Freizeitaktivitäten in Familie und häuslichem Umfeld, räumlicher Aktionsradius)
- soziale Kontakte und Netzwerke (z. B. soziale Netze der Eltern, Gleichaltrigenkontakte in Schule und Nachbarschaft, Freundschaften)
- Alltagsstruktur, Erholung, Kinderkultur und Hobbys (z. B. Familienklima, Anforderungen des Alltags, Urlaub, Förderung von kindlichen Fähigkeiten und Neigungen)
- Gestaltungs- und Entscheidungsmöglichkeiten (Werden die Kinder z. B. gehört, können sie die einzelnen Bereiche mitgestalten?).

Ausgegangen wird hier von einer detaillierten Auswertung von Einzelfallstudien mit dem Ziel, die Auswirkungen von materieller Armut auf die oben aufgeführten Lebenslagebereiche herauszuarbeiten. Dabei wird die kindliche Betroffenheit von Armut und deren Bewältigung immer in Relation zum elterlichen Umgang mit der Situation gesehen. Dem Untersuchungskonzept liegt die dann auch bestätigte Annahme zu Grunde, dass armutsbedingte Auswirkungen – wie etwa Einschränkungen und Beeinträchtigungen in den verschiedenen Lebenslagebereichen – und der subjektive Umgang der Kinder (und Familien) damit differenziert zu betrachten sind.

Auch hier wird im Ergebnis festgestellt, dass Einkommensarmut in allen Lebenslagebereichen zu Einschränkungen und Beeinträchtigungen führen kann. Im Einzelfall sind die verschiedenen Bereiche unterschiedlich stark betroffen. Wie sich die jeweilige Mangelsituation letztlich auf die Kinder auswirkt, hängt jedoch von einer Reihe von Faktoren ab, die eine gesonderte Betrachtung erfordern: so etwa das Haushaltsmanagement der Eltern (vor allem der Mütter), die elterliche Bewältigungsstrategie (aktive Bewältigung versus Resignation), die Ausstiegsperspektive (versus Hoffnungslosigkeit bei Langzeitarmut), die sozialen Netze der Familie (z. B. Unterstützung durch Großeltern oder Freunde), Schule und Hort (als förderliche und unterstützende Lebenswelten oder als Überforderung), soziale Kontakte zu Gleichaltrigen (oder soziale Isolation). Nimmt man diese Aspekte mit in den Blick, wird Armut mit ihren unmittelbaren Folgewirkungen nicht nur als Zustand begriffen, den die Subjekte erleiden, sondern das Kind auch als aktives Individuum gesehen, das seine Lebenslage mitgestaltet. Bei gleicher materieller Ausgangslage sind also unterschiedliche Bewältigungsformen anzunehmen, die wiederum Einfluss auf die armutsbedingten Auswirkungen haben (vgl. Chassé/Zander/Rasch 2010: 245 ff.). Kindliche Armutsbewältigung bewegt sich in einem breiten Spektrum von Bewältigungsmustern, die sich auf einem Kontinuum zwischen zwei Polen bewegen: Wir haben auf der einen Seite Mädchen und Jungen, die durch die familiäre Armutslage kaum in ihrer Entwicklung und ihrem Wohlbefinden beeinträchtigt zu sein scheinen, und auf der anderen Seite Kinder, die offenbar in allen Lebenslagedimensionen eingeschränkt und in ihrer Entwicklung gefährdet sind.

Mit dieser Sichtweise soll keineswegs das gesellschaftliche Skandalon von Kinderarmut verharmlost, sondern Armut als mögliches Entwicklungsrisiko für Kinder begriffen werden, als geradezu *zentrales Risiko*, das es in der Resilienzperspektive zu diskutieren gilt.

2. Menschliche Entwicklung, Entwicklungsrisiken und Armut als kindliches Risiko in der Resilienzperspektive

Armut wird in der Literatur zwar häufig als Entwicklungsrisiko für Kinder eingestuft, jedoch oft ohne konkretere Begründung. Daher möchte ich jetzt der Frage nachgehen, in welcher Weise die materiellen und immateriellen Auswirkungen von Armut die kindliche Entwicklung beeinträchtigen können, wobei ich freilich annehme, dass dies nicht zwangsläufig der Fall sein muss. In einem weiteren Schritt wird dann zu klären sein, inwiefern ein Entwicklungsrisiko auch einen Risikofaktor im Sinne des Resilienzdiskurses darstellt.

Zunächst gilt es den „Entwicklungsbegriff" zu fassen: In der Psychologie gibt es einen Teilbereich (Entwicklungspsychologie), der sich seit Beginn des 19. Jhs. mit dem Phänomen „menschlicher Entwicklung", insbesondere der kindlichen Entwicklung befasst. Was ist unter Entwicklung zu verstehen? Wie verläuft menschliche Entwicklung? Wodurch wird sie beeinflusst? Zu all diesen Fragen hat es in der Historie der Entwicklungspsychologie unterschiedliche Positionen gegeben, und auch aktuell werden diese Fragen je nach theoretischer Ausrichtung immer noch unterschiedlich beantwortet.

In Anlehnung an Helga Joswig (Familienhandbuch online), Professorin für Lern- und Entwicklungspsychologie am Institut für Pädagogische Psychologie der Universität Rostock, soll hier *Entwicklung als lebenslanger, dynamischer Prozess* verstanden werden, der mit Veränderungen in der physischen und psychischen Substanz des Individuums einhergeht. Gemeint ist damit anlagebedingtes Wachsen und Reifen des menschlichen Organismus sowie seiner physischen und psychischen Funktionen, ein Prozess, der sich allerdings in enger Wechselwirkung zwischen dem sich entwickelnden Individuum und seiner Umwelt vollzieht. Aus diesem Prozess resultieren mannigfache Anforderungen und Lernprozesse, die das Individuum in den verschiedenen Stufen seiner Entwicklung zu bewältigen hat, wobei jeweils typische Probleme, Krisen und Risiken auftreten (können). Die angenommenen Phasen oder Stufen der Entwicklung sind jedoch nicht schematisch zu betrachten, sie dienen der allgemeinen Orientierung und weisen eine breite Streuung intra- und interindividueller Unterschiede auf.

Relevant für die Betrachtung von Armut als Entwicklungsrisiko erscheint mir vor allem die Frage, worin die *Antriebskraft für die kindliche (und menschliche) Entwicklung* zu sehen ist. Kann diese Antriebskraft durch die soziale Umgebung und die materiellen wie sozialen Verhältnisse, in denen ein Kind aufwächst, beeinträchtigt werden?

Dafür müssen wir zunächst klären, was in der Entwicklungspsychologie als Antriebskraft für Entwicklung gilt. Daraus lassen sich dann Schlussfolgerungen ziehen, welche Faktoren die vermutete Antriebskraft stören könnten. Von den unterschiedlichen Annahmen, welche die Entwicklungspsychologie macht, möchte ich mit Bedacht die Sicht jener Entwicklungspsychologen aufgreifen, auf die ich an späterer Stelle wegen der von ihnen formulierten Stufenmodelle wieder zurückkommen werde:

Für *Jean Piaget* sind es vier Faktoren, welche die Entwicklung vorantreiben: Reifung, soziale Erfahrung, Erfahrungserwerb (empirische und reflektierende Abstraktion) und ganz besonders die Äquilibration (vgl.

Garz 2006: 84 f.). Ausschlaggebend ist für ihn der Prozess der *Äquilibration*, also die immer – in jeder Phase – erneute Herstellung eines inneren Gleichgewichts. Dieser Prozess der Äquilibration wird durch einen autoregulativen Mechanismus gesteuert, dem die Tendenz aller Organismen zu Grunde liegt, „ihr Leben systematisch zu ordnen und zu gestalten, mithin zu koordinieren, und sich somit als grenzerhaltende, selbstorganisierende Systeme zu präsentieren" (ebd.: 83). Ausschlaggebend hierfür ist das Prinzip der Adaptation, der Anpassung an die jeweilige Umwelt und der kognitiven Verarbeitung von Erfahrung, wobei Piaget zwischen *Assimilation* (Aufnahme von Daten in eine bereits im Subjekt angelegte Denkstruktur) und *Akkomodation* (Modifikation der Assimilationsstruktur durch die assimilierten Elemente) unterscheidet. Dass es gilt, in jeder Phase erneut dieses Gleichgewicht zwischen den von außen aufgenommenen Informationen und der Verarbeitungsmöglichkeit des Subjektes auf einer jeweils höheren Stufe herzustellen, lässt als Motor der Entwicklung die Erzeugung eines Ungleichgewichts zwischen den Strukturen des aufnehmenden Ichs und den aufgenommenen „Informationen", also einen inneren Konflikt, vermuten, der zu bewältigen ist (vgl. Miller 1993: 140).

Auch *Sigmund Freud* benutzt den Begriff der *Äquilibration*, worin er ebenfalls einen wichtigen Mechanismus für die menschliche Entwicklung sieht. Äquilibration beinhaltet auch für ihn einen Prozess der Verringerung von störenden Elementen, allerdings nicht auf der kognitiven, sondern auf der *Gefühlsebene*. Nach der Vorstellung von Freud geht es dabei um einen psychischen Konflikt, der durch *Triebspannung* (psychische Energie) ausgelöst wird, und für den er verschiedene Ursachen benennt (vgl. Miller 1993: 140 f.): körperliche Reifung (Veränderungen des Nervensystems, motorische Entwicklung, hormonelle Veränderungen, die Triebentwicklung usw.), Frustrationen von außen (Bedürfnishemmung durch Personen oder Umstände), innere Konflikte (zwischen Es, Ich und Über-Ich, zwischen Triebimpulsen und Mechanismen der Verdrängung), persönliche Unzulänglichkeiten (Fehlen bestimmter notwendiger Fertigkeiten, Kenntnisse oder Erfahrungen) und schließlich Angst (ein mit Unlust verbundenes Gefühl, etwa beim Verlust eines wertvollen Objekts). „Alle diese Elemente sind Ursachen für einen unlustbetonten Zustand der Erregung, den Kinder versuchen, nach dem Lustprinzip *und* dem Realitätsprinzip zu lösen" (ebd.: 141). Für Freud liegt das Wesen von Entwicklung in der Ausbildung von individuellen Strukturen des Es, Ich und Über-Ich, so dass die *sexuelle Energie* kanalisiert, verdrängt oder umgewandelt werden kann. Dabei handelt es sich um einen dynamischen Prozess, der sowohl durch Emotionen wie durch die Kognition gelenkt wird.

Erik Erikson unterteilt den gesamten menschlichen Lebenszyklus in acht Lebensalter, die er als *kritische Perioden* versteht, in denen jeweils unterschiedliche Ich-Bedürfnisse besonders zum Tragen kommen. Er geht wie Freud davon aus, „dass die Abfolge der Entwicklungsstadien biologisch festgelegt ist und den Rahmen vorgibt, in dem Umwelteinflüsse wirksam werden können" (Miller 1993: 166). Allerdings schreibt er der *Umwelt* und somit auch der *Kultur und Erziehung* einen größeren Einfluss auf die menschliche Entwicklung zu. „Nicht nur die individuelle Vergangenheit und Gegenwart, sondern auch die Vergangenheit und Gegenwart der jeweiligen Kultur nehmen Einfluss auf die sich entwickelnde Persönlichkeit" (ebd.: 166). Für ihn steht die Herausbildung der Persönlichkeit im Vordergrund, wobei er unterstellt, dass in jeder Phase *gegensätzliche Kräfte zu einer Synthese* gelangen (Urvertrauen vs. Misstrauen, Autonomie vs. Scham und Zweifel, Initiative vs. Schuldgefühl, Werksinn vs. Minderwertigkeitsgefühl usw.).

Lawrence Kohlberg hat ein Stufenmodell zur Entwicklung der moralischen Urteilsfähigkeit von Menschen konzipiert. Zentral für dieses Konzept ist sicherlich die Entwicklung zur *Fähigkeit der Perspektivenübernahme*, also die Sichtweise der anderen sowie der Gesellschaft nachvollziehen und in die Urteilsbildung einbeziehen zu können. Kohlberg zeichnet in seinem Modell die in Stufen (präkonventionelle, konventionelle und postkonventionelle Ebene) verlaufende Höherentwicklung der moralischen Urteilsfähigkeit nach, wobei er davon ausgeht, dass die höheren Stufen (postkonventionelle Ebene) nicht von allen Menschen erreicht werden. Er betrachtet die moralische Entwicklung vorwiegend als kognitiven Prozess, klammert weitgehend die emotionale Komponente aus und befasst sich nicht mit der Umsetzung in Handeln. Moralische Urteilsfähigkeit zeigt sich in der Auseinandersetzung mit moralischen Dilemmata; ein Motiv für die Entwicklung dieser Fähigkeit ist darin zu sehen, *ethische Probleme erfolgreicher lösen zu können*. Auch hierbei geht es letztlich um das Bewältigen von Konflikten und um inneren Spannungsabbau.

So unterschiedlich die vorgetragenen Entwicklungskonzepte sind, scheint sich eines abzuzeichnen: Eine ganz wesentliche *Antriebskraft für menschliche Entwicklung* ist in der *Bewältigung von Konflikten* auf den verschiedensten Ebenen (kognitiv, emotional, sozial) zu sehen. Dieser Prozess verläuft wohl in mehr oder weniger generalisierbaren Phasen und Stufen – und dauert offenbar über die gesamte Lebensspanne an. Der amerikanische Entwicklungspsychologe Havighurst (1972) hat hierfür den Begriff der *Entwicklungsaufgaben* eingeführt. Ihm zufolge hat das Individuum in jeder Entwicklungsstufe bestimmte Entwicklungsaufgaben zu erfüllen. *Gelingt es dem Individuum nicht, die jeweils altersgemäßen Entwicklungsaufgaben zu bewältigen, kann dies in einer späteren Stufe nur mit größerem Aufwand und größeren Schwierigkeiten nachgeholt werden.* Die Formulierung von Entwicklungsaufgaben ist ort-, zeit- und kulturgebunden, so stehen beispielsweise für Kinder im Grundschulalter in einem entwickelten Wohlfahrtsstaat andere Aufgaben zur Bewältigung an als sie für gleichaltrige Kinder in einem sich entwickelnden Land gelten.

Für die *Bewältigung dieser Entwicklungsaufgaben* sind nach Havighurst *sowohl innere Faktoren* – in der Natur des Menschen, seinen individuellen Anlagen und in seiner Person liegende – *als auch äußere Faktoren* ausschlaggebend, also Faktoren, die in der physischen, sozialen oder sozial gestalteten Umwelt liegen. Diese inneren und äußeren Faktoren wirken sowohl *additiv als auch interaktiv,* wir haben es also mit einem komplexen Prozess von interagierenden Wechselwirkungen zu tun (ähnlich wie im Resilienzprozess Schutz- und Risikofaktoren miteinander interagieren). Diese Entwicklungsaufgaben ergeben sich – nach Havighurst – aus drei unterschiedlichen Quellen: physische Reife, normative Erwartungen der Gesellschaft und individuelle Zielsetzungen oder Werte. Werner Stangl benennt diese drei Komponenten als (Stangl, Arbeitsblätter 2):
- individuelle Leistungsfähigkeit,
- soziokulturelle Entwicklungsnorm und
- individuelle Zielsetzung in einzelnen Lebensregionen.

> „Diese Komponenten zeigen, dass die Entwicklungsaufgabe ein zentraler Erklärungsbegriff einer ökologischen Entwicklungspsychologie ist: Sie verbindet Individuum und Umwelt, indem sie kulturelle Anforderungen mit individueller Leistungsfähigkeit in Beziehung setzt, und sie räumt zugleich dabei dem Individuum eine aktive Rolle bei der Gestaltung der eigenen Entwicklung ein." (Stangl, Arbeitsblätter 2: 1)

Meines Erachtens werden in der so formulierten entwicklungspsychologischen Sichtweise aber die „äußeren Faktoren" zu eng gesehen: Die physische und soziale Umwelt lässt sich nicht auf die soziokulturelle Entwicklungsnorm reduzieren. Hier müssen auch die sozio-strukturellen Unterschiede und die sozio-ökonomischen Bedingungen des Aufwachsens stärker zur Kenntnis genommen werden. Es liegt doch auf der Hand, dass ein in jeder Hinsicht wohl versorgtes Mittelschichtkind andere Umweltbedingungen vorfindet, um seine Entwicklungsaufgaben zu bewältigen, als ein materiell unterversorgtes und möglicherweise zudem pädagogisch vernachlässigtes Kind, das in einem sozialen Brennpunkt aufwächst. Sicherlich, auch in einer psychologischen Sichtweise würden hier im Vergleich der beiden Fälle die Unterschiede der äußeren Bedingungen gesehen. Sie werden dann jedoch nicht in den Kontext sozialstruktureller

Differenzen – also sozialer Ungleichheit – eingeordnet. Daher ist m.E. der entwicklungspsychologische Mainstream nicht in der Lage, das soziale Phänomen „Armut" zu erfassen und *das zentrale Entwicklungsrisiko Armut als strukturelles Bedingungsgefüge* in den Blick zu nehmen. Wie sehr aber die Bedingungen des Aufwachsens – und damit die Bewältigung von kindlichen Entwicklungsaufgaben – durch die materiellen und immateriellen Auswirkungen von Armut auf die kindliche Lebenslage und das kindliche Wohlbefinden beeinträchtigt werden können, zeigen die empirischen Ergebnisse der Kinderarmutsforschung in aller Deutlichkeit.

Nun gilt es in einem weiteren Schritt zu klären, ob Armut auch ein spezifisches Risiko im Sinne des Resilienzkonzeptes darstellt. Wann und wo tritt Resilienz als spezifische Bewältigungsfähigkeit bei Kindern, die in Armutsverhältnissen aufwachsen, auf den Plan?

Hierfür möchte ich auf die im Resilienzdiskurs gebräuchliche Unterscheidung zwischen *„normativen" und „nicht-normativen" Entwicklungsrisiken* hinweisen. Normative Entwicklungsrisiken wären demzufolge solche, die genuin mit der Idee von menschlicher Entwicklung verbunden sind. Rekurrierend auf die oben zitierten Sichtweisen von kindlicher/menschlicher Entwicklung, kann die Bewältigung einer jeden Entwicklungsphase oder -stufe immer auch als mögliche Krise angesehen werden, die das Risiko eines Scheiterns oder Nicht-Bewältigens beinhaltet. Wir haben es hier mit Risiken zu tun, die mit der menschlichen Entwicklung untrennbar verbunden zu sein scheinen, auch wenn sie – je nach den gegebenen inneren und äußeren Faktoren – an Intensität und Reichweite differieren mögen.

Kommen zu diesen „normativen Risiken" noch andere hinzu, die nicht mit der Bewältigung altersspezifischer Entwicklungsaufgaben zusammenhängen, spricht man von „nicht-normativen" Risiken, also solchen, die nicht genuin zum menschlichen Entwicklungsprozess gehören, und dies ist dann auch die Ebene, auf welcher der Resilienzgedanke zum Tragen kommt. In einer alltäglichen Sichtweise spricht man auch von Schicksalsschlägen oder von Unglück und besonderen Härten des Lebens. Als Beispiele für nicht-normative Risiken im Leben von Kindern werden u.a. angeführt: Trennung und Scheidung, psychische Erkrankung eines Elternteils, Suchterkrankung eines Elternteils, familiäre Disharmonie, traumatische Erfahrungen (wie Krieg und Flucht, Missbrauch), permanente Hoffnungslosigkeit. *Die Bewältigung solcher Risiken – ohne dabei Schaden zu nehmen – kann ein Maß an „seelischer Widerstandskraft" erfordern, welches das übliche Maß übersteigt.* Kinder, die solchen Risiken ausgesetzt sind, müssen auf besondere personale wie soziale Schutzfaktoren zurückgreifen können, um diese unbeschadet zu bestehen oder sogar gestärkt daraus hervorzugehen. Gelingt ihnen das, dann könnte man von *„resilienten Kindern"* sprechen, wenngleich dies nicht ganz korrekt wäre, da Resilienz ja keine persönliche Eigenschaft ist, vielmehr ein Potenzial von Menschen, das sich in bestimmten Risikokonstellationen als Fähigkeit erweist, diese erfolgreicher zu meistern als eigentlich zu erwarten stand.

Nun ist Armut aber häufig Folge von solchen Risiken (wie etwa Trennung und Scheidung, elterliche Erwerbslosigkeit, chronischen Krankheiten, Flucht und Migration), oder sie löst solche zusätzlichen Probleme aus. Materielle Armut – vor allem chronische Armut – geht also meist mit anderen Problemlagen einher, die als nicht-normative Entwicklungsrisiken einzustufen sind. So kamen wir auch als Forschungsteam in unserem Jenenser Projekt zu Kinderarmut im Grundschulalter – eine qualitative Querschnittstudie auf der Basis von 14 Falldarstellungen – letztlich zu der *Erkenntnis, dass es nicht so sehr – jedenfalls nicht in erster Linie – die materielle Notlage der Familie war, sondern dass es die zusätzlichen psychosozialen Belastungen waren, die für die Kinder das eigentliche Problem darstellten.* Eine intensive Auswertung der Eltern- und Kinderinterviews ergab im Einzelnen in der Tat, dass die entscheidende Belastung und Bewältigungsherausforderung der Kinder im Einzelfall auf solche familiäre Problematiken zurückzuführen waren, die generell als „nicht-normative" Entwicklungsrisiken angeführt werden (vgl. Chassé/Zander/Rasch 2003):

Tina, 10 Jahre: Langzeitarbeitslosigkeit der Mutter, wechselnde Väter;
Theo, 7 Jahre: Langzeitarbeitslosigkeit der Mutter, psychische Erkrankung der Mutter, problematische Beziehung zum Stiefvater, pädagogische Vernachlässigung, Perspektivlosigkeit;
Dorothee, 7 Jahre: hohe familiäre Verschuldung durch Hauserwerb, hoher pädagogischer Erwartungsdruck durch die Mutter, familiärer sozialer Abstieg, Kälte der familiären Atmosphäre;
Rebecca, 7 Jahre: familiäre Gewalt (traumatische Erlebnisse), beide Eltern arbeitslos, Rebeccas Vater ist zum Zeitpunkt des Interviews untergetaucht, weil er von der Polizei gesucht wird, Mutter zieht Scheidung in Erwägung;
Torsten, 7 Jahre: ernährungsbedingte körperliche Erscheinung (ist zu dick und wird gehänselt), dadurch Schwierigkeiten Freundschaften zu schließen, Traurigkeit wegen Ablehnung durch Gleichaltrige, Verlust von früheren Freunden durch Umzug, soziale Isolation der Familie, kein Kontakt zum leiblichen Vater;

Konstantin, 10 Jahre: Trennung und Scheidung, Arbeitslosigkeit der allein erziehenden Mutter, die drei Geschwister haben unterschiedliche Väter;

Sarah, 7 Jahre: beengtes Wohnen, Arbeitslosigkeit der Mutter, Trennung und Scheidung, leiblicher Vater will keinen Kontakt zu seiner Tochter;

Anja, 9 Jahre alt: abgelegenes Wohnen, beide Eltern erwerbslos, Überschuldung durch Hauskredit, Suchtkrankheit des Vaters (zudem Epileptiker);

Erik, 9 Jahre: Trennung und Scheidung, chronische Krankheitern mehrerer Geschwister, Arbeitslosigkeit der Mutter;

Anton, 10 Jahre: lautes, beengtes Wohnen, Trennung und Scheidung, allein erziehende Mutter arbeitet Schicht, Überforderung durch ein zu hohes Maß an Selbständigkeit;

Karsten, 8 Jahre: beengtes Wohnen, große Kinderzahl (7), Vater erwerbsunfähig, Überschuldung;

Frank, 8 Jahre: auffällig unruhiges, unkonzentriertes Verhalten des Kindes, verkommene Wohnverhältnisse, allein erziehende Mutter im Erziehungsjahr (sonst erwerbslos), kein Kontakt zum Vater, Stiefvater unregelmäßig beschäftigt, vorübergehend in Haft;

Steffi, 8 Jahre: muss für ihr Alter schon viel Verantwortung übernehmen (kleinerer Bruder), die Familie hat massive Probleme (Steffi ist eingeweiht und Ansprechpartnerin für die Mutter), Probleme mit Nachbarn (Bedrohung für die Kinder), Mutter erwerbslos im Erziehungsurlaub, Stiefvater hat Alkohol- und Gewaltprobleme, Schulden, war in Haft;

Dennis, 7 Jahre: wirkt krank und verhärmt, Konzentrationsprobleme, wohnt mit seiner geschiedenen Mutter bei der Oma, beengte Wohnverhältnisse, viele Umzüge, allein erziehende Mutter arbeitet viel.

Die fallbezogene Darstellung wurde hier – trotz oder gerade wegen der Wiederholungen – gewählt, weil sich auf diese Weise konkreter nachvollziehen lässt, wie sich Armut als *multidimensionales Problem* im Leben von Kindern auswirken kann. Die *Kumulation von gleichzeitig erlebten Risiken und Belastungen* zeigt, dass wir es mit Kindern zu tun haben, die es aus der Resilienzperspektive zu betrachten gilt. Um mit Emmy Werner zu sprechen, haben wir es hier mit so genannten „Hoch-Risiko-Kindern" zu tun, weil gleichzeitig mehrere Entwicklungsrisiken vorliegen. Was kann nun diesen Kindern helfen, ihre altersgemäßen Entwicklungsaufgaben – in einer derart risikobelasteten Situation des Aufwachsens – zu meistern? Wie kann ihre „seelische Widerstandsfähigkeit" gefördert und unterstützt werden?

An dieser Stelle dürfte bereits deutlich geworden sein, dass Resilienzförderung ein wichtiger Baustein im Rahmen von „Armutsprävention" – im Sinne von Unterstützung der kindlichen Bewältigung von Armutsfolgen – sein sollte. Ehe ich jedoch konkreter auf die Möglichkeiten von Resilienzförderung eingehe, möchte ich im folgenden Abschnitt den Blick auf „Kinder im Grundschulalter" schärfen, indem ich sie mit der Brille unterschiedlicher entwicklungspsychologischer Sichtweisen betrachte und den Versuch unternehme, die Frage nach armutsbedingten Entwicklungsbeeinträchtigungen in diesem Kontext neu zu fokussieren.

3. Kinder im Grundschulalter aus entwicklungspsychologischer Sicht

Da die Armutsforschung erhebliche Auswirkungen des sozio-ökonomischen Status auf die kindliche Entwicklung empirisch nachgewiesen hat, liegt es nahe, entwicklungspsychologisch eine sozio-ökologische Perspektive (vgl. Bronfenbrenner 1976) einzunehmen, die das besondere Gewicht von Umwelteinflüssen betont. Dies scheint auch deshalb geboten, weil gerade in der Zusammenschau der beiden Herangehensweisen sich sowohl Schwachstellen der Entwicklungspsychologie, aber eben auch der Kinderarmutsforschung erkennen lassen. Während man der Entwicklungspsychologie mit Fug und Recht vorhalten kann, dass sie die sozioökonomischen Aspekte des Aufwachsens in unterschiedlichen Milieus weitgehend vernachlässigt, neigt die Kinderarmutsforschung dazu, die Armutseffekte auf Kinder eher verallgemeinernd zu betrachten, ohne dabei die differenzierten Erkenntnisse der Entwicklungspsychologie zu Rate zu ziehen.

Im Folgenden will ich – bezogen auf Kinder im Grundschulalter – den Versuch unternehmen, eine solche Verbindung herzustellen. Dabei möchte ich zunächst kurz die prägnantesten Erkenntnisse der wichtigsten Stufentheoretiker zu dieser kindlichen Entwicklungsperiode vorstellen, das bereits eingeführte Konzept der kindlichen Entwicklungsaufgaben wieder aufgreifen, um dann – unter Berücksichtigung von Erkenntnissen aus der Kinderarmutsforschung – Schlussfolgerungen zu armutsbedingten Auswirkungen auf die kindliche Entwicklung zu ziehen.

Es gibt eine Reihe von Theorien, die sich explizit mit der Entwicklung von Kindern in unterschiedlichen Phasen (Stadien) auseinandersetzen. Interessanterweise tendieren die entsprechenden Theorien meist dazu, sich auf einen besonderen Aspekt kindlicher Entwicklung zu konzentrieren, so beispielsweise:
- Piaget auf die kognitive (und moralische) Entwicklung

- Freud auf die psychosexuelle Entwicklung
- Erikson ergänzend zu Freud auch auf die psychosoziale Entwicklung
- Kohlberg/Seligmann auf die moralische Entwicklung
- Bowlby auf die Bindungsentwicklung.

Eine derart differenzierte Betrachtungsweise mag für die Erforschung so komplexer Vorgänge wie der „menschlichen Entwicklung" notwendig sein, für die hier gewählte Fragestellung erscheint mir jedoch eher eine Zusammenschau der verschiedenen Entwicklungsdimensionen geboten. Gemeinsam ist all diesen Stufen- oder Stadienmodellen, dass eine bestimmte Abfolge von Entwicklungsprozessen angenommen wird. Dabei gehen manche Entwicklungspsychologen – beispielsweise Erikson – davon aus, dass eine Stufe abgeschlossen sein muss, ehe das Kind in eine neue eintreten kann. Andere wiederum nehmen an, dass sich Phasen überschneiden können, beispielsweise Kohlberg. In der Regel werden die aufeinander folgenden Phasen auch mit konkreten Altersangaben versehen, ein Faktum, dem von der heutigen Entwicklungspsychologie – auch unter Hinweis auf inter- und intraindividuelle Entwicklungsdifferenzen – mit Skepsis begegnet wird (vgl. Stangl: Arbeitsblätter 2). Allerdings ist es in der Entwicklungspsychologie ebenso wie in der Erziehungswissenschaft üblich, für die Kindheit als Lebensabschnitt eine grobe Phaseneinteilung vorzunehmen: das Säuglings- und Kleinkindalter sowie das Vorschul- und Grundschulalter, wobei letzteres teilweise noch in das frühe und späte Schulalter unterteilt wird.

Betrachten wir zunächst kurz die idealtypische Sichtweise verschiedener Stufentheoretiker auf „das Kind im Grundschulalter":

Jean Piaget (1896–1980)
In der kognitiven Entwicklung erfolgt im Grundschulalter ein Übergang von der *prä-opertorischen zur konkret-operatorischen Phase* (3. bis 7. oder 8. Lebensjahr), also von der Phase „eingeschränkt" realistischen Denkens, das teilweise noch durch animistische (alles ist belebt) und artifizialistische (alles kann hergestellt werden) Vorstellungen geprägt ist, hin zu annähernd logischem Denken, zum Verständnis von Zahlen, Zeit und Raum, Mengen und Gewicht (*konkret-operatorische Phase*).

In der moralischen Entwicklung vollzieht sich ein *Übergang vom rein individuellen Verhalten* (erstes Stadium) über *Egozentrismus, Nachahmung der Großen* (zweites Stadium) hin zur *Entwicklung von sozialem Interesse* und zum Zusammenspiel (drittes Stadium, ab 7 oder 8 Jahren). In der nun möglichen Kooperation mit anderen, vor allem auch Gleichaltrigen, werden Versuche unternommen, gemeinsame Regeln festzulegen und diese zu beachten (vgl. Garz 2006: 51 ff.).

Sigmund Freud (1856–1939)
Nach Freud befindet sich das Kind, nachdem es die *orale, anale und phallische Phase der psychosexuellen Entwicklung* durchlaufen hat, zwischen dem 6. und 12. Lebensjahr in der *Latenzphase*. In dieser Phase kommt es – so Freud – zu einem vorübergehenden Stillstand in der sexuellen Entwicklung des Kindes. Sexuelle Gedanken an das andere Geschlecht werden in den Hintergrund gerückt.

„Die Kinder ‚vergessen' in dieser Phase praktisch die sexuellen Impulse und Phantasien der ersten Jahre. Sie wenden ihre Gedanken der Schule zu und spielen vor allem mit ihren Geschlechtsgenossen" (Miller 1993: 138). Der Freundeskreis ist gleichgeschlechtlich betont („Jungs finden Mädchen doof"). Der Schwerpunkt liegt nun im Erwerb kognitiver Fähigkeiten und kultureller Werte und auf der Erweiterung der sozialen Beziehungen (vgl. Miller 1993: 114 ff.).

Lawrence Kohlberg (1927–1987)
Kohlberg unterscheidet drei Ebenen der moralischen Entwicklung: *die präkonventionelle, die konventionelle und die postkonventionelle Ebene*, und jede Ebene untergliedert er wiederum in zwei Stufen. Kinder im Grundschulalter dürften nach seiner Vorstellung die *präkonventionelle Ebene* (1. Stufe: Kinder sind an Strafe und Gehorsam orientiert; 2. Stufe: vorwiegend an instrumentellen Zwecken und am Austausch mit anderen interessiert) durchlaufen und allenfalls im späteren Grundschulalter in der konventionellen Ebene der moralischen Urteilsfähigkeit ankommen (3. Stufe: Orientierung an interpersonellen Erwartungen, an Beziehungen und an gesellschaftlicher Konformität) (vgl. Garz 2006: 88 ff.).

Obwohl dieser Aspekt hier nicht weiter ausgeführt werden kann, soll an dieser Stelle doch auf die Kritik von Carol Gilligan an Kohlbergs Entwicklungskonzept hingewiesen werden, dessen fehlende Geschlechterdifferenzierung sie bemängelt. Dies ist auch ihr Ansatzpunkt, um in Abgrenzung zu Kohlberg eine geschlechterdifferenzierende Theorie der moralischen Entwicklung zu entwerfen, die als „Moral der Fürsorge" in den wissenschaftlichen Diskurs eingegangen ist (vgl. Garz 2006: 116 ff. und Gilligan 1984).

Eric Erikson (1902–1994)
Erikson hat die Freudschen Phasen der psychosexuellen Entwicklung

durch die Einbeziehung von *psychosozialen Aspekten* erweitert. Er sieht sich Entwicklung in jeder Stufe zwischen zwei Polen vollziehen, die für das Erreichen oder Nicht-Erreichen des „Stufenziels" stehen. Jene Entwicklungsphase, die für die Altersgruppe der hier näher in den Blick genommenen Grundschulkinder relevant ist, wird durch die Pole *„Werksinn versus Minderwertigkeitsgefühl"* (etwa 6 Jahre bis zur Pubertät) charakterisiert. Diese Phase ist durch große Unternehmungslust oder gar „Unternehmergeist" (Miller 1993: 162) gekennzeichnet. Es geht um die Aneignung von Welt, von Kulturtechniken, Wissen und Fähigkeiten. Ob und inwieweit dies gelingt, daran bemisst sich auch der Selbstwert, den sich die Kinder zunehmend im Vergleich mit Gleichaltrigen (in der Schule und außerhalb) beimessen (vgl. Miller 1993: 153 ff.).

An die aufgeführten entwicklungspsychologischen Stufentheoretiker knüpfen auch *Ulrike Zach und Petra Künsemüller* in ihren Forschungsbefunden zu Kindern im Alter zwischen 6 und 10 Jahren an, womit sie nun konkret das Grundschulalter erfassen (Zach/Künsmüller, Familienhandbuch-online). Anstelle von Kohlberg berücksichtigen sie allerdings zusätzlich den Psychoanalytiker *John Bowlby* (2008), der mit seiner Bindungstheorie aktuell große Aufmerksamkeit erfährt und auf dessen Erkenntnisse auch im Resilienzdiskurs häufig Bezug genommen wird.

John Bowlby (1907–1990)
Sein Stufenmodell der Bindungsentwicklung erfasst allerdings in erster Linie das Säuglings- und Kleinkindalter: Nach einer Vorbindungsphase (bis zum 2. Lebensmonat) folgt die Orientierung auf eine bestimmte Person (2. bis 3. Lebensmonat), gefolgt von der personenspezifischen Bindung (ab dem 7. Lebensmonat), die in die Phase der „zielkorrigierten Partnerschaft" mündet (wird im Alter von drei Jahren erreicht). In der zuletzt genannten Phase erwirbt das Kind die Fähigkeit, „Ziele und Pläne einer anderen Person kognitiv (zu) repräsentieren und von den eigenen unterscheiden zu können. Somit versetzt die Fähigkeit, mögliche Diskrepanzen zwischen eigenen Intentionen und denen anderer unterscheiden zu können, Kinder ab dem 3. Lebensjahr in die Lage, Kompromisslösungen zu entwickeln" (Zach/Künsemüller: 2).

Ausschlaggebend für die Resilienzdiskussion dürfte jedoch die Identifizierung unterschiedlicher Bindungstypen durch Bowlby sein – sichere Bindung, vermeidende oder ambivalente Bindungshaltung. Kinder brauchen eine „sichere Bindung", „um ihre Bindungsbedürfnisse, insbesondere in bedrohlichen Situationen, regulieren zu können, indem sie ihre negativen Gefühle (z. B. Angst) vermitteln und so Unterstützung bekommen." (Zach/Künsemüller: 2)

Nach Ulrike Zach betont die Bindungstheorie nicht in erster Linie „liebevoll fürsorgendes, emotional warmes, liebevolles Verhalten" (Zach 2004), sondern hebt vielmehr auf den Schutz des Kindes vor Gefahren ab. Relevant sei dabei die Fragestellung: „Wie ist es dem Kind bisher gelungen, sich vor Gefahren zu schützen, insbesondere vor Gefahren, die von Bezugspersonen ausgehen?" (Zach 2004: 1). In dieser Interpretation führt uns die Bindungstheorie noch näher an den Resilienzdiskurs heran. Allerdings liegen auch von der Bindungsforschung bislang kaum Erkenntnisse zur Grundschulphase vor.

Kurz rekurrieren möchte ich daher noch auf die „phänomenologische Beschreibung 6- bis 10-jähriger Kinder", die Zach/Künsemüller (Familienhandbuch-online) als Ergebnis ihrer empirischen Befunde vorgenommen haben, da die beiden ja genau die hier betrachtete Altersstufe im Blick haben:

- *Reifung:* nach den vorausgegangenen rasanten Wachstumsphasen relativ konstante und moderate Zunahme an Größe und Gewicht; bei den Größen- und Gewichtszuwachsraten sehen Zach/Künsemüller eine deutliche Abhängigkeit von den sozio-ökonomischen Lebensbedingungen;
- *Hirnentwicklung:* rapide Veränderungen der Hirnstrukturen und Hirnfunktionen ab dem 5. Lebensalter, allgemein angenommen werden in dieser Phase (ab dem 8. Lebensjahr) komplexe mentale Verarbeitungsmechanismen – wie z. B. Fähigkeit zu Selbstreflexion und eine erweiterte Gedächtnisspanne –, wobei neuere Trends die Hirnentwicklung als erfahrungsabhängigen Prozess sehen, der durch zwischenmenschliche Interaktionen aktiviert wird; dabei sollen sich auch Zusammenhänge zum Bindungsverhalten herstellen lassen;
- *Motorik:* gerade in dieser Phase (mittlere Kindheit) spielt das Erlernen motorischer Fähigkeiten (Rad fahren, Schwimmen, Rollschuh laufen, Fußball spielen) eine wichtige Rolle, bedeutsam sind Erfolg und soziale Auseinandersetzung (ziel- und wettbewerbsorientierte Bewegungsspiele – Besser-Sein als Team oder Einzelperson);
- *Sprache:* zunächst noch anschauungsgebunden, dann – durch das Erlernen von Lesen und Schreiben – zunehmend vergegenständlicht und formalisiert, hinführend zu einem erlebnisbetonten, ganzheitlichen und kreativen Sprachstil (am Ende der Grundschulzeit);
- *Gefühle:* zunehmende Fähigkeit, die eigenen Emotionen zu regulieren, expliziteres Wissen über Emotionen; Verständnis dafür, dass sich Ge-

fühle verbergen lassen und dass andere Menschen andere Emotionen haben; emotionale Perspektivenübernahme und Empathiefähigkeit; der eigenen Subjektivität bewusst werden, verbunden mit der Fähigkeit, das eigene Handeln in der Wahrnehmung eines anderen zu sehen;
- *Selbstwert:* darunter ist das „subjektive Empfinden der Wertschätzung der eigenen Person" zu verstehen (Zach/Künsmüller: Familienhandbuch-online), bei Grundschulkindern ist dieser Aspekt mittlerweile mit Blick auf verschiedene Bereiche untersucht wie: körperliche Erscheinung, körperliche Fähigkeiten, Beziehung zu Gleichaltrigen, soziale Kompetenzen, Fähigkeiten im Lesen, Schreiben und Rechnen; mit Eintritt in das Schulalter bekommen soziale Vergleichsprozesse hierfür zunehmendes Gewicht; realitätsnähere Selbsteinschätzung, aber auch Gefahr der Minderung des Selbstwertes durch negativ bewertende Schulsituationen; zunehmende Fähigkeit zu einer differenzierteren Selbsteinschätzung, „so dass sich die Möglichkeit zur Kompensation schulisch vermittelter Selbstwertminderung im außerschulischen Bereich (Familie, Freizeitaktivitäten) anbietet" (Zach/Künsemüller: Familienhandbuch-online).
- *Geschlechterunterschiede:* als biologische Tatsache und soziale Realität, dabei unterscheiden Zach/Künsemüller zwischen geschlechts-spezifischen („ausschließlich bei einem Geschlecht", und „primär mit der Fortpflanzung verknüpfte Eigenschaften") und geschlechts-typischen („häufiger und/oder intensiver ausgeprägt bei einem Geschlecht") Merkmalen; letztere werden auch durch elterliche Erziehung (geschlechtstypische Spielzeuge und Spiele, Kleidung und Ausstattung) verstärkt; obwohl die Geschlechtsrollenübernahme immer noch unzureichend erforscht sei, könne man davon ausgehen, dass sie parallel zur Entwicklung der Ich-Identität verläuft, bereits im Alter von 2 bis 3 Jahren einsetzt (Aneignung von geschlechts-stereotypem Wissen) und im Alter von 6 Jahren von einer stabilen Geschlechtsidentität als Junge oder Mädchen ausgegangen werden darf (Rollenübernahme nach der sozialen Lerntheorie).

Daher ist im Grundschulalter von geschlechtstypischen Unterschieden im Sozialverhalten auszugehen (Mädchen: ruhiger, ängstlicher, empfindsamer, passiver, redefreudiger und kooperativer; Jungen: wettbewerbsorientierter, aggressiver, leistungsorientierter, sorgloser und stärker); beide Geschlechter bevorzugen zunächst (im Grundschulalter) gleichgeschlechtliche Kontakte; Jungen spielen eher in größeren Gruppen, wetteifern miteinander, sind risikobereiter und streben nach Dominanz; Mädchen bevorzugen enge Freundschaften (in Zweier-Konstellationen), reagieren eher auf andere und gehen stärker auf sie ein, lassen sich leichter beeinflussen, sind insgesamt kooperativer; in Zweierkonstellationen können sich aber auch Jungen einfühlsam und unterstützend zeigen. Zach/Künsemüller vermerken an dieser Stelle, dass Erfahrungsberichte von Eltern und Erziehern ebenso wie wissenschaftliche Befunde darauf hinweisen, dass durch Erziehung die geschlechtstypischen Unterschiede nur begrenzt beeinflussbar sind, obwohl diese Differenzen durch die Heranwachsenden selbst mit zunehmendem Alter flexibler gesehen werden können.

Will man nun die bisherigen Erkenntnisse aus der Kinderarmutsforschung mit einer entwicklungspsychologischen Sicht auf Kinder im Grundschulalter zusammenführen, so ist dies nur auf der Basis hypothetischer Schlussfolgerungen möglich, da die vorliegenden Kinderarmutsstudien weder methodisch noch konzeptionell in diesem disziplinären Kontext entstanden sind. Dennoch lässt sich offensichtlich eine Verbindung herstellen, und zwar über das Konstrukt des „idealtypischen Kindes", das uns einmal als Resultat entwicklungspsychologischer Stufenmodelle und zum anderen auch implizit in den Kinderarmutsstudien als normativer Bezugspunkt begegnet. Unterschiedlich sind jedoch die Wege, wie die beiden Forschungszweige zu ihrem jeweiligen Idealtypus kommen.

Die hier vorgestellten entwicklungspsychologischen Stufentheoretiker sind zu ihrem „Idealtypus" von Kind (in einer bestimmten Entwicklungsphase) durch teilweise sehr aufwendige empirische Untersuchungen gekommen, mit denen sie bestimmte Bereiche kindlicher Entwicklung beforscht haben. Dass sie dabei in der Regel die sozio-ökonomischen und sozialstrukturellen Lebensbedingungen weitgehend ignoriert haben, wurde bereits angemerkt; es sollte jedoch noch einmal erwähnt werden, weil dies für eine Zusammenführung der Erkenntnisse eine entscheidende Rolle spielt. Man kann also annehmen, dass das „idealtypische Kind" aus den Studien zu den kindlichen Entwicklungsphasen auch unter durchschnittlich entwicklungsförderlichen Bedingungen aufwächst. Gerade dies unterscheidet es nun von Kindern in Armutsverhältnissen, deren Lebensbedingungen eben nicht der „Norm" entsprechen, die teilweise sogar mit extrem belastenden Lebenssituationen konfrontiert sind.

Auch die Kinderarmutsforschung orientiert sich in ihren Auswertungen an einer mehr oder weniger implizit unterstellten Vergleichsnorm. Wie sollten sich sonst Einschränkungen und Beeinträchtigungen des Handlungs- und Entwicklungsspielraumes armer Kinder herausfiltern lassen? Doch nur im Vergleich mit dem, was „gesellschaftliche Norm" darstellt. Dies gilt sowohl für die Ausstattung mit als auch für den Zugang zu materiellen und immateriellen Ressourcen und im weiteren Sinne auch für das soziale Beziehungsgefüge (Familie, Nachbarschaft, Schule). Diese Vergleichsnorm stellt letztlich also auch ein „idealtypisches Kind" dar, das in durchschnittlichen materiellen Verhältnissen lebt, das sowohl in der Familie als auch in seinem weiteren sozialen Umfeld „normale" Zuwendung und „Förderung" erfährt, das – dem gesellschaftlichen Standard entsprechend – an den materiellen und immateriellen Ressourcen partizipiert. Ausgehend von Konstrukten wie dem der Lebenslage und dem des kindlichen Wohlbefindens, werden empirische Befunde zur Lebenssituation von Kindern, die in Armut aufwachsen, zusammengetragen und diese Daten im Vergleich zur gesellschaftlichen Norm bewertet. Als Vergleichebenen werden die den jeweiligen Armutskonzepten entsprechenden Lebensbereiche berücksichtigt; die Vergleichsnorm wird aus dem wissenschaftlichen Kenntnisstand zu Kindern im Grundschulalter destilliert.

Wie lassen sich nun – die auf so unterschiedliche Weise gewonnenen – Erkenntnisse aufeinander beziehen? Oder: In welcher Weise können die Ergebnisse aus der Kinderarmutsforschung durch den Bezug auf die Entwicklungspsychologie an Substanz gewinnen, so dass sie auch kompatibler werden für die Erörterung von Resilienz – welches ja letztlich ein entwicklungspsychologisches Konzept ist?

In der Tat gibt es eine Reihe von Bezugspunkten, die sich zwar mit Blick auf die einzelnen Stufentheoretiker nicht systematisch darstellen, sich aber auf ein Gesamtresümee aus dieser Betrachtung beziehen lassen. Dabei möchte ich auf Aspekte der körperlichen, kognitiven, moralischen, sozialen und emotionalen Entwicklung eingehen, ohne sie strikt voneinander zu trennen – was schon deshalb nicht angemessen wäre, weil sich diese Entwicklungsbereiche in komplexer Weise gegenseitig bedingen. Schwerpunktmäßig will ich mich auf jene Aspekte von Entwicklung konzentrieren, die für die Gestaltung eines Resilienzförderkonzeptes von besonderem Gewicht sind.

Fast alle Stufentheoretiker sind sich einig, dass in dieser Phase der Erwerb von kognitiven Fähigkeiten, kulturellen Werten und sozialen Beziehungen einen zentralen Stellenwert hat (vgl. oben zu Piaget, Freud, Erikson).

In dieser Phase sollten dem Kind alle Möglichkeiten offen stehen, sich die äußere Welt durch Ansammlung von Wissen, aber auch durch Erwerb von Kulturtechniken, unterschiedlicher Fähigkeiten und Erfahrungen anzueignen (insb. Erikson 1980). Besonders relevant mit Blick auf Kinder, die in materiell und immateriell eingeschränkten Verhältnissen – also in Armut – aufwachsen, ist hier die Sichtweise von Erikson, der als Folge nicht gelingender Aneignung die Entwicklung von Minderwertigkeitsgefühlen annimmt und einen solchen Verlauf für die Entwicklung von Kindern im späteren Grundschulalter für grundsätzlich prägend hält. Dabei ist der Begriff der *„Aneignung von Welt"* ein sehr weitgehender, wenn man ihn beispielsweise mit dem russischen Entwicklungspsychologen Leontjew fasst (vgl. Deinet 2010) und darunter die Aufgabe versteht, dass sich Kinder die tatsächliche Welt, *wie sie sie schon von Menschen mit ihren Fähigkeiten gestaltet vorfinden,* erschließen und sich dabei auch selber diese Fähigkeiten zu eigen machen.

Ein Kind eignet sich in diesem Prozess den *„sozialen Raum"* an, in dem es lebt, es wird durch ihn geprägt und erwirbt dabei sein soziales Kapital. Sozialräumliche Segregationen sind dagegen Ausdruck sozialer Ausschlusstendenzen. Ein Merkmal deprivierter Kindheit ist das Aufwachsen in eng begrenzten sozialen Räumen, im materiellen wie immateriellen Sinn. In unseren Fallstudien – sowohl in Jena und Umland wie in Münster und im Münsterland – fiel immer wieder auf, wie begrenzt der räumliche und soziale Aktionsradius dieser Kinder war, zum einen aufgrund ihrer eingeschränkten Mobilität, zum anderen auch infolge von Hemmungen, sich in fremde soziale Umwelten vorzuwagen.

Eriksons „Werksinn versus Minderwertigkeitsgefühl" (vgl. Erikson 1980) beinhaltet – stärker wohl als Piagets Konzept der kognitiven Entwicklung – neben der Aneignung von Kulturtechniken, wie sie im Kern schulische Vermittlungsaufgabe ist, zweifellos auch den Aspekt von *individuellen Fähigkeiten und Neigungen*, die eher in informellen, außerschulischen, familiären oder außerhäuslichen Bildungszusammenhängen ausgebildet werden. Gemeint sein können damit musische Neigungen – wie zum Beispiel das Spielen eines Musikinstruments – oder motorische Fähigkeiten – wie etwa Schwimmen, Rad fahren, Rollschuh laufen oder die Beherrschung anderer Sportarten, die vor allem in Vereinen (Fechten, Judo, Volleyball) erworben werden können. Zach und Künsemüller (Familienhandbuch-online) verweisen explizit darauf, dass der Erwerb solcher Kompetenzen für Kinder, die im schulischen Bereich durch unterdurchschnittliche Leistungen eine Minderung ihres Selbstwertgefühls erfahren, ein wichtiger Ausgleich sein kann. Dabei betonen sie gerade auch die hohe Bedeutung von Körperbeherrschung und Körperbewegung für diese Altersphase. Nun leben „arme Kinder" häufig in beengten Wohnverhältnissen, in Stadtquartieren mit wenig ansprechendem Umfeld und haben seltener die Möglichkeit, außerschulische Angebote musischer oder sportlicher Art zu nutzen, wenn sie nicht kostenlos sind. In der Tat kommen Kinderarmutsstudien übereinstimmend zu dem Ergebnis, dass solche Kinder vor allem in der Entwicklung von Fähigkeiten und Neigungen benachteiligt sind. Obwohl der Wunsch vorhanden ist, kann kein Musikinstrument erlernt (z. B. Rebecca, siehe Einzelfallbezug oben) oder keine Ballettschule (z. B. Theo, siehe Einzelfallbezug oben) besucht werden. Wenn diesen Kindern nicht entsprechende Möglichkeiten in der Schule – etwa im Nachmittagsbereich der Ganztagsschule – eröffnet werden, bleiben sie ihnen bis auf weiteres verschlossen und so auch die damit möglicherweise verbundene Kompensation. Dabei fehlt in den Familien nicht immer nur das Geld, sondern die Eltern haben oft selbst keinen Zugang zu solchen Aktivitäten.

Man muss also davon ausgehen, dass bei unserer „Zielgruppe" der von Erikson für diese Phase als charakteristisch angesehene „Werksinn" auf Grund der sozialen Lage teilweise erheblich beeinträchtigt sein kann, dass ihre „Aneignung von Welt" mehr oder weniger empfindliche Grenzen erfährt und dass sich dies auf das *Selbstwertgefühl* der Kinder – mit wahrscheinlich längerfristigen Folgen – auswirken dürfte. Dieses Selbstwertgefühl – im negativen Fall das Minderwertigkeitsgefühl – entwickelt sich in dieser Phase gerade im Vergleich mit anderen, vor allem Gleichaltrigen (vgl. Zach/Künsemüller: Familienhandbuch-online.de). Das gilt für die schulische Leistungsfähigkeit, aber auch für sportliche Aktivitäten (Beliebtheit von Wettspielen) und sicherlich auch für andere Fähigkeiten (so ist zum Beispiel ein Roma-Junge, der es sonst wirklich schwer hat, stolz wie Oskar, wenn er durch seine musikalischen Talente Gleichaltrige und Erwachsene beeindrucken kann!)[3]. Weil in dieser Phase der Vergleich mit Gleichaltrigen für die Entwicklung des Selbstwertgefühls eine so wichtige Rolle einnimmt, mag auch das Erleben von armutsbedingten Einschränkungen für Kinder im Grundschulalter – im Vergleich zu vorher – besonders gravierend sein.

Die oben in ihren Grundideen skizzierten Modelle stimmen vor allem auch darin überein, dass sie der *Aneignung von sozialen Kompetenzen* (Piaget, Zach/Künsemüller) sowie der *Erweiterung von sozialen Beziehungen* einen besonderen Stellenwert einräumen. Dies betrifft erwachsene Bezugspersonen außerhalb von Familie (Lehrkräfte, Betreuer/innen im Nachmittagsbereich, Trainer/innen im Sportbereich usw.), insbesondere aber Bezie-

---

3 Die Verfasserin begleitet zurzeit ein dreijähriges Praxisprojekt zur „Resilienzförderung bei Roma-Flüchtlingskindern" des Rom e.V. Köln (Amaro Kher), vgl. dazu den Beitrag von U. Hahn i. d. Band.

hungen und Freundschaften mit Gleichaltrigen (Freud, Kohlberg, Zach/ Künsemüller). Zwar werden in dieser Phase (nach Freud Latenzphase) vorwiegend gleichgeschlechtliche Freundschaften und Kontakte gepflegt, wobei die Intensität dieser Beziehungen – wie u.a. auch Zach/Künsemüller herausarbeiten – bei Mädchen und Jungen unterschiedlich ausgeprägt ist: Während Mädchen dieser Altersgruppe stärker auf Freundschaften in engeren Zweierbeziehungen setzen, scheinen Jungen sich eher Gruppen anzuschließen und ihre sozialen Kontakte in der Gruppe zu finden. Unbestritten ist aber, dass sich in dieser Phase das Erleben von Freundschaften zu Gleichaltrigen gleich welchen Geschlechts generell selbstwertprägend auswirkt wie überhaupt die *Anerkennung durch andere*, seien es nun Erwachsene oder Gleichaltrige. Auch die moralische Urteilsfähigkeit bildet sich zunehmend durch die Orientierung an interpersonellen Erwartungen und an Beziehungen aus (Kohlberg).

Nun wäre es sicherlich zu kurz gedacht, wenn man auch für diesen Entwicklungsbereich eine direkte Abhängigkeit von der sozialen Lage der Kinder herleiten würde. Fakt ist, dass sozial benachteiligte Kinder außerhalb von Schule (infolge ihrer eingeschränkten Freizeitaktivitäten) weniger Möglichkeiten zu Kontakten mit Gleichaltrigen haben und dass die Spielräume für Begegnungen auch durch die materiellen Verhältnisse eingeengt sein können. Infolge der beengten und teilweise auch ärmlichen Wohnverhältnisse dürfen „arme Kinder" seltener andere Kinder zu sich nach Hause einladen, ihre Spielumgebung ist teilweise weniger attraktiv (z. B. Hochhausumgebung versus Einfamilienhaus mit Garten), sie können seltener ihre Geburtstage mit anderen feiern und werden seltener eingeladen. Obwohl es keine repräsentativen Studien dazu gibt, weisen die vorliegenden qualitativen Kinderarmutsstudien darauf hin, dass „arme Mädchen und Jungen" weniger Freundinnen und Freunde haben, dass sie teilweise ausgegrenzt werden, dass sie vereinzelt sogar explizit die Erfahrung von sozialer Isolation machen – und dass all dies durchaus auch in einem Zusammenhang mit den materiellen Verhältnissen der Familie gesehen werden kann (vgl. Chassé/Zander/Rasch 2003).

Auch wenn hierzu noch umfassendere Studien notwendig wären, dürfen wir getrost davon ausgehen, dass negative Erfahrungen und Einschränkungen im Bereich der sozialen Kontakte eine weitere Quelle der Entwicklungsgefährdung für Kinder bilden, die in Armut aufwachsen.

Für zentrale kindliche Entwicklungsbereiche kann also eine erhebliche armutsbedingte Beeinträchtigung der Entwicklungsbedingungen angenommen werden. Dies *muss* jedoch nicht zwangsläufig zu faktischen Entwicklungsbeeinträchtigungen führen. Hier treffen sich Kinderarmuts- und Resilienzforschung: Die gleiche Erkenntnis – Beeinträchtigung tritt nicht automatisch ein – ist sowohl Resultat der Kinderarmutsforschung, wenn sie familiäre und kindliche Bewältigungsstrategien untersucht, als auch Basis des Resilienzkonzepts, das auf die psychische Widerstandsfähigkeit und auf die komplexe Wirkung von Schutzfaktoren setzt.

4. Resilienzförderung bei Kindern im Grundschulalter

4.1 Konzepte zur Resilienzförderung im Grundschulalter

Wenn wir davon ausgehen, dass Resilienz keine angeborene Eigenschaft ist, das Potenzial dazu aber mehr oder weniger in allen oder doch zumindest in vielen Menschen steckt, dann liegt es nahe, dass diese Fähigkeit zur „seelischen Widerstandskraft" auch gefördert werden kann. Zielführend ist weiter die Erkenntnis, dass Resilienz ein Prozess ist, der in Zusammenhang mit komplexen, interagierenden Wechselwirkungen zwischen Risiko- und Schutzfaktoren zu sehen ist. Resilienzförderung hat daher in erster Linie die Mobilisierung und den Aufbau von Schutzfaktoren zum Ziel, wobei dies die Minimierung von Risikofaktoren nicht ausschließt. In Längsschnitt-Studien wurden wiederholt solche Schutzfaktoren herausgearbeitet, wobei in der Regel zwischen personalen und sozialen Schutzfaktoren (oder Ressourcen) unterschieden wird. Mit besonderem Blick auf *Kinder im Grundschulalter* finden wir bei Fingerle/Walther (2008: 141 f.) folgende Zusammenstellung:

Personale Schutzfaktoren
- Kommunikations- und Problemlösefähigkeit,
- effektive Nutzung von eigenen Talenten und Interessen,
- Fähigkeit, zielgerichtet zu planen und zu handeln,
- flexible Form der Stressbewältigung,
- Selbstvertrauen,
- Intelligenz.

Soziale Schutzfaktoren
- enge Bindung an eine stabile und verlässliche Bezugsperson,
- klare Strukturen und Regeln innerhalb der Familie,
- gleichzeitig verfügbare emotionale Unterstützung,
- Vorhandensein positiver Rollenvorbilder für konstruktives Bewältigungsverhalten.

Wichtig für die Konzeption von Föderansätzen ist zudem die Erkenntnis, dass es keine direkten Entsprechungen zwischen Risiko- und Schutzfaktoren gibt, dass es beispielsweise nicht ausreicht, eine nicht vorhandene „sichere Bindung" an einen Elternteil durch eine enge Beziehung zu einer verlässlichen Bezugsperson zu kompensieren (vgl. Fingerle/Walther 2008), obwohl dies zweifellos positive Auswirkungen auf die Entwicklung des Kindes haben kann. Nach Fingerle und Walther ist vielmehr entscheidend, dass im Prozess der Resilienzförderung die Fähigkeit erworben wird, personale und soziale Schutzfaktoren (die beiden Autoren benutzen bevorzugt den Begriff der Ressourcen) konstruktiv „zur Erreichung sozial anschlussfähiger Lebensziele" (ebd.: 142) zu nutzen. Eine solche Zielsetzung beinhaltet allerdings eine Definition von Resilienz, die nicht generell geteilt werden mag, die zumindest strittig ist. Wer soll die Definitionsmacht darüber haben, was im Einzelfall als „resilientes Verhalten" gelten soll: die Wissenschaft, die pädagogische Fachkraft oder das geförderte Kind selbst (vgl. Zander: 2008)? In diesem Punkt würde ich eher Wieland (siehe: Wieland i. d. Band) zustimmen, der von einem an der Autonomie des Subjektes orientierten Resilienzbegriff ausgeht und für den die subjektive (Ich-)Perspektive einen hohen ethischen Stellenwert bei der Beurteilung von Resilienz einnimmt.

Einig ist man sich wohl dahingehend, dass Schutzfaktoren immer im jeweiligen sozialen und kulturellen Kontext gesehen werden müssen, sich jeweils nur im konkreten Einzelfall eindeutig bestimmen lassen und dass es letztlich auf die Fähigkeit des Kindes ankommt, die ihm zur Verfügung stehenden Schutzfaktoren (oder Ressourcen) im Sinne von Resilienz zu nutzen.

Konzepte zur Resilienzförderung gehen also von diesen Grundgedanken aus. Selbstredend gibt es in Ländern wie den USA, in denen die wissenschaftliche Auseinandersetzung mit dem Phänomen eine längere Tradition hat als bei uns, bereits eine Fülle von Programmen und auch einen entsprechenden Erfahrungsvorsprung in der praktischen Umsetzung. Aber auch in der Bundesrepublik sind mittlerweile eine Reihe von Ansätzen zur Resilienzförderung entwickelt und erprobt worden. Dass es hierzu noch keine langfristig angelegten Auswertungen geben kann, liegt auf der Hand. Daher bewegen wir uns hinsichtlich der tatsächlichen Wirksamkeit – vor allem der Wirkungstiefe und Nachhaltigkeit – solcher Programme noch im Wahrscheinlichkeitsbereich. Umso hilfreicher erweist sich hier die von Michael Fingerle und Pierre Walther vorgenommene kategorisierende Einschätzung der in der Bundesrepublik gebräuchlichsten Programme, die sich auf Kinder und Jugendliche beziehen (vgl. Fingerle/

Walther 2008). Sie berücksichtigen dabei sowohl originär bundesrepublikanische wie international übernommene und jeweils angepasste Programme und nehmen folgende Einstufungen vor: bewährt, vermutlich effektiv und potenziell effektiv. Da der aktuelle Stand infolge fehlender Langzeitauswertungen noch keine schlussendliche Einschätzung zulässt, vermerken die Autoren ausdrücklich, (noch) nicht nachgewiesene Effektivität hieße nicht, dass die Programme nicht trotzdem empfehlenswert wären.

Dies vorausgeschickt, möchte ich mich nun der Frage der spezifischen Förderung von Kindern im Grundschulalter zuwenden. Unter den von Fingerle und Walther eingeschätzten Programmen sind auch mehrere, die für diese Altersgruppe gedacht sind. Auffällig ist allerdings, dass nur wenige – wie etwa das Programm zur „Resilienzförderung bei Risikokindern" (von Julius/Götze), die Unterrichtsreihe zur „Resilienzförderung auf der Basis rational-emotionaler Erziehung" (Grünke) oder wie das „Penn Resiliency Program" und das „School transition and resiliency training" (beides international übernommene und jeweils adaptierte Programme) – von ihrer Zielsetzung her explizit Resilienzförderung „anpeilen". Die meisten verfolgen ein konkreter gefasstes Ziel, so etwa PFAD, das Programm zur Förderung alternativer Denkstrukturen, oder das „Training im Probleme lösen" (TIP) von Lösel u.a. oder „Friends for life" (Barrett), ein Angstpräventionsprogramm. Andere fördern explizit soziale und emotionale Kompetenzen, wie das von Kusche und Greenberg entwickelte PATHS oder das von Ahrens-Eippner und Leplow erprobte „Mutig werden mit Till Tiger", welches sozial unsichere Kinder in ihrer Kommunikationsfähigkeit und positiven Selbstwahrnehmung stärken und ihnen Möglichkeiten zum Stressabbau an die Hand geben will (vgl. Fingerle/Walther 2008).

Derartige Begrenzungen in der Zielformulierung sind sicherlich sinnvoll. Zunächst, weil sich so eher – auch in absehbarer Zeit – Fortschritte bei den Kindern zeigen können und somit auch die Effektivität solcher Programme leichter nachgewiesen werden dürfte. Dann aber auch, weil Resilienz an sich schon ein hochkomplexes Phänomen ist, das sich nur jeweils im Einzelfall – und dies letztlich auch nur in der Langfristperspektive – ausprägen kann, dem sich damit aber am besten auch nur anhand individueller Entwicklungsverläufe – also in notwendigerweise eingeschränkter Betrachtungsweise – nachspüren lässt.

Dennoch soll im Folgenden – in Anlehnung an die US-amerikanische Pädagogin Edith Grotberg (siehe Beitrag in diesem Band) und die britischen Sozialwissenschaftlerinnen Brigid Daniel und Sally Wassel (2002)

– ein Resilienzförderungskonzept entworfen werden, das ein sehr breites Spektrum von Ansatzpunkten beinhaltet, gewissermaßen idealtypisch die unterschiedlichen Ebenen und Dimensionen von Resilienzförderung auffächert. In der konkreten Umsetzung wird man dann jeweils spezifische Schwerpunkte setzen und sich dabei immer gewahr bleiben müssen, dass sich nur im Einzelfall und nur in konkreten, risikobelasteten Lebenssituationen erweisen kann, ob das weitgesteckte Ziel – Mobilisierung von Resilienz – erreicht worden ist. Und selbst dann wird sich möglicherweise der Erfolg nicht eindeutig kausal auf die erfolgte Förderung zurückführen lassen. Dies gilt für pädagogisches Handeln generell und damit auch – oder umso mehr – für Resilienzförderung, weil sich das Phänomen der Resilienz als solches – wie wir gesehen haben – nur schwer nachweisen lässt.

4.2 Ein idealtypisches Konzept in Anlehnung an Grotberg sowie Daniel/Wassell

Resilienzförderung meint also eine (sozial-)pädagogische Intervention, die zunächst beim Kind selbst ansetzt und seine „seelische Widerstandsfähigkeit" stärkt. Gleichzeitig müssen jedoch auch die Risiko- und Schutzfaktoren in seinem unmittelbaren und weiteren sozialen Umfeld analysiert werden, um darauf einwirken zu können:
– selbstredend sollen dabei Risikofaktoren nach Möglichkeit vermindert werden,
– das Hauptaugenmerk sollte jedoch darauf liegen, Schutzfaktoren für das Kind zu mobilisieren.

Generell basieren die bislang kursierenden Konzepte zur Förderung von Resilienz auf einem Set von Grundideen, die sich mehr oder weniger explizit auf Ergebnisse der Resilienzforschung zurückführen lassen. Allerdings liegt auf der Hand, dass hierbei nach altersbedingten Entwicklungsstufen (Grotberg 1999, Daniel/Wassell 2002) und wohl auch nach Geschlechtern (Werner/Smith 1989) differenziert vorgegangen werden sollte. Nicht selten bilden dabei die von Edith Grotberg entwickelten Leitideen den inspirierenden Bezugspunkt.

Edith Grotberg, eine amerikanische Entwicklungspsychologin, plädiert für ein stark kindzentriertes Vorgehen und arbeitet mit drei „Entwicklungsbausteinen": eine sichere Bindung herstellen (I HAVE), ein positives Selbstwertgefühl vermitteln (I AM) und das Gefühl von Selbstwirksamkeit fördern (I CAN) (Grotberg 1999 und Grotberg i. d. Band). Die damit eingeführten zentralen Aspekte von Resilienzförderung basieren natürlich auf komplexen psychologischen Theorien wie der Bindungstheorie (sichere Bindung) oder der sozialen Lerntheorie (Selbstwirksamkeitsgefühl), die hier nicht weiter ausgeführt werden können.

In der von ihr vorgenommenen Differenzierung nach Altersgruppen greift Grotberg auf das bereits zitierte entwicklungspsychologische Schema der „acht Phasen des Menschen" von Erik Erikson (1980) zurück. Bei der altersmäßigen Zuordnung der Kinder zu den einzelnen Phasen weicht Grotberg jedoch von Erikson etwas ab. So sieht sie Kinder im Grundschulalter zunächst noch in der Phase 3 „Initiative versus Schuldgefühl" (4 bis 7 Jahre) und lässt sie erst im späteren Grundschulalter (von 8 bis 11 Jahren) in die Phase „Werksinn versus Minderwertigkeitsgefühl" überwechseln (Grotberg 2003: 12 und Grotberg i. d. Band).

Daniel und Wassell (2002) knüpfen an das von Grotberg entworfene Schema der Resilienzförderung an, differenzieren aber lediglich zwischen drei Altersgruppen (Vorschul-, Grundschulkinder und Jugendliche) und erweitern in ihrem praxisorientierten Manual dieses Konzept durch die konsequente Berücksichtigung der drei Ebenen, auf denen Resilienzförderung stattfinden kann:
- beim Kind selbst
- in seiner Familie
- in seinem weiteren sozialen Umfeld.[4]

Zusätzlich konkretisieren sie die Fördermaßnahmen, indem sie sich an sechs *Resilienzbereichen* orientieren: [5]
1. sichere Bindung,
2. (schulische)Bildung,
3. Freundschaften,
4. Fähigkeiten und Neigungen,
5. positive Werte,
6. soziale Kompetenzen.

Anhand dieser *sechs Resilienzbereiche* lassen sich in der Einzelfallanalyse Möglichkeiten für die individuelle Förderung erkennen, wenn nämlich geprüft wird, wie diese Felder beim jeweiligen Kind „ausgestattet" sind bzw. welcher Bereich auf den genannten drei Ebenen gefördert werden müsste.

---

4   Vgl. hierzu die kritische Anmerkung von Norbert Wieland (i. d. Band), der vor allem in der Ansiedelung der Risiko- und Schutzfaktoren auf diesen drei Ebenen eine Unschärfe des Resilienzkonzeptes sieht, da auf diese Weise psychische und soziale Aspekte vermengt würden.
5   Die Reihenfolge der sechs Bereiche folgt dem Manual.

Die aufgeführten Resilienzbereiche erscheinen aus pädagogischer Sicht bereits auf den ersten Blick einleuchtend; sie wurden von Daniel und Wassell auch unter Berücksichtigung entwicklungspsychologischer Erkenntnisse formuliert. Leider wird dieser Aspekt beim Rückbezug auf das von den beiden entwickelte Manual oft außer Acht gelassen.

Ich möchte hier diese Herleitung aus der Entwicklungspsychologie noch nachvollziehbarer machen – und dafür einerseits auf die Erkenntnisse der bereits vorgestellten entwicklungspsychologischen Stufentheoretiker rekurrieren und andererseits auf das von Havighurst (1972) eingeführte und für die bundesrepublikanischen Verhältnisse von Bründel und Hurrelmann (1996) adaptierte Konzept der altersspezifischen Entwicklungsaufgaben Bezug nehmen. Bründel/Hurrelmann nehmen in ihrer „Einführung zur Kindheitsforschung" eine aktuellere Zuordnung von Entwicklungsaufgaben zu kindlichen Lebensphasen vor. Dabei unterscheiden sie grob zwischen früher Kindheit (0–5 Jahre) und später Kindheit (6–11 Jahre), so dass nach dieser altersmäßigen Einstufung für unsere Zielgruppe weitgehend die Phase der späten Kindheit relevant wäre.

Für diese Lebensphase sehen Bründel/Hurrelmann (1996: 30 ff.) folgende Entwicklungsaufgaben als zentral an:
– Beziehungen mit Gleichaltrigen und Freundschaften aufbauen (siehe: Freud, Erikson, Kohlberg, Zach/Künsemüller),
– männliches und weibliches Rollenverhalten einüben (siehe: Freud, Zach/Künsemüller),
– Entwicklung von kognitiven Kompetenzen und Denkschemata einleiten (siehe: Piaget, Erikson),
– grundlegende Fertigkeiten im Schreiben, Lesen und Rechnen entwickeln (siehe: Piaget, Erikson),
– mit dem sozialen System Schule umgehen lernen,
– Gewissen, Moral und Wertprioritäten aufbauen (siehe: Piaget, Kohlberg).

Damit liegt ein Modell vor, das die soziale, die kognitive und die moralische Entwicklung gebündelt betrachtet und aus dem sich Postulate für die Entwicklungsbedingungen in dieser Phase ableiten lassen. Auch wenn dies nicht für jeden Aspekt zutrifft, so ergeben sich doch weitgehende Entsprechungen zu den von Daniel und Wassell (2002) konzipierten Resilienzbereichen. Kritisch anzumerken wäre zu Bründel/Hurrelmann (1996), dass diese beiden Autoren offensichtlich ein zu großes Gewicht auf die Entwicklung der kognitiven Fähigkeiten und der schulischen Leistungsbereitschaft setzen und so den Bereich der Fähigkeiten und Neigungen, der im Kontext von (außerschulischer) Resilienzförderung eine wichtige komplementäre Funktion erfüllen kann, vernachlässigen. Ähnliches gilt auch für den Erwerb von sozialen Kompetenzen und Problemlösungsfähigkeiten, den das Autorenpaar ebenfalls stark in den schulischen Kontext eingebunden sieht. Allerdings betonen Bründel/Hurrelmann (1996: 31) explizit den Stellenwert entlastender sozialer Kontakte und von Unterstützungserfahrungen aus Verwandtschaft und Nachbarschaft für die Herausbildung von Resilienz und stellen so ihrerseits eine Verbindung zum Resilienzdiskurs her. Sie verweisen im Übrigen auch auf Unterschiede in den Bewältigungsmustern zwischen Mädchen und Jungen, die sich bereits in der Kindheitsphase abzeichnen und in der anschließenden Jugendphase dann noch stärker ausbilden. Dabei nehmen sie die bekannte Geschlechtertypisierung vor, die Mädchen eher eine nach „innen" gewandte Problembewältigung und Somatisierung zuschreibt, Jungen dagegen eher nach „außen" gewandte, aggressive Bewältigungsmuster (Bründel/Hurrelmann 1996: 32; und vgl. Richter-Kronweitz i. d. Band).

Hingegen fehlt im Konzept von Daniel/Wassell (2002) der explizite Bezug auf die Herausbildung der Geschlechtsrollenidentität, die nach den Erkenntnissen der Entwicklungspsychologie in dieser Stufe zum Abschluss kommen soll. Allerdings gibt es in der Resilienzforschung Hinweise (siehe z. B. E. Werner) darauf, dass resiliente Mädchen und Jungen dadurch auffallen, dass sie ein gerade nicht geschlechtstypisches Verhalten an den Tag legen. Kann man unterstellen, dass die beiden Autorinnen in ihrem Förderkonzept sich nicht so weit vorwagen wollten, hierzu eine entsprechende Empfehlung zu geben?

4.3. Resilienzförderung als Armutsprävention

Insgesamt gibt das von Daniel und Wassell entwickelte idealtypische Konzept zur *Resilienzförderung im Grundschulalter* sehr brauchbare Anregungen, um daraus ein dem jeweiligen Einzelfall oder auch einer spezifischen Gruppe angepasstes Konzept abzuleiten. Dies trifft auch für die hier vorgenommene Fokussierung auf *Mädchen und Jungen, die in Armut aufwachsen* zu. Allerdings möchte ich noch einmal mit Nachdruck betonen, dass damit nicht Armut als gesellschaftlichem Problem begegnet werden kann, sondern dass es sich lediglich um eine Form von *individueller Armutsprävention* handelt. Armut wird durch diese Form der Sekundärprävention nicht beseitigt, wohl aber können armutsbedingte Folgen für die kindliche Entwicklung vermindert, kompensiert oder vielleicht sogar aufgehoben werden.

Resilienzförderung als Entwicklungshilfe?

Auch wenn Resilienzförderung nicht dem zu einfach gestrickten Muster folgt, dass sich für Risiko- und Schutzfaktoren direkte Entsprechungen herstellen lassen, dürften die von Daniel/Wassell (2002) konzipierten Förderdimensionen eine hilfreiche Orientierung für die Praxis sein. Dies gilt gerade auch für die pädagogische Arbeit mit der hier fokussierten Zielgruppe, obwohl dies von den beiden Autorinnen so nicht explizit angelegt ist. Die hiermit vorgenommene Empfehlung möchte ich durch einen Abgleich mit den Ergebnissen der Kinderarmutsforschung begründen. Ein solcher lässt unschwer erkennen, dass Mädchen und Jungen, die in Armut aufwachsen, gerade in den von Daniel/Wassell (ebd.) vorgeschlagenen Förderbereichen armutsbedingte Einschränkungen und Begrenzungen hinnehmen müssen, und dass sie häufig – durch ihre Lebenssituation bedingt – nur über eingeschränkten Zugang zu jenen Ressourcen verfügen, die sich gerade für sie als kompensierende Schutzfaktoren bei der Bewältigung ihres Entwicklungsrisikos Armut erweisen könnten.

Um dies exemplarisch zu illustrieren, möchte ich fünf von sechs Bereichen herausgreifen, anhand derer dies besonders ins Auge springt:

- *Förderung der schulischen Leistungsfähigkeit:* Zweifellos stellt es für Kinder dieser Altersgruppe eine herausragende Entwicklungsaufgabe dar (vgl. Bründel/Hurrelmann 1996 und 2003), mit dem System Schule und seinen Anforderungen zurechtzukommen; positiv gesehen ist Schule eine wichtige Vermittlerin bei der „Aneignung von Welt" und könnte durch die Möglichkeiten, die sie zur Verfügung stellen sollte, auch eine Quelle der Resilienzförderung sein; leider ist dies – gerade für unsere Zielgruppe – häufiger eher nicht der Fall, weil sie es teilweise schwerer hat, die schulischen Anforderungen zu bewältigen, so dass Schule zu einer zusätzlichen Belastung und einem Risiko für ihre Entwicklung werden kann (zur Idee der resilienzfördernden Schule vgl. Grünke 2003 und Ross/Grünke i. d. Band).

- *Förderung von Fähigkeiten und Neigungen:* Dieser Bereich kommt bei unserer Zielgruppe leicht zu kurz, jedenfalls sofern die entsprechende Förderung nicht im schulischen Kontext oder in Angebotsformen erfolgt, die kostenfrei und für diese Kinder niedrigschwellig zugänglich sind. Dabei könnten gerade solche Aktivitäten eine Kompensation für sonst erfahrene Herabsetzungen sein (vgl. Zach/Künsemüller) und gleichzeitig eine Quelle für ein gestärktes Selbstbewusstsein.

- *Förderung von sozialen Kontakten zu Gleichaltrigen und Freundschaften:* „Arme Kinder" haben es schwerer, Kontakte zu Gleichaltrigen herzustellen und zu pflegen; sie haben dazu auch weniger Gelegenheiten. Nicht selten ziehen sie sich selbst zurück oder zeigen auffällig aggressives Verhalten, weil sie nicht mithalten können, oder werden sogar deshalb ausgeschlossen. Dabei könnten gerade positive soziale Kontakte zu Gleichaltrigen und daraus resultierende soziale Anerkennung und emotionale Zuwendung diesen Kindern helfen, ihre schwierige Lage zu bewältigen.

- *Förderung von sozialen Kompetenzen und Konfliktlösungsfähigkeiten:* Wie wir gesehen haben, durchlaufen Grundschulkinder eine Entwicklungsphase, in der Kooperation mit anderen – im Spiel, aber auch in Lernsituationen usw. – zunehmend wichtiger wird. Dabei geht es um die Fähigkeit, Hilfestellung geben und Hilfe suchen zu können. Letzteres fällt Kindern, die sich am Rande fühlen und nicht genügend anerkannt sehen, schwer. Kooperationsfähige Kinder genießen Anerkennung, verfügen über ein breiteres Spektrum von Konfliktlösungsmöglichkeiten und erhalten dadurch einen festen Platz in der Gruppe. Ausgewiesene soziale Kompetenzen könnten für benachteiligte Kinder somit ebenfalls eine Quelle der Kompensation und also Hilfe bei der Bewältigung ihrer risikobehafteten Lebenssituation sein.
- *Förderung von positiven Werten (Lebenssinn) und Selbstwertgefühl:* Fast alle Studien zu Kinderarmut kommen zu dem Ergebnis, dass das Selbstwertgefühl der Kinder – als eine Folge der auf den verschiedenen Ebenen festgestellten negativen Auswirkungen von Armut – erkennbar leidet, vor allem auch dann, wenn sie in der Schule – häufiger als andere Kinder – mit negativen Rückmeldungen konfrontiert werden. Nicht selten kann dies eine Quelle für Schulangst bis hin zu depressiven Stimmungen sein. Wir haben es hier dann mit ängstlichen, stressbehafteten Kindern zu tun, die Zuspruch brauchen, die in ihrem Selbstwertgefühl und ihrer Lebensfreude (= Lebenssinn) gestärkt werden müssen.

Bewusst ausgeklammert habe ich den Bereich der „sicheren Bindung", weil damit eine besondere Ebene eingeführt wird, die mit den anderen Förderbereichen nicht vergleichbar ist. Die Autorinnen rekurrieren in diesem Punkt auf die Bindungstheorie (Bolwby 2008), der im Resilienzdiskurs ein hoher Stellenwert beigemessen wird. Eine „sichere Bindung" zu (zumindest) einer verlässlichen Bezugsperson wird als hochrangiger Schutzfaktor „gehandelt". Dies wurde in Resilienzstudien – wie in der von Emmy Werner und Ruth Smith (1989) – eindeutig nachgewiesen. Gemeint ist damit das Vorhandensein einer Bezugsperson mit positiver Vorbildfunktion oder im Sinne von Zach (2004) einer vertrauten Person, an die sich das Kind mit seinen Ängsten und Problemen wenden kann. Daniel/Wassell sehen darin das „Sprungbrett" für weitere soziale Beziehungen („springboard to the wider social world", Daniel/Wassell 2002: 27), also auch die Basis für Gleichaltrigenbeziehungen und für soziale Kontakte außerhalb der Familie. Wenn Mädchen und Jungen diese „sichere Bindung" nicht in ihrem engsten Familienkreis (Mutter, Vater, Großmutter usw.) finden, muss außerhalb ein „Ersatz" gefunden werden, sei dies in der Schule (Lehrer/innen), in der Kindertageseinrichtung (Erzieher/innen) oder im sonstigen Lebensumfeld der Kinder (in der Nachbarschaft, im Freizeitbereich) oder gar im Heim. Damit sind hohe Anforderungen an die professionellen Pädagoginnen und Pädagogen gerichtet, die m.E. eine gesonderte Betrachtung und Diskussion erforderlich machen. Wenn wir insbesondere Kinder in Armutslagen im Blick haben, so wird nicht in jedem Fall die Herstellung einer solchen Bindung erforderlich sein. Da Armut jedoch häufig – wie wir gesehen haben – mit weiteren Risikokonstellationen wie Trennung und Scheidung, psychischer Erkrankung eines Elternteils oder Gewalt in der Familie einhergeht, wird man die Frage nach der „sicheren Bindung" aber auch bei diesen Kindern in jedem Fall stellen müssen.

Bleibt nun die Frage: Wie lassen sich diese Ideen auf möglichst breiter Ebene an die Praxis herantragen? Welches können die konkreten Orte der Resilienzförderung für unsere Zielgruppe – arme Mädchen und Jungen im Grundschulalter – sein?

Durch Resilienzförderung wird ein neues Paradigma, eine neue Blickrichtung in Pädagogik, Sozialpädagogik, Heilpädagogik, Entwicklungs- und klinische Psychologie eingeführt. Konzeptionell kann aber durchaus an Vertrautes und Bewährtes angeknüpft werden. Deshalb wäre der Gedanke, dass es neue, spezifische Orte geben sollte, die sich auf Resilienzförderung spezialisieren, abwegig – wenn nicht gar kontraproduktiv. Vielmehr gilt es die Idee in den bestehenden Einrichtungen und Angeboten der Kinder-, Jugend- und Familienhilfe (vgl. Teil III) und vor allem auch im Bildungswesen, insbesondere in Kindertageseinrichtungen, Grund- und Hauptschulen, zu verankern (vgl. dazu auch Roos/Grünke i. d. Band).

Resilienzförderung wird hier in einem engen Zusammenhang mit „Kinderarmutsprävention" gesehen, konkret als ein spezifischer Ansatz von „Armutsprävention" (vgl. Zander 2008). Daher liegt die Einbindung des Resilienzgedankens in alle entsprechenden kommunalen Aktivitäten der Kinder-, Jugend- und Familienhilfe nahe. Da entwicklungsgefährdende Risiken in allen Lebens- und kindlichen Entwicklungsphasen auftreten können, ist es sinnvoll, die Idee der Resilienzförderung sowohl in Angebote für Kleinst-, Vorschul- und Schulkinder, aber auch für gefährdete Mädchen und Jungen im Jugendalter zu integrieren. Immer wird im Einzelfall eine möglichst frühe Förderung am wirksamsten greifen. Aber besser, die Förderung erreicht ein Kind überhaupt – besser später als nie! Wie aber müssten solche Angebote auf kommunaler Ebene verteilt und angesiedelt sein, damit sie armutsgefährdete Kinder auch wirklich erreichen?

Hier sind zunächst die Kommunen gefragt – konkreter, die dort für Kinder-, Jugend- und Familienhilfe in Politik und Verwaltung zuständigen Fachkräfte und Entscheidungsträger (vgl. Zander 2010). Ihr Beitrag könnte sein, entsprechende Förderkonzepte in die Planung und Durchführung von Angeboten ihres Bereiches zu integrieren: in die Angebote der Hilfen zur Erziehung (insbesondere in die Sozialpädagogische Familienhilfe), in die Kindertageseinrichtungen, in offene stadtteilorientierte Angebote für Kinder und erst recht in spezifische Programme zur Armutsprävention. Nicht zuletzt sollten Kommunen auch freie Initiativen, wie sie beispielsweise im Rahmen des Lichtpunkte-Programms der Deutschen Kinder- und Jugendstiftung (vgl. Zander/Alfert/Kruth i. d. Band) entstanden sind, durch kommunale Förderung ermutigen. Daneben ist vor allem die Schule der Ort, sind – mit Blick auf unsere Altersgruppe – vor allem die Grund- und Förderschulen gefordert, sich mit dem Konzept der Resilienzförderung auseinanderzusetzen und sich für deren Grundideen – im Rahmen ihrer Möglichkeiten – zu öffnen.

Konkrete Förderkonzepte können jedoch nur vor Ort – für jeweils spezifische Zielgruppen und noch konkreter: sogar nur mit Blick auf einzelne Kinder – entwickelt werden. Resilienzförderung nach dem Gießkannenprinzip – nach dem Motto: Es wird schon für jeden das Richtige dabei sein – kann m.E. auf Grund der dargelegten Komplexität dieses Prozesses nicht funktionieren. Deshalb dürfte es – bei der Entwicklung von entsprechenden Förderkonzepten und deren Umsetzung – auch angemessener sein, sich jeweils auf bestimmte Bereiche (siehe oben aufgeführte Förderbereiche nach Daniel/Wassell) zu konzentrieren, ein Hinweis, den wir der Auswertung von bereits praktizierten Programmen (vgl. Fingerle/Walther 2008) entnehmen können.

Eigentlich müsste deutlich geworden sein, welch hohen Stellenwert die Verfasserin der Resilienzförderung für Mädchen und Jungen, die in Armut aufwachsen, beimisst. *Dieser hohe Stellenwert ist dadurch begründet, dass Entwicklungsaufgaben, die in der jeweils spezifischen Phase nicht gemeistert werden, also Entwicklungsversäumnisse in der Kindheit, nur unter großen Erschwernissen und mit viel höherem Aufwand, wenn überhaupt, später noch nachgeholt werden können.* Nicht aus den Augen verloren werden darf dabei, dass sich der Ertrag von Resilienzförderung nur in der Langfristperspektive zeigen wird. Wie dieser Ertrag aussehen wird, dürfte sich schwerlich zum Zeitpunkt der Förderung bestimmen lassen. Daher wird es letztlich – wie es auch Fingerle/Walther (2008) formulieren – darum gehen, die *Fähigkeit* zur Resilienz als potenzieller Widerstandskraft gegen die Unbilden des Lebens zu mobilisieren, zu fördern und zu steigern.

An diesen Ertrag zu glauben und sich nicht dadurch entmutigen zu lassen, dass er sich kurzfristig nur schwer nachweisen lässt, ist eine elementare Anforderung an alle in den Prozess involvierten Professionellen. Wenn Resilienzforschung, Entwicklungspsychologie und Kinderarmutsforschung zu dermaßen kompatiblen Ergebnissen gelangen, sollte das doch Mut machen, entsprechende Programme aufzulegen, deren Sinn und Effektivität sich dann anschließend in Langzeitstudien werden nachweisen lassen. *Arme Kinder dürften sogar auf Grund ihrer Multirisikolage zu jenen Zielgruppen gehören, bei denen sich Nutzen und Tragweite von Resilienzförderung besonders nachdrücklich zeigen.*

Literatur

Bacher, J. (1998): Einkommensarmut von Kindern und subjektives Wohlbefinden. Bestandsaufnahme und weiterführende Analysen. In: Mansel/Neubauer (Hrsg.): Armut und soziale Ungleichheit bei Kindern, S. 173–189. Opladen

Bertram, H. (2006): Zur Lage der Kinder in Deutschland. Politik für Kinder als Zukunftsgestaltung. UNICEF, Innocenti Working Paper 2006-02

Bowlby, J. (2008): Bindung als sichere Basis. München u.a.

Bronfenbrenner, U. (1976): Ökologische Sozialisationsforschung. Stuttgart

Bründel, H./Hurrelmann, K. (1996): Einführung in die Kindheitsforschung. Weinheim/Basel

Bründel, H./Hurrelmann, K. (2003): Einführung in die Kindheitsforschung, vollständig überarbeitete Aufl., Weinheim/Basel

Bundesministerium für Arbeit und Soziales (BMAS) (Hrsg.) (2001): Lebenslagen in Deutschland. Der erste Armuts- und Reichtumsbericht der Bundesregierung. Bonn

Bundesministerium für Gesundheit und soziale Sicherung (BMGS) (Hrsg.) (2005): Lebenslagen in Deutschland. Der zweite Armuts- und Reichtumsbericht der Bundesregierung. Bonn

Bundesministerium für Arbeit und Soziales (BMAS) (Hrsg.) (2008): Lebenslagen in Deutschland. Der dritte Armuts- und Reichtumsbericht der Bundesregierung. Bonn

Butterwegge, C./Holm, K./Zander, M. (2003): Kindheit und Armut. Ein regionaler, nationaler und internationaler Vergleich. Opladen (2. Aufl. 2004)

Chassé, K. A./Zander, M./Rasch, K. (2003): Meine Familie ist arm. Wie Kinder im Grundschulalter Armut erleben und bewältigen. Opladen (4. Aufl. Wiesbaden 2010)

Erikson, E. (1980): Identität und Lebenszyklus. Frankfurt a.M.

Fajth, G./Holland, K.(2007): Powerty and Children: a Perspektive, Working Paper, UNICEF, http://www.unicef.org/socialpolicy/index_45998.html, 21.10.2010, auch deutsch: Armut und Kinder: eine Perspektive. N.11_UNICEF_poverty_childrfen_de.pdf

Fingerle, M./Walther, P. (2008): Resilienzförderung, in: Fingerle/Ellinger (Hrsg.): Sonderpädagogische Förderprogramme, Orientierungshilfen für die Praxis, S. 141–156. Stuttgart

Daniel, B./Wassell, S. (2002): The School Years: Assessing and promoting resilience in vulnerable children. London/Philadelphia

Garz, D. (2006): Sozialpsychologische Entwicklungstheorien. Von Mead, Piaget und Kohlberg bis zur Gegenwart, 3. erweiterte Aufl., Wiesbaden

Gilligan, C. (1982): In a different voice. Cambridge; dt. (1984): Die andere Stimme der Moral, München u.a.

Grotberg, E. H. (1999): Resilience for Today: Gaining Strength from Adversity. Westport

Grotberg, E. H. (2003): What is Resilience? How Do You Promote It? How Do You Use It?. In: Grotberg (Ed.): Resilience for Today: Gaining Strength from Adversity, 2d. ed. Westport

Grünke, M. (2003): Resilienzförderung bei Kindern und Jugendlichen in Schulen für Lernbehinderte: Eine Evaluation dreier Programme zur Steigerung der psychischen Widerstandsfähigkeit. Lengerich u.a.

Havighurst, R. (1972): Developmental tasks and education. New York: Mackay

Holz, G./Skoluda, S. (2003): Armut im frühen Grundschulalter – Vertiefende Untersuchung zu Lebenssituation, Ressourcen und Bewältigungshandeln von Kindern, (ISS). Frankfurt a.M.

Holz, G./Puhlmann, A. (2005): Alles schon entschieden? Wege und Lebenssituation armer und nicht-armer Kinder zwischen Kindergarten und weiterführender Schule. Frankfurt a. M.

Holz, G./Richter, A./Wüstendorfer, W./Giering, D. (2005): Zukunftschancen für Kinder – Wirkung von Armut bis zum Ende der Grundschulzeit, Zusammenfassung des Endberichts der 3. Phase der AWO-ISS-Studie. Bonn/Frankfurt

Joswig, H.: Phasen und Stufen der kindlichen Entwicklung, www.Familienhandbuch-Online.de, 18.9.2010

Kampshoff, M. (2005): Armutsprävention im Bildungsbereich – Ansatzpunkte für Chancengleichheit. In: Zander (Hrsg.): Kinderarmut. Einführendes Handbuch für Forschung und soziale Praxis, S. 216–235. Wiesbaden

Klocke, A./Hurrelmann, K. (1995): Armut macht Kinder und Jugendliche krank – Ergebnisse einer repräsentativen Befragung. In: Theorie und Praxis der Sozialpädagogik, Jg. 103, H.1, S. 43–45

Lauterbach, W./Lange, A./Becker, R. (2002): Armut und Bildungschancen: Auswirkungen von Niedrigeinkommen auf den Schulerfolg am Beispiel des Übergangs von der Grundschule auf weiterführende Schulstufen. In: Butterwegge/Klundt (Hrsg.): Kinderarmut und Generationengerechtigkeit. Opladen

Miller, P. (1993): Theorien der Entwicklungspsychologie. Heidelberg/Berlin/Oxford

Palentien, C./Hurrelmann, K./Klocke, A. (1999): Armut im Kindes- und Jugendalter. In: Aus Politik und Zeitgeschichte. Beilage zur Wochenzeitung Das Parlament, B 18/99, S. 33–49

Stangl, W.:Betrachtungsmöglichkeiten von Entwicklung. http://arbeitsblaetter.stangl-taller.at/PSYCHOLOGIEENTWICKLUNG/Entwicklung.shtml, 21.10.2010

UNICEF (2007): Innocenti Report Card 7, Richardson/Hölscher/Bradshaw: Child Poverty in Perspective: An Overview of Child-Well-Being in Rich Countries

Walper, S. (1999): Auswirkungen von Armut auf die Entwicklung von Kindern. In: Lepenies/Nunner-Winkler/Schäfer/Walper: Kindliche Entwicklungspotentiale. Normalität, Abweichung und ihre Ursachen, S. 297–360. München

Walper, S. (2001): Psychosoziale Folgen von Armut für die Entwicklung von Jugendlichen. In: Unsere Jugend, Jg. 53, H. 9, S. 380–389

Werner, E./Smith, R.(1989): Vulnerable but invincibile. A Longitudinal Study of resilient children and youth. New York

Zach, U./ Künsemüller, P.: Die Entwicklung von Kindern zwischen dem 6. und dem 10. Lebensjahr: Forschungsbefunde, www.Familienhandbuch-online.de, 18.9.2010

Zach, U. (2004): Die Bindungstheorie und ihr praktischer Nutzen. Fachvortrag auf dem 10. Jubiläum der GfS in Aurich

Zander, M. (Hrsg.) (2005): Kinderarmut. Einführendes Handbuch für Forschung und soziale Praxis. Wiesbaden, 2. Aufl. 2010

Zander, M. (2007): Kinderarmut aus Kindersicht. In: Deutsches Kinderhilfswerk e.V. (Hrsg.): Kinderreport Deutschland 2007. Daten, Fakten, Hintergründe, S. 45–73. Freiburg

Zander, M. (2008): Armes Kind – starkes Kind? Die Chance der Resilienz. Wiesbaden, 3. Aufl. 2010

Zander, M. (2010): Resilienzförderung als Neuorientierung in der kommunalen Kinderarmutsprävention. In: Lutz/Hammer (Hrsg.): Wege aus der Kinderarmut. Gesellschaftspolitische Rahmenbedingungen und sozialpädagogische Handlungsansätze, S. 142–158. Weinheim/München

„Nimmer sich beugen – kräftig sich zeigen ..."
C. Wolfgang Müller

1. Historie

Soziale Arbeit und ihre historische Entwicklung in Deutschland zeigt ein doppeltes Gesicht. Es hat eine helle und eine eher dunkle Seite. Soziale Arbeit geht auf zwei menschliche Tätigkeiten zurück, die nur mit Mühe unter einen Hut zu bringen sind. Da gab es im 17. und 18. Jahrhundert im Arbeitshaus den Armenvogt, der die um Almosen Nachsuchenden durch schwere körperliche Tätigkeiten zum Eingeständnis ihrer Arbeitsbereitschaft zwang. Und da gab es im 19. Jahrhundert junge Frauen, die dem Spielzeugerfinder Friedrich Fröbel zur Hand gingen und Mütter aus gutem Hause dazu anleiteten, mit ihren Kindern zu spielen, zu singen und den rechten Gebrauch von Fröbels ‚Spielgaben' zu machen. Das eine war ein unerfreulicher Knochenjob, um ‚unwürdige' Almosenempfänger von den ‚würdigen' zu trennen. Das andere war eine menschenfreundliche Entwicklungsaufgabe. In unseren von den Gesellschaftswissenschaften aufgeklärten Zeiten sprechen wir inzwischen von der Vergesellschaftung von Reproduktionsrisiken einerseits (der Sozialarbeit im engeren Sinne) und der Vergesellschaftung von Sozialisationsaufgaben (der Sozialpädagogik neben Familie und Schule).

Beide Berufsrichtungen, die wir in Deutschland in der zweiten Hälfte des 20. Jahrhunderts zu gemeinsamen Ausbildungsgängen zusammengebunden haben, entwickelten ihre je unterschiedlichen ‚Menschenbilder', um Sozialarbeiter, Kindergärtnerinnen und andere außerschulische Pädagogen auf ihre Berufstätigkeit vorzubereiten. Der Kindergarten orientierte sich in Deutschland an einer menschenfreundlichen Pädagogik, nach der Kinder durch fantasieanregende Tätigkeiten zur Entfaltung ihrer schöpferischen Fähigkeiten angeleitet werden sollten, während ‚missratenen' Kindern in geschlossenen Erziehungsheimen der ‚böse Wille' durch harte Arbeit und empfindliche Strafen ausgetrieben werden sollte – wie im alten Arbeitshaus. Das Arbeitshaus erwies sich im Zuge der industriellen Entwicklung als unrentabel, um würdige von unwürdigen Hilfesuchenden zu trennen. Es wurde durch ambulante ‚Hausbesucherinnen' ersetzt. Sie sollten in den Behausungen der Armen ‚nach dem Rechten sehen' und eine gutachterliche Vorentscheidung treffen, ob der besuchten Familie zu helfen wäre, wie lange und womit. In diese Entscheidung sollten auch diagnostische Überlegungen einfließen, ob und wie die in der Familie lebenden Kinder durch die ärmlichen Verhältnisse in ihrer Entwicklung behindert worden wären und wie die Eltern (vor allem damals selbstverständlich die Mütter) ihr Fehlverhalten korrigieren könnten. Für den Prozess der elterlichen Missachtung kindlicher Entwicklung gebrauchte man den Begriff der ‚Verwahrlosung'. Er wurde zunächst transitiv verwendet (‚Der Vater verwahrlost sein Kind'), später als Passivum (‚Das Kind ist verwahrlost'). Damit ging stillschweigend die Verantwortung für einen beklagenswerten Zustand vom ‚Täter' auf das ‚Opfer' über. Reformorientierte Sozialarbeiter/innen und Sozialpädagogen/-innen widersetzten sich dieser schleichenden Diskriminierung der kindlichen Opfer beengender und unterdrückender Verhältnisse und suchten Gründe für diesen Prozess der ‚Verwahrlosung' in der absoluten (physisch bedingten) und relativen (soziokulturell ausgrenzenden) Armut der betroffenen Familien.

Armutsforschung und Milieuforschung suchten und fanden über die Jahrzehnte immer neue Beweise für die Zwangsläufigkeit der Verwahrlosung von Kindern und Jugendlichen, wenn nur genügend verwahrlosende Tatbestände in der Lebenswelt der untersuchten Kinder identifiziert werden konnten. Die Zwangsläufigkeit des kausalen Zusammenhangs von Armut und Verwahrlosung, von Verwahrlosung und körperlich-seelischer Zerrüttung schien den Charakter eines Naturgesetzes, besser: Gesellschaftsgesetzes, anzunehmen. Hilfe war meist nur im Einzelfall möglich. Lediglich die Anhänger einer historisch-materialistischen Gesellschaftstheorie machten diese Zwangsläufigkeit am Klassencharakter der kapitalistischen Gesellschaftsverfassung fest und hielten Phänomene kindlicher Verwahrlosung mit der Überwindung dieser Gesellschaftsverfassung für ebenfalls überwindbar. Länder des ‚sozialistischen Lagers' suchten deshalb ohne vorbeugende und nachgehende Maßnahmen und Einrichtungen der ‚Jugendhilfe' auszukommen. Die historischen Erfahrungen scheinen gezeigt zu haben, dass es für gelingende Erziehungs-, Bildungs- und Sozialprozesse nicht ausreicht, nur die gesamtgesellschaftlichen Rahmenbedingungen ins Auge zu fassen, man muss auch auf den ‚Einzelfall' schauen.

In mitteleuropäischen, kulturchristlichen Gesellschaften ist für das Wohl eines Kindes seine Ursprungsfamilie zuständig und verantwortlich. Allerdings regeln Familien- und Jugendgesetze auch die *gesellschaftliche* Verantwortung für gelingende Sozialisationsprozesse. Eines der ersten bahnbrechenden Reformgesetze der 1. Deutschen Republik, das Reichsjugendwohlfahrtsgesetz (RJWG) vom Juli 1922, postulierte in seinem Leitparagraphen „das Recht jedes deutschen Kindes auf Erziehung zur leiblichen, seelischen und gesellschaftlichen Tüchtigkeit" und zog daraus die Konsequenz: „Insoweit der Anspruch des Kindes auf Erziehung von der Familie nicht erfüllt wird, tritt, unbeschadet der Mitarbeit freiwilliger Tätigkeit, öffentliche Jugendhilfe ein". Öffentliche Jugendhilfe, von einem flächendeckenden Netzwerk kommunaler Jugendämter angeleitet, kontrolliert und teilweise in eigener Regie durchgeführt, bestand aus einer gestuften Reihenfolge von ambulanten und stationären Maßnahmen und Einrichtungen. Am Ende der Kette stand die Heimerziehung und innerhalb dieser ‚Fremderziehung', die von allen Beteiligten als Diskriminierung nach mehr oder weniger schuldhaftem Versagen angesehen wurde, die ‚geschlossene Unterbringung' von Jugendlichen, deren man anders nicht ‚Herr' werden zu können glaubte. Instrumente dieser Erziehung in geschlossener Unterbringung waren Total-Verregelung des Alltags, Totalversorgung, harte körperliche Arbeit und harte körperliche Strafen. Das Elend und die negativen Wirkungen dieser ‚Fremderziehung als Zwangserziehung' haben schon frühzeitig im 20. Jahrhundert zu einer Krise der Fürsorgeerziehung geführt und sind auch literarisch und publizistisch dokumentiert worden mit Titeln wie ‚Revolte im Erziehungshaus' (Lampe 1929), Moreau ‚Fürsorgeerziehung', ein Linolschnitt-Zyklus (Moreau 1929), ‚Gefesselte Jugend' (Autorenkollektiv 1971). Moralische Entrüstung gegenüber dokumentierten ‚Missständen' allein reichte nicht aus, sie zeigte vielmehr eine allgemeine Hilflosigkeit von Gesellschaften gegenüber problematischen oder misslungenen Sozialisationsprozessen, gegenüber Kleinkindern und Kindern, die risikoreich aufwachsen, und gegenüber Jugendlichen und jungen Erwachsenen, die für sich selber und für andere ein Risiko sind. Diese Hilflosigkeit zeigte sich sowohl im Hinblick auf diagnostische Zusammenhänge, die ‚abweichendes Verhalten' begründen und erklären könnten, als auch bei der Beantwortung der Frage, welche sozialpädagogischen Maßnahmen positive Verhaltensänderungen dauerhaft implementieren können.

2. Was macht Säuglinge stumpf?

Wissenschaftsgestützte diagnostische Verfahren waren noch niemals die Stärke sozialpädagogischen Handelns. Immer war es auf die Erkenntnisse anderer Sozial- und Humanwissenschaften angewiesen. Häufig waren sie von deren idealistischen Menschenbildern und ideologischen Interpretationen abhängig. Einen wichtigen empirischen Durchbruch durch die Wand aus Allgemeinplätzen und Vorurteilen brachten die Untersuchungen von René Arpad Spitz (1887–1974) über die frühe Kommunikation von Säuglingen und ihren Pflegepersonen. Spitz war ein österreichisch-ungarischer Psychoanalytiker und Freud-Schüler. Er stellte zunächst in Wien und nach seiner Emigration in den USA dort vergleichende Untersuchungen über die Entwicklung von Säuglingen an, die entweder in dem Säuglingsheim einer Frauenstrafanstalt von ihren Müttern oder in einem Findelhaus von Kinderkrankenschwestern und Ärzten versorgt wurden. Spitz benutzte dabei den von Charlotte Bühler und Hildegard Hetzer entwickelten ‚Wiener Test', mit dem der jeweilige Stand der Entwicklung und Beherrschung von Sinneswahrnehmung, Körperbewegung, zwischenmenschlicher Interaktion, von Nachahmung und Gedächtnis, vom Umgang mit Gegenständen und intellektuellen Operationen bei Kleinkindern gemessen werden kann. Die untersuchten Säuglinge im Säuglingsheim zeigten eine positive Entwicklung in allen untersuchten Bereichen. Die Säuglinge im Findelhaus hatten zwar einen besseren Start, ihre Entwicklung sank jedoch im Laufe des 1. Lebensjahres rapide ab. Spitz erklärte diese Unterschiede in der Entwicklung mit der Häufigkeit und Dichte der Kommunikationen zwischen Säugling und Pflegeperson. Im Säuglingsheim waren es die Mütter, die dauerhaft mit ihrem Kind zusammenlebten und es versorgten. Im Findelhaus waren es Kinderkrankenschwestern, die jeweils für 7 Säuglinge ‚zuständig' waren und sich nicht dauerhaft mit ihnen beschäftigen konnten. Deshalb sprach Spitz in diesem Fall von „Mangel an libidinöser Zufuhr" und „anaklitischen Depressionen", die er im Sammelbegriff „Hospitalismus" zusammenfasste (Spitz 1945, Spitz 1980). Andere, nicht psychoanalytisch, sondern eher historisch-materialistisch orientierte Forscher haben den Entwicklungsrückstand im Findelhaus nicht auf den ‚Mangel an libidinöser Zufuhr', sondern auf einen ‚Mangel an Sinneseindrücken' zurückgeführt, der dadurch entstand, dass die Säuglinge im Findelhaus tagsüber weitgehend mit sich allein waren, während sie im Säuglingsheim von ihrer Mutter aufgenommen, berührt, bespielt und unterhalten wurden. Konservative Kreise in Deutschland haben diese Tatsache übrigens als Argument gegen eine frühe Berufstätigkeit von Müttern und gegen die Einführung von Kinderkrippen und die Ausweitung von Plätzen in Kindertagesstätten verwendet. Dieser Argumentationsstrang beruht allerdings auf einem Missverständnis. Spitz hatte zwar immer wieder betont, dass es die ‚Mutter' sei, welche für jene dichte Kommunikation sorgte, die für Sprünge in der frühkindlichen Entwicklung grundlegend sei, er stellt aber später klar, dass er mit ‚Mutter' jede dauerhafte und zuverlässige Pflegeperson gemeint habe, nicht nur die leibliche Mutter und nicht einmal notwendigerweise eine Frau.

Ein anderer Kinderarzt und Psychoanalytiker, John Bowlby (1907–1990) arbeitete an der Klinik des Tavistock Instituts in London und vertiefte die Untersuchungen von Spitz zur anaklitischen Depression. Er konzentrierte sich dabei auf den Faktor ‚Zeit', das heißt auf die verschiedenen Phasen kindlicher Reaktionen und Verarbeitungen des zeitweisen oder dauerhaften Mutter-Verlustes (= Verlustes einer geliebten Bezugsperson).

„Wann immer ein kleines Kind, das Gelegenheit hatte, eine Bindung an seine Mutterfigur zu entwickeln, gegen seinen Willen von ihr getrennt wird, zeigt es Kummer; und sollte es in einer fremden Umgebung von einer Reihe fremder Leute versorgt werden, dann wird dieser Kummer wahrscheinlich intensiv sein. Sein Verhalten folgt einer typischen Sequenz. Zuerst *protestiert* es heftig und versucht mit allen ihm zur Verfügung stehenden Mitteln seine Mutter wieder zu finden. Später scheint es die Hoffnung, sie wiederzufinden, aufzugeben und zu verzweifeln, aber es beschäftigt sich dennoch weiterhin mit ihr und ersehnt ihre Rückkehr. Danach scheint es das Interesse an der Mutter zu verlieren und sich emotional von ihr *abzulösen* ... Wenn es wieder bei der Mutter ist, wird es ihr früher oder später von neuem seine Zuneigung entgegenbringen ... Und sobald es den Verdacht hegt, dass es sie wieder verlieren wird, zeigt es akute *Angst*. (...) So stellte sich heraus, dass die Protest-Phase das Problem der Trennungs-Angst erweckt, die Phase der Verzweiflung das von Kummer und Trauer und die Ablösungsphase das der Abwehr. Daraus ergab sich die These, dass die drei Arten von Reaktionen – Trennungsangst, Kummer und Trauer, Abwehr – Phasen eines einzigen Prozesses sind, und dass ihre wirkliche Bedeutung nur dann erfasst werden kann, wenn sie als solche behandelt werden" (Bowlby 2006a: 39).

Bei den vorgestellten empirischen Untersuchungen von Spitz, Bowlby und anderen handelte es sich, forschungsmethodisch gesprochen, um kontrollierte, komparative Fallstudien bzw. Feldexperimente, die *eine* wenn auch komplexe Variable für die beobachteten unterschiedlichen emotionalen, kognitiven und attitudionalen Entwicklungen der untersuchten Säuglinge verantwortlich machten. Andere mögliche Variablen und Variablen-Kombinationen blieben außen vor. Die Befunde wurden unter dem Label ‚Hospitalismus' und ‚Bindungstheorie' verallgemeinert und teilweise auch auf andere Phasen kindlicher und jugendlicher Entwicklung übertragen.

Die Untersuchungen gaben jedoch keine Antworten auf Fragen zu den Auswirkungen gestörter oder fehlender Kommunikation im ersten

Lebensjahr auf spätere Phasen des Sozialisationsprozesses. Sie gaben auch keine Antworten auf mögliche andere Variablen als Ursachen für ‚abweichendes Verhalten'. Und sie gaben keine Antworten auf mögliche Selbst-Heilungskräfte der betroffenen Kinder und auf mögliche positive Potenziale, welche auch in noch so schwierigen materiellen und sozialen Verhältnissen verborgen sein könnten. Anders ausgedrückt: Die Kinder- und Jugendforschung, die Auskunft über mögliche Ursachen von ‚Verwahrlosung', ‚abweichendem Verhalten', ‚risikoreichem Aufwachsen' geben sollte, blieb an auffindbaren Defiziten orientiert und führte unter der Hand zu einem defizitorientierten Menschenbild in weiten Bereichen der Sozialarbeit und in Teilen der Sozialpädagogik als ‚Korrektionspädagogik'. Oder sie führte zu pessimistischen Prognosen, die das Scheitern von Kindern und Jugendlichen aus der ‚Unterschicht' unter den bestehenden kapitalistischen Verhältnissen für nahezu unausweichlich hielten. Oder dass, wo etwa weit reichende und flächendeckende Präventionsstrategien erforderlich gewesen wären, Politiker und Steuergeld-Verwalter von vornherein die Hände hoben. Allerdings versucht die gegenwärtige Familienpolitik mit ihrer Doppelstrategie aus bezahltem Elternurlaub und massiver Erweiterung des Angebots an Plätzen in Kinderkrippen und Kindertagesstätten einen Weg zu beschreiben, den wir noch in den sechziger Jahren des 20. Jahrhunderts zumindest in der alten Bundesrepublik Deutschland für nicht realisierbar gehalten hätten.

3. Wo bleibt das Positive?

Wohl hat sich unter dem Einfluss vergleichender, zyklisch durchgeführter Untersuchungen der OECD und ihres ausgreifenden Programms zur Erfassung basaler Kompetenzen der heranwachsenden Generation in 38 Vergleichsländern (PISA) und der zunehmenden Bedeutung, die frühkindlichen und vorschulischen Bildungsprogrammen (in unserer Einwanderungsgesellschaft auch der Aneignung deutschsprachiger und sozialer Kompetenzen) zuerkannt wird, ein gesellschaftliches Bewusstsein entwickelt, dass ‚Erziehung' und ‚Bildung' nicht mehr voneinander zu trennen seien. Aus dieser Erkenntnis folgt, dass aber auch alle Personen und Institutionen, die für das Aufwachsen der jungen Generation verantwortlich sind, in einer abgestimmten Art und Weise kooperativ zusammenarbeiten müssen und sich nicht mehr konkurrierend gegeneinander abschotten dürfen. Das hat zu einer quantitativen wie qualitativen Zunahme von Untersuchungen zur Kindheitsforschung und zur Rückbesinnung auf unsere

Geschichte von Kindheit und Kindergarten geführt. Ich nenne als gutes Beispiel den Sammelband von Sabine Hering und Wolfgang Schröer ‚Sorge um die Kinder. Beiträge zur Geschichte von Kindheit, Kindergarten und Kinderfürsorge' (2008). Und es hat zu Fallstudien in der Tradition von Fallrekonstruktionen der Lebenslaufforschung geführt, die in Einzelfällen das Gelingen und Misslingen sozialpädagogischer Intervention zeigen. Ich nenne Regina Rätz-Heinisch ‚Gelingende Jugendhilfe bei aussichtslosen Fällen! Biographische Rekonstruktion von Lebensgeschichten junger Menschen' (2005). Überhaupt scheinen mir die Lebenslaufforschung, die erzählten Lebensgeschichten und das narrative Interview gut geeignete Forschungstraditionen zu repräsentieren, um nicht immer wieder aufs Neue zu dokumentieren und zu skandalisieren, wer und was uns immer wieder kaputt macht, sondern auch, wann und wie wir uns angesichts der ambivalenten, uns umgebenden Umstände aufrappeln und ‚das Beste aus uns und der Situation machen, in der wir sind'.

Große Teile der Sozialen Arbeit verharren in unserem Land – nach einer notwendigen und hilfreichen Wendung vom Einzelfall zur gesamtgesellschaftlichen Situation in den siebziger und achtziger Jahren des 20. Jahrhundert – bei einer Skandalisierungspolitik, die früher einmal hilfreich war, um Menschen für eine veränderungswürdige Sache zu mobilisieren, die aber heute kontraproduktiv zu werden droht, wo es auch darum geht, Selbsthilfe- und Selbstheilungs-Kräfte zu mobilisieren, damit wir uns von einer Fremdhilfeerwartung lösen, auf die wir nicht mehr naiv vertrauen können. Manche von uns beginnen unter Skrupeln zu erfahren, dass es zwei, ansatzweise verschiedene Dinge gibt: für eine menschlichere Gesellschaft zu streiten und sich in einer makelhaften Gesellschaft menschenwürdig zu behaupten. Und dass man den Streit nicht denen allein überlassen darf, die darunter leiden.

Mir scheint, dass die erzählenden und darstellenden Künste im Augenblick aussagekräftiger sind, wenn es darum geht, Menschen zu zeigen, die um ein Leben in Würde kämpfen – und Erfolg haben, als handwerklich makellos gemachte empirische Untersuchungen dies sind. Ich nenne zwei Beispiele: In dem Buch von Tim Guénard ‚Boxerkind. Überleben in einer Welt ohne Liebe' (2007), erzählt der Autor, wie er, drei Jahre alt, von seiner Mutter an einen Strommast gebunden und verlassen wurde, weil sie einen neuen Partner gefunden hatte und der Junge im Wege war. Der Vater, Indianer, Leibwächter in einer Pariser Botschaft und Alkoholiker, hält ihn in einer Hundehütte, schlägt ihn halbtot und schiebt ihn ab. Der Weg führt über eine hilfreiche bäuerliche Pflegefamilie, deren Scheune er aus Versehen in Brand setzt, in ein Heim für ‚Schwererziehbare'. Er flüchtet nach

Paris, spezialisiert sich darauf, Prostituierte zu bestehlen und als Gigolo zu arbeiten. Dann hat er zwei Schlüsselerlebnisse. Er erlernt das professionelle Boxen als Aufwertung seiner Person, wird erfolgreich und zügelt seine aggressiven Reaktionen. Und er trifft auf Behinderte, lernt sie zu verstehen und ihnen zu helfen – und er hat ein spirituelles Erweckungserlebnis ‚in Lourdes in den Händen der Heiligen Jungfrau Maria'. Der erste Teil dieser Autobiografie ist in seinem Realitätscharakter nachvollziehbar und eindrucksvoll. Der zweite Teil ist gewöhnungsbedürftig. Aber die ‚Erweckungsgeschichte' gehört offensichtlich zum Heilungsprozess. Auch nordamerikanische Sozialarbeiter haben mir wiederholt berichtet, dass es das Engagement vieler afroamerikanischer Drogenabhängiger bei der Black Panther Bewegung war, das sie ‚sauber' gemacht hat. Und die Revolten in deutschen Erziehungsheimen des beginnenden 20. Jahrhunderts wurden durch Mitglieder und Funktionäre der KPD unterstützt, die hofften, das ‚revolutionäre Potenzial der unterdrückten jungen Proletarier' für den organisierten revolutionären Kampf nutzen zu können. Diese Hoffnung erwies sich als ebenso illusionär wie die Hoffnung hessischer Studenten/Studentinnen, die in den 70er Jahren des letzten Jahrhunderts Jugendliche aus geschlossenen Erziehungsheimen überredeten, aus ihren Heimen zu fliehen und in den studentischen Wohngemeinschaften beim Kampf gegen den Kapitalismus behilflich zu sein. Die Illusionen der ‚Staffelberg-Kampagne' wurden in der ‚Randgruppenstrategie-Diskussion' an der Technischen Universität Berlin begraben. Karl Marx sollte Recht behalten, wenn er zwischen dem Proletariat ‚an sich' und dem Proletariat ‚für sich' unterschied – oder weniger appetitlich: zwischen Proletariern und ‚verlumpten Proletariern'. Aber dass besondere Menschen, übergeordnete Ideen und eine gelebte humanitäre Praxis eine wichtige Hilfe sein können, um sich auf der hellen Seite des Lebens zu beheimaten, das steht im Einzelfall außer Zweifel.

Das zweite literarische Dokument für die Selbstheilungskräfte eines gelebten Lebens ist für mich der Roman von Ulla Hahn ‚Das verborgene Wort' (2006). Die Heldin dieses zeitgenössischen Romans, Hildegard Palm – die Handlungsführung trägt autobiografische Züge –, wächst in einem bigotten rheinisch-katholischen Elternhaus mit einer Großmutter auf, die sie für einen ‚Teufelsbraten' hält, mit einem im Grunde hilflosen Vater, einem ungelernten, aber handwerklich sehr geschickten Mann, der sie bei der kleinsten Verfehlung schlägt, bis der Rohrstock zersplittert, einem Großvater, der ein ‚Schatz' ist und mit den Kindern durch die Rheinauen streift, Märchen erzählt, Geschichten erfindet und auf der Mundharmonika spielt. In Hildegard wächst die Überzeugung, dass sie einen Schutzengel hat, der ihr die Welt der Wörter eröffnet. Sie ist wild aufs Lesen, sie sammelt schöne Wörter in einem eigenen Schreibheft, sie liest hinter dem Hühnerstall Fortsetzungsromane aus der ‚Hör zu', bis die Mutter dahinter kommt und die Zeitschriften verbrennt. Frühzeitig werden für sie die Buchstaben Wörter, die Wörter werden Sätze, die Sätze Geschichten und die Geschichten erlebte Wirklichkeit. Ihre Kindheit ist voller Kränkungen, Verletzungen, Missachtungen und Misshandlungen – aber auch voller wunderbarer Ereignisse und Geschichten, die sie sich erträumt und die ihr wohlmeinende Kindergärtnerinnen, Volksschullehrer/innen und ein gütiger Gemeindepastor auch bescheren.

In einer Schlüsselszene des Romans wird sie wieder einmal von zwei Mitschülerinnen gemobbt und geschlagen. Sie ist gehemmt, sich zu wehren. Eine Nachbarin, die das Geschehen beobachtet hat, steckt ihr als Lesestoff Jungenbücher zu, die ihr Mut machen sollen, sich zu wehren: ‚Kalle Blomquist' und ‚Bomba, der Dschungelboy'. ‚Ein Heidenkind', entsetzt sich die Großmutter und entreißt ihr das Buch.

Am Ende des 600-Seiten-Romans überreden die Lehrer und der Pastor den wortkarg-widerstrebenden Vater, Hildegard zur Aufnahmeprüfung auf die Höhere Schule anzumelden. In dem eindrucksvollen Spielfilm, der mit dem Titel ‚Teufelsbraten' nach dem Roman gedreht worden ist, steht die Heldin in der Schlusseinstellung am Fuß einer langen Freitreppe, die ins Hauptgebäude der Universität führt.

4. Zeit für Entwicklung nehmen

Ob ‚fiction' oder ‚non-fiction' – entscheidend scheint mir die Lehre zu sein, die aus den beiden von mir zitierten Lebensromanen gezogen werden kann. Es ist zunächst einmal eine methodologische Lehre: Nicht die Blitzlicht-Forschung eines kleinen Ausschnittes aus einem lebenslangen Sozialisierungsprozess allein, der ja immer auch Selbst-Bildungsprozess ist, kann uns Einsichten über die sozialpädagogisch sinnvolle Begleitung solcher Prozesse vermitteln, sondern die möglichst umfassende Rekonstruktion dieser Prozesse von ihrem vorläufigen Ende her, also Lebenslaufforschung und erzählte Lebensgeschichten (Gieschler 1999). Der wissenschaftsskeptische Dauereinwand, solche selbst erzählten Geschichten seien ja ein Konstrukt, das der selbstbewussten und häufig selbstverliebten Färbung durch die Erzählenden unterliege, und sie seien im besten Fall bloße ‚Fall'-Studien und also nicht verallgemeinerbar, muss nicht unbedingt greifen. Schließlich handelt es sich bei dem Forschungsgegenstand ja um einen Selbst-Erziehungs-Prozess, der letztlich auch über die Befragung des Selbst-Bewusstseins seiner Autorinnen aufgeklärt werden kann.

Auf dem Weg von sozialisationspraktischen Momentaufnahmen, ihrer standardisierten Erfassung und erfahrungswissenschaftlichen Auswertung hin zu einer Lebenslaufforschung, die gelungenes/misslungenes/ambivalentes Leben als Ergebnis eines langen Prozesses versteht, ist die Resilienzforschung wichtig und sogar zentral. Von Emmy Werner und Mitarbeiterinnen ab 1971 als vergleichende, quantifizierbare Feldstudien (als Panel-Untersuchungen) veröffentlicht, bildet sie für Sozialarbeiter/innen und Sozialpädagogen/-innen einen wichtigen Schritt zur Professionalisierung der eigenen Arbeit. Denn diese Resilienzforschung beginnt den Sozialisierungsprozess als einen Kommunikationsprozess zwischen Tätern und Opfern, mit Erziehern und Erzogenen und mit ihren *wechselseitigen* Beeinflussungen zu begreifen. Die jeweilige Botschaft, das jeweilige Medium des kommunikativen Transports und die gesamtgesellschaftliche Situation, in der wir eine je spezifische Phase unserer eigenen Entwicklung durchmachen, spielen dabei unterschiedliche, aber im Prinzip auf gleiche Weise berechtigte Rollen. Das kritische, aber gleichzeitig verständnisvolle Studium von Fragestellungen und Ergebnissen der inzwischen etablierten Resilienzforschung (siehe die gute, einführende Zusammenfassung ihrer Forschungsgeschichte: Zander 2008) kann für Sozialarbeiter/innen und Sozialpädagogen/-innen und die Hochschullehrer/innen, die sie ausbilden, eine wichtige Quelle sein und eine professionelle Sichtweise anbahnen. Dann sähe man endlich der Hilfe bedürftige Kinder und Jugendliche nicht nur als wehrlose Opfer von Sachen, Menschen und Umständen, sondern auch als Mit-Gestalter ihres eigenen Lebenslaufes, den zu gestalten es Kräfte erfordert, der aber auch selber Kraft generiert.

5. Was können wir lernen?

Angesichts unübersichtlicher Zeiten und einer jungen Generation, die von tonangebenden Zeitschriften als Generation von ‚Krisenkindern' beschrieben wird (SPIEGEL 2009, 25), können wir uns mit dem Gedanken anfreunden, dass nicht alle Kinder und Jugendlichen dieser Generation in der gleichen Weise von der Krisenhaftigkeit des Lebens und der Lebensperspektive betroffen werden und dass sie (wie wir alle) unterschiedliche Strategien verfolgen (und von unterschiedlichen Strategie-Voraussetzungen geprägt worden sind), um mit ihrem Lebensrisiko nicht nur ‚fertig zu werden', sondern es aktiv und schöpferisch zu bewältigen.

Wir glauben recht gut über die Risikofaktoren Bescheid zu wissen, die für ‚prekäre' Situationen und Perspektiven verantwortlich sind, wo nicht die (möglicherweise auch noch gefährdeten) gesetzlichen Ansprüche zählen, sondern man sich den Launen der Mächtigen ausgesetzt sieht, die keine verlässliche Zukunft versprechen.

Da gibt es *strukturelle Risikofaktoren* (Armut, Arbeitslosigkeit oder ungeregelte Teilzeitarbeit, Obdachlosigkeit oder Leben in gefährdeter oder gefährlicher Nachbarschaft, fehlender Schulabschluss, fehlende Berufsausbildung, mangelhafte gesundheitserhaltende Infrastrukturen oder fehlender Zugang zu ihnen).

Da gibt es *innerfamiliale Risikofaktoren* (Missachtung körperlicher, gesundheitlicher, seelischer und sozialer Grundbedürfnisse von Säuglingen und Kleinkindern, körperlicher und seelischer Missbrauch, Beschädigung und Misshandlungen, innerfamiliale Gewalterfahrungen).

Da gibt es schließlich aber auch Risikofaktoren, die erst durch *innereuropäische* und *globale Binnenwanderungen* entstehen und Menschen dauerhaft mit Situationen konfrontieren, denen sie durch Herkunft, weltanschauliche Orientierungen und Traditionen nicht gewachsen sind und deren exkludierende Wirkung sie, nach allem, was wir wissen, in den meisten Fällen erst über den Zeitraum mehrerer Generationen hinweg überwinden können.

Und endlich gibt es da noch für die Lebensphase zwischen Pubertät und sozialem Erwachsenen-Status eine kulturell verlängerte Zeitspanne, in der junge Leute beiderlei Geschlechts für sich selbst und andere zum Risiko werden, weil sie ein experimentelles Verhalten an den Tag legen, das früher nur Bohemiens und Langzeitstudenten auf eine, manchmal sogar anerkennende Weise, zugestanden worden ist (Drogen-Gebrauch und -Missbrauch, Schulschwänzen, Rowdytum, Kriminalität, frühe und extensive sexuelle Aktivitäten, Essstörungen, kommunikative Einseitigkeit und Rückzug). Die Jugend sieht sich heutzutage freilich auch durch veränderte gesellschaftliche Rahmenbedingungen einem gesteigerten Risiko im Lebenslauf ausgesetzt.

Diese Risikofaktoren treten in den unterschiedlichen Phasen kindlicher und jugendlicher Entwicklung in unterschiedlicher Häufung und mit unterschiedlicher Stärke auf. Hier können uns zeitgenössische Entwicklungspsychologen (und im Hinblick auf prinzipielle Fragen auch moderne Evolutions-Anthropologen) manche Hinweise geben, wie in den unterschiedlichen Entwicklungsphasen Jugendlicher den unterschiedlichen Risiken begegnet werden kann.

Dabei dürfte es hilfreich sein, neben dem Begriff der ‚Sozialisation' den der ‚Lebensbewältigung' zu stellen, weil er die Eigenanteile der sich sozialisierenden Individuen stärker in den Vordergrund stellt. Ich folge auch Lothar Böhnisch und Werner Schefold, wenn sie die Begriffe 'Lehren/Lernen' und ‚Beeinflussen' durch das ‚Aneignungs-Konzept' ersetzen (Böhnisch/Schefold 1985: 69).

Nun zu der für Sozialarbeiter/innen und Sozialpädagogen/-innen eigentlichen Leistung der Resilienzforschung. Sie scheint mir in der Identifizierung von schützenden (= protektiven) Faktoren zu bestehen, die Kindern und Jugendlichen helfen, auch unter widrigsten Umständen (= gebündelten Risikofaktoren) zuverlässige Eigenkräfte zur aktiven Lebensbewältigung zu entfalten (= sich anzueignen oder zu mobilisieren). Friedrich Lösel und Doris Bender haben sie aufgelistet. Was also schützt Kinder bei ihrer Lebensbewältigung vor gefährlichen und gefährdenden Risiken?

- Stabile emotionale Beziehungen zu Vätern, Müttern und/oder anderen Bezugspersonen
- ein emotional positives, unterstützendes und strukturgebendes Erziehungsklima
- Rollenvorbilder für konstruktives Bewältigungsverhalten bei Belastungen
- soziale Unterstützung durch Personen außerhalb der engeren Familie (man denke an die Institution des ‚Paten')
- dosierte soziale Verantwortlichkeiten
- Erfahrungen der Selbstwirksamkeit und ein positives Selbstkonzept (Lösel/Bender 2007: 57–78).

6. Plädoyer für phasenspezifische Erziehungsstile

Neben Care-Paketen und dem Entnazifizierungsfragebogen brachten die US-Besatzungstruppen und ihre Jugendoffiziere ein wichtiges Instrument der Neuorientierung deutscher Lebens- und Erziehungsweise in das kaputte Reich: die Lehre von der Notwendigkeit, autoritäre oder auch autokratische Erziehungsstile in ‚demokratische' Erziehungsstile zu transformieren und sie dabei von dem sogenannten ‚Laissez-faire-Stil' zu trennen, den manche von uns als ‚demokratisch' missverstanden haben und der doch nur eine andere Form von Lieblosigkeit war. „Macht doch, was ihr wollt! Es interessiert uns Alte eh nicht mehr!"

Lange stritten wir um die flächendeckende Einführung dieses demokratischen Erziehungsstils, um seine Personenunabhängigkeit und um die unterschiedlichen Formen der Operationalisierung von Kurt Lewin über Ursula Walz bis zu dem Ehepaar Tausch.

Heute wissen wir, dass es im Sinne eines demokratischen Erziehungsstiles auf eine kluge Balance ankommt jenseits puren Laissez-faires und bloßen autoritären Durchgreifens. Diese Einsicht deckt sich wiederum mit der Erkenntnis der Resilienzforschung, dass Kinder und Jugendliche zur Entfaltung ihres Resilienzpotenzials auch eine sichere Bindung benötigen – und diese Person, an die man sich dann bindet und hält, sei sie durch Eltern oder etwa auch durch Erzieher repräsentiert, muss eben jederzeit klar erkennbar sein.

Heute, im Lichte der Resilienzforschung und angesichts unseres differenzierteren Verständnisses von unterschiedlichen Risikofaktoren, mit denen Kinder und Jugendliche in unterschiedlichen Lebensphasen beherzt und schöpferisch umgehen müssen, sollte, so denke ich, sich die Art und Weise der Begleitung gefährdeter Kinder und Jugendlicher *auch* am Lebensalter und an der Lebensphase orientieren. Im Einzelfall müssen wir, je nach den riskanten Umständen, unter denen sie leben und für andere ein Risiko darstellen, klug und einfühlsam modifizieren. Wir können nicht immer und überall die zärtliche Mutter sein, der verständnisvolle Vater, der Kumpel, der ein Auge zukneift, oder die Domina, an der sich Jugendliche abarbeiten sollen. Manche missverständlichen Diskussionen – etwa um die Rolle der Disziplin oder eine Erziehung auf Augenhöhe, die Kinder zu Tyrannen macht – könnte versachlicht werden, wenn wir uns immer das Alter, das Geschlecht, die Lebensphase (und selbstverständlich auch den sozialen und kulturellen Hintergrund) vergegenwärtigen, vor dem wir die Kinder und Jugendlichen die uns anvertraut sind, verstehen und begleiten müssen.

Wo jemand herkommt und wo er hingeht, wird künftig von Bedeutung sein – und nicht nur, wo er und wo sie gerade steht.

7. Die nächsten Schritte

Um diese prozessorientierten Fragen beantworten zu können, ist unsere sozialpädagogische Zunft dringend auf weiterführende, triangulierende empirische Forschung angewiesen: also auf sinnvolle Verbindungen von Feldforschung, Kontrastgruppenanalysen und der Rekonstruktion fallorientierter Sozialisationsverläufe. Bisher waren wir offensichtlich zu sehr an der Rekonstruktion von misslungenen Einzelschicksalen orientiert, etwa von jungen Leuten, die extrem risikoreich lebten und daran scheiterten.

Solche notwendigen Fallstudien könnten wir ergänzen durch flächendeckende Feldstudien unter Berücksichtigung quotierter demografischer (oder anderer) Merkmale, die für relevant gehalten werden und die dem ursprünglichen Ansatz von Emmy Werner und ihren Mitarbeitern zunächst einmal folgen.

In einem zweiten Schritt sollten aus dem Material Kontrastgruppen gebildet werden. In ihnen ließen sich Befragte versammeln, die sich den standardisierten Daten zufolge als besonders resilienz-affin oder besonders resilienz-resistent erwiesen haben. Die kontrastierenden Daten könnten wir dann zur Hypothesenbildung verwenden.

Auf ihrer Grundlage müssten wir vertiefende qualitative Rekonstruktionen von Einzelfällen versuchen, die mehr erklären als die Vergleiche der bisher erhobenen Gruppendaten.

Ein solches ehrgeiziges Programm könnte die mehrjährige Entwicklungsaufgabe einer Fachhochschule sein und für deren Master-Studierende eine lohnende und weiterführende Qualifikationsaufgabe darstellen. Unsere Profession dürfte daraus wertvolle Erkenntnisse für präventive Sozialpolitik, für intervenierende Zielgruppenarbeit und für diagnostische und therapeutische Einzelfall-Arbeit gewinnen.

Literatur

Autorenkollektiv (1971): Fürsorgeerziehung im Kapitalismus. Frankfurt/Main

Boenisch, Lothar/Scheffold, Werner (1985): Lebensbewältigung. Weinheim

Bowlby, John (2006a): Bindung. Eine Analyse der Mutter-Kind-Beziehung. München

Bowlby, John (2006b): Trennung. Angst und Zorn. München

Bowlby, John (2006c): Verlust. Trauer und Depression. München

Gieschler, Sabine (1999): Erzähltes Leben. Von der Wiederbelebung einer Kulturtätigkeit in postmoderner Zeit. München

Guénard, Tim (2007): Boxerkind. Überleben in einer Welt ohne Liebe. München

Hahn, Ulla (2001): Das verborgene Wort. Roman. München

Lampel, Peter Martin (1929): Revolte im Erziehungshaus. Schauspiel der Gegenwart in drei Akten. Berlin

Lampel, Peter Martin (1929): Jungen in Not. Berichte von Fürsorgezöglingen. Berlin

Lösel, Friedrich/Bender, Doris (2007): Von generellen Schutzfaktoren zu spezifischen protektiven Prozessen. Konzeptionelle Grundlagen und Ergebnisse der Resilienzforschung. In: Opp, Günther/Fingerle, Michael (Hrsg.): Was Kinder stärkt. Erziehung zwischen Risiko und Resilienz. München/Basel, S. 57–78

Moreau, Clément (1929): Fürsorgeerziehung. Linolschnitt-Zyklus. In: Müller, C. Wolfgang (1987): Einführung in die Soziale Arbeit. Weinheim: S. 130–133

Hering, Sabine/Schröer, Wolfgang (Hrsg.) (2008): Sorge um die Kinder. Beiträge zur Geschichte von Kindheit, Kindergarten und Kinderfürsorge. Weinheim

Rätz-Heinisch, Regine (2005): Gelingende Jugendhilfe bei ‚aussichtslosen Fällen'! Biographische Rekonstruktionen von Lebensgeschichten junger Menschen. Würzburg

DER SPIEGEL, Das starke Ich. Wie Kindern das Leben gelingt. 2009: H.15

DER SPIEGEL, Wir Krisenkinder. Wie junge Deutsche ihre Zukunft sehen. 2009: H.25

Spitz, René A. (1945): Hospitalismus I – Eine Untersuchung der Genese psychiatrischer Krankheitsbilder in früher Kindheit. Übersetzt erschienen in: Bittner, Günther/Schmid-Cords, Edda (Hrsg.) (1968): Erziehung in früher Kindheit. München

Spitz, René A. (61980): Vom Säugling zum Kleinkind – Naturgeschichte der Mutter-Kind-Beziehungen im ersten Lebensjahr. Stuttgart

Zander, Margherita (2008): Armes Kind – starkes Kind? Die Chance der Resilienz. Wiesbaden

Teil 3

Resilienzförderung auf verschiedenen Praxisfeldern

So früh wie möglich –
Resilienz in der interdisziplinären Frühförderung

Hans Weiß

1. Braucht die Frühförderung das Resilienz-Konzept?

Nicht nur durch plakative Buchtitel wie „Die Strategie der Stehauf-Menschen: Resilienz – so nutzen Sie Ihre inneren Kräfte"[1] (Gruhl 2008) werden inhaltlich verengte, überzogene Fantasien individualisierter Widerstandskräfte im Zusammenhang mit dem Resilienz-Konzept suggeriert. Ausdruck dafür ist auch der „Wildwuchs an (...) Frühinterventionsprogrammen" (Hahlweg/Saum-Aldehoff 2010: 55), die Kinder in widrigen Lebensumständen vor psychischen Schäden schützen sollen. Könnten vor diesem Hintergrund – pointiert gefragt – nicht auch wieder längst überwunden geglaubte unrealistische Einschätzungen hinsichtlich der Wirksamkeit von Frühförderung erzeugt werden, wenn man diese Institution mit überhöhten und individualistisch verengten Resilienz-Vorstellungen verknüpft? Diese Frage gewinnt mit Befürchtungen Gotthilf Hillers (2008: 267) im Zusammenhang mit dem Resilienz-Konzept in der Arbeit mit Jugendlichen und jungen Erwachsenen an Brisanz:

„Wer (...) die Widerstandsfähigkeit von Kindern und Jugendlichen als wünschenswerte Resultate von Wechselwirkungsprozessen zwischen *personalen protektiven Faktoren und sozialen Ressourcen* begreift, und wer demzufolge pädagogische Interaktionen auf die Steigerung einer im Individuum zu erzeugenden Widerstandsfähigkeit fokussiert, betreibt ein gefährliches Spiel. (...) Wer also *personale Ressourcen (biogenetische Dispositionen)* als logische Voraussetzungen seiner auf Resilienz zielenden pädagogischen Aktivitäten benötigt, erlangt eben auch allemal gute Gründe, um diejenigen innerlich wie tatsächlich aufzugeben und auszugrenzen, die mit seinen Angeboten und Inszenierungen zur Stärkung von Widerstandsfähigkeit nichts oder zu wenig anzufangen im Stande sind. Solchen Individuen ist dann ganz einfach nicht mehr zu helfen – und sie sind selbst schuld daran, dass dies so ist" (Hervorh. im Original).

---

1 Zur kritischen Bewertung der Metapher des „Stehaufmännchens", die offenbar in der Verbreitung des Resilienz-Konzepts populär wird (vgl. Wolf 2010: 20), sei auf von Freyberg (2009: 21) verwiesen.

Zwar dürfte im Arbeitsfeld der interdisziplinären Frühförderung, also in den frühen Lebens- und Entwicklungsphasen eines behinderten und von Behinderung bedrohten Kindes, die Gefahr der individuellen Zuordnung von Scheitern, verbunden mit entsprechenden Schuldzuschreibungen noch nicht so groß sein wie hinsichtlich der Personengruppe, die Hiller im Auge hat, aber im Blick auf die Familien von Kindern mit psychosozialen Risiken besteht sie durchaus. So trivial dies klingen mag, ist demgegenüber mit Kormann (2009: 194) festzuhalten, „dass es Lebensumstände gibt, unter denen kein Kind gedeihen kann".

Ein zweiter kritischer Aspekt in einer theoretisch verengten Resilienz-Debatte, der auch für die Frühförderung bedeutsam ist, liegt darin, dass Resilienz oftmals als geradezu paradigmatischer Wechsel von einer Defizitorientierung zu einer (optimistischen) Ressourcenorientierung abgehandelt wird (vgl. Wustmann 2005: 202 f.). In polemisch-kritischer Auseinandersetzung mit einer solchen Entweder-Oder-Sichtweise plädiert von Freyberg (2009: 18 ff.) stattdessen mit überzeugenden Argumenten für eine Sowohl-als-auch-Perspektive. Sie nämlich hebt zum einen auf die Bedeutung von (verbliebenen) Ressourcen als Grundlage eines Arbeitsbündnisses mit schwer belasteten und dadurch beeinträchtigten Kindern und Jugendlichen ab, richtet zum anderen aber auch den Blick auf die Probleme und Defizite von Kindern oder Jugendlichen, um zu versuchen, die sogenannten „guten Gründe", etwa den subjektiven Sinn eines problematischen Verhaltens, als Schutz- und Abwehrstrategie in ihrer schwer belasteten Situation zu verstehen. Eine einseitig ressourcen- bzw. stärkenorientierte Sichtweise verstellt sich hier selbst den Blick auf notwendige Verstehensprozesse auch im Kontext von Frühförderung.

Den Stellenwert des Resilenz-Konzepts für die interdisziplinäre Frühförderung kann man zudem dadurch relativieren, dass sie sich im Laufe ihrer nunmehr 30- bis 40-jährigen Existenz auch konzeptionell erheblich weiterentwickelt hat und – beurteilt nach dem Resilienz-Konzept – die Gefahr Resilienz hemmender (Neben-)Wirkungen verringert sowie die Chancen Resilienz fördernder Wirkungen erhöht hat. Dies jedoch ist im Wesentlichen bereits in den 80er- und 90er-Jahren des letzten Jahrhunderts erfolgt, also zu einer Zeit, in der die Forschung und Diskussion um Resilienz im deutschen Sprachraum noch weitgehend unbekannt war. Bis dahin hat sich die Frühförderung an einem sog. „Reparaturmodell" orientiert, das darauf abzielt, durch programmartige Interventionen – unter co-therapeutischem bzw. co-pädagogischem Einbezug der Eltern, speziell der Mütter – die schädigungs- und entwicklungsspezifischen Defizite von Kindern in den funktionalen Fähigkeitsbereichen Wahrnehmung,

Grob- und Feinmotorik, Kognition usw. so gut wie möglich zu beheben, zumindest zu reduzieren.[2] Die möglichen problematischen Folgen dieses Modells bestehen zum einen darin, dass Eltern in Konflikte zwischen ihrer mütterlichen oder väterlichen Rolle einerseits und einer quasi-professionellen Rolle andererseits kommen, dadurch die Spontaneität ihrer Interaktionen mit dem zu fördernden Kind leidet und ihnen ein Verlust an „intuitiver elterlicher Didaktik" (Papoušek 1997: 18) droht. Zum anderen spiegelt eine betont defizitorientierte Förderung dem Kind einseitig seine Schwächen; eine solche „fragmentierte Spiegelung" behindert das Kind, sich in seiner „Ganzheit" mit seinen Stärken und Schwächen zu erleben (Niedecken 1989: 188). Korrigierende Eingriffe erschweren die Selbstwert-Entwicklung des Kindes und sein Bewusstsein, ein Stück weit Kontrolle über sich und seine Umwelt zu gewinnen – und dies sind wichtige Resilienz ermöglichende Faktoren. Es kann – etwa bei Kindern mit Down-Syndrom – zu Vermeidungs- und Ausweichverhalten kommen, um sich vor „Selbstbildbeschädigungen" zu schützen (Arens/Rauh 1999: 206). Die Kehrseite dieses subjektiv sinnvollen Verhaltens besteht darin, dass das behinderte Kind von sich aus weniger entwicklungsfördernde Anforderungssituationen suchen wird.

Bedingt durch kritische Hinweise von Eltern, ferner durch Verhaltensauffälligkeiten, mit denen Kinder ihre Probleme mit einer einseitig funktionsorientierten Förderpraxis auf die ihnen mögliche Weise zum Ausdruck brachten, und nicht zuletzt auch durch die ernüchternden Ergebnisse eines solchen Fördermodells kam es seit den 1980er Jahren zu Weiterentwicklungen bzw. Neuansätzen in der Frühförderung, die unter der Resilienz-Perspektive bedeutsam sind, gleichwohl nicht von ihr angeregt wurden:

- Gegen die Tendenz, dem Kind „von außen" festgelegte Förderprogramme zu verordnen und die Eltern darin einzuspannen, wurden Ansätze entwickelt, die das vorfindbare Interaktionsgeschehen zwischen Eltern und Kind zu differenzieren und zu erweitern suchen und darin die spezifischen Bedürfnisse sowie Wahrnehmungs- und Erlebensweisen beider Interaktionspartner berücksichtigen (z. B. Byrne/Cunningham/Sloper 1988; Sarimski 1993). Bei solchen *interaktions- und beziehungsfokussierten Ansätzen* – mit Wustmann (2004: 125 und 133) könnte man auch von „Resilienzförderung auf der Beziehungsebene" sprechen – geht es darum, die Interaktions- und Beziehungsprozesse

---

2 Hier formuliere ich im Perfekt, um zu verdeutlichen, dass diese Weiterentwicklungsprozesse nicht unbedingt abgeschlossen sind und das „Reparaturmodell" von Förderung durchaus noch angewendet wird.

zwischen Eltern und Kind zu entlasten und zu stützen, indem den Eltern Hilfen zum Beobachten, Interpretieren und Verstehen der oftmals veränderten Ausdrucks- und Kommunikationsweisen ihres behinderten Kindes und Hilfen zur Verständigung und beim Umgang mit ihm gegeben werden.
- Gegen die Tendenz, die Förderung des Kindes weitgehend oder gar ausschließlich auf seine Defizite abzustellen, haben Jetter (1984) aus der Sicht der „Kooperativen Pädagogik" sowie die „Reutlinger Projektgruppe Frühförderung" (Kautter et al. 1998) alternative Konzepte auf der Grundlage der genetischen Entwicklungstheorie Piagets entwickelt. Sie beziehen sich auf die *Eigenaktivität, Selbstgestaltung und Selbstkompetenz* des Kindes und streben eine ganzheitliche Orientierung der Förderung an. Für die „Reutlinger Projektgruppe" um Kautter et al. bildet die Bindungstheorie eine zweite bedeutsame theoretische Grundlage ihres Ansatzes.

Angesichts der Gefahren einer individualistisch verengten Resilienz-Debatte und der Tatsache, dass die interdisziplinäre Frühförderung wesentliche konzeptionelle Weiterentwicklungen auch ohne den Bezug auf das Resilienz-Konzept durchlaufen hat, ist die Frage nach der Bedeutung dieses Konzeptes für die Frühförderung durchaus zu stellen. Wie ich zu zeigen versuchen werde, wäre es gleichwohl vorschnell, diese Frage negativ zu beantworten – allerdings muss man dafür auf Missverstehensmöglichkeiten des „riskanten Begriffs der Resilienz" (Fingerle 2008: 299) hinweisen und dessen Verständnis und die damit verbundenen Implikationen für die Förderung in drei – kurz angesprochenen – Punkten präzisierend akzentuieren.

2. Notwendige Akzentuierungen bei der begründeten Verwendung des Resilienz-Konzepts

(1) Gegenüber einer individualistisch verengten Sichtweise von Resilienz ist nachhaltig darauf zu insistieren, dass Resilienzprozesse im *Person-Umwelt-Bezug* gesehen werden müssen (vgl. Gabriel 2005). Resilienz entwickelt sich in der Auseinandersetzung mit widrigen situations- und lebensbereichsspezifischen Bedingungen (Risikofaktoren) auf der Grundlage und im Austausch mit sozialen und personalen Schutzfaktoren, auf die das Individuum bei seiner Interaktion mit der Umwelt zugreifen kann. Diese Schutzfaktoren sind nicht voneinander unabhängig (Kühl 2003: 53 und

58), sondern stehen zueinander in einem dynamischen, wechselseitigen Zusammenhang, der nicht eng genug gedacht werden kann. So werden personale Ressourcen wie „positive Temperamentseigenschaften", selbst wenn sie genetisch präformiert sind, spätestens[3] vom ersten Lebenstag an sozial überformt (verstärkt durch Bezugspersonen, welche die kindlichen Interaktions- und Kommunikationsangebote hinreichend feinfühlig-responsiv aufgreifen und beantworten). In diesem Sinne ist „Resilienz (...) ohne unterstützende Interaktionen im Sozialen nicht zu denken" (Gabriel 2005: 213).

Der enge Zusammenhang zwischen sozialen und personalen Ressourcen wird besonders in der Bindungstheorie und Bindungsforschung deutlich. Die in Deutschland mit der Bindungsforschung in besonders intensiver Weise verbundenen Klaus und Karin Grossmann, die den Begriff der „psychischen Sicherheit" dem Begriff der Resilienz vorziehen, heben die intersubjektive Dimension der Genese psychischer Sicherheit hervor. Für sie gibt es „keine individuellen Erklärungen, *weil sich die Psychologie der Entwicklung psychischer Sicherheit immer in Beziehung abspielt*" (Grossmann/Grossmann 2007: 32; Hervorh. im Original). „Psychische Sicherheit basiert auf einer ständigen Offenheit gegenüber maßgeblichen, relevanten Aspekten der Umwelt und dem Zusammenspiel und Vertrauen in das Wohlwollen und die Hilfsbereitschaft wichtiger Anderer" (Grossmann/ Grossmann 2008: 295).[4]

Gerade im Kontext der interdisziplinären Frühförderung können die Bindungstheorie und das Resilienz-Konzept in einem sich ergänzenden, gegenseitig befruchtenden Verhältnis stehen, insofern die Bindungstheorie die Bedeutung der Bindungsbeziehungen zwischen den primären Bezugspersonen und dem Kind herausstellt und das Resilienz-Konzept besonders den Blick auch auf die sozialen Ressourcen im weiteren Umfeld des Kindes lenkt und insgesamt den „dynamischen, transaktionalen Prozess zwischen Kind und Umwelt" (Wustmann 2005: 193) fokussiert.

(2) Resilienz wird als eine „psychische Widerstandsfähigkeit von Kindern gegenüber biologischen, psychologischen und psychosozialen Entwick-

---

3 Soziale Überformungsprozesse beginnen bereits in der vorgeburtlichen Entwicklung durch die Interaktion des Fötus mit der Mutter.
4 Aus entwicklungsneurobiologischer Perspektive sieht auch Gerald Hüther (2008, 51 f.) Vertrauen als Fundament aller kindlichen Entwicklungs-, Bildungs- und Sozialisationsprozesse an. Zu dessen Entwicklung „suchen alle Kinder enge Beziehungen zu Menschen, die ihnen Sicherheit bieten und ihnen bei der Lösung von Problemen behilflich sind (...)" (2008: 51).

lungsrisiken" (Wustmann 2005: 192) definiert. Nach den bisherigen Überlegungen ist zu fragen, ob „Widerstands*fähigkeit*" nicht zu sehr auf eine individuelle, länger andauernde und generalisierte Fähigkeit abhebt und eine individualistisch verengte Sichtweise von Resilienz unterstützt. Dabei zeigt sich doch, dass dasselbe Kind bzw. derselbe Jugendliche unterschiedliche Situationen durchaus unterschiedlich bewältigt, also nicht von einer stabilen Widerstandsfähigkeit ausgegangen werden kann. Um das Missverständnis von Resilienz als einem stabilen Persönlichkeitsmerkmal oder einer überdauernden und umfassenden Fähigkeit zu vermeiden, sollte man – sicher angemessener – von *Resilienzsituationen* bzw. *Resilienzkonstellationen* (Fingerle 2008: 302 f.) sprechen, in denen sich „Widerständigkeit" zeigt.

(3) Corina Wustmann (2004: 124 f.) unterscheidet zwei Ebenen der Resilienzförderung:
- „*Resilienzförderung auf der individuellen Ebene:* direkt beim Kind (Förderung von Basiskompetenzen/Resilienzfaktoren);
- *Resilienzförderung auf der Beziehungsebene:* indirekt über die Erziehungs- bzw. Interaktionsqualität, d. h. mittelbar über die Erziehungsperson (Stärkung der Erziehungskompetenzen von Eltern und anderen Erziehungspersonen; Mediatorenwirkung (...)" (2004: 125).

Zwar werden in diesen beiden Formulierungen, die von verschiedenen Autoren übernommen worden sind (vgl. Kipker 2008: 72; Kormann 2009: 195), zwei wichtige Bereiche von Resilienzförderung angesprochen, aber die Begriffe sind missverständlich und fragwürdig, und zwar je jünger die Kinder sind, umso mehr; denn die Beziehungsdimension spielt, wie deutlich wurde, auch und gerade in der Resilienzförderung „direkt beim Kind" eine zentrale Rolle. Darin liegt eine entscheidende Wirkvariable von Frühförderung überhaupt (vgl. Weiß 2002). Die Missverständlichkeit könnte dadurch vermieden werden, dass unterschieden wird zwischen einer *beziehungsorientierten Resilienzförderung direkt mit dem Kind* und einer *Resilienzförderung über die Stärkung bzw. Unterstützung der Eltern, Erzieher bzw. der Menschen im weiteren Umfeld des Kindes.*

Nach Zander (2008: 45) ergeben sich daraus drei unterschiedliche Ebenen der Resilienzförderung:
1. beim Kind selbst (Persönlichkeit),
2. in seinem unmittelbaren Umfeld (Familie oder Ersatzfamilie),
3. in seinem weiteren sozialen Umfeld (Nachbarschaft, Krippe, Kindergarten, Schule, Stadtteil).

Daraus folgt: „(...) Förderansätze, die allein auf personale Ressourcen fokussieren, zielen lediglich auf eine Teilmenge der von der Forschung identifizierten Resilienzfaktoren und lassen die Bedeutung sozialer Ressourcen häufig außer Acht" (Fingerle 2008: 301).

Nur ein *intersubjektiv* gefasstes, d. h. nicht individualistisch verkürztes Verständnis von Resilienz kann für die Arbeit in der Frühförderung anregend sein. Dessen Anregungspotenzial liegt vor allem darin, das Wissen über die in den epidemiologischen Studien ermittelten Risiko- und Schutzfaktoren in ein kind- und umweltbezogenes Förderkonzept für jedes Kind einzubringen und dieses Konzept und seine Umsetzung unter folgenden Aspekten zu befragen (vgl. Wustmann 2004: 123):

- Welche Risikofaktoren bestehen und wie lassen sie sich in ihren Wirkungen eindämmen (*risikozentrierte Perspektive*)?
- Über welche sozialen und personalen Ressourcen verfügt das Kind bzw. seine Familie, wie lassen sich diese Ressourcen mobilisieren und in ihrer Effektivität erhöhen (*ressourcenzentrierte Perspektive*)?
- Über welche protektiven Systeme (Bindungssystem, Bewältigungsmotivationssystem, selbstregulative Systeme) verfügt das Kind, und wie lassen sich diese *Schutzfaktoren stärken*?

Diese Multiperspektivität in Verbindung mit den drei genannten Ebenen der Resilienzförderung nach Zander (2008) kann dazu beitragen, ein zu eng gefasstes (klein-)familienzentriertes Konzept von Frühförderung im Sinne einer gemeindenahen, inklusionsbezogenen Orientierung auszuweiten.

3. Weitere konzeptuelle Überlegungen zur Resilienzförderung – „Resilienz-Bausteine"

Die Entwicklungspsychologin Edith H. Grotberg, die sich viele Jahre lang mit der Entwicklung von Konzepten der Resilienzforschung und -förderung beschäftigt hat, präferiert einen Ansatz von Resilienzförderung, bei dem der Schwerpunkt eindeutig auf der Stärkung des Kindes durch Bezugspersonen – die Eltern oder andere Betreuungspersonen – liegt, der also auf deren liebevolle, emotionale Sicherheit gewährende und „das Selbstvertrauen stärkende Unterstützung" (Zander 2008: 196) setzt. Im Zentrum der Resilienzförderung steht bei ihr die Frage, über welche Schutzfaktoren ein Kind verfügt. Die Klassifikation von schützenden Merkmalen bzw. Resilienz fördernden Ressourcen eines Kindes nimmt sie nicht nach den drei Ebenen Kind, Familie und soziales Umfeld vor,

sondern nach folgenden drei Kategorien (Wustmann 2004: 117 f.; Zander 2008: 197 f.):
(1) *I have (ich habe): soziale Ressourcen*, die Gefühle von Sicherheit und Schutz ermöglichen (z. B. ich habe Menschen um mich, die mir vertrauen und die mich bedingungslos lieben);
(2) *I am (ich bin): personale Ressourcen*, die Gefühle, Überzeugungen und Verhaltensweisen ermöglichen, welche die eigene Person- und Weltsicht betreffen (z. B. ich bin eine Person, die von anderen wertgeschätzt wird);
(3) *I can (ich kann): interpersonale und Problemlösefähigkeiten* (z. B. ich kann Lösungen für Probleme finden, mit denen ich konfrontiert werde; ich kann jemanden finden, der mir hilft, wenn ich Unterstützung brauche).

Die Kategorie 1 bezieht sich auf *soziale* Ressourcen eines Kindes, die Kategorien 2 und 3 betreffen *personale* Ressourcen. Den Letzteren ordnet Grotberg jedoch keine Eigenschaften des Kindes zu, vielmehr Haltungen, die als solche veränderbar erscheinen, und zwar durch pädagogische oder therapeutische Maßnahmen und durch Einflussnahme auf die Lebensbedingungen des Kindes (Zander 2008: 198).

An Grotberg anknüpfend, nennen Brigid Daniel und Sally Wassell in ihrem für die Frühförderung von Kindern mit psychosozialen Risiken hoch anregenden Arbeitsbuch „The Early Years. Asessing and Promoting Resilience in Vulnerable Children" (2002: 13) drei Grundbausteine, die Resilienz stützen:
1. eine *sichere Basis*, auf der das Kind ein Gefühl der Zugehörigkeit und Sicherheit erlebt und die es ihm ermöglicht, sich aktiv explorierend mit seiner Umwelt auseinanderzusetzen;
2. eine *gute Selbst-Wertschätzung*, also eine verinnerlichte Vorstellung, etwas wert zu sein und zu können (Selbstvertrauen aufgrund von Kompetenzerfahrungen);
3. ein *Gefühl der Selbst-Wirksamkeit*, d. h. von Einfluss und Kontrolle, zusammen mit einem realitätsbezogenen Wissen um persönliche Stärken und Grenzen (Entwicklung realistischer Kontrollüberzeugungen).

Diese Vorstellungen von der Welt und von sich selbst resultieren aus internalisierten positiven Erfahrungen eines Kindes im Rahmen der Transaktionen zwischen ihm und seiner personalen und gegenständlichen Umwelt. Säuglinge, deren Kommunikationsangebote von familiären Bezugspersonen hinreichend feinfühlig „beantwortet" werden, machen von frühester Zeit an Erfahrungen, auf diese Personen „einwirken" zu können (Selbstwirksamkeitserfahrungen). Umgekehrt führen „mangelnde Feinfühligkeit bzw. emotionale Vernachlässigung (...) dazu, dass Säuglinge bereits im Alter von vier bis sechs Monaten ihre Kommunikationsangebote an ihre Umgebung wie Blickkontakt, mimische, akustische und motorische Aktivitäten aufgeben" (Fries et al. 2005: 119) und damit ihre eigenen Erfahrungsmöglichkeiten von Selbstwirksamkeit als wichtigen „Resilienz-Baustein" einschränken. Bei einem Kind, das insgesamt in ungünstigen Lebensumständen aufwächst, werden sicher partielle positive Erfahrungen nur dann prägend sein können, wenn es für das Kind bedeutungsvolle Erfahrungen sind.[5] Zu fragen ist, inwieweit die interdisziplinäre Frühförderung zu Bedingungen beitragen kann, welche die Entwicklung dieser „Resilienz-Bausteine" ermöglichen.

4. Frühförderung aus der Resilienzperspektive

Die Kinder, die Frühförderung brauchen, lassen sich in zwei Gruppen einteilen:
- Kinder mit *biologischen Risiken bzw. Schädigungen*. Sie weisen eine erhöhte Verletzlichkeit auf und benötigen „die kompetente, stützende, schützende und begleitende Interaktion mit einem Erwachsenen viel intensiver und viel länger als wenig vulnerable Kinder" (Rauh 2008: 187).
- Kinder mit *psychosozialen Risiken* (Armut, Vernachlässigung, Eltern mit psychischen Erkrankungen oder sonstigen gravierenden Belastungen) (vgl. Klein 2002). Armut ist vor allem dann ein gravierender Risikofaktor, wenn sie komplex ausgeprägt ist und die Handlungsspielräume einer Familie und der Kinder insbesondere in den Bereichen Versorgung, Lern- und Erfahrungsmöglichkeiten, Bildung, Kontakte und Kooperationen, Muße und Erholung erheblich einschränkt.

---

5   Es wäre verfehlt, in einer schlicht dichotomischen Betrachtungsweise davon auszugehen, dass ein Kind über diese „Resilienz-Bausteine" verfügt oder nicht. Vielmehr ist auch auf ihren inhaltlichen Bezug, ihren lebensgeschichtlichen Entstehungszusammenhang und ihre damit möglicherweise verbundene Konflikthaftigkeit und Ambivalenz zu achten, in welchem Kontext z.B. und unter welchen Bedingungen sich ein Kind als wertgeschätzt erlebt oder in welchen Situationen es Selbstwirksamkeit erfährt (etwa besonders dann, wenn es destruktiv mit Dingen umgeht). Auf diese Aspekte richtet sich der Fokus besonders im Konflikt- und Entwicklungsmodell der Psychoanalyse, das ebenso wie die Bindungstheorie in einem produktiven Ergänzungsverhältnis zum Resilienz-Konzept stehen kann (vgl. Leuzinger-Bohleber 2009).

Die Kinder beider Gruppen bedürfen der Förderung entsprechend der genannten „Resilienz-Bausteine".

4.1 Stärkung einer „sicheren Basis"

Wie schon angedeutet (vgl. Kap. 3) sieht Grotberg in einer emotional förderlichen Kind-Erwachsenen-Beziehung (Zander 2008: 196), die für Kinder eine Vertrauensgrundlage und „sichere Basis" schafft, den Schlüssel zur Resilienzförderung. Im Sinne eines sozialökologischen Ansatzes, der neben dem Kind auch die Eltern und die ihm am nächsten stehenden Personen einbezieht, lassen sich für die konkrete Resilienzförderung folgende Fragen formulieren (Daniel/Wassell 2002; Zander 2008: 203 f.):

„1. Macht das Kind den Eindruck, dass es sich ‚sicher gebunden' fühlt?	– Was kann getan werden, damit sich das Kind ‚sicher gebunden' fühlt?
2. Bietet das gegenwärtige Erziehungsumfeld (Eltern oder Ersatzfamilie) dem Kind eine ‚sichere Bindungsbasis'?	– Kann gewährleistet werden, dass das Kind eine ‚sichere Bindung' in seinem familiären Umfeld erfährt? Kann die Mutter-/Vater-Kind-Beziehung gestärkt werden?
3. Welche anderen Personen wären für das Kind in seinem weiteren sozialen Umfeld (oder sozialen Netzwerk) ‚greifbar'? Auf wen könnte es sich verlassen?	– Bestehen im weiteren sozialen Umfeld Möglichkeiten, die für das Kind zugänglich gemacht können?"

In den letzten Jahren ist eine Vielzahl von Konzepten und Programmen zur Stärkung der elterlichen Interaktions- und Erziehungskompetenz auf den Markt gekommen (vgl. Wustmann 2004: 136–143; Fröhlich-Gildhoff/ Rönnau-Böse 2009: 78–83). Oftmals sind diese meist zeitlich begrenzten Elternkurse wie viele Elternbildungsprogramme mittelschichtspezifisch orientiert. Inzwischen liegen jedoch auch praxisnahe, vor allem auf der Bindungstheorie beruhende Konzepte zur Unterstützung und Förderung der Eltern-Kind-Interaktion und -Beziehung vor, die besonders für sozial benachteiligte Familien mit multiplen Problemen konzipiert sind, z. B. die *Entwicklungspsychologische Beratung* (Fries et al. 2005; Ziegenhain 2008) und das *STEEP^(TM)-Programm* (Kissgen/Suess 2005; Erichson/Egeland 2009, vgl. auch Gloger-Tippelt 2008). Ihr Ziel ist es, Eltern zu befähigen, die Bedürfnisse ihres Kindes aus dessen Perspektive wahrzunehmen und die Beziehung zu ihrem Kind mit größerer Feinfühligkeit zu gestalten. Hierzu werden mit Videoaufnahmen Interaktionssequenzen zwischen Mutter oder Vater und Kind festgehalten und gemeinsam mit der Fachperson angesehen, sodass die Eltern selbst die individuellen Verhaltensweisen ihres Kindes, aber auch eigene angemessene Reaktionen entdecken und in die Alltagssituation übertragen können. In dieser Umsetzung in den Alltag liegt eine entscheidende Bedingung für die Nachhaltigkeit solch eltern- und kindbezogener Interaktionsberatung und -begleitung.

Voraussetzung dafür ist eine halbwegs vertrauensvolle Beziehung zwischen Eltern (Mutter) und Fachperson, die „von grundlegendem Respekt geprägt" (Kissgen/Suess 2005: 125) ist. Dann wird es Eltern auch leichter fallen, über Gefühle und Lebensereignisse, speziell belastende Beziehungserfahrungen mit ihrem Kind und evtl. auch eigene traumatische Erfahrungen in der „Beziehungsgeschichte" mit ihren Eltern, zu sprechen. Dies hilft ihnen, die Bedürfnisse des eigenen Kindes ein Stück weit besser wahrzunehmen und zu beachten (Daniel/Wassell 2002: 98).

Bei Familien in schwierigen Lebenslagen (z. B. Armut und soziale Randständigkeit) ist es oftmals erforderlich, derartige interaktions- und beziehungsfördernde Konzepte mit praktischen, lebensweltorientierten Hilfeangeboten zu verbinden (Fries et al. 2005: 121). Im „STEEP-Programm" zählen dazu Hilfen zur Nutzung von Beratungs- und Unterstützungsangeboten „bezüglich Arbeitssuche, Schuldnerberatung, Gesundheitsvorsorge oder auch der Wohnungssuche. STEEP verbindet somit Elemente der Eltern-Kleinkind-Psychotherapie mit klassischen Methoden der Sozialen Arbeit. Zwar sind diese nicht Bestandteil der Ausbildung zur STEEP-Beraterin. Diese ist aber geschult, andere Dienste (z. B. Sozialamt) in Form eines Case-Managements in die Betreuung der Familie einzubeziehen. Durch diese lebenspraktische Seite des STEEP-Programms werden Hilfen wenn schon nicht aus einer Hand, so doch durch eine Hand koordiniert" (Kissgen/Suess 2005: 128). Eine solche Lebensweltorientierung entspricht den Erfahrungen der Frühförderung bei Familien in psychosozialen Problemlagen, welche die Notwendigkeit „sozialarbeiterischer Elemente" (Naggl/Thurmair 2000: 230) und eines „Case-Managements" zum Einbezug flankierender sozialer Hilfen – etwa durch den ASD – deutlich belegen (vgl. Weiß 2005: 190 f.).

Nach Unzner (2005: 138) sind „die Beratung der Eltern und die Förderung der Eltern-Kind-Beziehung (...) ein unverzichtbares und integriertes

Element der Frühförderung", was er mithilfe praxisbezogener Beispiele verdeutlicht. Dafür bieten die Struktur und Arbeitsweise in den Interdisziplinären Frühförderstellen – sofern die erreichten Standards z. B. der Familienorientierung und Ganzheitlichkeit erhalten werden können – gute Voraussetzungen. Allerdings ist auf eine mögliche problematische Tendenz aufmerksam zu machen: Die Darstellung mancher Interventionsansätze erweckt manchmal den Eindruck, als ob diese Konzepte – gezielt und effizient eingesetzt – hocheffektiv elterliches Verhalten verändern könnten. Gegenüber solch einer eher „technisch" verstandenen Einflussnahme merkt aber Hintermair aus der Sicht des Salutogenese-Ansatzes (Antonowsky 1993) vorsichtig-kritisch an:

„Entscheidender als unmittelbar die Responsivität oder das intuitive parenting durch Beratung und Anleitung etc. zu ‚fördern', könnte es sein, darauf zu achten, wie durch die Gestaltung und das Arrangement der Angebote der jeweiligen Frühförderstelle die Zuversicht der Eltern in ihr Kind und in ihre veränderte Gesamtsituation wächst. Es kommt also möglicherweise nicht so sehr auf einen (möglichst) unmittelbar sichtbaren und messbaren Effekt von Maßnahmen an, sondern mehr auf die indirekt darüber erreichte subjektiv erlebte Kompetenz- und Kohärenzstärkung" (Hintermair 2003: 69 f.).[6]

4.2 Ermöglichung von Selbstwertschätzung, Selbstvertrauen und Selbstwirksamkeitserfahrungen im Weltbezug des Kindes

Selbstwertschätzung, Selbstvertrauen und die Erfahrungen der Selbstwirksamkeit, das Bewusstsein, Kontrolle über sich und seine Umwelt zu gewinnen, kann ein Kind – vor allem in der spielerisch-handelnden Auseinandersetzung mit seiner Welt – unter zwei Voraussetzungen erwerben:
1. Es müssen für das Kind befriedigende Handlungssituationen sein, in denen es sich als Gestalter seiner Aktivität und Exploration erlebt und dadurch die Erfahrung eigenen Könnens und Schaffens macht.
2. Das Kind muss in diesen Aktivitäten Wertschätzung erhalten und erfahren, dass andere an es glauben und an sein Tun („Das schaffst Du"; Wustmann 2009).

---

6 In einer gewissen Analogie dazu endet S. Steiner ihren Beitrag über „Das Resilienzparadigma als handlungsleitender Gedanke der Zusammenarbeit mit den Eltern ..." (2002), wenn sie schreibt: „Wenn es im Rahmen der Frühförderung gelänge, diese Art der Hoffnung [im Sinne des Kohärenzgefühls nach Antonowsky; H. W.] mit den Eltern zu konkretisieren und zu unterstützen, wäre ein Schritt in Richtung einer qualitativen Weiterentwicklung der Zusammenarbeit mit den Eltern getan" (138).

Kinder entwickeln bereits im ersten Lebensjahr die Überzeugung, Effekte selbst herbeiführen zu können, und freuen sich darüber. Positive Rückmeldungen vonseiten der Umwelt verstärken diese Überzeugung und Tendenz der Kinder, Effekte durch Selbsttun zu erzeugen. Zudem orientieren sich Kinder ab Ende des zweiten Lebensjahres und das Vorschulalter hindurch bei der Selbstbewertung ihres Tuns und der erzielten Ergebnisse an den Rückmeldungen der Erwachsenen. Ihre Selbstbewertung und die damit eng zusammenhängende Selbstwirksamkeit resultieren also in dieser Zeit aus den Reaktionen Externer (Holodynski/Oerter 2002: 565 ff.).

Aufgabe einer Resilienz unterstützenden Frühförderung ist es somit, dem Kind Handlungsmöglichkeiten anzubieten, in denen es sich als „Bewirkender" erfährt, und seine Handlungen und Handlungsergebnisse zu (be-)achten.

Kinder in der Frühförderung haben jedoch aus unterschiedlichen Gründen oft Probleme, mit den Dingen und Zusammenhängen ihrer Welt überhaupt hinreichend in Beziehung zu treten. Gründe hierfür können eine kärgliche, deprivierende Umwelt sein, eine fehlende „sichere Basis" und unzureichende Beachtung ihrer Explorationsversuche oder auch erschwerte bzw. eingeschränkte Explorationsmöglichkeiten im Sinne einer gravierenden motorischen oder kognitiven Beeinträchtigung. Auch die Welt der Dinge ist eine sozial-kulturelle, also von Menschen geprägte Welt. Um mit ihr vertraut zu werden, die Dinge, ihre Zusammenhänge und Strukturen zu erfassen, sie mit subjektiven Bedeutungen zu belegen und emotional einzufärben, bedarf es interessierter Erwachsener; denn: „Dinge werden durch interessante Menschen interessant" (Pfeffer 1988: 231).

Indem der Erwachsene die Aktivitäten des Kindes mit „interessierter Resonanz" (Schäfer 2007: 67) begleitet oder – wie Datler (2004: 49) am Beispiel eines schwerbehinderten Säuglings eindrucksvoll aufzeigt – gegebenenfalls mit „stimulierender Feinfühligkeit" das Kind mit der Welt der Dinge in Beziehung zu bringen sucht, stellen beide eine gemeinsam geteilte Welt her. Diese bedeutsame Aufgabe des Erwachsenen als interessierter Begleiter und feinfühliger Anreger wird wiederum in einem bindungstheoretisch fundierten Verständnis der Frühförderung besonders betont:

„Jegliche Förderung und Therapie des Kindes basiert auf der Grundlage der Beziehung zwischen der Frühförderfachkraft und dem Kind. Über die Spielfeinfühligkeit der Fachkraft wird das Kind in einem geschützten Rahmen in die Zone der nächstmöglichen Entwicklung geführt;

es erfährt, dass seine Anstrengungen wertgeschätzt werden und gewinnt so Kompetenz und Selbstvertrauen" (Unzner 2005: 137).

Exkurs: Die „Bodenzeit-Methode (Floor Time)" nach Greenspan et al.[7]

Der amerikanische Kinderarzt und -therapeut Stanley I. Greenspan hat zusammen mit Mitarbeitern einen als „Bodenzeit-Methode" bekannten pädagogisch-therapeutischen Ansatz entwickelt, um Kinder mit gravierenden Störungen in ihrer sozialen, emotionalen und kognitiven Entwicklung zu fördern (vgl. Greenspan/Wieder 2001; vgl. auch Greenspan/Shanker 2007). *Bodenzeit (Floor Time)* ist primär wörtlich zu verstehen: Eltern sollen sich in einem Zeitraum von 20 bis 30 Minuten mit ihrem „Kind auf den Boden setzen, interagieren und spielen" (Greenspan/Wieder 2001: 157). Die offizielle Bezeichnung für das Bodenzeit-Konzept lautet *Developmental Individual Relationship-based-Model (DIR^{tm})*. Auch darin drückt sich ein wesentliches, wenn nicht das zentrale Merkmal dieser Fördermethode aus: Es geht um einen individuellen Ansatz, bei dem die Beziehung Erwachsener – Kind der Dreh- und Angelpunkt ist:

„Personale Bindungen sind entscheidend für die kindliche Entwicklung. Wir Menschen scheinen dafür geschaffen zu sein, im Bezogensein auf andere Menschen zu lernen und geistig zu wachsen. Gehirn und Geist entwickeln sich einfach nicht, wenn sie nicht im Kontakt zu anderen Menschen, in der beständigen Beziehung zu einer Betreuungsperson, gefördert werden. Dies gilt auch für das Selbstwertgefühl, die Fähigkeit, die Initiative zu ergreifen, die Kreativität, ja sogar für die intellektuellen Funktionen des Gehirns wie Logik, Urteilsvermögen und abstraktes Denken" (Greenspan/Wieder 2001: 157).

Im Zentrum von Lernprozessen stehen somit früheste Beziehungserfahrungen und die dadurch sich entwickelnden Emotionen, die auch in einem weit größeren Maß, als dies bislang oft gesehen wurde, Grundlage der kognitiven Entwicklung sind (vgl. Greenspan/Shanker 2007: 15):

„Ein Kleinkind gewinnt erste Erkenntnisse über Zusammenhänge von Ursache- und Wirkmechanismen, indem es einen Löffel fallen lässt und ihm nachschaut, wenn er zu Boden fällt. Aber es lernt weit mehr über Ursache und Wirkung, und weit früher und nachhaltiger, indem es lächelt und ein Lächeln zurückbekommt, indem es später die Arme nach der Mutter ausstreckt und auf den Arm genommen wird. Die Freude, die aus die-

---

[7] Anregungen zu dieser Methode und ihrer Einschätzung verdanke ich meiner Kollegin an der Reutlinger Fakultät für Sonderpädagogik, Prof. Dr. Jutta Schäfer.

sem Lernen erwächst, ist weit intensiver, und die Feinheiten von Mamas Reaktion sind weit subtiler und abwechslungsreicher. Eine solche reiche und intensive Reaktion, die sich den Gefühlen des Kindes tief einprägt, ist nur in zwischenmenschlichen Interaktionen möglich. Das Kind wendet diese emotionale Lektion in Kausalität („Ich kann etwas bewirken') auf die physische Welt an. Die emotionale Lektion kommt zuerst und bildet die Grundlage für die kognitive Lektion" (Greenspan/Wieder 2001: 158).

Aus diesem Verständnis von emotional fundiertem Lernen in Beziehung heraus werden sechs Wegmarken als „Formen emotionaler Interaktionen" (Greenspan/Wieder 2001: 95) für das Säuglings- und Kleinkindalter beschrieben, „die gleichbedeutend mit sechs frühen Entwicklungsphasen sind" (95): „Selbstregulierung und Interesse an der Welt" (97); „vertrauensvolle Nähe" (100); „wechselseitige Kommunikation" (104); „komplexe Kommunikation" (106); „emotionale Vorstellungen" (112); „emotionales Denken" (116).

Ein weiteres zentrales Merkmal der Bodenzeit-Methode besteht darin, dass der Erwachsene die Aktivitäten des Kindes aufgreift, sich darin mitmachend einbezieht und im Sinne einer wechselseitig gestalteten Interaktion auch eigene Aktivitätsideen einbringt, dabei aber „das Kind als Lenker des Spielgeschehens" (Greenspan/Wieder 2001: 178) respektiert. Aus der Vielzahl der entsprechenden Interaktionsbeispiele sei eines zur Veranschaulichung ausgewählt, weil darin auch sprachliche Deutungsangebote für Emotionen berücksichtigt sind:

„Wenn Ihre Tochter ihr Lieblingskuscheltier reibt, reiben Sie es ebenfalls. Wenn sie es gestattet, drehen Sie das Kuscheltier um und warten Sie ab, ob sie es in die ursprüngliche Position zurücklegt. Benennen Sie Gefühle, die mit dem Reiben des Kuscheltiers einhergehen; sagen Sie beispielsweise: ‚Armes Häschen' oder ‚Ich hab dich lieb.'" (Greenspan/Wieder 2001: 180).

Das Handeln des Kindes in dieser Weise aufzunehmen und das eigene Handeln darauf zu beziehen, dabei jedoch auch behutsam zu variieren („handlungsbezogenes Handeln"; Sünkel nach Klein 1979: 69) wird in der Bodenzeit-Methode auch bei Perseverationen von Kindern vorgeschlagen. Derartige psychische Beharrungstendenzen werden dann als für das Kind subjektiv sinnvoll erachtet, weil sie ihm möglicherweise „ein Gefühl von Sicherheit" (Greenspan/Wieder 2001: 189) vermitteln.

Sozial benachteiligte Eltern sind ganz sicher nicht die primären Ansprechpartner der Bücher von Greenspan et al.; sie sind wohl kaum in der Lage, die Bodenzeit-Methode im häuslichen Alltag hinreichend umzusetzen. Auch verbinden Greenspan et al. mit ihrem Konzept nicht explizit den Anspruch von Resilienzförderung (dieses Stichwort taucht in keinem Stichwortverzeichnis ihrer Bücher auf). Es ist davon auszugehen, dass es ihnen auch gar nicht primär darum geht, eine wie immer geartete „Widerstandskraft" beim Kind aufzubauen. Die Autoren geben vielmehr ganz konkrete Hinweise, wie ein angemessener und auf die Stärken, Entwicklungsfähigkeiten und Probleme des Kindes abgestimmter Interaktionsstil aussehen kann, der dem Kind förderlich ist und ihm Sicherheit vermittelt, und zwar gerade dann, wenn es keine günstigen psychophysischen oder sozialen Entwicklungsvoraussetzungen mitbringt. Angemessen adaptiert, enthält die Bodenzeit-Methode viele wertvolle Anregungen für eine respektvolle, Resilienz stärkende Frühförderung auch jenseits mittelschichtspezifischer Verhältnisse. Darauf kann auch eine eltern- und kindbezogene Interaktionsberatung und -begleitung aufbauen (vgl. Kap. 4.1).

4.3 Netzwerkförderung zur Stärkung sozialer Ressourcen und Erweiterung von Beziehungserfahrungen

Förderprogramme etwa im Vorschulbereich haben sich vor allem dann als wirksam erwiesen, wenn sie Kindern in schwierigen Lebenslagen längerfristig Zugang zu kompetenten und fürsorglichen Erwachsenen anboten, „von denen sie Problemlösungsfähigkeiten lernten, durch die sich ihre Kommunikationsfähigkeit und ihr Selbstwertgefühl verbesserten" – also zu Erwachsenen, „die positive Rollenmodelle darstellten" (Werner 1997: 201).

Daher ist es im Sinne der Resilienzförderung wichtig, Kindern mit belasteten familiären Bindungserfahrungen Gelegenheit zu geben, eine längerfristige Vertrauensbeziehung zu einer verlässlichen, Halt gebenden, signifikanten Bezugsperson etwa im Kindergarten aufzubauen. Nicht strukturierte Lernprogramme sind hier primär entscheidend (ohne ihren Wert als gering erachten zu wollen), sondern *Beziehungsdichte* und *Beziehungskonstanz* in anregungsreichen Situationen – als Voraussetzung dafür, dass diese Kinder eine sichere Basis und Selbst-Wertschätzung entwickeln und Erfahrungen von Selbst-Wirksamkeit erwerben können.

Darüber hinaus können aus der Sicht der Resilienzforschung im weiteren familiären und nachbarschaftlichen Umfeld (Großeltern, Geschwister, Freund, Spielkameraden ...) wichtige Stütz- und Schutzfaktoren gerade für Kinder in schwierigen Lebensverhältnissen liegen. Daraus ergeben sich folgende Handlungsorientierungen:

- Ausschau halten nach möglichen bedeutungsvollen Bezugspersonen („Ankerpersonen") im Verwandten- und Bekanntenkreis;

- Aufbau von Familienbegegnungsstätten bzw. Familienzentren nach dem Vorbild der britischen Early Excellence Centres (siehe Berliner Pestalozzi-Fröbel-Haus; vgl. Zander 2008: 191), in denen möglichst regelmäßige – und auch intensivere – Begegnungsmöglichkeiten zwischen Kindern und Erwachsenen aus demselben Sozialraum bestehen (vgl. Weiß 2007). Early Excellence Centres sind vorwiegend in sozial schwachen Stadtteilen und Regionen angesiedelt und stehen in der Tradition der „Community Education", die pädagogische Angebote und Nachbarschaftsarbeit miteinander verknüpft. Sich in Strukturen der Gemeinde einzubeziehen, ist nach dem Resilienz-Konzept eine wichtige Aufgabe von Frühförderung.

Abschließende Anmerkungen

Braucht die Frühförderung das Resilienz-Konzept? Wie wohl deutlich geworden ist, nicht zwingend; denn so gut wie alle angesprochenen Vorschläge und Anregungen lassen sich auch in anderen Theoriebeständen verorten.

Dennoch kann das Konzept hilfreich sein: Seine Bedeutung liegt zunächst darin, einen gemäßigten Förderoptimismus auch für Kinder zu haben, deren Lebensperspektiven zumindest auf den ersten Blick eher zu einer pessimistischen Einschätzung führen könnten. Resilienz als „Gegenwahrscheinlichkeit der Wahrscheinlichkeit für einen negativen Entwicklungsverlauf" (Fingerle 2008: 300) gibt Anlass, Chancen auch in schwierigen Situationen zu sehen, nach Ressourcen zu suchen, um sie dann zu fördern. „Gegenwahrscheinlichkeit" schließt jedoch nicht aus, dass Entwicklungs- und Förderprozesse scheitern können (jedenfalls von außen betrachtet), was aber in der Konsequenz auch heißen muss, dies dann nicht dem Betroffenen verkürzend selbst anzulasten.

Wenn unter dem Stichwort *Resilienz* „alte", schon bekannte gültige Einsichten insbesondere der Psychologie und Pädagogik „neu entdeckt" und entfaltet werden, ist dies positiv zu würdigen. Ich denke hier z. B. an den Einsatz von Märchen und Geschichten (vgl. Wustmann 2004: 129–131), um Kindern „resiliente (und auch anti-resiliente) Verhaltensweisen" (129) zu verdeutlichen.

Der Resilienzgedanke legt weiter nahe, mit Kindern, weil für sie in ihrer Auseinandersetzung mit der Welt die dingliche und die personale Dimension so eng miteinander verschränkt sind, in bildungswirksame und stärkende Lerndialoge auf gleicher Augenhöhe zu treten, darin ihre

Ideen, seien sie auch noch so unrealistisch und „unmöglich", ernst zu nehmen (vgl. Wustmann 2009). Der Anspruch einer Resilienz fördernden Interaktion und Kommunikation mit Kindern führt damit zwingend zur Frage nach der pädagogisch-therapeutischen Haltung Kindern gegenüber.

Und nicht zuletzt: Die Förderung von Resilienz bei Kindern beinhaltet nach Grotberg (2003) auch die Frage an den Erwachsenen selbst nach seinen eigenen Resilienzerfahrungen und -faktoren (vgl. Zander 2008: 196). Dies schließt ein, sich mit den eigenen Bindungsrepräsentationen und bestehenden „blinden Flecken" auseinanderzusetzen (Unzner 2005: 140).

Literatur

Antonowsky, A. (1993): Gesundheitsforschung versus Krankheitsforschung. In: Franke/ Broda (Hrsg.): Psychosomatische Gesundheit. Versuch einer Abkehr vom Pathogenese-Konzept, S. 3–14. Tübingen

Arens, D./Rauh, H. (1999): Kleinkinder mit Down-Syndrom. Entwicklungsverläufe und Entwicklungsbesonderheiten. In: Arbeitsstelle Frühförderung Bayern (Hrsg.): Kind sein, und behindert. Bericht vom Münchener Symposion Frühförderung 1998, S. 196–209. München

Byrne, E. A./Cunningham, C. C./Sloper, P. (1988): Families and their children with Down's syndrome: One feature in common. London, New York

Daniel, B./Wassell, S. (2002): The early years. Assessing and promoting resilience in vulnerable children, vol. 1. London, Philadelphia

Datler, W. (2004): Die Abhängigkeit des behinderten Säuglings von stimulierender Feinfühligkeit. In: Ahrbeck/Rauh (Hrsg.): Behinderung zwischen Autonomie und Angewiesensein, S. 45–69. Stuttgart

Erichson, M. F./Egeland, B. (2009: Die Stärkung der Eltern-Kind-Bindung: Frühe Hilfen für die Arbeit mit Eltern von der Schwangerschaft bis zum zweiten Lebensjahr des Kindes durch das STEEP-Programm. 2. Aufl. Stuttgart

Fingerle, M. (2008): Der „riskante" Begriff der Resilienz – Überlegungen zur Resilienzförderung im Sinne der Organisation von Passungsverhältnissen. In: Opp/Fingerle (Hrsg.): Was Kinder stärkt. Erziehung zwischen Risiko und Resilienz. 3. Aufl. S. 299–310. München

Freyberg, Th. Von (2009): Tantalos und Sisyphos in der Schule. Zur strukturellen Verantwortung der Pädagogik. Frankfurt am Main

Fries, M./Behringer, L./Ziegenhain, U. (2005): Beziehungs- und bindungsorientierte Intervention in der Frühförderung am Beispiel der Entwicklungspsychologischen Beratung. In: Frühförderung interdisziplinär 24, S. 115–123

Fröhlich-Gildhoff, K./Rönnau-Böse, M. (2009): Resilienz. München, Basel

Gabriel, Th. (2005): Resilienz – Kritik und Perspektiven. In: Zeitschrift für Pädagogik 51, S. 207–217

Gloger-Tippelt, G. (2008): Präventive Programme zur Stärkung elterlicher Beziehungskompetenzen – Beitrag der Bindungsforschung. In: Ziegenhain/Fegert (Hrsg.): Kindeswohlgefährdung und Vernachlässigung. 2. Aufl. S. 128–141. München, Basel

Greenspan, S. I./Wieder, S. (2001): Mein Kind lernt anders. Ein Handbuch zur Begleitung förderbedürftiger Kinder. Düsseldorf, Zürich

Greenspan, S. I./ Shanker, S. (2007): Der erste Gedanke. Frühkindliche Kommunikation und die Evolution menschlichen Denkens. Weinheim, Basel

Grossmann, K. E./Grossmann, K. (2007): „Resilienz" – Skeptische Anmerkungen zu einem Begriff. In: FookenZinnecker (Hrsg.): Trauma und Resilienz. Chancen und Risiken lebensgeschichtlicher Bewältigung von belasteten Kindheiten, S. 29–38. Weinheim, München

Grossmann, K./Grossmann, K. (2008): Die Entwicklung von Bindungen: Psychische Sicherheit als Voraussetzung für psychologische Anpassungsfähigkeit. In: Opp/Fingerle (Hrsg.): Was Kinder stärkt. Erziehung zwischen Risiko und Resilienz. 3. Aufl., S .279–298. München, Basel

Grotberg, E. H. (2003): What Is Resilience? How Do You Promote It? Do You Use It? In: Grotberg (Hrsg.): Resilience for Today. Gaining Strengh from Adversity. 2. Aufl. Westport

Gruhl, M. (2008): Die Strategie der Stehauf-Menschen. Resilienz – so nutzen Sie Ihre inneren Kräfte. Freiburg im Breisgau

Hahlweg, K./Saum-Aldehoff, Th. (2010): Was schützt Kinder vor psychischen Schäden? In: Psychologie heute 37, H. 3, S. 54–55

Hiller, G. G. (2008): „Resilienz" – für die pädagogische Arbeit mit Risikojugendlichen und mit jungen Erwachsenen in brisanten Lebenslagen ein fragwürdiges, ja gefährliches Konzept? In: Opp/Fingerle (Hrsg.): Was Kinder stärkt. Erziehung zwischen Risiko und Resilienz. 3. Aufl. S. 266–278. München, Basel

Hintermair, M. (2003): Das Kohärenzgefühl von Eltern stärken – eine psychologische Aufgabe in der pädagogischen Frühförderung. In: Frühförderung interdisziplinär 22, S. 61–70

Holodynski, M./Oerter, R. (2002): Motivation, Emotion und Handlungsregulation. In: Oerter/ Montada (Hrsg.): Entwicklungspsychologie. 5. Aufl. S. 551–589. Weinheim, Basel, Berlin

Hüther, G. (2008): Resilienz im Spiegel entwicklungsneurobiologischer Erkenntnisse. In: Opp/Fingerle (Hrsg.): Was Kinder stärkt. Erziehung zwischen Risiko und Resilienz. 3. Aufl. S. 45–56. München, Basel

Jetter, K. (1984): Leben und Arbeiten mit behinderten und gefährdeten Säuglingen und Kleinkindern. Stadthagen

Kautter, H./Klein, G./Laupheimer, W./Wiegand, H.-S. (1998): Das Kind als Akteur seiner Entwicklung. 4. Aufl. Heidelberg

Kipker, M. (2008): Kinder, die nicht aufgeben. Förderung der Resilienz in der pädagogischen Praxis. Marburg

Kissgen, R./Suess, G. J. (2005): Bindungstheoretisch fundierte Intervention in Hoch-Risiko-Familien: Das STEEP™-Programm. In: Frühförderung interdisziplinär 24, S. 124–133

Kormann, G. (2009): Resilienz. Was Kinder und Erwachsene stärkt und in ihrer Entwicklung unterstützt. In: Gesprächspsychotherapie und Personzentrierte Beratung 40, S. 188–197

Klein, F. (1979): Die häusliche Früherziehung des entwicklungsbehinderten Kindes. Ein Beispiel zur pädagogischen Praxis. Bad Heilbrunn/Obb.

Klein, G. (2002): Frühförderung für Kinder mit psychosozialen Risiken. Stuttgart

Kühl, J. (2003): Kann das Konzept der „Resilienz" die Handlungsperspektiven der Frühförderung erweitern? In: Frühförderung interdisziplinär 22, S. 51–60

Leuzinger-Bohleber, M. (2009): Resilienz aus der Perspektive der Bindungsforschung. In: Dokumentation zum Symposion „Resilienz und Erziehung – Förderung adaptiver Ressourcen von Kindern und Jugendlichen" im Rahmen der Didacta – die Bildungsmesse 10. und 11.02.2009, Hannover, S. 94–134 [http://www.vds-bildungsmedien.de/veranstaltungen/symposien-zur-didacta/symposien-2009/; entnommen am: 18.02.2010]

Naggl, M./Thurmair, M. (2000): Frühförderung für Kinder in Armutslagen: Handlungsmöglichkeiten und bewährte Praxis. In: Weiß (Hrsg.): Frühförderung mit Kindern und Familien in Armutslagen, S. 209–235. München, Basel

Niedecken, D. (1989): Namenlos. Geistig Behinderte verstehen. München

Papoušek, M. (1997): Entwicklungsdynamik und Prävention früher Störungen der Eltern-Kind-Beziehungen. In: Analytische Kinder- und Jugendlichen-Psychotherapie 28, H. 93, S. 5–30

Pfeffer, W. (1988): Förderung schwer geistig Behinderter. Eine Grundlegung. Würzburg

Rauh, H. (2008): Resilienz und Bindung bei Kindern mit Behinderungen. In: Opp/Fingerle (Hrsg.): Was Kinder stärkt. Erziehung zwischen Risiko und Resilienz. 3. Aufl. S. 175–191. München, Basel

Sarimski, K. (1993): Interaktive Frühförderung. Behinderte Kinder: Diagnostik und Beratung. Weinheim

Schäfer, G. E. (2007): Was ist frühkindliche Bildung? In: Schäfer (Hrsg.): Bildung beginnt mit der Geburt. 2. Aufl. S. 15–74. Berlin, Düsseldorf, Mannheim

Steiner, S. (2002): Das Resilienzparadigma als handlungsleitender Gedanke der Zusammenarbeit mit den Eltern und die „Orientierungshilfe zur Planung der Frühförderung" als Handlungsinstrument für die Praxis. In: Frühförderung interdisziplinär 21, S. 130–139

Unzner, L. (2005): Bindung als handlungsleitendes Konzept in der Frühförderung. In: Frühförderung interdisziplinär 24, S. 134–141

Weiß, H. (2002): Was wirkt in der Frühförderung? – Eine Analyse aus einem pädagogischen Blickwinkel. In: Frühförderung interdisziplinär 21, S. 74–87

Weiß, H. (2005): „Frühe Hilfen" für entwicklungsgefährdete Kinder in Armutslagen. In: Zander (Hrsg.): Kinderarmut. Einführendes Handbuch für Forschung und soziale Praxis, S. 182–197. Wiesbaden

Weiß, H. (2007): Was brauchen kleine Kinder und ihre Familien? In: Frühförderung interdisziplinär 26, S. 78–86

Werner, E. (1997): Gefährdete Kindheit in der Moderne: Protektive Faktoren. In: Vierteljahresschrift für Heilpädagogik und ihre Nachbargebiete 66, S. 192–203

Wolf, Ch. (2010): Resilienz – die Fähigkeit, dem Schicksal zu trotzen. In: Stuttgarter Zeitung vom 13.02.2010, Nr. 36, S. 20

Wustmann, C. (2004): Resilienz. Widerstandsfähigkeit von Kindern in Tageseinrichtungen fördern. Berlin, Düsseldorf, Mannheim

Wustmann, C. (2005): Die Blickrichtung der neueren Resilienzforschung. In: Zeitschrift für Pädagogik 51, S. 192–206

Wustmann, C. (2009): Kinder stärken im Elementarbereich: Beobachtungen und Dialoge am Beispiel der Bildungs- und Lerngeschichten. In: Dokumentation zum Symposion „Resilienz und Erziehung – Förderung adaptiver Ressourcen von Kindern und Jugendlichen" im Rahmen der Didacta – die Bildungsmesse 10. und 11.02.2009, Hannover, S. 156–179 [http://www.vds-bildungsmedien.de/veranstaltungen/symposien-zur-didacta/symposien-2009/; entnommen am: 18.02.2010]

Zander, M. (2008): Armes Kind – starkes Kind? Die Chance der Resilienz. Wiesbaden

Ziegenhain, U. (2008) Stärkung elterlicher Beziehungs- und Erziehungskompetenzen – Chance für präventive Hilfen im Kinderschutz. In: Ziegenhain/Fegert (Hrsg.): Kindeswohlgefährdung und Vernachlässigung. 2. Aufl. S. 119–127. München, Basel

Resilienz in der Frühpädagogik –
Verlässliche Beziehungen, Selbstwirksamkeit erfahren

Corina Wustmann

Der Begriff „Resilienz" ist zurzeit in aller Munde. Die Ergebnisse der neueren Resilienzforschung zeigen auf, dass sich auch psychosozial belastete Kinder zu selbstsicheren, kompetenten und leistungsfähigen Persönlichkeiten entwickeln können, wenn sie schützende Bedingungen in ihrem unmittelbaren Lebensumfeld erfahren (Opp/Fingerle 2007; Wustmann 2009a; Zander 2009). Die Forschungsergebnisse machen Mut und lassen (neue) Hoffnungsschimmer am Horizont der pädagogischen Förderung aufkommen. Wenn man allerdings genauer hinschaut, wird schnell deutlich: Die Entwicklung von Resilienz ist „nicht trainierbar" und „machbar". Resilienz baut vielmehr auf verlässliche Beziehungsangebote und die Erfahrung von Selbstwirksamkeit im Lebensalltag (Wustmann 2009b). Für eine gesunde Entwicklung trotz widriger Lebensumstände braucht es in allererster Linie aufmerksame Erwachsene, die sich für das Kind an sich, für seine Bedürfnisse, Fragen und Wünsche interessieren.

1. Implikationen aus der Resilienzforschung: Beziehungserfahrungen und Ressourcenaufbau

Alle Resilienzstudien zeigen bislang eindrücklich, dass das Vorhandensein mindestens einer qualitativ guten Beziehung wesentlich ist für die Entwicklung von psychischer Widerstandskraft (vgl. zur Übersicht z. B. Werner 2007b). Heute ist erwiesen, dass soziale Beziehungen für die Entwicklung von Resilienz bei belasteten Kindern unabdingbar sind: Resilienz ist ein Beziehungskonstrukt, das Ergebnis eines Prozesses zwischen dem Kind und seinem sozialen Umfeld. Kein Kind ist per Geburt „resilient". Was die Entwicklung von Resilienz ausmacht, sind bestimmte Beziehungsangebote sowie ermutigende, stärkende Erfahrungsräume und Nischen (Fingerle 2007). Dazu gehören Offerten zum Aufbau solcher Beziehungen, die Aufmerksamkeit, Ermutigung und Ansprechbarkeit signalisieren, soziale Modelle oder „resiliente Vorbilder", die ein angemessenes Bewältigungshandeln zeigen sowie altersgemässe Entwicklungsanreize und

Herausforderungen, welche die Erfahrungen der eigenen Wirksamkeit stärken. Der Glaube, für die Welt wichtig zu sein und Einfluss nehmen zu können, eine positive Einstellung zu sich selbst sowie die Möglichkeit, die eigenen Bedürfnisse ausdrücken zu können und dann auch gehört zu werden, sind bedeutende Schutzfaktoren, um auch unter schwierigen Lebensumständen zu gedeihen. Die Erfahrung „ich kann etwas bewegen" – „ich bin wertvoll" – „ich werde gesehen" gibt Selbstsicherheit und ein Bewusstsein des eigenen Könnens (Wustmann 2008a). Kinder, die über eine solch positive Grundeinstellung verfügen, nehmen Schwierigkeiten als Herausforderung wahr und lassen sich von Misserfolgen und Rückschlägen nicht so leicht entmutigen.

Aus den Erkenntnissen der Resilienzforschung leitet sich folglich die wesentliche Forderung ab, allen Kindern – und im Speziellen Risikokindern – frühzeitig, kontinuierlich und intensiv Möglichkeiten anzubieten, dass sie solch wichtige Haltungen und Ressourcen entwickeln können, wie sie für die Bewältigung schwieriger Lebensumstände förderlich sind. Für den pädagogischen Kontext lassen sich vor diesem Hintergrund vor allem zwei bedeutende Wege der Resilienzförderung beschreiben:

(1) Aufbau und Stärkung von personalen Ressourcen des Kindes: Förderung von Selbstwirksamkeitserfahrungen, Problemlösen, Stärkung der kindlichen Eigenaktivität und persönlichen Verantwortungsübernahme, Stärkung von Interessenentwicklung, Zielorientierung und positiver Selbsteinschätzung;

(2) Aufbau und Stärkung von sozialen Ressourcen im Lebensumfeld des Kindes: Aktivierung von mindestens einer zentralen, stabilen und verlässlichen Bezugsperson, die dem Kind Halt und Sicherheit gibt, die ihm Handlungsmöglichkeiten aufzeigt und seine Bedürfnisse wahrnimmt.

Daniel und Wassell (2002) fassen folgende drei Grundbausteine der Resilienzförderung – insbesondere für die frühe Kindheit – zusammen:
(1) eine sichere Basis,
(2) eine gute Selbstwertschätzung (Selbstvertrauen aufgrund von Kompetenzerfahrung) und
(3) ein Gefühl von Selbstwirksamkeit, von Einfluss und Wirken eigenen Handelns sowie von eigenen Stärken und Grenzen.

Für belastete Kinder haben vor allem unterstützende Beziehungserfahrungen im außerfamilialen Kontext – aufmerksame Dritte, z. B. Erzieher/-innen, Lehrer/-innen, Verwandte, Nachbarn, Freunde – eine wichtige

Funktion. So verfügten viele resiliente Kinder aus der Kauai-Längsschnittstudie (Werner/Smith 2001; Werner 2007a) außerhalb ihrer Familie über entscheidende Quellen emotionaler und sozialer Unterstützung. Viele der Befragten konnten Lehrerinnen und Lehrer benennen, die ihnen Aufmerksamkeit entgegenbrachten, sich für sie einsetzten und sie herausforderten. Diese unterstützenden Personen außerhalb der Familie trugen nicht nur zur unmittelbaren Problemreduzierung bei, sondern dienten gleichzeitig auch als Modelle für ein aktives, konstruktives und prosoziales Bewältigungsverhalten (Bender/Lösel 1998). Das Potenzial aufmerksamer Bezugspersonen besteht vor allem darin, dem Kind Orientierung zu ermöglichen, seine Fragen und Kümmernisse zu hören und Situationen zu schaffen, in denen sich das Kind als wirksam erleben kann. Enge Bezugspersonen außerhalb der Familie werden häufig auch von Betroffenen retrospektiv als „Schlüsselpersonen" bei der Bewältigung schwieriger Lebensumstände eingeschätzt: weil sie etwa als „Türöffner" für neue Perspektiven und Möglichkeiten fungierten, Kraft und Zuversicht ausstrahlten oder Wärme und Geborgenheit gaben.

In der Kauai-Studie zeigte sich darüber hinaus, dass die resilienten Kinder gern zur Schule gingen: Laut Emmy Werner machten sie in vielen Fällen die Schule sogar „zu einem Heim fern von daheim, einem Zufluchtsort vor einer konfusen Familiensituation" (zit. nach Göppel 1999: 180; Opp 2007). Außerfamiliale Institutionen können bei Kindern in schwierigen Lebenssituationen somit „im günstigen Fall als Fluchtpunkt, als Nische, als Insel der Ordnung und der Struktur in einem sonst eher chaotischen Alltag, als Ort der persönlichen Zuwendung, der Einbindung in Freundschaftsbeziehungen und der Bestätigung eigener Werthaftigkeit erlebt werden" (ebd.: 178). Dann werden sie den Aufbau von Selbstwirksamkeit und die Entwicklung eines positiven Selbstbildes unterstützen (Julius/Prater 1996). Auch dürften sie zur Entwicklung von Problemlösefertigkeiten beitragen und die Entstehung eines Kohärenzgefühls stärken (Antonovsky 1979).

Kindertageseinrichtungen können hier für belastete Kinder ein entscheidender Ort von Sicherheit und Struktur sein. Gerade für Kinder, deren Risiko im familialen Umfeld liegt und denen diese wichtigen Beziehungserfahrungen von Anerkennung, Verlässlichkeit und Fürsorge im Elternhaus vorenthalten bleiben oder nicht optimal zur Verfügung stehen, kommt dieser Entwicklungsförderung im ‚Betreuungsumfeld Kindertageseinrichtung' eine wichtige Bedeutung zu (Simoni 2008). Denn nur in einer zuverlässig verfügbaren Umgebung, in der Interaktion und im Dialog mit anderen ist es möglich, ein Gefühl der eigenen Handlungskompetenz und Bedeutsamkeit zu entwickeln.

Im Rahmen der großangelegten EPPE-Studie in Großbritannien hat sich diese präventive Funktion jüngst empirisch bestätigt (Hall et al. 2009). Die Studie zeigt auf, dass der Besuch von vorschulischen Bildungs- und Betreuungseinrichtungen mit einer hohen pädagogischen Prozessqualität die Resilienzentwicklung von Risikokindern maßgeblich unterstützen kann. Dabei erweisen sich vor allem Merkmale der Erzieher-Kind-Interaktion (gemessen u.a. mit der Caregiver-Interaction-Scale, vgl. Arnett 1989) als einflussreiche proximale Schutzfaktoren.

2. Wahrnehmen – Beobachten – Beachten kindlicher Potenziale als pädagogische Aufgabe

Die Erzieherin (oder der Erzieher) kann für das Kind ein wichtiger „Stütz- und Ankerpunkt" sein und seine Entwicklung maßgeblich begleiten. Durch fortdauerndes, genaues Wahrnehmen und Beobachten vermag diese Person die Bedürfnisse und Potenziale des Kindes zu erfassen und darauf unterstützend, responsiv zu reagieren (Wustmann 2007). Sie sollte Fähigkeiten, Kompetenzen und Fortschritte des Kindes erkennen und das Kind dazu ermutigen, diese bei sich selbst auch wahrzunehmen. Die Kenntnis der eigenen Stärken und Grenzen, das Gefühl, etwas geschafft zu haben und sich selbst als Verursacher zu erleben sowie die Möglichkeit, aktiv zu sein und eigenes Verhalten zu steuern, sind wichtige Grundlagen für das Herangehen an neue und schwierige Situationen. Wenn ein Kind wiederholt die Erfahrung macht, dass es tatsächlich Veränderungen bewirkt, dass seine Handlungen die gewünschten Effekte erzielen und bestimmte Ereignisse auch kontrollierbar erscheinen, dann wird es sich in schwierigen Situationen weniger hilflos fühlen. Pädagogische Fachkräfte sollten Kindern hier im Alltag diese Erfahrungsräume bereitstellen und sie in ihrem Selbstbild als fähiges und wirksames Kind kontinuierlich bestärken.

Auch für belastete Eltern kann eine solche Fachkraft als Ressource fungieren: Sie wird dann Modell sein, wie mit Kindern entwicklungsförderlich umgegangen wird, und den Eltern anhand ihrer Beobachtungen aufzeigen, worin die spezifischen Besonderheiten und Stärken des eigenen Kindes bestehen. Gemeinsam müsste also im Austausch besprochen werden, worin die aktuellen Bedürfnisse und Interessen des Kindes liegen und wie es zuhause und in der Kindertageseinrichtung durch eine gemeinsame „Bildungs- und Erziehungspartnerschaft" (Textor 2006) unterstützt werden sollte.

Für die pädagogische Arbeit bedeutet Resilienzförderung folglich, kontinuierlich die individuelle Situation von Kindern in den Blick zu nehmen, um mögliche Belastungen frühzeitig erkennen und Ressourcen rechtzeitig aktivieren zu können. Im Vordergrund stehen die Entwicklungspotenziale, die persönlichen Kompetenzprofile und die Individualität jedes einzelnen Kindes. Kinder auf dieser Basis in ihren eigenen „Stärken zu stärken, um die Schwächen zu schwächen" (Neuhäuser 2004), sollte daher Leitsatz pädagogischen Handelns sein.

3. Beobachtungen und Dialoge anhand von „Bildungs- und Lerngeschichten"

Eine Möglichkeit, solch „stärkende Pädagogik" im Alltag von Bildungs- und Betreuungseinrichtungen umzusetzen, stellt das Beobachtungsverfahren der „Bildungs- und Lerngeschichten" dar (vgl. Carr 2001; Leu et al. 2007; Bertelsmann Stiftung 2008). In diesem Beobachtungsverfahren geht es darum, die Stärken, Fähigkeiten und individuellen Lernwege von Kindern für alle Beteiligten – die Kinder, die Eltern und das pädagogische Personal – transparent zu machen: die Lerngeschichten als Spiegel, in dem sich das Kind selbst als fähiges und kompetentes Kind erfahren kann. Die „Learning Stories" wurden von Margaret Carr mit dem Ziel entwickelt, ein angemessenes Instrument für die Beobachtung von Lernerfolgen und Entwicklungsfortschritten zu finden, das sich nicht am klassischen Defizitblick orientiert, sondern der Erkenntnis dient, wo die Potenziale der Kinder liegen. Die „Bildungs- und Lerngeschichten" sind ausdrücklich als ressourcenorientierter Ansatz entwickelt worden, mit dem Fähigkeiten und Kompetenzen von Kindern erfasst und auf dieser Grundlage Ansatzpunkte für die Weiterentwicklung und Unterstützung der kindlichen Fähigkeiten gewonnen werden können.

Im Mittelpunkt des Ansatzes stehen fünf so genannte Lerndispositionen, welche als Voraussetzungen für ein lebenslanges Lernen verstanden werden (Leu 2005):
- *Interessiert sein:* sich für Dinge, Personen oder Themen interessieren und sich selbst als jemanden wahrnehmen, der interessiert und interessant ist;
- *engagiert sein:* Sich vertieft und längere Zeit mit etwas beschäftigen und Strategien entwickeln, sich länger auf etwas einzulassen;
- *standhalten bei Herausforderungen und Schwierigkeiten:* Schwierigkeiten und Unsicherheiten aushalten, Probleme erkennen und Lösungsstrategien entwickeln können sowie sich selbst als jemanden wahrneh-

men, der aus Fehlern und Missgeschicken lernen sowie bei Unsicherheiten standhalten kann;
- *sich ausdrücken und mitteilen:* Absichten, Gefühle und Standpunkte mitteilen und sich selbst als jemanden wahrnehmen, der anderen etwas mitzuteilen hat;
- *an der Lerngemeinschaft mitwirken und Verantwortung übernehmen:* Etwas mit anderen gemeinsam auf den Weg bringen, Entscheidungen treffen sowie eine Vorstellung von Gerechtigkeit und Unrecht entwickeln.

Bei den Lerndispositionen lassen sich Affinitäten zu den in der Resilienzforschung identifizierten Schutzfaktoren erkennen, insbesondere bei der Lerndisposition „Standhalten bei Herausforderungen und Schwierigkeiten". In jüngeren Publikationen beschreibt Margaret Carr sogar auf der Basis von Fallstudien Resilienz als eigene Lerndisposition (vgl. Claxton/ Carr 2004; Smith/Carr 2004; Carr et al. 2009).

Das Verfahren der „Bildungs- und Lerngeschichten" wird direkt im Kita-Alltag verankert, da die pädagogischen Fachkräfte die Kinder regelmäßig beobachten, ihre Beobachtungen im Gruppenteam besprechen und gemeinsam überlegen, was das Kind als Nächstes brauchen könnte, um in seiner Entwicklung weiterzukommen. Das „Ergebnis" des gemeinsamen Austausches ist eine niedergeschriebene Lerngeschichte, die sich in einer Briefform direkt an das Kind richtet (siehe Beispiel). Die Lerngeschichte wird dem Kind vorgelesen und gemeinsam mit ihm in sein Portfolio abgelegt.

Die Lerngeschichten können somit jederzeit mit dem Kind und seinen Eltern gelesen, besprochen und gemeinsam reflektiert werden. Allen Beteiligten wird es dadurch möglich, Lern- und Entwicklungsfortschritte bewusster wahrzunehmen. Das Kind sollte auf dieser Basis leichter Selbstvertrauen in sein eigenes Handeln entwickeln, denn es erlebt ja, wie seine individuellen Fähigkeiten und Aktivitäten auch von den Erwachsenen anerkannt und wertgeschätzt werden (Wustmann 2008a, b). Anhand der Lerngeschichten kann sich das Kind auf konkrete Situationen besinnen, in denen es sich sicher, wirksam und kompetent verhalten hat. Diese positiven Erinnerungen werden zu Bausteinen für neue und noch unsichere Situationen, da sie dem Kind Zuversicht und Mut geben (Kazemi-Veisari 2006). Weil die „Bildungs- und Lerngeschichten" die Perspektive des Kindes einnehmen, können sie die pädagogischen Fachkräfte auf Entwicklungsaufgaben, Fragen und kritische Lebensereignisse von Kindern aufmerksam machen. Dies geschieht nicht einfach „urteilend" rein aus Erwachsenensicht, sondern vollzieht sich direkt im Dialog mit dem

Kind. Die „Bildungs- und Lerngeschichten" schaffen Gesprächsanlässe, bei denen das Kind über sein inneres Befinden Auskunft geben kann und erfährt, auch gehört zu werden.

> **Beispiel einer Lerngeschichte**
>
> Liebe Lina,
> in der letzten Zeit habe ich dich mehrfach beobachtet und aufgeschrieben, was du gemacht hast. Ich glaube, es interessiert dich sehr zu beobachten, wie die anderen Kinder im Sand spielen. Du findest es aufregend, sie zu beobachten, und strengst Dich sehr an, alles genau zu sehen. Einmal hast du ganz lange beobachtet, wie die Kinder Sandkuchen gebacken haben, und dich dann sehr gefreut, als sie fertig waren. Ein anderes Mal hast du zugeschaut, wie die anderen Kinder ein Planschbecken mit Wasser gefüllt haben. Nach einer Weile hast du dich getraut, deine Hand in das Wasser zu halten und mit den anderen Kindern zusammen Wasser zu spritzen. Da hast du nicht nur zugeschaut, sondern teilgenommen und mitgemacht, und ich habe mich darüber sehr gefreut. Neulich habe ich dann auch gesehen, wie du in den Sandkasten gestiegen bist und mit Fred zusammen Matsch in ein Sandförmchen gefüllt hast. Das hast du zum ersten Mal gemacht. Du hast den Sand richtig angefasst. Vorher hast du immer am Rand des Sandkastens gestanden und den Sand nicht so gern gemocht. Du hast gelernt, wie sich der Sand anfühlt und was man alles damit tun kann. Ich glaube, gerade lernst du im Kindergarten, wie du es schaffst, die Dinge in die Hand zu nehmen und mitzumachen, wenn dich etwas interessiert.
> Deine Jule
>
> *(entnommen aus: Leu/Flämig 2007: 66)*

Bislang fehlen jedoch empirisch gesicherte Erkenntnisse darüber, inwieweit das Verfahren der „Bildungs- und Lerngeschichten" als ressourcenorientiertes Instrument die Entwicklung von Resilienz bei belasteten Kindern unterstützt. Die Ergebnisse der wissenschaftlichen Begleitforschung am Deutschen Jugendinstitut e.V. zeigen, dass mit diesem Verfahren insbesondere Eltern mit nichtdeutschem Sprachhintergrund und geringen beruflichen Qualifikationen sehr gut angesprochen werden können (Deutsches Jugendinstitut e.V. 2007). Im Rahmen des Forschungsprojektes „Bildungs- und Resilienzförderung im Frühbereich" am Marie Meierhofer Institut für das Kind wird jetzt versucht, erste empirische Erkenntnisse über die Wirksamkeit dieses Beobachtungsverfahrens – der „Bildungs-

und Lerngeschichten" – vor dem Hintergrund von Resilienz zu erlangen (vgl. auch Wustmann/Simoni, im Druck; weitere Informationen: www.mmizuerich.ch/bildungsprojekt). Anhand eines Kontrollgruppendesigns wird der Frage nachgegangen, inwiefern Kinder in Kindertageseinrichtungen mit „Bildungs- und Lerngeschichten" in ihrem Selbstbild und in ihren Selbstwirksamkeitsüberzeugungen – als bedeutende Resilienzfaktoren – besser entwickelt sind als Kinder in Kindertageseinrichtungen ohne diesen Beobachtungsansatz. Es wird davon ausgegangen, dass die Arbeit mit den „Bildungs- und Lerngeschichten" für alle Kinder einen stärkenden Effekt hat und zu einer Identität als „kompetenter Lerner" beitragen kann. Weiter wird vermutet, dass die „Bildungs- und Lerngeschichten" für belastete Kinder von besonderer Bedeutung sind, weil gerade sie so in ihren Ressourcen und Entwicklungspotenzialen im Alltag besser wahrgenommen und gestärkt werden. Erste Ergebnisse aus dem Projekt werden im Sommer 2011 vorliegen.

Schlussfolgerungen

Im Bildungs- und Erziehungskontext sind wir heute gefordert, konsequenter als bisher auf die Erkenntnisse der Resilienzforschung zu reagieren. Wir müssen und können dort ihr präventives Potenzial bewusster ausschöpfen und die Resilienz der uns anvertrauten Kinder gezielt stärken. Jene Ressourcen und Haltungen, welche trotz Risikobelastung eine positive Entwicklung ermöglichen, lassen sich jedoch nur bedingt mit punktuellen Trainingsprogrammen „herstellen" (vgl. z. B. das „PRIK – Prävention und Resilienzförderung in Kindertageseinrichtungen", Fröhlich-Gildhoff/Dörner/Rönnau 2007). Resilienzförderung scheint vielmehr nur dann effektiv und nachhaltig zu sein, wenn sie jenseits solcher Programme kontinuierlich und verlässlich im Beziehungsumfeld des Kindes verankert wird, also im Alltag Erfahrungsräume schafft und selbstwirksames Handeln ermöglicht.

Literatur

Antonovsky, A. (1979): Health, stress, and coping: New perspectives on mental and physical well-being. San Francisco

Arnett, J. (1989): Caregivers in day care centres: does training matter? In: Journal of Applied Developmental Psychology, (10), S. 541–552

Bender, D./Lösel, F. (1998): Protektive Faktoren der psychisch gesunden Entwicklung junger Menschen: Ein Beitrag zur Kontroverse um saluto- und pathogenetische Ansätze. In: Margraf/SiegristNeumer (Hrsg.): Gesundheits- oder Krankheitstheorie? Saluto- vs. pathogenetische Ansätze im Gesundheitswesen, S. 117–145. Berlin

Bertelsmann Stiftung (Hrsg.) (2008): Frühe Bildung beobachten und dokumentieren: Leitfaden zur Einführung der Bildungs- und Lerngeschichten in Kindertageseinrichtungen. Gütersloh

Carr, M. (2001): Assessment in early childhood settings. Learning stories. London u.a.

Carr, M./Smith, A. B./Duncan, J./Jones, C./Lee, W./Marshall, K. (2009): Learning in the Making: Disposition and Design in Early Education. Rotterdam

Claxton, G/Carr, M. (2004): A framework for teaching learning: learning dispositions. In: Early Years International Journal of Research and Development, 24 (1), S. 87–97

Daniel, B/Wassell, S. (2002): The early years. Assessing and promoting resilience in vulnerable children, vol. 1. London

Deutsches Jugendinstitut e.V. (2007): Abschlussbericht des Projekts „Bildungs- und Lerngeschichten als Instrument zur Konkretisierung und Umsetzung des Bildungsauftrags im Elementarbereich". München

Fingerle, M. (2007): Der „riskante" Begriff der Resilienz. Überlegungen zur Resilienzförderung im Sinne der Organisation von Passungsverhältnissen. In: Opp/Fingerle (Hrsg.): Was Kinder stärkt: Erziehung zwischen Risiko und Resilienz. 2., neu bearb. Aufl., S. 299–310. München

Fröhlich-Gildhoff, K./Dörner, T./Rönnau, M. (2007): Prävention und Resilienzförderung in Kindertageseinrichtungen – PriK: Trainingsmanual für ErzieherInnen. München

Göppel, R. (1999): Bildung als Chance. In: Opp/Fingerle/Freytag, A. (Hrsg.): Was Kinder stärkt: Erziehung zwischen Risiko und Resilienz, S. 170–190. München

Hall, J./Sylva, K./Melhuish, E./Sammons, P./Siraj-Blatchford, I./Taggart, B. (2009): The role of pre-school quality in promoting resilience in the cognitive development of young children. Oxford Review of Education, 35 (3), S. 331–352

Julius, H./Prater, M. A. (1996): Resilienz. Sonderpädagogik, 26, S. 228–235

Kazemi-Veisari, E. (2006): Beobachtungen sind Lerngeschichten: Sie schärfen den Blick für Entdeckungen am Kind. TPS Theorie und Praxis der Sozialpädagogik, 4, S. 8–11

Leu, H. R. (2005): Lerndispositionen als Gegenstand von Beobachtung. In: Bertelsmann Stiftung (Hrsg.): Guck mal! Bildungsprozesse des Kindes beobachten und dokumentieren, S. 66–78. Gütersloh

Leu, H. R./Flämig, K. (2007): Bildungs- und Lerngeschichten – ein Projekt des Deutschen Jugendinstituts. In: Neuss (Hrsg.): Bildung und Lerngeschichten im Kindergarten: Konzepte – Methoden – Beispiele, S. 55–72. Berlin u.a.

Leu, H. R./Flämig, K./Frankenstein, Y./Koch, S./Pack, I./Schneider, K./Schweiger, M. (2007): Bildungs- und Lerngeschichten: Bildungsprozesse in früher Kindheit beobachten, dokumentieren und unterstützen. Weimar, Berlin

Neuhäuser, G. (2004): An den Stärken oder an den Schwächen ansetzen? Die Stärken stärken, um die Schwächen zu schwächen. In: TPS Theorie und Praxis der Sozialpädagogik, 2, S. 17–19.

Opp, G. (2007): Schule – Chance oder Risiko? In: Opp/Fingerle (Hrsg.): Was Kinder stärkt: Erziehung zwischen Risiko und Resilienz, 2., neu bearb. Aufl., S. 227–244. München

Simoni, H. (2008): Bildung und Erziehung in Kitas. Beziehungsnetze bewusst fördern. In: Frühförderung interdisziplinär, 27, S. 155–163

Smith, A./Carr, M. (2004): A case study of dispositions to learn in social context. Paper presented at European Early Childhood Education Research Association Annual Conference, Malta, September 2004.

Textor, M. (Hrsg.) (2006): Erziehungs- und Bildungspartnerschaft mit Eltern: Gemeinsam Verantwortung übernehmen. Freiburg i. Br.

Werner, E. E. (2007a): Entwicklung zwischen Risiko und Resilienz. In: Opp/Fingerle (Hrsg.): Was Kinder stärkt: Erziehung zwischen Risiko und Resilienz, 2., neu bearb. Aufl., S. 20–31. München

Werner, E. E. (2007b): Resilienz: ein Überblick über internationale Längsschnittstudien. In: Opp/Fingerle (Hrsg.): Was Kinder stärkt: Erziehung zwischen Risiko und Resilienz, 2., neu bearb. Aufl., S. 311–326. München

Werner, E. E./Smith, R. S. (2001): Journeys from childhood to midlife: Risk, resilience and recovery. Ithaca

Wustmann, C. (2007): Die Stärken und Entwicklungsprozesse der Kinder be(ob)achten: Eine Botschaft aus der Resilienzforschung. <undKinder>, 79, S. 41–53

Wustmann, C. (2008a): „Ich kann etwas bewegen – ich bin wertvoll". In: Welt des Kindes, 2, S. 16–18

Wustmann, C. (2008b): Stärkende Lerndialoge zwischen Erwachsenen und Kind: Warum wir das Potenzial von Dialogen stärker nutzen sollten. <undKinder>, 81, S. 89–96

Wustmann, C. (2009a): Resilienz: Widerstandsfähigkeit von Kindern in Tageseinrichtungen fördern. In: Fthenakis (Hrsg.): Beiträge zur Bildungsqualität, 2. Aufl. Berlin u. a.

Wustmann, C. (2009b): Die Erkenntnisse der Resilienzforschung – Beziehungserfahrungen und Ressourcenaufbau. In: Psychotherapie Forum, 17 (2), S. 71–78

Wustmann, C./Simoni, H. (im Druck): Frühkindliche Bildung und Resilienz. In: Stamm/Edelmann (Hrsg.): Frühkindliche Bildung, Betreuung und Erziehung: Was kann die Schweiz lernen? Zürich

Zander, M. (2009): Armes Kind – starkes Kind? Die Chance der Resilienz, 2. Aufl. Wiesbaden

Präventionsprogramme für Kindertageseinrichtungen – Förderung von seelischer Gesundheit und Resilienz

Maike Rönnau-Böse & Klaus Fröhlich-Gildhoff

Im Mittelpunkt dieses Beitrags steht die Darstellung von Durchführung und Evaluation eines multimodalen Programms zur Resilienzförderung in Kindertageseinrichtungen[1]. Dabei wurden die allgemeinen Ergebnisse der Resilienzforschung in ein speziell auf Kindertageseinrichtungen abgestimmtes Präventionsprogramm transferiert, das systematisch Erzieherinnen, Kinder und Eltern einbezog.

Nach der Darstellung des Programms und seiner Ergebnisse werden im letzten Teil des Artikels weiterführende Entwicklungen und erste Erkenntnisse zur Resilienzförderung in Kitas in Quartieren mit besonderen Problemlagen geschildert.

1. Von der Resilienzforschung zur Resilienzförderung

Die grundlegenden Erkenntnisse der Resilienzforschung – und die von ihr ermittelten Schutzfaktoren – setzen wir hier voraus.
Allerdings sind aus der Resilienzforschung bisher nur wenige systematische Programme zur präventiven Förderung von Resilienz- bzw. Schutzfaktoren entwickelt worden; dies liegt womöglich daran, dass man diese nicht ohne weiteres operationalisieren und in ein Handlungskonzept ‚übersetzen' kann.

Empirisch ließen sich eine Reihe protektiver Faktoren identifizieren, welche die Widerstandskraft von Kindern gegenüber Belastungen stärken und die Fähigkeit zur Bewältigung von Krisensituationen verbessern. Dazu zählen:
– ein positives Selbstkonzept
– Kommunikationsfähigkeiten

---

1 Das Projekt „Kinder Stärken! – Resilienzförderung in Kindertageseinrichtungen" wurde in mehreren Fachpublikationen (z. B. Fröhlich-Gildhoff et al. 2008b, Rönnau et al. 2008, Fröhlich-Gildhoff/Rönnau 2009) dargestellt. Dieser Beitrag basiert zunächst auf diesen Darstellungen, zeigt jedoch insbesondere in der kritischen Reflexion und im Teil 5 weitergehende Perspektiven auf.

- Kooperationsfähigkeiten
- internale Kontrollüberzeugungen
- eine optimistische Lebenseinstellung
- Planungskompetenz, Zielorientierung
- Problemlösefähigkeiten
- Empathie
- Aktive Bewältigungsstrategien
- Selbstwirksamkeitsüberzeugungen
- realistischer Attribuierungsstil
- Kreativität
- Selbstregulationsfähigkeiten
- Talente und Hobbies
- Leistungsbereitschaft.

(*Masten/Reed 2002; Laucht et al. 1997; Bender/Lösel 1998; Petermann et al. 2004; Opp/Fingerle 2007; Werner 2000; Dornes 2000; Wustmann 2004; Frick 2003[0]*).

Die Faktoren korrelieren mit den zehn „life skills", die von der Weltgesundheitsorganisation (World Health Organization, WHO) 1994 als Lebenskompetenzen definiert wurden: Selbstwahrnehmung, Empathie, kreatives Denken, kritisches Denken, Fähigkeit, Entscheidungen treffen zu können, Problemlösefähigkeiten, effektive Kommunikationsfähigkeit, interpersonale Beziehungsfertigkeiten, Gefühlsbewältigung und Stressbewältigung (WHO 1994, übersetzt von Bühler/Heppekausen 2005). Die WHO empfiehlt, diese Lebenskompetenzen zur Grundlage von Präventions- und Interventionsprogrammen zu machen.

Durch differenzierte Analyse der vorliegenden Studien ließen sich diese Elemente zu sechs übergeordneten Faktoren zusammenfassen. Sie sind wesentlich für die Entstehung von Resilienz und damit für die adäquate Bewältigung von Entwicklungsaufgaben, Anforderungen und Krisen (Fröhlich-Gildhoff et al. 2007 a und b):
1) Selbstwahrnehmung
2) Selbstwirksamkeit
3) Selbststeuerung
4) soziale Kompetenz
5) Umgang mit Stress
6) Probleme lösen.

Diese Resilienzfaktoren wirken im Verbund und können nicht einfach unabhängig voneinander betrachtet werden, denn sie bedingen sich ge-

Abbildung 1: Entwicklungsaufgaben und Resilienzfaktoren

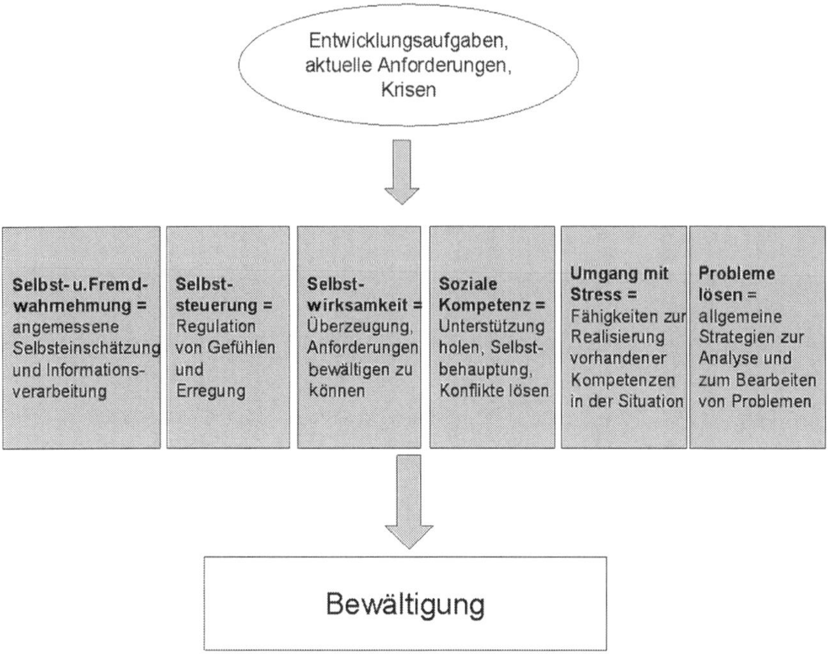

```
           ┌─────────────────────────┐
           │  Entwicklungsaufgaben,  │
           │  aktuelle Anforderungen,│
           │         Krisen          │
           └───────────┬─────────────┘
                       ▼
```

| Selbst- u. Fremd-wahrnehmung = angemessene Selbsteinschätzung und Informations-verarbeitung | Selbst-steuerung = Regulation von Gefühlen und Erregung | Selbst-wirksamkeit = Überzeugung, Anforderungen bewältigen zu können | Soziale Kompetenz = Unterstützung holen, Selbst-behauptung, Konflikte lösen | Umgang mit Stress = Fähigkeiten zur Realisierung vorhandener Kompetenzen in der Situation | Probleme lösen = allgemeine Strategien zur Analyse und zum Bearbeiten von Problemen |

```
                       ▼
              ┌─────────────────┐
              │   Bewältigung   │
              └─────────────────┘
```

genseitig. Die Entwicklung dieser Fähigkeiten kann präventiv gezielt unterstützt werden, dazu müssen die abstrakten Faktoren aber praktisch messbar und „handhabbar" gemacht werden (vgl. Fröhlich-Gildhoff et al. 2007b).

Resilienz wird als eine dynamische Fähigkeit verstanden, die sich aus der Stärkung – oder Schwächung – der o.g. Resilienzfaktoren, aus realen Bewältigungserfahrungen und der erlebten sozialen Unterstützung entwickelt. Es handelt sich um „eine dynamische Kapazität, die sich über die Zeit im Kontext der Mensch- und Umweltinteraktionen entwickelt" (Petermann et al. 2004: 345). Demzufolge lässt sich diese Fähigkeit stärken, indem die zugrunde liegenden Faktoren oder Fähigkeiten gezielt gefördert werden und auf diese Weise Kinder gestärkt mit Krisen und Belastungen umgehen oder – auch unabhängig von Risikokonstellationen – Entwicklungsaufgaben bewältigen können. Resilienz meint in diesem Sinne „nicht nur die Abwesenheit psychischer Störungen, sondern den Erwerb altersangemessener Fähigkeiten (Kompetenzen) vor dem Hintergrund der normalen kindlichen Entwicklung, zum Beispiel die Bewältigung altersrelevanter Entwicklungsaufgaben trotz aversiver Umstände" (Petermann et al. 2004: 344).

Eine zentrale Erkenntnis von Resilienzforschung, Entwicklungswissenschaften (vgl. Petermann et al. 2004), Bindungsforschung (vgl. z. B. Brisch 2006; Großmann/Großmann 2006), empirischer Säuglingsforschung (z. B. Stern 1992; Dornes 2000) und Neurobiologie (vgl. z. B. Hüther/Krens 2005) ist, welch große Bedeutung die ersten Lebensjahre für die Entwicklung seelischer und geistiger Gesundheit haben, für die Entwicklung von Selbstvertrauen und sozialen Kompetenzen, nicht zuletzt für die Ausdifferenzierung und Regulation von Emotionen (s. auch zusammenfassend Fröhlich-Gildhoff 2007). Daher ist es sinnvoll, gerade in diesen frühen Lebensjahren entsprechende Präventionsprogramme zu starten.

2. Erkenntnisse der Präventionsforschung

Die Wurzeln für viele Verhaltensauffälligkeiten liegen in der (frühen) Kindheit (vgl. z. B. Petermann et al. 2004; Fröhlich-Gildhoff 2007). Entsprechende Lebenserfahrungen des Kindes können im Zusammenspiel von biologischen Eigenschaften mit einer bestimmten Konstellation von Risiko- und Schutzfaktoren zu dysfunktionalen Bewältigungsstrukturen führen, wie etwa unzureichender Problemlösungsfähigkeit oder Einschränkungen bei der Affektregulation. Vor diesem Hintergrund ist es logisch, dass möglichst frühzeitig präventive Hilfen für Eltern und Kinder realisiert werden sollten, um die Verfestigung von Verhaltensauffälligkeiten zu verhindern. Es gibt nämlich viele Belege dafür, dass Verhaltensauffälligkeiten und seelische Erkrankungen langfristig resistent bleiben und sich nicht mehr verändern – so halten sich etwa Störungen des Sozialverhaltens und übermäßig aggressives Verhalten ab dem 5. Lebensjahr unverändert, wenn nicht gezielte pädagogische und/oder therapeutische Interventionen erfolgen (Olweus 1979; Krahé 2001; Essau/Conradt 2004). „Langzeitbeobachtungen zeigen die Stabilität wichtiger früher Entwicklungsunterschiede bis ins Erwachsenenalter" (Kliche et al. 2008: 19).

Ebenso belegt ist, dass vorbeugende Maßnahmen umso wirkungsvoller sind, je früher sie eingesetzt werden (z. B. Tremblay et al. 1999; Greenberg et al. 2000; Beelmann 2006).

Durch frühzeitige, vorbeugende, also präventive Maßnahmen können somit langfristige Fehlentwicklungen verhindert oder zumindest abgemildert werden.

Aus den verschiedenen Meta-Analysen von Präventionsstudien lassen sich eine Reihe von Anforderungen an die Entwicklung und Durchführung – auch Seriosität – von Präventionsprogrammen – somit auch zur Resilienzförderung – ableiten (Greenberg et al. 2000; Heinrichs et al. 2002; Durlak 2003; Beelmann 2006; Nurcombe 2007; Röhrle 2008):

- Unabdingbar ist eine solide theoretische Begründung, die sich insbesondere an Erkenntnissen zur Wirkungsweise von Schutz- und Risikofaktoren orientiert.
- Multimodalität: Programme sind wirksamer, wenn sie aus einer systemischen Perspektive mehrere Zielgruppen – vor allem Eltern und Kinder – einbeziehen und sowohl die individuelle als auch die Umwelt-Ebene (Schule, Kindergarten, ...) berücksichtigen.
- Allgemeine Entwicklungsförderung zeigt bessere (Langzeit-)Effekte als die Prävention isolierter Verhaltensauffälligkeiten (z. B. dissoziales/aggressives Verhalten): „Bei den Programmen zur allgemeinen Entwicklungsförderung wurden insgesamt höhere Wirkungen erzielt. Es traten aber [zwischen den Programmen, d. Verf.] große Ergebnisunterschiede auf" (Beelmann 2006: 158).
- Inhaltlich sollten Programme an der Entwicklung von Fähigkeiten und am konkreten Verhalten ansetzen (verhaltensorientiertes Üben sollte Programmbestandteil sein).
- Manuale und Curricula sollten eine klare Struktur vorgeben; dabei ist eine Variation der (Trainings-)Methoden wichtig.
- Programme sollten stets durch eine systematische Ausbildung der Trainerinnen begleitet sein, wobei die praktische Umsetzung fachlicher Unterstützung bedarf.
- Gute Wirkung braucht Dauer; daher sollten nach Röhrle (2008: 246) Programme auf mindestens 9 Monate angelegt sein.
- Erforderlich ist eine zielgruppenspezifische und vor allem kulturelle Adaptation: Es gibt nicht das Programm für alle Zielgruppen, Milieus etc. – gute Möglichkeiten zur Adaptation für spezifische Gruppen und Milieus müssen gegeben sein.
- Gute Erreichbarkeit: Besonders wirkungsvoll sind Programme, die in ‚natürliche' Lebenswelten – wie z. B. Kindertageseinrichtungen – eingebettet sind; darüber hinaus ist ein niedrigschwelliger Zugang (dies beinhaltet auch niedrige Kosten) wichtig.
- Schließlich ist sorgfältige Evaluation angesagt – möglichst in einem Vergleichsgruppendesign mit unterschiedlichen Methoden und einer Kombination aus Prozess- und Ergebnisevaluation.

3. Kita als ideales Präventions-Setting

Kindertageseinrichtungen (Kitas) sind diejenigen gesellschaftlichen Institutionen, welche Kinder als erste und über längere Zeit in ihrer Entwicklung systematisch begleiten; zugleich haben Kitas die Chance, Zugang zu Eltern und Familien zu finden – Kitas werden zu immer wichtigeren Sozialisationsinstanzen (vgl. z. B. Fried/Roux 2006; Kasüschke/Fröhlich-Gildhoff 2008). Das Erziehungspersonal ist für die Eltern, abgesehen vom jeweiligen Partner, die zweitwichtigste Ansprechinstanz in Erziehungsfragen – vor Kinderarztpraxis, Großeltern und Freunden (Fröhlich-Gildhoff et al. 2006).

Die Bertelsmann-Stiftung (2008) hat als Resultat eines eigenen Projekts zum Thema „Chancen ermöglichen – Bildung stärken" Handlungsempfehlungen für kommunale Entscheider, Träger und Kindertageseinrichtungen herausgegeben. Darin wird betont: „Die insgesamt sehr heterogene Gruppe sozial benachteiligter Familien bedarf sehr individueller Unterstützungsleistungen. Erforderlich sind zielgruppenspezifische Maßnahmen, welche die konkreten Lebensbedingungen dieser Familien berücksichtigen. Den Kitas als erster Bildungseinrichtung eines jeden Kindes kommt dabei eine besondere Bedeutung und Verantwortung zu. Als Einrichtung mit hoher Akzeptanz in den jeweiligen Stadtteilen und bei Eltern und Kindern stellen sie einerseits einen niedrigschwelligen Zugang dar, andererseits spiegeln sie den Stadtteil mit seinen jeweiligen Problemlagen wider" (ebd.: 4).

Es ist daher durchaus sinnvoll und aussichtsreich, ein Programm zur Förderung physischer und psychosozialer Gesundheit in Kindertageseinrichtungen zu etablieren und dabei die ErzieherInnen systematisch in die Arbeit einzubeziehen – auch um eine Verankerung des Programms im „Alltag" der Kita zu erreichen und Nachhaltigkeit zu sichern.

4. Das Projekt „Kinder Stärken! – Resilienzförderung in der Kindertageseinrichtung"

Ziel des Projektes war, Kindern präventiv unterschiedliche Wege aufzuzeigen, wie sie mit belastenden Situationen erfolgreich umgehen und sie meistern können. Theoretisch orientierte es sich am oben dargelegten Resilienzkonzept – als wichtiger „Leitfaden" dienten dabei die sechs benannten Resilienzfaktoren.

Zielgruppe des Projekts waren *alle* Kinder der Einrichtungen mit ihren Familien. Da dieses Resilienzprogramm primärpräventiv konzipiert ist, wurden deshalb keine einzelnen Gruppen von Kindern mit spezifischen Risiken gefördert, sondern allen Kindern gleichermaßen die Möglichkeit zur Teilnahme an den Angeboten gegeben. Zeigten sich aber bei einem Kind spezifische Risiken, wurde systematisch darauf geachtet und entsprechend eine individuelle Förderung eingeleitet.

Die Entscheidung für dieses Vorgehen resultiert aus den Ergebnissen der Präventionsforschung (s.o.), denen zufolge eine frühe Förderung und Stärkung von Schutzfaktoren Verhaltensauffälligkeiten entgegenwirken und die Bewältigungskompetenz für Krisensituationen generell verbessern kann.

Das Projekt wurde von Januar 2006 bis Juli 2007 in jeweils zwei Kindertagesstätten der Stadt Freiburg sowie im Landkreis Breisgau-Hochschwarzwald vom Zentrum für Kinder- und Jugendforschung an der Evangelischen Hochschule Freiburg umgesetzt und von der „Aktion Mensch", der Stadt Freiburg und dem Landkreis Breisgau-Hochschwarzwald finanziert.

Ein Programm, das nachhaltig die Resilienz von Kindern fördern möchte, muss die personalen, sozialen und umgebungsbezogenen Faktoren in ihrer Gesamtheit berücksichtigen. Alle Ressourcen, von denen positive Effekte zu erwarten sind, sollten in einem solchen Programm genutzt werden.

Unser Konzept der Resilienzförderung war dementsprechend präventiv ausgerichtet und verfolgte einen Mehrebenenansatz, wie Abbildung 2 auf der nächsten Seite zeigt.

(1) Angebote für die Erzieherinnen: Fortbildungen und Fallberatung

Grundlegend für das Projekt war die Zusammenarbeit mit den pädagogischen Fachkräften. Sie wurden von Beginn an in die Arbeit mit einbezogen. Dazu dienten verschiedene Bausteine. Zunächst ging es um die Haltung der Fachkräfte. Es galt, in allen Einrichtungen – mal mehr, mal weniger – den Blickwinkel, und damit auch die Arbeitsweise, zu verändern. Ganzheitliche Resilienzförderung blickt ressourcenorientiert auf die Kinder, orientiert sich also an ihren Stärken, Fähigkeiten und Selbsthilfekompetenzen. Den meisten pädagogischen Fachkräften war die Ressourcenorientierung zwar bekannt und teilweise schon wichtiger Bestandteil ihrer konzeptionellen Arbeit; in der Alltagsarbeit wurde sie aber nicht immer konsequent umgesetzt. So richteten die Erzieherinnen etwa ihren Blick hauptsächlich auf die Schwierigkeiten der Kinder – auch die Elterngespräche wurden davon bestimmt.

Präventionsprogramme für Kindertageseinrichtungen 367

Abbildung 2: Die vier Ebenen des Projektes „Kinder stärken!"

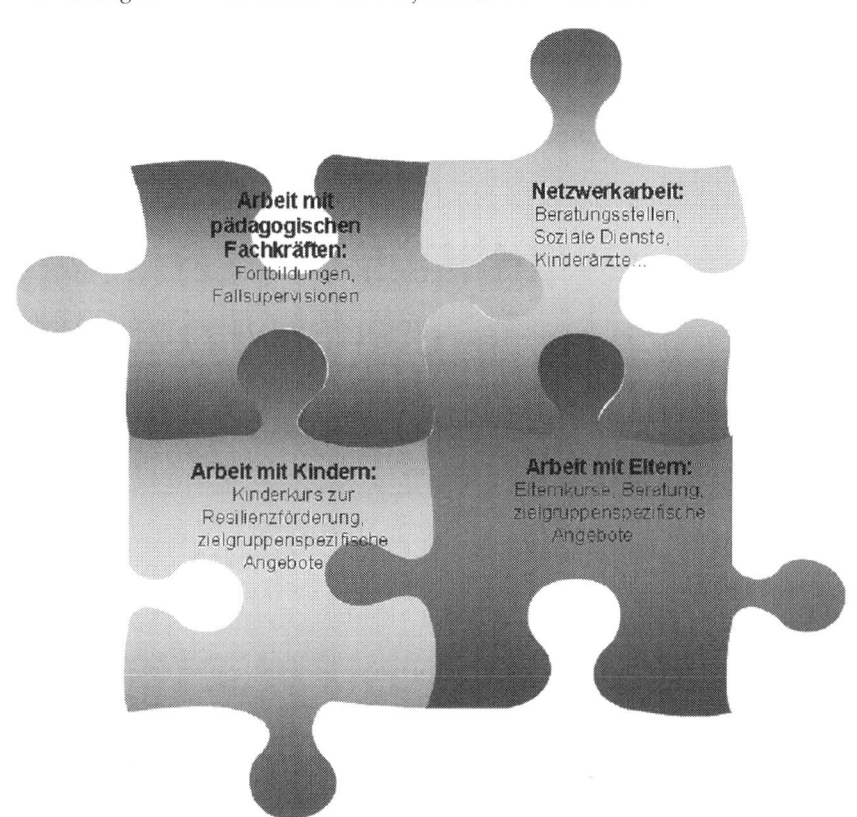

Arbeit mit pädagogischen Fachkräften:
Fortbildungen, Fallsupervisionen

Netzwerkarbeit:
Beratungsstellen, Soziale Dienste, Kinderärzte...

Arbeit mit Kindern:
Kinderkurs zur Resilienzförderung, zielgruppenspezifische Angebote

Arbeit mit Eltern:
Elternkurse, Beratung, zielgruppenspezifische Angebote

Um diese ressourcenorientierte Sichtweise im Alltag besser einsetzen zu können, wurde jede Kita von einer externen Sozialpädagogin unterstützt, die alle Projektbestandteile (Kinder- und Elternkurse, Elternsprechstunden, Netzwerkarbeit) gemeinsam mit jeweils einer Kita-Angestellten durchführte. Anschließend setzten die so geschulten Erzieherinnen die Kurse alleine fort. So wurde von Beginn an beim Personal der Kitas die Nachhaltigkeit des Programms gesichert und das Resilienzkonzept erfahrbar gemacht. Nach jeder Kurseinheit (siehe Arbeit mit Kindern und Eltern) fanden Reflexionsgespräche statt, um die stärkenorientierte Sichtweise auf jedes Kind einzuüben und über Weiterführung im Alltag nachzudenken.

Ergänzend zu diesen Angeboten nahmen die Erzieherinnen an insgesamt sechs halbtägigen Fortbildungseinheiten teil, in denen der Grundgedanke der Resilienzförderung vermittelt und die Inhalte der Arbeit mit den Kindern und Eltern sowie mit Netzwerken vertieft wurden. Zusätzlich wurden vierwöchentlich regelmäßig kind- oder familienzentrierte Besprechungen – zumeist mit dem gesamten Team einer Einrichtung – durchgeführt. An diesen Besprechungen, die das Ziel hatten, einen ressourcenorientierten Blick auf die Kinder einzunehmen, nahm in der Regel mindestens eine Fachkraft der kooperierenden Erziehungsberatungsstellen teil.

(2) Arbeit mit den Kindern

Mit *allen* Kindern aus den Einrichtungen wurde das „Programm zur Prävention und Resilienzstärkung in Kindertageseinrichtungen (PRiK)" (Fröhlich-Gildhoff/Dörner/Rönnau 2007b) durchgeführt.

Der Kinderkurs PRiK ist ein 10-wöchiges Programm auf der Grundlage eines ausgearbeiteten Manuals mit sechs verschiedenen Bausteinen, die sich an den genannten Resilienzfaktoren orientieren. Jeder der sechs Bausteine umfasst drei bis vier Einheiten, in denen die Themen kindgerecht aufbereitet worden sind. Insgesamt enthält der Kinderkurs 20 Einheiten. Der Kurs sollte im optimalen Fall mit 6–8 Kindern stattfinden, die alle in derselben Altersgruppe sind bzw. denselben Reifegrad haben. Im besten Falle führen zwei Personen leitend den Kurs durch.

Im ersten Baustein – zum Thema *Selbstwahrnehmung* – geht es darum, sich selber besser kennen zu lernen, aber auch Fremdwahrnehmungen in das Selbstbild zu integrieren. Ein wichtiger Bestandteil dieses Trainings sind dabei die Einheiten zum Thema Gefühle. Die Kinder lernen ihre eigenen Gefühle besser kennen, sie zu benennen und auch, wie man sie ausdrückt und bei anderen erkennt. Materialien dazu sind unter anderem eine Gefühlsuhr mit verschiedenen Gesichtern, die Gefühle ausdrücken, oder auch die Geschichte vom Seelenvogel, in der beschrieben wird, woher Gefühle kommen.

Im zweiten Baustein wird die *Selbststeuerung* gefördert. Die Kinder sollen verstehen, wie sie ihre Gefühle regulieren und Strategien entwickeln können, die ihnen bei der Regulation helfen. Hierfür wird z. B. ein Ampelsystem verwendet. Anhand von drei Schritten können die Kinder in verschiedensten Situationen lernen, ihre Emotionen zu steuern. In Baustein drei steht die Förderung der *Selbstwirksamkeit* im Vordergrund. Hier sollen die Kinder die Erfahrung machen, auf sich selbst stolz sein zu können; erkennen, was sie schon alles können, und sich bewusst machen, auf welche Erfahrungen sie schon Zugriff haben, wenn sie schwierige Situationen neu zu bewältigen haben. Dies wird etwa anhand eines „Lobbuchs" versucht, in welchem mit den Kindern gesammelt wird, was ihnen schon alles gelungen ist – so werden ihnen selbst und ihren Bezugspersonen Stärken bewusst gemacht.

Baustein vier umfasst *Übungen zur sozialen Kompetenz*, wie beispielsweise zum Empathievermögen und zur Konfliktbewältigung. Unterstützende Materialien sind etwa Geschichten, in denen Kindern verschiedene Lösungsmöglichkeiten angeboten werden. Der *Umgang mit Stress* wird im fünften Baustein eingeübt. Dazu wird den Kindern die Bedeutung des Begriffs „Stress" näher erklärt, und sie erlernen in verschiedenen Übungen, wie sie Stresssituationen meistern können, wie z. B. durch Entspannung und Bewegung. Der sechste Baustein fördert *Strategien zum Problemlösen*. Entscheidend ist hier bei allen Übungen und Aufgaben, die eigene Handlungsweise zu reflektieren und sich die dabei verfolgten Strategien bewusst zu machen.

Um eine nachhaltige Förderung zu gewährleisten, müssen die verschiedenen Elemente des Kinderkurses fest im Alltag der Kita verankert sein und nicht nur im Rahmen eines einmalig durchgeführten Kurses vorkommen.

Für alle Kinder wurde am Ende eines Kurses ein sogenanntes „Stärkeprofil" erstellt, in welchem die Entwicklung während des Kurses und die individuellen Stärken – aber auch weitere Unterstützungsmöglichkeiten – festgehalten wurden. Dieses Stärkeprofil wurde mit Erzieherinnen und Eltern besprochen.

Beispiel für ein Stärkeprofil:

Lukas:
Entwicklung: Lukas hat sich den ganzen Kinderkurs über stark eingebracht und hatte tolle Ideen. Er war dabei oft sehr lebhaft und brauchte Bewegung. Er versuchte deshalb häufiger die Grenzen auszutesten, konnte sich dann aber auch wieder an Regeln halten. Insgesamt hat er dazu beigetragen, dass der Kurs mit Leben gefüllt war, und man konnte sich auf seine Beteiligung verlassen.
Stärken: Lukas ist begeisterungsfähig und hat viel Phantasie. Er ist selbstbewusst und kann sich gut durchsetzen. Darüber hinaus kann er gut erzählen und sich in Situationen hineinversetzen. Er ist offen und gradlinig und hat Charme!

Weitere Unterstützung: Lukas muss manchmal gebremst werden, damit auch noch andere zum Zug kommen. Damit er sich besser zurückhalten kann, könnte es ihm helfen, solche Situationen z. B. in Teamspielen zu üben und ihn sofort dafür zu loben, wenn er es aushält und sich bremst. Er drückt sich sehr viel über Bewegung aus und sollte daher ausreichend Freiraum bekommen, seine Energie auszuleben.

Die Stärkeprofile fokussieren auf die Ressourcen der Kinder. Diese werden als bedeutsamer Ausgangspunkt für den Aufbau von Bewältigungsfähigkeiten gesehen. Grundsätzlich wird, wie in Abschnitt eins dargelegt, Resilienz nicht nur in Zusammenhang mit Risikosituationen gesehen. Es geht darum, die in der Forschung identifizierten Resilienzfaktoren bei den Kindern zu fördern, damit sie diese in evtl. auftretenden Risikosituationen nutzen können – um sich dann als resilient zu erweisen. Die ressourcenorientierte Sichtweise verkennt nicht den Entwicklungsbedarf von Kindern – die Entwicklung und Stärkung kindlichen Selbstwerts gelingt allerdings am besten über die Stärkung ihrer Kompetenzen (vgl. Fröhlich-Gildhoff et al. 2009; Grawe/Donati/Bernauer1994).

(3) Arbeit mit den Eltern

Alle Eltern der Durchführungsgruppe erhielten das Angebot, an Elternkursen zur Stärkung der Erziehungskompetenz und zur Förderung von Resilienz im Alltag der Familien teilzunehmen. Diese Kurse (zum Konzept vgl. Fröhlich-Gildhoff et al. 2008a) wurden regelmäßig in den Kindertageseinrichtungen angeboten. Sie umfassen sechs Einheiten, die wiederum nach Themen strukturiert sind. An diesen Kursen können jeweils sechs bis zehn Eltern teilnehmen; die jeweiligen Sitzungen dauern 90 Minuten. Die Gruppengröße wurde so gewählt, dass reger Austausch und Diskussionen gut möglich waren. Um möglichst alle Eltern zu erreichen, wurden die Kurse je nach Bedarf an unterschiedlichen Wochentagen und zu unterschiedlichen Uhrzeiten (morgens, mittags, abends) angeboten. Geleitet wurden die Kurse von der externen Fachkraft, in der Regel in Zusammenarbeit mit einer Erzieherin der beteiligten Kindertageseinrichtung.

Zusätzlich wurden wöchentliche Sprechstunden zur Eltern- bzw. Familienberatung in den Kindertageseinrichtungen von den externen Fachkräften angeboten. Hierzu konnten sich die Eltern selbstständig melden.

(4) Vernetzung

Im Verlauf des Projekts sollten regelmäßige Netzwerkstrukturen zu Institutionen aufgebaut werden, die Familien unterstützen. Die Kitas wurden darin bestärkt, sich mit Einrichtungen und Vereinen im Umfeld sozialräumlich zu vernetzen. Hierzu wurden folgende Maßnahmen ergriffen:
- Regelmäßige Sprechstunden der „zuständigen" Erziehungsberatungsstellen in den Einrichtungen: Durch den persönlichen Kontakt wurden „kurze Wege" hergestellt und Zugangsschwellen gesenkt.
- Fachkräfte aus den Erziehungsberatungsstellen nahmen an den Fallbesprechungen (s.o.) teil.
- Kontakte zum Allgemeinen Sozialen Dienst des Jugendamtes wurden aufgenommen, auf die, falls erforderlich, schnell zurückgegriffen werden konnte.
- Geplant war zudem, systematisch Kontakte zu Institutionen und Organisationen im Sozialraum (Vereine, Kirche, Schulen) aufzubauen mit dem Ziel, die Kindertageseinrichtungen zum Knotenpunkt im Netz resilienzfördernder Einrichtungen im Quartier zu machen.

5. Evaluation und Ergebnisdarstellung

5.1. Evaluationsdesign

Das Projekt wurde umfassend auf der Basis eines Kombinationsdesigns wissenschaftlich evaluiert (vgl. Bortz/Döring 2006, Fröhlich-Gildhoff 2006, 2007). Dabei wurden quantitative wie qualitative Forschungsmethoden eingesetzt sowie die Prozesse und Ergebnisse aus mehreren Perspektiven (Kinder, Eltern, Erzieherinnen, beteiligte Fachkräfte) in einem Kontrollgruppendesign analysiert (vgl. Abbildung 3 auf der nächsten Seite). Die Laufzeit der Studie erstreckte sich über 18 Monate.

Insgesamt umfasste die Stichprobe 278 Kinder in der Durchführungs- und 188 Kinder in der Kontrollgruppe.

Um die soziostrukturellen Aspekte jeder Kita zu erfassen, füllte jede Einrichtung zu Beginn des Projekts noch Bögen zu ihren Basisdaten aus (SERKi; Fröhlich-Gildhoff/Glaubitz 2006).

Parallel zur Ergebnisevaluation wurden alle Prozessschritte und -elemente während der Laufzeit des Projekts mit standardisierten Methoden dokumentiert und protokolliert.

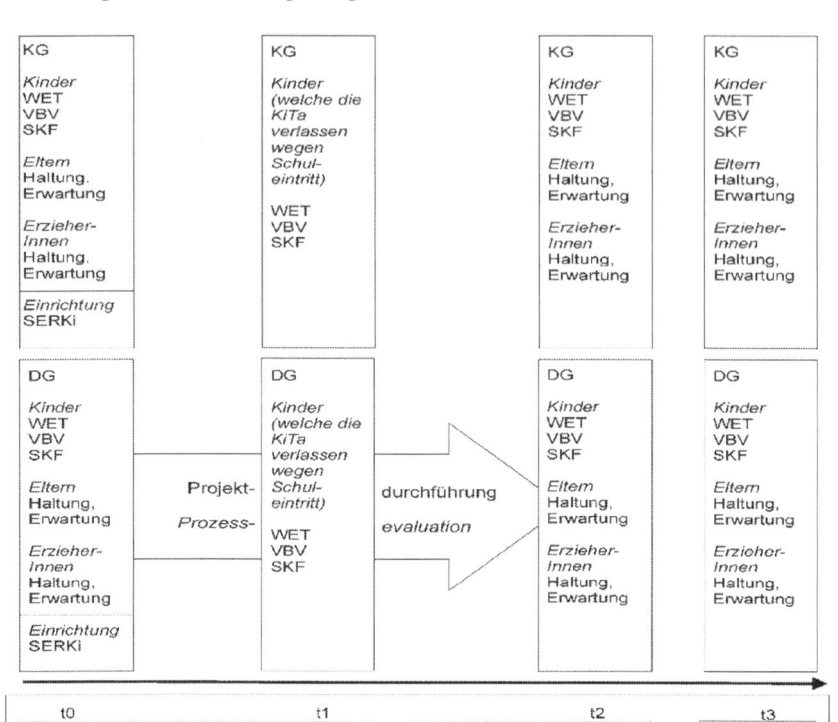

Abbildung 3: Untersuchungsdesign

KG	KG	KG	KG
Kinder WET VBV SKF Eltern Haltung, Erwartung Erzieher- Innen Haltung, Erwartung Einrichtung SERKi	Kinder (welche die KiTa verlassen wegen Schul- eintritt) WET VBV SKF	Kinder WET VBV SKF Eltern Haltung, Erwartung Erzieher- Innen Haltung, Erwartung	Kinder WET VBV SKF Eltern Haltung, Erwartung Erzieher- Innen Haltung, Erwartung

DG			DG		DG	DG
Kinder WET VBV SKF Eltern Haltung, Erwartung Erzieher- Innen Haltung, Erwartung Einrichtung SERKi	Projekt- Prozess-		Kinder (welche die KiTa verlassen wegen Schul- eintritt) WET VBV SKF	durchführung evaluation	Kinder WET VBV SKF Eltern Haltung, Erwartung Erzieher- Innen Haltung, Erwartung	Kinder WET VBV SKF Eltern Haltung, Erwartung Erzieher- Innen Haltung, Erwartung

t0	t1	t2	t3
Beginn	Projektlaufzeit 6 Monate	Ende: 18 Monate	Follow up 30 Monate

DG = Durchführungsgruppe; KG = Kontrollgruppe; WET = Wiener Entwicklungstest; VBV = Verhaltensbeurteilungsbogen; SKF = Selbstkonzept-Fragebogen

5.2 Ergebnisse[2]

Das Gesamt-Projekt wurde insgesamt von allen Beteiligten sehr gut angenommen. Von den Projektfachkräften, den Erzieherinnen und den Eltern wurden positive Entwicklungen bei den Kindern festgestellt. Dies war anhand der Protokolle, aber auch der Befragung (halbstandardisierte In-

---

2 Ausführliche Darstellung in: Rönnau et al. 2008 und im Abschlussbericht des Projekts, Fröhlich-Gildhoff et al. 2007a.

terviews) von Erzieherinnen und Eltern festzustellen. Mit dem eingesetzten standardisierten Verhaltensbeobachtungsinstrument (VBV) konnten allerdings keine signifikanten Veränderungen im Vergleich zur Kontrollgruppe nachgewiesen werden. Das kann damit erklärt werden, dass der VBV den Blick auf auffälliges und problematisches Verhalten richtet, statt die Ressourcen der Kinder abzubilden, und somit möglicherweise ein wenig geeignetes Messinstrument für diese Untersuchung war.

Die Ergebnisse der standardisierten Testverfahren weisen darauf hin, dass sich das Selbstwertgefühl der Kinder in der Durchführungsgruppe im Vergleich zum Ausgangszeitpunkt und zur Kontrollgruppe verbessert hat. Die kognitive Entwicklung – gemessen über den standardisierten Test WET – veränderte sich bei den Kindern der Durchführungsgruppe ebenfalls positiv gegenüber Ausgangszeitpunkt und Kontrollgruppe (signifikante Wechselwirkungen in 4 der 6 Untertests). Diese Entwicklung war so nicht erwartet worden, weil es sich ja nicht um ein Programm zur Förderung der kognitiven Fähigkeiten handelt. Andererseits scheinen sich hier indirekte Effekte einzustellen: Die Kinder können durch eine verbesserte Selbststeuerung, durch erhöhte Selbstsicherheit, aber auch durch verbesserte Problemlösungsfähigkeiten die angebotenen Inhalte in den Kindertageseinrichtungen – die sich mehr und mehr zu Bildungsinstitutionen entwickeln – leichter aufnehmen. Möglicherweise führt auch ein reflektierteres Verhalten der Eltern dazu, dass die Kinder adäquater bei ihren Entwicklungsprozessen unterstützt werden. Insgesamt kann das Programm – sofern sich die Effekte stabilisieren – auch zu einer verbesserten Chancengerechtigkeit führen.

Aus den *Interviews* mit den Erzieherinnen und Eltern (in der Regel den Müttern) ging hervor, dass Veränderungen bei den Kindern beobachtet wurden, die auf das Projekt zurückzuführen waren. Dazu gehörten etwa mehr Ausdauer und Geduld mit sich selbst oder mehr Selbständigkeit und Selbstbewusstsein bei jeweils einem Teil der Kinder.

Auch die *Eltern* beobachteten im Verlauf des Projektes Veränderungen bei sich selbst. Sie gaben z. B. an, dass sie Tipps aus dem Elternkurs zuhause erfolgreich umsetzen würden. Für die Eltern war es hilfreich, mit den Fragen zur Erziehung nicht mehr auf sich allein gestellt zu sein, weil sie sahen, dass auch andere Eltern die gleichen Fragen hatten. Jene Eltern, die am Elternkurs teilgenommen hatten, berichteten signifikant häufiger, dass sie sich sicherer in ihrer Elternrolle fühlten. Die Erzieherinnen gaben an, auch der Kontakt zu anderen Eltern aus der Einrichtung hätte sich stabilisiert. Die Eltern verspürten mehr Ruhe, Gelassenheit und Zufriedenheit in Fragen der Erziehung. Es gebe eine stärkere Reflexion des eigenen Verhaltens: Die Stärken – eigene und die des Kindes – würden mehr beachtet. Manche Eltern berichteten, dass ihre Beziehung zum Kind seit dem Elternkurs offener und intensiver geworden sei.

Auch die *Erzieherinnen* konnten Veränderungen bei sich beobachten: Viele bemerkten, dass sie die Kinder aufmerksamer und mit deutlicherem Fokus auf Stärken wahrnehmen würden. Sie würden auch ihre eigenen Stärken besser wahrnehmen. Das Projekt habe, ihren Aussagen zufolge, außerdem positive Auswirkungen auf das Team: Es gebe eine intensivere Reflexion und einen regelmäßigeren Austausch über die Arbeit. Die Fortbildungen hätten inhaltlich neue Anstöße und Gelegenheit zum kollegialen Austausch sowie zum Überdenken des Arbeitsalltags gegeben. Bei den Fallsupervisionen sei außerdem die Außenperspektive der externen Fachkraft hilfreich gewesen; so konnten manche Themen und Probleme aus einem anderen Blickwinkel betrachtet werden. Weiterhin gaben einige Erzieherinnen an, dass der Kontakt zu den Eltern besser geworden sei. Es gebe positive Synergieeffekte durch die Elternsprechstunden mit der externen Fachkraft: Aus Sicht einiger Erzieherinnen konnten manche Eltern pädagogische Positionen des Personals nun besser nachvollziehen. Aber auch die Erzieherinnen entwickelten im Verlauf des Projekts laut eigener Aussage eine veränderte Haltung: Sie würdigten nun mehr die kleinen Erfolge (etwa die Erreichbarkeit von weiteren Eltern).

5.3 Kritische Reflexion

Das Projekt zeigte positive Wirkungen auf allen drei Ebenen: bei Erzieherinnen, Eltern und gerade auch bei den Kindern. Durch die konsequente Einbeziehung der pädagogischen Fachkräfte ist es gelungen, Nachhaltigkeit zu erzielen – an allen Projektstandorten wurde das Programm nach dem Ende des Forschungsprojekts fortgeführt.

Allerdings hat sich auch gezeigt, dass die Realisierung eines solchen Programms zumindest zu Beginn mit einem erheblichen Mehraufwand für die beteiligten pädagogischen Fachkräfte verbunden ist, der auch ein besonders hohes Engagement verlangt. Für eine breite Etablierung benötigt die Institution Kindertageseinrichtung verbesserte Rahmenbedingungen, vor allem erhöhte Zeitkontingente für Vor- und Nachbereitung.

Bei der Verbreitung des Programms (s.u.) wurde in Diskussionen mehrfach sein „Kern" in der Etablierung der Kinderkurse gesehen – sie sind zunächst auch am ‚einfachsten' in den Kitas umzusetzen. Dabei besteht die Gefahr einer „Verkürzung": Detailanalysen zeigten, dass die besten Effekte dann erzielt wurden, wenn Kinder und Eltern *und* das gesamte Kita-Team in die Arbeit einbezogen waren. Die alleinige Durchführung der Kinderkurse ist sicherlich nicht schädlich; allerdings droht deren Wirkung zu verpuffen, wenn sie nicht mit dem Alltag der pädagogischen Arbeit in der Einrichtung verknüpft sind und wenn die Eltern nicht in das Programm integriert werden.

Der Vorteil von Programmen wie unserem liegt in der Handlungsorientierung. Die Strukturierung durch ein Manual erleichtert die Umsetzung und bietet kompakt Anregungen zur Förderung verschiedener Faktoren. Es besteht allerdings die Gefahr, sich zu eng an die Vorgaben des Manuals halten zu wollen und nicht mehr flexibel auf die Gruppe zu reagieren. Nur dann, wenn das Manual als roter Faden betrachtet wird, der *immer* für die jeweilige Gruppe und Situation neu ausgelegt werden muss, kann ein Programm Erfolg haben. Das erfordert bei der Umsetzung viel Flexibilität und Erfahrung. Störungen, die in jeder Gruppe auftreten können, gilt es aufzugreifen, wobei gegebenenfalls Alternativen angeboten werden müssen. Gerade durch das Auftreten von Störungen wird Kindern gezeigt, wie Krisen bewältigt werden können – und die Erwachsenen sind den Kindern dabei Modell.

Verschiedene Angebotsformen machten es möglich, viele Eltern zu erreichen: etwa die Kombination von Gruppenangeboten (Elternkursen) mit Möglichkeiten der Einzelberatung („Sprechstunden"). Dennoch konnte knapp ein Viertel der Eltern nicht systematisch einbezogen werden – dieses Problem zeigt sich auch in anderen Analysen und Studien (vgl. z. B. Bauer/Bittlingmayer 2005; Heinrichs et al. 2006; BMFSFJ/DJI 2006). Hier gilt es noch spezifischere Konzepte zu erarbeiten und die Erzieherinnen in diesem Sinne weiter zu qualifizieren.

Schon zu Beginn der Evaluation wurde ein grundlegendes Problem deutlich: Es gibt im europäischen Raum kaum ressourcenorientierte Untersuchungsinstrumente. Dies stellte insofern eine Schwierigkeit dar, als der Grundgedanke des Projekts der Förderung von Ressourcen und Stärken galt – die zur Verfügung stehenden standardisierten Instrumente erfassen aber hauptsächlich auffälliges Verhalten und Probleme. Die Erzieherinnen und Eltern, die unsere Bögen ausfüllten, richteten ihre Aufmerksamkeit so wieder auf Schwierigkeiten, während die Projektphilosophie ja das Gegenteil erreichen wollte. So erwies sich leider vor allem der grundlegende Verhaltensbeurteilungsbogen für Vorschulkinder (VBV) im Laufe der Evaluation als nur bedingt geeignetes Untersuchungsinstrument. Es ist deshalb dringend notwendig, diese Forschungslücke – fehlende ressourcenorientierte Instrumente – zu schließen.

5.4 Fazit aus dem Projektverlauf

Ergebnisse und Wirkungen des dargestellten Projekts zeigen deutlich, dass durch nachhaltige Fortführung der Projektbestandteile die Resilienz von Kindern dauerhaft gestärkt werden kann. Gerade Projekte, bei denen die Fortführung langfristig gesichert ist, also schon selbst tragende Strukturen entwickelt wurden, sind besonders nachhaltig (vgl. BZgA 2006: 294). In einer Langzeituntersuchung konnten Weikart/Schweinhart (1997) zeigen, dass aus frühen Interventionen solch günstige Wirkungen resultieren, dass sie sich selbst 27 Jahre später noch nachweisen lassen. Es ist deshalb wünschenswert, die Effekte des Projektes in Follow-up-Untersuchungen zu evaluieren.

Die in unserem Fall bereits erzielten Effekte demonstrieren, dass durch gezielte Förderung der Ressourcen von Kindern (und Eltern), durch Stärkung der Resilienzfaktoren sich auch die kognitiven Fähigkeiten verbessern – hier liegen vielfache Möglichkeiten für erhöhte Bildungsgerechtigkeit; das hier zum Abschluss vorgestellte Nachfolgeprojekt (s.u.) soll weitergehende Erkenntnisse bringen.

Die Projektergebnisse verdeutlichen allerdings auch, dass es nicht ausreicht, isolierte Kurse in Kindertageseinrichtungen zu realisieren, sondern dass sich die Perspektive der Fachkräfte auf die Kinder grundsätzlich wandeln und ein multimodaler Ansatz gewählt werden muss. Hier sind dann systematisch und abgestimmt Kinder und Eltern und Pädagogen/Pädagoginnen mit im Boot. Metaanalysen von Präventionsstudien stützen ein solches Konzept.

Erzieherinnen müssen auf diese Aufgaben vorbereitet werden und brauchen praktikable Vorgaben (Handbücher, Manuale, Prozessbeschreibungen usw.), um systematisch handeln zu können. Helfferich (2002) beschreibt, welche Anforderungen an Konzepte zur Gesundheitsförderung für Kitas in Quartieren mit besonderem Entwicklungsbedarf zu stellen sind. Solche Konzepte müssen die Lebenswelt, das Selbstkonzept und die Bewältigungsstrukturen der Familien berücksichtigen. Das erfordert von den Fachkräften eine hohe Professionalität, die durch Aus- und Fortbildung unterstützt werden muss. Dabei sollte auch die Gesundheit der pädagogischen Fachkräfte mit berücksichtigt werden. Sie müssen ebenso wie die Kinder und Eltern „befähigt werden, eine persönliche gesundheitsförderliche Haltung zu praktizieren" (Franzkowiak 2002: 192). Achten pädagogische Fachkräfte selbst auf ihre Gesundheit, werden sie auch darin Modell für Kinder und Eltern – dafür bedürfen sie aber genauso der Unterstützung durch entsprechende Arbeits- und Rahmenbedingungen.

Bei der praktischen Arbeit darf man grundsätzlich nicht vergessen, dass Resilienzförderungsprogramme Risiken und Belastungen nicht verändern oder abschaffen können, sie aber „es dem Individuum aber ermöglichen, wirkungsvoll damit umzugehen" (Werner 2007: 29). Aufgabe der Fachkräfte ist demnach nicht zwangsläufig die Veränderung von Lebensbedingungen – was bei ihnen häufig zu Gefühlen von Frustration und Hilflosigkeit führt –, sondern Handlungsweisen und Orientierungen zu ermöglichen, die den Umgang mit Risiken und Belastungen zumindest erleichtern.

6. Ausblick – Weiterführendes Kita-Projekt in Quartieren mit besonderen Problemlagen

Das Ausgangsprojekt läuft auch nach Auslaufen der Projektförderung in allen beteiligten Kitas weiter – die Erzieherinnen haben eigenständig die Verantwortung für die weitere Durchführung übernommen. In einer bestimmten Gemeinde wurden sogar zusätzliche Personalkapazitäten geschaffen, damit die Mitarbeiterinnen der Projekt-Kita als Multiplikatorinnen wirken können. Sie helfen so, pädagogische Fachkräfte aus anderen Kitas dieser Gemeinde für die Durchführung des Programms zu qualifizieren – ein positives Beispiel für – ideelles und finanzielles – Engagement einer Kommune im Bereich Prävention.[3]

In Kooperation mit der Bundeszentrale für gesundheitliche Aufklärung (BZgA) und gefördert durch das BMBF, wird seit Januar 2008 das hier vorgestellte Programm zur Resilienzförderung nun in sechs Kindertageseinrichtungen umgesetzt, die sich alle in Quartieren *mit besonderen Problemlagen* befinden. Das erprobte Resilienzprogramm soll jetzt spezifischer Kinder und ihre Familien in besonderen Risikolagen wie etwa Armut unterstützen. Resilienz macht ja gerade aus, dass ein Mensch eine Situation erfolgreich bewältigt hat, die eigentlich als Risiko und Gefährdung für seine Entwicklung gesehen werden müsste. In Quartieren mit besonderen Problemlagen sind Kinder und ihre Familien mit einer Vielzahl von Risikofaktoren konfrontiert. Mit Hilfe des in anderen Zusammenhängen bewährten Resilienzprogramms soll die Bewältigung dieser

---

3   Im Landkreis Breisgau-Hochschwarzwald wurde zur regionalen Verbreitung eine neue Stelle für eine Fachkraft geschaffen – mit ihrer Hilfe konnte das Programm „Kinder stärken!" in mittlerweile acht weiteren Kommunen umgesetzt werden, und zwar durch Qualifizierung von Erzieherinnen sowie direkte Unterstützung bei der Etablierung von Elternkursen und Vernetzungsstrukturen („Netz für Kinder").

Risikofaktoren unterstützt werden. Durch die Übertragung, aber auch Adaptation des Programms soll ein Beitrag zur Verhinderung von Exklusion sowie zur Verbesserung gleicher Gesundheits- und Bildungschancen geleistet werden. Darüber hinaus soll mit dem neuen Projekt die Wirksamkeit des Programms für spezifische Risikolagen untersucht werden.

Neben der Förderung der Resilienz von Kindern und ihrer Familien steht diesmal auch die Resilienz der Fachkräfte im Vordergrund. Eine Erzieherin, die sich überfordert fühlt, gestresst und übermüdet ist, hat wenig Möglichkeiten, sich intensiv der Begleitung und Unterstützung von Kindern und der Elternarbeit zu widmen. Die Resilienz der Fachkräfte stellt deshalb die Basis für eine gelingende Stärkung der Kinder dar. Ausgangspunkt für Resilienzförderung in Kindertageseinrichtungen ist somit auch die seelische Balance, die Gesundheit der Fachkräfte.

Die sechs Projekt-Kindertageseinrichtungen befinden sich im Berliner Bezirk Marzahn-Hellersdorf – mit einem besonders hohen Anteil armer Familien –, in Frankfurt – hier weisen die Kinder in den Kitas nahezu zu 100 % Migrationshintergrund (bei sehr verschiedenen Herkunftskulturen) auf – sowie in Südbaden (in einer Einrichtung kommen alle Kinder und Familien aus unterschiedlichen Herkunftsländern, ein weiteres Stadtteil- und Familienzentrum liegt in einem Quartier mit einer sehr „gemischten" Wohnbevölkerung). Das Projekt wird wiederum in einem Vergleichsgruppendesign mit einer Kombination aus qualitativen und quantitativen Methoden evaluiert.

Schon nach sechs Monaten lässt sich feststellen:
- Die pädagogischen Fachkräfte übernehmen neben ihrer „Kernaufgabe", der Bildung, Betreuung und Erziehung von Kindern, in besonderer Weise sozialarbeiterische Aufgaben: Sie unterstützen Eltern beim Ausfüllen von Formularen und Anträgen, helfen bei Behördengängen, bei der Kleidungsbeschaffung und am Monatsende oft auch bei der Beschaffung von Nahrung. Sie sind oftmals sehr eng mit den Schicksalen der Familien vertraut und leisten hier wichtige Unterstützung.
- In den meisten Fällen besteht ein sehr guter Kontakt zu den Eltern. Er resultiert aus einer aktiv-zugehenden Arbeit und sehr zielgruppenorientierten Angeboten. Insbesondere in einer Frankfurter Kindertageseinrichtung gelingt es auf diese Weise, nahezu 100 % der Eltern zu erreichen, zu Elternveranstaltungen oder zur Mitarbeit zu motivieren – das pädagogische Fachpersonal wird zum Ansprechpartner für sehr viele Lebensfragen und nimmt sich dafür – mit Unterstützung des Trägers – Zeit.

- Bei den Elternkursen muss das vorhandene Programm deutlich auf die Bedürfnisse und Wünsche der Eltern zugeschnitten werden. Neben Sprachproblemen – hier hilft der Einbezug engagierter Mütter – sind kulturelle Unterschiede zu berücksichtigen. So ist es für viele Eltern mit nicht-deutschem kulturellem Hintergrund ungewohnt, selber aktiv nach Lösungen für Erziehungskonflikte zu suchen, statt klare Vorgaben über „richtiges" Verhalten zu bekommen.
- Die Bildung von stabilen Netzwerken mit anderen Institutionen (Erziehungsberatungsstellen, Beratungsstellen für Frühförderung, Schuldnerberatung, Sozialer Dienst des Jugendamtes usw.) hat eine sehr große Bedeutung; es müssen oft „kurze Wege" gebahnt werden, auf die dann gegebenenfalls schnell zurückgegriffen werden kann.
- Das Konzept der Kinderkurse muss ebenfalls deutlich verändert werden: Viele Kinder haben nämlich Probleme mit der deutschen Sprache oder verfügen noch nicht über einen differenzierten Wortschatz (um etwa ihre Gefühle ausdrücken zu können) – hier müssen neue Elemente eingeführt und teilweise mit Sprachförderung kombiniert werden.
- Ein wichtiges Thema ist die psychische Gesundheit der pädagogischen Fachkräfte: Aufgrund der deutlichen Belastung durch zusätzliche Aufgaben und der Konfrontation mit den Schicksalen der Familien sind in standardisierten Tests erhöhte Werte im Bereich der „emotionalen Erschöpfung" und Anzeichen für „Burnout" festzustellen.

Hinzu kommt, dass sich die Zielgruppe noch erweitert, weil in den beteiligten Kitas zum Teil auch Kinder im Schulalter in Hortgruppen betreut werden. Ab Herbst 2009 werden diese Kinder ebenfalls in das Projekt zur Resilienzförderung einbezogen – wobei wir die Angebote für diese Altersgruppe modifizieren.

Gerade in der Arbeit mit besonders problembelasteten Zielgruppen dürfte der resilienzfördernde Charakter unseres Programms erst richtig deutlich werden!

Literatur

Bauer, U./Bittlingmayer, U.H. (2005): Wer profitiert von Elternbildung? In: ZSE, Zeitschrift für Soziologie der Erziehung und Sozialisation, 25 (3), S. 263–280

Beelmann, A. (2006): Wirksamkeit von Präventionsmaßnahmen bei Kindern und Jugendlichen. Ergebnisse und Implikationen der integrativen Erfolgsforschung. In: Zeitschrift für Klinische Psychologie und Psychotherapie, 35 (2), S. 151–162

Bender, D./Lösel, F. (1998): Protektive Faktoren der psychisch gesunden Entwicklung junger Menschen: Ein Beitrag zur Kontroverse um saluto- und pathogenetische Ansätze. In: Margraf/Siegrist/Neumer (Hrsg.): Gesundheits- oder Krankheitstheorie? Saluto- vs. pathogenetische Ansätze im Gesundheitswesen, S.117–145. Berlin

Bertelsmann Stiftung (Hrsg.) (2008): Chancen ermöglichen – Bildung stärken. Gütersloh

Bortz, J./Döring, N. (2006): Forschungsmethoden und Evaluation für Human- und Sozialwissenschaftler. Berlin/Heidelberg

Brisch, K.-H. (2006): Bindungsstörungen. Von der Bindungstheorie zur Therapie. 7. Aufl. Stuttgart

Bundesministerium für Familie, Frauen, Senioren und Jugend (BMFSFJ)/Deutsches Jugendinstitut (DJI) (2006): Kurzevaluation von Programmen zu Frühen Hilfen für Eltern und Kinder und sozialen Frühwarnsystemen in den Bundesländern. Abschlussbericht. Berlin. Auch zu beziehen über www.bmfsfj.de

Bundeszentrale für gesundheitliche Aufklärung (BZgA) (2006): Kriterien guter Praxis in der Gesundheitsförderung bei sozial Benachteiligten. Köln

Dornes, M. (2000): Die emotionale Welt des Kindes. Frankfurt a.M.

Döpfner, M./Berner, W./Fleischmann, T./Schmidt, M. (1993): Verhaltensbeurteilungsbogen für Vorschulkinder (VBV 3–6). Weinheim

Durlak, J.A.(2003): Generalizations regarding effective prevention and health promotion programs. In: Gullotta/Bloom (Hrsg.): The encyclopedia of primary prevention and health promotion. S. 61–69. New York

Essau, C. A./Conradt, J. (2004): Aggression bei Kindern und Jugendlichen. München/Basel

Franzkowiak, P. (2002): Leitfragen, Empfehlungen und Perspektiven zur Gesundheitsförderung im Kindergarten. In: BZgA (Hrsg.): „Früh übt sich ..." Gesundheitsförderung im Kindergarten. Forschung und Praxis der Gesundheitsförderung. Band 16, S.189–194. Köln

Frick, J. (2003): Resilienz – Konsequenzen aus der Forschung für die Praxis. In: Kindergarten heute 9, S.7–13

Fried, L./Roux, S. (Hrsg.) (2006): Pädagogik der frühen Kindheit. Weinheim

Fröhlich-Gildhoff, K. (2006): Kombination von quantitativen und qualitativen Methoden in der Sozialarbeitsforschung. In: Fröhlich-Gildhoff/Engel/Rönnau/Kraus (Hrsg.): Forschung zur Praxis in den ambulanten Hilfen zur Erziehung, S. 15–29.. Freiburg

Fröhlich-Gildhoff, K./Glaubitz, D. (2006): Systematische Selbstreflexion als Alternative zum ‚Kindergarten-TÜV'. In: Frühe Kindheit, 4, S. 26–27

Fröhlich-Gildhoff, K./Kraus-Gruner, G/Rönnau, M. (2006): Gemeinsam auf dem Weg. Eltern und ErzieherInnen gestalten Erziehungspartnerschaft. In: Kindergarten heute, 10, 6–15

Fröhlich-Gildhoff, K. (2007): Verhaltensauffälligkeiten bei Kindern und Jugendlichen. Stuttgart

Fröhlich-Gildhoff, K./Rönnau, M./Dörner, T./Kraus-Gruner, G./Engel, E.-M. (2007a): Kinder Stärken! – Resilienzförderung in der Kindertageseinrichtung. Unveröffentlichter Abschlussbericht, Zentrum für Kinder- und Jugendforschung an der Evangelischen Hochschule Freiburg

Fröhlich-Gildhoff, K./Dörner, T./Rönnau, M. (2007b): Kinder Stärken! – Resilienzförderung in der Kindertagesstätte. München

Fröhlich-Gildhoff, K./Rönnau, M./Dörner, T. (2008a): Eltern stärken mit Kursen in Kitas. München

Fröhlich-Gildhoff, K./Rönnau, M./Dörner, T./Kraus-Gruner, G./Engel, E-M. (2008b): Kinder Stärken! – Resilienzförderung in der Kindertageseinrichtung. In: Praxis der Kinderpsychologie und Kinderpsychiatrie, 57 (2), S. 98–116

Fröhlich-Gildhoff, K./Rönnau-Böse, M. (2009): Resilienz. München

Fröhlich-Gildhoff, K./Mischo, C./Castello, A. (2009): Entwicklungspsychologie für Fachkräfte in der Frühpädagogik. Köln/Kronach

Fröhlich-Gildhoff, K./Engel, E.-M./Beuter, S./Wünsche, M./Rönnau-Böse, M. (in Vorbereitung): Selbstkonzeptfragebogen für Vorschulkinder (SKF). Freiburg

Grawe, K./Donati R./Bernauer, F. (1994): Psychotherapie im Wandel. Von der Konfession zur Profession. Göttingen/Bern/Toronto/Seattle

Greenberg, M. T./Domitrovich, C./Bumbarger, B. (2000): Preventing mental disorders in school-aged children. A review of the effectiveness of prevention programs. Prevention Research Center for the Promotion of Human Development, Pennsylvania

Grossmann, K./Grossmann, K. E. (2006): Bindungen – das Gefüge psychischer Sicherheit. 3. Aufl. Stuttgart

Heinrichs, N./Saßmann, H./Hahlweg, K./Perrez, M. (2002): Prävention kindlicher Verhaltensstörungen. In: Psychologische Rundschau, 53, S. 170–183

Heinrichs, N./Krüger, S/Gruse, U. (2006): Der Einfluss von Anreizen auf die Rekrutierung von Eltern und auf die Effektivität eines präventiven Elterntrainings. Zeitschrift für klinische Psychologie und Psychotherapie 35, S. 97–108

Helfferich, C. (2002): Zugangswege zu Kindern aus unterschiedlichen sozialen Lagen. In: BZgA (Hrsg.): „Früh übt sich ..." Gesundheitsförderung im Kindergarten. Forschung und Praxis der Gesundheitsförderung. Band 16, S. 100–109. Köln

Hüther, G./Krens, I. (2005): Das Geheimnis der ersten neun Monate. Düsseldorf

Kastner-Koller, U./Deimann, P. (2002): Wiener Entwicklungstest. Göttingen

Kasüschke, D./Fröhlich-Gildhoff, K. (2008): Frühpädagogik heute. Herausforderungen an Disziplin und Profession. Köln

Kliche, T./Gesell, S./Nyenhuis, N./Bodansky, A./Deu, A./Linde, K./Neuhaus, M./Post, M./ Weitkamp, K./Töppich, J./Koch, U. (2008): Prävention und Gesundheitsförderung in Kindertagesstätten. Eine Studie zu Determinanten, Verbreitung und Methoden für Kinder und Mitarbeiterinnen. Weinheim

Krahé, B. (2001): The Social Psychology of Aggression. Philadelphia

Laucht, M./Esser, G./ Schmidt, M. H. (1997): Wovor schützen Schutzfaktoren? Anmerkungen zu einem populären Konzept der modernen Gesundheitsforschung. In: Zeitschrift für Entwicklungspsychologie und Pädagogische Psychologie 29, S. 260–270

Masten, A./Reed, M. G. (2002): Resilience in development. In: Snyder/Lopez (Hrsg.): Handbook of positive psychology. S. 74–88. Oxford

Nurcombe, B. (2007): The Principles of Prevention in Child and Adolescent Mental Health. In: Remschmidt/Nurcombe/Belfer/Sartorius/Okasha (Hrsg.): The Mental Health of Children and Adolescents. An area of global neglect. S. 53–64. Chichester

Olweus, D. (1979): Stability of aggressive reaction patterns in males. A review. In: Psychological Bulletin 86, S. 852–865

Opp, G./Fingerle, M. (Hrsg.) (2007): Was Kinder stärkt. Erziehung zwischen Risiko und Resilienz. 2.Aufl. München

Petermann, F./Niebank, K./Scheithauer, H. (2004): Entwicklungswissenschaft: Entwicklungspsychologie – Genetik – Neuropsychologie. Berlin, Heidelberg

Röhrle, B. (2008): Die Forschungslage zur Prävention psychischer Störungen und zur Förderung psychischer Gesundheit. In: Verhaltenstherapie und Psychosoziale Praxis 40 (2), S. 343–347

Rönnau, M./Kraus-Gruner, G./Engel, E.-M. (2008): Resilienzförderung in der Kindertagesstätte. In: Fröhlich-Gildhoff/Nentwig-Gesemann/Haderlein (Hrsg.): Forschung in der Frühpädagogik. S. 117–147. Freiburg

Stern, D. N. (1992): Die Lebenserfahrung des Säuglings. Stuttgart

Tremblay, R. E./Japel, C./Perusse, D./Mc Duff, P./Boivin, M./Zoccolillo, M./Montplaisir, J. (1999): The search for age of „onset" of physical aggression. Rousseau and Bandura revisted. In: Criminal Behavior and Mental Health 9, S. 8–23

Weikart, D. P./Schweinhart, L. J. (1997): High/Scope Perry Pre-school Program. In: Albee/Gullotta (Hrsg.): Primary Prevention Works S. 146–166. London

Werner, E. E. (2000): Protective factors and individual resilience. In: Shonkoff/Meisels (Hrsg.): Handbook of early childhood intervention. S.115–132. Cambridge

Werner, E. E. (2007): Entwicklung zwischen Risiko und Resilienz. In: Opp/Fingerle (Hrsg.): Was Kinder stärkt. München

World Health Organisation (WHO) (Hrsg.) (1994): Life Skills Education in schools. Genf

Wustmann, C. (2004): Resilienz. Widerstandsfähigkeit von Kindern in Tageseinrichtungen fördern. Weinheim

Resilienzförderung als schulische Aufgabe?

Rolf Göppel

1. Schule als Schutzfaktor oder als Risikofaktor?

Kann die (Grund-)Schule Resilienz, jene neuerdings so vieldiskutierte und vielbeschworene „magische Persönlichkeitsqualität", die es Menschen ermöglicht, widrigen Verhältnissen zu trotzen, sich von den „Tiefschlägen des Schicksals" nicht unterkriegen zu lassen und sich trotz Belastungen und Schwierigkeiten im Leben zu behaupten, gezielt fördern? Kann sie wirklich mithelfen, traumatische Erfahrungen zu überwinden, persönlichen Lebenssinn zu finden und realistische Lebensperspektiven zu entwickeln? Oder brauchten Kinder schon immer ein beträchtliches Maß an Resilienz, an seelischer Stabilität und Widerstandskraft, um die mit der Schule verbundenen Belastungen und Zumutungen einigermaßen heil zu überstehen? Immerhin hat der verdiente Kinder- und Jugendpsychiater Reinhardt Lempp die Schule einmal als „den wichtigsten pathogenen Faktor in der Entwicklung heutiger Kinder" eingeschätzt und beklagt, dass die Schule in jüngster Zeit immer mehr „zur Belastung der Familie, ja zum Teil zu ihrem Zerstörer geworden" sei (Lempp 1991: 27). Und in der großen empirischen Kinderglücksstudie von 2007, in der Anton A. Bucher nicht nur nach dem Wohlbefinden, sondern explizit nach dem Glückserleben heutiger Kinder in unterschiedlichen Lebensbereichen gefragt hat, kommt der Verfasser zu dem Fazit: „Die Kinder in Deutschland empfinden in ihren Familien in hohem Maß Geborgenheit und Glück. (...) Die Schule erscheint ihnen dagegen mit zunehmendem Alter als düstere Gegenwelt, als ‚Glückskiller Nummer eins'" (Bucher 2007: 27).

Ist die Institution Schule also eher auf der Seite der potenziellen Schutzfaktoren oder eher auf der Seite der Risikofaktoren anzusiedeln? – Eine allgemeine Antwort auf diese Frage ist wohl nicht möglich. Schulen, Schulklassen und Lehrer sind ähnlich vielfältig und verschieden wie Familien, Geschwister und Eltern, und entsprechend können Kinder in beiden Sphären, der familiären und der schulischen, höchst unterschiedliche Erfahrungen machen. Wie gänzlich anders Schule von Kindern erlebt und von Erwachsenen erinnert werden kann, soll zunächst an zwei autobiographischen Dokumenten berühmter Schriftsteller verdeutlicht werden:

Thomas Bernhard schildert in seinem Buch „Ein Kind" die Schrecken seiner Volksschulzeit. Der tägliche Schulbesuch habe etwas „Dämonisches" gehabt, er war in der Klasse ein Außenseiter und hatte es schwer, sich zu behaupten: „Ich war dem Spott meiner Mitschüler vollkommen ausgeliefert. Die Bürgersöhne in ihren teuren Kleidern straften mich, ohne dass ich wusste wofür, mit Verachtung. Die Lehrer halfen mir nicht, im Gegenteil, sie nahmen mich gleich zum Anlass für ihre Wutausbrüche. Ich war so hilflos, wie ich niemals vorher gewesen war. Zitternd ging ich in die Schule hinein, weinend trat ich wieder heraus. Ich ging, wenn ich in die Schule ging, zum Schafott, und meine endgültige Enthauptung wurde nur immer hinausgezogen, was ein qualvoller Zustand war. Ich fand keinen einzigen unter den Mitschülern, mit welchem ich mich hätte anfreunden können, ich biederte mich an, sie stießen mich ab. Ich war in einem entsetzlichen Zustand. Zuhause war ich unfähig, meine Aufgaben zu machen, bis in mein Gehirn hinein war alles in mir gelähmt. Daß mich meine Mutter einsperrte, nützte nichts. Ich saß da und konnte nichts tun" (Bernhard 1985: 113 f.). Schon bei dem verzweifelten Drittklässler kommen angesichts dieser ausweglosen Situation intensive Selbstmordgedanken auf.

Ganz anders dagegen die Erinnerungen an die Schulzeit bei Albert Camus. Als er 1957 den Literaturnobelpreis bekommt, schreibt er einen Brief an seinen ehemaligen Volksschullehrer Monsieur Germain: „(...) als ich die Nachricht erhielt, galt mein erster Gedanke, nach meiner Mutter, Ihnen. Ohne Sie, ohne Ihre liebevolle Hand, die sie dem armen kleinen Kind, das ich war, gereicht haben, ohne Ihre Unterweisung und Ihr Beispiel wäre nichts von alledem geschehen. Ich mache um diese Art Ehrung nicht viel Aufhebens, aber sie ist zumindest eine Gelegenheit, Ihnen zu sagen, was Sie für mich waren und noch immer sind, und um Ihnen zu versichern, dass Ihre Mühen, die Arbeit und die Großherzigkeit, die Sie eingesetzt haben, immer lebendig sind bei Ihrem kleinen Zöglinge, der trotz seines Alters nicht aufgehört hat, Ihr dankbarer Schüler zu sein. Ich umarme Sie von ganzem Herzen" (zit. n. Sändig 2004: 21 f.).

Dabei gibt es durchaus bemerkenswerte Gemeinsamkeit in der Kindheitssituation von Bernhard und Camus. Beide wuchsen ohne Vater und in ausgesprochen ärmlichen Verhältnissen auf, beide hatten eher schwierige, zurückweisende Mütter, bei beiden spielten Großelternfiguren eine wichtige kompensatorische, aber zugleich ambivalente Rolle in der persönlichen Lebensgeschichte. Wenn man so will, kann man bei beiden also durchaus eine bemerkenswerte Häufung von „Risikofaktoren" in der Entwicklung feststellen. Albert Camus hatte das Glück, mit seinem Lehrer und Mentor Monsieur Germain eine wichtige engagierte und förderliche

Bezugsperson jenseits der Familie zu finden. Thomas Bernhard dagegen hatte das Pech, in seiner Volksschulzeit in Traunstein und auch im späteren Internat in Salzburg (vgl. Bernhard 1977) überwiegend mit wenig unterstützenden, überfordernden, strengen, rücksichtslosen und nicht selten gewalttätigen Lehrerinnen und Lehrern konfrontiert zu sein. Entsprechend groß sind seine rückblickende Wut und seine Empörung gegenüber der gesamten Schul- und Erziehungswelt (vgl. Göppel 2001).

2. Forderungen an eine „humane", „kindgerechte", „fürsorgliche Schule"

Die beiden exemplarisch ausgewählten autobiographischen Schulrückblicke machen deutlich, dass für das Schulerleben der Kinder ganz wesentlich die atmosphärischen Aspekte der Schule und dabei wiederum vorrangig die personale Seite, also die Beziehungen zu den Lehrpersonen und zu den Mitschülern im Vordergrund stehen, und dass dabei sehr viel weniger die inhaltlichen Aspekte, die in der Schule behandelten Themen und Stoffe oder gar die didaktischen Strategien oder methodischen Finessen des Unterrichts von Belang sind.

Nun fehlt es sicherlich nicht an schulpädagogischen Konzepten, an Appellen und Forderungen im Hinblick darauf, wie eine „humane", „kindgerechte", „fürsorgliche", „pädagogisch ambitionierte" Schule aussehen sollte und an Beschreibungen dessen, was einen „guten", „engagierten", „empathischen" Lehrer kennzeichnet. Hartmut von Hentig etwa wird häufig zitiert mit seiner „Formel" von der Schule als „Polis" bzw. als „Lebens- und Erfahrungsraum" und mit seinem Titel „Die Menschen stärken, die Sachen klären", mit dem er den Auftrag der Schule einmal prägnant auf den Punkt gebracht hat (vgl. v. Hentig 1985).

In seinem Buch „,Humanisierung' – Eine verschämte Rückkehr zur Pädagogik? Andere Wege zur Veränderung der Schule" kommt v. Hentig zu dem Fazit, eine „humane Schule", sei „in erster Linie eine Schule, die die in ihr lebenden und lernenden Menschen achtet", und er explizit dann weiterhin acht exemplarische „Lernbedingungen", die seiner Meinung nach „erfüllt sein müssen, wenn die Schule wieder eine pädagogische Anstalt werden soll" (v. Hentig 1987: 73 f.). Demnach sollte Schule ein Ort sein (...), „an dem sich Lust an der Sache einstellen kann, (...) an dem Konzentration möglich ist und Durchhaltekraft belohnt wird, (...) an dem Martin Wagenschein würde lehren wollen (gemeint ist damit, dass es im Unterricht an solch einer „humanen Schule" mehr auf das richtige

Fragen und das genaue Hinschauen ankommt als auf das Abschreiben und Memorieren fertiger Antworten – R.G.), (...) an dem man gemeinsame Grunderlebnisse hat und sich bewusst macht, (...) an dem Gemeinsinn herrscht und wohltut, (...) an dem man mit einem Stück Natur leben kann, (...) an dem man erfahren kann, wie man Frieden macht und (...) an dem die Frage nach dem Sinn gestellt werden kann – und gestellt wird".

Auch in der Denkschrift „Zukunft der Bildung – Schule der Zukunft", die von der von Johannes Rau eingesetzten und mit Fachleuten wie Hannelore Faulstich-Wieland, Klaus Hurrelmann, Wolfgang Klafki und Hans-Günter Rolff u.a. hochrangig besetzten „Bildungskommission NRW" verfasst wurde und die mit ihrem Konzept der Schule als eines „Hauses des Lernens" für einige Jahre als die „Bibel progressiver Schulkonzeption" in Deutschland galt, finden sich zahlreiche Passagen, in denen der Schule ein erweiterter, besonders auf Persönlichkeitsstärkung und Lebensbewältigung ausgerichteter Bildungsauftrag zugewiesen wird.

So sollten in diesem „Haus des Lernens" ausdrücklich Aufgaben, die bisher eher als „außerschulisch" galten, integriert werden. „Wissensvermittlung und Persönlichkeitsbildung", „fachliches und überfachliches Lernen", „soziales Lernen", „anwendungsorientiertes Lernen", das „Finden der eigenen Identität und die Achtung der Identität anderer" werden als gleichrangige Bildungsziele genannt. „Alltagsfragen, Alltagserfahrungen und Lebensprobleme, die Schülerinnen und Schüler mitbringen, sollen die Lernsituation mitbestimmen, sie realitätsnäher werden lassen" (Bildungskommission NRW 1995: XV). Auch hier findet an zentraler Stelle wieder eine differenzierte „Ortsbeschreibung" jenes visionären Raumes statt, den die Expertengruppe als „Schule der Zukunft" im Blick hat. Demnach ist Schule, wie sie von dieser Kommission als „Haus des Lernens" entworfen wird, „ein Ort, an dem alle willkommen sind, die Lehrenden wie die Lernenden in ihrer Individualität angenommen werden, die persönliche Eigenart in der Gestaltung von Schule ihren Platz findet, (...) ein Ort, an dem Zeit gegeben wird zum Wachsen, gegenseitige Rücksichtnahme und Respekt voreinander gepflegt werden, (...) ein Ort, dessen Räume einladen zum Verweilen, dessen Angebote und Herausforderungen zum Lernen, zur selbständigen Auseinandersetzung locken, (...) ein Ort, an dem Umwege und Fehler erlaubt sind und Bewertungen als Feedback hilfreiche Orientierung geben, (...) ein Ort, wo intensiv gearbeitet wird und die Freude am eigenen Lernen wachsen kann, (...) ein Ort, an dem Lernen ansteckend wirkt" (ebd.: 86).

Schließlich seien hier als weiterer bedeutsamer konzeptioneller Entwurf für eine moderne Grundschule die Empfehlungen zur Neugestaltung der Primarstufe genannt, die vom Grundschulverband unter dem Titel „Die Zukunft beginnt in der Grundschule" veröffentlicht wurden (Faust-Siehl/Garlichs/Ramseger/Schwarz/Warm 1996). Als leitende Prinzipien der Grundschularbeit werden hier „Geborgenheit", „Offenheit" und „Herausforderungen" genannt. Unter dem ersten Punkt ist u.a. zu lesen: „Geborgenheit der Kinder entsteht aus der Beziehung zu glaubwürdigen Pädagoginnen und Pädagogen, durch die sich das Kind geschützt und gestützt weiß, aus dem Eingebundensein in eine Gruppe, in der das Kind sich angenommen fühlt, aus der Beziehung zu einem Raum, den es als seine Welt empfinden kann, und aus der Verlässlichkeit durchschaubarer Entscheidungsstrukturen und zeitlicher Verläufe schulischen Lebens und Lernens. Aus dem Gefühl der Geborgenheit und des Dazugehörens gewinnen Kinder Zutrauen zu sich und zur Welt – eine Voraussetzung, um sich öffnen zu können für nachhaltige Beziehungen zu Menschen und Sachen als Bedingung ihrer seelisch-geistigen Entwicklung" (ebd.: 33). Bei den inhaltlichen Lernbereichen, um die es im Unterricht an der Grundschule gehen soll, ist den „entwicklungstypischen Schlüsselfragen von Grundschulkindern", also dem Bereich der persönlich-biographischen Reflexion und der Selbstvergewisserung über eigene Gefühle, Wünsche, Bedürfnisse, Ängste, über persönliche Stärken und Schwächen, über eigene Herkunft und Zugehörigkeit breiter Raum eingeräumt: Als in diesem Sinne relevante Leitfragen werden genannt: „Wo komme ich her?", „Wo gehöre ich hin?", „Was ist nach dem Tod?", „Wer hält zu mir?", „Wie setze ich mich durch?", „Wer bin ich? Wie bin ich?", „Wie soll ich das schaffen?" (ebd.: 73).

Die ehemalige Kultusministerin Baden-Württembergs, Annette Schavan, die Hartmut von Hentig als Verfasser der Einleitung zu den von ihr verantworteten neuen Bildungsplänen gewinnen konnte, hat die ganze Bildungsplanreform unter das Motto gestellt: „Bildung stärkt Menschen" und in ihrer Ulmer Grundsatzrede klar gestellt: „Bildung meint mehr als das schulische Curriculum. Bildung ist nicht schon identisch mit vielfältigen Lernprogrammen. Bildung ist von ihrer Ursprungsgeschichte her eine Lebenskunst, zu der unsere Bildungsinstitutionen ihren Beitrag leisten, nicht mehr und nicht weniger" (Schavan 2002: 5 f.). Ausdrücklich betont denn auch v. Hentig in seiner Einleitung zum Bildungsplan, dass es in der Schule um mehr gehen müsse als um jene „Bescheid-Wissens-Bildung" (v. Hentig 2004: 10), zu der sich die schulische Bildung im Laufe des 20. Jahrhunderts abgewandelt habe. Er beruft sich auf Humboldts Bildungstheorie und hält an einem umfassenden Anspruch fest: „In den Schulen werden die Menschheitserfahrungen und die in ihnen erworbenen Maßstäbe für das ‚gute Leben' weitergegeben" (ebd.: 9).

Man sieht, es gibt durchaus keinen Mangel an guten Ideen, an ausgearbeiteten Konzepten, an eindringlichen Appellen und nachdrücklichen Forderungen im Hinblick auf die persönlichkeitsstärkende, lebenskunstvermittelnde – wenn man so will: „resilienzfördernde" – Aufgabe der Schule. Dennoch bleibt die Frage, ob die Realität der Schule, so wie sie von Kindern und Jugendlichen tatsächlich alltäglich erlebt wird, diesen hehren Forderungen auch nur ansatzweise entspricht. Wenn man sich vor Augen hält, wie sehr in unseren Schulen durch die Benotungs-, Versetzungs- und Übertrittsregelungen nach wie vor Versagenserfahrungen systematisch produziert werden, wenn man betrachtet, wie häufig, wie vielfältig und wie massiv z.t. die Kränkungserfahrungen durch abwertende und beleidigende Lehrerkommentare sind, von denen Schüler und Schülerinnen in entsprechenden empirischen Untersuchungen berichten (vgl. Krumm 1999, 2003, Krumm/Weiß 2001), wenn man weiterhin einmal einen Blick darauf wirft, wie negativ, entwertend, „rachedurstig" und ressentimentbeladen oftmals die rückblickenden „Schlussbilanzen" sind, die selbst erfolgreiche Schüler und Schülerinnen über die Quintessenz ihrer Lernerfahrungen aus 13 Schuljahren im Rahmen von Abiturzeitungen ziehen, dann mag man hier berechtigte Zweifel haben.

Auch wenn man zurückhaltender die Frage stellt, ob also wenigstens über die letzten Jahre hinweg ein Entwicklungstrend in die beschworene Richtung, hin zu einer „humanen", „resilienzförderlichen Schule" erkennbar ist, dann kommt man kaum umhin, festzustellen, dass auf der Ebene der realen Entwicklungen, gerade seit der ersten PISA-Studie, ganz andere, gegenläufige Tendenzen die Bildungspolitik und den pädagogischen Zeitgeist dominierten: Tendenzen der Beschleunigung von Lernzeit, der Verdichtung von Leistungsanforderungen, der Objektivierung und Standardisierung – die ja immer der geforderten Individualisierung entgegensteht –, der „Outputorientierung" – die ja quer steht, zur geforderten „Prozessorientierung". Die Einführung des achtklassigen Gymnasiums und von landesweiten Vergleichstests, die Verächtlichkeit gegenüber einer vermeintlichen „Kuscheleckenpädagogik" in der Grundschule, die Kinder nicht energisch genug fordere, der weit verbreitete öffentliche Ruf nach mehr Autorität, Disziplin und Strenge an den Schulen, die neue, offensive Diskussion um Elitebildung: All dies sind Dinge, die einer fürsorglichen Schulkultur eher entgegenstehen, die von dem Anspruch ausgeht, dass keiner zurückbleiben darf, dass auch die langsameren und schwierigeren Schüler, die mit den Lern- und Verhaltensanforderungen der Schule mehr oder weniger ausgeprägte Probleme haben, sich „geschützt und gestützt" erleben sollen. Zu befürchten ist vielmehr, dass in der Schule in den letzten Jahren immer mehr das Matthäus-Prinzip, die Formel „Wer soziales, kulturelles, ökonomisches Kapital hat, wer über entsprechende Ressourcen in der Biografie und im familiären Umfeld verfügt, dem wird gegeben, der wird bevorzugt gefördert", die Oberhand gewinnt, und dass somit die bestehenden Leistungsunterschiede durch die Schule eher verstärkt werden. In diesem Sinne äußert sich Opp sehr kritisch zu den aktuellen Schulentwicklungsprogrammen: „Es ist zu befürchten, dass das Betreiben von Schulentwicklung über Bildungsstandards genau dazu führt, dass sich die Schulen in der Verfolgung hochgesteckter Outputvorgaben auf ihre leistungsfähigeren und familiär unterstützten Schüler konzentrieren (...) und somit die schulischen Selektionsprozesse weiter verschärfen" (Opp 2007: 239).

3. Resilienzförderung – Auf welche konkreten Dispositionen und Fähigkeiten kommt es eigentlich an?

Neben diesen institutionell-strukturellen Merkmalen der Schule, die dem Ziel einer Resilienzförderung durch die Schule tendenziell entgegenstehen, besteht ein weiteres Problem für diese Zielperspektive auch darin, dass „Resilienz" einerseits ein recht vages, andererseits ein hochkomplexes Konstrukt ist und dass somit gar nicht so recht klar ist, welche Qualitäten, welche Eigenschaften, welche Fähigkeiten und Kenntnisse hier eigentlich konkret zu vermitteln sind. Was soll man sich etwa unter einer allgemeinen „Problemlösefähigkeit", einer generellen „Bewältigungskompetenz" oder einer umfassenden „Stressimmunisierung" vorstellen? – Dinge, die in der Resilienzliteratur gerne vollmundig gefordert werden.

Resilienz ist zudem ein relationales Konstrukt, das stets auf eine bestimmte Erwartungshaltung – nämlich die, dass problematische Entwicklungsumstände in der Regel zu entsprechend problematischen Entwicklungsverläufen führen – bezogen ist: „Resilience has been described as the capacity for successful adaption, positive functioning, or competence (...) despite high-risk status, chronic stress, or following prolonged or severe trauma. Resilience is often operationalized as the positive end of the distribution of developmental outcomes in a sample of high-risk individuals" (Egeland et al. 1993: 517). Ob also ein bestimmtes positives Entwicklungsbild bei einem Kind, etwa ein erfreuliches Maß an Selbstvertrauen, Sozialkompetenz und Lernbereitschaft, als Ausdruck von „Resilienz" bewertet werden kann, ist abhängig von der Lebensgeschichte und von den Lebensumständen dieses Kindes. Nur wenn diese so belastend und problematisch waren, dass eigentlich eine ungünstigere Entwicklung zu erwarten gewesen wäre, wenn also von besonderen Widerstands-, Bewältigungs- und Kompensationsleistungen ausgegangen werden kann, ist die Rede von „Resilienz" sinnvoll. Bei Rutter heißt es kurz und prägnant, „Resilienz" bezeichne den „positive pole of individual differences in peoples responses to stress and adversity" (Rutter 1987: 316). Wenn man von diesem relationalen Verständnis ausgeht, dann kann es eigentlich gar keine „generelle Resilienzförderung" geben, weil „Resilienz" für diejenigen Kinder, die in wohlgeordneten und wohlbehüteten Verhältnissen aufwachsen, gar kein Thema ist.

Aber ist es andererseits sinnvoll, an einer Schule zu speziellen Zeiten gezielt die „Risikokinder" zur „Resilienzförderung" zu versammeln, so wie man dort bisweilen die motorisch besonders ungeschickten Kinder zum „Sonderturnen" oder die lese-rechtschreibschwachen Kinder zur „Lese-Rechtschreib-Förderung" in kleinen Gruppen zusammenfasst? Und sind die Risikolagen nicht wiederum sehr unterschiedlich – Kinder aus Armutsverhältnissen, Kinder aus Konflikt- und Trennungsfamilien, Kinder mit psychisch kranken Elternteilen, Kinder aus Suchtfamilien, Kinder mit Misshandlungserfahrungen, Kinder mit einer Geschichte multipler Beziehungsabbrüche, Kinder mit Traumatisierungen durch Bürgerkrieg und Flucht (…) Bräuchte man also für all diese Kinder jeweils spezifische Angebote, um die belastenden Erfahrungen aufzuarbeiten?

Von daher ist man dann bisweilen eher überrascht und irritiert, wenn in „Leitlinien zur Resilienzförderung" einfach Dinge aufgelistet werden, die für jeden sinnvollen und nachhaltigen Lehr- und Lernprozess von Belang sind. So wird etwa bei Theis-Scholz im Blick auf die Schüler und Schülerinnen „aktives und selbständiges Lernverhalten", „Anregung von Problemlösestrategien", „Aufbau eines positiven Selbstkonzeptes", „Ermöglichung von Selbstwirksamkeitsüberzeugungen" und „zielorientiertes Arbeiten" gefordert, im Hinblick auf das Lehrerverhalten verlangt sie dagegen „einen wertschätzenden Erziehungsstil", „angemessene Leistungsanforderungen", „Bereitstellen einer anregenden Lernumwelt", „vertrauensvolle Haltung" und die Funktion als ein „prosoziales Rollenmodell" (Theis-Scholz 2007). – All dies sind Dinge, die man auch ganz allgemein unter dem Titel „Merkmale einer förderlichen Lernumgebung" oder „Merkmale eines guten Lehrers" auflisten könnte.

Auch die bekannte Checkliste der resilienzförderlichen Schutzfaktoren, in welcher Grotberg unter den Stichworten „I have", „I am" und „I can" die unterstützenden Ressourcen der Umwelt sowie die inneren

Stärken und die Problemlösungskompetenzen des Kindes zu fassen versucht (Grotberg 2003), beinhaltet durchwegs Dinge, die für alle Kinder gleichermaßen von Bedeutung sind. Wenn hier jedoch bei entsprechender Prüfung gravierende Defizite hinsichtlich dieser Dimensionen bei einem Kind konstatiert werden müssen, dann können diese Defizite in der Regel nicht so ohne weiteres durch organisatorische Maßnahmen behoben oder durch pädagogische Resilienzförderprogramme kompensiert werden. Wenn Kinder selbst sich reflexiv mit jenen drei Grundfragen auseinandersetzen und bei entsprechenden „Bilanzierungsversuchen" zu dem Ergebnis kommen, dass sie etwa bezüglich der ersten Dimension bei den Punkten „Ich habe Menschen, die mir vertrauen und die mich lieben", bzw. „Ich habe Menschen, die mir Vorbilder sind und von denen ich lernen kann" eher „Fehlanzeige" konstatieren müssen – welche Konsequenzen hat dies dann für deren Selbstwertgefühl? Was bedeutet es, wenn sie bezüglich der zweiten Dimension bei den Punkten „Ich bin ein Kind, das von anderen wertgeschätzt und geliebt wird" oder „Ich bin zuversichtlich, dass alles gut wird", zugeben müssen, dass dem gar nicht so ist, oder wenn sie schließlich bei der dritten Dimension zu der Einschätzung kommen, dass sie eigentlich keine rechten Lösungen für jene Probleme finden können, mit denen sie konfrontiert sind, sie zudem immer wieder erhebliche Mühe damit haben, ihr Verhalten in schwierigen Situationen zu kontrollieren – ist ein solches Eingeständnis dann nicht auch mit intensivem Schamerleben gekoppelt?

Auch die sechs „Resilienzbereiche", auf die sich nach Daniel und Wassell die Resilienzförderung konzentrieren soll, sind wiederum so weit und vage, dass man sich eigentlich kein Kind und keine Entwicklungslage vorstellen kann, wo diese Bereiche nicht von Belang wären: „Sichere Bindung", „Bildung", „Freundschaften", „Fähigkeiten und Neigungen", „positive Werte", „soziale Kompetenzen" (Daniel/Wassell 2002). Allein die Benennung dieser „bedeutsamen Lebensbereiche" oder, wenn man so will, dieser „Entwicklungsaufgaben" führt noch kaum über pädagogisches und kinderpsychologisches Alltagswissen hinaus. Auch mit der diagnostischen Feststellung, dass ein bestimmtes Kind – aufgrund seiner problematischen Entwicklungsgeschichte – in manchen dieser Bereiche ausgeprägte „Defizite" hat, ist noch nicht viel gewonnen. Die eigentliche pädagogische Herausforderung liegt vielmehr darin, Ideen und Konzepte zu entwickeln und praktisch umzusetzen, die hier trotz der ungünstigen Voraussetzungen wirkliche Entwicklungsfortschritte in den genannten Dimensionen ermöglichen. Gerade wenn man etwa die Erkenntnisse der Bindungsforschung über die Bedeutung der frühkindlichen Erfahrungen für die Ausprägung von Bindungssicherheit ernst nimmt, wird deutlich, dass „sichere Bindung" nicht etwas ist, das man bei einem Kind mit einer entsprechend prekären Bindungsgeschichte in der Schule mal „eben so", d.h. durch guten Willen, durch ein geschicktes pädagogisches Arrangement und durch ein paar „didaktische Kniffe" „hervorzaubern" könnte.

Andererseits: So verschieden die individuellen Risikolagen und Belastungserfahrungen sein mögen – „Resilienz" ist wiederum nicht etwa wie „Auge-Hand-Koordination", wie „phonologische Bewusstheit" oder wie „visuelle Gliederungsfähigkeit" etc. eine eng begrenzte Fertigkeit oder eine ganz spezifische Kompetenz, die systematisch aufgebaut und gezielt trainiert werden könnte. Vielmehr handelt es sich dabei um ein sehr umfassendes Konzept, das mit den grundlegenden Haltungen des Menschen sich selbst, seinen Mitmenschen, seiner Vergangenheit und seiner Zukunft gegenüber zu tun hat. Es geht dabei um so basale Aspekte wie um die Überzeugung, als Person etwas wert zu sein, um das Zutrauen, durch eigene Anstrengung in der Welt etwas zum Positiven wenden zu können, um das Gefühl von Sinn und Zusammenhang in der eigenen Lebensgeschichte, um die Gabe, sich durch Enttäuschungen nicht entmutigen und verbittern zu lassen, aggressive Impulse kontrollieren und negative Emotionen regulieren zu können, um die Fähigkeit, mit anderen Menschen verträglich auszukommen, darum Nähe und Distanz in Beziehungen angemessen auszubalancieren, Empathie für die Lage des anderen aufzubringen und sich doch nicht von dessen Ansprüchen völlig vereinnahmen zu lassen. Es geht um die Fähigkeit, dem negativen Gruppendruck devianter Peergroups zu widerstehen und für sich selbst Nischen positiver Interessen und förderlicher Beziehungen aufzubauen. Es geht um Hartnäckigkeit und Ausdauer in der Verfolgung eigener Ziele, um die Kunst, die eigenen Möglichkeiten realistisch einzuschätzen und die gegebenen Chancen beherzt wahrzunehmen etc., etc..

All diese Dinge haben mit der Gesamtheit der bisherigen Lebenserfahrungen zu tun und lassen sich – so wichtig und wünschenswert sie auch sein mögen – nicht ohne weiteres in pädagogische Förderprogramme verpacken oder gar in curriculare Lerneinheiten umsetzen. Aber es lassen sich durchaus Bedingungen angeben, die diesen Zielen förderlich sind.

Nicht selten sind Lehrerinnen und Lehrer jedoch mit der Tatsache konfrontiert, dass die realen Lebensverhältnisse, in denen einzelne Schülerinnen und Schüler aufwachsen, diesen förderlichen Bedingungen nur sehr wenig entsprechen. Natürlich kann man sagen, dass die Stoßrichtung präventiver Interventionen in erster Linie dahin gehen muss, jene belastenden Lebensbedingungen von Kindern und Familien insgesamt zu verbessern, und es wäre nahezu zynisch, wollte man unter dem Motto der „Resilienzförderung" primär das Ziel verfolgen, Kinder für unerträgliche Verhältnisse „fit" zu machen. Schon der Untertitel „Gaining Strength from Adversity" bei Grotberg 2003 erscheint mir hier ziemlich grenzwertig. Andererseits haben Lehrerinnen und Lehrer – außer dass sie vielleicht Kontakte zu Beratungsstellen, zu sozialpädagogischen Angeboten oder zu therapeutischen Hilfen vermitteln, oder in bestimmten Fällen eine Intervention des Jugendamtes veranlassen können, nur relativ wenig Möglichkeiten, die prekären Lebenslagen dieser Kinder insgesamt zu wenden. Auch haben sie nicht die Möglichkeit, individuelle traumatische Lebensgeschichten in einem therapeutischen Prozess mit dem einzelnen Kind „aufzuarbeiten". Ihre Aufgabe bleibt also im Wesentlichen darauf beschränkt, einerseits dafür zu sorgen, dass durch die Schule nach Möglichkeit kein weiterer, zusätzlicher Stress in jene hochbelasteten Lebensverhältnisse hineingetragen wird, und andererseits in der Schule selbst ein positives Erlebnis- und Beziehungsfeld zu schaffen. Schützend wirkt, wenn sie Könnens- und Selbstwirksamkeitserfahrungen ermöglichen, vernünftige Regeln des fairen und unterstützenden Umgangs in der Klasse etablieren, vielleicht auch noch einige allgemeine Strategien des Umgangs mit Stress, mit Sorgen, Zweifeln, Ängsten, Minderwertigkeitsgefühlen, mit Kränkungserfahrungen und mit Wut- und Ärgerimpulsen vermitteln.

Von daher sind für die Idee einer schulischen Resilienzförderung natürlich auch viele Konzepte und Programme von Belang, die diesen Begriff gar nicht explizit im Titel führen, sondern die bisher eher unter Rubriken wie Programm zur „Förderung von Sozialkompetenz", von „Emotionaler Intelligenz" oder von „Life-Skills" etc. firmieren. Auch Programme der Gewaltprävention, der Suchtprävention und der gezielten Stärkung von Mädchen haben über weite Strecken ähnliche Inhalte und Zielperspektiven. Letztlich kann man alle Bemühungen, die dazu führen, aus der Schule einen Ort zu machen, an dem sich jedes einzelne Kind „geschätzt und geschützt" weiß, einen Ort, an dem über die traditionellen Lehrplaninhalte hinaus auch noch etwas darüber gelernt wird, wie man sich im Leben erfolgreich behaupten, wie man mit Problemen angemessen umgehen, wie man Konflikte friedlich regeln, wie man Pläne zielstrebig verfolgen, wie man Unterstützung gezielt einfordern und wie man Emotionen sinnvoll regulieren kann, gleichzeitig auch als einen Beitrag zur Resilienzförderung in der Schule betrachten. Dabei dürfte im Hinblick auf jene „erweiterten", „resilienzrelevanten" Themen jedoch auch klar sein: Entscheidend ist das, was im Raum der Klasse in dieser Hinsicht *konkret erfahrbar* ist, nicht das, was in Leitbildern und Schulprogrammen postuliert, was im Unterricht gesagt oder was auf Arbeitsblättern und Tafelbildern formuliert wird.

4. Programme für die „Resilienzförderung" in der Schule

Ohne, dass diese im Einzelnen ausführlich diskutiert werden können, sollen einige solcher Programme hier zumindest kurz vorgestellt werden: Im Rahmen des von Seligman entwickelten und von Wustmann adaptierten „Penn Prevention Programms" sollen Grundschulkinder durch Bildergeschichten, Rollenspiele und daran anschließende Diskussionen „Optimismus", positive Selbstinstruktionen, problemzentrierte Coping- und effektive Konfliktlösestrategien lernen (vgl. Seligman 1999; Wustmann 2004). In dem Programm „Umgang mit Stress und Angst" von Krause (Krause 2007) geht es um den Umgang mit akutem Stress, es sollen selbstwertstärkende Selbstreflexionen und gesundheitsfördernde Interaktionen mit anderen sowie achtsame Umgangsweisen mit dem eigenen Selbst und dem eigenen Körper angeregt werden, ferner zielt es auf die differenzierte Wahrnehmung und den angemessenen Ausdruck eigener Gefühle. Als Medien kommen dabei u.a. Geschichten, Entspannungsübungen, Rollenspiele, pantomimische Übungen, Arbeitsblätter und Gespräche zum Einsatz. Ähnlich fokussiert auch das „Anti-Stress-Training für Kinder" (AST) von Hampel und Petermann (2003) darauf, konstruktiv mit Stresssituationen umzugehen. Dazu sollen stressauslösende Situationen erkannt, günstige und weniger günstige Reaktionen eingeschätzt, eigene Ressourcen und Kompetenzen zur Problembewältigung erkannt, Selbstinstruktionstechniken erlernt, kreative Umdeutungen angeregt und allgemeine Problemlöseschritte vermittelt werden. Das Programm „Stressbewältigung im Grundschulalter" von Dirks u.a. (1994) ist stark von dem transaktionalen Stressmodell von Lazarus beeinflusst und zielt noch stärker auf ein kognitives Verständnis der typischen Stressverarbeitungsmechanismen. Entsprechend sollen wirksame Strategien der Neubewertung von Stressoren, der Abschätzung von Bewältigungsmöglichkeiten und der Aktivierung von Ressourcen vermittelt werden.

Das Programm „Second Step", das von Cierpka für deutsche Verhältnisse adaptiert und unter dem Namen „FAUSTLOS" in Deutschland sehr erfolgreich als „Gewaltpräventionsprogramm" für die Grundschule vermarktet wird, ist bei genauerer Betrachtung eigentlich eher ein Programm zur Förderung sozialer Kompetenz und emotionaler Intelligenz

(Cierpka 2002). Wenn man sich die Lektionen im Einzelnen ansieht, kann man fast von einem „emotionalen und sozialen Alphabetisierungsprogramm" sprechen. Die drei großen Förderbereiche, um die es im Rahmen dieses Programms geht, sind „Empathie", „Impulskontrolle" und „Umgang mit Ärger und Wut". Es ist offensichtlich, dass ein entwickeltes Einfühlungsvermögen in die Gefühlslagen anderer Kinder der Ausbildung von Freundschaftsbeziehungen und der sozialen Integration in Gruppenstrukturen dienlich ist und die Wahrscheinlichkeit erhöht, dass man selbst in Situationen von Kummer und Leid entsprechende emotionale Unterstützung bekommt. Auch die Fähigkeiten zur Impulskontrolle und zum besonnenen Umgang mit Ärger und Wut führen sicherlich dazu, weniger in harsche Konflikte verwickelt zu sein und somit mehr positive Rückmeldung und soziale Anerkennung zu bekommen. Gerade Kinder aus hochrisikobelasteten Entwicklungsmilieus haben ja in jenen sozial-emotionalen Domänen oft gravierende Defizite, die dann dazu führen, dass sie sich in sozialen Situationen immer wieder ins Abseits manövrieren, damit immer wieder aufs Neue Ablehnungs- und Ausgrenzungserfahrungen provozieren und sich somit immer mehr in ihrer Störenfrieds- und Sonderlingsrolle festfahren.

So wie FAUSTLOS vor allem als „Gewaltpräventionsprogramm" bekannt ist, aber primär auf die Vermittlung grundlegender „emotionaler Kompetenzen" setzt, zielt auch das Programm „ALF", das vom Institut für Therapieforschung in München entwickelt wurde und vor allem als (Sucht-)Präventionsprogramm Verbreitung findet, in einem sehr breiten Sinne auf die Förderung „Allgemeiner Lebenskompetenzen und -fertigkeiten". Es bietet ein strukturiertes Training für Schulklassen zu Problemlöseprozessen, zur Förderung von Stressbewältigung, Gefühlsregulation und Selbstsicherheit. Insbesondere wird darin auch versucht, effektive Strategien zu vermitteln, um dem Gruppendruck im Hinblick auf gesundheitsschädigende Verhaltensweisen zu widerstehen (vgl. Walden/Kröger/Kutza/Kirmes 1998).

Spezifischer auf „Resilienzförderung" zugeschnitten sind drei Trainingsprogramme, die Matthias Grünke im Rahmen seiner Habilitation an Sonderschulen erprobt und evaluiert hat. Dabei ging es zum einen um ein Programm zur Förderung „adaptiver Attributionsstile", das von Julius und Goetze entwickelt wurde. Die Hauptzielrichtung dieses Ansatzes besteht darin, den Kindern mit Hilfe von Bildtafeln und Identifikationsgeschichten, von Situationsanalysen und Problemgesprächen realistische Kontrollüberzeugungen und angemessene Attributionsstile zu vermitteln. Kinder sollen darin bestärkt werden, nicht die Verantwortung für familiäre Nöte und Missstände zu übernehmen, die sie nicht verursacht haben, sie sollen lernen, wie bestimmte Gedanken mit bestimmten Gefühlen zusammenhängen, sie sollen darüber hinaus sowohl zur emotionalen Distanzierung von belastenden Familiengeschehnissen ermutigt werden, die sie nicht kontrollieren können, als auch zur gezielten Suche nach Unterstützung und Hilfe außerhalb der Familie. Des weiteren wurde ein Programm von Petermann und Petermann erprobt und untersucht, das primär auf die Förderung von „Selbstwirksamkeit" abhebt (Petermann/ Petermann 2007). Aus der „Petermann-Trainings-Schmiede" gibt es noch eine Reihe weiterer Trainingsprogramme für die Schule, die hier zu nennen wären. (vgl. Petermann u.a. 1999, Petermann u.a. 2006). Schließlich erprobte und evaluierte Grünke auch ein von ihm selbst entwickeltes Training, das auf der Basis der rational-emotiven Therapie von Ellis versucht, bestimmte Grundüberzeugungen zu vermitteln, die zu größerer seelischer Ausgeglichenheit angesichts schwieriger Lebensumstände beitragen sollen. Es geht dabei vor allem darum, problematische konventionelle Denkmuster zu durchbrechen, einen neuen, humorvoll-distanzierten Blick auf die eigene Lage zu bekommen, sich von überzogenen, nicht-einlösbaren Ansprüchen an sich selbst und an die Menschen der unmittelbaren Umgebung zu lösen und zu nüchternen Situationseinschätzungen und realistischen Handlungsperspektiven zu kommen. Um jene Botschaften zu transportieren, wurden von Grünke unterschiedliche Medien, wie Identifikationsgeschichten, Spiele, Comics, Gesprächsimpulse etc. entwickelt.

Das wohl ausführlichste und spezifischste Manual zur Resilienzförderung in der Grundschule, das deshalb etwas ausführlicher vorgestellt werden soll, stammt von Annie Greeff und trägt den Titel „Resilienz: Widerstandsfähigkeit stärken – Leistung steigern. Praktische Materialien für die Grundschule" (Greeff 2008). Hier wird schon im Klappentext ganz ausdrücklich der Anspruch erhoben, dass sich mit den sechs ausgearbeiteten Einheiten des Bandes „das Vertrauen der Kinder und Heranwachsenden in die eigenen Fähigkeiten" stärken lässt: „Die Übungen zum Neinsagen, zum Zeitmanagement, zur Team- und Kommunikationsfähigkeit oder zur Problembewältigung fördern und festigen gezielt das Selbstbewusstsein, die Durchsetzungskraft, Widerstandsfähigkeit und Toleranz der Kinder". Und die werbewirksame Botschaft wird dann auch noch mit einem vollmundigen Versprechen hinsichtlich der erwünschten schulischen Nebenwirkungen garniert: „Das positive Resultat ist eine kontinuierliche schulische Leistungssteigerung" (– ob letzteres auch im Hinblick auf die gestärkten „Fähigkeiten zum Neinsagen" immer so zutrifft, sei dahingestellt!).

Das Programm ist gegliedert in insgesamt 6 Kapitel mit je unterschiedlichen Schwerpunkten. Im Kapitel 1, *„Resilienz – ich bin stark"*, wird das Konzept der Resilienz erläutert, und es werden kindgerechte Materialien und Anregungen präsentiert, um den Grundschulkindern das Resilienzkonzept zu vermitteln und sie von seiner Bedeutsamkeit zu überzeugen. Als konkrete Lernziele für dieses Kapitel werden u.a. folgende benannt: „Am Ende dieses Kapitels sollten die Kinder genügend Wissen, Fähigkeiten und Verhaltensweisen erworben haben, um (...) in eigenen Worten zu beschreiben, was ein resilienter Lerner ist, (...) die Eigenschaften resilienter Menschen aufzuzählen, (...) zu begreifen, dass vielfältige Fähigkeiten und Kenntnisse die Resilienz stärken, (...) Eigenschaften oder Fähigkeiten zu benennen, die sie selbst gerne entwickeln würden, (...) von Menschen berichten zu können, die zunächst Hindernisse überwinden mussten, um schließlich erfolgreich zu sein, (...) um zu erklären, warum Resilienz unentbehrlich für ein erfülltes Leben ist, (...) um einen Aktionsplan zu entwerfen, der die individuelle Resilienz fördert" (ebd.: 15). Man sieht, es geht hier sehr direkt und sehr konkret zur Sache. Kinder sollen nicht nur irgendwie „gestärkt", „Resilienz" soll nicht nur irgendwie gefördert werden, sondern Grundschulkinder sollen das Konstrukt der Resilienz – das bis vor kurzem selbst Pädagogen hierzulande eher mühsam erklärt werden musste – verstehen und erläutern können, und sie sollen motiviert werden, aktive Schritte zu unternehmen, um jene verheißungsvolle Eigenschaft zu erwerben. Die einzelnen Einheiten dieses Kapitels, zu denen es dann jeweils Arbeitsblätter mit entsprechenden Impulsen, Aufgaben, Fragen, Selbsteinschätzungslisten etc. gibt, lauten: „Das Talentspiel", "Gleichgewicht im Leben finden", „Der Lebenskreis", „Mein Leben", „Mein Verhalten", „Was macht mich resilient?", „Resilienz definieren", „Ein Brief an mich selbst" und „Aktionsplan".

Die weiteren Kapitel bieten dann Materialien und Anregungen, um sich mit den zentralen Dimensionen dessen, was „Resilienz" ausmacht, intensiver auseinanderzusetzen. Im Kapitel 2, *„Ich bin ich – ich bin einzigartig"*, geht es um Übungen zur differenzierten Selbstwahrnehmung und Selbsteinschätzung. Die Kinder sollen ihre Talente benennen, sie sollen beschreiben, was ihnen wichtig ist und worin sie besonders gut sind, sie sollen sich mit ihren Vorbildern auseinandersetzen, und sie sollen sich durch Identifikation mit bestimmten Tierfiguren bewusst machen, welcher „Persönlichkeitstyp" sie sind und welche Rolle sie üblicherweise in sozialen Konfliktsituationen spielen. Kapitel 3 ist mit *„Meine Gefühle gehören zu mir"* überschrieben. Dort geht es um Facetten der „emotionalen Intelligenz", also darum, unterschiedliche Gefühle möglichst differenziert wahrzunehmen und zu benennen, die Zusammenhänge der Entstehung bestimmter Gefühle besser zu verstehen und einen angemessenen Ausdruck für die eigenen Gefühle zu finden. Weiter sollen Kinder Strategien der Regulation intensiver negativer Gefühle kennen lernen, verstehen, Gefühle anderer zu respektieren und sich mit Möglichkeiten der Klärung von emotionalen Irritationen und Verletzungen in sozialen Situationen auseinanderzusetzen. Das 4. Kapitel trägt den Titel *„Ich steh zu mir – ich sage, was ich meine"*, thematisiert also den Umgang mit Ängsten, Unsicherheiten und Hemmungen in sozialen Situationen, die günstigen Formen der Durchsetzung eigener Bedürfnisse und Interessen, selbstbewusstes Auftreten und eine angemessene Körpersprache, befasst sich mit freundlichem und doch bestimmtem Nein-Sagen, mit Geben und Annehmen von Rückmeldungen, behandelt den Umgang mit Kritik, das Eingestehen eigener Fehler und Möglichkeiten des Sich-Entschuldigens und des Verzeihens. Das 5. Kapitel lautet *„Meine Welt – Ich habe meine eigene Persönlichkeit"*; hier geht es um den Umgang mit Differenzen aller Art: mit unterschiedlichen kulturellen Herkünften, mit unterschiedlichen Familienmilieus, mit unterschiedlichen religiösen Verwurzelungen, den Unterschieden zwischen Jungen und Mädchen, mit unterschiedlichem Aussehen, den unterschiedlichen Ausprägungen von Gesundheit und Krankheit, Leistungsfähigkeit und Behinderung und mit unterschiedlichen Begabungen und Interessen. Es geht um die Akzeptanz von Differenz und um die Möglichkeiten der Perspektivübernahme und des Verstehens trotz der Verschiedenheit, es geht um das allen Menschen gemeinsame Bedürfnis nach Anerkennung, somit um Toleranz und um die Vermeidung von Spott, Geringschätzung und Missachtung. Das 6. Kapitel schließlich steht unter der Überschrift *„Meine Zeit – Gut geplant ist halb gewonnen"* und behandelt unterschiedliche Aspekte des „Zeitmanagements", der Zeitnutzung und Zeitverschwendung, des Planens, Strukturierens, Prioritätensetzens, zielt aber auch auf das Reflektieren über sinnerfüllte und verschwendete Zeit, das Entspannen und Genießen, Träumen und Phantasieren sowie das Entwickeln von Visionen und Zukunftsvorstellungen.

Insgesamt kann man dieses Buch von Greeff als ein sehr differenziertes, vielschichtiges, anregungs- und materialreiches Curriculum der Selbst- und Menschenkenntnis, der Lebenskunst und Alltagsklugheit, der emotionalen und sozialen Intelligenz verstehen. Sicherlich mag man an manchen Stellen Grenzen hin zum „Gruppentherapeutischen" überschritten sehen. Ganz bewusst wird die Klasse hier quasi zur „Selbsterfahrungsgruppe" gemacht. Dabei ist es der Verfasserin wichtig, dass die Klasse zum „Ermöglichungs- und Erfahrungsraum" wird und der Lehrer sich im Rahmen jener „Resilienzförderung" nicht als „Stoffvermittler" versteht, sondern als „Facilitator", der in einer entsprechend von gegenseitigem Respekt und Unterstützung getragenen Atmosphäre zwischen den Kindern selbst einen möglichst intensiven Reflexions- und Austauschprozess über lebensbedeutsame Themen in Gang bringen möchte. Entsprechend sollen sich jene Stunden der „Resilienzförderung" in der Schule deutlich vom üblichen Unterricht unterscheiden: „Im Vordergrund steht das Stellen der richtigen Fragen und das Bereitstellen der richtigen Aufgaben, damit die Kinder selbst erleben können, welche Folgen es hat, wenn sie ihr Verhalten ändern oder neue Verhaltensweisen erlernen. In diesem Sinn ist das Ermöglichen etwas anderes, als zu unterrichten, predigen, testen, erzählen, lenken, vortragen, betreuen, begleiten, beraten und leiten" (ebd.: 11). Greeff ordnet ihr Programm gar der Sphäre der „Erlebnispädagogik" zu: „Der Begriff Erlebnispädagogik kann ganz wörtlich verstanden werden, denn gemeint ist das Lernen durch Erlebnisse und Erfahrungen mitsamt dem Nachdenken darüber, was gelernt wurde. Es geht nicht darum, einem Experten zuzuhören, sondern Situationen aus dem wahren Leben nachzubilden, Rollenspiele zu machen und an Spielen teilzunehmen" (ebd.).

Ob Grundschulkinder die entsprechenden Einheiten wirklich als attraktive „erlebnispädagogische" Angebote wahrnehmen, ob sie bereit sind, sich mit ihren individuellen Lebenserfahrungen und mit ihren persönlichen Gefühlen, mit ihren Wünschen und Sorgen zu öffnen und sich darüber mit ihren Klassenkameraden auszutauschen, oder ob sie das Ganze doch eher als eine etwas gekünstelte, zudringliche, befremdliche „erwachsenenmäßige" Veranstaltung erleben; ob sie somit zwar vielleicht noch die „erwünschten" Antworten auf den Arbeitsblättern eintragen und die geforderten Gruppengespräche führen, aber ansonsten doch eher innerlich reserviert bleiben – um dies wirklich beurteilen zu können, müssten erst entsprechende Erfahrungen mit diesem Programm und entsprechende Evaluationsergebnisse vorliegen. Ob die in den Lektionen enthaltenen Botschaften für einen förderlichen Umgang mit sich selbst und mit den anderen und für einen angemessenen Umgang mit Problemen, Konflikten und Kränkungen gerade bei jenen „Risikokindern", die davon besonders viel zu tragen haben, wirklich ankommen, bleibt ebenfalls abzuwarten. Ob weiterhin die aus den Arbeitsblättern, Übungen und Gruppengesprächen eventuell gewonnenen allgemeinen Einsichten über „resiliente Einstellungen und Verhaltensweisen" dann tatsächlich eine Chance haben, jene alltäglichen Denk- und Verhaltensmuster zu verändern, die in langjährigen familiären und schulischen Sozialisationsprozessen geprägt wurden, müsste ebenfalls erst noch überprüft werden. Ob die Kinder schließlich durch jene eventuell tatsächlich veränderten Denk- und Verhaltensmuster besser gerüstet sind, den Gefährdungen ihrer prekären Lebensverhältnisse besser zu widerstehen und sich im Leben langfristig positiv zu behaupten, ist noch einmal mit einem Fragezeichen zu versehen.

Aber man kann in dem Programm immerhin einen ernsthaften und materialreich aufbereiteten Versuch sehen, die realen Lebensprobleme der Kinder in der Schule explizit zum Thema zu machen, den Blick für die Problemdeutungsmöglichkeiten und die Verhaltensoptionen zu weiten und einige wichtige Kernbotschaften, worauf es im Leben wirklich ankommt, zu vermitteln.

Es ist zu vermuten, dass es auch bei einem so materialreich ausgearbeiteten „Resilienzförderprogramm" letztlich mehr auf die personalen Dimensionen ankommt, darauf, wie die einzelnen Lehrer oder Lehrerinnen das Programm „umsetzen", wie sensibel und taktvoll sie mit den heiklen Themen und schmerzlichen Erinnerungen umgehen, die für einzelne Kinder dabei eventuell aktiviert werden, wie gut sie es schaffen, in der Klasse wirklich eine Atmosphäre der Offenheit und Unterstützung herzustellen. Letztlich wird wohl zählen, in welchem Maß sie bereit sind, sich als verlässliche Vertrauens- und Bezugsperson längerfristig zu engagieren und wie gut es gelingt, den Kindern im Rahmen des ganz normalen Unterrichts – oder aber im Rahmen von speziellen erlebnispädagogischen, sport-, werk-, musik-, tanz- oder theaterpädagogischen Projekten – reale Erfolgserlebnisse und Könnenserfahrungen zuzuspielen. Es gibt eine ganze Reihe eindrucksvoller Erfahrungsberichte von Lehrerinnen und Lehrern, die sich in diesem Sinne besonders um Schüler und Schülerinnen mit schwierigen Lebens- und Lerngeschichten gekümmert haben (vgl. Jegge 1976; Neidhard 1977; Heinemann 1992; Hiller/Nestle 1997; Korbmacher 2004). In diesem Zusammenhang sind auch noch all jene Bemühungen zu nennen, „Problemkindern" individuell zugewandte persönliche „Paten", „Mentoren", „große Schwestern" oder „große Brüder" zu vermitteln, die sie einerseits beim Lernen unterstützen, die andererseits aber auch als lebenserfahrene Vertrauensperson und Gesprächspartner für alle sonstigen Sorgen und Nöte zur Verfügung stehen. Meist handelt es sich dabei um entsprechend motivierte Lehramtsstudierende, die in diesen Förderbeziehungen ihrerseits wertvolle pädagogische Erfahrungen sammeln können (vgl. Garlichs 2000; Dietrich/Selke 2007; Heinzel u.a. 2007). Schließlich gibt es auch noch interessante Versuche, durch die gezielte Förderung von „Positive Peer Culture" die Gruppe der Gleichaltrigen selbst als Unterstützungs- und Beratungsressource für Kinder in Problemlagen zu aktivieren (Opp/Unger 2006).

Schluss: Schulkummer und Rettung

Ich habe mit zwei sehr gegensätzlichen literarischen Sequenzen begonnen: Thomas Bernhards rückblickender Empörung über seine Lehrer, die ihm die Schulzeit zur Hölle machten und Albert Camus überschwänglichem Dank an einen ehemaligen Lehrer, durch dessen selbstlose Förderung er nach eigener Überzeugung überhaupt erst in die Lage versetzt wurde, sein Talent als Schriftsteller zu entfalten. Ich will mit einem weiteren literarischen Verweis schließen, in dem gewissermaßen beide Aspekte integriert sind: die authentische und differenzierte Beschreibung des Leidens an der Schule, die Scham des Nicht-Verstehens und des Versagens als Schüler und die glückliche Rettung, die dadurch bewirkt wurde, dass der Autor auf einige wenige Lehrer stieß, die sich der Nöte und Lernprobleme des Kindes empathisch und engagiert annahmen. Diese autobiografischen Erinnerungen an die „Einsamkeit und die Scham des Schülers, der nichts versteht, während um ihn herum alle zu verstehen scheinen" (Pennac 2009: 38) bekommen auch deshalb ihren besonderen Reiz, weil sie aus der Feder eines Autors stammen, der, nachdem er zunächst als Kind ein kompletter Schulversager war, zunächst zwei Jahrzehnte als Lehrer an unterschiedlichen Schulen gearbeitet hat, bevor er schließlich spät in seinem Leben als Schriftsteller Bekanntheit erlangte. Ich beziehe mich auf Daniel Pennac und dessen Buch „Schulkummer", in dem er den beeindruckenden Versuch unternimmt, „den alltäglichen Albtraum eines ‚Schulversagers' zu beschreiben (ebd.: 70). Die „Endlosschleife der Geschichte seines Versagens" als Schüler stand für Pennac unter dem Bann des Grundgefühls und der Grundüberzeugung: „Ich bin eine Null, ich packe es nicht, lohnt sich nicht mal, es zu probieren, es ist von vorn herein zu spät, ich habe es euch doch gesagt, ich bin nicht für die Schule geschaffen." (ebd.: 22).

Und dieses Grundgefühl betrifft nicht nur die gegenwärtige Schulsituation, sondern wuchert und weitet sich auf das gesamte Lebensgefühl und die Zukunftserwartung aus: „Keine Zukunft. Kinder, aus denen nichts werden wird. Kinder, an denen man verzweifelt. Ich war immer, von der ersten bis zur letzten Klasse, felsenfest von einem solchen Leben ohne Zukunft überzeugt" (ebd.: 54). Pennac spricht von sich selbst in dem Buch immer wieder als „Cancre", ein in Frankreich offensichtlich gängiger

Begriff, der in der deutschen Fassung beibehalten wurde und den Leser zunächst etwas irritiert. In dem Buch findet sich jedoch vorangestellt ein Hinweis „Für meine deutsche Übersetzerin", in der Pennac die Herkunft und die Bedeutung dieses Begriffs erklärt: Er bedeute zunächst „Krebs" oder „Krabbe" und bezeichne seit dem 17. Jahrhundert in Frankreich auch den Schüler, der die Schule nicht schafft. Der Cancre „ist ein Kind, das aus verschiedenen Gründen die Schule *nicht geradlinig* durchläuft, sondern – wie der Krebs – sich immer wieder seitwärts bewegt und äußerst langsam vorankommt. Dabei ist der Cancre nicht einfach ein ‚schlechter Schüler', (...) sondern ein Kind, das *vom Cancre-Sein befallen* ist wie von einer Krankheit – was noch einmal auf die Etymologie des Wortes verweist, geht *cancre* doch zurück auf das lateinische cancer, ‚Krebs' im Sinne von ‚bösartige Geschwulst'".

Wie entscheidend es für ihn und sein Leben war, in seiner Schullaufbahn einigen wenigen wirklich engagierten und fürsorglichen Lehrern begegnet zu sein, beschreibt Pennac in dramatischen Worten: „Die Lehrer, die mich gerettet haben – und aus mir einen Lehrer gemacht – waren dafür nicht ausgebildet (und sie hatten dafür kein ausgearbeitetes Resilienzförderprogramm zur Hand – R.G.). Diese Lehrer haben sich nicht darum gekümmert, wann und wie es zu meinem schulischen Handicap kam. Sie verschwendeten keine Zeit damit, mir Moralpredigten zu halten. Sie waren Erwachsene und standen vor Jugendlichen, die unterzugehen drohten. Sie sagten sich, dass Not am Mann war. Und sprangen. Und kriegten mich nicht zu fassen. Und tauchten wieder nach mir, Tag für Tag, wieder und wieder (...) und zuletzt zogen sie mich heraus. Mich und noch viele andere. Sie haben uns buchstäblich vor dem Ertrinken gerettet. Wir verdanken ihnen unser Leben" (ebd.: 38). So ist das Buch denn auch einem jener Lehrer gewidmet, die ihn vor dem „Ertrinken" bewahrt haben, nämlich „dem Andenken am Jean Rolin, der nie den Cancre aufgab, der ich war" (...) und ist weiterhin einigen namentlich benannten Kollegen aus seiner eigenen Lehrerzeit gewidmet, denen er bescheinigt, dass sie „großartige Retter von Kindern" seien.

Wie man die Lage der „schlechten", „benachteiligten", „vom Leben gebeutelten Schüler" angemessen verstehen kann und worin hier die Aufgabe des Lehrers besteht (modern gesprochen also, was es mit „High-Risk-Kindern" und mit „Resilienzförderung" in der Schule auf sich hat), hat Pennac an einer anderen Stelle mit einer anderen Metapher eindringlich beschrieben: „Unsere ‚schlechten Schüler' (jene, aus denen angeblich nichts wird) kommen nie unbeschwert. Was da die Klasse betritt, ist eine Zwiebel: mehrere Schichten aus Kummer, Angst, Sorgen, Groll, Wut, ungestillten Begierden, zorniger Resignation, die sich um einen Kern aus schmachvoller Vergangenheit, bedrohlicher Gegenwart und verbauter Zukunft legen. Sehen Sie nur, wie sie da morgens auftauchen, mit ihrem im Werden begriffenen Körper und der Familie im Rucksack. Wirklich beginnen kann der Unterricht erst, wenn dieses Gepäck abgestellt ist und die Zwiebel geschält ist. Es ist schwierig zu erklären, doch oftmals genügt ein einziger Blick, ein freundliches Wort, der Zuspruch eines Erwachsenen, sicher, klar und stabil, damit die Kummer-Häute abfallen und diese jungen Köpfe frei werden (...). Natürlich hält die positive Wirkung nicht an, nach Schulschluss baut sich die Zwiebel wieder auf, und sicherlich müssen wir am nächsten Tag von vorn anfangen. Aber genau dies bedeutet unterrichten: Wieder von vorn anfangen, bis wir als Lehrer überflüssig werden" (ebd.: 63).

Die Lektüre von eindringlichen autobiographischen Berichten dieser Art über das Leiden an der Schule und die Bedeutsamkeit, die freundliche und fürsorgliche Lehrer für einzelne Problemschüler gewinnen können, scheint mir im Hinblick auf die Motivation und Befähigung von Lehramtsstudierenden, in ihrem künftigen Beruf Kinder in schwierigen Lebenslagen und mit prekären Lerngeschichten gezielt aufzubauen, zu ermutigen und zu stärken, sicherlich ebenso wichtig wie die Auseinandersetzung mit ausgetüftelten und materialreichen „Resilienzförderprogrammen". Deshalb würde ich Daniel Pennacs Buch „Schulkummer" durchaus zur Pflichtlektüre für alle Lehramtsstudierenden machen.

Ich will abschließend versuchen, expliziter, als dies dort formuliert ist (damit natürlich auch weniger literarisch-kunstvoll), die zentralen „Gebote" an den Lehrer/die Lehrerin, auf die es im Hinblick auf die „Linderung von Schulkummer" und im Hinblick auf die „Rettung von Ertrinkenden" ankommt, zu benennen:

1. Seien Sie sensibel für die in der Schule durch das permanente Verglichen-, Bewertet-, Benotetwerden systembedingt verursachten Kränkungen. Vermeiden Sie alle zusätzlichen durch Abwertung, Herabsetzung, Spott, Zynismus bedingten Verunsicherungen und Demütigungen. Schaffen Sie eine möglichst angstfreie, entspannte Lernumgebung, und wahren Sie die Würde der Kinder durch einen bewusst freundlichen, wertschätzenden und respektvollen Umgang.
2. Machen Sie sich das „Leid des Nichtverstehens" und den „Schmerz des Versagens" immer wieder bewusst, und seien Sie erfinderisch in der Ermöglichung von Verstehensprozessen und hartnäckig in der Vermittlung von Könnenserfahrungen.
3. Interessieren Sie sich für das, was Ihre Schüler und Schülerinnen (auch

außerhalb des Unterrichts) persönlich interessiert, fasziniert, irritiert, aber auch für das, was sie in ihrem aktuellen Leben frustriert, besorgt, ärgert oder ängstigt.

4. Ermutigen Sie ernsthaftes Nachdenken und ernsthafte Gespräche über Lebensgeschichten, Lebensumstände, Lebenspläne, Lebenseinstellungen, Veränderungswünsche, Zukunftshoffnungen (...).
5. Versuchen Sie eine optimistische Grundhaltung zu vermitteln, die Probleme generell eher als Herausforderungen und als Lernchancen begreift denn als Heimtücke des Schicksals oder als Beleg für die Aussichtslosigkeit eigener Anstrengungen.
6. Versuchen Sie eine differenzierte Problemsicht zu vermitteln, einen realistischen Blick auf das, was aktuell in der Lebenswelt des Kindes passiert, was davon veränderbar ist und was nicht, wofür sich das Kind verantwortlich zu fühlen braucht und wofür nicht (...).
7. Bemühen Sie sich aktiv darum, dass sich in Ihrer Klasse ein Geist von Fairness, Respekt, Toleranz und Kameradschaftlichkeit entfalten kann und dass jede Form von Ausgrenzung und Mobbing vermieden wird.
8. Seien Sie „enttäuschungsresistent", bereit, immer wieder aufs neue anzufangen, „wieder und wieder zu tauchen", bis Sie einzelne Kinder zu fassen bekommen.

Literatur

Bernhard, Th. (1977): Die Ursache. Eine Andeutung. München

Bernhard, Th. (1985): Ein Kind. München

Bildungskommission NRW (1995): Zukunft der Bildung – Schule der Zukunft: Denkschrift der Kommission „Zukunft der Bildung – Zukunft der Schule" beim Ministerpräsidenten des Landes Nordrhein-Westfalen/Bildungskommission NRW. Neuwied/Berlin

Bucher, Anton (2007): Was Kinder glücklich macht. Ergebnisse einer Repräsentativbefragung des ZDF. http://www.unternehmen.zdf.de/fileadmin/files/Download_Dokumente/DD_Das_ZDF/Veranstaltungsdokumente/Zusammenfassung_quantitative_Studie.pdf

Cierpka, M. (2002): FAUSTLOS – ein Curriculum für sozial-emotionales Lernen im Kindergarten Heidelberger Präventionszentrum. Heidelberg

Daniel, B./Wassell, S. (2002): The School Years: Assessing and Promoting Resilience in Vulnerable Children. London/Philadelphia

Dietrich, I./Selke, S. (2007): Begleiten statt ausgrenzen. Lernbegleitung von russlanddeutschen Spätaussiedler-Jugendlichen an Hauptschulen. Hohengehren

Dirks, S./Klein-Heßling, J./Lohaus, A. (1994): Entwicklung und Evaluation eines Streßbewältigungsprogramms für das Grundschulalter. In: Psychologie in Erziehung und Unterricht, 41. Jg., S. 180–192

Egeland, B./Carlsson, E./Sroufe, L. A. (1993): Resilience as process. In: Development and Psychopathology, Vol. 5, S. 517–528

Faust-Siehl, G./Garlichs, A./Ramseger, J./Schwarz, H./Warm (1996): Die Zukunft beginnt in der Grundschule. Empfehlungen zur Neugestaltung der Primarstufe. Reinbek

Garlichs, A. (2000): Kinder verstehen lernen. Das Kasseler Schülerhilfeprojekt im Rahmen einer reformierten Lehrerausbildung. Donauwörth

Göppel, R. (2001): Nachträgliche Empörung, nachgetragene Einsicht. „Verhaltensstörungen" in autobiographischer Sicht. In: Hofmann/Brachet/Moser/v. Stechow (Hrsg.): Zeit und Eigenzeit als Dimensionen der Sonderpädagogik. Luzern

Greeff, A. (2008): Resilienz. Widerstandsfähigkeit stärken. Leistung steigern. Praktische Materialien für die Grundschule. Donauwörth

Grotberg, E. (2003): What is Resilience? How do you Promote it? How do you Use it? In: Grotberg (Hrsg.): Resilience for Today. Gaining Strength from Adversity. Westport

Grünke, M. (2003): Resilienzförderung bei Kindern und Jugendlichen in Schulen für Lernbehinderte. Eine Evaluation dreier Programme zur Steigerung der psychischen Widerstandsfähigkeit. Lengerich

Hampel, P./Petermann, F. (2003): Anti-Streß-Training für Kinder. Weinheim

Heinemann, E. (1992): Psychoanalyse und Pädagogik im Unterricht der Sonderschule. In: Heinemann/Rauchfleisch/Grüttner: Gewalttätige Kinder. Psychoanalyse und Pädagogik in Schule, Heim und Therapie, S. 39–89. Frankfurt/M.

Heinzel, F./Garlichs, A./Pietsch, S. (Hrsg.) (2007): Lernbegleitung und Patenschaften: Reflexive Fallarbeit in der universitären Lehrerausbildung. Bad Heilbrunn

Hentig, H. v. (1976): Psychische Gesundheit und Schule. Aus der Sicht eines Pädagogen. In: Nissen/Specht (Hrsg.): Psychische Gesundheit und Schule, S. 1–26. Darmstadt

Hentig, H. v. (1985): Die Menschen stärken, die Sachen klären. Ein Plädoyer für die Wiederherstellung der Aufklärung. Stuttgart

Hentig, H. v.(1987): „Humanisierung" – Eine verschämte Rückkehr zur Pädagogik? Andere Wege zur Veränderung der Schule. Stuttgart

Hentig, H. v. (2004): Einführung in den Bildungsplan 2004. www.schule-bw.de/unterricht/bildungs-standards/gymnasium/gy_vorspann.pdf

Hiller G. G./ Nestle, W. (Hrsg.) (1997): Ausgehaltene Enttäuschungen. Geschichten aus den Arbeitsfeldern der Lernbehindertenpädagogik. Ulm-Langenau, S. 102–106.

Jegge, J. (1976): Dummheit ist lernbar. Erfahrungen mit „Schulversagern". München

Julius, H./Goetze, H. (1998): Resilienzförderung bei Risikokindern – Ein Trainingsprogramm zur Veränderung maladaptiver Attributionsmuster. Potsdamer Studientexte, Heft 15. Potsdam

Korbmacher, S. (2004): Ghettokids. Immer da sein, wo's weh tut. München

Krause, C. (2007): Umgang mit Stress und Angst. In: Die Grundschulzeitschrift, 21. Jg. S. 10–15.

Krumm, V. (1999): Machtmissbrauch von Lehrern. – Ein Tabu im Diskurs über Gewalt an Schulen. In: Journal für Schulentwicklung 3/1999, S. 38–52

Krumm, V. (2003): Wie Lehrer ihre Schüler disziplinieren. Ein Beitrag zur „Schwarzen Pädagogik" http://www.sbg.ac.at/erz/salzburger_beitraege/herbst2003/krumm_02_03_sbg.pdf

Krumm, V./Weiß, S. (2001): Was Lehrer ihren Schülern antun – Ein Tabu in der Forschung über die „Gewalt in der Schule". In: Pädagogisches Handeln 3. Jg. (4), S. 121–130

Lempp, R. (1991): Die Belastung der Familie durch die Schule. In: Pädagogik, 43. Jg., S. 25–27

Neidhard, W. (1977): Kinder, Lehrer und Konflikte – Vom psychoanalytischen Verstehen zum pädagogischen Handeln. München

Opp, G. (2007): Schule – Chance oder Risiko? In: Opp/Fingerle (Hrsg.): Was Kinder stärkt. Erziehung zwischen Risiko und Resilienz. München, Basel

Opp, G./Unger, N. (2006): Kinder stärken Kinder. Positive Peer Culture in der Praxis. Hamburg

Pennac, D. (2009): Schulkummer. Nur im Krebsgang lebt sich's gut. Köln

Petermann, F./Jungert, G./Tänzer, U./Rehder, A./Verbeek, E. (1999): Sozialtraining in der Schule. Weinheim

Petermann, F./Natzke, H./Gerken, N. (2006): Verhaltenstraining für Schulanfänger: Ein Programm zur Förderung sozialer und emotionaler Kompetenzen. Göttingen

Petermann, F./Petermann, U. (2007): Training mit Jugendlichen: Aufbau von Arbeits- und Sozialverhalten. Göttingen

Rutter, M. (1987): Psychosocial resilience and protective mechanisms. In: American Journal of Orthopsychiatry, Vol. 57, S. 316–331

Sändig, B. (2004): Albert Camus. Autonomie und Solidarität. Würzburg

Schavan, A. (2002): Bildung stärkt Menschen. Rede von Frau Kultusministerin Dr. Annette Schavan beim Bildungskongress am 29. April 2002 in Ulm.
http://www.kultusministerium.baden-wuerttemberg.de/extsites/HauptschuleBW/bildungs-plan/downloads/schavan_bildungskongress.pdf

Seligman, M. (1996): The Optimistic Child: Proven Program to Safeguard Children from Depression & Build Lifelong Resilience. New York (dt.: Kinder brauchen Optimismus. Hamburg 1999)

Theis-Scholz, M. (2007): Das Konzept der Resilienz und der Salutogenese und seine Implikationen für den Unterricht. In: Zeitschrift für Heilpädagogik, 7/2007, S. 265–273

Walden, K./Kutza, R./Kröger, C./Kirmes, J. (1998): ALF – Allgemeine Lebenskompetenzen und Fertigkeiten. Programm für Schüler und Schülerinnen der 5. Klasse mit Information zu Nikotin und Alkohol. Hohengehren

Wustmann, C. (2004): Resilienz: Widerstandsfähigkeit von Kindern in Tageseinrichtungen fördern. Weinheim

Auf dem Weg zur „resilienten" Schule –
Resilienz in Förderschulen

Stefanie Roos & Matthias Grünke

1. Kinder und Jugendliche in Förderschulen

Sonderpädagogik ist ein Teilbereich allgemeiner pädagogischer Theorie und Praxis. Im Fokus stehen die Erziehung, Unterrichtung und Therapie von Menschen in erschwerten Lebenslagen (Bleidick 2001). Als zentrale Paradigmen dieser Disziplin sind heute Normalisierung, Selbstbestimmung, Integration und Inklusion zu nennen. Obwohl man sich mittlerweile weitgehend darin einig ist, die gemeinsame Sozialisation und Partizipation aller Kinder und Jugendlichen als flächendeckendes Ziel anzustreben, werden nirgendwo sonst auf der Welt anteilsmäßig mehr Schülerinnen und Schüler separat unterrichtet als in Deutschland (Grünke 2009): Die Quote liegt nach Angaben der Kultusministerkonferenz (KMK 2009a) derzeit bei fünf Prozent. Knapp die Hälfte dieser Mädchen und Jungen besucht spezielle Schulen mit dem Förderschwerpunkt Lernen. Die übrigen jungen Menschen verteilen sich auf gesonderte Bildungseinrichtungen mit den Förderschwerpunkten geistige Entwicklung (etwa 16 %), Sprache (ca. 8 %), emotionale und soziale Entwicklung (ungefähr 7 %) u. a. (Borchert 2007).

Die Stärkung von psychischer Robustheit in Anbetracht schwieriger Lebensumstände erscheint natürlich grundsätzlich bei allen betroffenen Kindern und Jugendlichen angebracht, in hohem Maße ist sie aber bei jenen angezeigt, die wegen ihrer besonderen Bedürfnisse eine Förderschule besuchen. Gerade hier jedoch verfügt ein erheblicher Teil in der Regel über ganz besonders wenige Ressourcen im häuslichen Umfeld, um anstehende Herausforderungen erfolgreich zu bewältigen. Deswegen haben wir es hier mit einer relativ stark gefährdeten Risikogruppe zu tun: Mädchen und Jungen in Einrichtungen mit dem Förderschwerpunkt Lernen sowie mit dem Förderschwerpunkt emotionale und soziale Entwicklung. Die zuerst genannte Institution richtet sich an junge Menschen, die durch umfassendes Schulversagen auffallen. In der Praxis spielen die Gründe für die „Rückstände" bei der Zuweisung keine wesentliche Rolle. Deswegen befinden sich in dieser Schulform Mädchen und Jungen mit ganz unterschiedlichen Problematiken. Sie zeigen oft gravierende Lernprobleme, weil sie zu wenig häusliche Förderung erfahren, weil sie wegen ihres Migrationshintergrundes mit sprachlichen Barrieren zu kämpfen haben oder weil sie intellektuelle Einschränkungen aufweisen. Die entsprechenden Einrichtungen fungieren somit vielfach als Sammelbecken für Kinder und Jugendliche, die mit Hilfe der „herkömmlichen" pädagogischen Möglichkeiten nicht ausreichend unterstützt werden können. Spezielle Schulen mit dem Förderschwerpunkt emotionale und soziale Entwicklung stellen pädagogische Angebote für junge Menschen bereit, die in massivem Ausmaß und über einen längeren Zeitraum hinweg emotional unangemessene (maladaptive affektive) Reaktionen und Handlungsweisen zeigen. Über die klinischen Diagnosen, die in den für die Betroffenen eingerichteten Bildungsstätten zu finden sind, geben Schmid, Fegert, Schmeck und Kölch in ihrer Studie (2007) Auskunft: Demnach weisen 77 % besonders schwere Auffälligkeiten auf, wobei externalisierende Störungen (vor allem delinquentes und aggressives Verhalten) deutlich häufiger beschrieben werden als übermäßige Ängstlichkeit und Depression. Ettrich und Ettrich (2006) kommen aufgrund ihrer durchgeführten Erhebung mit Hilfe des TRF (Teacher's Report Form) und des SDQ (Strengths and Difficulties Questionnaire) zu einer analogen Einschätzung hinsichtlich der Verteilung nach außen und nach innen gerichteter Störungen. Die erhobenen Daten zu Symptombelastungen fallen ähnlich, aber nicht ganz so hoch aus wie in der Studie von Schmid et al. (2007); die Schülerinnen und Schüler schätzen sich selbst darüber hinaus in der Arbeit von Ettrich und Ettrich als weniger belastet ein als ihre Lehrkräfte dies tun.

Wie aus Tabelle 1 ersichtlich, entspricht der Anteil der im gemeinsamen Unterricht beschulten jungen Menschen mit dem Förderschwerpunkt Lernen dem der allgemeinen Integrationsquote. Weisen Mädchen und Jungen jedoch Verhaltensstörungen auf und wird auf dieser Grundlage ein sonderpädagogischer Förderbedarf im Bereich der emotionalen und sozialen Entwicklung festgestellt, so werden sie im Vergleich zu Schülerinnen und Schülern mit anderen sonderpädagogischen Förderbedarfen relativ häufig in allgemeinen Schulen unterrichtet. Vor diesem Hintergrund kann davon ausgegangen werden, dass sich vornehmlich solche Kinder und Jugendliche in speziellen Schulen mit dem Förderschwerpunkt emotionale und soziale Entwicklung befinden, die ganz besonders schwere Auffälligkeiten zeigen.

Obwohl die Zielgruppen der beiden Förderschulformen in der Literatur nach wie vor vielfach separat voneinander behandelt werden, findet man in der Praxis öfter ein gemeinsames Auftreten von Lern- und Verhaltensschwierigkeiten vor als ein getrenntes (Ricking 2005). Bezogen auf die Überlappung beider Problembereiche betont Myschker (2009) Folgendes:

Tab. 1: Integrationsquoten von Schülerinnen und Schülern mit den Förderschwerpunkten Lernen, emotionale und soziale Entwicklung in Deutschland (vgl. KMK 2009b; 2009c)

	Gesamtzahl	in allgemeinen Schulen	in Förderschulen
alle Förderschwerpunkte	485.088 (100.00 %)	84.689 (17.46 %)	400.399 (82.54 %)
Förderschwerpunkt Lernen	218.385 (100.00 %)	38.831 (17.78 %)	179.554 (82.22 %)
Förderschwerpunkt emotionale und soziale Entwicklung	52.600 (100.00 %)	18.173 (34.55 %)	34.427 (65.45 %)

„Lern- und Verhaltensstörungen kovariieren häufig miteinander, wobei nicht immer zu erkennen ist, welche Störung am Beginn des Fehlentwicklungs-Prozesses stand, oder ob sich nicht beide Störungen in einem gemeinsamen Prozess manifestieren" (S. 68). Besonders deutlich wird die Überschneidung bei Problemen im Sozialverhalten. Kavale und Forness (1996) weisen darauf hin, dass bei drei Vierteln aller lernbeeinträchtigten Kinder und Jugendlichen auch auf der Ebene sozialer Kompetenzen Defizite deutlich werden. In den Empfehlungen der KMK für den Förderschwerpunkt Lernen wird daraus ein spezifischer Unterstützungsbedarf für die betroffenen Kinder und Jugendlichen abgeleitet: „Bei Schülerinnen und Schülern mit Beeinträchtigungen des Lernens ist die Beziehung zwischen Individuum und Umwelt dauerhaft bzw. zeitweilig so erschwert, dass sie die Ziele und Inhalte der Lehrpläne der allgemeinen Schule nicht oder nur ansatzweise erreichen können. Diesen Mädchen und Jungen sowie ihren Eltern muss Hilfe durch Angebote im Förderschwerpunkt Lernen zuteilwerden" (KMK 2000a: 3).

Unabhängig davon, ob zuerst die Lern- oder zuerst die Verhaltensschwierigkeiten zu Tage traten oder welche Auffälligkeit besonders hervorsticht, lassen sich die Entstehung und die Aufrechterhaltung der Problematiken in den meisten Fällen zumindest teilweise mit dem *Vorhandensein sozioökonomischer Risikofaktoren* erklären. Der Begriff der Unterschicht wird in der Alltagssprache häufig gebraucht, allerdings gemeinhin sehr unscharf und uneinheitlich definiert. Grünke (2003a) fasst einige Merkmale, die für diese Bevölkerungsgruppe nach Auffassung vieler Fachleute charakteristisch sind, wie folgt zusammen: „(...) eine überdurchschnittlich hohe Kinderzahl, ein relativ geringes verfügbares Einkommen und beengte Wohnverhältnisse (...) ein Mangel an festen und innerlichen Familienbeziehungen, Einelternfamilien infolge von Scheidung bzw. Trennung, mangelnde mütterliche Zuwendung, Alkoholmissbrauch und Aggression innerhalb der Familie, unzureichende medizinische Versorgung u.v.m." (S. 30). Laut Decker und Brähler (2006) trifft diese Beschreibung weitestgehend auf die Lebensverhältnisse von etwa acht Prozent der Menschen in Deutschland zu, so dass sie als Angehörige der hiesigen Unterschicht bezeichnet werden können. Spezielle Untersuchungen zum Sozialstatus der Familien von Mädchen und Jungen aus Förderschulen stammen weitgehend aus den 1970er Jahren. Allerdings deuten auch aktuellere Studien (z. B. Klein 2001) darauf hin, dass vor allem die hier in diesem Artikel in den Fokus genommenen Kinder und Jugendlichen ganz überwiegend als *sozial stark benachteiligt* anzusehen sind: Der Anteil derjenigen jungen Menschen aus besonderen Schulen mit dem Förderschwerpunkt Lernen, der aus der Unterschicht stammt, wird von Schröder (2000) mit 80 bis 90 % angegeben. Bei Kindern mit dem Förderschwerpunkt emotionale und soziale Entwicklung liegt er laut einer Untersuchung von Ettrich und Ettrich (2006) immerhin bei 59,2 %. Auffällig in einer Studie von Kottmann (2006) ist der *extrem hohe Anteil von Jungen* (97,1 %) und von *Kindern allein erziehender Mütter* (54,8 %). Die Diskussion um mögliche Korrelationen zwischen Sozialstatus und dem Auftreten von Verhaltensstörungen wird von Stein und Stein (2006) wie folgt auf den Punkt gebracht: „Im Gesamtbild bleibt der Zusammenhang zwischen sozialem Status und dem Auftreten von Verhaltensauffälligkeiten ein umstrittenes Feld. (...) Allerdings ist (...) davon auszugehen, dass insbesondere durch erhebliche soziokulturelle Benachteiligung eine Vielzahl von Risikofaktoren auftritt, die Verhaltensauffälligkeiten überdauernder Art hervorrufen können" (39 f.). Diese Feststellung gilt ebenso für das Zustandekommen umfassenden Schulversagens. Auch hier stellt die Zugehörigkeit zur Unterschicht lediglich eine extrem ungünstige Voraussetzung für eine erfolgreiche Lernbiographie dar. Von einem kausalen Ursache-Wirkungszusammenhang kann jedoch nicht gesprochen werden.

In Anbetracht der besonders hohen sozioökonomischen Risikobelastung sehr vieler Kinder und Jugendlicher aus speziellen Schulen mit den Förderschwerpunkten Lernen sowie emotionale und soziale Entwicklung beziehen sich die folgenden Ausführungen in erster Linie auf diese Gruppe junger Menschen.

2. Grundsätzliche Möglichkeiten des Aufbaus von Resilienz bei dieser Zielgruppe

In § 2 des nordrhein-westfälischen Schulgesetzes ist geregelt, dass nicht nur Unterrichtung, sondern auch Erziehung zum Auftrag der Schule gehört. Explizit wird als Lernziel u. a. selbstständiges und eigenverantwortliches Handeln genannt. Hinsichtlich der für uns hier im Zentrum stehenden Gruppe heißt es in § 2 Absatz 9: „Schülerinnen und Schüler mit Entwicklungsverzögerungen oder Behinderungen werden besonders gefördert, um ihnen durch individuelle Hilfen ein möglichst hohes Maß an schulischer und beruflicher Eingliederung, gesellschaftlicher Teilhabe und selbstständiger Lebensgestaltung zu ermöglichen" (Ministerium für Schule und Weiterbildung des Landes Nordrhein-Westfalen).

In den KMK-Empfehlungen zur sonderpädagogischen Förderung in bundesdeutschen Schulen (KMK 1994) und in den KMK-Empfehlungen zu den jeweiligen Förderschwerpunkten (KMK 2000a; 2000b) werden die besonderen Bedarfslagen und Fördermöglichkeiten der betroffenen Gruppe thematisiert. Dabei finden die Stärkung der Selbstbestimmung und des Selbstvertrauens explizit Erwähnung. So wird beispielsweise in den KMK-Empfehlungen für den Förderschwerpunkt emotionale und soziale Entwicklung angeregt, Angebote wie folgt zu gestalten: „Die sonderpädagogische Förderung ist in erster Linie auf die Weiterentwicklung der Fähigkeiten zu emotionalem Erleben und sozialem Handeln gerichtet. Dabei unterstützt und begleitet sie diese Kinder und Jugendlichen mittels einer breiten Palette an spezifischen individuellen Hilfen, die

- die Wahrnehmung für ihr eigenes sowie fremdes Empfinden stärken, ihre Selbststeuerungskräfte aktivieren und dadurch die Motivation für dauerhafte Veränderungen unterstützen und die Steuerungsfähigkeit ihres Verhaltens langfristig stabilisieren,
- die Fähigkeit zur Reflexion ihres eigenen Denkens und Handelns sowie das von anderen erweitern, dabei Rücksichtnahme und Toleranz gegenüber anderen entfalten und
- Interesse für das Lernen, Verständnis für die Zusammenarbeit und Sinn für das Handeln mit anderen vermitteln" (KMK 2000b: 3).

Die Notwendigkeit zum Aufbau resilienter Eigenschaften bei Kindern und Jugendlichen in Förderschulen ergibt sich jedoch selbstverständlich nicht nur aus rechtlichen Bestimmungen, sondern auch aus faktischen Erfordernissen. Für Heranwachsende im „Bildungskeller" unserer Gesellschaft, deren bisherige Lernbiographie von Misserfolgen geprägt gewesen

Kasten 1.: Protektive Faktoren, die bei ungünstigen Umgebungsbedingungen eine resiliente Entwicklung begünstigen (Noeker/Petermann 2008, S. 258)

personale Merkmale des Kindes
- genetische und epigenetische neurobiologische Dispositionsfaktoren,
- positive Temperamentsausstattung während der Kleinkindzeit,
- gute Intelligenz und Problemlösefertigkeiten,
- effektive Fertigkeiten zur Emotionsregulation und Verhaltenssteuerung,
- positives Selbstkonzept (Selbstvertrauen, hoher Selbstwert, hohe Selbstwirksamkeitserwartung),
- positive, optimistische Grundeinstellung gegenüber dem Leben,
- Grundvertrauen und die Fähigkeit, dem Leben einen Sinn abgewinnen zu können,
- von der sozialen Umgebung positiv bewertete Persönlichkeitsmerkmale (Begabungen, Humor, hohe Attraktivität).

familienbezogene Faktoren
- wenig Streit zwischen den Eltern,
- enge Beziehung des Kindes zu mindestens einer responsiven Erziehungsperson,
- positiver Erziehungsstil (warmherzig, strukturiert, interessiert am Wohlergehen des Kindes, anspruchsvolle, aber gleichzeitig erfüllbare Verhaltenserwartungen),
- positive Geschwisterbeziehungen,
- hohes erzieherisches Engagement der Eltern,
- sozioökonomische Absicherung, Wohlstand und gute Bildung
- Wertebindungen und spirituelle Überzeugungen in der Familie.

netzwerkbezogene Merkmale
- Verfügbarkeit sozialer Unterstützung,
- stabile und vertrauensvolle Beziehungen zu wohlmeinenden und fürsorglichen Erwachsenen sowie Gleichaltrigen,
- niedrige Gewaltbereitschaft in der häuslichen Umgebung,
- bezahlbare Wohnsituation,
- Zugang zu Freizeit- und Bildungseinrichtungen,
- ökologische Umfeldbedingungen (Wasser, Luft etc.),
- gut ausgebildete und engagierte Lehrer,
- Verfügbarkeit von schulischer Nachmittagsbetreuung und Freizeitangeboten (Sport, Musik, Kunst),
- Vermittlung beruflicher Perspektiven und Integration.

kulturell-gesellschaftliche Merkmale
- protektive, gesellschaftliche Rahmenbedingungen für die Kindergesundheit (Kinderrechte, Kindergesundheit und Kinderschutz),
- hoher gesellschaftlicher Stellenwert von Kindergesundheit und Bildung,
- niedrige, gesellschaftliche Akzeptanz von Gewalt, Unterdrückung, Vernachlässigung und körperlicher Züchtigung von Kindern.

ist und die in weiten Teilen familiäre Vernachlässigungs-, Verlust- oder sogar Gewalterfahrungen gemacht haben, besitzt die Schule meist einen anderen Stellenwert im Leben als für ihre unauffälligen Altersgenossen. Sie bietet hier Verlässlichkeit, Bindung, Schutz und Versorgung. Die Lehrkräfte an diesen Schulen sehen sich relativ häufig in der Verantwortung, zentrale Erziehungsaufgaben wie die Vermittlung lebenspraktischer Fertigkeiten, ethischer Grundwerte und von „Soft Skills" (z. B. Höflichkeit, Selbstständigkeit, Teamfähigkeit, Motivation) zu übernehmen, Erziehungszielen, die von häuslicher Seite eben aufgrund von Überforderung oder Desinteresse oft nur unzureichend angegangen werden (Salzberger-Ludwig/Grüning 2007). Wenn es darum geht, ein wohlwollendes, unterstützendes und sicheres Umfeld zu finden, in dem sich verschiedene Merkmale einer psychischen Widerstandsfähigkeit entwickeln können, bleibt vielfach nur die Förderschule.

Nimmt man sich von Seiten der dortigen Lehrkräfte dieser Aufgabe an, so ist es quasi unmöglich, sich der Förderung des gesamten Spektrums von Faktoren zu widmen, die in verschiedenen Veröffentlichungen unter dem Resilienzbegriff subsumiert werden. Hierbei handelt es sich aber um ein sehr vielschichtiges und mitunter auch sehr verschieden verstandenes Konstrukt (vgl. Bengel/Meinders-Lücking/Rottmann 2009). In *Kasten 1* sind einige Komponenten aufgelistet, die in einschlägigen Veröffentlichungen teils als Bedingungen zum Aufbau von Resilienz, teils bereits als Ausprägungsformen von Resilienz betrachtet werden.

Die verschiedenen internen und externen Faktoren sowie die damit in Verbindung stehenden Prozesse beeinflussen sich in der Regel wechselseitig. Das Modell in *Abbildung 1* soll die Komplexität dieses Umstands repräsentieren.

Im hier gerade dargestellten Modell stehen kognitive Bewältigungsstrategien (hohe Selbstwirksamkeit, realistische Kontrollüberzeugungen, adaptive Attributionsstile und rationale Denkmuster) als personale Resilienzfaktoren im Mittelpunkt. Wie aus der Grafik deutlich wird, kommen sie erst zum Tragen, nachdem Risikofaktoren auf den Plan getreten sind. Man kann nicht konstruktiv mit einer schwierigen Lebenslage umgehen, wenn sie gar nicht existiert. Durch einen adaptiven Umgang mit schädlichen Einflüssen verlieren diese an Wirkung. Risiko- und Schutzfaktoren können sich gegenseitig mehr oder weniger stark neutralisieren. Das Ausmaß, in dem ein Individuum kognitive Bewältigungsmechanismen an den Tag legt, ist *teilweise genetisch bedingt, trotzdem* jedoch *stark durch moderierende Schutzfaktoren beeinflussbar*. Wenn ein Mensch über eine hohe intellektuelle Leistungsfähigkeit verfügt, unterstützende Familienangehörige

Abb.1: Hypothetisches transaktionales Modell der Resilienz unter Berücksichtigung von moderierenden Risiko- und Schutzfaktoren

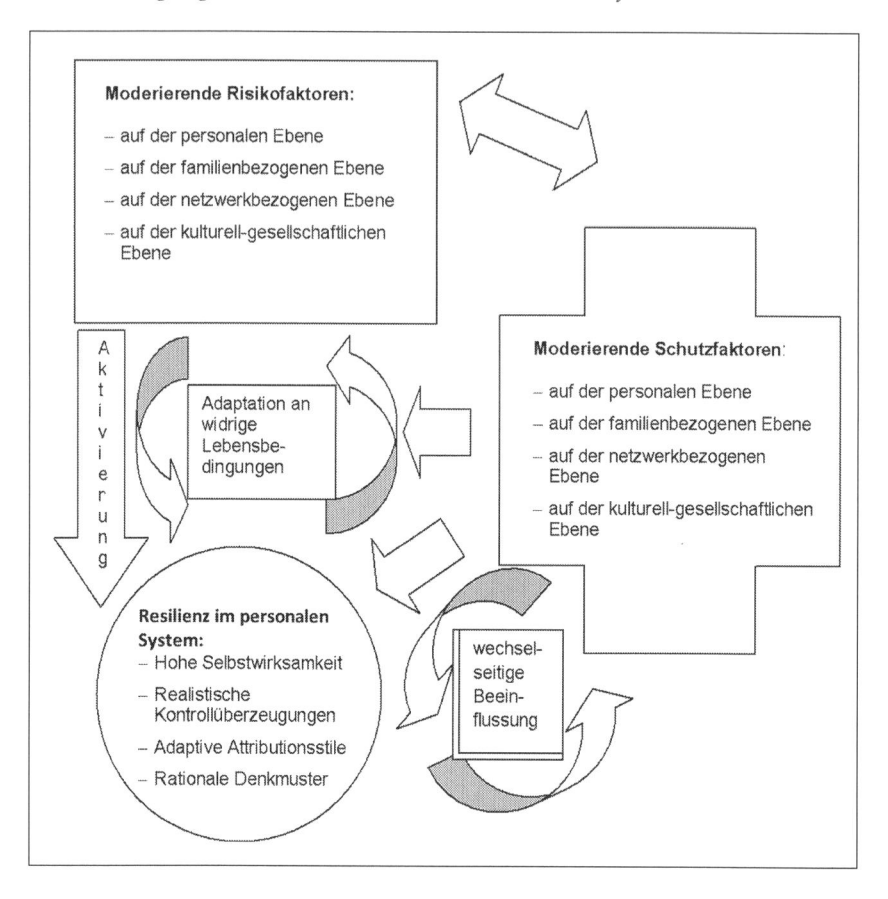

Moderierende Risikofaktoren:
– auf der personalen Ebene
– auf der familienbezogenen Ebene
– auf der netzwerkbezogenen Ebene
– auf der kulturell-gesellschaftlichen Ebene

Aktivierung

Adaptation an widrige Lebensbedingungen

Moderierende Schutzfaktoren:
– auf der personalen Ebene
– auf der familienbezogenen Ebene
– auf der netzwerkbezogenen Ebene
– auf der kulturell-gesellschaftlichen Ebene

Resilienz im personalen System:
– Hohe Selbstwirksamkeit
– Realistische Kontrollüberzeugungen
– Adaptive Attributionsstile
– Rationale Denkmuster

wechselseitige Beeinflussung

hat, sich auf ein tragfähiges soziales Netz verlassen kann oder in seiner Nachbarschaft bzw. Schule Hilfe und Ermutigung erfährt, dann sind solche Konstellationen dem Aufbau psychischer Widerstandsfähigkeit sehr zuträglich.

Bei der Intervention ist es sinnvoll, mit Blick auf die Auflistung in Kasten 1 und das Modell in Abbildung 1 solche Merkmale in den Fokus zu nehmen, die sich möglichst gut bzw. überhaupt mit den zur Verfügung stehenden Mitteln verändern lassen. Bestimmte externe Bedingungen sind quasi unverrückbar. Das pädagogische Personal einer Förderschule hat in den meisten Fällen keine Möglichkeiten, allen Familien ihrer Schülerinnen und Schüler bezahlbare Wohnungen zu beschaffen, elterlichen Streit zu vermeiden oder für positive Geschwisterbeziehungen zu sorgen. Auch vererbte und stabile Persönlichkeitsmerkmale lassen sich nur schwer oder kaum beeinflussen. Obwohl einige Resilienzdefinitionen genetisch bedingte Charakterdispositionen ausklammern, so spielen einige von ihnen dennoch eine wesentliche Rolle, wenn es darum geht, kritische Lebensphasen letztendlich schadlos zu überstehen. Einige Babys scheinen von Geburt an relativ robust zu sein und können ihre Bedürfnisse gut aufschieben. Sie fühlen sich auch unter suboptimalen Bedingungen wohl, während andere Kinder bereits mit einem „schwierigen" Temperament auf die Welt kommen. Letztere zeigen von Beginn an eine unregelmäßige Regulation von biologischen Funktionen, Vermeidungsreaktionen und langsames Anpassungsverhalten in ungewohnten Situationen sowie heftige emotionale Reaktionen auf Frustrationen. Außerdem weisen sie oftmals eine vorwiegend negative Stimmungslage sowie unregelmäßiges Ess- und Schlafverhalten auf (Zentner 1998). Es steht also außer Frage, dass es vererbte Persönlichkeitseigenschaften gibt, die maßgeblich dabei helfen, mit Belastungen konstruktiv umzugehen und die eigene psychische Gesundheit auch unter erschwerten Bedingungen zu erhalten. Sie kommen als Förderziele allerdings nicht in Frage, da sie eben kaum beeinflussbar sind.

Vor diesem Hintergrund erscheint es sinnvoll, das Phänomen der *Resilienz im Sinne einer „resilienten Anpassung"* zu verstehen (vgl. Wustmann 2004). Hierbei spielen diejenigen Merkmale und Prozesse eine Rolle, die plastisch und veränderbar sind. Dieses Resilienzkonzept entspricht dem pädagogischen Paradigmenwechsel von einer Etikettierung und Separierung hin zu einer Perspektive, die auf Ressourcen und Förderung ausgerichtet ist (Fingerle/Walther 2008). Bewertet man die Bedingungen, die nach heutigem Kenntnisstand besonders dazu beitragen, das Überwinden von Krisen zu ermöglichen oder zu erleichtern, danach, inwieweit sie in der Schule beeinflussbar sind, so lassen sich in Anlehnung an Brooks (2006) folgende vier Ziele nennen:
(1) Vermittlung kognitiver Bewältigungsstrategien,
(2) Aufbau von Teamfähigkeit und sozialer Kompetenz,
(3) Pflege einer unterstützenden persönlichen Beziehung und
(4) Schaffung eines von Akzeptanz und Toleranz geprägten Klassen- und Schulklimas.

Der Fokus sollte in unserem Kontext auf den ersten beiden Aspekten liegen. Hier geht es um das jeweilige *Individuum als System* und dessen Prozesse (Oerter 1999): Denn eine Stärkung dieser Kompetenzen erhöht die Unabhängigkeit der Kinder und Jugendlichen in ganz besonders hohem Ausmaß. Wirklich gewappnet gegenüber widrigen Einflüssen sind Menschen dann, wenn sie sich von deren Folgen erholen und trotz belastender Lebensumstände ohne psychische Schädigungen bleiben können. Resilienz ist im Ernstfall häufig nicht viel wert, wenn sie vornehmlich auf externen Faktoren (unterstützendes Schulklima, verständnisvolle Eltern, förderliches soziales Umfeld usw.) beruht, das betreffende Individuum aber zu wenig innere Stärke ausgebildet hat. Die „Kunst" besteht letztendlich darin, *auch ohne äußere schützende Bedingungen aufgrund interner Mechanismen seelisch gesund zu bleiben.* Vor diesem Hintergrund erscheint es sinnvoll, Kindern und Jugendlichen in Förderschulen ganz konkret solche Bewältigungstechniken beizubringen, die ihnen dabei helfen, unter stark belastenden Lebensumständen auch ohne externe Schutzfaktoren psychisch stabil zu bleiben. Als die wesentlichsten Strategien haben sich in diesem Zusammenhang die folgenden Denkmuster erwiesen (Fingerle/Freytag/Julius, 1999; Grünke 2003a; Julius/Goetze 2000; Julius/Prater 1996):

- *Adaptive Attributionen:* Attributionen sind subjektive Erläuterungen, die Menschen dazu heranziehen, um die Ursachen für bedeutsam erscheinende Ereignisse in ihrem Leben zu erklären. Die bekannte Einteilung in internale (persönliche) und externale (situative bzw. äußere) Gründe stammt von Heider (1944). Allgemein kann konstatiert werden, dass internale Attributionen bei unerwünschten Ereignissen in deutlich höherem Maße zu depressiven und ängstlichen Gefühlen beitragen als externale. Adaptiv sind Zuschreibungen dann, wenn die Schuld für faktisch unkontrollierbare Negativereignisse nicht in der eigenen Person gesucht wird. So wird es möglich, die innere Ausgeglichenheit zu schützen. Denn während positive Erfahrungen den Selbstwert stärken, bleiben unerwünschte Ereignisse bei dieser Art von Konfliktverarbeitung auf der emotionalen Ebene ohne Folgen (Heider 1958; Kelley 1971; Weiner 1986).
- *Rationale Denkmuster:* Als rationale Bewertungen bezeichnet man nach Ellis (1962) bestimmte „gemäßigte" und zielführende Formen des Umgangs mit krisenhaften Situationen und Alltagswidrigkeiten. Zentrale Facetten dieses Konstrukts sind eine präferenzielle, also auf Wünschen und Selbstakzeptanz basierende, und undogmatische Beurteilung ungünstiger Einflüsse, eine realistische Einschätzung ihrer

Konsequenzen, eine adäquate Einordnung der eigenen Fähigkeit, mit diesen Lebenslagen umzugehen, sowie eine differenzierte Bewertung von Handlungen und Eigenschaften der eigenen Person sowie anderer Menschen.

- *Hohe Selbstwirksamkeit:* Hierunter versteht man in Anlehnung an Bandura (1979) die Überzeugung eines Individuums, in der Lage zu sein, eine Handlung trotz auftretender Schwierigkeiten erfolgreich auszuführen. Es geht hier um die persönliche Einschätzung, über die notwendigen Kompetenzen zu verfügen, und das Zutrauen, sie auch umsetzen zu können. Mit einem hohen Selbstwirksamkeitserleben ist ein ausdauerndes Verhalten und die Motivation zur aktiven Problemlösung verknüpft (vgl. Schwarzer/Jerusalem 2002).
- *Realistische Kontrollüberzeugungen:* Realistische Kontrollüberzeugungen sind nach Rotter (1954) sachliche und korrekte Einschätzungen zur Beeinflussbarkeit von Problemen. Sie werden mitunter als Bestandteil der Attributionstheorie aufgefasst. Grünke und Halsig (2001) stellen dazu fest: „Während unter Attributionen ganz allgemein subjektive Meinungen über Ursachen von Ereignissen zu verstehen sind, beziehen sich Kontrollüberzeugungen auf bestimmte Attributionsmuster, nämlich auf generalisierte Erwartungen über die Kontrollierbarkeit (internal) bzw. Nicht-Kontrollierbarkeit (external) von Verhaltensresultaten" (S. 19). Außerdem besteht eine sehr große inhaltliche Nähe des Modells der Kontrollüberzeugung zu dem der Selbstwirksamkeit. So beruft sich Bandura (1979) bei der Formulierung seiner Theorie explizit auf den Ansatz von Rotter (1954).

Der Begriff der Teamfähigkeit umfasst alle intrapersonalen Voraussetzungen, über die ein Individuum verfügen muss, um mit anderen Menschen sozial zu interagieren und das eigene Können im Rahmen einer Gruppenaufgabe optimal einzubringen. Es handelt sich hier um einen zentralen Aspekt sozialer Kompetenz. Sie müssen wir als multidimensionales Fähigkeitskonstrukt sehen, „... das für einen gelungenen Kompromiss zwischen sozialer Anpassung und angemessener Durchsetzung eigener Interessen steht" (Beelmann 2008: 444), und dazu gehört eben auch Teamfähigkeit. Soziale Kompetenz umfasst Fähigkeiten zur Bildung positiver Beziehungen zu Peers, Selbstmanagementskills, Kompetenzen im „akademischen" Kontext wie z.B. auf die Anweisungen der Lehrkraft hören; kompetente Personen um Hilfe bei der Aufgabenbearbeitung bitten und Durchsetzungsfähigkeit, um beispielsweise eigene Interessen nicht aggressiv zu vertreten (ebd.; Caldarella/Merrell 1997).

Um jedoch der Komplexität des transaktionalen Modells aus Abbildung 1 gerecht werden zu können, sollten im Rahmen der Förderung nicht nur die betreffenden Schülerinnen und Schüler allein im Fokus der Bemühungen stehen, sondern auch die Beziehung zur Lehrkraft und das Schul- bzw. Klassenklima: Denn auch diese Aspekte haben einen nicht unerheblichen Einfluss auf die psychische Gesundheit von Kindern und Jugendlichen (Fingerle/Walther 2008). Der Beruf einer Pädagogin bzw. eines Pädagogen ist ein Beziehungsberuf, der mit einer professionell-nüchternen und unnahbaren Herangehensweise nicht erfolgreich ausgeübt werden kann. Folglich gehört ein gutes Verhältnis zwischen Lehrkräften und ihren Schülerinnen und Schülern zu den Voraussetzungen dafür, dass ein pädagogischer Prozess gemeinsam erfolgreich gestaltet werden kann und sich die betreffenden Mädchen und Jungen darin akzeptiert, wertgeschätzt und unterstützt fühlen. Ein Schul- und Klassenklima, das der Entwicklung von Resilienz zuträglich ist, zeichnet sich durch eine hohe Schülerinnen- bzw. Schülerorientierung sowie einen niedrigen Sozial- und Leistungsdruck aus (Tausch 2007).

3. Konkrete Konzepte zur Resilienzförderung

3.1 Spezifische Förderung der psychischen Widerstandsfähigkeit

Es liegen mehrere ausgearbeitete Konzepte zur Anwendung im Gruppenrahmen vor, mit deren Hilfe versucht wird, Kindern und Jugendlichen beizubringen, bei aversiven Einflüssen keine internalen, sondern externale Attributionen an den Tag zu legen (vgl. Grünke 2003a). Ein speziell für die schulische Resilienzförderung im deutschsprachigen Raum entwickeltes Programm stammt von Julius und Goetze (1998). Bei diesem Ansatz werden speziell solche Kinder ins Blickfeld genommen, die in ihrer familiären Umgebung mit ernsthaften Entwicklungsrisiken (z. B. Missbrauch, Vernachlässigung, chronischer Streit) konfrontiert sind, diese Risiken aber selbst nicht (oder kaum) beeinflussen können.

Das Training besteht aus folgenden vier Phasen, die im Rahmen von neun Schulstunden zu durchlaufen sind: (1) Wesen von Attributionen, (2) Ursachen von Gefühlen, (3) emotionale Effekte verschiedener Attributionen sowie (4) realistische Kontrollüberzeugungen und Möglichkeiten der Mobilisierung sozialer Unterstützung. Als Frequenz sind etwa zwei Lektionen pro Woche vorgesehen. Die Inhalte jeder Stunde werden jeweils durch Hausaufgaben vertieft und zu Beginn der Folgelektion wiederholt.

Als Methoden finden insbesondere verbale Techniken und therapeutische Geschichten Anwendung. Während der gesamten Zeit arbeiten die Kinder in festen Zweierteams zusammen. Im Rahmen einer experimentellen Studie mit 85 Jugendlichen aus Förderschulen konnte die hohe Effektivität dieses Programms belegt werden (Grünke 2003a).

Der Aufbau von differenzierten, sachlichen, realitätsbezogenen und undogmatischen Bewertungen im Angesicht misslicher Situationen oder Schicksalsschläge ist das Ziel der rational-emotiven Erziehung (REE). Dieses Konzept zur Förderung der psychischen Widerstandsfähigkeit beruht auf der bekannten rational-emotiven Verhaltenstherapie (REVT) nach Ellis (1973). Sowohl bei der REE als auch der REVT steht die empirisch gut belegte Annahme im Mittelpunkt, dass die Entstehung seelischen Leids nicht alleinig und in direkter Konsequenz von einem Ereignis selbst bzw. von äußeren Bedingungen abhängt, sondern von bewussten und unbewussten Prozessen, Interpretationen, Philosophien und Bewertungen der Person beeinflusst wird (vgl. z. B. Bossong 1994; Bunge 1998; Becker 1995). Die REE wurde von Knaus (1977) speziell für den Einsatz in Schulen entwickelt. Bei dem Bemühen, Kindern und Jugendlichen solche Denkmuster nahezubringen, die lediglich zu „gemäßigten" Emotionen führen (etwa Enttäuschung und Bedauern statt Wut und Depression) und somit das psychische Wohlbefinden nicht nachhaltig beeinträchtigen, werden nacheinander folgende Einsichten vermittelt:
(1) Es gibt viele verschiedene Gefühle,
(2) Gefühle entstehen in erster Linie durch Gedanken,
(3) „übertreibt" man mit seinen Gedanken, dann „übertreibt" man auch mit seinen Gefühlen, und
(4) „angemessen" zu denken – und damit „angemessen" zu fühlen – ist lernbar (Grünke 2001).

Zur Umsetzung dieser Lernziele liegen für den angloamerikanischen Bereich verschiedene Unterrichtsmanuale vor (Gerald/Eyman 1981; Knaus 1986; Vernon 1989a; 1989b; 1998a; 1998b; 1998c). Deutschsprachige Anleitungen finden sich bei Grünke (2003b) und Knaus (1983). In an solchen Leitlinien orientierten Unterrichtsstunden sollen Schülerinnen und Schüler über realitätsnahe und anschauliche Übungen eigenständig zu den oben erwähnten Einsichten gelangen. Die wichtigste Funktion der Lehrkraft besteht darin, geeignete Aufgaben und Materialien für diesen Erkenntnisprozess bereit zu stellen. Das Vorgehen ist somit relativ nondirektiv. In der REE werden konstruktive (und selbst erarbeitete) Bewältigungsstrategien – oft unter Zuhilfenahme von Tokenprogrammen[1] – auf spielerische Art eingeübt.

Auch zum Aufbau einer hohen Selbstwirksamkeitserwartung bieten sich strukturierte Programme an. Die bislang von Petermann und Petermann verfassten Trainingsmanuale zur Reduktion von aggressivem Verhalten (Petermann/Petermann 2008), zum Abbau von sozial unsicherem Verhalten (Petermann/Petermann 2006) oder zur Förderung des Arbeits- und Sozialverhaltens (Petermann/Petermann 2007) beinhalten jeweils eigene Kapitel zur Selbstwirksamkeit. In allen Fällen konzentriert sich die Intervention auf genau dieses Konstrukt. Exemplarisch soll an dieser Stelle kurz das Programm zur Förderung des Arbeits- und Sozialverhaltens (ebd.) skizziert werden, das den Titel „Training mit Jugendlichen" trägt und häufig zur Berufsvorbereitung von Schülerinnen und Schülern in Abgangsklassen eingesetzt wird (Roos 2006). Es teilt sich in mindestens fünf Einzelsitzungen zu je 70 Minuten und mindestens 11 Gruppensitzungen mit vier bis fünf Personen zu je 120 Minuten auf. Die Frequenz sollte in beiden Fällen ein bis zwei Sitzungen pro Wochen betragen. Im Einzeltraining werden vorwiegend berufliche und private Zielvorstellungen und deren Einschätzung behandelt. Beim Gruppentraining geht es im Wesentlichen um das Einüben neuer Verhaltensweisen und Fertigkeiten (z. B. Argumentieren, Umgehen mit Misserfolgen oder Führen von Vorstellungsgesprächen) mit Hilfe von gelenkten Rollenspielen (vgl. Specht/ Petermann 1999). Neben den Rollenspielen werden auch Bewegungsspiele durchgeführt, um den Themenkomplex des Umgangs mit dem eigenen Körper und mit Gefühlen zu bearbeiten. Während des gesamten Gruppentrainings sind alle Teilnehmenden dazu angehalten, verschiedene individuelle und gruppenbezogene Verhaltensregeln zu befolgen, die im Verlauf des Einzeltrainings für einen selbst als wichtig erkannt und auch selbst formuliert wurden (z. B. „Nicht durch unpassende Wortbeiträge vom Thema ablenken" oder „In der Gruppe mehr sagen und sich nicht zu sehr zurückhalten"). Daneben erarbeiten alle Jugendlichen vier Regeln, die einen allgemeinverbindlichen Charakter haben sollen (z. B. „Den anderen ausreden lassen" oder „Nicht über andere lästern"). In einer Evaluationsstudie mit knapp 100 Heranwachsenden aus Schulen mit

---

1   Unter einem Tokenprogramm versteht man das Prinzip einer Münzverstärkung. Für ein vorher vereinbartes erwünschtes Verhalten erhält die Person eine „Münze", wie z.B. einen „Smiley", einen „Chip", einen „Klebepunkt". Die gesammelten „Token" können dann nach einem ebenfalls vorab vereinbarten Schlüssel in Verstärker, wie z.B. Süßigkeiten, gemeinsame Aktivitäten oder Ähnliches eingetauscht werden (Borg-Laufs/Hungerige 2007).

dem Förderschwerpunkt Lernen erwies sich das Programm im Hinblick auf eine Steigerung der Selbstwirksamkeitserwartungen bei einer mittelhohen Effektstärke als verhältnismäßig wirksam (Grünke 2003a).

Realistische Kontrollüberzeugungen spielen bei der Herausbildung einer starken psychischen Widerstandsfähigkeit ebenfalls eine wesentliche Rolle. Ihre explizite Förderung wird im Rahmen von ausgearbeiteten Programmen allerdings kaum in den Blick genommen. Außerdem stellt diese Komponente seelischer Robustheit gewissermaßen einen Bestandteil der drei anderen eben thematisierten Konstrukte „hohe Selbstwirksamkeit", „realistische Kontrollüberzeugungen", „adaptive Attributionsstile" dar. Realistische Kontrollüberzeugungen werden also bereits gesteigert, wenn man sich der Förderung der anderen Aspekte psychischer Widerstandsfähigkeit widmet.

Die schulische Lernumgebung sollte so gestaltet sein, dass adaptive Attributionen, rationale Denkmuster, hohe Selbstwirksamkeitserwartungen und realistische Kontrollüberzeugungen von Seiten der Lehrkräfte stets und überall kultiviert werden. Eine isolierte Förderung (während einzelner Trainingseinheiten) ist dem Ziel einer umfassenden und nachhaltigen Steigerung von Resilienz weniger zuträglich als eine *ganzheitliche*. Insofern bietet es sich an, die relevanten Prinzipien mit dem regulären Unterrichtsstoff in Verbindung zu bringen oder sie auf informelle Art in die Interaktion mit den Kindern und Jugendlichen einfließen zu lassen. Leistungsrückmeldungen, informelle Gespräche, Arbeitsanweisungen, Klassendiskussionen, kleine Ermutigungen usw. eignen sich gut dazu, *resiliente „Botschaften"* zu vermitteln. Wenn Lehrkräfte ihren Schülerinnen und Schülern kontinuierlich nahelegen, dass sie für unkontrollierbare Schwierigkeiten nicht verantwortlich sind, kleine Alltagswidrigkeiten keine Katastrophen darstellen oder dass Krisen mit Hilfe eigener Ressourcen überwunden werden können, so stärken sie damit deren seelische „Abwehrkräfte".

Falls die Kinder und Jugendlichen über die notwendigen kognitiven und emotionalen Voraussetzungen verfügen, kann es sinnvoll sein, diesen Prozess mit Hilfe von handlungsorientierten Methoden zu unterstützen, bei denen sie die oben thematisierten Bewältigungsmechanismen im Rahmen unterrichtlicher Aufgabenstellungen praktisch umsetzen und dabei Problemlösekompetenzen entwickeln können. Hierbei geht es um Lernarrangements, bei denen sich die Schülerinnen und Schüler planvoll, aktiv und bewusst mit ihrer natürlichen und sozialen Umwelt auseinandersetzen. Ihnen soll ein handlungsorientierter Umgang mit den Lerngegenständen des Unterrichts ermöglicht werden. Die materiellen

Tätigkeiten der Mädchen und Jungen bilden dabei den Ausgangspunkt des Lernprozesses. Eine fundierte Darstellung des Vorgehens findet sich bei Gudjons (2008). Problematisch für den Einsatz handlungsorientierten Unterrichts bei Kindern und Jugendlichen in Förderschulen ist der Umstand, dass gerade sie meist nur relativ schlecht Struktur schaffen, planen, ordnen und strategisch vorgehen können. Offene und freie Lernsituationen konfrontieren sie in der Regel mit Anforderungen, denen sie noch nicht gewachsen sind. Es ist also unbedingt sicherzustellen, dass die betroffenen Jungen und Mädchen über alle notwendigen Voraussetzungen verfügen, um von diesen Methoden auch profitieren zu können. Geht es beispielsweise um ein Unterfangen, bei dem u. a. die Lösung komplexer und lebensnaher Rechenaufgaben gefordert ist, so müssen die arithmetischen Grundfertigkeiten in ausreichender Flüssigkeit beherrscht werden. Ansonsten passiert es sehr leicht, dass die Schülerinnen und Schüler von den Lernangeboten nicht profitieren und sich die Selbstwirksamkeitserwartung verringert anstatt erhöht (Grünke/Wilbert 2008).

3.2 Aufbau von Teamfähigkeit und sozialer Kompetenz

Falls Pädagoginnen und Pädagogen immer dann, wenn es das Lernziel, der Inhalt sowie die Voraussetzungen auf Seiten der Schülerinnen und Schüler zulassen, auf soziale Unterrichtsformen zurückgreifen, leisten sie einen wichtigen Beitrag zum Aufbau von Resilienz. Besonders bei Kindern und Jugendlichen mit gravierenden Lernproblemen kommt man nicht umhin, regelmäßig ein sehr lehrkraftzentriertes Vorgehen einzusetzen, bei dem neuer Stoff explizit, redundanzreich und schrittweise vermittelt wird (etwa im Sinne der direkten Instruktion oder der Strategieinstruktion) (Grünke 2006). Ansonsten bietet es sich jedoch an, mit Blick auf das Ziel einer Stärkung von psychischer Robustheit solche Konzepte zu verwenden, mit denen sich Teamfähigkeits- und sonstige soziale Kompetenzen gut einüben lassen. Der Unterricht dient in diesem Falle also nicht „nur" der Vermittlung von Inhalten, sondern auch (und ganz besonders) dem Aufbau der Fähigkeit, sich in ein Gruppengefüge einzupassen, die eigenen Ziele mit den Bedürfnissen einer Gemeinschaft abzustimmen, auf andere Menschen einzugehen und sich Hilfe zu holen.

Die zwei wichtigsten Methoden in diesem Zusammenhang sind das *kooperative* und das *tutorielle Lernen*. Unter kooperativem Lernen versteht man eine Unterrichtsform, bei der Schülerinnen und Schüler in kleinen Gruppen arbeiten und sich beim Lernen gegenseitig unterstützen, um gemeinsame Lernziele zu erreichen (Slavin 1989). Als ideal haben sich Ein-

heiten von bis zu sechs Mitgliedern erwiesen, die nach Fähigkeit, Leistung, Geschlecht und Minoritätenstatus heterogen zusammengesetzt sind. Um zu vermeiden, dass relativ leistungsstarke Kinder und Jugendliche den Hauptanteil der Arbeit tragen oder dass die Gruppe insgesamt den Weg des geringsten Widerstandes geht, schlägt Neber (2001) vor allem zwei Maßnahmen zur Gegensteuerung vor:
1. Die Lernarrangements sollen so gestaltet sein, dass hinsichtlich der Bewältigung der Aufgabe, der Zugänglichkeit der Ressourcen und der letztendlichen Erreichung des Lernziels eine möglichst hohe gegenseitige Abhängigkeit besteht. Durch die Verteilung ganz bestimmter und konkreter Obliegenheiten an einzelne Gruppenmitglieder wird sichergestellt, dass der Erfolg nicht durch Einzelleistungen erzielt werden kann. Vielmehr müssen alle Teilnehmenden einen Beitrag liefern, um letztendlich zum Abschluss zu kommen.
2. Es soll eine möglichst hohe Notwendigkeit zur Interaktion geschaffen werden. Die einzelnen Mitglieder sind in Situationen zu versetzen, in denen sie sich miteinander austauschen müssen.

Eine bewährte Möglichkeit, diese Vorgaben umzusetzen, stellt die so genannte Jigsaw-Methode dar (Aronson/Blaney/Stephan/Sikes/Snapp 1978). Hierbei teilt die Lehrkraft die Klasse zunächst in heterogene Gruppen ein. Jedes Mitglied soll nun einen jeweils anderen Text zu einem bestimmten Thema lesen. Hierzu wird die eigene Gruppe verlassen, um sich in neuen Einheiten zusammen zu finden, welche aus Kindern und Jugendlichen besteht, die gleiche Texte erhalten haben. In diesen Zusammensetzungen werden die Inhalte der Abfassungen erarbeitet und diskutiert. Im Anschluss treffen sich die Schülerinnen und Schüler in ihren ursprünglichen Gruppen. Die einzelnen Mitglieder berichten nacheinander von den Arbeitsergebnissen und tragen auf diese Weise zur Fertigstellung einer Aufgabe in ihrem Team bei.

Beim tutoriellen Lernen arbeiten zwei Kinder oder Jugendliche gemeinsam an der Wiederholung, Vertiefung und Überprüfung ihrer Kenntnisse in einem bestimmten Fach. Die Rollen, die übernommen werden, sind klar definiert: Eine Schülerin bzw. ein Schüler fungiert als Lehrkraft, vermittelt Wissen, überprüft Antworten und korrigiert falsche Lösungen. Ihrem oder seinem Gegenüber obliegt es hingegen, die gestellten Aufgaben zu bearbeiten (Haag 2004). Die jeweils fest gelegte Rollenverteilung innerhalb eines Teams kann von Zeit zu Zeit variieren. Auch ist es möglich, die Leistungsstärke der beiden Partnerinnen oder Partner innerhalb eines Tandems homogen oder heterogen zu gestalten. Aus diesem Grund wird das tutorielle Lernen oftmals als ideale Methode für den Einsatz bei einem so uneinheitlichen Klientel wie Kindern und Jugendlichen in Förderschulen gesehen (Heward 2006). In der Vorbereitung auf eine entsprechende Lerneinheit gilt es, vorab folgende Fragen zu klären:

(1) Wie sollen die Teams zusammengesetzt werden?
(2) Was ist konkret zu erreichen?
(3) Wann und wie lange soll gelernt werden?
(4) Mit welchen Materialien ist zu lernen?
(5) Welche Kompetenzen sind auf Seiten der Schülerinnen oder Schüler notwendig, um die Aufgaben zu bearbeiten, und verfügen sie auch darüber?
(6) Wie und wann soll der Lernfortschritt überprüft werden? (Haag 2004).

Die beiden eben skizzierten Methoden (kooperatives und tutorielles Lernen) dienen dem Zweck, Schülerinnen und Schülern gleichzeitig Unterrichtsinhalte und soziale Kompetenzen zu vermitteln. Um lediglich das zweite Ziel zu erreichen, liegen spezielle Programme vor, von denen das verhaltenstherapeutisch orientierte „Sozialtraining in der Schule" von Petermann/Jugert/Tänzer/Rehder/Verbeek (1999) im deutschsprachigen Raum derzeit wohl das bekannteste darstellt. Es basiert auf dem Ansatz der sozial-kognitiven Informationsverarbeitung nach Dodge (1993) und umfasst 10 Sitzungen zu je zwei Unterrichtseinheiten. Das Schema der Stunden ist stets identisch:

(1) Einleitungsphase (ca. 10 Minuten),
(2) Regelphase (ca. 3 Minuten),
(3) Ruhephase (ca. 12 Minuten),
(4) Arbeitsphase (ca. 60 Minuten) und
(5) Abschlussphase (ca. 5 Minuten).

Im Mittelpunkt der Lektionen stehen jeweils verschiedene Themen: Fremd- und Selbstwahrnehmung, Erkennen und Benennen von Gefühlen, flexible Problemlösung, gemeinsames Handeln, Perspektivenwechsel sowie Vorwegnehmen von Konsequenzen. Vermittelt werden die Ziele vor allem über das Lernen am Modell und über gelenkte Rollenspiele im Sinne von Specht und Petermann (1999). In einer Untersuchung mit Grundschülerinnen und Grundschülern konnte die Wirksamkeit des Programms eindrucksvoll nachgewiesen werden (Riffert 2000).

3.3 Pflege einer unterstützenden persönlichen Beziehung

Resiliente Menschen verfügten in einem frühen Lebensabschnitt über mindestens eine enge Bindung zu einer kompetenten und stabilen Person („significant other"). Bei psychisch robusten Kindern und Jugendlichen, die an der bekannten Kauai-Studie von Werner und Smith (1998) teilnahmen, wurde diese Rolle oftmals von Lehrkräften übernommen. Gerade in Förderschulen kommt Pädagoginnen und Pädagogen die wichtige Aufgabe zu, mit den ihnen anvertrauten Mädchen und Jungen eine tragfähige und vertrauensvolle Beziehung zu pflegen. Da die betreffenden Kinder und Jugendlichen von elterlicher Seite in vielen Fällen leider nur relativ wenig Unterstützung, Anleitung und Struktur erfahren, füllt das Verhältnis zu ihren Lehrkräften für sie häufig ein wichtiges Vakuum. Um ihrer Rolle gerecht zu werden, ist es sehr zuträglich, wenn die betreffenden Pädagoginnen und Pädagogen bestimmte Eigenschaften aufweisen und bestimmte Verhaltensweisen zeigen. Auf der Grundlage einschlägiger Studien lassen sich diese Merkmale mittlerweile recht gut spezifizieren. Entgegen weit verbreiteter Annahmen ist ein „kumpelhaftes" Verhältnis ohne klare Regeln und mit niedrigen Erwartungen an die Leistungen der Schülerinnen und Schüler nicht hilfreich. Lehrkräfte, die sich bewusst distanzlos verhalten und auch für suboptimale Leistungen durchweg gute Noten verteilen, können ihren Schützlingen in der Regel nicht den nötigen Halt und Beistand bieten.

Nach Brooks (2006) stellen Pädagoginnen und Pädagogen, die durch ihren Umgang die Entwicklung resilienter Kompetenzen in bedeutsamem Maße fördern, relativ hohe Anforderungen an die Anstrengungsbereitschaft und die Leistung von Kindern und Jugendlichen. Sie konfrontieren sie mit schwierigen Aufgaben, bieten ihnen ausgiebige Hilfestellungen an, sprechen häufig Ermutigungen aus („Ich weiß, dass du es schaffen kannst") und zeigen ein starkes Interesse an ihrem Erfolg. Die zahlreichen Rückmeldungen für Arbeitsergebnisse sind direkt, voller Zuspruch, aber dennoch ehrlich. Inhaltlich vermittelt das Feedback in Abhängigkeit von den gezeigten Resultaten jeweils eine bestimmte Botschaft: Erfolge werden mit internalen Faktoren (Anstrengung, Fähigkeit), Misserfolge hingegen mit variablen Faktoren (mangelnde, unzureichende Anstrengung, Zufall, hohe Aufgabenschwierigkeit) begründet. Im ersten Fall meldet man beispielsweise zurück: „Du bist richtig gut im Rechnen" oder „Da hast du dich ganz toll angestrengt und hast die Arbeitsschritte super eingehalten". Hingegen gibt man im zweiten Fall etwa folgendes Feedback: „Versuche es noch einmal; wenn du dich noch ein wenig mehr anstrengst, klappt es bestimmt besser" oder „Die Aufgabe war aber auch besonders schwer; damit haben ganz viele Kinder Schwierigkeiten" (vgl. Grünke/ Castello 2004). Was in einer konkreten Situation als Erfolg und was als Misserfolg gilt, hängt vom jeweiligen Leistungsniveau der Schülerin oder des Schülers ab. Der Inhalt der Rückmeldung lässt sich der oben im Rahmen der skizzierten Attributionstheorie nahegelegten Kategorisierung zuordnen. Allerdings muss hierfür das erweiterte Vierfelderschema[2] zugrundegelegt werden (siehe Weiner/Frieze/Kukla/Reed/Rest/Rosenbaum 1971), nach dem Handlungsergebnisse nicht nur nach ihrer Lokalisation (internal vs. external), sondern auch nach ihrer Stabilität (zeitstabil vs. zeitvariabel) gruppiert werden können.

Im Gegensatz zum Vorgehen beim oben kurz dargestellten Attributionstraining nach Julius und Goetze (1998) werden ungünstige Ereignisse bei leistungsbezogenen Rückmeldungen im Alltag nicht external, sondern variabel erklärt.

Weitere wichtige Kompetenzen von Lehrkräften, die bei ihren Schülerinnen und Schülern erfolgreich zum Aufbau von Resilienz beitragen können, sind generell natürlich die Fähigkeit, sich in die Probleme von Kindern und Jugendlichen hineinzuversetzen, die Fähigkeit, alle wichtigen Vorgänge in der Klasse zu bemerken, sowie die Fähigkeit, Schulstunden anregend und interessant zu gestalten. Schließlich sollten solche Personen insgesamt offen, ehrlich, ausgeglichen und humorvoll sein (Santangelo 2007).

4. Langfristige Koordination konkreter Förderkonzepte – Eine resilienzfördernde Schule

Die einzelnen Komponenten von Resilienz hängen nach dem in Abbildung 1 dargestellten Modell wechselseitig miteinander zusammen. Dreht sich eine dieser Stellschrauben, so ist zu erwarten, dass dies Auswirkungen auf das Gesamtgefüge hat. Dadurch wird wiederum die Wahrscheinlichkeit beeinflusst, dass ein Mädchen oder ein Junge eine bestimmte Heraus-

---

2 Bei dem Vierfelderschema von Weiner et al. (1971) handelt es sich um ein in der Psychologie bekanntes und oftmals in Forschung und Diagnostik genutztes Modell der Attributionstheorie. Eigene Begabung wird als internale stabile, eigene Anstrengung als internale variable, Aufgaben- oder Problemschwierigkeit als externale stabile und Glück/Pech bzw. Zufall als externale variable Erklärung für Erfolg oder Misserfolg angesehen. Diese Attributionen nehmen Einfluss auf Lernmotivation, Befindlichkeit und Selbstbild einer Person.

forderung letztendlich schadlos meistert. Erhöht sich im Laufe einer Intervention beispielsweise die soziale Kompetenz eines Kindes, so führt dies meist dazu, dass es sich leichter eine Umgebung suchen kann, in der es sich beschützt und akzeptiert fühlt. In der Folge erhält es wiederum mehr Unterstützung von anderen Personen (Werner/Smith 1998).

Diese Dynamik gibt Anlass zu der Hoffnung, dass nicht alle Facetten von Resilienz bei einer Förderung explizit berücksichtigt werden müssen, um mit den eigenen Interventionsbemühungen erfolgreich zu sein. Dennoch ist es natürlich sehr zielführend, wenn die entsprechenden Unterstützungsangebote in Schulen ganzheitlich und gut aufeinander abgestimmt sind. Kurzfristige und intensive Trainings sind hingegen deutlich weniger effektiv, wenn es darum geht, dauerhafte Verbesserungen in der kognitiven Verarbeitung von Belastungen, im emotionalen Empfinden und im manifesten Verhalten zu bewirken. Erfolge verfestigen sich meist nur dann, wenn die erworbenen Kompetenzen *über einen längeren Zeitraum hinweg stetig* zur Anwendung kommen und wenn den betroffenen jungen Menschen Gelegenheit zu regelmäßiger Übung und zur Generalisierung auf diverse Problembereiche gegeben wird. Um dies zu gewährleisten, müssen die einzelnen Bemühungen im jeweiligen Kollegium der Lehrkräfte mit viel Sachverstand koordiniert werden. Hier bietet es sich an, gemeinsam und sorgfältig *ein übergreifendes Konzept* zu erarbeiten, das in Form eines Schulprogramms zu verschriftlichen ist. Eine Initiative, in deren Rahmen eine umfassende und gut geplante Förderung realisiert werden sollte, stellt der von der Bund-Länder-Kommission für Bildungsplanung und Forschungsförderung initiierte „Verbund selbstwirksame Schulen" dar. Bei diesem 1998 abgeschlossenen Modellversuch ging es darum, die Überzeugung von der eigenen Kompetenz bei Kindern und Jugendlichen durch ihre aktive Beteiligung bei der Schulentwicklung und eine starke Betonung der Selbstständigkeit im Unterricht zu steigern (Fuchs 2005).

Besonders wichtig ist eine sinnvoll aufeinander abgestimmte Resilienzförderung für die Steigerung der psychischen Widerstandsfähigkeit, die bei der hier thematisierten Zielgruppe den Fokus bilden sollte. Die Unterscheidung zwischen (für die eigene Person) erwünschten und unerwünschten Ereignissen oder Bedingungen ist relativ einfach zu treffen und kann auch von jüngeren Schülerinnen und Schülern trotz deutlicher Leistungsschwierigkeiten in aller Regel problemlos vorgenommen werden. Auch die Differenzierung in internale und externale Ursachen für ein Ereignis stellt sicherlich keine allzu hohen Anforderungen an die kindliche Analysefähigkeit. Etwas schwieriger dürfte es hingegen sein, eine adaptive Kombination dieser beiden Dimensionen zu vermitteln (erfreuliche Situationen liegen an der eigenen Person, kritische Situationen an anderen Menschen oder unglücklichen Umständen). Dennoch haben die bislang hierzu vorliegenden Untersuchungen gezeigt, dass Mädchen und Jungen aus Förderschulen bereits *ab einem Alter von zehn Jahren* von einem entsprechenden Training zur Vermittlung adaptiver Attributionen sehr profitieren.

Sobald Mädchen und Jungen gut und sicher dazu in der Lage sind, differenzierte selbstwertschützende Ursachenzuschreibungen vorzunehmen, ist es sinnvoll, ihnen darüber hinaus das Wesen rationaler Bewältigungsformen zu vermitteln. Denn die etwa im Zuge des Trainings „Resilienzförderung bei Risikokindern" (Julius/Goetze 1998) nahegelegte Weltsicht hat zwar normalerweise eine psychisch entlastende Wirkung, ist aber stark vereinfacht und in manchen Fällen nicht realistisch. Bei einigen ungünstigen Lebensbedingungen (etwa häufige Streitigkeiten in der Familie) kann den hier im Blickfeld stehenden Mädchen und Jungen eine (aktive oder passive) Beteiligung nicht völlig abgesprochen werden. Es gibt also auch Entwicklungsrisiken, die für Schülerinnen und Schüler nicht völlig unkontrollierbar sind und somit konsequenterweise auch nicht ausschließlich external attribuiert werden können. Für derartige Situationen bietet das Programm „Resilienzförderung bei Risikokindern" (ebd.) keine befriedigende Lösung an – denn bei jungen Menschen auf Dauer die Einstellung zu fördern, die Gründe für innerfamiliäre Konflikte lägen ausschließlich und grundsätzlich außerhalb ihrer eigenen Person, dient ja nicht dem Aufbau einer selbstkritischen Haltung und der Fähigkeit, krisenhafte Situationen möglichst wirklichkeitsgetreu zu bewerten. Während es also vor allem bei jüngeren Schülerinnen und Schülern angemessen erscheint, bei ihnen anfangs mit Hilfe einer einfachen und nicht völlig realitätsadäquaten Bewältigungsstrategie für psychische Entlastung zu sorgen, ist später eine differenzierte Sicht der Dinge angebracht. Dies tut dem Ziel einer Steigerung der psychischen Widerstandsfähigkeit keinen Abbruch. Nach einer Untersuchung von Försterling (1982) sind nämlich internale Ursachenzuschreibungen bei aversiven Ereignissen oder Umständen nur dann mit gravierenden ungünstigen Auswirkungen auf das emotionale Wohlbefinden verbunden, falls sie irrational bewertet werden. Wenn ein Kind oder ein Jugendlicher also bei häufigen familiären Auseinandersetzungen zu dem Schluss kommt, am Zustandekommen der Konflikte durch eigenes provokantes Verhalten zuweilen beteiligt gewesen zu sein, so führt dies bei einer undogmatischen und sachlichen Beurteilung zu keiner schwerwiegenden emotionalen Belastung. Der junge Mensch gesteht sich hierbei das Recht zu, sich nicht stets abgeklärt, weitsichtig und vernünftig verhalten zu müssen, sondern sich mitunter auch einmal unklug, uneinsichtig und provokant gebärden zu dürfen. Auch wenn das einer friedvollen Atmosphäre zu Hause natürlich nicht zuträglich ist, so ist es besonders für Heranwachsende dennoch völlig normal, trotz eines grundsätzlichen Bemühens um Harmonie immer wieder einmal gedankenlos oder ungestüm zu handeln. Um Schülerinnen oder Schüler jedoch nicht zu einer passiven Haltung zu animieren, bei der sie sich mit ihren eigenen Unzulänglichkeiten arrangieren und mit veränderbaren ungünstigen Gegebenheiten abfinden, sollte sich an eine Vermittlung rationaler Überzeugungen eine Förderung hoher Selbstwirksamkeitserwartungen anschließen. Man muss ihnen intensiv vor Augen führen, dass ihre Lebenssituation durch eigenes Bemühen in vielerlei Hinsicht positiv veränderbar ist.

Werden die vorhandenen Möglichkeiten in der hier beschriebenen Weise genutzt, kann man davon auszugehen, dass Förderschulen viel mehr als bisher zu Einrichtungen werden, die den dort unterrichteten und allgemein stark risikobelasteten Kindern und Jugendlichen dabei helfen, ihre Potenziale zur Gestaltung eines selbstständigen, hoffnungsfrohen und gesunden Lebens auch zu nutzen. Gerade weil es sich hier um eine *besonders risikobehaftete Zielgruppe* handelt, gehört die *Förderschule* zu den *zentralen Bereichen von Resilienzförderung.*

Literatur

Aronson, E./Blaney, N./Stephan, C./Sikes, J./Snapp, M. (1978): The jigsaw classroom. Beverly Hills, CA

Bandura, A. (1979): Sozial-kognitive Lerntheorie. Stuttgart

Becker, P. (1995): Seelische Gesundheit und Verhaltenskontrolle. Göttingen

Beelmann, A. (2008): Prävention im Schulalter. In: Gasteiger-Klicpera/Julius/Klicpera (Hrsg.): Sonderpädagogik der sozialen und emotionalen Entwicklung, S. 442–464. Göttingen

Bengel, J./Meinders-Lücking, F./Rottmann, N. (2009): Schutzfaktoren bei Kindern und Jugendlichen: Stand der Forschung zu psychosozialen Schutzfaktoren für Gesundheit. Köln

Bleidick, U. (2001): Sonderpädagogik. In: Antor/Bleidick (Hrsg.): Handlexikon der Behindertenpädagogik: Schlüsselbegriff aus Theorie und Praxis, S. 92–94. Stuttgart

Borchert, J. (2007): Sonderpädagogische Grundfragen. In: Borchert (Hrsg.): Einführung in die Sonderpädagogik, S. 1–38. München

Bossong, B. (1994): Warum manche Schüler mit der Scheidung ihrer Eltern besser zurecht kommen als andere. In: Oleckowski/Rollett (Hrsg.): Theorie und Praxis, S. 408–417. Frankfurt a.M.

Borg-Laufs, M. /Hungerige, H. (2007): Selbstmanagementtherapie mit Kindern. Ein Praxishandbuch, 2. Aufl. Stuttgart

Brooks, J. E. (2006): Strengthening resilience in children and youths: Maximizing opportunities through the schools. Children & Schools, 28, S. 69–76

Bunge, S. (1998): Resilienz bei sexuell missbrauchten Mädchen: Die Rolle der Abwehrmechanismen bei der Missbrauchsverarbeitung. In: Heilpädagogische Forschung, 24, S. 114–125

Caldarella, P./Merell, K. W. (1997): Common dimensions of social skills of children and adolescents: A taxonomy of positive behaviours. In: Scholl Psychology Review, 26, S. 264–278

Decker, O./Brähler, E. (2006): Vom Rand zur Mitte. Berlin

Dodge, K. (1993): The future of research on conduct disorder. In: Development and Psychopathology, 5, S. 311–320

Ellis, A. (1962): Reason and emotion in psychotherapy. New York

Ellis, A. (1973): Humanistic psychology: The rational-emotive approach. New York

Ettrich, Ch./Ettrich, K. U. (2006): Verhaltensauffällige Kinder und Jugendliche. Berlin

Fingerle, M./Freytag, A./Julius, H. (1999): Ergebnisse der Resilienzforschung und ihre Implikationen für die (heil)pädagogische Gestaltung von schulischen Lern- und Lebenswelten. Zeitschrift für Heilpädagogik, 50, S. 302–309

Fingerle, M./Walther, P. (2008): Resilienzförderung. In: Fingerle/St. Ellinger (Hrsg.): Sonderpädagogische Förderprogramme im Vergleich. Orientierungshilfen für die Praxis, S. 141–156. Stuttgart

Försterling, F. (1982): Rational-emotive Therapie und Attributionstheorie: Eine Untersuchung über die kognitiven Determinanten von Emotionen. In: v. Quekelberghe/v. Eickels (Hrsg.): Handlungstheorien, Tätigkeitstheorie und Psychotherapie, S. 41–51. Tübingen

Fuchs, C. (2005): Selbstwirksam Lernen im schulischen Kontext. Bad Heilbrunn

Gerald, M./Eyman, W. (1981): Thinking straight and talking sense: An emotional education program. New York

Grünke, M. (2001): Rational-emotive Erziehung: Die Anwendung der rational-emotiven Verhaltenstherapie in der Schule. In: Zeitschrift für Rational-Emotive und Kognitive Verhaltenstherapie, 12, S. 5–21

Grünke, M. (2003a): Resilienzförderung bei Kindern und Jugendlichen in Schulen für Lernbehinderte: Eine Evaluation dreier Programme zur Steigerung der psychischen Widerstandsfähigkeit. Lengerich

Grünke, M. (2003b): Eine Unterrichtsreihe zur Resilienzförderung auf der Basis der rational-emotiven Erziehung (REE) bei lernbeeinträchtigten Kindern. In: Sonderpädagogische Förderung, 48, S. 57–71

Grünke, M. (2006): Zur Effektivität von Fördermethoden bei Kindern und Jugendlichen mit Lernstörungen. In: Kindheit und Entwicklung, 15, S. 238–253

Grünke, M. (2009): Quo vadis Förderschule? In: Lehrer und Schule heute, 60, 60–61

Grünke, M./Castello, A. (2004): Attributionstrainings. In: Lauth/Grünke/Brunstein (Hrsg.): Interventionen bei Lernstörungen: Förderung, Training und Therapie in der Praxis. Göttingen

Grünke, M./Halsig, N. (2001): Der Abschied von der Schuldfrage: Kognitive Veränderungen im Laufe erfolgreicher Drogentherapien. In: Sucht, 47, S. 12–21

Grünke, M./Wilbert, J. (2008): Offener Unterricht und Projektunterricht. In: Fingerle/Ellinger (Hrsg.): Sonderpädagogische Förderung: Förderkonzepte auf dem Prüfstand, S. 13–33. Stuttgart

Gudjons, H. (2008): Handlungsorientiert lehren und lernen. Bad Heilbrunn

Heider, F. (1944): Social perception and phenomenal causality. In: Psychological Review, 51, S. 358–374

Haag, L. (2004): Traditionelle Gruppenarbeit – neu betrachtet. – In: Huber, Anne A. (Hrsg.) (2004): Kooperatives Lernen – kein Problem. Effektive Methoden der Partner- und Gruppenarbeit, S. 29–37. Stuttgart

Heider, F. (1958): The psychology of interpersonal relations. New York

Heward, W. L. (2006): Exceptional children. Upper Saddle, River, NJ: Merrill Prentice Hall.

Julius, H./Goetze, H. (1998): Resilienzförderung bei Risikokindern: Ein Trainingsprogramm zur Veränderung maladaptiver Attributionsmuster. Potsdam

Julius, H./Goetze, H. (2000): Resilienz. In: Borchert (Hrsg.): Handbuch der Sonderpädagogischen Psychologie, S. 294–304. Göttingen

Julius, H./Prater, M.A. (1996): Resilienz. In: Sonderpädagogik, 26, S. 228–235

Kavale, K. A./Forness, S. R. (1996): Social skill deficits and learning disabilities: A meta-analysis. In: Journal of Learning Disabilities, 29, S. 226–237

Kelley, H. H. (1971): Attribution: Perceiving the causes of behavior. New York

Klein, G. (2001): Sozialer Hintergrund und Schullaufbahn von Lernbehinderten/Förderschülern 1969 und 1997. In: Zeitschrift für Heilpädagogik, 52, S. 51–61

KMK (1994): Empfehlungen zur sonderpädagogischen Förderung in den Schulen der Bundesrepublik Deutschland. Bonn

KMK (2000a): Empfehlungen zum Förderschwerpunkt Lernen. Beschluß der Kultusministerkonferenz vom 01.10.1999. In: Drave/Rumpler/Wachtel (Hrsg.): Empfehlungen zur sonderpädagogischen Förderung: Allgemeine Grundlagen und Förderschwerpunkte (KMK) mit Kommentaren, S. 299–315. Würzburg

KMK (2000b): Empfehlungen zum Förderschwerpunkt emotionale und soziale Entwicklung. Beschluss der Kultusministerkonferenz vom 10.03.2000. In: Drave/Rumpler/Wachtel (Hrsg.): Empfehlungen zur sonderpädagogischen Förderung: Allgemeine Grundlagen und Förderschwerpunkte (KMK) mit Kommentaren, S. 343–365. Würzburg

KMK (2009a): Statistische Veröffentlichungen der Kultusministerkonferenz: Schüler, Klassen, Lehrer und Absolventen der Schulen 1998 bis 2007. Bonn

KMK (2009b): Sonderpädagogische Förderung in allgemeinen Schulen (ohne Förderschulen) 2007/2008. Bonn

KMK (2009c): Sonderpädagogische Förderung in Förderschulen (Sonderschulen), 2007/2008. Bonn

Knaus, W. J. (1977): Rational-emotive education. In: Theory Into Practice, 16, S. 251–255

Knaus, W. J. (1983): Rational-emotive Erziehung: Ein Leitfaden für Lehrer zur Anwendung im Schulunterricht. Köln

Knaus, W.J. (1986): Rational-emotive education: A manual for elementary school teachers. New York

Kottmann, B. (2006): Selektion in die Sonderschule. Bad Heilbrunn

Ministerium für Schule und Weiterbildung des Landes Nordrhein-Westfalen (2009). Schulgesetz für das Land Nordrhein-Westfalen. http://www.schulministerium.nrw.de/BP/Schulrecht/Gesetze/SchulG_Info/Schulgesetz.pdf (03.12.).

Myschker, N. (2009): Verhaltensstörungen bei Kindern und Jugendlichen: Erscheinungsformen – Ursachen – hilfreiche Maßnahmen. Stuttgart

Neber, H. (2001): Entdeckendes Lernen. In: Rost (Hrsg.): Handwörterbuch Pädagogische Psychologie, S. 115–121. Weinheim

Noeker, M./Petermann, F. (2008): Resilienz: Funktionale Adaptation an widrige Umgebungsbedingungen. In: Zeitschrift für Psychiatrie, Psychologie und Psychotherapie, 56, S. 255–263

Oerter, R. (1999): Klinische Entwicklungspsychologie: Zur notwendigen Integration zweier Fächer. In: Oerter/von Hagen/Röper/Noam (Hrsg.): Klinische Entwicklungspsychologie, S. 1–10. Weinheim

Petermann, F./Jugert, G./Tänzer, U./Rehder, A. (1999): Sozialtraining in der Schule. Weinheim

Petermann, F./Petermann, U. (2006): Training mit sozial unsicheren Kindern. Weinheim

Petermann, F./Petermann, U. (2007): Training mit Jugendlichen: Aufbau von Arbeits- und Sozialverhalten. Göttingen

Petermann, F./Petermann, U. (2008): Training mit aggressiven Kindern. Weinheim

Ricking, H. (2005): Der „Overlap" von Lern- und Verhaltensstörungen. In: Sonderpädagogik, 35, S. 235–248

Riffert, F. (2000): Sozialtraining in der Schule: Evaluation eines verhaltenstherapeutisch orientierten Präventionsprogramms. In: Verhaltenstherapie und Verhaltensmedizin, 21, S. 51–64

Roos, S. (2006): Evaluation des „Trainings mit Jugendlichen" im Rahmen schulischer Berufsvorbereitung. Frankfurt a. M.

Rotter, J. B. (1954): Social learning and clinical psychology. Englewood Cliffs, NJ: Prentice-Hall.

Salzberger-Ludwig, K./Grüning, E. (2007): Pädagogik für Kinder und Jugendliche in schwierigen Lern- und Lebenssituationen. Stuttgart

Santangelo, T. (2007): What makes a great teacher? A unique, multi-dimensional application of content analysis to capture student voice. Paper presented at the 16th Annual World Congress on Learning Disabilities (LDW) in Marlborough/Massachusetts (USA), November 1–3

Schmid, M./Fegert, J. M./Schmeck, K./Kölch, M. (2007): Psychische Belastungen von Kindern und Jugendlichen in Schulen für Erziehungshilfe. In: Zeitschrift für Heilpädagogik, 58, S. 282–290

Schröder, U. (2000): Lernbehindertenpädagogik: Grundlagen und Perspektiven sonderpädagogischer Lernhilfe. Stuttgart

Schwarzer, R./Jerusalem, M. (2002): Das Konzept der Selbstwirksamkeit. 44. Beiheft der Zeitschrift für Pädagogik zum Thema „Selbstwirksamkeit und Motivationsprozesse in Bildungsinstitutionen, S. 28–53.

Slavin, R. E. (1989): Cooperative learning and student achievement. In: Slavin (Hrsg.): School and classroom organization, S. 129–156. Hillsdale, NJ

Specht, M. K. I./Petermann, F. (1999): Der Einsatz des Rollenspiels im Training sozial ängstlicher Kinder. In: Kindheit und Entwicklung, 8, S. 218–225

Stein, R./Stein, A. (2006): Unterricht bei Verhaltensstörung: Ein integratives didaktisches Modell. Bad Heilbrunn

Tausch, R. (2007): Förderliches Lehrerverhalten. In: Mutzeck/Popp (Hrsg.): Professionalisierung von Sonderpädagogen, S. 14–29. Weinheim

Vernon, A. (1989a): Thinking, feeling, behaving: An emotional education curriculum for children. Champaign, ILL

Vernon, A. (1989b): Thinking, feeling, behaving: An emotional education curriculum for adolescents. Champaign, ILL

Vernon, A. (1998a): The PASSPORT program: A journey through emotional, social, cognitive, and self-development. Grades 1–5. Champaign, ILL

Vernon, A. (1998b): The PASSPORT program: A journey through emotional, social, cognitive, and self-development. Grades 6–8. Champaign, ILL

Vernon, A. (1998c): The PASSPORT program: A journey through emotional, social, cognitive, and self-development. Grades 9–12. Champaign, ILL

Weiner, B. (1986): A attributional theory of motivation and emotion. In: Psychological Review, 92, S. 548-573

Weiner, B./Frieze, I./Kukla, A./Reed, L./Rest, S./Rosenbaum, R.M. (1971): Perceiving the causes of success and failure. New York

Werner, E. E./Smith, R. S. (1998): Vulnerable but invincible: A longitudinal study of resilient children and youth. New York

Wustmann, C. (2004): Resilienz. Widerstandsfähigkeit von Kindern in Tageseinrichtungen fördern. Weinheim

Zentner, M. R. (1998): Die Wiederentdeckung des Temperaments. Frankfurt a. M.

„Multiproblemfamilien" und ihre Ressourcen – (Aufsuchende) Familientherapie und familiale Resilienz

Marie-Luise Conen

1. Armut – Hoffnung – Hilfen

Von Familien mit vielen Problemen heißt es oft, gerade sie seien für Hilfen schwer erreichbar. Die Armut vieler dieser Familien schränkt ja ihre Möglichkeiten, Krisen zu kompensieren, meist in erheblichem Umfang ein. Unter jenen Belastungen und Anforderungen, die Armut mit sich bringt, können sie in Krisen eben nicht auf eine solche Vielfalt von Ressourcen zurückgreifen wie andere. Psychische und soziale Ausgrenzungserfahrungen kennzeichnen das Leben sowohl von Eltern als auch Kindern. Beschreibungen dieser Familien werden oft von Defizit- und Problembetrachtung dominiert, statt auf die Ressourcen dieser Menschen zu fokussieren.

Dabei wirken viele der Geschichten von „Multiproblemfamilien" so, als höre man von Wundern des Überlebens und vom Meistern großer Herausforderungen und Schicksalsschläge. Sieht man sich z.B. auf einer Zeitleiste an, welche Ereignisse diese Familien nicht selten innerhalb recht kurzer Zeit zu bewältigen hatten, müsste eigentlich Bewunderung überwiegen für Überlebenswillen und die Fähigkeit, sich hier nicht unterkriegen zu lassen.

Bei vielen Menschen würde ein einzelner Schicksalsschlag schon reichen, um das Bedürfnis nach Auszeit, nach Ruhe und Rücksichtnahme durch andere hervorzurufen. Die Zeitleisten von „Multiproblemfamilien" zeigen aber oft, dass dort vielfach in kurzer Reihenfolge mehrere solcher „Einschläge" zu verarbeiten sind – und dies bei einem ausgesprochen großen Mangel an kompensatorisch wirkenden Ressourcen wie Geld, Zeit, unterstützendes Umfeld u. ä. mehr.

Hilfeangebote werden in Krisen und bei Problemen auch aufgrund eigener Negativerfahrungen oder entsprechender Erlebnisse von Menschen aus dem Umfeld nicht selbst eingefordert. Zu sehr sind Mitarbeiter von Institutionen, wie etwa das Jugendamt, für „Multiproblemfamilien" Teil eines sie reglementierenden und negativ sanktionierenden Apparates, dem sie sich eher entziehen wollen. Sind Familien schon über mehrere Generationen mit den Hilfesystemen verwoben, gehört es für sie zur

Überlebensstrategie, den Hilfesystemen deren unzureichende Einwirkungsmöglichkeiten erst einmal zu demonstrieren.

Erst wenn Probleme weiter eskalieren und sich Belastungen in Dauerkrisen verfestigen, können Helfersysteme dann Hilfen in diese Familien einführen – und dies unter Druck oder gar Zwang. Im Rahmen solcher Problemeskalationen wird es solchen Familien möglich, sich dem „Diktat" der Helfersysteme zu beugen und Hilfen anzunehmen – dies allerdings in einer berechtigten Haltung von Abwehr und Skepsis gegenüber der Sinnhaftigkeit und Wirksamkeit dieser Hilfen. Dort haben in der Vergangenheit andere Hilfeangebote den Familien oft nicht die erhofften Wirkungen erbracht. Daher bestehen entweder offen geäußerte Zweifel, oder sie werden verdeckt gezeigt. Mit einer eher skeptischen Haltung können sich die Familien gegenüber den „Hoffnungsangeboten" professioneller Helfer abgrenzen und deren Offerten erst einmal abwartend bis ablehnend begegnen.

So schaffen es diese Familien, Erwartungen an ihre Möglichkeiten zur Veränderung zu beeinflussen. Während sich die professionellen Helfer erst noch um Veränderungen in den Familiensystemen bemühen, gelingt es den Familien zunächst, sich vor diesen Hoffnungen zu schützen. Dieses Verhalten hat eine wichtige Schutzfunktion, denn Familien können sich damit zwar auf Hilfeangebote einlassen, zugleich aber ihr Gesicht wahren. Wenn die Hilfe „scheitert", haben sie dies ja bereits „vorhergesagt" und fühlen sich in ihrer Skepsis bestätigt. Treten Veränderungen in der Familie ein, kann die Familie die Verantwortung für diese Veränderungen den professionellen Helfern „anlasten". Problemeskalationen in diesen Familien können also auch als Teil jener Dynamiken betrachtet werden, mit denen Familien es professionellen Helfern erst ermöglichen, Hilfen an sie heranzutragen – und sei es mit Zwang. Solche zwangsweise installierten Hilfen stellen für „Multiproblemfamilien" meist eine Möglichkeit dar, sich auf eine Hilfe überhaupt einlassen oder sie zumindest dulden zu können – und damit Raum zu geben für eingeforderte und notwendige Veränderungsprozesse.

2. Nutzen von Widerstand als Ressource

In einem Konzept, das Zwang positiv nutzt, geht es nicht mehr darum, erst in langer Motivationsarbeit Menschen dazu zu bringen, notwendige Veränderungen in ihrem Verhalten zu entwickeln. Stattdessen gilt es, das Bedürfnis nach Veränderung zu wecken. Dazu muss man jedoch eine zentrale systemische Prämisse berücksichtigen: Innere Prozesse und Haltungen sind nicht instruierbar. Der Zwang kann nur bewirken, dass Klienten gefordert sind, mit professionellen Helfern in einem Raum zu sitzen. Die Klienten werden dazu gezwungen, sich damit auseinanderzusetzen, dass Institutionen, die ein gesetzliches Mandat dazu haben, von ihnen Verhaltensänderungen einfordern können. Der Staat schaut bei der Kindererziehung, dass Eltern eben nicht mit ihren Kindern machen können, was sie wollen. Das staatliche Wächteramt gibt Jugendamtsmitarbeitern die Legitimation, auf das Kindeswohl zu achten, es zu sichern und Eltern dazu aufzufordern, sich entsprechend zu verhalten – oder sonst Konsequenzen einzuleiten, bei denen Eltern zeitweise oder gar auf Dauer die Möglichkeit verlieren können, ihr Kind selbst aufzuziehen.

Angesichts dieser Bedrohung aktivieren viele Eltern ihre Energien und Kräfte, um Widerstand zu leisten gegen diese staatlichen Interventionsversuche. Sie stemmen sich mit großem Kraftaufwand gegen Kritik und Abwertung in ihrer Elternrolle. Zum Erstaunen nicht weniger ist in diesen Auseinandersetzungen ein großes Potenzial an Überlebenswillen und Kampfbereitschaft zu verzeichnen. Diese Kraft muss man auch als eine wesentliche Ressource sehen, die genutzt werden kann, wenn Eltern sich darum bemühen, (wieder) ihre Kinder aufziehen zu dürfen. Wünschenswert wäre es natürlich, wenn diese Potenziale auch mehr in der Erziehung der Kinder sowie der eigenen Lebensführung zum Tragen kommen würden. In dieser Heftigkeit, Lautstärke und Wut wird nämlich ein deutlicher Lebenswille präsent, der sonst oft von Lethargie und vermeintlichem Desinteresse überdeckt wird. Dieses Engagement der Eltern müssen professionelle Helfer letztlich nutzen, um ihnen zu helfen, sich von den „Einmischungen" des Staates auch wieder zu befreien.

Bei der Arbeit mit Eltern, bei denen staatliche Vertreter (Jugendamt) zur Einschätzung gelangen, das Kindeswohl sei nicht ausreichend gewahrt, sollte dieser Wunsch von Eltern, sich von Maßnahmen und Einmischungen anderer zu befreien, Ausgangspunkt für die Arbeit mit den Familien sein.

Wie jeder andere reagieren auch „Multiproblemfamilien" auf Aufforderungen zur Verhaltensänderung nicht gerade mit Zustimmung. Ebenso wie andere Menschen haben sie eigene Ideen davon, wie sie ihr Leben gestalten möchten, einschließlich ihrer eigenen Erziehungsvorstellungen. Die meisten Eltern sind recht empfindlich, wenn es darum geht, dass Außenstehende ihre oder ihrer Kinder Verhaltensweisen kritisch betrachten; sie reagieren dann oft mit der Verteidigung ihres Kindes oder ihrer eigenen Vorstellungen. Nicht selten kann man im Umgang mit Multiproblemfamilien beobachten, dass deren Reaktionen dann als Widerstand gedeutet werden und man entsprechend nach Interventionen sucht, um diesem Widerstand zu begegnen.

Die Ablehnung der eigenen Vorstellungen von Kindererziehung, von eigenen Werten und Schwerpunkten durch Außenstehende führt bei den Familien zum Eindruck, ihre Sichtweisen und Lebenserfahrungen würden gar nicht berücksichtigt. Ihre Kultur und Haltungen finden – in ihren Augen – dann kein Verständnis bei „den anderen". Die Außenwelt fordert zu Verhaltensveränderungen auf, deren Notwendigkeit Eltern und Kinder nicht unbedingt schon sehen: *Ich kann meine Kinder versorgen, wie ich will, sie lieben mich, sie vermissen nichts, ich bin immer für sie da ...*, während Außenstehende, insbesondere das Jugendamt, Defizite benennen: *Nein, die Kinder werden nicht ausreichend versorgt, sie müssen mit ihren jungen Jahren schon zu vieles alleine bewältigen, alleine morgens in die Schule gehen usw. Nein, Sie können nicht mit den Kindern machen, was Sie wollen. Wir schauen darauf, dass in einem gewissen Rahmen unsere Vorstellungen von ihnen aufgegriffen werden. Nein, Ihre Kinder bekommen nicht genug bei Ihnen zu essen, während es genug Hundefutter bei Ihnen gibt ... usw.*

In dieser Auseinandersetzung ziehen „Multiproblemfamilien" in der Regel den Kürzeren, sie müssen sich früher oder später der Deutungshoheit von staatlichen Institutionen und deren Mitarbeitern beugen – wenn sie ihre Kinder selbst aufziehen wollen. Sie müssen meist eine Hilfe akzeptieren, wenn sie nicht riskieren wollen, dass ihnen auch noch ein Gericht bestätigt, sie würden ihren elterlichen Pflichten nicht ausreichend nachkommen.

3. (Aufsuchende) Familientherapie – Eltern – Staat

Der Respekt vor der Sichtweise der Eltern bzw. der Familie verlangt von einem professionellen Helfer ein Konzept, das die Standpunkte der Eltern ebenso berücksichtigt wie die der staatlichen Institutionen, die im Bereich der Kinder- und Jugendhilfe das Kindeswohl zu sichern haben.

(Aufsuchende) Familientherapie (Conen 2002) nimmt diese Unterschiede in den Einschätzungen zum Ausgangspunkt für ihre Arbeit. Ausgehend vom Blickwinkel von Eltern und Familien, die entweder kein Problem oder die Probleme bei anderen („Lehrer ist unfair") sehen, müssen sich die Familien dennoch mit der Fremdperspektive auseinandersetzen: Denn immerhin ist es eine staatliche Institution (= Jugendamt oder Gericht), die von ihnen Verhaltensänderungen im Umgang mit ihren Kindern oder bei den Kindern selbst einfordert. Diese Forderungen können die Familien eigentlich nicht ignorieren. Existiert also auch in ihren eigenen Augen eigentlich gar kein Problem, so haben sie dennoch eins, dass nämlich andere, die dies per Gesetz dürfen, ihnen Probleme zuschreiben. Wenn die Familie den angedrohten Sanktionen entgehen will, muss sie sich also überlegen, wie sie diesen Sanktionen begegnen will (Conen/Cecchin 2007).

Da professionelle Helfer darauf angewiesen sind, ein Arbeitsbündnis zwischen den Klienten und sich selbst zu ermöglichen und zu schaffen, stellt sich oft die Frage, wie dies noch möglich sein soll, wenn Klienten in so offensichtlichem Widerstand zu Problemdefinitionen anderer stehen. In einem Konzept der *„De-Triangulation"* sind *Familientherapeuten* bereit, die *Betrachtungsweisen beider Auftraggeber – Klienten wie Kostenträgern –* in ihre Arbeit einzubeziehen.

Da es kein (oder kaum ein) Veränderungsbedürfnis seitens der Familien gibt, wollen sie natürlich auch nicht mit Familientherapeuten zusammenarbeiten. Daher ist der „eigentliche Auftrag" an die Familientherapeuten, den Familien dabei zu helfen, das Jugendamt wieder loszuwerden. In der Gestaltung eines solchen Auftrags – *wie kann ich Ihnen helfen, mich wieder loszuwerden* – liegt der Schlüssel für die Zusammenarbeit auch mit „Multiproblemfamilien". Denn die Einmischungen zu beenden, nicht mehr unter Beobachtung von Helfersystemen zu stehen, die eigenen Vorstellungen soweit wie möglich leben zu können, sind Anliegen dieser Familien.

Die Familientherapeuten greifen jedoch gleichzeitig auch die Aufgabenstellung der staatlichen Institutionen auf, die ja Veränderungen der Eltern im Umgang mit ihren Kindern sehen wollen, um das Wohl der Kinder zu sichern. Die staatlichen Institutionen definieren letztlich den Rahmen für die Arbeit der Familientherapeuten. Sie sind nicht nur Kostenträger dieser Arbeit, sondern auch diejenigen, die vorgeben, welche Änderungen erforderlich sind. Jedoch machen sich die Familientherapeuten als professionelle Helfer diese Vorstellungen gerade nicht einseitig zu eigen, sondern halten das Dreieck aufrecht und offen: *Das Jugendamt will Änderungen, Sie – Familie – müssen sehen, wie Sie dieses Amt so beeinflussen können, dass es sich nicht mehr in Ihr Familienleben einmischt.*[1]

---

1 Familien mit einer langen Tradition, Hilfesysteme „für sich arbeiten" zu lassen, und folglich daran gewöhnt, dass professionelle Helfer Teil ihres Alltags und Familienlebens sind, demonstrieren auf ihre Art und Weise die Begrenztheit von Einmischungen durch Hilfesysteme, wenn sie trotz jahrelanger Betreuung keine oder nur wenige Veränderungen zeigen. Auf die Dynamik in diesen Familien kann an dieser Stelle nicht ausführlicher eingegangen werden, jedoch ist es hilfreich, auch bei diesen Familien zu schauen, welche Fähigkeiten sie – oftmals über Jahrzehnte – entwickelt haben, um ihre eigenen Vorstellungen letztlich durchzusetzen.

In den daraus resultierenden Bemühungen der Familien, vor allem der Eltern, ihre eigenen Vorstellungen zu verwirklichen, gelingt es den Klienten gemeinsam mit den Familientherapeuten, die Kritikpunkte aufzugreifen. Eltern oder Familie sind – bei der Arbeit mit Familientherapeuten – letztlich in einer Position, selber alternative Verhaltensstrategien entwickeln zu können, mit denen sie Auflagen und Forderungen von Mitarbeitern staatlicher Institutionen ausreichend berücksichtigen.

4. Keine Hoffnung – Hoffnung als Sauerstoff

Die oftmals als Widerstand bezeichnete Abwehr von Aufforderungen zu Verhaltensänderungen liegt bei vielen „Multiproblemfamilien" darin begründet, dass ihr Alltag ihnen ohnehin schon viel Gestaltungsbedarf abverlangt. Gleichzeitig haben sie jedoch gerade nicht das Gefühl, selber auf etwas gestaltend einwirken zu können. Ihr Denken ist aufgrund ihrer schwierigen Lebensbedingungen davon geprägt, dass sie kaum oder nur wenig Möglichkeiten zur Selbstwirksamkeit für sich ausmachen können. Ein nicht selten dichotomes Weltbild – wir hier unten und die da oben – bringt es mit sich, dass sie in ihrem Denken und Fühlen eher jene Ereignisse und Erlebnisse markieren, die sie zu „Opfern von denen da oben" werden lassen. Der dauerhafte Alltagsstress macht sie mürbe. Die vielen Alltagsnickeligkeiten führen dazu, dass sie ausgelaugt sind. Sowohl sich selbst wie auch ihren Kindern gegenüber sind diese Eltern nicht in einer Position, die es ihnen erlauben würde, sich zurückzulehnen und ein gewisses Maß an Gelassenheit an den Tag zu legen.

Deswegen findet man vielfach jenen Erziehungsstil, bei dem Drohungen gegenüber den Kindern ausgesprochen werden. Dabei handelt es sich oft um Drohungen, die letztlich von den Eltern gar nicht unbedingt durchgesetzt werden (können). Das Setzen von Grenzen und die Disziplinierung von Kindern erfolgt eher inkonsequent und es geschieht in einer Haltung des Alles-oder-Nichts. Eigenes konsequentes Vorgehen kann dabei nur bedingt eingehalten werden. Nicht wenige dieser Eltern geben in solchen Situationen ihre elterliche Autorität ab (Cecchin/Conen, 2008). Sie sind verzweifelt ob ihrer unzureichenden elterlichen Einflussnahme auf das Problemverhalten ihrer Kinder. Sie reagieren mit Resignation und Aufgeben, lassen alles laufen, bis die nächste Meldung über ein Problemverhalten eines Kindes sie erreicht. Verstärkte rigide Kontrollversuche tragen eher zu einer Zunahme von Eskalationen bei.

Die in diesen Familien oftmals deutlich spürbare Resignation und Hoffnungslosigkeit gilt es als Familientherapeuten aufzugreifen. Nur wenn es gelingt, im Rahmen einer (aufsuchenden) Familientherapie Eltern hin zur Wahrnehmung zu führen, tatsächlich wirksam sein zu können, wird es ihnen möglich sein, wieder jene Rolle zu übernehmen, die kraft elterlicher Autorität Kindern Regeln vermittelt und Grenzen setzt.

Die Hoffnungslosigkeit vieler „Multiproblemfamilien" liefert auch den Grund dafür, warum man sie eher aufsuchen statt von ihnen erwarten sollte, von sich aus auf klassische Beratungsangebote und Therapiemöglichkeiten zuzugehen. Wer keine Hoffnungen hat, bittet nicht unbedingt von selbst um Hilfe. Wenn Eltern denken, dass ihnen eh nicht zu helfen ist, glauben sie auch nicht, dass professionelle Helfer ihnen dabei helfen könnten, einen Weg aus ihrer schwierigen Situation heraus zu finden. Abgesehen davon, dass solche Familien häufig auf professionelle Helfer treffen, die ihnen nur geringe oder gar keine Veränderungspotenziale zuschreiben, haben diese Familien nicht selten erhebliche „Verführungskünste" gezeigt, um beteiligte Helfersysteme dazu zu bringen, dass sie sie bitteschön aufgeben – und eben keine Veränderungsmöglichkeiten bei ihnen sehen.

Die von Problemen überschwemmten Familien sind mit der falschen Frage konfrontiert, wenn man nach ihrer Motivation fragt. Die Frage müsste lauten: „Wie können wir diesen Familien so helfen, ihren Kopf über Wasser zu halten, dass sie bereit sind, Anstrengungen auf sich zu nehmen und Veränderungen anzugehen?" Die erschwerten Lebensbedingungen dieser Familien tragen halt immer wieder dazu bei, dass sich Gefühle von Resignation, Hilflosigkeit und Hoffnungslosigkeit bei ihnen breitmachen.

Wenn (aufsuchende) Familientherapeuten ihre Zuversicht und ihren Glauben an die Potenziale der Familien überzeugend einbringen, hilft dies den Familien, wieder an sich selbst zu glauben (Walsh 1993). Die meisten Familien zeigen nämlich trotz ihrer vielfältigen Notlagen und Belastungen enorme Fähigkeiten. Und die meisten Eltern sorgen sich dennoch um ihre Kinder. Ihnen ist wichtig, dass es ihren Kindern besser geht als ihnen selbst. Auch wenn Berge an Problemen ihre Fähigkeiten einschränken, entsprechend ihrer positiven Intentionen zu handeln (Walsh 1998), so sind sie doch im Allgemeinen ihren Kindern sehr verbunden. Ihnen ist in der Regel bekannt, dass sie etwas an ihrem Leben ändern müssten und auch wo, sofern es den Familientherapeuten nur gelingt, den Beitrag der Eltern zu Veränderungen anzuerkennen und sie in ihren Anstrengungen zu unterstützen.

Wenn aufsuchende Familientherapie hier also in Risikokonstellationen Potenziale anerkennt und Eigenbeiträge aufgreift, also Ressourcen verstärkt nutzen möchte, dann sprechen wir natürlich von der *Respektierung und Förderung von Resilienz*. Aufsuchende Familientherapie legt ihren Fokus auf die Fähigkeiten und Stärken der Familien. Sie geht davon aus, dass diese Potenziale in den Familien per se vorhanden sind. Aufsuchende Familientherapie möchte dabei helfen, die vorhandenen Ressourcen wieder so zu aktivieren, dass vor allem die Eltern den an sie gerichteten Erziehungsanforderungen gerecht werden können – ihr Grundverständnis ist geleitet von der Annahme einer grundsätzlich bestehenden Resilienz sowohl einzelner Familienmitglieder als auch der Familie selbst.

„Wenn die Familien darum kämpfen, sich über Wasser zu halten, bedeutet schwimmen zu lernen, ihre eigenen Ressourcen zu entwickeln. Es ist letztlich einfacher, Fähigkeiten zu erweitern, als negatives Verhalten zu stoppen" (Conen 2002: 40).

Literatur

Conen, Marie-Luise (2002): Wo keine Hoffnung ist, muss man sie erfinden. Aufsuchende Familientherapie. Heidelberg

Conen, Marie-Luise/Cecchin, Gianfranco (2007): Wie kann ich Ihnen helfen, mich wieder loszuwerden? Therapie und Beratung mit unmotivierten Klienten und in Zwangskontexten. Heidelberg

Cecchin, Gianfranco/Conen, Marie-Luise (2008): Wenn Eltern aufgeben. Therapie und Beratung bei konflikthaften Trennungen von Eltern und Kindern. Heidelberg

Walsh, Froma (1993): Conzeptualization of normal family processes. In: Walsh (Hrsg.): Normal family processes. New York

Walsh, Froma (1998): Strengthening Family Resilience. New York/London

Resilienz –
auch eine Perspektive bei Kindeswohlgefährdung?

Bruno Hildenbrand

1. Wiederkehr der Defizitorientierung in der Kinder- und Jugendhilfe

Zwischen 2000 und 2006 ist in der Bundesrepublik Deutschland die Zahl der getöteten Kinder um ein Drittel zurückgegangen, während die Zahl der Inobhutnahmen, die zwischen 1995 und 2005 zwischen 1.200 und 1.500 Fällen jährlich lag, 2006 auf 2.187 gestiegen ist (Polizeiliche Kriminalstatistik 2007, zitiert nach der Frankfurter Allgemeinen Zeitung vom 9.12.2007). Der Wendepunkt im Jahr 2005/2006 ist schnell erklärt: In diesem Jahr trat hierzulande der § 8a des Kinder- und Jugendhilfegesetzes in Kraft, in welchem nicht nur das Jugendamt, sondern auch Kindertagesstätten, Hebammen und Kinderärzte Kontrollaufgaben übertragen bekommen. Im neuesten Referentenentwurf des zuständigen Ministeriums (2009, vor der Wahl) soll eine Verschärfung dieses Artikels vorgesehen sein, wird von informierten Kreisen mitgeteilt. Parallel dazu werden Präventionsmaßnahmen allerorten entworfen, diskutiert und umgesetzt, sowie Screening-Verfahren eingeführt, denen aus Gleichheitsgründen alle Gebärenden unterworfen werden (Cierpka 2009).

Am Beispiel der um sich greifenden Präventionsmaßnahmen kann gezeigt werden, wie dort, wo vermutet wird, dass Entwicklungen aus dem Ruder zu laufen drohen, mit Zwang und Druck reagiert wird. Dahinter steht ein spezifisches Menschenbild, dem zufolge dem Bürger[1] und vor allem seinen Fähigkeiten, seine eigenen Angelegenheiten im privaten Bereich selbst in die Hand zu nehmen, nicht zu trauen sei. Dieses Menschenbild führt dazu, die Grenze zwischen Öffentlichkeit und Privatheit neu zu ziehen und dem Staat das Recht zuzugestehen, zunehmend in die privaten Verhältnisse der Bürgerinnen hineinzuregieren. Den Familien wird nicht mehr in einer Haltung der *Anerkennung* begegnet, sondern in einer Haltung des *Verdachts* (Winkler 2007). Für die Kinder- und Jugendhilfe hat das Bundesjugendkuratorium diese Problematik deutlich formuliert:

---

1 Wo die männliche Form genannt wird, aber beide Geschlechter gemeint sind, ist die weibliche mitzudenken, und umgekehrt.

„Die Frage, wann und in welcher Weise der private Lebensraum eines Kindes und einer Familie vom Staat beobachtet, bewertet und zum Gegenstand einer Intervention gemacht werden kann und soll, berührt die grundlegende Frage des Verhältnisses von Öffentlichkeit und Privatheit, von gesellschaftlicher Kontrolle und individueller Freiheit. Wie diese Frage in der Gesellschaft diskutiert wird, hat Auswirkungen für das Selbstverständnis und für die Handlungsmöglichkeiten der Jugendhilfe: Es geht darum, ob die Jugendhilfe die mittlerweile gefundene Balance zwischen einer modernen Dienstleistungskonzeption einerseits und dem Aufrechterhalten des Schutzgedankens andererseits wirkungsvoll und zum Wohle der Kinder und Jugendlichen ausgestalten kann" (www.bundesjugendkuratorium.de, zitiert nach Helming 2008: 3).

Diese Haltung des Verdachts führe zu einem immensen Anstieg an Frühinterventionen, Familienunterstützungsmaßnahmen, Elterntraining etc., welche die Familie als Risiko betrachteten, weshalb es sie zu disziplinieren gelte (Winkler 2007: 207 f.). Eine „Logik der Anerkennung" (Winkler 2007: 218) belässt demgegenüber im Hilfeprozess allen Akteuren ihre Integrität. Die Grenzen von Familien werden also gewahrt. Dazu gehört, dass das naturwüchsige Potenzial der Familie erkundet und respektiert sowie als Ressource eingesetzt und nicht durch „professionelle Elternpädagogik" (Winkler 2007: 227) zerstört wird. Diese Auffassung kann durch die Ergebnisse der Resilienzforschung untermauert werden. Darum soll es in diesem Beitrag gehen.

Zuvor noch eine Bemerkung zum historischen Kontext der Defizitorientierung in der Kinder- und Jugendhilfe. Sie hat hier eine lange und wechselvolle Geschichte. Eine Übersicht über die „Phasen des Verhältnisses zwischen Jugendhilfe und Familie" (Mierendorff/Olk 2007: 563) zeigt, dass (auf der Ebene der Leitbilder) das Lob der (bürgerlichen) Familie und die Defizitzuschreibung mal gegenüber der proletarischen Familie, mal gegenüber allen Familien zwischen 1870 und heute ständig wechselten. Derzeit, so Mierendorff und Olk, leben wir in einer Phase, in der beide Seiten von Familie – Potenzial wie Defizit – gleichermaßen gesehen werden. Einerseits sollten Familie, Schule und Jugendhilfe zwar gleichberechtigt das Kind sozialisieren, andererseits werde der Familie aber nicht zugetraut, ihre Aufgaben zu erfüllen, so dass sie mittels Präventionsprogrammen unter verschärfte Beobachtung des Staates gestellt werden müsse (Mierendorff/Olk 2007: 563; vgl. auch Helming 2008). Wenn schon die „normale" Familie unter Beobachtung gestellt wird, ist mit verschärfter Kontrolle dort zu rechnen, wo eine Kindeswohlgefährdung vermutet, unterstellt oder entdeckt wird.

2. Resilienzorientierung als Korrektur zur Defizitorientierung

Was Resilienz bedeutet, ist in den Beiträgen zu diesem Buch von berufenerer Seite dargelegt worden. Daher kann ich mich in diesem Beitrag darauf beschränken, auf Aspekte des Resilienzbegriffs hinzuweisen, die für mein Thema, die Kindeswohlgefährdung, von besonderer Bedeutung sind. Als Soziologe lege ich auf folgende Punkte besonderen Wert:
- dass Resilienz erst dann ein relevantes Konzept wird, wenn es im Kontext von Krisenbewältigung diskutiert wird (zu diesen Krisen gehören zum einen die erwartbaren Krisen im Rahmen lebensgeschichtlicher Übergänge, zum anderen die überraschend eintretenden Krisen wie Krankheiten, Unfälle, Verlust des Arbeitsplatzes etc.);
- dass entsprechend jede Erörterung von Resilienz von einem konkreten Fall und seiner Geschichte ausgeht und dessen Geschichte als Bewältigung von Krisen auf der Grundlage von Resilienzpotenzialen deutet;
- dass der Kontext von Individuen – also sowohl die Familie und das Verwandtschaftssystem als auch das familiale Umfeld (Nachbarschaft, Freunde, Gemeinde) – in den Blick zu nehmen ist und die Thematik nicht auf das einzelne Individuum beschränkt werden kann. In der Resilienzforschung ist Resilienz zu Recht eine Beziehungs- und keine Frage der individuellen Fähigkeiten.

Nimmt man die Familie als Ausgangspunkt der Resilienzforschung, dann sind zunächst die Ergebnisse von Froma Walsh zu würdigen (Walsh 2006). Sie hat die Ergebnisse der Studien von Emmy Werner aufgegriffen und Familienresilienz als eine eigene Kategorie herausgestellt. Dabei weist sie besonders auf drei Faktorengruppen hin:
- Familiale Überzeugungssysteme, die der Familie und ihren Mitgliedern helfen, in der Not einen Sinn zu finden und dem Leben eine spirituelle Grundlage zu geben.
- Weiterhin nennt sie klare organisatorische Muster mit Flexibilität, Verbundenheit, ausreichende soziale und ökonomische Ressourcen.
- Schließlich tragen zur Familienresilienz Kommunikationsprozesse bei, die durch Klarheit, offenes emotionales Ausdrucksverhalten und Kooperation beim Problemlösen charakterisiert sind.

Diese Aufzählung von Familienresilienz bei Froma Walsh ist nicht vollständig. Es fehlt der Bezug zur sozialisatorischen Triade, also zu jenem Beziehungsfeld, welches aus den (leiblichen) Eltern und ihrem jeweiligen

Kind besteht und das auch dann für das Kind eine Bedeutung hat, wenn eine Person in der Triade (meist ist es der Vater) abwesend ist. Dieser Bezug fehlt ebenfalls bei Emmy Werner, die zwar indirekt auf die Bedeutung von Müttern (vor allem für Mädchen) und von Vätern (vor allem für Jungen) hinweist, aber die Väter auf dieselbe Ebene stellt wie andere männliche Bezugspersonen im Verwandtschaftssystem. Vor allem aber thematisiert sie den triadischen Bezug von Vater, Mutter und Kind nicht. Ohne diesen Bezug aber ist die Resilienzforschung nicht vollständig.

Sozialisatorische Triaden sind – der Struktur nach, nicht notwendig faktisch – gekennzeichnet durch vier Rahmenbedingungen (vgl. zum Folgenden Funcke/Hildenbrand 2009):
- Zunächst die relative zeitliche *Unbegrenztheit der Beziehung* – Menschen finden sich als Paar, weil sie ineinander verliebt sind, und begrenzen ihr Zusammensein nicht auf die nächsten fünf Jahre.
- Der nächste Punkt ist die *Nichtaustauschbarkeit von Personen*, also die enge Verbindung zwischen biologischen und sozialen Funktionen. Dies wird sofort dann interessant, wenn es in der Triade zu Situationen der *Abwesenheit* kommt, wenn zum Beispiel der biologische Vater durch eine neue Person ersetzt wird, die sich Vater nennt oder eben nicht Vater nennt. Die Frage ist dann, wie man Vater- oder Mutterschaft „sozial" begründen kann, wenn sie keine biologische Grundlage hat.
- Als Drittes folgt die *erotische Solidarität in der Paarbeziehung*, also die Erwartung, dass Paarbeziehungen eine erotische Grundlage haben.
- Schließlich die *affektive Solidarität*, die bedeutet, dass Beziehungen zwischen Familienmitgliedern belastbar sind und dass es begründungspflichtig ist, wenn die affektive Solidarität versagt wird.

Innerhalb dieses Rahmens von Solidaritäten in der sozialisatorischen Triade bestehen drei Sozialbeziehungen, die miteinander nicht vereinbar, voneinander aber auch nicht zu trennen sind. So schließt die Paarbeziehung die Eltern-Kind-Beziehung aus. Paar ist Paar, und dort haben die Kinder sich nicht einzumischen, denn täten sie das, würden sie eine Grenze überschreiten: die Generationengrenze. Aber die Eltern-Kind-Beziehung kann wiederum in Konkurrenz zur Paarbeziehung treten, und die Vater-Tochter-Beziehung tritt in Konkurrenz zur Mutter-Tochter-Beziehung und umgekehrt. Die Triade befindet sich in *Rotation* (Buchholz 1993). Die Akteure in einem solchen sozialisatorischen Interaktionssystem sind permanent damit beschäftigt, die Perspektive zu wechseln. Dies kann an einem Beispiel deutlich gemacht werden: Das Kind sitzt auf dem Arm des Vaters und schaut auf die Mutter. Das kann sich aber schnell ändern. Das Kind ist plötzlich ausgeschlossen, weil die Eltern beabsichtigen, am Abend ins Kino zu gehen. Sie haben dafür einen Babysitter organisiert. Das Kind wird aber eifersüchtig. Es will die Mutter für sich alleine haben und bekommt sofort heftige Kopfschmerzen. Die Frage ist dann, wie das im System austariert wird. Wenn sich die Mutter in solchen Fällen entschließt, das Kind nicht alleine zu lassen und dafür ihren Mann alleine ins Kino schickt, oder wenn die Mutter im Schlafzimmer der Tochter schläft, weil sich die Tochter nachts immer ängstigt und sich diese Konstellation auf Dauer einrichtet, gerät das gesamte System sozialisatorischer Interaktion aus dem Gleichgewicht. Und umgekehrt: Wer in einer verlässlichen Triade aufwächst, in der ständige Perspektivenwechsel möglich sind, entwickelt Resilienzpotenziale, die es ermöglichen, Krisen zu überstehen.

3. Grenzen der Resilienzorientierung

Klaus E. Grossmann und Karin Grossman (2007) werfen der Resilienzforschung vor, dass sie die Bedeutung der frühen Bindung für die individuelle Entwicklung unterschätze: Wer unsicher gebunden sei, könne sich auch durch noch so mächtige Resilienzfaktoren nicht günstig entwickeln. Grossmann und Grossmann können sich nicht vorstellen, dass eine problematische Bindung im frühen Kindesalter durch Resilienzpotenziale in der Person, in der Familie und in der Gemeinde zumindest in einem solchen Umfang ausgeglichen werden kann, dass dieses Kind sich zu einem autonom handlungsfähigen Subjekt entwickelt. Empirisch kann diese Auffassung allerdings zurückgewiesen werden, dafür reicht gemäß der Popperschen Falsifikationslogik ein einzelner Fall.[2] Weiter als die Kritik von Grossmann und Grossmann führen solche Kritiken an der Resilienzforschung, die gerade nicht vom Konzept irreversibler Störungen im psychosozialen Bereich ausgehen, um sie dann gegen Autonomiepotenziale auszuspielen – sondern eben Vorstellungen, bei denen Resilienz in ein umfassenderes Konzept menschlicher Autonomie eingebettet wird. In ihren Ausführungen zu Resilienz gelangt beispielsweise Pauline Boss (2006, 2008), nachdem sie die Stärken des Resilienzkonzepts ausführlich diskutiert hat, zu Überlegungen, in denen sie vor seiner unkritischen Übernahme warnt. Diese Überlegungen fasst sie in folgenden vier Punkten zusammen:

---

2 Vgl. für eine ganze Reihe solcher Fälle Gehres/Hildenbrand (2007).

Resilienz – auch eine Perspektive bei Kindeswohlgefährdung? 447

- „Erstens ist Resilienz vor allem dann nicht wünschenswert, wenn sich immer die gleichen Menschen den besonders resilienten Personen unterordnen müssen. (...) Manchmal ist es besser, wenn (...) eine Krise heraufbeschworen wird, als wenn ein Mensch weiterhin tolerant ist und z. B. eine Misshandlung und Unrecht erträgt." (Boss 2006: 77) Diese Einschätzung resultiert aus der Erkenntnis, dass Resilienz eine *kontextbezogene Kategorie* ist.
- „Zweitens müssen therapeutisch Arbeitende, auch wenn sie auf Resilienz fokussieren, bei ihren Klienten auf Symptome achten, die medizinischer oder psychiatrischer Behandlung bedürfen" (Boss 2006: 78). Pauline Boss verweist hier darauf, dass Resilienz eine *relationale Kategorie* ist, Resilienz also in der widersprüchlichen Einheit von Autonomie und Heteronomie lokalisiert ist und erst im Kontext von *Zumutbarkeit* ihre Bedeutung im Einzelfall gewinnt. Ich werde weiter unten darauf zurückkommen.
- „Drittens, *Resilienz ist ein Prozess*, der in einem kulturellen, historischen, ökonomischen und menschlichen Entwicklungskontext abläuft." (Boss 2006: 78) Die Reduktion von Resilienz auf individuelle Eigenschaften ist damit ausgeschlossen.
- „Viertens können Therapien, in denen die Resilienz der Klienten entwickelt wird, auf ‚stärkenorientierten Ansätzen' beruhen, doch sind diese nicht mit lösungsorientierten Vorgehensweisen gleichzusetzen. (...) Ein Mensch wird nach einem erlittenen Verlust oder Trauma nämlich nicht unbedingt dadurch resilient, dass man auf Lösungen fokussiert (weil es oftmals überhaupt keine gibt), sondern eher dadurch, dass er mit unbeantworteten Fragen leben lernt." (Boss 2006: 79) Resilienz, so könnte man diese letzte Warnung umschreiben, ist keine *Wunschzettelkategorie* eines geglückten Lebens.

Zusammengefasst weist die Kritik von Pauline Boss darauf hin, dass jede Vorstellung von Resilienz erst dann Aussagekraft bekommt, wenn sie Bestandteil eines umfassenderen Konzepts *beschädigter Autonomie* ist. Autonomie und Heteronomie stehen in einem Verhältnis der widersprüchlichen Einheit, anders gesprochen: in einem dialektischen Verhältnis zueinander. Man kann also die von Klienten in Beratung oder Therapie eingebrachte Thematik nicht einfach auf die Dichotomie *Defizit oder Autonomie, Opfer oder Täter* reduzieren. Stattdessen ist *in der* Autonomie die Beschädigung und *in der* Beschädigung die Autonomie zu sehen. Diese Überlegung führt direkt zur Frage nach dem Stellenwert des Resilienzkonzepts im Rahmen einer Theorie professionellen Handelns.

4. Resilienz und professionelle Haltung

Die fachliche Haltung, die bei professionellem Handeln vorausgesetzt wird, lässt sich als jeweils neu auszuhandelnde Zumutbarkeit von Autonomie (Blankenburg 1997; Hildenbrand 2005) beschreiben. Damit ist gemeint, dass Klienten und Professionelle gemeinsam nach dem rechten Maß zwischen Autonomie und Heteronomie, zwischen Selbst- und Fremdbestimmung suchen, und das nicht nur einmal, sondern kontinuierlich. Denn die autonome Lebenspraxis zeigt sich je nach Belastung in anderer Gestalt. Was dies im jeweiligen Einzelfall konkret bedeutet, gilt es in einem Prozess des Fallverstehens in der Begegnung (Welter-Enderlin/Hildenbrand 2004) herauszufinden. Fallverstehen heißt im Hilfeprozess Diagnostik. Diese reicht aber nicht hin, um fachliches Handeln zu sichern. Es bedarf ebenso einer angemessenen affektiv sicheren Rahmung (Begegnung), und diese Rahmung ist in Situationen der Krise primär (Hepp 2009) – vorausgesetzt eben, dass eine Krise vorliegt. Die Ergebnisse der Resilienzforschung können Professionelle darin unterstützen, ihre Blickrichtung hin auf das Konzept der beschädigten Autonomie zu spezifizieren und zu erweitern.

So wird der Verweis auf den positiven Beitrag einer spirituellen Grundlage des Familienlebens, der sich bei Froma Walsh findet, jene überraschen, die bisher davon ausgegangen sind, dass sie in einer säkularisierten Gesellschaft in der therapeutischen Arbeit darauf verzichten können, Fragen der Transzendenz anzusprechen. Andererseits gilt auch hier, dass die Bedeutung von Transzendenz wiederum fallbezogen einzuschätzen ist. Denn ob eine Familie unter einem Zuviel oder einem Zuwenig an Transzendenz leidet und ob eine Familie überhaupt in einer gegebenen Krisensituation aus der Transzendenz einen Nutzen ziehen kann, um ihre Probleme zu lösen, variiert von Familie zu Familie und von Situation zu Situation.[3]

5. Resilienzorientierung bei Verdacht auf Kindeswohlgefährdung

Handlungsmuster der Kinder- und Jugendhilfe

In einem seit 2001 laufenden Forschungsprojekt des Sonderforschungsbereichs 580 (Gesellschaftliche Entwicklung nach dem Systemumbruch

---

3 Zur Frage der Religion in der Moderne im Allgemeinen vgl. Luckmann (1991).

– Tradition, Diskontinuität und Strukturbildung) an den Universitäten Halle-Wittenberg und Jena untersuchen wir Transformationsprozesse der Kinder- und Jugendhilfe nach der Einführung des Kinder- und Jugendhilfegesetzes 1990 in Ost- und 1991 in Westdeutschland (Bohler/Funcke/Hildenbrand 2007). Seit 2008 konzentrieren wir uns in diesem Projekt auf Handlungsmuster im Umgang mit Kindeswohlgefährdung. Anhand einer Analyse von Jugendamtsakten haben wir zunächst herausgefunden, dass zwei Handlungsmuster bei Kindeswohlgefährdung im Vordergrund stehen. Das eine nennen wir *Minimale Reaktion aus der Distanz: abwarten, ggf. andere handeln lassen (Polizei, Psychiatrie)*, das andere *Maximale Reaktion: reingehen, rausholen, stationäre Unterbringung*. Das erste Handlungsmuster beobachten wir in Regionen mit dominanter zivilgesellschaftlicher Orientierung, also dort, wo Verantwortungszuschreibung die regionalen Mentalitäten bestimmt.[4] Das Risiko dieses Handlungsmusters besteht darin, dass die Klienten leicht dabei *überfordert* werden. Das zweite Handlungsmuster finden wir in Regionen mit dominanter staatsautoritärer Orientierung, also dort, wo Invalidisierung und Paternalismus die regionalen Mentalitäten bestimmen. Hier herrscht das Risiko der *Unterforderung* vor.

Beide Handlungsmuster entsprechen nicht der Logik professionellen Handelns. Ein dieser Logik entsprechendes Muster könnte als vigilantes Abwarten bezeichnet werden. Hier führt eine Gefährdungsmeldung nicht direkt zur Herausnahme des Kindes, aber auch nicht zur Ignoranz. Stattdessen werden die Autonomiepotenziale (i. a. W.: Resilienzpotenziale) der Familie erkundet und Hinweisen auf potenzielle Gefährdungsmomente gegenübergestellt. Diese Vorgehensweise kann in der Kinder- und Jugendhilfe nicht routinehaft erwartet werden, sondern ist an persönliche Sonderleistungen gebunden. Verstärkte Professionalisierungsprozesse in den Jugendämtern führen allerdings, wie wir in den letzten Jahren beobachten konnten, dazu, dass wir zunehmend eine Kultur der *Anerkennung* und der *Autonomiezuschreibung* in der Handhabung von Fällen der Kindeswohlgefährdung feststellen können, die sich nicht einfach in Abwarten äußert, sondern bei der ein professionell angemessener Kontakt zu den Klienten gesucht und aufrechterhalten wird. Mit anderen Worten: Welches Handlungsmuster im konkreten Fall dominant wird, ist jeweils eine Frage der die Professionskultur prägenden gesellschaftlichen Selbstbeschreibung und nicht eine Frage der regional unterschiedlich verteilten Autonomiepotenziale.

---

4 Zur Regionalismusthese hinsichtlich Mentalitäten vgl. Bohler/Hildenbrand (2006).

Wir werden zwei Beispiele des Umgangs mit einer gemeldeten Kindeswohlgefährdung miteinander konfrontieren. Zuerst berichten wir von einem Beispiel, bei welchem zunächst die Kindsmutter angemessen unterstützt, ihr dann aber das Kind ohne weitere Bemühungen nachhaltig entzogen wurde. Dem stellen wir ein Beispiel für professionellen Umgang gegenüber.

Ein Beispiel für eine maximale Reaktion: reingehen, rausholen, stationäre Unterbringung (vgl. dazu Gehres/Hildenbrand (2007: 11 f.).[5]

Die 1985 geborene Inge B. bringt 2007, also im Alter von 22 Jahren, einen Jungen, Moritz, zur Welt. Der Vater des Jungen lebt zum Zeitpunkt der Geburt seines Sohnes in einer neuen Paarbeziehung und ist in einer therapeutischen Wohngemeinschaft untergebracht. Den Krankenschwestern fällt auf, dass Frau B. Schwierigkeiten hat, ihrem Kind angemessen zu begegnen. Sie wenden sich an den Sozialdienst der Klinik. Dort setzt man sich mit dem für Inge B. zuständigen Jugendamt in Verbindung.

Die für den Bezirk, in welchem Frau B. gemeldet ist, zuständige Sozialarbeiterin des Allgemeinen Sozialen Dienstes des Jugendamts, Frau K., erkundet deren soziales Umfeld. Sie findet heraus, dass Frau B. bis auf eine nicht näher bestimmbare „Ziehmutter" alleine dasteht. Ihre leibliche Mutter lebt in einem Pflegeheim, der Vater ist vor acht Jahren verstorben, die Geschwister, vier an der Zahl, sind nicht auffindbar. Vor diesem Hintergrund beschließt Frau K., Frau B. die Unterbringung in einer Mutter-Kind-Einrichtung in der Nähe ihres Wohnorts vorzuschlagen. Sie klärt das dafür Nötige mit der von ihr ausgewählten Einrichtung und will mit Frau B. das Weitere absprechen. Dazu kommt es zunächst aber nicht, denn Frau B. hat zum vereinbarten Zeitpunkt das Krankenhaus verlassen, ihren Sohn Moritz aber im Krankenhaus zurückgelassen. Erst in einem weiteren Anlauf kann Frau B. zu einem Gespräch bewogen werden, und sie willigt in das Vorhaben der Sozialarbeiterin ein.

Gemäß einer Erziehungsvereinbarung soll Frau B. zunächst für sechs Monate in der Mutter-Kind-Einrichtung bleiben. Bereits nach drei Monaten jedoch wird Moritz vom Jugendamt nach § 42 KJHG in Obhut genommen, nachdem beobachtet wurde, wie Frau B. ihren Sohn geschlagen und erheblich verletzt hat. Das Jugendamt stellt einen Antrag auf Sorgerechtsentziehung und zeigt Frau B. wegen Körperverletzung an. Moritz wird einer Bereitschaftspflegestelle und nach einem Monat für unbestimmte

---

[5] Alle Daten hier und im Folgenden sind anonymisiert.

Zeit einer Pflegefamilie übergeben. Zu einer Rückführung ist es bis heute (2009) nicht gekommen.

Beeindruckend ist an diesem Fall, dass zunächst durchaus eine umfassende Sozialanamnese durchgeführt wurde. Nachdem aber festgestellt wurde, dass es sich um eine sozial desintegrierte Familie handelt, haben die zuständige Sozialarbeiterin wie auch der freie Träger, bei dem Mutter und Kind untergekommen waren, Bemühungen unterlassen, Ressourcen im Umfeld der Klientin zu erkunden. Der Kindsvater wurde, nachdem seine Alkoholkrankheit bekannt geworden war, von vorneherein abgeschrieben.[6] Die „Ziehmutter" wurde nicht kontaktiert, obwohl sie die erste Anlaufstelle für Unterstützung gewesen wäre. Auch wurde nicht weiter verfolgt, ob noch andere Personen für Unterstützung in Frage gekommen wären. Diese Unterlassungen führten dazu, dass die Klientin wie eine Frau behandelt wurde, die vollständig alleine steht und über keinerlei soziale Beziehungen verfügt, in denen noch mobilisierbare Resilienzpotenziale liegen könnten.

Ein Beispiel für vigilantes Abwarten im Rahmen professionellen Handelns[7]

Bei diesem Fall handelt es sich um eine Familie, bestehend aus einem Neunjährigen, nennen wir ihn Max, der mit seinen Eltern zusammenlebt, die nicht verheiratet sind. Die Großmutter väterlicherseits erstattet zunächst telefonisch und anonym beim zuständigen Jugendamt eine Kindeswohlgefährdungsmeldung. Die annehmende Sozialarbeiterin bittet die Anrufende, am Folgetag ins Amt zu einem Gespräch zu kommen, und sichert ihr Vertraulichkeit zu. In diesem Gespräch berichtet die Großmutter: Ihr Sohn sei Alkoholiker, dessen Partnerin ihm das Kind entziehe, allerdings wisse sie nicht, wer von den Eltern das Sorgerecht innehabe. Sie, die Partnerin, stamme aus einer Familie mit verrohten Sitten, sie wolle, dass ihr Partner sich tot saufe, und sie entziehe ihr, der Großmutter, das Kind. Max habe sich in der letzten Zeit sehr verändert, habe Heimlichkeiten und benutze Notlügen. Manchmal komme er hungrig zu ihr, die Mutter sorge nicht für ihn, sie komme morgens nicht aus dem Bett, vermutlich trinke sie ebenfalls. Ihr Sohn habe neulich eine Verletzung am Kopf gehabt, er sei angeblich beim Pinkeln zwischen Badewanne und

---

6   Dies entspricht landesüblichen Gepflogenheiten, nachdem von abwesenden Vätern nicht einmal versuchsweise Unterhaltszahlungen eingefordert werden.
7   Quelle: Beobachtungsprotokolle des Autors, B. H. Alle Daten sind anonymisiert.

Waschmaschine gestürzt, aber das sei technisch nicht möglich. Das Kind werde von einer Tante der Mutter versorgt, die ebenfalls einen schlechten Ruf habe, manchmal auch von Nachbarn, warum bringe man das Kind nicht zu ihr?

Die Jugendamtsmitarbeiterin hört sich geduldig die weitschweifigen Erzählungen der Großmutter an. Das Gespräch dauert über eine Stunde. Zwischendurch zieht sie Erkundigungen bei der Suchtberatung ein, nachdem ihr die Großmutter die Erlaubnis dazu gegeben hat. Der Alkoholismus des Sohnes wird verifiziert, ein erneuter Behandlungsbedarf wird dem Suchtberater angezeigt. Das Gespräch abschließend, lobt die Sozialarbeiterin die Großmutter für ihre Offenheit, klärt sie über ihre Rechte als Großmutter auf und sichert ihr für denselben Tag einen Hausbesuch bei Max zu.

Im Anschluss an dieses Gespräch nennt mir die Sozialarbeiterin folgende Optionen: Ambulante Hilfe/Sohn zur Entgiftung/die Mutter soll ebenfalls vom Sozialpsychiatrischen Dienst am Gesundheitsamt Hilfe annehmen/wenn der Junge nicht bei den Eltern bleiben könne, werde sie ihn zur Inobhutnahme in ein Heim in der Nähe seines Wohnorts bringen, so dass er weiter seine Schule besuchen könne.

Dann fordert sie ein Dienstfahrzeug mit Kindersitz an – so hält sie die Option auf eine sofortige Kindesherausnahme offen. Im nächsten Schritt ruft die Sozialarbeiterin den Leiter der Schule an, die Max besucht und der auch den Jungen unterrichtet, wobei sie erfährt, dass Max sich in der letzten Zeit nicht verändert habe.

Unmittelbar im Anschluss an dieses Gespräch findet wie immer in solchen Fällen eine Teamberatung statt. Zunächst wird der Frage nachgegangen, ob diese Familie schon im Jugendamt bekannt sei. Eine ältere Kollegin erwähnt eine namensgleiche „bekannte Dynastie". Wenn die Mutter dazu gehöre, dann habe sie eine sehr schwere Kindheit gehabt. Die Idee, Max gleich zur Großmutter zu bringen, wird geäußert, ihr wird aber entgegengehalten, dass es sich um die Konstellation „böse Schwiegertochter" handeln könne, und möglicherweise sei die Großmutter ein „Schwiegermuttermonster". Andere verweisen auf die Kopfverletzung und spielen auf mögliche Gewalt in der Partnerschaft an. Der allgemeine Ton deutet jedoch darauf hin, dass diese Äußerungen nicht als Tatsachenfeststellungen, sondern als Möglichkeiten gemeint sind.

Die Teamberatung wird mit folgendem Protokoll abgeschlossen, das verlesen und gebilligt wird:
- „Großmutter väterlicherseits hat heute persönlich im Jugendamt vorgesprochen
- Beschreibt, dass der Sohn Alkoholiker ist

- Unklar, ob alleinige oder gemeinsame elterliche Sorge besteht
- Alkoholprobleme sollen auch bei der Mutter bzw. in der Herkunftsfamilie der Kindsmutter eine Rolle spielen
- Psychische Störung bei der Kindsmutter wird vermutet
- Mutter der Kindsmutter habe auch psychische Probleme
- Rücksprache seitens Frau P. (Sozialarbeiterin) mit Schulleiter am heutigen Tag ergab, dass es keine Auffälligkeiten in der Schule gibt
- Haushalt soll in Ordnung sein
- Gesundheitsamt wurde involviert, Herr M. (Suchtberater) wird Kontakt aufnehmen
- Bekannte der Familie haben Veränderungen bei Max bemerkt, er soll ruhiger geworden sein und Geheimnisse haben."

Von jenen in der Teamberatung eher spielerisch ins Gespräch gebrachten Optionen, die auf gravierende Probleme zielen würden, taucht keine einzige in diesem Akteneintrag auf; zudem enthält die Liste der Punkte nicht nur Hinweise auf die Existenz einer möglichen Kindeswohlgefährdung, sondern auch Gegenbelege. Als Ergebnis der Beratung wird festgehalten:
- Sofortiger unangemeldeter Hausbesuch zur Abklärung einer möglichen Kindeswohlgefährdung
- Gespräche mit beiden Eltern und dem Jungen notwendig
- Ggf. Inobhutnahme des Jungen.

Am Nachmittag findet die Kontaktaufnahme mit der Familie statt. Ein unangemeldeter Hausbesuch ist eine riskante Maßnahme, da er einem Überfall gleichkommt. Der Kontrollaspekt wird hier besonders deutlich. Andererseits hängt es vom Verhalten der Sozialarbeiterin ab, wie sie diesen „Überfall" rahmt.

Der Wohnblock, in dem die Familie lebt, ist der Sozialarbeiterin bekannt. Hier habe sie schon einmal mit einem Fall einer schweren Kindeswohlgefährdung zu tun gehabt: „Frau H. (eine Kollegin) und ich haben geweint, als wir das Kind im Krankenhaus gesehen haben". Niemand öffnet, als wir an der Wohnungstür der Familie S. klingeln, so auch bei den Nachbarn. Daraufhin beschließt die Sozialarbeiterin, Max' Mutter an ihrer Arbeitsstelle, einer Fahrkartenverkaufsstelle, aufzusuchen (von dieser Arbeitsstelle hatte die Großmutter berichtet). Das Auto mit dem Amtskennzeichen lässt sie einige Meter entfernt von diesem Platz stehen, auch sonst unternimmt sie alles, um den Besuch nicht als Amtsbesuch kenntlich zu machen. Frau S. bringt eine laufende Arbeit zu Ende und stellt sich dann zu uns. Im Gespräch mit dieser nicht alkoholisiert oder verwahrlost, sondern besorgt wirkenden Frau kommt heraus, dass sie nicht aus jener Dynastie stammt, mit der man sie bei der Teamberatung provisorisch in Verbindung gebracht hat, und dass sie ihren Partner mit der Mitteilung konfrontiert habe, sie werde in den nächsten Tagen mit dem Kind ausziehen, wenn er nicht zum Alkoholentzug in die Klinik gehe. Eine Wohnung habe sie schon besorgt. Die Sozialarbeiterin bietet Frau S. zunächst eine sozialpädagogische Familienhilfe, später einen Erziehungsbeistand an, damit Max einen Ansprechpartner habe, Frau S. stimmt zu. Auf die Frage, was die Sozialarbeiterin vorfinden würde, wenn sie ihre Wohnung beträte, sagt Frau S.: Es ist sauber und ordentlich. Dann bittet die Sozialarbeiterin um die Erlaubnis, Max im Hort aufzusuchen, die sie auch erhält.

Im Hort spricht die Sozialarbeiterin zunächst die Hortnerin an, bittet um Erlaubnis, Max sprechen zu können, kündigt an, eine schriftliche Genehmigung der Mutter nachzureichen, mündlich bestehe sie, und fragt die Hortnerin nach ihrer Erfahrung mit dem Jungen. Die Frau kann aber keine Auskunft geben, sie sei nur vertretungshalber anwesend. Auf Bitte der Sozialarbeiterin führt uns Max, der gerade alleine an einem Turngerät klettert, in einen ruhigen Raum. Er ist ein besonnen und bedacht formulierender Junge, der folgende differenzierte Beschreibung der Situation abgibt: Er wolle, dass die Oma nicht immer schimpfe. Der Vater trinke oder schlafe, die Mutter arbeite, und er sei gerne bei der Oma. Dem Vorschlag einer Erziehungsbeistandschaft stimmt Max zu. Wir werfen also auf der Rückfahrt ein entsprechendes Antragsformular in den Briefkasten der Familie.

Drei Monate später ist der Stand folgender: Der Vater hat einen „kalten", also einen Entzug vom Alkohol ohne medizinische Unterstützung gemacht und hat eine Stelle als Bauhelfer angenommen. Allerdings habe er gerade dieser Tage wieder einen Rückfall gehabt. Im Hilfeplangespräch wurde die Erziehungsbeistandschaft durch eine Sozialpädagogische Familienhilfe ersetzt. Die Mutter ist mit Max nicht ausgezogen, die Familie ist kooperativ.

Dieser Fallverlauf zeigt, wie es trotz schwieriger Ausgangsbedingungen (anonyme Meldung, unangemeldeter Hausbesuch bzw. Besuch an der Arbeitsstelle) zu einer Zusammenarbeit zwischen Familie, Jugendamt und freiem Träger kommen kann. Wir machen dafür den spezifischen Einstieg der Sozialarbeiterin des Jugendamts in diesen Fall maßgeblich verantwortlich: Sie nimmt an den Sorgen der Beteiligten Anteil und bietet Hilfe an. Dabei wird, ungeachtet der Tatsache, dass die Eltern nicht verheiratet sind und das Sorgerecht bei der Kindsmutter liegt, die Familie als Einheit und entsprechend die Triade als vorrangig behandelt;

die Familiengrenzen werden also respektiert. Es kommt nicht zu einer einseitigen Koalitionsbildung (mit dem Kind, mit Mutter und Kind, mit Großmutter und Sohn), obwohl solche Wege sich anbieten. Möglichkeiten der Kontrolle werden nicht außer Acht gelassen, sondern als Optionen mitgedacht und auch kommuniziert, allerdings erst in zweiter Linie. Die Haltung der Sozialarbeiterin ist durchzogen von einem professionellen Habitus. Dieses Auftreten ermöglicht es ihr, ausgehend vom konkreten Fall, bei angemessener Beziehungsgestaltung in Respekt vor den Selbstständigkeitspotenzialen dieser Familie nach spezifischen Indikatoren für Kindeswohlgefährdung zu forschen.

Als wenig motiviert erscheint zunächst das Angebot einer sozialpädagogischen Familienhilfe oder einer Erziehungsbeistandschaft, denn es bleibt zunächst unklar, auf welchen spezifischen Hilfebedarf diese Angebote passen sollen. Es könnte um die *Symbolik* dieser Handlung gehen: Wenn die Eltern (oder einer davon, z. B. die Mutter) den abgegebenen Antrag ausfüllen und dem Amt zurückgeben, kann daraus auf die Kooperationsbereitschaft der Eltern geschlossen werden. Diese Angebote könnten also als Bestandteil der Haltung des *vigilanten Abwartens* gedeutet werden.

Vergleicht man das Vorgehen der Sozialarbeiterin im Fall von Frau B., deren Kind wegen einer erheblichen Kindeswohlgefährdung durch die Mutter in einer Pflegefamilie untergebracht wurde, mit dem Vorgehen der Sozialarbeiterin im Fall von Max, dann zeigt sich: Beide Fälle nehmen ihren Anfang damit, dass Familien als selbständige Einheit gesehen werden, der Respekt entgegengebracht und Hilfe angeboten wird. Insofern gleichen sich die Fälle. Der Verlauf ist jedoch unterschiedlich, und das liegt zum einen *im Fall selbst*, zum anderen *im Handeln der Fachkräfte* begründet.

Im Fall selbst liegen die Gründe für das unterschiedliche Vorgehen darin, dass Max' Familie sich kooperativ zeigt, während Frau B. zunächst zwar Hilfe annimmt, dann aber ihr Kind misshandelt und der Behörde so den Anlass dafür liefert, ihr das Kind zu entziehen.

Nun zum *Handeln der Fachkräfte*. Anhand des vorliegenden Materials selbst lässt sich nicht entscheiden, ob die Sozialarbeiterin der Familie von Max ebenso gehandelt hätte, wenn sie es mit Frau B. zu tun gehabt hätte. Es bleibt also offen, ob sie ihr *vigilantes Abwarten* auch über jene Zeit hinweg beibehalten hätte, in der das Kind von Frau B. in einer Pflegefamilie lebte. Diese Probe hat ihr Max' Familie erspart. Für die Sozialarbeiterin im Fall von Frau B. endet jedenfalls die professionelle Beziehung zur Familie als Familie in jenem Moment, als Frau B. (vermutlich auf der Grundlage einer tiefgreifenden Störung in der Mutter-Kind-Beziehung) die Hilfebeziehung aufkündigt und den Umschlag dieser Beziehung in eine Kontrollbeziehung provoziert. Weil die beteiligten Fachkräfte Hilfe und Kontrolle offenbar als Gegensätze begreifen und sich nicht vorstellen können, dass Hilfe auch im Rahmen einer Kontrollbeziehung gewährt werden kann oder umgekehrt bei einer Hilfebeziehung im Hintergrund Kontrollerfordernisse auftreten können, kommt es zum Abbruch der Hilfebeziehung. Mit der Unterbringung des Kinds in einer Pflegefamilie wird darüber hinaus dauerhaft die Mutter-Kind-Beziehung aufgelöst (im fraglichen Jugendamt hat es in den letzten 20 Jahren keine einzige Rückführung eines Pflegekindes in seine Herkunftsfamilie gegeben). Dazu kommt, dass im vorliegenden Fall (Frau B.) die beteiligten Fachkräfte offenkundig nicht in Prozessen denken können, sondern eine aktuelle Situation (Mutter schlägt Kind) linear in die Zukunft verlängern (Mutter wird ihr Kind auch noch in zehn Jahren schlagen). Eine solche Denkart sieht nicht vor, dass Mütter sich in der Beziehung zu ihrem Kind ändern können, dass auch Väter, die sich nach der Geburt zunächst verantwortungslos zeigen, sich anders besinnen können, etc.. Kurz: Bei einer solch statischen Betrachtungsweise gelten die Beteiligten als ein für alle Mal unverantwortlich. Dem stellt aber das Resilienzkonzept eine grundlegend andere Haltung zu den Klienten entgegen, nämlich das *vigilante Abwarten* der Fachkräfte, bei dem Veränderungsprozessen und Stärkepotenzialen bei den Betroffenen selbst mehr Chancen eingeräumt oder auch nur gelassen werden.

6. Resilienzorientierung in der Praxis der Kinder- und Jugendhilfe

Fachleute, die eine angemessene professionelle Sozialisation durchlaufen haben und über eine angemessene Berufserfahrung verfügen, müssen nicht eigens darauf hingewiesen werden, dass ihre Klientel nicht nur über Beschädigungen, sondern auch über Autonomiepotenziale verfügt. Aus verschiedenen Gründen kann es aber doch zu Prozessen einer déformation professionnelle kommen. Oft werden im Medizin-, Psychologie- und Sozialarbeit-/Sozialpädagogikstudium eher Störungsbilder, kaum aber Resilienzbilder (sowie, aber das ist hier nicht das Thema, Salutogenesebilder) vermittelt. Hinzu kommt, dass in der professionellen Praxis ja die defizitären Komponenten einer Krisenbewältigung im Vordergrund stehen, während die Autonomiepotenziale je nach Situation überhaupt nicht oder nur kontrafaktisch thematisiert werden. Wer jahrelang Klienten nur in Notfallsituationen aufgesucht hat, verliert irgendwann den Blick für das Gelingen eines im Prinzip schwierigen Lebens. Das ist vor allem dann der Fall, wenn es zu häufigen Stellenwechseln kommt und Entwicklungen der Klienten nicht über längere Zeit beobachtet werden können, aber auch dann, wenn flankierende Unterstützungen der Klientel außerhalb von Krisensituationen, etwa in Form von Gemeinwesenarbeit, fehlen.

Demgegenüber stärken
- Fragen danach, warum Klienten trotz erheblicher Probleme noch eine gewisse Handlungsfähigkeit bewahrt haben,
- Fragen danach, auf welche Ressourcen individuell, im Familien- und Verwandtschaftsbereich sowie in Nachbarschaft und Verwandtschaft die Klienten sich bisher stützen konnten,
- und schließlich die Frage, wie die Bewältigung der aktuellen Krise den Klienten bei der Erweiterung seiner Autonomiepotenziale helfen wird,
- kurzum: Fragen nach der Resilienz der Klienten

das professionelle Handeln in der Kinder- und Jugendhilfe auch in schweren Krisen, bei denen es um Kindeswohlgefährdung geht.

Literatur

Blankenburg, Wolfgang (1997): ‚Zumuten' und ‚Zumutbarkeit' als Kategorien psychiatrischer Praxis. In: Krisor/Pfannkuch (Hrsg.): Was du nicht willst, was man dir tut – Gemeindepsychiatrie unter ethischen Aspekten. S. 21–48. Regensburg

Bohler, Karl Friedrich/Hildenbrand, Bruno (2006): Nord – Süd. In: Lessenich/Nullmeier (Hrsg.): Deutschland – eine gespaltene Gesellschaft. S. 234–255. Frankfurt am Main

Bohler, Karl Friedrich/Funcke, Dorett/Hildenbrand, Bruno (2007): Regionen, Akteure, Ereignisse. Die Entwicklung der Erziehungshilfen nach der Einführung des Kinder- und Jugendhilfegesetzes 1990/91. SFB 580 Mitteilungen 23.

Boss, Pauline (2006): Resilienz und Gesundheit. In: Hildenbrand (Hrsg.): Erhalten und Verändern. Rosmarie Welter-Enderlins Beitrag zur Entwicklung der systemischen Therapie und Beratung. S. 59–102. Heidelberg

Boss, Pauline (2008): Stress, Trauma und Resilienz. Stuttgart

Buchholz, Michael B. (1993): Dreiecksgeschichten – Eine klinische Theorie psychoanalytischer Familientherapie. Göttingen

Cierpka, Manfred (2009): „Keiner fällt durchs Netz". Wie hoch belastete Familien unterstützt werden können. In: Familiendynamik Jg. 34 Heft 2, S. 156–167

Funcke, Dorett/Hildenbrand, Bruno (2009): Unkonventionelle Familien in Beratung und Therapie. Heidelberg

Gehres, Walter/Hildenbrand, Bruno (2007): Identitätsbildung und Lebensverläufe bei Pflegekindern. Wiesbaden

Grossmann, Klaus E./Grossmann, Karin (2007): „Resilienz" – Skeptische Anmerkungen zu einem Begriff. In: Fooken/Zinnecker (Hrsg.): Trauma und Resilienz. Chancen und Risiken lebensgeschichtlicher Bewältigung von belasteten Kindheiten. S. 29–38. Weinheim

Helming, Elisabeth (2008): Alles im Griff oder Aufwachsen in gemeinsamer Verantwortung? Paradoxien des Präventionsanspruchs im Bereich früher Hilfen. Schriftliche Fassung des Vortrags auf der Fachtagung „Frühe Hilfen für Eltern und Kinder" der Evangelischen Akademie Tutzing in Kooperation mit dem Nationalen Zentrum Frühe Hilfen, 18.–20.4.2008.

Hepp, Urs (2009): Druck der Zeit – Notfall- und Krisensituationen. Ms.

Hildenbrand, Bruno (2005): „Zumutbarkeit" als zentrale Kategorie therapeutischen Handelns. In: Zeitschrift für systemische Therapie und Beratung Jg. 23 (1), S. 4–9

Mierendorff, Johanna/Olk, Thomas (2007): Kinder- und Jugendhilfe. In: Ecarius (Hrsg.): Handbuch Familie. S. 542–567. Wiesbaden

Walsh, Froma (2006): Ein Modell familialer Resilienz und seine klinische Bedeutung. In: Welter-Enderlin/Hildenbrand (Hrsg.): Resilienz – Gedeihen trotz widriger Umstände. S. 43–79. Heidelberg

Welter-Enderlin, Rosmarie/Hildenbrand, Bruno (2004): Systemische Therapie als Begegnung, vierte, erheblich überarbeitete und erweiterte Auflage. Stuttgart

Winkler, Michael (2007): Familienarbeit in der Heimerziehung – Überlegungen zu einer Theorie in kritischer Absicht: Da werden Sie geholfen! In: Homfeld/Schulze-Krüdener (Hrsg.): Elternarbeit in der Heimerziehung. S. 196–233. München/Basel

Resilienzförderung –
Neuorientierung für Erziehungs- und Familienberatung

Wolfgang Jaede

1. Einleitung

Bereits der zwölfte Kinder- und Jugendbericht des Bundesministeriums für Familie, Senioren, Frauen und Jugend (2005), mit dem Schwerpunkt „Bildung, Betreuung und Erziehung", und in noch größerem Umfang der dreizehnte Kinder- und Jugendbericht (2009), mit dem Schwerpunkt „Prävention und Gesundheitsförderung", sprechen der Resilienzförderung bei Kindern eine große Bedeutung zu.

Dieser Stellenwert bezieht sich sowohl auf eigene personale Bewältigungsressourcen des Kindes als auch auf risikomindernde Schutzfaktoren innerhalb der Familie und im weiteren sozialen Umfeld des Kindes. Schutzfaktoren tragen dazu bei, belastende Lebensumstände abzufedern, die seelische Widerstandskraft zu stärken und den Entwicklungsverlauf des Kindes positiv zu beeinflussen. Hintergrund sind Längsschnittstudien, die wesentliche Schutzfaktoren zur Bewältigung widriger Lebensumstände identifiziert haben und deren Umsetzung im Rahmen der Hilfen zur Erziehung und der Entwicklungsförderung nun ansteht.

Resilienzförderung wird hierbei zunehmend als Querschnittsaufgabe zwischen Jugend- und Gesundheitshilfe verstanden, zeigen doch auch die Ergebnisse des durchgeführten Kinder- und Jugendgesundheitssurveys (KiGGS) zur „neuen Morbidität im Kindes- und Jugendalter" (Lange u.a. 2007) den Zusammenhang zwischen Kindergesundheit und sozialen Lebensverhältnissen auf. Dies gilt insbesondere für psychische Auffälligkeiten im Kindesalter, die stark von familiären Konflikten und vom Sozial- und Bildungsstatus der Eltern beeinflusst werden.

In jüngster Zeit haben sich zudem gerade im Bereich „Frühe Hilfen und Kinderschutz" präventive und kooperative Projekte für Risikofamilien im Bereich der Jugend- und Gesundheitshilfe entwickelt, in die auch Erziehungs- und Familienberatungsstellen eingebunden sind (Bastian/Diepholz/Lindner 2008).

Resilienzförderung nimmt in der Erziehungs- und Familienberatung einen zunehmend breiten Raum ein und knüpft hier an gut ausgebaute kooperative und niederschwellige Arbeitsstrukturen an.

Der folgende Beitrag möchte resilienzfördernde Beratungsmodule und Arbeitsmodelle vorstellen, auf präventive Ansätze eingehen, den Resilienzbedarf von Fachkräften selbst beleuchten und auch kritisch Stellung nehmen gegenüber einer möglichen Überschätzung oder Mystifizierung des Resilienzbegriffs.

2. Aufgabenfelder der Erziehungsberatung

Die Aufgabenfelder der Erziehungsberatung sind per Definition bereits präventiv ausgerichtet. So zielt die „Allgemeine Förderung der Erziehung in der Familie" nach § 16 SGB VIII auf eine Stärkung von Eltern in ihrer Erziehungsverantwortung ab, auf Unterstützung der familiären Konfliktlösefähigkeit, der Selbst- und Nachbarschaftshilfe und der Familienbildung. Neben Beratung in allgemeinen Fragen der Erziehung und Entwicklung fallen hierunter auch Elterngruppenangebote, Vorträge und Informationen zu bestimmten Themen wie „Kindliche Ängste", „Grenzen in der Erziehung", „Umgang mit Krisen und Konflikten", „Was Kinder stark macht" etc. sowie die Kooperation und Vernetzung mit anderen Institutionen und Berufsgruppen.

Im Bereich der „Hilfen zur Erziehung" nach § 28 SGB VIII (Erziehungsberatung) sollen Kinder, Jugendliche, Eltern und andere Erziehungsberechtigte im Rahmen eines multidisziplinären Teams bei der Klärung und Bewältigung individueller und familiärer Probleme, der Lösung von Erziehungsfragen und bei Trennung und Scheidung unterstützt werden. Hierbei arbeiten Fachkräfte verschiedener Professionen wie Diplom-Psychologen, Diplom-Heilpädagogen und Diplom-Sozialpädagogen zusammen. Ärzte und andere Fachkräfte können konsiliarisch einbezogen werden.

Im Rahmen der Hilfe zur Erziehung können auch therapeutische Leistungen nach § 27 SGB VIII einzeln oder in Gruppen angeboten werden. Auch unterstützen Beratungsstellen durch diagnostische Abklärung oder Begleitung andere Hilfen zur Erziehung, etwa im Bereich der Tagesgruppe nach § 32 SGB VIII oder der Sozialpädagogischen Familienhilfe nach § 31 SGB VIII.

Ein individueller Antrag auf „Hilfe zur Erziehung" beim Jugendamt ist in der Regel nicht erforderlich, da die meisten Erziehungsberatungsstellen pauschal bezuschusst werden. Auch werden in Erziehungsberatungsstellen keine Gebühren erhoben, die Inanspruchnahme ist freiwillig, und die erhobenen Daten unterliegen der Schweigepflicht. Dadurch wird die Zugangsschwelle gerade für sozial belastete und arme Familien gesenkt und ein geschützter und vertrauensvoller Arbeitsrahmen gewährleistet.

Erziehungsberatungsstellen sind in der Regel regional oder stadtteilbezogen organisiert, mit guten Vernetzungsstrukturen zu Kindergärten, Schulen, Sozialen Diensten, Kinderärzten, Stadtteileinrichtungen und Familienzentren. Beratung findet nicht nur in der Beratungsstelle selbst statt, sondern wird auch in Schulen, Kindergärten und Betreuungseinrichtungen, über Hausbesuche oder online angeboten.

3. Aktuelle Entwicklungen

Standen zu Beginn der Arbeit der Erziehungsberatungsstellen die diagnostische Abklärung, die Behandlung individueller kindlicher Entwicklungs- und Verhaltensauffälligkeiten und die begleitende Elternarbeit im Mittelpunkt, haben heute Krisenintervention, diagnostische Abklärung mit Weitervermittlung, Prävention, Stärkung der Elternkompetenz, Kooperation und zielgruppenbezogene Angebote an Bedeutung gewonnen. Systemische und lebensfeldorientierte Ansätze begünstigen eine präventive und vernetzte Arbeitsweise.

Auch hat der Bedarf an eigentlicher Erziehungsberatung wieder stark zugenommen.

Viele Eltern fühlen sich angesichts vielfältiger Entwicklungseinflüsse und gestiegener Leistungsanforderungen an ihre Kinder unsicher und hilflos. Ihnen fehlen allgemein gültige Leitbilder, an denen sie sich orientieren können. Zu beobachten ist parallel dazu eine Diversifikation unterschiedlicher Erziehungsstile und Wertvorstellungen, bedingt durch Trennungen und Scheidungen, Stiefeltern, „Patchwork"-Familien, bikulturelle Ehen und Lebensgemeinschaften sowie vielfältige Betreuungseinrichtungen.

Aufgabe der Beratungsstellen ist es, diese unterschiedlichen Erziehungseinflüsse und Wertvorstellungen zu würdigen und nachzuvollziehen, sie aber auch integrierbar und somit für die Kinder stimmig und lebbar zu machen, um innerer Spaltung, Fragmentierung und damit Identitätsschwächung entgegenzuwirken. Hierfür sind spezielle Moderationstechniken, aber häufig auch Konfliktlöse- und Deeskalationsstrategien im Beratungsprozess erforderlich.

In der Erziehung und innerhalb der Eltern-Kind-Beziehung sind aus Sicht der Erziehungsberatungsstellen sowohl mangelnde Fürsorge und

Bindungsschwächen zu beobachten, wenn eigene soziale oder psychische Probleme der Eltern im Vordergrund stehen, als auch fehlende Steuerung, Strukturierung und Grenzsetzung Kindern gegenüber. Viele Kinder sind gerade in Krisenzeiten überfordert, vernachlässigen eigene Bedürfnisse und Entwicklungsaufgaben oder übernehmen eine sie überfordernde „parentifizierte" Rolle in der Familie.

Häufige Risikogruppen in Erziehungsberatungsstellen stellen Trennungs- und Scheidungsfamilien, hochstrittige Eltern, Alleinerziehende, junge Eltern mit geringer Erziehungskompetenz, Eltern mit eigenen psychischen Problemen, Eltern mit Sucht- und Gewalterfahrungen, Familien mit Fluchterfahrungen oder Migrationshintergrund und sogenannte Multiproblemfamilien dar, bei denen sich Belastungsfaktoren häufen und wenig eigene Ressourcen vorhanden sind.

Im Mittelpunkt der Arbeit von Erziehungs- und Familienberatungsstellen steht heute also weniger die Diagnostik und Behandlung einzelner Verhaltensstörungen, sondern die ganzheitliche Unterstützung von Familien in der Bewältigung von Alltagsproblemen, Stress- und Krisensituationen, in der Aktualisierung eigener Ressourcen und der Integration unterschiedlicher Erziehungs- und Betreuungseinflüsse.

Auch Beratung und das „Coaching" von Fachkräften wie Erziehern, Pädagogen und Lehrern oder die Durchführung interdisziplinärer Hilfeplangespräche und Netzwerktreffen haben in Erziehungs- und Familienberatungsstellen einen zunehmend hohen Stellenwert erhalten.

Eine wichtige Rolle nimmt in Beratungsstellen die Krisenintervention und in letzter Zeit verstärkt der Kinderschutz ein, insbesondere dort, wo kein eigenes Kinderschutz-Zentrum vor Ort vorhanden ist. Wenig bekannt ist oft, dass sich gemäß § 8 SGB VIII Kinder und Jugendliche selbst an eine Beratungsstelle wenden können, ohne Kenntnis der Eltern und Personensorgeberechtigten, wenn eine Not- und Konfliktlage dies erfordert.

Im Rahmen des Schutzauftrags nach § 8a SGB VIII können Erziehungsberatungsstellen darüber hinaus speziell qualifizierte „insofern erfahrene Fachkräfte" zur Verfügung stellen, die Kindertagesstätten, Tagesmütter, Familienzentren und freie Träger bei der Risikoeinschätzung, der Schutzplanentwicklung und der Elternarbeit beraten und den Aufbau effektiver Netzwerkstrukturen unterstützen.

4. Förderung von Resilienz in der Beratung

Selbstwirksamkeit und Selbstkontrolle stärken

Schon bei jungen Kindern ist es empfehlenswert, Selbstwirksamkeit und Selbstkontrolle zu stärken, befinden sie sich doch noch in einer passiven und abhängigen Rolle Erwachsenen gegenüber. Aber auch für Krisenzeiten gilt, dass hier typischerweise ein Kontrollverlust über die Situation eintritt, der zu Hilflosigkeit, Ohnmacht oder Selbstzweifeln führen kann. Die bisherigen Bewältigungsmöglichkeiten greifen nicht mehr, aus einer lösbaren Herausforderung wird eine Überforderung oder sogar eine Bedrohung. Hier gilt es, die Autonomie des Einzelnen und der Familie zu stärken, damit die eigene Sicherheit und Handlungsfähigkeit wiedererlangt werden kann. Dies ist etwa dadurch möglich, dass ich Probleme als Beraterin und Berater „partialisiere", also Teilbereiche herauslöse, die leichter zu bewältigen sind, oder ein sukzessives Vorgehen ermögliche. Ich kann den Betroffenen auch helfen, eine andere Sicht auf die Probleme zu gewinnen, indem ich diese im Vergleich zu anderen Betroffenen stärker „relativiere" oder auch „normalisiere". Dies gilt zum Beispiel für Scheidungskinder, die oft nicht wissen, dass auch andere Kinder von einer Trennung betroffen sind und einen Weg finden, sie zu bewältigen. Auch die Bereitstellung von mehr Unterstützung und Ressourcen kann das Problem „kleiner" und die Bewältigung „leichter" erscheinen lassen, wie es etwa Lazarus im „Transaktionalen Stressmodell" als „erste" und „zweite" Einschätzung postuliert (Lazarus 1991; Schwarzer 1993).

Ebenso ist es möglich, auf „unbeschädigte" Lebensbereiche zu focussieren und besonders zu achten, und dabei zu prüfen, wie der Ratsuchende hier Aufgaben „wirksam" lösen kann, um die dort gemachten Erfahrungen dann auf Problembereiche zu übertragen. Hierbei sind unter Gesichtspunkten der Resilienz nicht nur die eigentliche Problemlösung, sondern bereits die Erwartung eigener Selbstwirksamkeit und eine optimistische Grundeinstellung zu unterstützen.

Lösungs- statt Problemsicht

Entsprechend dem lösungsorientierten Ansatz geht es darum, den „Tanz um das Problem", die „Problemtrance", die Unauflösbarkeit und eigene Ohnmacht zu beenden, die Kontrolle über die Situation wiederzuerlangen, die eigene Handlungsfähigkeit zu stärken und bei der Krisenbewältigung erste Erfolge zu erzielen. Nicht „Das Problem hat mich im Griff", sondern „Ich habe das Problem im Griff" lautet das Beratungsziel (siehe etwa Steiner/Berg 2005; Berg/Kelly 2001). Hierzu ist es notwendig, erst einmal Abstand zu bekommen und Übersicht zu gewinnen. Viele Menschen sind affektiv so stark mit der Problematik verwoben und identifiziert, dass sie nur noch hierüber reden und ihr Alltag davon beherrscht wird. Die „Erlösung" von dieser Fixierung, diesem Wiederholungszwang, wie er etwa auch bei Kindern in der Spieltherapie zu beobachten ist, geschieht durch Unterbrechen, Lenkung der Aufmerksamkeit auf andere Themen, Fragen nach Ausnahmen oder Skalierungstechniken. Ich kann „Kompetenzinseln" schaffen oder „Sichere Orte", „Tresorübungen" einsetzen, um das „Böse" auszugrenzen oder einzuschließen. Es ist möglich, hypothetisch identitätsstiftende Ziele zu imaginieren, indem ich etwa als Erwachsener oder Kind aus einer Zukunftsperspektive heraus zurückblicke. Dieser Ansatz kann auch für Jugendliche im Rahmen einer Biographiearbeit attraktiv sein. Bedeutsam hierbei ist das Beachten sogenannter „somatischer Marker" beim Ratsuchenden, die darauf hinweisen, dass ein persönlich signifikantes Thema angesprochen wird (siehe hierzu Storch/ Riedener 2005). Die Motivation, die hieraus erwächst und auf positive Bedürfnisse ausgerichtet ist, wirkt stärker als die alleinige Fixierung auf Defizite, Krisen und Problemlagen. Zentral ist also im systemischen Sinne ein „reframing", ein Umdeuten in der Beratung, um von „Anlässen" zu „Anliegen" zu kommen und hierüber einen effektiven Beratungskontrakt abzuschließen (siehe hierzu von Schlippe/Schweitzer 1996; Loth 2003).

Ressourcen effektiv nutzen

Die Arbeit in der Erziehungs- und Familienberatung ist stark ressourcenorientiert. Schon bei der Diagnostik und in Erstgesprächen werden nicht nur Defizite und Probleme fokussiert und angesprochen, sondern ebenso Kompetenzen des Kindes und der Eltern, gelingende Bindungs- und Erziehungserfahrungen sowie eigene Bewältigungsmöglichkeiten. Hierdurch wird den Eltern und dem Kind geholfen, einseitig negative Blickweisen und Haltungen zu vermeiden und stützende Elemente und Verhaltensweisen frühzeitig zu erkennen und zu würdigen. Geraten diese Stärken doch, gerade in Krisen oder bei starken Konflikten, leicht aus dem Blick und können so nicht mehr genutzt werden.

Haben sich negative Haltungen und Selbstkonzepte bereits verfestigt und verallgemeinert, ist es oft nicht einfach, diese Abwehr zu durchbrechen, weil positive Aspekte hier zunächst bedrohlich wirken können. Dies gilt beispielsweise für misserfolgsorientierte Kinder, denen es schwer fällt, Lob und Erfolge anzunehmen, oder für zerstrittene Elternpaare, die am „Feindbild" des Gegenübers unbedingt festhalten wollen. Hier gilt es, „in kleinen Dosierungen" kognitive Dissonanzen zu setzen, um so zur Auflösung oder Differenzierung starrer kognitiver Strukturen beizutragen.

Umfangreiche Darstellungen zur multimodalen Ressourcendiagnostik, zur Erfassung von Person- und Umweltressourcen, zu Interessen- und Bedürfnislisten sowie zur ressourcenorientierten Kinder- und Jugendlichentherapie finden sich bei Klemenz (2003). Von Bedeutung zur Unterstützung der Stressbewältigung sind auch Ansätze zur Ressourcenerhaltung, zur Unterbrechung von Verlustspiralen und zum Aufbau von Gewinnspiralen, gerade was deprivierte Familien in Stresssituationen betrifft (Buchwald, Schwarzer/Hobfoll 2004).

Coping-Stategien erweitern

Die Erweiterung des Bewältigungs- und Lösungsrepertoires stellt ein wesentliches Element der Hilfestellung dar, neigen doch Kinder und Erwachsene dazu, an einmal eingeschlagenen „Coping-Strategien" festzuhalten. Dies kann ein defensiver Rückzug sein, ein aggressives oder altruistisches Verhalten, eine Verleugnung, eine Projektion oder Schuldzuschreibung anderen gegenüber (Weinberg 2005). Hier gilt es, den Ratsuchenden zu helfen, offen zu bleiben und möglichst flexibel mit Belastungssituationen umzugehen. Stehen zu Beginn einer Krise oder eines Verlusterlebnisses oft Rückzug, Nicht-Wahrhaben-Wollen, auch aggressive Abwehr im Vordergrund, können sich im weiteren Verlauf eine stärkere Akzeptanz, eine realistischere Wahrnehmung und eine aktivere und pro-sozialere Problembewältigung herausbilden.

Formen der Bewältigung:

Aktiv (Kontrolle)	Passiv (Erstarren)
Offensiv (Kampf)	Defensiv (Flucht)
Prosozial (Hilfe holend)	Individualistisch (Einzelkämpfer)
Handlungsbezogen (Aktiv verändern)	Emotionsbezogen (Verleugnen, Idealisieren)

Zu den günstigen Bewältigungsstrategien zählen:
- Unterdrückung negativer Gefühle;
- Situationskontrolle;
- Entspannung, Erholung, Humor;

- Positive Selbstinstruktion;
- Suche nach sozialer Unterstützung;
- Antizipation und Altruismus.

In Diagnostik und Beratung, aber auch in Gruppenangeboten, kristallisieren sich in der Regel relativ bald günstige und ungünstige („maladaptive") Coping-Strategien heraus, die als intermediäre Variablen in der Problem- und Stressbewältigung gelten können. Einseitige und anhaltende Vorgehensweisen, wie etwa ein altruistisches und defensives Verhalten oder eine aggressive Abwehr und Schuldzuschreibung, gilt es in der Beratung frühzeitig zu identifizieren und aufzubrechen.

Innere Kohärenz finden

Der Begriff der Resilienz ist eng verwandt mit dem der „Salutogenese" aus dem präventiven Gesundheitsbereich (Lorenz 2004). Nach Antonovsky (1997) stellt hierbei vor allem das Gefühl der „Kohärenz" einen wesentlichen Faktor dar.
Hierbei werden drei Komponenten unterschieden:
- Verstehbarkeit und Vorhersehbarkeit von Herausforderungen („comprehensibility");
- Handhabbarkeit und Bewältigungsressourcen („manageability");
- Sinnhaftigkeit, Bedeutsamkeit und Befriedigung innerer Werte („meaningfulness").

Gemeint sind folglich nicht nur einzelne Coping-Strategien, sondern eine allgemeine Orientierung des Individuums in der Welt, welche ein dynamisches und umfassendes Gefühl des Vertrauens ausdrückt. Antonovsky spricht auch von „generalisierten Widerstandsressourcen", die Wohlbefinden, Spannungsabbau, Invulnerabilität und Optimismus fördern. Gesundheit wird hier weniger als Gegensatz zu Krankheit, sondern als ein Kontinuum betrachtet, auf dem Resilienz, Vitalität, Ressourcen und Bewältigungspotentiale, die subjektiv erlebte Lebensqualität und die Selbstverantwortung eine bedeutende Rolle spielen.

Wie erlebe ich die Welt, wie stelle ich mich den Herausforderungen, und wie kann ich auch Krisen und belastende Lebensumstände annehmen und bewältigen? Gemeint sind somit nicht nur eine „leichte" und „schnelle" Bewältigung von Problemen oder ein „funktionaler Optimismus"; vielmehr müssen die Beraterin und der Berater auch in der Lage sein, belastende Umstände oder Unlösbarkeiten zunächst mit auszuhalten, den Betroffenen zur Seite zu stehen und sie in der Entwicklung einer neuen „Sinngebung" zu unterstützen.

Es liegen umfangreiche Erfahrungen aus dem Bereich der Krisenintervention und der Traumabewältigung vor, die zeigen, dass Verarbeitungs- und Integrationsprozesse in Phasen verlaufen, eine ausreichende Stabilisierung, aber auch die Entwicklung neuer Lebensperspektiven benötigen.

Innere Kohärenz finden bedeutet so letztendlich, sich Problemen und schmerzhaften Erfahrungen nicht nur zu stellen und sie zu bewältigen, sondern sie auch als Bestandteil des eigenen Lebens anzunehmen.

Schutzfaktoren nutzen

Die Einbeziehung und Nutzung von Schutzfaktoren sind zentrale Elemente eines resilienzorientierten Vorgehens in der Beratung, stellen diese doch quasi das komprimierte Ergebnis zahlreicher Längsschnittstudien dar, in denen es darum ging, herauszufinden, welche Eigenschaften und Bedingungen es Menschen ermöglichen, trotz widriger Umstände zu überleben und sich positiv zu entwickeln (Wustmann 2004). Nach Emmy Werner (2006) haben sich über Metastudien folgende Schutzfaktoren für die kindliche Entwicklung als besonders wirksam erwiesen:
- Enge Bindung an eine primäre Bezugsperson;
- Positiver gesundheitlicher Status des Kindes;
- Positives Kommunikations- und Sozialverhalten;
- Positives Selbstkonzept;
- Internale Kontrollüberzeugung;
- Niedriger Distress und geringe affektive Erregbarkeit;
- Aktives und emotional gewinnendes Temperament;
- Aktives Bewältigungsverhalten bei Problemen;
- Durchschnittliche bis überdurchschnittliche Intelligenz;
- Mütterliche Kompetenz und Erziehungsfähigkeit;
- Positives Interaktionsverhalten Mutter-Kind;
- Quellen familiärer Unterstützung;
- Unterstützende Netzwerke außerhalb der Familie.

Hierbei ist zu bedenken, dass Schutzfaktoren im engeren Sinne nur solche Hilfen und Bedingungen sind, die dazu beitragen, widrige Lebensumstände, Krisen und Belastungen in ihrer negativen Wirkung abzupuffern und zu mildern. Auch sind Schutzfaktoren dynamisch. Sie können in Risikofaktoren umschlagen und umgekehrt, beispielsweise dann, wenn die

Bereitschaft zur Übernahme von Verantwortung durch ein älteres Kind oder einen Jugendlichen zur Omnipotenz und Respektlosigkeit wird oder wenn die übergroße Reizoffenheit und Beweglichkeit eines Kindes auch zur Wachheit führen kann und flexible Problemlösefähigkeit unterstützt. Zentral ist, dass sich betroffene Kinder und Erwachsene selbst der protektiven Wirkung von Schutzfaktoren bewusst werden, sie wahrnehmen, wertschätzen und nutzen lernen.

Im Lebensalltag sind es – so empirische Ergebnisse – nicht nur professionelle Helferinnen und Helfer, die Halt geben, sondern auch informelle Netzwerke und Vertrauenspersonen in der Familie, im Freundeskreis und in der Nachbarschaft, die über Krisen hinweghelfen und Unterstützung garantieren. Sie zu eruieren und einzusetzen, kann Aufgabe einer resilienzorientierten Beratung sein.

Für die Arbeit mit Schutzfaktoren gilt allgemein, dass – insbesondere in Krisenzeiten – oft schon die Reduzierung einzelner Risikofaktoren oder der Einsatz einiger weniger Protektivfaktoren wie Unterstützung des Kindes bei den Hausaufgaben oder Entlastung der Familie in der Betreuung der Kinder, eine potenzierende positive Wirkung entfalten können.

Bindung stärken

Von zentraler Bedeutung in der Resilienzentwicklung ist die Erfahrung einer liebevollen und sicheren Beziehung zu einer primären Bezugsperson. Wie aus der Bindungsforschung bekannt ist, schafft sie eine grundlegende emotionale Sicherheit, die durchs Leben trägt und Unwägbarkeiten und Risiken abfedern hilft. Die kognitive Repräsentanz dieser Bindung, ihre Symbolisierung – auch „inneres Arbeitsmodell" genannt – ermöglicht es schon kleinen Kindern, auch ohne direkte Anwesenheit ihrer Eltern oder Bezugspersonen fremdes Terrain zu explorieren und neue Situationen zu durchleben. Es kommt also in der Erziehungsberatung darauf an, eine Bindungsdiagnostik durchzuführen und sichere, ambivalente, unsichere und sogenannte desorganisierte Bindungen zu differenzieren.

Kinder, die keine sichere Bindungserfahrung haben, können eine sichere Bindung natürlich in dieser Form als Schutzfaktor nicht unmittelbar nutzen. Bei ihnen bestehen im Gegenteil oft Unsicherheit, Ängste oder Ablehnung Bindungs- und Beziehungsangeboten gegenüber. Hier gilt es für die Beraterin und den Berater, Distanz zu wahren, weniger emotional, sondern eher verhaltensbezogen vorzugehen und sichere Rahmenbedingungen durch Schutz, Verlässlichkeit und Befriedigung der Grundbedürfnisse zu schaffen.

Auch kann ein „In-der-Beziehung-Bleiben" dazu beitragen, Bindungs- und Erziehungsdefizite zu kompensieren und die Selbstverantwortung des Kindes und Jugendlichen zu fördern. Eltern können beispielsweise dazu angeleitet werden, über ein systematisches Elterncoaching ihre „Elterliche Präsenz" und ihren „Gewaltlosen Widerstand" zu stärken und im Pubertätsalter ihrer Kinder Aggressivität und Gewalteskalationen zu begegnen. Aktuelle Ansätze hierfür finden sich bei Omer /v. Schlippe 2004; v. Schlippe/Grabbe (2007) und Tsirigotis (2007).

5. Arbeitsmodelle in der Beratung

„Circle of courage"

Resilienz gibt es nicht erst seit der Auswertung von Längsschnittuntersuchungen zur Invulnerabilität von Kindern und Familien unter belastenden Lebensbedingungen. Vielmehr mussten frühere Kulturen sich oft in viel größerem Ausmaß Risiken und Herausforderungen stellen und um ihr Überleben kämpfen. Ein solcher „native-culture"-Ansatz liegt dem „circle of courage"-Modell von Brendtro et al. (2002) zugrunde. Er enthält die vier Dimensionen:
- Belonging (Soziale Zugehörigkeit, Bindung),
- Mastery (Bedürfnis nach Kompetenz),
- Independence (Bedürfnis nach Autonomie),
- Generosity (Hilfsbereitschaft)

und baut damit auf universellen Grundbedürfnissen in der menschlichen Entwicklung auf. Ziel ist es, ein ausgewogenes Verhältnis aller vier Bedürfnisbereiche herzustellen bzw. defizitäre Bereiche durch Kompensation in Ressourcenbereichen auszugleichen. Die Dimensionen entsprechen weitestgehend empirisch ermittelten Resilienzfaktoren, die sich hier in Form von „clustern" darstellen lassen, und stehen in engem Zusammenhang mit dem Aufbau eines positiven Selbstwertgefühls bei Kindern und Jugendlichen (Coppersmith 1967).

Das Modell „übersetzt" die Ergebnisse der Resilienzforschung in anwendungs- und handlungsbezogene Hilfen zur Erziehung. Der „circle of courage" besitzt einen hohen Aufforderungscharakter und hat sich als praktikabel in der Erziehungsberatung erwiesen, gerade was den Bereich der Sekundärprävention betrifft. Er beinhaltet auch den Einsatz von Interessenlisten, Ressourcenexplorationen und Ressourcenkarten.

Das Modell ist dazu geeignet, Wachstumsbedürfnisse und Kompetenzen bei Kindern und Jugendlichen bewusst zu machen, den eigenen Blickwinkel zu verändern und in Kooperation mit Fach- und Lehrkräften den resilienzorientierten Dialog zwischen den Beteiligten zu fördern (siehe Bader-Rampp 2008).

Ein Mehrebenenansatz resilienzorientierter Hilfeplanung

Resilienzfaktoren können auf mehreren Ebenen installiert werden und entfalten dann eine breite und ganzheitliche Wirkung. Geeignet hierfür ist das sozialökologische Entwicklungsmodell von Bronfenbrenner, welches vier Ebenen unterscheidet:
- Individuumsebene;
- Familiäre Ebene (Mikroebene);
- Ebene der Lebensbereiche und Institutionen (Mesoebene);
- Ebene der gesellschaftlichen Rahmenbedingungen (Makroebene).

Das Kind entwickelt sich zunehmend in diese Ebenen hinein und unterliegt damit auch immer komplexeren Lebensgefügen. Dies eröffnet aber auch die Chance, mehrere Interventionsebenen zu nutzen.

Liegt beispielsweise eine multidimensionale Problemstellung vor, so bleibt die Wirkung verschiedener individueller Maßnahmen begrenzt, werden sie nicht untereinander abgestimmt und auf einen gemeinsamen Hilfeplan bezogen. Dies gilt umso mehr für traumatisierte Klienten, die bereits aus der Symptomatik heraus zur Fragmentierung neigen. Ebenso können mangelnde Vernetzungen oder Konkurrenzen auf der Mesoebene ein ganzheitliches Vorgehen erschweren. Im umgekehrten Sinne kann ich als Beraterin oder Berater aber auch die institutionelle Ebene primär nutzen, wenn auf Seiten der Familie eine hohe Abwehr vorliegt, oder ich kann zunächst dazu beitragen, dass sich die materiellen Lebensverhältnisse verbessern. Kann ich die Kooperation der Eltern nicht sofort gewinnen, so gelingt dies – gerade bei sozial schwachen Familien – oft auch durch einen guten Kontakt zum Kind, der wiederum das Vertrauen der Eltern fördert.

Auf allen vier Ebenen lassen sich im Rahmen eines resilienzorientierten Fallmanagements (siehe Jaede 2006; Lanfranchi 2006) Risikofaktoren und Schutzfaktoren lokalisieren und einander zuordnen. Aus dieser Gegenüberstellung ergibt sich das jeweilige Maß an Vulnerabilität bzw. Invulnerabilität/Resilienz beim Klienten. Wie viele Schutzfaktoren und Ressourcen stehen welchen Belastungen und Risiken gegenüber? Welche

Prognosen und Wahrscheinlichkeiten ergeben sich hieraus für die weitere Entwicklung?

In Anlehnung an Schmidt-Denter (1995), der zu dieser Differenzierung im Rahmen der Scheidungsforschung kam, lassen sich drei Gruppen von Risikobelastung bzw. seelischer Widerstandskraft unterscheiden:
A. Die Hochbelasteten
B. Die Belastungsbewältiger
C. Die Geringbelasteten.

Während die „Geringbelasteten" in der Regel kritische Lebensereignisse mit eigenen Ressourcen gut bewältigen können, benötigen die „Belastungsbewältiger" Beratungs- und Unterstützungshilfen. Sie stellen den Hauptanteil des Klientels in den Beratungsstellen dar. Aber auch für „Hochbelastete", etwa für Multiproblemfamilien oder stark zerstrittenen Eltern (Weber/Schilling 2006), liegen inzwischen Interventionsansätze vor, die im ambulanten Bereich erfolgversprechend sind und die Belastungsbewältigung unterstützen. Auch ist es möglich, Erziehungsberatung mit anderen Hilfen zur Erziehung – etwa der Sozialpädagogischen Familienhilfe – zu kombinieren oder Familien niederfrequent zu begleiten und ihr Selbsthilfepotenzial zu stärken.

Ein Beispiel für eine auf allen Ebenen „durchgestaltete" Beratung und Intervention stellt die Trennungs- und Scheidungsberatung dar. Wurden früher eher Einzelberatungen bei betroffenen Eltern oder Einzeltherapien bei besonders belasteten Kindern durchgeführt, gibt es heute eine Vielzahl abgestimmter Maßnahmen, die alle darauf abzielen, das Kindeswohl zu stärken, die gemeinsame Elternschaft nach der Trennung zu fördern, Konflikte zu deeskalieren und den Konsens zwischen den Eltern zu erhalten.

Auf verschiedenen Ebenen können hier folgende Interventionen zum Tragen kommen:
- Einzelberatung und Therapie;
- Mediations- und Konsensgespräche;
- Präventive Gruppenangebote für Kinder;
- Präventive Gruppenangebote für Eltern;
- Realisierung des „Cochemer Modells";
- Leitbilddiskussion der verschiedenen Professionen;
- Neugestaltung des Verfahrensablaufs;
- Regionale Arbeitsgemeinschaften;
- Unterstützende Gesetzesänderungen.

Gemeinsame Leitbilder beteiligter Institutionen, Zielabsprachen und Kooperationsabsprachen unterstützen ein einheitliches und abgestimmtes Vorgehen auf verschiedenen Ebenen, wodurch Resilienzförderung wirksam erhöht werden kann.

In entsprechender Weise lassen sich resilienzorientierte ganzheitliche Konzepte etwa für den Bereich der Frühen Hilfen und des Kinderschutzes oder für den Bereich der Gewaltprävention umsetzen.

In der Hilfeplanung im Einzelfall hat sich folgende Schrittfolge bewährt (Jaede 2006):
1. Problem- und Risikoanalyse;
2. Ressourcendiagnostik;
3. Invulnerabilitätseinschätzung;
4. Resilienzorientierte Hilfeplanung;
5. Operationalisierung/Intervention;
6. Evaluation und Zielkontrolle.

Andere beteiligte Fachdienste, Schulen, Kindergärten und die Familie selbst werden hierbei in Form von Förder- und Hilfeplangesprächen miteinbezogen.

6. Präventive Ansätze in der Erziehungs- und Familienberatung

Kooperation mit Kindertageseinrichtungen

Von 2005 bis 2007 nahmen die Erziehungsberatungsstellen der Stadt Freiburg und des Landkreises Breisgau-Hochschwarzwald an einem vom „Zentrum für Kinder- und Jugendforschung e.V." der Evangelischen Hochschule Freiburg in vier Kindertageseinrichtungen durchgeführten und von der „Aktion Mensch" geförderten Resilienzprojekt teil (siehe auch Betrag Fröhlich-Gildhoff in diesem Band). Alle Kinder durchliefen das Programm „PriK" (Fröhlich-Gildhoff et al. 2007) mit insgesamt 20 Trainingseinheiten. Diese Einheiten bezogen sich auf die Förderung der Selbstwahrnehmung und der Selbststeuerung, der Selbstwirksamkeit, der sozialen Kompetenz, der Problemlösung und des Umgangs mit Stress.

Parallel dazu fanden Eltern- und Familiensprechstunden in den Einrichtungen und Elternkurse statt. Diese umfassten die Elemente:
- Eigene Stärken als Eltern;
- Entwicklungsfördernde Faktoren;
- (Über)leben als Eltern;

- Konflikte und Lösungen;
- Konstruktive Beschäftigungen;
- Wie stärke ich mein Kind?

Die Erzieherinnen nahmen an sechs halbtägigen Fortbildungen zur Resilienzförderung, zur Elternarbeit und Netzwerkarbeit teil. Sie wurden in das PriK-Programm eingeführt und in die Durchführung mit einbezogen. In regelmäßigen Fallbesprechungen konnten sie Kinder in der Supervision vorstellen und gemeinsam Ressourcen und Lösungen erarbeiten.

Die Erziehungsberatungsstellen waren an den Fortbildungen, den Elternsprechstunden und den resilienzorientierten Fallbesprechungen beteiligt. Darüber hinaus konnten Kinder mit besonderen Problemstellungen in den Beratungsstellen selbst vorgestellt werden.

In diesem Projekt wurde auf präventiver Basis also erstmalig ein Mehrebenenansatz realisiert. Das Programm führte gegenüber Kontrollgruppen zu signifikanten Veränderungen, besonders hinsichtlich des Selbstwerts der Kinder. Die Erzieherinnen erlebten sich als kompetenter und entwickelten eine stärker ressourcenorientierte Sichtweise. Bei den Eltern ergab sich eine veränderte Haltung in Form positiverer Wahrnehmung ihrer Kinder und konsequenterem Verhalten in der Erziehung. Eine regelmäßige Teilnahme von Eltern an den Angeboten führte auch zur Reduzierung von aggressiv-oppositionellem und hyperaktivem Verhalten der Kinder.

Insbesondere die Beratungsmöglichkeiten „vor Ort", die direkte Ansprache und Einbeziehung der Eltern, die Schulung der Erzieherinnen und eine gemeinsame Leitbildentwicklung trugen zu wirksamen Effekten des Programms bei. Der „dritte Blick", den die Beratungsstellen in die Fallbesprechungen einbrachten, führte dazu, dass die Erzieherinnen die Kinder differenzierter wahrnahmen, Kompetenzen und Stärken früher beachteten und Bindungswünschen gerade jüngerer Kinder mehr entsprachen.

Präventive Elternprogramme

Zahlreiche Elternprogramme, die eine Stärkung der Eltern-Kind-Beziehung und Bindungsfähigkeit, eine Förderung der Erziehungskompetenz, der Kommunikation und Problemlösung in der Familie beinhalten, kommen gerade auch in Erziehungsberatungsstellen zur Anwendung (zur Übersicht siehe Tschöpe-Scheffler 2003). Beispielhaft seien genannt:
- SAFE – Sichere Ausbildung für Eltern
- PEKiP – Prager Eltern-Kind-Programm

- „Starke Eltern – Starke Kinder" (Deutscher Kinderschutzbund)
- Opstapje Schritt für Schritt
- STEP – systematic training for effective parenting
- KESS erziehen – ermutigend sozial – situationsorientiert
- Trip P – Positive Parenting Program
- EFFEKT – EntwicklungsFörderung in Familien: Eltern- und Kinder-Training
- STEEP – Steps toward effective and enjoyable parenting
- Encouraging-Elterntraining
- Video-Home-Training VHT.

Bewährt haben sich vor allem Präventionsprogramme mit einer Kombination aus Elterntraining und Kindertraining wie die Erlangen-Nürnberger Entwicklungs- und Präventionsstudie gezeigt hat (Lösel u.a.2004). Dies entspricht inhaltlich der Freiburger Studie zur Resilienzförderung im Kindergarten und auch dem Ansatz einer mehrdimensionalen Hilfeplanung und Resilienzförderung im Bereich Beratung und Hilfe zur Erziehung.

Elterninformation und Elternbildung

Die Information von Eltern über Ergebnisse der Resilienzforschung durch Öffentlichkeitsarbeit, Elternseminare, Literatur und Internetzugänge unterstützt eine die Stärken und Kompetenzen des Kindes favorisierende Erziehung, macht Eltern sicherer in dem, was kindliche Entwicklung fördert, und erhöht ihre Freude an der Erziehung und am Zusammensein mit den Kindern. Dies betrifft zum einen die Stärkung der Eltern-Kind-Bindung (siehe etwa Beiträge in Opp/Fingerle 2007), zum anderen den Aufbau von seelischer Widerstandskraft und Krisenfestigkeit (Jaede 2008; Brooks/Goldstein 2007) oder auch von Grundlagen einer ermutigenden Erziehung (Frick 2007).

Themen und Empfehlungen für eine resilienzfördernde Erziehung, wie sie in Erziehungsratgebern beschrieben werden, sind beispielhaft:
- Stärken von „Kompetenzinseln"
- Formulieren realistischer Erwartungen
- Abwandeln „negativer Skripts"
- „Aus Fehlern wird man klug"
- Verantwortungsbereitschaft stärken
- Heilsamer Einfluss von Empathie
- Kommunikation und Resilienz
- Das Gefühl, geliebt zu werden

- Freude am eigenen Erfolg
- Selbstdisziplin und Selbstkontrolle
- Problemlösefähigkeit und Entscheidungskompetenz
- Krisen optimistisch einschätzen
- Balance zwischen Anforderungen und Ressourcen
- Sinn und Optimismus vermitteln
- „Innere Schutzengel begleiten mich"
- „Das Leben behält seine Ordnung"
- „Ich habe jemanden an meiner Seite"

(aus: Jaede 2008; Brooks/Goldstein 2007).

7. Frühe Hilfen und Kinderschutz

Frühe Hilfen und Netzwerke

Früherkennung von kindlichen Entwicklungsrisiken, gezielte und zugehende Hilfestellungen für mehrfach belastete junge Mütter, Stärkung der Elternkompetenz und Aufbau effektiver Netzwerkstrukturen im Bereich ‚Frühe Hilfen' stellen derzeit politisch gewollte und auf breiter Ebene fachlich umgesetzte Vorbeugemaßnahmen gegen Vernachlässigung und Kindeswohlgefährdung dar.

Erziehungsberatungsstellen sind in dieser Hinsicht zunehmend gefragt, sich an der Umsetzung entsprechender Vernetzungsprogramme im Bereich ‚Frühe Hilfen und Kinderschutz' zu beteiligen. Dabei sollten gerade solche Eltern mit Angeboten erreicht werden, bei denen existentielle Probleme im Vordergrund stehen, die wenig motiviert sind und skeptisch gegenüber öffentlichen Angeboten. Hier empfiehlt sich die Integration von Angeboten in stadtteilnahen Regeleinrichtungen wie etwa Kindertagesstätten, in denen Erziehungsberatung, Präventionsangebote und Elternbildung zu einem festen Bestandteil der Betreuung werden können.

Bezüglich des Aufbaus von Netzwerken als wesentlicher Resilienzfaktor im Bereich Frühe Hilfen kommt es darauf an, wirksame Netzwerkfaktoren von vornherein zu berücksichtigen. Hierzu zählen gemäß einer Kurzevaluation des Deutschen Jugendinstituts und des Nationalen Zentrums Frühe Hilfen (Sann 2008) ausreichende finanzielle, zeitliche und personelle Ressourcen, die Schaffung einer zentralen Koordinationsstelle, die Analyse der lokalen Bedarfe und Angebote, die Erstellung eines lokalen Kinderschutzkonzeptes mit präventiven und interventiven Anteilen, professionsübergreifende Qualifizierung, Öffentlichkeitsarbeit und verbindliche Kooperationsvereinbarungen zwischen Gesundheitshilfe und Jugendhilfe.

Als hilfreich und notwendig hat sich die kontinuierliche Überprüfung der Zielerreichung über Selbstevaluation erwiesen. Hierzu findet von 2008 bis 2011 ein dreijähriges Projekt des Kommunalverbandes für Jugend und Soziales Baden-Württemberg (KVJS) statt, in dem es darum geht, „Praxiserprobte Verfahren zur Erfassung der Wirkungen von Kooperationsformen der Jugendhilfe (WiKo)" im Rahmen des Netzwerkaufbaus Kinderschutz und Frühe Hilfen zu entwickeln. Die Erziehungsberatungsstellen der Stadt Freiburg sind hieran als Projektstandort, zusammen mit dem Institut für Angewandte Forschung (IAF) an der katholischen Fachhochschule Freiburg, beteiligt.

Risikoeinschätzung und Schutzplanentwicklung

Ein zweiter Schwerpunkt der Beteiligung am Kinderschutz in den Erziehungsberatungsstellen liegt in der Unterstützung der Risikoeinschätzung und Schutzplanentwicklung in Kindertages- und Jugendhilfeeinrichtungen über „insofern erfahrene Fachkräfte", wenn diese Trägern selbst nicht zur Verfügung stehen. Besteht doch gerade in Betreuungs- und Bildungseinrichtungen für Kinder noch Unsicherheit bezüglich des Vorgehens bei Kindeswohlgefährdung oder in der Balance zwischen Betreuungsauftrag einerseits und Schutzauftrag und Ansprache der Eltern andererseits. Fachkräfte der Erziehungsberatung mit entsprechenden Zusatzqualifizierungen können hier Unterstützung anbieten, nicht nur bei der Risikoeinschätzung, sondern auch bei der Erfassung von Ressourcen und der Hilfeplanung sowie der Elternarbeit. Der „Dritte Blick" von außen kann hier hilfreich sein.

Frühberatung

Die Frühberatung, die bislang vorwiegend über die Krankenkassen oder über Selbstzahler verrechnet wurde (Groß et al. 2007), wird in der Jugendhilfe und in der Erziehungsberatung zurzeit ausgebaut. Hierzu zählt die Beratung bei frühkindlichen Regulationsstörungen und Eltern-Kind-Bindungsstörungen, bei Überforderung oder psychischen Schwierigkeiten der Eltern, bei Verhaltensauffälligkeiten wie Schreien, Unruhe, Schlaf- und Ernährungsproblemen von Säuglingen und Kleinkindern. Hier kommen Ansätze wie die Eltern-Säuglings-Beratung nach Papousek oder die Video-Mikroanalyse-Therapie nach Downing zum Tragen. In vielen Fällen geht es auch darum, Unterstützungs- und Therapiehilfen für belastete Eltern, insbesondere junge Mütter, zu vermitteln, die in der Säuglingspflege und Erziehung überfordert sind, Schwangerschaftsdepressionen oder eigene Bindungsdefizite aufweisen. Die langjährigen Erfahrungen der Erziehungsberatungsstellen im Frühbereich sowie die Kooperationsstrukturen mit Kinderärzten, Kliniken und Therapeuten können hier genutzt werden (Suess/Pfeifer 1999).

8. Resilienzförderung bei Beraterinnen und Beratern

Fachkräfte in der Erziehungsberatung, die vorwiegend mit Multiproblem- und Risikofamilien arbeiten, stehen in der Gefahr, auf Dauer „ausgebrannt" zu werden, zu wenig Erfolgserlebnisse und Veränderungsmöglichkeiten zu erfahren und in zu starkem Maße familienersetzende Funktionen zu übernehmen.

Sie werden somit Teil des Belastungssystems der Familie, werden in deren Ambivalenzen, einerseits Hilfe zu erhalten, andererseits hierfür keine Verantwortung übernehmen zu wollen, hineingezogen und entwickeln so selbst Überlastungs- und Erschöpfungssymptome (Maroon 2008; Slüter 2009).

Arbeitsüberlastung, Mangel an Autonomie oder eine zu homogene Arbeitsstruktur können diesen Prozess beschleunigen. Erschöpfung, Müdigkeit, Motivationsschwächung, nachlassende Arbeitskraft oder auch Empathieverlust können die Folge sein.

Es kommt also darauf an, auch die Resilienz der Beraterinnen und Berater zu stärken und ihnen Möglichkeiten an die Hand zu geben, gerade in der Arbeit mit Multiproblemfamilien die eigenen Ressourcen zu erhalten.

Interventionsmöglichkeiten:
- Abstand halten und sich abgrenzen
- Klare Struktur einhalten
- Gute Arbeitsorganisation
- Prioritäten setzen
- Klare Aufgaben und Kontraktbildung
- Sich realistische Ziele setzen
- Sich zeitlich nicht unter Druck setzen
- Auf den Prozess konzentrieren
- Hilfe zeitlich begrenzen

- Der Focus sollte auf dem Erfolg liegen
- Sich Erfolge auch selbst zuschreiben
- Beratungsergebnisse nicht persönlich nehmen
- Eigenverantwortung der Familie stärken
- Gute Teameinbindung
- Andere um Hilfe ersuchen
- Persönliche Beziehungen pflegen
- Auf eigene Affekte achten
- Die eigene Integrität bewahren
- Heterogene Zielgruppen betreuen
- Andere Lebens- und Aufgabenbereiche entwickeln
- Regelmäßige Fallbesprechungen
- Meta-Ebene einnehmen
- Interne Co-Rollen überprüfen
- Erreichbare Ziele formulieren.

9. Kritische Bemerkungen

- Resilienzförderung bezieht sich nicht nur auf die allgemeine Stärkung von Ressourcen wie Elternkompetenz, Bindung oder konstruktive Kommunikation. Sie muss dann wirksam werden und von den Betroffenen genutzt werden, wenn sie im konkreten Alltag vonnöten ist. Anwendungsmöglichkeiten in der Familie sollten deshalb in der Beratung von vornherein mit einbezogen und berücksichtigt werden.
- Es reicht nicht aus, wenn nur die Fachkräfte selbst auf Stärken und Kompetenzen bei den Betroffenen achten und auf sie hinweisen; vielmehr sollte sich die Wahrnehmung und Beachtung eigener Stärken und Kompetenzen bei Eltern und Kindern selbst weiterentwickeln können.
- Oft wird übersehen, dass es zum Annehmen von Resilienzfaktoren erst einer Veränderung von „belief-systems" der Betroffenen bedarf. Eine zu frühe Fokussierung auf Resilienzfaktoren in der Beratung führt – gerade bei sehr entmutigten und hoffnungslosen Familien – häufig zur Abwehr und zum Festhalten an zwar negativen, aber doch vertrauten Selbstkonzepten.
- In der Beratung besteht die Gefahr, dass sich die Beraterin oder der Berater auf pauschalisierte Urteile der Familie einlässt (zum Beispiel: „Nichts klappt mehr", „Es ist sowieso alles aussichtslos", „Niemand hilft uns", „Wir sind uns nie einig", „Es hat alles keinen Sinn mehr").

Stattdessen muss die Beratung versuchen zu differenzieren, Ausnahmen zu erkunden und situationsspezifisch vorzugehen.
- Das Resilienzinteresse der beratenden Person darf nicht dazu führen, dass sie Risiken und Belastungen übersieht, Ressourcen der Familie und des Kindes überschätzt und eine zu positivistische Haltung einnimmt. Viele Familien sprechen über eigene Ressourcen erst dann, wenn sie sich auch in ihren Ängsten und Nöten ernst genommen fühlen.
- Die Förderung einzelner Resilienzfaktoren in Beratung und Therapie entfaltet nicht dieselbe Wirkung wie die Förderung von Schutzfaktoren auf verschiedenen Ebenen. Erst die „konzertierte Aktion" risikomindernder Maßnahmen führt zu einer spürbaren Entlastung.
- Zielvereinbarungen – etwa zwischen Eltern, Schule, Kindergarten, sozialen und medizinischen Diensten, Therapeuten etc. – haben sich hier als günstig erwiesen, müssen aber immer wieder kontrolliert und neu abgestimmt werden. Oft ist nicht geklärt, wer die Hilfeplanung steuert („monitoring").
- In der Erziehungsberatung stehen Beziehungen und psychosoziale Belastungsfaktoren im Vordergrund. Es wird oft unterschätzt, dass ein sicheres Einkommen, ausreichender Wohnraum, der Abbau von Schulden oder der Zugang zu Bildung entscheidende existentielle Resilienzfaktoren darstellen. In der Beratung sollten diese Gesichtspunkte stärker erfragt und berücksichtigt werden.
- Der Fokus in der Erziehungsberatung liegt vom Auftrag her beim Kind. Die Beratungspraxis zeigt aber nun gerade, dass kindliche Verhaltensauffälligkeiten oft das erste Anzeichen von persönlichen psychischen, sozialen oder materiellen Problemen auch auf der Erwachsenenebene sind und hier entsprechende Hilfen vermittelt werden müssen.
- Die berufliche Hingabe der Beraterin und des Beraters darf nicht zur „Aufgabe" der eigenen Persönlichkeit werden. Sie und er müssen lernen, sich ausreichend zu schützen, sich abzugrenzen und nicht „Retter der Familie" oder „Mädchen für alles" zu werden. Damit leisten sie beispielhaft auch einen Beitrag zum Ressourcenerhalt und zur Resilienz.

Literatur:

Antonovsky, A.(1997): Salutugenese. Zur Entmystifizierung der Gesundheit. Tübingen

Bader-Rampp, Melanie (2008): Der Circle of Courage als psychologisch-pädagogisches Handlungsmodell zur Förderung von Resilienz in Kindern und Jugendlichen im Kontext der Erziehungsberatung. Unveröff. Diplom-Arbeit, Evangelische Fachhochschule Freiburg

Bastian, Pascal/Diepholz, Annerieke/Lindner, Eva (Hrsg.) (2008): Frühe Hilfen für Familien und soziale Frühwarnsysteme. Münster

Berg, Insoo Kim/Kelly, Susan (2001): Kinderschutz und Lösungsorientierung. Dortmund

Brendtro, Lary K./Brokenleg, Martin/Van Bockern, Steve (2002): Reclaiming Youth at risk. Our Hope for the future. Indiana

Brooks, R./Goldstein, S. (2007): Das Resilienz-Buch. Stuttgart

Buchwald, Petra/Schwarzer, Christine/Hobfoll, Stevan E. (Hrsg.) (2004): Stress gemeinsam bewältigen. Göttingen

Bundesministerium für Familien, Senioren, Frauen und Jugend (2004): Soziale Kompetenz für Kinder und Familie. Ergebnisse der Erlangen-Nürnberger Entwicklungs- und Präventionsstudie. Berlin

Bundesministerium für Familien, Senioren, Frauen und Jugend (2005): Zwölfter Kinder- und Jugendbericht. Drucksache 15/6014. Berlin

Bundesministerium für Familien, Senioren, Frauen und Jugend (2009): Dreizehnter Kinder- und Jugendbericht. Drucksache 16/12860. Berlin

Conen, Marie-Luise (2004): Wo keine Hoffnung ist, muss man sie erfinden. Heidelberg

Coppersmith, S. (1967): The Antecedents of Selfesteem. San Francisco

Fegert, J.M. (2008): Das 16th Annual Meeting der Society for Preventive Research. Blick auf Programme im Kinderschutz, Kindschaftsrecht und Jugendhilfe 9, S. 367 – 370

Frick, J. (2007): Die Kraft der Ermutigung. Bern

Fröhlich-Gildhoff, K./Dörner, Tina/Rönnau, Maike (2007): Prävention und Resilienzförderung in Kindertageseinrichtungen – PriK. München

Groß, Sarah/Stasch, M./von dem Knesebeck, M./Cierpka, M. (2007): Zur Lage der Beratung und Therapie von Eltern mit Säuglingen und Kleinkindern in Deutschland, Praxis der Kinderpsychologie und Kinderpsychiatrie, 10, S. 822–835

Jaede, W. (2006): Bewältigungsstrukturen von Kindern in Risikokonstellationen erkennen. Ergebnisse der Resilienzforschung für die Fallarbeit nutzen. In: Die Kinderschutzzentren, Entmutigte Familien bewegen (sich) – 6. Kinderschutzforum 2006. S. 214 – 230.

Jaede, W. (2008): Kinder für die Krise stärken. Selbstvertrauen und Resilienz fördern. Freiburg

Klemenz, B. (2003): Ressourcenorientierte Diagnostik und Intervention bei Kindern und Jugendlichen. Tübingen

Lange, M./Kamtsiuris, P./Lange, C./Schaffrath, R. A./Stolzenberg, H./Lampert, T. (2007): Messung soziodemographischer Merkmale im Kinder- und Jugendgesundheitssurvey (KiGGsS) und ihre Bedeutung am Beispiel der Einschätzung des allgemeinen Gesundheitszustands. Bundesgesundheitsblatt – Gesundheitsforschung – Gesundheitsschutz, 50, S. 578–689

Lanfranchi, Andrea (2006): Resilienzförderung von Kindern bei Migration und Flucht. In: Welter-Enderlin/Hildenbrand (Hrsg.) (2006): Resilienz – Gedeihen trotz widriger Lebensumstände, S. 119–138. Heidelberg

Lazarus, R. S. (1991): Emotion und Adaption. London

Lösel, F., Beelmann, A., Jaursch, S. & Stemmler, M. (2004). Soziale Kompetenz für Kinder und Familien: Ergebnisse der Erlangen-Nürnberger Entwicklungs- und Präventionsstudie. Universität Erlangen-Nürnberg.

Lorenz, R. (2004): Salutogenese. München

Loth, W. (2003): Was zusammen prallt, kann auch zusammen wirken: Vom Konflikt zum Kontrakt. In: Weber u.a.(2003): Beratung bei Konflikten. Weinheim

Maroon, I. (2008): Burnout bei Sozialarbeitern. Hildesheim

Omer, H./von Schlippe, A. (2004): Autorität durch Beziehung. Die Praxis des gewaltlosen Widerstands in der Erziehung. Göttingen

Opp, G./Fingerle, M. (Hrsg.) (2007): Was Kinder stärkt. Erziehung zwischen Risiko und Resilienz. München

Sann, Alexandra (2008): Modelle Früher Hilfen, Interventionsangebote und Vernetzungskonzepte. Vortrag gehalten am Fachtag der Stadt Freiburg am 12.11.2008: „Schutzauftrag für Kinder und Jugendliche – Frühe Hilfen". Freiburg.

Schmidt-Denter, U. (1995): Soziale Entwicklung. 3. Aufl., Weinheim/Basel

Schwarzer, R.(1993): Stress, Angst und Handlungsregulation. Stuttgart

Slüter, R. (2009): Schwierige Familien – schwierige Helferbeziehungen. In: Die Kinderschutz-Zentren (2009): Frühe Hilfen. Zugänge schaffen, Hilfen gemeinsam gestalten, Resilienzfaktoren nutzen, S. 59–61. Köln

Steiner, Therese/Berg, Insoo Kim (2005): Handbuch Lösungsorientiertes Arbeiten mit Kindern. Heidelberg

Storch, Maja/Riedener, Astrid (2005): Ich Packs! – Selbstmanagement für Jugendliche. Bern

Suess, G. J./Pfeifer, W.-K.P. (1999): Frühe Hilfen. Gießen

Tschöpe-Scheffler, Sigrid (2003): Elternkurse auf dem Prüfstand. Opladen

Tsirigotis, Cornelia (2007): „Er/sie hört mich ja nicht" – Stärkung der elterlichen Stimme und Präsenz angesichts von Hörschaden und Behinderung. In: Tsirigotis, C./von Schlippe, A., Schweitzer, J. (Hrsg.): Werkstattbuch Elterncoaching. Elterliche Präsenz und gewaltloser Widerstand in der Praxis. Göttingen

von Schlippe, A./Schweitzer, J. (1996): Lehrbuch der systemischen Therapie und Beratung. Göttingen

Weber, M./Schilling, H. (Hrsg.) (2006): Eskalierte Elternkonflikte. Beratungsarbeit im Interesse des Kindes bei hoch strittigen Trennungen. Weinheim

Weinberg, Dorothea (2005): Traumatherapie mit Kindern. Stuttgart

Welter-Enderlin, Rosemarie/Hildenbrand, Bruno (Hrsg.) (2006): Resilienz – Gedeihen trotz widriger Umstände. Heidelberg

Werner, Emmi E. (2006): Wenn Menschen trotz widriger Umstände gedeihen – und was man daraus lernen kann. In: Welter-Enderlin/Hildenbrand (Hrsg.) (2006): S. 28–42

Wustmann, Corina (2004): Resilienz. Weinheim

Dialogische Erziehung im Heim – das Beispiel SOS-Kinderdorf

Georg Kormann

1. Gesetzliche Grundlagen der stationären Jugendhilfe

Das Hilfsangebot der Heimerziehung steht seit weit über 30 Jahren unter einem erheblichen Druck der Legitimation. Eine ablehnende Haltung gegenüber der Unterbringung von Kindern und Jugendlichen im Heim prägte über viele Jahre hinweg bis heute die Fachdiskussionen in der Jugendhilfe und in der Öffentlichkeit. Das am 1.1.1991 in Kraft getretene neue Kinder- und Jugendhilfegesetz (KJHG) stärkt ganz eindeutig die Stellung der Eltern in Bezug auf die Erziehung ihrer Kinder. Es folgt den Erkenntnissen moderner Sozialisationsforschung und neueren Ansätzen in der Pädagogik und Psychologie. Der Perspektivwechsel gegenüber dem alten Jugendwohlfahrtsgesetz (JWG) wird im § 1 des neuen Gesetzes (Münder 1996) deutlich. Das Gesetz gibt keine Erziehungsziele vor, sondern spricht von individueller sozialer Entwicklung. Die Hilfe hat immer auf den aktuellen Lebensbezügen des Kindes aufzubauen und dem Kind eine lebensweltorientierte Hilfe anzubieten.

Im § 34 KJHG wird die Hilfe zur Erziehung in einer Einrichtung über Tag und Nacht geregelt. Der Gesetzgeber spricht von Heimerziehung und sonstigen betreuten Wohnformen wie Jugendwohngruppen, teilstationären Gruppen, Erziehungsstellen, betreutem Wohnen und intensiver sozialpädagogischer Einzelbetreuung. Hier wird deutlich, dass Heimerziehung in differenzierten Wohnformen stattfinden kann: „Hilfe zur Erziehung in einer Einrichtung über Tag und Nacht (Heimerziehung) oder in einer sonstigen betreuten Wohnform soll Kinder und Jugendliche durch eine Verbindung von Alltagsleben mit pädagogischen und therapeutischen Angeboten in ihrer Entwicklung fördern. Sie soll entsprechend dem Alter und Entwicklungsstand des Kindes oder des Jugendlichen sowie den Möglichkeiten der Verbesserung der Erziehungsbedingungen in der Herkunftsfamilie eine Rückkehr in die Familie zu erreichen versuchen oder die Erziehung in einer anderen Familie vorbereiten oder eine auf längere Zeit angelegte Lebensform bieten und auf ein selbstständiges Leben vorbereiten. Jugendliche sollen in Fragen der Ausbildung und Beschäftigung sowie der allgemeinen Lebensführung beraten und unterstützt werden."

Im Jahre 2005 wurde im SGB VIII § 8a der „Schutzauftrag bei Kindeswohlgefährdung" festgelegt. Das Gesetz regelt das Eingreifen des Jugendamtes bei dringender Gefahr und Gefährdung des Kindeswohls und verpflichtet die Behörde, das Kind oder den Jugendlichen in einer entsprechenden Einrichtung in Obhut zu nehmen. Jugendämter achten inzwischen wieder stärker auf die Bedürfnisse und Gefährdungen der Kinder. Dies wird deutlich an den gestiegenen Zahlen der Inobhutnahme. Die Jugendämter nehmen wieder verstärkt Kinder und Jugendliche kurzfristig zum Schutz aus ihren Familien. Die Zahl der Inobhutnahmen stieg 2008 auf 32.300, dies bedeutet im Vergleich zu 2005 eine Steigerung um 26 %. Als Folgemaßnahme kommt dann neben intensiver ambulanter Betreuung auch eine Unterbringung in einem Heim in Frage. Doch *das* Heim gibt es nicht, die Heimerziehung hat sich sehr stark differenziert und ist bemüht, Hilfsmaßnahmen anzubieten, die den Bedürfnissen der Kinder und Jugendlichen auch gerecht werden (vgl. Trede/Winkler 2000).

1.1 Erziehung in Wohngruppen

Auch Kinder, die noch in großen schul- oder internatsähnlichen Komplexen leben, sind in getrennten Wohneinheiten untergebracht, die sich weitgehend selbst versorgen. Immer häufiger werden Wohngruppen aus dem Hauptgebäude ausgelagert und in „Außenwohngruppen" untergebracht, in denen sechs bis neun Kinder und Jugendliche von drei bis vier ErzieherInnen im Schichtdienst rund um die Uhr betreut werden.

1.2 Heimerziehung als heilpädagogisch-therapeutische Intensiverziehung

Bei jeweils unterschiedlichen Rahmenbedingungen werden Verhaltenssymptome und bei den Kindern aufgetretene Defizite behandelt. Großer Wert wird hier gelegt auf eine Strukturierung des Alltags und eine gezielte Gestaltung des therapeutischen Milieus.

1.3 Heimerziehung als „Familienerziehung"

Aus der Kritik an den Anstalten der Vorkriegszeit entwickelten sich die Kinderdörfer mit ihren autonomen Familiengruppen und später die Kinderhäuser und andere Kleinsteinrichtungen in privater Trägerschaft. Gemeinsam ist dieser Hilfeform eine familienähnliche Struktur, in der die Kinder mit einer Hausleitung oder einem Ehepaar mit eigenen Kindern und weiteren sozialpädagogischen Fachkräften zusammenleben. Mit der

Kinderdorfbewegung erfuhr die Heimerziehung in der Nachkriegszeit entscheidende Impulse für ihre Reform (Esser 2009).

1.4 Heimerziehung als selbständiges Wohnen

Beim selbstständigen Wohnen von Jugendlichen in einer angemieteten Wohnung mit fachlicher Betreuung wird die Wohnform der Jugendwohngruppe als Stufenmodell zur Verselbstständigung praktiziert. Weitere Differenzierungen mit spezifischen Angeboten können sein: Wohngruppen für sexuell missbrauchte Mädchen, für türkische Mädchen oder spezielle Wohngruppen als Angebote der Nachsorge nach einem Psychiatrieaufenthalt.

1.5 Heimerziehung als Einzelbetreuungsmaßnahme

Heimerziehung können auch alle Einzelbetreuungsmaßnahmen sein, die nach § 35 KJHG der „Intensiven sozialpädagogischen Einzelbetreuung" zuzuordnen sind, wie flexible Betreuungsformen und erlebnispädagogische Projekte.

Die Auswertung der intensiven Familienbetreuungsprojekte zeigt, dass sich Heimeinweisungen nicht immer verhindern lassen. Vielmehr wird belegt, dass das Leben im Heim unter bestimmten Konstellationen die bessere Alternative darstellt (Koch/Lambach 2000: 91 ff.). Die Heimerziehung läuft aber Gefahr, unter dem aktuellen finanziellen Druck wieder eine Pädagogik zu praktizieren, die auf Defizite fokussiert und auf die möglichst kostengünstige schnelle Beseitigung der Probleme angelegt ist. Nicht zuletzt aus Kostengründen wird von den beteiligten Jugendämtern dann in über 30 % der Fälle eine nicht geeignete Hilfe gewählt. Heimerziehung als eine der kostenintensivsten Formen der Hilfe soll baldmöglichst in günstigere Hilfeformen umgewandelt werden. Trotz aller Bemühungen um eine schnelle Rückführung und Weiterführung der Hilfen in einem ambulanten Setting geht die JULE-Studie (Baur et al. 1998) davon aus, dass 15 % aller Kinder und Jugendlichen in der Heimerziehung eine Unterstützung in einem neuen „Zweiten Zuhause" (Gehres 1997) bis zur Verselbstständigung benötigen. Für sie bietet besonders die Erziehung in einem Kinderdorf eine angemessene Form der Hilfe durch das dort vorhandene Angebot von Kontinuität, Langfristigkeit und Beziehungsorientierung in der Lebensgemeinschaft eines Kinderdorfhauses (Esser 2009). Statt Vorgaben für eine möglichst schnelle Symptomreduktion benötigen ErzieherInnen Unterstützung und Hilfestellung zur ressourcenorientierten Förderung der Kinder und Jugendlichen sowie Deutungshilfen für den pädagogischen Prozess und die Fähigkeit zur Empathie, damit sie besser verstehen, was das auffällige, ungewöhnliche Verhalten des Kindes bedeuten könnte. Dazu bedarf es der Reflexion eigenen Verhaltens und fundierter theoretischer Kenntnisse. Die Ergebnisse der Bindungsforschung (vgl. Brisch/Hellbrügge 2003, Grossmann/Grossmann 2007b) verweisen bei einer problematischen Entwicklung auf die zentrale Rolle positiver Bindungspersonen für eine erfolgreiche Risikobewältigung.

2. Ergebnisse der Forschung zur Heimerziehung: Von den Bewährungsstudien zur Wirkungsforschung

Vor 1970 gab es nur wenige Untersuchungen, die sich mit Heimerziehung befasst haben. Die Studie von Pongratz u. Hübner (1959) bezieht sich wie die meisten Untersuchungen, die sich mit Lebensbewährungsfragen beschäftigen, lediglich auf die Übereinstimmung des Verhaltens mit den Gesetzen (Legalbewährung) und auf die Erhaltung der Selbstständigkeit durch eigene Arbeit (Arbeitsbewährung). In einer klassischen Untersuchung zur Lebensbewährung postulieren sie als gelungene Form: Der Jugendliche „soll nicht straffällig werden, die Mitmenschen nicht schädigen, ausnutzen oder beeinträchtigen, er soll arbeiten und für seine Angehörigen sorgen. Das ist in etwa das, was wir als Bewährung bezeichnen können." Sie resümieren in diesem Sinne: „Etwa 70 % der ehemals Betreuten haben sich bewährt und rund 30 % nicht bewährt. Die Gesamtbewährung der Mädchen entspricht mit rund 74 % etwa der der männlichen Betreuten (rund 69 %)." (Pongratz/Hübner 1959: 19).

Anfänge der Praxisforschung in der Jugendhilfe finden sich auch während der 1970er Jahre in den Heimen des Verbandes katholischer Einrichtungen (vgl. Knab 2009). Pionierleistungen bei Fragen der Umstrukturierung von Heimerziehung und beim Aufbau neuer Arbeitsfelder zeugen von Bemühungen um eine Neuausrichtung in der Heimerziehung. Macsenaere (2009) gibt einen ausführlichen Überblick über die Jugendhilfeforschung und betont die Zunahme der empirischen Studien in den 1980er und 1990er Jahren. Besonders zu nennen sind hier Veröffentlichungen zu Elternarbeit, Erziehung in Wohngruppen außerhalb des Heimes, Personalfluktuation und zur Belastung von Erziehern im Heimalltag.

Die Untersuchung der Planungsgruppe PETRA (1988) gibt einen differenzierten Einblick in die Leistungsfelder und Organisationsstrukturen von Heimerziehung. Bürger (1990) analysiert die Legalbewährung und die schulischen und beruflichen Leistungen von ehemaligen Heimkindern. Mit einem Prä-Post-Design untersucht Hebborn-Brass (1991) die Veränderungen bei Jugendlichen, die durch Heimerziehung erreicht wurden, und erarbeitet die dafür notwendigen Bedingungen. Hansen (1994) beschreibt in seiner Untersuchung Heimerziehung als einen „sicheren Ort", der Kindern und Jugendlichen Entlastung und Schutz gewährt. Gehres (1997), der in seiner Studie die „Lebensgeschichte und Persönlichkeitsentwicklung von dreißig ehemaligen Heimkindern" untersucht, kommt zu dem Ergebnis, dass die Hilfe im Heim bei 86,7 % der Befragten erfolgreich war und einen wertvollen Beitrag zur Persönlichkeitsentwicklung des jungen Menschen dargestellt hat; bei 13,3 % wurde die Hilfe als weniger erfolgreich eingeschätzt.

Das Forschungsprojekt Jugendhilfeleistungen (JULE) (vgl. Baur et al. 1998) ist ein vom Institut für Erziehungswissenschaften der Universität Tübingen unter der Projektleitung von Hans Tiersch durchgeführte Evaluationsstudie zur retrospektiven Längsschnittuntersuchung über den Erfolg von stationären und teilstationären Hilfen zur Erziehung. Die Untersuchung liefert einen wichtigen Beitrag zur Frage der Effektivität von Erziehungshilfe in Heimen, Tagesgruppen und Jugendwohngruppen, weil sie die Wirksamkeit dieser Erziehungshilfeformen untersucht, aber auch die Bedingungen für deren Wirksamkeit herausstellt. Die Studie verfolgt das Ziel, bestimmte Leistungspotenziale der verschiedenen Formen von Erziehung darzustellen und sie im Hinblick auf den „Ertrag" und die Wirksamkeit für die betroffenen Kinder und Jugendlichen zu bewerten. Die AutorInnen sehen Evaluationsforschung in der Jugendhilfe geradezu als Pflichtaufgabe an angesichts der Differenziertheit der Angebote im Bereich der teil-/stationären Hilfen zur Erziehung und der „Schwere des Eingriffes" sowie der hohen damit verbundenen Kosten. Sie nehmen eine kritische Überprüfung des Leistungspotenzials der verschiedenen Formen von Hilfe vor und präsentieren Erkenntnisse darüber, wie die unterschiedlichen Betreuungskonzepte im Alltag wirken. Der Evaluationsansatz dieser Studie basiert auf dem Konzept einer lebensweltorientierten sozialen Arbeit. Lebensweltorientierung fragt vor allem danach, wie junge Menschen und ihre Eltern und Familien mit ihrem Leben zurechtkommen. Erzieherische Hilfen haben demnach die Aufgabe, junge Menschen in ihrem Erfahrungsraum zu unterstützen und Hilfe zur Selbsthilfe zu geben. Die AutorInnen gingen von folgenden Prämissen aus:

„Der Bezugspunkt einer Bilanzierung ist das Subjekt (Subjektperspektive). Wenn erzieherische Hilfen auf die Kinder und Jugendlichen als Individuen zielen und das Versprechen von „besseren Perspektiven" im eigenen Leben nach der Hilfe implizieren, dann kann dementsprechend der Erfolg der Hilfe nur daran gemessen werden, wie es gelingt, (...) Schwierigkeiten (zu) beheben (...). Die individuellen Entwicklungen des jungen Menschen selbst sind der Bezugsrahmen zur Bemessung des Erreichten (...)." Die JULE-Studie kommt bei der Betrachtung von Heimerziehung aus der Sicht der jungen Menschen (auf der Basis von 27 Interviews) zu folgenden Ergebnissen:

- Die jungen Menschen schätzen die Erfahrungen im Heim überwiegend als hilfreich für ihr heutiges Leben ein.
- Auffallend ist der eingetretene Bedeutungswandel: Die Einschätzung ändert sich im Lauf der Jahre und aufgrund der jeweils aktuellen Lebenssituation und Zufriedenheit der Interviewten mit sich und ihrem Leben. Viele stufen einzelne Anstöße der Hilfe heute als hilfreicher ein, als sie dies seinerzeit zum Zeitpunkt der Beendigung der Unterstützung getan haben.
- Acht Interviewte (von 27) sagten aus, dass sie durchgängig positive und hilfreiche Erfahrungen in dieser Zeit gemacht hätten und die Zeit im Heim ein integrierter Bestandteil ihrer Lebensgeschichte sei, der auch mit wichtigen Erfahrungen verbunden sei.
- Zentrale Funktion des Heims ist für sie vor allem das zweite und neue Zuhause.
- Heimerziehung erscheint aber trotz der nun allgemein positiven Bilanz in mancher Hinsicht defizitär. Nach wie vor scheint Elternarbeit vernachlässigt zu werden.
- Als problematisch werden Erfahrungen des „Verlegens und Abschiebens" innerhalb des Heims oder in ein anders Heim erlebt.

Mit der „Jugendhilfe-Effekte-Studie" (JES) startete 1995 das damals größte Jugendhilfeforschungsprojekt mit dem Ziel, die Effekte ausgewählter Formen der Erziehungshilfe bei verhaltensauffälligen Kindern zu untersuchen (Schmidt et al. 2003). Das Projekt wurde unter anderem durch Ministerien des Bundes und einiger Länder sowie durch den Deutschen Caritasverband finanziert. Die Projektleitung wurde vom Institut für Kinder- und Jugendhilfe in Mainz (IKJ) wahrgenommen. Vom IKJ wurde 1999 das Dokumentations- und Qualitätsentwicklungsinstrument „EVAS" konzipiert, das heute von ca. 150 Einrichtungen im Sinne der Qualitätsentwicklung eingesetzt wird. Inzwischen sind so mehr als 25.000 „Fälle" in der Kinder- und Jugendhilfe erfasst (Knab 2009; Macsenaere 2009).

Bei einer aktuellen, vor kurzem abgeschlossenen Fragebogenerhebung (Esser 2009), an der sechs stationäre Jugendhilfe-Einrichtungen beteiligt waren, wurden in einem differenziert angelegten Fragebogen Ehemalige nach der Bewertung ihrer Erfahrungen im Heim befragt. Es konnten 355 Fragebogen von Ehemaligen aus dem Zeitraum 1945 bis heute ausgewertet werden. Die Frage nach der Gesamtbewertung ihrer Heimzeit beantworten 53 % mit „sehr gut" und 31,6 % mit „gut". Als zentrales Ergebnis der Studie kann die Aussage von 82,4 % aller Ehemaligen gesehen werden, welche nämlich angaben, dass sie in ihrer Zeit im Heim mindestens einen Erwachsenen gefunden haben, der für sie zu einer wichtigen Bezugsperson für ihr ganzes Leben wurde. Die Ergebnisse machen insgesamt deutlich, dass die ehemaligen Heimkinder und Jugendlichen ihre Heimzeit um so eher als wertvoll für ihr weiteres Leben einschätzen, je mehr es ihnen gelungen ist, während des Aufenthaltes wichtige emotionale Beziehungen und Bindungen zu einer oder mehreren Betreuungspersonen aufzubauen.

3. Forschung im sozialen Mikrobereich: Ergebnisse aus der Resilienzforschung zu Heimerziehung

Die Wirkungsforschung in der Heimerziehung befasste sich in der Vergangenheit vorrangig mit eher generellen und globalen Fragestellungen zum Ausmaß des Erfolges der Erziehungsbemühungen in den Heimen (Macsenaere 2009). Alle vorliegenden Studien belegen, dass von einer hohen Effektivität der Arbeit in den Heimen der Jugendhilfe ausgegangen werden darf: Die Ergebnisse zeigen, dass zu etwa 75 % die Hilfe zur Erziehung im Heim als erfolgreich angesehen werden kann.

Seit einigen Jahren bewegt sich die Forschung weg von den eher globalen Fragestellungen hin zu der Bedeutung einzelner konkreter Wirkfaktoren für die Entwicklung des Kindes und Jugendlichen. Schrödter/ Ziegler (2007) stellen vor dem Hintergrund der Frage: „Was wirkt in der Kinder- und Jugendhilfe?" ein System von Indikatoren für Wirksamkeit zusammen. Wolf (2007) nennt als Ergebnis einer Metastudie von Fallanalysen und qualitativen Erhebungen unter anderen folgende zentrale Wirkfaktoren: Partizipation, Orientierung gebende Strukturen und Regeln, Netzwerke außerhalb des Elternhauses und die Qualität des Erziehungsklimas und der Beziehungen.

Hier liegt im Kontext von Heimerziehung auch der Ansatzpunkt für Resilienzforschung. Die Forschung geht heute von einer situations- und lebensbereichsspezifischen (z. B. Schule, soziale Beziehungen, Heimerziehung usw.) Resilienz aus. Hier hat die Resilienzforschung ihren Schwerpunkt vor allem auf schützende Faktoren im Nahbereich gelegt, im Wesentlichen also auf die Eigenschaften einer Person, ihre Beziehungen und Kontakte. Solche protektiven Faktoren sind psychologische Merkmale des Individuums und seiner sozialen Umwelt, welche die Wahrscheinlichkeit von seelischer Beschädigung nach schwerwiegenden Belastungen mildern. Diese gesundheitsfördernden Faktoren sind aus der Sicht von Aaron Antonovsky (1997) sozusagen als „generalisierte Widerstandsressourcen" zu bezeichnen.

Die „Bielefelder Invulnerabilitätsstudie" (Lösel/Bender 1999) bezieht sich auf diesen Mikrobereich. Ihr lag die Zielsetzung zugrunde, die seelische Widerstandskraft unter den Bedingungen eines besonders hohen Entwicklungsrisikos zu untersuchen. Der Begriff der „Invulnerabilität" muss in diesem Zusammenhang allerdings zu Missverständnissen führen. Es geht den Autoren nicht darum, eine etwaige Unverletzbarkeit der Heimkinder zu untersuchen, sondern um die bessere Erfassung von Resilienz in den Mikrostrukturen von Erziehungsfeldern außerhalb der Familie. Zielgruppe dieser Untersuchung waren Jugendliche aus der Heimerziehung, die einem sehr belasteten und unterprivilegierten Mehrfach-Problem-Milieu mit unvollständigen Familien, Armut, Erziehungsdefiziten, Gewalt und Suchtproblemen entstammten.

Untersucht wurde eine Gruppe von 66 Jugendlichen im Alter von 14–17 Jahren, die sich trotz der genannten Risikobelastung positiv entwickelte (Gruppe der Resilienten); die Kontrollgruppe bildeten 80 Jugendliche mit gleicher Risikobelastung, die aber Verhaltensprobleme entwickelten (Gruppe der Auffälligen). Es wurden vier Merkmalsbereiche untersucht: biografische Belastungen, Problemverhalten, personale Ressourcen und soziale Ressourcen. Neben objektiven Faktoren wurde auch die subjektiv erlebte Belastung gemessen. Die stabil resilienten Jugendlichen unterschieden sich eindeutig hinsichtlich der Symptombelastung und der Variablen, welche die personalen und sozialen Ressourcen betrafen. So erlebte die Gruppe der „Resilienten" ein harmonisches und stützendes Erziehungsklima und fand häufiger eine feste Bezugsperson außerhalb der hoch belasteten Herkunftsfamilie. Darüber hinaus zeigten sich die „resilienten" Jugendlichen in ihrem Bewältigungsverhalten aktiver und weniger vermeidend, erlebten sich als weniger hilflos und vertrauten mehr auf eigene Kräfte.

4. Heimerziehung aus subjekiver Perspektive: Resilienzfaktoren bei Ehemaligen im Kinderdorf (Kormann 2006)

Es gab im Lauf der Geschichte der Heimerziehung viele Bemühungen, die Wirksamkeit der Heimerziehung einer breiten Öffentlichkeit deutlich zu machen. Evaluationsforschung und Wirkungsforschung in der Heimerziehung ist bei einem großen Teil der vorliegenden Untersuchungen auf das Produkt der Hilfe ausgerichtet und untersucht die Leistungsfähigkeit erzieherischer Hilfen im Heim. Die Qualität der Hilfe wird am Erziehungserfolg gemessen und an der Frage, inwieweit sich Ehemalige im Leben bewähren.

4.1 Die Untersuchungsmethode

Der Ansatz, den ich selbst mit meiner qualitativen Untersuchung verfolge, ist ein anderer: *Das subjektive Erleben und die psychische Befindlichkeit der einzelnen GesprächspartnerIn stehen im Zentrum des Interesses.* Ich möchte den Blick auf den Prozess richten, auf die jeweiligen Bewältigungs- und Bearbeitungsstrategien achten und auf Faktoren und Bedingungen, die es dem Einzelnen ermöglicht haben, die Zeit im Kinderdorf als wertvoll und wichtig für sein zukünftiges Leben zu betrachten; der zentrale Bezugspunkt ist also das Subjekt der Hilfe. Qualitative Daten zu strukturellen Gegebenheiten wie Bindungs- und Beziehungsangebote, pädagogische Rahmenbedingungen und Alltagsstruktur haben bereits Baur et al. (1998) und Wolf (2007) aus der subjektiven Perspektive der Adressaten erhoben. Für mich kam nur ein Forschungsansatz in Frage, der dem Subjektiven und Persönlichen großen Raum gewährt und die Ehemaligen selbst mit ihren Erlebnissen und Erfahrungen mit der Heimunterbringung zu Wort kommen lässt. Die GesprächspartnerInnen sollten als denkende und fühlende Menschen gesehen und in ihrer selbstreflexiven Kompetenz ernst genommen werden, und daraus sollte ein Dialog zwischen mir als Forscher und den ehemaligen Heimkindern entstehen.

In meinen Vorüberlegungen fand ich mich durch Hutterers (1984) Gedanken zu „authentischer Wissenschaft" bestärkt. Das Ziel einer „authentischen Wissenschaft" ist seiner Meinung nach dann erfüllt, wenn „die tragende Basis der Wissenschaft die am Forschungsprozess beteiligten subjektiven und existenziellen Personen sind" (Hutterer 1984: 32). Eine auf diese Weise angelegte authentische Forschung kann als innengeleitete Forschung bezeichnet werden. Der Ausgangspunkt der Forschung sind dann Fragen, von deren Beantwortung sich der Forscher auch eine Bereicherung und Horizonterweiterung des eigenen Lebens erhofft. Er ist persönlich betroffen und steht nicht abgehoben und distanziert den Themen gegenüber. „Wissenschaft existiert nur im Menschen. Jedes wissenschaftliche Unternehmen hat sein kreatives Beginnen, seinen Prozess und seinen vorläufigen Abschluss in einem oder mehreren Menschen. Wissen – auch wissenschaftliches Wissen – ist das subjektiv akzeptable. Wissenschaftliche Kenntnisse können nur an denjenigen vermittelt werden, der subjektiv bereit ist, die Mitteilung zu empfangen. Die Anwendung von Wissenschaft geschieht auch nur durch solche Menschen, die auf der Suche nach Werten sind, die für sie von Bedeutung sind. Diese Aussagen deuten ganz knapp die veränderte Perspektive an, die ich meiner Sicht der Wissenschaft nun geben möchte" (Rogers 1973: 214). Die persönlichen Erfahrungen der Befragten müssen so nicht verleugnet werden, um einem Anspruch von Objektivität zu genügen. Im Gegenteil, die Erfahrungen und das Wissen der ForscherIn fließen in die Arbeit mit ein. So ist es für meine Untersuchung von zentraler Bedeutung, dass ich durch meine langjährige Tätigkeit in einem Kinderdorf über Kenntnisse der lebensweltlichen Perspektive der AdressatInnen verfügte und so auf eine vertiefte Weise ihre innere Welt und ihre Orientierungsmuster leichter nachvollziehen konnte. „Durch das Bekenntnis zu der eigenen Subjektivität und Individualität wird wissenschaftliche Forschung nicht zu einer asozialen Tätigkeit" (Hutterer 1984: 48).

4.2 Die Untersuchung

In meiner Untersuchung aus dem Jahr 2006 habe ich Resilienzfaktoren bei Ehemaligen erhoben, die vor etwa 25 Jahren ihr Kinderdorf verlassen haben, in dem sie einen großen Teil ihrer Kindheit und Jugend (zwischen 6 und 20 Jahre) verbracht haben. Mein Ziel war es, besser verstehen zu lernen, wie sie mit den Problemen und Belastungen, die sie seinerzeit in die Fremderziehung und ins Kinderdorf gebracht haben, umgegangen sind, wie sie den Aufenthalt im Kinderdorf verarbeitet haben und welche Faktoren es waren, die es ihnen heute ermöglichen, mit ihrem Leben gut zurechtzukommen. In den Blick genommen wurden hier Kinder und Jugendliche aus einer Einrichtung der stationären Jugendhilfe, die bis zu ihrer Unterbringung im Kinderdorf einer extrem hohen seelischen Belastung und einem hohen generellen Entwicklungsrisiko ausgesetzt waren. Es wurden 15 ausführliche Gespräche ohne vorgegebenen Fragebogen oder Leitfaden nach der Methode des „Persönlichen Gesprächs in der wissenschaftlichen Forschung" nach Langer (2000) geführt.

4.3 Ergebnisse

Die Ergebnisse meiner Untersuchung belegen, dass es sich bei den resilienten Personen nicht um geheimnisvolle „Superkids" handelt, sondern um Menschen, die als Kinder und Jugendliche in der Lage waren, trotz belastender Lebensbedingungen, jene Kompetenzen und Persönlichkeitsmerkmale auszubilden, deren Vorhandensein eine gesunde Entwicklung auch sonst erwarten lässt.

Welchen Erfahrungsraum und welche Beziehungssituationen benötigen sie dazu?

4.3.1 Emotionale Wärme und Empathie

Wenn wir uns an unsere eigene Kindheit und Jugend erinnern und dabei nach Personen suchen, die uns wirklich gemocht haben, die uns gesehen haben, wie wir wirklich sind, die es tatsächlich ernst gemeint haben mit uns, dann fallen uns meist nicht sehr viele ein. Doch aus kinderpsychologischer Forschung wissen wir alle, dass Kinder sich nicht gut entwickeln und auch schlechter lernen bei Menschen, die sie nicht wertschätzen, achten und mögen. Alle Kinder, die sich von Erwachsenen verstanden und respektiert fühlen, erleben sich unweigerlich als wertvoller und wichtiger. Das zufriedene Gefühl, verstanden zu werden, verbunden mit zunehmender Selbstachtung, bewirkt eine positive Haltung gegenüber den ErzieherInnen. Wenn Erwachsene Kindern so zugewandt sind, dann sind sie in der Lage, Kinder einige Schritte auf ihrem Lebensweg zu begleiten in Achtung, Respekt und Fürsorge. Da viele Kinder, die ins Heim kommen, ganz selten vorher schon eine solche Erfahrung gemacht haben, erhöht sich natürlich die Wirkung, wenn sie sich das erste Mal wirklich verstanden und akzeptiert fühlen (vgl. Rogers 1973).

„Bei meinem Kind möchte ich nicht nur Erwachsene sein – so wie das auch bei meiner Erzieherin war –, ich möchte auch Freund sein. Aber zu viel Freund darf man ja dann auch wieder nicht sein, sonst wird man wieder nicht respektiert. Und ich möchte nie richtig erwachsen werden. Also ich möchte nie verlernen, wie es mir ging als Kind, wie ich mich in einer Situation gefühlt hab, ich möchte mich noch reinversetzen können (…)."

„Also zum Beispiel was ich toll finde noch in meinem Leben heute, ist die Ehrlichkeit zwischen uns beiden. Das will ich auch bei meinen Kindern. Lieber möchte ich, dass meine Tochter die Wahrheit sagt, wenn sie was Blödes gemacht hat, und wir reden drüber, als dass sie mir das verheimlicht und runterschluckt, und irgendwann wird sie doch dabei erwischt, was sie getan hat, und es belastet sie die ganze Zeit. Bei meiner Erzieherin war so, sie hat immer gesagt, ‚Du kannst mit mir über alles reden, das ist gar kein Problem. Das kann man immer beheben, diese Fehler'. Und das wende ich heute noch an in der Erziehung bei meinen Kindern (…)."

„(…) Oder Gespräche sind halt mit ihr ganz anders verlaufen. Auch in einer lockeren Umgebung. Wenn wir irgendwelche problematischen Gespräche hatten, hat sie gesagt, wir gehen mal

wieder Eis essen oder so in der Richtung. Oder wenn ich mal wieder so ein anderes Mädchen als positives Beispiel vorgesetzt bekommen habe, da konnte ich einfach mit ihr richtig reden (…)."

4.3.2 Förderliches Erziehungsklima

Das Erziehungsklima ist ein ganz überragender Faktor. Bei jenen Personen, die Resilienz-Phänomene zeigten, ließ sich eine emotional sichere und stabile Bindung an und Orientierung hin auf eine Bezugsperson nachweisen. Wichtig ist hier, dass sich diese Bezugsperson sowohl inner- als auch außerhalb der Familie befinden kann, also ebenso die ErzieherIn in der Heimgruppe, die LehrerIn in der Schule oder die ErzieherIn in der Tagesstätte oder im Kindergarten sein kann. Entscheidend ist die „emotionale Verfügbarkeit" dieser Person.

> *„Das war komisch, ich kannte die Leute im Kinderdorf überhaupt nicht, aber sie waren irgendwo meine Rettung gewesen, das seh ich jetzt so. Die Leute und besonders der Herr S. haben mich verstanden, das habe ich gespürt, das hat mir so gut getan, endlich jemand, der mich verstanden hat, um was es überhaupt geht zu Hause, die haben mich ja überhaupt nicht verstanden, alle anderen."*
>
> *„(…) was auch schön war, damals im Kinderdorf, da haben alle irgendwie zusammengehalten (…), ich wusste, wo ich dazugehöre (…) das wünsch ich mir heute auch manchmal, aber da macht jeder seine Sachen, von Gemeinschaft ist da nicht mehr viel da (…)."*
>
> *„(…) Ich hab halt die Frau K. gehabt, und die Frau K. war meine Bezugsperson. Und nachher war auch noch die H. für mich da, die hat erst später ihre Gruppe angefangen. Und noch später, nachdem die Frau K. dann nach S. gezogen ist, bin ich ja wieder zur H. in die Gruppe gekommen. Für mich war das Kinderdorf einfach was Gutes, ich hab auch gewusst, wo ich irgendwo hingehör (…)."*

4.3.3 Hohe Strukturiertheit und klare Verhaltensregeln in der Kinderdorfgruppe

Der Erfolg jeder Heimerziehung ist unter anderem auch davon abhängig, ob es gelingt, einen klaren Rahmen für die Kinder zu gestalten, der als stützend und orientierend erlebt werden kann (vgl. Hansen 1994). Hansen beschreibt die Bedeutung einer vom ihm bezeichneten „deutlichen" Erziehung: „Dabei handelt es sich um eine Erziehung, die zum einen das Kind in seinen Autonomiebestrebungen unterstützend begleitet, zum anderen ihm aber auch gleichzeitig deutliche Grenzen setzt. Neben diesem ‚intensiven' Erziehungsverhalten kann auch von einer stärkeren Strukturierung des Heimalltags eine positive Wirkung für die Entwicklung von Handlungskompetenzen erwartet werden." (Hansen 1994: 259).

> *„(…) Da war ein geregelter Ablauf, und das war einfach gut für uns. Das merk ich jetzt auch beim P., wenn mal was nicht so geregelt ist, das merkt man ja dann schon nachts, da schläft er schlecht. So wie gestern beim Geburtstag, da war er dann zehn, halb elf da, ja, aber dann war er*

> heut Nacht schon wieder ein paar Mal wach. So das Geregelte ist einfach ganz wichtig, schon vom Tagesablauf her. Das hab ich eigentlich schon mit übernommen. Weil das kann man schon sagen, das war geregelt und das war gut so."
>
> "(…). Jetzt ist halt mal die Situation da, also positiv denken, nach vorne blicken, (…) Ich muss sagen, die Frau L. hat uns so angepackt mit ihrer Art und Weise, dass man da gar nicht so zum Nachdenken kommt, warum bin ich hier. Das hat sie so eingefügt und uns mitgeteilt, dieser Weg wird gegangen. Es gibt zwar immer zwei Wege, der eine ist vielleicht einfacher, der andere vielleicht steiniger, aber wir gehen nicht den einfachen, weil da machen wir es uns zu einfach. Die hat gleich gesagt, (…) sie kann uns keine Eltern ersetzen, aber das Kinderdorf kann uns den Weg weisen, in welche Richtung das geht. Auch wenn es uns manchmal nicht passt. Diese klare Orientierung für uns Kinder, das fand ich auch gut."

4.3.4 Einbeziehung der Herkunftsfamilie

Für viele Kinder und Jugendliche im Kinderdorf war von großer Bedeutung, dass die Herkunftsfamilie, also die leiblichen Eltern, trotz aller Probleme geachtet und in das Erziehungsgeschehen einbezogen wurden. Sie fühlten sich mehr ernst genommen und verstanden, wenn die Bemühungen ihrer Eltern selbst nach einer langen Leidensgeschichte angenommen und in das Erziehungsgeschehen integriert wurden.

> „Und meine Mutter hat immer gesagt: ‚Das ist gut so, ich hab kein Geld und keine Zeit für mein Kind', und hat das dann dem Kinderdorf überlassen, hat aber mit den Erziehern dann auch mitgearbeitet. Wenn was war, zu den Gesprächen ist sie auch gekommen. Das waren dann wieder die ersten Kontakte, wo ich dachte, ist vielleicht auch alles gut gewesen so. Sie ist meine Mutter, sie hat ihr Bestes probiert."
>
> „(…) meine Eltern konnten eigentlich immer kommen, wann sie wollten, (…) da gab es immer solche Jugendamtsgespräche, wo auch die Eltern kommen konnten (…) in den Ferien haben sie mich immer geholt (…)."
>
> „Am Anfang ist mein Vater oft gekommen, da gab es am Sonntag solche Gesprächsgruppen mit dem Erziehungsleiter Herrn S., (…) da waren auch andere Eltern dabei. Ich glaube, da wurde den Eltern geholfen bei der Erziehung zu Hause dann (…)."

4.3.5 Frühe Selbständigkeit und Verantwortungsübernahme

Heime sollten nicht nur in der Lage sein, die Kinder angemessen zu versorgen, sondern ihnen zugleich im Sinne der Partizipation die Möglichkeit bieten (vgl. Blandow et al. 1999), sich an der Gestaltung des Alltags angemessen zu beteiligen. „Qualitätsbeschreibungen sollten sichtbar machen, dass die Pädagogen an ihrer Arbeit interessiert sind, dass die Kinder gemocht und angenommen, dass sie als Inhaber von eigenständigen Rechten gewürdigt werden, dass man auf sie hört und man sich um sie sorgt" (Blandow et al. 1999: 119 f.). Nicht allein die weitgehende Selbstversorgung ist bedeutsam, wichtiger scheint zu sein, dass Heime in ihrem Alltag für die Kinder und Jugendlichen neue Lebensfelder sichtbar machen und an Perspektiven arbeiten, die über die eigenen Lebensformen hinausreichen. Hier sollte die Aneignung sozial und kulturell anerkannter Fähigkeiten und Fertigkeiten unterstützt werden, welche innere Stabilität und Selbstvertrauen geben, darüber hinaus aber auch den Blick über die Gegenwart hinaus auf realistische wie idealistische Zukunftsaussichten lenken.

> *„Da hast du sehr früh schon Verantwortung, mehr übernehmen müssen wie manch anderer, (...) zu dem Zeitpunkt war das für mich natürlich schwer. Aber im Nachhinein, o. k., ich hab natürlich auch von zu Hause viel gelernt und so. Also ich gehe ganz anders mit Kindern um und versuch halt auch gewisse Sachen vielleicht besser zu machen wie damals. Ich mein, das bleibt schon hängen. Man weiß schon was da alles, wie gesagt, das kann ich ja positiv jetzt auch irgendwie einbringen (...).''*
>
> *„(...) und plötzlich bin ich 14 geworden, und dann sagt die Frau L. zu mir, so, ab heute soll ich mit dem Zug fahren! Ich hab natürlich gedacht, hat die Frau was gegen mich? Und dann, wenn man so überlegt hat, überall war 'ne Bezugsperson dabei und ich war immer alleine, (...) im Nachhinein muss ich sagen, die Idee von der Frau L. war sehr gut. Denn ich war gezwungen, aus mir raus zukommen, und so bin ich selbstständig geworden (...).''*
>
> *„Was gut war im Kinderdorf, ich musste schon früh viel Verantwortung übernehmen in einem Haushalt mit 10 Kindern oder mit 9, da muss man sich an bestimmte Regeln halten. Es gibt auch Regeln, die passen einem nicht. Wenn ich so viel Pflichten hab und alles selber mach, dann möchte ich auch meine eigenen Regeln machen (...).''*

4.3.6 Leistungsorientierung und wertschätzendes Klima in der Schule

Bauer (2007) und Fuhrer (2005) beklagen in ihren Arbeiten zur Lehrerpersönlichkeit die zunehmende Formalisierung und Bürokratisierung schulischer Abläufe und kritisieren ein Erziehungsverständnis, das schulische Bildung weitgehend als Vermittlung von Wissen und Fertigkeiten begreift und eine umfassende Persönlichkeitsbildung der SchülerInnen aus dem Blick verliert. Die Beziehungsfähigkeit der Lehrperson, ihre Achtung und Wertschätzung der einzelnen Mitglieder einer Klasse, ihr Einfühlungsvermögen, sind wesentliche Voraussetzung für eine tragfähige Schüler-Lehrer-Beziehung und für ein gutes Klassenklima. Kinder spüren und schätzen jene Lehrpersonen und erbringen bessere Leistungen bei denen, die in ihrem ganzen Auftreten und Verhalten eine menschliche Haltung zeigen, die Fähigkeiten der SchülerInnen erkennen und sie immer wieder erleben lassen: „Er/sie mag mich trotzdem!"

> *„Das war gut, dass die Lehrer sich auch nach der Schule oder außerhalb der Schule um ihre Kinder oder um ihre Schüler gekümmert haben. Die Frau J., die hat das angefangen, das war die, die das damals (...) gemacht hat, dass ich nicht sitzen geblieben bin, das zweite Mal. Das war damals in der fünften Klasse noch, und die hab ich damals auch nur ein Jahr gehabt (...), weil die hat damals gemerkt, dass ich nicht blöd bin, oder die anderen haben damals gedacht, ich wär für Hauptschule nicht geeignet und müsste auf die Sonderschule. Und die Frau J. hat dann erst gemerkt, dass es eigentlich nur Lernschwierigkeiten sind, dass ich eigentlich ein guter Hauptschüler bin (...)"*
>
> *„(...) Der Lehrer dann, der Herr H. er ist auf jeden eingegangen, muss ich sagen. Und ich mein,*

ich bin ja eh keine Leichte gewesen, ich war schon so, ich weiß nicht, ob man vorlaut sagen kann, aber er wusste, wie er mich nehmen muss. Er wusste mit mir umzugehen. Und ich wusste, egal, auch wenn ich jetzt mal was nicht richtig gemacht hab, ich wusste, er mag mich trotzdem. Das ist das, was für mich jetzt wichtig ist, ob das jetzt bei der Frau M. oder bei der Frau K. war, auch wenn du weißt, du machst jetzt Scheiße, du passt vielleicht nicht so unbedingt in dieses Bild, dass derjenige dich aber trotzdem mag."

4.3.7 Sport und Freizeitaktivitäten im Kinderdorf

Sehr eindrucksvoll zeigen die Berichte meiner GesprächspartnerInnen den hohen Stellenwert, den sie der Bewegung, dem Sport, den kreativen und musischen Aktivitäten beimessen. Über solche Ausdrucksaktivitäten haben viele Kinder im Heim sich in ihrem Selbstwert positiv erfahren und stabilisieren können. Für sie waren Sport und Freizeit eine Quelle der Kraft und Zuversicht, nicht wenige haben darüber wieder neuen Lebensmut gefunden.

„Dann hab ich ja auch viel Sport gemacht im Kinderdorf, also mindest drei Stunden Sport. Ich bin nie aus der Halle rausgekommen, ich hab alles gemacht: Tischtennis, Hockey, dann sind wir auch immer weggefahren, da kann ich mich noch dran erinnern (…). Und bei Bundesjugendspielen, da waren es immer nur vielleicht drei Ehrenurkunden, da war ich aber immer dabei. Ich hab immer abgeräumt. Ich hab letztens 52 Urkunden erst noch gefunden vom Kinderdorf. (…) Ja, da muss ich sagen, das hat mir vielleicht das Leben auch gerettet, (…) da konnte ich mal den Gefühlen freien Lauf lassen. Und vielleicht auch merken, dass ich gut bin, (…) ich hab lieber ein Essen stehen lassen und bin in die Turnhalle. Ich war sehr, sehr ehrgeizig. Da hab ich mit lauter Kerlen Hockey gespielt, und wir waren die erste Mannschaft, und ich hab alle Tore geschossen. Ich war wirklich sehr, sehr gut (…)."

„(…) Wertvoll war, dass der Sport uns einen Halt mitgegeben hat. Einen Halt in der damaligen Zeit aufgrund der ganzen Operationen, wo man doch irgendwo alleine war (…), wenn ich Sport gemacht hab, da hab ich mich wohl gefühlt, da hab ich gewusst, da werde ich gebraucht (…)."

„(…) Bei den Radtouren, besonders nach Venedig, da waren die ersten drei Tage besonders hart gewesen. (…) Aber sonst war es einfach schön, ich freu mich richtig, wenn ich anderen davon erzähle; wenn andere so hören, wie wir da geschlafen haben, kein Hotel oder so, nur Campingplatz! Zelt abends aufgebaut, morgens abgebaut. Dann haben wir einen Kocher dabei gehabt und haben selber gekocht. ‚Das ist doch kein Urlaub', kommt dann. Für mich ist das ein sehr schöner Urlaub gewesen. (…) Freunde von uns können sich das nicht vorstellen. Für manche ist das kein Urlaub (…), ich fand das einfach schön, die Mittagspausen oder die Seen auf dem Weg, da waren wir schon in Italien, wo wir baden gegangen sind, und unterwegs gab es oft schöne Bäume, da haben wir so schön Picknick gemacht, also das war ganz toll gewesen (…)."

4.3.8 Lösung von der Opferrolle und eine Distanzierung vom Elternhaus

Die befragten Ehemaligen sahen sich nicht als Opfer, haben auch nicht ständig darüber nachgedacht, welch schlimmes Schicksal sie getroffen hat, weil ihnen die Rückkehr in ihr Elternhaus nicht möglich war. Statt ständig über ihre Eltern und deren für sie so problematisches Verhalten nachzudenken, konzentrierten sie sich auf jene Menschen, die sie aktuell als unterstützend erlebten, wandten den Blick in die Zukunft und schmiedeten Pläne für die „Zeit nach dem Kinderdorf".

> „Das war mein Glück, dass ich es im Kinderdorf geschafft habe, nicht immer über meine schlimme Geschichte, wo ich noch klein war, zuhause nachzudenken. Da wäre ich sicher auf die schiefe Bahn gekommen, so wie viele andere, die bei uns im Viertel gewohnt haben und dort geblieben sind. Die Erzieher haben mir geholfen, dass ich etwas weiter schauen konnte, was später mal aus mir wird, Schule, Beruf, Familie und so (...)."
>
> „Ganz am Anfang im Kinderdorf, da habe ich nur eine Wut auf das Jugendamt und alle Erzieher gehabt, ich hab nur gedacht, ich mach viel Blödsinn, dann holt mich meine Mutter vielleicht wieder heim (...), erst später hab ich gemerkt, da gibt es ein paar von der Erziehern und Lehrern, die meinen wirklich mich und überlegen mit mir, wie es weitergehen könnte, (...) da hab ich dann gelernt, nicht immer zurück, sondern mehr nach vorne zu schauen, auch wenn es schwer war zu verstehen, nach Hause zu meiner Mutter kann ich nicht mehr ganz zurück, (...) ich konnte sie immer besuchen, das war dann auch gut (...)."

4.3.9 Einsicht in den Sinn und die Bedeutung des Erfahrenen für das eigene Leben

Ein zentraler Begriff bei Antonovsky (1997) ist das Kohärenzgefühl. Menschen mit Kohärenzgefühl kennzeichnet die Überzeugung aus, dass die Dinge in der Regel verstehbar, handhabbar und bedeutsam sind. Sie konzentrieren sich also dann, wenn ihr Gleichgewicht aus der Balance gerät und wenn Stress entsteht, auf jene Dinge, die sie für bedeutsam halten in der festen Überzeugung, dass Vorgänge in Institutionen und sonstige Ereignisse letztlich verstehbar und daher handhabbar sind. Dies gilt auch bei Extrembelastungen, weil Druck dann weniger als Belastung denn als Herausforderung erlebt wird. Der Gegensatz dazu wären Menschen, welche die Opferrolle annehmen und sich von den Ereignissen überrollt fühlen.

Kinder suchen nach Überschaubarkeit und Ordnung in ihrer Welt. Sie streben danach, sich einordnen zu können, sich ein Bild davon zu machen, zu welcher Gruppe sie gehören und wie sich ihre Gruppe von anderen Menschen unterscheidet. Die Überzeugungen, Wertvorstellungen und Verhaltensweisen der Umgebung sind deshalb von so großer Bedeutung, weil sich dadurch Stimuli handhaben lassen, „die einen fortwährend bombardieren" (Antonovsky 1997: 93). Kennzeichnend für die Kindheit ist, wie bereits erwähnt, dass man sich erst kulturelle Muster aneignet, die den Zugang zur Welt erlauben, dass eine Umgebung ohne Erklärung oder Sinngebung durch Erwachsene bedeutungslos ist. Nur über die Partizipation an Entscheidungsprozessen wird die Welt als bedeutsam erlebt. Das Kind ist kein Gegenstand, den man umher schiebt, sondern man beteiligt es zumindest an allen Entscheidungen, die seine Person betreffen. Wichtig für ein stabiles Ich sind *gewisse Rituale*, eine *Kontinuität der Ob-*

jekte, insbesondere liebender Objekte, und eine *gewisse Strukturierung der Lebensabläufe*, die zu Vorhersagbarkeit führt. Es gibt eben auch außerhalb der familiären Gruppe noch Sozialisationsfaktoren, die wirksam sind und große Bedeutung erlangen können, gerade indem sie familiäre Defizite ausgleichen.

> „(…) *Es hat mir einfach gut getan, dass die Frau L. mir was zugetraut hat, ich hab mich so ernst genommen gefühlt wie noch nie in meinem Leben (…).*"
>
> „(…) *Was gut war im Kinderdorf, ich musste schon früh viel Verantwortung übernehmen, in einem Haushalt mit 10 Kindern oder mit 9, da muss man sich an bestimmte Regeln halten. Es gibt auch Regeln, die passen einem nicht. Wenn ich so viel Pflichten hab und alles selber mach, dann möchte ich auch meine eigenen Regeln machen. Dann kann ich auf die Schnauze fallen (…).*"
>
> „(…) *Ich fand's einfach schön (…) einfach diese Zugehörigkeit. Gar nicht speziell jetzt nur wegen mir, aber ich wusste, wer wohin gehört. Ich weiß nicht, wie ich es anders ausdrücken kann. (…) Aber wenn ich jetzt so drüber nachdenk, ich denk, dass es damit zu tun hat. Jetzt nicht speziell nur auf mich, aber einfach zu wissen diese Zugehörigkeit, das Beständige und dass ich genau wusste, wer wohin gehört (…).*"

In meinen Gesprächen mit Ehemaligen wurde deutlich, dass das Kinderdorf für sie zur Heimat geworden war und die ErzieherIn als neue Bindungsperson erlebt wurde. Viele der Ehemaligen konnten im Kinderdorf Eigenständigkeit entwickeln und einen Weg finden, auch ohne die eigenen Eltern zurechtzukommen. Mit Hilfe der ErzieherInnen ist es ihnen gelungen, diese Verlusterfahrung zu verarbeiten. Das Kinderdorf ist für sie zu einem neuen, einem „Zweiten Zuhause" geworden, von hier aus konnten sie ihren Weg zur Selbständigkeit gehen. Sie haben die Beziehung zu einer zentralen Bezugsperson und das Leben in einer Hausgemeinschaft als Unterstützung erlebt bei der Überwindung traumatischer Erfahrungen in ihrer Vorgeschichte. Die ErzieherInnen haben unter dem Aspekt der Verselbständigung eine zweifache Aufgabe zu leisten: Sie müssen einerseits im psychischen Bereich in einem hohen Maß Selbstbewusstsein und Fähigkeit zur Verantwortungsübernahme bei den Kindern stärken, gleichzeitig aber auch andererseits das Einüben alltäglicher Fähigkeiten und Fertigkeiten wie Haushaltsführung und Bewältigung von Alltagsaufgaben ermöglichen.

Ein schon in den 1970er Jahren etabliertes Angebot von fachlichen Pflegestellen, Jugendwohngruppen und Nachbetreuung im Sinne eines betreuten Jugendwohnens hat dazu beigetragen, diese Aufgaben der Verselbstständigung auch zu leisten; junge Menschen sollten in die Lage versetzt werden, Beziehungen aufzubauen und sich ein soziales Umfeld zu schaffen, das später (nach der Verselbständigung) auch weiterhin trägt. Die Unterbringung in einem Heim war (und ist) häufig dazu gedacht, den

Kindern erst einmal „Heimat" zu bieten, ein „Zweites Zuhause", in dem sie Rückhalt bekommen und wichtige Erfahrungen für ihr zukünftiges Leben machen können – denn oft ist es diesen Kindern nicht möglich, in ihre Ursprungsfamilien zurückzukehren, da entweder die Familie nicht mehr existiert oder ihnen keine Basis für ihre Entwicklung mehr bieten kann.

Der Begriff der „Beheimatung" wirkt vielleicht in der heutigen Zeit etwas altmodisch, drückt aber einen wesentlichen Aspekt von Heimerziehung aus. „Um Heimerziehung als Ort der Beheimatung bzw. als ein zweites Zuhause positiv nutzen zu können, ist es notwendig, dass neben einer materiellen auch eine immaterielle Grundversorgung für die Kinder gewährleistet ist. Dazu gehören Erfahrungen emotionaler Geborgenheit, Akzeptanz, Sicherheit, Zuwendung und vor allem eine grundlegende Unterstützung und Auseinandersetzung mit den Kindern (…). Der Gesamtrahmen kann so dem Kind das Gefühl der Kontinuität und des Angenommenseins vermitteln, so dass das Kind sich in dieser Umgebung wohl- und aufgehoben fühlt. Eine zweite Heimat entsteht. Ohne Zweifel stößt öffentliche Erziehung hier an ihre Grenzen. Bestimmte Bedürfnisse der Kinder können nicht ganz erfüllt werden und allen Wünschen der Kinder kann eine organisierte Erziehung nicht gerecht werden" (Baur et al. 1998: 239).

5. Das Konzept der Resilienz

Die Forschungsergebnisse zu Heimerziehung und Resilienz zeigen deutlich, dass es sich bei Resilienz nicht um ein angeborenes, stabiles und generelles Persönlichkeitsmerkmal handelt. Wenn Resilienz verkürzt als die Fähigkeit zur Stressresistenz verstanden wird, dann besteht die Gefahr einer reinen Wortmagie ohne Bezug zu den Veränderungsprozessen: Resilienz entwickelt sich vielmehr in der Auseinandersetzung mit widrigen Bedingungen (vgl. Grossmann/Grossmann 2007a). Dazu sind Schutzfaktoren nötig, auf die das Kind und der Jugendliche in seinen Interaktionen mit der Umwelt auch Zugriff hat. Das Kind kann also keine Resilienz aus sich heraus erzeugen: „Resilienz ist ohne unterstützende Interaktionen im Sozialen nicht zu denken" (Gabriel 2005: 213).

Die Bedeutung des Sozialen und damit der hohe Stellenwert von Erziehung, Familie, Bildung und sozialer Unterstützung für die Ausbildung von Resilienz wurde von der Forschung schon grundlegend bestätigt. Die Wurzeln für die Entwicklung von Resilienz liegen also in besonderen schützenden Bedingungen, die das Individuum in seiner Umgebung erfährt. So kritisieren Grossmann/Grossmann (2007a) einen im naiven Sinne gebrauchten Begriff der „Resilienz", der Assoziationen von Unverwundbarkeit oder anderen magischen Qualitäten weckt. Denn bindungstheoretisch handelt es sich beim adaptiven Umgang mit traumatischen Erfahrungen um eine durch vertraute Personen in der sozialen Umgebung bedingte neue Erfahrung, die die vorhandenen inneren Arbeitsmodelle korrigiert, verändert und erweitert (vgl. dazu Wieland i.d.B.). „Die Lebensgeschichten der resilienten Individuen zeigen, dass Kompetenz, Selbstwertgefühl und Mitgefühl auch unter widrigen Umständen blühen können, sofern die betroffenen Kinder Personen treffen, die sie mit einer sicheren Basis versorgen, um Vertrauen, Autonomie und Initiative entwickeln zu können" (Grossmann/Grossmann 2007a: 34). Demnach bezeichnet Resilienz kein angeborenes Persönlichkeitsmerkmal eines Kindes, sondern umfasst eine Kapazität, die im Verlauf der Entwicklung im Kontext der Kind-Umwelt-Interaktion erworben wird. „Die Entwicklung psychischer Sicherheit, Strategien zur Überwindung psychischer Unsicherheit und Bewahrung vor dem Zerfall innerer Ordnung sind vielfältig, aber immer an Bindungen – real oder angestrebt –, an hilfsbereite Personen gebunden. (...) Das Gefüge Psychische Sicherheit erlaubt es nicht, unverändert in einen alten Zustand zurückzuspringen, sondern es ermöglicht und verlangt eine Gewinnung neuer, adaptiver innerer Arbeitsmodelle. Es ist ein emotionales und zugleich wissendes Gefüge, das zu individueller konstruktiver Anpassung befähigt, deren Ursachen im feinfühligen Beistand mitfühlender und wissender besonderer Mitmenschen liegt" (Grossmann/Grossmann 2007a: 36).

Resilienz angesichts gestiegener Kinderarmut

Ein großer Irrtum bestünde also darin, Resilienz als rein persönliches Attribut zu sehen, als ein bestimmtes Verhalten oder eine Eigenschaft des Kindes. Hierin liegt die Gefahr, dass ein Scheitern dem Individuum zugeschrieben wird und gesellschaftliche Probleme, die sich unter anderem in der steigenden Armut bestimmter Bevölkerungsschichten zeigen, als individuelles Defizit umdefiniert werden. Es gibt Lebensumstände, unter denen kein Kind gedeihen kann (Gabriel 2005). Hierzu zählen Bedingungen, unter denen es so sehr an Ernährung, Pflege und Fürsorge mangelt, dass kindliche Entwicklung unvermeidlich gefährdet ist. Individuelle und genetische Faktoren werden aber häufig überbetont und soziale Einflüsse dagegen grob vernachlässigt – denn in allen Erhebungen zu den Gründen für eine Heimeinweisung zeigt sich, dass ein wesentlicher Indikator für die Inanspruchnahme von stationärer Jugendhilfe schwierige sozioökonomische Verhältnisse sind, ca. 50 % der hier betroffenen Familien sind als arm zu bezeichnen. In ca. 35 % der Fälle bestimmen problematische Wohnverhältnisse und in bis zu 30 % Arbeitslosigkeit die Ausgangssituation der Familien. Aus diesen Daten wird die soziokulturelle Benachteiligung eines Großteils der Herkunftsfamilien deutlich und der enge Zusammenhang zur Inanspruchnahme von Heimerziehung. Neben den strukturellen Benachteiligungen dieser Familien werden weitere Belastungen genannt, die im Beziehungsgefüge der Familien liegen wie z. B. Scheidung, Gewalt und Suchtprobleme. Die Kinder- und Jugendhilfe vernachlässigt in ihrem Kampf gegen die Kindeswohlgefährdung jenen Faktor, der das Kindeswohl derzeit am meisten gefährdet: die Kinderarmut. Inzwischen leben 2,5 Millionen Kinder an der Armutsschwelle und sind nach Auskunft der Bundesagentur für Arbeit im Monat Juli 2009 auf Hartz IV angewiesen.

Die schlechte soziale Lage, der alltägliche Stress und der soziale Ausschluss führen dazu, dass Kinder in ihrer Entwicklung massiv benachteiligt werden. Eltern werden dabei allzu leicht zu Versagern gestempelt, so dass persönlichem Elend einfach mit staatlicher Überwachung und Strafe begegnet wird. Hier müssten alle Akteure der Kinder- und Jugendhilfe (Jugendämter und die Träger der Einrichtungen) gegen die aktuelle Politik aufstehen und im Interesse der Kinder Partei ergreifen. Doch leider ist zu befürchten, dass sich die Kinder- und Jugendhilfe schon zu sehr an die neoliberale Ideologie angepasst hat, sich daher auch nur noch als Teil eines Marktes für Dienstleistungen versteht und so lediglich die entsprechenden Produkte und Programme für die „Kunden" erstellt. Resilientes Handeln der Jugendhilfe-Akteure würde hier Protest und massiven Einsatz für die materiellen Ressourcen der betroffenen Kinder und Eltern bedeuten! Erst vor diesem Hintergrund könnten alle Bemühungen um Förderung individueller Resilienzfaktoren wirklich glaubhaft wirken.

6. Salutogenetische schützende Faktoren im Erziehungsgeschehen

Nach den in diesem Band bereits an anderer Stelle vorgestellten Forschungsergebnissen und der tieferen Befassung mit der Entwicklung von Resilienz liegt es nahe, auf die enge Verwandtschaft dieses Konzepts mit den Erkenntnissen der Salutogenese einzugehen (vgl. auch Richter-Kornweitz i.d.B.). Ein solcher Zusammenhang erschließt sich ja auch aus der Langzeit-Studie von Emmy Werner.

Um dies zu illustrieren, habe ich im Folgenden die wichtigsten salutogenetischen Faktoren aus umfangreichen Forschungsarbeiten zur Resilienz zusammengefasst (Werner/Smith 2001; Werner 2000; Brisch/Hellbrügge 2003), die ich mit protektiven Faktoren gleichsetze. Solche gesundheitsfördernden Faktoren können sowohl im Individuum als auch im näheren oder weiteren sozialen Umfeld einer Person liegen. Alle neueren Forschungsergebnisse weisen darauf hin, dass es sich hier nicht um feste, unveränderbare Eigenschaften handelt, sondern um günstige Wechselwirkungsprozesse zwischen Individuum, anderen Personen und bestimmten Lebensumständen.

Die hier aufgelisteten sieben zentralen Faktoren lassen sich auch auf die Äußerungen der befragten ehemaligen Heimkinder beziehen. Im Sinne eines Puffereffektes (Frick 2007) vermögen sie schwierige Erfahrungen abzumildern. Dabei mischen sich umgebungsbezogene Faktoren mit individuellen Resilienzfaktoren, die im sozialen Miteinander unterstützt werden können.

6.1 Eine sichere, stabile positiv-emotionale Beziehung zu vertrauten Bezugspersonen

Wichtig ist, dass diese Personen Feinfühligkeit, erzieherische Kompetenz und angemessene, prompte Reaktionen zeigen. In allen entsprechenden Studien wurde die Bedeutung dieser Ressource als der zentralen Quelle kindlicher Stärke nachgewiesen.

Kinder, die ein feinfühliges Erziehungsangebot erlebt haben, drücken sich später klarer aus und können sich besser adäquat verhalten. Die Erziehungsperson muss Reflexivität und Spontaneität geschickt mischen. Sie muss aber auch die Wünsche und Bedürfnisse der Eltern, der Kollegenschaft im Team und der Einrichtungsleitung einbinden. Ein sicheres Bindungsmuster gilt als der zentrale Schutzfaktor für die weitere kindliche Entwicklung (vgl. Brisch/Hellbrügge 2003), denn gelungene Bindungserfahrungen erhöhen die persönlichen Kontrollüberzeugungen. Bei Problemen glauben selbstsichere, resiliente Kinder eher daran, dass sie durch festen Willen, Motivation und Anstrengung die Ereignisse beeinflussen können und Misserfolge zufällig oder korrigierbar sind, statt sich, wozu unsicher gebundene Individuen neigen, selbst die Schuld daran zu geben. Da die über die Jahre verinnerlichten frühen Bindungserfahrungen generalisiert und auf andere Menschen übertragen werden, bilden sich allmählich – meist unbewusst – „innere Arbeitsmodelle" und somit wiederkehrende Bewertungen aus (vgl. Kormann/Saur 2008).

Erziehungspersonen werden von Kindern und Jugendlichen häufig verzerrt, nämlich entsprechend ihrer eigenen „inneren Arbeitsmodelle" wahrgenommen. Bindungstheoretisch sensibel reagierende Erzieherinnen und Erzieher werden sich aber durch ein bindungsabweisendes und -vermeidendes Verhalten nicht beirren lassen, sondern auf solche Situationen warten, in denen sich der Jugendliche offener zu verhalten getraut. Das ändert freilich nichts daran, dass bindungsvermeidende Strategien, mit denen Jugendliche sich ja bloß zu schützen suchen, Erziehung erst einmal enorm erschweren.

6.2 Erfahrungen mit ErzieherInnen als Vorbilder und ihre Bereitschaft zum Dialog

Kinder und Jugendliche registrieren über ihre „Spiegelsysteme" (vgl. Lux 2007), wie sie in den Köpfen ihrer ErzieherInnen wahrgenommen werden. So erkennen sie, wer sie selbst sind und wer sie sein könnten, wo also ihre Entwicklungspotenziale lägen. Kinder und Jugendliche verwerten sowohl das unmittelbare Vorbild der Erwachsenen als auch die Spiegelung, die sie von ihnen erhalten. Eine solche Vorbildfunktion kann für die Heranwachsenden nur ein begeisterungsfähiger Erwachsener erfüllen, der selbst überzeugend für bestimmte Lebensziele und Werte eintritt. Gerade bei Kindern und Jugendlichen im Heim, die Erwachsene durch ihr Verhalten immer wieder zur Verzweiflung bringen, sind wiederholte positive Rückmeldungen wichtig.

Aus aktueller neurobiologischer Forschung ist des Weiteren bekannt (vgl. Bauer 2006, 2007), dass bei Kindern schon die Aussicht auf Anerkennung und Beachtung eine massive Aktivierung der Motivationssysteme zur Folge hat. Kinder und Jugendliche bekommen diese für ihre Motivation so wichtige Anerkennung und Wertschätzung im Rahmen von zuverlässigen persönlichen Bindungen zu ihren Bezugspersonen. Dies sind im günstigsten Falle die Eltern oder enge Angehörige, fallen diese aber aus oder vermögen sie ihre Aufgabe nicht entsprechend zu erfüllen, können ErzieherInnen, LehrerInnen oder andere MentorInnen diese Aufgabe übernehmen. Nur wenn das Kind spürt, dass eine Bezugsperson an seinem Wohl interessiert ist, entwickelt sich die Einstellung, dass Leben einen Sinn hat und Anstrengung zur Erlangung eines Ziels sich auch lohnt. „Kinder und Jugendliche haben ein biologisch begründetes Bedürfnis, Bedeutung zu erlangen. Ohne ihnen zufließende Beachtung können sie nicht nur keine Motivation aufbauen, sondern sich auch insgesamt nicht gesund entwickeln" (Bauer 2007: 20).

Beachtung meint aber auch: Kinder wollen manchmal herausgefordert und nicht ständig in Watte gepackt werden. Herausforderungen müssen also von den Erwachsenen gestellt werden, sollen Jugendliche sich nicht Ersatzreize – etwa in Form von Drogen – suchen.

6.3 Einbeziehung der Eltern und Verbesserung von Kooperationen

Aus meiner Befragung wird deutlich, dass Elternarbeit im Heim einen unverzichtbaren Bestandteil pädagogischer Arbeit darstellt. Die Fremdunterbringung stellt für das Kind einen schweren Eingriff in sein bisheriges Leben dar und erzeugt Spannungen. Heimerziehung muss dem Kind also helfen, diesen Bruch in seinem Leben zu verstehen und als Teil seiner Lebensgeschichte anzunehmen. Heimkinder wollen spüren, dass die Bemühungen ihrer Eltern um sie dennoch von der neuen Umgebung anerkannt werden. ErzieherInnen sind besonders gefordert, wenn Eltern sich verweigern oder nicht verfügbar sind. Hansens Untersuchungen (1994) zeigen, wie positiv sich nämlich regelmäßiger Elternkontakt auswirkt.

6.4 Ein emotional warmes, offenes Erziehungsverhalten

Mit anderen Worten: gefragt ist ein Erziehungsstil, der das Leben in der Gruppe angemessen strukturiert und überzeugende soziale Modelle für konstruktives Bewältigungsverhalten bietet.

Aus entwicklungspsychologischer Sicht machen Kinder und Jugendliche in der Beziehung zu einer ErzieherIn wichtige, neue Interaktionserfahrungen. Vielfach waren sie in ihren Herkunftsfamilien in problematische Erziehungsmuster verstrickt, die sie in ihrem Selbstwerterleben erheblich beeinträchtigt haben. Wenn es gelingt, die alten schädigenden Beziehungsmuster zu durchbrechen, steigt auch die Chance für eine neue Lern- und Entwicklungsbereitschaft. Die Erfahrung, dass die ErzieherIn bereit ist, in einen erzieherischen Dialog (vgl. Buber 2006) zu treten, macht es dem Kind möglich, sich selbst als wirksames Subjekt einer Beziehung zu erfahren und dort neue Kompetenzen anzueignen.

*6.5 Dosierte Verantwortlichkeit und Leistungsanforderung
in strukturierter Umgebung*

Die Umgebung muss dem Bedürfnis der Heimkinder nach Sicherheit,

Orientierung und Kontrolle entsprechen. Aus der entwicklungspsychologischen Forschung (Flammer 1990) ist bekannt, dass die sichere Erwartung, in bestimmten Bereichen eigenständig etwas bewirken zu können, sehr günstige Auswirkungen auf das allgemeine Wohlbefinden, die körperliche Gesundheit und die psychische Stabilität hat. Ein gewisses Maß an Kontrolle – und notabene die damit verbundene Entwicklung eines eigenständigen Kontrollverhaltens – ist nach Flammer (1990) unverzichtbarer, elementarer Bestandteil des Lebensprozesses, ohne den alle Lebewesen verkümmern. Das Gefühl, eine Sache weitgehend kontrollieren zu können, erhöht auch das Glücksempfinden. Wenn Kinder in einem entsprechenden pädagogischen Setting ihre eigenen Rechte angemessen behaupten können, „Nein" sagen oder berechtigte Interessen durchsetzen dürfen, dann erfahren sie ihre soziale Wirksamkeit und steigern damit ihre Selbstsicherheit und ihr Selbstbewusstsein. Kinder und Jugendliche brauchen von Erwachsenen die Unterstützung und Ermutigung, ihre Meinung zu äußern und gegebenenfalls auch gegen kritische Einwände und Widerstände zu vertreten.

Erziehung ist ohne angemessene Grenzsetzung nicht denkbar. Bestimmte Grenzen sind für die Organisation des Alltags notwendig, ohne Regeln und verbindliche Absprachen kann kein soziales Gebilde existieren (vgl. Fuhrer 2005, 2007). Erwachsene sind dadurch, dass sie Regeln bestimmen und den Weg festlegen, für Kinder berechenbar und verlässlich, wenn sie die Einhaltung der Absprachen auch konsequent einfordern, bzw. eigene Inkonsequenz vermeiden. Grenzveränderungen sind mit zunehmendem Alter notwendig. Häufige Regelverletzungen können ein Hinweis auf das Erreichen der „Zone der nächsten Entwicklung" sein und erfordern in flexibler Weise ein Neuaushandeln von Regeln und Grenzen.

6.6 Distanzfähigkeit, Humor und Lösung von der Opferrolle

Resiliente, stabile Kinder weisen die besondere Fähigkeit auf, sich von schlimmen Erlebnissen und Erfahrungen distanzieren zu können und sich von den Problemen nicht überwältigen zu lassen (vgl. Reddemann 2001). Resilienten Personen gelingt es – wie den von mir befragten ehemaligen Heimkindern –, sich von schwierigen und extrem belastenden Situationen innerlich und auch räumlich zu lösen, sich wenn nötig, wenn also keine Rückkehrperspektive mehr gegeben ist, selbst von den Eltern zu lösen und sich auf eine neue Umgebung einzustellen, die ihnen mehr Zukunftsperspektiven verspricht. Ganz konkret haben von mir befragte Ehemalige *aus eigener Initiative* um Hilfe und Unterstützung beim Jugend-

amt gebeten, was dann zu einer Unterbringung im Kinderdorf geführt hat.
Die Aneignung musikalischer Fertigkeiten, sportliche Aktivitäten, das Streben nach positiven Emotionen und besonders auch Humor können günstige Voraussetzungen dafür bieten, dass Menschen widrige Umstände verarbeiten können und sich nicht von ihnen überwältigen lassen. Humor hat spannungs-, stress- und konfliktmindernde Wirkung. Humorvolle Personen haben meist auch ein eher positives Selbstbild und eine höhere Kontrollüberzeugung als Menschen, die mit ernster Miene voller Sorge in die Zukunft blicken. Humor schafft auch zusätzlichen Aktionsspielraum. Insgesamt kann Humor vor dem Hintergrund des salutogenetischen Konzeptes von Antonovsky (1997) als wichtiges und wirkungsvolles Mittel gegen Stress und Resignation betrachtet werden.

6.7 Stärkung individueller Ressourcen, Hoffnung und Zukunftsvertrauen

Unterstützung wirkt umso effektiver, je mehr sie sich an den Ressourcen des Kindes orientiert: „Die Hilfen, bei denen zumindest ein Hilfeplanziel die Förderung einer Ressource anstrebt, erreichen stärkere Effekte als Hilfen mit rein defizitorientierten Zielen" (Macsenaere 2009: 251). Zwar hat sich in den letzten zehn Jahren der Anteil von ressourcenorientierten Hilfeplanzielen verdoppelt, doch findet sich immer noch viel zu viel Defizitorientierung, verbunden mit einer nahezu magischen Vorstellung einer schnellen „Reparatur" und Behebung der Probleme. Die Aktivierung bereits verfügbarer Stärken bildet ein unerschöpfliches Repertoire an positiven Möglichkeiten, Kinder und Jugendliche in das Beziehungsgeschehen zu involvieren (Klemenz 2007a, 2009). Die Aktivierung dieser Stärken führt zu Wahrnehmungen, die den Selbstwert erhöhen und wirken sich positiv auf die Beziehung zur Erziehungsperson und auf andere Beziehungen aus. Klemenz (2007a) schlägt zur Stärkenaktivierung vor: 1. Im Alltag in Gesprächen darauf zu achten, dass Kinder immer wieder über ihre Stärken und Fähigkeiten berichten können; 2. bei den Kindern wahrgenommene Stärken direkt anzusprechen und 3. Stärken dadurch zu aktivieren, dass ErzieherInnen den Beziehungserwartungen der Kinder zu entsprechen versuchen.
Resiliente, psychisch stabile Kinder sind in der Lage, sich eine gute Zukunft vorzustellen. Diese Hoffnung gibt ihnen in schwierigen Zeiten Halt, Kraft und Ausdauer im Umgang mit widrigen Umständen. Sie verweilen nicht in auswegloser Lage, sondern suchen ihre Strategien bei der Bewältigung von Problemen zu verändern. Für die Fähigkeit des Men-

schen, Hoffnung als zentrale Lebensenergie gegen Not und Ausweglosigkeit zu entwickeln, führt Frick (2007) das Beispiel von *Nelson Mandela* an, der seine lange Gefangenschaft nur ertragen konnte, weil er sich den unerschütterlichen Glauben bewahrt hatte, das Gefängnis lebend verlassen zu können. Er nennt auch *Viktor Frankl*, der im KZ nur überleben konnte, weil er in einer extrem trostlosen Lage Hoffnung darin fand, sich vorzustellen, wie er nach der KZ-Zeit anderen von seinen Erfahrungen berichten würde. Jeder in der konkreten Situation scheinbar utopische Gedanke kann so zu einer Quelle der Kraft und des Handelns werden.

7. Aus der Resilienzforschung folgt: Heimerziehung als Dialog

Aus dem Konzept der risikomindernden Faktoren folgt, dass sichere Bindung für jedes Kind eine wichtige Basis für die Entwicklung weiterer Kompetenzen bildet. Kinder, die in Heimen aufwachsen, zeigen gehäuft Risikofaktoren, nur in geringem Ausmaß sind Schutzfaktoren vorhanden. Sie leiden unter einem Mangel an feinfühliger Fürsorge und weitgehend fehlenden Bindungserfahrungen mit Bezugspersonen oder erlebten früh Verluste, Beziehungsabbrüche und traumatische Erfahrungen von Misshandlung und Missbrauch. „Der eigentliche Nährboden für die Entwicklung von psychischen Störungen ist die Nichterfüllung von menschlichen Grundbedürfnissen (…). Ein Mensch, der in seinen Grundbedürfnissen nicht verletzt und beeinträchtigt worden ist, entwickelt keine schwerwiegenden psychischen Störungen" (Grawe 1998: 570 f.). Klemenz (2007a, 2009) hat in seinem Modell einer stärken- bzw. ressourcenorientierten Erziehung neben der Suche des Kindes nach Bindung weitere kindliche Bedürfnisse genannt, die auch in meiner Untersuchung bestätigt wurden: so etwa das Bedürfnis nach Erhöhung und Schutz des Selbstwerts, das Bedürfnis nach Kontrolle und Orientierung und jenes nach Lustgewinn und positiven Emotionen. Für die stationäre Erziehung stellt sich die Frage, ob es prinzipiell möglich ist, den Bindungsbedürfnissen und emotionalen Sicherheitsbedürfnissen von Heimkindern gerecht zu werden. Unzner (2002) fragt sich, ob HeimerzieherInnen überhaupt Bindungsfiguren werden können, und kommt zu dem Ergebnis, „dass der Prozess der Bindungsentwicklung zu neuen Bezugspersonen genauso verläuft wie der ursprüngliche Prozess. Der Entwicklungskontext ist zwar unterschiedlich, aber auch hier sind die wiederholten Interaktionen die Basis der Bindungsentwicklung. Kinder mit früheren Problemen können ihre Bindungsrepräsentationen mit Hilfe von Betreuungspersonen reorganisieren, die feinfühlig auf die kindlichen Signale reagieren. Die Erwachsenen brauchen aber ein größeres Ausmaß an Feinfühligkeit, bis das Kind Vertrauen in die Tragfähigkeit der Beziehung fasst, die immer wieder getestet wird" (Unzner 2002: 57). Im Erziehungsalltag in einem Kinderdorf oder Heim der Jugendhilfe kommt unter dem Gesichtspunkt der Bindung der ErzieherIn die zentrale Bedeutung zu. Die besondere Qualität zeigt sich darin, dass diese Person über einen längeren Zeitraum für das Kind verfügbar ist. Wichtig ist, dass sie dem Kind in hohem Maße positive Wertschätzung entgegenbringt und es in seinen individuellen Bedürfnissen unterstützt und fördert. Für jedes Kind in einer Fremderziehung sollte schon am Tage seiner Aufnahme eine Person zur Verfügung stehen, die sich auf die Bedürfnisse des Neuankömmlings einstellt und ihn über einen möglichst langen Zeitraum begleitet.

Die Stärken von Heimerziehung liegen in der Möglichkeit, ein günstiges Lebens- und Lernfeld zu arrangieren, das Entwicklungsanreize für die Kinder bietet und für Kinder eine Einladung zur Weiterentwicklung darstellt. Heime und Kinderdörfer sollten für Kinder Orte sein, welche Entlastung und ein Stück Befreiung von belastenden Lebenserfahrungen bereitstellen, da die Erwachsenen ihnen dort mit Zuwendung, Interesse und Nähe begegnen. Diese Entwicklungsspielräume können die Kinder und Jugendlichen dann nutzen. Erwachsene haben immer einen Erfahrungsvorsprung, daher bestehen natürlich Asymmetrien. Hier gilt es, diese Asymmetrien nicht durch Betonung von Fachlichkeit und Professionalität zu festigen, sondern durch behutsame Annäherung auf zwischenmenschlicher Ebene abzubauen (vgl. das Konzept der Echtheit bei Rogers 1973). Die Beeinflussung sollte beidseitig erfolgen, und das ist möglich, wenn Erwachsene versuchen, Begleiter der Kinder zu werden (vgl. Rogers 1973). Das heißt: Beendigung der Einbahnstraße und Abschied von einem Bild von Erziehung, die als große Manipulatorin das Kind nach dem Bild der Gesellschaft formt.

Geduld und Bereitschaft zu warten sind nötig, Umwege und Irrwege müssen ausgehalten und ertragen werden. Manchmal hat es den Anschein, dass aktuelle Jugendhilfemodelle und -konzepte in den Einrichtungen allzu sehr von einer Ideologie des Machbaren und Planbaren ausgehen, indem sie alles in kleine kontrollierbare Schritte einteilen und sich keine Zeit für Umwege und überraschende Entwicklungen gestatten. Die Bereitschaft zu echter Partizipation der Kinder an ihrer eigenen Entwicklung bräuchte aber eigentlich genau das Gegenteil: Sich einzulassen auf einen dialogischen Prozess (vgl. Buber 2006), welcher Kinder auf ihrem Weg in die Mündigkeit und Selbstverantwortung begleitet und unterstützt.

Die Hauptaufgabe aller MitarbeiterInnen in der Heimerziehung besteht sicherlich darin, während der Zeit der Unterbringung für das Kind ein *Netz von Schutzfaktoren* zu knüpfen, damit es besser gerüstet ist, mit den Risiken und Belastungen des Lebens zurechtzukommen. Kinder in Heimen der Jugendhilfe brauchen das rechte Maß an Nähe und Distanz, sie brauchen kleine, dezentrale Einheiten, in denen sie sich wohl fühlen und in denen sie Verlässlichkeit erleben können. Diese Erfahrung der Sicherheit, Verlässlichkeit und des vertrauensvollen Kontaktes wird von vielen Ehemaligen eindrucksvoll geschildert. Alle von mir befragten Ehemaligen (Kormann 2006, 2009) betonen, dass die Bindung nicht an Funktionsträger, sondern an Menschen erfolgt. Und jeder Abbruch von Beziehungen, wenn er auch aus der Sicht der Einrichtung und des Jugendamtes als notwendige Veränderung gesehen wird, steht in Gefahr, als neuer Verlust erlebt zu werden.

Die weitaus größte Mehrheit der befragten Ehemaligen betont die besondere Chance, die ihr zuteil wurde, nämlich im Kinderdorf wertvolle, intensive Beziehungserfahrungen zu machen. Als entscheidende Unterstützungsfaktoren werden die Beziehungen zu den ErzieherInnen bzw. zu einer besonderen Erziehungsperson genannt und ganz allgemein die Lebensqualität in der Hausgemeinschaft und bei den Freizeitaktivitäten des Kinderdorfs. Generell kann gesagt werden, dass die jungen Menschen ihre Erfahrungen im Heim besonders dann als hilfreich und unterstützend ansehen, wenn es ihnen gelungen ist, diese Zeit als konstruktive Phase ihrer Lebensgeschichte einzuordnen. Und dies machen sie in der Regel daran fest, ob es ihnen gelungen ist, stabile, tragfähige emotionale Beziehungen aufzubauen, die auch noch über den Aufenthalt in der Heimerziehung hinaus weiter bestehen. Ist dies gelungen, so lassen sich leichter gewisse Härten, die mit den institutionellen Rahmenbedingungen oder einzelnen Negativerfahrungen zusammenhängen, überwinden. Wertschätzung und Stärkung des Selbstwerterlebens, verbunden mit einem hohen Grad an Selbstverantwortung und Autonomie werden hier als entscheidende Faktoren dafür angesehen, dass belastende familiäre Vorerfahrungen besser integriert und verarbeitet werden konnten. Kinder nehmen sehr schnell und klar wahr, ob die Erziehungsperson sich selbst auch gerne der Arbeit in der Kindergruppe widmet und sich mit ihr identifiziert. Natürlich können auch ErzieherInnen nur in einem Klima der Achtung und Wertschätzung ihrer Arbeit in Form von Rückmeldung durch Kollegenschaft und Heimleitung ihre Arbeit gut leisten.

Urie Bronfenbrenner (1992) hat darauf hingewiesen, dass pädagogische Prozesse sogar nur gelingen, wenn junge Menschen das Gefühl haben, einen Erwachsenen zu finden, der einfach „verrückt" nach ihnen ist, ihnen also zeigt und erlebbar macht, dass sie bedingungslos von ihm akzeptiert sind, wie im besten Fall eine Mutter ihr Kind annimmt und wertschätzt, egal, was es getan hat (vgl. Rogers 1973). Ein Heim hat demnach besonders auf jene Kinder zu achten, die es aufgrund ihres speziellen Verhaltens Erziehern besonders schwer machen, sie so anzunehmen, wie sie sind. Korczak (2000) hat in seiner kleinen Geschichte: „Wer kann Erzieher sein?" Ereignisse in einer jüdischen Familie beschrieben, in der es um Probleme der Empathie und Einfühlung in die Lage anderer geht. Dabei erscheinen die Sorgen und Tränen der einzelnen Personen Außenstehenden eher merkwürdig und belanglos, für die Betroffenen haben sie aber jeweils ein ganz anderes Gewicht und eine nahezu existentielle Bedeutung. Die Geschichte endet mit folgendem Satz: „Alle Tränen sind salzig. Wer das begreift, kann Kinder erziehen, wer das nicht begreift, kann sie nicht erziehen" (Korczak 2000: 20). Kinder brauchen für ihre Entwicklung Erwachsene, die an sie glauben, die Achtung, Wertschätzung und Begeisterung für sie empfinden und sich entsprechend für sie einsetzen: Dann lieben sie auch sich selbst.

Literatur

Antonovsky, A. (1997): Salutogenese. Zur Entmystifizierung der Gesundheit. Tübingen
Bauer, J. (2006): Prinzip Menschlichkeit. Warum wir von Natur aus kooperieren. Hamburg
Bauer, J. (2007): Lob der Schule. Sieben Perspektiven für Schüler, Lehrer und Eltern. Hamburg
Baur, D./Finkel, M./Hamberger, M./Kühn, A. D. (1998): Leistungen und Grenzen von Heimerziehung. Ergebnisse einer Evaluationsstudie stationärer und teilstationärer Erziehungshilfen. Schriftenreihe des Bundesministeriums für Familie, Senioren, Frauen und Jugend, Band 170. Stuttgart
Blandow, J./Gintzel, U./Hansbauer, P. (1999): Partizipation als Qualitätsmerkmal in der Heimerziehung. Eine Diskussionsgrundlage. Münster
Brisch, K.-H./Hellbrügge, Th. (Hrsg.) (2003): Bindung und Trauma. Risiken und Schutzfaktoren für die Entwicklung von Kindern. Stuttgart
Bronfenbrenner, U. (1992): Gibt es Universalien in der Kindererziehung? Interview mit Urie Bronfenbrenner. Diskurs, 1, S. 51–52
Bürger, U. (1990): Heimerziehung und soziale Teilnahmechancen. Eine empirische Untersuchung zum Erfolg öffentlicher Erziehung. Pfaffenweiler
Buber, M. (2006): Das dialogische Prinzip. Gütersloh
Esser, K. (2009): Die Kinderdorfbewegung in der katholischen Heimerziehung. In: Hiller/Knab/Mörsberger (Hrsg.): Erziehungshilfe Investition in die Zukunft. Freiburg
Esser, K. (2009). Ehemaligen-Befragung. Unveröffentlichtes Manuskript

Flammer, A. (1990): Erfahrung der eigenen Wirksamkeit. Einführung in die Psychologie der Kontrollmeinung. Bern

Fuhrer, U. (2005): Lehrbuch Erziehungspsychologie. Bern

Fuhrer, U. (2007): Erziehungskompetenz. Was Eltern und Familien stark macht. Bern

Frick, J. (2007): Die Kraft der Ermutigung. Grundlagen und Beispiele zur Hilfe und Selbsthilfe. Bern

Gehres, W. (1997): Das zweite Zuhause. Lebensgeschichte und Persönlichkeitsentwicklung von dreißig ehemaligen Heimkindern. Opladen

Gabriel, Th. (2005): Resilienz – Kritik und Perspektiven. In: Zeitschrift für Pädagogik, 51, Heft 2, S. 208–217

Grawe, K. (1998): Psychologische Therapie. Göttingen

Grossmann, K. E./Grossmann, K. (2007a): „Resilienz" – Skeptische Anmerkungen zu einem Begriff. In: Fooken/Zinnecker (Hrsg.): Trauma und Resilienz, S. 29–38. Weinheim

Grossmann, K. E./Grossmann, K. (2007b): Die Entwicklung von Bindungen: Psychische Sicherheit als Voraussetzung für psychische Anpassungsfähigkeit. In: Opp/Fingerle (Hrsg.): Was Kinder stärkt. Erziehung zwischen Risiko und Resilienz, S. 279–298. München

Hansen, G. (1994): Die Persönlichkeitsentwicklung von Kindern in Erziehungsheimen: Ein empirischer Beitrag zur Sozialisation durch Institutionen der öffentlichen Erziehungshilfe. Weinheim

Hebborn-Brass, U. (Hrsg.) (1991): Verhaltensgestörte Kinder im Heim. Eine empirische Längsschnittuntersuchung zu Indikation und Erfolg. Freiburg

Hutterer, R. (1984): Authentische Wissenschaft. Auf der Suche nach einem personenzentrierten, humanistischen Verständnis von Wissenschaft und Forschung. In: Arbeitsgemeinschaft Personenzentrierte Gesprächsführung (Hrsg.): Persönlichkeitsentwicklung durch Gesprächsführung, S. 27–51. Wien

Klemenz, B. (2007a): Ressourcenorientierte Erziehung. Tübingen

Klemenz, B. (2007b): Verwurzelt fliegen – Leitfaden für eine stärkenorientierte Kindererziehung. Norderstedt

Klemenz, B. (2009): Erziehungsoptimierung durch Grundbedürfnisbefriedigung: Entwurf eines neurobiologisch gestützten Erziehungsmodells. In: Verhaltenstherapie mit Kindern und Jugendlichen – Zeitschrift für die psychosoziale Praxis, 5.Jg. (1)

Knab, E. (2009): Von den Anfängen der Praxisforschung im BVkE und seinen Mitgliedseinrichtungen. In: Hiller/Knab/Mörsberger (Hrsg.): Erziehungshilfe Investition in die Zukunft. Freiburg

Koch, G./Lambach, R. (2000): Familienerhaltung als Programm. Forschungsergebnisse. Münster

Kormann, G. (2006): Ehemalige im Kinderdorf. Innerseelische Situation und Persönlichkeitsentwicklung von Kindern und Jugendlichen in einer Einrichtung der stationären Jugendhilfe. München

Kormann, G. (2007): Resilienz – Was Kinder stärkt und in ihrer Entwicklung unterstützt. In: Plieninger/Schumacher (Hrsg.): Auf den Anfang kommt es an – Bildung und Erziehung im Kindergarten und im Übergang zur Grundschule. Schwäbisch Gmünd: Gmünder Hochschulreihe Nr. 27., S. 37–57

Kormann, G. (2009): Resilienz – Was Kinder und Erwachsene stärkt. In: Gesprächspsychotherapie und personzentrierte Beratung. 4/2009, S. 188–197

Kormann, G./Saur, B. (2008): „Gedeihen trotz widriger Umstände" – Was Kinder und Jugendliche im Heim in ihrer Entwicklung stärkt. In: Eckey/Haid-Loh/Jakob: Jugend bewegt Beratung. Weinheim

Korczak, J. (2000): Wer kann Erzieher sein? In: Flitner/Scheuerl, (Hrsg.): Einführung in pädagogisches Sehen und Denken. Weinheim

Langer, I. (2000): Das Persönliche Gespräch als Weg in der psychologischen Forschung. Köln

Lösel, F./Bender, D. (1999): Von generellen Schutzfaktoren zu differentiellen protektiven Prozessen: Ergebnisse und Probleme der Resilienzforschung. In: Opp/Fingerle/Freytag (Hrsg.): Was Kinder stärkt. Erziehung zwischen Risiko und Resilienz, S. 37–58. München

Lux, M. (2007): Der personzentrierte Ansatz und die Neurowissenschaften. München

Macsenaere, M. (2009): Von der immanenten Überzeugung zur Wirkungsforschung. In: Hiller/Knab/Mörsberger (Hrsg.): Erziehungshilfe Investition in die Zukunft. Freiburg

Münder, J. (1996): Einführung in das neue Kinder- und Jugendhilferecht. Münster

Planungsgruppe Petra (1988): Was leistet Heimerziehung? Ergebnisse einer empirischen Untersuchung. Frankfurt a. M.

Pongratz, L./Hübner, H. O. (1959): Lebensbewährung nach öffentlicher Erziehung. Darmstadt

Reddemann, L. (2001): Imagination als heilende Kraft. Zur Behandlung von Traumafolgen mit ressourcenorientierten Verfahren. Stuttgart

Rogers, C. R. (1973): Die klientbezogene Gesprächspsychotherapie. München

Schleiffer, R. (2001): Der heimliche Wunsch nach Nähe. Bindungstheorie und Heimerziehung. Weinheim

Schmidt, M./Schneider, K./Hohm, E./Pickartz, A./Macsenaere, M./Petermann, F./Flosdorf, P./Hölzl, H./Knab, E. (2003): Effekte erzieherischer Hilfen und ihrer Hintergründe (Schriftenreihe des BMFSFJ, Bd. 219). Stuttgart

Schrödter, M./Ziegler, H. (2007): Was wirkt in der Kinder- und Jugendhilfe? Internationaler Überblick und Entwurf eines Indikatorensystems von Verwirklichungschancen. Münster

Trede, W./Winkler, M. (2000): Stationäre Erziehungshilfen: Heim, Wohngruppe, Pflegefamilie. In: Krüger/Rauschenbach (Hrsg.): Einführung in die Arbeitsfelder des Bildungs- und Sozialwesens, S. 251–267. Opladen

Unzner, L. (2002): Schutz und Risiko: Die besondere Bedeutung der Bindungstheorie für die Fremdunterbringung. In: Sozialpädagogisches Institut im SOS-Kinderdorf e.V. (Hrsg.): Glücklich an einem fremden Ort? Familienähnliche Betreuung in der Diskussion, S. 46–60. Münster

Werner, E. E. (2000): Protective factors and individual resilience. In: Shonkoff/Meisels (Hrsg.): Handbook of early childhood intervention. Cambridge, S. 115–134

Werner, E. E./Smith, R. S. (2001): Journeys from childhood to midlife: Risk, resilience and recovery. Ithaca

Wolf, K. (2007): Metaanalyse von Fallstudien erzieherischer Hilfen hinsichtlich von Wirkungen und „wirkmächtigen" Faktoren aus Nutzersicht. Münster

Wustmann, C. (2004): Resilienz: Widerstandsfähigkeit von Kindern in Tageseinrichtungen fördern. Beiträge zur Bildungsqualität. Weinheim

„Lichtpunkte" –
für benachteiligte Kinder und Jugendliche

Margherita Zander, Nicole Alfert, Bettina Kruth

1. Projektstart mit ressourcenorientiertem Arbeitsansatz

„Benachteiligte Kinder stärken!" – unter diesem Motto startete Anfang des Jahres 2008 die Deutsche Kinder- und Jugendstiftung (DKJS), finanziert durch debitel, das Programm „Lichtpunkte". In ganz Deutschland wurden 22 Projekte ausgewählt, die sich gegen Kinderarmut einsetzen und dabei einen an „Stärken" und „Ressourcen" orientierten Ansatz verfolgen. Ausgangspunkt für die DKJS war die große und immer noch steigende Zahl von Kindern und Jugendlichen, die in Deutschland von Armut betroffen sind.

Folgende Kriterien waren für die DKJS bei der Auswahl unter den bundesweit eingereichten Projektbewerbungen u.a. entscheidungsrelevant:

- Der zugrundegelegte *Armutsbegriff* umfasst dort nicht nur die materielle Situation, sondern auch soziale Benachteiligungen und belastende Lebensumstände der Kinder und Jugendlichen.
- Eine *ressourcenorientierte Herangehensweise* fördert die individuellen Potenziale und Stärken der Kinder und Jugendlichen und eröffnet ihnen Entwicklungs- und Bildungschancen.
- Von der Einbindung *freiwillig Engagierter* profitieren Kinder und Jugendliche aufgrund der unterschiedlichen Erfahrungen, die eingebracht werden können. Das zivile Engagement wird in gemeinsam getragener Verantwortung gestärkt.
- Ein *partizipativer Ansatz* lässt Kinder und Jugendliche den Projektverlauf mitgestalten und bezieht sie in Entscheidungen ein, so dass sie Selbstwirksamkeit erfahren und ihr Selbstbewusstsein stärken.

Die im Folgenden aufgeführten Projekte wurden 2008 in das Lichtpunkte-Programm der DKJS aufgenommen:[1]

---

1 In 2009 wird das Programm neu aufgelegt, wobei die Mehrzahl der Projekte weitergefördert wird, aber auch neue hinzugekommen sind.

Tabelle 1. Übersicht zu den ausgewählten Lichtpunkte-Projekten

Nr.	Projektname	Ort/Bundesland	Inhalte/Angebote
1	Kinderrestaurant	Großenhain/Sachsen	Kochkurse für Kinder
2	Sport tut gut – gemeinsam macht´s Spaß	Süderholz/Mecklenburg-Vorpommern	Kostenlose Mitgliedschaft im Sportverein, Volleyballplatz
3	Spiel und Spaß mit der Tenever-Liga	Bremen	Wöchentliche Spieltreffs, Turniere, Fußballangebote für Mädchen
4	Mach es!	Delmenhorst/Niedersachsen	Offenes Atelier, Umsonstladen
5	ARTSPACE: Träume von Räumen – Räume für Träume	Heidelberg/Baden-Württemberg	Theaterworkshops, -aufführungen
6	Keiner darf verloren gehen	Gleishorbach/Rheinlandpfalz	Lernpaten für Grundschüler
7	Die Brücke	Rostock/Mecklenburg-Vorpommern	Hausaufgabenhilfe, Freizeit- und Ferienangebote
8	Kleine Kosmonauten	Hamburg	Hamburg durch verschiedene Sinne wahrnehmen (Konzert, Theater ...)
9	Hallo, hier spricht der Hunger	Weimar/Thüringen	Kochnachmittage, Kochbuch
10	Kilado – Zeit für Kinder	Dollenchen/Brandenburg	Spielplatzerneuerung, Freizeit- und Sportangebote
11	Patenschaftsprojekt „miteinander"	Freiburg/Baden-Württemberg	Patenschaft zwischen Ehrenamtlichen und Kindern
12	Die Schule macht fit für die Zukunft	Berlin	Labor als Lernort, fächerübergreifendes Lernen
13	Musik macht uns gemeinsam stark	Berlin	Musikunterricht und Chor
14	Schüler Poetry Slam Bremen	Bremen	Lyrik-Werkstatt, Poetry Slam Wettbewerb
15	Leselibelle	Hamburg	Leseförderprojekt in Schulen und Kindergärten, Spielplatzgestaltung
16	„Friss oder stirb" – selbst is(s)t der Koch	Kassel/Hessen	Schulkochclub, Schulgarten
17	Darf es auch etwas Meer sein	Homburg/Saarland	Grundkochkurs für Jugendliche, Schwimmkurs für Kinder
18	Baumhaus-Geflüster	Quetz/Sachsen-Anhalt	Bau eines Baumhauses, politischer Salon

19	Buchkinder – Feste feiern	Leipzig/Sachsen	Ein eigenes Buch schreiben und herstellen
20	Tabula	Bielefeld/Nordrhein-Westfalen	Außerschulische Bildungsangebote, Lernpartnerschaften
21	Taschengeldwerkstatt	Dresden/Sachsen	Kindercatering / Fahrradwerkstatt
22	Nahrung für Leib und Seele	Stuttgart/Baden-Württemberg	Essensangebote in der Schule, „Senior"-Partner für Berufseinstieg

In insgesamt 14 verschiedenen Bundesländern wurden für eine erste Phase (2008) ausgewählte Projekte in sozial benachteiligten städtischen und ländlichen Gebieten gefördert. Fünf der Projekte waren im ländlichen Raum angesiedelt, der größere Teil wurde in städtischen Wohnquartieren durchgeführt. Nach Angaben der jeweiligen Projektträger sind die ländlichen Gebiete durch schlechte Infrastruktur im Flächenland sowie durch Abwanderung und Arbeitslosigkeit gekennzeichnet. Die Kinder und Jugendlichen haben hier wenig Gelegenheit, den Ort oder das Dorf – außer zum Schulbesuch – zu verlassen. Darüber hinaus gibt es wenig oder gar keine kinder- oder jugendspezifischen Freizeitangebote vor Ort wie etwa Sportvereine oder Spielplätze.

Die Projekte werden – der Programmatik der DKJS folgend, die auf bürgerschaftliches Engagement setzt – vorwiegend von Freiwilligen durchgeführt, die mit ihren unterschiedlichen beruflichen und pädagogischen Erfahrungen auch ein breites Spektrum von Fähigkeiten und Kompetenzen einbringen. Teilweise waren die in das „Lichtpunkte-Programm" aufgenommenen Projekte gerade von ehrenamtlich Engagierten mit ins Leben gerufen worden. In einigen Projekten arbeiten sogar ausschließlich ehrenamtlich Engagierte mit den Kindern. Beispielhaft sind hier die Patenschaftsprojekte „miteinander" (Freiburg/Breisgau) und „Keiner darf verloren gehen" (Gleishorbach), die Lese- und Lernförderung der „Leselibelle" (Hamburg) oder „Tabula" (Bielefeld) zu nennen.

Dem *ressourcenorientierten Ansatz* folgend, gehen die Projekte von den vorhandenen Potenzialen – bzw. von gemeinsam mit den Kindern und Jugendlichen noch zu erschließenden personalen, sozialen und teilweise auch materiellen Ressourcen – aus, um vorhandene Stärken zu erkunden und auszubauen. Selbstvertrauen zu stärken, Selbstwirksamkeit zu erfahren und Freude am eigenen Tun sind die Ziele. Dieser stärkenorientierte pädagogische Ansatz wurde in der Projektlaufzeit gezielt durch eine *Hinwendung zur „Resilienzförderung"* erweitert.

Wie sich die Integration des Resilienz-Konzepts in das Lichtpunkte-Förderprogramm begründen lässt und wie der Übergang von einem betont stärken- und ressourcenorientierten Ansatz hin zu konkreter Resilienzförderung bewerkstelligt wurde, soll an späterer Stelle erläutert werden. Die neue Zielsetzung lautet dann kurz: Kinder und Jugendliche in ihrer „seelischen Widerstandsfähigkeit" (Resilienz) so zu fördern, dass sie künftig ihr Leben – trotz widriger und belastender Lebensumstände – erfolgreich und zur eigenen Zufriedenheit meistern können.

2. Viele Wege führen zum Ziel – an den Fähigkeiten und Neigungen anknüpfen

Die Angebotspalette der Lichtpunkte-Projekte ist breit gefächert und bunt gemixt, und ebenso vielfältig wie die Inhalte sind auch die Rahmenbedingungen. In den zwei genannten Patenschaftsprojekten, „miteinander" und „Keiner darf verloren gehen", werden Mädchen und Jungen im Grundschulalter, bei denen man von einem besonderen Betreuungsbedarf ausgeht, von bürgerschaftlich engagierten sowie geschulten Kräften begleitet. Die Grundidee ist, den Kindern durch die Paten die Möglichkeit *einer vertrauensvollen und verlässlichen emotionalen Bindung* an einen Erwachsenen anzubieten, wobei die Paten zugleich Vorbildfunktion haben sollen.

Wichtig ist den meisten Projekten, dass ein soziales *Gruppengefühl* entsteht, Miteinander und Zusammenarbeit also großgeschrieben werden. Dies kann beispielsweise auch gekoppelt sein mit dem Erlernen konkreter Fertigkeiten – wie Kochkenntnissen oder dem Erwerb von Wissen und Können im Bereich „gesunde Ernährung". Vier Lichtpunkte-Projekte bieten den Kindern und Jugendlichen eine Chance, besonders an sportlichen Freizeitaktivitäten wie Volleyball, Fußball (speziell für Mädchen) oder Schwimmkursen teilzunehmen. Auch in diesen Projekten, wie etwa „Tenever-Liga", „Darf es etwas Meer sein", „Kilado" und „Sport tut gut" werden über individuelle Förderung hinaus *soziale Werte* vermittelt: Durch die *Förderung von Beziehungs- und Konfliktfähigkeit* können Freundschaften entstehen und sich vertiefen.

Die Mehrzahl der Projekte hat sich zum Ziel gesetzt, sozial benachteiligten Kindern und Jugendlichen *Zugangsmöglichkeiten zu Bildung und Kultur* zu eröffnen. So beispielsweise „Tabula" in Bielefeld, „Die Brücke" in Rostock, „Artspace" in Heidelberg – Projekte, in denen Kinder und Jugendliche u.a. Theater spielen. Zugang zu Sprachkompetenz und Freude am Umgang mit Sprache, am Lesen oder am Schreiben von eigenen Texten – darum geht es in der „Leselibelle", beim „Schüler Poetry Slam", „Die

Buchkinder" und im Projekt „Feste feiern". „Musik macht uns gemeinsam stark" will Mädchen und Jungen einen tieferen Zugang zu Musik, insbesondere durch Erlernen eines Instruments, ermöglichen, und bei den „Kleinen Kosmonauten" üben sich die Kinder in bildender Kunst. Alle genannten Projekte zeichnet aus, dass sie an den besonderen Fähigkeiten und Neigungen der Kinder ansetzen, ihre Neugier wecken, ihnen ermöglichen, Neues kennen zu lernen, und ihnen Spaß am Gelingen vermitteln, etwa beim eigenständigen Präsentieren des Erreichten, z.B. in Konzerten, Aufführungen oder Ausstellungen.

Daneben gibt es Projekte, in denen *handwerkliche Fähigkeiten* gefördert werden, wie z.B. in „Mach es" oder der „Taschengeldwerkstatt"; auch hier bekommen die Kinder und Jugendlichen Zutrauen in ihr eigenes Können. Wer sich etwas zutraut, entwickelt eigene Ideen und äußert Wünsche, die sich dann auch im Projektverlauf mit Unterstützung der Mitarbeiterinnen und Mitarbeiter umsetzen lassen. Eine wichtige Rolle spielt dabei, dass den Kindern in den Projekten Möglichkeiten zu *Partizipation und bewusster Mitwirkung* geboten werden und sie so erfahren, etwas bewirken und mitgestalten zu können. Gleichzeitig werden sie, tauchen Probleme oder Konflikte auf, auch dazu angehalten, gemeinsam mit anderen Kindern Lösungsstrategien zu finden und Verantwortungsbewusstsein zu entwickeln.

Versucht man alle Lichtpunkte-Projekte unter dem Gesichtspunkt einer gemeinsamen pädagogischen Grundidee zusammenzufassen, so besteht der Minimalkonsens zunächst in einer mehr oder weniger *Ressourcen erschließenden Herangehensweise* (Meinhold 1997): Die Kinder und Jugendlichen sollen ihre vorhandenen Potenziale zeigen und entfalten können. Entscheidend ist, dass es sich dabei um junge Menschen handelt, denen die Möglichkeit dazu aufgrund ihrer sozialen Lage sonst wohl nicht gegeben wäre. Insofern verfolgen die Projekte auch ein *sozial integratives Ziel:* Sie sind in der sozialen Lebenswelt der Kinder und Jugendlichen verankert und nehmen in ihrer Arbeit auf die konkreten Wohn- und Lebensbedingungen Bezug. Sie bieten ihnen eine verlässliche Anlaufstelle und auf lange Sicht wichtige Erfolgserlebnisse, etwa durch selbstständiges Arbeiten, und setzen dadurch möglicherweise Kräfte in Gang, die den Kindern bei der Bewältigung ihres häufig vermutlich sehr schwierigen Alltags helfen können.[2] Im Einzelfall – dies wäre näher zu

---

2 Vgl. dazu auch den Endbericht der wissenschaftlichen Evaluation auf der Website der FH-Münster: https://www.fh-muenster.de/fb10/downloads/ungeschuetzt/fachbereichallg/Endbericht_Lichtpunkte_18_12-2008_bk.pdf. Die Projekte werden in 2009 zum Teil weiter gefördert, zum Teil sind neue hinzugekommen, siehe dazu Website der DKJS.

betrachten – kann es sich dabei auch um die Förderung von Resilienzfähigkeit handeln.

3. Das Beispiel Tenerver-Liga – eine feste Anlaufstelle schafft Gruppengefühl

Zur *Zielgruppe* der Projekte zählen Kinder und Jugendliche aus sozialen Brennpunkten, aus problematischen sozialen Verhältnissen, Mädchen und Jungen mit besonderem Betreuungsbedarf, bildungsmäßig benachteiligte Kinder und Jugendliche aus Haupt- und Förderschulen. Dass es sich dabei vorwiegend um Kinder und Jugendliche mit hohem Armutsrisiko handelt, lässt sich leicht erschließen, zumal auch die familiären Hintergründe darauf hindeuten: Sie kommen vorwiegend aus Haushalten von allein Erziehenden oder Mehrkindfamilien. Erheblich ist dabei der Anteil von Migrantenkindern und Jugendlichen, insbesondere auch von Flüchtlingskindern; mit von der Partie waren Kinder türkischer, marokkanischer, afghanischer, kurdischer, libanesischer oder bosnischer Herkunft, um nur einige Nationalitäten zu nennen.

Insgesamt haben zum Zeitpunkt unserer Befragung (Oktober 2008) 566 Kinder und Jugendliche an den Angeboten der Lichtpunkte-Projekte teilgenommen, wobei das jeweilige Alter der Kinder ebenso variierte wie die Teilnehmerzahl in den verschiedenen Projekten.[3] In vielen Projekten war ein deutlich stärkerer Mädchenanteil zu verzeichnen, wenngleich die Projektmitarbeiterinnen und -mitarbeiter betonten, Jungen wie Mädchen seien gleich begeisterungsfähig und engagiert dabei.

Die Tenever-Liga, einer der vielen „Lichtpunkte", sei an dieser Stelle detaillierter vorgestellt, um so exemplarisch die konzeptionelle Herangehensweise der Projekte zu erläutern. Bei diesem Projekt, das sich programmatisch „Spiel und Spaß für alle mit der Tenever-Liga" nennt, handelt es sich um das größte vereinsfreie Fußballprojekt für Kinder und Jugendliche in Bremen. Die Federführung dafür hat der „fitpoint", eine Einrichtung der St. Petri Kinder- und Jugendhilfe, die schwerpunktmäßig sportliche und sozialpädagogische Inhalte der Kinder- und Jugendarbeit miteinander verknüpft. Kooperationspartner sind der Landessportbund Bremen e.V. und der Bremer Fußballverband e.V.

Der Bezirk Tenever ist das kinderreichste und am stärksten von Armut betroffene Quartier am Bremer Stadtrand, ein Hochhausgebiet, in

---

[3] Die Zahlen beziehen sich im Weiteren auf 16 der 22 Projekte, die sich tatsächlich an dieser Befragung beteiligt haben.

dem insgesamt ca. 6.000 Menschen aus 80 verschiedenen Nationen leben. Etwa 70 % der Bewohnerschaft haben Migrationshintergrund, gut ein Drittel sind Aussiedler (mit deutschem Pass), ein weiteres Drittel hat einen ausländischen Pass. Mehr als ein Drittel der Bewohnerschaft dieses Stadtviertels bezieht Sozialhilfe (bzw. Sozialgeld oder ALG II).

Die Tenever-Liga bietet jungen Menschen, die sich keine Vereinsbeiträge leisten können, eine Chance, sich in freien Fußball-Mannschaften zu organisieren, sich so mit anderen zu treffen und zu messen. Dabei dient die Begeisterung am Fußballspiel als Vehikel zur Förderung sozialer Integration und eines fairen Miteinanders. Und nebenbei geht es um das Einhalten von Regeln, gewaltfreien Umgang, Konflikt- und Kommunikationsfähigkeit, um Konzentration und Ausdauer – und Bewegung dient der Gesundheit.

Die Einrichtung des Spieletreffs ist zudem durch generationsübergreifende Mitwirkung zustande gekommen, und nur so funktioniert auch der Ligabetrieb, nämlich durch Einbeziehung von Eltern und älteren Geschwistern als Mannschaftsbegleiter, Spielleiter und Organisationshelfer, wodurch das Projekt Modellcharakter erlangt. Dazu passt, dass sich das Projekt verstärkt um die Ansprache und Einbeziehung von Mädchen bemüht, wozu sicher auch die weibliche sportpädagogische Mitarbeiterin beiträgt. Bisher besteht die Tenever-Liga zu 95 % aus Jungen; insgesamt beteiligen sich 150–180 Kinder und Jugendliche im Alter von 6–14 Jahren und unterschiedlicher nationaler, kultureller und sozialer Herkunft in etwa zwanzig „Mannschaften". Was alle verbindet, ist eben die Leidenschaft fürs Fußballspiel. Als sozialräumliches Angebot setzt die Tenever-Liga direkt an der Lebenswelt der Kinder und Jugendlichen an.[4] Über den Sport möchte das Projekt gerade auch die Eltern und älteren Geschwister erreichen und so zu Engagement und Teilhabe im Viertel bewegen.

Genauer unter die Lupe genommen haben wir in Interviews vor Ort die Mädchen-Fußballclique der Tenever-Liga. Dabei zeigte sich, welch hohen Stellenwert das Projekt im Alltag der Mädchen hat. Sie alle besuchen das Projekt mit Begeisterung und nehmen an den Angeboten regelmäßig teil, was bei der Zielgruppe nicht selbstverständlich ist. Sie seien, so ihre Selbstauskünfte, dort immer „sehr glücklich". Mit ihren eigenen Worten drücken sie jeweils aus, wie sie im Projekt *soziale und emotionale Anerkennung* erfahren, aber auch mit Ablehnung und Kritik umzugehen lernen.

---

4 http://www.lichtpunkte.info/fileadmin/lichtpunkte/dokumente/pdf/Lichtpunkte_Gemeinsam_Kinder_staerken.pdf, Bericht der DKJS über die geförderten Projekte, zur Tenever-Liga siehe S. 12, Zugriffsdatum 7.9.2010

Weil es dem Gesamtprojekt gelingt, einen Teil der Kinder und Jugendlichen des Viertels konstant einzubinden, entstehen *Freundschaften und soziale Netzwerke*, ein unschätzbarer Gewinn für das Leben im Stadtteil. Dass daraus nicht nur ein festes Gruppengefühl resultiert, sondern auch Halt und Bindung wachsen, war in der Mädchenclique bei unserem Interviewtermin förmlich zu spüren.

Die Tenever-Liga bietet sich so als *verlässliche Anlaufstelle* an und fördert – durch Ermöglichung von Gleichaltrigenkontakten – einen wichtigen Bereich kindlicher Entwicklung. Die im Projekt gewonnenen Kontakte werden von den Kindern auch außerhalb der Liga gepflegt: So verabreden sich die Mädchen beispielsweise zu Treffen auf dem Spielplatz oder am Wochenende zu einer Fahrradtour. Das spürbar soziale Verhalten und das Gemeinschaftsgefühl in der Gruppe haben sich – nach Aussagen der Projektverantwortlichen – erst im Laufe der Zeit entwickelt. Positiv zu verzeichnen sei nunmehr eine engere soziale Beziehung zwischen den Mädchen, was sie dazu befähige, Konflikte untereinander leichter aufzufangen und sie eigenständig mit sachbezogenen Argumenten und weniger Aggressivität zu lösen. Vor allem diese offensichtlich hinzugewonnene soziale Kompetenz mache einen gelingenden Projektverlauf erst möglich. Respektierung von Verbindlichkeiten und Einhaltung von Regeln sind ja gerade beim Fußballspiel von wirklich hoher Bedeutung.

Davon abgesehen sind die Mädchen, übrigens vornehmlich türkischer Herkunft, natürlich auch stolz auf die erworbenen sportlichen Fähigkeiten und auf ihre – durch regelmäßige Teilnahme am Training – mittlerweile ansehnliche „Fußballmannschaft". Das stärkt das Selbstvertrauen, steigert das Engagement, aber auch Motivation und Willen, mit „seiner Mannschaft" zu siegen. Und sie bringen sich – so die Aussage der Mädchen – auch deshalb so stark ein, weil ihre Vorstellungen und Wünsche gehört werden, sie den Projektverlauf mitbestimmen und mitgestalten dürfen.

Nun könnte man nach der Beschreibung dieses Projekts sicherlich einwenden, hierbei handele es sich doch um ein „gewöhnliches Stadtteilprojekt", wie es in der Sozialen Arbeit gang und gäbe sei. Was daran neu sei – oder gar mit Resilienzförderung zu tun habe –, sei mitnichten erkennbar. Und in der Tat ist dieser Einwand auf den ersten Blick nicht so leicht von der Hand zu weisen. Daher soll im Folgenden versucht werden, auf theoretisch-konzeptioneller Ebene eine Abgrenzung von Ressourcenorientierung und Resilienzförderung vorzunehmen, wenngleich sie sich so trennscharf in der sozialpädagogischen Praxis sicherlich nicht aufrechterhalten lässt.

4. Ressourcenorientierung versus Resilienzförderung? Das Problem einer Abgrenzung der beiden Konzepte

Ressourcenorientierung hat in der Sozialen Arbeit – wenn auch unter anderen Bezeichnungen – eine lange Tradition. So hat Peter Bünder (2002) die Grundidee einer ressourcenorientierten Arbeit bereits bei den Klassikerinnen (z.B. Mary Richmond, Jane Addams, Alice Salomon, Siddy Wronski u.a.) ausgemacht. Bünder gibt in seinem Buch „Geld oder Liebe" einen systematischen Überblick über die Vielzahl von Ressourcen-Konzepten, wie sie sowohl in soziologischen als auch psychologischen Theorien entwickelt wurden, und auf die Soziale Arbeit letztlich bei ihren Handlungskonzepten zurückgreift.

Der Begriff „Ressource" steht zunächst für den Zugriff auf materielle und immaterielle Güter, die Menschen zu ihrer Bedürfnisbefriedigung und ihrer personalen wie sozialen Entwicklung brauchen. Dabei müssen wir unterscheiden zwischen materiellen und immateriellen Ressourcen und darüber hinaus jeweils differenzieren zwischen personalen, sozialen und kulturellen Ressourcen. Zu fragen ist des Weiteren nach ihrer *objektiven Verfügbarkeit* und *allgemeinen Zugänglichkeit* auf der einen und nach der tatsächlichen *subjektiven Wahrnehmung und Verwertbarkeit* durch das jeweilige Individuum auf der anderen Seite. Dabei spielen sowohl gesellschaftliche Verteilungsprozesse (soziale Ungleichheit) als auch individuelle Fähigkeiten – „capabilities" nach A. Sen (Walker/Unterhalter 2007) – zur Erschließung, Nutzung und Entfaltung von Ressourcen eine Rolle. Somit setzt die Auseinandersetzung mit der Ressourcenfrage immer eine gesellschaftliche Analyse voraus und schließt folglich einen politischen Diskurs über Verteilungsfragen ein. Dass es zwischen der Verfügbarkeit von materiellen Ressourcen und der Entfaltung immaterieller Ressourcen eine komplexe Wechselwirkung gibt, liegt auf der Hand.

Darüber, ob bei der Ressourcenorientierung in der Sozialen Arbeit stärkeres Augenmerk auf den subjektiven Zugang zu *materiellen Ressourcen* oder aber auf die Bereitstellung und Entfaltung von *nichtmateriellen Ressourcen* gelegt werden soll, kann man sich streiten. Für Bünder (2002) ist es eindeutig erwiesen, „dass materielle Ressourcen häufig die stoffliche Grundlage bilden, damit nichtmaterielle Ressourcen zur Anwendung und Entfaltung kommen können" (S. 207). Auch für Marianne Meinhold (1996) ist die Sicherung der Grundversorgung Voraussetzung für jeden weiteren Schritt. Sie geht allerdings so weit, „Ressourcen-Arbeit" als Synonym für Soziale Arbeit überhaupt zu verstehen. So sieht sie etwa in der Erschließung von Ressourcen zur Verbesserung der „Lebenschancen und

Entwicklungsmöglichkeiten" im Wohngebiet und Wohnumfeld eine der wichtigsten Aufgaben Sozialer Arbeit.

Unter Ressourcenarbeit versteht Meinhold (1996):
- persönliche Ressourcen bei Individuen und in deren unmittelbarem Umfeld aufdecken, fördern und erweitern,
- bei Bedarf zur Nutzung vorhandener Ressourcen anregen,
- den Mangel von Ressourcen im Einzelfall analysieren, dokumentieren, bekannt machen und nach Möglichkeit beheben (vgl. auch Bünder 2002).

Nun scheint es sowohl in der Fachliteratur – und umso mehr in der praxisbezogenen Erörterung – offensichtlich Unklarheiten in der Abgrenzung zwischen *Ressourcenorientierung* und *Resilienzförderung* zu geben. So benutzt beispielsweise selbst Emmy Werner den Begriff der „Ressourcen" teilweise gleichbedeutend mit dem der „Schutzfaktoren", dem Schlüsselbegriff aus der Resilienzförderung (vgl. Werner i. d. B.). Danach gefragt, wie sie eine Abgrenzung zwischen den beiden Begriffen vornehmen würde, antwortet sie etwas sibyllinisch: Der Begriff der „Schutzfaktoren" treffe das Phänomen besser – und trägt somit zur weiteren Begriffsverwirrung bei, zumal sich mit den beiden Begriffen auch unterschiedliche theoretische Bezüge und praxisanleitende Konzepte verbinden lassen (vgl. Werner i. d. B.). Ist es etwa tatsächlich so, dass mit Resilienzförderung lediglich etwas schon Bekanntes umbenannt wird? Oder handelt es sich gar um alten Wein in neuen Schläuchen?

„Resilienz" bedeutet, seelische Widerstandsfähigkeit in besonders widrigen Lebensumständen unter Beweis zu stellen. Entscheidend ist hier wohl die Definition der jeweiligen Zielgruppe. Denn während Ressourcen-Arbeit generell bei sozial benachteiligter Klientel immer angesagt wäre, zielt Resilienzförderung unseres Erachtens in erster Linie auf jene „Fälle" ab, in denen *außergewöhnliche psychosoziale Belastungen* und *„nicht normative Risiken"* für die Entwicklung des Kindes oder der Person vorliegen. Nicht normative Risiken sind solche, die nicht mit „normalen" menschlichen Entwicklungsverläufen verbunden und als solche nicht vorhersehbar sind. So treten beispielsweise in der Pubertät bestimmte Risiken auf, die einfach mit dieser Entwicklungsphase einhergehen. Sind Jugendliche in dieser Phase aber zusätzlich von einer Trennung oder Scheidung ihrer Eltern betroffen, so kommt zu einem normativen ein nicht normatives Risiko hinzu. Liegt also ein derart entwicklungsgefährdendes nicht normatives Risiko oder sogar eine Kumulation von solchen Risiken vor, so dass ohne entsprechende Schutzfaktoren eine gesunde psychische

Entwicklung gefährdet erscheint, dann haben wir jene Situation, in der Resilienzförderung zum Tragen kommen müsste.

Damit ein Kind – gleich welchen Alters – in der Lage ist, eine solche Widerstandsfähigkeit in hoch risikobelasteter Situation zu entwickeln – braucht es nämlich *„innere"* und *„äußere Schutzfaktoren"*, die man teilweise wohl mit „personalen" und „sozialen Ressourcen" gleichsetzen könnte. Allerdings lässt sich nur jeweils situationsbezogen definieren, was einem Mädchen oder Jungen zum Schutzfaktor gereichen kann. Ausgangspunkt für Resilienzförderung wäre demzufolge immer eine Analyse jener Schutzfaktoren, die im Einzelfall tatsächlich gegeben und zu erschließen sind und die eine gelingende Bewältigung der konkret vorliegenden, außergewöhnlich belastenden Situation begünstigen könnten.

Das Kind ist hier sehr bewusst als eigenständiger Akteur zu sehen, der über innere Stärken verfügt und „äußere Schutzfaktoren" nutzen kann, sich zudem neue Fähigkeiten anzueignen vermag, die schwierige Situation zu meistern (vgl. Grotberg i. d. B.). Allerdings handelt es sich dabei um einen ergebnisoffenen Prozess, der kontextabhängig ist; strittig ist dabei auch, wer das erwünschte Ergebnis oder das Ziel definiert: die Professionellen, die das Kind fördern; die Institution (Familie, Schule usw.), auf die es in seinem Entwicklungsprozess bezogen ist; oder das Kind selbst, ausgehend von seinem aktuellen Wohlbefinden oder der Zufriedenheit mit sich selbst, mit seinem „Eigensinn".

Die Lichtpunkte-Projekte – so die Zielsetzung der DKJS und der wissenschaftlichen Begleitung – sollten sich nun im Projektverlauf mit dem Ansatz der Resilienzförderung vertraut machen und prüfen, inwiefern sie damit ihre eigenen Zielsetzungen und Ideen für die Arbeit mit den Kindern besser verwirklichen könnten. Dabei waren die Projekte – siehe die Auswahlkriterien – sämtlich auf einen Ressourcenansatz eingeschworen. Wie sinnvoll ist hier eine solche Umorientierung? Worin unterscheiden sich die beiden Ansätze?

5. Also: Von der Ressourcenorientierung zur Resilienzförderung – Wie weit ist der Weg?

Zunächst war es die spezifische Zielgruppe, die die Idee der Resilienzförderung nahelegte: Das Konzept der Resilienzförderung setzt eine *Zielgruppe* voraus, die *besonderen* Entwicklungsrisiken ausgesetzt ist. Dazu zählen generell sicherlich Kinder und Jugendliche aus sozialen Brennpunkten, also aus problembelasteten sozialen und familiären Verhältnissen, sicher aber auch Kinder mit Fluchterfahrungen und traumatischen Erlebnissen. Nun sind die Lichtpunkte-Projekte eindeutig auf eine solche Zielgruppe zugeschnitten.

Die Projekte sind mit einem an „Ressourcen" oder „Stärken" orientierten Ansatz gestartet, mit dem Ziel eben, benachteiligten Kindern und Jugendlichen einen besseren Zugang zu bildungsmäßigen und kulturellen, sozialen und gesundheitlichen Ressourcen zu ermöglichen. Obwohl die in den Projekten engagierten Kräfte sicherlich auch die materielle Lage der Kinder und Familien im Blick hatten, so etwa in „Koch-Projekten", der „Taschengeldwerkstatt" oder anderen Freizeitangeboten (z.b. Schwimmen), konzentrierten sie sich offensichtlich jedoch stärker auf die Erschließung von immateriellen Ressourcen:
- Entwicklung von Fähigkeiten und Neigungen der Kinder, insbesondere sportlicher und musischer Fähigkeiten,
- Förderung „schulischer Kompetenzen" wie Lesen und Schreiben,
- Stärkung des Selbstwertgefühls, beispielsweise durch Spaß und Freude am Tun und dadurch bedingte Erfolgserlebnisse,
- Erfahrung von Selbstwirksamkeit, etwa durch Partizipation,
- Förderung von sozialen Kompetenzen wie etwa Konfliktlösungsstrategien,
- Angebot einer verlässlichen Anlaufstelle und nach Möglichkeit Aufbau einer vertrauensvollen und verlässlichen emotionalen Bindung, z. B. in den Patenschaftsprojekten.

Interessanterweise war dieser Ansatz – zumindest vordergründig – problemlos anschlussfähig an das Konzept von Resilienzförderung, wie es beispielsweise von Daniel/Wassell (2002) vertreten wird. Die beiden Autorinnen empfehlen in ihrem Manual, den Schwerpunkt auf sechs unterschiedliche Bereiche zu legen:
- Herstellung einer sicheren Bindung,
- Ermöglichung von Bildungsprozessen,
- Förderung von Freundschaften/Beziehungen zu Gleichaltrigen,
- Förderung von individuellen Fähigkeiten und Neigungen,
- Förderung von sozialen Kompetenzen/Konfliktlösungsstrategien,
- Vermittlung positiver Werte, von Selbstwertgefühl.

Diese zunächst offenkundige Gemeinsamkeit in der praktischen Orientierung hat uns als wissenschaftliche Begleitung ermutigt, den Projekten die Idee der Resilienzförderung nahe zu bringen und sie auf diesen Weg zu schicken. Die angeleitete, bewusste Orientierung an dem Konzept von

Daniel und Wassell (2002) sollte den Projekten daher einen praktikablen Einstieg in eine resilienzfördernde Praxis ermöglichen. Die Autorinnen (Daniel/Wassell 2002) liefern im Übrigen ein Konzept, das problemlos in sozialpädagogisches Tun integriert werden kann. Weil bei der Förderung der jeweiligen Resilienzbereiche immer auf drei Ebenen angesetzt werden soll: beim Kind selbst, in seinem familiären und in seinem weiteren sozialen Umfeld (z.B. Schule, Hort, Nachbarschaft), korrespondiert dieses Konzept mit den in der Sozialen Arbeit geläufigen drei Ebenen. Aber was wäre dabei nun das Spezifische von Resilienzförderung?

Wie wir gesehen haben, gibt es große gemeinsame Schnittmengen in der inhaltlichen Orientierung und praktischen Ausrichtung. Allerdings kann man sicherlich sagen, dass Resilienzförderung, wie sie in bisher diskutierten Konzepten[5] begriffen wird, stärkeres, wenn nicht gar ausschließliches Gewicht auf die *immateriellen Ressourcen* legt. Dies wird bei dem hier vorgestellten Konzept von Daniel und Wassell deutlich: Alle sechs Resilienzbereiche, bei denen die Förderung ansetzen soll, zielen auf immaterielle Ressourcen, genauer: „psychosoziale Ressourcen", ab. Gemeint sind damit die dem Kind selbst zur Verfügung stehenden Fähigkeiten und Entwicklungsmöglichkeiten (interne Ressourcen), aber auch seine sozialen Ressourcen, die in der Verfügungsgewalt anderer Personen liegen (externe Ressourcen), so die Unterstützung, die es von außen erfährt, in der Familie, in der Peergroup oder in seinem sozialen Umfeld wie durch Schule, Hort oder soziale Netzwerke. An diese Unterscheidung knüpft Corina Wustmann (2004) in ihrer einführenden Publikation zu Resilienz an, wenn sie personale Ressourcen des Kindes mit *„internen"* und soziale Ressourcen mit *„externen Schutzfaktoren"* gleichsetzt. Bemerkenswerterweise – und für die Soziale Arbeit selbstredend bedeutungsvoll – zählt Wustmann aber auch die Ermöglichung des Zugangs zu materiellen Ressourcen zu den „externen Schutzfaktoren".

Die eigentliche Krux für eine Abgrenzung der beiden Ansätze liegt nun wohl darin, dass Begrifflichkeiten vermengt und dadurch Unterschiede verwischt werden. Eine Ressource kann, aber muss nicht ein Schutzfaktor sein. Das Eingebundensein in eine Peergroup wäre sicherlich als soziale Ressource zu betrachten, kann aber für einen Jugendlichen auch ein Risiko- statt ein Schutzfaktor sein, wenn diese Peergroup zu abweichendem Verhalten neigt (vgl. hierzu die sehr differenzierte Position von Liebel i. d. B.).

---

5 Z.B. die von Fröhlich-Gildhoff und Rönnau-Boese vorgeschlagenen Trainingsprogramme, vgl. deren Beitrag in diesem Band.

Davon abgesehen bildet neben dem schon herausgearbeiteten Aspekt der spezifischen Zielgruppe vor allem auch die *Zielrichtung* die entscheidende Differenz: die Erzeugung und Stärkung von psychischer Widerstandsfähigkeit in widrigen Umständen! Resilienzförderung geht also – anders als ressourcenorientierte Arbeit – immer von der Ausgangslage einer multiplen und extremen Risikobelastung aus.[6] Im Blickpunkt stehen damit außergewöhnliche Entwicklungsgefährdungen, die zu bewältigen sind. Damit treten unterschiedliche Coping-Strategien auf den Plan. Zusätzlich erscheint hier das *Verständnis von Risiko- und Schutzfaktoren* – vor allem in ihrer komplexen Wechselwirkung – bedeutsam für eine Abgrenzung zum Ressourcenkonzept. Ein zentraler Unterschied zwischen Ressourcen und Schutzfaktoren besteht nämlich auch darin, dass man in Wirkungsmodellen, welche die spezifischen (differenziellen) Funktionen von Schutzfaktoren in einem Risikokontext erklären möchte, eben nur Schutzfaktoren, nicht aber die viel allgemeiner definierten Ressourcen als Variablen einsetzen kann. Obwohl die angenommene komplexe zirkuläre Wechselwirkung von Schutzfaktoren in der Resilienzforschung noch nicht ausreichend empirisch belegt und erklärt ist, erfordert die angenommene Interaktivität zwischen Risiko- und Schutzfaktoren und deren Kontextabhängigkeit in der praktischen Umsetzung eine weit differenziertere Analyse des Einzelfalls als die weitgehend linear angenommene – also nur positive Wirkung – von Ressourcenerschließung und -erweiterung. Während eben „Ressource" immer positiv definiert ist, hängt es vom jeweiligen Einzelfall ab, ob ein und derselbe Umstand zum Risiko- oder Schutzfaktor wird.

Last but not least ist unverkennbar, dass zumindest im überwiegend psychologischen Verständnis von Resilienzförderung eine *stärkere Fokussierung auf das Individuum erfolgt*, das seine Resilienzfähigkeit – gestützt auf „äußere" und „innere" Schutzfaktoren – herstellt. Das macht aber gleichzeitig die Schwäche dieses Konzepts aus, da es weniger als der Ressourcenansatz gegen eine individualisierende Sichtweise und entsprechende politische Vereinnahmung gefeit ist. Dem möchten wir allerdings entgegenhalten, dass Resilienzförderung sich sehr wohl auch auf Gruppen – wie zum Beispiel eine Familie, eine Schulklasse, eine Gruppe von Kindern –, sogar auf Gemeinwesen beziehen lässt: Das zeigen gerade die Beispiele der Lichtpunkte-Projekte.

Mag sein, dass der hier unternommene Versuch einer Abgrenzung eher theoretischer Natur und in der Praxis nicht in jedem Fall nachvoll-

---

6 Emmy Werner hat in ihrer Studie den Begriff „Hoch-Risiko-Kinder" geprägt, der unseres Erachtens nicht ganz glücklich gewählt, weil missverständlich ist. Es sind ja nicht die Kinder, von denen das Risiko ausgeht!

ziehbar ist, weil die beiden Konzepte zu verwandt erscheinen und die Übergänge im praktischen Alltag fließend sein können. Bedeutsam in jeder Hinsicht erscheint uns jedoch, dass mit dem Konzept der Resilienzförderung ein spezifisches Verständnis von Risikobewältigung einhergeht, nämlich die Idee, dass Kinder daraus sogar gestärkt hervorgehen können. Das ist ebenfalls gemeint, wenn Emmy Werner das Bild von einer Wendeltreppe gebraucht, die zwar nicht gradlinig, aber doch stetig nach oben führt! Pädagogisches Handeln wird hier von einem Menschenbild geleitet, das speziell auf die positiven Wirkungen von *„seelischer Widerstandsfähigkeit"* vertraut.

6. Resilienzförderung in Gruppen

Ausgehend von den Rahmenbedingungen in den Lichtpunkte-Projekten stellte sich die Frage nach Resilienzförderung von Anfang an in einer spezifischen Weise: Angesichts der Arbeitsweise in den Projekten – mit überwiegend ehrenamtlichem Personal, mit teilweise fluktuierender Zusammensetzung der Gruppen und mit restringiertem Zeitbudget – war nur ein Konzept tragbar, das Resilienzförderung in und durch die Gruppe zum Ausgangspunkt haben konnte. Die Grundidee ist dabei, dass die Gruppe als solche „fit" gemacht wird, so dass sie sich den teilnehmenden Mädchen und Jungen als resilienzförderliche Lebenswelt anbietet und somit zum „Schutzfaktor" wird. Die Idee der *„resilienzfördernden Gruppe"* erscheint hier ebenso naheliegend, wie an anderer Stelle auch von einer „resilienzförderlichen Schule" (vgl. Grünke i. d. B.) oder von *„resilienzförderlichen Gemeinwesen"* (vgl. Ungar i. d. B.) gesprochen wird.

Erfahrungen mit einem ähnlichen Konzept wurden bereits mit einem studentischen Projekt an einer Münsteraner Grundschule gemacht, wobei dort auf zwei Ebenen vorgegangen wurde.[7] Zum einen haben wir mit einzelnen Kindern aus der Klasse, die unserer Ausgangsanalyse zufolge in einer besonders entwicklungsgefährdeten Lebenslage waren, in Einzelarbeit resilienzfördernd gearbeitet; zum anderen haben wir mit der jeweiligen Klasse im Verlauf eines Halbjahres ein Projekt mit dem Ziel durchgeführt, die Klasse in eine resilienzförderliche Gemeinschaft umzuwandeln. Hierbei verwendeten wir das von Sophie Schattschneider und Felix

---

[7] Das Projekt wurde unter Leitung meines Kollegen Norbert Wieland und mir (M. Zander) im WS 2008/09 und SS 2009 an mehreren Münsteraner Grundschulen mit einer Gruppe von 20 Studierenden der Sozialen Arbeit (FH Münster) durchgeführt, von den Studierenden in vier Teams auch ausgewertet und dokumentiert.

Stammberger entwickelte Konzept der „Heldenschule" als Vehikel:[8] Die Gruppe soll gemeinsam eine Aufgabe lösen, wobei das Ziel – der Erwerb des Heldenpasses – nur erreicht werden kann, wenn die Klasse als Ganzes „durchs Tor geht", so etwa als Detektive gemeinsam einen Fall lösen oder gemeinsam eine Weltreise (mit Hürden) bestehen kann. Dabei wurden zu Beginn mit den Kindern Regeln ausgehandelt, die es einzuhalten galt, worauf auch die Kinder selbst zu achten hatten.

Eine zentrale Regel lautete: „Niemand darf verloren gehen" – die Kinder mussten darauf schauen, dass in jeder Etappe auch „das schwächste Glied" in der Gruppe das vorgegebene Ziel erreichte, dass immer alle „mitgenommen" wurden. Indem sich die Mädchen und Jungen so als verantwortlich für die Gruppe und deren Zusammenhalt wahrnehmen, sollte ein neues Verhaltensmuster erprobt werden in der Erwartung, dass derart eingeübtes Verhalten auch im Klassenalltag seine (wenn vielleicht auch eingeschränkte) Wirksamkeit entfalte. Dabei verfolgten wir mit der „Heldenschule" gerade das Ziel, jene Kinder stärker in die Klasse zu integrieren, die wir in die Einzelarbeit genommen hatten und die anfangs offensichtlich aus der Klassengemeinschaft ausgegrenzt waren. Nach unseren Beobachtungen waren tatsächlich im Projektverlauf Veränderungen des Sozialverhaltens unter den Kindern festzustellen, wobei davon zu einem guten Teil wirklich jene Kinder profitierten, die bei dem anfangs durchgeführten Soziogramm am Rande standen.

In den Lichtpunkte-Projekten haben wir es demgegenüber nun mit Gruppen zu tun, die auf einer freiwilligen Teilnahme der Kinder basieren und in denen sich demzufolge auch eine stärkere Fluktuation abzeichnet. Aber auch hier war ein Konzept notwendig, das die Förderung von Resilienz im Gruppenkontext zum Ziel hatte. Dabei orientierten sich die Projekte – wie schon eingangs erwähnt – an der Förderung von einzelnen Resilienzbereichen, wie sie von Daniel und Wassell (2002) für Gruppen (Kindergarten, Schule und Jugendgruppen) herausgearbeitet worden sind. Je nach ihrer jeweiligen inhaltlichen Schwerpunktsetzung und Angebotspalette konzentrierten sich die einzelnen Projekte (siehe obige Übersicht) zwar auf die Förderung unterschiedlicher Resilienzbereiche, dienten zugleich aber eben immer auch der allgemeinen Förderung von sozialen Kontakten und Beziehungen zu Gleichaltrigen, von sozialen Kompetenzen und Problemlösefähigkeiten und von Gruppensinn.

Beispielhaft soll hier wiederum auf die Tenever-Liga zurückgegriffen werden: In einem Interview hat uns die türkische Trainerin der Mädchen-

---

8　Die beiden haben im Rahmen eines Projektstudiums unter der Leitung von Prof. Dr. Norbert Wieland das Konzept der „Heldenschule" entwickelt.

"Mannschaft" anschaulich den mühsamen Prozess geschildert, den die Gruppenbildung durchlaufen hat und der – wegen der naturgemäß anhaltenden Fluktuation, die Mädchen nehmen ja freiwillig teil – nie ganz abgeschlossen ist. Danach gefragt, welche Veränderungen sie in der Gruppe seit Start des Projekts im Gruppenverhalten der Mädchen wahrgenommen habe, antwortet sie:

> *"Also sehr auffällig war zu Beginn, als wir das Angebot gestartet haben (...), dass es ganz schnell in Gruppen ausgeartet ist. Beispielsweise sechs türkische Mädchen wollten immer in einer Gruppe sein und mit den polnischen und russischen Mädchen nicht zusammenspielen, Mädchen mit einem Kopftuch wollten nicht mit einer Deutschen zusammen spielen usw.*
>
> *Das war am Anfang sehr auffällig, und ich fand es sehr schade, da dadurch einige Teams viel stärker waren und die anderen keine Chance hatten im Spiel. Dann habe ich versucht, das so ein bisschen aufzuspalten, habe die Teams selber eingeteilt und musste dann hart durchgreifen (...).*
>
> *Mittlerweile ist es wirklich quer Beet. Also wenn ich die Mannschaften einteile, ist es gar kein Thema, dann wird gar nicht diskutiert, aber ich gebe den Mädchen auch die Möglichkeit zu entscheiden, ich möchte mit der heute spielen usw.*
>
> *Heute ist es kein Problem mehr, wenn Deutsche, Türkinnen und Iranerinnen in einem Team sind."*[9]

Und dann schildert sie, wie der Integrationsprozess eines Außenseitermädchens verlaufen ist, wie schwierig das war und wie sich langsam ein Erfolg einstellte:

> *"Das war am Anfang echt schwierig und das Problem ist noch nicht ganz aus der Welt, muss ich dazu sagen. Es gibt immer noch Momente, wo ich das beobachten kann, aber es ist wirklich schon weniger geworden. Da lobe ich die Mädchen auch immer wieder, wenn Denise (Pseudonym) gewählt wird und nicht als Letzte auf der Bank sitzt, sondern als fünfte oder sechste schon gewählt wird. Da bin ich echt stolz, dass die Mädchen sich so gut entwickelt haben. Das gebe ich ihnen auch immer zurück (...). Die brauchen eben auch immer diese Lobkultur, die muss immer wieder sein, schön, dass ihr auch an Denise denkt (...)."*[10]

Sie erläutert auch ihr pädagogisches Konzept, wie sie nämlich das Fußballspiel als Medium betrachtet, um mit der Gruppe der Mädchen zu „arbeiten", mit ihnen Konfliktlösemöglichkeiten einzuüben und einen Gruppensinn zu entwickeln, auf den sich alle Mädchen dann verlassen können, und wie sie sich selbst dabei als feste Bezugsperson und Vorbild anbietet. Huda (Pseudonym), ein neunjähriges Mädchen aus der Tenever-Liga, danach gefragt, was sie sich wünschen würde, wenn sie drei Wünsche frei hätte:

> *"Dass ich einmal einen Pokal gewinne, dass ich Fußball studieren kann so wie Ebru (die Trainerin) und dass ich hier mal entscheiden kann, was hier anders gemacht werden soll. Zum Beispiel die Schränke woanders hinstellen und so (...)."*[11]

---

9 Interview mit Ebru Gümrükcü, Trainerin der Mädchen-Fußball-Liga im Tenever-Projekt.
10 Interview mit Ebru Gümrükcü.
11 Aus den Interviews mit den Kindern der Tenever-Liga.

Nun stellt sich sicherlich zu Recht die Frage: Was unterscheidet die hier vorgestellten Lichtpunkte-Projekte – und speziell die Tenever-Liga – von einer Vielzahl anderer, die ähnliche pädagogische Konzepte im Rahmen vergleichbarer Angebote für verwandte Zielgruppen – also Mädchen und Jungen in sozial benachteiligter Lebenslage und sozial marginalisierten Stadtteilen – realisieren. Diese Frage ist in der Tat nicht einfach zu beantworten, und die Antwort kann hier auch nicht auf der Basis evidenter empirischer Dokumentation erfolgen. Dies würde eine Beobachtung der Kinder und Jugendlichen in der Langfristperspektive erfordern. Die Fähigkeit zur Resilienz zeigt sich letztlich nur im weiteren Lebensverlauf.

Dokumentieren und über die Projektlaufzeit nachverfolgen lässt sich allenfalls die durch die wissenschaftliche Begleitung angeleitete und von den Projektmitarbeiterinnen und -mitarbeitern regelmäßig reflektierte Intention, nachvollziehen kann man ebenfalls die in ihren schriftlichen Berichten beschriebenen Phasen von der beim Projektstart explizit formulierten Zielsetzung der Resilienzförderung über Einzelschritte hin zur Realisierung. Resilienzförderung wurde dabei ebenso als Angebot für die Gruppe verstanden wie als Förderung einzelner Kinder und Jugendlicher.[12]

Vielleicht zeichnet es diese Projekte am meisten aus, dass sie – bei aller Beschränktheit der Möglichkeiten – die Chance genutzt haben, die Idee der *Gruppe als resilienzförderliches Umfeld und Schutzfaktor für benachteiligte Kinder und Jugendliche* umzusetzen. Entwickelt sich die Gruppe positiv, wird sie zur Ressource, und weil wir es hier mit einer risikogefährdeten Zielgruppe zu tun haben, kann sie im Sinne von Resilienzförderung sogar zum Schutzfaktor werden.

Literatur:

Bünder, Peter (2002): Geld oder Liebe? Verheißungen und Täuschungen der Ressourcenorientierung in der Sozialen Arbeit. Münster

Daniel, Brigid/Wassell, Sally (2002): The Early Years. Assessing and Promoting Resilience in Vulnerable Children. London/Philadelphia

DKJS: www.lichtpunkte.info/http://www.lichtpunkte.info/fileadmin/lichtpunkte/dokumente/pdf/Lichtpunkte_Gemeinsam_Kinder_staerken.pdf

Grossmann, Karin/Grossmann, Klaus (2004): Bindungen – das Gefüge psychischer Sicherheit. Stuttgart

---

12 Vgl. dazu Endbericht der wissenschaftlichen Begleitung des „Lichtpunkte-Programms".

Grotberg, Edith H./Van Leer Foundation (1995): A Guide to Promoting Resilience in Children: Strenghtening the Human Spirit. The International Resilience Project from the Early Childhood Development: Practice and Reflections series. Den Haag

Herriger, Norbert (2006): Empowerment in der Sozialen Arbeit. Eine Einführung. 3. erweiterte Auflage. Stuttgart

Meinhold, Marianne (1996): Qualitätssicherung und Qualitätsmanagement in der Sozialen Arbeit. Freiburg

Walker, Melanie/Unterhalter, Elaine (2007): Amartya Sen's Capability Approach and Social Justice in Education. New York

Wustmann, Corina (2004): Resilienz – Widerstandsfähigkeit von Kindern in Tageseinrichtungen fördern. Weinheim/Basel

Zander, Margherita (2010): Armes Kind – starkes Kind. Die Chance der Resilienz. 3. Aufl. Wiesbaden

Zander, Margherita/Alfert, Nicole/Kruth, Bettina (2008): Viele Wege führen zum Ziel. Endbericht zur Evaluation der Lichtpunkte-Projekte. Münster/Berlin. Einzusehen: https://www.fh-muenster.de/fb10/downloads/ungeschuetzt/fachbereichallg/Endbericht_Lichtpunkte_18_12-2008_bk.pdf

Eigensinnige Wege – Kinder in Straßensituationen

Manfred Liebel

Vor nunmehr zehn Jahren hatte ich einen Vortrag unter das Motto gestellt: „Straßenkinder gibt es nicht" (Liebel 2000; erweiterte Version in Liebel 2005). Damit wollte ich nicht, wie mir gelegentlich vorgeworfen wurde, leugnen oder verharmlosen, dass unzählige Kinder auf der Welt genötigt werden, unter entwürdigenden und sogar lebensgefährdenden Bedingungen auf der Straße zu leben. Ich wollte vielmehr darauf aufmerksam machen, dass die verbreitete Rede von „Straßenkindern" eine Problematik mit produziert und sogar verschärft, die sie zu bekämpfen vorgibt. Bei aller guten Absicht, mit der Thematisierung der „Straßenkinderproblematik" auf das soziale Elend von jungen Menschen und auf soziale Missstände aufmerksam machen und den Kindern helfen zu wollen, wird noch immer wenig reflektiert, wie sehr die Wortwahl das Verständnis und den Umgang mit dem angesprochenen sozialen Phänomen vorherbestimmt und meist sogar deformiert.

In der Einladung, für diesen Band einen Beitrag über „Straßenkinder und Resilienz" zu schreiben, sehe ich eine willkommene Gelegenheit, meine früher formulierte Kritik am Straßenkinderdiskurs mit einigen Überlegungen für notwendige und denkbare Alternativen zu verbinden, in theoretischer ebenso wie in praktischer Hinsicht. Seit ich Mitte der 1990er Jahre in Guatemala Gelegenheit hatte, erste Einblicke in die Resilienzdebatte zu bekommen (vgl. PRONICE 1995), sehe ich in ihr eine mögliche Bereicherung der bisherigen subjektorientierten Kindheitsforschung und Pädagogik, insbesondere mit Blick auf Kinder in prekären und kritischen Lebenssituationen. Ich werde zunächst zeigen, wie das Resilienzparadigma dazu beitragen kann, einen anderen als bisher üblichen Blick auf die Straßenkinderproblematik zu bekommen, im Anschluss an die Diskussion zweier empirischer Studien aber auch deutlich machen, inwiefern und in welcher Weise die bisherigen Resilienzansätze selbst kritisch überdacht und modifiziert werden müssen. Hierzu werde ich einige Gedanken aufgreifen, die vor allem in der lateinamerikanischen Resilienzdiskussion zu finden sind. Schließlich werde ich einige Vorschläge machen, wie das Resilienzparadigma für die sozialpädagogische Praxis mit Kindern nutzbar gemacht werden kann, um die bislang noch immer dominierenden repressiven oder karitativen Praktiken zu überwinden.

Mit dem Resilienzparadigma einen anderen Blick gewinnen

In einem der wenigen Versuche, das Potenzial des Resilienzparadigmas für die Forschung und Praxis mit „Straßenkindern" zu erschließen, haben Jacqueline McAdam-Crisp, Lewis Aptekar und Waniku Kironyo (2005) die Notwendigkeit betont, den Ausdruck Straßenkinder zu „dekonstruieren". Nur so könnten die „Fähigkeiten der Kinder zur Resilienz" in ihren „sozialen und kulturellen Kontexten" verstanden werden (a.a.O.: 85).[1] Denn „typischerweise beschwört der Ausdruck *Straßenkinder* Bilder von abweichenden fehlangepassten Kindern herauf, die unter einer Reihe von psychischen Störungen leiden" (a.a.O.: 72). Ich möchte im Sinne einer kritischen Diskursanalyse ergänzen, dass sich die Dekonstruktion nicht auf den sprachlichen Ausdruck Straßenkinder beschränken darf, sondern die davon geprägten *Alltagswahrnehmungen* und *sozialen Praktiken* einschließen muss (vgl. Ullrich 2008).

Um undifferenzierte und vorurteilsgeladene Etikettierungen zu vermeiden, verzichtet die sozialwissenschaftliche Forschung zum Themenbereich „Kinder und Straße" heute zwar weitgehend auf den Ausdruck Straßenkinder[2], aber sie hält noch immer häufig an der Vorstellung fest, dass es sich um eine fest umrissene und von „anderen" Kindern prinzipiell verschiedene und getrennte „Gruppe" handelt, bei der bestenfalls noch „interne" Differenzierungen vorzunehmen sind.[3] Sinnvoller erscheint mir, die Straße als einen Aspekt oder Zeit-Raum im Leben von Kindern zu betrachten, die aus verschiedenen Gründen die bürgerlichen Maßstäbe von Kindheit nicht erfüllen können oder wollen. Die Straße kann für diese Kinder verschiedene Bedeutungen erlangen, die ihrerseits verschiedene historische und kulturelle Prägungen aufweisen können. Am ehesten scheint mir diese Perspektive in dem Ausdruck „Kinder in Straßensituationen" eingefangen zu sein.

Der Ausdruck „Kinder in Straßensituationen" fixiert nicht ein bestimmtes Persönlichkeitsbild von Kindern, das für Kinder auf der Straße „wesentlich" sein soll, sondern betont die Interaktionen der Kinder mit

---

1 Dieses und die folgenden fremdsprachigen Zitate wurden von mir ins Deutsche übersetzt.
2 Zahlreiche journalistische und pädagogische Veröffentlichungen halten allerdings ungebrochen an dem Ausdruck fest. Das Gleiche gilt für nahezu alle Kinderschutz- und Kinderhilfsorganisationen.
3 Noch immer am gebräuchlichsten ist die von UNICEF in den 1980er Jahren eingeführte Unterscheidung zwischen „Kindern auf der Straße" und „Kindern der Straße", die das Vorhanden- oder Nichtvorhandensein von Familienbeziehungen betont (zur Kritik vgl. Liebel 2005: 31 f.).

der Straße und ermöglicht, sich die Kinder als Akteure mit eigenen, gleichwohl verschiedenen Weltdeutungen und Handlungsstrategien vorzustellen. Gemeinsam ist ihnen allenfalls, dass sie aus den in den jeweiligen Gesellschaften für Kinder vorgesehenen Lebensmustern und Ordnungen „herausfallen", ausgeschlossen werden oder sich ihnen verweigern und infolgedessen besonderen Risiken ausgesetzt sind oder diese absichtlich in Kauf nehmen. Sie müssen sich notgedrungen damit auseinandersetzen, dass sie – vor allem in den Medien – zu einer Gefahr für andere Kinder und die Gesellschaft insgesamt hochstilisiert und mit Programmen und Maßnahmen verschiedenster Art traktiert werden, die sie den dominierenden gesellschaftlichen Normen unterwerfen sollen.[4]

Kinder in Straßensituationen sind kein singuläres Phänomen, sondern Teil jener Kinderpopulationen, die in vielfacher Weise von Gewalt, Unterdrückung und Diskriminierungen betroffen sind und deren Rechte in massiver Weise verletzt werden. Trotz internationaler Verbriefung der Menschenrechte auch für Kinder scheint ihre Zahl mit der unter kapitalistischen Vorzeichen vorangetriebenen Globalisierung weltweit eher zu- als abzunehmen (vgl. Liebel 2007: 73 ff.). Sie sind ein anschaulicher Beleg dafür, dass das mit der bürgerlichen Gesellschaft in Europa entstandene Kindheitsmuster keine allgemeine Gültigkeit erlangt hat und vielleicht sogar vor seinem Scheitern steht.[5] Möglicherweise zeichnet sich mit ihnen ein neuer Typus von Kindheit ab, für den es bisher weder angemessene Bezeichnungen, noch angemessene Theorien und Handlungskonzepte gibt. Meine Vermutung (und Hoffnung) geht dahin, dass das Resilienzparadigma dazu beitragen könnte, konzeptionelle und praktische Antworten für das Verständnis und den Umgang mit diesem neuen Kindheitstypus zu finden.

Die Resilienzforschung hat vornehmlich Kinder im Auge, deren Leben in besonderem Maße von Risiken, Gefährdungen und Belastungen gekennzeichnet ist. Sie richtet aber den Blick nicht nur auf die Risiken, son-

---

4   Kinder bezeichnen sich selbst nahezu nie als „Straßenkinder", es sei denn, sie wollen auf diese Weise die Dienste von „Straßenkinderprojekten" in Anspruch nehmen. Die brasilianische „Bewegung der Straßenkinder" (Movimento Nacional de Meninhos e Meninhas da Rua) definierte die diskriminierende Bezeichnung um, um auf die erfahrenen Erniedigungen und Bedrohungen aufmerksam zu machen und ihr „Recht auf Leben" zu unterstreichen (vgl. Liebel 1994: 59 ff.).

5   Sie werden deshalb gelegentlich im englischen Sprachraum als „children outside childhood" (Ennew 2002) oder „children out-of-place" (Lee 2001) bezeichnet (hierzu vgl. Liebel 2005). Dagegen handelt es sich bei dem häufig auf diese Kinder gemünzten Ausdruck „Kinder ohne Kindheit" um eine eurozentristische Konstruktion, die das westlich-bürgerliche Verständnis von Kindheit zum alleinigen Maßstab macht.

dern sucht gleichzeitig nach den psychischen und sozialen Ressourcen, die es den Kindern ermöglichen, Risiken und extreme Belastungen unbeschadet zu überstehen und mit ihnen in produktiver und sozial verträglicher Weise umzugehen. In verschiedenen theoretischen Ansätzen werden diese sog. Schutzfaktoren teils eher als Fähigkeiten verstanden, die sich in den Individuen im Laufe des Lebens herausgebildet haben, teils werden sie eher im näheren oder weiteren Umfeld der Menschen, z. B. in den familiären Beziehungen oder in sozialen Netzwerken von Gleichaltrigen verortet. Im Gegensatz zu Theorien und Forschungen, die vor allem die negativen Folgen von Belastungen und die Defizite von Menschen im Auge haben, geht es der Resilienzforschung also darum, im Leben oder in der Persönlichkeit von Menschen Kräfte ausfindig zu machen, die Belastungen entgegenwirken und deren Wirkungsweise zu erklären.

Das Resilienzparadigma eröffnet damit mehrere Möglichkeiten, auch Kinder in Straßensituationen auf neue Weise zu verstehen und zu analysieren. Es legt nahe, die Lebenssituation der Kinder in ihren verschiedenen Facetten zu sehen und die Kinder selbst als handelnde Subjekte mit eigenen Weltdeutungen und spezifischen Kompetenzen ernst zu nehmen. Die Kinder werden nicht nur in ihrem Verhältnis zur Straße betrachtet, sondern ihre Lebensgeschichte und ihre vielfältigen sozialen Beziehungen kommen in den Blick. Dadurch wird auch eher erkennbar, dass die sog. Straßenkinder keine homogene Gruppe bilden und dass sich ihre Möglichkeiten, sich mit ihrer Situation auseinanderzusetzen, stark unterscheiden können. Der Gang auf die Straße erscheint nicht einfach als eine Art Schicksal, dem die Kinder hilflos ausgeliefert sind, sondern kann selber als eine Form der aktiven Problemlösung und Lebensbewältigung oder gar als eine Form des Widerstands verstanden werden. Die Straße selbst wird nicht als negativer Endpunkt einer zwangsläufigen Entwicklung gesehen („Sozialisation in die Sackgasse"), sondern als mögliche Basis von Erfahrungen betrachtet, aus denen neue Widerstandskräfte entstehen können.[6]

Solche Erkenntnismöglichkeiten ergeben sich freilich nur, wenn sich das Resilienzparadigma seinerseits seiner kulturellen Gebundenheit versichert sowie in gesellschaftskritischer und kontextspezifischer Weise verwendet wird. Nur so kommt in den Blick, dass sich die Funktionen und

---

6 Damit wird nicht behauptet, dass dies immer und gleichsam „automatisch" der Fall ist. Den möglicherweise traumatischen Folgen extremer Belastungen ist ebenso Aufmerksamkeit zu widmen (vgl. z. B. Fooken & Zinnecker 2007), wie die Grenzen pädagogischer oder therapeutischer Interventionen mit zu bedenken sind (vgl. z. B. Wolff 2009).

Bedeutungen von Straße im Laufe der Geschichte ändern und von Kultur zu Kultur verschieden sind. Auf dem Land bzw. in Städten war und ist z.T. noch heute die Straße ein selbstverständlicher, als normal geltender Lebensraum, auch für Kinder. Dies gilt gerade für Gesellschaften und Kulturen, in denen nicht so strikt wie in der europäisch-bürgerlichen Gesellschaft zwischen Privatsphäre und öffentlicher Sphäre getrennt wird. In der städtischen bürgerlichen Gesellschaft symbolisiert Straße einerseits Scheitern („auf der Straße landen"), andererseits aber auch öffentlichen Raum zur Wahrnehmung von Bürgerrechten („auf die Straße gehen", „Bürgersteig").

Straße ist zu einem kinderfeindlichen, d.h. für Kinder feindseligen Ort erst geworden im Zuge der einseitigen Funktionalisierung der öffentlichen Stadträume und der dazu korrespondierenden Ghettoisierung und „Verinselung" der Kindheit. Dieser Prozess schreitet unübersehbar voran. Öffentliche Räume werden nicht nur weiter auf bestimmte Funktionen (z. B. den Autoverkehr) eingeengt, sondern auch zunehmend ihres öffentlichen Charakters beraubt, d.h. privatisiert (z. B. als Shopping Malls oder geschlossene Wohnsiedlungen von Privilegierten). Für Kinder, die weder über ökonomische Ressourcen verfügen noch privilegierten Familien angehören, bedeutet dies Enteignung und Vertreibung. Auf der anderen Seite ist die Attraktivität der städtischen Straßen für viele junge Menschen wieder gewachsen, vor allem als Ort für jugendkulturelle Szenen (vgl. Permien/Zink 1998: 137). Der Anspruch junger Menschen auf die Straße und andere (bisher) öffentliche Plätze und die Auseinandersetzungen um ihre Nutzung haben deutlich zugenommen.

Das Resilienzparadigma hilft zu verstehen, dass die Straße trotz ihrer Funktionalisierung für Kinder je nach sozialem Kontext, biografischer Ausgangslage und verfügbaren persönlichen Ressourcen sehr verschiedene Bedeutungen erlangen und von den Kindern in verschiedener Weise erlebt und genutzt werden kann. Die Straße kann ein Ort der Zuflucht, ja der Geborgenheit sein, wenn andere Möglichkeiten unterbunden oder verstellt sind. Sie kann erlebt werden als ein Ort der Freiheit, der Hoffnung, des Widerstands, der Aufregung, des Abwechslungsreichtums, der Eindrucksvielfalt, des Gelderwerbs, des Geldverlierens, ein Ort der sozialen Kälte, aber auch der sozialen Nähe, der Identitätssuche und der Erfahrung, wenigstens für eine gewisse Zeit eine soziale Zugehörigkeit zu besitzen, die „für alle" sichtbar ist. Zugleich kann die Straße ein Ort sein, an dem man sich rasch unsichtbar machen kann, um in der Anonymität unterzutauchen, ein Ort, wo in eigener Initiative gehandelt werden kann, aber auch ein Ort, an dem das Kind zum Ziel von Handlungsstrategien anderer wird – sei es rivalisierender Gruppen von Gleichaltrigen, von Ordnungskräften oder von Streetworkern (vgl. Treptow 1997; Lutz 1999).

Studien zu Kindern in Straßensituationen

Bisher gibt es meines Wissens keine empirischen Studien, die Kinder in Straßensituationen mit dem theoretischen Instrumentarium der Resilienzforschung untersucht haben. Aber es könnte aufschlussreich sein, Studien, die das Straßenleben von Kindern aus einer subjektorientierten Perspektive erforscht haben, unter dem Blickwinkel des Resilienzparadigmas zu interpretieren und Schlussfolgerungen für die künftige Resilienzforschung zu ziehen. Ich greife zwei solcher Studien heraus: eine zu Kindern in zwei lateinamerikanischen Metropolen (Lucchini 1998) und eine zu Kindern in zwei deutschen Großstädten (Permien/Zink 1998). Keine der beiden Studien nimmt ausdrücklich auf die Kategorien des Resilienzparadigmas Bezug, aber ähnlich wie dieses sind sie nicht auf die Defizite der Kinder fixiert, sondern an ihren spezifischen Fähigkeiten und Stärken interessiert. Bei der Darstellung werde ich mich auf drei häufig genannte Aspekte der Bewältigungsstrategien von Kindern in Straßensituationen konzentrieren: die Existenzerhaltung bzw. Einkommensbeschaffung, den Drogengebrauch und die Cliquenbildung.

Die Studie von Riccardo Lucchini (1998) widmet sich zum einen Jungen im Alter von 12 bis 15 Jahren in Montevideo (Uruguay), zum anderen Mädchen in Buenos Aires (Argentinien), die zum Zeitpunkt der Untersuchung zwischen 14 und 16 Jahre alt waren und sich an ihr früheres Leben auf der Straße erinnern. Die Studie zeichnet sich dadurch aus, dass sie die Kinder als „Akteure" versteht und versucht, ihre Situationsinterpretationen und Handlungsstrategien aus deren eigener Sicht und Logik heraus zu begreifen. Laut dieser Studie fühlen sich die Kinder unwohl auf der Straße, wenn sie nicht irgendeiner konkreten Aktivität nachgehen können. „Das Kind schämt sich, wenn es auf der Straße ist, ohne etwas zu tun. (...) Ohne eine bestimmte Aktivität zu sein, ruft Langeweile hervor, das Bedürfnis, sich zu zerstreuen, und das Gefühl, verurteilt zu werden" (a.a.O.: 47). Die Straße ist für die Kinder kein Ziel an sich, sondern das Mittel für bestimmte Zwecke.

Bei den Jungen in Montevideo spielen Tätigkeiten zur materiellen Existenzsicherung eine zentrale Rolle, sei es für die ihrer Familie, soweit sie noch existiert oder die Kinder noch Kontakt zu ihr haben, sei es für sie selbst. Sie betätigen sich meist als „fliegende Händler" oder bieten

Passanten und Autofahrern verschiedene Dienstleistungen an (z. B. als Schuhputzer oder Parkplatzwächter). Lucchini sieht darin unterschiedliche Formen von Arbeit, mit denen sich die Straße für sie in einen legitimen Ort verwandelt und ihnen ermöglicht, dort eher akzeptiert zu werden. Doch ihre Präsenz auf der Straße ist immer auch mit den anderen Zwecken verknüpft, die Lucchini als „Protest" und „Spiel" charakterisiert. Während der Gebrauch der Straße als ein Ort des Protests auf mehr Unabhängigkeit zielt, dient die Straße als Spielort der zwanglosen Kommunikation und dem eigenen Vergnügen. Als eine Voraussetzung für diese Verknüpfungen betrachtet Lucchini, dass die Arbeit im vorliegenden Fall nicht eine Verpflichtung darstellt, sondern von den Kindern selbst gewählt wird. Die verschiedenen Zwecke der Straße stehen in einer komplementären Beziehung zueinander, sie schließen sich also nicht gegenseitig aus. Der Wechsel vom einen zum anderen Zweck ist leichter und fließender, wenn die Kinder aus eigenem Willen auf der Straße sind. Allerdings sind Lucchini zufolge auch bei Kindern, die ihre Arbeit nicht frei wählen können, Arbeit und Spiel nicht völlig getrennt. Auch für diese Kinder bedeutet die Straße nicht nur Schwierigkeiten. Der Unterschied zwischen den beiden Kategorien von Kindern ergibt sich hauptsächlich aus der ökonomischen Situation ihrer Familie, die in beiden Fällen zerbrechlich ist. Sie gehören derselben sozialen Schicht an. Dasselbe Kind kann sehr schnell von einer Kategorie in die andere gelangen.

Die Kinder ziehen eine Arbeit dem Betteln vor. „Etwas zu verkaufen gibt dem Kind das Gefühl, nützlich zu sein und eine gewisse Fähigkeit zu haben. Obwohl das Geschäft nicht so funktioniert, wie das Kind wünschen mag, weiß es, dass es eine Aktivität ausübt, die nicht unterdrückt oder einfach toleriert ist. Wenn es bettelt, spielt das Kind die Rolle eines Opfers, aus der heraus es nicht die nötige Autonomie hat, um eine andere Sache zu machen. Ebenso fühlt sich das bettelnde Kind durch andere Kinder verurteilt, die zwar ebenfalls auf der Straße sind, aber nicht betteln. Die Stigmatisierung durch die Altersgenossen wird vom bettelnden Kind stark gespürt" (a.a.O.: 41).[7] Die beiden wichtigsten positiven Aspekte der Arbeit, die dem Kind außer dem Geldeinkommen Befriedigung verschaffen, sind also das „Sich-nützlich-fühlen" und das Gefühl, selbst zu handeln und nicht vom Wohlwollen anderer abhängig zu sein, wobei die Frage der sozialen Anerkennung, welche die Tätigkeit findet,

---

7   Dagegen gilt das (gemeinsame) Klauen vielen Kindern auf der Straße als legitime Aktivität, insoweit sie der Lebenserhaltung dient und keine anderen Alternativen zur Verfügung stehen.

ebenfalls von Belang ist. Dies festzuhalten ist wichtig, weil nicht nur das Betteln, sondern auch die „Arbeit" auf der Straße oft Anlass für Diskriminierungen und Verdächtigungen ist. Viele Kinder ziehen es vor, nicht immer am selben Ort (z. B. einer Busstation) zu arbeiten, sondern von einem Ort zum anderen zu wechseln und den Verkauf verschiedener Artikel (z. B. Blumen, Bonbons, Grußkarten) miteinander zu kombinieren: „Das erlaubt dem Kind, die Quellen seiner Einkünfte zu erweitern und die Risiken besser zu verteilen" (a.a.O.: 42).

Obgleich die Kinder mit ihren einkommensschaffenden Tätigkeiten oft beginnen, indem sie andere Kinder nachahmen, „ist die Unabhängigkeit auf der Straße für sie ein wichtiger Wert, auch dann wenn das Kind den Teil einer Gruppe bildet" (a.a.O.: 42). Diese Unabhängigkeit wird auch dann gesucht, wenn das Kind erkennt, dass es zahlreiche Schwierigkeiten auf der Straße gibt. Ein Kind, das für einen Dritten arbeitet, gibt implizit zu, dass seine Fähigkeiten unzureichend sind und vor allem, dass ihm die nötige Listigkeit fehlt. Listigkeit und Schlauheit gehören zu den höchst geschätzten Fähigkeiten. Trotzdem gibt es Kinder, die für eine „abhängige Arbeit" optieren. Dies hängt vor allem von den Bedingungen ab, die der Arbeitgeber setzt. „Wenn dieser dem Kind erlaubt, über den ihm zustehenden Teil seiner Einkünfte selbst zu bestimmen, wird die Abhängigkeit nicht als etwas Lästiges empfunden" (ebd.). Manche Kinder sehen einen Vorteil in dieser Art von Arbeit, weil sie voll über das Einkommen verfügen können und es nicht wieder investieren müssen. „Das Kind kann demnach die nicht lästige Abhängigkeit der lästigen Unabhängigkeit vorziehen. Im ersten Fall kompensiert die sofortige Verfügbarkeit des Gewinns die vertragsmäßige Abhängigkeit. Die Möglichkeit, Geld auszugeben, verschafft dem Kind eine gewisse Autonomie, zumal ihm der Gewinn direkt und nicht erst über den Arbeitgeber zur Verfügung steht" (a.a.O.: 43).

Der Gebrauch von Drogen spielt bei den Jungen in Montevideo eine marginale Rolle. Bei den Mädchen in Buenos Aires war er wesentlich häufiger. Aber auch hier hatte Lucchini nur in wenigen Fällen den Eindruck, dass die Kinder von den Drogen abhängig waren. Der Drogengebrauch erfüllt für die Mädchen verschiedene Funktionen in unterschiedlicher Gewichtung, wobei sich als eine wesentliche Determinante erwies, ob die Drogen gemeinsam oder individuell konsumiert wurden. Der *individuelle* Drogengebrauch dient dem Abbau von Hemmungen bei risikoreichen oder unangenehmen Handlungen (z. B. Klauen, sexuelle Dienstleistungen), der Variation von Sinneseindrücken und dem Spaßhaben (z. B. um der Langeweile zu entgehen, die sich aus der täglichen Routine ergibt) sowie physischen Bedürfnissen, die sich aus der prekären Straßenexistenz ergeben (z. B. Hunger und Kälte zu ertragen). Der *gemeinsame* Drogengebrauch hat eine spielerische Funktion (z. B. für das gemeinsame Vergnügen), eine rituelle Funktion, dient der Provokation oder dem Protest und/oder der Versicherung der Gruppenidentität und des Gruppenzusammenhalts. Die Art der verwendeten Drogen hängt meist ab von dem Zweck, den sie erfüllen sollen, z. B. zum Abbau von Hemmungen eher stimulierende, zum Vergnügen eher halluzinogene Drogen, wobei auch die Zugänglichkeit der Drogen eine Rolle spielt.

Im Hinblick auf mögliche Wirkungen und ggf. die Abhängigkeit von Drogen hält es Lucchini für wichtig zu unterscheiden, ob ihr Gebrauch eher instrumentelle oder kompensatorische Funktionen für die Kinder erfüllt. Während der *instrumentelle* Drogengebrauch in der Regel von den Kindern kontrolliert wird und mit der Variation verschiedener Drogen einhergeht, kann der *kompensatorische* Drogengebrauch, der vor allem dem Ausgleich mangelnden Selbstwertgefühls dient und in der Regel an eine bestimmte Droge gebunden wird, eher Abhängigkeit zur Folge haben. „Die Art der konsumierten Produkte ist ebenso wie ihre Mischungen ein Indiz für ein unterschiedliches Verhältnis zur Droge" (a.a.O.: 132). Je eher der Drogengebrauch als Teil der aktiven Überlebensstrategie verstanden und praktiziert wird, desto geringer schätzt Lucchini das Risiko ein, in eine Abhängigkeit von der Droge zu geraten.

Um auf der Straße zurechtzukommen, entwickeln sowohl die Jungen in Montevideo als auch die Mädchen in Buenos Aires verschiedene Formen der „sozialen Organisation": Bande, Netz, „near group" oder Zweiergruppen (a.a.O.: 82 f.). Ein Kind kann durchaus verschiedenen Formen gleichzeitig angehören, wobei allerdings eine bestimmte Organisationsform meist überwiegt. Lockere Netze sind am häufigsten. Sie zeichnen sich durch einen geringen Grad an Formalisierung und Strukturierung aus, sind wenig sichtbar und passen sich schnell an die wechselnden Bedingungen im Umfeld der Kinder an, um z. B. einen Arbeitsplatz gegenüber Erwachsenen oder Ordnungskräften zu verteidigen, um eine Klau-Aktion abzusichern oder beim Kauf und der Verteilung von Drogen. Weitere Angaben über den Zweck und die Bedeutung der verschiedenen Organisationsformen für die Kinder macht Lucchini nicht.

Die in zwei deutschen Großstädten durchgeführte Studie von Hanna Permien und Gabriela Zink (1998) beruht großenteils auf Stadtteilerkundungen und teilstrukturierten Interviews mit Mädchen und Jungen, die zum Zeitpunkt der Untersuchung zwischen 13 und 21 Jahre alt waren und deren Einstieg in das Leben auf der Straße in den meisten Fällen im Alter zwischen 12 und 14 Jahren erfolgte (sie werden in der Veröffentlichung Jugendliche genannt). Die Studie hat den Anspruch, die „Perspektive der betroffenen Jugendlichen zum Ausgangspunkt unserer Fragestellungen zu machen" (a.a.O.: 12) und „einen Zugang zu dem ‚insider point of view' zu finden" (a.a.O.: 32).

Alle an der Studie beteiligten Jugendlichen waren in ihrer Kindheit mit schweren Belastungen und Krisen konfrontiert, denen sie mit Verhaltensweisen begegneten, die üblicherweise als „Störungen" bezeichnet werden. Nach Ansicht der beiden Autorinnen lassen sich diese Verhaltensweisen jedoch „auch als Versuche lesen, sich an die Dynamik innerhalb ihrer Herkunftsfamilie anzupassen und sie möglichst zu ihren Gunsten zu verändern und/oder sich der Problematik ‚zu Hause' zu entziehen" (a.a.O.: 123). Der Weg auf die Straße war der einzige Ausweg, den die Jugendlichen sich vorstellen konnten. Er wurde dadurch erleichtert, dass sie sich Cliquen von Jugendlichen anschließen konnten, die bereits auf der Straße lebten und mit deren Hilfe sie ihr Überleben organisieren konnten. „Das Cliquenleben ist vielen Jugendlichen eine Stütze in der bisher von ihnen erfahrenen Welt der Auflösungen und permanenten Unsicherheiten" (a.a.O.: 235). Angesichts fehlender Alternativen bieten die „sozialen Netzwerke" und Alltagsstrategien des Straßenlebens den Jugendlichen „in vielerlei Hinsicht Felder der Anerkennung und des Statusgewinns, die sich für viele wohltuend von den ständigen Frustrationen in Familie, Schule und Jugendhilfezusammenhängen abheben" (a.a.O.: 276).

Mehr oder minder regelmäßige Arbeitstätigkeiten, wie die der Kinder in Montevideo, kommen den Jugendlichen in Deutschland nicht in den Sinn, von kurzfristigen Gelegenheitsjobs abgesehen. Aber auch sie sind aktiv, um ihre Existenz zu sichern. In der Regel beschaffen sie sich die nötigen Mittel durch kleine Diebstähle (z. B. „Jacken abziehen"), kleine Drogengeschäfte, sexuelle Dienstleistungen oder – in selteneren Fällen – durch Betteln. Neben dem Motiv, die Existenzgrundlagen auf der Straße zu sichern, sind es häufig Fragen von Status und Anerkennung, die die Jugendlichen dazu veranlassen, zu klauen oder „Geschäfte zu machen". „Zudem sind solche Aktionen häufig begleitet von Gefühlen starker Spannung und von Abenteuer" (a.a.O.: 257). Viele der Jugendlichen, die die Autorinnen befragten, unterschieden genau zwischen Bagatelldelikten, die dem Überleben auf der Straße dienen, und solchen, die darüber hinausgehen. Die Moral und Philosophie über die rechte Art, sich auf der Straße durchzuschlagen, variieren. Manche finden es schlimmer, Passanten um Geld anzubetteln, als sich die notwendigen Dinge per Diebstahl oder Drogenhandel zu verschaffen. „Das illegale Besorgen von Geld und Waren gleicht für viele Jugendliche einem Geschäftsalltag, mit Routinen, die auch außerhalb der Welt der Straße anzutreffen sind. Gefragt sind intelligente Strategien, Risiko, Stärke und Erfolg" (a.a.O.: 257 f.).

Der Gebrauch von Drogen ist verbreitet, aber die Jugendlichen greifen nicht zu irgendwelchen, sondern vorwiegend zu wach machenden, „schnellen" Drogen. „Dies kommt dem Alltag auf der Straße insofern entgegen, als es auf Schnelligkeit und Wachsamkeit häufig stärker ankommt als auf Zustände entrückter Innerlichkeit" (a.a.O.: 259 f.). Ähnlich wie Lucchini in Lateinamerika sehen Permien und Zink im Drogengebrauch der deutschen Jugendlichen eine zweckgerichtete Aktivität. Er dient dazu, den Kummer zu vergessen, die Härte des Straßenlebens abzufedern und ggf. Hemmungen bei unangenehmen Handlungen zu überwinden, den Zusammenhalt der Clique zu festigen und sich von anderen Szenen abzugrenzen, schließlich als eine Art von Spiel, das Spaß, Spannung und ein offeneres Weltgefühl ermöglicht. Ausdrücklich heben die Autorinnen hervor, dass der geschickte, als „weltgewandt" empfundene Drogengebrauch häufig das Selbstbewusstsein der Jugendlichen stärkt (a.a.O.: 260 ff.). Nahezu alle Jugendlichen, die sie trafen, machten persönliche Stoppschilder deutlich, vor allem vor Heroin. „Der Abstieg in die Welt der Junkies, aber auch in die Welt der obdachlosen, alkoholabhängigen Erwachsenen ist für viele ein Horrorszenario, das es zu vermeiden gilt" (a.a.O.: 264). Nach Einschätzung der Autorinnen besitzen die meisten Jugendlichen „eine hohe Kompetenz, ihr Verhalten selbst zu steuern und zu regulieren. In den Szenen wird nicht nur konsumiert, sondern auch beraten und entzogen, gekämpft, kontrolliert und unterstützt" (a.a.O.: 264 f.). Statt sich gegen „die Drogen" als solche zu richten, sollten Hilfsangebote an diesen „individuellen und gruppenspezifischen Ressourcen" sowie an den Konsum- und Bedeutungsmustern ansetzen.

Nach Ansicht der Autorinnen nutzen die Jugendlichen ähnlich wie Urlaubsreisende die Straße multifunktional. „Sie ist nicht nur für Aktivitäten wie Einkaufen und ähnliches da, sondern lässt nicht-geplante Interaktion und Kommunikation zu, ebenso wie einen anderen Umgang mit Zeit. Straße bietet den Jugendlichen Raum für das Sehen und Gesehen werden und für Kontakte ohne engen Verbindlichkeitsanspruch. Bahnhöfe und zentrale Plätze sind für die Jugendlichen mit Straßenkarrieren[8] sowohl von Bedeutung für das Überleben, weil sie dort die nötige Infrastruktur finden, als auch ein Marktplatz der Begegnungen und des Er-

---

8   Permien und Zink sprechen von „Straßenkarrieren", um zu unterstreichen, dass sie das Leben auf der Straße prozesshaft als Etappe der lebensgeschichtlichen Entwicklung und in verschiedenen Kontexten verstehen.

probens von Geschlechtsrollen mit offenem, aber emotional intensivem Charakter" (a.a.O.: 276).

Beim Vergleich beider Studien fällt auf, dass in Lateinamerika die Straße von den Kindern auch ausdrücklich als Arbeitsort genutzt wird, teilweise um ihre Familien zu unterstützen und ihren Lebensunterhalt zu gewährleisten. In Deutschland richten sich die existenzsichernden Aktivitäten nahezu ausschließlich auf das eigene Überleben unter den Bedingungen der Straße. Allerdings gilt dies teilweise auch für die Kinder in Lateinamerika. Sowohl das Verhältnis zur Straße als Lebensort als auch zu Drogen wird als zweckgerichtet wahrgenommen. Die Kinder selbst werden als Handelnde gesehen, die aus den Erfahrungen auf der Straße lernen und teilweise daraus neue Stärken gewinnen. Aber es bleibt unbestimmt, inwieweit dabei auch vorangegangene Erfahrungen in der Familie oder anderen sozialen Kontexten eine Rolle spielen. Den Cliquen wird durchgehend eine problembewältigende und stabilisierende Bedeutung beigemessen. Beide Studien unterscheiden sich damit vom üblichen Straßenkinderdiskurs, der die Kinder auf der Straße nur als „passiven" Ausdruck einer problematischen Lebenssituation und als hilfsbedürftig klassifiziert, und lassen Berührungs- und Anschlusspunkte für den Resilienzdiskurs erkennen.

Fallstricke und Perspektiven des Resilienzparadigmas

Wer die Resilienz von Kindern in Straßensituationen erkennen und fördern will, kommt nicht umhin, sich von den normativen Vorgaben und Erwartungen der dominierenden Gesellschaft freizumachen und die eigenen „ideologischen" Bewertungsmaßstäbe für das Verhalten der Kinder selbstkritisch zu hinterfragen. Die Lebenssituation und das Selbstverständnis dieser Kinder fügen sich in der Regel nicht den gängigen Mustern von Kindheit. Manches Verhalten, das von „der Gesellschaft" als unerwünscht und Ausdruck von Gefährdung verstanden wird, kann unter Beachtung der konkreten Lebensumstände und der Erfahrungen der Kinder durchaus als Indiz für Resilienz zu verstehen und für die Kinder hilfreich sein.

Dies gilt, wie wir gesehen haben, zum Beispiel für die „Banden" und „Cliquen", in denen sich Kinder auf der Straße häufig zusammentun. Ein Polizist mag darin ein nicht zu akzeptierendes Fehlverhalten und einen Ausdruck von Delinquenz sehen; ein Erzieher, der sich dem offiziellen Erziehungsauftrag verpflichtet sieht, mag darin das Risiko wahrnehmen, dass Kinder „auf die schiefe Bahn geraten" und in ihrer weiteren Entwicklung gefährdet sind. Doch wenn die konkrete Lebenssituation der Kinder und ihre eigene Sichtweise beachtet werden, kann auch erkannt werden, „dass diese Kinder sich nicht zusammentun, um andere zu bekriegen und zu stehlen, sondern um den wichtigsten physischen und emotionalen Bedürfnissen nachzukommen, denen nirgendwo Genüge getan wird" (Felsman 1989: 66). Aus dieser Sicht wird die „Bande" als eine Bezugsgruppe verstanden, die den Kindern die nötige Stärke vermitteln kann, um sich gegenüber den täglichen Zumutungen und Bedrohungen zu behaupten.

Wenn wir nicht die westlich-bürgerliche Vorstellung von Kindheit zum Maßstab für gelingende Entwicklung machen, sondern den konkreten Lebenskontext in Betrachtung ziehen, werden Möglichkeiten erkennbar, wie ein Gefühl von Zugehörigkeit auch in anderer Weise als in der (Klein-)Familie entstehen oder wieder zustande kommen kann. Zumal wenn wir bedenken, dass es nicht um „reine" Modelle von kindlicher Entwicklung gehen kann, sondern die Kinder in ihrem Handeln das, „was sie zum Überleben benötigen, mit den Reaktionen der sie umgebenden Gesellschaft ausbalancieren müssen" (McAdam-Crisp et al. 2005: 82). Sie kommen deshalb auch nicht umhin, eigene Schutzmechanismen zu entwickeln. Einer dieser Schutzmechanismen besteht darin, dass die Kinder eigene Sprachen und andere Elemente eigener Kulturen hervorbringen, zu denen – wie aus den zitierten Studien ersichtlich war – auch der Drogengebrauch gehören kann. Sie ermöglichen den Kindern, sich eine soziale Identität zu verschaffen, die ihnen Kraft gibt, sich auch in schwierigen Lebenssituationen zu behaupten.

Schon der Gang auf die Straße kann als ein Zeichen von Resilienz gedeutet werden. Die Kinder entziehen sich damit in aller Regel einer Situation, die für sie bereits extrem belastend und gefährdend war, sei es, dass die Kinder der Gewalt von Familienmitgliedern ausgesetzt waren, sei es, dass in der Familie (oder dem, was von ihr übrig blieb, falls sie je existiert hat) ihr Lebensunterhalt nicht gewährleistet werden konnte oder dass einfach kein Platz mehr für sie war. Viele Kinder kommen auch aus Jugendhilfeeinrichtungen, in denen sie sich gegängelt, missachtet oder ungerecht behandelt sehen. Die Straße wird für die meisten dieser Kinder zu einem Ort, an dem sie aktiv für ihr eigenes Überleben (und häufig auch das ihrer Familien oder alleinstehenden Mütter) sorgen müssen.

Sie versuchen in der Regel, sich die Straße als neues Lebensumfeld anzueignen, indem sie deren Möglichkeiten in aktiver Weise nutzen. Die meisten Kinder „haben die Fähigkeit, ihre eigenen Realitäten aktiv zu konstruieren, in denen sich ihre kulturellen Werte widerspiegeln"

(McAdam-Crisp et al. 2005: 75). Da die von den Kindern erzeugten „Realitäten" die alltägliche Gewalt und die hegemonialen Kulturmuster allerdings nicht außer Kraft setzen, sind Konflikte nicht aus der Welt; sie können sich sogar verschärfen und neue Risiken für das Leben der Kinder hervorbringen. Doch aus der Resilienzperspektive werden die Konflikte und Risiken nicht isoliert betrachtet, sondern gefragt, welche Möglichkeiten die Kinder haben, aus ihnen zu lernen und gestärkt aus ihnen hervorzugehen. Dies ist nicht bei allen Kindern in gleicher Weise der Fall. Viel hängt vermutlich davon ab, ob sie selbst isoliert sind und sich ohnmächtig fühlen (gelegentlich „fehlende Selbstwirksamkeit" genannt), oder ob sie Gleichgesinnte und andere unterstützende Personen finden und Selbstvertrauen in die eigenen Fähigkeiten haben oder gewinnen können.

Die Art, wie Kinder auf belastende Umstände reagieren, kann allerdings nicht angemessen interpretiert werden, „ohne sich auf die sozialen, kulturellen, ökonomischen und moralischen Bedeutungen zu beziehen, die diesen Erfahrungen in dem Umfeld zukommen, in dem die Kinder leben" (Boyden/Mann 2005: 15). Dies gilt besonders für Kinder, die sich in sozial benachteiligten oder marginalisierten Lebenssituationen befinden, was auch für die meisten Kinder in Straßensituationen zutrifft. Um beispielsweise dahinter zu kommen, wie Kinder ein Aufwachsen in Armut oder die Erfahrung ökonomischer Deprivation bewältigen und was sie dabei stärkt, sind nicht nur verschiedene regionale und historische Kontexte zu berücksichtigen, sondern es muss auch beachtet werden, dass bestimmte Persönlichkeits- oder Verhaltensmerkmale, die in der psychologischen Forschung üblicherweise als „psychische Erkrankung" oder „Dysfunktion" interpretiert werden, für Kinder in sozial benachteiligten Lebensverhältnissen überlebensnotwendig und als angemessene Bewältigungsstrategien zu verstehen sind.

Oft schleicht sich in die Resilienzforschung eine normative Komponente ein, die diesen Kindern nicht gerecht wird. Die kanadische Sozialwissenschaftlerin Sheila Martineau (1999: 3, zit. n. Ungar 2005: XXVI) kritisiert deshalb, dass „hinter den wohlmeinenden Absichten der Rede von Resilienz eine Aufforderung an die benachteiligten Kinder und Jugendlichen verborgen ist, sich den Verhaltensnormen der herrschenden Gesellschaft anzupassen (assoziiert mit sozialem und schulischem Erfolg), während sie die systemischen Leiden und Notlagen ihres täglichen Lebens überwinden oder sich von ihnen nicht berühren lassen." Bei ihrer Kritik geht Martineau von einem Verständnis von Resilienz aus, die sie als aktives widerständiges Handeln zur Befreiung aus unterdrückenden oder marginalisierenden sozialen Verhältnissen begreift. Dieses Verständnis unterscheidet sich stark von dem in der Resilienzforschung bis heute dominierenden psychologisierenden Diskurs. „Dieser Resilienzdiskurs schreibt unterprivilegierten Kindern, die als gefährdet identifiziert werden, Normen von schulischem und sozialem Erfolg vor. Im Effekt kann das darauf hinauslaufen, nicht-angepasste Individuen als *nicht-resilient* zu pathologisieren. Indem die Betonung gänzlich auf das Individuelle gelegt wird, zeigt sich, dass der *Individualismus* die dominierende Ideologie ist, in die der vorherrschende Resilienzdiskurs eingebettet ist" (Martineau 1999: 11 f.; kursiv i. Orig.).[9]

In neueren Veröffentlichungen (z. B. Ungar 2005; Boyden/Mann 2005; Ungar et al. 2007) wird deshalb darauf hingewiesen, dass die Konstruktion von Risiko- und Schutzfaktoren und die Annahmen über ihr Zusammenwirken auf Normalitätsannahmen basieren, die klassen-, geschlechts- und/oder kulturspezifisch und deshalb nicht ohne weiteres generalisierbar sind. Die Annahme etwa, was als „gelungene" oder „gesunde" Entwicklung zu betrachten sei, hängt von bestimmten Vorstellungen darüber ab, welche Eigenschaften das „entwickelte" oder „gesunde" Individuum auszeichnen und wie es leben, agieren und sich auf andere beziehen soll.[10] Auch die Annahmen über Kompetenzen und Fähigkeiten, die als Basis für Resilienz betrachtet werden, sind häufig normativ und kulturspezifisch konnotiert, ohne dass dies in den Forschungen immer bedacht wird. Einem kulturreflexiven und kontextbezogenen Verständnis von Resilienz würde es entsprechen, die Zugehörigkeit und Einbindung der Individuen in Gemeinschaften als mögliche Ressource für die Entstehung von Resilienz zu beachten. In diesem Sinn könnte von einem ökologischen Konzept von Resilienz gesprochen werden (vgl. Ungar et al. 2007). Dazu würde auch gehören, bei der Identifizierung von Resilienz in bestimmten Verhaltens- und Denkweisen die jeweils spezifische Lebenssituation mit zu berücksichtigen. Resilienz ist kein absolutes Persönlichkeitsmerkmal, sondern erweist sich als solche erst im Verhältnis und in der Auseinandersetzung mit den Belastungen in dieser spezifischen Lebenssituation.

---

9   Individualisierende und pathologisierende Denkmuster sind gerade im deutschsprachigen Resilienzdiskurs noch sehr ausgeprägt. Bei Lösel/Bender (2007) z. B. ist immer wieder von „Verhaltensstörungen", „antisozialen Entwicklungen" „aggressivem Verhalten" usw. die Rede, um Persönlichkeitsmerkmale zu kennzeichnen, bei denen die Risikofaktoren dominieren und die der Entwicklung von Resilienz entgegenstehen.

10 In einer neueren Literaturstudie des Bundesamtes für gesundheitliche Aufklärung (Bengel et al. 2009: 20) wird Vulnerabilität bedenkenlos als das erhöhte Risiko eines Kindes verstanden, „z. B. aufgrund einer genetischen Disposition oder chronischen Erkrankung, in Anwesenheit äußerer (ungünstiger) Einflussfaktoren psychische Störungen zu entwickeln bzw. von der normalen Entwicklung abzuweichen" (Hervorhebung, ML).

In den Vorstellungen von Resilienz können sich auch verschiedene gesellschaftspolitische Perspektiven manifestieren. So gilt in manchen Resilienzkonzepten als Erfolgskriterium, dass das Individuum in der Lage sein soll, sich flexibel an verschiedene Situationen „anzupassen", während in anderen Konzepten dieses Kriterium in der Fähigkeit gesehen wird, „Widerstand" zu zeigen und verändernd auf sein Umfeld und die möglichen Ursachen des eigenen Leidens einzuwirken. Im erstgenannten Sinn wird das Resilienzkonzept heute vielfach zur Basis von Verhaltenstrainingsmodellen, in denen etwa die „Krisenfestigkeit" und „Belastungsfähigkeit" von Schulkindern getestet und ihre Leistungen gesteigert werden sollen.[11] Oder es wird in „Zeiten der Krise" als möglicher „Stoßdämpfer gegen Schicksalsschläge" ins Feld geführt, um etwa Menschen, die ihre Arbeit verloren haben, zu einer optimistischen Grundhaltung zu verhelfen und ihre „Selbstheilungskräfte" zu aktivieren.[12] Davon ist grundlegend ein Resilienzverständnis zu unterscheiden, das persönliche Krisen und psychische Verletzungen nicht von ihrem gesellschaftlichen Kontext abkoppelt, sondern danach fragt, wie die Menschen sich über die Bedingungen ihrer Notlage und ihres Leidens klar werden und sich mit ihnen auseinandersetzen können.

Ein solches Verständnis von Resilienz ist vor allem mit Blick auf Menschen wichtig, die in der bestehenden Gesellschaft „keinen Platz finden" und täglich die Erfahrung von Ausgrenzung und Diskriminierung machen. Die Verletzlichkeit und die Lebensrisiken dieser Menschen sind in der Regel keine Folge individueller Defizite oder persönlichen Fehlverhaltens, sondern das Ergebnis gesellschaftlicher Zuschreibungen und sozi-

---

11 Entsprechende Ratgeber und Trainingsanleitungen sind zuerst in den USA erschienen und inzwischen auch ins Deutsche übersetzt worden (siehe z. B. Brooks/Goldstein 2007 und Greef 2008).
12 Ein Beispiel hierfür ist ein Artikel im Internetportal wiwo.de der Zeitschrift Wirtschafts-Woche, in dem es unter der Überschrift „Seelische Kraft gegen die Krise" heißt: „2009 steht ganz im Zeichen der Krise: unternehmerischer wie persönlicher. Doch das ist auch eine Chance, denn Krisen härten ab und fördern die Widerstandskraft – jene wenig erforschte seelische Kraft, die im Menschen wie ein Stoßdämpfer gegen Schicksalsschläge wirkt" (Deysson 2009). Ähnliche Intentionen verfolgen zwei populärwissenschaftliche Schriften deutscher Autorinnen: Rampe 2005 und Gruhl 2008; nach dem Motto „don't worry, be happy" geben sie Ratschläge, wie Menschen ihre „inneren Kräfte" entdecken und die nötige „soziale Flexibilität" entwickeln können, um mit schwierigen Lebenssituationen klar zu kommen. Auch das Nachrichtenmagazin Der Spiegel hat auf der Suche nach „neuen Methoden, Kinder seelisch zu stärken", inzwischen das Thema in einer Titelgeschichte („Die Kraft der Widerständigen") aufgegriffen (Thimm 2009); hierin werden verschiedene Resilienzkonzepte in einer Art Wundertüte zusammengemixt, bis hin zur biologistischen Annahme, dass „Schutzfaktoren" genetisch bedingt sein können.

aler Lebenslagen. Ihnen ist weder eine Forschung noch ein Verhaltenstraining angemessen, das die individuellen Ressourcen zu mehr Flexibilität und Anpassungsfähigkeit aufdeckt und ggf. aktiviert. Stattdessen kommt es darauf an, die Elemente im Leben dieser Menschen ausfindig zu machen und ggf. zu stärken, die am ehesten eine widerständige Identität und ein kritisches Bewusstsein über die in der Gesellschaft erforderlichen Veränderungen und entsprechendes Handeln entstehen lassen. Hierbei muss beachtet und respektiert werden, wie die Subjekte selbst ihre Situation wahrnehmen und mit ihr umgehen und welche Bedeutung hierbei ihre eigene soziale Stellung und die Verbundenheit mit anderen Menschen in ähnlicher Lebenslage hat (vgl. Melillo 2005).

Übereinstimmung besteht in der Resilienzforschung, dass die Eigenschaften und Kompetenzen, die resilientes Verhalten ermöglichen oder wahrscheinlicher machen, großenteils in der Kindheit entstehen. Doch die Annahmen, in welcher Weise sie in dieser Lebensphase erworben werden, unterscheiden sich. Auf der einen Seite wird angenommen, dass sie am ehesten in einer umfassend geschützten, vom „Ernst" und der „Verantwortung" des Erwachsenenlebens getrennten und entlasteten Kindheit zustande kommen. Diese Vorstellung von Kindheit entspricht dem westlich-bürgerlichen Kindheitsmuster, das den „natürlichen" Platz der Kinder in der Privatsphäre der Kleinfamilie und in den speziell für Kinder geschaffenen Erziehungsinstitutionen verortet. Auf der anderen Seite wird angenommen, dass resilienzfördernde Eigenschaften und Kompetenzen am ehesten entstehen, wenn Kinder schon frühzeitig gefordert werden und Gelegenheit finden, Erfahrungen mit „realen" Lebenssituationen zu machen. Die darin zum Ausdruck kommende Vorstellung von Kindheit basiert vor allem auf der Beobachtung von Kindheitsverläufen in der südlichen Hemisphäre und bei Kindern in sozial benachteiligten und marginalisierten Lebenskontexten. Die Studien, die hierzu vorliegen, betonen durchweg, dass die Entstehungsprozesse von Resilienz bei diesen Kindern nur erkannt und begriffen werden können, wenn die Kinder als handelnde Subjekte wahrgenommen werden und ihre eigenen Sichtweisen und Realitätsinterpretationen berücksichtigt werden.

Das komplexe Zusammenwirken von Risiken und schützenden Faktoren wurde z. B. in Studien zur Kinderarbeit deutlich, in denen die arbeitenden Kinder selbst mit ihren Erfahrungen zu Wort kommen. Demnach vermittelt ihnen ihre Arbeit trotz der Belastungen und Einschränkungen, die sie mit sich bringt, ein Gefühl von Stolz, etwas „Wichtiges", für andere Nützliches zu tun und zum Unterhalt der Familie beizutragen. Mitunter gewinnen die Kinder ein starkes Gefühl von Unabhängigkeit und hohes

Selbstvertrauen selbst im Falle einer Arbeit, die von Kinderarbeitsexperten als offensichtlich untergeordnet, ausbeutend und sogar gefährlich eingeschätzt wird. Dies geschieht vor allem dann, wenn die Arbeit der Kinder in ihrem Umfeld als eine legitime Tätigkeit betrachtet wird und mit sozialer Anerkennung einhergeht. In einem Umfeld, in dem die Arbeit der Kinder generell negativ bewertet wird, fällt es den Kindern wesentlich schwerer, mit den Belastungen umzugehen, und sie fühlen sich ausgegrenzt und entwürdigt (vgl. z. B. Liebel 2001 und Beiträge in Liebel/Nnaji/Wihstutz 2008).

In anderen Studien wurde festgestellt, dass in Kulturen, welche die Eigenständigkeit und Selbstverantwortung von Kindern betonen und sie in frühem Alter die Erfahrung von Verantwortung machen lassen – wie etwa kleinere Geschwister zu betreuen oder zum Einkommen der Familie beizutragen – das Selbstvertrauen, die Selbstwirksamkeit und soziale Kompetenzen gefördert werden. Oder es wird hervorgehoben, dass in einer Kultur, in der die Kinder früh ermutigt werden, sich aktiv mit Lebensrisiken auseinandersetzen und Kompetenzen zur Kommunikation, Problemlösung und Selbsthilfe zu erwerben, sie eher in der Lage sind, schwierige Situationen zu meistern.[13]

Es besteht eine auffallende Differenz zwischen den Forschungsschwerpunkten im globalen Norden und Süden. Während im Norden der Fokus meist auf individuelle Anlässe und Aspekte der Risiken gerichtet ist, wird im Süden größeren gesellschaftlichen Ereignissen und Situationen wie Kriegen, Vertreibungen oder extremer Armut mehr Aufmerksamkeit geschenkt.[14] Insbesondere in Lateinamerika ist in den letzten Jahren ein Resilienzansatz entstanden, der sich ausdrücklich von individualisierenden Resilienzkonzepten abgrenzt und sich als gemeinschaftsorientiert (*resiliencia comunitaria*) versteht.[15] Die argentinischen Gesundheitswissenschaftler Elbio Néstor Suárez Ojeda (2001) und Aldo Melillo (2005) lokalisieren seinen Entstehungshintergrund in der Notwendigkeit, sich mit extremen Notlagen und Katastrophen verschiedenster Art auseinandersetzen zu müssen, die viele Menschen zugleich betreffen und nur gemeinsam zu bewältigen sind. Als weitere Quelle verweisen sie auf die vorkolonialen indigenen Traditionen, zu deren Grundbestand die so-

---

13 Über solche Studien wird z. B. in Boyden/Mann (2005) und Boyden (2003) berichtet.
14 Erst in jüngster Zeit wird auch im deutschsprachigen Raum die Bedeutung des Resilienzparadigmas für Menschen erörtert, die in Kriegssituationen aufgewachsen sind (Fooken & Zinnecker 2007), oder Kinder, die in Armut leben (Zander 2008).
15 Siehe z. B. die Beiträge in Melillo/Suárez Ojeda (2001); Melillo/Suárez Ojeda/Rodríguez (2005); Kotliarenco et al. (1996) und Panez/Silva/Silva (2000).

ziale Solidarität und gemeinsame Anstrengungen zur Bewältigung von Notsituationen gehören. Die Schlüsselelemente werden nicht in individuellen Charakteristiken von Personen gesehen, sondern in den sozialen Bedingungen, Gruppenbeziehungen sowie kulturellen Eigenheiten und „Werten" jeder Gesellschaft (zusammenfassende Darstellung in deutscher Sprache: Liebel 2009: 56 f.). Auf dieser Grundlage entstanden z. B. praxisbezogene Studien zur Resilienz von Kindern in indigenen Gemeinschaften der Anden, die in extremer Armut und unter den Bedingungen des Guerillakrieges zwischen dem „Leuchtenden Pfad" („Sendero Luminoso") und dem peruanischen Militär aufwuchsen und zahlreiche Gräueltaten und den Verlust von Familienangehörigen erleben mussten (CODINFA/ MULITSECTORIAL 2002).[16]

Schlussfolgerungen für die Praxis

Um die Entwicklung von Resilienz bei Kindern in Straßensituationen zu fördern, muss das Verhältnis von Risiko- und Schutzfaktoren unter Beachtung ihrer konkreten Lebensumstände und kulturellen Kontexte neu justiert und gewichtet werden. Hierfür bieten sich meines Erachtens drei Wege an:
1. für die Legitimität der Lebensweise der Kinder einzutreten und ihnen die Aneignung und Veränderung der Straße zu erleichtern;
2. ihre spezifischen Fähigkeiten anzuerkennen und ihnen Gelegenheiten zu verschaffen, sich als kompetente und wertgeschätzte Akteure zu erleben;
3. ihre Partizipation in allen sie berührenden Angelegenheiten sicherzustellen.

Für die Legitimität des Lebens auf der Straße einzutreten, ist deshalb wichtig, weil die hier agierenden Kinder gemeinhin als Störfaktor oder lästiges Übel betrachtet werden und ihnen unterstellt wird, der Gesellschaft zu schaden. Mit anderen Worten: Nicht „die Straße" stellt für sie ein Problem dar, sondern die Ablehnung, Diskriminierung oder Repression, die sie aufgrund ihrer „normwidrigen" Lebensweise von Seiten „der Gesellschaft" und ihrer Ordnungsorgane erfahren. Wie oben gezeigt, ist der Gang auf die Straße für viele Kinder oft die einzig mögliche Alternative,

---

16 Siehe dazu auch die Studien von Silva (1999) über kriegsvertriebene indigene Kinder in Peru und von Anleu Hernández (2005) über indigene Kriegsflüchtlinge in Guatemala, deren Kinder entführt oder getötet wurden.

von der sie sich einen Ausweg aus ihrer bisherigen prekären Lebenssituation erhoffen. Kinder, die die Straße für sich zu nutzen oder sich anzueignen versuchen, tun dies nicht nur aus einer Situation heraus, die sie als belastend und unbefriedigend empfinden, sondern immer auch mit der Hoffnung, ein würdiges und befriedigendes Leben zustande zu bringen. Diese Hoffnung ist eine wichtige Triebkraft für Resilienz. Ihr stehen freilich meist so gravierende Hindernisse entgegen, dass sich die Kinder immer wieder zu Verhaltensweisen veranlasst sehen, die ihre marginale Stellung und die erfahrene Ablehnung verstärken oder gar selbstzerstörerische Folgen haben. Um sich aus dieser Risikokette – manchmal auch als Teufelskreis bezeichnet – zu befreien, brauchen sie Rückhalt und das Gefühl, dass ihre Hoffnungen eine Chance haben und konkrete Gestalt annehmen können.

Dazu gehört, dass die Kinder sich nicht abgelehnt und bestenfalls geduldet sehen, sondern sich als kompetente und nützliche Menschen erfahren können. „Die Kinder brauchen nicht nur Hilfe, sondern das stärkende Gefühl, dass sie gebraucht werden" (PRONICE 1995: 24), und, so wäre zu ergänzen, dass sie etwas „können". Wie wir gesehen haben, überlassen sich die Kinder auf der Straße in aller Regel nicht ihrem Schicksal, sondern werden aktiv und nutzen die Straße gezielt für verschiedene Zwecke. Dabei handeln sie in der Regel nicht allein, sondern gemeinsam mit anderen. Am Beispiel der Cliquen haben wir gesehen, dass sie zwar oft zu Konflikten mit dem Umfeld führen und Risiken mit sich bringen, aber auch eine Quelle für die Resilienz bilden können. Gleiches gilt für die Aktivitäten und die mit ihnen sich entwickelnden Fähigkeiten. Um die in ihnen angelegte Resilienz zu fördern, müssten die Kinder Gelegenheiten finden, gemeinsam für Ziele aktiv zu werden und Ergebnisse hervorzubringen, die als konstruktiv und nützlich erlebt werden können, sei es für die handelnden Kinder selbst, sei es für die sie umgebende Gesellschaft.

Kinder von Risiken abzuschotten und sie dem Schutz durch Erwachsene zu unterstellen, „ist gerade in Krisensituationen selten der effektivste Weg, um die Widerstandsfähigkeit und Resilienz der Kinder zu unterstützen" (Boyden/Mann 2005: 19). Damit soll nicht geleugnet werden, dass sehr starke Belastungen mit weitreichenden psychischen und emotionalen Folgen verbunden sein können und dass die Kinder deshalb unter Umständen eine sehr spezielle Betreuung benötigen. Hier soll nur unterstrichen werden, dass Kinder nicht einfach das Produkt der Glaubensvorstellungen, Erziehungspraktiken, Investitionen und Interventionen von Erwachsenen sind, sondern Akteure mit eigenen Sichtweisen und Kompetenzen. Deshalb wehren sie sich oft auch dagegen, von Hilfsorganisationen als hilflose Opfer betrachtet und als passive Empfänger von Wohltaten behandelt zu werden, und versuchen selbst, Lösungen für ihre Probleme zu finden. Die Resilienz der Kinder wird sich umso eher entfalten, umso mehr sie Gelegenheit und das Gefühl erlangen, in der Gesellschaft Gehör und Anerkennung zu finden und Einfluss ausüben zu können. Dies ist spätestens seit Verabschiedung der UN-Kinderrechtskonvention (1989) auch ihr international verbürgtes Recht.

Wie jeder subjektorientierte Ansatz ist auch das Resilienzkonzept nicht davor gefeit, politisch in dem Sinne missbraucht zu werden, dass den Individuen die Verantwortung für ihre Misere zugeschoben und von ihnen erwartet wird, in eigener Verantwortung damit klar zu kommen. Es kommt deshalb darauf an, das Konzept nicht in einer individualisierenden Weise zu verwenden und Resilienz nicht einfach als eine Frage individueller Problemlösungsfähigkeiten zu verstehen. Resilienz entsteht vor allem aufgrund *sozialer* Erfahrungen und kann nur im Zusammenwirken mit anderen wirksam werden.[17] Als *Widerstandsfähigkeit* verstanden, kann sie dazu beitragen, ist aber auch darauf angewiesen, gesellschaftliche Verhältnisse herbeizuführen, in denen jeder die gleiche Chance hat, sein Leben in einer befriedigenden Weise zu gestalten. Für den Umgang mit Kindern in Straßensituationen heißt das, sich für Lebensverhältnisse und Generationsbeziehungen einzusetzen, in denen Kinder nicht länger unterdrückt, marginalisiert und sozial benachteiligt werden, und gleichzeitig den Kindern die Möglichkeit zu geben, daran gleichberechtigt und in organisierter Weise mitzuwirken.

Literatur

Anleu Hernández, Claudia María (2005): Resiliencia: la fuerza de la vida. Un estudio sobre familiares de niñez desaparecida por el conflicto armado interno en Guatemala. Guatemala-Stadt: Equipo de Estudios Comunitarios y Acción Psicosocial F&G Editores

Bengel, Jürgen/Meinders-Lücking, Frauke/Rottmann, Nina (2009): Schutzfaktoren bei Kindern und Jugendlichen – Stand der Forschung zu psychosozialen Schutzfaktoren für Gesundheit. Köln

Boyden, Jo (2003): Children under Fire: Challenging Assumptions about Children's Resilience. In: Children, Youth and Environments 13(1); online: http://colorado.edu/journals/cye (abgerufen am 14.5.2009)

---

[17] In einer neueren Veröffentlichung, die sich auf die lateinamerikanische Resilienzdiskussion bezieht (Forés/Grané 2008: 115 f.), wird dies so ausgedrückt: „Die Entstehung von Resilienz ist nicht nur auf persönliche Eigenschaften zurückzuführen, vielmehr ergibt sie sich aus der Beziehung zu anderen Personen (...). Die Förderung der Resilienz ist eine gemeinschaftliche Aufgabe, sie hat immer eine gemeinschaftliche Dimension."

Boyden, Jo/Mann, Gillian (2005): Children's Risk, Resilience, and Coping in Extreme Situations. In: Ungar (2005): S. 3–25

Brooks, Robert/Goldstein Sam (2007): Das Resilienz-Buch. Wie Eltern ihre Kinder fürs Leben stärken – das Geheimnis der inneren Widerstandskraft. Stuttgart

CODINFA/MULTISECTORIAL (2002): Por los Caminos de la Resiliencia. Proyectos de promoción en infancia andina. Lima

Deysson, Christian (2009): Seelische Kraft gegen die Krise. In: WirtschaftsWoche online http://www.wiwo.de/karriere/seelische-kraft-gegen-die-krise-384802/print/ (abgerufen am 15.5.2009)

Ennew, Judith (2002): Outside childhood. Street children's rights, in: Franklin, B. (Hrsg.): The New Handbook of Children's Rights, S. 388–403. London/New York

Felsman, J. K. (1989): Risk and resiliency in childhood: The lives of street children. In: Dugan, Th./Coles, R. (Hrsg.): The child in our times: Studies in the development of resiliency, S. 56–80. New York

Fooken, Insa/Zinnecker, Jürgen (Hrsg.) (2007): Trauma und Resilienz. Chancen und Risiken lebensgeschichtlicher Bewältigung von belasteten Kindheiten. Weinheim/München

Forés, Anna/Grané, Jordi (2008): La resiliencia. Crecer desde la adversidad. Barcelona

Greef, Annie (2008): Resilienz und Widerstandsfähigkeit stärken – Leistung steigern. Donauwörth

Gruhl, Monika (2008): Die Strategie der Stehauf-Menschen. Resilienz – so nutzen Sie Ihre inneren Kräfte. Freiburg

Kotliarenco, M. A./Álvarez, C./Cáveres, I. (Hrsg.) (1996): Resiliencia: construyendo en adver sidad. Santiago de Chile

Liebel, Manfred (1994): Wir sind die Gegenwart. Kinderarbeit und Kinderbewegungen in Lateinamerika. Frankfurt a. M.

Liebel, Manfred (2000): Straßenkinder gibt es nicht. Über die verschlungenen Wege einer paternalistischen Metapher. In: Overwien (Hrsg.): Lernen und Handeln im globalen Kontext. Zur Erinnerung an Wolfgang Karcher, S. 128–141. Frankfurt a.M.

Liebel, Manfred (2001): Kindheit und Arbeit. Wege zum besseren Verständnis arbeitender Kinder in verschiedenen Kulturen und Kontinenten. Frankfurt a.M./London

Liebel, Manfred (2005): Kinder im Abseits. Kindheit und Jugend in fremden Kulturen. Weinheim/München

Liebel, Manfred (2007): Wozu Kinderrechte. Grundlagen und Perspektiven. Weinheim/München

Liebel, Manfred (2009): Kinderrechte – aus Kindersicht. Wie Kinder weltweit zu ihrem Recht kommen. Berlin/Münster

Liebel, Manfred/Nnaji, Ina/Wihstutz, Anne (Hrsg.) (2008): Kinder. Arbeit. Menschenwürde. Internationale Beiträge zu den Rechten arbeitender Kinder. Frankfurt a. M./London

Lösel, Friedrich/Bender, Doris (2007): Von generellen Schutzfaktoren zu spezifischen protektiven Prozessen. Konzeptionelle Grundlagen und Ergebnisse der Resilienzforschung. In: Opp/Fingerle (Hrsg.) (2007): Was Kinder stärkt. Erziehung zwischen Risiko und Resilienz. 2., völlig neu bearbeitete Auflage, S. 57–78. München

Lucchini, Riccardo (1998): Sociología de la supervivencia. El niño y la calle. Mexiko-Stadt: Universidad Nacional Autónoma de México & Fribourg

Lutz, Ronald (1999): Straßenleben, Straßenbilder, Straßenpädagogik. In: Lutz/Stickelmann (Hrsg.): Weggelaufen und ohne Obdach. Kinder und Jugendliche in besonderen Lebenslagen, S. 41–80. Weinheim/München

Martineau, Sheila (1999): Rewriting resilience: A critical discourse analysis of childhood resilience and the politics of teaching resilience to ‚kids at risk'. Unveröffentlichte Dissertation an der University of British Columbia, Vancouver.

McAdam-Crisp, Jacqueline/Aptekar, Lewis/Kironyo, Wanjiku (2005): The Theory of Resilience and Its Application to Street Children in the Minority and Majority Worlds. In: Ungar (2005): S. 51–87

Melillo, Aldo (2005): Sobre la necesidad de especificar un nuevo pilar de la resiliencia. In: Melillo et al. (2005): S. 77–90

Melillo, Aldo/Suárez Ojeda, Elbio Néstor (Hrsg.) (2001): Resiliencia. Descubriendo las propias fortalezas. Buenos Aires/Barcelona/México

Melillo, Aldo/Suárez Ojeda, Elbio Néstor/Rodríguez, Daniel (Hrsg.) (2005): Resiliencia y Subjetividad. Los ciclos de la vida. Buenos Aires/Barcelona/México

Panez, Rosario/Silva, Giselle/Silva, Max (Hrsg.) (2000): Resiliencia en el Ande. Un modelo para promoverla en los niños. Lima

Permien, Hanna/Zink, Gabriela (1998): Endstation Straße? Straßenkarrieren aus der Sicht von Jugendlichen. München

PRONICE (Hrsg.) (1995): El concepto de resiliencia, la resiliencia en niñez vulnerable (= Cuadernos Divulgativos n° 5). Guatemala-Stadt

Rampe, Micheline (2005): Der R-Faktor. Das Geheimnis unserer inneren Stärke. München

Silva, Giselle (1999): Resiliencia y violencia política en niños. Buenos Aires

Suárez, Ojeda/Elbio, Nestor (2001): Una concepción latinoamericana: la resiliencia comunitaria. In: Melillo/Suárez Ojeda (2001): S. 67–82

Thimm, Katja (2009): Die Kraft der Widerständigen. In: Der Spiegel, Nr. 15, S. 64–75

Treptow, Rainer (1997): Straße als Erfahrungsfeld und Handlungsraum Sozialer Arbeit. In: BAG Evangelischer Jugendaufbaudienst (Hrsg.): Kinder und Jugendliche auf der Straße – Jugendsozialarbeit mit Straßenkindern, S. 11–20. Stuttgart

Ullrich, Peter (2008): Diskursanalyse, Diskursforschung, Diskurstheorie. Ein- und Überblick. In: Freikamp et al. (Hrsg.): Kritik mit Methode. Forschungsmethoden und Gesellschaftskritik, S. 19–32. Berlin

Ungar, Michael (Hrsg.) (2005): Handbook for Working With Children and Youth. Pathways to Resilience Across Cultures and Contexts. Thousand Oaks/London/New Delhi

Ungar, M./Brown, M./Liebenberg, L./Othman R./Kwong, W.M./ Armstrong, M./Gilgun, J. (2007): Unique pathways to resilience across cultures. In: Adolescence 42(166), S. 287–310

Wolff, Lisa (2009): An den Grenzen der Pädagogik. Konflikte und Dynamiken in der sozialen Arbeit mit „Straßenkindern" in Cajamarca (Peru). Psychoanalytisch orientierte Fallstudien aus zwei Projekten. Frankfurt a.M.

Zander, Margherita (2008): Armes Kind – starkes Kind. Die Chance der Resilienz. Wiesbaden

Resilienzpotenziale bei Jugendlichen mit Migrationshintergrund

Haci-Halil Uslucan

1. Einleitung

Traditionell verläuft die Diskussion um die Auswirkungen von Migration in Deutschland entlang eines Defizit- und Konfliktdenkens. Sowohl erwachsene Migrantengruppen als auch deren Kinder gelten vielfach als eine besondere Risikopopulation. Exemplarisch hierfür sind gesundheitspsychologische Forschungen, die eine deutlich höhere Stressbelastung und Krankheitsanfälligkeit dieser Gruppen gegenüber der deutschen Bevölkerung zeigen (Collatz 1998; Firat 1996). Seit den achtziger Jahren fokussiert die sozialwissenschaftliche Literatur auf Jugendliche mit Migrationshintergrund unter Aspekten devianter Sozialisation wie etwa Gewalt und Kriminalität (Bielefeld/Kreissl 1983; Nohl 1996; Heitmeyer/Müller/ Schröder 1997). Darüber hinaus wird im Bildungssektor immer wieder die prekäre Situation der Schülerinnen und Schüler mit Migrationshintergrund hervorgehoben (Kornmann 1998). Besonders nach den internationalen Schulleistungsstudien wie etwa den PISA-Ergebnissen, bei denen Migrantenkinder in Deutschland noch ungünstigere Ergebnisse als deutsche Schülerinnen und Schüler erzielten, ist die Diskussion um ungleiche Bildungschancen von Migranten erneut entfacht. Was dabei jedoch häufig verschwiegen wird oder zu kurz kommt: Die deutlich überwiegende Mehrzahl der Migranten schafft es, den Alltag einigermaßen „ordentlich" zu gestalten und weder mit Gewalt und Devianz noch mit Pathologien auffällig zu werden. Gerade wenn Migranten und Jugendliche mit Migrationshintergrund unter einer höheren Anzahl bzw. an intensiveren Risiken leiden, wie es in vielen Studien deutlich wird (Collatz 1998; Uslucan 2005a, b), dann müsste auch eine ganz „normale", unauffällige Lebensführung von Migrantenjugendlichen zunächst erstaunlich und erklärungsbedürftig sein. Deshalb gilt es, nicht nur stets die außergewöhnlichen positiven Fälle zu loben oder die „negativen" zu beklagen, sondern auch die Anstrengungen „zur Normalität" bei den „Unauffälligen" besonders anzuerkennen; größtenteils erfolgte die Integration von Migranten – und das sollte man immer wieder im Blick haben – unauffällig.

Insofern sind im pädagogischen Alltag neben Erklärungen der stärkeren Belastung von Migrantenjugendlichen auch jene Aspekte verstärkt zu beachten, die Antworten auf die Frage geben, welche Ressourcen bzw. welche Resilienzfaktoren Migrantenjugendliche haben, die sie in belasteten Lebenskontexten tatsächlich schützen bzw. schützen könnten. Denn Entwicklungsauffälligkeiten und Pathologien – wie etwa Gewalt und Aggression – sind als ein dynamisches Zusammenspiel von Risiken und ihnen entgegenstehenden Ressourcen zu verstehen (Petermann/Scheithauer/Niebank 2004).

Jedoch ist festzuhalten, dass Forschungen zu Ressourcen von Migranten nach wie vor ein Desiderat bilden, wie es das Fehlen von Studien zu überdurchschnittlich begabten Migranten zeigt. Dieses Manko ist nicht nur in der Forschung, sondern auch in der Praxis zu verzeichnen: So liegt etwa der Anteil von Migrantenkindern in Hochbegabtenförderprogrammen sowohl in angelsächsischen Ländern als auch in Deutschland zwischen 4 bis 9 % – gleichwohl es zum einen Konsens ist, dass Hochbegabung in allen Kulturen und Kontexten vorkommt (vgl. Stamm 2007), und zum anderen der Anteil von Kindern mit Migrationshintergrund in den jeweiligen Gesellschaften aber deutlich höher ist. Denkbar ist, dass gegenwärtig ungleiche Hochbegabungskonzepte auch folgerichtig zu einer ungleichen Selektion und dadurch zu einer Unterrepräsentation von Migranten führen, da kulturspezifische Begabungen zu wenig berücksichtigt werden. Die Vorstellung, was als besonders gut und wer als begabt gilt, gehorcht spezifischen gesellschaftlichen Vorstellungen: Vielfach spielen sich darin die Ideale der herrschenden (Mittel- und Oberschicht-)Gruppen wider; Migranten in Deutschland rekrutieren sich jedoch weitestgehend aus unteren Schichten bzw. anderen Milieus. Deshalb müssten bspw. Identifikationsprozeduren möglichst breit angelegt werden, damit auch andere kulturelle Stärken Relevanz bekommen und eine Chance haben, entdeckt zu werden. Diese Potenziale von Migranten muss die pädagogische Praxis durch geschärfte Wahrnehmung auch erkennen.

In meinen Ausführungen werde ich mich weitestgehend auf die Gruppe der türkischen Migranten bzw. Jugendlichen mit türkischer Abstammung konzentrieren, weil diese die größte ethnische Minderheit in Deutschland bilden.

2. Resilienz aus entwicklungspsychologischer Perspektive

Der gegenwärtige Aufschwung der „positiven Psychologie" bzw. die Fokussierung auf „optimistische" Momente der Entwicklung ist nicht nur als eine Modeerscheinung und Zeitgeisttendenz zu betrachten, sondern hat auch unmittelbare gesundheitsförderliche Aspekte. So scheint Optimismus mit einer beharrlicheren Zielverfolgung, aber auch mit einer effektiveren Informationsverarbeitung zusammenzuhängen (Carver/ Scheier 1990): Entgegen bisheriger Annahmen haben Optimisten nicht eine geringere, sondern eine größere Aufmerksamkeit auch auf negative selbstrelevante Informationen; sie können sich jedoch schneller von ihnen lösen und alternativen Aufgaben widmen (Aspinwall/Staudinger 2003). Allein die Tatsache, dass Menschen die positiven Aspekte in ihrem Leben akzentuieren und sie in den Fokus ihrer Aufmerksamkeit bringen, um so mit widrigen Umständen besser umgehen zu können, kann als eine menschliche Stärke und Ressource betrachtet werden.

Was ist jedoch mit Resilienz gemeint? Die Frage nach Resilienzfaktoren ist entwicklungspsychologisch aus zwei Perspektiven zu verstehen:
– Wie kommt es, dass trotz elterlicher Risiken wie Arbeitslosigkeit und Armut, Drogenabhängigkeit, psychotischer Erkrankung und Scheidungserfahrung der Eltern ein gewisser Teil der von diesen Risiken betroffenen Kinder dennoch relativ erfolgreich sein Leben meistert?
– Wie kommt es, dass Kinder trotz eigener Risiken wie Geburtskomplikationen, körperliche Behinderungen etc. dennoch einen hohen Grad an Widerstandskraft und Robustheit zeigen? Resilienz umschreibt also die Fähigkeit, relativ unbeschadet mit den Folgen belastender Lebensumstände umzugehen und Bewältigungskompetenzen zu entwickeln. Resilienzfaktoren stärken also die psychische Widerstandsfähigkeit von risikobelasteten Kindern. Auch Migrationserfahrungen bzw. eine Minderheitensituation lassen sich in dieser Konzeption aus kindlicher bzw. jugendlicher Sicht zunächst als eine „riskante" Umwelt verstehen. Migrantenkinder haben in der Adoleszenz neben der allgemeinen Entwicklungsaufgabe, eine angemessene Identität, ein kohärentes Selbst zu entwickeln, sich auch noch kritisch mit der (anspruchsvollen) Frage der Zugehörigkeit zu einer Minderheit auseinanderzusetzen, eine „ethnische Identität" auszubilden und sich zur ethnischen Identität ihrer Eltern zu positionieren.

Betrachtet man jedoch den Begriff der Resilienz genauer, so ist zunächst die Frage zu stellen, ob Schutz- bzw. Resilienzfaktoren nur die Kehrseite von Risikofaktoren sind, und worin genau der Unterschied zwischen ihnen liegt. Vielfach wird auch nur das Fehlen von Risiken als ein Schutzfaktor betrachtet. Definition und Operationalisierung von Schutzfaktoren müssen aber unabhängig von Risikofaktoren erfolgen. Auch muss begrifflich Resilienz stärker von der Wirksamkeit der Kompetenzen des Kindes getrennt werden. Zeitlich müsste der Nachweis gelingen, dass Resilienzfaktoren vor dem belastenden Ereignis bzw. dem Risiko vorhanden sind (Laucht/Esser/Schmidt 1997). Resilienz – verstanden als Schutzfaktor – ist also dann erst wirksam, wenn eine Gefährdung vorliegt. Nur so kann Entwicklung als Folge bzw. Ursache dieser Protektivfaktoren interpretiert werden. Deshalb sind hier längsschnittliche Forschungsmethoden zu bevorzugen – was jedoch eher selten erfolgt (auch in der unten präsentierten Studie nicht) und vom methodischen Design her sehr anspruchsvoll ist.

Um als Resilienzfaktor zu gelten, muss es im statistischen Sinne eine Interaktion zwischen Risiko und Resilienz im Sinne eines Puffereffektes geben. Statistisch betrachtet moderieren protektive Faktoren die Ausprägung bzw. die schädliche Wirkung eines Risikofaktors; liegt also etwa ein protektives Merkmal vor, so wird der Risikoeffekt gemindert oder kommt überhaupt nicht zum Tragen; fehlt dagegen das protektive Merkmal, schlägt das Risiko voll durch. Ein protektiver Faktor ist insofern nur dann wirksam, wenn auch eine Gefährdung vorliegt.

Ferner ist Konsens, dass einzelne Risiken wie Scheidung, Armut, psychische Störung, Migration etc. allein nur niedrige Korrelationen mit Erlebens- und Verhaltensstörungen aufweisen. Risikofaktoren müssen nicht zwangsläufig zu einer negativen Entwicklung führen. Sie erhöhen lediglich die Wahrscheinlichkeit des Auftretens von Störungen im Vergleich zu einer unbelasteten Kontrollgruppe. Und es ist eher die Kumulation von Risiken bei einem gleichzeitigen Fehlen von Schutzfaktoren, die zu einer Störung führt. So zeigen bspw. die Studien von Scheithauer und Petermann (2002), dass bei mehr als drei Risikofaktoren – ohne dass gleichzeitig Schutzfaktoren wirksam sind – sich die Wahrscheinlichkeit für ein Problemverhalten um 75 % erhöht. Nicht zuletzt scheinen risikoerhöhende Bedingungen in der Umwelt/Umgebung des Einzelnen nur einen unspezifischen risikoerhöhenden Effekt zu haben. Erst in ihrer Verknüpfung und Interaktion mit risikoerhöhenden Bedingungen im Individuum selbst entfalten sie große Effekte (Laucht/Esser/Schmidt 1997). Zu erwähnen wäre etwa die Gewalt, die vom schulischen Umfeld eines Kindes ausgeht und dann negative Konsequenzen hat, wenn es auch auf eigene Gewaltbereitschaft, höhere Irritabilität und Gereiztheit trifft.

3. Migrationshintergrund als Entwicklungschance

Auch wenn die mit einer Migration einhergehenden Problemlagen erdrü-

ckend erscheinen und vermutlich deshalb bisher kaum die Chancen von Migration – und zwar sowohl für Migranten als auch für die Aufnahmegesellschaft – thematisiert wurden, so ist doch festzuhalten:
- Gerade eine Migration ist vielfach mit dem Ziel erfolgt, sich im weitestgehenden Sinn des Wortes zu entwickeln bzw. weiterzuentwickeln, sei es in ökonomischer, bildungsmäßiger, beruflicher oder familiärer Hinsicht.
- Mobilität ist in der Moderne ein positiv besetzter Begriff; in diesem Sinne sind Migranten eine äußerst mobile Population, die es wagte, als Pioniere (oder in der Kettenmigration) in der Hoffnung auf ein besseres Leben ihr Land zu verlassen, und daher Mut genug bewiesen hat, die Herausforderung der kulturellen und sprachlichen Fremdheit auf sich zu nehmen. Dadurch stehen sie – im Gegensatz zu nicht-gewanderten Familien – vor Entwicklungsaufgaben, die anspruchsvoller sowohl als diejenigen der Heimat als auch die der Mehrheitskultur sind. Und wenn sie diese Hürde erfolgreich meistern, so kann hier das Wirken latenter Ressourcen vermutet werden.
- Unter modernisierungstheoretischen Ansätzen hat eine Migration eine Katalysatorfunktion; Migranten vermögen also das Entwicklungsgefälle zwischen Herkunfts- und Aufnahmeland zu überbrücken, können aber auch zur Konservierung alter Werte und zur Ausbildung einer Defensivkultur in der Migrationssituation schreiten (vgl. Uslucan 2005c).

Im Folgenden werde ich auf exemplarische psychologische Motive wie Bikulturalität und Bilingualität eingehen, die sich für Migranten als exzeptionelle Entwicklungs- und Entfaltungschancen darbieten, die natürlich auch aktiv genutzt werden müssen.

3.1 Bikulturelle Identität als Entwicklungschance

Sowohl theoretische Annahmen als auch empirische Befunde legen nahe, dass Bikulturalismus weit mehr ist als nur eine additive Verknüpfung der Orientierungsfähigkeit in zwei unterschiedlichen kulturellen Systemen, sondern durch Synthese der beiden Kulturen den Subjekten eine stärkere kognitive wie soziale Flexibilität abfordert (Ramirez 1983; Guiterrez et al. 1988). Gelingende bzw. eine balancierte Bikulturalität ist als Zeichen dieser kognitiven Flexibilität zu werten, wie sie insbesondere amerikanische Studien zeigen (McShane/Berry 1986; Osborne 1985). Mit Bikulturalität wird dabei gemeint, dass mindestens zwei kulturelle Einflüsse prägend für die Identität des Einzelnen sind, wobei dieser Einfluss nicht nur einer kurzen Phase, etwa einem touristischen oder vorübergehenden Gastaufenthalt, geschuldet ist, sondern einen wesentlichen Bestandteil der alltäglichen Lebenserfahrung darstellt.

Menschen mit einer sichtbar anderen kulturellen Herkunft werden im Alltag – und Kinder in der Schule – besonders häufig auf ihre Herkunft angesprochen, was ihr Bewusstsein für ethnisch-kulturelle Differenz schärft und die Bildung einer ethnischen Identität forciert. Andererseits stellt die Begegnung mit einer anderen Kultur auch eine beständige Relativierung der eigenkulturellen Verhaltens- und normativen Standards dar. Der bikulturell Sozialisierte, der einerseits Insiderwissen über beide Kulturen besitzt, andererseits auch die Skepsis der Mehrheitsgesellschaft gegenüber Minderheiten am eigenen Leibe kennt, kann durch seine außergewöhnliche Position zu einem kompetenten Kritiker und Beurteiler der dominanten Kultur – natürlich auch der eigenen – werden. Die Migrationssituation wird dann dazu führen, unreflektierte Gewohnheiten und Bindungen abzustreifen, und Anstoß geben für eine bewusste und individuelle Lebensgestaltung. Eine flexible Identität, so lässt sich das Paradoxon resümieren, ist sowohl Voraussetzung, um bikulturelle Erfahrung als Entwicklungschance zu nutzen, als auch erst Folgeprodukt einer gelingender Migration und Integration. Denn diese Identität setzt eine ausreichende Ich-Stärke voraus, die es erlaubt, ohne Angst vor Identitätsverlust und Überwältigung durch Schuldgefühle (wie etwa Verrat an der alten Heimat, Verrat an elterlichen Werten) das Neue anzunehmen, sich den gewandelten Anforderungen zu stellen und in einem offenen Dialog mit der Herkunfts- und der neuen Kultur stehen zu können (Ardjomandi/Streeck 1998).

In einer experimentellen Situation konnten Benet-Martinez et al. (2002) zeigen, dass Bikulturelle je nach Situation und Kontext in der Lage waren, ihre kulturelle Perspektive zu wechseln, und je nach Situation ein independentes bzw. interdependentes Selbst, individualistische und kollektivistische Orientierungen, zeigten.

Der gegenwärtige Diskurs, der sich von der Alltagsplausibilität westlicher Konzepte nährt, wonach nur ein individualistisches Selbstkonzept mit einer Zentrierung auf internale Kontrolle, problemfokussiertes Herangehen, aktives Coping etc. stets als die psychisch gesündere und reifere Persönlichkeit zu betrachten ist, verkennt, dass unter bestimmten Umständen eine eher „orientalische" vermeidende, fatalistische Haltung durchaus funktional und förderlich sein kann, und zwar dann, wenn tatsächlich die Bedingungen subjektiver Kontrolle nicht gegeben sind – wie sie für

Migranten eben in höherem Maße fehlen – und Menschen den Umweltrestriktionen unterworfen sind (vgl. Staudinger/Freund/Linden/Maas 1995).

3.2 Bilingualismus als Entwicklungschance

Sprache ist das vorzügliche Medium, mit dessen Hilfe sozialisierende Vorgänge eingeleitet und vermittelt sowie soziale Wirklichkeiten konstruiert werden, die dann wiederum in sprachlichen Inhalten internalisiert werden. Die Sprache spielt eine entscheidende Rolle in der Identitätsbildung. Denkt man die sprachliche Sozialisation aus der Perspektive des symbolischen Interaktionismus, so entwickelt sich in der Interaktion mit Anderen stets auch eine soziale Orientierung, da sprachliche Symbole mit spezifischen Bedeutungen assoziiert werden. Durch Verwendung sprachlicher Symbole werden in den Individuen gleiche Reaktionen wie beim Kommunikationspartner ausgelöst (Mead 1934), womit unbewusst auch stets Normen und Werte verinnerlicht werden. Spracherwerb geschieht also stets in einem kulturellen Umfeld. Das Symbolsystem einer Sprache lässt sich daher nicht ohne die spezifischen Einstellungen des dazugehörigen sozialen Umfelds übernehmen. Sprache gilt sowohl in der Selbst- wie in der Fremdzuschreibung als wichtiges Kennzeichen ethnischer bzw. kultureller Identität (Fthenakis/Sonner/Thrul/Walbiner 1985). Besonders in bikulturellen Kontexten, in denen zugleich auch mindestens zwei Sprachsysteme für die Individuen relevant werden, wird der Zusammenhang zwischen Bikulturalität und Bilingualität evident. Für Migranten bietet sich mit einer auf Dauer angelegten Migration die einmalige Chance, in einem natürlichen Kontext bilingual aufzuwachsen bzw. ein bilinguales Leben zu führen. Mit Bilingualismus ist dabei nicht nur die Fähigkeit gemeint, sich in zwei Sprachen verständigen zu können, sondern auch die Fähigkeit des Individuums, sich mit den beiden beteiligten Sprachgruppen zu identifizieren.[1]

---

1 Der Begriff des Bilingualismus bzw. der Zweisprachigkeit ist problematisch: Werden nur jene Menschen als zweisprachig bzw. bilingual bezeichnet, die beide Sprachen vollkommen und fehlerfrei beherrschen, dann gibt es kaum Zweisprachige; wird jedoch die Definition dahingehend aufgeweicht, dass als bilingual all jene Menschen zu bezeichnen sind, die eine zusätzliche Sprache verstehen und in ihr auch einige kommunikative Akte vollziehen können, dann sind wieder enorm viele Menschen (in Deutschland alle, die einige Worte Englisch in der Schule gelernt haben) als zweisprachig zu bezeichnen. Bei Migrantenkindern oder Kindern aus bikulturellen Ehen ist eher von einer „natürlichen Zweisprachigkeit" (Kielhöfer/Jonekeit 1983), welche die Kinder in ihren gewohnten ökologischen Kontexten erwerben, zu sprechen, um diese von der bewusst gelernten zweiten Sprache, etwa, wenn ein Deutscher in Deutschland aktiv Französisch lernt, besser abheben zu können.

Gute Sprachkompetenzen sind eine Ressource, schwache dagegen langfristig ein Vulnerabilitätsfaktor gegenüber Akkulturationsstress. So konnte Jerusalem (1992) in seiner Untersuchung mit türkischen Jugendlichen feststellen, dass nicht die Aufenthaltsdauer allein, sondern vielmehr die Sprachkompetenz mit einem höheren Akkulturationsniveau einherging; höhere Sprachkompetenzen reduzierten interethnische Spannungen, ermöglichten eine differenzierte Selbstdarstellung und erleichterten dadurch die soziale Akzeptanz. Dagegen erwies sich eine lange Aufenthaltsdauer mit schlechter Sprachbeherrschung als kontraproduktiv, denn dann stieg die Belastung mit zunehmendem Aufenthalt. Die Chancen, die sich durch Bilingualismus ergeben, sind nicht auf Wortschöpfungen begrenzt, die durch Code-Switching entstehen, nur den bikulturell Sicheren zugänglich sind und eine offensichtliche Form der Bereicherung darstellen, die der monolingualen Mehrheits- wie auch Minderheitskultur entgeht, sondern mit Bilingualismus gehen auch gut belegte und nachvollziehbare kognitive Potenziale einher.[2] So zeigt eine Reihe von empirischen Studien, dass bilinguale Personen sowohl im Bereich der allgemeinen Intelligenz als auch in den kognitiven Stilen und den metalinguistischen Fähigkeiten sich monolingualen als überlegen erweisen (Bialystok 1988; Clarkson/Galbraith 1992; Baker 1993). Bilingual erzogene Kinder neigen weniger dazu, Begriff und Referent zu verwechseln, die Differenz zwischen Wort und Gegenstand ist ihnen also eher gegenwärtig, weil sie durch ihre Zweisprachigkeit eher eine gewisse Distanz zur eigenen und der erworbenen Sprache entwickeln und so erkennen, dass sprachliche Symbole für die Bezeichnung von Gegenständen auswechselbar sind. Dabei wird davon ausgegangen, dass im Leben von bilingual aufwachsenden Kindern ein doppelter sprachlicher Input ihre metasprachlichen Fähigkeiten fördert, so etwa die oben erwähnte Einsicht in die Arbitrarität (Willkürlichkeit) des Zeichens erleichtert und insgesamt dem Abstraktionsvermögen zugute kommt.

Cummins (1979, in: Tracy/Gawlitzek-Maiwald 1999) versuchte eine Präzisierung durch Formulierung eines Schwellenmodells, in dem die Frage des Eintritts in den Zweitspracherwerb diskutiert wird. Er vertritt die These, dass ohne eine etablierte Kompetenz in der Muttersprache ein Zweitspracherwerb nicht vollständig erfolgen könne, bzw. ab einem gewissen Alter nur noch mit einem subtraktiven Bilingualismus, nämlich

---

2   Dieser begriffliche Gegensatz von monolingual vs. bilingual ist im Alltag nicht durchzuhalten und sollte zugunsten eines Kontinuums aufgelöst werden, denn jede monolinguale Person verfügt mehr oder weniger auch über andere Sprachvarietäten (etwa Dialekte, Soziolekte etc.).

mit unzureichenden Kenntnissen in beiden Sprachen, zu rechnen sei. An diese Befunde anknüpfend ist also die Frage zu stellen, unter welchen Bedingungen Bilingualität eher als eine Chance genutzt werden kann. Empirische Studien zum Zweitspracherwerb zeigen, dass diese phonologisch dann korrekt erworben wird, wenn mit ihrer Aneignung vor dem Alter von elf Jahren begonnen wird. Bei dieser Konstellation ist eher ein akzentfreier Erwerb zu erwarten, der auch die Voraussetzung für gelungene sprachliche Integration darstellt. Im Alter von 11 bis 15 Jahren war häufiger ein Akzent anzutreffen, und beim Zweitspracherwerb nach dem Alter von 15 Jahren waren Akzente die Regel. Daraus kann abgeleitet werden, dass zumindest ein Spracherwerb im frühen Alter die beste Voraussetzung einer Integration darstellt (Mägiste 1985). Grundschüler im Alter von sechs bis elf Jahren erwerben in deutlich kürzerer Zeit den aktiven Wortschatz einer fremden Sprache als Schüler der Oberstufe im Alter von 13 bis 19 Jahren. Spontaneität und Kontaktbereitschaft sind vermutlich im jüngeren Alter deutlich größer, wodurch mehr Kommunikationssituationen entstehen, die wiederum bei den Beteiligten zu Sprechanlässen und zur Performanz bisheriger Kompetenzen führen und so die Motivation für den weiteren Erwerb steigern (Kuhs 1989).

Konsistent ist der Befund, dass eine elaborierte Kenntnis der Muttersprache eine grundlegende Voraussetzung bildet, um eine fremde Sprache grammatikalisch korrekt zu erwerben (Cummins 1979; Fthenakis/Sonner/Thrul/Walbiner 1985; Kuhs 1989). Für eine Vielzahl von Migrantenkindern gilt jedoch, dass sie ihre Muttersprache in vielfachen Interaktionen mit ihren Eltern erwerben, die ihrer eigenen Sprache aufgrund ihrer Bildungsdefizite nicht sehr mächtig sind. Diese Kinder haben somit auch deutlich schlechtere Chancen, die deutsche Sprache grammatikalisch korrekt zu erwerben. Diese mangelhafte Kompetenz der eigenen Muttersprache kann dazu führen, dass von den Kindern vermehrt Bestrebungen unternommen werden, diese Lücke mit einer „Überanpassung" an die neue Kultur zu kompensieren, und sie daher aus dem Wissen um Lücken in der Muttersprache auch dann die Zweitsprache verwenden, wenn sie den Sachverhalt auch in ihrer Muttersprache hätten kommunizieren können.

Semilingualismus ist aber auch typisch für Migranten in Situationen erlebter Diskriminierung und Identitätskonflikte und stellt nicht immer ein individuelles Defizit dar (Toukamaa/Skutnabb-Kangas 1977). Gerade erfahrene Diskriminierungen dürften die Motivation und die Bereitschaft, positive Einstellungen zur Mehrheitskultur zu bilden und die Sprache der Mehrheitskultur zu erwerben, eher mindern. Positive Auswirkungen auf den Zweitspracherwerb hat dagegen eine ausgeglichene Haltung zur eigenen wie zur Zweitsprache. Eine ablehnende Haltung zur Fremdsprache, aber auch eine die eigene Sprache ablehnende oder eindeutig die Fremdsprache favorisierende Haltung dagegen mindert eher den Lernerfolg in der Zweitsprache oder zeigt nicht den erwarteten Lernerfolg (Kuhs 1989).

Eine Diskriminierung kann bereits darin liegen, dass Sprachkompetenzen von Migranten, die sie in ihrer eigenen Sprache schon haben, eine systematische Nicht-Anerkennung als Kompetenz erfahren; dass etwa bei Migrantenkindern im pädagogischen Alltag deren Kommunikation in der Sprache ihrer Eltern systematisch abgewertet und als störend für den Erwerb der Sprache der Mehrheitskultur betrachtet wird. Problematisch vor diesem Hintergrund ist daher auch die gelegentlich im Alltagsdiskurs geäußerte Empfehlung, Migrantenkinder sollten zu Hause mit ihren Eltern deutsch sprechen, um ihre Kompetenzen besser auszubilden. Diese Ratschläge „verschenken" zu leichtfertig das Kapital von Mehrsprachigkeit. Denn in der Regel macht das Kind seine ersten sprachlichen Erfahrungen in der Muttersprache, lernt seine Erlebnisse und Gefühle in dieser Sprache mitzuteilen. Diese Sprache ist ein elementarer Teil seiner Identität. Sie also bewusst ablehnen oder leugnen zu müssen, belastet zum einen die Eltern-Kind-Beziehung – weil beide Sprachen durch beide Seiten nicht elaboriert beherrscht werden, dadurch also geringe sprachliche Interaktionen zu erwarten sind –, zum anderen wirkt sich die sprachliche Distanzierung negativ auf das Selbstwertgefühl des Kindes aus, weil ein Aspekt der eigenen Identität abgelehnt wird. Nicht zuletzt scheint das auch aus pädagogisch-psychologischer Sicht ein Kurzschluss zu sein, denn das „Familiendeutsch" in Migrantenfamilien hat nur sehr wenig Gemeinsamkeiten mit dem „Schuldeutsch", und daher sind die erwarteten Förderimpulse ohnehin als eher sehr bescheiden einzustufen. Viel wichtiger dagegen erscheint, dass ein Kind seine Muttersprache gut und solide erwirbt und sie im Alltag auch Anerkennung findet.

4. Wohlbefinden von Jugendlichen in interkulturellen Kontexten

Im Folgenden soll, auf einer eigenen empirischen Studie aufbauend (vgl. Uslucan 2009), zunächst der generellen Frage nachgegangen werden, inwiefern es substantielle Unterschiede im psychischen und körperlichen Wohlbefinden von deutschen und türkischen Jugendlichen gibt. Darüber hinaus wird in weiteren Schritten, dem Paradigma der Resilienzforschung folgend, die Frage aufgeworfen, wie stark diese interkulturellen Unterschiede auch in belasteten Kontexten sind, wie gut nämlich deutsche und türkische Jugendliche biografische Risiken verarbeiten.

Stichprobenbeschreibung und Kennzeichnung der Messinstrumente

Die berichteten Ergebnisse beruhen auf einer Befragung von insgesamt 304 deutschen Jugendlichen und 214 Jugendlichen türkischer Herkunft, wobei bei letzteren beide Eltern in der Türkei geboren wurden. Von den türkischen Jugendlichen ist jedoch der Großteil (nahezu 85 %) in Deutschland geboren worden. Das Alter der Jugendlichen variierte zwischen 13 und 16 Jahren; das Durchschnittsalter der deutschen Jugendlichen betrug 13.6 Jahre (SD = .67), das der türkischen 13.94 Jahre (SD = .63). In der deutschen Stichprobe überwogen geringfügig die Jungen (53 %), in der türkischen die Mädchen (55 %). Deutliche Unterschiede gab es entsprechend der Schulbesuchsstatistik hinsichtlich des besuchten Schultyps: So gingen 17.8 % der deutschen Jugendlichen auf die Hauptschule, 10.8 % auf die Realschule, 22.4 % gingen auf eine Gesamtschule und nahezu die Hälfte (49 %) besuchte das Gymnasium. Von den türkischen Jugendlichen besuchten dagegen 23.8 % die Hauptschule, 41.6 % die Realschule, lediglich 3.7 % eine Gesamtschule und 30.8 % das Gymnasium. Die Befragung wurde im Sommer 2003 in vier Stadtteilen Berlins (Neukölln, Kreuzberg, Charlottenburg und Zehlendorf) durchgeführt, wobei auf eine unterschiedliche ethnische Dichte geachtet wurde (Kreuzberg und Neukölln als Bezirke mit einer hohen ethnischen Dichte, Charlottenburg mit einer mittleren und Zehlendorf mit einer geringen ethnischen Dichte an türkeistämmigen Zuwanderern).

Das psychische Wohlbefinden wurde mit acht Items aus dem Berner Fragebogen zum Wohlbefinden Jugendlicher gemessen (Grob et al. 1991); die Reliabilitäten variierten zwischen .84 und .85 und waren als zufriedenstellend bis gut zu werten. Auch die körperlichen Symptome wurden mit acht Items aus dem Berner Fragebogen zum Wohlbefinden Jugendlicher gemessen, wobei der Wert 1 = „nie" und 5 = „sehr oft" bedeutete. Auch hier waren die Reliabilitäten mit Cronbach's Alpha =.80 in beiden Gruppen zufriedenstellend. Gerechnet wurde jeweils mit den Skalenmittelwerten und t-Tests für unverbundene Stichproben. Als Maß für Zusammenhänge wurden des Weiteren Pearson-Korrelationen verwendet. Bei den intervallskalierten Skalen zum körperlichen und psychischen Wohlbefinden wurden Varianzanalysen mittels ANOVA durchgeführt.

Im Folgenden wird das Ausmaß des psychischen und körperlichen Wohlbefindens wiedergegeben. Es zeigt sich – wie Tabelle 1 verdeutlicht –, dass die von uns befragten Jugendlichen mit Mittelwerten zwischen 3.66 und 3.74 auf einer Skala von 1 bis 5 relativ hohe Werte angaben (1 = stimmt nicht; 5 = stimmt genau). Deutlich wird jedoch, dass deutsche Jugendliche von etwas höheren Wohlbefindensaspekten berichteten, die jedoch statistisch nicht signifikant sind. Im Einklang hierzu berichteten türkische Jugendliche tendenziell von etwas stärkeren körperlichen Symptomen (1 = nie; 5 = sehr oft). In das Konstrukt „Wohlbefinden" gingen Fragen wie etwa nach Optimismus, Lebensfreude, Sinnhaftigkeit und Geordnetheit des eigenen Lebens ein; das Konstrukt „Körperliche Symptome" wurde u.a. aus den Fragen nach der Häufigkeit von Magenschmerzen, Appetitlosigkeit, Kopfschmerzen, Einschlafstörungen, Schwindelgefühle etc. gebildet.

Tabelle 1: Psychisches Wohlbefinden und körperliche Symptome im ethnischen Vergleich: Mittelwerte (M), Standardabweichungen (SD), Signifikanzen

	Deutsche Jugendliche		Türkische Jugendliche		Signifikanz	
	M	SD	M	SD	F	p
Psychisches Wohlbefinden	3.74	.71	3.66	.82	1.44	.23
Körperliche Symptome	1.97	.75	2.00	.75	.30	.58

Werden diese Befunde noch einmal geschlechtsspezifisch differenziert, so fällt auf, dass in beiden Gruppen Mädchen im Vergleich zu Jungen tendenziell von geringeren Wohlbefindenswerten berichten, in der Gruppe der deutschen Jugendlichen darüber hinaus Mädchen auch signifikant mehr körperliche Symptome angeben. Trotz geringerer eigener schulischer Bildung sowie insbesondere der geringeren elterlichen Bildungspotenziale scheinen also türkische Jugendliche keine nennenswerten gravierenden körperlichen oder psychischen Symptome zu entwickeln, was auf „Pufferfaktoren" in der Persönlichkeit oder im familialen Umfeld zurückgeführt werden könnte.

Nun soll im zweiten Schritt zum einen das Wohlbefinden bei An- und Abwesenheit von „klassischen" nicht-normativen kritischen Lebensereignissen – wie dem Tod eines Elternteils oder Scheidung der Eltern in der bisherigen Biografie – und zum anderen bei aktuellen Belastungsmomenten – wie Diskriminierungserfahrungen, Einsamkeit und Unbeliebtheit in der Schule – verglichen werden. Gerade der Tod eines Elternteils, aber auch die Scheidung der Eltern sind aus kindlicher Sicht unkontrollierbare Ereignisse, die massive Belastungen auslösen und unterschiedlich gut verarbeitet werden, je nachdem, wie viel auch an Ressourcen und Resilienzfaktoren hierbei zum Tragen kommen.

Tabelle 2: Psychisches Wohlbefinden bei An- und Abwesenheit von Risiken

Entwicklungsrisiko	Psychisches Wohlbefinden					
	Deutsche Jugendliche			Türkische Jugendliche		
	N	M	SD	N	M	SD
Tod eines Elternteiles						
ja	25 (9.7%)	3.59	.77	13 (7%)	3.40	1.07
nein	233	3.74	.71	167	3.68	.80
Scheidung der Eltern						
ja	117 (39.1%)	3.80	.66	25 (12%)	3.69	.90
nein	182	3.70	.75	188	3.65	.80
Diskriminierungs-erfahrung[3]						
gar nicht	24	3.81	.82	129	3.78	.76
stark–sehr stark	12	3.69	.82	8	2.66	.56
Einsamkeitserfahrung						
nie	165	3.93	.62	155	3.75	.73
oft	7	3.28	.51	6	3.22	.49
Beliebtheit in der Schule						
gar nicht	9	3.06	.93	6	3.66	1.08
sehr	19	3.92	.87	47	3.77	.75

Zunächst fällt auf, dass es kaum bzw. nur wenige Unterschiede bei den Prävalenzraten des Risikos „Tod eines Elternteils" (9.7 % bei deutschen und 7 % bei türkischen Jugendlichen) gibt, jedoch sehr starke Unter-

---

3 Diese Frage zielte direkt auf Jugendliche nicht-deutscher Herkunft, dennoch wurde sie jedoch auch von einigen deutschen Jugendlichen beantwortet; deshalb sind die Werte der deutschen Jugendlichen in der Tabelle mit aufgeführt worden.

schiede bei der Prävalenz von Scheidungserfahrungen (ca. 12 % bei türkischen, aber etwa 40 % bei deutschen Jugendlichen). Aus jugendlicher Sicht wird also die Familie in der türkischen Gruppe deutlich stabiler erlebt, gleichwohl die Daten natürlich noch nichts über die Qualitäten der elterlichen Ehe aussagen.

Während bei dem Risikofaktor „Tod eines Elternteils" in beiden Gruppen die risikobelasteten Jugendlichen – wie zu erwarten war – geringere Wohlbefindenswerte aufwiesen, konnten beim Risiko „Scheidung der Eltern" – entgegen den Erwartungen – weder bei türkischstämmigen noch bei deutschen Jugendlichen geringere Werte als bei der Gesamtstichprobe gefunden werden. Scheidung scheint gegenüber elterlichem Tod in beiden Gruppen deutlich besser verarbeitet werden zu können.

Darüber hinaus konnte im interkulturellen Vergleich bei den türkischstämmigen Jugendlichen die wahrgenommene Diskriminierung als ein signifikantes, dem Wohlbefinden abträgliches Risiko ($r = -.20^{***}$) identifiziert werden. Gerade diskriminierte Schüler mit Migrationshintergrund haben ein deutlich unterdurchschnittliches Wohlbefinden ($M = 2.66$). Insofern fällt der Schule, worauf unten noch eingegangen wird, eine wichtige pädagogische Aufgabe zu: Durch Abbau von Diskriminierung kann sie das Wohlbefinden ihrer Schüler fördern.

Zuletzt ließ sich zeigen, dass in beiden Gruppen Jugendliche, die in der Schule wenig beliebt sind und des öfteren Erfahrungen der Einsamkeit machen, herkunftsübergreifend geringere Wohlbefindenswerte aufweisen; allerdings scheinen sich diese auf türkischstämmige Jugendliche geringer belastend auszuwirken; ihr Wohlbefinden hängt weniger von der Beliebtheit durch andere Mitschüler ab. Diese Befunde decken sich mit Beobachtungen, die Herwartz-Emden und Küffner (2006) berichten. Die Schüler mit Migrationshintergrund hatten dort trotz schlechterer schulischer Leistungen kaum ein schlechteres Selbstkonzept oder geringeres Selbstwertgefühl. Erklärt wird dies mit der Annahme, dass sie bei der Ausbildung des Selbstkonzepts in ihr Selbstbild Elemente kulturspezifischer Repräsentation integrieren, die eher aus kollektivistischen Kontexten der Eltern stammen, und dieses im familialen Bereich ausgeprägte und entstandene Selbst durch die eher negativen Einflüsse der Aufnahmegesellschaft kaum belastet wird.

Im dritten Schritt soll nun auf den Vergleich der belasteten Jugendlichen in beiden Gruppen fokussiert werden, um zu eruieren, inwiefern trotz lebensgeschichtlicher Risiken herkunftsspezifische Unterschiede vorhanden sind, wobei auch geschlechtsspezifische Variationen berücksichtigt werden.

Tabelle 3: Psychisches Wohlbefinden bei Anwesenheit von Risiken

	Psychisches Wohlbefinden					
	Deutsche Jugendliche			Türkische Jugendliche		
	N	M	SD	N	M	SD
Tod eines Elternteiles						
Jungen	14	3.75	.87	5	3.95	.50
Mädchen	11	3.39	.60	8	3.06	1.21
Total	25	3.59	.77	13	3.40	1.07
Scheidung der Eltern						
Jungen	64	3.91	.60	12	3.68	.85
Mädchen	53	3.66	.70	13	3.69	.98
Total	117	3.80	.66	25	3.69	.90

Der Tod eines Elternteiles scheint im interkulturellen Vergleich das Wohlbefinden türkischer Jugendlicher deutlich stärker zu tangieren als deutsche Jugendliche. Denkbar ist, dass der Verlust eines Familienmitglieds für Migranten aufgrund des stärkeren Familialismus, der stärkeren Verbundenheit der Generationen, eine deutlichere Schwächung der Ressourcen zur Folge hat. Darüber hinaus scheinen im Geschlechtervergleich die Auswirkungen auf das Wohlbefinden türkischer Mädchen noch gravierender zu sein; diese weisen mit M = 3.06 die geringsten Werte auf. Während die Unterschiede zwischen den Geschlechtern in der deutschen Stichprobe (M = 3.39 vs. M = 3.59) eher gering sind, lassen sich in der türkischen Gruppe bei der Belastung durch elterlichen Tod doch relativ starke Geschlechtsunterschiede festmachen (M = 3.06 vs. M = 3.95). Konträr verhält es sich jedoch bei der Scheidungsbewältigung: Während hier kaum Unterschiede zwischen türkischen Jungen und Mädchen vorzufinden sind, lassen sich bei deutschen Jugendlichen doch stärkere und statistisch signifikante ($p < .05$) geschlechtsspezifische Auswirkungen zeigen. Hier scheinen Mädchen im Pubertätsalter die Trennung ihrer Eltern deutlich schlechter zu bewältigen. Aufgrund der geringen Stichprobe sind die Unterschiede im interkulturellen Vergleich zwar nicht signifikant, doch erwartbar wäre eigentlich, dass Jugendliche mit Migrationshintergrund durch den Wegfall familialer Ressourcen und der höheren Bedeutung familialer Kohärenz sowie ihrer Minoritätensituation weitaus stärker belastet sein müssten. Denkbar ist hier, dass ihre Bikulturalität als eine Ressource wirkt, weil sie zur Bildung einer flexibleren Persönlichkeit beiträgt und so auch Krisen angemessen bewältigen hilft. Insofern könnten die mit Migration einhergehenden Persönlichkeitsmerkmale – wie etwa eine bikulturelle Identität – in ihrer Affinität zu Resilienzfaktoren auch ein pädagogisches Angebot, eine Chance, für monokulturell aufwachsende Jugendliche sein.

5. Förderung von Ressourcen und Resilienzfaktoren bei Jugendlichen mit Migrationshintergrund

1. Zu den recht stabilen Befunden der Migrationsforschung zählen die hohen Bildungsaspirationen von Migrantenfamilien für ihre Kinder. Diese Ansprüche sind jedoch oft an große, zum Teil unrealistische Erwartungen gekoppelt, und – durch den Mangel an eigenen Kompetenzen – kaum mit der schulischen Unterstützungsleistung der Eltern einlösbar (Nauck/Diefenbach 1997). Bei ausbleibendem oder geringem Erfolg der Kinder führt dieses Auseinanderklaffen dann zu Enttäuschungen auf Seiten der Eltern und psychischen Belastungen bei Kindern. Nicht selten sind jedoch solche hohen Erwartungen dem Umstand geschuldet, dass sozialer Aufstieg und anerkannte Berufe für viele Migranteneltern nur mit akademischen Berufen wie Arzt und Anwalt verknüpft sind. Daher gilt es, in Kontexten der Schul- und Berufsberatung Migranteneltern zum einen auf die belastende Wirkung hoher Erwartungen bei fehlender Unterstützung hinzuweisen, wie sie sich in aggressiven Akten nach außen oder in depressiven Verstimmungen nach innen entladen können, und zum anderen ihnen in verständlicher Weise die Entwicklungs- und Aufstiegsmöglichkeiten auch durch handwerklich-technische Berufe zu kommunizieren.
2. Eine Reihe von Studien zeigt, dass ein positives Schulklima eine fördernde und schützende Wirkung hat, insbesondere wenn eine gute Beziehung zum Lehrer vorhanden ist, den die Schüler als interessiert an ihnen und sie herausfordernd wahrnehmen. An diesen Befund anknüpfend, lässt sich folgern, dass eine Verbesserung des Schulklimas und mehr persönliches Engagement der Lehrkräfte bei Migrantenkindern resilienzfördernd wirkt. Vor allem kann ein Schulklima, das die kulturelle Vielfalt der Schüler als Reichtum und nicht als Hemmnis betrachtet, einen Beitrag zur Resilienz leisten, weil es so dem Einzelnen das Gefühl von Wichtigkeit, Bedeutung und Anerkennung verleiht (Speck-Hamdan 1999).
3. Als weitere Fördermöglichkeit ist im Schulkontext zu erwähnen, Mi-

grantenjugendliche – ungeachtet ihrer möglicherweise geringeren sprachlichen Kompetenzen – noch stärker in verantwortungsvolle Positionen einzubinden. Sie werden sich dann erfahrungsgemäß stärker mit der Aufgabe identifizieren: Ihre inneren Bindungen zur Schule werden gestärkt, während sie auf diese Weise Erfahrungen der Nützlichkeit und der Selbstwirksamkeit machen.
4. Schulprojekte wie „Großer Bruder", „Große Schwester", wie sie exemplarisch vom deutsch-türkischen Forum in Stuttgart durchgeführt werden (dort ist das Projekt unter der türkischen Bezeichnung „Abi-Abla-Projekt" aufgeführt), bei denen kompetente ältere Jugendliche Risikokindern (Kindern aus „chaotischen", ungeordneten Elternhäusern, Elternhäusern mit psychischer Erkrankung der Eltern etc.) zugeordnet werden und Teilverantwortungen für sie übernehmen, haben resilienzfördernde Wirkung. Diese „Brüder" oder „Schwestern" werden zu positiven Rollenvorbildern und können wünschenswerte Entwicklungen stimulieren.
5. Nicht zuletzt haben sich auch so genannte „Rucksackprojekte", wie sie etwa von der „Regionalen Arbeitsstelle zur Förderung von Kindern und Jugendlichen aus Zuwandererfamilien" (RAA) durchgeführt werden und bei denen Mütter und Kinder gemeinsam in Bildungsprozesse einbezogen sind, als ressourcen- und integrationsförderlich bewährt. Sie zielen zum einen auf eine Förderung der Muttersprachenkompetenz, zugleich aber auch auf die Förderung des Deutschen und bei Müttern auf die Förderung der Erziehungskompetenz ab. Denn insbesondere die Integration der Mütter ist für die Frage der intergenerativen Weitergabe von Gewalt ein entscheidendes Merkmal: So konnten Mayer/Fuhrer/Uslucan (2005) zeigen, dass bei einer gut integrierten (türkischen) Mutter sowohl die Weitergabe der einst selbst als Kind erfahrenen Gewalt abgepuffert wurde und dass auch die Kinder dieser Mütter weniger in Gewalthandlungen verwickelt waren.
6. Mit Blick auf Erfahrungen der Sinnhaftigkeit des eigenen Lebens sind auch religiöse Überzeugungen im Leben von Risikokindern (in diesem speziellen Fall von Migrantenkindern) als ein Schutzfaktor zu betrachten. Sie geben ihnen das Gefühl, dass ihr Leben einen Sinn und Bedeutung hat, vermitteln die Überzeugung, dass sich die Dinge trotz Not und Schmerz am Ende zum Guten wenden können. Daher ist die Diskussion etwa um den Islamunterricht nicht nur aus politischer, sondern auch aus entwicklungspsychologischer Perspektive zu führen.

Als kontraproduktiv für die soziale oder auch pädagogische/therapeutische Arbeit ist dagegen eine Vorstellung von Kultur und kultureller Zuschreibung, die das Verhältnis von Individuen zu ihren Zugehörigkeiten als ein Marionettenverhältnis betrachtet und die Eigenbewegung, die Eigendynamik und die Widerständigkeit von Subjekten nicht thematisiert, also nicht berücksichtigt, dass Menschen auch explizit gegen kulturelle Vorgaben agieren können. Insofern sind kulturpsychologische Befunde nie „pur" zu lesen als eine Matrix individuellen Handelns, sondern die stets je subjektiv einzigartige Ausgangslage des Handelns mit zu berücksichtigen. Leiprecht/Lutz (2006) schlagen als eine grundlegende Strategie sozialpädagogischer Reflexion eine Intersektionalitätsanalyse vor, die den gleichzeitigen Einfluss von Geschlecht, Ethnie, Schicht, Nationalität, sexueller Orientierung etc. untersucht, um keiner falschen Homogenisierung zu erliegen. Die Anforderung dabei ist, dass stets mehr als eine Differenzlinie betrachtet wird; denn soziale Gruppen sind kaum homogen, sondern eher vielfach heterogen. Unangemessen sind Deutungen, die etwa alle Handlungen eines Menschen einzig aus der Klasse, dem Geschlecht, der Kultur, der Religion usw. ableiten (vgl. Leiprecht/Lutz 2006). Nur genaue Kenntnisse über die konkreten Menschen, über ihre Lebenslage und Situation, über ihre subjektiven Begründungsmuster, erlauben Ableitungen aus den Makrostrukturen; hingegen vermögen allgemeine Merkmale noch keine Aussagen über die besonderen Verhältnisse des Individuums, seine Möglichkeiten und Behinderungen, zu machen.

Zuletzt gilt es noch einmal zu unterstreichen, dass der defizitorientierte Diskurs sowohl die Chancen einer Migration als auch die bislang erbrachten Leistungen von Migranten schlichtweg unterschätzt; deshalb ist hier eine ressourcen- und resilienzorientierte Sicht unabdingbar.

Daher ist etwa dem immer wieder gebrachtem Vorwurf, Migranten würden sich durch Rückzugstendenzen in landsmannschaftliche Gruppen selber desintegrieren, zu entgegnen, dass die Involvierung in ethnische Communities auch ein wichtiger Beitrag zur Stressminderung sowie eine wichtige Ressource der Migranten bedeutet: Denn ethnische Communities können auch zu Organen der Interessenverarbeitung der Minderheiten werden, Druck auf die Mehrheitsgesellschaft ausüben, um Vorurteile und Diskriminierungen zu verringern und somit die kollektive Handlungskompetenz von Minderheiten stärken (Gaitanides 1992).

Und bei der Einschätzung der Integrationsleistungen von Migranten gilt es natürlich, auch die bereits Eingebürgerten – und damit juristisch deutschen Staatsbürger – mitzubetrachten: Denn Einbürgerung setzt ja bereits ein Mindestmaß an Integration voraus, wie sie sich exemplarisch sowohl im Erwerbsleben als auch im Bildungswesen zeigt.

Literatur

Ardjomandi, M. E./Streeck, U. (1998): Migration – Trauma und Chance. In: Kiesel/v. Lüpke (Hrsg.): Vom Wahn und vom Sinn. Krankheitskonzepte in der multikulturellen Gesellschaft, S. 53–71. Frankfurt

Aspinwall, L./Staudinger, U. M. (Hrsg.) (2003): A psychology of human strengths: Perspectives on an emerging field, S. 369. Washington

Baker, C. (1993): Foundations of Bilingual Education and Bilingualism. Clevedon: Multilingual Matters (95)

Benet-Martinez, V./Leu, J./Lee, F./Morris, M. (2002): Negotiating Biculturalism. Cultural Frame Switching in Biculturals With Oppositional Versus Compatible Cultural Identities. Journal of Cross Cultural Psychology, 33, S. 492–516

Bialystok, E. (1988): Levels of bilingualism and levels of linguistic awareness. Developmental Psychology, 24, S. 560–567

Bielefeld, U./Kreissl, R. (1983): Ausländische Jugendliche und Kriminalisierung. In: Schüler-Springorum, H. (Hrsg.): Jugend und Kriminalität, S. 78–95. Frankfurt.

Carver, C. S./M. F. Scheier, M. F. (1990): Origins and functions of positive and negative affect: A control process view. Psychological Review, 97, S. 19–35

Clarkson, Ph. C./Galbraith, P. (1992): Bilingualism and mathematics learning: Another perspective. Journal of Research in Mathematics Education, 23, S. 34–44

Cummins, J. (1979): Linguistic Interdependence and the Educational Development of Bilingual Children. Review of Educational Research, 49, S. 222–251

Collatz, J. (1998): Kernprobleme des Krankseins in der Migration – Versorgungsstruktur und ethnozentrische Fixiertheit im Gesundheitswesen. In: David/Borde/Kentenich (1998) (Hrsg.): Migration und Gesundheit. Zustandsbeschreibung und Zukunftsmodelle, S. 33–59. Frankfurt a. M.

Firat, D. (1996): Migration als Belastungsfaktor türkischer Familien. Hamburg

Fthenakis, W. E./Sonner, A./Thrul, R./Walbiner, W. (1985): Bilingual-bikulturelle Entwicklung des Kindes. München

Gaitanides, S. (1992): Psychosoziale Versorgung von Migrantinnen und Migranten in Frankfurt am Main. Gutachten im Auftrage des Amtes für Multikulturelle Angelegenheiten. IZA – Zeitschrift für Migration und Soziale Arbeit, 3/4, S. 127–145

Grob, A./Lüthi, R./Kaiser, F. G./Flammer, A./Mackinnon, A./Wearing, A. J. (1991): Berner Fragebogen zum Wohlbefinden Jugendlicher. In: Diagnostica, 1, S. 66–75

Guiterrez, J./Sameroff, A. J./Karrer, B. M. (1988): Acculturation and SES effects on Mexican American parents` concepts of development. In: Child Development, 59, S. 250–255

Heitmeyer, W./Müller, J./Schröder, H. (1997): Verlockender Fundamentalismus. Frankfurt

Herwartz-Emden, L./Küffner, D. (2006): Schulerfolg und Akkulturationsleistungen von Grundschulkindern mit Migrationshintergrund. In: Zeitschrift für Erziehungswissenschaft, 9, (2), S. 240–254

Jerusalem, M. (1992): Akkulturationsstreß und psychosoziale Befindlichkeit jugendlicher Ausländer. In: Report Psychologie, 2, S.16–25

Kielhöfer, B./Jonekeit, S. (1983): Zweisprachige Kindererziehung. Tübingen

Kornmann, R. (1998): Wie ist das zunehmende Schulversagen bei Kindern von Migranten zu erklären und zu beheben? In: Vierteljahresschrift für Heilpädagogik und ihre Nachbargebiete, 67, S. 55–68

Kuhs, K. (1989): Sozialpsychologische Faktoren im Zweitspracherwerb: Eine Untersuchung bei griechischen Migrantenkindern in der Bundesrepublik Deutschland. Tübingen

Laucht, M./Esser, G./Schmidt, M. H. (1997): Wovor schützen Schutzfaktoren? Anmerkungen zu einem populären Konzept der modernen Gesundheitsforschung. In: Zeitschrift für Entwicklungspsychologie und Pädagogische Psychologie, 3, S. 260–271

Leiprecht, R./Lutz, H. (2006): Intersektionalität im Klassenzimmer: Ethnizität, Klasse und Geschlecht. In: Leiprecht, R./Kerber, A. (Hrsg.): Schule in der Einwanderungsgesellschaft, S. 218–234. Schwalbach/Ts

McShane, D./Berry, J. W. (1986): Native North Americans: Indian and Inuit Abilities. In: Irvine, J. H./Berry J. W. (Hrsg.): Human abilities in cultural context, S. 385–426. Cambridge

Mägiste, E. (1985): Gibt es ein optimales Alter für den Zweitspracherwerb? In: Psychologie in Erziehung und Unterricht, 32, S. 184–189

Mayer, S./Fuhrer, U./Uslucan, U. (2005): Akkulturation und intergenerationale Transmission von Gewalt in Familien türkischer Herkunft. In: Psychologie in Erziehung und Unterricht, 52, S. 168–185

Mead, G. H. (1934): Mind, Self and Society. Chicago

Nauck, B./Diefenbach, H. (1997): Bildungsbeteiligung von Kindern aus Familien ausländischer Herkunft. Eine methodenkritische Diskussion des Forschungsstands und eine empirische Bestandsaufnahme. In: Schmidt, F. (Hrsg.): Methodische Probleme der empirischen Erziehungswissenschaft, S. 289–307. Baltmannsweiler

Nohl, A.-M. (1996): Jugend in der Migration. Türkische Banden und Cliquen in empirischer Analyse. Baltmannsweiler

Osborne, B. (1985): Research into Native North Americans` cognition: 1973–1982. Journal of American Indian Education, 24, S. 9–25

Petermann, F./Scheithauer, H./Niebank, K. (2004): Entwicklungswissenschaft. Berlin/Heidelberg

Ramirez, M. (1983): Psychology of the Americas. Elmsford, NY

Scheithauer, H./Petermann, F. (2002): Prädiktion aggressiv/dissozialen Verhaltens: Entwicklungsmodelle, Risikobedingungen und Multiple-Gating-Screening. In: Zeitschrift für Gesundheitspsychologie, 10, S. 121–140

Speck-Hamdan, A. (1999): Risiko und Resilienz im Leben von Kindern aus ausländischen Familien. In: Opp/Fingerle/Freytag (Hrsg.): Was Kinder stärkt – Erziehung zwischen Risiko und Resilienz, S. 221–228. München

Stamm, M. (2007): Begabtenförderung und soziale Herkunft. In: Zeitschrift für Soziologie der Erziehung und Sozialisation, 27, S. 227–242

Staudinger, U. M./Freund, A. M./Linden, M./Maas, I. (1995): Selbst, Persönlichkeit und Lebensgestaltung im Alter: Psychologische Widerstandsfähigkeit und Vulnerabilität. In: Baltes/Mayer (Hrsg.): Die Berliner Altersstudie, S. 321–350. Berlin

Toukamaa, P./Skutnabb-Kangas, T. (1977): The Intensive Teaching of the Mother Tongue to Migrant Children at Preschool Age. Tampere

Tracy, R./Gawlitzek-Maiwald, I. (1999): Bilingualismus in der frühen Kindheit. In: Grimm (Hrsg.): Sprachpsychologie, S. 495–535. Göttingen

Uslucan, H.-H. (2005a): Lebensweltliche Verunsicherung türkischer Migranten. In: Psychosozial, 28 (1), S. 111–122

Uslucan, H.-H. (2005b): Heimweh und Depressivität türkischer Migranten in Deutschland. In: Zeitschrift für klinische Psychologie, Psychiatrie und Psychotherapie, 3, S. 230–248

Uslucan, H.-H. (2005c): Chancen von Migration und Akkulturation. In: Fuhrer/Uslucan (Hrsg.): Familie, Akkulturation & Erziehung, S. 226–242. Stuttgart

Uslucan, H.-H. (2009): Erziehung und psychisches Wohlbefinden von jungen Migrant/inn/en. In: Zeitschrift für Kinderpsychologie und Kinderpsychiatrie, 58, S. 278–296

Leben mit Trauma – Resilienzförderung von Flüchtlingskindern und ihren Familien (TZFO Köln)[1]

Dorothea Irmler

> Und ganz unmerklich
> vielleicht an einem Feiertag
> oder an einem Geburtstag
> sitzt er nicht mehr
> nur am Rande
> des gebotenen Stuhls,
> als sei es zur Flucht
> oder als habe das Möbel
> wurmstichige Beine,
> sondern er sitzt
> mit den Seinen am Tisch
> und ist zuhause
> und beinah
> sicher
> ...
> und jeder Tag
> ist für ihn
> überraschendes Hier,
> so leuchtend leicht
> und klar begrenzt
> wie die Spanne
> zwischen den ausgebreiteten
> Schwungfedern
> eines gleitenden Vogels.
> *(Hilde Domin)*

1. Ausgangslage

Im Therapiezentrum für Folteropfer (TZFO) behandeln und beraten wir Menschen aus Kriegs- und Krisengebieten aus vielen Ländern der Welt,

---

[1] Das Therapiezentrum für Folteropfer – Flüchtlingsberatung Caritas Köln (TZFO) wird u.a. aus Mitteln des European Refugee Fonds unterstützt.

wie etwa Afghanistan, Kosovo, Irak, Iran. Sie sind auf Grund traumatisierender Erlebnisse in ihren Herkunftsländern nach Deutschland gekommen und müssen hier oftmals jahrelang weiter unter schwierigsten Bedingungen leben.

1.1. Rahmenbedingungen

Die psychosozialen Rahmenbedingungen in der Bundesrepublik Deutschland sind theoretisch vorgegeben durch verschiedene internationale Abkommen zu Rechten und Schutz von Kindern, u.a. durch die UN-Konvention über die Rechte des Kindes von 1989. Diese Übereinkunft beruht auf 4 Grundprinzipien: Recht auf Gleichbehandlung aller Kinder, Prinzip „im besten Interesse" des Kindes, Recht auf Leben und persönliche Entwicklung, Achtung vor Meinung und Willen des Kindes.

Die Bundesrepublik Deutschland hat die Konvention als eines von sehr wenigen Ländern der Welt nur unter Vorbehalt ratifiziert.

1.2. Auswirkungen

Das bedeutet für die Alltagspraxis, dass unbegleitete minderjährige Flüchtlinge ab 16 Jahren asylrechtlich als Erwachsene betrachtet werden, also keinen Anspruch auf einen Vormund haben, auf kindgerechte Unterbringung, auf Beschulung und Ausbildung. Ein jugendlicher Flüchtling darf daher beispielsweise keine Ausbildung machen, erhält keine Arbeitsgenehmigung und darf nicht studieren; ihm wird auch keine erwachsene Person zur Seite gestellt, die seine Belange vertritt und sich um ihn kümmert. Trotzdem gibt es viele unbegleitete Minderjährige, die dank engagierter professioneller oder ehrenamtlicher Helfer dann doch zumindest einen Vormund bekommen und in einer Jugendhilfeeinrichtung untergebracht sind.

Auch für die begleiteten minderjährigen Flüchtlinge gilt das „Kindeswohl" nach SGB VIII (früher: KJHG) nur eingeschränkt, da das Asylrecht, dem ihre Eltern unterliegen, den Vorrang hat vor den Bestimmungen des SGB VIII. Das bedeutete z.B. in Nordrhein-Westfalen bis zum 1. Januar 2005, dass für Kinder von Eltern, die noch nicht über einen gesicherten Aufenthaltstitel verfügen – auch wenn sie womöglich schon viele Jahre in Deutschland leben –, keine Schulpflicht galt; dass sie wegen der gesetzlichen Vorschrift, den Aufenthaltsort nicht zu verlassen, nicht an Klassenfahrten teilnehmen durften.

Das Leben der meisten Flüchtlingsfamilien ist geprägt von materieller Not (Leistungen unter dem Sozialhilfesatz, Arbeitsverbot, medizinische Versorgung nur für akute Erkrankungen, aber nicht für chronische oder andere Zustände), Unsicherheit über die Zukunft und oftmals Angst vor Abschiebung. Da es in asylrechtlichen Bestimmungen keine Mindestgröße pro Person, keinen Mindeststandard für Wohnraum gibt, leben Eltern mit zwei, drei Kindern oft, teilweise über Jahre, in einem oder zwei Räumen, sind dort Wände und Fußböden häufig feucht, hellhörig; die mit vielen anderen Familien zu teilenden Sanitäranlagen sind hygienisch in einem äußerst fragwürdigen Zustand, die Gemeinschaftsküchen zu klein, schmutzig und nur minimal ausgestattet. Alles ist gedrängt, notdürftig, Konflikte und Streit sind in diesem Kontext verständlicherweise an der Tagesordnung.

1.3. Situation vor Ort

Die Flüchtlingskinder und -jugendlichen, die wir im TZFO kennen lernen, haben entweder selbst Verfolgungen, Gewalt und Menschenrechtsverletzungen, Vertreibung, Flucht und Entwurzelung erlebt; oder Flüchtlingskinder, die selbst schon in Deutschland geboren sind, haben Eltern, die ihrerseits auf Grund solcher Erfahrungen nach Deutschland kamen, und bekommen diese Erlebnisse dann über ihre Eltern vermittelt. Viele von ihnen wachsen in traumatisierten Familien auf und erleben Multiproblemlagen; hier bündeln sich unsichere Lebensperspektiven, ungesicherte aufenthaltsrechtliche Situation, Arbeitsverbot, Angst, Armut, Marginalisierung vielfältiger Art, Leben in problematischen Gemeinschaftsunterkünften, Anpassungsdruck an die neue Gesellschaft, kulturelle Fremdheit und Sprachschwierigkeiten zu einem enormen Belastungsdruck.

Oft erleben die Kinder oder haben bereits erlebt, dass ihre Eltern sie nicht schützen können oder konnten. Trotzdem versuchen die Eltern natürlich, ihren Kindern so viel Schutz wie möglich zu geben; das führt manchmal zu „Überbeschützung", weil die Erwachsenen die realen Gefahren in der fremden Kultur noch nicht richtig einschätzen können.

Sie alle haben existentielle Angst, Ausgeliefertsein und Verzweiflung durchlebt. Die Kinder, die begleiteten wie die unbegleiteten, haben ihre Kindheit verloren, denn sie befassen sich mit Themen, die ihren Verstehens- und Handlungshorizont weit übersteigen: Wie bekommen wir einen Pass, eine Wohnung? – Meine Mutter ist krank, ich muss sie zum Arzt bringen und für sie übersetzen. – Die Gräber in unserem Heimatland sind zerstört, das ist nicht gut für meine Großeltern, die da begraben sind, was kann ich tun?

Gleichzeitig sind die Kinder durch ihre biologischen und psychischen Reifungsprozesse mit normalen Entwicklungsaufgaben konfrontiert, bei denen es jeweils viele Weggabeln in eine positive oder negative weitere Entwicklung gibt. Damit sind aber auch die elterlichen Bezugspersonen oder auch der Familienverband einer Vielfalt möglicher Entwicklungswege ausgesetzt.

Ein Komplex jahrelang gewachsener und miteinander verschränkter vielfältiger innerer und äußerer Faktoren verursacht dann immer wieder Probleme. Und schnelle Lösungen, so wünschenswert sie wären, gibt es meist nicht.

2. Resilienzförderung

Die Frage liegt nahe, was angesichts dieser komplexen Problemlagen getan werden kann, damit es in traumatisierten familiären Systemen nicht zu einer Abwärtsspirale der Entwicklung kommt.

Zu Beginn der Beschäftigung mit dem Thema Resilienz haben wir als BeraterInnen und TherapeutInnen bemerkt, dass wir in verschiedenen Veranstaltungen, die das TZFO zusätzlich zu Beratungen und Therapien durchführt – z.B. Familienausflüge, Deutschunterricht, Computerkurse – die Kinder, Jugendlichen und Familien oft von neuen, kraftvollen, neugierigen Seiten erlebten, die uns selbst manchmal überraschten.

Bei den Diskussionen, die der Auswertung dieser Erfahrungen dienten, haben wir die Theorie der Resilienz zu Rate gezogen. Wir haben dabei einen neuen, ganzheitlicheren Blick gefunden, so dass wir „Resilienzförderung" als leitendes Konzept für unsere Arbeit im Kinder- und Jugendprojekt eingeführt haben. Die systemische Sichtweise der Theorie von Resilienz entspricht zudem den Anforderungen der hier beschriebenen inneren wie äußeren Multiproblemlagen von traumatisierten Flüchtlingsfamilien und unbegleiteten minderjährigen Flüchtlingen.

2.1. Der Resilienzbegriff bei Emmy Werner

Das Konzept der Resilienz von Emmy Werner wird von Welter-Enderlin beschrieben als „persönliche Ausdauer, selbst wenn man von Zweifeln erfüllt ist. Resilienz bedeutet ja nicht einfach ein schönes Gefühl, sondern die Fähigkeit, den Herausforderungen des Lebens zu begegnen und gegen alle Wahrscheinlichkeit daran sogar zu gedeihen" (Welter-Enderlin/Hildenbrand 2006: 9). Diesen Ansatz für unsere Arbeit zu adaptieren, erschien uns lohnenswert. Wir haben das Konzept für die speziellen Bedürfnisse unserer Zielgruppe modifiziert und mit unserem Drei-Säulen-Modell zur Förderung von Resilienz eine geeignete methodische Umsetzung entwickelt.

2.2. Die Rezeption des Resilienzgedankens im TZFO

Unsere Zielgruppe der traumatisierten Flüchtlingskinder und -jugendlichen sowie deren Familien hat nicht nur „normative" Krisen, also Krisen, die sich auf lebenszyklisch erwartbare Übergänge beziehen, zu überwinden, sondern ist mit „nicht-normativen" Krisen konfrontiert gewesen (vgl. auch Zander i. d. B.), also mit nicht erwartbaren und unvorbereitet zugestoßenen traumatischen Geschehnissen, und leidet noch stark unter den psychischen und physischen Folgen.

Resilienz verstehen wir als ein Konzept, das sowohl auf das Individuum bezogen werden kann als auch auf Familien. Resilienz für Familien bedeutet „den Weg, den eine Familie geht, wenn sie Stress bewältigt und daran wächst, sowohl gegenwärtig wie langfristig" (Hawley und DeHaan 1996, nach: Hildenbrand 2006: 23). Enthalten darin sind die Ebenen der Entwicklung, der interaktiven Kombination von Risiko- und Schutzfaktoren und die Zukunftsvorstellungen, die Familienmitglieder miteinander entwickeln und teilen. Flexibilität und der feste Bezug aufeinander sind wichtige und gute Kriterien, die eine „resiliente" Familie kennzeichnen können.

Die Art und Weise, die Möglichkeiten, wie Familien die „normativen" Krisen meistern, kann auch Auswirkungen darauf haben, wie sie nicht-normativen Stress bewältigen.

Emmy Werner legt aber auch Wert auf Faktoren, die mit körperlicher Gesundheit und Schmerzempfinden zusammenhängen. Körperliche Unversehrtheit, Gesundheit, ein gutes Immunsystem und Schmerzunempfindlichkeit fördern nämlich ebenfalls Resilienz.

Für uns schließt im Hinblick auf die kulturelle Entwurzelung traumatisierter Flüchtlinge Resilienz auch mit ein, dass eine Fähigkeit zur Überwindung des „cultural bereavement" (Eisenbruch 1990) wächst. Unter „cultural bereavement" verstehen wir den Verlust von und die Trauer über die geraubte seelische Beheimatung in einem unhinterfragten, alltags-selbstverständlichen sozialen und mental-kulturellen Bedeutungsgefüge. Im günstigsten Falle kann vor dem Hintergrund einer gestärkten Resilienz des Einzelnen eine „dritte" Kultur als Verwandlung und Aneignung von neuer und alter Kultur entwickelt werden.

Das alles zeigt, dass das Konzept der Resilienz kontextbezogene, relationale, interaktionale und soziale Komponenten beherbergt. Resilienz kann nicht nur als ein individuelles und/oder familiales Merkmal verstanden werden, sondern ist ein Prozess, der in einem kulturellen, historischen, ökonomischen und menschlichen Entwicklungskontext auftritt (nach Boss 2006), gefördert oder gehemmt wird.

Unser Verstehen von Resilienz als Prozess geschieht vor dem Hintergrund einer Langzeitperspektive mit dem vollen Wissen, dass durch Resilienz Krisen nicht unbedingt verhindert werden können. Aber Fähigkeiten wie Ausdauer, Gewinnen anderer Menschen, Mut zum Durchhalten, kreatives Erkennen von Perspektiven, initiativ sein, Annehmen von Schmerz und Herausforderungen können gestärkt werden.

3. Unser Drei-Säulen-Modell zur Förderung von Resilienz[2]

3.1 Das Konzept

Vor diesem Hintergrund haben wir das „Drei-Säulen-Modell zur Förderung von Resilienz" erarbeitet, welches wir symbolisch als Bild eines Haus visualisieren.

Dieses Haus benötigt zum sicheren Stand ein Fundament, auf dem drei stabile Säulen stehen, die den Wänden Halt geben. Auf den Säulen ruht das schützende Dach. Diese Bestandteile repräsentieren die folgenden Aspekte.

• Das Fundament
Für eine ungestörte Entwicklung benötigt jedes Kind ein solides Fundament, das ihm Heimat, (Familien-)Geschichte, Traditionen, mental-kulturelle Beheimatung sowie die Zugehörigkeit zu einer Familiengruppe und zu einer ethnischen Gruppe bietet.

Bei Flüchtlingskindern und ihren Familien ist dieses Fundament durch Kriegs-, Bürgerkriegsgeschehnisse, Entwurzelungen und weitere vielfältige Menschenrechtsverletzungen erschüttert oder beschädigt.

Auf dieser Ebene wirken alle politischen und strukturellen Maßnahmen, welche die äußere Sicherheit wieder herstellen und Täter ihrer gerechten Strafe zuführen sowie generell die Marginalisierungen aufheben und gerechtere asylpolitische Strukturen schaffen.

---

[2] Das Konzept wurde in Zusammenarbeit mit Astrid von Törne und Jennifer Penders, Kinder- und Jugendprojekt, TZFO, entwickelt.

- Säule 1

Jedes Kind lebt in bestimmten psycho-sozialen Rahmenbedingungen: Wohnen in einem Stadtteil oder Dorf, in vertrauter Nachbarschaft. Die familiären Verhältnisse sind geprägt durch Familieneinkommen und -arbeit, den sozialen und rechtlichen Status, die Bildungsbiografien.

Bei Flüchtlingskindern sind diese Rahmenbedingungen aber gerade ganz oder in Teilen nicht förderlich: schlechte und beengte Wohnverhältnisse, Armut, Arbeitslosigkeit der Eltern, Unsicherheit über die Zukunft, fehlende Möglichkeit zur Entwicklung von langfristigen Strategien und Plänen, Zerrissenheit von Familien und viele andere belastende Faktoren. Mögliche Ansatzpunkte zur Unterstützung und Förderung auf dieser Ebene bilden hier etwa:

Beratung und Hilfestellung bei Aufenthalts-, Wohnungs-, Finanz-, Arbeitsplatzfragen, Bildungsangebote für alle Familienmitglieder, Interventionen bei Ausländerämtern.

- Säule 2

Jedes Kind bewegt sich in transitorischen Räumen, den (symbolischen) Räumen, die zwischen Elternhaus und Schule angesiedelt sind. Außerfamiliäre Erlebnisse schaffen hier normalerweise Raum für Entwicklungsmöglichkeiten. Diese symbolischen Räume können ganz konkret beim Schulweg gesehen werden und gehen bis hin zu Aktivitäten in Sportverein, Musikschule, Kirchengemeinschaft, bei Ferienfahrten, beim Ausüben von Hobbys oder Spielen auf der Straße etc.

Bei Flüchtlingskindern sind diese Räume oft nicht förderlich und/oder nur stark eingeschränkt vorhanden. Angebote, die allgemein der Öffentlichkeit zugänglich sind, können auf Grund von kultureller und sozialer Fremdheit, finanzieller Not, psychischen Problemen und rechtlicher Begrenzung oft nicht wahrgenommen werden.

Mögliche Ansatzpunkte zur Unterstützung und Förderung auf dieser Ebene sind Hilfestellung bei der Vermittlung in allgemeine Angebote (wie etwa Familienfahrten, Nachhilfeunterricht, Fußballverein, therapeutisches Reiten, kreative Schulungen, Selbstverteidigungskurs, Möglichkeiten zum Spielen und Lernen pp.). Und für die elterlichen Bezugspersonen gilt ebenso, dass im Sinne der Resilienzförderung auch ihre eigenen, oft längst verschütteten Fähigkeiten und Wünsche wieder ernst genommen und gefördert werden.

- Säule 3

Jedes Kind braucht psychische und physische Gesundheit, auf die unter normalen und fördernden Bedingungen von den Familienangehörigen auch geachtet wird.

Flüchtlingskinder leiden aber an den Folgeschäden von primärer und/oder sekundärer Traumatisierung sowie erschütterten Familienbeziehungen und Bindungsmustern.

Hier sind psychotherapeutische und körpertherapeutische Behandlungen (einzeln oder als Gruppenangebote sowohl für Erwachsene als auch für Kinder, Jugendliche und junge Erwachsene) angesiedelt, die im TZFO insbesondere traumaspezifische Behandlungsmethoden umfassen. Zur gänzlichen Bewältigung solcher Schäden sind ggf. aber zusätzlich weitere Beratungsangebote erforderlich wie Erziehungsberatung, Familienberatung (auch hinsichtlich der Gestaltung von Familienalltag), Entspannungsmethoden, Ernährungsberatung, Sexualaufklärung, Vermittlung zu geeigneter ärztlicher Behandlung.

• Das Dach
Ebenso benötigt jedes Kind schützende Personen, elterliche oder ersatzelterliche.

Bei unbegleiteten minderjährigen Flüchtlingen sind bei der Ankunft in Deutschland meistens keine Schutzpersonen vorhanden. Bei begleiteten Minderjährigen können Eltern oder Elternteile solche Schutzfunktionen oftmals auf Grund von Traumatisierung und den geschilderten vielen weiteren Stressfaktoren nicht oder nur unzureichend wahrnehmen.

Hier können alle Ansätze zur Unterstützung und Förderung zur Anwendung kommen, die schon unter den drei Säulen beschrieben wurden, und zwar sowohl für Einzelpersonen als auch für Familien, Eltern oder Elternteile.

Hinzu kommen Fortbildungs- und Supervisionsangebote für Fachleute und Ehrenamtliche, die so für einen heilsamen Umgang mit traumatisierten Flüchtlingskindern in Schule, Jugendhilfeeinrichtungen und anderen Zusammenhängen geschult und gestärkt werden.

3.2 Umsetzung des Modells

Wir setzen mit unseren Maßnahmen zur Resilienzförderung auf allen Ebenen und an allen drei Säulen des Modells an. Uns ist wichtig, dass alle Maßnahmen einen gleich hohen Stellenwert haben und man nicht von vornherein festlegt, therapeutische Maßnahmen seien in jedem Fall das „höchste" Gut – so kann eine Stärkung im Bereich der transitorischen

Räume für ein spezielles Kind zu einem bestimmten Zeitpunkt viel bedeutungsvoller sein als eine therapeutische Behandlung, wenn man dem Kind etwa ermöglicht, an einer Klassenfahrt teilzunehmen oder gezielten Nachhilfeunterricht zu bekommen. Unserer Erfahrung nach sind die transitorischen Räume der Flüchtlingskinder, die aus traumatisierten Familien stammen und die mit einem ungesicherten Aufenthaltsstatus leben, nur sehr spärlich ausgestattet. Im Sinne ganzheitlicher Resilienzförderung und Persönlichkeitsentwicklung müssen wir aber gerade diese verkümmerten Räume anreichern!

In jedem Fall versuchen wir, die Resilienz sowohl jedes einzelnen Familienmitglieds wie auch jene der gesamten Familie zu fördern und dafür die bisher sichtbar gewordene Resilienz oder das Potenzial richtig einzuschätzen.

4. Die vier B's der Resilienzförderung

Bei der Förderung von Resilienz stehen vier Aspekte im Vordergrund, die so genannten „4 B's":
– Bindung
– Bildung
– Bewusstsein für Selbstwirksamkeit
– Bausteine guter Erinnerungen.

Diese Aspekte sind sowohl für die Förderung der Resilienz bei Kindern als auch bei Erwachsenen gleichermaßen wichtig. Die „4 B's" fassen ebenso die Erkenntnisse der Kauai-Langzeitstudie von Emmy Werner wie auch unsere eigenen Erfahrungen mit dem Drei-Säulen-Modell zusammen.

4.1 Bindung

In traumatisierten Flüchtlingsfamilien bestehen oft auf Grund nicht überwundener Traumata der Eltern sehr spezielle Bindungsmuster, welche die Entwicklung der Kinder belasten. Diese Bindungsmuster wirken sich umso schwerer aus, je weniger Bezugspersonen außerhalb der Familie vorhanden sind.

Die Familien benötigen hier zum einen Hilfe, dass diese innerfamiliären Bindungsmuster sich verändern können. Zum anderen haben aber auch Bindungen zu stabilen Personen außerhalb der Familie eine sehr heilsame Bedeutung.

In manchen therapeutischen Schulen – auch der systemischen Familientherapie – hat lange ein übereifriger Schwerpunkt nur auf allen Facetten des Familienlebens gelegen. Die Familie wurde als der nahezu ausschließliche Ort gesehen, an dem Entwicklung oder Stagnation passierte. Dadurch sind andere hilfreiche Personen, die außerhalb der engen Kernfamilie existieren, nicht mehr genügend gewürdigt worden.

Solche Personen können im Sinne der Theorie der Schutzfaktoren (und der Studie von Emmy Werner) Großeltern, Paten, Tanten oder Cousinen/Cousins sein oder aber Personen außerhalb der Familie, wie etwa Nachbarn, Gemeindemitglieder, Eltern von Mitschülern, Arbeitskollegen der Eltern, Personen aus Kindergärten, Schulen oder Jugendeinrichtungen oder Ehrenamtliche.

Auf Grund der Entwurzelung der traumatisierten Flüchtlingsfamilien, ihrer oftmals zerrissenen oder gar zerstörten Familienbeziehungen – weil eben wichtige Personen der Familie nicht überlebt haben –, ist es sehr wichtig, solche unterstützenden außerfamiliären Bezugspersonen zu finden.

Der heilsame Einfluss solcher Personen kann überhaupt nicht überschätzt werden. Als BeraterInnen und TherapeutInnen suchen wir immer nach solchen guten Bindungspersonen und Netzwerken, aus denen zusätzliche außerfamiliäre Bindungen erwachsen können.

Außerdem kann Bindung auch zu einer Schule entstehen, einem Hort, einem Heim, einer Kirche, einem Chor oder Fußballverein – also jedem transitorischen Ort, an dem ein Beziehungsgeflecht von Gleichaltrigen und Erwachsenen, die Verantwortung haben, vorgefunden wird. Auch hier können hilfreiche Bindungen wachsen und unterstützend wirksam werden.

4.2 Bildung

„Bildung" im Sinne von Resilienzförderung schließt verschiedene Formen ein: formelle, informelle und „Herzens"-Bildung.

Unter formeller Bildung verstehen wir Schulbildung, natürlich auch nachgeholte Schulbildung oder Alphabetisierung, Bildung durch Erlernen eines Berufes etc.

Informelle Bildung schließt beispielsweise das Erlernen vieler breit gestreuter Fähigkeiten ein wie Sportarten, künstlerische Entfaltung, Singen, Haushaltsführung usw.

Informelle Bildung beinhaltet aber auch das gesamte Erlernen der ungeschriebenen kulturellen Regeln von Gemeinschaften, Regeln nämlich, wie Kinder, Frauen und Männer sich in der Öffentlichkeit verhalten, auch von Regeln einer Kirchengemeinschaft etwa. Auch die Erfahrung von Gemeinschaftsaktivitäten verschiedenster Art beinhaltet informelle Bildung, wie Klassenfahrten, schwimmen gehen oder das Zusammensein unter Freunden.

Informelle Bildung ist ganz besonders wichtig, um sich in einer Gesellschaft beheimatet fühlen zu können. Sie wird vorwiegend in den transitorischen Räumen vermittelt.

Von daher ist alles, was der informellen Bildung dient, kein „Luxus" in der Arbeit mit traumatisierten Flüchtlingsfamilien, sondern dient gezielt der Förderung von Resilienz und hat hier einen noch höheren Stellenwert als für andere Zielgruppen.

Unter „Herzens"-Bildung verstehen wir innere Fähigkeiten und Haltungen: z.B. empathische, mitfühlende Haltungen anderen Menschen gegenüber, Hilfsbereitschaft, Verantwortungsbereitschaft, Mut, Humor, Mitteilsamkeit; Geduld, das Aushalten von Fehlschlägen, das Ersuchen um Hilfe; Missverständnisse oder Streit aushalten und regeln können; die Bereitschaft zur Versöhnung; das Suchen und Verfolgen von Zielen; Spüren eigener und fremder Wünsche, Umgang mit Gruppen; Balance halten zwischen Einbettung in die Gruppe und Treue zu sich selbst (Ausführungen hierzu in Ahlers/Saval 2008: 78–103) sich in verschiedenster Weise erholen und auch selber trösten können.

Diese inneren Fähigkeiten und Haltungen sind durch traumatisierende Erfahrungen manchmal stark eingeschränkt oder konnten sich nicht altersgerecht entwickeln. Sie sind jedoch für eine gute Resilienz unverzichtbar. Gefördert werden sie in therapeutischen Angeboten, etwa in kindertherapeutischen Gruppen, aber auch durch gute, heilsame Bindungen in verschiedenen Kontexten.

4.3 Bewusstsein für Selbstwirksamkeit

Dieser Aspekt wird besonders in den Konzepten der Salutogenese und der Schutzfaktoren in der Entwicklungspsychologie beschrieben.

Das Gefühl für Selbstwirksamkeit zu stärken, ist bei primär und sekundär traumatisierten Erwachsenen und Kindern äußerst wichtig, um den erlebten Hilflosigkeits- und Ohnmachtsgefühlen entgegenzuwirken, die mit den erfahrenen Traumatisierungen und der Exilsituation mit all ihren benannten Negativ-Faktoren verbunden sind.

Etwas bewirken zu können, ist eine stärkende, befreiende Erfahrung. Sie befördert ein Gefühl dafür, dass man weiterhin gute Erfahrungen ma-

chen kann, weil man etliche Sachen selbst in der Hand hat und nicht nur von anderen abhängig ist. Das kann auf ganz verschiedenen Ebenen geschehen:
- Lernen und Anstrengung führen zu besseren Noten;
- äußert man seine Wünsche, kann man nach geeigneten Strategien suchen, die zu ihrer Verwirklichung führen;
- finanzielle Sorgen lassen sich mildern, wenn man ein Haushaltsbudget einführt;
- sportliche Aktivitäten verbessern Allgemeinbefindlichkeit und Stimmungslage;
- gesundheitliche Achtsamkeit und gesunde Ernährung steigern erfahrbar die körperliche Befindlichkeit.

Das Gefühl für Selbstwirksamkeit zu stärken bedeutet manchmal auch eine Herausforderung für alle Beteiligten, weil ein langer Atem benötigt wird. Gern wird schnelle Hilfe eingefordert, weil sie weniger Geduld oder weniger harte Arbeit verlangt. Aber auch kleine Schritte zur Stärkung des Gefühls von Selbstwirksamkeit sind immer wertvoll.

4.4 Bausteine guter Erinnerungen

Angesichts der Multiproblemlagen, in denen viele Flüchtlingsfamilien über Jahre leben, können Unterstützungsmaßnahmen, Beratungen, Therapien gelegentlich nur wie ein „Tropfen auf den heißen Stein" erscheinen.

Dennoch sind gerade Kinder, Jugendliche oder auch Erwachsene, die unter entbehrungsreichen Umständen aufwachsen und/oder leben, oft wie Schwämme, die gute Erfahrungen als Kostbarkeiten in sich aufnehmen. Als gute „Kostverwerter" können sie innerlich daraus Erstaunliches machen. Gute Erfahrungen verdichten sich innerlich zu guten Introjekten, guten inneren Begleitern. Sie können in unterschiedlichsten Situationen und Lebenslagen immer wieder hervorgeholt werden. Oder aber sie wirken als ein guter Nährboden für weitere gute Lebenserfahrungen im Verborgenen weiter. Vielleicht können diese guten Erinnerungsbausteine gelegentlich aufleuchten und einen Moment lang eine gute Stimmung erzeugen.

Erlebnisse, die zu Bausteinen guter Erinnerungen werden, sind von unschätzbarem Wert. Sie erzeugen auch die Hoffnung, weiterhin gute Erfahrungen machen zu können, und wir wissen, wie bedeutsam das für die Stärkung von Resilienz ist. Erinnerungen haben einen Einfluss sowohl auf die Verarbeitung der Vergangenheit als auch auf Gegenwart und Zukunft.

Gute Erinnerungen wirken wie ein Lichtstrahl, der nach allen Seiten ausstrahlen kann: in die Vergangenheit und in die Zukunft, so dass auch die Zukunftserwartungen sich aufhellen können (Russinger 2001: 133–144).

Von daher ist es immer sinnvoll, in der Gegenwart für Erlebnisse zu sorgen, die zu guten Erinnerungsbausteinen werden können. Dies mögen oft nur kleine Alltagserlebnisse sein, die – von außen betrachtet – als gar nicht so wichtig eingestuft werden, aber für das innere Erleben des anderen Menschen, des Kindes, eine ganz bedeutsame Qualität haben.

Oder es sind immer wiederkehrende Erlebnisse in einem bestimmten Zeitraum, in einer Kindergruppe etwa, oder aber einmalige Erlebnisse wie ein gemeinsames Familienwochenende.

5. Resilienzförderung als Chance und Herausforderung

Die Förderung von Resilienz nach dem Drei-Säulen-Modell ist umfassend und erfordert viel mutige, manchmal harte und mühsame, manchmal aber ganz fröhliche Arbeit von allen Beteiligten, sowohl von den traumatisierten Flüchtlingskindern und ihren Familien als auch von denen, die mit ihnen arbeiten und sie begleiten wollen. Sie verändert alle Beteiligten!

Sie ermöglicht Persönlichkeitswachstum und bleibt nicht beim bloßen Überwinden von Traumata stehen.

Sie kann auch Chancen zu einer authentischen Integration von Kindern und Familien in die Gesellschaft des Exillandes befördern; es bliebe nicht bei „nur" äußerer Anpassung, wenn denn das „cultural bereavement" erkannt und in die individuelle und Familiengeschichte integriert wird. Voraussetzung ist, dass – ähnlich wie bei der Traumaarbeit im engeren Sinne – die TherapeutInnen, BeraterInnen etc. die kulturellen Differenzen wahrnehmen, erforderlichenfalls auch mit DolmetscherInnen arbeiten, sich mit kulturellen Aspekten auseinandersetzen und sich davon wirklich berühren lassen (Huber 2009).

Eine gute Resilienz kann auch dabei helfen, wahrzunehmen und auszuhalten, dass in jeder Gesellschaft, in allen Gruppen, immer ein Nebeneinander von Gut und Böse besteht. Das ist für viele der traumatisierten Flüchtlingsfamilien und unbegleiteten minderjährigen Jugendlichen wichtig, weil sie mit dem Ungesühnten, dem erlittenen, nicht wieder gut gemachten oder nicht anerkannten Unrecht hadern, mit Menschrechtsverletzungen fertig werden müssen, ohne darüber in Starre oder untergründige Verzweiflung zu verfallen – das würde ja nur Entwicklung blockieren. Dafür müssen aber die TherapeutInnen, BeraterInnen und weiteren

Bezugspersonen auch selbst lernen, diesen Schwebezustand von „Gut" und „Böse" auszuhalten, ohne das Befördern des einen oder das Bekämpfen des anderen aufzugeben. Von daher gesehen, kann Resilienzförderung auch jene Eigenschaft befördern, die Sloterdijk „Weisheit" nennt (Sloterdijk 2009). Hier wird ganzheitliche Resilienzförderung traumatisierter Flüchtlingskinder und ihrer Familien zur Wachstumsmöglichkeit für alle Beteiligten. Solch eine Resilienzförderung kostet aber auch Geld, und seitens der Verantwortlichen muss daher Bereitschaft bestehen, sich um die Beschaffung finanzieller Mittel kontinuierlich zu kümmern, und die Gesellschaft muss gewillt sein, sie auch wirklich zur Verfügung zu stellen.

Das Drei-Säulen-Modell zur Förderung von Resilienz für traumatisierte Flüchtlingskinder und ihre Familien ist ein umfassendes Modell, das viele Facetten, Herausforderungen und Chancen einschließt; es erfordert aber auch, den Spannungsbogen zwischen intensiver Arbeit in der Gegenwart und noch nicht sichtbarer und vielleicht auch nicht absehbarer Lebensverwirklichung in der Zukunft auszuhalten, wenn man möglicherweise längst keinen Kontakt mehr hält zu jenen, deren Resilienz man erreicht und tatsächlich hat befördern können.

Literatur

Ahlers, C./Saval, I. (2008): Therapeutisch geführte Kindergruppe unter dem Aspekt resilienten Verhaltens. In: Systeme, Jg. 22, 1, 08, S. 78–103

Boss, Pauline (2006): Loss, trauma and resilience: Therapeutic work with ambiguous loss. New York

Eisenbruch, Maurice. (1990): Cultural bereavement and homesickness. In: Fischer/Cooper (Hrsg.): On the move. The Psychology of change and transition, S. 191–205. New York

Hildenbrand, Bruno (2006): Resilienz in sozialwissenschaftlicher Perspektive. In: Welter-Enderlin/Hildenbrand (Hrsg.): Resilienz – Gedeihen trotz widriger Umstände, S. 20–27. Heidelberg

Holtz KL (2006): Was Kinder alles können: Kompetenz-, Resilienz- und Salutogeneseforschung. In: Psychotherapie im Dialog, 7, S. 89–93

Huber, Michaela/Frei, Pauline C. (2009): Von der Dunkelheit zum Licht. Trauma, Krankheit und Todesnähe überwinden. Paderborn

Huber, M. (2009): Traumaintegration – wie? Unveröffentlichtes Manuskript, KIKT, August 2009

Lanfranchi, Andrea (2001): Familienergänzende Kinderbetreuung: Wirksame Räume des Übergangs von der Familie in die Schule. In: von Schlippe, A./Lösche, G./Hawellek, C.. (Hrsg.): Frühkindliche Lebenswelten und Erziehungsberatung – die Chancen des Anfangs. Weinheim/Basel, S. 254–272

Lanfranchi, Andrea (2006): Kinder aus Kriegsgebieten in europäischen Einwanderungsländern. Trauma, Flucht, Schule und Therapie. In: Systeme 2006, Jg. 20 (1), S. 82–102

Russinger (2001): Die Vergangenheit als Ressource – Es ist nie zu spät über sich selbst eine Geschichte der Stärke zu erzählen. In: Systeme, Jg. 15 (2), S. 133–144

Sloterdijk, Peter (2009): Du musst dein Leben ändern. Über Anthropotechnik. Frankfurt

Welter-Enderlin, Rosemarie (2006): Einleitung aus der Sicht von Beratung und Therapie. In: Welter-Enderlin/Hildenbrand (Hrsg.): Resilienz – Gedeihen trotz widriger Umstände, S. 7–19. Heidelberg

Werner, Emmy E./Smith, Ruth S. (2001): Journeys from Childhood to Midlife. Risk, Resilience and Recovery. Ithaca/New York

Arbeit mit Roma-Flüchtlingskindern

Uli Hahn

> *Wege entstehen dadurch,*
> *dass wir sie gehen.*
> *(Franz Kafka)*

Seit dem 1. August 2009 fördert „Aktion Mensch" das auf drei Jahre angelegte, wissenschaftlich begleitete Projekt „Resilienzförderung von Roma-Flüchtlingskindern und ihren Familien" in der Nachmittagsgruppe von Amaro Kher in Köln.

Wer oder was ist Amaro Kher?

Amaro Kher (Romanes für „Unser Haus") ist ein Schul- und Bildungszentrum des Rom e.V. zur Integration von Roma-Flüchtlingskindern und ihren Familien in Köln. 2004 wurde es vom Rom e.V. ins Leben gerufen. Der Rom e.V. wurde 1988 von engagierten KölnerInnen zusammen mit betroffenen Roma gegründet, um das Bleiberecht für die Roma-Flüchtlinge durchzusetzen, die seit 1986/87 vor dem beginnenden Bürgerkrieg in Jugoslawien flohen und über Frankreich und Italien nun auch vermehrt nach Deutschland kamen.

Mittlerweile leben ca. 3.500 Roma-Flüchtlinge mit einem ungesicherten Aufenthaltsstatus in Köln. Als in den ersten Jahren des neuen Jahrtausends eine von den Kölner Medien stark unterstützte Kampagne gegen die sogenannten „Klau-Kids" die Gemüter erhitzte, ergriff der Rom e.V. die Initiative, diese Roma-Kinder (denn um diese handelte es sich überwiegend) von der Straße zu holen. Zum damaligen Zeitpunkt waren Flüchtlingskinder nicht schulpflichtig. In Zusammenarbeit mit dem Kölner Jugendamt wurde in städtischen Räumen das Schulprojekt Amaro Kher eröffnet.

Amaro Kher ist der außerschulische Ort einer Grundschule und einer Hauptschule, denn natürlich gibt es keine „Förderschule für Roma". In zwei Klassen werden zurzeit 31 Kinder (im Alter von 6 bis 13 Jahren) von drei SonderschullehrerInnen (in Teilzeit) vormittags unterrichtet. Seit August 2005 besteht auch in Nordrhein-Westfalen Schulpflicht für Flüchtlingskinder. Ziel ist es, die Kinder für einen Schulbesuch auf einer Regel- oder Förderschule vorzubereiten.

Dem Unterricht am Vormittag folgt dann in der Nachmittagsgruppe, die alle Schulkinder umfasst und für alle verbindlich ist, ein von SozialpädagogInnen betreutes Angebot, das sich zum einen in viele unterschiedliche Angebotsgruppen (auch außerhalb der Einrichtung) ausdifferenziert, zum anderen im eigenen Gruppenraum durch ein Offenes Angebot die Kinder als Gruppe unter- und miteinander aktiv sein lässt. Es besteht ein sehr enger Kontakt zu den LehrerInnen und eine sehr gute Zusammenarbeit, z. B. dadurch, dass die SozialpädagogInnen auch an Unterrichtsblöcken im Vormittagsbereich teilnehmen, gemeinsame Ausflüge und Unternehmungen durchgeführt werden, eine Lehrerin eine Angebotsgruppe im Nachmittagsbereich übernommen hat. Einmal wöchentlich treffen sich LehrerInnen und SozialpädagogInnen zur Teambesprechung, um Erfahrungen über die „gemeinsamen" Kinder auszutauschen und Förderpläne abzustimmen.

Welchen Stellenwert hat Amaro Kher für die Kinder mit Blick auf die Resilienzförderung?

Angesichts der Lebensumstände der hier betreuten Kinder, auf die ich noch ausführlicher eingehen werde, bin ich davon überzeugt, dass Amaro Kher für die Kinder wirklich zu „unserem Haus" wird oder auch schon geworden ist, in dem sie sich zunehmend wohler und sicherer fühlen. Insofern bildet dieser Ort einen Schutzfaktor in ganz besonderer Weise. Hier muss ich neben der Nachmittagsgruppe und der Schule auch die Kindertagesstätte nennen, die einige der jetzigen Schulkinder zuvor auch schon besucht haben. Zudem liegt die Sozialberatung des Rom e.V. mit ihren Büros direkt neben den Räumen der Nachmittagsgruppe; hierhin kommen oft ihre Eltern, um sich beraten zu lassen, sich in der Kleiderkammer zu versorgen oder an den Deutsch-Sprachkursen für Frauen und Männer teilzunehmen. So empfindet das Kind diesen Ort auch als einen Ort für die gesamte Familie, was das Vertrauen sehr befördert. Denn grundsätzlich sind die Roma-Flüchtlinge aus verständlichen Gründen „den Deutschen" gegenüber sehr skeptisch, weil Zigeuner in ihrer langen Geschichte immer mit Diskriminierung konfrontiert waren – bis hin zur Vernichtung im Faschismus. Zudem fürchten sie, dass letztlich „alle" mit der Polizei, dem Jugendamt, dem Ausländeramt etc. zu ihren Ungunsten zusammenarbeiten.

Das geschilderte Netz von Schutzfaktoren kann somit stabilisierend und unterstützend wirken. Das zeigt sich auch im Verhalten der Kinder. Wo sonst gibt es wohl eine Schule, wo die Mehrzahl der Kinder enttäuscht reagiert, wenn wir den Ferienbeginn und „Amaro-Kher-freie" Zeiten ankündigen?

Aber ich muss sagen, dass Sicherheit und Bindung von den Kindern und ihren Familien sehr ambivalent erlebt werden können. Wer, wie sie, ständig von Abschiebung bedroht ist, kann sich durch ein Netz auch „gebunden" im Sinne eines „Eingefangenseins" fühlen. Und es droht immer Trennung, und damit Trennungsschmerz.

Es mag bei uns Sicherheit geben, aber eben damit wächst die falsche Hoffnung auf eine Perspektive, die doch nicht garantiert ist. Der Absturz aus Blütenträumen tut weh!

So ist die Skepsis immer auch ein gesunder Schutz für Kinder, die in diesen besonderen Lebenssituationen groß werden.

Mit welchen Kindern haben wir es also zu tun?

Die Lebenslage der von Amaro Kher in Schule und Freizeit betreuten Kinder ist gekennzeichnet von ihrem Status als „geduldete Flüchtlinge"; meistens gilt die Erlaubnis nur für Monatszeiträume, wird aber über Jahre hin immer wieder erneut ausgestellt. Diese Unsicherheit des Aufenthaltes bedingt eine ständige Unsicherheit der Lebenssituation, eine „permanente Vorläufigkeit".

Die wirtschaftliche Situation ist in der Regel von andauernder Armut geprägt, weil die Leistungen nach dem Asylbewerberleistungsgesetz noch unter denen von Hartz IV liegen. Das wirkt sich u.a. auch auf die Gesundheit negativ aus, da eine gesunde Ernährung, angemessene Hygiene und regelmäßige ärztliche Versorgung nicht gewährleistet sind.

Die Wohnsituation in den Flüchtlingsunterkünften bietet in der Regel viel zu wenig Raum für die kinderreichen Familien, oft gibt es keine eigene Küche und keine eigenen sanitären Einrichtungen. Dies illustrierte im kunsttherapeutischen Unterricht ein neunjähriger Junge sehr eindrücklich, als er nur einen einzigen Raum darstellte, in dem alles auf das eine wichtigste Möbelstück zentriert ist: den Fernseher! Um ihn herum gab es drei Matratzenlager. Auf dem einen schläft der 12-jährige Bruder allein, der in Abwesenheit des inhaftierten Vaters das männliche Familienoberhaupt vertritt, das zweite gehört drei weiteren Geschwistern, auf dem dritten schläft die Mutter mit den drei jüngsten Kindern.

Sanitärbereich und Küche müssen oft mit anderen Familien in der Unterkunft geteilt werden, was neben vielen anderen Faktoren zusätzlich Anlass für Streit unter den Bewohnern bieten kann. Dieses Ghettodasein der Flüchtlingsfamilien verschärft die insgesamt prekäre Lage noch zusehends.

Die bei uns betreuten Familien kommen alle aus Ex-Jugoslawien: Die Eltern oder zumindest Großeltern haben also Krieg, Vertreibung und Flucht erlebt und geben diese traumatisierenden Erfahrungen auch an ihre Kinder weiter. Die bisher aufgezählten Risikofaktoren erscheinen im Sinne des Resilienzkonzeptes überwältigend.

Welche Rolle spielt hier das Familienkonzept der Roma-Flüchtlinge als Schutz- oder auch Risikofaktor?

Interessant ist in der Tat besonders die Rolle, die bei den Roma die Familie spielt, weil Familie ja „traditionell" einen gewichtigen Schutzfaktor bildet oder eigentlich bilden sollte.

Die Solidargemeinschaft der Großfamilie spielt für viele Roma eine zentrale Rolle, ist sie doch Repräsentantin und Garantin der eigenen Kultur; sie bildet geradezu das verbindende und schützende Element, sozusagen die „Heimat" einer Ethnie, die keinen nationalen Status hat.

Traditionelle Familienstrukturen, Verpflichtungen und Verhaltenscodices regeln das Zusammenleben; strenge Normen bestimmen den Alltag. Zentrale Aspekte sind hierbei die Rolleneinhaltung (Mann/Frau, Verwandte/Fremde, jung/alt etc.), Erhalt der Familienehre und spezielle Reinheitsgebote.

Durch die Veränderungen der Lebenssituationen wandelt sich jedoch auch bei Romaflüchtlingen die traditionelle Familienform; so ist z. B. das Wohnen mit der Großfamilie in einer Flüchtlingsunterkunft, aber ganz sicher auf dem „freien Wohnungsmarkt" gar nicht mehr möglich.

Die Gruppe hat existentielle Bedeutung für die Strategien der Lebensbewältigung, für das Überleben überhaupt. Entscheidungen werden in der Familie gemeinsam getroffen. Roma-Kinder „können" auch nicht (gern) allein sein. Die Kinder dürfen sich überall einmischen, sie werden gelobt, wenn sie dreinreden, sind fast immer dabei und wissen schon in jungen Jahren viel über Geschlechterkonflikte, Beziehungen usw.

Das kleine Kind genießt innerhalb des Familienverbandes große Freiheiten bis zum Eintritt in das Erwachsenenalter (ab 13 Jahren, familien-

und geschlechtsabhängig). Das Erziehungssystem ist in den meisten Romafamilien von anderen Werten geprägt als das der umgebenden deutschen Gesellschaft.

Auch das Verhältnis zur schulischen Bildung weicht kulturell bedingt oft ab von den Vorstellungen der deutschen Gesellschaft. Vielen Roma sind Schule und Schriftkultur zunächst einmal fremd; die eigene Sprache, das Romanes, ist sogar nur mündlich überliefert. Sie begegnen der Schule mit Distanz und Misstrauen. Schulisches Grundwissen wird für wichtig gehalten, ansonsten liegen die Schwerpunkte des notwendigen Alltagswissens auf anderen Gebieten. Außerdem besteht die Sorge, dass die deutsche Schule die Kinder ihrer eigenen Kultur entfremden könnte.

Zeugnisse und Abschlüsse erscheinen unseren Roma-Familien nicht so wichtig, da sie selbst zu einem überwiegenden Teil (insbesondere die Frauen) keine Schule besucht haben; das gilt aber nicht für Roma im Allgemeinen. Und diejenigen, die selbst einen Schulabschluss erreicht haben, konnten ihn trotzdem nicht als „Sesam-öffne-dich" für den Arbeitsmarkt benutzen! Wissen und Kenntnisse, die das Überleben sichern, erscheinen da viel wichtiger. Ihre Vorstellungen vom Sinn von Bildung beziehen sich auf den täglichen Überlebenskampf der Familie. Und angesichts der Fraglichkeit ihres Aufenthaltes stellen die Eltern – sehr verständlich – oft die Frage: „Wozu soll die (deutsche) Bildung nützen, wenn wir morgen über die Grenze müssen?" Da der Schulbesuch gesetzlich vorgeschrieben ist, schicken sie ihre Kinder mehr oder minder regelmäßig; es kommt aber auch immer wieder zu polizeilichen Zuführungen, die von Amaro Kher veranlasst werden, wenn Kinder über einen längeren Zeitraum unentschuldigt der Schule fernbleiben.

Die Familie und die eigene Kultur stellen also einerseits Schutzfaktoren dar, die für das konkrete Überleben und die gemeinsame Perspektive notwendig sind, andererseits beinhalten sie aber auch Risiken und Ambivalenzen.

Die Eltern, die oft sehr jung sind und schon viele Kinder haben, sind zumeist völlig überfordert durch die Lebensaufgaben, die sich ihnen angesichts der geschilderten Umstände stellen. Das führt oft zu Apathie, übermäßigem Alkoholkonsum und/oder gewaltsamen Übergriffen in der Familie. Oftmals ist ein Elternteil inhaftiert, oder es droht Inhaftierung. Unter diesen Bedingungen, insbesondere infolge zeitweiligen allein Erziehens, kann den Kindern häufig die notwendige Beachtung und individuelle Unterstützung nicht gegeben werden, Missachtung und Vernachlässigung sind die Folge.

Diese Ambivalenz von Schutz und Risiko durch die Familie erleben alle Kinder in unserem Projekt, natürlich in unterschiedlichem Maße. So wirken sich auch die traditionellen Erwartungen, die in der Familie weitergegeben werden, im täglichen Leben von Amaro Kher deutlich aus.

Konkret erlebe ich zum Beispiel, dass die Kinder unter dem Druck, die Familienehre aufrechterhalten zu müssen, sehr oft in Konflikte mit anderen Kindern geraten. Wenn ein bestimmtes Kind der einen Familie das Kind einer anderen Familie kränken will, so beleidigt es dessen Tote, was ein gravierender Tabubruch ist, der von dem anderen Kind – und in der Folge dann auch oft durch die Geschwister, insbesondere ältere Brüder oder Schwestern – geahndet werden muss. So sind plötzlich bis zu fünf/sechs Kinder in einen auch körperlich ausgetragenen Konflikt verwickelt. Das Einstehen und die Verantwortung für – insbesondere die jüngeren – Geschwister hat neben der beschützenden Seite also eine „riskante", da sie den Druck impliziert, jederzeit in jeden Konflikt einzusteigen oder sich sofort darum kümmern zu müssen, wenn die Schwester oder der Bruder ein Problem hat, und sei es, dass sie oder er sich nicht die Schuhe zubinden kann. Eigene Interessen müssen also sehr oft zurückgestellt werden, Streit muss geführt werden, obwohl man selbst gar nichts damit zu tun hatte. Da der Familienbegriff sehr weit gefasst ist, fallen unter dieses „Gebot" auch Cousinen und Cousins und solche Freunde, die man „Bruder" nennt.

So steht dem Schutz durch den Familienverband die Verpflichtung gegenüber, ihn umgekehrt auch zu schützen und sich ihm gegenüber loyal zu verhalten. Das ist für die Kinder nach meiner Erfahrung sehr oft eine Überforderung. Dieser Druck schafft u.a. eine ständige Anspannung, die den älteren Geschwistern sehr oft anzumerken ist.

Wie kommen die Kinder mit den Differenzen zwischen ihrem Milieu und der Atmosphäre bei Amaro Kher zurecht?

Ein zwölfjähriger Junge, der sich mit mir über Freundschaft und Heirat unterhielt, war natürlich verwundert, dass ich „alte" Frau nicht verheiratet bin, weiß aber, dass die „Gadsche" (= Nicht-Roma) anders leben als die Roma. Seine Zuneigung zu mir stand also im Widerspruch zu seinen kulturellen „Standards", aber er schaffte den Spagat für sich, indem er die Differenz akzeptierte und dadurch seine Gefühle nicht unterdrücken musste. Immer wieder erleben die Kinder solche Situationen, in denen ihre Vorstellungen von uns und ihre tatsächlichen Erfahrungen mit uns miteinander kollidieren. Mit zunehmender Vertrautheit lernen sie aber, damit umzugehen.

Trotz aller Unterschiede ist ihnen auch bewusst, dass Amaro Kher ein „Schutzraum" ist, und gerade vor den Umschulungsterminen zeigen viele von ihnen große Ängste und Sorgen, dass die „Gadsche" sie beschimpfen und schlagen werden. Sogar dass wir sie „lieben" können, erscheint selbst unseren Kindern immer noch erstaunlich, was sich zum Beispiel herausstellte, als bei der Verabschiedung der UmschülerInnen etliche PädagogInnen weinten, und die Kinder immer wieder fragten: „Aber warum weinst du denn?", „Hast DU UNS gern?" – im Sinne von „Kann es denn sein, dass die Gadsche UNS gern haben"?

Mit solchen Widersprüchen, solchen Ängsten und Sorgen, die ja auf realen „Straßen"- und Alltagserfahrungen basieren, umzugehen, ist sicherlich nicht einfach für unsere Kinder, aber eine Herausforderung, der sie – ungeachtet aller Vorsicht und Unsicherheit – auch mit großer Neugier und Hoffnung begegnen, weil sie mit wachsendem Selbstbewusstsein dieses „Akzeptiert"- und „Geliebtwerden" als richtig und angemessen empfinden.

Immer wieder fordern die Kinder für Fehlverhalten „Strafen" und monieren, dass wir gerade bei Handlungen, die sich gegen die Familienehre richten – Totenbeleidigungen etwa –, nur bloße „Entschuldigungen" einfordern; das sei aber nicht genug, und deshalb müssten sie dann trotzdem „schlagen". So wurde dann in einer Gruppenstunde mit den Kindern gemeinsam ein „Strafkatalog" erarbeitet. Höchststrafe ist das einmalige Aussetzen in der Lieblings-AG. Es gibt aber vor allem kompensatorische Möglichkeiten, angerichteten Schaden wieder gut zu machen. Der „Katalog" hängt öffentlich im Gruppenraum aus und kann verändert werden. Die Kinder scheinen mit dieser Veränderung sehr zufrieden zu sein und haben sichtlich das Gefühl, so einen „gerechteren" Weg gefunden zu haben.

Wie sehr wirken sich die vielschichtige Problemlage und die drohende Abschiebung auf die Arbeit des Betreuungsteams aus?

In diesem Kapitel soll erklärt werden, wie wir selbst als Team von diesen Risikofaktoren mit „betroffen" sind. Wir beschreiben selber unsere Arbeitshaltung sehr oft als einen Spagat oder Balanceakt: zwischen zwei Kulturen, zwischen Sicherheit und Abschiebung, zwischen „Hoffnungschaffen" und Perspektivlosigkeit.

Mit einer Gruppe zu arbeiten, die gesellschaftlich mehr oder weniger diskriminiert ist, die keine Lobby hat und für die es im Sinne „nützlicher Verwertung" keine gesellschaftliche Nachfrage gibt, bedeutet neben vielem anderen auch, dass die finanzielle Förderung und Wertschätzung der Arbeit an sich ähnlich prekär und dürftig ausfallen, eben passend zur „Klientel".

Das macht die Arbeitsplanung oft sehr schwierig, weil nie klar ist, auf welche finanziellen Ressourcen wir in den nächsten Monaten zurückgreifen können, ob es noch die Möglichkeit gibt, neue Angebotsgruppen zu installieren oder bestehende weiterhin zu finanzieren. Können neue Honorarkräfte gewonnen und bezahlt werden? Und natürlich stellt sich fast jeden Morgen die Frage: „Welche Kinder sind heute (noch) da, wer kommt nicht mehr, und woher kommt die neue Familie?"

Wir haben für „unsere" 31 Kinder im Nachmittagsbereich einen Gruppenraum, der 36 qm groß ist! Natürlich verlegen wir, nicht zuletzt dank der vielen Angebotsgruppen, eine große Zahl unserer Aktivitäten nach draußen bzw. in andere Räumlichkeiten, wenn denn gerade etwas „frei" ist. Der Geräuschpegel und das angespannte, oft latent aggressive Gefühl, wenn wir alle zusammen im Raum sind, haben natürlich nicht gerade stressmindernde Folgen.

Die Kinder werden jeden Morgen mit drei Kleinbussen aus ca. zehn Flüchtlingsunterkünften, verteilt auf mehrere Stadtteile Kölns, zur zentral gelegenen Schule Amaro Kher gebracht, ebenso wie zwanzig Kindertagesstättenkinder. Dazu werden mehrere Touren benötigt, so dass einige Kinder sehr früh aufstehen müssen oder erst spät nach Hause kommen, da dieselben Touren ab nachmittags 15:30 Uhr gefahren werden. Bei den Busfahrern handelt es sich oft um Honorarkräfte bzw. studentische Hilfskräfte, und es kommt häufig vor, dass „personelle Engpässe" entstehen, die für die Kinder und das Betreuungsteam zu Unsicherheitsfaktoren und „Überstunden" werden.

Dies ein Beispiel, das verdeutlichen soll, wie selbst die Rahmenbedingungen sich bei Amaro Kher nicht nur beschützend, sondern auch verunsichernd und anstrengend auswirken können, und zwar für alle, für Kinder wie Betreuungsteam.

In dieser Situation, als neben einer fest angestellten Sozialpädagogin (30 Stunden), ausschließlich Honorarkräfte und ehrenamtlich Tätige (stundenweise) in der Nachmittagsgruppe arbeiteten, entstand die Idee, dieser frustrierenden und lähmenden, aber auch anstrengenden und emotional belastenden Arbeit ein „neues Gesicht" und damit neue Energie und Hoffnung zu geben.

Das Kernteam, nämlich die genannte Sozialpädagogin, ein ehrenamtlich tätiger Pädagoge und ich als damals ehrenamtlich tätige Sozialpädagogin, erarbeitete ein Resilienzförderungskonzept für den Nachmittagsbereich und stellte gemeinsam mit einer wissenschaftlichen Begleitung (FH Münster) bei „Aktion Mensch" den Antrag auf finanzielle Förderung. Und der Antrag wurde zum 1.August 2009 tatsächlich bewilligt!

Wie hat sich unsere Arbeit durch das Konzept der Resilienzförderung verändert?

Die gravierendste Veränderung ist natürlich, dass durch „Aktion Mensch" für drei Jahre die Finanzierung des Kernteams (zwei Stellen à 25 und 20 Stunden neben der ohnehin fest angestellten Sozialpädagogin) gesichert ist, also die wesentliche Basis für ein kontinuierliches und konzeptuelles Arbeitens „steht". Darüber hinaus gibt es Mittel für Honorarkräfte und Angebotsgruppen, sodass auch hier einerseits mehr Planungssicherheit besteht, andererseits sich natürlich mehr reale Chancen für eine noch stärker individualisierte Förderung der Kinder eröffnen.

Unsere Erfahrung hat gezeigt, dass es sinnvoll ist, wenn in jeder Kleinstgruppe mindestens zwei Erwachsene mitarbeiten, um möglichst individuell auf die Kinder eingehen zu können, manchmal sogar in einer 1:1-Betreuungssituation. So haben sich zunächst einmal offenkundig unsere Arbeitsbedingungen um mehr als 100 % verbessert!

Wie aber sieht das nun auf der inhaltlichen Ebene aus, und was bedeutet es für mein pädagogisches Handeln?

Für mich ist der wesentliche Punkt beim Konzept der Resilienzförderung eine Neudefinition des Ziels meiner pädagogischen Arbeit. Da Resilienzförderung grundsätzlich bei besonders gefährdeten Kindern mit mehr oder weniger zahlreichen Risikofaktoren ansetzt, heißt das ja immer, dass die Sozialpädagogen auch „gegen" eine Flut von gesellschaftlich bedingten Einschränkungen ihrem pädagogischen Auftrag gerecht werden sollen. Die Beseitigung der prekären Lebensbedingungen ist ein sozialpolitischer Auftrag und kann m.E. nur politisch erfüllt werden. Der pädagogische Anspruch auf Integration und Bildung der „Randständigen" hin zu einer Teilnahme am allgemeinen gesellschaftlichen Leben erscheint da oft als „viel zu hoch" gegriffen, unrealistisch, somit eher belastend und – in der Folge – oft auch entmutigend.

In Amaro Kher gibt es bezüglich der Zielsetzung durchaus unterschiedliche Positionen bei Teilen des Vereines/Vorstandes des Rom e.V.

(und damit dem Arbeitgeber) und einem Teil der angestellten PädagogInnen. Während erstere der Ansicht sind, der Auftrag der Schule (und des nachgeordneten Nachmittagsbereiches) sei es, die Kinder auf die Regelschule vorzubereiten und alle anderen Umschulungen (etwa auf Förderschulen) seien als Misserfolge zu verbuchen, fassen die anderen den Bildungsbegriff nicht so eng (schulisch), sondern verstehen darunter eher Persönlichkeitsförderung und -bildung.

Das rührt natürlich auch daher, dass diejenigen, die täglich mit den Kindern zu tun haben, deren Stärken und Schwächen besser kennen und deshalb eher einschätzen können, welche Chancen die Kinder mit ihrem „riskanten Hintergrund" unter den realen Bedingungen des selektiven deutschen Schulsystems haben werden. Die durch die Vereinsleitung eingeforderte Zielsetzung führt somit auch zu Frustrationsgefühlen bei den angestellten Pädagogen.

Hier haben nun die verschiedenen Resilienzkonzepte den großen Vorteil, dass sie eine ganz neue Blickrichtung eröffnen, auf einen neuen Weg hinweisen und einladen, ihn zu beschreiten.

Das Ziel für „unsere" Kinder kann für mich nur darin bestehen, einen Weg zu finden, der ihrem kulturellen und sozialen Hintergrund entspricht. Und das heißt auch, dass dieser Weg nicht nach den Vorgaben einer mittelschichtorientierten Schulkarriere angelegt werden muss. Das bedeutet für mich auch, die Zielsetzung „dynamisch" zu gestalten, um – möglichst flexibel und individuell – den Kindern auf ihrem ungesicherten Lebensweg hilfreiche Mittel „an die Hand" zu geben.

Hierzu – und auch dafür verschaffen uns die verbesserten Arbeitsbedingungen nun endlich die nötige Zeit und den gewünschten Raum – sind natürlich die erforderlichen Analysen der Schutz- und Risikofaktoren ebenso wichtig wie gezielte Kinderbeobachtungen und regelmäßige Dokumentationen unserer Arbeit. Unser Privileg ist, dass diese Resultate in vierteljährlichem Abstand wissenschaftlich ausgewertet werden und die dortigen Ergebnisse wieder in die weitere Arbeit einfließen können.

Als Team werden wir in hohem Maße dafür sensibilisiert, jedes Kind auf seine Stärken und Ressourcen hin zu betrachten, also seine sehr spezifischen Risiko- und Schutzfaktoren in unseren Förderplan einzubeziehen. Durch den ständigen Austausch im wöchentlichen Kleinteam, ein tägliches Abschlussgespräch – wenn alle Kinder abgeholt sind –, durch Führen eines Gruppentagebuchs und das Erstellen individueller Beobachtungsbögen werden unsere Augen nicht nur für die generelle Zielsetzung „Resilienzförderung" geöffnet, sondern natürlich erst einmal für das, was die Kinder an Potenzialen mitbringen, was sie, neben den allzu offensichtlichen Problemen, den oft als Schwäche definierten Seiten, denn „haben". Von der Sicht auf Defizite und der entsprechenden Zielsetzung, sie zu beheben, ist es eine hundertprozentige Kehrtwendung hin zu der Erkenntnis, die Stärken der Kinder in den Fokus zu nehmen und daraus für jedes Kind eine individuelle Zielsetzung zu entwickeln, die nicht unbedingt am gesellschaftlichen Konsens orientiert sein muss. Das macht uns nicht blind und taub gegen das, was hier alltäglich an Problemen aufeinander prallt, und zwar oft im buchstäblichen Sinne des Wortes! Aber es eröffnet sich eine Perspektive, ein Weg, der mich verlockt und mich als Sozialpädagogin mit 30 Dienstjahren noch einmal ganz stark in die Rolle der Lernenden bringt, mich also neugierig und offen macht!

Sicherlich habe ich auch vorher ressourcenorientiert gearbeitet, habe mich von den Stärken und Fähigkeiten der Kinder verzaubern, inspirieren und leiten lassen. Aber der Gedanke, dass ich mich letztlich vielleicht mit ihnen auf einen Weg begebe, der nicht zu einem gesellschaftlich angepassten Ziel führt, geht doch weit darüber hinaus. So lerne auch ich nochmals neu, das „Leben anders zu denken", mich also an dem zu orientieren, was vielleicht für ein Leben gegen den Mainstream nötig ist, welche Fähigkeiten der Kinder gerade für dieses unangepasste, nicht nur überlebenstechnisch verstandene Dasein, zu stärken und zu fördern sind.

Wie wird das konzeptionell umgesetzt?

Grundlegend für die Arbeit mit diesen Kindern ist der Aufbau von stabilen Beziehungen und Vertrauen in die Erwachsenen, mit denen sie täglich (und nunmehr ja auch kontinuierlich und verlässlich) zu tun haben. Die Bindungsfähigkeit, die ja in jedem Resilienzkonzept zentral genannt wird, möchte ich für unsere Zielgruppe gerne in Beziehungsfähigkeit umformulieren. Wie schon weiter oben erläutert, ist Bindung für die Roma hier ein sehr starkes und ambivalent besetztes Wort, weil durch die jederzeit mögliche Abschiebung auch jederzeit die mögliche Trennung droht. Das Wort Beziehung bedeutet für mich die Beschreibung eines offeneren, aber ebenfalls verlässlichen Sich-Einlassens aufeinander. Diese Ambivalenz ist deutlich bei den Kindern zu spüren.

So neugierig und offen sie einerseits sind, so halten sie aber auch ganz bewusst bestimmte Bereiche und Themen ihres Lebens für uns verschlossen. Da wir diese Tabus respektieren und niemals Fragen hinsichtlich bestimmter Themen stellen (z. B. „Warum warst du gestern nicht in der Schule", „Woher hast du die tollen Markenschuhe"?), fühlen sie sich zunehmend sicher. Aber es braucht doch längere Zeit, bis sie uns zutrauen, dass wir das „Richtige" für sie tun können.

Gerade in Krisensituationen, wenn etwa durch Krankheit oder Urlaub mehr als eine feste Bezugsperson ausfällt, geraten alle in Unsicherheit, Situationen werden chaotisch, und wir haben das Gefühl, alles bricht jetzt in ihnen zusammen. Je länger wir nun schon mit denselben Kindern zusammenarbeiten, je häufiger erleben wir, dass die Krisenwellen schnell wieder abebben.

Die Zuverlässigkeit, die wir ihnen bieten, den Respekt, den wir ihrer Kultur und ihrer Persönlichkeit gegenüber zeigen, die Nähe, die sie jederzeit in jedem Sinne suchen dürfen – fast alle Kinder lieben Körperkontakt und auch die Größeren lehnen sich gern mal fühlbar an – schaffen großes Vertrauen und wirken sich sichtbar aus.

Immer häufiger schalten uns die Kinder daher in ihre Konflikte ein (eine der „goldenen Regeln" lautet: „Wenn es ein unlösbares Problem oder Streit gibt, hol den Erwachsenen!"), trauen uns zunehmend zu, dass wir die Angelegenheiten regeln können, dass sie z. B. Geschwisterrolle und -auftrag hintanstellen können und dennoch zu einem gerechten Ergebnis kommen werden.

Sie sind es gewohnt mitzureden und mitzudiskutieren, also ist es wichtig, den Raum für „Palaver" offenzuhalten und allen das Recht auf Darstellung und Mitsprache zu geben, meistens sind Konflikte innerhalb dieses Rahmens und bei ausreichender Zeit für alle Seiten danach auch wirklich gelöst.

Partizipationsangebote sind besonders wichtig, weil sie u.a. die Selbstwirksamkeitsgefühle der Kinder fördern und stärken. So werden z. B. in unserer Gruppenstunde freitags – zumeist noch hauptsächlich von den Erwachsenen vorgetragen – die guten Erlebnisse der Woche geschildert. Negativbeispiele werden bei krassen Fällen benannt, Regeln wiederholt. Die – insbesondere größeren – Kinder beteiligen sich zunehmend an diesen Gesprächen; die Jüngeren melden sich auch eifrig, wissen dann aber, wenn sie zum Sprechen aufgefordert werden, oft nicht, was sie sagen sollen, was aber entspannt akzeptiert wird. Sehr stolz sind die Kinder, wenn wir sie als ÜbersetzerInnen einschalten, damit sie den noch nicht so gut Deutsch sprechenden Kindern alles auf Romanes erklären können. Abschluss der Freitagsrunde ist immer, dass wir Deutschen ein „Wort der Woche" auf Romanes erlernen, das dann auf einem Zettel an der Wand aufgehängt wird.

Zunehmend werden die Kinder in die alltäglichen Verrichtungen einbezogen. So dürfen sie Tee für alle kochen, den Nachmittagssnack verteilen, natürlich beim Aufräumen helfen, den Papierkorb und den Papiermüll wegbringen usw. Das, was man für eine Strafe halten könnte, sehen unsere Kinder eher als Privileg, als Auszeichnung, dass wir ihnen nämlich Arbeiten zutrauen, die sonst die Erwachsenen selbst erledigen. Mit Begeisterung helfen sie auch beim Spülen, wobei das den großen Jungen noch sehr schwerfällt (und auch einigen Mädchen, die es gar nicht aushalten, dass wir auch Jungen mit solchen Aufgaben betrauen wollen), aber es wagen sich immer mehr an diese Herausforderung heran.

Die Kinder lieben es, andere zu beschenken und etwas zu verteilen, wie etwa Kuchen oder Getränke. Zu jedem Geburtstag malen und basteln sie wunderbare Werke, gewonnene Preise (z. B. für zehnmal Zähneputzen) verschenken die Größeren gern an kleinere Geschwister oder an andere jüngere Kinder. So gern und leidenschaftlich sie einen Preis erzielen wollen, so entspannt und fröhlich verschenken sie ihn auch. Es ist für mich immer wieder beeindruckend, das in einer (Mehrheits-)Gesellschaft zu erleben, in der „Geiz geil ist"!

Neben diesen „großgruppenspezifischen" Erfahrungen sind natürlich die individuellen Angebote besonders wichtig, sollen sie doch sehr gezielt die jeweils eigenen Kompetenzen stärken und weiterentwickeln, sodass gemachte Erfahrungen und Erfolge auf neue Lernfelder übertragbar werden und die allgemeine Lern- und Bildungsbereitschaft wächst.

Auf der Grundlage unserer Analysen und Beobachtungen legen wir für jedes Kind einen ungefähren Plan an, in welchen Angebotsgruppen es zum Beispiel am ehesten Erfolge erleben könnte.

Diese Gruppen umfassen von musisch-künstlerischen Angeboten über solche, die eher bewegungsorientiert und sportlich sind, bis hin zur Koch- und Back-AG oder der Wendo-Gruppe für Mädchen ganz spezifische Bereiche, die an den Stärken der Kinder anknüpfen sollen und natürlich ihre Potenziale weiter entwickeln und fördern helfen.

Alle Angebotsgruppen im Einzelnen vorzustellen, würde zu weit führen, schließlich gibt es ca. 15 davon! Es ist sichergestellt, dass jedes Kind in mindestens zwei dieser Gruppen aktiv sein kann. Daneben gibt es immer ein „Offenes Angebot", das zumeist im Gruppenraum oder auf dem Außengelände bzw. einem Spielplatz angesiedelt ist, und wo die Kinder sich Spielpartner und Spiele selbst wählen können, ein sehr offener Rahmen, der auch ihre Selbstbestimmung fördern soll und ihnen zeigt, wie viel sie schon selbst regeln und leisten können. Das „Offene Angebot" ist personell immer gut besetzt (mindestens ein/e Festangestellte/r), weil es auch als Auffangbecken für die anderen Gruppen dient, wenn dort ein Kind die Stunde abbricht oder hinausgeschickt wird.

Von den Angebotsgruppen werde ich die Koch- und Back-AG sowie die Musikgruppe etwas näher vorstellen. Natürlich sind alle anderen Gruppen genauso wichtig, dienen sie doch z. B. auch dem Kontakt mit Nichtromakindern, wie der wöchentliche Besuch eines Jugendzentrums in der Nähe.

Auch die kunsttherapeutischen Aktivitäten in der Jugendkunstschule oder beim Plastizieren mit einer Kunsttherapeutin in unserer Einrichtung sind zentrale Erfahrungsorte, wo der Kreativität und dem Ausdruck des inneren Erlebens ein wichtiger Raum gegeben wird. Ebenso ist die Wendo-Gruppe für die Mädchen elementarer Bestandteil unserer Resilienzförderung, und zwar als Selbstbehauptungstraining mit zwei ausgebildeten Trainerinnen, die einmal wöchentlich in unserem Turnraum die jüngeren und älteren Mädchen trainieren, wobei wir versuchen, die Schwesterkonstellationen zu trennen, damit sich jede „unzensiert" verhalten kann. In der Back- und Koch-AG sind zwei ältere Mädchen und zwei kleinere Jungen sowie eine Kollegin, die mit den Kindern in die benachbarte Offene Ganztagsschule (Montessori) geht, wo eine gleich große Gruppe mit ihnen gemeinsam kocht und backt. Abwechselnd wird bei den „Montepänz" oder in Amaro Kher die Küche benutzt. „Unsere" Kinder erleben, dass sie mit Kochlöffel und Backröhre oft besser umgehen können als die deutschen Kinder, was ihr Selbstbewusstsein sicher fördert; zum anderen erfahren beide Seiten voneinander, dass jede Kultur leckere Rezepte hervorbringt, da auch hier ein „kulturelles Abwechseln" bei der Rezeptwahl statt findet.

Außerdem darf das Gebackene mit nach Hause genommen werden, wobei die Kinder es aber meist vorziehen, alles nach der Rückkehr voll Stolz direkt im Gruppenraum an die anderen zu verschenken. Die Kontaktaufnahme zu den deutschen Kindern fällt noch schwer, den Mädchen mehr als den Jungen, aber die Sicherheit, mit der sie sich mittlerweile auch in der „Monte-Küche" bewegen, ist schon sehr beeindruckend.

Die Musikgruppe, die von einer Romni (Musikerin und Sozialpädagogin) geleitet und von mir eher unterstützend begleitet wird, da ich weder des Singens noch des Romanes mächtig bin, besteht aus acht Kindern, die von der Musikerin durch Auswahltests ermittelt wurden.

Es werden Lieder der Romakultur gesungen, es wird getanzt, und rhythmische Instrumente kommen zum Einsatz. Vier Mädchen und vier Jungen sind in der Gruppe, die meisten aus der Altersklasse der Größeren. Es ist wunderbar, zu sehen, wie die Kinder in ihrer eigenen Sprache und Kultur an Selbstbewusstsein und Lebendigkeit gewinnen!

Da sie auf einen öffentlichen Auftritt vorbereitet werden, wird auch eine hohe Anforderung an ihre Ausdauer und Disziplin gestellt, sodass sie über die Stärkung eigener musischer Fähigkeiten gleichzeitig hinsichtlich allgemeiner Lernkompetenzen gefördert werden. Und die Aussicht auf eine Bühne, Mikrofone, Publikum und Applaus motiviert sie ungemein!

Wenn die Musikerin in Soloproben einzelne Kinder zur Seite nimmt, dürfen die anderen, allein, zu zweit, zu dritt oder mit mir, Gesellschaftsspiele spielen – für alle ein weiteres Privileg, weil wir im großen Klassenzimmer, wo die Musik-AG stattfindet, so viel Platz haben, dass jedes Kind seinen Ort ungestört finden und einnehmen kann.

Die Anerkennung für ihre eigene Musikkultur und Sprache, die Stärkung der eigenen musikalischen Fähigkeiten und ihre Weiterentwicklung sowie das Bewusstsein, eine wichtige Aufgabe mit Disziplin und Ausdauer erfolgreich angehen zu können, sind so viele Erfahrungs- und Lernschritte für die beteiligten Kinder, dass ihr Stolz auf die Teilnahmeberechtigung allein schon ihr Selbstbewusstsein fördert.

Ähnliches ließe sich im Detail auch für die anderen Angebotsgruppen sagen, aber ich denke, der Grundgedanke unseres Konzeptes ist anhand der beiden Beispiele deutlich geworden.

Die Kinder gehen durchaus eine Verpflichtung ein, wenn sie sich für eine Gruppe entscheiden; wenn sie jedoch nach mindestens zwei Gruppenstunden eindeutige Aussagen für einen Ausstieg treffen und dies auch von den hauptverantwortlichen Gruppenbetreuern bestätigt wird, wird das respektiert, und sie dürfen aus dem Angebot aussteigen.

Die Vielzahl und Vielfalt der Gruppen garantiert, dass jedes Kind zumindest ein Angebot findet, das ihm entspricht, in dem es sich als kompetent und stark erlebt – und das dazu motiviert, dort weiterzumachen und die gewonnenen Erfahrungen auf andere Bereiche zu übertragen. Da die Gruppen selten mehr als sechs Kinder umfassen (Ausnahme ist natürlich die Fußball-AG, weil hier einfach mehr Teilnehmer gebraucht werden), kann – ausgehend von mindestens zwei Erwachsenen pro Gruppe – sehr individuell auf die subjektiven Befindlichkeiten und Kompetenzen der Kinder eingegangen werden.

Was ist das Ziel der Resilienzförderung im Blick auf die hier beschriebenen Kinder?

Wenngleich die Voraussetzungen, das besondere Verhältnis von Schutz- und Risikofaktoren, wie oben geschildert, speziell für unsere Zielgruppe besonders schwierig zu sein scheinen und es sicherlich unter bestimmten Aspekten auch sind, so zeigen sich doch gerade die Chancen, die Resilienzförderung hier bietet.

Gerade weil der Perspektivwechsel, den das Konzept der Resilienzförderung bietet, so viel neue Möglichkeiten freisetzt, sehe ich hierin einen erfolgreichen sozialpädagogisch neuen Weg, der seine Tragfähigkeit natürlich erst noch beweisen muss!

Wenn ich davon ausgehe, dass die Roma-Flüchtlingskinder die denkbar schlechtesten Voraussetzungen und Möglichkeiten mitbringen, wie sie ihnen die Gesellschaft halt zuweist, dann kann ich zum einen natürlich nur nach politischen Kräften rufen, die diese skandalösen Bedingungen grundlegend verbessern sollen! Andererseits kann ich aber individuell den Kindern so viel Raum und Zeit und Aufmerksamkeit geben wie nur möglich, damit sie lernen, ihre Kompetenzen, ihre eigenen Wünsche und Wege zu entdecken. Ganz konkret heißt das, dass sie in ihrem Tun Anerkennung erfahren; Respekt, Akzeptanz und Empathie spüren; dass sie Beziehungen erleben lernen, die verlässlich und „leistungsfrei" gewährt werden.

Damit wird auch ihre Beziehungsfähigkeit gefördert. Sie machen die Erfahrung, dass sie tragfähige Beziehungen aufbauen können, dass sie nicht nur gemocht werden, sondern auch selbst auf andere zugehen können – im Bewusstsein ihrer ureigensten Liebenswürdigkeit. Sie lernen, Beziehungen zu gestalten, Gefühle zu zeigen und auszuhalten, Impulse zu kontrollieren und sich selbst und „die Welt" ins rechte Licht zu rücken. Durch Ausprobieren eigenen Könnens und Lernens in unterschiedlichen Angebotsgruppen und Aktivitäten erfahren sie sich als kreativ, initiativ, lernfähig, ausdauernd und erfolgreich. Ihre Selbstwahrnehmung und die Erkenntnis über eigenes Vermögen und Unvermögen werden ihnen helfen, realistischer an das heranzugehen, was vor ihnen liegt. Sie lernen eigene und fremde Grenzen kennen – und damit auch den gebotenen Respekt vor beidem. Sie erleben sich hier als wirksam, leistungsfähig und erfolgreich – natürlich machen sie auch mal gegenteilige Erfahrungen, aber dabei rücken sie nur ihr eigenes (Wunsch-)bild von sich selbst zurecht. Auch das wird ihre Selbstwahrnehmung und ihr Selbstwirksamkeitsgefühl differenzieren und fördern.

Sie erwerben über das schon Erreichte hinaus neue Fähigkeiten und weitere Kenntnisse; Anerkennung und Lob fördern ihr Selbstwertgefühl. Sie sammeln positive Erfahrungen und Erlebnisse wie Perlen auf einer Schnur, und diese „Bausteine der guten Erinnerung" können Fundament für ein resilientes und selbstbestimmtes Leben sein. In der Erinnerung an das, was ich einmal geschafft und erlebt habe, kann viel Kraft und Ermutigung liegen, es wieder und wieder neu zu probieren.

Natürlich klingt das nun sehr optimistisch, und natürlich ist es auch noch nicht „bewiesen" oder wissenschaftlich verifiziert. Es umschreibt einfach, was unser Ziel und unsere Hoffnung ist, und dabei sind für uns die kleinen Schritte und Minimalerfolge genauso wichtig wie für die Kinder. Ob die Gesellschaft das, was wir vielleicht erreichen, genauso positiv sehen wird, ist fraglich. Selbstbewusste „Klaukids", die ihr Recht auf ein selbstbestimmtes Leben einfordern und sich nicht als dankbare und unterwürfige Almosenempfänger präsentieren, sind sicherlich nicht unbedingt das, was der Mainstream sich an Haltung von Zigeunern erwartet und wünscht!

Auch wenn wir die Kinder nicht in ihren Fähigkeiten, sich zu prügeln oder zu klauen usw. fördern, so sind wir doch auch nicht damit beschäftigt, sie von dem, was sie bisher „am Leben gehalten hat", vollständig abzutrennen. Wenn wir mit Kindern einkaufen gehen, sagen wir ihnen, dass wir genug Geld dabei haben, sodass wir alles bezahlen können – und eines bekommt das Portemonnaie und darf an der Kasse zahlen.

Natürlich machen wir klar, dass in „Unserem Haus" keiner jemanden beklauen darf – und das wird auch klar sanktioniert, wenn es trotzdem passiert. Wertgegenstände werden grundsätzlich eingeschlossen; wenn Kinder uns etwas geben, was sie geschützt sehen möchten, schließen wir es ebenfalls ein. Aber das wird nicht andauernd und nicht moralisch thematisiert.

Ihre Distanz zu behördlichen oder polizeilichen Kräften akzeptieren wir als Erfahrungsschatz, den wir selbst so gar nicht haben und auch nicht wirklich beurteilen können. Gewachsenes Selbstwertgefühl und Selbstbewusstsein wird sie aber auch hier zu neuen Handlungsweisen führen können.

Bei gewalttätigem Vorgehen im Konfliktfall lassen wir allerdings keinerlei Toleranz zu. Hier setzen wir auf die Entwicklung und Förderung der Innensteuerung und Impulskontrolle, damit die Kinder zunehmend mehr in der Lage sind, auf andere, insbesondere verbale Mittel der Konfliktregulierung zurückgreifen zu können. Auch da werden die verschiedenen Erfolgserlebnisse aus unterschiedlichen Aktionsfeldern den Kindern helfen, ihre Impulse besser kennen und steuern zu lernen.

Was macht mich so optimistisch, trotz der wenigen Zeit, die uns vielleicht zur Verfügung steht, weil immer der Tag der Abschiebung droht? Wenn ich auf das blicke, was ich seit über zwei Jahren in Amaro Kher erlebt habe, und besonders auf das, was seit dem 1. August 2009 möglich geworden und schon erreicht worden ist, dann bin ich sicher, dass kein anderes Konzept als die Resilienzförderung uns auf einen so erfolgreichen Weg gebracht hätte. Wer das Gruppentagebuch von 2008 mit dem jetzigen vergleicht, wird beispielsweise erstaunt sein über die sinkende Zahl gewalttätiger Konflikte trotz gestiegener Kinderzahl von damals maximal 20 auf heute 31 Kindern. Die Regelmäßigkeit im Besuch der Schule und der Nachmittagsgruppe, das Zustandekommen so vieler Angebotsgruppen und ihre Kontinuität – nicht zuletzt auch deshalb, weil die Kinder selbst sie einfordern und dort verlässlich hingehen –, die positiven Rückmeldungen aus der Schule über gesteigerte Frustrationstoleranz, Ausdauer und Lernfähigkeit – all das sind signifikante Merkmale einer positiven Entwicklung, die ich eindeutig den veränderten Arbeitsbedingungen und dem neuen Konzept zuschreibe.

Ganz sicher werden die Kinder – je länger sie bei uns sind, desto mehr – vieles mitnehmen an Stärkung ihrer Kompetenzen, neu erlernten Fähigkeiten, an Respekt und Empathie für ihre Kultur und ihre Persönlichkeit, an Zuversicht und Gewissheit über ihre Kräfte, ihren eigenen Weg zu finden und zu gehen.

Ihre große Neugier, etwas Neues kennen zu lernen, wird sie auch in Zukunft motivierend begleiten und sie in ihrem Lerneifer unterstützen können. Ebenso wird sich die Erkenntnis ihrer eigenen Fähigkeiten stabilisierend auf ihre psychosoziale Situation auswirken können und Antrieb für eine weitere schulische und/oder berufliche Entwicklung sein.

Das größte Hindernis für diese positive Einschätzung ist die gesellschaftliche Haltung den Roma-Flüchtlingsfamilien gegenüber und die vorhersehbare Realität, in der sie weiterhin zu leben haben. So lange das Bleiberecht nicht gewährt wird, eine materielle Verbesserung und angemessene psychosoziale und gesundheitliche Versorgung der Familien nicht garantiert ist, bleiben alle Einschätzungen natürlich zumeist im Bereich von Hoffen und Wünschen. Dasselbe gilt für das Projekt Amaro Kher als solches, denn auch hier drohen Finanzierungsunsicherheiten die Perspektive wieder zu verdunkeln.

Trotzdem sollen die kleinen Erfolgsschritte in die hier beschriebene Richtung nicht unterschlagen werden, und die Vielfalt der Möglichkeiten, den „richtigen" Weg zu finden, soll kein Kind davon abhalten, seinen ureigenen Weg zu gehen, auch wenn nicht alle Wege wie die steile Bildungskarriereleiter aussehen oder der direkte Weg ins Glück zu sein scheinen!

Vielleicht hilft zum Abschluss ein Beispiel, diese meine Sichtweise zu verdeutlichen.

Ein beispielhaft resilientes Kind, das ich Diego nennen will.

Diego ist 7 Jahre alt und seit August 2009 in Amaro Kher. Auch zwei ältere Brüder und eine jüngere Schwester sind mit diesem Datum zu uns gekommen. Keiner von ihnen war bisher in einer pädagogischen Institution gewesen. Der Vater ist für längere Zeit inhaftiert, die Mutter mit insgesamt sieben Kindern völlig überfordert von dem, was sie zu regeln und zu gestalten hat. Außerdem ist auch sie von Inhaftierung bedroht, da sie mehrmals beim Taschendiebstahl erwischt wurde.

Die Familie wohnt in einer Flüchtlingsunterkunft, wo sie Küche und sanitäre Anlagen mit anderen teilen muss; alle Familienmitglieder schlafen in einem Raum. Im Winter kann die Wohnung nur mit Kohleöfen beheizt werden; für das Heizmaterial hat die Familie selbst zu sorgen. Wenn das Geld schon für andere Dinge ausgegeben wurde, gibt es keine Wärme. Die Kinder fehlten im Winter deshalb häufig, weil sie verbotenerweise bei der Großmutter in einer anderen Unterkunft nächtigten.

Anders als seine Geschwister zeigt Diego einen außergewöhnlichen Unabhängigkeitswillen. Er lässt sich nicht von seinen älteren Brüdern in die geschwisterliche Hierarchie einordnen – akzeptiert also nicht die übliche Unterordnung – und hat deshalb viel Streit gerade mit seinem ältesten Bruder, der sich für alle Geschwister besonders verantwortlich fühlt. Wenn es um die Familienehre geht, greift Diego nur manchmal mit in den Streit ein, meistens dann, wenn er meint, noch eine eigene Rechnung begleichen zu müssen.

Diego rebelliert nicht nur offen gegen seinen Bruder, sondern setzt sich auch allen anderen gegenüber, die ihn zu unterdrücken versuchen, massiv zur Wehr. Dabei schreckt er in Konfliktfällen nicht vor gewaltsamen Mitteln zurück. Er brüllt, schreit, heult und schlägt zu. Seine Zorn- und Wutausbrüche sind weithin sicht- und hörbar! In seinem Gesicht und seinen Augen spiegeln sich seine Emotionen so klar, dass jeder wissen kann, woran er gerade mit ihm ist.

Gegenüber Erwachsenen und Kindern zeigte er sich erst einmal respekt- und grenzenlos, wenn die Dinge nicht nach seinem Willen liefen. Seine Innensteuerung ist sehr förderungsbedürftig, sein starker Wille dafür aber sehr beeindruckend. Diego will, er will alles, und er will es möglichst sofort lernen! Seine Neugier und seine Motivation, seine Risikobereitschaft – einhergehend mit einer reichlich überhöhten unrealistischen Selbsteinschätzung – und sein Mut lassen ihn für alles kämpfen, was ihm erstrebenswert scheint. Das können die Punkte fürs Zähneputzen sein (auch wenn er den Gewinn verschenkt), genauso wie die meisten Tore beim Hockey- oder Fußballspiel. Das zeigt sich gleichermaßen im Wunsch, kein Gesellschaftsspiel zu verlieren, und wenn doch, dann muss das Spiel gleich noch einmal gespielt werden.

Sein Humor und seine Lust zu lachen sind für uns Erwachsene, aber natürlich auch für die Kinder – wenn sie es recht verstehen –, gute Mittel, ihn aus seiner ständigen Hochspannung herauszuholen. Er liebt es, bis zur Erschöpfung gekitzelt zu werden, ebenso mag er es, in der Karnevalszeit ausgiebig geschminkt zu werden. Wenn er beim Spielen pfuscht oder einen veräppeln will, zwinkert er mit den Augen, dass alle lachen müssen und seinem Charme erliegen.

Als in dem Jugendkunstschulangebot ein Platz frei wurde, den ich seinem Bruder anbieten wollte – der sich aber nicht getraute, ohne die Geschwister einzubeziehen –, nahm Diego das Angebot sofort an und ist seitdem mit Begeisterung dabei. Er fragt jeden Tag „Heute Jugendkunst?", so wie er im vorhergehenden Halbjahr jeden Tag „Schwimmen?" fragte, was damals seine Lieblings-AG war. Er würde vermutlich in fast jede Angebotsgruppe gehen, wenn das zeitlich und räumlich und von uns aus möglich wäre!

Seine Potenziale sind vielfältig und reichen vom sehr sportlichen bis hin zum musischen Bereich; allerdings steht er sich durch seine Impulsivität, seine geringe Fähigkeit zur realistischen Selbsteinschätzung und seine niedrige Frustrationstoleranz sehr oft selbst im Wege, wenn es darum geht, das, was er vermutlich kann – oder auf jeden Fall lernen möchte – auch erfolgreich umzusetzen. Große Gesten und selbstbewusst wirkende Sprüche werden dann von Wut und Zornesausbrüchen abgelöst, die wiederum von seinem starken Willen, unbedingt doch erfolgreich zu sein, eingeholt werden.

Zunehmend gelingt es ihm, sich zu konzentrieren und angesichts seiner Frustration nicht zu verzweifeln. Er begreift allmählich, dass Hilfe einzufordern kein Zeichen von Schwäche ist. Das fällt seinem männlichen Ego sehr schwer, besonders wenn er eine Frau um Hilfe angehen muss. Aber auch hier macht er Fortschritte. Er bemüht sich mehr um einen respektvollen Ton, weil er merkt, dass er damit besser zum Ziel kommt.

Seine gewalttätigen Konfliktstrategien sind immer noch schwer aufzulösen, aber er lässt sich zunehmend auf das Eingreifen des Erwachsenen ein, obwohl er die eigenen Anteile am Konflikt meistens nicht wahrhaben will.

Sein zunehmendes Interesse an einzelnen Kindern, zu denen er immer häufiger in Kontakt tritt, und erste Beziehungsschritte in diese Richtung mildern seine Streitlust. Er sucht sich immer gezielter andere Kinder als Partner für seine Aktivitäten aus. Gleichzeitig kann er sich immer besser allein beschäftigen.

Ein besonderer Höhepunkt war der Tag, als er sich ein Puzzle aus dem Schrank holte und versuchte, es zusammenzubauen. Es war offensichtlich, dass er völlig unerfahren darin war. Obwohl er bemerkte, dass ich ihn beobachtete, forderte er meine Hilfe nicht ein, sondern „kämpfte" mit jedem Puzzleteil, wie es passend zu machen sei. Natürlich gab er nicht auf, obwohl die Verzweiflungs- und Zornesfalten in seinem Gesicht zunahmen. Dann schaute er doch zu mir herüber und noch bevor er sein „Uli, komm helfen" aussprach, war dies in seinen Augen zu lesen. Ich erklärte beiläufig, wie ich selber immer das Problem mit den Puzzleteilen versuche in den Griff zu bekommen, indem ich erst die Randstücke suche. Er ließ sich davon nicht beeindrucken, so dass wir mit getrennten Methoden gemeinsam agierten.

Als er gewisse Erfolge bei mir wahrnahm, stellte er sein zielloses Auswählen ein und suchte nun in ähnlicher Weise nach erfolgreichen Verknüpfungen. Als ich nach einiger Zeit sagte, wir könnten das Puzzle ja mal zur Seite legen und eine Pause machen, war das für ihn undenkbar.

Auch als zwei weitere Kinder uns helfen wollten, konnte er das gar nicht zulassen. Erst als seine Bustour zur Heimfahrt aufgerufen wurde, sollte ich das noch nicht vollständige Puzzle sicherheitshalber auf den Schrank stellen. Er hat es am nächsten Tag allein zu Ende gebracht.

Das wirkt erst einmal wie eine Lappalie, wenn man daran denkt, was in tausend Kindertagesstätten anderswo jeden Tag erfolgreich realisiert wird.

Für Diego aber ist es eine wichtige Wahrnehmungserfahrung, eine Höchstleistung an Ausdauer und Konzentration, ein Erfolgserlebnis, das er sogar mit anderen hat teilen können, wenn auch nicht mit allen, die ihm eigentlich hätten helfen wollen.

Ich sehe Diego auf seinem Weg voranschreiten, den er sich sicher selber aussuchen will. Und ich sehe natürlich auch, dass dies kein gerader und vermutlich kein einfacher Weg sein wird.

Wahrscheinlich wird er in Konflikte geraten, vielleicht auch mit den gesellschaftlichen Regeln und Gesetzen. Aber ich glaube, dass er nicht aufgeben wird, nach Optionen zu suchen und Wege zu finden, die seinen Fähigkeiten und Stärken entsprechen. Sein Wille zu lernen wird ihm immer neue Möglichkeiten verschaffen.

Hoffentlich hat er ausreichend Zeit und genügend Chancen, gewaltfreie Konfliktstrategien zu erlernen, sich selbst zu steuern und seine Lage realistisch wahrzunehmen.

Sein Humor, sein starker Wille, seine Neugier, seine Offenheit und vor allem sein großes Autonomiebedürfnis werden ihn als „resilienzfördernde" Wegweiser begleiten.

Resilienz aufspüren –
Biografiearbeit mit delinquenten Jugendlichen

Mirja Silkenbeumer

1. Einleitung

Das Konstrukt Resilienz ist in theoretischer wie methodischer Hinsicht noch mit offenen Fragen behaftet. Daher steht das Vorhaben, hier die Anwendbarkeit für das sozialpädagogische Arbeitsfeld Jugenddelinquenz zu diskutieren, noch auf unsicherer und vorläufiger Basis. Das Resilienzkonzept wird bislang vor allem für Fragen der Prävention von Jugenddelinquenz diskutiert, äußerst selten jedoch, wenn es darum geht, Interventionen bei bereits delinquent auffällig gewordenen Jugendlichen zu planen. Der dominierende Fokus auf Risiko- und Schutzfaktoren sowie die daraus abgeleiteten Prognosen führen leicht zu einem reduzierten Blick auf den vielschichtigen Entstehungsprozess von Kriminalität und die ursächlichen sozialen Strukturen. Selbst beim Vorliegen erhöhter Risiken ist in jedem Fall noch eine Vielfalt an Entwicklungswegen möglich, so dass man von der prinzipiellen Änderbarkeit von Lebensverläufen ausgehen sollte. Verschiedene Längsschnittstudien zeigen, dass ein quantitativ bedeutender Teil der als „Hochrisiko-Kinder" diagnostizierten Kinder später nicht gravierend auffällig wird oder sozial abweichendes Verhalten rasch wieder aufgibt. Der Anteil der beim Vorliegen entsprechender Belastungsfaktoren vorschnell als gefährdet eingestuften Fälle („falsch Positive") ist relativ groß. Umgekehrt kann auch ohne Vorbelastung ein Risiko der Verurteilung aufgrund strafrechtlich relevanter Handlungen bestehen (zusammenfassend: Lösel/Bliesner 2003; Beelmann/Raabe 2007; Greve/Hosser 2008; Walter 2005). *Für die Prävention ergibt sich somit das Problem, dass aufgrund der prinzipiellen Offenheit von Entwicklungsverläufen prognostisch lediglich erhöhte Wahrscheinlichkeiten festgestellt werden können. Für eine individuelle Prognose und Interventionspraxis eignen sich die Befunde über Risiko- und Schutzfaktoren kaum.* Gerade auch Individualprognosen für straffällige Jugendliche sind, selbst wenn sie entlang von Merkmalslisten das Risiko erneuter Straffälligkeit einzuschätzen versuchen, hinsichtlich ihrer Zuverlässigkeit problematisch (vgl. auch Hußmann 2010: 348).

Im Praxisfeld Jugenddelinquenz überwiegt der Fokus auf vorhandene Defizite der Jugendlichen und Problemspiralen. Auch daher ist die weitere Auseinandersetzung mit ressourcenaktivierenden Ansätzen und den Implikationen der Resilienzforschung viel versprechend. Doch auch wenn in den letzten Jahren eine differenzierte Analyse und auch kritischere Rezeption der Resilienzforschung erfolgt ist, wird das Phänomen oft nur unzureichend reflektiert in konkrete „Trainingsmaßnahmen" überführt (Fingerle/Walther 2008; Fingerle 2010). *Resilienz soll hier als konstellations- und bereichsabhängige Handlungs- und Orientierungsweise, die auf bestimmte Lebensabschnitte beschränkt und vorübergehend sein kann, verstanden werden. Resilienz wird da wirksam, wo Krisen und widrige Lebensumstände beobachtbar sind, und geht aus der Konfrontation mit und der Bewältigung von Belastungen im Zusammenspiel zwischen Person und sozialer Umwelt hervor* (Petermann/Schmidt 2006; Fingerle 2010). Bewältigungskompetenzen und Bearbeitungsweisen, die sich an Herausforderungen durch widrige Umstände anpassen, bilden dabei die Grundlage von Resilienz, so dass Entwicklungsrisiken gemindert oder kompensiert werden. Bislang wird die Förderung von Resilienz eher mit Blick auf das Kindesalter diskutiert. Doch die Förderung von Resilienz ist auch in späteren Lebensphasen möglich und sinnvoll, gerade auch dann, wenn es zu Übergangsphasen im Entwicklungsverlauf kommt. Die Delinquenzbelastung eines Jugendlichen kann zum Anlass für biografische Wendepunkte werden, in denen erworbene Muster verändert und neue Selbst- und Lebensentwürfe entwickelt werden. In Abhängigkeit vom Grad der Delinquenzbelastung, vom Delinquenztyp und der Einbettung von Delinquenz in den Lebensstil und Lebensverlauf eines Jugendlichen kann sie jedoch auch zum Entwicklungsrisiko werden oder Ausdruck eines Entwicklungsproblems sein. Ob es zu positiven oder eher negativen Wendepunkten kommt, ist nicht zuletzt vom Passungsverhältnis zwischen den jeweils eingeleiteten Maßnahmen und Entwicklungsinterventionen und den Voraussetzungen und Bedürfnissen der Jugendlichen abhängig. *Delinquenz verweist nicht per se auf individuelle Beeinträchtigungen; umgekehrt führen entsprechende Beeinträchtigungen nicht automatisch zu Delinquenz.*

Gerade bei der kleinen Gruppe hoch auffälliger Jugendlicher sind psychosoziale Probleme allerdings keine Seltenheit. Delinquenz ist dann häufig Bestandteil eines insgesamt von erheblichen Belastungen (durch Beziehungsabbrüche, Mehrfachbenachteiligungen, andere Problemverhaltensweisen etc.) geprägten Lebensverlaufs. Resilienzförderung bedeutet dann, dass diese Jugendlichen trotz hoher Belastungen entwicklungsförderliche Handlungskompetenzen entwickeln können und soziale Integration möglich wird. Dies ist nur im Zusammenspiel unterschiedlicher

Strategien auf verschiedenen Interventionsebenen und in einem längerfristig angelegten Prozess zu erreichen.

Im vorliegenden Beitrag werden zunächst Ergebnisse von Längsschnittuntersuchungen über Verlaufs- und Entwicklungsdynamiken wiederholt straffällig gewordener Jugendlicher skizziert. Dabei wird der Fokus auf Erkenntnisse zu Wendepunkten und Ausstiegsprozessen gerichtet, um Anschlussmöglichkeiten für Förder- und Unterstützungsmaßnahmen herauszuarbeiten. Darauf folgt die Darstellung von Problem- und Spannungsfeldern sowie der besonderen Herausforderungen für „Resilienzförderung" im Bereich Jugendstraffälligenhilfe. Schließlich wird ausgelotet, inwieweit sich fallverstehende Zugänge und pädagogische Biografiearbeit als mögliche Bestandteile von Resilienzförderung bei delinquenten Jugendlichen eignen.

2. Verläufe, Wendepunkte und Ausstiege aus Delinquenz im Jugendalter

Hinter dem Phänomen Jugenddelinquenz verbirgt sich eine solche Vielzahl von Bedingungsfaktoren und Konstellationen, dass sich dieses Phänomen nur in seiner Dynamik und Prozesshaftigkeit wirklich erfassen lässt. Wie bereits erwähnt, kann nicht jedes kriminalisierbare Verhalten Jugendlicher als Hinweis auf erzieherischen Bedarf und/oder „Sozialisationsdefizite" eingeordnet werden. *Zum überwiegenden Teil ist Delinquenz im Jugendalter ein auf die Jugendphase bezogenes und vorübergehendes (episodisches) Phänomen.* In statistischer Hinsicht handelt es sich um ein vor allem bei männlichen Jugendlichen weit verbreitetes Phänomen, einmalig oder gelegentlich strafrechtlich relevant zu handeln, und dies vor allem im Bagatellbereich. *In der Regel erfolgt eine Beendigung des delinquenten Verhaltens ohne Interventionen durch formale Kontrollinstanzen. Dies kann als Teil einer „zumindest statistisch ‚normalen' Verhaltensweise im Rahmen jugendlicher Lebensgestaltung, Welterfahrung und Identitätssuche gefasst werden"* (Thomas/Stelly 2008: 201). Man muss bei Delinquenz im Jugendalter von dynamischen und vielfältigen Verlaufsmustern ausgehen, wobei es auch einen Typus gibt, bei dem sich delinquentes und abstinentes Verhalten abwechseln („Einstieg und Intermission" bei Pöge 2007; „sporadisch Delinquente" bei Prein/Schumann 2003).

Weiterhin ist empirisch gut belegt, dass es eine relativ kleine Gruppe von Individuen gibt, die bereits früh im Entwicklungsverlauf auffällig wird und über die Lebensphase des Jugendalters hinaus wiederholt Straftaten begeht. Unklar ist jedoch bislang, wie viele der als „persistent-delinquent" klassifizierten jungen Männer und (erheblich seltener) jungen Frauen in dieser Form „eskalierende Entwicklungssequenzen" vollständig durchschreiten (Beelmann/Raabe 2007: 129; vgl. auch Greve/Hosser 2008). *Der für diese Gruppe häufig verwendete Ausdruck der „Persistenten" suggeriert einen statischen Verlauf und legt nahe, dass diese Personen eine besondere Disposition hätten, die sie anfällig für delinquentes Handeln mache. Doch in der Gesamtschau aller vorliegenden Befunde der Verlaufsforschung ist diese Annahme nicht aufrechtzuerhalten.* Vielmehr lässt sich auch wiederholte Straffälligkeit nur als Phänomen begreifen, das erst im Zusammenspiel vom Verhalten eines bestimmten Jugendlichen mit sozialen Reaktionsweisen formaler und informeller Kontrollinstanzen entsteht (Stelly/Thomas 2004; Walter 2005: 279 f.).

Verschiedene Studien befassen sich mit der Frage, welche Veränderungen in Entwicklungsprozessen und im sozialen und biografischen Zusammenhang Ausstieg aus Straffälligkeit ermöglichen. Die Ergebnisse der zumeist als Längsschnittuntersuchungen konzipierten Studien können zwar nicht direkt auf den konkreten Einzelfall übertragen werden, etwa hinsichtlich der Wahrscheinlichkeit des Auftretens eines bestimmten Entwicklungsverlaufs (Matt/Siewert 2008: 274). Sie bieten jedoch Anknüpfungspunkte für Überlegungen, welche entwicklungsförderlichen Konstellationen für einen Ausstieg aus eingeschlagenen Entwicklungswegen relevant sind und gefördert werden können (Schumann 2010: 255).

In der Tübinger Mehrfachtäter-Studie „Wege aus schwerer Jugendkriminalität/Wege in die Unauffälligkeit" wurden Daten aus der Lebensgeschichte von 56 jungen Männern erhoben, und zwar fokussiert auf deren soziale Interaktionen. Diese Personen waren nach einer Verurteilung zu mindestens 10 Monaten Jugendstrafe direkt oder nach Strafaussetzung der Bewährungshilfe unterstellt und wurden über einen Zeitraum von sechs Jahren wiederholt befragt (Stelly/Thomas 2004).[1] Ziel der Studie war es, typische Verlaufsformen herauszuarbeiten, um ausschlaggebende Faktoren für ein „erfolgreiches Karriereende" zu identifizieren (ebd.: 39). Die Ergebnisse der Tübinger Studie zeigen, dass während der „delinquenten Hochphase" das Begehen von Straftaten bei den meisten der befragten jungen Männer von einem in mehrfacher Hinsicht sozial auffälligen Lebensstil und individuellen Problemlagen begleitet ist (Stelly/

---

[1] Auch wenn in der Studie „Mehrfachauffälligkeit" als Kriterium für die Samplebildung benannt wurde, sind auch Jugendliche befragt worden, die einmalig offiziell aufgrund der Verletzung strafrechtlich relevanter Normen registriert worden sind, wenn die Bewährungshelfer (aufgrund der Vorgeschichte der Probanden) zur Einschätzung gelangt sind, dass eine stärkere Einbindung in sozial abweichendes Verhalten gegeben war (Stelly/Thomas 2004: 48).

Thomas 2007: 436). Der Ausstieg aus wiederholter Straffälligkeit geht deshalb oft mit einer Veränderung der Lebensführung in anderen Lebensbereichen einher. *Als wichtiges Ergebnis dieser Studie ist hervorzuheben, dass die Beendigung der „kriminellen Karriere" immer einen durch Rückschläge und zum Teil neue Verurteilungen gekennzeichneten längeren Prozess darstellte.* Die soziale Einbindung sowie Veränderungen in Verhalten und Einstellungen beeinflussen sich dabei wechselseitig (Thomas/Stelly 2008: 204). Die Motivation, einen anderen Weg einzuschlagen, ist gebunden an verschiedene, nicht nur mit der Straffälligkeit verbundene Erfahrungen. Dies sind über strafrechtliche Folgen hinaus vor allem berufliche Einbußen infolge fehlender Bildungsabschlüsse und die Sorge vor zunehmender sozialer und ökonomischer Randständigkeit (Stelly/Thomas 2007: 438). Das in den Ausstiegsverläufen der Befragten rekonstruierte „Vermeidungs- und Versuchsverhalten" war durch eine selektive Reaktivierung früherer sozialer Beziehungen im Freundes- und Bekanntenkreis gekennzeichnet und weniger durch einen völligen Neuaufbau sozialer Netzwerke (ebd.: 439). Versuche der Integration in den Arbeits- und Erwerbsbereich sind den jungen Männern nicht nur durch verschiedene Instanzen nahe gebracht worden, sondern entsprachen auch ihrem eigenen veränderten Selbst- und Lebensentwurf. Man muss sich das als einen Prozess vorstellen, bei dem Veränderungen im Bereich der sozialen Einbindung und Selbstbildveränderungen gleichzeitig ablaufen und sich wechselseitig verstärken (ebd.: 440).

Die unterschiedliche Bedeutung bestimmter Faktoren für den Ausstiegsprozess wird erst vor dem Hintergrund der individuellen Biografie deutlich. Beispielsweise ist das in der Studie von Stelly und Thomas herausgearbeitete Reintegrationsmuster „Einbindung in die Herkunftsfamilie" nur bei Jugendlichen bedeutsam geworden, bei denen dem traditionellen Familienverbund kulturell eine besondere Bedeutung für die Lebensführung beigemessen wird. Die Herkunftsfamilie kann den Reintegrationsprozess auch gefährden und zu Belastungen führen, wenn es sich um problematische oder belastende Familienkonstellationen handelt. In einigen Fällen kam es erst mit der Distanzierung von der Herkunftsfamilie zu einer stabilen strafrechtlichen Unauffälligkeit (ebd.). Der Reintegrationstyp „Einbindung in eine Partnerschaft" war vor allem bei „leicht beeinflussbaren Jugendlichen" beobachtbar, nicht hingegen bei „durchsetzungsstarken Führungstypen" (Thomas/Stelly 2008: 204). Ingesamt haben Partnerschaften hinsichtlich der Veränderung von Alltagsroutinen Bedeutung, eine feste Partnerschaft und stärker noch die Gründung einer eigenen Familie symbolisieren dabei auch einen identitätsrelevanten Statuswechsel

(Stelly/Thomas 2004: 265). Ein weiterer Reintegrationstyp – „Beendigung des Doppellebens" – umfasst jene Jugendlichen, deren Auffälligkeiten zeitlich und räumlich weitestgehend auf den Freizeitbereich beschränkt blieben bei gleichzeitig fortbestehender sozialer Einbindung in Familie und Arbeit. Dadurch standen diesen jungen Männern mehr Ressourcen zur Bewältigung des Ausstiegs zur Verfügung (ebd., 261; vgl. auch Prein/ Schumann 2003).

Sucht man nach Ansätzen zur Unterstützung, so belegt die Studie insgesamt deutlich, wie wichtig für einen Ausstieg delinquenter junger Menschen die Verbesserung ihrer Integrationsmöglichkeiten in soziale Beziehungen und Leistungsbereiche ist. Die Integration in den Arbeits- und Erwerbsbereich ermöglicht neben dem Einfluss der finanziellen Vergütung veränderte Identitätsentwürfe und Anerkennungsmöglichkeiten; die jungen Männer fühlen sich wertgeschätzt, fühlen sich nützlich und haben andere Möglichkeiten der Identifikation. In der qualitativen Studie „Umwege in Arbeit" hafterfahrener junger Männer zeigen Bereswill, Koesling und Neuber (2008), dass ein enges Verhältnis zu Meistern oder Ausbildern und damit soziale Bindungen und Anerkennungsbeziehungen für Lern- und Entwicklungsprozesse und Integration in Arbeit in höchstem Maße relevant sind. Insgesamt ist jedoch festzuhalten, dass die Zusammenhänge zwischen Ausbildung, Arbeit und Delinquenz kaum geklärt sind (Schumann 2003). So unterlagen in der Bremer Längsschnittstudie die an Qualifizierungsmaßnahmen gescheiterten jungen Frauen und Männer keinem erhöhten Delinquenzrisiko. Mehrfaches Scheitern in diesem Bereich führte hingegen bei einigen Jugendlichen zu konformen Entwicklungen, bei anderen wiederum zu starker Delinquenz. Demgegenüber erwiesen sich der Ausstieg aus Cliquen delinquenter Gleichaltriger sowie der Aufbau bzw. Rückzug in die Partnerschaft oder die Gründung einer eigenen Familie als bedeutsamer für die Abkehr von delinquentem Handeln (ebd.). Gerade der Aufbau stabiler sozialer Beziehungen zu Partnern bzw. Partnerinnen und Gleichaltrigen ermöglicht eine befriedigende, straffreie Freizeitgestaltung und erfüllt Bedürfnisse nach Unterstützung, Bindung und Autonomie (Stelly/Thomas 2004).

Weiterhin gilt es für die bereits mehrfach auffällig gewordenen Jugendlichen, soziale Auffälligkeiten auf ein durch die formalen Kontrollinstanzen tolerierbares Maß zu reduzieren (Stelly/Thomas 2004: 116). Auch wenn dies nicht systematisch untersucht wurde, so vermitteln die Fallgeschichten den Eindruck, dass die (fehlende) Integration in den Arbeits- und Erwerbssektor und die aktuelle Lebenssituation der Befragten ausschlaggebend für die Höhe der Strafe waren und nicht nur die Umstände der Tat selbst (ebd.). Daher sind immer auch andere Kriterien als strafrechtliche Auffälligkeiten und Lebensbereiche (Leistungsbereich, soziale Kontakte) heranzuziehen, um Aussagen über Re-Integrationsprozesse und Entwicklungsverläufe delinquenter Jugendlicher machen zu können. Hinsichtlich der Verlaufsformen und Wendepunkte von Delinquenz besteht jedoch noch erheblicher Forschungsbedarf. Dies gilt auch für die Bewältigung jugendstrafrechtlicher Interventionen im Lebensverlauf straffällig gewordener weiblicher Jugendlicher (vgl. Silkenbeumer 2010).

3. Institutionelle Zuständigkeiten und inhaltliche Zielsetzungen von Maßnahmen: (k)ein Raum zur Förderung von Resilienz?

Bevor näher auf konkrete Ansatzpunkte für Resilienzförderung im Kontext Jugenddelinquenz eingegangen wird, soll zunächst der Blick auf Rahmenbedingungen einer solchen Arbeit gerichtet werden. *So lassen sich zunächst Überschneidungen der Bereiche von Jugendstrafrechtspflege und Jugendhilfe hinsichtlich ihrer Klientel benennen. Vielfach handelt es sich um Jugendliche, die aufgrund sozialer Benachteiligung spezifischen Hilfebedarf haben und zudem einem erhöhten Kriminalisierungsrisiko durch verschärfte Sozialkontrolle ausgesetzt sind.* Devianz und Delinquenz sind bei Jugendlichen in der teilstationären und stationären Erziehungshilfe keine Ausnahmeerscheinungen. Zudem ist „die ‚Chance', vom Klienten der Jugendhilfe zur Klientel der Strafjustiz zu werden, von fallbezogenen Abwägungen über den angemessenen gesellschaftlichen Umgang mit jeweiligen Problemartikulationen" abhängig (Scherr 2007: 71). Die inhaltlichen Zielsetzungen der Interventionsmaßnahmen für delinquente Jugendliche erfolgen immer vor dem Hintergrund des im Jugendgerichtsgesetz (§ 2 Abs. 1 JGG) festgelegten Bezugspunkts „Erziehung". Delinquente Jugendliche sollen befähigt werden, zukünftig ein sozial verantwortliches Leben ohne Straftaten zu führen. Während die rechtliche Perspektive besonders auf das Ziel der Legalbewährung und Sozialdisziplinierung abhebt und damit die kontrollierende Funktion von Maßnahmen betont, unterstellt sie eine besondere Erziehungsbedürftigkeit, die sich aus der Straffälligkeit ableiten lasse. *Die Zusammenarbeit von Sozialpädagogik und Strafjustiz gründet insbesondere auf diesem unterstellten Ursachenzusammenhang von Delinquenz im Jugendalter. Man kann die Sanktionen des Jugendstrafrechts auch als Entwicklungsinterventionen* (Greve 2008) *beschreiben.*

Die Jugendhilfe ist zur Mitwirkung im Jugendstrafverfahren verpflichtet, „um die erzieherischen, sozialen und fürsorgerischen" (vgl. § 1 Ab. 3

SGB VIII) Gesichtspunkte, mithin die sozialpädagogischen und am Kindeswohl orientierten Aspekte, zur Geltung zu bringen, die sich „grundlegend von der (jugend-)strafrechtlichen Betrachtungsweise unterscheiden" (Trenczek 2010: 382). Aus Anlass eines Strafverfahrens ist die Jugendhilfe zu Hilfen und Leistungen verpflichtet. Zu nennen sind hier unter anderem der Bereich der ambulanten sozialpädagogischen Maßnahmen oder auch der Intensivpädagogischen Einzelfallbetreuung. *Aus der Perspektive Sozialer Arbeit legt jedoch erst ein zu prüfender erzieherischer Bedarf erzieherische Maßnahmen nahe.* Drewniak (2010) weist darauf hin, dass die zur Vermeidung von Freiheitsentzug relativ eingriffsintensiven ambulanten sozialpädagogischen Maßnahmen (§ 10 JGG) auch aus konzeptionellen Gründen häufig nicht die eigentliche Zielgruppe erreichen, nämlich die massiv delinquenzbelasteten und förderbedürftigen Jugendlichen und jungen Volljährigen. Die Angebote richten sich stärker an die Gruppe der sozial integrierten, durch jugendtypische Delinquenz auffällig gewordenen Jugendlichen. Unzureichend eingelöst ist auch die Forderung nach flächendeckend verbreiteten sozialpädagogischen Angeboten, die auf die Vielfalt vorliegender Konstellationen und Bedarfe abgestimmt sind (ebd.).

Problematisch ist die Zuweisung von Jugendlichen zu bestimmten Interventionsmaßnahmen, wenn diese entlang der verfügbaren Angebotspalette erfolgt und nicht entlang der diagnostisch oft nur unzureichend erhobenen Bedarfslagen und Bedürfnisse der Adressaten. Ein Scheitern an einer Maßnahme oder die Unterstellung von „Maßnahmenresistenz" resultieren dann weniger aus einer unterstellten Verweigerungshaltung und fehlender Motivation als aus unzureichenden Passungsverhältnissen. *Ist ein bestimmtes Hilfeangebot gescheitert, kommt es leicht zu Delegationsketten, die zu neuen Ausgrenzungen beitragen können, und „gerade schwer beziehungstraumatisierte Kinder und Jugendliche erleben durch diesen institutionell verantworteten ‚Drehtüreffekt' Sekundärtraumatisierungen."* (Herz 2010: 33). Nicht nur zwischen Jugendhilfe und Jugendstrafrecht, sondern auch innerhalb der Kinder- und Jugendhilfe wird das Verhältnis zwischen Freiwilligkeit und Zwang, Erziehung und Strafe kontrovers diskutiert. Während einmal unterstellt wird, dass aktive Mitwirkung am Hilfeprozess erst aus der Freiwilligkeit der Hilfeadressaten resultiere, wird von anderer Seite kritisiert, dass die Jugendhilfe ihre Klientel überfordere, wenn sie Jugendliche mit lebensgeschichtlichen Erfahrungen von Missachtung, Gewalt und Ausgrenzung die Verantwortung für ihre Lebensperspektiven übertrage und Bedarfe und Bedürfnisse nach Sicherheit, Struktur und Eindeutigkeit übersehe (ebd.). Zudem sind Jugendliche, die durch wiederholte und zum Teil auch schwerwiegende Delikte auffällig werden, vielfach nicht hinreichend von außerstrafrechtlichen Unterstützungssystemen wie der Jugendhilfe erreicht worden. Die Jugendstrafe wird in der Regel allerdings nur dann verhängt, wenn alle anderen Maßnahmen der Jugendhilfe und des Jugendstrafrechts keine Wirkung gezeigt haben oder als ineffektiv betrachtet werden.

Unstrittig ist, dass sozialpädagogische Angebote in dem Praxisfeld „Jugenddelinquenz" geschlechterdifferenzierend anzulegen sind. Bislang sind kaum Angebote für Mädchen entwickelt worden, und es ist problematisch, wenn für junge Männer entwickelte Konzepte nun unreflektiert auch auf delinquente Mädchen übertragen werden. Eine gezielte Hilfestellung bei der Entwicklung und Ausgestaltung konkreter Lebensperspektiven ist erforderlich. *Besonders erfolgreich sind klar strukturierte und verhaltensorientierte Programme*, während unspezifische Ansätze offenbar wenig wirksam sind (vgl. Lösel/Bliesener 2003; Beelmann/Raabe 2007). Unstrittig dürfte auch sein, dass entsprechende erzieherische Maßnahmen in Form von Begleitung und Intervention durch Personal mit einer fundierten pädagogischen Qualifikation (u.a. vertiefte Kenntnisse zur Devianzpädagogik und Jugenddelinquenz) durchgeführt werden müssen.

Vor dem Hintergrund dieser Überlegungen lässt sich fragen, worin Resilienzförderung im Bereich Jugenddelinquenz bzw. als Bestandteil verschiedenster Entwicklungs- und Kriseninterventionen begründet sein kann. *Eine allgemein gültige Resilienzdefinition im Kontext Jugenddelinquenz ist kaum zu leisten, da die Ausprägung von Resilienz letztlich ein individueller Vorgang ist.* Dennoch können Grundlinien benannt werden, an denen entlang weitergedacht und geforscht werden muss. Dabei stellt sich zunächst die Frage, *wo Resilienz zwischen Anpassung an gesellschaftliche Normen und Widerstand in Form unkonventioneller Lösungen anzusiedeln ist und worin sich Resilienz überhaupt zeigen könnte.* Hinzu kommt die normative Frage, ab wann eine bestimmte Bewältigungsreaktion als „erfolgreich" oder „funktional" eingeordnet werden kann. Dies ist nur im Hinblick auf die jeweilige Entwicklungssituation und den sozialen Kontext einer Person näher zu bestimmen (vgl. Greve 2008: 925). Auch die Resilienz einer Person – sich etwa nicht „brechen" zu lassen und Autonomie zu bewahren, auch um den Preis der Verleugnung und der Abwehr von Bindungswünschen und Unterstützungsbedarf – ist nur fallbezogen zu bestimmen. Es ist nicht so, dass Jugendliche, die straffällig geworden sind, nicht über Fähigkeiten zur Belastungsregulation und über Kompetenzen zur Bewältigung herausfordernder Lebensumstände und Krisen verfügen. Vielmehr sind die von ihnen entwickelten Fähigkeiten vor dem Hintergrund biografischer Erfahrungen anzuerkennen. *Delinquenz kann Ausdruck entwicklungsbe-*

dingten Verhaltens sein, etwa wenn es um das Ausloten von Grenzen oder die identitätsstiftende Bedeutung subkultureller Zugehörigkeit geht. Es kann sich bei Delinquenz im Jugendalter aber auch um den Ausdruck einer auf Entwicklungsprobleme bezogenen Bewältigungsstrategie in überfordernden Lebenssituationen handeln. In der Kindheit zur Sicherung oder Herstellung des psychischen Gleichgewichts erworbene Bewältigungsstrategien können in der Übertragung auf das spätere Leben erhebliche Probleme nach sich ziehen. Die beim Aufwachsen unter widrigen Bedingungen entwickelten Handlungskompetenzen und Strukturen können dann sozialer Integration und gesellschaftlichem Anpassungsdruck entgegenstehen und zu neuen Erfahrungen des Scheiterns führen. Wie dargestellt, besteht bei den mehrfach delinquent auffällig gewordenen Jugendlichen zum Teil erheblicher Unterstützungsbedarf – angesichts ihrer aktuellen Lebenssituation, des Aufwachsens unter erschwerten Lebensbedingungen und den damit verbundenen Verletzungen.

Die psychosozialen Risiken, die mit Delinquenz im Jugendalter verbunden sein können, bilden einen zentralen Ansatzpunkt für Resilienzförderung. Dabei wäre Resilienz durch Veränderung verschiedener Faktoren im fallspezifischen Kontext „Delinquenz" und bei den jeweiligen Entwicklungsinterventionen zu unterstützen. Resilienz lässt sich nicht auf die Bewältigung kritischer Ereignisse reduzieren, obwohl Bewältigungskompetenzen durchaus ein wichtiger Bestandteil von Resilienz sind, wenn Krisen entwicklungsförderlich bearbeitet werden sollen. Handlungs- und Bewältigungskompetenzen in einem „Resilienzprogramm" besonders zu fördern, kann nicht allein mit Delinquenz begründet werden. Es kann auch nicht einfach darum gehen, delinquente Jugendliche in belasteten Lebenssituationen immer belastungsfähiger oder gar unverletzbar gegen widrige Lebensumstände zu machen.

Delinquente Jugendliche sind keine homogene Zielgruppe, sondern unterscheiden sich hinsichtlich etlicher Merkmale; dies gilt auch für die Gruppe der Mehrfachauffälligen. Es ist eine heterogene Klientel hinsichtlich differierender Motive, Intensität und Häufigkeit der Begehung von Straftaten, die sich zudem in ihren biografischen Erfahrungshintergründen, in ihren jeweiligen Ressourcen und dem Ausmaß psychosozialer Belastungen unterscheidet. Gerade die Zielgruppe der mehrfach delinquent auffällig gewordenen Jugendlichen mit ihrem offensichtlichen Fehlverhalten und der Fülle von Leistungsdefiziten verleitet zu der trügerischen Annahme, durch methodisch ausgefeilte pädagogische Anstrengungen eine Art „Vakuum" auffüllen zu können. Jansen und Schreiber haben diese pädagogische Illusion mit Blick auf den Jugendvollzug für Mädchen so formuliert: „In sozialen Trainingskursen sollen lebenspraktische Probleme analysiert, durchgespielt und bewältigt werden. (...) Die Teilnahme an diesen Angeboten ist gebunden an normative Kriterien guten Verhaltens. Die Mädchen sollen pünktlich sein, dürfen ... nicht ‚frech sein'. ... und sie dürfen sich keinesfalls kritisch äußern über die angebotene Qualität der pädagogischen Maßnahme, geschweige denn im Rahmen von Unterricht Beziehungsprobleme mit pädagogischen Mitarbeitern auf ihre konfliktreiche Art thematisieren." (Jansen/Schreiber 1994: 146). Doch einem disziplinarischen, auf Wissens- und Erkenntnisvermittlung angelegten Raum stehen diese jungen Frauen und Männer infolge ihrer lebensgeschichtlichen Erfahrungen vielfach fremd gegenüber. Vor diesem Hintergrund liest sich ihr zum Teil „rebellisch-aufsässiges Verhalten (…) als Aufforderung, sich mit ihnen so auseinander zu setzen, dass eine Beziehung möglich wird. Doch in Erfolgsmeldungen zählt nicht die Herstellung gelungener, oft nur situativ erreichbarer Beziehungen" (ebd.; vgl. auch Walkenhorst 2008). Notwendig sind fehlerfreundliche pädagogische Orte, an denen der Eigensinn von Beharrungstendenzen und die Abwehr gegenüber Veränderung nachvollzogen werden. Dies heißt einerseits, Konflikte als Lernanlass zu nutzen, andererseits aber auch, Verantwortung für eigenes Handeln zuzumuten. Dies setzt voraus, dass verlässliche und kontinuierliche Unterstützung und ein emotional sicherer Rahmen geboten werden. Beiden kommt angesichts der häufig durch Diskontinuität geprägten lebensgeschichtlichen Erfahrungen der Jugendlichen große Bedeutung zu (Bereswill/Koesling/Neuber 2008).

Die oben skizzierten Ergebnisse der Verlaufsforschung verdeutlichen *das Gewicht von Zukunfts- und Lebensplänen für Ausstiege aus delinquenten Verläufen.* Eine wichtige Voraussetzung ist dabei, dass gangbare, realistische Möglichkeiten der Lebensgestaltung in der absehbaren Zukunft als durch eigenes Handeln überhaupt erreichbar erscheinen. Handlungskompetenzen entwickeln und Vertrauen in die eigenen Fähigkeiten (wieder) erlangen, sind zentrale Zielsetzungen, die positive Entwicklungen angesichts widrigster Umstände erlauben können. *Die Basis einer konkreten Resilienzförderung im Feld Jugenddelinquenz kann also darin gesehen werden, vorhandene Fähigkeiten aufzuspüren, an diese anzuknüpfen und Bewältigungskompetenzen aufzubauen.*

Ansatzpunkte für den Aufbau von Bewältigungsressourcen und das Einüben resilienzbasierter Handlungsmuster im Rahmen umfassender Lernprozesse können nicht generalisierend für eine bestimmte Zielgruppe formuliert werden, sondern müssen auf den Einzelfall und das jeweilige Setting/Lernarrangement abgestimmt werden. Für solche Interven-

tionsbemühungen bei Jugenddelinquenz lassen sich im pädagogischen Kontext beispielsweise folgende Ansatzpunkte nennen (vgl. dazu u.a. auch Jansen 1999; Jansen/Schreiber 1994; Walkenhorst 2008):
– Entwicklung sozial anschlussfähiger Ziele und realistische Einschätzung hinsichtlich der Umsetzungsmöglichkeiten und dafür erforderlicher Zwischenschritte. Dazu gehört auch die Antwort auf die Frage, was an Unterstützung dafür erforderlich ist und wie sie dann angenommen werden kann;
– Unterstützung von Selbstbildveränderungen und neuen Rollendefinitionen, Entwicklung von Gegenskripten, Förderung des Kohärenzerlebens und Unterstützung bei biografischer Strukturierung;
– Verantwortungsübernahme für eigenes Handeln in kleinen Schritten anstreben;
– Bewahrung positiv eingeschätzter Dispositionen, Handlungskompetenzen, Einstellungen, Sensibilität, Hilfsbereitschaft etc. (vgl. Walkenhorst 2007: 5);
– Aktivierung von Bewältigungsressourcen zum Umgang mit belastenden Erfahrungen und Erwerb von Handlungskompetenzen (u.a. soziale Kompetenzen, Problemlösefähigkeiten) sowie Verantwortungsübernahme für eigenes Handeln und Akzeptanz von Veränderungsnotwendigkeiten. Dazu gehört auch das Erkennen erfüllbarer Verhaltensanforderungen;
– Aufbau und Re-Aktivierung sozialer Beziehungen, die als Ressource für soziale Unterstützung, emotionale Sicherheit etc. genutzt werden;
– Wahrscheinlichkeit des Auftretens negativer Entwicklungen verringern und Chronifizierungsverläufe verhindern, sich infolge psychischer und sozialer Schwierigkeiten verfestigende Handlungstendenzen, Problemspiralen und Verelendungstendenzen (etwa bei Suchterkrankungen) mithilfe flankierender Maßnahmen aufbrechen;
– Förderung von Verselbständigung, Nachbetreuung/Begleitung bei Übergängen und Eingliederungshilfen, Sicherung der Zugänglichkeit von Beratungs- und Betreuungsangeboten;
– Erhöhung bzw. Schaffung realer Teilhabechancen (schulische und berufliche Qualifizierungsmaßnahmen etc.).

4. Fallverstehende Zugänge zu Risiko und Resilienz

Die Erkenntnis, dass die Rekonstruktion der biografischen Vergangenheit zur Entdeckung möglicher Entwicklungsspielräume der eigenen biografischen Zukunft führt (Hildenbrand 2008a, 2008b), soll hier für Überlegungen zur Resilienzförderung aufgegriffen werden. Professionelle pädagogische Praxis sieht sich immer mit der biografischen ‚Gewordenheit' ihrer Adressaten konfrontiert, versteht also ihr Gegenüber als Resultat, als Produkt seiner ganzen Lebensgeschichte bis zum Beginn ihrer Intervention. Inzwischen hat sich angesichts der *Bedeutung des Biografischen* ein eigenständiger Bereich etabliert, der sehr aufwändige Forschungsmethoden modifiziert und damit für die konkrete Handlungspraxis der Sozialpädagogik, gerade auch im Rahmen von Fallarbeit, Diagnostik und Interventionen in der Jugendhilfe, nutzbar macht (siehe dazu u. a. die Beiträge in Giebeler et al. 2007; Miethe et al. 2007; Griese/Griesenhop 2007; Rosenthal et al. 2006). *Für die Interventionen im Bereich Jugenddelinquenz ergeben sich Fragen nach der Anschlussfähigkeit der zur Verfügung stehenden Maßnahmen und Hilfen an biografisch erworbene Handlungsstrukturen und Identitätsentwürfe ihrer Klientel: Passt das, was ich anbiete, überhaupt zu dem, was der andere mitbringt?* Um die Eigenlogik von Entwicklungsverläufen und lebensgeschichtlich erworbene Orientierungs-, Deutungs- und Handlungsmuster rekonstruieren und – darauf aufbauend – konkrete Interventionen planen zu können, sind fallverstehende Zugänge methodisch geeignet. *Entlang der konkreten biografischen Situation und spezifischen Fallkonstellation kann so herausgearbeitet werden, welche Faktoren für die weitere Entwicklung als Risiko-, welche als Resilienzfaktoren wirksam werden und welche Entwicklungsaufgaben sich daraus ergeben* (Kramer 2007; Hildenbrand 2008a). Zwar findet sich im Bereich Sozialer Arbeit inzwischen eine Sensibilität für das biografische Gewordensein, doch „die Institutionslogiken, ihre Aufgabenbereiche und etablierten Methoden versperren unter Umständen den Weg in Richtung einer biografieorientierten, wissenschaftlich fundierten Praxis" (Griese/Griesenhop 2007: 228).

In Erst- und Hilfeplangesprächen gehört es zum Standard, Teile des Lebenslaufs zu erfragen; dies erfolgt oft gestützt auf (teil-)standardisierte Erhebungsbögen. Bei mehrfach auffällig gewordenen Jugendlichen werden dabei zahlreiche Aspekte zur Einschätzung von Risiken und Ressourcen und zur Beurteilung von Erziehungs- und Entwicklungsbedingungen berücksichtigt (Hußmann 2010: 345). Die Gesprächsführung folgt dabei eher einer Orientierung an institutionellen Relevanzsetzungen, normativen Ablaufmustern sowie Übergängen im Lebenslauf (Schuleintritt etc.) als an den Deutungen der Jugendlichen selbst. Dadurch entsteht die Gefahr, dass eine eindimensional-lineare Abfolge von Lebenssituationen, verstanden als „wirkliche Tatsachen" (‚deshalb bist du also geworden, wie du jetzt bist'), konstruiert wird. Ein solches Vorgehen kann dazu führen, in einen ursachenorientierten Sog hineinzugeraten, in dem letztlich Delinquenz scheinbar folgerichtig im Zusammenhang mit den erfassten Daten (z. B. Scheidung der Eltern, frühe Unterbringung im Heim, Schulabbruch etc.) erklärt wird. Dabei wird die fallspezifische Dynamik jedoch nicht hinreichend entschlüsselt. Auch das Zusammenspiel von individueller Lebensgeschichte und sozialem Bedingungsgefüge (etwa die institutionelle Praxis von Jugendhilfemaßnahmen etc.) kommt so kaum in den Blick. Eine Gesprächsführung, die Erzählungen der Jugendlichen anregt und Raum zur Entfaltung eigener Geschichten ermöglicht, eröffnet hingegen die Chance, dass die Befragten die Erfahrung machen, „in ihrer Eigenkompetenz für ihr Leben und auch in ihren jeweiligen Besonderheiten anerkannt [zu] werden. Die Orientierung der Nachfragen am bereits Erwähnten und die Akzeptanz der Verweigerung von Themen, über die der/die Jugendliche nicht sprechen möchte, reduziert das Gefühl des Ausgehorchtwerdens durch PädagogInnen. (…) Damit kann die/der Zuhörende erkennen, welche Erklärungen sein/e GesprächspartnerIn für einzelne Ereignisse, aber auch für seinen/ihren biografischen Verlauf hat" (Rosenthal et al. 2006: 218). Im Prozess des lebensgeschichtlichen Erzählens entstehen Ausdrucksgestalten – gleichsam figürliche Schöpfungen –, die Auskunft über Muster der Identitätsbildung und Verarbeitungsformen konflikthafter Erfahrungen geben können. Dies geht auch mit dem Versuch einher, eigenes Handeln unter Rückgriff auf gängige soziokulturelle Deutungsmuster („schlechte Kindheit") zu plausibilisieren und erklärende Geschichten vom Charakter eines „warum es dazu kam, dass ich wurde wie ich bin" zu produzieren. Umdeutungen der Vergangenheit können Eingang in biografische Erzählungen finden, die auch Versuche darstellen, die Gegenwart mit der Vergangenheit aushaltbar zu machen, Normbrüche verständlich zu machen und Handlungsfähigkeit zu beweisen (Goffman 1973). Professionelles Wissen findet Eingang in das Gespräch, wenn die Geschichten der Jugendlichen mit theoretischen Kategorien in Beziehung gesetzt werden. Auf Seiten der Professionellen erfordert ein solcher Zugang die kritische Reflexion eigener Werthaltungen und Normalitätsfolien und die Würdigung der Klientel in ihrer biografischen Gewordenheit (Jansen 2009a; Dausien 2007). Fallverstehen in der sozialpädagogischen Praxis vollzieht sich bereits im Kontakt mit den Jugendlichen, erfordert jedoch darüber hinaus eine von Handlungsdruck entlastete Hypothesenbildung und Interpretation des Gehörten und Beobachteten, also immer auch reflexive Distanz. *Ergebnisse einer solchen rekonstruktiven Fallarbeit, die stets auch die bisherigen Interventionsverläufe in den Blick bekommen muss, werden somit zur Grundlage der Planung sozialpädagogischer Interventionen.*

5. Dem eigenen Leben einen Bedeutungsfaden geben – Potenziale angeleiteter Biografiearbeit

Die folgenden Ausführungen sind Überlegungen, welche Potenziale die angeleitete und begleitete Auseinandersetzung mit der eigenen Lebensgeschichte für die Aktivierung und Förderung personaler und sozialer Ressourcen in der Arbeit mit straffällig gewordenen Jugendlichen bietet. Theoretische Perspektiven legen es nahe, dass Biografiearbeit und damit verbunden eine lebens- und familiengeschichtliche Orientierung mehr als nur diagnostische Hypothesen im Rahmen umfassender Hilfeprozesse beisteuern kann. *Dieser Ansatz hilft, Prozesse des Selbstverstehens und die Erschließung vorhandener Bewältigungs- wie Belastungsressourcen zu unterstützen, und erweist sich so als resilienzfördernd. Die als wirksam geltenden klar strukturierten und verhaltensorientierten Ansätze für massiv delinquenzbelastete Jugendliche werden dadurch nicht ersetzt. Vielmehr spricht einiges dafür, diese Praxis mit beratungsorientierten Begleitangeboten im Rahmen systematischer und längerfristiger Hilfeprozesse zu kombinieren.*

In der sozialpädagogischen Arbeit mit delinquenten Jugendlichen wird zum Teil bereits beansprucht, Biografiearbeit zu leisten. So wird sie als fester inhaltlicher Bestandteil im Programm diverser Sozialer Trainingskurse, Anti-Gewalt-Trainingskurse oder auch Coolness-Trainingskurse ausgewiesen; es geht dann beispielsweise um die Reflexion von Gewalterfahrungen als Täter und Opfer oder um das Erkennen von „Aggressivitätsauslösern" (vgl. Weidner/Gall 2006). Die Auseinandersetzung mit der Biografie erfolgt in diesen defizit- und deliktorientierten Ansätzen jedoch nur punktuell und ist dem übergeordneten Ziel des Gewaltverzichts und Erwerbs alternativer Handlungsweisen in Konfliktsituationen geschuldet.

Im Rahmen der hier anvisierten und beschriebenen Biografiearbeit in einer professionell angeleiteten Gruppe geht es vielmehr um das Herausarbeiten und Verstehen subjektiver Handlungsorientierungen, jedoch eingebunden in konkrete Formen der Unterstützung und Begleitung. Verbindend für verschiedene Ansätze von Biografiearbeit ist die Auffassung, dass jeder Mensch über das Bedürfnis verfügt, „dem Leben einen sinnhaften Bezug (einen Bedeutungsfaden) zu geben, sich selbst dabei als Gestalter der eigenen Lebensgeschichte zu erleben und damit Identität unter den Bedingungen von Kontinuität und Diskontinuität zu konstituieren – kollektiv gebunden und doch individuell verschieden" (Jansen 2009a: 21). *Biografiearbeit ist als Sinndeutung der eigenen Lebensgeschichte zu verstehen.* Dabei geht es um Fragen danach, ob und wie lebensgeschichtliche Erfahrungen zusammenhängen und welche Bedeutung bestimmte Ereignisse für das weitere Leben und die Sicht auf sich und die Welt haben. Wir wollen ergründen, wie bestimmte Erfahrungen zu einer Geschichte über das eigene Leben verknüpft und wie sie als eigene Geschichte erfahrbar werden, also auch, welche Bedeutung diesen Erfahrungen zugewiesen wird und wie diese Hierarchie das eigene Handeln beeinflusst. Biografische Arbeit ist als ein zentraler Modus der Herstellung von Identität zu verstehen. Dabei vollziehen sich die Formen der Artikulation und Deutung der eigenen Lebensgeschichte auch vor dem Hintergrund angeeigneter soziokultureller Normalitätsstandards und institutionalisierter Skripts (Schuleintritt, Schulverlauf, Partnerschaften etc.). Die eigene Geschichte verweist also auch auf kollektive Geschichten – eines Familienmilieus bis hin zu einer bestimmten Generation und Zeitepoche. In der pädagogischen Biografiearbeit wird nun immer schon an den jeweils bereits ausgebildeten Grad an biografischer Strukturierung als wichtige Ressource der Lebensbewältigung angeknüpft. Die Fähigkeit, Sinn- und Bedeutungszusammenhänge im Lebensverlauf herzustellen, eine tragfähige Identität, Konsistenz und Kohärenz im Kontext der eigenen Lebensgeschichte zu erkennen, kann durch Entwicklungskrisen und kritische Lebensereignisse erschwert oder blockiert werden. So zeigen sich etwa frühe Traumatisierungen in Selbstbild und Selbstwahrnehmung sowie im Selbstbezug von Jugendlichen. Gewalt- und Missachtungserfahrungen schlagen sich oftmals in negativen Selbstkonzepten nieder. Gerade dann werden Unterstützung und Anleitung bei der Auseinandersetzung mit der eigenen Lebensgeschichte und Selbstbildern notwendig. *Damit ist kein therapeutischer Prozess gemeint, auch wenn Biografiearbeit solche Prozesse beinhalten kann, sie strebt sie nicht an und kann eine Psycho- oder auch Sozialtherapie nicht ersetzen* (vgl. Gudjons et al. 2008; Jansen 2009b).

Durch die Konfrontation mit den Kontrollinstanzen und Interventionen der Jugendhilfe und des Jugendstrafrechts drängt sich für die Jugendlichen selbst schon die Thematik von Übergangssituationen, Wendepunkten und biografisch-identitätsrelevanten Fragen auf. Dabei geht es neben der Bilanzierung des bisherigen Lebensverlaufs um die in der Jugendphase ohnehin mühevolle Herstellung von Identität, gerade auch um die Bedeutung der Bewertung, Nutzung und Aktivierung von Handlungsressourcen. Dies berührt Fragen wie: Habe ich Zukunftspläne, wie sehen diese aus und über welche Möglichkeiten verfüge ich, um sie umzusetzen? Welche schwierigen und belastenden Erfahrungen habe ich in meinem Leben schon überwunden, und welche Fähigkeiten und Hilfe anderer haben mir dabei schon geholfen? Sehe ich mich als Versager, als jemand, der Opfer der Umstände ist – oder als jemand, der sich nicht unterkriegen lässt? Anders formuliert, geht es darum, welche Bedeutung bestimmten Ereignissen und Umständen zugeschrieben wird, welche erfahrungsgebundenen „Glaubenssätze" relevant werden, die den Umgang mit Belastungen hemmen oder fördern können. *Eine wichtige Funktion von Biografiearbeit besteht darin, die Integration lebensgeschichtlicher Erfahrungen von Diskontinuität und Krisen in das eigene Selbstbild zu unterstützen, um dadurch Orientierung für die Entwicklung neuer Lebensperspektiven zu erwerben.* Durch den Fokus auf die Mühen der Vergangenheit bei der Bewältigung belastender Ereignisse können Bewältigungsressourcen sichtbar gemacht und auf aktuelle Übertragbarkeit hin überprüft werden.

Mit Blick auf die hier interessierende Zielgruppe kann Biografiearbeit ihren interventiven Charakter auf verschiedenen Ebenen entfalten – vorbeugend, damit nicht bereits erworbene Handlungskompetenz (etwa. im Jugendstrafvollzug) wieder eingebüßt wird, reparativ zur Erhöhung geminderter und beeinträchtigter Handlungskompetenz sowie anregend zur Förderung und Unterstützung von Handlungskompetenz bei der biografischen Lebensbewältigung (Jansen 2009b: 67 f.). *Dabei kann biografisches Arbeiten methodisch im Rahmen sozialpädagogischer Gruppenarbeit, aber auch in der Einzelfallarbeit zur Anwendung gelangen.*

6. Lösungsorientierung statt Problemorientierung – Beharrungstendenzen und Möglichkeitsräume

Auch wenn ressourcenorientierte Biografiearbeit von der Gegenwart ausgeht, bezieht sie sich auf die Bewältigung der Vergangenheit, auf das Erleben der Gegenwart ebenso wie auf die Gestaltung der Zukunft (Hölzle 2009: 33). Die Gewichtung der zu verknüpfenden Perspektiven *„Problem, Störung, Vergangenheit und Symptomorientierung"* vs. *„Lösung, Ressourcen, Zukunft und Kompetenzerwerb"* muss deshalb für das jeweilige Arbeitsbündnis stets neu entschieden werden. Dabei ist zu berücksichtigen, dass gerade die von außen zugeschriebene Problemdefinition konstitutiv für das Zustandekommen des Kontakts zwischen straffällig gewordenen Jugendlichen und Jugendhilfe ist, weil eben dieser Kontakt um so eher zustande kommt, je präziser und passgenauer und biografieangemessener diese Zuschreibung erfolgt und wahrgenommen wird. Ressourcen- und Lösungsorientierung kann daher nicht nur gegenwartsbezogen erfolgen, sondern Konfliktverstehen schließt immer auch die Analyse der Gewordenheit von Problemkonstellationen ein. Entsprechend erläutert Jansen mit Blick auf den Prozess mehrperspektivischer Diagnostik und damit verbundener Interventionen: „Allein die Benennung, Erhebung und Feststellung von Ressourcen reicht allerdings nicht aus, damit sie von der Klientel auch produktiv genutzt werden können. Um vorhandene Ressourcen zu stärken und neue zu erschließen bedarf es einer sehr genauen Einschätzung der jeweiligen Ressourcen im Hinblick auf ihre Bedeutung, Bewertung und Nutzung durch die Klientel im lebensweltlich/biografischen Kontext." (Jansen 2009b: 64) Verfügbare und zu erwerbende Strategien der Bewältigung von Gefühlen und Belastungen entwickeln sich auf der Grundlage von bereits erworbenen Handlungs- und Orientierungsmustern. So kann es für Jugendliche selbstwertbedrohlich sein, sich auf Unterstützungsprozesse einzulassen und Hilfe anzunehmen, wenn sie lebensgeschichtlich die Erfahrung gemacht haben, letztlich auf sich allein gestellt zu sein, und daher ihr Selbstideal auf der Behauptung von Autonomie und der Abwehr von Bindungsbedürfnissen aufgebaut haben.

Die Suche nach „Empowermentgeschichten", in denen sich „gelungene Lebensstrategien und Erfahrungen" oder „Gegenerfahrungen zu verfestigten Perspektiven" und „biografische Wendepunkte" abzeichnen, kann ein zentraler Fokus von Biografiearbeit sein. Ein doppelter Blick auf die notwendige Problemanalyse ebenso wie auf vorhandene Ressourcen einer Lebensgeschichte verdeutlicht in der Arbeit mit den Jugendlichen „das ständige und vor allem gleichzeitige ‚Sowohl-als-auch' von brüchigen und stärkenden Anteilen der Lebensgeschichte" (Hanses 2000: 374). Ressourcen werden im Rahmen dialogischer Biografiearbeit nicht nur retrospektiv herausgearbeitet, sondern auch mit Blick auf die Zukunft aktiviert, indem emotional positiv besetzte und realisierbare, konkrete Ziele und umsetzbare Handlungsschritte erarbeitet werden (Hölzle 2009). Dabei ist in der praktischen Arbeit näher zu bestimmen, welche Ziele durch eigenes Handeln und bereits verfügbare Fähigkeiten umsetzbar sind, wo und in welcher Form weiterer Lern- und Unterstützungsbedarf notwendig ist und wie ein Helfersystem entwickelt werden kann.

Doch auch wenn resilienzorientierte Konzepte auf Ressourcen und auf Stärken hin fokussierte Ansätze darstellen, sind sie nicht damit gleichzusetzen. *Hildenbrand (2008a: 26) hebt in Anlehnung an Pauline Boss hervor, dass resilient sein nicht bedeuten muss, auf Lösungen zu fokussieren. Manchmal gibt es keine Lösungen, und dann geht es auch darum zu erarbeiten, wie mit unlösbaren Problemen gelebt werden kann.* Eine respektierende Haltung auf Seiten der Professionellen gegenüber „Beharrungstendenzen" bestimmter Orientierungsmuster bei den Jugendlichen ist wichtig, auch wenn sie gegenwärtig zur Stabilität von problematischen Verhaltensweisen und Beziehungsmustern beitragen. Hier ist nach der Sinnhaftigkeit des Festhaltens an bestimmten Verhaltensweisen für den Jugendlichen zu fragen. Wird das Beharrungsvermögen entstandener Strukturen erkannt, lässt sich immer wieder auszuloten, welches Maß an Veränderbarkeit zum konkreten Interventionszeitpunkt zumutbar ist und wo Spielräume für Veränderung liegen. Das Ergebnis dieses Auslotens von Möglichkeitsspielräumen „muss nicht notwendig die Einrichtung einer Lebenspraxis sein, die dem entspricht, was der ‚Normalbürger' für ‚normal' hält (...) wobei wir Normalität als die individuelle Normalität des jeweiligen Falls verstehen" (Hildenbrand 2008b: 225).

Beispiel
Im Gespräch mit einer sechzehnjährigen Jugendlichen im Jugendarrest äußerte diese auf meine Frage nach ihrem Berufswunsch, sie sehe für sich ohnehin keine realistische Chance, auch weil sie die Schule im achten Schuljahr abgebrochen habe. Sie entwirft für sich als Wunschbild, mit ihrem Freund ähnlich wie das von ihr bewunderte Gangsterpaar Bonnie und Clyde durchs Leben zu gehen und ihren Lebensunterhalt durch „Abenteuer" und „Nervenkitzel" zu bestreiten. Vor dem Aufenthalt im Arrest haben sie bereits gemeinsam ein Auto „geknackt" und sind damit „herumgefahren", auch Diebstähle und Einbrüche spielten eine Rolle. Dieser Entwurf stimmt kaum mit pädagogischen Konzepten zur Berufs- und Lebensplanung weiblicher Jugendlicher überein und kann es auch nicht. Doch lohnt es sich, das Bild von „Bonnie und Clyde" aufzugreifen und in seinem „Eigensinn" für das Mädchen zu erschließen. Bereits früh in ihrem Leben entwickelte diese Jugendliche Orientierungen, in denen Autonomie und Stärke zu zentralen biografischen Leitthemen wurden. Eng damit verbunden sind Fähigkeiten, sich nicht (mehr) „unterkriegen zu lassen", aufzubegehren, sich gegen Missachtung und Gewalt zu wehren und vor allem in der Lage zu fühlen, sich auch wirksam wehren zu können (vgl. dazu Silkenbeumer 2007). Es geht nicht darum, diesen Entwurf als „Gangsterbraut", die mehr als bloßes „Anhängsel" ihres Freundes ist, romantisierend zu verklären oder die darin enthaltenen Fallstricke auszublenden. Doch schauen wir einmal auf das Kraftvolle an ihrem Bild für diese junge Frau, dann wird deutlich, wie sehr es ihr hilft, sich als handlungsfähig zu begreifen und leidvolle Begebenheiten auszuhalten, denen sie durch eigenes Handeln wenig entgegensetzen kann. So erhält dieses Bild seine Funktion als Hilfskonstruktion; genau dies gilt es zu erkennen, um dann an das darin enthaltene Potenzial an Wider-

ständigkeit anzuknüpfen. Im weiteren Gespräch mit dem Mädchen wurde deutlich, dass unbeantwortete Bindungswünsche und enttäuschende Beziehungserfahrungen Eingang in diesen Lebensentwurf finden. Das Motto dieser Paarbeziehung lautet: „Nur wir zwei". Es verdeutlicht die emotionale Bezogenheit der jungen Frau auf ihren Partner und eine starke Binnenorientierung. Je stärker diese Bezogenheit und das Anklammern sind, umso feindlicher erscheint alles, was außerhalb dieser Grenze liegt. Es geht „gegen" die Welt da draußen, von der sie nichts mehr erwartet und gegen die sie sich behaupten muss. Was dieses Mädchen übersieht, ist, dass sie selbst ein Bestandteil der Welt „da draußen" ist. Ausgrenzungs- und Missachtungserfahrungen tragen zum Aufbau einer solchen Perspektive bei. Es geht um mehr als einen kognitiven Irrtum, wenn in so einem Entwurf überdeckt wird, dass Bindung und Autonomie auch in der Paarbeziehung gleichermaßen notwendig sind und es um die Herstellung von Balancen geht. Die unthematisierte, aber latent erkennbare Angst vor der „Welt da draußen" ist gekoppelt an die unsichere emotionale Basis hinter dieser adoleszenten Größenphantasie.

Durch Biografiearbeit können veränderte Deutungen verfestigter Selbst- und Lebensentwürfe angeregt und Möglichkeiten geschaffen werden, Gegenskripte zu entwickeln. Geht es um Erzählungen verpasster Chancen, etwa hinsichtlich einer abgebrochenen Schullaufbahn und damit verbundener enttäuschter Hoffnungen, Wut und Trauer, ist es für die Bewältigung dieser Erfahrungen bedeutsam, ob eine Jugendliche dies retrospektiv als Resultat bewusst getroffener Entscheidung interpretiert oder ob das Gefühl dominiert, Gelegenheiten nicht genutzt zu haben. Überwiegt hingegen eine „passive" Perspektive, in der eine Jugendliche diese Möglichkeit des weiteren Schulbesuchs nicht nutzen konnte, weil damit verbundene Voraussetzungen nicht gegeben waren und sie hierfür z. B. familiäre Umstände verantwortlich macht, die diese Möglichkeit verstellten oder blockierten, entsteht ein ganz anderes Gefühl der eigenen Kontrollierbarkeit und Selbstwirksamkeitsüberzeugung. Dabei wird der Blick auf Handlungspläne der jungen Frauen und Männer gelenkt, die aufgrund innerer oder äußerer Gegebenheiten nicht realisiert wurden.

Zudem erlaubt das Einnehmen einer mehrgenerationalen Perspektive, Delegationen und die Weitergabe von Handlungsorientierungen und generationsübergreifenden Mustern der Lebensgestaltung zu erschließen. In der Arbeit mit delinquenten jungen Frauen und Männern ist daher stärker zu berücksichtigen, dass ihre oft belasteten Familien auch über Resilienzpotenziale verfügen können. Das Wechselspiel zwischen Risiko und Resilienz in der Familie der

Jugendlichen kann etwa mit Hilfe gemeinsamer Erstellung eines Genogramms näher erkundet werden. Neben problematischen Anteilen einzelner Familienmitglieder und des gesamten Familiensystems sollten auch die Fähigkeiten in den Blick genommen werden, um so Ansätze zur Bewältigung von Problemlagen und damit verbundene Muster sichtbar zu machen (vgl. genauer dazu Walsh 2008; Hildenbrand 2008b).

7. Voraussetzungen, Grenzen und offene Fragen

Nun lässt sich kritisch fragen, ob dieser Zugang nicht an mehreren fehlenden Voraussetzungen zu scheitern droht. So könnte neben Hinweisen auf einen solchen Zugang erschwerende institutionelle Rahmenbedingungen eingewendet werden, dass Jugendliche Rückblicken auf eine vielfach leidvolle Vergangenheit und Erzählaufforderungen skeptisch gegenüberstehen, gerade weil sie oft mit Fremddeutungen ihrer Geschichte und ihres Selbsterlebens konfrontiert worden sind. Näher reflektieren und empirisch klären muss man unbedingt, welche Spielräume für biografische Selbst- und Weltdeutung überhaupt Mädchen und Jungen in Institutionen der Jugendhilfe und der Jugendstrafrechtspflege nahegelegt oder umgekehrt sogar verhindert werden. Pädagogische Arbeit mit delinquenten Jugendlichen enthält normative Implikationen, die sich u. a. in Vorstellungen eines (noch) „akzeptablen" oder „gelungenen" resp. „misslungenen" Lebensverlaufs zeigen. Die Deutungsfolien, mit denen Lebensentwürfen delinquenter Jugendlicher seitens der Professionellen begegnet wird, sind daher zu reflektieren.

Ein weiterer Einwand gegen Biografiearbeit mit psychosozial belasteten Jugendlichen lautet auch, der Rückblick auf die bisherige Biografie könnte dem Wunsch nach Zukunftsorientierung Jugendlicher entgegenstehen. Wie dargestellt, beinhaltet Biografiearbeit jedoch nicht nur Rückblicke, sondern vor allem auch die Entwicklung von Zukunftsorientierungen, die jedoch durch Gegenwart und Vergangenheit beeinflusst werden. *Der Fokus liegt nicht darauf, die Vergangenheit zu bewältigen, sondern gegenwärtige Orientierungsprobleme und biografische Entwürfe zu klären.*

Dies lenkt den Blick auf erforderliche „Mindeststandards" hinsichtlich der Rahmenbedingungen, Verhaltensregeln und fachlicher Professionalität (vgl. auch Jansen 2009: 28 f.), diese lauten:
- Pädagogische Mitarbeiter/innen müssen durch zeitliche Kapazitäten und regelmäßige Termine *Zuverlässigkeit* im Kontakt zu den Jugendlichen zeigen.

- Vertraulichkeit in der Arbeit ist den Jugendlichen durch die Professionellen auch dadurch zu vermitteln, dass eine *stabile Vertrauensbasis* geschaffen wird, es zu keiner Manipulation von Äußerungen oder gar zur Instrumentalisierung von Ergebnissen für andere Zwecke (etwa zur Belohung oder Sanktionierung) kommt. Dazu gehört auch, dass keine Weitergabe von Informationen an Dritte erfolgt.
- Das in der jeweiligen Maßnahme gewählte *Anforderungsniveau* sollte auf die Voraussetzungen der Jugendlichen abgestimmt sein.
- Ein *behutsamer Umgang mit belastenden Emotionen und Verletzungen* der Jugendlichen durch die pädagogischen Mitarbeiter/innen und insgesamt im Rahmen der Gruppenarbeit ist erforderlich. Dazu gehört auch, dass die Grenzen pädagogischer Biografiearbeit im Thematisieren überfordernder Lebensereignisse und traumatischer Erfahrungen gewahrt werden.
- Im Rahmen von *Intervision und Supervision* sollten die institutionellen Rahmenbedingungen, das Setting und eigene Deutungsperspektiven und Haltungen Gegenstand von Reflexion werden.

Rätz-Heinisch und Köttig weisen beim Selbstverstehen darauf hin, dass es neben den angenommen Chancen von dialogischer Biografiearbeit „in akuten Krisensituationen nicht ratsam sein kann, Menschen in Erinnerungsprozesse zu führen" (2007: 252). Wird Erzählen jedoch eine von den Jugendlichen selbst gewählte Verbalisierungsform in Krisensituationen, können dadurch Kommunikation und Kontakt möglich werden (ebd.: 254). Nicht nur beim Vorliegen unzureichend integrierter lebensgeschichtlicher Erfahrungen und psychosozialer Beeinträchtigungen, sondern auch in Fällen, in denen Jugendliche sprachlich weniger kompetent sind, sollten vielfältige Artikulationsmöglichkeiten zur Verfügung gestellt werden. Gerade aktionale Zugänge und der Einsatz kreativer, spielerischer Verfahren (Malerei, Comics, Collagen, Fotografie, Tanz, Theater mit Masken, Musik etc.) erhalten besondere Bedeutung und unterstützen bei der Versprachlichung belastender Erfahrungen (vgl. dazu die Beiträge in Jansen/Hölzle 2009). Über solche Zugänge kann man mit den Jugendlichen in einen Dialog kommen. *Erzählen lässt sich als durch biografische Arbeit entwickelte Kompetenz verstehen*, wobei die Jugendlichen unmittelbar erfahren können, dass ihnen dies möglich ist und wie entlastend es sich auswirkt. Dabei erfüllt die ästhetische Dimension sozialen Lernens nicht nur eine kompensatorische Funktion, sondern kann Zugang zu verschütteten biografischen Potenzialen und anderweitig gebundenen Ressourcen eröffnen. „Ein kreativer Ausdruck kann im interaktiven Prozess Entlastung,

Ventil und Sprache sein, kann zu einer sinnstiftenden Kraft in der ‚inneren Ödnis' von Entfremdung und Leere werden. Im Selbsterleben produktiv, schöpferisch und lebendig öffnet sich der Klientel die Möglichkeit, sich zumindest situativ und partiell im Kontakt mit sich und Anderen zu erleben. Dies kann einen Einstieg darin bedeuten, Bezugsrahmen und darin fixierte Handlungsmuster der Klientel, vorsichtig und gemeinsam zu verändern" (Jansen 2009b: 57). *Für die Arbeit mit delinquenten Jugendlichen lassen sich geeignete und konkret umsetzbare Methoden der Biografiearbeit* (u.a. Gudjons et al. 2008) *nicht pauschal benennen.* Vielmehr sind für den jeweils konkreten Arbeitskontext mit delinquenten Jugendlichen vor dem Hintergrund jeweils erst näher zu bestimmender Problem- und Bedarfslagen geeignete Methoden zu entwickeln und umzusetzen. Dabei muss näher beobachtet und bestimmt werden, welche Zugänge sich als (un)geeignet erweisen.

Forschungspraktisch heißt dies zu verstehen, wie sich Lernprozesse im Rahmen angeleiteter Biografiearbeit vollziehen, so dass Resilienzpotenziale aktiviert und entwickelt werden. *Der Aufbau individueller und sozialer Ressourcen im Rahmen umfassender Lernprozesse steht in keinem linear-kausalen Zusammenhang zur Entstehung von Resilienz.* Das Ergebnis solcher Prozesse ist im Einzelfall kaum vorhersagbar. Auch kann der Erwerb von Bewältigungsressourcen und Resilienzpraxen *keine geplante Wirkungen* zeigen; auch dies gilt es in der praktischen Arbeit näher zu beobachten. Biografisches Lernen muss folglich als offener und nicht abgeschlossener Prozess begriffen werden, dessen Ergebnis nicht steuerbar und vor dem Hintergrund der je konkreten Fallkonstellation zu bewerten ist.

Dies mag ein erster Ansatz sein, Resilienzförderung bei einer jener Zielgruppen zu etablieren, die ihrer sicherlich besonders bedürfen, auch wenn sich Resilienzförderung in der Arbeit mit delinquenten Jugendlichen nicht auf Biografiearbeit wird beschränken lassen. Auf jeden Fall geht es hier um eine Zielgruppe, bei der sowohl Kraft, aber auch Sprengkraft des Resilienzpotentials besonders hervortreten dürften – und wo daher die Ausbalancierung des individuell wie sozial gleichermaßen tragfähigen Weges zwischen eigensinniger Lebensgestaltung und gesellschaftlichem Konformitätsdruck in einem spannungsreichen Prozess immer wieder neu erfolgen muss.

Literatur

Beelmann, Andreas/Raabe, Tobias (2007): Dissoziales Verhalten von Kindern und Jugendlichen. Göttingen

Beelmann, Andreas/Lösel, Friedrich (2007): Entwicklungsbezogene Prävention dissozialer Verhaltensprobleme: Eine Meta-Analyse zur Effektivität sozialer Komptenztrainings. In: Suchodoletz, Waldemar v. (Hrsg.): Prävention von Entwicklungsstörungen, S. 235–258. Göttingen

Bereswill, Mechthild/Koesling, Almut/Neuber, Anke (2008): Umwege in Arbeit. Die Bedeutung von Tätigkeit in den Biografien junger Männer mit Hafterfahrung. Baden-Baden

Drewniak, Regine (2010): Ambulante sozialpädagogische Maßnahmen als Alternativen zum Freiheitsentzug. In: Dollinger/Schmidt-Semisch (Hrsg.): Handbuch Jugendkriminalität. Kriminologie und Sozialpädagogik im Dialog, S. 393–404. Wiesbaden

Fingerle, Michael/Walther, Pierre (2008): Resilienzförderung. In: Fingerle (Hrsg.): Sonderpädagogische Förderprogramme im Vergleich, S. 141–156. Stuttgart

Fingerle, Michael (2010): Risiko- und Resilienzfaktoren der kindlichen Entwicklung. In: Ahrbeck/Willmann (Hrsg.): Pädagogik bei Verhaltensstörungen. Ein Handbuch, S. 121–128. Stuttgart

Giebeler, Cornelia/Fischer, Wolfram/Goblirsch, Martina/Miehte, Ingrid/Riemann, Gerhard (Hrsg.) (2007): Fallverstehen und Fallstudien. Interdisziplinäre Beiträge zur rekonstruktiven Sozialarbeitsforschung. Opladen

Goffman, Erving (1973): Asyle. Über die soziale Situation psychiatrischer Patienten und anderer Insassen. Frankfurt/M

Greve, Werner (2008): Bewältigung und Entwicklung. In: Oerter/Montada (Hrsg.): Entwicklungspsychologie, S. 910–926. Weinheim

Greve, Werner/Hosser, Daniela (2008): Antisoziales Verhalten im Jugendalter: Entwicklungsbedingungen für adoleszente Delinquenz und Gewalt. In: Silbereisen/Hasselhorn (Hrsg.): Entwicklungspsychologie des Jugendalters, S. 587–625. Göttingen

Griese, Birgit/Griesenhop, Hedwig Rosa (2007): Biografische Fallarbeit. Theorie, Methode und Praxisrelevanz. Wiesbaden

Gudjons, Herbert/Wagener-Gudjons, Birgit/Pieper, Marianne (2008): Auf meinen Spuren. Übungen zur Biografiearbeit. (völlig neu bearbeitete und aktualisierte Auflage) Bad Heilbrunn

Hanses, Andreas (2000): Biographische Diagnostik in der Sozialen Arbeit. Über die Notwendigkeit eines hermeneutischen Fallverstehens im institutionellen Kontext. In: neue praxis, Zeitschrift für Sozialarbeit, Sozialpädagogik und Sozialpolitik, 4, S. 357–379

Herz, Birgit (2010): Kinder- und Jugendhilfe/Sozialpädagogik. In: Ahrbeck/Willmann, (Hrsg.): Pädagogik bei Verhaltensstörungen. Ein Handbuch, S. 27–35. Stuttgart

Hildenbrand, Bruno (2008a): Resilienz in sozialwissenschaftlicher Perspektive. In: Welter-Enderlin/Hildenbrand (Hrsg.): Resilienz – Gedeihen trotz widriger Umstände, S. 20–27. Heidelberg

Hildenbrand, Bruno (2008b): Resilienz, Krise und Krisenbewältigung. In: Welter-Enderlin/Hildenbrand (Hrsg.): Resilienz – Gedeihen trotz widriger Umstände, S. 205–229. Heidelberg

Hölzle, Christina (2009): Gegenstand und Funktion von Biografiearbeit im Kontext Sozialer Arbeit. In: Hölzle/Jansen (Hrsg.): Ressourcenorientierte Biografiearbeit. Grundlagen – Zielgruppen – Kreative Methoden, S. 31–54. Wiesbaden

Hußmann, Marcus (2010): Diagnose und Individualprognose als Kernproblem des Umgangs mit Jugendkriminalität. In: Dollinger/Schmidt-Semisch (Hrsg.): Handbuch Jugendkriminalität. Kriminologie und Sozialpädagogik im Dialog, S. 335–350. Wiesbaden

Jansen, Irma (2009a): Biografie im Kontext sozialwissenschaftlicher Forschung und im Handlungsfeld pädagogischer Biografiearbeit. In: Hölzle/Jansen (Hrsg.): Ressourcenorientierte Biografiearbeit. Grundlagen – Zielgruppen – Kreative Methoden; S. 17–30. Wiesbaden

Jansen, Irma (2009b): Biografiearbeit im Hilfeprozess der Sozialen Arbeit. In: Hölzle/Jansen (Hrsg.): Ressourcenorientierte Biografiearbeit. Grundlagen – Zielgruppen – Kreative Methoden, S. 55–70. Wiesbaden

Jansen, Irma (1999): Mädchen in Haft. Opladen

Jansen, Irmgard/Schreiber, Werner (1994): „Die Mädchen sind wieder frech geworden." Zur Bedeutung von Disziplinierung im Strafvollzug an jugendlichen Frauen. In: Monatszeitschrift für Kriminologie, 3, S. 137–148

Kramer, Rolf-Torsten (2007): „Biographie" und „Resilienz" – ein Versuch der Verhältnisbestimmung. In: Opp/Fingerle (Hrsg.): Was Kinder stärkt. Erziehung zwischen Risiko und Resilienz, S. 79–97. München/Basel

Lösel, Friedrich/Bliesener, Thomas (2003): Aggression und Delinquenz unter Jugendlichen. Untersuchungen von kognitiven und sozialen Bedingungen. München/Neuwied

Matt, Eduard/Siewert, Sandra (2008): Resilienz, Lebenslaufperspektive und die Frage der Prävention. In: Zeitschrift für Jugendkriminalrecht und Jugendhilfe, 3, S. 268–275

Miethe, Ingrid/Fischer, Wolfang/Giebeler, Cornelia/Goblirsch, Martina/Riemann, Gerhard (2007) (Hrsg.): Rekonstruktion und Intervention. Interdisziplinäre Beiträge zur rekonstruktiven Sozialarbeitsforschung. Opladen

Petermann, Franz/Schmidt, Martin (2006): Ressourcen – ein Grundbegriff der Entwicklungspsychologie und Entwicklungspsychopathologie? In: Kindheit und Entwicklung, 15, 2, S. 118–127

Pöge, Alina (2007): Klassifikation und Verläufe delinquenten Verhaltens. Eine Untersuchung Münsteraner Jugendlicher. Münster

Prein, Gerald/Schumann, Karl F. (2003): Dauerhafte Delinquenz und die Akkumulation von Nachteilen. In: Schumann (Hrsg.): Delinquenz im Lebensverlauf: Bremer Längsschnittstudie zum Übergang von der Schule in den Beruf bei ehemaligen Hauptschülern, S. 181–208. Weinheim/München

Rätz-Heinisch, Regina/Köttig, Michaela (2007): Die Praxis Dialogischer Biografiearbeit – rekonstruktives Fallverstehen und Unterstützung von Selbstverstehensprozessen. In: Miehte/Fischer/Giebeler/Goblirsch/Riemann (2007) (Hrsg.): Rekonstruktion und Intervention. Interdisziplinäre Beiträge zur rekonstruktiven Sozialarbeitsforschung, S. 239–257. Opladen

Rosenthal, Gabriele/Köttig, Michaela/Witte, Nicole/Blezinger, Anne (2006): Biografisch-narrative Gespräche mit Jugendlichen. Chancen für das Selbst- und Fremdverstehen. Opladen

Scherr, Albert (2007): Jugendhilfe die bessere Form des Strafvollzugs? Chancen und Risiken. In: Nickolai/Wichmann (Hrsg.): Jugendhilfe und Justiz. Gesucht: Bessere Antworten auf Jugendkriminalität, S. 68–83. Freiburg i. Breisgau

Schumann, Karl F. (2010): Jugenddelinquenz im Lebensverlauf. In: Dollinger/Schmidt-Semisch (Hrsg.): Handbuch Jugendkriminalität. Kriminologie und Sozialpädagogik im Dialog, S. 243–257. Wiesbaden

Silkenbeumer, Mirja (2007): Biografische Selbstentwürfe und Weiblichkeitskonzepte aggressiver Mädchen und junger Frauen. Münster

Silkenbeumer, Mirja (2010): Jugendkriminalität bei Mädchen. In: Dollinger/Schmidt-Semisch (Hrsg.): Handbuch Jugendkriminalität. Kriminologie und Sozialpädagogik im Dialog, S. 319–334. Wiesbaden

Stelly, Wolfgang/Thomas, Jürgen (2007): Das Ende der kriminellen Karriere bei jugendlichen Mehrfachtätern. In: Lösel/Bender/Jehle (Hrsg.): Kriminologie und wissensbasierte Kriminalpolitik. Entwicklungs- und Evaluationsforschung, S. 433–446. Mönchengladbach

Stelly, Wolfgang/Thomas, Jürgen (2004): Wege aus schwerer Jugendkriminalität. Eine qualitative Studie zu Hintergründen und Bedingungen einer erfolgreichen Reintegration von mehrfachauffälligen Jungtätern. In: Tübinger Schriften und Materialien zur Kriminologie, Band 5. TOBIAS-lib, Universitätsbibliothek Tübingen. Verfügbar im Internet unter: http://www.ifk.jura.uni-tuebingen.de/projekte/desister.neu/index.html. [20.12.2009]

Thomas, Jürgen/Stelly, Wolfgang (2008): Kriminologische Verlaufsforschung zu Jugendkriminalität. Entwicklungen und Befunde. In: Forensische Psychiatrie, Psychologie, Kriminologie, 2, 3, S. 199–206

Trenczek, Thomas (2010): Mitwirkung der Jugendhilfe im Strafverfahren – Jugendgerichtshilfe. In: Dollinger/Schmidt-Semisch (Hrsg.): Handbuch Jugendkriminalität. Kriminologie und Sozialpädagogik im Dialog, S. 381–392. Wiesbaden

Walkenhorst, Philipp (2007): Stellungnahme zum Entwurf eines Jugendstrafvollzugsgesetzes der Landesregierung NRW sowie der Landtagsfraktion BÜNDNIS 90/DIE GRÜNEN. Düsseldorf. Verfügbar über: www.dvjj.de/download.php?id=188

Walkenhorst, Philipp (2008): Jugendstrafvollzug und Nachhaltigkeit. In: Walkenhorst/Goerdeler (Hrsg.): Jugendstrafvollzug in Deutschland: neue Gesetze, neue Strukturen, neue Praxis? Forum, S. 353–395

Walter, Michael (2005): Jugendkriminalität. Eine systematische Darstellung. (3., neu bearbeitete und erweiterte Auflage) Stuttgart

Weidner, Jens/Gall, Rainer (2006): Das Anti-Aggressivitäts- und Coolness-Training – zum theoretischen Rahmen konfrontativ orientierter Methodiken. In: Weidner/Kilb/Jehn (Hrsg.): Gewalt im Griff. Band 3, S. 10–33. Weinheim/Basel

Fragen an Frau Averbeck, Jugendamt Dortmund: Können Jugendämter Kinder stärken?

Frau Averbeck, könnten Sie sich bitte mit Ihrem Tätigkeitsbereich und Ihren Arbeitsschwerpunkten kurz vorstellen?
▸ Seit mittlerweile 20 Jahren, nämlich seit 1989, arbeite ich im Jugendamt der Stadt Dortmund, Fachbereich Erzieherische und Wirtschaftliche Hilfen. Nachdem ich einige Zeit in der erzieherischen Einzelhilfe und im Pflegekinderdienst tätig war, habe ich 9 Jahre den Bereich der Sozialpädagogischen Familienhilfe (SPFH) mit damals 14 Familienpädagoginnen geleitet und bin jetzt seit Herbst 2005 Fachberaterin der 13 Jugendhilfedienste in Dortmund. Aufgrund meiner Ausbildung zur systemischen Familientherapeutin und Supervisorin biete ich den Sozialarbeiterinnen und Sozialarbeitern der Jugendhilfedienste u.a. systemische Fallsupervisionen an. Jugendhilfedienstübergreifend können die Mitarbeiter und Mitarbeiterinnen gemeinsam mit Kolleginnen und Kollegen, mit denen sie nicht täglich zusammenarbeiten, mit analogen Methoden schwierige Einzelfälle supervidieren. Ein Schwerpunkt meiner Arbeit ist darüber hinaus die Umsetzung der gesetzlichen Vorgaben zum Kinderschutz im Rahmen des SGB VIII bei freien Trägern, den Schulen, der Gesundheitshilfe und der Drogenhilfe. Ein weiterer Schwerpunkt ist die generelle Kooperation des Jugendamtes mit anderen Helfersystemen im Kinderschutz, hier insbesondere mit der Kinder- und Jugendpsychiatrie, den Schulen und der Drogenhilfe. Neben der Koordination von strukturellen fallübergreifenden Vereinbarungen bin ich im Bereich des Konfliktmanagements für die Moderation von Reflexionsgesprächen zwischen den Institutionen in schwierigen Einzelfällen zuständig.

Sie haben im Herbst 2008 eine kommunale Kinderschutzkonferenz in Dortmund veranstaltet und dabei einen der Themenschwerpunkte auf Resilienz gesetzt. Warum?
▸ Bevor ich auf Ihre Frage, warum mir der Schwerpunkt Resilienz so wichtig ist, eingehe, möchte ich zwei Sätze dazu sagen, warum wir in Dortmund überhaupt eine Kinderschutzkonferenz durchgeführt haben. Wir bemühen uns seit vielen Jahren um einen konstruktiven Dialog mit allen Fachkräften, die mit Kindern, Jugendlichen und ihren Familien arbeiten. Im Rahmen des Schutzauftrages bei Kindeswohlgefährdung nach § 8a

SGB VIII gibt das Gesetz seit Herbst 2005 eine klare Handlungsleitlinie vor. Sie gilt zunächst für die Fachkräfte der öffentlichen und freien Jugendhilfe. Da die Fachkräfte im Bereich der Gesundheitshilfe und der Drogen- und Suchthilfe in diesem Gesetz nicht berücksichtigt werden, jedoch in ihrem Alltag durchaus Kontakt zu hochbelasteten Kindern haben, haben wir unter dem Motto „Kinderschutz geht uns alle an" Fortbildungsveranstaltungen durchgeführt, an denen mittlerweile über 2.700 Fachkräfte aus Schulen, Kindertagesstätten, Drogeneinrichtungen, niedergelassene wie Klinikärzte und natürlich auch freie Träger der Jugendhilfe teilgenommen haben. Darüber hinaus führen wir in Abständen von ca. 2 Jahren „Dortmunder Dialoge" in Kooperation mit der Fachhochschule und den freien Trägern der Erziehungshilfen durch. Das sind Tagesveranstaltungen, wo im multiprofessionellen Dialog in Workshops an der Umsetzung relevanter Themen der Erziehungshilfen hier in Dortmund gearbeitet wird.

Wollen wir Kinder und Jugendliche vor Gefährdungen schützen und Eltern darin unterstützen, ihrer Verantwortung den Kindern gegenüber gerecht zu werden, müssen alle Fachkräfte zusammenarbeiten. Die 1. Dortmunder Kinderschutzkonferenz 2008 setzte diesen multiprofessionellen Dialog in unserer Stadt fort. Neben dem Thema Kooperation habe ich mich für den Schwerpunkt Resilienz eingesetzt, da wir alle gemeinsam akzeptieren müssen, auch durch noch so gute und verbindliche Kooperationsstrukturen nicht verhindern zu können, dass Kinder unter schwierigen familiären Umständen aufwachsen müssen. Das Recht der Eltern, ihre Kinder zu versorgen und zu erziehen und damit ihr Schicksal zu bestimmen, ist im Grundgesetz verankert. Ausnahmen sind nur im Bereich der Kindeswohlgefährdung zu sehen. Aber auch in diesen Fällen müssen Jugendämter gemeinsam mit dem Familiengericht überprüfen, inwieweit Eltern bereit sind, Hilfen anzunehmen. Bestätigen sie dies vordergründig und unterschreiben einen entsprechenden Antrag, leben Kinder und Eltern häufig noch viele Jahre zusammen mit der Auflage, ambulante Erziehungshilfen anzunehmen. Ich spreche hier von den sogenannten „Kontrollaufträgen" insbesondere im Bereich der Sozialpädagogischen Familienhilfe. Jene Fachkräfte, die mit diesen Kindern und Jugendlichen in egal welchem Kontext arbeiten, müssen wissen, dass Kinder nicht grundsätzlich an und in diesen Lebensumständen zerbrechen, also nicht notwendig in ihrem Leben scheitern werden. Kennen Fachkräfte die zur seelischen Widerstandsfähigkeit von Kindern beitragenden und heilsamen Faktoren und setzen diese Kenntnis im Alltag kontinuierlich ein, hat das Kind eine Chance, innerlich stark zu werden und später einmal ein eigenverantwortliches Leben zu führen.

Ziel der Kinderschutzkonferenz war es somit, die anwesenden Fachkräfte der unterschiedlichen Professionen im Dialog miteinander für die Idee der Resilienz zu sensibilisieren.

Frau Averbeck, anders als im angelsächsischen Sprachraum ist der Begriff „Resilienz" hierzulande weiten Kreisen noch unbekannt. Könnten Sie bitte eingangs kurz erläutern, was Sie persönlich unter Resilienz verstehen? Was ist das Spezifische gerade von Resilienzförderung, denn etwa auch ressourcenorientierte Arbeit setzt ja an den Stärken von Menschen an und möchte dadurch fördernd wirken?
▸ M.E. nach kann man den Begriff Resilienz nicht mit ein oder zwei Sätzen beschreiben. Wie wollen Sie den inneren Reifungsprozess eines Menschen, der durch schwierige Lebensumstände in Gang gesetzt wurde, kurz erklären? Wichtig sind mir hier die Ansätze der Salutogenese. Ein Mensch kann widrige Umstände und Krisen im Leben überstehen und daran innerlich wachsen, wenn er nachvollziehen kann, warum die Situation so ist, wie sie ist. Sie muss handhabbar sein, so dass der Mensch erlebt, wie er selbst in der schwierigen Lebenssituation positiv wirksam sein kann. Er weiß, dass er Ressourcen, also Fähigkeiten hat, die Situation durchzustehen, kennt Helfer, Hilfen und Schutzräume und nutzt sie. Darüber hinaus erlebt er sein Leben grundsätzlich als sinnvoll, trotz der Belastungen und Schwierigkeiten. Demnach heißt Resilienzförderung für mich, das Kind zu unterstützen, eine konstruktive Haltung dem Leben gegenüber zu entwickeln. Antonovsky hat das Leben mit dem Bild eines Flusses verglichen, der neben ruhigen und klaren Abschnitten Untiefen, gefährliche Strudel und Stromschnellen hat. Niemand geht sicher am Ufer entlang. Resilienzförderung bedeutet in diesem Bild gesprochen, dem Kind zu helfen, schwimmen zu lernen. Das ist doch ein interessanter Auftrag für die Jugendhilfe.

Wie würden Sie also Resilienzförderung und Ressourcenorientierung voneinander abgrenzen?
▸ Ressourcenorientierung ist m.E. ein wichtiger Bestandteil der Resilienzförderung. Ich denke, Resilienzförderung geht nicht ohne Ressourcenorientierung, Ressourcenorientierung alleine ist aber noch keine Resilienzförderung. Ich kann als Erziehungsbeistand mein pädagogisches Konzept an den Ressourcen des aggressiven, verhaltensauffälligen 10-jährigen Jungen (u.a. technische Begabung und handwerkliches Geschick) ausrichten und mit ihm gemeinsam z.B. einen Lenkdrachen bauen. Tue ich das, ohne dass mich wirklich interessiert, was der Junge denkt und fühlt, lernt

er vielleicht, einen Drachen zu bauen, aber wahrscheinlich nicht viel mehr für sein Leben. Ich gehe noch einmal auf die Metapher von Antonovsky ein. Ich bin dann ein guter „Schwimmlehrer" für ein Kind, wenn ich mich nicht scheue, mit ihm in eine persönliche Beziehung zu treten, präsent zu sein, Geduld und Ausdauer habe und ihm ein persönliches Modell für den Umgang mit schwierigen Situationen biete, ich also ein Stück weit selber mit in den Fluss hineinsteige, um mit ihm dort zu trainieren. Resilienzförderung oder schwimmen zu lernen im Strom des Lebens, bedeutet nicht nur, bereits vorhandene Fähigkeiten bestmöglich zu nutzen, sondern vielmehr auch bei der Entwicklung neuer Kompetenzen mitzuhelfen, welche ohne die widrigen Umstände im Leben des Kindes so nicht entstanden wären.

Wie haben nach Ihrem Eindruck die auf der Dortmunder Konferenz vertretenen Fachkräfte die Idee der Resilienzförderung denn aufgenommen? Wissen Sie von ersten praktischen Konsequenzen?
▶ Ich habe die Konferenz in Kooperation mit Vertretern aus den Bereichen Schule, Kita, Drogenhilfe, freie Träger und Jugendamt vorbereitet. Bei meinen ersten Anfragen, ob Menschen bereit sind, die Veranstaltung mit mir vorzubereiten, habe ich oft die Frage gestellt bekommen „ Resi – wie bitte? Was ist denn das???" Bei unserem ersten Treffen wurde deutlich, dass neun von 12 Personen des Vorbereitungsteams den Begriff nicht kannten. Rechne ich das mal hoch, wussten 2/3 der Fachkräfte nicht, was Resilienz bedeutet. Das stimmt überein mit den Anfragen, die Teilnehmer der Konferenz – trotz eines erklärenden Flyers – gestellt haben. Ich kann an dieser Stelle nur betonen, dass die Idee der Resilienzförderung selbst von allen Anwesenden sehr positiv aufgenommen wurde.

Im Rahmen der Konferenz wurden nach einem einführenden Referat von Frau Prof. Zander Ideen und konkrete Vorschläge der Umsetzung in multiprofessionellen Kleingruppen schriftlich festgehalten. Interessant waren die Hinweise, dass insbesondere in den Kindergärten und Tagesstätten bereits vieles pädagogisch geleistet wird, was sich resilienzfördernd auf Kinder auswirkt, dies jedoch von den Fachkräften gar nicht bewusst wahrgenommen und eingesetzt worden ist, da ihnen der Begriff Resilienz noch nicht bekannt war.

Eine wichtige Erkenntnis der Fachkräfte war die Bedeutung von kritischer Reflexion der eigenen Haltung. Kinder in schwierigen Lebenssituationen sind eben oft nicht nur die stillen, zurückhaltenden, bedürftigen blonden Mädchen – ich formuliere mal bewusst etwas provokativ –, sondern gerade auch die aggressiven, lauten, provokativen und aufsässigen

Kinder, die sich in Schule und Kindergarten an keine Regeln halten und Fachkräfte an den Rand ihrer Geduld bringen.

Lehrern, Erziehern und Sozialarbeitern des Jugendamtes ist deutlich geworden, dass sie ressourcenorientiert schauen müssen, wo die Stärken des betroffenen Kindes sind, diese Ressourcen dann bewusst ansprechen, wertschätzen und das Kind, den Jugendlichen selbst mit einbeziehen, wenn es darum geht, Lösungen für Schwierigkeiten etwa in der Schule zu suchen. Erkannt und formuliert wurde darüber hinaus, dass schwieriges Verhalten auch eine kindliche Lösung für ein Problem darstellen kann. Inakzeptables Verhalten ist auch als eine Möglichkeit des Kindes zu sehen, innerlich zu überleben mit der Strategie „Besser negative Aufmerksamkeit von Erwachsenen als gar keine!" oder „Wenn ich in der Schule, im Kindergarten schwierig bin, schauen Mutter und Vater auf mich, dann bleiben sie vielleicht zusammen oder kommen wieder zusammen ...". Wie schreibt eine Kleingruppe: Wir achten zu sehr auf die Schwächen, viel zu wenig auf die Kompetenzen, die ‚Perlen'. Auf die Kompetenzen zu achten und sie dem Kind gegenüber deutlich zu formulieren, ist eine elementare Voraussetzung für das Kind, Selbstwirksamkeit zu spüren und daran zu glauben, dass es seine Zukunft selbst mitgestalten und verbessern kann! Eine weitere Gruppe vermerkt: „Wir müssen immer wieder unser eigenes Menschenbild hinterfragen, quasi wie ein Training."

Ich freue mich über diese Erkenntnisse, da die Haltung von Fachkräften nicht durch Gesetze, Strukturen und Dienstanweisungen verordnet werden kann, sondern sich aus meiner Sicht in einem inneren Prozess jedes Einzelnen und im Dialog mit anderen über die Zeit hin entwickelt. Da scheinen wir auf einem ganz guten Weg zu sein!

Ist nach Ihrer Kenntnis diese Idee aufgegriffen und verarbeitet worden, und wenn ja, wo? Haben Sie konkrete Beispiele?

▸ Es haben 200 Personen an der Kinderschutzkonferenz teilgenommen. Zu vielen habe ich seit der Veranstaltung keinen persönlichen Kontakt mehr gehabt. Insofern kann ich nur von Gesprächen mit einzelnen Personen Rückschlüsse auf eine Nachhaltigkeit ziehen. Es ist auch schwierig, genau zu differenzieren, welche Impulse durch die Veranstaltung neu gesetzt wurden und welche Überlegungen bereits vorher da waren. Trotzdem kann ich Ihnen einige Beispiele nennen, wo Resilienzförderung zukünftig mehr in den Blick genommen werden wird.

Innerhalb des Jugendamtes sind wir dabei, im Rahmen eines Projektes unser Fallmanagement und damit auch die Hilfeplanung kritisch zu überprüfen und neu zu strukturieren. Ein Baustein wird sein, systematisch nach Stärken des Kindes, aber auch der Eltern, zu fragen und Kinder wesentlich mehr in die Hilfeplanung mit einzubeziehen. Von den Stärken ausgehend, Lösungen für schwierige Alltagssituationen gemeinsam mit dem Kind zu entwickeln, ist dann Bestandteil jedes Hilfeplanverfahrens. Das Gefühl eigener Stärke entsteht nämlich nicht dadurch, dass wir Kindern alles abnehmen, sie versorgen und im Hilfeplan festschreiben, welche Fachkraft welchen Anteil an dieser Versorgung übernimmt. Kinder können Verantwortung für ihr eigenes Verhalten übernehmen und werden dann stark, wenn sie Schwierigkeiten überwunden haben. Dies gilt übrigens auch für Eltern. Wichtig ist m.E., dass dies auch von Fachkräften bemerkt wird. Der Hilfeplan kann hier ein gutes Medium sein, Entwicklung zu dokumentieren.

Innerhalb der Schulen haben wir durch die Veranstaltung Denkanstöße geben können, die weiter verfolgt werden. Lehrkräfte möchten sich engagieren und Resilienzförderung in ihrem Bereich ermöglichen. Da der Schwerpunkt von Schule nach wie vor überwiegend im Bereich der Bildung liegt und für Erziehungs- und Beziehungsarbeit wenig Zeit ist, haben einige Lehrer formuliert, dass es entlastend ist, zu wissen, dass Resilienzförderung nicht von der zur Verfügung stehenden Zeit abhängt, sondern vielmehr von der Qualität der Beziehung zu dem Kind. Mit den Schulräten für die Grund-, Haupt- und Förderschulen wurde im April 2009 vereinbart, dass die Themen „Resilienz" und „Elterngespräche führen im Kontext Kinderschutz" mit in die Lehrerfortbildungen aufgenommen wird.

Das Thema „Resilienz" ist auch bei den Kindertagesstätten aller Träger auf eine breite Resonanz gestoßen. Hier wollen sich die Fachkräfte dafür einsetzen, weitere Fortbildungen zum Thema zu organisieren. Ich würde gerne mal einen Blick in die Zukunft werfen, sagen wir mal in das Jahr 2030. Was sagen die Erwachsenen 2030, die sich heute und in den nächsten 5 Jahren als Kinder und Jugendliche in schwierigen Familiensituationen hier in Dortmund befinden, was und wer ihnen geholfen hat, für das Leben stark zu werden?

Wo und wie könnte nach Ihrer Erkenntnis der Gedanke der Resilienzförderung im präventiven Kinderschutz greifen?
▶ Zunächst mal müssten wir uns darauf einigen, was wir beiden denn unter präventivem Kinderschutz verstehen. Ich bin mir nicht sicher, ob das dasselbe ist. Bezieht sich präventiver Kinderschutz auf Kinder, bei denen bereits ein Bedarf nach „Hilfen zur Erziehung" des Jugendamtes besteht, aber noch keine Kindeswohlgefährdung vorliegt, oder meinen Sie Kinder,

die in ganz normalen Familien (was immer das ist ...) aufwachsen und für ihr Leben gestärkt werden sollen? Ich versuche mal, auf beides zu antworten. Aber erwarten Sie bitte keine Aufzählung von Förderprogrammen.

Resilienzförderung, d.h. Selbstwert zu fördern, Selbsthilfepotenziale zu aktivieren, Ressourcen zu sehen und „als Mensch" da zu sein, zu begleiten, sich zu kümmern, kann meines Erachtens nach überall dort geschehen, wo Kinder und Jugendliche im Alltag Kontakt zu Erwachsenen haben. Das kann in der Schule und im Kindergarten sein, aber auch im Sportverein, in der Freizeitstätte, im kirchlichen Unterricht oder aber, wenn wir in den nichtprofessionellen Bereich gehen, im Kontakt mit der Nachbarin oder dem Hausmeister der Schule geschehen, um nur einige, die mir jetzt spontan einfallen, zu nennen. Nach einem alten afrikanischen Sprichwort braucht es ein ganzes Dorf, um ein Kind zu erziehen. Ich würde mir wünschen, dass dieses ganze Dorf im übertragenen Sinn sich zur Aufgabe macht, die psychische Widerstandsfähigkeit seiner Kinder zu fördern. Das impliziert jedoch, dass wir professionellen Fachkräfte uns von der Vorstellung verabschieden, nur wir alleine mit unseren Fach- und Hochschulausbildungen könnten Resilienzfaktoren bei Kindern fördern. Zwei Dinge sind meiner Meinung nach von Bedeutung, wenn es um Prävention im Bereich Kinderschutz geht:

Erstens: Wir müssen die Eltern mit in den Prozess einbeziehen! Welche Resilienzfähigkeiten haben sie, was brauchen sie, um Resilienz zu entwickeln? Dieser Punkt ist mir so wichtig, weil ich gerne später noch einmal näher darauf eingehen möchte.

Und zweitens: Die Fachkräfte aller Institutionen eines Stadtbezirks müssen sich kennen oder zumindest voneinander, von ihren jeweiligen Hilfemöglichkeiten (aber auch Grenzen) wissen. Welche Möglichkeiten der Frühförderung, der Sprachtherapie, der Erziehungsberatung gibt es im Stadtbezirk? Wo sind Kinderärzte, welche Vereine gibt es, die Jugendliche und Kinder aufnehmen? Wo werden Babysitter vermittelt, wo ist die nächste Kleiderkammer, und wie kommt man an einen Ausweis, um bei der Tafel Lebensmittel einzukaufen? Wo ist die Jugendschutzstelle, welche konkreten Schutzräume gibt es für Kinder, welche Möglichkeiten existieren für Kinder und Jugendliche, sich anonym beraten zu lassen, wo ist die Frauenübernachtungsstelle, und welche Telefonnummer hat die Polizei und so weiter ... Die Ansprechpartner und Kontaktadressen sollten in allen Institutionen, Schulen, Kitas für die gesamte dortige Mitarbeiterschaft verfügbar sein.

Wir haben in Dortmund den Begriff des „Sozialen Frühwarnsystems" geändert. Um im Gegensatz zu Warnung und Kontrolle den Charakter der

Hilfe und Unterstützung deutlich zu machen, sprechen wir von dem „Sozialen Unterstützungssystem für Familien". Im Rahmen dieses Sozialen Unterstützungssystems versuchen wir, koordiniert durch das Jugendamt, in den jeweiligen Stadtbezirken die Institutionen miteinander in Kontakt zu bringen, so dass Kinder und Jugendliche und ihre Eltern auf die Hilfen hingewiesen werden und entweder dorthin begleitet werden oder sie – im Sinne von Selbstwirksamkeit – auch selbstständig nutzen können.

Sie sind zuständig für die ambulanten Erziehungshilfen des Jugendamtes Dortmund und damit auch für die Sozialpädagogische Familienhilfe. Welche Möglichkeit sehen Sie, speziell in diesem Bereich den Gedanken der Resilienzförderung zu integrieren?
▸ Ich war 9 Jahre zuständig für diesen Bereich. Die SPFH ist eine für das gesamte Familiensystem angelegte ambulante Erziehungshilfe. Ziel ist, elterliche Versorgungs- und Erziehungskompetenzen zu fördern und zu stabilisieren und Eltern dazu zu befähigen, ihre Kinder selber schützen zu können. Ich bin zutiefst davon überzeugt, dass eine SPFH nur nachhaltig wirken kann, wenn Resilienzförderung aller Familienmitglieder erfolgt. So banal und provokant das klingen mag: Kindern geht es dann gut, wenn es ihren Eltern gut geht. In meiner nun knapp 20-jährigen Jugendhilfepraxis habe ich nur sehr wenige Eltern erlebt, die ihre Kinder bewusst schädigen wollten. Grundsätzlich möchten Eltern, dass es ihren Kindern gut geht und sie im Leben bestehen, später einmal für sich selbst sorgen und ein besseres Leben als die Eltern führen können. Dies gilt insbesondere für sogenannte Multiproblemeltern mit Suchtproblematiken, psychischen Erkrankungen und finanzieller Armut.

In Familien, in denen eine SPFH eingesetzt wird, haben die Eltern häufig bereits die Hoffnung auf eine Veränderung ihrer Situation aufgegeben. Die Familienpädagogin, die in der Küche zwischen Bergen von schmutzigem Geschirr und Wäsche sitzt, ist der lebendige Beweis dafür, dass ich als Mutter/Vater unfähig bin, mein Kind zu erziehen und meinen Haushalt zu versorgen. Viele der Familien leben in finanzieller Armut. Die Kinder haben keine eigenen Betten und kein Spielzeug, es gibt keine Tapete an den Wänden und keinen Teppich auf dem Boden, und das Geld reicht nur für Nudeln und Toast. Häufig kommt noch Scham dazu, wenn diese Bedürftigkeit nach außen dringt. Um das zu verhindern und auch um sich abzulenken, werden dann Schulden aufgenommen – für Fernseher und PC etwa und zahlreiche Haustiere. Alle äußeren Systeme wie Schule, Kindergarten, Jugendamt fokussieren auf die Defizite dieser Menschen und signalisieren – dies häufig durchaus unbewusst –, dass sie die

Eltern für unfähig halten. Ich kann manche Eltern da gut verstehen, wenn sie aufgeben, insbesondere dann, wenn die Familienpädagogin als SPFH und das Jugendamt als Auftraggeber wesentlich besser als die Eltern zu wissen meinen, was denn das Ziel der Hilfe und der richtige Weg dorthin ist.

Hier haben wir dann ein echtes Dilemma. Einerseits haben Jugendämter den Auftrag, die Defizite anzusprechen, Eltern Hilfen im Rahmen einer ambulanten Erziehungshilfe anzubieten, aber auch zu kontrollieren, ob Eltern diese Hilfen auch annehmen und sie umsetzen. Das Jugendamt in seiner Wächterfunktion ist gefordert. Anderseits gelingt Veränderung nur im Kontext von Vertrauen. Die Kunst – und diesen Begriff meine ich im Sinne seines Ursprungs von Wissen, Weisheit und Intuition – also die Kunst der Fachkräfte, die im Rahmen einer SPFH arbeiten, besteht m.E. darin, eine Atmosphäre zu schaffen, in der Menschen über die Probleme, die sie mit ihren Kindern haben, sprechen können und wieder einen Zugang zu ihren Fähigkeiten, ihren eigenen Ressourcen bekommen, eine Atmosphäre also, in der sie spüren, selbst etwas bewirken und verändern zu können. Ich nenne es mal: das „Prinzip Hoffnung in die Zukunft" vermitteln. Um Eltern mit einer dialogischen Haltung zu begegnen, sind Kenntnisse der Salutogenese und Resilienzforschung hilfreich. Das heißt, sie eben nicht besserwisserisch zu belehren, sondern ihnen ein gleichwürdiges Gegenüber zu sein. Jeder Mensch braucht ein echtes Gegenüber, einen Menschen und keinen Funktionsträger, um sich entfalten und ändern zu können. Gleichwohl müssen schwierige Situationen, die Kinder betreffen, offen angesprochen werden. Die Kommunikation muss klar und transparent sein. Eltern müssen wissen, was die Familienpädagogin tut und mit wem sie über was spricht. Aber auch hier stellt sich die Frage, wie ich als Familienpädagogin mit ihnen spreche. Schaffe ich es, ihnen ihre Würde zu lassen auch, wenn Eltern so handeln, dass eine Kindeswohlgefährdung nicht abgewendet werden kann und das Jugendamt handeln und Kinder unterbringen muss?

Resilienzförderung sollte ein Bestandteil der Hilfeplanung der ambulanten Erziehungshilfen sein. Hier müssen die Eltern und die Kinder in die Zielplanung mit einbezogen werden. Was will die Mutter, der Vater in den nächsten 6 Monaten erreichen? Welche Fähigkeiten haben sie – fragen wir sie doch mal selbst! –, die hilfreich sein könnten, das Ziel zu erreichen? Welches Ziel hat das Kind – welche Ideen hat es, was kann es selbst tun, um das Ziel zu erreichen? Selbst kleine Kinder haben meiner Erfahrung nach oft gute Ideen, Probleme anzugehen! Weiterhin ist es gerade im Bereich der SPFH wichtig, einen Auftrag von der Familie für die Arbeit in der Familie zu bekommen. Oft ist es nämlich so, dass die fallzuständigen Sozialarbeiter(innen) das Hilfeplanziel vorgeben und Eltern den Antrag nur rechts unten unterschreiben dürfen oder müssen. Fragen wir doch Eltern und Kinder danach, wie die Familienpädagogin hilfreich sein kann und was sie besser nicht tun sollte. Wünscht sich das Kind, mit einem männlichen Familienpädagogen Fußball zu spielen und sich in einem Verein anzumelden? Oder will es zweimal im Monat mit der Familienpädagogin backen oder kochen? Nach meinem Dafürhalten spricht überhaupt nichts dagegen, die Aussagen der Familie wortwörtlich in ihrer Sprache – und nicht in pädagogisch verschlüsselter Fachsprache – in den Hilfeplan zu schreiben und dann von den Eltern und dem Kind unterschreiben zu lassen. Ich habe hiermit in den 9 Jahren SPFH-Arbeit gute Erfahrungen gemacht. Der Antrag wird zum Antrag der Familie, die etwas zum Positiven ändern will und wieder Hoffnung hat, und nicht zum Antrag des Jugendamtes.

Da Sie auch mit der Frage des Kindeswohls im Umfeld von Suchtproblematiken, etwa Drogenabhängigkeit, befasst sind: Könnte Resilienzförderung auch dort hilfreich sein?
▸ Diese Frage kann ich eindeutig mit „Ja" beantworten. Dortmund war Mitte der 1990er Jahre ein Standort des damaligen Landesmethadonprojektes. Mittlerweile werden jedes Jahr zwischen 30 – 40 Kinder von illegal Drogen gebrauchenden Müttern in unserer Stadt geboren. Die Zahl der Kinder, die mit alkoholkranken Eltern aufwachsen, ist deutlich höher, wird aber nicht statistisch erfasst. Elterliche Sucht ist fast immer ein Indikator für eine Kindeswohlgefährdung. In jedem Einzelfall hängt es vom Alter des Kindes, dem Grad der Erkrankung, der Problem- und Hilfeakzeptanz der Eltern und den Ressourcen des gesamten Familiensystems – einschließlich der Großeltern und Geschwister der Eltern – ab, ob das Kind zu Hause oder im Familiensystem aufwachsen kann oder in einer Pflegefamilie oder im Heim untergebracht werden muss. Es ist sinnvoll, mit der Resilienzförderung möglichst bereits während der Schwangerschaft zu beginnen. Im Rahmen des mittlerweile bundesweit bekannten Dortmunder Kooperationskonzeptes „Start mit Stolpern" zwischen der Kinderklinik, der Gynäkologie der Städtischen Kliniken und dem Jugendamt wurde seit dem Jahr 2000 ein Netzwerk aus niedergelassenen Gynäkologen, substituierenden Ärzten, den Drogenberatungsstellen, der Aidshilfe, dem Gesundheitsamt und dem Jugendamt aufgebaut mit dem Ziel, frühzeitig im Rahmen einer Sozialdiagnostik Ressourcen des Familiensystems zu erkennen und Unterstützung und Hilfe in der Familie zu

installieren, bevor das Kind zur Welt kommt. Für den Bereich der trinkenden Eltern wurde 2005 eine Stelle „Kinder alkoholkranker Eltern" im Jugendamt fest verankert. Auch hier wurde ein Netzwerk aus Helferinstitutionen wie dem Gesundheitsamt, den Suchtberatungsstellen der freien Träger und den Selbsthilfegruppen aufgebaut.

Durch Fortbildungen an Schulen, Kindergärten, aber auch bei niedergelassenen Ärzten, wollen die Koordinatoren beider Netzwerke Fachkräfte für die Bedürfnisse der betroffenen Kinder sensibilisieren und ihnen resilienzfördernde Handlungsoptionen nahebringen. Gerade Kinder, die in Suchtfamilien aufwachsen – und hier ist es egal, ob es sich um illegale Drogen oder die legale Alkoholsucht handelt –, sind darauf angewiesen, Resilienz aufzubauen und Erwachsene „in der gesunden Welt" zu haben, die hin- und nicht wegschauen, die Worte finden für Zustände, die sprachlos machen, und die ernst nehmen, ohne zu dramatisieren. Aber auch Fachkräfte, die ihnen ermöglichen, Kind zu sein und ihre Bedürfnisse – ohne Schuldgefühle den Eltern gegenüber! – ausleben zu können. Resilienzfördernd ist die Haltung von Menschen: „Mama trinkt oder spritzt, nicht weil Du böse warst und nicht gehört hast, sondern weil sie krank ist", „Du darfst draußen spielen und in die Kita gehen und musst Dich nicht sorgen, andere Menschen kümmern sich um Mama", etc.

Gerade bei Suchterkrankungen ist die Schwelle zu gefährlichen Situationen für Kinder oft niedrig. Hier müssen Kinder von Erwachsenen, mit denen sie Kontakt haben, vermittelt bekommen, an wen sie sich wenden können, wenn sie Angst haben. Welche Schutzräume gibt es? Welche Telefonnummer können sie wählen, wo können sie hingehen – all dies muss mit ihnen, je nach Alter, besprochen werden. Gibt es eine Notrufnummer vom Kinderschutz, eine Jugendschutzstelle? Auch hier können die Kinder mit einbezogen und gefragt werden, zu wem sie gehen könnten, wenn sie Angst haben.

Wichtig ist mir an dieser Stelle aber auch, deutlich zu machen, dass es Situationen gibt, wo Erwachsene schnell handeln müssen und Kinder auch gegen den Willen der Eltern von ihnen getrennt werden und in einer anderen Familie oder einem Heim aufwachsen müssen. Erfolgt eine Fremdunterbringung, müssen auch die dann zuständigen Erzieher oder Pflegeeltern auf resilienzförderndes Verhalten achten. Hier geht es dann insbesondere darum, die Fähigkeiten, die das Kind zum psychischen und physischen Überleben entwickelt hat – und die durchaus nicht immer gesellschaftlich akzeptiert sind –, zu sehen und wertzuschätzen, und eine Atmosphäre zu schaffen, in der Kinder ihre Regulationsfähigkeiten, die sie in der Vergangenheit zum Überleben brauchten, nicht aufgeben müssen, um anerkannt zu werden, sondern sie vielmehr sinnvoll und hilfreich in den neuen Alltag integrieren und dort nutzen können.

Sie sprachen vorhin von Fortbildungen, welche die Koordinatoren der beiden Netzwerke für die Fachkräfte planen: Was können Sie uns konkret zu den Konzepten und Inhalten dieser Fortbildungsmaßnahmen sagen?

▸ Fortbildungsangebote finden statt im Rahmen von Fachtagungen und auf Anfragen von Schulen, Kindertagesstätten und Qualitätszirkeln niedergelassener Ärzte dann in den jeweiligen Institutionen. Bislang wurden in den vergangenen Jahren drei große Fachtagungen mit jeweils zwischen 100 – 300 Teilnehmern durchgeführt sowie zahlreiche Informations- und Fortbildungen in unterschiedlichen Einrichtungen. Im Januar 2010 wird eine weitere Fachtagung zum Thema „Kinder alkoholkranker Eltern" stattfinden, wahrscheinlich im März 2010 eine ganztägige Fortbildung für Sozialarbeiter(innen) der Jugendhilfedienste und der freien Träger der ambulanten Erziehungshilfen zum Thema „Auswirkungen von elterlicher Drogenabhängigkeit auf Kinder". Der genaue Titel steht noch nicht fest. Konzeptionell sind die Fachtagungen so aufgebaut, dass grundsätzlich Fachkräfte verschiedener Professionen wie Lehrer, Erzieher, Sozialarbeiter, Ärzte und Drogen- bzw. Suchtberater miteinander zu vorgegebenen Fragestellungen in Dialog miteinander kommen. In der Regel wird zunächst im Rahmen eines Eingangsreferates über die physischen und psychischen Auswirkungen von Alkohol oder Heroin, anderen illegalen Suchtmitteln und Beikonsum bei Substituierungen informiert. Ein wichtiger Bestandteil ist daneben die persönliche Sensibilisierung für die Bedürfnisse der Kinder von suchtkranken Eltern. So wie bei der Fachtagung „Kinder alkoholkranker Eltern" 2007 wird auch bei der Veranstaltung zu diesem Thema 2010 ein erwachsenes Kind süchtiger Eltern, Mitglied der Selbsthilfegruppe Al-Anon, über seine damaligen Erfahrungen und Bedürfnisse berichten. Die anrührenden Schilderungen über die Bedeutung einer verlässlichen Beziehung zu einer Lehrerin und einer Schulfreundin sowie deren Familie bewirkten bei dem Fachpublikum 2007 eine sehr persönliche Auseinandersetzung mit dem Thema Resilienz. Dies wurde durch die zahlreichen Fragen an die Referentin deutlich. Im Anschluss daran wurden grundlegende Forschungsergebnisse über die Auswirkungen von Suchterkrankungen von Eltern auf die Kinder sowie Erkenntnisse der Resilienzforschung vermittelt. Im gemeinsamen Dialog der Fachkräfte fand im nächsten Schritt eine Übertragung der Erkenntnisse auf den eigenen beruflichen Kontext statt. Alle Veranstaltungen, egal ob es sich um Fachtagungen oder 2-stündige Fortbildungen handelt, orientieren sich an folgender Gliederung: Information – Sensibilisierung durch unterschiedliche anonymisierte Einzelfalldarstellungen – Dialog der Fachkräfte über die Möglichkeiten der Übertragung der Erkenntnisse auf den eigenen beruflichen Kontext.

Traditionell setzt Soziale Arbeit an den Problemen der Betroffenen an. Daher könnten Fachkräfte der Sozialen Arbeit Schwierigkeiten mit einem Ansatz haben, der nun plötzlich die Stärken gefährdeter Kinder und Jugendlicher aufgreift und betont. Haben Sie solche Beobachtungen gemacht?

▸ Da muss ich Sie enttäuschen. Solche Beobachtungen habe ich weder bei Sozialarbeiterinnen und Sozialarbeitern in den Jugendhilfediensten in Dortmund oder der ASDs anderer Kommunen, mit denen ich freiberuflich als Supervisorin arbeite, gemacht. Es ist für viele Fachkräfte ungewohnt, das durchaus! Es ist zunächst nicht leicht, die „goldene Ressourcenbrille", wie mein Kollege, Autor und Gründer der dialogischen Elternarbeit, Johannes Schopp, immer so treffend sagt, aufzusetzen und eben nicht alles dunkel wie durch eine Sonnenbrille zu sehen, aber auch nicht rosarot, die Realität schön färbend. Die Goldene Brille ermöglicht einen wertschätzenden, von Achtung und Respekt geprägten Blick auf die Kinder und ihre Eltern. Die Stärken der Kinder auch in ihren vermeintlichen Defiziten zu sehen, entlastet vielmehr die Fachkräfte der Sozialen Arbeit. Diese neue Sicht ist häufig ein Ausweg aus einer „Problemtrance der Helfersysteme" und ermöglicht wieder neue Perspektiven für die Zukunft.

Schwierigkeiten haben aus meiner Erfahrung also eher nicht die Sozialarbeiter, sondern vielmehr die Fachkräfte der wirtschaftlichen Jugendhilfe. Wir leben hier in Deutschland in einem defizitorientierten Finanzierungssystem. Wenn ich im Rahmen der Hilfeplanung beschreibe und mir von den Betroffenen unterschreiben lasse, was sie für Stärken und Fähigkeiten haben und wie sie diese für die Lösung von Problemen einsetzen können, wird die Hilfe womöglich eingestellt, weil nicht mehr erforderlich. Dies gilt nicht nur für die Jugendhilfe, sondern auch für die Medizin. Ein gutes Beispiel kann ich Ihnen aus der Kooperation mit der Kinder- und Jugendpsychiatrie schildern. Beschreibt eine Klinik für Kinder- und Jugendpsychiatrie die intrapersonellen Ressourcen eines Kindes und fokussiert auf die systemische Bedeutung eines Symptoms, verzichtet also auf eine stigmatisierende Diagnose, erfolgt keine Kostenübernahme der Krankenkassen. Es muss schon eine ICD 10-kompatible Diagnose sein. Ähnlich ist es in der Jugendhilfe. Wir sägen damit sozusagen an dem Ast, auf dem wir sitzen.

Sie kennen sich in der systemischen Familienberatung aus. Resilienzförderung müsste doch auch hierbei nützlich sein?

▶ Resilienzförderung ist nicht bloß nützlich in der systemischen Familienberatung im Sinne von „wir können sie nutzen" – systemische Familienberatung ist Resilienzförderung. Im Rahmen meiner Ausbildung in systemischer Familientherapie habe ich mich u.a. viel mit Virginia Satir, einer der Begründerinnen der systemischen Therapie und Beratung in Amerika, befasst. Ziel ihrer Arbeit war schon damals, Mitte der 1970er Jahre, Menschen zu unterstützen, Eigenschaften zu entwickeln, die zu einem erfüllten Leben mit anderen Menschen beitragen, und ihnen bei den notwendigen Veränderungen zu helfen. Die Ressourcenorientierung ist eine elementare Grundlage systemischen Arbeitens, eine weitere die Fokussierung auf Lösungen im Gegensatz zu einer Problemorientierung. Davon ausgehend, dass alle Menschen Fähigkeiten haben, den Anforderungen des Lebens zu begegnen und somit zu überleben, geht es in der systemischen Arbeit darum, Menschen durch gezielte Fragen dahin zu bringen, ihre eigenen Antworten geben, ihren eigenen Weg der Veränderung gehen zu können. Im Rahmen des systemischen Denkens hat zunächst einmal jedes Verhalten von Kindern und Eltern einen Sinn: Wir müssen nur als Helfer den Kontext verstehen, in dem es Sinn hat. Das hört sich kompliziert an, verstehen Sie, was ich meine? Die systemische Grundhaltung geht davon aus, dass es nur Fähigkeiten gibt. Jedes Problem ist gleichzeitig auch Lösung eines aus Sicht des Betroffenen noch schlimmeren Problems. Dazu fällt mir ein gutes Beispiel aus einer anonymen Beratung der letzten Woche ein. Ein aggressiver und Alkohol trinkender 14-jähriger Jugendlicher lenkt die Aufmerksamkeit von der zerrütteten Ehe der Eltern auf sich. Schule wegen Schulversäumnissen und Polizei wegen Vandalismus schlagen Alarm. Beide Eltern machen sich Sorgen und wollen Hilfen des Jugendamtes annehmen. Mal sehen, ob sie kommen… Warum sollte der Junge etwas an seinem Verhalten ändern? Was wäre der Preis? Wie wäre es, anzuerkennen, was dieser Junge leistet, und wertzuschätzen, welchen Preis er zahlt, seine Eltern in Kontakt zueinander zu halten? Er gibt schließlich einen Teil seiner Zukunft auf, denn der Staat muss handeln und ihn auch sanktionieren. Gemeinsam mit ihm zu überlegen, wie denn eine gute Zukunft für ihn aussehen könnte, zu erforschen, was er gut kann und was er heute tun kann, damit diese Zukunft irgendwann einmal Wirklichkeit wird, und ihm jemanden an die Seite zu stellen, der an ihn glaubt – nicht als Methode, sondern aus Überzeugung –, was ist das anderes als Förderung von Resilienz? Marie Luise Conen schreibt, unsere Aufgabe sei, die Hoffnung zu vermitteln, dass eine bessere Zukunft denkbar ist und ich als Kind oder Jugendlicher auch Möglichkeiten habe, sie selbst zu schaffen.

Sie sagten gerade eingangs Ihrer Antwort ganz kühn: „Systemische Familienberatung ist Resilienzförderung". Einverstanden. Gilt das etwa auch für andere Bereiche von Beratungstätigkeit?
▸ Aus meiner Sicht kann ich die Frage grundsätzlich mit Ja beantworten, wenn zwei wesentliche Voraussetzungen erfüllt sind. Die beratende Person muss persönlich davon überzeugt sein, dass die Krise eines Menschen – oder im Jugendhilfekontext gesehen, die widrigen Umstände unter denen ein Kind aufwachsen muss –, auch als Entwicklungspotenziale genutzt werden können. Des Weiteren sollte die Beratung Eltern und ihre Kinder nicht professionell „von oben herab" belehren und ihnen vermitteln, dass sie abhängig sind von dem Rat der Experten, wenn sie die schwierigen Lebensumstände überwinden wollen. Dies gilt m.E. für alle Beratungen, egal in welchem Kontext sie stattfinden – sei es in einer Erziehungsberatungsstelle, im Rahmen der Beratungslehrerfunktion an Schulen, beim Elterngespräch im Kindergarten oder der Beratung im ASD. Oft beraten wir Fachkräfte im Alltag und unter Zeitdruck nach dem Motto „Tust Du, Mutter, Vater, Kind nicht, was ich, die Fachkraft, Dir sage, bist Du selbst schuld daran, dass sich nichts ändert." Mir fällt dazu der saloppe Spruch ein „Fernab von der Gefahr, rät es sich wunderbar!". Eine Herausforderung bildet die Tatsache, dass die Sozialarbeiter in den Jugendämtern Eltern durchaus im Rahmen des Wächteramtes beraten müssen, was sie tun sollten, um ihre Kinder zu versorgen und sie zu schützen. Manchmal muss Hilfe gegen den Willen der Eltern in Familien eingesetzt werden und ist die Umsetzung der Hilfen auch zu kontrollieren. Nicht dass ich mich als Sozialarbeiterin in einer bestimmten Art und Weise verhalten muss, sondern wie ich es tue, hat Einfluss darauf, ob Eltern und auch Kinder sich auf Hilfen einlassen können und sich als selbstwirksam erleben oder nicht.

Im Hinblick auf Ihre Frage nach Resilienzförderung im Beratungskontext bin ich davon überzeugt, dass die klassischen Beratungsmethoden, die auf kognitiver Konditionierung basieren, eher nicht hilfreich sind. Dialogische Beratungssettings im Rahmen von Elternarbeit, die sich nicht an vordefinierten Erziehungsprogrammen orientieren, in denen auch Fachkräfte sich als Lernende sehen und auf Rezepte verzichten – wo also Eltern beginnen, wieder an die eigenen Kompetenzen zu glauben und lernen, Verantwortung für eigenes Handeln zu übernehmen –, sind resilienzfördernd für alle Familienmitglieder. In Dortmund haben wir gute

Erfahrung mit dieser Dialogischen Elternarbeit u.a. im Rahmen der Sozialpädagogischen Familienhilfe, der Arbeit mit süchtigen Eltern und der Migrantenarbeit gemacht. Zwischen 8-12 Eltern beraten sich in Begleitung eines ausgebildeten Dialogbegleiters gegenseitig in Fragen der Erziehung, Haushaltsführung, Lebensführung. Resilienzfördernd finde ich auch den von Eia Asen in England entwickelten Ansatz der Arbeit mit Multi-Problem-Familien in einer Multifamilientagesklinik in London. Ich habe eine Fortbildung bei ihm besucht und bin von seinem Ansatz und den Erfolgen beeindruckt. Im Rahmen von Multifamiliengruppen werden gemeinsam mit mehreren Eltern und Kindern dysfunktionale Kommunikations- und Beziehungsmuster identifiziert, neue, in der Gruppe erarbeitete Verhaltensweisen experimentell erprobt und die damit gemachten Erfahrungen dann gemeinsam reflektiert. Ich finde, beide genannten Beratungsoptionen sind gute Möglichkeiten, „im Fluss des Lebens schwimmen zu lernen", also Resilienz bei Menschen zu fördern.

Sehen Sie im Sinne der Resilienzförderung das Jugendamt auch als möglichen Schutzfaktor für gefährdete Kinder und Jugendlichen?
▸ Ich weiß nicht, ob ich Ihre Frage richtig verstanden habe und ob ich mich darüber ärgern soll..., sie irritiert mich auf jeden Fall. Das Jugendamt hat schon aufgrund seines gesetzlichen Auftrags die Pflicht, gefährdete Kinder zu schützen und der Familie die erforderlichen und geeigneten Hilfen anzubieten. Der originäre Auftrag des Jugendamtes ist es, Familien zu stabilisieren und Eltern und Kinder so zu stärken, dass Kindern, wenn eben möglich, die Lebenswelt Familie erhalten bleibt und Fremdunterbringung verhindert wird. Mit dieser Aufgabe identifizieren sich die Sozialarbeiter der Jugendhilfedienste und ASDs, die ich kenne. In den Köpfen der Menschen, nicht nur der Eltern, sondern auch vieler Fachkräfte existiert immer noch ein gewisses „Feindbild Jugendamt", das durch die Medien genährt wird. Das Jugendamt als die „Kinderklaubehörde" mit der Mann/Frau/Fachkraft am besten nichts zu tun haben will. Hier besteht die Gefahr des Eintritts in einen Teufelskreis, wie Prof. Dr. Schone – Experte für Kinderschutz an der FH Münster – in Fortbildungen gut beschreibt. Jugendämter erfahren viel zu spät von gefährdeten Kindern und müssen sich dann aufgrund ihres Schutzauftrages genau so verhalten, wie es in den Köpfen der Menschen fixiert ist, nämlich Kinder in Obhut zu nehmen, wenn Gefahr droht, sie an einen sicheren Ort bringen, um dann gemeinsam mit den Eltern und Kindern zu überlegen, welche Hilfe „notwendig" ist. Die notwendigen Hilfen bei Kindeswohlgefährdung, wie etwa eine ambulante Erziehungshilfe, müssen von den Eltern im Jugendamt beantragt oder

von Seiten eines Familiengerichtes auferlegt werden. Nur dann können sie auch eingesetzt und finanziert werden. Die Jugendämter sind für die Hilfeplanung und die Inhalte der Hilfen verantwortlich. Sie müssen klare Aufträge an die Träger der Erziehungshilfe formulieren, nun auch resilienzfördernd zu arbeiten.

Darüber hinaus sind die Sozialarbeiter in den Jugendämtern Ansprechpartner für Kinder und Jugendliche. Im Rahmen unterschiedlicher Öffentlichkeitsarbeit werden sie aufgefordert, sich an das Jugendamt mit ihren Sorgen und Problemen zu wenden. Ihnen wird zugesichert, dort ein offenes Ohr zu finden sowie Hilfe und Unterstützung zu bekommen. Wir wollen damit ein deutliches Signal an Kinder und Jugendliche richten, sich um sich selbst kümmern zu können und zu dürfen, dort nötigenfalls aber Hilfe und Unterstützung zu bekommen.

Würde in Zukunft Resilienzförderung zum integralen Bestandteil der kommunalen Kinder- und Jugendhilfe: Wie würde sich dann Arbeit und Erscheinungsbild kommunaler Jugendämter (und verwandter Behörden) verändern?

▸ Ich frage einmal zurück: Müsste sich die Arbeit und das Erscheinungsbild der kommunalen Jugendhilfe, d.h. die Arbeit in den Jugendämtern und ASDs so grundlegend ändern? Ich glaube nein, ich bin vielmehr davon überzeugt, dass Resilienzförderung auch in die bestehenden Strukturen integriert werden kann und dies hier und da in unserem Land auch schon unter den Leitbildern Ressourcenorientierung und systemisch vernetztes Arbeiten geschieht. Viele Sozialarbeiter in der öffentlichen Jugendhilfe haben auf eigene Veranlassung und auf eigene Kosten Zusatzausbildungen in systemischer Familienberatung gemacht, die freilich bislang nur selten innerhalb der Verwaltungen wertgeschätzt und genutzt werden. Ferner wage ich zu behaupten, dass eine hohe Bereitschaft zu weiteren Fortbildungen im Bereich Resilienzförderung in den Jugendhilfediensten und ASDs vorhanden ist. Mir ist wichtig, auf die Umsetzbarkeit der Resilienzförderung auch in den bestehenden und vielerorts traditionellen Verwaltungsstrukturen hinzuweisen, um zu verhindern, dass ein einzig mögliches Wunschbild von Jugendhilfe geprägt wird, wir also „im Konjunktiv", in der Welt der Fiktion, bleiben und uns das Traumschloss eines tollen, resilienzfördernden Jugendamts erfinden. Eine Wirklichkeitskonstruktion für die nächsten Jahre zu formulieren, an die niemand glaubt, verhindert m.E. die ersten Schritte in der Gegenwart. Ich finde es spannend, das eine zu tun, ohne das andere zu lassen. Im Hier und Jetzt dafür Sorge zu tragen, Resilienzförderung als integralen Baustein in die Hilfeplanung einzubauen, Fachkräfte kontinuierlich in dem Bereich fortzubilden und zeitnahe Umsetzungsmöglichkeiten mit Kooperationspartnern wie dem Gesundheitsamt, mit Schulen und Kitas im Dialog weiter zu entwickeln.

Wenn ich dann mit Blick auf die Zukunft frage, wie denn die Jugendhilfe aussähe, wenn ein Wunder geschähe und Visionen Wirklichkeit würden, müsste ich mich fragen, woran Familien, Kinder und Fachkräfte – in dieser Reihenfolge – erkennen würden, dass sich etwas verändert hat.

Resilienzförderung ist auch Prävention und würde bereits in der Schwangerschaft beginnen. In Kooperation zwischen den Gesundheits- und Jugendämtern würden alle Gynäkologen und die Entbindungskliniken auf Hilfemöglichkeiten für Eltern mit Säuglingen hingewiesen. Die Informationsmaterialien wie Flyer und Broschüren wären so gestaltet, dass Schwierigkeiten nach der Geburt mit der Versorgung des Kindes als normal dargestellt werden und Eltern jederzeit die Möglichkeit der Beratung allein oder in Elternselbsthilfegruppen, auch anonym, im Jugendamt und im Gesundheitsamt hätten. Dieses Beratungsangebot würde bis zum Eintritt des Kindes in den Kindergarten oder die Tagesstätte kostenlos bestehen. Ohne belehrende Patentrezepte würden Eltern im Dialog miteinander voneinander lernen. Die begleitenden Fachkräfte hätten keinen Lehrerstatus, sondern erlebten sich mit ihren eigenen Lebenserfahrungen auf Augenhöhe mit den Eltern.

Sowohl von Seiten des Schulamtes als auch von Seiten des Gesundheitsamtes und des Jugendamtes würde Resilienzförderung als gemeinsames verbindendes Ziel formuliert. Es gäbe einen Masterplan des Oberbürgermeisters zur verbindlichen Umsetzung in den jeweiligen Behörden. Regelmäßig fänden konzeptionelle Reflexionsgespräche statt, und die Mitarbeiterschaft aller Ämter, die mit Kindern und Familien arbeiten, würde gemeinsam fortgebildet. Sie könnte während der Fortbildungen eigene Ideen der kooperativen Umsetzung entwickeln und im Rahmen von Projekten Erfahrungen sammeln. So würden Synergieeffekte der professionellen Arbeit zwischen Medizin, Schule und Jugendhilfe für die Kinder genutzt werden können.

Sind Hilfen zur Erziehung erforderlich, wäre Resilienzförderung ein elementarer Bestandteil der Hilfeplanung. Fähigkeiten des Kindes zu erkennen und auch im Rahmen von Freizeitgestaltung zu fördern und zu finanzieren sowie die Integration in Schule, Kindergarten und Peergruppe zu unterstützen, gehörte dazu. Je nach Alter würden Kinder lernen, Verantwortung für eigenes Handeln zu übernehmen. Schutzräume und Personen, die schützen können, müssten vorhanden und dem Kind bekannt sein.

Kinder und Jugendliche würden wesentlich mehr in die Hilfeplangespräche mit einbezogen. Es gäbe verschiedene, dazu analoge Methoden der Beteiligung für Kinder, die sich verbal nicht äußern können oder wollen. Ihr Verhalten würde nicht als Verweigerung und Gleichgültigkeit interpretiert, sondern als Aufforderung an die Fachkräfte, andere Zugänge zu suchen, um kindliche Bedürfnisse und Ziele mit einzubeziehen. Es ginge nicht darum, dass Fachkräfte Ziele für das Kind und die Familie formulieren, den Weg zu den Zielen bestimmen und Eltern und Kinder auf diesem Weg zum Ziel der Helfer ziehen und zerren. Ich habe hier übrigens aus dem herrlichen Buch von G. Weber und F. B. Simon „Vom Navigieren beim Driften" sinngemäß zitiert. Vielmehr ginge es darum, die Ziele der Familie, der Eltern und des Kindes ernst zu nehmen und die Hilfen daraufhin auszurichten. Dies würde im Hilfeplan in einer einfachen Sprache ohne pädagogische Fachbegriffe schriftlich festgeschrieben.

Die Jugend- und Gesundheitsämter wären personell so ausgestattet, dass endlich ausreichend Zeit für die Einzelfallarbeit zur Verfügung stünde. Veränderung braucht Zeit – wie der Aufbau von Beziehung – und ist nicht von außen instruierbar. Auch Kooperation mit Institutionen als Bestandteil der Resilienzförderung braucht Zeitanteile. Meine Vision von Wirklichkeit ist, dass diese Zeitanteile alle gegeben wären.

Resilienzförderung wäre darüber hinaus Bestandteil der Qualitätsentwicklung innerhalb der Jugendämter und würde im Rahmen der Jugendhilfeplanung mit den freien Trägern für alle Institutionen verbindlich gelten.

Resilienzförderung setzt bei den Stärken der Betroffenen oder bei Schutzfaktoren in ihrem näheren und weiteren Umfeld an, die mobilisiert werden könnten. Haben Sie auch Kinder und Jugendliche vor Augen, bei denen beides nicht geklappt hat?

▸ Natürlich gibt es Kinder und Jugendliche, bei denen psychische Widerstandsfähigkeit sich nicht ausprägen kann, weil sie fortgesetzt traumatisiert werden, ohne dass dies nach außen bekannt wird, oder weil Kinder, die zurückliegende Traumata nicht verarbeiten konnten, in nicht erkannten posttraumatischen Belastungssituationen leben und körperlich und psychisch massiv destruktiv gegenüber sich selbst und anderen reagieren. Kinder beispielsweise, bei denen der Verdacht des sexuellen Missbrauchs besteht, aber keine justiziablen Beweise vorliegen, und wo das Thema in der Familie tabuisiert wird. Kinder, die massive Gewalterfahrungen zwischen Erwachsenen, insbesondere den Eltern, gemacht haben und Gefühle des totalen Ausgeliefertseins und der Machtlosigkeit verarbeiten müssen. Viele dieser in der Öffentlichkeit als „schwer erziehbar und nicht familienfähig" bezeichneten Kinder mit nicht erkannten posttraumatischen Belastungsstörungen leben in Kinderheimen. Resilienz, Selbstschutz und Selbstwert aufzubauen, sollte immer ein Ziel sein – gerade auch bei diesen so schwierigen Kindern, bei denen vordergründig nichts klappt, wie Sie sagen. Resilienzaufbau bei Kindern und Jugendlichen – im Sinne von: Haltung dem Leben gegenüber – wird auch am Modell der Erwachsenen gelernt und braucht Zeit, Geduld und immer wieder die Initiative von Erwachsenen. Virginia Satir macht in ihrer systemischen Arbeit deutlich, dass Selbstwert und Selbstachtung in jedem Lebensabschnitt veränderbar sind. Das macht doch Hoffnung! Wer also definiert, wann und ob es gelungen ist, Resilienz aufzubauen??? Den Vorteil der langjährigen Tätigkeit in der Sozialen Arbeit erkenne ich nach 20 Jahren Jugendamt darin, mittlerweile eine Generation von jungen Menschen in ihrer Entwicklung zu sehen. Ich habe ein Mädchen vor Augen, das ich 1989 mit damals 13 Jahren kennen lernte. Die Mutter war Alkoholikerin, die große Schwester prostituierte sich, sie selbst rauchte Cannabis, ging nicht zur Schule und klaute wie ein Rabe. Zum Vater hatte sie seit Jahren keinerlei Kontakt, nähere Beziehungen in der Verwandtschaft gab es nicht. In drei Heimen war sie nicht tragbar, nach einer Jugendstrafe wegen Einbruchs und deutlichen Verdachtsmomenten, dass sie sich wie die Schwester im Prostitutionsmilieu aufhält, habe ich sie im Rahmen einer Individualmaßnahme im Ausland in Polen untergebracht. Ich habe den Arbeitsbereich irgendwann gewechselt und nur von Kollegen gehört, dass das Mädchen ein Kind bekommen habe und dieses sofort untergebracht worden sei. Mittlerweile ist sie eine 33-jährige Frau, die ich zufällig im Flur des Jugendamtes bei einem Besuchskontakt zu ihrem ersten Kind getroffen habe. Sie hat mit 26 Jahren zunächst ihren Hauptschul-, und dann den Realschulabschluss nachgeholt. Da sie sprachbegabt ist, lernte sie während des Auslandsaufenthaltes schnell und fließend Polnisch und Englisch und arbeitet heute für ein Übersetzungsbüro, hat zwei Kinder und einen Mann, der einer geregelten Arbeit nachgeht. Sie lebt ohne Unterstützung und Betreuung durch das Jugendamt oder andere Institutionen ein eigenständiges Leben. Dies ist nur ein Beispiel für eine Jugendliche, die zwischen 1989 – 1995 in die Kategorie „Resilienzförderung klappt nicht" gehört hätte.

Da jetzt zu Recht alle von der Idee der Resilienzförderung sprechen und begeistert sind: Wären jene Menschen – Kinder und Jugendliche –, bei denen Resilienzförderung nicht greift, dann die doppelten Verlierer?
▸ Wie gesagt, ich glaube, Resilienz wächst durch ein Vorhandensein von widrigen Lebensumständen einerseits und Möglichkeiten, sich selbst zu

schützen und dabei Hilfen anderer Menschen zu nutzen, andererseits. Leider funktioniert das Entstehen von Resilienz nicht linear kausal und ist zeitlich auch nicht vorhersehbar. Woher will ich also wissen, wer Verlierer ist? Zu welchem Zeitpunkt wollen Sie das evaluieren und anhand welcher Faktoren? Das sind doch hoch spannende Fragen, finde ich. Die Stärken, welche die junge Frau, die ich eben beschrieben habe, während ihrer – aus unserer Sicht – katastrophalen Jugend entwickelt hat, werden u.a. während des Auslandsaufenthalts, aber sicher auch aus Erfahrungen in der Peergruppe und anderen Quellen, die sich uns Fachkräften nie erschließen werden, entstanden sein. Sie wurden erst gut 10 Jahre später deutlich.

Das können wir nachvollziehen. Dennoch, wenn ich jetzt beispielsweise mit einer Gruppe arbeite und schaue nun mehr auf die Stärken, an denen ich ansetzen kann, fallen dann die Schwächeren in der Gruppe nicht eher durch das Aufmerksamkeitsraster?
▸ Ich glaube, wir dürfen nicht die Stärken einer ganzen Gruppe ins Verhältnis setzen zu den Schwächen einzelner Mitglieder. Jedes Kind einer Schulklasse, einer Hortgruppe oder auch einer Sportmannschaft hat Stärken und Schwächen. Was sind „die Stärken" der gesamten Gruppe, und woran mache ich „die Schwächen Einzelner" fest? Wie bei einer Fußballmannschaft geht es darum, dass es mir als Gruppenleiter oder Klassenlehrer gelingt, ein „Wir-Gefühl" in der Gruppe entstehen zu lassen, das sich aus der Summe der unterschiedlichen Stärken jedes Einzelnen zusammensetzt. Nur gemeinsam sind wir stark und können etwas erreichen. Eine Fußballmannschaft könnte niemals ein Spiel gewinnen, wenn es nur Stürmer gäbe. Was spricht dagegen, einmal in der Schule einen Fairnesspokal auszuschreiben? Die Klasse, die ihn gewinnt, darf einen zusätzlichen Ausflug machen oder etwas Ähnliches. Ich bin davon überzeugt, dass die Schwächen Einzelner nicht durch das Aufmerksamkeitsraster fallen, wenn ich die Stärken jedes Einzelnen in den Vordergrund stelle. Die Herausforderung an die Fachkraft ist, zu überlegen, wie das Kind seine Stärken so nutzen kann, dass es nicht immer wieder über seine Schwächen stolpert. Es hängt also in erster Linie von meiner eigenen Aufmerksamkeit und Präsenz ab, ob die Kinder meiner Gruppe erleben, dass sie mir etwas wert sind – mit ihrem ganzen Sein –, und ob sie sich eher über ihre Stärken oder aber über ihre Schwächen innerhalb der Gruppe oder der Klasse definieren. Nehme ich Veränderungen des einzelnen Kindes wahr und spreche sie bewusst anerkennend oder sorgend an? Versuche ich, mit meinen Schülern in der Klasse oder in der Hortgruppe bewusst eine Beziehung aufzubauen, und besuche sie vielleicht, wenn ich mir Sor-

gen mache, auch einmal zuhause? Und nicht zuletzt: Bin ich denn selbst ein Modell für das Verhalten, das ich mir von dem Kind in der Gruppe/in der Klasse wünsche? Kann ich mich selbst gut kontrollieren, oder lasse ich mich von Schülern provozieren und schreie herum?

Sprechen wir beispielsweise von Kindern und Jugendlichen, die in stark gefährdender Umgebung aufwachsen. Resilienz ist ja zunächst einmal ein tolles Potenzial. Wie aber kann Resilienzförderung dieses Potenzial so einbinden, dass es sich nicht verselbstständigt und ausufert, sondern Personen heranwachsen, die auch wirklich sozialfähig sind?

▸ Ihre Frage impliziert, dass menschliche Entwicklung in ihren Facetten vorhersehbar sein kann. Ich glaube, wir können sie nur durch resilienzfördernde protektive Faktoren beeinflussen. Eine Garantie haben wir nicht, dass es funktioniert. Die Fakten kindlicher Biografien, die ich in vielen Jahren auf dem Papier zur Einleitung von Erziehungshilfen gelesen habe, sind oft sehr ähnlich (Bindungsstörungen, Deprivation, Armut und Verelendungssymptome, Sucht oder psychische Erkrankung der Eltern etc.) – die Hilfen wie eine SPFH, ein Heim o.ä. wirken sich trotzdem total unterschiedlich aus, auch wenn sie von ein und derselben Fachkraft ausgeführt werden. Ich glaube, es hängt von unterschiedlichen Faktoren ab, ob Kinder und Jugendliche sich zu sozialfähigen eigenständigen und starken Menschen entwickeln oder nicht. Ein wichtiger, vielleicht auch der wichtigste Faktor ist meiner Erfahrung nach die Qualität der Beziehung zwischen dem Kind und dem Erwachsenen. Es kommt für das Kind und den Jugendlichen entscheidend darauf an, von welcher Art die Gefühle, Gedanken und Wünsche der Menschen in seiner Umgebung ihm gegenüber sind. Besonders wichtig ist hier kongruentes Verhalten. Wort, Gefühl und Tat müssen miteinander übereinstimmen. Kinder lernen Sozialfähigkeit durch die Haltung der ihnen wichtigen Menschen dem Leben gegenüber und nicht durch Trainingsprogramme und Manuale. Hat das Kind Vertrauen, dass Menschen da sind, die unverrückbar zu ihm stehen und ihm helfen, ist die Grundlage für den Erwerb sozialer Kompetenzen gelegt.

Ein weiterer Faktor ist das systemische Wechselspiel zwischen Menschen eines Familiensystems. Kinder und Jugendliche sind ihren Eltern gegenüber oft bedingungslos loyal, egal wie destruktiv, vernachlässigend und gewalttätig diese sich verhalten. Der Sohn kann etwa das dissoziale, kriminelle Verhalten des Vaters übernehmen als Zeichen seiner Liebe zu ihm. Auch dieses Verhalten ist im Kontext des Kindes für sein Problem mit der Beziehung zum Vater lösungsorientiert. Der Jugendliche bewirkt durch sein unsoziales Verhalten, dem abwesenden Vater ähnlich und dadurch nahe zu sein. Das ist auch eine etwas andere Form der Selbstwirksamkeit. Menschen sind autonome Wesen, die eigenverantwortliche Entscheidungen in ihrem Leben treffen – auch Kinder und Jugendliche. Resilienzförderung kann nicht verhindern, dass Menschen bewusst oder unbewusst Entscheidungen für ihr Leben treffen, die mit den Regeln unserer sozialen Gemeinschaft nicht übereinstimmen.

Das entwicklungspsychologische Verständnis geht ja davon aus, dass resilient ist, wer unter hohen Stress- und Risikobedingungen „besser" durchkommt, als zu erwarten steht. Dabei wird implizit in der Regel mitgedacht, dass letztlich auch ein gesellschaftlich akzeptiertes Verhalten herausspringt. Hören wir richtig heraus, dass Sie hier mehr Widerständigkeit, sogar Widerborstigkeit als Teil von Resilienz zulassen würden?
▸ Kurz und knapp geantwortet – grundsätzlich JA. Wenn ich Resilienz fördere, fördere ich immer auch das Gegenteil von Anpassung. Natürlich ist auch aus meiner Sicht ein wichtiges Ziel, Resilienz bei Kindern und Jugendlichen so zu fördern, dass sie in der Lage sind, sich in die Gesellschaft zu integrieren. Im Jugendamt arbeiten wir aber in vielen Fällen mit Kindern und Jugendlichen, deren Eltern bereits an den gesellschaftlichen Erwartungen gescheitert sind. Es sind dies Eltern, die selbst nie erfahren haben, was es bedeutet, eine sorgende Mutter und einen fürsorglichen Vater zu haben, oder Eltern, die seit vielen Jahren arbeitslos sind, die krank sind und für sich und ihre Kinder keine Lebensperspektive mehr sehen. Es sind Eltern, die süchtig sind oder kriminell wurden. Manche Familien werden über mehrere Generationen vom Jugendamt und Sozialamt betreut – ohne „Helferfreie-Zeitzonen". Das sind doch Realitäten vieler Kinder heute! Resilienz aufzubauen, stark zu werden, ohne innerlich zu brechen, gelingt m.E. nur, wenn das Kind die Chance hat, eine eigene Identität aufzubauen, ohne dadurch in einen Loyalitätskonflikt zu den Eltern zu geraten. Schaut man sich das jetzt vom entwicklungspsychologischen Standpunkt aus an, ist es doch interessant, dass sich Eigenschaften wie Widerständigkeit und Widerborstigkeit in der sogenannten Trotzphase eines Kindes entwickeln, wenn das Kind sein eigenes Ich entdeckt.

Widerborstigkeit oder, mir gefällt der Begriff „Eigenwillen" – auch im Sinne von Eigenwilligkeit oder Eigensinnigkeit – besser, kann ich somit in Verbindung bringen mit dem Wunsch des Kindes nach Sinn in seinem Leben, einer eigenen Identität. Resiliente Kinder behaupten selbstständig und vehement ihre eigenen Rechte und versuchen sich durchzusetzen. Das ist für Helfer nicht immer bequem. Mir fällt ein jetzt 16-jähriger Junge ein, der von seinem 12. bis 14. Lebensjahr auf der Straße lebte. Alle Fachkräfte waren in höchster Sorge, die Jugendhilfe war an ihre Grenzen gekommen. Interessierte Eltern und ein Zuhause gab es nicht. Das Kind entwich innerhalb der ersten Wochen aus jeder Einrichtung. Selbst eine Individualmaßnahme im Ausland musste abgebrochen werden, da der Junge innerhalb von 14 Tagen per Zug und Anhalter von Portugal aus wieder in Dortmund war. „Ich gehe in kein Heim und in keine Familie!" war die unmissverständliche Aussage. Erst durch ein niedrigschwelliges Betreuungsangebot in einem eigenen Appartement konnte ein Pädagoge einer Heimeinrichtung einen Kontakt zu ihm aufbauen. Der Junge war damals 14 Jahre alt. Im Juni 2009 hat er mit 16 Jahren seinen Hauptschulabschluss gemacht. Für die Ferien hat er sich vorgenommen, zu Fuß zu seiner Großmutter, die in einem entfernten Bundesland lebt, zu pilgern. Er benutzte ganz bewusst diesen Begriff des Pilgerns, weil „ich mal über alles so im Leben nachdenken will". Über seine Zeit auf der Straße spricht er nicht viel. Was er berichtet, ist, dass er dort das erste Mal in seinem Leben Freundschaft erfahren hat und auf Menschen traf, auf die er sich verlassen konnte. Auch habe er auf der Straße gelernt, Verantwortung für andere zu übernehmen und Gitarre zu spielen. All diese Fähigkeiten des Jungen werden von seinem Betreuer bestätigt.

Eine Voraussetzung für die Bildung von Resilienz ist die Zugehörigkeit des Kindes oder Jugendlichen zu einem größeren Verbund von Menschen, der über die Familie hinausgeht. Dies können in einer bestimmten Lebensphase Subsysteme der Gesellschaft sein – darauf haben wir Fachkräfte aus meiner Erfahrung heraus leider manchmal keinen Einfluss. Wichtig ist nach meiner Auffassung, dass Fachkräfte beharrlich und ausdauernd in Kontakt zu dem Kind bleiben und seine Vorstellungen vom Leben ernst nehmen – ich meine hier nicht, sie zu erfüllen und sich so zu verhalten, wie der Jugendliche es wünscht. Ich muss akzeptieren, dass ich das Verhalten des Kindes oder Jugendlichen nicht ändern kann, aber ich kann mein eigenes Verhalten beeinflussen. Beharrlich initiativ zu sein, echtes Interesse „an den Borsten und Stacheln" zu haben und sie vielleicht sogar als Teil der Resilienz anzuerkennen – ein Kaktus hat ja nicht nur Stacheln, sondern blüht auch – und dem jungen Menschen alternative Wege im Leben zu zeigen, fördert Resilienz.

Resilienzförderung wird ja auch zur Abwendung von Entwicklungsdefiziten bei Kindern in Armut diskutiert. Nun ist Armut bekanntlich ein gesellschaftliches Problem und müsste daher auch gesellschaftlich und politisch gelöst werden. Sehen Sie hier nicht die Gefahr, dass Resilienzförderung

von der Politik als Alibi missbraucht wird, um das Grundproblem Armut gerade nicht zu lösen?
▸ Unser Sozialstaat hat den Auftrag und die Verantwortung, dafür zu sorgen, Kindern und Jugendlichen einen Lebensstandard zu ermöglichen, der ihnen die gerechte Chance einer gesunden Entwicklung in Würde gibt. Eltern und ihre sozialen und finanziellen Lebensumstände sind das Schicksal von Kindern. Sie tragen keine Verantwortung für die Umständen, müssen aber mit ihnen leben. Elementare Grundlage einer gesunden Entwicklung sind die zwei Bs – Brot und Bett – und, wenn ich den Kontext von Kinderarmut erweitere und auf emotionale und Bildungsarmut schaue, auch Betreuung und Bildungsförderung. Seit der Umstellung von Sozialhilfe auf Hartz IV hat die Kinderarmut zugenommen. Das spüren wir bei Hausbesuchen in den Familien ganz deutlich. Es gibt keine Beihilfen mehr für Kinderkleidung, Schuhe und Möbel. Längst nicht jedes Kind hat ein eigenes Bett und passende Schuhe oder jedes Familienmitglied einen eigenen Stuhl. Wer auch immer Resilienzförderung politisch als Alibi benutzt, diese Probleme nicht anzugehen, handelt aus meiner Sicht zynisch. Bislang habe ich solche politischen Tendenzen aber noch nicht wahrgenommen. Sollte sich das ändern, muss von allen Fachkräften, Fachverbänden und Institutionen sehr laut und deutlich Stellung bezogen werden.

Hätten Sie aus Ihrer Sicht der Praxis heraus Anregungen zur Resilienzförderung in Bereichen, die bisher möglicherweise übersehen wurden, und – vielleicht auch kritische – Rückmeldungen an die Wissenschaft?
▸ Mir fallen zwei Bereiche ein, die bislang anscheinend bei der Suche nach Aufgabenfeldern für Resilienzförderung noch sehr wenig beachtet worden sind. Das ist zum einen die Situation von Kindern psychisch kranker Eltern und zum anderen die Situation von Pflegekindern. Diese Kinder leben unter besonderen Belastungen. Es gibt bis heute nur sehr wenige wissenschaftliche Studien über die Auswirkungen von psychischen Erkrankungen von Eltern auf Kinder. Die Stadt Dortmund beteiligt sich zur Zeit an einem Modellprojekt der FH Paderborn, das sich mit dem Thema beschäftigt. Interessant ist zu untersuchen, was resilienzfördernd wirkt für ein Kind, welches erlebt, dass die psychisch kranken Eltern in einer ganz anderen Welt mit ganz anderen Regeln leben als es selbst. Brauchen diese Kinder, die spüren, wie ihre eigene Wahrnehmung von engen Bezugspersonen in Frage gestellt wird, noch etwas anderes als solche Kinder, die unter anderen schwierigen Bedingungen leben? Und die zweite Frage stellt sich mir bei der Resilienzförderung von Pflegekindern, Kin-

dern, die in zwei Familiensystemen leben und häufig in – auch ambivalenten – Loyalitäten gefangen sind.

Hoch interessant ist generell die Frage, welche Faktoren der kindlichen Entwicklung beeinflussbar sind und welche nicht. Wissenschaftlich nachgewiesen ist, dass ein nettes Aussehen und ein „liebes Wesen" protektive Faktoren darstellen. Ich kann in einem bestimmten Rahmen dafür sorgen, dass Kinder, die im Heim oder in einer Pflegefamilie leben, gepflegt aussehen und sich höflich verhalten. Wie wirkt sich diese Veränderung auf die Widerstandsfähigkeit eines Kindes aus?
▸ Sie wollen noch eine Rückmeldung an die Wissenschaft? M. E. nach hat sich die Wissenschaft mit der Resilienzforschung auf ein sehr weites Feld mehrerer Fakultäten, der Pädagogik, der Psychologie, der Medizin, aber durchaus auch der Theologie begeben, das noch lange nicht in all seinen Wechselwirkungen erforscht ist und es vielleicht auch nie vollständig sein wird. Kinder bringen Anlagen für Lebensstärke mit, die einen mehr, die anderen weniger (hier hat die Genforschung noch Aufgaben). Ob diese Anlagen zur Entfaltung kommen, hängt aus meiner Sicht nicht von Manualen und Methoden der Fachkräfte ab, sondern von der Qualität der Beziehungen, die das Kind in seinem Alltag hat.

Spannend finde ich die Frage, wie sich die Haltung von Fachkräften auf ihre Resilienzförderung von Kindern auswirkt! An welchen Indikatoren kann wirkliches Interesse einer Sozialarbeiterin, eines Lehrers, einer Erzieherin an einem Kind erkannt werden? Wie unterscheide ich wirkliches Interesse an der Veränderung eines Menschen von meinem Interesse als Fachkraft, den Menschen ändern zu wollen?? Spürt das Kind diese Differenz etwa haargenau?

Interview: Zander/Roemer

Nachwort: Vom Zauber statt vom Zauberwort

Martin Roemer

Eine merkwürdige Eigen-tümlichkeit von Menschen. Mancher in diesem Buch spricht von einem Phänomen – da schwingt noch etwas mit von einer erstaunlichen, leicht rätselhaften Entdeckung. Irgendwie kennt es – wenngleich nicht unter seinem fremdwörtlichen Namen – auch nahezu jeder, doch je näher man herangeht, es zu analysieren, gar festzunageln versucht, desto mehr scheint es sich zu verflüchtigen. Ein Theologe würde da, alle vereinnahmend, nur sagen: Kenn ich. Na gut, die Psychologie ist gewohnt, mit Instanzen zu operieren, die keiner sieht, und es funktioniert oft hervorragend.

In der Tat, Menschen, denen es dreckig ging und die nahezu ausweglose Situationen wunderbar gut überstanden haben, kennen wir. Oft können wir sogar Umstände benennen, die individuell offenbar hilfreich waren. Dazu braucht es gar nicht den Gang zu den „Großen" aus Kunst, Geschichte oder Politik (die Südafrikaner sagen beim Fotografieren nicht ‚cheese', sondern ‚Mandela'). Anderswo können solche Leute offenbar sogar gefährdet sein: Anhand mancher Künstlerbiografie ließe sich gut meditieren, wie nahe diese eigentümliche Überlebenskraft und der totale Absturz beieinander liegen können. Resilienz ist eben kein Bad in Drachenblut, wo vielleicht eine verwundbare Stelle bleibt, sondern wohl eher so etwas wie eine situationsbezogene Imprägnierung.

Vieles bleibt noch zu erkunden, und die offenen Fragen wandern durch diesen Band. Wie stets beim menschlichen Wesen kommen Genetiker und treffen auf Umweltler. So findet man hier immer wieder Kompromissformeln oder auch geschickte Überspielungen. Vielleicht lässt sich auch gar nicht entscheiden, ob alle Menschen resilienzfähig sind oder einige doch „resilienzresistent", ob bei denjenigen, die es nicht schaffen, nur ihr Potenzial verschüttet ist – trotz aller wirkungsvollen Arrangements von Schutzfaktoren – oder ob es tatsächlich fehlt. Wichtig ist, dass sich das „Phänomen" fördern lässt, und zwar – wenn auch ohne Erfolgsgarantie – mit individuell durchaus recht konkret zu bestimmenden Mitteln, und dass sich unabhängig davon fördern lässt, wie wir Einzelnen uns bei der Frage nach Persönlichkeitsmerkmal oder Umwelteinfluss und deren Mischung entscheiden. Emmy Werner antwortet – obwohl doch gar nicht daher gebürtig – mit entwaffnendem angelsächsischen Pragmatismus ganz salopp auf die Frage, wie viel resiliente Menschen in einer Population zu erwarten seien, mit: „etwa ein Drittel". Interessant, ob dieser Wert sich zeigen wird, wenn hierzulande die ersten Längsschnittstudien zur Wirksamkeit von Resilienzförderprogrammen vorliegen, oder ob er durch solche Maßnahmen noch übertroffen und gesteigert werden kann.

Apropos: Uns gründliche Deutsche – und dieser Band zeigt schön, dass wir es in gutem Sinne immer noch sind – mag dieser angelsächsische Pragmatismus vielleicht manchmal befremden. Bei einem letztlich so schwer fassbaren Phänomen wie Resilienz – und vor allem für den praktischen Umgang damit – ist er, gerade wenn noch nicht alles geklärt ist und sich womöglich gar nicht klären lässt, überaus hilfreich. Wobei wir gerade bei den amerikanischen Beiträgen immer mitlesen müssen, dass uns das dortige Community-Gefühl – ein eigentlich unübersetzbarer Begriff – hierzulande fremd ist. Die englischsprachigen Beiträge muntern freilich in ihrer Frische, in ihrer, wenn man so will: reflektierten Unbekümmertheit, dazu auf, loszulegen und darauf zu vertrauen, dass die Praxis uns bei unseren Erkundungsflügen schon mit Nahrung versorgen wird.

Wem etwa angesichts des teilweise noch recht vorläufigen Forschungsstandes zu Resilienz – und erst recht zu Fördermöglichkeiten – bei der Resilienzförderung noch etwas unwohl sein mag, darf sich so damit trösten, dass man bei angemessener Professionalität mit entsprechenden Förderprogrammen eigentlich nichts wirklich falsch machen, *keinen Schaden* anrichten kann, sondern schlimmstenfalls nicht zielgenau genug gearbeitet hat. Die primäre Ideologiefreiheit des Resilienzgedankens ist hier von Vorteil. Und ohne Daten aus der Praxis, und zwar anhaltender Praxis, wird auch die Forschung kaum weiterkommen. Zur Professionalität würde freilich die kritische Reflexion eigener Erwartungshaltungen zählen, zu ihr gehört – gerade bei Resilienz –, auf keiner Ebene Wunsch und Wirklichkeit miteinander zu vermengen, gar zu verwechseln.

Auch dass sich die Forschung teilweise (noch?) uneins ist und heftig streitet, sollte nicht entmutigen, Förderprogramme aufzulegen. Im Gegenteil: Längsschnittstudien werden schon zeigen, was wirkt und wie, und das fundiert nachweisen – selbst wenn einem, legt man die Beiträge dieses Bandes wie Folien übereinander, schon schwindlig werden kann, was wer unter Resilienz versteht oder eben nicht, was präventiv funktionieren soll oder nicht, was gesellschaftlich wünschenswert sei oder nicht, ob's überhaupt Sinn macht – oder eben nicht. Manche Autoren würden, nur passend zueinander gesetzt, schon von selbst für fetzige Podiumsdiskussionen sorgen. Für solche Debatten wirbt das Buch.

Doch bleibt wohl, trotz aller aus kreativem Potenzial resultierenden Förderprogramme, dass *nicht jeder* auf Resilienzförderung antworten wird und man es immer bei *individueller* Hilfe, freilich in großer Zahl, wird belassen müssen. Schon deswegen ist sie kein neues Zauberwort. Sie funktioniert vermutlich nicht bei *allen*. Sie reagiert gerne auf Begünstigung, aber entscheidet selbst, ob sie kommt. Erzwingen lässt sie sich nicht. Man darf sie auch nicht erzwingen wollen. Sie ist und bleibt Geschenk. Wer gar resiliente Kinder *verlangt*, dem sollte die Resilienzforschung am lautesten widersprechen. Das ist keine Abhärtungskur, so ein seelisches Kneipp-Bad.

Ganz einfach gesagt: Lebten wir im Paradies, bräuchte es keine Resilienz. Nur weil wir unvollkommen sind und ständig unvollkommene Verhältnisse produzieren, dürfen wir in all der Not das Resilienzpotenzial mit viel Empathie fördern und nutzen. Never forget, dass da eigentlich *beschädigte* Menschen weitgehend „unbeschädigt" werden. Und bitte auch nicht zu vergessen, dass bei aller offenkundigen und in Anfängen bereits nachgewiesenen Förderbarkeit von Resilienz zur Definition das Wörtchen *unerwartet* gehört. Resilienzentwicklung ist *förderbar, aber nicht planbar!* Wenn wir also von entsprechenden Trainingsprogrammen lesen, dann müssen wir das so verstehen, wie Kant von der Bedingung der Möglichkeit von etwas spricht. Erträgt es die Wissenschaft, dass ein Rest von Geheimnis bleibt? Ich glaube, wer Resilienzförderung betreibt, wird Demut lernen oder sollte, noch besser, von ihr ausgehen. Je genauer sogar seine Arbeit „passt", desto mehr wird er vielleicht staunen.

Heikler wird es, wenn es um Fragen nach der Definitionsmacht geht, wer nämlich darüber zu befinden hat, was als resilientes Verhalten gilt und durchgeht und wer den Erfolg von Resilienz beurteilen darf. Resilienz heißt ja nicht Einpassung in stromlinienförmiges gesellschaftliches Verhalten trotz widriger Ausgangsbedingungen. Etwa der Beitrag von Liebel oder die Berichte von Ungar zeigen deutlich, dass es, hart formuliert, umso widerborstiger zugeht, je beschissener die Umstände sind. Resilienz ist nicht unbedingt eine Sympathiegarantie, sondern oft Herausforderung. Manche Förderprogramme oder auch Edith Grotbergs unglaublich liebevoll gestaltetes Manual lesen sich, obgleich anders gemeint, gerade wegen des sanften Vokabulars ein wenig, als ob dabei ein nettes Kind herauskäme. Durch Uli Hahns Zeilen über die schwierige Arbeit mit Roma-Kindern schimmert deutlich, wie schwer zu entscheiden ist, wo Unangepasstheit dem Menschen hilft und wo sie blockiert. Weil es eben nicht darum gehen kann, trotz Armut, Sucht, Kriminalität ein Heer von WASP-KonfirmandInnen (White-Anglo-Saxon-Protestant) heranzuziehen, plädieren viele – wie Zander, Wieland, Ungar, Liebel – ausdrücklich dafür, dem Individuum, sprich dem Jugendlichen oder Kind, die letzte Definitionsmacht zuzubilligen.

Mit anderen Worten: Resilienz und Gesellschaft werden ohne Reibungsverluste nicht miteinander auskommen, und das ist beileibe nicht nur eine Anforderung an die ohnehin schon vorhandene Biegsamkeit derer, die, aus schwierigen Verhältnissen kommend, sich dank ihrer Resilienz durchbeißen, sondern erst recht eine heftige Frage nach der Toleranzbreite und -bereitschaft unserer Gesellschaft. Toleranz zeigt sich bekanntlich erst dann, wenn man auf jemanden trifft, der es einem schwer macht.

Der einen etwas kostet – Zeit, Geld, Nerven etwa. Die Jugendlichen von Ungar sind sicher manchmal nervig, und auch Frau Hahn wird nicht immer heiter und erholt nach Hause ziehen. Resilienz kostet also nicht nur Förderanstrengung, sondern auch gelegentlich Anstrengung, sie auszuhalten. Stärken fördern kann eben zu ganz schön starken Typen führen.

Unbestritten, dass es großartig sein kann, in der Sozialen Arbeit einen solchen Prozess zu begleiten und mitzugestalten. Toll, was ein Mensch aus sich herausholen kann, Respekt vor dem Wunder des einzelnen Lebens! Nichts dagegen, wenn der Theologe hier vom unantastbaren heiligen Kern menschlichen Lebens schwadroniert. Soll er. Resilienz und Resilienzförderung haben schließlich auch etwas mit Liebesfähigkeit zu tun, und zwar bei demjenigen, der hilft, ebenso wie bei jenen, die sich mitten im schwierigen Leben für dessen Möglichkeiten öffnen.

Sicher aber auch eine Versuchung, wie etwa Zander in diesem Band schreibt. Wer möchte sich nicht an jenen freuen, die es packen, statt immerzu auf die Trübsal des Scheiterns zu blicken? Praktiker berichten immer wieder, wie beglückend es sei, mit dem Fokus auf Resilienz jetzt auf etwas Schönes schauen zu können, seine Anzeichen, die es zu entwickeln gilt. Vorsicht also bitte, dass die graue Maus, die kein glänzendes Resilienzfell bekommt, inmitten des allgemeinen Paradigmenwechsels mit seiner unvermeidlichen Euphorie nicht zum doppelten Verliererkind wird. Wo Resilienzförderung *nicht* greift, wird sie auf der anderen Seite der Waage eher eine Verstärkung bisheriger Bemühungen über das alte Maß hinaus nach sich ziehen müssen, soll es denn weiter gerecht zugehen. Kein Kind soll je traurig sein, dass es nicht zu den glücklichen Gewinnern des Resilienz-Preisausschreibens gehört. Der Preis von Resi im Lenz darf nicht Rosi im Herbst sein. Resilienzförderung verlangt von den Professionellen nicht nur den viel beschworenen „neuen anderen Blick", sondern auch *noch ver-*

stärkte Aufmerksamkeit, um alle im Blick zu behalten und die Balance in der Gruppe zu wahren. Und vermehrter Einsatz – verdankt etwa der veränderten Gruppendynamik oder der zusätzlichen aufwendigen Einzelarbeit – müsste für alle in der Sozialen Arbeit Tätigen eigentlich entsprechende Entlastung, gar gesteigerte Entlohnung nach sich ziehen. Hühner können bekanntlich nicht lachen.

Zurück zum Verliererdiskurs, denn Resilienzförderung setzt ja vor allem bei den Verlierergruppen unserer Gesellschaft an: Resilienzförderung repariert oder versucht zu reparieren, wo Beschädigungen sind, Umstände, oft unverdiente Umstände, die eigentlich schwächen (müssten), ist daher nur eine andere und neuartige Form von praktizierter Solidarität mit den Schwachen und Benachteiligten dieses Landes und seinen häufig ausgegrenzten „Gästen" (?!) – auch wenn man Einzelne davon stark machen kann. Mag sein, dass die Resilienzhelfer damit wieder einen kleinen Reparaturbetrieb aufmachen, der die gesellschaftlichen Verhältnisse entgegen allen Helferintentionen zu zementieren hilft – ein altes Argument, das von Freyberg in seinem berechtigten Furor wieder aufgreift –, aber was hilft's: Wer ein Leben rettet, so das bekannte jüdische Sprichwort, der rettet die ganze Welt. Das, was zu meiner Studienzeit schlechthin ein Letztargument hieß. Norbert Wieland liefert in seinem Beitrag die wissenschaftliche Begründung zur Legitimierung von Resilienzförderung unter den obwaltenden Umständen.

Was aber sagt uns das merkwürdige Zusammentreffen, dauernd von der Förderung von Stärken zu reden in einer Zeit und Gesellschaft, die längst (wieder) einseitig auf die Starken setzt? Ist dies kein Zufall, macht sich die Resilienzforschung gar zu einem Zeitpunkt bekannt, an dem sie „falsch" gelegen kommt? Da müssen Resilienzforschung und -förderung in der Tat aufpassen, infolge dieser Koinzidenz der Begriffe sich nicht zum falschen Symbol stilisieren und von Tendenzen vereinnahmen zu lassen, für die sie wirklich nicht stehen. Die Intentionen der professionellen Helfer sind ethisch sauber, egal wer sie noch zu instrumentalisieren versucht. Genug seltsame Publikationen sind ja schon im Umlauf, die einen schwanen lassen, da sollen die kleinen Pusselchen nur fit gemacht werden fürs allgemeine große Hamsterrad. Wenn aber Resilienzförderung für eines nicht stehen darf, dann für alles, was einen Beigeschmack von sozialdarwinistischer Auslese hat. Sie meint nie: robust machen für die Ellenbogengesellschaft. Resistent machen gegen ihre Auswüchse? Immer nur mit Blick auf den Einzelnen, der zu zerbrechen droht, nie zur Stabilisierung von Unrecht. Wer in der Sozialen Arbeit wirkt, hat als der reine Tor (Parzival lässt grüßen!) dort keine Chance, sondern muss reichlich wach und aufgeklärt sein. Resilienzförderung wird Einzelnen, aber eben nur Einzelnen – wenn auch in größerer Anzahl – bisweilen besser, da adäquater, helfen können als manch anderer bisher praktizierte Ansatz. Würde sie je zum Alibi – Zander etwa warnt davor –, die gesellschaftlichen Verhältnisse ruhig hart und härter werden zu lassen, dann wären wir wirklich bei der spätrömischen Dekadenz angelangt. Resilienzgeschichten sind bei aller Großartigkeit verkappte Leidensgeschichten.

Ein Beispiel, um zu zeigen, dass es dem Autor hier nicht um Schattenboxen geht: Es reicht eine winzige Verschiebung – „Phoenix aus der Asche. Resilienz – Wie erfolgreiche Menschen die Krisen meistern" heißt eine jüngst im Internet zu bestaunende Publikation, offenkundig eher dazu gedacht, stressbelastete Menschen im Wirtschaftsleben krisengestählt zu machen. Da steht eben nicht: „Wie Menschen erfolgreich Krisen meistern". „Stellen Sie sich vor, es gibt eine Wirtschaftskrise, und alle handeln so, als gäbe es keine…" lautet etwa eine Kapitelüberschrift dieses Buches, in dem man momentane Rückschläge „managet" und sich auch selbst „coacht" (auch wenn man gerade sein Anlagekapital verloren hat?). Für die entsprechende Klientel sicher ein nützliches Buch. Aber wohl eher eine Form von Resilienzförderung, die man sich leisten können muss, und eben rein aufs individuelle Durchkommen gepolt.

In der Einzelarbeit werden Erzieherinnen oder Sozialarbeiter durch das Erleben individuellen Aufblühens dafür entschädigt werden, in einem System zu arbeiten, das insgesamt krank ist.

Nota bene: Gäbe es doch eine Teleologie der Geschichte und erreichten wir zwar keine Utopie, aber immerhin die gerechteste aller gemeinhin denkbaren Gesellschaften – selbst sie kann, da noch voll von menschlichen Fehlbarkeiten, den Bedarf nach Resilienzentfaltung nicht stillen!

Mögen die Gesellschaftstheoretiker streiten: Was wir heute an brauchbaren Resilienzförderkonzepten entwickeln, wird dauerhaft Bestand haben. Wir wohnen einem Moment grundlegender Weichenstellung bei. Gleise, über die – ungeachtet allen Streits über Landschaft und Landschaftsgestaltung – auf lange Zeit Züge rollen sollen, und die deswegen sorgfältig fundamentiert werden müssen. Mit tragfähigen Konzepten, die – trotz aller Dynamik der Modewelle (die Resilienz kann nichts dafür, dass sie davon erfasst wird) – klug und in Ruhe durchdacht wurden, von Längsschnittstudien überprüft und belastbar. Und, wer den Bahnvergleich liebt, bitte auf einem gewarteten Gleissystem, nicht privatisiert, frei von Begehrlich- oder Lässlichkeiten privater Investoren, Stiftungen ausgenommen, ebenso Social Sponsoring, sofern es sich nicht einmischt.

Nachwort

Eins zeigen die bisherigen Überlegungen: Wer Resilienz verstehen will, ihre Funktionsweise, Kraft und Sprengkraft, ihren Zauber wie ihre Sperrigkeit, der wird umso eher fündig, je mehr er sich den Bedingungen von Extremsituationen aussetzt, mithin an die Ränder unserer wie anderer Gesellschaften reist. Unglaublich, was Menschen dort aushalten! Er wird, zumal Resilienz ja keine moralische Größe ist, verstehen, wie sehr sie zur Relativierung von Urteilen und Kategorisierungen zwingt. Dass manches Förderprogramm bedeuten wird, bewusst und konzentriert – zu lavieren. Auch deswegen betonen zahlreiche Beiträge dieses Bandes, das Helferpersonal müsse seine *eigene* Resilienzfähigkeit reflektieren.

Die nähere Beschäftigung etwa mit traumatisierten Menschen wird der Resilienzdiskussion allerdings noch eine Debatte über eine Komponente abverlangen, die hier nur einmal kurz bei Wieland aufscheint, nämlich das Körpergedächtnis, also einen Bereich menschlicher ‚Gewordenheit', bei dem das Modewort ‚nachhaltig' wirklich einmal angezeigt ist und der sich schnellem Zugriff entzieht.

Auffällig ist in diesem Buch, dass diejenigen, die sich mit Resilienz in den gesellschaftlichen Extremlagen unter all den denkbaren Stress- und Belastungssituationen befassen – mit Straßenkindern etwa –, auch die prononciertesten Positionen zur Spannweite von Resilienz, zur personalen Autonomie und Entscheidungsgewalt sowie zu den „skandalträchtigen", sprich unliebsamen Aspekten des Phänomens vertreten.

Aber auch wenn wir an die Einbettung von Resilienzförderung in eher etablierte Einrichtungen gehen, kann es schnell sperrig werden. Die Resultate der PISA-Studien und die Beschleunigung dessen, was sich oft mehr Bildungsgesellschaft schimpft statt nennt, auch die Abkehr von den Humboldtschen Idealen und Freiheiten, stehen quer zum Ideal einer „resilienten Schule", wie sie Grünke erträumt und Göppel diskutiert. Schnelligkeit und Effizienz auf der einen Seite und Geduld und Aufmerksamkeit für Resilienzförderung sind nicht unbedingt Geschwister, erst recht nicht in den Herzen derer, die das Geld geben. Auch die Bedingungen, unter denen etwa Hartz IV (neuerdings Basisgeld, bald Leyenpfennig?) gewährt wird, sind alles andere als resilienz-, nämlich stressfördernd. Den Migrantenjugendlichen könnte man es ebenfalls ersparen, zusätzlich Resilienz entwickeln zu müssen, weil der gesellschaftliche Mainstream es sich darin bequem macht, über sie herzuziehen. Wer sich den gesellschaftlichen Entwicklungsstand anschaut, zu welchem die Resilienzdebatte ausbricht, kann schon staunen, wie rasch links die Brunnen gegraben werden, aus denen man rechts die Kinder wieder fischt. Eben weil es soweit gekommen ist, können nicht alle sozial Engagierten den Resilienzgedanken einfach vorbehaltlos begrüßen, sondern klopfen ihn manchmal mit Argwohn ab. Cui bono? Aber ja doch, solange wir nur einen retten oder in Sodom noch ein Gerechter weilt...

Der Resilienzgedanke hat heute auch deswegen etwas Widerständiges an sich, weil seine Verwirklichung auf den verschiedensten gesellschaftlichen Feldern, verglichen mit dem, was abläuft, geradezu gegenteilige Entwicklungen erfordern würde. Der grundlegende Widerspruch besteht darin, dass der Resilienzgedanke zu greifen, die Debatte darüber zu wirken beginnt in einem Umfeld, das zunehmend die immer stärkere Ausprägung von Resilienz zum Überleben verlangt, und dass dies für Helfer eine widersinnige Konstellation darstellen muss, deren Trachten in die genau gegensätzliche Richtung zielt, nämlich auf Entspannung, Erleichterung, Lebensfreude. Sie wollen sich nicht fühlen, als ob sie in der Versuchsanordnung eines technischen Bundesamtes die Belastbarkeit des Materials Mensch „stärkten".

Dass Resilienzförderung zwar durchaus in Gruppenarbeit, letztlich aber immer nur individuell erfolgen kann, will man nicht von generalpräventiven allgemeinen Stärkungsprogrammen reden, soll – auch da gilt es einem Missverständnis vorzubeugen – auch nicht dazu führen, sich nur noch auf die Entwicklung von einzelnen Individuen zu konzentrieren und Solidaritätsaspekte auszublenden. Das allgemeine Paradigma gilt heute eher der individuellen Selbstverwirklichung mit einem möglichst hohen Anteil auf der nach oben offenen Skala materiellen Glücks, wohingegen sich Gleichheit und Brüderlichkeit eher im Schatten scheu an Händchen halten. Der Fördergedanke wird dann gut greifen, wenn er sich nicht als Erlösungsweg für Einzelne, sondern als praktizierte Solidarität präsentiert – dass eben jedem, wenn auch unter verqueren Umständen, so gut es geht geholfen wird, damit er das Beste aus sich machen kann. Auch deswegen stören Buchtitel, in denen irgendjemand mit einem Quäntchen Resilienz fit für irgendwas gemacht werden soll, so sehr: Das riecht nach Konkurrenz zu anderen, danach, sie im allgemeinen gesellschaftlichen Wettlauf positionell zu überbieten. *Dass und wie Einzelne mehr oder weniger gut und stark Resilienz entwickeln, hat nichts, aber auch gar nichts mit Konkurrenz zu tun – und darf sich auch nie so anfühlen.*

Da wir mittlerweile in einer Gesellschaft leben, die Grundfragen menschlicher Existenz im Wochenrhythmus debattiert – im Kalender könnte man das Skandalthema der Woche als Rubrik einführen –, bekommt die Frage nach Resilienz als einem Modewort einen unheimlichen Beiklang. Kaum gehört, kaum verstanden – das Fremdwort ist und bleibt den meisten sperrig –, schnell verkündet und verplappert? Nicht nur die

Forschung, sondern auch alle Praktiker, die dieses Buch lesen und in ihm nachschlagen, sind gefordert mitzuwirken, dass Sozial- und Bildungspolitiker jetzt nicht überall Resilienz wiederkäuen und sich mit besonders anspruchsvollen Federn schmücken (et ego in Arcadia), sondern dass Förderprogramme dauerhaft verankert werden, so dauerhaft, dass das allen Mitwirkenden und Betroffenen wirkliche Sicherheit gibt. Förderprogramme, die von verlässlichen Bezugspersonen reden, verlangen per se schon nach Kontinuität! Resilienzförderung etwa bei Menschen, die permanent von der Abschiebung bedroht sind – zu erspüren in Uli Hahns Beitrag –, verlangt von allen eine eigentlich perverse Gratwanderung, schon weil die Kondition den Mitarbeiterstab ohne dessen Zutun unangemessen instrumentalisiert. Und schon wieder muss das „Gründungsargument" aller Reparaturbetriebe herhalten: besser – als nicht.

Der Resilienzgedanke muss Zeit haben, sich durchzusetzen. Mentalitätswandel in der Sozialen Arbeit vollzieht sich nicht über Nacht. Die explosionsartige Geschwindigkeit, mit welcher der ins Wasser geworfene Stein des Anstoßes Resilienz jetzt Wellen schlägt und sich verbreitet, wird bald an die Trägheitsufer alltäglicher Beharrlichkeit schwappen. Dann gilt es durchzuhalten, nicht jetzt, wo der Gedanke frisch und in aller Munde ist.

Viele der Betroffenen brauchen das Wort Resilienz zwar nicht zu kennen, geschweige denn übersetzen zu können, müssen aber wissen, dass Programme laufen, die ihnen oder ihren Kindern bei heftigem Stress helfen. Und dafür müssen Programme eben bekannt sein, lange genug dauern und immer wieder angeboten werden. Dass dies flächendeckend in mehr oder weniger allen Bereichen der Sozialen Arbeit geschieht, wie die Konzeption dieses Buches als solche es schon vorsieht und zahlreiche Beiträge auch fordern, ist dafür sicher hilfreich. Resilienz ist kein Begriff, der sich als gesellschaftliches Schlagwort eignet – also muss sie sich dadurch bekannt machen, dass es wirksame Förderprogramme gibt, und wie hilfreich sie den Menschen sind. Gerade dass Resilienz sich immer wieder neu ausprägen und jeweils in länger dauernden Prozessen entwickeln muss, rechtfertigt die dauerhafte Etablierung aller mit ihr sinnvoll verbundenen Programme.

Das würde es lohnen, *neue* Gelder in Zeiten locker zu machen, in denen man alte Zuschüsse immer mehr streicht. Damit aber sind wir mitten in der Sozialdebatte, und es zeigt sich, dass fehlgeht, wer Resilienzförderung eine gesellschaftliche Alibifunktion anhängt, da diese Förderprogramme, konsequent betrieben, eben nicht anderswo das Zusammenstreichen von Mitteln erlauben, sondern vielmehr nach Ausweitung sozialen Engagements – also auch monetärer Beiträge – schreien.

Sicherlich wird der Gesellschaft insgesamt Resilienzförderung nützen, und es ist beliebt geworden, ja hat quasi religiösen Status erhalten, den Leuten etwas damit schmackhaft zu machen, dass es sich gesamtgesellschaftlich „rechnet". Ethisch wird man Resilienzförderung natürlich auch als gesellschaftliche Verpflichtung begründen können – gelingt es Staat und Gesellschaft nicht, hinreichend gerechte Verhältnisse herzustellen, dann müssen sie wenigstens Resilienz fördern –, doch wird man sie letztlich als Wert an sich definieren müssen. Wer das Argument, sie um ihrer selbst willen, und nicht nur wegen des allgemeinen Kosten-Nutzen-Faktors zu betreiben, von Anfang an weglässt, wird genau dem generellen Nützlichkeitswahn unterliegen.

In den letzten Jahren ist uns die – ebenso noch „restreligiöse" wie durch das nachkriegszeitliche Erschrecken bedingte – einfache Überlegung abhanden gekommen, dass jeder, wollen wir nicht spirituell spekulieren, nur einmal lebt und den natürlichen Hunger verspürt, dieses göttliche Leben mit Haut und Haaren genüsslich bis zum letzten Bissen zu verspeisen, dass aber den anderen neben mir der ebengleiche Hunger treibt, und man das, Herrgott noch mal, miteinander vermitteln muss. Es gilt also mit anderen Worten, zugunsten der Resilienzförderung einer Gesellschaft, die sich längst – tendenziell hatte sie diesen Egotrip schon verlernt – wieder daran gewöhnt hat, den Minderleistern latent geringere Lebensanteile zuzusprechen, zusätzlichen Aufwand für diese „lästigen Mäuler" abzufordern. Ungeachtet all der vielen, die noch zum Teilen bereit sind, ruft dies schon eher nach einer Sumpf- statt einer Bergpredigt. Mitleid und Mitgefühl – sind uns das mehr als saisonale Aufwallungen?

Ist es dem einen oder anderen Beitrag aber vielleicht doch gelungen, in uns nachwirkend aufscheinen zu lassen, welch ein Geschenk Resilienz für einen Menschen und auch sein Umfeld ist – trotz aller argen Anteile, die sie bergen mag? Wie sie heilen und zu leben lehren kann, wo eigentlich alles schon verloren scheint, bei traumatisierten Flüchtlingsfamilien etwa? Resilienzförderung ist auch Wiedergutmachung. Es soll nicht rührselig zugehen – da denke ich rasch an ein richtig widerborstiges Straßenkind oder den Effekt, den schon rein physisch schwer erträgliche Lebensverhältnisse auf mich haben –, aber jeder Beitrag dieses Bandes ist, so wissenschaftlich verklausuliert er sich geben mag und vielleicht manchmal mehr den internen Diskurs im Blick hat, auch ein verkapptes „Lasset die Kindlein zu mir kommen". Bitte das Buch so zu lesen. Und wer die Beiträge redigiert hat, weiß, was Resilienz etwa für manche Autorin persönlich bedeutet haben muss. Vielleicht lässt das Fremdwort manchmal vergessen, dass Resilienz erforschen für jeden – Autor wie Leser – zu ergründen heißt, wer und wie wir Menschen sind oder sein können. Sicher eines unserer schönsten Potenziale. Resilienzforschung ist Aufklärung im besten Sinne über unser eigenes Funktionieren. Ganz bescheiden auch darüber, wo die *Grenzen* unserer Steuerungsfähigkeit liegen.

Hierzulande ist die Debatte noch neu: Etliche Beiträge haben sich – wie die von Wieland, Zander, Fingerle, Richter-Kornweitz beispielsweise – zunächst eingangs einfach um Begriffsklärung und -abgrenzung verdient gemacht. Immer wieder ist auch zu lesen, dass es kaum neuer Institutionen bedarf, sondern der Wandlung der alten, so dass sich auch ein Jugendamt, ganz anders als Gerüchte und Sichtweisen meiner Jugend, als selbstverständlicher Teil dieser Entwicklung („Bewegung" mag man nicht schreiben) begreift, als Resilienzhelfer versteht, wie das Interview mit Frau Averbeck vom Dortmunder Amt eindrücklich zeigt.

Der Fortbestand von alten Schnittmustern darf freilich nicht dazu verführen, das grundsätzlich veränderte Webmuster zu übersehen oder lediglich als Kleinkorrektur abzutun. Auch wenn wir uns mittlerweile vor Paradigmenwechseln nicht mehr retten können – dies ist wirklich einer. Mit in der Tat weitreichenden Folgen, deswegen hält die hitzige gesellschaftspolitische Debatte. Eine der Folgen für die Praxis Sozialer Arbeit wird auch sein müssen, noch stärker vom patronalen Verständnis wegzukommen zugunsten von Autonomie und Eigengesetzlichkeit der Betreuten. Resilienz wird immer ihre eigenen Wege gehen. Sie ist individuell und nicht sozial gebunden, kann zwar im sozialen Kontext gefördert werden, aber ob sie mehr oder weniger sozialverträglich macht, steht zunächst auf einem anderen Blatt. Ungar zeigt sehr schön, wie behutsame Förderpraxis ausuferndes Verhalten auffangen kann. Wenn wir Resilienz fördern wollen, müssen wir uns – oben stand es schon – auch daran gewöhnen, mit und unter eigentümlichen Typen zu leben. Resilienz ist farbig, bunt, schillernd. Sollen die Resilienzgeförderten dann unter uns dauerhaft willkommen sein, müssen wir sie zu schätzen wissen und uns an ihre Präsenz gewöhnen *mögen*. Resilienzförderung bedeutet auch, Randständiges in die Mitte zu holen. Sie kann nur gelingen, wenn der Andersartige oder sozial nicht Angepasste, wenn der Ausgegrenze – Flüchtlinge aus uns fremden Kulturen, Straßenkinder, ein Roma-Kind beispielsweise – zu Recht das Gefühl entwickeln darf, in seiner Andersartigkeit *prinzipiell* auch willkommen zu sein, gerade wenn er gelernt hat, sie jetzt zu zeigen, zu ihr zu stehen und anderen *zu vermitteln*. Sonst helfen wir, pardon, Ausgegrenzten gleich welcher Couleur nur, weiter in ihr Außenseitertum eingekapselt, sich darin nur besser und geschickter zurechtzufinden. Ein klein wenig Gesellschaftsveränderung darf man doch bitte verlangen, oder? Schließlich sollten die Resultate dessen, was ich mit anderen veranstalte, doch eine Chance haben, auf mich zurückzuwirken.

Mit der Messbarkeit von Förderresultaten ist das bei diesen Programmen natürlich so eine Sache, da helfen alle Skalen nichts, und noch schwerer wird es sein, den offenbar sichtlichen Resilienzerfolg *kausal* mit irgendwelchen zu seinem Behufe aufgewandten Mitteln zu verknüpfen. Nicht leicht wird es Studien fallen, konkrete Nachweis- und Messkriterien zu entwickeln, die mehr sind als statistische Angaben oder ein mehr oder weniger aufwendig umschriebenes ‚Hat sich erfreulich entwickelt'. Müsste hier, um ganz korrekt zu bleiben, eigentlich sogar stehen: Hat sich, obwohl wir alles unserer Erwartungshaltung Dienliche getan haben, dennoch *unerwartet* erfreulich gemacht? Als Ausdruck des kleinen verbliebenen Überraschungsmoments, da es trotz aller Arrangements von Schutzfaktoren eben kein klares Wenn-dann gibt? Geben kann?

Heißt das übrigens: je unerwarteter, desto resilienter? Das Gelingen mancher Lebensgeschichte lässt sich ja in der Tat kaum nachvollziehen. Bei mir selber könnte ich zwar durchaus resiliente Anteile entdecken, in manchen Lebenssituationen jedenfalls. Denke ich an größte Armut aber, ein KZ oder jahrzehntelange Haft, dann dürfte ich eigentlich kein einziges Wort zu Resilienz sagen, so wundersam, so reiches Wunder ist sie dort. Wissenschaft kann erklären, soll und muss. Doch Praktiker vor Ort werden noch am ehesten die Größe von Resilienz „ermessen" können. Forschung und Wissenschaft können sich glücklich schätzen, hier die Rolle der dienenden Magd zu erfüllen.

Doch so überwältigend die großen Resilienzstories auch sein mögen, sollen sie doch nicht den Blick verstellen auf die in kleinen, überschaubaren Programmen in zäher täglicher Kleinarbeit mühsam errungenen Alltagssiege. Gerade die praxisnahen Beiträge zeigen, wie viel Durchhaltekraft und Frustrationstoleranz es erfordert, um angesichts von Enttäuschungen, Rückschlägen, auch bürokratischen Hemmnissen, in kleinen Schritten sich oft abkapselnde Menschen anzusprechen, zu erreichen und mit ihnen gemeinsam erste Erfolge anzusteuern. Der traditionelle Terminus dafür lautet: Helden des Alltags. Schließlich ist der Erfolg schon allein der Sache nach nicht gewiss. Auch deswegen empfiehlt es sich, jetzt nicht einfach einseitig neu fixiert auf Resilienz zu starren, sondern deren Förderung als *eine* von mehreren Komponenten in komplexe Programme zu integrieren. Das dafür aber in ein Netz von ineinandergreifenden, miteinander vernetzten Programmangeboten, die möglichst die – Thema dieses Bandes – gesamte Kindheits- und Jugendphase umfassen. Bei der Vielzahl von Anbietern – und manchmal deren Konkurrenz untereinander – muss dann erst recht eine Hand wissen, was die andere tut. Die förderbedürftige Klientel wird man allzu oft, einen Fachterminus aus dem Artikel von Marie-Luise Conen aufgreifend, aufsuchen müssen.

Auch wenn sich dieser Band – gerade angesichts des teilweise noch anfänglichen Forschungsstandes – schon zu Recht Handbuch nennen darf, weil er sammelt, was es gibt: Was Sie im Einzelfall tun müssen, wird und kann er Ihnen, da Resilienz individuell bestimmt werden muss, nicht sagen. Das müssen Sie in einer Mischung von Fachkenntnis und Intuition selber erfassen. Doch gleichen sich die Leitlinien so erstaunlich – egal ob es sich um große Katastrophen oder Alltagsschicksale handelt, immer wieder dieselben Grundfaktoren –, dass hoffentlich jeder genug Anhaltspunkte finden wird, wonach zu suchen und wo anzusetzen ist, so der hoffentlich geschärfte Blick das Aufblitzen von Resilienz denn erkennt.

Abarbeiten müssen werden sich Forschung und Praxis noch an der Relation zwischen *Resilienz* und *Durchsetzungsfähigkeit*. Viel wird davon abhängen, wie hier – und durch und von wem – die Definitionssetzungen erfolgen werden; da möchte man nach einigen Beiträgen am liebsten gleich weiterdiskutieren. Die Diskussion über Sinn und Zweck von Resilienzförderung wird die Debatte über das zugrunde zu legende bzw. zugrunde gelegte Menschen- und Gesellschaftsbild stets mit umfassen. Es geht bei Resilienzförderung wohl ebenso um die Vermittlung zwischen Autonomie und gesellschaftlicher Akzeptanz wie um die Versöhnung von Autonomie mit (gern würde ich hinzufügen: ihre Verwirklichung durch) Solidarität. Die hier im Nachwort geäußerten Gedankengänge zusammenfügend, möchte man sagen: Es liefe perfekt, wenn die resilient Gemachten am Ende ihres Leidensweges und als Resultat klug praktizierter Förderung selbst zu solidarischen Menschen würden, die das Erfahrene mit anderen zu teilen und ihre Gabe der Stärke weiterzureichen wüssten. Resilienz bedeutet auch, seine Herkunft nicht zu verachten und zu vergessen, sondern bewusst damit zu leben. Auch das kann eine Gesellschaft ein wenig gerechter machen. Kleines Beispiel gefällig? Wer, aus einfachsten Verhältnissen stammend, als Politiker Gesetze ‚für' arme Menschen macht, sollte sie so gestalten, dass sie auch wirklich deren Belangen gerecht werden, weil er bei allen Sektempfängen mit den Großen dieser Welt nicht vergessen hat, wie sich das anfühlt, woher er stammt. Das wäre wahrhaft resilient, das andere zeugt nur von ruppiger Durchsetzungskraft mit Tendenz nach oben und Tritt nach unten. Das aber meint Resilienz eigentlich *nicht*.

Bleiben wir aber nüchtern und bescheiden: Jetzt wird nicht alles besser, schon gar nicht gleich, und schon gar nicht automatisch. Aber durch Resilienzförderung wird manches für Einzelne erträglicher werden. Von den großen Utopien des vergangenen Jahrhunderts geheilt, ohne doch das Träumen verlernt zu haben, könnte man sagen: Das ist doch schon mal was. Und das Geringste auch, das wir dazu beigetragen haben, wird schwer wiegen.

Meister Eckhart schaute am Ausgang des Mittelalters inmitten der menschlichen Seele ein Burggärtlein als jenen Hort und Ort, in den selbst Gott nicht dringe, weil er drauf warte, dass sich die Pforte öffne. Durch viele Jahrhunderte verwandelt, ist uns verwundeten Neuzeitlern die menschliche Seele im Kern noch immer Geheimnis, und kein Weg scheint weiter, als der zu uns selbst oder hinein in die Augen des nur Zentimeter entfernten Partners. Ich bin mir sicher, im Zentrum jenes Gärtleins liegt ein Teich, umstanden von zahllosen Gewächsen und Früchten der Erkenntnis, auch solchen, die verzweifeln lassen ob der Dornen Fülle. Doch aus des Bronnens Mitte wächst ein Lotus (wie auf dem Titelbild), sonderbar und still – und weitet sich nur, wie er will. Und diese Blüte ist der Himmelsschlüssel einer.

Martin Roemer

Kurzprofile der Autorinnen und Autoren

Nicole Alfert
Diplom-Pädagogin, wissenschaftliche Mitarbeiterin und Promovendin am Institut für Erziehungswissenschaften (Arbeitsbereich Sozialpädagogik) an der Westfälischen Wilhelms-Universität Münster. Ihre Forschungs- und Arbeitsschwerpunkte umfassen die Themengebiete Jugend im digitalen Zeitalter, Menschliche Kommunikation, Mutismus im Kindes- und Jugendalter und Förderung von Resilienz bei benachteiligten Kindern und Jugendlichen.
Sie war als Mitarbeiterin an der wissenschaftlichen Begleitung des Modellprogramms „Lichtpunkte" der Deutschen Kinder- und Jugendstiftung (DKJS Berlin) beteiligt.
Ausgewählte Veröffentlichungen:
„Mutismus – Integrations- und Fördermöglichkeiten von Kindern. Analyse eines Fallbeispiels" sowie „Lichtpunkte – Resilienzförderung bei benachteiligten Kindern und Jugendlichen" (gemeinsam mit Margherita Zander, Bettina Kruth).
Kontakt:
Westfälische Wilhelms-Universität Münster
Georgskommende 33
48143 Münster
nicole.alfert@uni-muenster.de

Birgit Averbeck
Diplom-Sozialpädagogin, Leiterin des Projektes Kinderschutz im Jugendamt der Stadt Dortmund und Fachberaterin für Jugendhilfe mit dem Schwerpunkt Kooperationen zu anderen Helfersystemen, insbesondere Jugendamt – Kinder- und Jugendpsychiatrie sowie Medizin und Drogenhilfe.
Weiterbildungen in Systemischer Familientherapie, Systemischer Supervision und Institutionsberatung, Projekt- und Querschnittsmanagement.
Freiberuflich tätig u.a. in den Bereichen Supervision, Fortbildungen und Erwachsenenbildung.
Kontakt:
birgit.averbeck@gmx.de
oder 0231/ 50-2 48 81

Marie-Luise Conen
Dr. phil., Dipl.-Psychologin, Dipl.-Pädagogin, Master of Education (M.ED, Temple University); Leiterin des Context-Instituts für systemische Therapie und Beratung, Berlin; systemische Paar- und Familientherapeutin, Supervisorin, Fort- und Weiterbildnerin; 1993–2000 Vorsitzende der Deutschen Arbeitsgemeinschaft für Familientherapie.

Veröffentlichungen u.a.:
Wenn Eltern aufgeben. Therapie und Beratung bei konflikthaften Trennungen von Eltern und Kindern. (Mit Gianfranco Cecchin). Carl Auer, Heidelberg 2008
Wie kann ich Ihnen helfen, mich wieder loszuwerden? Therapie und Beratung in Zwangskontexten. (Mit Gianfranco Cecchin). Carl Auer, Heidelberg 2007
Wo keine Hoffnung ist, muss man sie erfinden. Aufsuchende Familientherapie. Carl Auer, Heidelberg 2006 (3. Auflage)
Kontakt:
Institut für systemische Therapie und Beratung
Heinrich-Seidel-Str. 3
12167 Berlin-Steglitz
info@context.conen.de

Brigid Daniel

MA (Hons), PhD, CQSW, originally studied psychology and carried out research in infant perceptuo-motor development. Following qualification as a social worker she practised in Edinburgh in Intake and then in a Children and Families team. She then worked at Dundee University on post-qualifying courses in child care and protection, at Stirling University as Senior Lecturer in Social Work and returned to Dundee as the Professor and Director of Studies of Child Care and Protection. She is currently Professor of Social Work at Stirling University in the Department of Applied Social Science and is head of the Social Work section which delivers undergraduate and postgraduate qualifying social work programmes as well as a range of continuing professional development courses.
Kontakt:
Department of Applied Social Science
Colin Bell Building
University of Stirling
Stirling
FK9 4LA, UK
b.m.daniel@stir.ac.uk

Michael Fingerle

Prof. Dr., Dipl.-Psych., Forschungsgebiete: Emotionale und soziale Kompetenzen; Entwicklung diagnostischer Instrumente; Analyse von Präventionsangeboten; Publikationen u.a.:
Fingerle, M. (2009): Aktueller Forschungsstand zum Resilienzkonzept. In: jugendhilfe, 47/3, 204–208.
Fingerle, M. & Ellinger, S. (Hrsg.) (2008): Sonderpädagogische Förderprogramme im Vergleich. Stuttgart.
Fingerle, M. (2007): Der „riskante" Begriff der Resilienz – Überlegungen zur Resilienzförderung im Sinne der Organisation von Passungsverhältnissen. In: Opp, G. & Fingerle, M. (Hrsg.): Was Kinder stärkt. Erziehung zwischen Risiko und Resilienz (S. 299–310). München.

Kontakt:
Johann Wolfgang Goethe-Universität
Fachbereich Erziehungswissenschaften
Institut für Sonderpädagogik
Senckenberganlage 15,
60325 Frankfurt am Main
m.fingerle@em.uni-frankfurt.de

Thomas von Freyberg

Jahrgang 1940, Studium der Theologie, Pädagogik und Soziologie, Dissertation (1977) und Habilitation (1982) in Frankfurt am Main.
Seit 1968 wissenschaftlicher Mitarbeiter am Institut für Sozialforschung an der Universität Frankfurt am Main.
Forschungsgebiete und Veröffentlichungen:
Schulische und außerschulische Bildungsarbeit – Industriesoziologie und industrielle Rationalisierung – Armutsentwicklung, soziale Spaltung und ethnische Diskriminierung – Krise des Sozialstaats, soziale Polarisierung in der Jugendhilfe, Hilfe zur Arbeit – Konflikte im öffentlichen System von Bildung und Erziehung.
Veröffentlichungen u.a.:
(Hrg.): Störer und Gestörte, 2 Bde., Frankfurt 2005 und 2006
Kontakt:
Institut für Sozialforschung
Senckenberganlage 26
60325 Frankfurt am Main
T. Freyberg@em.uni-frankfurt.de

Klaus Fröhlich-Gildhoff

Prof. Dr., Jg. 1956, hauptamtlicher Dozent für Klinische Psychologie und Entwicklungspsychologie an der EH Freiburg. Er ist approbierter Psychologischer Psychotherapeut und Kinder- und Jugendlichenpsychotherapeut mit Zusatzausbildungen in Psychoanalyse (DGIP, DGPT), personzentrierter Psychotherapie mit Kindern und Jugendlichen (GwG), Gesprächspsychotherapie (GwG).
Leiter des Zentrums für Kinder- und Jugendforschung an der EH Freiburg; Forschung im Bereich Jugendhilfe, Pädagogik der frühen Kindheit, Psychotherapie mit Kindern und Jugendlichen. Leiter des BA Studiengangs Pädagogik der Frühen Kindheit.
Themenbezogene Veröffentlichungen u.a.:
Fröhlich-Gildhoff, K., Dörner, T., Rönnau, M. (2007). PriK – Prävention und Resilienzförderung in Kindertagesstätten. Ein Trainingsprogramm. München: Reinhardt
Fröhlich-Gildhoff, K., Rönnau, M., Dörner, T. (2008). Eltern stärken mit Kursen in Kitas. München: Reinhardt Fröhlich-Gildhoff, K. & Rönnau-Böse, M. (2009). Resilienz. München: Reinhardt Verlag

Kontakt:
Evangelische Hochschule Freiburg
Bugginger Str. 38
79114 Freiburg
froehlich-gildhoff@efh-freiburg.de

Rolf Göppel

Dr. phil. habil., Diplompädagoge, Jahrgang 1959, lehrte an den Universitäten Würzburg, Köln, Frankfurt und Wien und hat derzeit eine Professur für Allgemeine Pädagogik an der Pädagogischen Hochschule Heidelberg inne. Zu seinen Arbeitsschwerpunkten zählen: Psychoanalytische Pädagogik, Pädagogik bei Verhaltensstörungen, Kinder- und Jugendforschung, Risiko- und Resilienzforschung, Biografieforschung. Derzeit stellvertretender Vorsitzender der Kommission Psychoanalytische Pädagogik in der Deutschen Gesellschaft für Erziehungswissenschaft.
Publikationen:
Ursprünge der seelischen Gesundheit. Würzburg 1997 (Edition Bentheim)
Aufwachsen heute. Veränderungen der Kindheit – Probleme des Jugendalters. Stuttgart 2007 (Kohlhammer)
Schüler, Lehrer und Konflikte. Bad Heilbrunn 2007 (Klinkhardt)
Kontakt:
Pädagogische Hochschule Heidelberg
Institut für Erziehungswissenschaft
Keplerstr. 87, 69120 Heidelberg
goeppel@ph-heidelberg.de

Edith Henderson Grotberg

Dr Edith Grotberg was Senior Scientist at the Civitan International Research Center, University of Alabama at Birmingham, Alabama, USA. As developmental psychologist, she has been a professor at the American University, Washington DC, and at the Ahfad University for Women in Omdurman, Sudan. She was Director of Research for a US Government agency concerned with children, youth and families at risk. Dr Grotberg has written and published extensively on her research, on application of research findings to services, and on policy formation. She was a world renowned educational psychologist dedicated to promoting early childhood development and the human capacity for resilience, died on May 20, 2008, of pneumonia at Sibley Memorial Hospital in Washington, DC
Kontakt:
www.edithgrotberg.com/obituary.php

Matthias Grünke

Diplom-Psychologe, Professor für Heilpädagogik (Förderschwerpunkt Lernen) an der Universität zu Köln und Herausgeber der Zeitschrift „Empirische Sonderpädagogik".

Seine Forschungs- und Arbeitsschwerpunkte sind:
Vermittlung von Lernstrategien, Effektivität von Unterrichtsmethoden und Förderung von Resilienz bei Kindern und Jugendlichen mit gravierenden Schulschwierigkeiten.
Seine wichtigsten Veröffentlichungen:
„Interventionen bei Lernstörungen" (Hrsg. gemeinsam mit Gerhard Lauth und Joachim Brunstein)
„Lern- und Verhaltensstörungen" (Hrsg. gemeinsam mit Friedrich Linderkamp).
Kontakt:
Universität zu Köln
Department Sonderpädagogik und Rehabilitation
Klosterstraße 79b
50931 Köln
Tel. 0221/470554
matthias.gruenke@uni-koeln.de.

Uli Hahn

Jahrgang 1949, Sozialpädagogin, wohnhaft in Köln.
Mitarbeiterin in der Nachmittagsbetreuung von „Amaro Kher", im Projekt „Resilienzförderung von Roma-Flüchtlingskindern" – zuvor in einem Kölner Hort für Schulkinder und in verschiedenen Kinderläden (Elterninitiativen zur Kinderbetreuung) in Köln und Bonn.
Kontakt:
Amaro Kher/Rom e.V.
Venloer Wall 17
50672 Köln
ul-the-foo@gmx.net

Bruno Hildenbrand

Jg. 1948, seit 1994 Professor für Sozialisationstheorie und Mikrosoziologie am Institut für Soziologie der Friedrich-Schiller-Universität Jena.
Laufende Arbeitsschwerpunkte:
Transformationsprozesse der Kinder- und Jugendhilfe in Ost- und Westdeutschland; Notfallkommunikation, Klinische Soziologie, fallrekonstruktive Verfahren in den Sozialwissenschaften.
Aktuelle Publikationen:
Unkonventionelle Familien in Beratung und Therapie, Heidelberg: Auer 2009 (mit Dorett Funcke);
Identitätsbildung und Lebensverläufe bei Pflegekindern, Wiesbaden: VS Verlag 2007 (mit Walter Gehres);
Einführung in die Genogrammarbeit. Heidelberg: Auer 2005.
Kontakt:
Institut für Soziologie
Friedrich-Schiller-Universität Jena

Carl-Zeiß-Straße 2
07743 Jena
bruno.hildenbrand@uni-jena.de

Dorothea Irmler
M.A., geb. 1950, Studium der Ethnologie, Psychologie und Germanistik. Ausbildung in psychoanalytisch-systemischer Familien- und Sozialtherapie, Weiterbildung in Kinderpsychotherapie in London. Mehrjährige Tätigkeit in Zimbabwe als Ethnologin und Familientherapeutin. 1996–2004 Lehraufträge: Universität Bochum, Fachhochschule Köln. Seit 1996 schwerpunktmäßig Arbeit mit traumatisierten Flüchtlingen, seit 2003 Leitung des Kinder- und Jugendprojektes des Therapiezentrums für Folteropfer – Caritas Flüchtlingsberatung Köln. Freiberuflich Supervisionen und Fachberatungen im Kontext der Entwicklungszusammenarbeit.
Publikationen zum Thema:
„Mein Zimmer hier heißt Schmerz." Überleben und Leben – Systemische Therapie mit schwerst traumatisierten minderjährigen Flüchtlingen, in: Rotthaus, Wilhelm (Hrsg.) (2001): Systemische Kinder- und Jugendlichenpsychotherapie, S. 446–462.
Therapiezentrum für Folteropfer und Universitätsklinikum Hamburg Eppendorf (Hrsg.) (2002): Kinderflüchtlinge in Europa. Leitlinien zum psycho-sozialen Kontext, zur Diagnostik und Behandlung von traumatisierten Kindern und Jugendlichen.
Therapiezentrum für Folteropfer (Hrsg.) (2007): Damit Flüchtlingskinder im Leben bestehen... Entwicklung, Vermittlung und Anwendung eines Drei-Säulen-Modells zur Förderung von Resilienz (DSR) bei primär und sekundär traumatisierten Flüchtlingskindern, -jugendlichen und Familien.
Therapiezentrum für Folteropfer (Hrsg.) (2008): Themenheft Resilienz.

Kontakt:
Therapiezentrum für Folteropfer (TZFO)
Spiesergasse 12
50670 Köln
Dorothea.irmler@caritas-koeln.de

Wolfgang Jaede
Diplom-Psychologe, Psychologischer Psychotherapeut und Kinder- und Jugendlichenpsychotherapeut, Supervisor (DGSv), Mediator(BAFM).
Leiter der Psychologischen Beratungsstellen für Eltern, Kinder und Jugendliche der Stadt Freiburg, Lehrbeauftragter der Pädagogischen Hochschule Freiburg, Referent der Bundeskonferenz für Erziehungsberatung (bke), das Evangelische Zentralinstitut für Ehe- und Familienberatung, die Kinderschutz-Zentren, die Wissenschaftliche Akademie für Weiterbildung an der Universität Freiburg. Beratung von Teams und Institutionen in resilienzorientierter Fallarbeit und Organisationsentwicklung.
Arbeitsschwerpunkte und Veröffentlichungen auf den Gebieten der Kinder- und Jugendlichenpsychotherapie, des Kinderschutzes und der „Frühen Hilfen", der

Kriseninterventionen und Resilienz sowie der Konfliktberatung und Mediation, u.a.: Kinder für die Krisen stärken. Selbstvertrauen und Resilienz fördern, Freiburg/Basel/Wien 2007
Kontakt:
jaede@mediation-freiburg.info
Tel.: 0761/8964131(30 Sekr.)
Mobil: 0177-4542946

Georg Kormann

Dr. phil., Diplompsychologe, Diplomtheologe, Psychologischer Psychotherapeut und Kinder- und Jugendlichenpsychotherapeut. Dozent für Psychologie an der Pädagogischen Hochschule in Schwäbisch Gmünd. Psychotherapie und Supervision in freier Praxis. Lehrtherapeut in der Gesellschaft für wissenschaftliche Gesprächspsychotherapie (GwG). 25 Jahre Tätigkeit als Psychologe in einem Kinderdorf.
Arbeitsschwerpunkte:
Entwicklung und Kommunikation. Themenbezogene Publikationen: „Ehemalige im Kinderdorf . Schutzfaktoren und Resilienz in der Heimerziehung." Ehemalige berichten von ihren Erfahrungen im Kinder- und Jugenddorf Klinge. Eine qualitative empirische Untersuchung auf der Basis von Gesprächen. Seckach: Klinge-Verlag, 2006;
„Resilienz – Was Kinder stärkt und in ihrer Entwicklung unterstützt." In: M. Plieninger & E. Schumacher (Hrsg.): Auf den Anfang kommt es an – Bildung und Erziehung im Kindergarten und im Übergang zur Grundschule, S. 37–56. Rektorat der Pädagogischen Hochschule Schwäbisch Gmünd: Gmünder Hochschulreihe Nr. 27, 2007;
„Gedeihen trotz widriger Umstände" – Was Kinder und Jugendliche im Heim in ihrer Entwicklung stärkt. (mit Saur, B.), 2008.
Kontakt:
Farbgasse 18
74821 Mosbach
georg@kormann.de
Tel: 06261-6744049

Bettina Kruth

Diplom-Sozialwissenschaftlerin und Dr. rer. soc. – ihre Arbeits- und Forschungsschwerpunkte umfassen die Themengebiete: Bürgerschaftliches Engagement, Entwicklung alternativer Versorgungs- und Wohnformen für Menschen mit Demenz und Förderung von Resilienz bei benachteiligten Kindern und Jugendlichen.
Sie war als Wissenschaftliche Mitarbeiterin in verschiedenen Modell- und Forschungsprojekten beschäftigt, darunter Mitarbeit an der wissenschaftlichen Begleitung der „Lichtpunkte-Projekte" der Deutschen Kinder- und Jugendstiftung (DKJS), Berlin, und aktuell im Projekt wissenschaftliche Begleitung „Resilienzförderung mit Roma-Flüchtlingskindern" bei Amaro Kher, Köln.

Ausgewählte Veröffentlichungen:
„Wohngemeinschaften für Menschen mit Demenz: Konzeption – Implementierung – Evaluation" (gemeinsam mit Brinker-Meyendriesch, E., Leuderalbert, B., Schlütter, E., Schneider, K., de Vries, B.) sowie „Lichtpunkte – Resilienzförderung bei benachteiligten Kindern und Jugendlichen" (gemeinsam mit Margherita Zander, Nicole Alfert)
Kontakt:
Am Hilgenbaum 4
44269 Dortmund
bettinakruth@arcor.de
Tel. 02331/4465566

Manfred Liebel

Dipl.-Soz., Dr. phil., Prof. a.D. für Soziologie an der Technischen Universität Berlin; Mitglied der Internationalen Akademie für innovative Pädagogik, Psychologie und Ökonomie (INA) an der FU Berlin, Institut für Globales Lernen und Internationale Studien (IGLIS); Wiss. Leiter des European Network of Masters in Children's Rights (ENMCR); Berater der Bewegungen arbeitender Kinder in Lateinamerika.
Arbeitsschwerpunkt:
internationale und interkulturelle Kindheits- und Jugendforschung.
Veröffentlichungen:
Kindheit und Arbeit. IKO, Frankfurt a.M./London 2001;
Kinder im Abseits. Kindheit und Jugend in fremden Kulturen. Juventa, Weinheim/München 2005;
Wozu Kinderrechte. Grundlagen und Perspektiven. Juventa, Weinheim/München 2007;
Kinderrechte – aus Kindersicht. Wie Kinder weltweit zu ihrem Recht kommen. LIT, Berlin/Münster 2009.
Kontakt:
Internationale Akademie gGmbH
Institut für Globales Lernen und
Internationale Studien
Königin-Luise-Str.29
14195 Berlin
E-Mail: mliebel@ina-fu.org.

C. Wolfgang Müller

Dr. phil., Dr. h.c., Universitätsprofessor em. für Erziehungswissenschaft und Sozialpädagogik, Technische Universität Berlin. Im Erstberuf Journalist, Jugendpfleger und Gruppenpädagoge mit mehrjährigen Auslandserfahrungen in den USA, in Italien und Spanien.
Schwerpunkte:
Soziale Arbeit als Handwerk (Methodenlehre), Quantitative und qualitative em-

pirische Sozialforschung in der Sozialen Arbeit. Werkstätten, um Lust am wissenschaftlichen Schreiben zu bekommen oder wach zu halten.
Veröffentlichungen u.a.:
Wie Helfen zum Beruf wurde, Band 1 und 2, Beltz, Weinheim und Basel 1988
Kontakt:
Bozener Str. 3
10825 Berlin

Antje Richter-Kornweitz
Dipl.-Pädagogin und Kinder- und Jugendlichenpsychotherapeutin, gegenwärtig tätig im Arbeitsbereich „Soziale Lage und Gesundheit" bei der Landesvereinigung für Gesundheit Niedersachsen e.V. Sie befasst sich seit 1996 mit der Armutsforschung und Resilienzförderung und hat zu diesen Schwerpunkten u.a. die folgenden Publikationen vorgelegt:
Wie erleben und bewältigen Kinder Armut? Eine qualitative Studie über die Belastungen aus Unterversorgungslagen und ihre Bewältigung aus subjektiver Sicht von Grundschulkindern einer ländlichen Region. Aachen 2000.
In Zusammenarbeit mit Gerda Holz und Thomas Altgeld: Gesund in allen Lebenslagen. Förderung von Gesundheitspotentialen bei sozial benachteiligten Kindern im Elementarbereich. Frankfurt a. M. 2004.
Armut und Resilienz – was arme Kinder stärkt. In: Dimmel, N./Heitzmann, K./Schenk, M. (Hrsg.): Handbuch Armut in Österreich. Innsbruck/Wien/Bozen, S. 317–331
Was Kinder stark macht – zum Konzept der Resilienz, Themenmodule zur Verbraucherbildung, Verbraucherzentrale Bundesverband Berlin
Kontakt:
Soziale Lage und Gesundheit
Landesvereinigung für Gesundheit Nds.
Fenskeweg 2
30165 Hannover
antje.richter@gesundheit-nds.de
oder antjerichter@antjerichter.net

Martin Roemer
Freier Schriftsteller und Komponist für klassische Musik.
Geboren 1958 in Hamburg; dort Abitur und Kompositionsstudien an der Musikhochschule.
Studium der Germanistik, Kunstgeschichte und Geschichte in Hamburg und Tübingen.
Am Ende des Studiums intensive Beschäftigung mit politischen Gegenwartsdramen in deutscher Sprache; zahlreiche Interviews in der Bundesrepublik, der DDR und in Österreich.
Zunächst schwerpunktmäßig freier Musiker und Komponist, daneben zunehmend schriftstellerische Tätigkeit. Jahrelang als Musiker und Komponist in Italien tätig.

Seit einigen Jahren vorherrschend Schriftsteller. Politisch engagiert, aber ungebunden.
Buchveröffentlichungen:
‚Sternenfinsternis – siebzig Gedichte zur Schoah', Hartung-Gorre Verlag Konstanz 2007.
‚Arena. Vierzig Tage und Nächte. 80 Selbstgespräche mit Gott', LIT Verlag Münster 2009
‚Mensch Ärgernis. 120 Tage in Sodom', LIT Verlag Münster 2010
Kontakt:
Altenhafen 8, 25541 Brunsbüttel
roemerbrief@googlemail.com

Maike Rönnau-Böse

Jg. 1978, Dipl.-Soz.-Päd., arbeitet als wissenschaftliche Mitarbeiterin im Zentrum für Kinder- und Jugendforschung an der Evangelischen Hochschule Freiburg. Dort hat sie einen Lehrauftrag im Studiengang Pädagogik der Frühen Kindheit zum Thema Resilienz. Ihre Forschungsschwerpunkte liegen im Bereich Pädagogik der Frühen Kindheit, insbesondere in der Resilienzförderung. Zu diesem Thema promoviert sie an der Pädagogischen Hochschule Freiburg. Sie ist personzentrierte Spieltherapeutin (akt) und personzentrierte Beraterin (gwg).
Themenbezogene Veröffentlichungen:
Rönnau, M., Kraus-Gruner, G. & Engel, E.-M. (2008): Resilienzförderung in der Kindertagesstätte. In: Fröhlich-Gildhoff, K., Nentwig-Gesemann, I. & Haderlein, R. (Hrsg.): Forschung in der Frühpädagogik. Freiburg: FEL, S. 117–147
Weitere Veröffentlichungen zusammen mit Fröhlich-Gildhoff, siehe oben.
Kontakt:
Evangelische Hochschule Freiburg
Bugginger Str. 38
79114 Freiburg
E-mail: roennau-boese@eh-freiburg.de
Tel.: 0761/47812-24

Stefanie Roos

ist Diplom-Pädagogin, Vertr.-Professorin für Rehabilitation und Pädagogik bei psychischen und Verhaltensstörungen (Förderschwerpunkt Emotionale und soziale Entwicklung) an der Technischen Universität Dortmund. Ihre Forschungs- und Arbeitsschwerpunkte sind die Förderung sozialer Kompetenzen, Variablen der Lehrerkompetenz bei angehenden Lehrkräften und die Prävention von bzw. der Umgang mit internalisierendem und externalisierendem Verhalten im schulischen und außerschulischen Kontext.
Zentrale Veröffentlichungen sind die „Evaluation des 'Trainings mit Jugendlichen' im Rahmen schulischer Berufsvorbereitung" sowie die Kommentierung des Abschnitts zu den Außenkontakten im Handbuch Jugendstrafvollzugsrecht (gemeinsam mit Philipp Walkenhorst und Anne Bihs).

Kontakt:
Technische Universität Dortmund,
Fakultät Rehabilitationswissenschaften,
Emil-Figge-Str. 50, 44227 Dortmund
stefanie.roos@tu-dortmund.de
Tel. 0231/755-5589

Mirja Silkenbeumer

Dr., Diplom-Pädagogin, Leibniz Universität Hannover, Institut für Sonderpädagogik. Arbeitsschwerpunkte: Devianz und Delinquenz im Jugendalter, Gewalt und Geschlecht, Prävention und psychosoziale Intervention bei Verhaltensauffälligkeiten; Geschlechtsbezogene Pädagogik, Fallstudien und Fallverstehen.
Publikationen:
Silkenbeumer, Mirja (2010): Jugendkriminalität bei Mädchen. In: Dollinger, Bernd/Schmidt-Semisch, Henning (Hrsg.): Handbuch Jugendkriminalität. Kriminologie und Sozialpädagogik im Dialog. Wiesbaden: VS Verlag, 319–334.
Silkenbeumer, Mirja (2007): Biografische Selbstentwürfe und Weiblichkeitskonzepte aggressiver Mädchen und junger Frauen. Münster: LIT Verlag.
Kontakt:
mirja.silkenbeumer@iew.phil.uni-hannover.de, www.resilienceresearch.org

Michael Ungar

Ph.D. is a University Research Professor and Professor of Social Work at Dalhousie University in Canada. He has published over 70 peer-reviewed articles and book chapters on resilience-related themes and is the author of nine books including: "Counseling in Challenging Contexts: Working with Individuals and Families Across Clinical and Community Settings" and the "Handbook for Working with Children and Youth: Pathways to Resilience across Cultures and Contexts". Currently, as the Director of the Resilience Research Centre, he leads a number of mixed methods studies of resilience involving researchers from more than a dozen countries. In addition to his research and teaching, Dr. Ungar maintains a family therapy practice in association with Phoenix Youth Programs, a prevention program for street youth and their families and is on editorial boards of four journals, including Family Process and the British Journal of Social Work.
Kontakt:
michael.ungar@dal.ca

Haci-Halil Uslucan

PD Dr., Dipl. Psychologe, M.A.; geb. am 01.01.1965 in Kayseri/Türkei.
Studium der Psychologie an der Freien Universität (FU) Berlin; Studium der Philosophie und Allgemeiner und Vergleichender Literaturwissenschaft, FU Berlin; 4 Semester Studium der Religionswissenschaften bis zum Ende des Grundstudiums; Aufbaustudiengang „Semiotik" an der Technischen Universität Berlin. Di-

plom 1991 (FU Berlin), Magister 1997 (FU Berlin), Promotion 1999 (FU Berlin). Habilitation im Fach Psychologie 2006 (Otto-von-Guericke Universität Magdeburg). Von Oktober 2006 bis Februar 2008 Vertretungsprofessur für Pädagogische Psychologie sowie für Motivationspsychologie an der Universität Potsdam; seit September 2008 Vertretungsprofessor für Pädagogische Psychologie an der Helmut-Schmidt-Universität in Hamburg.
Forschungsschwerpunkte:
Jugendgewalt und Jugendentwicklung im kulturellen und interkulturellen Kontext, Interkulturelle Familien- und Erziehungsforschung, Integration, Gesundheit und Migration.
Kontakt:
uslucan@hsu-hh.de
haci@uslucan.de

Hans Weiß
Prof. Dr., ist an der PH Ludwigsburg, Fakultät für Sonderpädagogik Reutlingen, in der Fachrichtung Körperbehindertenpädagogik tätig. Seine inhaltlichen Schwerpunkte sind vor allem: Zusammenarbeit mit Eltern und Familien behinderter und von Behinderung bedrohter Kinder, insbesondere in Armutslagen; Kinderarmut und Entwicklungsgefährdungen; interdisziplinäre Frühförderung; Resilienz bei (körper-)behinderten und sozial benachteiligten Kindern; Erziehung und Bildung von Kindern und Jugendlichen mit umfassenden Behinderungen.
Veröffentlichungen:
Frühförderung als protektive Maßnahme – Resilienz im Kleinkindalter. In: Opp/Fingerle (Hrsg.) (2008): Was Kinder stärkt. Erziehung zwischen Risiko und Resilienz. 3. Aufl., S. 158–174. München/Basel
als Hrsg. (2000): Frühförderung mit Kindern und Familien in Armutslagen, Ernst Reinhardt, München/Basel
zusammen mit Gerhard Neuhäuser und Armin Sohns (2004): Soziale Arbeit in der Frühförderung und Sozialpädiatrie, Ernst Reinhardt, München/Basel
Kontakt:
Pädagogische Hochschule Ludwigsburg
Fakultät für Sonderpädagogik Reutlingen
Postfach 2344
72713 Reutlingen
weiss@ph-ludwigsburg.de

Emmy E. Werner, Ph.D.
Developmental Psychologist and Research Professor (Human Development) University of California, Davis, U.S.A.
Principal Investigator: Kauai Longitudinal Study
Author of 15 books on children in adversity. Among them:
"The Children of Kauai"
"Kauai's Children Come of Age"

"Vulnerable but Invincible: A Longitudinal Study of Resilient Children and Youth"
"Overcoming the Odds: High Risk Children from Birth to Adulthood"
"Journeys from Childhood to Midlife: Risk, Resilience and Recovery"
Kontakt:
eewerner@ucdavis.edu

Norbert Wieland
Diplompsychologe, Professor für Entwicklungspsychologie an der Fachhochschule Münster und psychologischer Psychotherapeut.
Sein Arbeitsschwerpunkt ist Schulsozialarbeit und schulisches Lernen, dazu seine jüngste Veröffentlichung:
„Die soziale Seite des Lernens. Positionsbestimmung von Schulsozialarbeit", Wiesbaden 2010.
Weitere Arbeitsschwerpunkte: Jugendhilfe – v. a. die stationären erzieherischen Hilfen; Studie zur Elternarbeit in diesen Arbeitsfeldern – und Soziale Arbeit mit alten Menschen.
Neuere Forschung derzeit v. a. im Bereich Sozialer Arbeit an Grundschulen im Rahmen des Projektes „Resilienzförderung von GrundschülerInnen".
Kontakt:
FH Münster
Fachbereich Sozialwesen
Hüfferstr. 27
48149 Münster

Corina Wustmann
Diplom-Pädagogin, ist Wissenschaftliche Mitarbeiterin am Marie Meierhofer Institut für das Kind in Zürich. Vorher war sie Wissenschaftliche Referentin am Deutschen Jugendinstitut e.V., Staatsinstitut für Frühpädagogik in München sowie an der Pädagogischen Hochschule der FHNW in Solothurn. Zu ihren Arbeitsschwerpunkten gehören die Themen Resilienz, Frühkindliche Bildung, Qualität und Wirksamkeit außerfamilialer Bildung und Betreuung, schulisches Wohlbefinden von Kindern.
Aktuelles Forschungsprojekt:
„Bildungs- und Resilienzförderung im Frühbereich" (06/2009 – 06/2011).
Weitere Informationen unter: www.mmizuerich.ch/bildungsprojekt
Publikationen u.a.:
Wustmann, C. (2009): Resilienz: Widerstandsfähigkeit von Kindern in Tageseinrichtungen fördern (2. Aufl.). Beiträge zur Bildungsqualität, hrsg. von W.E. Fthenakis. Berlin.
Kontakt:
Marie Meierhofer Institut für das Kind
Schulhausstrasse 64
CH-8002 Zürich
wustmann@mmizuerich.ch

Margherita Zander

Politikwissenschaftlerin, Professorin für Politikwissenschaft/Sozialpolitik an der FH-Münster; Schwerpunkte in der Lehre: Armut, insbesondere Kinderarmut; Sozialstaatsentwicklung; Demografie und Migration; Genderfragen. Seit 1997 verschiedene öffentlich geförderte Forschungsprojekte zu Kinderarmut; seit 2007 mit dem Schwerpunkt "Resilienzforschung" befasst, dazu wie zu „Kinderarmut" eine Reihe von Veröffentlichungen in Fachzeitschriften und Sammelbänden, sowie Monografien u.a.:

Chassé, K.A./Zander, M./Rasch, K.: Meine Familie ist arm. Wie Kinder im Grundschulalter Armut erleben und bewältigen, Opladen 2003 und 4. Aufl. Wiesbaden 2010

Hrsg.: Kinderarmut. Einführendes Handbuch für Forschung und soziale Praxis, Wiesbaden 2005 (2. Aufl. 2010)

Zander, Margherita: Armes Kind – starkes Kind? Die Chance der Resilienz, Wiesbaden 2008 (3. Aufl. 2010)

Aktuelles Forschungsprojekt: „Resilienzförderung mit Roma-Flüchtlingskindern", wissenschaftliche Begleitung des Praxisprojektes bei Amaro Kher, Rom e.V. Köln.

Kontakt:
FH Münster
Fachbereich Sozialwesen
Hüfferstr. 27, 48149 Münster
m.zander@fh-muenster.de

Programm Soziale Arbeit

Gertrud Oelerich /
Hans-Uwe Otto (Hrsg.)
**Empirische Forschung
und Soziale Arbeit**
Ein Studienbuch
2010. ca. 300 S. Br. ca. EUR 24,95
ISBN 978-3-531-17204-0

Friederike Heinzel / Werner Thole /
Peter Cloos / Stefan Köngeter (Hrsg.)
„Auf unsicherem Terrain"
Ethnographische Forschung im Kontext
des Bildungs- und Sozialwesens
2010. 274 S. Br. EUR 34,95
ISBN 978-3-531-15447-3

Bettina Paul /
Henning Schmidt-Semisch (Hrsg.)
Risiko Gesundheit
Über Risiken und Nebenwirkungen
der Gesundheitsgesellschaft
2010. 289 S. Br. EUR 24,95
ISBN 978-3-531-16544-8

Bernd Dollinger
Reflexive Sozialpädagogik
Struktur und Wandel
sozialpädagogischen Wissens
2008. 265 S. Br. EUR 29,90
ISBN 978-3-531-15975-1

Lotte Rose /
Benedikt Sturzenhecker (Hrsg.)
‚Erst kommt das Fressen ...!'
Über Essen und Kochen
in der Sozialen Arbeit
2009. 316 S. Br. EUR 24,90
ISBN 978-3-531-16090-0

Roland Becker-Lenz / Stefan Busse /
Gudrun Ehlert / Silke Müller (Hrsg.)
**Professionalität
in der Sozialen Arbeit**
Standpunkte, Kontroversen, Perspektiven
2. Aufl. 2009. 352 S. Br. EUR 39,90
ISBN 978-3-531-16970-5

Erhältlich im Buchhandel oder beim Verlag.
Änderungen vorbehalten. Stand: Juli 2010.

www.vs-verlag.de

VS VERLAG

Abraham-Lincoln-Straße 46
65189 Wiesbaden
Tel. 0611.7878-722
Fax 0611.7878-400

Soziale Passagen –
Journal für Empirie und Theorie Sozialer Arbeit

Soziale Passagen

- sind ein interaktives Projekt, das sich den durch gesellschaftliche Veränderungen provozierten Herausforderungen stellt und sich dezidiert als wissenschaftliche Publikationsplattform zu Fragen der Sozialen Arbeit versteht.

- stehen für eine deutlich konturierte empirische Fundierung und die ‚Entdeckung' der Hochschulen, Forschungsprojekte und Forschungsinstitute als Praxisorte. Sie bieten einen diskursiven Raum für interdisziplinäre Debatten und sind ein Forum für empirisch fundierte und theoretisch elaborierte Reflexionen.

- enthalten in jeder Ausgabe einen Thementeil und ein Forum für einzelne Beiträge. Einen weiteren Schwerpunkt bilden Kurzberichte aus laufenden Forschungsprojekten. Die inhaltliche Qualität ist über ein peer-review-Verfahren gesichert.

- richten sich an Mitarbeiterinnen, Mitarbeiter und Studierende an Universitäten, Fachhochschulen und Instituten sowie an wissenschaftlich orientierte Leitungs- und Fachkräfte in der sozialpädagogischen Praxis.

2. Jahrgang 2010 – 2 Hefte jährlich
www.sozialepassagen.de

Abonnieren Sie gleich!
vs@abo-service.info
Tel: 0611. 7878151 · Fax: 0611. 7878423

Erhältlich im Buchhandel oder beim Verlag.
Änderungen vorbehalten. Stand: Juli 2010.

VS-JOURNALS.DE

Abraham-Lincoln-Straße 46
65189 Wiesbaden
Tel. 0611.7878-722
Fax 0611.7878-400

Printed in Germany
by Amazon Distribution
GmbH, Leipzig